Kommentar

zum Gesetz betreffend

die Gesellschaften mit beschränkter Haftung

(früher Staub-Hachenburg).

Fünfte Auflage

unter Mitarbeit von

Dr. Fritz Bing, Rechtsanwalt in Mannheim,

und

Dr. Walter Schmidt II, Rechtsanwalt in Berlin,

von

Dr. Max Hachenburg, Rechtsanwalt in Mannheim.

Erster Band

(§§ 1— 34)

Berlin und Leipzig 1926.

Walter de Gruyter & Co.

vormals G. J. Göschen'sche Verlagshandlung — J. Guttentag, Verlagsbuchhandlung — Georg Reimer — Karl J. Trübner — Veit & Comp.

Roßberg'sche Buchdruckerei, Leipzig.

Vorwort zur fünften Auflage.

Zwischen der vierten und der fünften Auflage liegt ein Zeitraum von 13 Jahren. Schon im Jahre 1919 nach Kriegsende war die Neuauflage erforderlich geworden. Eine Fülle anderweiter Arbeiten, namentlich auch die Tätigkeit im Reichswirtschaftsrat, standen im Wege. Erst durch die Mithilfe meiner Herren Kollegen Dr. Bing und Dr. Schmidt war die Durchführung der Neuauflage möglich. Sie haben mir nicht nur die mühsame Arbeit des Nachtragens der Rechtsprechungen und des Schrifttums abgenommen und diese in den Text eingefügt. Sie waren auch bei der Durchprüfung des ganzen Buches mit tätig. Manche Besserung und Änderung entsprang ihrer Anregung.

In der Zwischenzeit haben sich eine Reihe anderer Staaten, außer Österreich, nach dem deutschen Vorbilde mit der G. m. b. H. beschäftigt. Hierauf war Rücksicht zu nehmen. Die Texte der fremden Gesetze sind anschließend an das deutsche abgedruckt. Auch im Kommentar selbst wird in der Einleitung und dann fortgesetzt, wenn auch nur in kurzen Bemerkungen, hierauf Bezug genommen. Dagegen war die Mitteilung des Steuerrechts nicht mehr erforderlich. Noch bei der letzten Auflage war für jeden deutschen Bundesstaat sowohl die Steuer bei der Gründung als auch die Einkommensteuer besonders geregelt. Heute ist die deutsche Steuergesetzgebung eine einheitliche. Hierdurch ist der Abdruck der Steuergesetze entbehrlich geworden.

Durch die völlige Umgestaltung des Buches erschien es nicht mehr angängig, es als die Bearbeitung des Staubschen Kommentars zu bezeichnen. Auf den Titel, der bisher gebraucht wurde, „Staubs Kommentar", mußte verzichtet werden. Doch blieb der Hinweis auf den Ursprung des Kommentars schon im Andenken an Staub mir ein Bedürfnis. Ich hoffe, daß von dem Geiste Staubs immer noch einiges geblieben ist.

Mannheim, den 16. Juni 1926.

Dr. Max Hachenburg.

Abkürzungen.

ArchBürgR.	= Archiv für bürgerliches Recht.
BadNotZ.	= Badische Notariatszeitung.
BadRpr.	= Badische Rechtspraxis.
BankArch.	= Bank-Archiv, Zeitschrift für Bank- und Börsenwesen.
BauersZ.	= Zeitschrift für Aktiengesellschaften und für GmbH. herausgegeben von Bauer.
BGB.	= Bürgerliches Gesetzbuch.
Bolze	= Die Praxis des Reichsgerichts in Zivilsachen herausgeg. von Bolze.
Dernburg	= Das bürgerliche Recht des Deutschen Reiches und Preußens von Heinrich Dernburg.
DJZ.	= Deutsche Juristenzeitung.
DNotVZ.	= Zeitschrift des Deutschen Notarvereins.
Düringer-Hachenburg	= Das Handelsgesetzbuch vom 18. Mai 1897, erläutert von A. Düringer und M. Hachenburg.
EG.	= Einführungsgesetz.
EinkStG.	= Einkommensteuergesetz.
ElsLothZ.	= Juristische Zeitschrift für das Reichsland Elsaß-Lothringen.
FGG.	= Reichsgesetz über die Angelegenheiten der freiwilligen Gerichtsbarkeit.
Freymuth	= Freymuth, Die GmbH. in der Rechtsprechung der deutschen Gerichte Bd. II (1911—1916) und III (1916—1924).
GmbH.	= Gesellschaft mit beschränkter Haftung.
GmbHG.	= Gesetz betreffend die Gesellschaften mit beschränkter Haftung.
Gruchot	= Beiträge zur Erläuterung des deutschen Rechts, begründet von Gruchot.
GZ.	= Zeitschrift für das gesamte Handelsrecht begründet von Goldschmidt.
HanseatGZ.	= Hanseatische Gerichtszeitung.
HGB.	= Handelsgesetzbuch.
HoldhMSchr. oder Holdheim	= Monatsschrift für Handelsrecht und Bankwesen, begründet von Paul Holdheim.
JFG.	= Jahrbuch der Entscheidungen in Angelegenheiten der freiwilligen Gerichtsbarkeit und des Grundbuchrechts (Ring).
JheringsJ.	= Jherings Jahrbücher.
JW.	= Juristische Wochenschrift.
KapVStG.	= Kapitalverkehrsteuergesetz.
KG.	= Kammergericht.
KGBl.	= Blätter für Rechtspflege im Bezirke des Kammergerichts.
KGJ.	= Jahrbuch für Entscheidungen des Kammergerichts in Sachen der freiwilligen Gerichtsbarkeit (Johow).
KO.	= Konkursordnung.
KomB.	= Kommissionsbericht.
LG.	= Landgericht.
Lehmann-Ring	= Kommentar zum HGB. für das Deutsche Reich von Karl Lehmann und Viktor Ring.
Makower	= Handelsgesetzbuch mit Kommentar von F. Makower.

MecklZ. = Mecklenburgische Zeitschrift für Rechtspflege und Rechtswissenschaft.
NeukampGZ. = Neukamp, Die Geschäftsanteile der GmbH., in Goldschmidts Zeitschrift für das gesamte Handelsrecht 57, 1ff., 479ff.
OLG. = Oberlandesgericht.
OLGR. = Die Rechtsprechung der Oberlandesgerichte.
OVG. = Oberverwaltungsgericht.
Pinner = Das deutsche Aktienrecht, Kommentar zu Buch 2, Abschnitt 3 und 4 des HGB. von Albert Pinner.
Planck = BGB. nebst Einführungsgesetz erläutert von G. Planck.
PosMSchr. = Juristische Monatsschrift für Posen, West- und Ostpreußen und Pommern.
PrOVG. = Entscheidungen des Preußischen Oberverwaltungsgerichts.
RAbgO. = Reichsabgabenordnung.
Recht = Das Recht, Rundschau für den deutschen Juristenbund.
Rehm = Die Bilanzen der Aktiengesellschaft und der GmbH. von Hermann Rehm.
RFH. = Reichsfinanzhof oder Entscheidungen des Reichsfinanzhofs.
RGR. = Kommentar der Reichsgerichtsräte zum BGB.
RGZ. = Entscheidungen des Reichsgerichts in Zivilsachen.
RGSt. = Entscheidungen des Reichsgerichts in Strafsachen.
RJA. = Entscheidungen in Angelegenheiten der freiwilligen Gerichtsbarkeit und des Grundbuchrechts, herausgegeben vom Reichsjustizamt.
ROHG. = Entscheidungen des Reichsoberhandelsgerichts.
RundschGmbH. = Rundschau für GmbH., herausgegeben von Otto Schmidt.
SächsArch. = Sächsisches Archiv für deutsches bürgerliches Recht.
SchlHolstAnz. = Schleswig-Holsteinische Anzeigen
SeuffA. = Seufferts Archiv.
SeuffBl. = J. A. Seufferts Blätter für Rechtsanwendung, zunächst in Bayern.
Simon, Bilanzen = Die Bilanzen der Aktiengesellschaften von Hermann Veit Simon.
StaubHGB. = Kommentar zum HGB. von Hermann Staub; meist zitiert als Staub-Bondi für 1. Band (12. u. 13. Aufl.), Staub-Pinner für 2. Band (12. u. 13. Aufl.), Staub-Koenige für 3. u. 4. Band (10. u. 11. Aufl.).
Stein-Jonas = Kommentar zur Zivilprozeßordnung.
UnlWG. = Gesetz gegen den unlauteren Wettbewerb.
WarnRspr. = Warneyer, Rechtsprechung des Reichsgerichts auf dem Gebiete des Zivilrechts.
WürttembJ. = Jahrbücher der Württembergischen Rechtspflege.
ZAG. = siehe BauersZ.
ZBlFG. = Zentralblatt für freiwillige Gerichtsbarkeit.
ZfH. = Zentralblatt für Handelsrecht.
ZGesA. = Zeitschrift für das gesamte Aktienwesen, jetzt Zeitschrift für Gesellschaftswesen.
ZHR. = s. GZ.
ZPO. = Zivilprozeßordnung.
ZtschrGmbH. = GmbH. Zeitschrift herausgegeben von dem Verbande der Gesellschaften mit beschränkter Haftung.

Die Kommentare zum Gesetze betreffend die Gesellschaften mit beschränkter Haftung von Birkenbihl, Brodmann, Crüger-Crecelius, Liebmann, Merzbacher, Neukamp-Becker, Parisius-Crüger und Warneyer-Koppe sind lediglich mit den Namen der Verfasser zitiert.

Gesetz, betreffend die Gesellschaften mit beschränkter Haftung.

Vom 20. April 1892 (RGBl. Nr. 24 S. 477—499).

In der auf Grund der Ermächtigung durch Art. 13 des Einführungsgesetzes zum Handelsgesetzbuch vom 10. Mai 1897 vom Reichskanzler bekanntgemachten Fassung (RGBl. Nr. 25 von 1898 S. 846—867) und mit den Abänderungen gemäß Gesetz vom 24. Dezember 1922 (RGBl. 1923 I S. 22).

Erster Abschnitt.

Errichtung der Gesellschaft.

§ 1. Gesellschaften mit beschränkter Haftung können nach Maßgabe der Bestimmungen dieses Gesetzes zu jedem gesetzlich zulässigen Zweck errichtet werden.

§ 2. Der Gesellschaftsvertrag bedarf des Abschlusses in gerichtlicher oder notarieller Form. Er ist von sämtlichen Gesellschaftern zu unterzeichnen.

Die Unterzeichnung durch Bevollmächtigte ist nur auf Grund einer gerichtlich oder notariell errichteten oder beglaubigten Vollmacht zulässig.

§ 3. Der Gesellschaftsvertrag muß enthalten:

1. die Firma und den Sitz der Gesellschaft,
2. den Gegenstand des Unternehmens,
3. den Betrag des Stammkapitals,
4. den Betrag der von jedem Gesellschafter auf das Stammkapital zu leistenden Einlage (Stammeinlage).

Soll das Unternehmen auf eine gewisse Zeit beschränkt sein oder sollen den Gesellschaftern außer der Leistung von Kapitaleinlagen noch andere Verpflichtungen gegenüber der Gesellschaft auferlegt werden, so bedürfen auch diese Bestimmungen der Aufnahme in den Gesellschaftsvertrag.

§ 4. Die Firma der Gesellschaft muß entweder von dem Gegenstande des Unternehmens entlehnt sein, oder die Namen der Gesellschafter oder den Namen wenigstens eines derselben mit einem das Vorhandensein eines Gesellschaftsverhältnisses andeutenden Zusatze enthalten. Die Namen anderer Personen als der Gesellschafter dürfen in die Firma nicht aufgenommen werden. Die Beibehaltung der Firma eines auf die Gesellschaft übergegangenen Geschäfts (Handelsgesetzbuch § 22) wird hierdurch nicht ausgeschlossen.

Die Firma der Gesellschaft muß in allen Fällen die zusätzliche Bezeichnung „mit beschränkter Haftung" enthalten.

§ 5. Das Stammkapital der Gesellschaft muß mindestens fünfhunderttausend Mark, die Stammeinlage jedes Gesellschafters muß mindestens zehntausend Mark betragen.

Kein Gesellschafter kann bei Errichtung der Gesellschaft mehrere Stammeinlagen übernehmen.

Der Betrag der Stammeinlage kann für die einzelnen Gesellschafter verschieden bestimmt werden. Derselbe muß in Mark durch hundert teilbar sein. Der Gesamtbetrag der Stammeinlagen muß mit dem Stammkapital übereinstimmen.

Sollen von Gesellschaftern Einlagen, welche nicht in Geld zu leisten sind, auf das Stammkapital gemacht oder soll die Vergütung für Vermögensgegenstände, welche die Gesellschaft übernimmt, auf Stammeinlagen angerechnet werden, so muß die Person des Gesellschafters, der Gegenstand der Einlage oder Übernahme sowie der Geldwert, für welchen die Einlage angenommen wird, oder die für die übernommenen Gegenstände zu gewährende Vergütung im Gesellschaftsvertrage festgesetzt werden*).

---

*) Absatz 1. Diese Fassung des Gesetzes besteht heute noch. Sie ist materiell abgeändert durch die Verordnung über die Goldbilanzen vom 28. Dezember 1923 (RGBl. I S. 1253) und die zweite Ver- Verordnung zur Durchführung der Verordnung über die Goldbilanzen vom 28. März 1924 (RGBl. I S. 385), und zwar kommen folgende Bestimmungen in Betracht.

Goldbilanzverordnung § 10.

Absatz 1. Nach der Umstellung muß der Betrag des Eigenkapitals einer Aktiengesellschaft oder einer Kommanditgesellschaft auf Aktien mindestens fünftausend Goldmark, der einer Gesellschaft mit beschränkter Haftung mindestens fünfhundert Goldmark betragen.

Absatz 3. Bei der Umstellung einer Gesellschaft mit beschränkter Haftung muß die Stammeineinlage jedes Gesellschafters auf mindestens fünfzig Goldmark gestellt sein.

Goldbilanzverordnung § 17.

Absatz 1. Bei Neugründungen von Aktiengesellschaften, Kommanditgesellschaften auf Aktien und Gesellschaften mit beschränkter Haftung muß das Eigenkapital auf Goldmark gestellt werden.

Absatz 3. Das Stammkapital einer Gesellschaft mit beschränkter Haftung muß mindestens fünftausend Goldmark, die Stammeinlage jedes Gesellschafters mindestens fünfzig Goldmark betragen. Die Einzahlung auf die Stammeinlage (§ 7 Absatz 2 des Gesetzes, betreffend die Gesellschaften mit beschränkter Haftung) muß mindestens ein Viertel des Betrags der Stammeinlage und mindestens fünfundzwanzig Goldmark betragen.

Zweite Durchführungsverordnung § 36.

Absatz 1. Soweit mit Rücksicht auf die im § 10 der Verordnung über Goldbilanzen vorgeschriebene Mindestgrenze von fünfzig Goldmark für Stammeinlagen eine Verminderung der Zahl der Geschäftsanteile erfolgen müßte, sind auf Antrag von Gesellschaftern, deren Anteil am 31. Dezember 1923 einen geringeren Wert als vierzig Billionen für hundert Mark Stammkapital betrugen, die Stammeinlagen auf einen Betrag zu stellen, durch dessen Festsetzung eine Verminderung der Zahl der Geschäftsanteile vermieden wird...

Absatz 2. Die Stammeinlagen müssen durch zehn teilbar sein.........

Zweite Durchführungsverordnung § 37.

Jede zehn Goldmark eines Geschäftsanteils gewähren eine Stimme.

Zweite Durchführungsverordnung § 43.

Bei Neugründungen von Aktiengesellschaften und Kommanditgesellschaften auf Aktien muß der Betrag der Aktien durch hundert, bei Neugründungen von Gesellschaften mit beschränkter Haftung der Betrag der Stammeinlagen durch fünfzig teilbar sein... Jede fünfzig Goldmark eines Geschäftsanteils gewähren eine Stimme.

Absatz 3. Für Kapitalsherabsetzungen gilt bei Neugründungen als Mindestgrenze für Aktien ein Betrag von einhundert Goldmark, in den Fällen des § 180 Abs. 2, 3 des Handelsgesetzbuchs ein solcher von zwanzig Goldmark, für Stammeinlagen ein solcher von fünfzig Goldmark, bei anderen Ge-

§ 6. Die Gesellschaft muß einen oder mehrere Geschäftsführer haben.

Zu Geschäftsführern können Gesellschafter oder andere Personen bestellt werden. Die Bestellung erfolgt entweder im Gesellschaftsvertrage oder nach Maßgabe der Bestimmungen des dritten Abschnitts.

Ist im Gesellschaftsvertrage bestimmt, daß sämtliche Gesellschafter zur Geschäftsführung berechtigt sein sollen, so gelten nur die der Gesellschaft bei Festsetzung dieser Bestimmung angehörenden Personen als die bestellten Geschäftsführer.

§ 7. Die Gesellschaft ist bei dem Gericht, in dessen Bezirke sie ihren Sitz hat, zur Eintragung in das Handelsregister anzumelden.

Die Anmeldung darf nur erfolgen, nachdem von jeder Stammeinlage, soweit nicht andere als in Geld zu leistende Einlagen auf das Stammkapital gemacht sind, ein Viertel, mindestens aber der Betrag von fünftausend Mark eingezahlt ist.

§ 8. Der Anmeldung müssen beigefügt sein:

1. der Gesellschaftsvertrag und im Falle des § 2 Absatz 2 die Vollmachten der Vertreter, welche den Gesellschaftsvertrag unterzeichnet haben, oder eine beglaubigte Abschrift dieser Urkunden,
2. die Legitimation der Geschäftsführer, sofern dieselben nicht im Gesellschaftsvertrage bestellt sind,
3. eine von den Anmeldenden unterschriebene Liste der Gesellschafter, aus welcher Name, Vorname, Stand und Wohnort der letzteren, sowie der Betrag der von einem jeden derselben übernommenen Stammeinlage ersichtlich ist,
4. in dem Falle, daß der Gegenstand des Unternehmens der staatlichen Genehmigung bedarf, die Genehmigungsurkunde.

In der Anmeldung ist die Versicherung abzugeben, daß die im § 7 Absatz 2 bezeichneten Leistungen auf die Stammeinlagen bewirkt sind, und daß der Gegenstand der Leistungen sich in der freien Verfügung der Geschäftsführer befindet.

Die Geschäftsführer haben ihre Unterschrift zur Aufbewahrung bei dem Gerichte zu zeichnen.

§ 9. Die Anmeldenden haften der Gesellschaft solidarisch für die Richtigkeit ihrer Angaben hinsichtlich der auf die Stammeinlagen gemachten Leistungen (§ 7 Absatz 2).

---

sellschaften als Mindestgrenze für Aktien ein Betrag von zwanzig Goldmark, für Stammeinlagen ein solcher von zehn Goldmark.

Zweite Durchführungsverordnung § 45.

Absatz 2 ... die für das Stammkapital und die Stammeinlagen vorgeschriebenen Nennbeträge (treten) an die Stelle der im § 5 des Gesetzes, betreffend die Gesellschaften mit beschränkter Haftung, vorgesehenen Nennbeträge.

§ 3 der Verordnung vom 12. Dezember 1924 (RGBl. I S. 776) für den Absatz 1.

Für den Geltungsbereich der Verordnung über Goldbilanzen vom 28. Dezember 1923 (RGBl. I S. 1253) und der Durchführungsverordnungen tritt an die Stelle der Goldmark und der Rentenmark als Rechnungseinheit die Reichsmark. Soweit Reichsmarkbeträge für die Zeit vor dem Inkrafttreten des Münzgesetzes zu errechnen sind, wird eine Reichsmark einer Goldmark und einer Rentenmark gleichgesetzt.

Diese Vorschriften gelten auch, soweit in Beschlüssen der Gesellschafterversammlungen vor dem 20. Dezember 1924 die Goldmark oder die Rentenmark als Rechnungseinheit zur Verwendung gelangt sind oder noch zur Verwendung gelangen. Solche Beschlüsse bedürfen aus Anlaß dieser Vorschriften keiner Änderung. Eintragungen auf Grund solcher Beschlüsse sind in Reichsmark zu bewirken. Eintragungen, die auf Goldmark oder Rentenmark lauten, sind bis zum 31. Dezember 1925 von Amts wegen kostenfrei zu berichtigen. Diese Vorschriften finden auf Neugründungen entsprechende Anwendung.

Verzichtleistungen oder Vergleiche der Gesellschaft in betreff der ihr nach Absatz 1 zustehenden Ersatzansprüche sind unwirksam, soweit der Ersatz zur Befriedigung der Gläubiger der Gesellschaft erforderlich ist. Auf einen Vergleich, welchen der Ersatzpflichtige im Falle der Zahlungsunfähigkeit zur Abwendung oder Beseitigung des Konkursverfahrens mit seinen Gläubigern abschließt, findet diese Bestimmung keine Anwendung.

Die Ansprüche auf Grund der vorstehenden Bestimmungen verjähren in fünf Jahren seit der Eintragung der Gesellschaft in das Handelsregister.

§ 10. Bei der Eintragung in das Handelsregister sind die Firma und der Sitz der Gesellschaft, der Gegenstand des Unternehmens, die Höhe des Stammkapitals, der Tag des Abschlusses des Gesellschaftsvertrages und die Personen der Geschäftsführer anzugeben.

Enthält der Gesellschaftsvertrag besondere Bestimmungen über die Zeitdauer der Gesellschaft oder über die Befugnis der Geschäftsführer oder der Liquidatoren zur Vertretung der Gesellschaft, so sind auch diese Bestimmungen einzutragen.

In die Veröffentlichung, durch welche die Eintragung bekanntgemacht wird, sind außer dem Inhalte der Eintragung die nach § 5 Absatz 4 getroffenen Festsetzungen und, sofern der Gesellschaftsvertrag besondere Bestimmungen über die Form enthält, in welcher öffentliche Bekanntmachungen der Gesellschaft erlassen werden, auch diese Bestimmungen aufzunehmen.

§ 11. Vor der Eintragung in das Handelsregister des Sitzes der Gesellschaft besteht die Gesellschaft mit beschränkter Haftung als solche nicht.

Ist vor der Eintragung im Namen der Gesellschaft gehandelt worden, so haften die Handelnden persönlich und solidarisch.

§ 12. Auf die Anmeldung der Gesellschaft zur Eintragung in das Handelsregister eines Gerichts, in dessen Bezirke sie eine Zweigniederlassung besitzt, finden die Bestimmungen im § 8 Absatz 1 und 2 keine Anwendung. Der Anmeldung ist eine von dem Gerichte der Hauptniederlassung beglaubigte Abschrift des Gesellschaftsvertrages und der Liste der Gesellschafter beizufügen.

Die Eintragung hat die im § 10 Absatz 1 und 2 bezeichneten Angaben zu enthalten. In die Veröffentlichung, durch welche die Eintragung bekanntgemacht wird, sind auch die im § 10 Absatz 3 bezeichneten Bestimmungen aufzunehmen, die nach § 5 Absatz 4 getroffenen Festsetzungen jedoch nur dann, wenn die Eintragung innerhalb der ersten zwei Jahre nach der Eintragung in das Handelsregister des Sitzes der Gesellschaft erfolgt.

Zweiter Abschnitt.

Rechtsverhältnisse der Gesellschaft und der Gesellschafter.

§ 13. Die Gesellschaft mit beschränkter Haftung als solche hat selbständig ihre Rechte und Pflichten; sie kann Eigentum und andere dingliche Rechte an Grundstücken erwerben, vor Gericht klagen und verklagt werden.

Für die Verbindlichkeiten der Gesellschaft haftet den Gläubigern derselben nur das Gesellschaftsvermögen.

Die Gesellschaft gilt als Handelsgesellschaft im Sinne des Handelsgesetzbuchs.

§ 14. Der Geschäftsanteil jedes Gesellschafters bestimmt sich nach dem Betrage der von ihm übernommenen Stammeinlage.

§ 15. Die Geschäftsanteile sind veräußerlich und vererblich.

Erwirbt ein Gesellschafter zu seinem ursprünglichen Geschäftsanteile weitere Geschäftsanteile, so behalten dieselben ihre Selbständigkeit.

Zur Abtretung von Geschäftsanteilen durch Gesellschafter bedarf es eines in gerichtlicher oder notarieller Form geschlossenen Vertrages.

Der gerichtlichen oder notariellen Form bedarf auch eine Vereinbarung, durch welche die Verpflichtung eines Gesellschafters zur Abtretung eines Geschäftsanteils begründet wird. Eine ohne diese Form getroffene Vereinbarung wird jedoch durch den nach Maßgabe des vorigen Absatzes geschlossenen Abtretungsvertrag gültig.

Durch den Gesellschaftsvertrag kann die Abtretung der Geschäftsanteile an weitere Voraussetzungen geknüpft, insbesondere von der Genehmigung der Gesellschaft abhängig gemacht werden.

§ 16. Der Gesellschaft gegenüber gilt im Falle der Veräußerung des Geschäftsanteils nur derjenige als Erwerber, dessen Erwerb unter Nachweis des Übergangs bei der Gesellschaft angemeldet ist.

Die vor der Anmeldung von der Gesellschaft gegenüber dem Veräußerer oder von dem letzteren gegenüber der Gesellschaft in bezug auf das Gesellschaftsverhältnis vorgenommenen Rechtshandlungen muß der Erwerber gegen sich gelten lassen.

Für die zur Zeit der Anmeldung auf den Geschäftsanteil rückständigen Leistungen ist der Erwerber neben dem Veräußerer verhaftet.

§ 17. Die Veräußerung von Teilen eines Geschäftsanteils kann nur mit Genehmigung der Gesellschaft stattfinden.

Die Genehmigung bedarf der schriftlichen Form; sie muß die Person des Erwerbers und den Betrag bezeichnen, welcher von der Stammeinlage des ungeteilten Geschäftsanteils auf jeden der durch die Teilung entstehenden Geschäftsanteile entfällt.

Im Gesellschaftsvertrage kann bestimmt werden, daß für die Veräußerung von Teilen eines Geschäftsanteils an andere Gesellschafter, sowie für die Teilung von Geschäftsanteilen verstorbener Gesellschafter unter deren Erben eine Genehmigung der Gesellschaft nicht erforderlich ist.

Die Bestimmungen im § 5 Absatz 1 und 3 über den Betrag der Stammeinlagen finden bei der Teilung von Geschäftsanteilen entsprechende Anwendung.

Eine gleichzeitige Übertragung mehrerer Teile von Geschäftsanteilen eines Gesellschafters an denselben Erwerber ist unzulässig.

Außer dem Falle der Veräußerung und Vererbung findet eine Teilung von Geschäftsanteilen nicht statt. Sie kann im Gesellschaftsvertrage auch für diese Fälle ausgeschlossen werden.

§ 18. Steht ein Geschäftsanteil mehreren Mitberechtigten ungeteilt zu, so können sie die Rechte aus demselben nur gemeinschaftlich ausüben.

Für die auf den Geschäftsanteil zu bewirkenden Leistungen haften sie der Gesellschaft solidarisch.

Rechtshandlungen, welche die Gesellschaft gegenüber dem Inhaber des Anteils vorzunehmen hat, sind, sofern nicht ein gemeinsamer Vertreter der Mitberechtigten vorhanden ist, wirksam, wenn sie auch nur gegenüber einem Mitberechtigten vorgenommen werden. Gegenüber mehreren Erben eines Gesellschafters findet diese Bestimmung nur in bezug auf Rechtshandlungen Anwendung, welche nach Ablauf eines Monats seit dem Anfalle der Erbschaft vorgenommen werden.

§ 19. Die Einzahlungen auf die Stammeinlagen sind nach Verhältnis der letzteren zu leisten.

Die Stammeinlagen können den Gesellschaftern außer dem Falle einer Herabsetzung des Stammkapitals weder erlassen noch gestundet werden. Eine Aufrechnung können die Gesellschafter nicht geltend machen; ebensowenig findet andem Gegenstande einer nicht in Geld zu leistenden Einlage wegen Forderungen, welche sich nicht auf den Gegenstand beziehen, ein Zurückbehaltungsrecht statt.

Eine Leistung auf die Stammeinlage, welche nicht in Geld besteht oder welche durch Aufrechnung einer für die Überlassung von Vermögensgegenständen zu gewährenden Vergütung bewirkt wird, befreit den Gesellschafter von seiner Verpflichtung nur, soweit sie in Ausführung einer nach § 5 Absatz 4 getroffenen Bestimmung erfolgt.

§ 20. Ein Gesellschafter, welcher den auf die Stammeinlage eingeforderten Betrag nicht zur rechten Zeit einzahlt, ist zur Entrichtung von Verzugszinsen von Rechts wegen verpflichtet.

§ 21. Im Falle verzögerter Einzahlung kann an den säumigen Gesellschafter eine erneute Aufforderung zur Zahlung binnen einer zu bestimmenden Nachfrist unter Androhung seines Ausschlusses mit dem Geschäftsanteil, auf welchen die Zahlung zu erfolgen hat, erlassen werden. Die Aufforderung erfolgt mittels eingeschriebenen Briefes. Die Nachfrist muß mindestens einen Monat betragen.

Nach fruchtlosem Ablauf der Frist ist der säumige Gesellschafter seines Geschäftsanteils und der geleisteten Teilzahlungen zugunsten der Gesellschaft verlustig zu erklären. Die Erklärung erfolgt mittels eingeschriebenen Briefes.

Wegen des Ausfalls, welchen die Gesellschaft an dem rückständigen Betrage oder den später auf den Geschäftsanteil eingeforderten Beträgen der Stammeinlage erleidet, bleibt ihr der ausgeschlossene Gesellschafter verhaftet.

§ 22. Wegen des von dem ausgeschlossenen Gesellschafter nicht bezahlten Betrages der Stammeinlage ist der Gesellschaft der letzte und jeder frühere, bei der Gesellschaft angemeldete Rechtsvorgänger des Ausgeschlossenen verhaftet.

Ein früherer Rechtsvorgänger haftet nur, soweit die Zahlung von dessen Rechtsnachfolger nicht zu erlangen ist; dies ist bis zu dem Beweise des Gegenteils anzunehmen, wenn der letztere die Zahlung nicht bis zum Ablauf eines Monats geleistet hat, nachdem an ihn die Zahlungsaufforderung und an den Rechtsvorgänger die Benachrichtigung von derselben erfolgt ist.

Die Haftpflicht des Rechtsvorgängers ist auf die innerhalb der Frist von fünf Jahren auf die Stammeinlage eingeforderten Einzahlungen beschränkt. Die Frist beginnt mit dem Tage, an welchem der Übergang des Geschäftsanteils auf den Rechtsnachfolger ordnungsmäßig angemeldet ist.

Der Rechtsvorgänger erwirbt gegen Zahlung des rückständigen Betrages den Geschäftsanteil des ausgeschlossenen Gesellschafters.

§ 23. Ist die Zahlung des rückständigen Betrages von Rechtsvorgängern nicht zu erlangen, so kann die Gesellschaft den Geschäftsanteil im Wege öffentlicher Versteigerung verkaufen lassen. Eine andere Art des Verkaufs ist nur mit Zustimmung des ausgeschlossenen Gesellschafters zulässig.

§ 24. Soweit eine Stammeinlage weder von den Zahlungspflichtigen eingezogen, noch durch Verkauf des Geschäftsanteils gedeckt werden kann, haben die übrigen Gesellschafter den Fehlbetrag nach Verhältnis ihrer Geschäftsanteile aufzubringen. Beiträge, welche von einzelnen Gesellschaftern nicht zu erlangen sind, werden nach dem bezeichneten Verhältnis auf die übrigen verteilt.

§ 25. Von den in den §§ 21 bis 24 bezeichneten Rechtsfolgen können die Gesellschafter nicht befreit werden.

§ 26. Im Gesellschaftsvertrage kann bestimmt werden, daß die Gesellschafter über den Betrag der Stammeinlagen hinaus die Einforderung von weiteren Einzahlungen (Nachschüssen) beschließen können.

Die Einzahlung der Nachschüsse hat nach Verhältnis der Geschäftsanteile zu erfolgen.

Die Nachschußpflicht kann im Gesellschaftsvertrage auf einen bestimmten, nach Verhältnis der Geschäftsanteile festzusetzenden Betrag beschränkt werden.

§ 27. Ist die Nachschußpflicht nicht auf einen bestimmten Betrag beschränkt, so hat jeder Gesellschafter, falls er die Stammeinlage vollständig eingezahlt hat, das Recht, sich von der Zahlung des auf den Geschäftsanteil eingeforderten Nachschusses dadurch zu befreien, daß er innerhalb eines Monats nach der Aufforderung zur Einzahlung den Geschäftsanteil der Gesellschaft zur Befriedigung aus demselben zur Verfügung stellt. Ebenso kann die Gesellschaft, wenn der Gesellschafter binnen der angegebenen Frist weder von der bezeichneten Befugnis Gebrauch macht, noch die Einzahlung leistet, demselben mittels eingeschriebenen Briefes erklären, daß sie den Geschäftsanteil als zur Verfügung gestellt betrachte.

Die Gesellschaft hat den Geschäftsanteil innerhalb eines Monats nach der Erklärung des Gesellschafters oder der Gesellschaft im Wege öffentlicher Versteigerung verkaufen zu lassen. Eine andere Art des Verkaufs ist nur mit Zustimmung des Gesellschafters zulässig. Ein nach Deckung der Verkaufskosten und des rückständigen Nachschusses verbleibender Überschuß gebührt dem Gesellschafter.

Ist die Befriedigung der Gesellschaft durch den Verkauf nicht zu erlangen, so fällt der Geschäftsanteil der Gesellschaft zu. Dieselbe ist befugt, den Anteil für eigene Rechnung zu veräußern.

Im Gesellschaftsvertrage kann die Anwendung der vorstehenden Bestimmungen auf den Fall beschränkt werden, daß die auf den Geschäftsanteil eingeforderten Nachschüsse einen bestimmten Betrag überschreiten.

§ 28. Ist die Nachschußpflicht auf einen bestimmten Betrag beschränkt, so finden, wenn im Gesellschaftsvertrage nicht ein anderes festgesetzt ist, im Falle verzögerter Einzahlung von Nachschüssen die auf die Einzahlung der Stammeinlagen bezüglichen Vorschriften der §§ 21 bis 23 entsprechende Anwendung. Das gleiche gilt im Falle des § 27 Absatz 4 auch bei unbeschränkter Nachschußpflicht, soweit die Nachschüsse den im Gesellschaftsvertrage festgesetzten Betrag nicht überschreiten.

Im Gesellschaftsvertrage kann bestimmt werden, daß die Einforderung von Nachschüssen, auf deren Zahlung die Vorschriften der §§ 21 bis 23 Anwendung finden, schon vor vollständiger Einforderung der Stammeinlagen zulässig ist.

§ 29. Die Gesellschafter haben Anspruch auf den nach der jährlichen Bilanz sich ergebenden Reingewinn, soweit nicht im Gesellschaftsvertrage ein anderes bestimmt ist.

Die Verteilung erfolgt nach Verhältnis der Geschäftsanteile. Im Gesellschaftsvertrage kann ein anderer Maßstab der Verteilung festgesetzt werden.

§ 30. Das zur Erhaltung des Stammkapitals erforderliche Vermögen der Gesellschaft darf an die Gesellschafter nicht ausgezahlt werden.

Eingezahlte Nachschüsse können, soweit sie nicht zur Deckung eines Verlustes am Stammkapital erforderlich sind, an die Gesellschafter zurückgezahlt werden. Die Zurückzahlung darf nicht vor Ablauf von drei Monaten erfolgen, nachdem der Rückzahlungsbeschluß durch die im Gesellschaftsvertrage für die Bekanntmachungen der Gesellschaft bestimmten öffentlichen Blätter und in Ermangelung solcher durch die für die Bekanntmachungen aus dem Handelsregister bestimmten öffentlichen Blätter bekanntgemacht ist. Im Falle des § 28 Absatz 2 ist die Zurückzahlung von Nachschüssen vor der Volleinzahlung des Stammkapitals unzulässig. Zurückgezahlte Nachschüsse gelten als nicht eingezogen.

§ 31. Zahlungen, welche den Vorschriften des § 30 zuwider geleistet sind, müssen der Gesellschaft erstattet werden.

War der Empfänger in gutem Glauben, so kann die Erstattung nur insoweit verlangt werden, als sie zur Befriedigung der Gesellschaftsgläubiger erforderlich ist.

Ist die Erstattung von dem Empfänger nicht zu erlangen, so haften für den zu erstattenden Betrag, soweit er zur Befriedigung der Gesellschaftsgläubiger erforderlich ist, die übrigen Gesellschafter nach Verhältnis ihrer Geschäftsanteile. Beiträge, welche von einzelnen Gesellschaftern nicht zu erlangen sind, werden nach dem bezeichneten Verhältnis auf die übrigen verteilt.

Zahlungen, welche auf Grund der vorstehenden Bestimmungen zu leisten sind, können den Verpflichteten nicht erlassen werden.

Die Ansprüche der Gesellschaft verjähren in fünf Jahren; die Verjährung beginnt mit dem Ablauf des Tages, an welchem die Zahlung, deren Erstattung beansprucht wird, geleistet ist. Fällt dem Verpflichteten eine bösliche Handlungsweise zur Last, so findet die Bestimmung keine Anwendung.

Für die in den Fällen des Absatz 3 geleistete Erstattung einer Zahlung sind den Gesellschaftern die Geschäftsführer, welchen in betreff der geleisteten Zahlung ein Verschulden zur Last fällt, solidarisch zum Ersatze verpflichtet.

§ 32. Liegt die im § 31 Absatz 1 bezeichnete Voraussetzung nicht vor, so sind die Gesellschafter in keinem Falle verpflichtet, Beträge, welche sie in gutem Glauben als Gewinnanteile bezogen haben, zurückzuzahlen.

§ 33. Die Gesellschaft darf eigene Geschäftsanteile, auf welche die Stammeinlage noch nicht vollständig eingezahlt ist, nicht erwerben.

Sie soll auch eigene Geschäftsanteile, auf welche die Stammeinlage vollständig eingezahlt ist, nicht erwerben, sofern nicht der Erwerb aus dem über den Betrag des Stammkapitals hinaus vorhandenen Vermögen geschehen kann.

§ 34. Die Einziehung (Amortisation) von Geschäftsanteilen darf nur erfolgen, soweit sie im Gesellschaftsvertrage zugelassen ist.

Ohne die Zustimmung des Anteilsberechtigten findet die Einziehung nur statt, wenn die Voraussetzungen derselben vor dem Zeitpunkt, in welchem der Berechtigte den Geschäftsanteil erworben hat, im Gesellschaftsvertrage festgesetzt waren.

Die Bestimmung im § 30 Absatz 1 bleibt unberührt.

Dritter Abschnitt.
Vertretung und Geschäftsführung.

§ 35. Die Gesellschaft wird durch die Geschäftsführer gerichtlich und außergerichtlich vertreten.

Dieselben haben in der durch den Gesellschaftsvertrag bestimmten Form ihre Willenserklärungen kundzugeben und für die Gesellschaft zu zeichnen. Ist nichts darüber bestimmt, so muß die Erklärung und Zeichnung durch sämtliche Geschäftsführer erfolgen. Ist der Gesellschaft gegenüber eine Willenserklärung abzugeben, so genügt es, wenn dieselbe an einen der Geschäftsführer erfolgt.

Die Zeichnung geschieht in der Weise, daß die Zeichnenden zu der Firma der Gesellschaft ihre Namensunterschrift beifügen.

§ 36. Die Gesellschaft wird durch die in ihrem Namen von den Geschäftsführern vorgenommenen Rechtsgeschäfte berechtigt und verpflichtet; es ist gleichgültig, ob das Geschäft ausdrücklich im Namen der Gesellschaft vorgenommen worden ist, oder ob die Umstände ergeben, daß es nach dem Willen der Beteiligten für die Gesellschaft vorgenommen werden sollte.

§ 37. Die Geschäftsführer sind der Gesellschaft gegenüber verpflichtet, die Beschränkungen einzuhalten, welche den für Umfang ihrer Befugnis, die Gesellschaft zu vertreten, durch den Gesellschaftsvertrag oder, soweit dieser nicht ein anderes bestimmt, durch die Beschlüsse der Gesellschafter festgesetzt sind.

Gegen dritte Personen hat eine Beschränkung der Befugnis der Geschäftsführer, die Gesellschaft zu vertreten, keine rechtliche Wirkung. Dies gilt insbesondere für den Fall, daß die Vertretung sich nur auf gewisse Geschäfte oder Arten von Geschäften erstrecken oder nur unter gewissen Umständen oder für eine gewisse Zeit oder an einzelnen Orten stattfinden soll, oder daß die Zustimmung der Gesellschafter oder eines Organs der Gesellschaft für einzelne Geschäfte erfordert ist.

§ 38. Die Bestellung der Geschäftsführer ist zu jeder Zeit widerruflich, unbeschadet der Entschädigungsansprüche aus bestehenden Verträgen.

Im Gesellschaftsvertrage kann die Zulässigkeit des Widerrufs auf den Fall beschränkt werden, daß wichtige Gründe denselben notwendig machen. Als solche Gründe sind insbesondere grobe Pflichtverletzung oder Unfähigkeit zur ordnungsmäßigen Geschäftsführung anzusehen.

§ 39. Jede Änderung in den Personen der Geschäftsführer sowie die Beendigung der Vertretungsbefugnis eines Geschäftsführers ist zur Eintragung in das Handelsregister anzumelden.

Der Anmeldung ist eine Abschrift der Urkunden über die Bestellung der Geschäftsführer oder über die Beendigung der Vertretungsbefugnis beizufügen. Diese Bestimmung findet auf die Anmeldung zum Handelsregister einer Zweigniederlassung keine Anwendung.

Die Geschäftsführer haben ihre Unterschrift zur Aufbewahrung bei dem Gerichte zu zeichnen.

§ 40. Alljährlich im Monat Januar haben die Geschäftsführer eine von ihnen unterschriebene Liste der Gesellschafter, aus welcher Name, Vorname, Stand und Wohnort der letzteren sowie ihre Stammeinlagen zu entnehmen sind, zum Handelsregister einzureichen. Sind seit Einreichung der letzten Liste Veränderungen hinsichtlich der Person der Gesellschafter und des Umfangs ihrer Beteiligung nicht eingetreten, so genügt die Einreichung einer entsprechenden Erklärung.

§ 41. Die Geschäftsführer sind verpflichtet, für die ordnungsmäßige Buchführung der Gesellschaft zu sorgen.

Sie müssen in den ersten drei Monaten des Geschäftsjahres die Bilanz für das verflossene Geschäftsjahr nebst einer Gewinn- und Verlustrechnung aufstellen.

Durch den Gesellschaftsvertrag kann die bezeichnete Frist bis auf sechs Monate, bei Gesellschaften, deren Unternehmen den Betrieb von Geschäften in überseeischen Gebieten zum Gegenstande hat, bis auf neun Monate erstreckt werden.

Für Gesellschaften, bei welchen der Gegenstand des Unternehmens im Betriebe von Bankgeschäften besteht, ist die Bilanz innerhalb der vorbezeichneten Fristen in den im § 30 Absatz 2 bestimmten öffentlichen Blättern durch die Geschäftsführer bekanntzumachen. Die Bekanntmachung ist zum Handelsregister einzureichen.

§ 42. Für die Aufstellung der Bilanz kommen die Vorschriften des § 40 des Handelsgesetzbuchs mit folgenden Maßgaben zur Anwendung:

1. Anlagen und sonstige Vermögensgegenstände, welche nicht zur Weiterveräußerung, sondern dauernd zum Betriebe des Unternehmens bestimmt sind, dürfen höchstens zu dem Anschaffungs- oder Herstellungspreise angesetzt werden; sie können ohne Rücksicht auf einen geringeren Wert zu diesem Preise angesetzt werden, sofern ein der Abnutzung gleichkommender Betrag in Abzug oder ein derselben entsprechender Erneuerungsfonds in Ansatz gebracht wird;
2. die Kosten der Organisation und Verwaltung dürfen nicht als Aktiva in die Bilanz eingesetzt werden;
3. das Recht der Gesellschaft zur Einziehung von Nachschüssen der Gesellschafter ist als Aktivum in die Bilanz nur insoweit einzustellen, als die Einziehung bereits beschlossen ist und den Gesellschaftern ein Recht, durch Verweisung auf den Geschäftsanteil sich von der Zahlung der Nachschüsse zu befreien, nicht zusteht; den in die Aktiva der Bilanz aufgenommenen Nachschußansprüchen muß ein gleicher Kapitalbetrag in den Passiven gegenübergestellt werden;
4. der Betrag des im Gesellschaftsvertrage bestimmten Stammkapitals ist unter die Passiva aufzunehmen. Das gleiche gilt von dem Betrage eines jeden Reserve- und Erneuerungsfonds, sowie von dem Gesamtbetrage der eingezahlten Nachschüsse, soweit nicht die Verwendung eine Abschreibung der betreffenden Passivposten begründet;
5. der aus der Vergleichung sämtlicher Aktiva und Passiva sich ergebende Gewinn oder Verlust muß am Schlusse der Bilanz besonders angegeben werden.

§ 43. Die Geschäftsführer haben in den Angelegenheiten der Gesellschaft die Sorgfalt eines ordentlichen Geschäftsmannes anzuwenden.

Geschäftsführer, welche ihre Obliegenheiten verletzen, haften der Gesellschaft solidarisch für den entstandenen Schaden.

Insbesondere sind sie zum Ersatze verpflichtet, wenn den Bestimmungen des § 30 zuwider Zahlungen aus dem zur Erhaltung des Stammkapitals erforderlichen Vermögen der Gesellschaft gemacht oder den Bestimmungen des § 33 zuwider eigene Geschäftsanteile der Gesellschaft erworben worden sind. Auf den Ersatzanspruch finden die Bestimmungen im § 9 Absatz 2 entsprechende Anwendung. Soweit der Ersatz zur Befriedigung der Gläubiger der Gesellschaft erforderlich ist, wird die Verpflichtung der Geschäftsführer dadurch nicht aufgehoben, daß dieselben in Befolgung eines Beschlusses der Gesellschafter gehandelt haben.

Die Ansprüche auf Grund der vorstehenden Bestimmungen verjähren in fünf Jahren.

§ 44. Die für die Geschäftsführer gegebenen Vorschriften gelten auch für Stellvertreter von Geschäftsführern.

§ 45. Die Rechte, welche den Gesellschaftern in den Angelegenheiten der Gesellschaft, insbesondere in bezug auf die Führung der Geschäfte zustehen, sowie die Ausübung derselben bestimmen sich, soweit nicht gesetzliche Vorschriften entgegenstehen, nach dem Gesellschaftsvertrage.

In Ermangelung besonderer Bestimmungen des Gesellschaftsvertrages finden die Vorschriften der §§ 46 bis 51 Anwendung.

§ 46. Der Bestimmung der Gesellschafter unterliegen:

1. die Feststellung der Jahresbilanz und die Verteilung des aus derselben sich ergebenden Reingewinns;
2. die Einforderung von Einzahlungen auf die Stammeinlagen;
3. die Rückzahlung von Nachschüssen;
4. die Teilung sowie die Einziehung von Geschäftsanteilen;
5. die Bestellung und die Abberufung von Geschäftsführern sowie die Entlastung derselben;
6. die Maßregeln zur Prüfung und Überwachung der Geschäftsführung;
7. die Bestellung von Prokuristen und von Handlungsbevollmächtigten zum gesamten Geschäftsbetriebe;
8. die Geltendmachung von Ersatzansprüchen, welche der Gesellschaft aus der Gründung oder Geschäftsführung gegen Geschäftsführer oder Gesellschafter zustehen, sowie die Vertretung der Gesellschaft in Prozessen, welche sie gegen die Geschäftsführer zu führen hat.

§ 47. Die von den Gesellschaftern in den Angelegenheiten der Gesellschaft zu treffenden Bestimmungen erfolgen durch Beschlußfassung nach der Mehrheit der abgegebenen Stimmen.

Jede hundert Mark eines Geschäftsanteils gewähren eine Stimme.

Vollmachten bedürfen zu ihrer Gültigkeit der schriftlichen Form.

Ein Gesellschafter, welcher durch die Beschlußfassung entlastet oder von einer Verbindlichkeit befreit werden soll, hat hierbei kein Stimmrecht und darf ein solches auch nicht für andere ausüben. Dasselbe gilt von einer Beschlußfassung, welche die Vornahme eines Rechtsgeschäfts oder die Einleitung oder Erledigung eines Rechtsstreites gegenüber einem Gesellschafter betrifft.

§ 48. Die Beschlüsse der Gesellschafter werden in Versammlungen gefaßt.

Der Abhaltung einer Versammlung bedarf es nicht, wenn sämtliche Gesellschafter schriftlich mit der zu treffenden Bestimmung oder mit der schriftlichen Abgabe der Stimmen sich einverstanden erklären.

§ 49. Die Versammlung der Gesellschafter wird durch die Geschäftsführer berufen.

Sie ist außer den ausdrücklich bestimmten Fällen zu berufen, wenn es im Interesse der Gesellschaft erforderlich erscheint.

Insbesondere muß die Versammlung unverzüglich berufen werden, wenn aus der Jahresbilanz oder aus einer im Laufe des Geschäftsjahres aufgestellten Bilanz sich ergibt, daß die Hälfte des Stammkapitals verloren ist.

§ 50. Gesellschafter, deren Geschäftsanteile zusammen mindestens dem zehnten Teile des Stammkapitals entsprechen, sind berechtigt, unter Angabe des Zwecks und der Gründe die Berufung der Versammlung zu verlangen.

In gleicher Weise haben die Gesellschafter das Recht zu verlangen, daß Gegenstände zur Beschlußfassung der Versammlung angekündigt werden.

Wird dem Verlangen nicht entsprochen oder sind Personen, an welche dasselbe zu richten wäre, nicht vorhanden, so können die im Absatz 1 bezeichneten Gesellschafter unter Mitteilung des Sachverhältnisses die Berufung oder Ankündigung selbst bewirken. Die Versammlung beschließt, ob die entstandenen Kosten von der Gesellschaft zu tragen sind.

§ 51. Die Berufung der Versammlung erfolgt durch Einladung der Gesellschafter mittels eingeschriebener Briefe. Sie ist mit einer Frist von mindestens einer Woche zu bewirken.

Der Zweck der Versammlung soll jederzeit bei der Berufung angekündigt werden.

Ist die Versammlung nicht ordnungsmäßig berufen, so können Beschlüsse nur gefaßt werden, wenn sämtliche Gesellschafter anwesend sind.

Das gleiche gilt in bezug auf Beschlüsse über Gegenstände, welche nicht wenigstens drei Tage vor der Versammlung in der für die Berufung vorgeschriebenen Weise angekündigt worden sind.

§ 52. Ist nach dem Gesellschaftsvertrage ein Aufsichtsrat zu bestellen, so finden auf denselben, soweit nicht im Gesellschaftsvertrage ein anderes bestimmt ist, die für den Aufsichtsrat einer Aktiengesellschaft nach § 243 Absatz 1, 2, 4, §§ 244 bis 248 und § 249 Absatz 1, 2 des Handelsgesetzbuchs geltenden Vorschriften entsprechende Anwendung.

Schadensersatzansprüche gegen die Mitglieder des Aufsichtsrats wegen Verletzung ihrer Obliegenheiten verjähren in fünf Jahren.

Vierter Abschnitt.

Abänderungen des Gesellschaftsvertrages.

§ 53. Eine Abänderung des Gesellschaftsvertrages kann nur durch Beschluß der Gesellschafter erfolgen.

Der Beschluß muß gerichtlich oder notariell beurkundet werden, derselbe bedarf einer Mehrheit von drei Vierteilen der abgegebenen Stimmen. Der Gesellschaftsvertrag kann noch andere Erfordernisse aufstellen.

Eine Vermehrung der den Gesellschaftern nach dem Gesellschaftsvertrage obliegenden Leistungen kann nur mit Zustimmung sämtlicher beteiligter Gesellschafter beschlossen werden.

§ 54. Die Abänderung des Gesellschaftsvertrages ist zur Eintragung in das Handelsregister anzumelden.

Bei der Eintragung genügt, sofern nicht die Abänderung die im § 10 Absatz 1 und 2 bezeichneten Angaben betrifft, die Bezugnahme auf die bei dem Gerichte eingereichten Urkunden über die Abänderung. Die öffentliche Bekanntmachung findet in betreff aller Bestimmungen statt, auf welche sich die im § 10 Absatz 3 und im § 12 vorgeschriebenen Veröffentlichungen beziehen.

Die Abänderung hat keine rechtliche Wirkung, bevor sie in das Handelsregister des Sitzes der Gesellschaft eingetragen ist.

§ 55. Wird eine Erhöhung des Stammkapitals beschlossen, so bedarf es zur Übernahme jeder auf das erhöhte Kapital zu leistenden Stammeinlage einer gerichtlich oder notariell aufgenommenen oder beglaubigten Erklärung des Übernehmers.

Zur Übernahme einer Stammeinlage können von der Gesellschaft die bisherigen Gesellschafter oder andere Personen, welche durch die Übernahme ihren Beitritt zu der Gesellschaft erklären, zugelassen werden. Im letzteren Falle sind außer dem Betrage der Stammeinlage auch sonstige Leistungen, zu welchen der Beitretende nach dem Gesellschaftsvertrage verpflichtet sein soll, in der im Absatz 1 bezeichneten Urkunde ersichtlich zu machen.

Wird von einem der Gesellschaft bereits angehörenden Gesellschafter eine Stammeinlage auf das erhöhte Kapital übernommen, so erwirbt derselbe einen weiteren Geschäftsanteil.

Die Bestimmungen im § 5 Absatz 1 und 3 über den Betrag der Stammeinlagen sowie die Bestimmung im § 5 Absatz 2 über die Unzulässigkeit der Übernahme mehrerer Stammeinlagen finden auch hinsichtlich der auf das erhöhte Kapital zu leistenden Stammeinlagen Anwendung.

§ 56. Soll auf das erhöhte Stammkapital eine Einlage gemacht werden, welche nicht in Geld zu leisten ist, oder soll eine Vergütung für Vermögensgegenstände, welche die Gesellschaft übernimmt, auf eine Einlage angerechnet werden, so muß die Person desjenigen, welcher die Einlage zu leisten oder die Vermögensgegenstände zu überlassen hat, sowie der Gegenstand der Einlage oder Überlassung und der Geldwert, für welchen die Einlage angenommen wird, oder die für den überlassenen Gegenstand zu gewährende Vergütung in dem Beschlusse auf Erhöhung des Stammkapitals festgesetzt und in der im § 55 Absatz 1 bezeichneten Erklärung angegeben werden.

Die Bestimmung im § 19 Absatz 3 findet entsprechende Anwendung.

§ 57. Die beschlossene Erhöhung des Stammkapitals ist zur Eintragung in das Handelsregister anzumelden, nachdem das erhöhte Kapital durch Übernahme von Stammeinlagen gedeckt ist.

Die Bestimmung im § 7 Absatz 2 über die vor der Anmeldung des Gesellschaftsvertrages zu leistende Einzahlung, sowie die Bestimmung im § 8 Absatz 2 über die in der Anmeldung abzugebende Versicherung finden entsprechende Anwendung.

Der Anmeldung sind beizufügen:

1. die im § 55 Absatz 1 bezeichneten Erklärungen oder eine beglaubigte Abschrift derselben;
2. eine von den Anmeldenden unterschriebene Liste der Personen, welche die neuen Stammeinlagen übernommen haben; aus der Liste muß der Betrag der von jedem übernommenen Einlage ersichtlich sein.

In bezug auf die Verantwortlichkeit der Anmeldenden für die Richtigkeit ihrer Angaben finden die Bestimmungen im § 9 entsprechende Anwendung.

§ 58. Eine Herabsetzung des Stammkapitals kann nur unter Beobachtung der nachstehenden Bestimmungen erfolgen:

1. der Beschluß auf Herabsetzung des Stammkapitals muß von den Geschäftsführern zu drei verschiedenen Malen durch die im § 30 Absatz 2 bezeichneten Blätter bekanntgemacht werden; in diesen Bekanntmachungen sind zugleich die Gläubiger der Gesellschaft aufzufordern, sich bei derselben zu melden; die aus den Handelsbüchern der Gesellschaft ersichtlichen oder in anderer Weise bekannten Gläubiger sind durch besondere Mitteilung zur Anmeldung aufzufordern;
2. die Gläubiger, welche sich bei der Gesellschaft melden und der Herabsetzung nicht zustimmen, sind wegen der erhobenen Ansprüche zu befriedigen oder sicherzustellen;
3. die Anmeldung des Herabsetzungsbeschlusses zur Eintragung in das Handelsregister erfolgt nicht vor Ablauf eines Jahres seit dem Tage, an welchem die Aufforderung der Gläubiger in den öffentlichen Blättern zum dritten Male stattgefunden hat;
4. mit der Anmeldung sind die Bekanntmachungen des Beschlusses einzureichen; zugleich haben die Geschäftsführer die Versicherung abzugeben, daß die Gläubiger, welche sich bei der Gesellschaft gemeldet und der Herabsetzung nicht zugestimmt haben, befriedigt oder sichergestellt sind.

Die Bestimmung im § 5 Absatz 1 über den Mindestbetrag des Stammkapitals bleibt unberührt. Erfolgt die Herabsetzung zum Zweck der Zurückzahlung von Stammeinlagen oder zum Zweck des Erlasses der auf diese geschuldeten Einzahlungen, so darf der verbleibende Betrag der Stammeinlagen nicht unter den im § 5 Absatz 1 und 3 bezeichneten Betrag herabgehen.

§ 59. Auf die Anmeldungen zu dem Handelsregister eines Gerichts, in dessen Bezirke die Gesellschaft eine Zweigniederlassung besitzt, finden die Bestimmungen im § 57 Absatz 2, Absatz 3 Nr. 1 und im § 58 Absatz 1 Nr. 4 keine Anwendung.

Fünfter Abschnitt.

Auflösung und Nichtigkeit der Gesellschaft.

§ 60. Die Gesellschaft mit beschränkter Haftung wird aufgelöst:

1. durch Ablauf der im Gesellschaftsvertrage bestimmten Zeit;
2. durch Beschluß der Gesellschafter; derselbe bedarf, sofern im Gesellschaftsvertrage nicht ein anderes bestimmt ist, einer Mehrheit von drei Vierteilen der abgegebenen Stimmen;
3. durch gerichtliches Urteil oder durch Entscheidung des Verwaltungsgerichts oder der Verwaltungsbehörde in den Fällen der §§ 61 und 62;
4. durch die Eröffnung des Konkursverfahrens; wird das Verfahren nach Abschluß eines Zwangsvergleichs aufgehoben oder auf Antrag des Gemeinschuldners eingestellt, so können die Gesellschafter die Fortsetzung der Gesellschaft beschließen.

Im Gesellschaftsvertrage können weitere Auflösungsgründe festgesetzt werden.

§ 61. Die Gesellschaft kann durch gerichtliches Urteil aufgelöst werden, wenn die Erreichung des Gesellschaftszweckes unmöglich wird, oder wenn andere, in den Verhältnissen der Gesellschaft liegende, wichtige Gründe für die Auflösung vorhanden sind.

Die Auflösungsklage ist gegen die Gesellschaft zu richten. Sie kann nur von Gesellschaftern erhoben werden, deren Geschäftsanteile zusammen mindestens dem zehnten Teile des Stammkapitals entsprechen.

Für die Klage ist das Landgericht ausschließlich zuständig, in dessen Bezirk die Gesellschaft ihren Sitz hat.

§ 62. Wenn eine Gesellschaft das Gemeinwohl dadurch gefährdet, daß die Gesellschafter gesetzwidrige Beschlüsse fassen oder gesetzwidrige Handlungen der Geschäftsführer wissentlich geschehen lassen, so kann sie aufgelöst werden, ohne daß deshalb ein Anspruch auf Entschädigung stattfindet.

Das Verfahren und die Zuständigkeit der Behörden richtet sich nach den für streitige Verwaltungssachen landesgesetzlich geltenden Vorschriften. Wo ein Verwaltungsstreitverfahren nicht besteht, kann die Auflösung nur durch gerichtliches Erkenntnis auf Betreiben der höheren Verwaltungsbehörde erfolgen. Ausschließlich zuständig ist in diesem Falle das Landgericht, in dessen Bezirk die Gesellschaft ihren Sitz hat.

§ 63. Über das Vermögen der Gesellschaft findet das Konkursverfahren außer dem Falle der Zahlungsunfähigkeit auch in dem Falle der Überschuldung statt.

Die auf das Konkursverfahren über das Vermögen einer Aktiengesellschaft bezüglichen Vorschriften im § 207 Absatz 2, § 208 der Konkursordnung finden auf die Gesellschaft mit beschränkter Haftung entsprechende Anwendung.

§ 64. Die Geschäftsführer haben die Eröffnung des Konkursverfahrens zu beantragen, sobald die Zahlungsunfähigkeit der Gesellschaft eintritt oder aus der Jahresbilanz oder aus einer im Laufe des Geschäftsjahres aufgestellten Bilanz Überschuldung sich ergibt.

Die Geschäftsführer sind der Gesellschaft zum Ersatze aller nach diesem Zeitpunkt geleisteten Zahlungen verpflichtet. Auf den Ersatzanspruch finden die Bestimmungen im § 43 Absatz 3 und 4 entsprechende Anwendung.

§ 65. Die Auflösung der Gesellschaft ist außer dem Falle des Konkursverfahrens zur Eintragung in das Handelsregister anzumelden. Das gleiche gilt von einer Fortsetzung der Gesellschaft in den im § 60 Absatz 1 Nr. 4 bezeichneten Fällen.

Die Auflösung ist von den Liquidatoren zu drei verschiedenen Malen durch die im § 30 Absatz 2 bezeichneten öffentlichen Blätter bekanntzumachen. Durch die Bekanntmachung sind zugleich die Gläubiger der Gesellschaft aufzufordern, sich bei derselben zu melden.

§ 66. In den Fällen der Auflösung außer dem Falle des Konkursverfahrens erfolgt die Liquidation durch die Geschäftsführer, wenn nicht dieselbe durch den Gesellschaftsvertrag oder durch Beschluß der Gesellschafter anderen Personen übertragen wird.

Auf Antrag von Gesellschaftern, deren Geschäftsanteile zusammen mindestens dem zehnten Teile des Stammkapitals entsprechen, kann aus wichtigen Gründen die Bestellung von Liquidatoren durch das Gericht (§ 7 Absatz 1) erfolgen.

Die Abberufung von Liquidatoren kann durch das Gericht unter derselben Voraussetzung wie die Bestellung stattfinden. Liquidatoren, welche nicht vom Gericht ernannt sind, können auch durch Beschluß der Gesellschafter vor Ablauf des Zeitraums, für welchen sie bestellt sind, abberufen werden.

§ 67. Die ersten Liquidatoren sind durch die Geschäftsführer, jede Änderung in den Personen der Liquidatoren sowie eine Beendigung ihrer Vertretungsbefugnis ist durch die Liquidatoren zur Eintragung in das Handelsregister anzumelden.

Der Anmeldung ist eine Abschrift der Urkunden über die Bestellung der Liquidatoren oder über die Änderung in den Personen derselben beizufügen. Diese Vorschrift findet auf die Anmeldung zum Handelsregister einer Zweigniederlassung keine Anwendung.

Die Eintragung der gerichtlichen Ernennung oder Abberufung von Liquidatoren geschieht von Amts wegen.

Die Liquidatoren haben ihre Unterschrift zur Aufbewahrung bei dem Gerichte zu zeichnen.

§ 68. Die Liquidatoren haben in der bei ihrer Bestellung bestimmten Form ihre Willenserklärungen kundzugeben und für die Gesellschaft zu zeichnen. Ist nichts darüber bestimmt, so muß die Erklärung und Zeichnung durch sämtliche Liquidatoren erfolgen.

Die Bestimmung ist mit der Bestellung der Liquidatoren zur Eintragung in das Handelsregister anzumelden.

Die Zeichnungen geschehen in der Weise, daß die Liquidatoren der bisherigen, nunmehr als Liquidationsfirma zu bezeichnenden Firma ihre Namensunterschrift beifügen.

§ 69. Bis zur Beendigung der Liquidation kommen ungeachtet der Auflösung der Gesellschaft in bezug auf die Rechtsverhältnisse derselben und der Gesellschafter die Vorschriften des zweiten und dritten Abschnitts zur Anwendung, soweit sich aus den Bestimmungen des gegenwärtigen Abschnitts und aus dem Wesen der Liquidation nicht ein anderes ergibt.

Der Gerichtsstand, welchen die Gesellschaft zur Zeit ihrer Auflösung hatte, bleibt bis zur vollzogenen Verteilung des Vermögens bestehen.

§ 70. Die Liquidatoren haben die laufenden Geschäfte zu beendigen, die Verpflichtungen der aufgelösten Gesellschaft zu erfüllen, die Forderungen derselben einzuziehen und das Vermögen der Gesellschaft in Geld umzusetzen; sie haben die Gesellschaft gerichtlich und außergerichtlich zu vertreten. Zur Beendigung schwebender Geschäfte können die Liquidatoren auch neue Geschäfte eingehen.

§ 71. Die Liquidatoren haben die aus §§ 36, 37, § 41 Absatz 1, § 43 Absatz 1, 2 und 4, § 49 Absatz 1 und 2, § 64 sich ergebenden Rechte und Pflichten der Geschäftsführer.

Sie haben sofort bei Beginn der Liquidation und demnächst in jedem Jahre eine Bilanz aufzustellen.

§ 72. Das Vermögen der Gesellschaft wird unter die Gesellschafter nach Verhältnis ihrer Geschäftsanteile verteilt. Durch den Gesellschaftsvertrag kann ein anderes Verhältnis für die Verteilung bestimmt werden.

§ 73. Die Verteilung darf nicht vor Tilgung oder Sicherstellung der Schulden der Gesellschaft und nicht vor Ablauf eines Jahres seit dem Tage vorgenommen werden, an welchem die Aufforderung an die Gläubiger (§ 65 Absatz 2) in den öffentlichen Blättern zum dritten Male erfolgt ist.

Meldet sich ein bekannter Gläubiger nicht, so ist der geschuldete Betrag, wenn die Berechtigung zur Hinterlegung vorhanden ist, für den Gläubiger zu hinterlegen. Ist die Berichtigung einer Verbindlichkeit zur Zeit nicht ausführbar oder ist eine

Verbindlichkeit streitig, so darf die Verteilung des Vermögens nur erfolgen, wenn dem Gläubiger Sicherheit geleistet ist.

Liquidatoren, welche diesen Vorschriften zuwiderhandeln, sind zum Ersatze der verteilten Beträge solidarisch verpflichtet. Auf den Ersatzanspruch finden die Bestimmungen im § 43 Absatz 3 und 4 entsprechende Anwendung.

§ 74. Nach Beendigung der Liquidation sind die Bücher und Schriften der Gesellschaft für die Dauer von zehn Jahren einem der Gesellschafter oder einem Dritten in Verwahrung zu geben. Der Gesellschafter oder der Dritte wird in Ermangelung einer Bestimmung des Gesellschaftsvertrages oder eines Beschlusses der Gesellschafter durch das Gericht (§ 7 Absatz 1) bestimmt.

Die Gesellschafter und deren Rechtsnachfolger sind zur Einsicht der Bücher und Schriften berechtigt. Gläubiger der Gesellschaft können von dem Gericht (§ 7 Absatz 1) zur Einsicht ermächtigt werden.

§ 75. Enthält der Gesellschaftsvertrag nicht die nach § 3 Absatz 1 wesentlichen Bestimmungen oder ist eine dieser Bestimmungen nichtig, so kann jeder Gesellschafter, jeder Geschäftsführer und, wenn ein Aufsichtsrat bestellt ist, jedes Mitglied des Aufsichtsrats im Wege der Klage beantragen, daß die Gesellschaft für nichtig erklärt werde.

Die Vorschriften der §§ 272, 273 des Handelsgesetzbuchs finden entsprechende Anwendung.

§ 76. Ein Mangel, der die Bestimmungen über die Firma oder den Sitz der Gesellschaft oder den Gegenstand des Unternehmens betrifft, kann durch einstimmigen Beschluß der Gesellschafter geheilt werden.

§ 77. Ist die Nichtigkeit einer Gesellschaft in das Handelsregister eingetragen, so finden zum Zwecke der Abwickelung ihrer Verhältnisse die für den Fall der Auflösung geltenden Vorschriften entsprechende Anwendung.

Die Wirksamkeit der im Namen der Gesellschaft mit Dritten vorgenommenen Rechtsgeschäfte wird durch die Nichtigkeit nicht berührt.

Die Gesellschafter haben die versprochenen Einzahlungen zu leisten, soweit es zur Erfüllung der eingegangenen Verbindlichkeiten erforderlich ist.

Sechster Abschnitt.

Schlußbestimmungen.

§ 78. Die in diesem Gesetze vorgesehenen Anmeldungen zum Handelsregister sind durch die Geschäftsführer oder die Liquidatoren, die im § 7 Absatz 1, § 12 Absatz 1, § 57 Absatz 1, § 58 Absatz 1 Nr. 3, § 80 Absatz 5 vorgesehenen Anmeldungen sind durch sämtliche Geschäftsführer zu bewirken.

§ 79. In Ansehung der in §§ 7, 54, § 57 Absatz 1, § 58 Absatz 1 Nr. 3, § 80 Absatz 5 bezeichneten Anmeldungen zum Handelsregister findet, soweit es sich um die Anmeldung zum Handelsregister des Sitzes der Gesellschaft handelt, eine Verhängung von Ordnungsstrafen nach § 14 des Handelsgesetzbuchs nicht statt.

§ 80. Wird eine Aktiengesellschaft zum Zweck der Umwandlung in eine Gesellschaft mit beschränkter Haftung aufgelöst, so kann die Liquidation derselben unterbleiben, wenn hinsichtlich der Errichtung der neuen Gesellschaft den nachstehenden Bestimmungen genügt wird.

Das Stammkapital der neuen Gesellschaft darf nicht geringer sein als das Grundkapital der aufgelösten Gesellschaft.

Den Aktionären ist durch öffentliche Bekanntmachung oder in sonst geeigneter Weise Gelegenheit zu geben, mit dem auf ihre Aktien entfallenden Anteil an dem Vermögen der aufgelösten Gesellschaft sich bei der neuen Gesellschaft zu beteiligen. Die Aktien der sich beteiligenden Mitglieder müssen mindestens drei Vierteile des Grundkapitals der aufgelösten Gesellschaft darstellen.

Der auf jede Aktie entfallende Anteil an dem Vermögen der aufgelösten Gesellschaft wird auf Grund einer Bilanz berechnet, welche der Generalversammlung der Aktionäre zur Genehmigung vorzulegen ist. Der Beschluß, durch welchen die Genehmigung erfolgt, bedarf einer Mehrheit von drei Vierteilen des in der Generalversammlung vertretenen Grundkapitals.

Die neue Gesellschaft muß spätestens binnen einem Monate nach Auflösung der Aktiengesellschaft zur Eintragung in das Handelsregister angemeldet werden. Die Eintragung darf nur erfolgen, nachdem die Beobachtung der vorstehenden Bestimmungen nachgewiesen ist.

§ 81. In dem Falle des § 80 geht das Vermögen der aufgelösten Gesellschaft einschließlich ihrer Schulden mit der Eintragung der neuen Gesellschaft in das Handelsregister auf diese von Rechts wegen über.

Jeder Aktionär, welcher bei der neuen Gesellschaft sich nicht beteiligt hat, kann von dieser die Auszahlung eines seinem Anteil an dem Vermögen der aufgelösten Gesellschaft entsprechenden Betrages verlangen.

Unverzüglich nach der Eintragung der neuen Gesellschaft in das Handelsregister sind die Gläubiger der aufgelösten Gesellschaft nach Maßgabe der Bestimmungen des § 297 des Handelsgesetzbuchs durch die Geschäftsführer der neuen Gesellschaft aufzufordern, sich bei dieser zu melden. Die Gläubiger, welche sich melden und der Umwandlung nicht zustimmen, sind zu befriedigen oder sicherzustellen. Die Geschäftsführer sind den Gläubigern der aufgelösten Gesellschaft persönlich und solidarisch für die Beobachtung dieser Vorschriften verantwortlich.

§ 82. Mit Gefängnis bis zu einem Jahre und zugleich mit Geldstrafe bis zu fünftausend Mark werden bestraft:

1. Geschäftsführer und Mitglieder einer Gesellschaft mit beschränkter Haftung, welche behufs Eintragung der Gesellschaft in das Handelsregister, sowie Geschäftsführer, welche behufs Eintragung einer Erhöhung des Stammkapitals in das Handelsregister dem Gericht (§ 7 Absatz 1) hinsichtlich der Einzahlungen auf die Stammeinlagen wissentlich falsche Angaben machen;
2. Geschäftsführer einer Gesellschaft mit beschränkter Haftung, welche, um die Eintragung einer Herabsetzung des Stammkapitals in das Handelsregister zu erwirken, dem Gericht (§ 7 Absatz 1) hinsichtlich der Befriedigung oder Sicherstellung der Gläubiger wissentlich eine unwahre Versicherung abgeben;
3. Geschäftsführer, Liquidatoren, sowie Mitglieder eines Aufsichtsrats oder ähnlichen Organs einer Gesellschaft mit beschränkter Haftung, welche in einer öffentlichen Mitteilung die Vermögenslage der Gesellschaft wissentlich unwahr darstellen oder verschleiern.

Zugleich kann auf Verlust der bürgerlichen Ehrenrechte erkannt werden.

Sind mildernde Umstände vorhanden, so tritt ausschließlich die Geldstrafe ein.

§ 83. Die Strafvorschriften der §§ 239 bis 241 der Konkursordnung finden gegen die Geschäftsführer einer Gesellschaft mit beschränkter Haftung, welche ihre Zahlungen eingestellt hat oder über deren Vermögen das Konkursverfahren eröffnet worden ist, Anwendung, wenn sie in dieser Eigenschaft die mit Strafe bedrohten Handlungen begangen haben.

§ 84. Die Geschäftsführer oder Liquidatoren einer Gesellschaft mit beschränkter Haftung werden mit Gefängnis bis zu drei Monaten und zugleich mit Geldstrafe bis zu eintausend Mark bestraft, wenn entgegen den Vorschriften im § 64, § 71 Absatz 1 der Antrag auf Eröffnung des Konkursverfahrens unterlassen ist.

Sind mildernde Umstände vorhanden, so tritt ausschließlich die Geldstrafe ein.

Straflos bleibt derjenige, bezüglich dessen festgestellt wird, daß der Antrag auf Eröffnung des Konkursverfahrens ohne sein Verschulden unterblieben ist.

Das Gesetz tritt mit dem Tage der Verkündung in Kraft.

Auf die Errichtung einer Gesellschaft, die vor dem Inkrafttreten dieses Gesetzes zur Eintragung in das Handelsregister angemeldet ist, finden die bisherigen Vorschriften Anwendung, sofern vor diesem Zeitpunkt die Voraussetzungen erfüllt sind, an deren Nachweis die bisherigen Vorschriften die Eintragung knüpfen. Diese Vorschrift findet auf die Herabsetzung des Stammkapitals entsprechende Anwendung.

Ausländische Gesetze:

Das österreichische Gesetz vom 6. März 1906, RGBl. Nr. 58

(kundgemacht im XXIV. Stück am 15. März 1906)

über Gesellschaften mit beschränkter Haftung.

(In der Fassung des Bundesgesetzes vom 4. Juli 1924, Bundesgesetzblatt 1924, Nr. 246.)

Erstes Hauptstück.

Organisatorische Bestimmungen.

Erster Abschnitt.

Errichtung der Gesellschaft.

§ 1. Gesellschaften mit beschränkter Haftung können nach Maßgabe der Bestimmungen dieses Gesetzes zu jedem gesetzlich zulässigen Zwecke errichtet werden.

Von dem Betriebe von Versicherungsgeschäften sowie von der Tätigkeit als politische Vereine sind solche Gesellschaften jedoch ausgeschlossen.

§ 2. Zum Entstehen einer inländischen Gesellschaft mit beschränkter Haftung ist die Eintragung der Gesellschaft in das Handelsregister bei dem Handelsgerichte erforderlich, in dessen Sprengel die Gesellschaft ihren Sitz hat.

Vor der Eintragung besteht die Gesellschaft als solche nicht. Wird vorher im Namen der Gesellschaft gehandelt, so haften die Handelnden persönlich zur ungeteilten Hand (Art. 55 HGB.).

§ 3. Die Eintragung einer Gesellschaft mit beschränkter Haftung in das Handelsregister hat zur Voraussetzung:

1. den Abschluß des Gesellschaftsvertrages;
2. die Bestellung der Geschäftsführer (des Vorstandes).

Gesellschaften mit beschränkter Haftung, bei denen die Erwerbung oder Ausübung einer Eisenbahnkonzession oder einer nach dem Luftfahrgesetze vom 10. Dezember 1919 StGBl. Nr. 578 erteilten Genehmigung, der Betrieb von Bankgeschäften (Bankier- und Geldwechslergeschäfte gemäß Artikel 272 Z. 2 HGB., einschließlich der gewerbsmäßigen Kreditgewährung der Finanzierungsgeschäfte, der Ausgabe von Pfandbriefen und fundierten Bankschuldverschreibungen u. dgl.) oder die Anwerbung und Beförderung von Auswanderern zum Gegenstand des Unternehmens gehört (konzessionspflichtige Gesellschaften), können ferner nur dann eingetragen werden, wenn die staatliche Genehmigung des Gesellschaftsvertrags (Konzessionierung der Gesellschaft) erfolgt ist*).

Im übrigen ist zur Eintragung einer Gesellschaft mit beschränkter Haftung eine staatliche Genehmigung nicht erforderlich.

---

*) Zur Genehmigung des Gesellschaftsvertrages ist, wenn der Betrieb von Bankgeschäften zum Gegenstand des Unternehmens gehört, das Bundesministerium für Finanzen berufen (Art. II Bundesges. v. 6. Juli 24).

§ 4. Der Gesellschaftsvertrag muß bestimmen:

1. die Firma und den Sitz der Gesellschaft,
2. den Gegenstand des Unternehmens,
3. die Höhe des Stammkapitals,
4. den Betrag der von jedem Gesellschafter auf das Stammkapital zu leistenden Einlage (Stammeinlage).

Bestimmungen, die den Vorschriften dieses Gesetzes widersprechen, dürfen im Gesellschaftsvertrage nicht getroffen werden und haben keine rechtliche Wirkung.

Der Gesellschaftsvertrag bedarf der Beurkundung durch einen Notariatsakt. Die Unterzeichnung durch Bevollmächtigte setzt eine besondere, auf dieses einzelne Geschäft ausgestellte beglaubigte Vollmacht voraus, die dem Vertrage anzuschließen ist.

§ 5. Die Firma muß von dem Gegenstande des Unternehmens entlehnt sein oder die Namen aller Gesellschafter oder wenigstens eines derselben enthalten. Die Namen anderer Personen als der Gesellschafter dürfen in die Firma nicht aufgenommen werden. Die Beibehaltung der Firma eines auf die Gesellschaft übergegangenen Unternehmens wird hierdurch nicht ausgeschlossen.

Die Firma der Gesellschaft muß in allen Fällen die zusätzliche Bezeichnung: „Gesellschaft mit beschränkter Haftung" ohne Verkürzung des Wortes „Gesellschaft" enthalten.

In die Firma darf keine Bezeichnung aufgenommen werden, die den nach besonderen Vorschriften errichteten, unter öffentlicher Verwaltung oder Aufsicht stehenden Anstalten zukommt, als: Sparkasse, Landesbank, Landesanstalt u. dgl. m.

Als Sitz der Gesellschaft kann nur ein Ort im Inlande bestimmt werden.

§ 6. Das Stammkapital muß die Höhe von mindestens zweihundert Millionen Kronen erreichen und besteht aus den Stammeinlagen der einzelnen Gesellschafter, deren jede mindestens fünf Millionen Kronen betragen muß. Stammkapital und Stammeinlagen müssen in Kronenwährung ausgedrückt sein*).

Der Betrag der Stammeinlage kann für die einzelnen Gesellschafter verschieden bestimmt werden.

Kein Gesellschafter darf bei Errichtung der Gesellschaft mehrere Stammeinlagen übernehmen.

Soll einem Gesellschafter die Vergütung für Vermögensgegenstände, die von der Gesellschaft übernommen werden, auf die Stammeinlage angerechnet oder sollen einem Gesellschafter besondere Begünstigungen eingeräumt werden, so sind die Person des Gesellschafters, der Gegenstand der Übernahme, der Geldwert, wofür die Vermögensgegenstände übernommen werden, und die besonders eingeräumten Begünstigungen im Gesellschaftsvertrage im einzelnen genau und vollständig festzusetzen.

§ 6a. Mindestens die Hälfte des Stammkapitals muß durch in barem Geld zu leistende Stammeinlagen aufgebracht werden.

Wird eine Gesellschaft zum ausschließlichen Zwecke der Fortführung eines seit mindestens fünf Jahren bestehenden Unternehmens errichtet und sollen ihr nur der letzte Inhaber (Mitinhaber) des Unternehmens, dessen Ehegatte und Kinder (Stief-, Wahl- und Schwiegerkinder) als Gesellschafter angehören, so findet die Bestimmung des Absatz 1 nur für denjenigen Teil des Stammkapitals Anwendung, der in anderer Weise als durch die Anrechnung des Unternehmens auf die Stammeinlagen der bezeichneten Gesellschafter aufgebracht wird. Wird die Gesellschaft zu dem angeführten Zweck erst nach dem Tode des Inhabers (Mitinhabers) errichtet, so stehen den bezeichneten nahen Angehörigen sonstige zum Nachlaß des bisherigen Inhabers (Mitinhabers) berufene Personen gleich.

Die Bestimmungen des Abs. 2 finden unter den dort angegebenen Voraussetzungen sinn-

---

*) Bei Neugründungen von Gesellschaften m. b. H. muß das Stammkapital auf Grund von § 15 Abs. 1 des österr. Goldbilanzgesetzes vom 4. Juni 1925 (BGBl. Nr. 184, in Kraft seit 19. Juni 1925) auf Schillinge lauten. 1 Schilling = 10000 Kronen.

gemäß Anwendung, wenn eine Gesellschaft zum ausschließlichen Zwecke der Fortführung zweier oder mehrerer Unternehmen errichtet wird.

§ 7. Eine Belohnung für die Gründung der Gesellschaft oder deren Vorbereitung darf einem Gesellschafter aus dem Stammkapitale nicht gewährt werden; insbesondere ist deren Anrechnung auf die Stammeinlage unzulässig.

Ersatz der Kosten der Errichtung der Gesellschaft kann nur innerhalb des für die Gründungskosten im Gesellschaftsvertrage festgesetzten Höchstbetrages begehrt werden.

Die Kosten der Errichtung und Verwaltung dürfen nicht als Aktiva in die Bilanz eingesetzt werden, sie müssen vielmehr ihrem vollen Betrage nach als Ausgabe in der Jahresrechnung erscheinen.

§ 8. Wenn ein oder mehrere Gesellschafter sich neben den Stammeinlagen zu wiederkehrenden, nicht in Geld bestehenden, aber einen Vermögenswert darstellenden Leistungen verpflichten, so sind Umfang und Voraussetzung dieser Leistung sowie für den Fall des Verzuges allenfalls festgesetzte Konventionalstrafen, dann die Grundlagen für die Bemessung einer von der Gesellschaft für die Leistungen zu gewährenden Vergütung im Gesellschaftsvertrage genau zu bestimmen.

Daselbst ist auch festzusetzen, daß die Übertragung von Geschäftsanteilen der Zustimmung der Gesellschaft bedarf.

§ 9. Die Eintragung der Gesellschaft in das Handelsregister kann nur auf Grund einer Anmeldung erfolgen, die von sämtlichen Geschäftsführern unterzeichnet ist.

Der Anmeldung sind beizuschließen:

1. der Gesellschaftsvertrag in notarieller Ausfertigung;

2. eine von den Anmeldenden unterfertigte Liste der Gesellschafter, die deren Namen, Beruf und Wohnsitz sowie den Betrag der von jedem übernommenen Stammeinlage und der darauf geleisteten Einzahlung enthält;

3. ein Verzeichnis der Geschäftsführer mit Angabe ihres Namens, Berufes und Wohnsitzes und, falls diese nicht im Gesellschaftsvertrage bestellt sind, der Nachweis ihrer Bestellung in beglaubigter Form;

4. bei konzessionspflichtigen Gesellschaften die staatliche Genehmigungsurkunde in Urschrift oder beglaubigter Abschrift.

Zugleich mit der Anmeldung haben die Geschäftsführer ihre Unterschrift vor dem Registergerichte zu zeichnen oder die Zeichnung in beglaubigter Form vorzulegen.

§ 10. Auf jede in barem Gelde zu leistende Stammeinlage muß mindestens ein Viertel, jedenfalls aber ein Betrag von 2 500 000 Kronen eingezahlt sein. Insofern auf eine Stammeinlage nach dem Gesellschaftsvertrage die Vergütung für übernommene Vermögensgegenstände angerechnet werden soll, muß die Leistung sofort in vollem Umfange bewirkt werden*).

Als Barzahlung gilt nur die Zahlung in gesetzlichem Gelde.

In der Anmeldung ist die Erklärung abzugeben, daß die in barem Gelde zu leistenden Stammeinlagen in dem aus der Liste ersichtlichen Betrage bar eingezahlt sind und daß die eingezahlten Beträge sowie die Vermögensgegenstände, die nach dem Gesellschaftsvertrage nicht in barem Gelde auf die Stammeinlagen zu leisten sind, sich in der freien Verfügung der Geschäftsführer befinden.

Für einen durch falsche Angaben verursachten Schaden haften die Geschäftsführer der Gesellschaft persönlich zur ungeteilten Hand.

Diese Ersatzansprüche verjähren nach fünf Jahren von der Eintragung der Gesellschaft an.

Vergleiche und Verzichtleistungen hinsichtlich solcher Ansprüche haben keine rechtliche Wirkung, soweit der Ersatz zur Befriedigung der Gläubiger erforderlich ist.

§ 11. Das Handelsgericht hat die Vollständigkeit und Gesetzmäßigkeit der Anmeldung und ihrer Beilagen, namentlich des Gesellschaftsvertrags, sowie das Vorhandensein der

---

*) Vgl. Anm. * zu § 6.

gesetzlichen Voraussetzungen der Eintragung zu prüfen und über die Eintragung zu beschließen.

Die Eintragung der Gesellschaft erfolgt durch Eintragung des Gesellschaftsvertrages in das Handelsregister. Hierbei sind auch die angemeldeten Geschäftsführer und der Betrag der auf das Stammkapital geleisteten Einzahlungen einzutragen.

§ 12. Der eingetragene Gesellschaftsvertrag ist vom Gerichte im Auszuge zu veröffentlichen.

Der Veröffentlichung unterliegen:

1. der Tag des Abschlusses des Gesellschaftsvertrages;
2. Firma und Sitz der Gesellschaft;
3. der Gegenstand des Unternehmens;
4. die Höhe des Stammkapitals und der Betrag der geleisteten Einzahlungen;
5. wenn der Gesellschaftsvertrag Bestimmungen über die Art enthält, in der die von der Gesellschaft ausgehenden Bekanntmachungen zu veröffentlichen sind, diese Bestimmungen;
6. bei konzessionspflichtigen Gesellschaften das Datum der Genehmigungsurkunde;
7. wenn der Gesellschaftsvertrag eine Beschränkung der Dauer der Gesellschaft enthält, der Zeitpunkt der Auflösung;
8. die in § 6 Absatz 4 bezeichneten Bestimmungen des Gesellschaftsvertrages;
9. Namen, Beruf und Wohnsitz der Geschäftsführer und die im Gesellschaftsvertrage enthaltenen Bestimmungen über die Art, in der sie ihre Willenserklärungen abzugeben haben.

§ 13. Für die Errichtung von nach § 3 konzessionspflichtigen Eisenbahngesellschaften haben die Bestimmungen dieses Gesetzes mit nachstehenden Abänderungen Geltung:

1. Die Stammeinlage jedes Gesellschafters muß bei Lokal-, Klein- und Straßenbahnen mindestens 2 000 000 Kronen betragen.
2. Auf die in barem Gelde zu leistenden Stammeinlagen muß bei solchen Bahnen mindestens ein Viertel, jedenfalls aber ein Betrag von 1 000 000 Kronen eingezahlt sein*).
3. Bei Stammeinlagen, die vom Staate oder von einem Lande übernommen werden, genügt an Stelle der Einzahlungserklärung (§ 10 Absatz 3) eine Bestätigung des Eisenbahnministeriums, daß die Einzahlung gesichert sei.
4. Die Verpflichtung zur Leistung barer Einzahlungen auf die Stammeinlagen kann auch durch Naturalleistungen, insbesondere durch Grundabtretungen, Materiallieferungen u. dgl., oder durch die Zusicherung solcher Leistungen insoweit erfüllt werden, als das Eisenbahnministerium bestätigt, daß Naturalleistungen, die den einzuzahlenden Beträgen entsprechen, entweder schon erfolgt oder ausreichend sichergestellt seien. Die Vorschriften der § 6 Absatz 4 und § 63 Absatz 5 finden auf solche Sacheinlagen keine Anwendung.
5. Durch den Gesellschaftsvertrag können Ausnahmen von der Vorschrift des § 7 Absatz 3 über die Berücksichtigung der Kosten der Errichtung und Verwaltung und von den Vorschriften des § 23 über die Bilanzaufstellung getroffen werden.

§ 14. Die Bestimmungen des § 13 Ziff. 1 und 2 gelten auch für Seeschiffahrts- und Luftverkehrsgesellschaften, deren Stammkapital 2 000 000 000 Kronen nicht übersteigt*).

Zweiter Abschnitt.

Die gesellschaftlichen Organe.

1. Titel.

Die Geschäftsführer. (Der Vorstand.)

§ 15. Die Gesellschaft muß einen oder mehrere Geschäftsführer haben. Zu Geschäftsführern können nur physische, handlungsfähige Personen bestellt werden. Die Bestellung

*) Vgl. Anm. * zu § 6.

erfolgt durch Beschluß der Gesellschafter. Werden Gesellschafter zu Geschäftsführern bestellt, so kann dies auch im Gesellschaftsvertrage geschehen, jedoch nur für die Dauer ihres Gesellschaftsverhältnisses.

Wenn im Gesellschaftsvertrage sämtliche Gesellschafter zu Geschäftsführern bestellt sind, so gelten nur die der Gesellschaft bei Festsetzung dieser Bestimmung angehörenden Personen als die bestellten Geschäftsführer.

Im Gesellschaftsvertrage kann die Bestellung von Geschäftsführern durch den Staat, ein Land oder durch eine andere öffentliche Körperschaft vorbehalten werden.

§ 16. Die Bestellung zum Geschäftsführer kann unbeschadet der Entschädigungsansprüche aus bestehenden Verträgen durch Beschluß der Gesellschafter jederzeit widerrufen werden.

Wenn die Bestellung der Geschäftsführer im Gesellschaftsvertrage erfolgt ist, kann die Zulässigkeit des Widerrufes auf wichtige Gründe beschränkt werden.

Die Bestimmung der beiden vorhergehenden Absätze findet keine Anwendung auf Geschäftsführer, die gemäß einer Festsetzung des Gesellschaftsvertrages vom Staate, einem Lande oder einer anderen öffentlichen Körperschaft bestellt worden sind.

§ 17. Die jeweiligen Geschäftsführer und das Erlöschen oder eine Änderung ihrer Vertretungsbefugnis sind ohne Verzug zum Handelsregister anzumelden. Der Anmeldung ist der Nachweis der Bestellung oder der Änderung in beglaubigter Form beizufügen. Zugleich haben neue Geschäftsführer ihre Unterschrift vor dem Gerichte zu zeichnen oder die Zeichnung in beglaubigter Form vorzulegen.

Inwiefern die Änderung oder das Erlöschen der Vertretungsbefugnis dritten Personen entgegengesetzt werden kann, ist nach den in Artikel 46 HGB. betreffs des Erlöschens der Prokura enthaltenen Bestimmungen zu beurteilen.

§ 18. Die Gesellschaft wird durch die Geschäftsführer gerichtlich oder außergerichtlich vertreten.

Zu Willenserklärungen, insbesondere zur Zeichnung der Geschäftsführer für die Gesellschaft bedarf es der Mitwirkung sämtlicher Geschäftsführer, wenn im Gesellschaftsvertrage nicht etwas anderes bestimmt ist. Die Zeichnung geschieht in der Weise, daß die Zeichnenden zu der Firma der Gesellschaft ihre Unterschrift hinzufügen.

Der Gesellschaftsvertrag kann, wenn mehrere Geschäftsführer vorhanden sind, zur Vertretung der Gesellschaft auch einen Geschäftsführer in Gemeinschaft mit einem Prokuristen, der zur Mitzeichnung der Firma berechtigt ist (Artikel 41 Absatz 3 HGB.), berufen.

Die Abgabe einer Erklärung und die Behändigung von Vorladungen und anderen Zustellungen an die Gesellschaft geschieht mit rechtlicher Wirkung an jede Person, die zu zeichnen oder mitzuzeichnen befugt ist.

Die Art, mit welcher mehrere Geschäftsführer die Vertretungsbefugnis auszuüben haben, ist stets gleichzeitig mit der Eintragung ihrer Bestellung in das Handelsregister einzutragen und kundzumachen.

§ 19. Die Gesellschaft wird durch die von den Geschäftsführern in ihrem Namen geschlossenen Rechtsgeschäfte berechtigt und verpflichtet; es ist gleichgültig, ob das Geschäft ausdrücklich im Namen der Gesellschaft geschlossen worden ist oder ob die Umstände ergeben, daß es nach dem Willen der Beteiligten für die Gesellschaft geschlossen werden sollte.

§ 20. Die Geschäftsführer sind der Gesellschaft gegenüber verpflichtet, alle Beschränkungen einzuhalten, die in dem Gesellschaftsvertrage, durch Beschluß der Gesellschafter oder in einer für die Geschäftsführer verbindlichen Anordnung des Aufsichtsrates für den Umfang ihrer Befugnis, die Gesellschaft zu vertreten, festgesetzt sind.

Gegen dritte Personen hat eine Beschränkung der Vertretungsbefugnis jedoch keine rechtliche Wirkung. Dies gilt insbesondere für den Fall, daß die Vertretung sich nur auf gewisse Geschäfte oder Arten von Geschäften erstrecken oder nur unter gewissen Umständen oder für eine gewisse Zeit oder an einzelnen Orten stattfinden soll, oder daß die Zustimmung der Gesellschafter, des Aufsichtsrates oder eines anderen Organes der Gesellschaft für einzelne Geschäfte gefordert wird.

§ 21. Sind mehrere Geschäftsführer vorhanden, so darf, wenn im Gesellschaftsvertrage nicht etwas anderes bestimmt ist, keiner allein die zur Geschäftsführung gehörenden Handlungen vornehmen, es sei denn, daß Gefahr im Verzug ist.

Ist nach dem Gesellschaftsvertrage jeder Geschäftsführer für sich allein zur Geschäftsführung berufen, so muß, wenn einer unter ihnen gegen die Vornahme einer zur Geschäftsführung gehörenden Handlung Widerspruch erhebt, dieselbe unterbleiben, es sei denn, daß der Gesellschaftsvertrag etwas anderes bestimmt.

§ 22. Die Geschäftsführer haben Sorge zu tragen, daß die erforderlichen Bücher der Gesellschaft geführt werden.

Sie müssen in den ersten drei Monaten jedes Geschäftsjahres für das abgelaufene Geschäftsjahr den Rechnungsabschluß aufstellen.

Diese Frist kann im Gesellschaftsvertrage bis auf sechs Monate, bei Gesellschaften, deren Unternehmen den Betrieb von Geschäften in überseeischen Gebieten zum Gegenstande hat, bis auf neun Monate ausgedehnt werden.

Jedem Gesellschafter ist ohne Verzug nach Aufstellung des Rechnungsabschlusses eine Abschrift zuzusenden. Er kann innerhalb einer Woche vor der zur Prüfung des Rechnungsabschlusses berufenen Versammlung der Gesellschafter oder vor Ablauf der für die schriftliche Abstimmung festgesetzten Frist in die Bücher und Papiere der Gesellschaft Einsicht nehmen. Eine Bestimmung, daß den Gesellschaftern das Einsichtsrecht nicht zustehe, oder daß es innerhalb einer kürzeren Frist auszuüben oder sonstigen Beschränkungen unterworfen sei, darf in den Gesellschaftsvertrag nur aufgenommen werden, wenn nach dem Vertrage ein Aufsichtsrat zu bestellen ist.

Wenn der Gegenstand des Unternehmens im Betriebe von Bankgeschäften besteht, so ist die Bilanz, sobald die Beschlußfassung der Gesellschafter hierüber erfolgt ist, von den Geschäftsführern in den für die Bekanntmachung der Eintragungen in das Handelsregister bestimmten Blättern und, falls im Gesellschaftsvertrage für die Bekanntmachungen der Gesellschaft öffentliche Blätter bezeichnet sind, auch in diesen zu veröffentlichen und samt dem Ausweise darüber zum Handelsregister einzureichen. Außer diesem Falle besteht eine Pflicht zur Veröffentlichung nicht.

§ 23. Für die Aufstellung des Rechnungsabschlusses, der die ganze Gebarung der Gesellschaft zu umfassen hat, kommen folgende Bestimmungen zur Anwendung:

1. börsen- und marktgängige Gegenstände dürfen höchstens zum Börsen- oder Marktpreise des Zeitpunktes, für den der Rechnungsabschluß aufgestellt wird, wenn aber dieser Preis den Anschaffungs- oder Herstellungspreis übersteigt, höchstens zu dem letzteren angesetzt werden;

2. andere Vermögensstücke sind höchstens zu dem Anschaffungs- oder Herstellungspreise anzusetzen;

3. solche Vermögensstücke, die nicht zur Weiterveräußerung, sondern dauernd zum Geschäftsbetriebe der Unternehmung bestimmt sind, dürfen höchstens zu dem Anschaffungs- oder Herstellungspreise angesetzt werden. Sie können ohne Rücksicht auf den gegenwärtigen geringeren Wert zu diesem Preise angesetzt werden, sofern ein der Wertverminderung gleichkommender Betrag unter die Passiven eingestellt, oder ein der Wertverminderung entsprechender Fonds als Passivpost angesetzt wird;

4. der Betrag des Stammkapitals ist unter die Passiva aufzunehmen, ebenso der Betrag eines jeden Reserve- und Erneuerungsfonds, sowie der Gesamtbetrag der eingezahlten Nachschüsse, soweit nicht die Verwendung eine Abschreibung der betreffenden Passivposten begründet;

5. der aus der Vergleichung sämtlicher Aktiven und sämtlicher Passiven sich ergebende Gewinn oder Verlust muß am Schlusse der Bilanz besonders angegeben werden.

§ 24. Die Geschäftsführer dürfen ohne Einwilligung der Gesellschaft weder Geschäfte in deren Geschäftszweige für eigene oder fremde Rechnung machen, noch bei einer Gesellschaft des gleichen Geschäftszweiges als persönlich haftende Gesellschafter sich beteiligen oder eine Stelle im Vorstande oder Aufsichtsrate oder als Geschäftsführer bekleiden.

Die Einwilligung kann hinsichtlich der zu Geschäftsführern bestellten Gesellschafter im Gesellschaftsvertrage allgemein ausgesprochen sein. Sie ist außerdem schon dann anzunehmen, wenn bei Bestellung eines Gesellschafters zum Geschäftsführer den übrigen Gesellschaftern eine solche Tätigkeit oder Teilnahme desselben bekannt war und gleichwohl deren Aufgebung nicht ausdrücklich bedungen wurde. Die Einwilligung ist jederzeit widerruflich.

Die Bestellung von Geschäftsführern, die das im ersten Absatze ausgesprochene Verbot übertreten, kann ohne Verpflichtung zur Leistung einer Entschädigung widerrufen werden. Die Gesellschaft kann überdies Schadenersatz fordern oder statt dessen verlangen, daß die für Rechnung des Geschäftsführers gemachten Geschäfte als für ihre Rechnung geschlossen angesehen werden. Bezüglich der für fremde Rechnung geschlossenen Geschäfte kann sie die Herausgabe der hierfür bezogenen Vergütung oder Abtretung des Anspruches auf die Vergütung begehren.

Die vorstehend bezeichneten Rechte der Gesellschaft erlöschen in drei Monaten von dem Tage, an dem sämtliche Mitglieder des Aufsichtsrates oder, wenn kein Aufsichtsrat besteht, die übrigen Geschäftsführer von der sie begründenden Tatsache Kenntnis erlangt haben, jedenfalls aber in fünf Jahren von ihrem Entstehen an.

§ 25. Die Geschäftsführer sind der Gesellschaft gegenüber verpflichtet, bei ihrer Geschäftsführung die Sorgfalt eines ordentlichen Geschäftsmannes anzuwenden.

Geschäftsführer, die ihre Obliegenheiten verletzen, haften der Gesellschaft zur ungeteilten Hand für den daraus entstehenden Schaden.

Insbesondere sind sie zum Ersatze verpflichtet, wenn

1. gegen die Vorschriften dieses Gesetzes oder des Gesellschaftsvertrages Gesellschaftsvermögen verteilt wird, namentlich Stammeinlagen oder Nachschüsse an Gesellschafter gänzlich oder teilweise zurückgegeben, Zinsen oder Gewinnanteile ausgezahlt, für die Gesellschaft eigene Geschäftsanteile erworben, zum Pfande genommen oder eingezogen werden;

2. nach dem Zeitpunkte, in dem sie die Eröffnung des Konkurses zu begehren verpflichtet waren, Zahlungen geleistet werden.

Ein Geschäftsführer haftet der Gesellschaft auch für den ihr aus einem Rechtsgeschäfte erwachsenen Schaden, das er mit ihr im eigenen oder fremden Namen abgeschlossen hat, ohne vorher die Zustimmung des Aufsichtsrates oder, wenn kein Aufsichtsrat besteht, sämtlicher übrigen Geschäftsführer erwirkt zu haben.

Soweit der Ersatz zur Befriedigung der Gläubiger erforderlich ist, wird die Verpflichtung der Geschäftsführer dadurch nicht aufgehoben, daß sie in Befolgung eines Beschlusses der Gesellschafter gehandelt haben.

Die Ersatzansprüche verjähren in fünf Jahren.

Auf diese Ersatzansprüche finden die Bestimmungen des § 10 Absatz 6 Anwendung.

§ 26. Die Geschäftsführer sind verpflichtet, ein Verzeichnis der Gesellschafter (Anteilbuch) zu führen, in welchem Namen, Beruf und Wohnsitz jedes Gesellschafters sowie der Betrag der von ihm übernommenen Stammeinlage und der hierauf geleisteten Einzahlung einzutragen sind, und in das jeder, der ein rechtliches Interesse bescheinigen kann, während der Geschäftsstunden Einsicht nehmen kann.

In dem Anteilbuche ist jeder Übergang eines Geschäftsanteiles auf Anmeldung eines der Beteiligten einzutragen, ferner jede Änderung in dem Betrage der von einem Gesellschafter übernommenen Stammeinlage oder der darauf geleisteten Einzahlung sowie jede Zurückzahlung alsbald ersichtlich zu machen.

Auf Grund des Anteilbuches ist alljährlich im Monate Jänner eine von den Geschäftsführern unterzeichnete Liste der Gesellschafter mit Angabe der Stammeinlage eines jeden Gesellschafters und der hierauf geleisteten Einzahlung sowie allfälliger Zurückzahlungen dem Handelsgerichte einzureichen. Sind seit der Einreichung der letzten Liste Veränderungen nicht vorgekommen, so genügt die Einreichung einer entsprechenden Erklärung.

Für die Richtigkeit der Angaben in dem Anteilbuche, der Liste und der Erklärung haften die Geschäftsführer der Gesellschaft nach Maßgabe der Absätze 4 bis 6 des § 10. Die Verjährung beginnt mit dem Tage der Einreichung der Liste oder der Erklärung beim Handelsgerichte.

§ 27. Die für die Geschäftsführer gegebenen Vorschriften gelten auch für die Stellvertreter der Geschäftsführer.

§ 28. Der Betrieb von Geschäften der Gesellschaft sowie die Vertretung der Gesellschaft in diesem Geschäftsbetriebe kann auch einzelnen Geschäftsführern und sonstigen Bevollmächtigten oder Beamten der Gesellschaft zugewiesen werden. In diesem Falle bestimmt sich ihre Befugnis nach der ihnen erteilten Vollmacht; sie erstreckt sich im Zweifel auf alle Rechtshandlungen, welche die Ausführung derartiger Geschäfte gewöhnlich mit sich bringt.

Wenn der Gesellschaftsvertrag nichts anderes bestimmt, kann die Bestellung eines Prokuristen nur durch sämtliche Geschäftsführer, der Widerruf der Prokura durch jeden Geschäftsführer erfolgen.

2. Titel.

Der Aufsichtsrat.

§ 29. Wenn sich das Stammkapital auf mehr als 500 000 000 Kronen beläuft und die Zahl der Gesellschafter fünfzig übersteigt, muß ein Aufsichtsrat bestellt werden*).

In anderen Fällen kann die Bestellung eines Aufsichtsrates im Gesellschaftsvertrage festgesetzt werden.

Für die Bestellung und den Wirkungskreis des Aufsichtsrates gelten die folgenden Bestimmungen.

§ 30. Der Aufsichtsrat besteht aus mindestens drei von den Gesellschaftern zu wählenden physischen, handlungsfähigen Personen.

Die Bestellung des ersten Aufsichtsrates gilt für die Zeit bis zur Beschlußfassung über die erste Jahresbilanz. In der Folge währt die Funktionsperiode höchstens je drei Geschäftsjahre. Sie erlischt mit der Beschlußfassung über die dritte Jahresbilanz der Funktionsperiode.

Von der Wählbarkeit ausgeschlossen sind die Geschäftsführer, deren Stellvertreter und die Beamten der Gesellschaft, ferner alle Personen, die mit einer von der Wählbarkeit ausgeschlossenen Person verehelicht, in auf- oder absteigender Linie oder in der Seitenlinie bis zum zweiten Grade verwandt oder verschwägert sind. Ehemalige Geschäftsführer sind erst nach erteilter Entlastung in den Aufsichtsrat wählbar.

Die Bestellung zum Mitgliede des Aufsichtsrates kann unbeschadet der Entschädigungsansprüche aus bestehenden Verträgen durch Beschluß der Gesellschafter jederzeit, jedoch, wenn der Gesellschaftsvertrag nichts anderes bestimmt, nur mit einer Mehrheit von drei Vierteilen der abgegebenen Stimmen widerrufen werden. Die Mitgliedschaft erlischt von selbst mit dem Eintritte eines die Wählbarkeit ausschließenden Umstandes.

Die Namen der Mitglieder des Aufsichtsrates und alle Änderungen in dessen Zusammensetzung sind von den Geschäftsführern unverzüglich dem Handelsgerichte einzureichen.

§ 31. Ist der Aufsichtsrat nicht bestellt oder nicht vollzählig, so hat das Handelsgericht auf Antrag eines Beteiligten der Gesellschaft zur Bestellung oder Ergänzung des Aufsichtsrates eine dreimonatige Frist zu bestimmen und, wenn die Frist fruchtlos verstrichen ist, für die Zeit bis zur Vornahme der Wahl die erforderlichen Mitglieder des Aufsichtsrates selbst zu ernennen.

Wenn ein Aufsichtsrat nach § 29 Absatz 1 bestellt sein muß, hat das Gericht diese Verfügungen von Amts wegen zu treffen.

§ 32. Dem Aufsichtsrate liegt es ob, die Geschäftsführer bei ihrer Geschäftsführung in allen Zweigen der Verwaltung unter Anwendung der Sorgfalt eines ordentlichen Ge-

*) Vgl. Anm. * zu § 6.

schäftsmannes zu überwachen und zu diesem Zwecke sich von dem Gange der Angelegenheiten der Gesellschaft in Kenntnis zu erhalten. Er kann jederzeit von den Geschäftsführern Berichterstattung verlangen und in Gesamtheit oder durch einzelne seiner Mitglieder die Bücher und Papiere der Gesellschaft einsehen sowie den Bestand der Gesellschaftskassa und die Bestände an Effekten, Schulddokumenten und Waren untersuchen. Er hat den Rechnungsabschluß, den Jahresbericht und die Vorschläge über die Gewinnverteilung zu prüfen und darüber der Versammlung der Gesellschafter vor der Beschlußfassung zu berichten.

Der Aufsichtsrat ist verpflichtet, die Ausübung seiner Obliegenheiten durch eine Geschäftsordnung zu regeln.

Im Verordnungswege können für Gesellschaften mit beschränkter Haftung überhaupt oder für bestimmte Gattungen solcher Gesellschaften Grundsätze für die Ausübung der dem Aufsichtsrate zukommenden Obliegenheiten aufgestellt werden.

Der Aufsichtsrat ist befugt, Geschäftsführer, deren Bestellung nicht zufolge des Gesellschaftsvertrages durch den Staat, ein Land oder durch eine andere öffentliche Körperschaft erfolgt war, und sonstige Bevollmächtigte und Beamte von ihren Geschäften zu entheben und in diesem Falle sowie in sonstigen Fällen der Behinderung von Geschäftsführern das Erforderliche wegen einstweiliger Fortführung der Geschäfte zu veranlassen. Liegt Grund zur Enthebung eines Geschäftsführers vor, der vom Staate, einem Lande oder einer anderen öffentlichen Körperschaft bestellt worden ist, so hat der Aufsichtsrat hiervon schleunigst die zur Bestellung berufene Körperschaft zu benachrichtigen.

Sind Geschäftsführer enthoben worden, so hat der Aufsichtsrat ohne Verzug eine Versammlung der Gesellschafter zu berufen. Die Berufung einer Versammlung liegt ihm auch ob, wenn ihm dies sonst im Interesse der Gesellschaft erforderlich scheint.

Weitere Obliegenheiten können dem Aufsichtsrate durch den Gesellschaftsvertrag übertragen werden.

Der Aufsichtsrat hat gegen die Geschäftsführer die von den Gesellschaftern beschlossenen Rechtsstreite zu führen, wenn die Gesellschafter nicht besondere Vertreter gewählt haben. Handelt es sich um die Verantwortlichkeit seiner Mitglieder, so kann der Aufsichtsrat ohne und selbst gegen den Beschluß der Gesellschafter die Geschäftsführer klagen.

Über die gemäß § 25 Absatz 4 zwischen der Gesellschaft und Geschäftsführern geschlossenen Geschäfte hat der Aufsichtsrat jeweils an die nächste Generalversammlung zu berichten.

Die Mitglieder des Aufsichtsrates können die Ausübung ihrer Obliegenheiten anderen Personen nicht übertragen.

§ 33. Die in den §§ 25 und 27 hinsichtlich der Geschäftsführer getroffenen Anordnungen finden auch auf den Aufsichtsrat Anwendung.

Sind die Mitglieder des Aufsichtsrates zugleich mit Geschäftsführern zum Ersatze eines Schadens verpflichtet, so haften sie mit diesen zur ungeteilten Hand.

3. Titel.

Die Generalversammlung.

§ 34. Die durch das Gesetz oder den Gesellschaftsvertrag den Gesellschaftern vorbehaltenen Beschlüsse werden in der Generalversammlung gefaßt, es sei denn, daß sämtliche Gesellschafter sich im einzelnen Falle schriftlich mit der zu treffenden Bestimmung oder doch mit der Abstimmung im schriftlichen Wege einverstanden erklären.

Bei der Abstimmung im schriftlichen Wege wird die nach dem Gesetze oder dem Gesellschaftsvertrage zu einer Beschlußfassung der Generalversammlung erforderliche Mehrheit nicht nach der Zahl der abgegebenen, sondern nach der Gesamtzahl der allen Gesellschaftern zustehenden Stimmen berechnet.

§ 35. Der Beschlußfassung der Gesellschafter unterliegen nebst den in diesem Gesetze an anderen Stellen bezeichneten Gegenständen:

1. die Prüfung und Genehmigung des Rechnungsabschlusses, die Verteilung des Reingewinnes, falls letztere im Gesellschaftsvertrage einer besonderen Beschlußfassung von Jahr zu Jahr vorbehalten ist, und die Entlastung der Geschäftsführer sowie des etwa bestehenden Aufsichtsrates;

2. die Einforderung von Einzahlungen auf die Stammeinlagen;

3. die Rückzahlung von Nachschüssen;

4. die Entscheidung, ob Prokura oder Handelsvollmacht zum gesamten Geschäftsbetrieb erteilt werden darf;

5. die Maßregeln zur Prüfung und Überwachung der Geschäftsführung;

6. die Geltendmachung der Ersatzansprüche, die der Gesellschaft aus der Errichtung oder Geschäftsführung gegen die Geschäftsführer, deren Stellvertreter oder den Aufsichtsrat zustehen, sowie die Bestellung eines Vertreters zur Prozeßführung, wenn die Gesellschaft weder durch die Geschäftsführer noch durch den Aufsichtsrat vertreten werden kann;

7. der Abschluß von Verträgen, durch welche die Gesellschaft vorhandene oder herzustellende, dauernd zu ihrem Geschäftsbetriebe bestimmte Anlagen oder unbewegliche Gegenstände für eine den Betrag des fünften Teiles des Stammkapitals übersteigende Vergütung erwerben soll, sowie die Abänderung solcher Verträge zu Lasten der Gesellschaft, sofern es sich nicht um den Erwerb von Liegenschaften im Wege der Zwangsversteigerung handelt. Dieser Beschluß kann nur mit einer Mehrheit von drei Vierteilen der abgegebenen Stimmen gefaßt werden.

Die Gegenstände, die der Beschlußfassung durch die Gesellschafter unterliegen sollen, können im Gesellschaftsvertrage vermehrt oder verringert sein. Über die unter Zahl 1, 3, 6 und 7 bezeichneten Gegenstände muß jedenfalls ein Beschluß der Gesellschafter eingeholt werden.

§ 36. Die Versammlung hat am Sitze der Gesellschaft stattzufinden, wenn im Gesellschaftsvertrage nichts anderes bestimmt ist. Sie wird durch die Geschäftsführer berufen, soweit nicht nach dem Gesetze oder dem Gesellschaftsvertrage auch andere Personen dazu befugt sind.

Die Versammlung ist, soweit nicht eine Beschlußfassung außerhalb derselben zulässig ist, mindestens jährlich einmal und außer den im Gesetze oder im Gesellschaftsvertrage ausdrücklich bestimmten Fällen immer dann zu berufen, wenn es das Interesse der Gesellschaft erfordert, insbesondere ohne Verzug dann, wenn sich ergibt, daß die Hälfte des Stammkapitals verloren gegangen ist. Im letzteren Falle gefaßte Beschlüsse der Versammlung hat der Vorstand dem Handelsgerichte mitzuteilen.

§ 37. Die Versammlung muß auch dann ohne Verzug berufen werden, wenn Gesellschafter, deren Stammeinlagen den zehnten Teil oder den im Gesellschaftsvertrage hierfür bestimmten geringeren Teil des Stammkapitals erreichen, die Berufung schriftlich unter Angabe des Zweckes verlangen.

Wird dem Verlangen von den zur Berufung der Versammlung befugten Organen nicht innerhalb vierzehn Tagen nach der Aufforderung entsprochen, oder sind solche Organe nicht vorhanden, so können die Berechtigten unter Mitteilung des Sachverhaltes die Berufung selbst bewirken. Die Versammlung beschließt in diesem Falle darüber, ob die mit der Einberufung verbundenen Kosten von der Gesellschaft zu tragen sind.

§ 38. Die Berufung der Versammlung ist in der durch den Gesellschaftsvertrag bestimmten Form zu veröffentlichen, in Ermanglung einer solchen Festsetzung den einzelnen Gesellschaftern mittels rekommandierten Schreibens bekanntzugeben. Zwischen dem Tage der letzten Verlautbarung oder der Aufgabe der Sendung zur Post und dem Tage der Versammlung muß mindestens der Zeitraum von sieben Tagen liegen.

Der Zweck der Versammlung (Tagesordnung) ist bei der Berufung möglichst bestimmt zu bezeichnen. Bei beabsichtigten Änderungen des Gesellschaftsvertrages ist deren wesentlicher Inhalt anzugeben.

Gesellschafter, deren Stammeinlagen den zehnten Teil oder den im Gesellschaftsvertrage hierfür bestimmten geringeren Teil des Stammkapitals erreichen, haben das Recht, in einer von ihnen unterzeichneten Eingabe unter Anführung der Gründe zu verlangen, daß Gegenstände in die kundzumachende Tagesordnung der nächsten Generalversammlung aufgenommen werden, wenn sie dieses Begehren spätestens am dritten Tage nach dem im Absatze 1 bezeichneten Zeitpunkte geltend machen.

Ist die Versammlung nicht ordnungsgemäß berufen oder ein Gegenstand zur Beschlußfassung gestellt, dessen Verhandlung nicht wenigstens drei Tage vor der Versammlung in der für die Berufung vorgeschriebenen Weise angekündigt wurde, so können Beschlüsse nur gefaßt werden, wenn sämtliche Gesellschafter anwesend oder vertreten sind. Diese Voraussetzungen sind jedoch nicht erforderlich für den in einer Versammlung beantragten Beschluß auf Berufung einer neuerlichen Versammlung.

Zur Stellung von Anträgen und zu Verhandlungen ohne Beschlußfassung bedarf es der Ankündigung nicht.

Zur Beschlußfähigkeit der Versammlung ist, insofern das Gesetz oder der Gesellschaftsvertrag nichts anderes bestimmt, erforderlich, daß wenigstens der zehnte Teil des Stammkapitals vertreten ist.

Im Falle der Beschlußunfähigkeit einer Versammlung ist unter Hinweis auf deren Beschlußunfähigkeit eine zweite Versammlung zu berufen, die auf die Verhandlung der Gegenstände der früheren Versammlung beschränkt und, wenn der Gesellschaftsvertrag nichts anderes bestimmt, ohne Rücksicht auf die Höhe des vertretenen Stammkapitals beschlußfähig ist.

§ 39. Die Beschlußfassung der Gesellschafter erfolgt, soweit das Gesetz oder der Gesellschaftsvertrag nichts anderes bestimmt, durch einfache Mehrheit der abgegebenen Stimmen.

Je 1000000 Kronen einer übernommenen Stammeinlage gewähren eine Stimme, wobei Bruchteile unter 1000000 Kronen nicht gezählt werden. Im Gesellschaftsvertrage können andere Bestimmungen getroffen werden; jedem Gesellschafter muß aber mindestens eine Stimme zustehen*).

Die Ausübung des Stimmrechtes durch einen Bevollmächtigten ist zulässig. Doch bedarf es hierzu einer schriftlichen, auf die Ausübung dieses Rechtes lautenden Vollmacht. Die gesetzlichen und statutarischen Vertreter nicht handlungsfähiger und juristischer Personen müssen zur Ausübung des Stimmrechtes zugelassen werden und bedürfen hierzu keiner Vollmacht.

Wer durch die Beschlußfassung von einer Verpflichtung befreit, oder wem ein Vorteil zugewendet werden soll, hat hierbei weder im eigenen noch im fremden Namen das Stimmrecht. Das gleiche gilt von der Beschlußfassung, welche die Vornahme eines Rechtsgeschäftes mit einem Gesellschafter oder die Einleitung oder Erledigung eines Rechtsstreites zwischen ihm und der Gesellschaft betrifft.

Wenn ein Gesellschafter selbst zum Geschäftsführer oder Aufsichtsrat oder Liquidator bestellt oder als solcher abberufen werden soll, so ist er bei der Beschlußfassung in der Ausübung seines Stimmrechtes nicht beschränkt.

§ 40. Die Beschlüsse der Generalversammlung und die auf schriftlichem Wege gefaßten Beschlüsse der Gesellschafter sind ohne Verzug in ein besonderes Protokollbuch einzutragen, in das jeder Gesellschafter während der Geschäftsstunden Einsicht nehmen kann.

Jedem Gesellschafter ist ohne Verzug nach Abhaltung der Generalversammlung oder nach einer auf schriftlichem Wege erfolgten Abstimmung der Inhalt der gefaßten Beschlüsse unter Angabe des Tages der Eintragung derselben in das Protokollbuch in einer von den Geschäftsführern unterzeichneten Abschrift (Abdruck) mittels rekommandierten Schreibens zuzusenden.

§ 41. Die Nichtigerklärung eines Beschlusses der Gesellschafter kann mittels Klage verlangt werden:

1. wenn der Beschluß nach diesem Gesetze oder dem Gesellschaftsvertrage als nicht zustande gekommen anzusehen ist;

---

*) Vgl. Anm. * zu § 6.

2. wenn der Beschluß durch seinen Inhalt zwingende Vorschriften des Gesetzes verletzt oder, ohne daß bei der Beschlußfassung die Vorschriften über die Abänderung des Gesellschaftsvertrages eingehalten worden wären, mit letzterem in Widerspruch steht.

Klageberechtigt ist jeder Gesellschafter, der in der Versammlung der Gesellschafter erschienen ist und gegen den Beschluß Widerspruch zu Protokoll gegeben hat, sowie jeder nicht erschienene Gesellschafter, der zu der Versammlung unberechtigterweise nicht zugelassen oder durch Mängel in der Berufung der Versammlung am Erscheinen gehindert worden ist. Wurde ein Beschluß durch Abstimmung im schriftlichen Wege gefaßt, so ist jeder Gesellschafter klageberechtigt, der seine Stimme gegen den Beschluß abgegeben hat oder bei dieser Abstimmung übergangen worden ist.

Außerdem sind die Geschäftsführer, der Aufsichtsrat und, wenn der Beschluß eine Maßregel zum Gegenstande hat, durch deren Ausführung die Geschäftsführer oder die Mitglieder des Aufsichtsrates ersatzpflichtig oder strafbar würden, auch jeder einzelne Geschäftsführer und jedes Mitglied des Aufsichtsrates klageberechtigt.

Die Klage muß binnen einem Monate vom Tage der Eintragung des Beschlusses im Protokollbuche erhoben werden.

§ 42. Die Klage auf Nichtigerklärung eines Beschlusses der Gesellschafter ist gegen die Gesellschaft zu richten. Die Gesellschaft wird durch die Geschäftsführer, wenn jedoch Geschäftsführer selbst klagen, durch den Aufsichtsrat vertreten. Wenn sowohl Geschäftsführer als auch Mitglieder des Aufsichtsrates klagen oder wenn kein Aufsichtsrat besteht und ein anderer Vertreter der Gesellschaft nicht vorhanden ist, hat das Gericht einen Kurator zu ernennen.

Zuständig für die Klage ist ausschließlich der zur Ausübung der Handelsgerichtsbarkeit zuständige Gerichtshof des Sitzes der Gesellschaft.

Das Gericht kann auf Antrag anordnen, daß der Kläger wegen des der Gesellschaft drohenden Nachteiles eine von dem Gerichte nach freiem Ermessen zu bestimmende Sicherheit zu leisten habe. Hierbei finden hinsichtlich der Festsetzung einer Frist zum Erlage, der eidlichen Bekräftigung der Unfähigkeit zum Erlage und der Folgen des Nichterlages die Vorschriften der Zivilprozeßordnung über die Sicherheitsleistung für Prozeßkosten Anwendung.

Das Gericht kann die Ausführung des angefochtenen Beschlusses durch einstweilige Verfügung (§ 384 u. f. der Exekutionsordnung) aufschieben, wenn ein der Gesellschaft drohender unwiederbringlicher Nachteil glaubhaft gemacht wird.

Jeder Gesellschafter kann dem Rechtsstreite auf seine Kosten als Nebenintervenient beitreten.

Das die Nichtigkeit erklärende Urteil wirkt für und gegen sämtliche Gesellschafter.

Für einen durch unbegründete Anfechtung des Beschlusses der Gesellschaft entstehenden Schaden haften ihr die Kläger, denen böse Absicht oder grobe Fahrlässigkeit zur Last fallen, persönlich zur ungeteilten Hand.

§ 43. Wenn ein in das Handelsregister eingetragener Beschluß auf Abänderung des Gesellschaftsvertrages der notariellen Beurkundung entbehrt, oder wenn durch einen in das Handelsregister eingetragenen Beschluß der Gesellschafter eine der nach § 4 notwendigen Bestimmungen des Gesellschaftsvertrages in einer den Vorschriften dieses Gesetzes widersprechenden Weise geändert wurde, hat das Handelsgericht des Sitzes der Gesellschaft die Nichtigkeit des Abänderungsbeschlusses auf Antrag der Finanzprokuratur auszusprechen.

Das Gericht hat der Gesellschaft zur Erstattung einer schriftlichen Äußerung und nach Maßgabe der Sachlage zur Behebung der Nichtigkeit eine angemessene Frist zu bestimmen und die Anmerkung der Einleitung des Verfahrens im Handelsregister zu verfügen. Die Frist zur Behebung der Nichtigkeit kann aus wichtigen Gründen verlängert werden.

Ist die Behebung der Nichtigkeit innerhalb der gewährten Frist nicht erfolgt, so ist die erstattete Äußerung der Finanzprokuratur mitzuteilen und diese sowie die Gesellschaft zu einer Tagsatzung zu laden, bei welcher das Gericht nach mündlicher Erörterung der Sache über das Vorhandensein der Nichtigkeit nach den Vorschriften über das Verfahren in Rechtsangelegenheiten außer Streitsachen entscheidet. Der Beschluß, der nach Möglichkeit bei der Tagsatzung zu verkünden ist, muß beiden Parteien in schriftlicher Ausfertigung zugestellt werden. Die Frist zur Anfechtung beginnt mit der Zustellung.

§ 44. Ist die Nichtigkeit eines in das Handelsregister eingetragenen Beschlusses der Gesellschaft durch Urteil oder Beschluß rechtskräftig ausgesprochen, so hat das Gericht die für nichtig erklärte Eintragung von Amts wegen zu löschen und seinen Ausspruch in gleicher Weise, wie die für nichtig erklärte Eintragung bekanntgemacht worden war, zu veröffentlichen.

4. Titel.

Minderheitsrechte.

§ 45. Ist durch Beschluß der Gesellschafter ein Antrag auf Bestellung von sachverständigen Revisoren zur Prüfung der letzten Jahresbilanz abgelehnt worden, so kann auf Antrag von Gesellschaftern, deren Stammeinlagen den zehnten Teil des Stammkapitals erreichen, das Handelsgericht des Sitzes der Gesellschaft einen oder mehrere Revisoren bestellen. Dem Antrage ist nur stattzugeben, wenn glaubhaft gemacht wird, daß Unredlichkeiten oder grobe Verletzungen des Gesetzes oder des Gesellschaftsvertrages stattgefunden haben.

Die betreffenden Gesellschafter können während der Dauer der Revision ihre Geschäftsanteile ohne Zustimmung der Gesellschaft nicht veräußern.

Das in Absatz 1 erwähnte Gericht hat je nach Lage des Falles einen oder mehrere Revisoren zu bestellen. Sie sind aus Listen zu wählen, deren Feststellung dem Verordnungswege vorbehalten bleibt.

Die Geschäftsführer und der Aufsichtsrat sind vor der Bestellung der Revisoren zu hören.

Die Bestellung der Revisoren kann auf Verlangen von einer nach freiem Ermessen des Gerichtes zu bestimmenden Sicherheitsleistung abhängig gemacht werden (§ 42 Absatz 3).

Die Revisoren haben vor Antritt ihres Amtes den Eid zu leisten, daß sie die ihnen obliegenden Pflichten getreu erfüllen und insbesondere die bei der Revision etwa zu ihrer Kenntnis gelangten Geschäfts- und Betriebsverhältnisse gegenüber jedermann geheimhalten wollen.

§ 46. Die Revisoren haben das Recht, die Bücher, Rechnungsbelege und Inventarien einzusehen, von den Geschäftsführern, den Mitgliedern des Aufsichtsrates und jedem mit der Rechnungsführung betrauten Angestellten der Gesellschaft Auskünfte und Erläuterungen behufs Feststellung der Richtigkeit der letzten Jahresbilanz abzuverlangen und den Bestand der Gesellschaftskassa sowie die Bestände an Effekten, Schulddokumenten und Waren zu untersuchen. Die verlangten Aufklärungen und Auskünfte müssen von der dazu Aufgeforderten ohne Verzug genau und wahrheitsgemäß gegeben werden. Der Aufsichtsrat ist der Revision beizuziehen. Das Gericht kann nach seinem Ermessen die Zuziehung eines oder mehrerer der Gesuchsteller zur Vornahme der Revision gestatten.

Die Entlohnung der Revisoren wird von dem Handelsgerichte bestimmt; sie dürfen keine andere wie immer geartete Vergütung annehmen.

§ 47. Der Bericht über das Ergebnis der Prüfung, in dem anzugeben ist, ob alle Wünsche der Revisoren in Beziehung auf die Vornahme der Revision erfüllt worden seien, und ob die letzte Jahresbilanz ein wahrheitsgemäßes und richtiges Bild von der finanziellen Lage der Gesellschaft gewähre, ist von den Revisoren unverzüglich den Geschäftsführern und dem Aufsichtsrate mitzuteilen.

Die Antragsteller haben das Recht, im Geschäftslokale in den Bericht der Revisoren Einsicht zu nehmen.

Die Geschäftsführer und der Aufsichtsrat sind verpflichtet, bei der Berufung der nächsten Generalversammlung den Bericht der Revisoren zur Beschlußfassung anzumelden. In der Versammlung muß der Revisionsbericht vollinhaltlich verlesen werden. Die Geschäftsführer und der Aufsichtsrat müssen sich über das Resultat der Revision und über die zur Abstellung der etwa entdeckten Gesetzwidrigkeiten oder Übelstände eingeleiteten Schritte erklären. Außerdem liegt es dem Aufsichtsrat ob, der Generalversammlung über die der Gesellschaft etwa zustehenden Ersatzansprüche Bericht zu erstatten. Ergibt sich aus dem Berichte der Revisoren, daß eine grobe Verletzung des Gesetzes oder des Gesellschaftsvertrages stattgefunden habe, so muß die Generalversammlung unverzüglich einberufen werden.

Das Gericht entscheidet, wenn eine andere Einigung unter den Beteiligten nicht erfolgt, je nach den Ergebnissen der Revision, ob die Kosten der Untersuchung von dem Gesuchsteller oder von der Gesellschaft zu tragen oder verhältnismäßig zu verteilen sind.

Erweist sich der Antrag auf Revision nach dem Ergebnisse der Revision als unbegründet, so sind die Antragsteller, denen eine böse Absicht oder grobe Fahrlässigkeit zur Last fällt, für den der Gesellschaft durch den Antrag entstandenen Schaden persönlich zur ungeteilten Hand verhaftet.

§ 48. Die der Gesellschaft auf Grund der §§ 10, 25, 27, 33 gegen die Geschäftsführer und gegen die Mitglieder des Aufsichtsrates zustehenden Ersatzansprüche können auch von Gesellschaftern, deren Stammeinlagen den zehnten Teil des Stammkapitals erreichen, geltend gemacht werden, wenn die Verfolgung dieser Ansprüche für die Gesellschaft durch Beschluß der Gesellschafter abgelehnt oder wenn ein darauf abzielender Antrag, obwohl er rechtzeitig (§ 38 Abs. 3) bei den Geschäftsführern angemeldet war, nicht zur Beschlußfassung gebracht worden ist.

Die Klage muß binnen drei Monaten von dem Tage der erfolgten oder vereitelten Beschlußfassung erhoben werden.

Während der Dauer des Rechtsstreites ist eine Veräußerung der den Klägern gehörigen Geschäftsanteile ohne Zustimmung der Gesellschaft unstatthaft.

Dem Beklagten ist auf Antrag wegen der ihm drohenden Nachteile von den Klägern eine nach freiem Ermessen des Gerichtes zu bestimmende Sicherheit zu leisten (§ 42 Absatz 3).

Erweist sich die Klage als unbegründet und fällt dem Kläger bei Anstellung der Klage eine böse Absicht oder grobe Fahrlässigkeit zur Last, so hat er dem Beklagten den Schaden zu ersetzen. Mehrere Kläger haften zur ungeteilten Hand.

Dritter Abschnitt.
Abänderungen des Gesellschaftsvertrages.

1. Titel.
Allgemeine Bestimmungen.

§ 49. Eine Abänderung des Gesellschaftsvertrages kann nur durch Beschluß der Gesellschafter erfolgen. Der Beschluß muß notariell beurkundet werden.

Die Abänderung hat keine rechtliche Wirkung, bevor sie in das Handelsregister eingetragen ist.

Soll einer der im § 3 Absatz 2 bezeichneten Geschäftszweige nachträglich zu einem Gegenstande des Unternehmens gemacht werden, so kann der geänderte Gesellschaftsvertrag nur dann in das Handelsregister eingetragen werden, wenn die staatliche Genehmigung des Gesellschaftsvertrages (Konzessionierung der Gesellschaft) erfolgt ist.

Bei Gesellschaften, die schon früher konzessionspflichtig waren, ist auch zur Eintragung jeder Abänderung des Gesellschaftsvertrages die staatliche Genehmigung erforderlich.

§ 50. Abänderungen des Gesellschaftsvertrages können nur mit einer Mehrheit von drei Vierteilen der abgegebenen Stimmen beschlossen werden. Die Abänderung kann im Gesellschaftsvertrage an weitere Erfordernisse geknüpft sein.

Die Bestimmung, daß ein Aufsichtsrat zu bestellen sei, und die Herabsetzung der den Geschäftsführern oder den Mitgliedern des Aufsichtsrates nach dem Gesellschaftsvertrage zukommenden Entlohnung kann mit einfacher Stimmenmehrheit beschlossen werden.

Eine Abänderung des im Gesellschaftsvertrage bezeichneten Gegenstandes des Unternehmens bedarf eines einstimmigen Beschlusses, wenn im Gesellschaftsvertrage nichts anderes festgesetzt ist.

Eine Vermehrung der den Gesellschaftern nach dem Vertrage obliegenden Leistungen oder eine Verkürzung der einzelnen Gesellschaftern durch den Vertrag eingeräumten Rechte kann nur unter Zustimmung sämtlicher von der Vermehrung oder Verkürzung betroffenen Gesellschafter beschlossen werden.

Dies gilt insbesondere von Beschlüssen, durch welche Bestimmungen über das Maß, in dem Einzahlungen auf die Stammeinlagen zu leisten sind, in den Gesellschaftsvertrag aufgenommen oder die darüber in dem Gesellschaftsvertrage enthaltenen Bestimmungen abgeändert werden sollen.

§ 51. Jede Abänderung des Gesellschaftsvertrages ist von sämtlichen Geschäftsführern zum Handelsregister anzumelden. Der Anmeldung sind der notariell beurkundete Abänderungsbeschluß mit dem Nachweise des gültigen Zustandekommens und bei konzessionspflichtigen Gesellschaften die staatliche Genehmigungsurkunde in Urschrift oder beglaubigter Abschrift anzuschließen.

Auf die Anmeldung finden die §§ 11 und 12 sinngemäß Anwendung.

Die Veröffentlichung von Beschlüssen, die eine Änderung der in früheren Bekanntmachungen verlautbarten Bestimmungen nicht enthalten, hat zu entfallen.

2. Titel.

Erhöhung des Stammkapitals.

§ 52. Die Erhöhung des Stammkapitals setzt einen Beschluß auf Abänderung des Gesellschaftsvertrages voraus.

Zur Übernahme der neuen Stammeinlagen können von der Gesellschaft die bisherigen Gesellschafter oder andere Personen zugelassen werden.

Mangels einer anderweitigen Festsetzung im Gesellschaftsvertrage oder Erhöhungsbeschlusse steht den bisherigen Gesellschaftern binnen vier Wochen vom Tage der Beschlußfassung an ein Vorrecht zur Übernahme der neuen Stammeinlagen nach Verhältnis der bisherigen zu.

Die Übernahmserklärung bedarf der Beurkundung durch einen Notariatsakt.

In der Übernahmserklärung dritter Personen muß der Beitritt zur Gesellschaft nach Maßgabe des Gesellschaftsvertrages beurkundet werden. Ferner sind in der Erklärung außer dem Betrage der Stammeinlage auch die sonstigen Leistungen, zu denen der Übernehmer nach dem Gesellschaftsvertrage verpflichtet sein soll, anzugeben.

Die Bestimmungen der §§ 6, 6a, 10, 13 und 14 finden auf die Erhöhung des Stammkapitals sinngemäß Anwendung.

§ 53. Der Beschluß auf Erhöhung des Stammkapitals ist zum Handelsregister anzumelden, sobald das erhöhte Stammkapital durch Übernahme der Stammeinlagen gedeckt und deren Einzahlung erfolgt ist.

Der Anmeldung sind beizuschließen:

1. die Übernahmserklärungen in notarieller Ausfertigung oder in beglaubigter Abschrift;
2. eine von den Anmeldenden unterschriebene Liste der Übernehmer der neuen Stammeinlagen, worin der Betrag der von jedem übernommenen Stammeinlage und der darauf geleisteten Einzahlung, ferner bei Übernahme einer neuen Stammeinlage durch einen bisherigen Gesellschafter überdies der gegenwärtige Gesamtbetrag der von demselben übernommenen Stammeinlage anzugeben ist.

3. Titel.

Herabsetzung des Stammkapitals.

§ 54. Die Herabsetzung des Stammkapitals kann nur auf Grund eines Beschlusses auf Abänderung des Gesellschaftsvertrages und nach Durchführung des in diesem Gesetze bestimmten Aufgebotsverfahrens erfolgen. Der Beschluß muß den Umfang und den Zweck der Herabsetzung des Stammkapitals bestimmt bezeichnen und die Art der Durchführung festsetzen.

Als Herabsetzung des Stammkapitals gilt jede Verminderung der im Gesellschaftsvertrage bestimmten Höhe des Stammkapitals, mag diese durch eine Rückzahlung von Stammeinlagen an die Gesellschafter, durch eine Herabsetzung des Nennbetrages der Stammeinlagen oder durch die gänzliche oder teilweise Befreiung der Gesellschafter und ihrer haftungspflichtigen Vormänner von der Verpflichtung zur Volleinzahlung der Stammeinlagen erfolgen.

Eine Herabsetzung des Stammkapitals unter den Betrag von 200 000 000 Kronen ist unzulässig. Erfolgt die Herabsetzung durch Zurückzahlung von Stammeinlagen oder durch Befreiung von der Volleinzahlung, so darf der verbleibende Betrag jeder Stammeinlage nicht unter 5 000 000 Kronen herabgehen, soweit nicht für Eisenbahn- und Seeschiffahrts- und Luftverkehrsgesellschaften eine Abweichung durch die §§ 13 und 14 gestattet ist*).

§ 55. Die beabsichtigte Herabsetzung des Stammkapitals ist von sämtlichen Geschäftsführern zum Handelsregister anzumelden. Das Handelsgericht hat unter sinngemäßer Anwendung des § 11 Absatz 1 über die Eintragung zu beschließen.

Die Geschäftsführer haben ohne Verzug, nachdem sie von der erfolgten Eintragung benachrichtigt worden sind, die beabsichtigte Herabsetzung des Stammkapitals in den in § 22 bezeichneten Blättern zu veröffentlichen. Hierbei ist bekanntzugeben, daß die Gesellschaft allen Gläubigern, deren Forderungen am Tage der letzten Veröffentlichung dieser Mitteilung bestehen, auf Verlangen Befriedigung oder Sicherstellung zu leisten bereit sei, und daß Gläubiger, die sich nicht binnen drei Monaten von dem bezeichneten Tage an bei der Gesellschaft melden, als der beabsichtigten Herabsetzung des Stammkapitals zustimmend erachtet würden. Bekannten Gläubigern ist diese Mitteilung unmittelbar zu machen.

§ 56. Die durch Herabsetzung des Stammkapitals bewirkte Abänderung des Gesellschaftsvertrages kann erst nach Ablauf der für die Anmeldung der Gläubiger bestimmten Frist zum Handelsregister angemeldet werden.

Der Anmeldung sind beizuschließen:

1. der Nachweis, daß die in § 55 Absatz 2 vorgeschriebene Veröffentlichung erfolgt ist;
2. der Nachweis, daß die Gläubiger, die sich gemeldet haben, befriedigt oder sichergestellt sind;
3. die Erklärung, daß sämtlichen bekannten Gläubigern die Mitteilung im Sinne des § 55 Absatz 2 gemacht worden ist und daß sich andere als die befriedigten oder sichergestellten Gläubiger innerhalb der Frist nicht gemeldet haben;
4. eine auf Grund des Herabsetzungsbeschlusses richtiggestellte Liste der Gesellschafter (§ 26 Absatz 3).

Ist der Nachweis der Befriedigung oder Sicherstellung von Gläubigern oder die Erklärung über das Ergebnis des Aufgebotsverfahrens falsch, so haften sämtliche Geschäftsführer den Gläubigern, betreffs deren eine falsche Angabe gemacht wurde, für den ihnen dadurch verursachten Schaden zur ungeteilten Hand bis zu dem Betrage, für den aus dem Gesellschaftsvermögen Befriedigung nicht erlangt werden konnte.

Den Geschäftsführer, der beweist, daß er die Unrichtigkeit des Nachweises oder der Erklärung ungeachtet der Anwendung der Sorgfalt eines ordentlichen Geschäftsmannes nicht gekannt habe, trifft diese Haftung nicht.

§ 57. Zahlungen an die Gesellschafter auf Grund der Herabsetzung des Stammkapitals sind erst nach Eintragung der betreffenden Abänderung des Gesellschaftsvertrages in das Handelsregister zulässig.

In dem gleichen Zeitpunkte erlangt auch eine durch die Herabsetzung bezweckte Befreiung von der Verpflichtung zur Leistung der Einzahlungen auf nicht voll einbezahlte Stammeinlagen Wirksamkeit.

---

*) Vgl. Anm. * zu § 6.

§ 58. Bei Gesellschaften, bei denen die Vermögenssubstanz durch den Geschäftsbetrieb naturgemäß ganz oder größtenteils aufgezehrt werden muß, oder bei denen das Vermögen aus zeitlich beschränkten Rechten besteht, kann die Zurückzahlung von Stammeinlagen im ganzen oder in Teilbeträgen ohne Durchführung des Aufgebotsverfahrens und ohne Rücksicht auf die Höhe des übrigbleibenden Stammkapitals im Gesellschaftsvertrage vorbehalten werden, wenn diese Zurückzahlung nach vollständiger Einzahlung der Stammeinlage und nur aus den im jeweiligen Bilanzjahre erzielten oder den in den Vorjahren reservierten Reinerträgnissen erfolgt. Ein den zurückgezahlten Stammeinlagen gleichkommender Betrag muß in der Bilanz als Passivpost aufgeführt werden. Art und Voraussetzung der Zurückzahlung müssen im Gesellschaftsvertrage genau bestimmt werden. Im Falle einer teilweisen Zurückzahlung darf eine Stammeinlage nicht unter den gesetzlichen Mindestbetrag (§§ 6, 13) herabgemindert werden.

Vierter Abschnitt.
Zweigniederlassungen.

§ 59. Die Errichtung einer Zweigniederlassung ist von den Geschäftsführern unter Anschluß der erforderlichen Beilagen bei dem Gerichte der Hauptniederlassung zum Handelsregister anzumelden. Eine unmittelbar bei dem Gerichte der Zweigniederlassung angebrachte Anmeldung ist dem Gerichte der Hauptniederlassung abzutreten.

Das Gericht der Hauptniederlassung hat die Errichtung der Zweigniederlassung in seinem Handelsregister anzumerken und, wenn für den Ort der Zweigniederlassung ein anderes Gericht zur Führung des Handelsregisters zuständig ist, diesem Gerichte die Anmeldung mit einer Ausfertigung des Gesellschaftsvertrages und mit einer Zeichnung der Geschäftsführer und der sonst zur Zeichnung oder Mitzeichnung für die Zweigniederlassung berechtigten Personen unter Bestätigung der Übereinstimmung mit den Eintragungen im eigenen Handelsregister zu übersenden.

Das für den Ort der Zweigniederlassung zuständige Gericht hat die Eintragung in seinem Handelsregister zu vollziehen, falls nach dessen Stande kein Hindernis dagegen vorliegt, seinen Beschluß dem Gerichte der Hauptniederlassung mitzuteilen und die erfolgte Eintragung zu veröffentlichen.

Der Veröffentlichung unterliegen:

1. die Firma und der Sitz der Gesellschaft und der Zweigniederlassung;
2. der Gegenstand des Unternehmens;
3. die Höhe des Stammkapitals und der Betrag der geleisteten Einzahlungen;
4. wenn der Gesellschaftsvertrag Bestimmungen über die Art enthält, in der die von der Gesellschaft ausgehenden Bekanntmachungen zu veröffentlichen sind, diese Bestimmungen;
5. wenn der Gesellschaftsvertrag eine Beschränkung der Dauer der Gesellschaft enthält, der Zeitpunkt der Auflösung;
6. Name, Beruf und Wohnsitz der Geschäftsführer und der sonst zur Zeichnung oder Mitzeichnung für die Zweigniederlassung berufenen Personen und die im Gesellschaftsvertrage enthaltenen Bestimmungen über die Art, in der sie ihre Willenserklärungen abzugeben haben.

§ 60. Alle später erfolgenden Anmeldungen sind, wenn sie ausschließlich die Zweigniederlassung betreffen, bei dem Gerichte der Zweigniederlassung, sonst bei dem Gerichte der Hauptniederlassung zu erstatten.

Das Gericht der Hauptniederlassung hat, wenn es eine nicht ausschließlich die Hauptniederlassung betreffende Eintragung in sein Handelsregister verfügt und die Zweigniederlassung im Handelsregister eines anderen Gerichtes eingetragen ist, diesem Gerichte die Anmeldung unter Bekanntgabe des Wortlautes der Eintragung mitzuteilen und ihm die für sein Handelsregister erforderlichen Firmazeichnungen und sonstigen Beilagen zu übersenden.

Auf Grund dieser Mitteilung hat das Gericht der Zweigniederlassung die entsprechenden Eintragungen in seinem Handelsregister vorzunehmen (§ 59 Absatz 3), von der Eintragung die Gesellschaft zu benachrichtigen und, wenn in früheren Bekanntmachungen verlautbarte Bestimmungen geändert werden, die Änderungen in gleicher Weise wie diese zu veröffentlichen. Doch hat die Veröffentlichung in Blättern, in denen sie schon durch das Gericht der Hauptniederlassung erfolgt ist, zu entfallen.

Rechtswirkungen, die an eine Eintragung im Handelsregister geknüpft sind, treten, wenn die Eintragung sowohl im Handelsregister der Hauptniederlassung als in jenem der Zweigniederlassung zu erfolgen hat, mit der Eintragung in das Handelsregister der Hauptniederlassung ein.

Zweites Hauptstück.
Rechtsverhältnisse der Gesellschaft und der Gesellschafter.

Erster Abschnitt.
Rechtsverhältnisse der Gesellschaft.

§ 61. Die Gesellschaft mit beschränkter Haftung als solche hat selbständig ihre Rechte und Pflichten; sie kann Eigentum und andere dingliche Rechte an Grundstücken erwerben, vor Gericht klagen und geklagt werden.

Für die Verbindlichkeiten der Gesellschaft haftet ihren Gläubigern nur das Gesellschaftsvermögen.

Die Gesellschaft ist Handelsgesellschaft im Sinne des Handelsgesetzbuches. Die Bestimmungen des Handelsgesetzbuches finden auf Gesellschaften mit beschränkter Haftung ohne Rücksicht auf die Höhe der Erwerbsteuer Anwendung.

§ 62. In Ansehung aller Unternehmungen, für deren Betrieb besondere Vorschriften bestehen, sind auch die Gesellschaften mit beschränkter Haftung den hierfür geltenden Vorschriften unterworfen.

Insbesondere ist die staatliche Bewilligung erforderlich:

1. zur Ausgabe von Schuldverschreibungen, die auf Inhaber lauten;
2. zur Ausgabe von Teilschuldverschreibungen selbst dann, wenn die Teilschuldverschreibungen auf Namen lauten;
3. zur Ausgabe von Kassenscheinen;
4. zur Übernahme verzinslicher Geldeinlagen gegen Einlagebücher oder Einlagescheine.

Zweiter Abschnitt.
Die Stammeinlagen.

§ 63. Jeder Gesellschafter ist verpflichtet, die von ihm übernommene Stammeinlage in voller Höhe nach Maßgabe des Gesellschaftsvertrages und der von den Gesellschaftern gültig gefaßten Beschlüsse einzuzahlen.

Soweit durch den Gesellschaftsvertrag oder durch einen gültigen gefaßten Abänderungsbeschluß nichts anderes bestimmt ist, sind die Einzahlungen auf die Stammeinlagen von sämtlichen Gesellschaftern nach Verhältnis ihrer in barem zu leistenden Stammeinlagen zu machen.

Die Erfüllung dieser Zahlungspflicht kann einzelnen Gesellschaftern weder erlassen noch gestundet werden. Durch Kompensation mit einer Forderung an die Gesellschaft kann ihr nicht genügt werden.

Ebensowenig findet an dem Gegenstande einer nicht in Geld zu leistenden Einlage wegen Forderungen, die sich nicht auf den Gegenstand beziehen, ein Zurückbehaltungsrecht statt.

Eine Leistung auf die Stammeinlage, die nicht in barem Gelde besteht, oder die durch Aufrechnung einer für die Überlassung von Vermögensgegenständen zu gewährenden Vergütung bewirkt wird, befreit den Gesellschafter von seiner Verpflichtung zur Zahlung der Stammeinlage nur insoweit, als sie in Ausführung einer im Gesellschaftsvertrage getroffenen Vereinbarung geschieht.

Vorbehalte und Einschränkungen bei der Übernahme oder Zahlung von Stammeinlagen sind wirkungslos.

§ 64. Jede Einforderung weiterer Zahlungen nicht voll eingezahlter Stammeinlagen ist unter Angabe des eingeforderten Betrages von sämtlichen Geschäftsführern zum Handelsregister anzumelden und vom Handelsgerichte zu veröffentlichen.

Für einen durch Unterlassung der Anmeldung oder durch falsche Angaben verursachten Schaden haften die Geschäftsführer dem dadurch Beschädigten persönlich zur ungeteilten Hand. Diese Ersatzansprüche verjähren in fünf Jahren von dem Tage, an dem die beschädigte Partei von der Einforderung Kenntnis erhalten hat.

§ 65. Ein Gesellschafter, der die auf die Stammeinlage geforderten Einzahlungen nicht rechtzeitig leistet, ist unbeschadet einer weiteren Ersatzpflicht zur Zahlung von Verzugszinsen verpflichtet. Im Gesellschaftsvertrage können für den Fall des Verzuges Konventionalstrafen festgesetzt werden.

Enthält der Gesellschaftsvertrag keine besonderen Vorschriften darüber, wie die Aufforderung zur Einzahlung zu geschehen hat, so genügt es, wenn die Aufforderung durch ein mit der Geschäftsführung betrautes Organ mittels rekommandierten Schreibens erfolgt ist.

§ 66. Erfolgt die Einzahlung nicht rechtzeitig, so kann die Gesellschaft den säumigen Gesellschaftern unter Bestimmung einer Nachfrist für die Einzahlung den Ausschluß aus der Gesellschaft mittels rekommandierten Schreibens androhen. Die Nachfrist ist mindestens mit einem Monate vom Empfange der Aufforderung an zu bemessen. Einzelne säumige Gesellschafter von der Androhung des Ausschlusses auszunehmen, ist unzulässig.

Nach fruchtlosem Ablaufe der Nachfrist sind die säumigen Gesellschafter durch die Geschäftsführer als ausgeschlossen zu erklären und hiervon abermals mittels rekommandierten Schreibens zu benachrichtigen. Mit der Erklärung der Ausschließung ist der Verlust sämtlicher Rechte aus dem Geschäftsanteile, namentlich aller hierauf geleisteten Einzahlungen, verbunden.

§ 67. Für den von dem ausgeschlossenen Gesellschafter nicht bezahlten Betrag der Stammeinlagen samt Verzugszinsen haften der Gesellschaft alle seine Vormänner, die innerhalb der letzten fünf Jahre vor Erlassung der Einzahlungsaufforderung (§ 64) im Anteilbuche als Gesellschafter eingetragen waren.

Ein früherer Rechtsvorgänger haftet nur, soweit die Zahlung von dessen Rechtsnachfolger nicht zu erlangen ist. Dies ist bis zum Beweise des Gegenteiles anzunehmen, wenn letzterer innerhalb eines Monates, nachdem er zur Zahlung aufgefordert und der Rechtsvorgänger hiervon benachrichtigt worden war, keine Zahlung geleistet hat. Aufforderung und Benachrichtigung haben mittels rekommandierten Schreibens zu erfolgen.

Der Rechtsvorgänger erwirbt gegen Zahlung des geschuldeten Betrages den Geschäftsanteil des ausgeschlossenen Gesellschafters.

§ 68. Ist die Zahlung des rückständigen Betrages von Rechtsvorgängern nicht zu erlangen oder sind keine Rechtsvorgänger vorhanden, so kann die Gesellschaft den Geschäftsanteil verkaufen.

Innerhalb eines Monates kann der Verkauf aus freier Hand zu einem Preise vorgenommen werden, der den Bilanzwert des Geschäftsanteiles mindestens erreicht. Nach Ablauf der einmonatlichen Frist kann die Gesellschaft den Geschäftsanteil nur im Wege öffentlicher Versteigerung verkaufen lassen.

Die Versteigerung ist durch ein hierzu befugtes Organ, durch einen Handelsmäkler oder durch das Handelsgericht des Sitzes der Gesellschaft zu bewirken, das dabei nach den Vorschriften des Verfahrens außer Streitsachen vorzugehen hat.

Der Zuschlag erlangt erst Wirksamkeit, wenn die Gesellschaft der Übertragung des Geschäftsanteils an den Ersteher zustimmt. Diese Zustimmung gilt als erteilt, wenn der Ersteher nicht binnen acht Tagen nach der Versteigerung von der Verweigerung der Zustimmung benachrichtigt worden ist.

Übersteigt der Erlös den geschuldeten Betrag, so ist der Überschuß zunächst auf den noch unberichtigten Teil der Stammeinlage in Anrechnung zu bringen. Um diesen Betrag vermindert sich die Haftung des ausgeschlossenen Gesellschafters. Ein weiter gehender Überschuß fließt dem ausgeschlossenen Gesellschafter zu.

§ 69. Der säumige Gesellschafter bleibt ungeachtet seines Ausschlusses für den rückständigen Betrag vor allen übrigen verhaftet.

Ebenso wird durch den Ausschluß die Haftung des säumigen Gesellschafters für weitere Einzahlungen nicht berührt.

§ 70. Soweit eine Stammeinlage weder von den Zahlungspflichtigen eingebracht werden kann, noch durch Verkauf des Geschäftsanteiles gedeckt wird, haben die übrigen Gesellschafter den Fehlbetrag nach Verhältnis ihrer Stammeinlagen aufzubringen.

Beiträge, die von einzelnen Gesellschaftern nicht zu erlangen sind, werden nach dem bezeichneten Verhältnisse auf die übrigen verteilt.

Falls der Geschäftsanteil nicht verkauft worden ist, erwerben die Gesellschafter im Verhältnisse ihrer Beitragsleistung einen Anspruch auf den diesem Geschäftsanteile zufallenden Gewinn und Liquidationserlös. Wenn nachträglich der Verkauf stattfindet, sind aus dem Erlöse den Gesellschaftern die von ihnen geleisteten Beiträge zurückzuerstatten, ein allfälliger Überschuß ist nach Vorschrift des § 68 Absatz 5 zu verwenden.

§ 71. Die in den §§ 67 bis 70 bezeichneten Verpflichtungen können weder ganz noch teilweise erlassen werden.

Dritter Abschnitt.

Nachschüsse.

§ 72. Im Gesellschaftsvertrage kann bestimmt werden, daß die Gesellschafter über den Betrag der Stammeinlagen hinaus die Einforderung von weiteren Einzahlungen (Nachschüssen) beschließen können.

Die Nachschußpflicht muß auf einen nach Verhältnis der Stammeinlagen bestimmten Betrag beschränkt werden; ohne diese Beschränkung ist eine die Nachschußpflicht festsetzende Bestimmung des Gesellschaftsvertrages wirkungslos.

Die Einzahlung der Nachschüsse ist von sämtlichen Gesellschaftern nach Verhältnis ihrer Stammeinlagen zu leisten.

§ 73. Ist ein Gesellschafter mit der Einzahlung eines eingeforderten Nachschusses säumig, so finden, wenn nicht gleichzeitig mit der Festsetzung der Nachschußpflicht im Gesellschaftsvertrage eine andere Bestimmung getroffen worden ist, die für die Einzahlung von Stammeinlagen geltenden Vorschriften (§§ 66 bis 69) Anwendung.

Ein Rechtsvorgänger haftet nur bis zu dem Betrage, auf den die Nachschußpflicht zur Zeit der Anmeldung seines Austrittes im Gesellschaftsvertrage beschränkt war.

§ 74. Eingezahlte Nachschüsse können, soweit sie nicht zur Deckung eines bilanzmäßigen Verlustes am Stammkapital erforderlich sind, an die Gesellschafter zurückgezahlt werden.

Die Rückzahlung kann nur an sämtliche Gesellschafter nach Verhältnis ihrer Stammeinlagen und nicht vor Ablauf von drei Monaten erfolgen, nachdem der Rückzahlungsbeschluß in der im § 55 bestimmten Art veröffentlicht worden ist.

Ist im Gesellschaftsvertrage bestimmt, daß die Einforderung von Nachschüssen schon vor vollständiger Einzahlung der Stammeinlagen zulässig ist, so kann die Zurückzahlung solcher Nachschüsse vor der Volleinzahlung des Stammkapitals nicht erfolgen.

Rückzahlungen, die ohne Beobachtung dieser Vorschriften erfolgt sind, machen den Empfänger, die mit der Geschäftsführung betrauten Organe und die übrigen Gesellschafter nach Maßgabe der Bestimmungen der §§ 25 und 83 haftbar.

Zurückgezahlte Nachschüsse kommen bei der Bestimmung der im Gesellschaftsvertrage festgesetzten Grenze der Nachschußpflicht nicht in Anrechnung.

In der Bilanz muß den in die Aktiven aufgenommenen Nachschußansprüchen ein gleicher Kapitalsbetrag in den Passiven gegenübergestellt werden.

Vierter Abschnitt.
Die Geschäftsanteile.

§ 75. Der Geschäftsanteil jedes Gesellschafters bestimmt sich mangels anderweitiger Festsetzung im Gesellschaftsvertrage nach der Höhe der von ihm übernommenen Stammeinlage.

Jedem Gesellschafter steht nur ein Geschäftsanteil zu. Übernimmt ein Gesellschafter nach Errichtung der Gesellschaft eine weitere Stammeinlage, so wird sein bisheriger Geschäftsanteil in dem der erhöhten Stammeinlage entsprechenden Verhältnisse erhöht.

Wenn den Gesellschaftern über ihre Beteiligung Urkunden ausgestellt werden, so ist die Übertragung einer solchen Urkunde durch Indossament wirkungslos. Auch dürfen solche Urkunden nicht auf Inhaber lauten.

Die Ausstellung von Dividendenscheinen, von deren Einlieferung die Auszahlung des jährlichen Gewinnes abhängig gemacht wird, ist verboten und wirkungslos.

§ 76. Die Geschäftsanteile sind übertragbar und vererblich.

Zur Übertragung von Geschäftsanteilen mittels Rechtsgeschäftes unter Lebenden bedarf es eines Notariatsaktes. Der gleichen Form bedürfen Vereinbarungen über die Verpflichtung eines Gesellschafters zur künftigen Abtretung eines Geschäftsanteiles. Im Gesellschaftsvertrage kann die Übertragung von weiteren Voraussetzungen, insbesondere von der Zustimmung der Gesellschaft abhängig gemacht sein. Die Geschäftsanteile von Gesellschaften, auf deren Stammeinlagen gemäß § 6a, Absatz 2 oder 3, ein bestehendes Unternehmen eingebracht wurde, ohne daß mindestens ein gleich hoher Betrag des Stammkapitals durch Bareinlagen aufgebracht worden ist, können vor Ablauf eines Jahres nach der Eintragung der Gesellschaft in das Handelsregister durch Rechtsgeschäft unter Lebenden nur an eine der im § 6a Absatz 2 bezeichneten Personen übertragen werden. Das gleiche wie von der Übertragung gilt von der Vereinbarung über die künftige Abtretung eines Geschäftsanteiles.

Die Übertragungsbefugnis schließt auch die Befugnis zur vertragsmäßigen Verpfändung in sich. Zu letzterer ist ein Notariatsakt nicht erforderlich.

Wenn ein Geschäftsanteil, der nur mit Zustimmung der Gesellschaft übertragbar ist, im Exekutionsverfahren verkauft werden soll, hat das Exekutionsgericht den Schätzungswert des Geschäftsanteiles festzustellen und von der Bewilligung des Verkaufes auch die Gesellschaft sowie alle Gläubiger, die bis dahin die gerichtliche Pfändung des Geschäftsanteiles erwirkt haben, unter Bekanntgabe des festgestellten Schätzungswertes zu benachrichtigen. Die Schätzung kann unterbleiben, wenn zwischen dem betreibenden Gläubiger, dem Verpflichteten und der Gesellschaft eine Einigung über den Übernahmspreis zustande kommt. Wird der Geschäftsanteil nicht innerhalb vierzehn Tagen nach Benachrichtigung der Gesellschaft durch einen von der Gesellschaft zugelassenen Käufer gegen Bezahlung eines den Schätzungswert (Übernahmspreis) erreichenden Kaufschillings übernommen, so geschieht der Verkauf nach den Bestimmungen der Exekutionsordnung, ohne daß zu dieser Übertragung des Geschäftsanteiles die Zustimmung der Gesellschaft erforderlich ist.

§ 77. Wenn der Gesellschaftsvertrag bestimmt, daß die Zustimmung der Gesellschaft zur Übertragung des Geschäftsanteiles notwendig ist, so kann, falls diese Zustimmung versagt wird, dem betreffenden Gesellschafter, wenn er die Stammeinlage vollständig eingezahlt hat, von dem Handelsgerichte des Sitzes der Gesellschaft die Übertragung des Geschäftsanteiles gestattet werden, wenn ausreichende Gründe für die Verweigerung der Zustimmung nicht vorliegen und wenn die Übertragung ohne Schädigung der Gesellschaft, der übrigen Gesellschafter und der Gläubiger erfolgen kann. Das Gericht hat vor der Entscheidung die Geschäftsführer zu hören. Auch wenn das Gericht die Zustimmung zur Übertragung erteilt hat, kann diese Übertragung dennoch nicht wirksam stattfinden, wenn die Gesellschaft innerhalb eines Monats nach Rechtskraft der Entscheidung dem betreffenden Gesellschafter mittels rekommandierten Schreibens mitteilt, daß sie die Übertragung des betreffenden Geschäftsanteiles zu den gleichen Bedingungen an einen anderen von ihr bezeichneten Erwerber gestatte.

§ 78. Im Verhältnisse zu der Gesellschaft gilt nur derjenige als Gesellschafter, der als solcher im Anteilbuche verzeichnet ist.

Für die zur Zeit der Anmeldung des Überganges eines Geschäftsanteiles auf diesen rückständigen Leistungen ist der Erwerber zur ungeteilten Hand mit dem Rechtsvorgänger verhaftet.

Die Ansprüche der Gesellschaft wider den Rechtsvorgänger erlöschen binnen fünf Jahren vom Tage der Anmeldung des Erwerbers.

§ 79. Die Teilung eines Geschäftsanteiles ist, den Fall der Vererbung ausgenommen, nur zulässig, wenn im Gesellschaftsvertrage den Gesellschaftern die Abtretung von Teilen eines Geschäftsanteiles gestattet ist. Dabei kann die Zustimmung der Gesellschaft zur Abtretung von Teilen überhaupt oder doch zur Abtretung an Personen, die der Gesellschaft nicht schon als Gesellschafter angehören, vorbehalten werden.

Im Gesellschaftsvertrage kann auch die Zustimmung der Gesellschaft zur Teilung von Geschäftsanteilen verstorbener Gesellschafter unter deren Erben vorbehalten werden.

Die Zustimmung der Gesellschaft bedarf der schriftlichen Form, sie muß die Person des Erwerbers und den Betrag der Stammeinlage bezeichnen, der von dem Erwerber übernommen wird.

Die Vorschriften des § 78, ferner jene über den Mindestbetrag einer Stammeinlage und über die Mindesteinzahlung darauf finden auch bei der Teilung von Geschäftsanteilen Anwendung.

Die Abtretung von Teilen eines Geschäftsanteiles an Personen, die der Gesellschaft nicht schon als Gesellschafter angehören, sowie die Übernahme einer Verpflichtung zu solcher Teilung durch einen Gesellschafter vor Ablauf eines Jahres seit der Eintragung des Gesellschaftsvertrages in das Handelsregister ist wirkungslos.

§ 80. Gehört ein Geschäftsanteil mehreren Mitberechtigten, so können sie ihre Rechte daraus nur gemeinschaftlich ausüben. Für Leistungen, die auf den Geschäftsanteil zu bewirken sind, haften sie zur ungeteilten Hand.

Rechtshandlungen, die von der Gesellschaft gegenüber dem Inhaber des Geschäftsanteiles vorzunehmen sind, geschehen, wenn nicht der Gesellschaft ein gemeinsamer Vertreter bekanntgegeben worden ist, mit rechtlicher Wirkung gegenüber jedem der Mitberechtigten.

§ 81. Der Erwerb und die Pfandnahme eigener Geschäftsanteile durch die Gesellschaft ist verboten und wirkungslos. Zulässig ist der Erwerb im Exekutionswege zur Hereinbringung eigener Forderungen der Gesellschaft.

§ 82. Die Gesellschafter können ihre Stammeinlage nicht zurückfordern; sie haben, solange die Gesellschaft besteht, nur Anspruch auf den nach der jährlichen Bilanz als Überschuß der Aktiven über die Passiven sich ergebenden Reingewinn, soweit dieser nicht durch den Gesellschaftsvertrag oder durch einen Beschluß der Gesellschafter von der Verteilung ausgeschlossen ist.

Die Verteilung des Reingewinnes erfolgt in Ermanglung besonderer Bestimmungen des Gesellschaftsvertrages nach Verhältnis der eingezahlten Stammeinlagen.

Zinsen von bestimmter Höhe dürfen für die Gesellschafter weder bedungen noch ausbezahlt werden.

Für wiederkehrende Leistungen, zu denen die Gesellschafter nach dem Gesellschaftsvertrage neben den Stammeinlagen verpflichtet sind (§ 8), darf nach Maßgabe der im Gesellschaftsvertrage festgesetzten Bemessungsgrundsätze eine den Wert dieser Leistungen nicht übersteigende Vergütung ohne Rücksicht darauf bezahlt werden, ob die jährliche Bilanz einen Reingewinn ergibt.

Wird den Geschäftsführern oder dem Aufsichtsrate in der Zeit zwischen dem Schlusse des Geschäftsjahres und der Beschlußfassung der Gesellschafter über den Rechnungsabschluß bekannt, daß der Vermögensstand der Gesellschaft durch eingetretene Verluste oder Wertverminderungen erheblich und voraussichtlich nicht bloß vorübergehend geschmälert worden ist, so ist der nach der Bilanz sich ergebende Gewinn in einem der erlittenen Schmälerung des Vermögens entsprechenden Betrage von der Verteilung ausgeschlossen und auf Rechnung des laufenden Geschäftsjahres zu übertragen.

§ 83. Gesellschafter, zu deren Gunsten gegen die Vorschriften dieses Gesetzes, gegen die Bestimmungen des Gesellschaftsvertrages oder entgegen einem Gesellschaftsbeschlusse Zahlungen von der Gesellschaft geleistet worden sind, sind der Gesellschaft zum Rückersatze verpflichtet. Was ein Gesellschafter in gutem Glauben als Gewinnanteil bezogen hat, kann er jedoch in keinem Falle zurückzuzahlen verhalten werden.

Ist die Erstattung weder von dem Empfänger noch von den Geschäftsführern zu erlangen, so haften, insoweit durch die Zahlung das Stammkapital vermindert ist, für den Abgang am Stammkapitale die Gesellschafter nach Verhältnis ihrer Stammeinlagen.

Beiträge, die von einzelnen Gesellschaftern nicht zu erlangen sind, werden nach dem bezeichneten Verhältnisse auf die übrigen verteilt.

Zahlungen, die auf Grund der vorstehenden Bestimmungen zu leisten sind, können den Verpflichteten weder ganz noch teilweise erlassen werden.

Die Ansprüche der Gesellschaft verjähren in fünf Jahren, sofern sie nicht beweist, daß der Ersatzpflichtige die Widerrechtlichkeit der Zahlung kannte.

Drittes Hauptstück.

Auflösung.

Erster Abschnitt.

Auflösung.

§ 84. Die Gesellschaft mit beschränkter Haftung wird aufgelöst:

1. durch Ablauf der im Gesellschaftsvertrage bestimmten Zeit;
2. durch Beschluß der Gesellschafter, welcher der notariellen Beurkundung bedarf;
3. durch Beschluß auf Fusion mit einer Aktiengesellschaft oder einer anderen Gesellschaft mit beschränkter Haftung (§ 96);
4. durch Eröffnung des Konkurses;
5. durch Verfügung der Verwaltungsbehörde;
6. durch Beschluß des Handelsgerichtes.

Im Gesellschaftsvertrage können weitere Auflösungsgründe festgesetzt sein.

Bei nach § 3 konzessionspflichtigen Eisenbahngesellschaften ist die Wirksamkeit eines durch die Gesellschafter gefaßten Auflösungsbeschlusses von der staatlichen Genehmigung abhängig.

§ 85. Für die genaue Erfüllung der Vorschriften der §§ 194 bis 196 der Konkursordnung vom 25. Dezember 1868, RGBl. Nr. 1 ex 1869, sind die Geschäftsführer und nach der Auflösung die Liquidatoren verantwortlich.

Geht der Antrag auf Konkurseröffnung oder die Anzeige der Zahlungseinstellung nicht von allen Geschäftsführern oder Liquidatoren aus, so ist die Konkurseröffnung dennoch auszusprechen, wenn die Zahlungseinstellung oder Überschuldung glaubhaft gemacht ist. Das Gericht hat jedoch die übrigen Geschäftsführer oder Liquidatoren vorher einzuvernehmen.

Die Einvernehmung von Geschäftsführern oder Liquidatoren, denen die Ladung wegen Abwesenheit oder wegen der Entfernung ihres Wohnsitzes nicht an den gleichen oder dem folgenden Tage zugestellt werden kann, oder die wegen unbekannten Aufenthaltes durch öffentliche Bekanntmachung zu laden wären, kann unterbleiben.

§ 86. Die Auflösung der Gesellschaft mit beschränkter Haftung kann von der Verwaltungsbehörde verfügt werden:

1. wenn die Gesellschaft die durch die Bestimmungen dieses Gesetzes (§ 1 Absatz 2) gezogenen Grenzen ihres Wirkungskreises überschreitet;
2. wenn die Geschäftsführer im Betriebe des gesellschaftlichen Unternehmens sich einer strafgesetzlich verpönten Handlung schuldig machen und nach der Art der begangenen strafbaren Handlung im Zusammenhalte mit dem Charakter des gesellschaftlichen Unternehmens von dem weiteren Betriebe desselben Mißbrauch zu besorgen wäre;
3. wenn die Gesellschaft ohne staatliche Genehmigung eines der in § 3 Absatz 2 bezeichneten Geschäfte betreibt;

4. wenn eine konzessionspflichtige Gesellschaft ungeachtet wiederholter Aufforderungen oder Anordnungen der Behörde sich in wesentlichen Punkten Überschreitungen des Gesetzes oder des Gesellschaftsvertrages zu Schulden kommen läßt.

Die Auflösung zu verfügen ist berufen:

a) wenn es sich um den Betrieb von Versicherungsgeschäften handelt, das Ministerium des Innern;

b) sonst in Fällen der Ziff. 1 und 2 bei konzessionspflichtigen Gesellschaften das Ministerium des Innern im Einvernehmen mit der Konzessionsbehörde, bei anderen Gesellschaften die politische Landesbehörde, in deren Sprengel die Gesellschaft ihren Sitz hat;

c) in den Fällen der Ziff. 3 und 4 die Konzessionsbehörde.

Gegen die Verfügung der politischen Landesbehörde kann binnen vier Wochen der Rekurs an das Ministerium des Innern ergriffen werden. In der Entscheidung der politischen Landesbehörde ist auszusprechen, ob dem Rekurse im Hinblicke auf die eintretenden öffentlichen Rücksichten aufschiebende Wirkung zugestanden werden kann oder nicht.

§ 87. Die Auflösung einer Gesellschaft mit beschränkter Haftung ist auf Antrag der Finanzprokuratur durch Beschluß des Handelsgerichtes ihres Sitzes auszusprechen, wenn der Gesellschaftsvertrag der notariellen Beurkundung entbehrt, wenn er nicht die nach § 4 notwendigen Bestimmungen enthält, oder wenn eine dieser Bestimmungen den Vorschriften dieses Gesetzes widerspricht.

Für das Verfahren gelten die Bestimmungen des § 43.

§ 88. Die Auflösung der Gesellschaft durch Zeitablauf oder Beschluß der Gesellschafter muß durch die Geschäftsführer sofort zum Handelsregister angemeldet werden. Die von der Verwaltungsbehörde rechtskräftig verfügte Auflösung ist dem Handelsgerichte von Amts wegen mitzuteilen.

Das Gericht hat die Auflösung in allen Fällen, und zwar wenn sie durch gerichtliches Erkenntnis rechtskräftig ausgesprochen, oder wenn sie durch Konkurseröffnung erfolgt ist, von Amts wegen ungesäumt unter Ersichtlichmachung der Art der Auflösung in das Handelsregister einzutragen.

Kommen die Geschäftsführer einer an sie ergangenen Aufforderung des Gerichtes zur Erstattung der ihnen obliegenden Anmeldung der Auflösung nicht nach, so ist die Aufforderung unter Bestimmung einer Frist mit dem Beisatze zu wiederholen, daß nach Ablauf der Frist die Auflösung unter gleichzeitiger Ernennung der Liquidatoren durch das Gericht von Amts wegen eingetragen würde. Vor Eintragung der Auflösung und Ernennung der Liquidatoren hat das Gericht die Geschäftsführer und nach Ermessen auch einen oder mehrere der mit der Geschäftsführung nicht betrauten Gesellschafter zu vernehmen.

Zweiter Abschnitt.
Liquidation.

§ 89. Der Auflösung der Gesellschaft hat, wenn das Gesetz nichts anderes bestimmt, die Liquidation zu folgen.

Als Liquidatoren treten die Geschäftsführer ein, wenn nicht durch den Gesellschaftsvertrag oder einen Beschluß der Gesellschafter eine oder mehrere andere Personen dazu bestellt werden. Doch kann das Handelsgericht auch außer dem Falle des § 88 Absatz 3, auf Antrag des Aufsichtsrates oder auf Antrag von Gesellschaftern, deren Stammeinlagen den zehnten oder den im Gesellschaftsvertrage hierfür bestimmten geringeren Teil des Stammkapitals erreichen, aus wichtigen Gründen neben diesen oder an deren Stelle andere Liquidatoren ernennen.

Gerichtlich ernannte Liquidatoren können aus wichtigen Gründen durch das Gericht, Liquidatoren, die nicht von dem Gerichte ernannt sind, durch Beschluß der Gesellschafter, und unter den Voraussetzungen des Absatzes 2 auch durch das Gericht jederzeit abberufen werden.

Die Eintragung der gerichtlichen Ernennung oder Abberufung von Liquidatoren in das Handelsregister erfolgt von Amts wegen.

Das in § 24 für die Geschäftsführer ausgesprochene Verbot findet auf die Liquidatoren keine Anwendung.

§ 90. Bei der Liquidation kommen die Vorschriften der Artikel 136, 137 Absatz 1 und 139 HGB. zur Anwendung.

Die Liquidatoren haben, selbst wenn sie von dem Gerichte ernannt sind, bei der Geschäftsführung den von den Gesellschaftern gefaßten Beschlüssen Folge zu leisten.

Die Ausschreibung weiterer Einzahlungen auf nicht voll eingezahlte Stammeinlagen ist nach Auflösung der Gesellschaft nur insoweit zulässig, als es zur Befriedigung der Gläubiger erforderlich erscheint. Die Einzahlungen sind stets nach Verhältnis der bis zur Auflösung geleisteten Einzahlungen zu fordern.

Die Verwertung des Gesellschaftsvermögens durch Veräußerung des Vermögens als Ganzes kann nur auf Grund eines mit einer Mehrheit von drei Vierteilen der abgegebenen Stimmen gefaßten Beschlusses der Gesellschafter erfolgen.

§ 91. Die Liquidatoren haben sofort bei Beginn der Liquidation und demnächst in jedem Jahre eine Bilanz aufzustellen. Sie haben bei Beginn der Liquidation die Auflösung durch die in § 22 bezeichneten öffentlichen Blätter bekanntzumachen und dabei die Gläubiger der Gesellschaft aufzufordern, sich bei den Liquidatoren zu melden. Bekannten Gläubigern ist die Mitteilung in diesem Falle unmittelbar zu machen.

Die bei Auflösung der Gesellschaft vorhandenen und die während der Liquidation eingehenden Gelder sind zur Befriedigung der Gläubiger zu verwenden. Nicht erhobene Schuldbeträge sowie die Beträge für noch nicht fällige oder streitige Forderungen sind zurückzubehalten. Gleiches gilt von schwebenden Verbindlichkeiten.

Das nach Berichtigung und Sicherstellung der Schulden verbleibende Vermögen dürfen die Liquidatoren nicht vor Ablauf von drei Monaten seit dem Tage der Veröffentlichung der durch Absatz 1 vorgeschriebenen Aufforderung an die Gläubiger unter die Gesellschafter verteilen. Die Verteilung hat in Ermangelung besonderer Bestimmungen des Gesellschaftsvertrages nach dem Verhältnisse der eingezahlten Stammeinlagen zu erfolgen.

Die von Gläubigern oder Gesellschaftern nicht behobenen Beträge sind vor Beendigung der Liquidation zu Gericht zu erlegen.

§ 92. Insoweit die vorstehenden Paragraphen nicht abweichende Anordnungen enthalten, haben alle in diesem Gesetze hinsichtlich der Geschäftsführer getroffenen Bestimmungen sinngemäß auch in bezug auf die Liquidatoren Anwendung zu finden.

Auch hinsichtlich der Rechtsverhältnisse der Gesellschafter untereinander und gegenüber der Gesellschaft, sowie der Gesellschaft zu dritten Personen, dann der Rechte und Pflichten und der Verantwortlichkeit des Aufsichtsrates kommen die hierüber in diesem Gesetze getroffenen Anordnungen ungeachtet der Auflösung der Gesellschaft bis zur Beendigung der Liquidation zur Anwendung, soweit sich aus den Bestimmungen dieses Abschnittes und dem Zwecke der Liquidation nicht etwas anderes ergibt.

§ 93. Nach Beendigung der Liquidation haben die Liquidatoren unter Nachweisung der durch Beschluß der Gesellschafter erwirkten Entlastung bei dem Handelsgerichte um die Löschung der Liquidationsfirma anzusuchen.

Das Handelsgericht hat die Löschung in den in § 22 bezeichneten Blättern zu veröffentlichen.

Die Bücher und Papiere der aufgelösten Gesellschaft sind einem der Gesellschafter oder einem Dritten auf die Dauer von zehn Jahren nach Beendigung der Liquidation zur Aufbewahrung zu übergeben. Die Person des Verwahrers wird in Ermangelung einer Bestimmung des Gesellschaftsvertrages oder eines Beschlusses der Gesellschafter durch das Handelsgericht bestimmt.

Die Gesellschafter und deren Rechtsnachfolger behalten das Recht auf Einsicht und Benützung der Bücher und Papiere. Gläubiger der Gesellschaft können von dem Gerichte zur Einsicht ermächtigt werden.

Stellt sich nachträglich noch weiteres, der Verteilung unterliegendes Vermögen heraus, so hat das Handelsgericht der Hauptniederlassung auf Antrag eines Beteiligten die bisherigen Liquidatoren wieder zu berufen oder andere Liquidatoren zu ernennen.

§ 94. Die Bestimmungen über die Liquidation gelangen auch dann zur Anwendung, wenn die Auflösung durch Verfügung der Verwaltungsbehörde oder Beschluß des Handelsgerichtes erfolgt.

Wurde jedoch in der Verfügung der Verwaltungsbehörde angeordnet, daß die Gesellschaftsorgane sofort ihre Tätigkeit einzustellen haben, so sind die Liquidatoren ausschließlich von dem Handelsgerichte zu ernennen. Zugleich hat das Gericht, und zwar selbst dann, wenn die Bestellung eines Aufsichtsrates im Gesellschaftsvertrage nicht vorgesehen ist, einen Aufsichtsrat zu ernennen, dem die durch das Gesetz dem Aufsichtsrate und der Beschlußfassung der Gesellschafter zugewiesenen Aufgaben zufallen.

Die Einstellung der Tätigkeit der gesellschaftlichen Organe mit der im zweiten Absatze bezeichneten Wirkung kann von der zur Auflösung zuständigen Verwaltungsbehörde auch gegenüber einer aus anderen Gründen aufgelösten Gesellschaft verfügt werden, wenn einer der in § 86 angeführten Fälle eintritt.

§ 95. Die Liquidation unterbleibt, wenn der Staat, ein Land oder eine Gemeinde alle Geschäftsanteile einer Gesellschaft mit beschränkter Haftung behufs Auflösung der Gesellschaft erworben hat oder das Vermögen einer aufgelösten Gesellschaft als Ganzes einschließlich der Schulden durch Vertrag übernimmt und erklärt, in sämtliche Verpflichtungen der Gesellschaft einzutreten, auf die Durchführung der Liquidation zu verzichten und im Falle der Übernahme durch Vertrag auch die Befriedigung der Gesellschafter zu bewirken.

Der Anmeldung der Auflösung ist eine mit allen gesetzmäßigen Erfordernissen ihrer Gültigkeit versehene Erklärung über die im Sinne des ersten Absatzes übernommenen Verpflichtungen, der Anmeldung der vertragsmäßigen Übernahme, überdies der Vertrag und der ihn genehmigende Beschluß der Gesellschafter anzuschließen.

Zugleich mit der Eintragung ist die Firma zu löschen. Der Übergang des Vermögens der Gesellschaft und der Schulden ist als im Zeitpunkte der Eintragung bewirkt anzusehen.

§ 96. Die Liquidation unterbleibt, wenn das Vermögen einer Gesellschaft mit beschränkter Haftung als Ganzes einschließlich der Schulden an eine Aktiengesellschaft gegen Gewährung von Aktien der letzteren oder an eine andere Gesellschaft mit beschränkter Haftung gegen Gewährung von Geschäftsanteilen dieser übertragen wird (Fusion) und beide Teile auf die Durchführung der Liquidation verzichten. Ein solcher Beschluß bedarf der Einstimmigkeit, wenn im Gesellschaftsvertrage nichts anderes bestimmt ist. Im übrigen haben die Vorschriften des Artikels 247 des Handelsgesetzbuches sinngemäß Anwendung zu finden.

Viertes Hauptstück.

Umwandlung anderer Gesellschaften in Gesellschaften mit beschränkter Haftung.

§ 97. Der Beschluß einer Aktiengesellschaft, sich in eine Gesellschaft mit beschränkter Haftung umzuwandeln, erlangt rechtliche Wirksamkeit erst mit der Eintragung in das Handelsregister. Der Beschluß ist an die Erfordernisse eines Auflösungsbeschlusses gebunden.

Die Anmeldung zur Eintragung muß binnen einem Monate nach Fassung des Umwandlungsbeschlusses erfolgen unter Nachweisung, daß den nachstehenden Bestimmungen entsprochen worden sei:

1. die Aktionäre der Aktiengesellschaft sind durch Bekanntmachung in den durch das Statut für die Kundmachungen der Aktiengesellschaft bestimmten öffentlichen Blättern oder mittels rekommandierten Schreibens aufzufordern, sich darüber zu erklären, ob sie mit dem auf ihre Aktien entfallenden Anteile an dem Vermögen der Aktiengesellschaft sich an der Gesellschaft mit beschränkter Haftung beteiligen wollen;

2. die Beteiligung erfolgt in der Weise, daß jeder Aktionär, der hiervon Gebrauch macht, den seinem Anteile an dem Vermögen der Aktiengesellschaft entsprechenden Betrag als Stamm-

einlage übernimmt. Die in Stammeinlagen umgewandelten Aktien müssen wenigstens drei Vierteile des Grundkapitals der Aktiengesellschaft darstellen;

3. der auf jede Aktie entfallende Anteil an dem Vermögen der Aktiengesellschaft ist auf Grund einer zu diesem Zwecke aufgestellten Bilanz zu berechnen, die von der Generalversammlung der Aktiengesellschaft mit einer Mehrheit von drei Vierteilen des in derselben vertretenen Grundkapitals genehmigt sein muß;

4. das Stammkapital der Gesellschaft mit beschränkter Haftung darf nicht geringer sein als das Grundkapital der Aktiengesellschaft. Die Vorschriften der §§ 6, 13 und 14 über die Höhe des Stammkapitals und der Stammeinlagen müssen befolgt werden;

5. soweit sich die Aktionäre nicht durch Übernahme von Stammeinlagen an der Gesellschaft mit beschränkter Haftung beteiligen, muß das Stammkapital durch in barem volleingezahlte Stammeinlagen gedeckt werden, die von anderen Personen übernommen wurden.

§ 98. Die Anmeldung des Umwandlungsbeschlusses zur Eintragung hat unter Beobachtung der sonstigen durch dieses Gesetz für die Eintragung einer Gesellschaft mit beschränkter Haftung vorgeschriebenen Erfordernisse bei dem in Hinkunft für die Gesellschaft nach deren Sitz zuständigen Handelsgerichte zu erfolgen.

Dieses hat mit der Anmeldung in sinngemäßer Anwendung der §§ 11 und 12 zu verfahren und, wenn es nicht zugleich das für die Aktiengesellschaft bisher zuständige Registergericht ist, den Beschluß letzterem zur Eintragung in sein Handelsregister mitzuteilen.

Zugleich mit der Eintragung des Umwandlungsbeschlusses ist die Aktiengesellschaft im Handelsregister zu löschen.

§ 99. Von dem Tage der Eintragung der Gesellschaft mit beschränkter Haftung in das Handelsregister ist diese Gesellschaft zu Verfügungen über das Vermögen der Aktiengesellschaft berechtigt. In den bestehenden Rechtsverhältnissen gegenüber dritten Personen tritt durch die Umwandlung keine Änderung ein.

§ 100. Insoweit ein Aktionär sich nicht an der Gesellschaft mit beschränkter Haftung durch Übernahme einer Stammeinlage beteiligt, ist ihm von der Gesellschaft der Betrag auszuzahlen, der auf seine Aktie nach der zufolge § 97 Ziff. 3 aufgestellten Bilanz entfällt. Weitere Ansprüche an das Gesellschaftsvermögen stehen ihm nicht zu.

§ 101. Ein am Tage der Kundmachung dieses Gesetzes auf Grund des kaiserlichen Patentes vom 26. November 1852, RGBl. Nr. 253, bestehender, auf Gewinn berechneter Verein, der bis zum Eintritte der Wirksamkeit des Gesetzes seine Statuten dessen Vorschriften anzupassen und sich unter Beibehaltung seines gesamten Vermögens in eine Gesellschaft mit beschränkter Haftung umzuwandeln beschließt, kann als solche eingetragen werden, ohne daß ein besonderer Gesellschaftsvertrag errichtet wird.

Der Beschluß bedarf der Zustimmung aller Mitglieder, notarieller Beurkundung und der nach § 21 des kaiserlichen Patentes vom 26. November 1852, RGBl. Nr. 253, erforderlichen staatlichen Genehmigung.

Dasselbe gilt für Gewerkschaften zum Bergbaubetriebe, die am Tage der Kundmachung dieses Gesetzes bereits bestehen. Der Umwandlungsbeschluß, der an die im ersten Absatze bezeichnete Frist nicht gebunden ist, bedarf der Genehmigung der Berghauptmannschaft.

Fünftes Hauptstück.

Behörden und Verfahren.

§ 102. Auf die in diesem Gesetze vorgeschriebenen Anmeldungen, Anzeigen und Mitteilungen an das Handelsgericht und auf die dem Gerichte in dieser Hinsicht obliegende Tätigkeit finden die geltenden Vorschriften über die Behandlung der Geschäfte Anwendung, die sich auf das Handelsregister beziehen.

Sofern für die Führung des Handelsregisters über Gesellschaften mit beschränkter Haftung weitere Bestimmungen erforderlich werden, sind sie im Verordnungswege zu erlassen.

Die Finanzprokuratur kann Beschlüsse auf Eintragung einer Gesellschaft oder einer Abänderung des Gesellschaftsvertrages oder Beschlüsse auf Eintragung der Niederlassung einer ausländischen Gesellschaft mit Rekurs anfechten.

§ 103. Konzessionspflichtige Gesellschaften mit beschränkter Haftung (§§ 3 und 49) unterstehen der Staatsaufsicht, die durch die Konzessionsbehörde von Amts wegen zur Wahrung der öffentlichen Interessen geübt wird.

§ 104 Der Konzessionsbehörde steht nebst den an anderen Stellen dieses Gesetzes ihr zugewiesenen Aufgaben hinsichtlich der konzessionspflichtigen Gesellschaften zu:

1. den Gesellschaftsvertrag und alle Abänderungen des Gesellschaftsvertrages zu genehmigen;

2. allgemeine Regeln für die Gebarung und die Rechnungslegung aufzustellen und statistische Berichte abzufordern;

3. die Gebarung der Gesellschaft zu überwachen und zu diesem Behufe in die Bücher und Papiere der Gesellschaft Einsicht zu nehmen, die notwendigen Ausweise und Aufklärungen von der Gesellschaft zu verlangen und behördliche Abgeordnete zu allen Versammlungen der Gesellschafter und der gesellschaftlichen Organe zu entsenden;

4. die Ausführung von Beschlüssen oder Verfügungen zu untersagen, durch welche der Gesellschaftsvertrag oder zwingende Vorschriften des Gesetzes verletzt oder die bei Erteilung der Genehmigung des Gesellschaftsvertrages von den Staatsverwaltung gestellten Bedingungen überschritten werden.

§ 105. Wenn eine Gesellschaft Versicherungsgeschäfte oder, ohne hierzu durch den Gesellschaftsvertrag berechtigt zu sein oder ohne die staatliche Genehmigung des Gesellschaftsvertrages erlangt zu haben, eines der in § 3 Absatz 2 bezeichneten Geschäfte betreibt, ist die Konzessionsbehörde, beim Betriebe von Versicherungsgeschäften aber das Ministerium des Innern berechtigt, diesen Betrieb einzustellen.

§ 106 Die staatliche Bewilligung für die im § 62 Absatz 2 bezeichneten Geschäftszweige wird vom Finanzministerium, bezüglich der Ausgabe von Einlagebüchern im Einvernehmen mit dem Ministerium des Innern erteilt.

Hinsichtlich dieser Geschäftszweige stehen der Konzessionsbehörde die in § 104 Ziff. 3 und 4 bezeichneten Befugnisse zu.

Werden die für den Betrieb erlassenen gesetzlichen Vorschriften nicht beobachtet oder die bei der Erteilung der Bewilligung gestellten Bedingungen nicht eingehalten, so kann die Konzessionsbehörde die Bewilligung widerrufen. Wird der Betrieb dieser Geschäfte des Widerrufes ungeachtet fortgesetzt oder erfolgt er überhaupt ohne vorausgegangene staatliche Bewilligung, so ist die Konzessionsbehörde berechtigt, diesen Betrieb einzustellen.

Sechstes Hauptstück.

Ausländische Gesellschaften.

§ 107. Gesellschaften der in diesem Gesetze bezeichneten Art, die ihren Sitz außerhalb des Geltungsgebietes dieses Gesetzes haben, können im Inlande durch eine Niederlassung Geschäfte betreiben, wenn sie vor Beginn dieses Geschäftsbetriebes bei dem durch den Sitz der Niederlassung bestimmten Handelsgerichte die Eintragung einer inländischen Niederlassung in das Handelsregister erwirken.

Zur Eintragung ist eine Anmeldung erforderlich, der eine beglaubigte Abschrift des Gesellschaftsvertrages und die Zeichnung der zur Zeichnung der Firma der inländischen Niederlassung berechtigten Personen in beglaubigter Form beizuschließen sind.

§ 108. Die Eintragung ist zu versagen, wenn die Gesellschaft nicht nachweist:

1. daß sie in dem Staate, in dem sich ihr Sitz befindet, nach dessen Gesetzen rechtlich besteht und sich dort in wirklicher und regelmäßiger Geschäftstätigkeit befindet;

2. daß sie für ihren gesamten Geschäftsbetrieb im Inlande eine zur gültigen Zeichnung der Firma ihrer inländischen Niederlassung berechtigte Vertretung bestellt hat, deren Mitglieder im Inlande ihren Wohnsitz haben;

3. falls einer der in § 3 Absatz 2 bezeichneten Geschäftszweige zum Gegenstande des Unternehmens gehört, daß sie die staatliche Genehmigung erhalten hat;

4. daß in dem Staate, dem die Gesellschaft angehört, die inländischen Gesellschaften gleicher Art zur Errichtung von Niederlassungen auf Grundlage der Gegenseitigkeit gleich den dort einheimischen Gesellschaften zugelassen sind.

§ 109. Soweit nicht Staatsverträge oder durch das Reichsgesetzblatt kundgemachte Regierungserklärungen bestehen, vermöge deren die ausländische Gesellschaft sich nach ihrer gesetzlichen Grundlage als eine Gesellschaft der in diesem Gesetze bezeichneten Art darstellt und die Beobachtung der Gegenseitigkeit gewährleistet ist, muß der Nachweis hierfür durch eine vom Justizministerium im Einvernehmen mit den beteiligten Ministerien ausgestellte Erklärung erbracht werden. Diese Erklärung ist für das Gericht bindend.

Kann der Bestand der Gegenseitigkeit nicht nachgewiesen werden, so bedarf es zur Eintragung einer besonderen Zulassungsbewilligung des Ministeriums des Innern.

§ 110. Auf die Anmeldung finden die §§ 11 und 12 sinngemäß Anwendung.

Der Veröffentlichung unterliegen:

1. die Firma und der Sitz der Gesellschaft und der inländischen Niederlassung;
2. der Gegenstand des Unternehmens;
3. die Höhe des Stammkapitals und der Betrag der darauf geleisteten Einzahlungen;
4. bei konzessionspflichtigen Gesellschaften das Datum der Genehmigungsurkunde;
5. wenn der Gesellschaftsvertrag eine Beschränkung der Dauer der Gesellschaft enthält, der Zeitpunkt der Auflösung;
6. wenn der Gesellschaftsvertrag Bestimmungen über die Art enthält, in der die von der Gesellschaft ausgehenden Bekanntmachungen zu veröffentlichen sind, diese Bestimmungen;
7. Name, Beruf und Wohnsitz der Mitglieder der für das Inland bestellten Vertretung und die Bestimmungen über die Art, in der sie ihre Willenserklärungen abzugeben haben.

§ 111. Die Erstattung aller weiteren Anmeldungen zum Handelsregister liegt der für das Inland bestellten Vertretung der Gesellschaft ob.

Die Wirksamkeit von Änderungen der in das Handelsregister eingetragenen Tatsachen ist hinsichtlich der inländischen Niederlassung lediglich nach dem Zeitpunkte der im Inlande erfolgten Eintragung zu beurteilen.

Werden weitere Niederlassungen im Inlande errichtet, so sind die erste als inländische Hauptniederlassung, die übrigen als inländische Zweigniederlassung zu bezeichnen. Auf die inländische Hauptniederlassung finden die in dem gegenwärtigen Gesetze bezüglich der Hauptniederlassungen enthaltenen Bestimmungen, auf die Zweigniederlassungen die Vorschriften für Zweigniederlassungen inländischer Gesellschaften sinngemäß Anwendung.

§ 112. Die für das Inland bestellte Vertretung hat über die inländischen Geschäfte besondere ordnungsmäßige Bücher zu führen.

Die Pflicht, beim Betriebe von Bankgeschäften die Bilanz zu veröffentlichen (§ 22), besteht auch für ausländische Gesellschaften, und zwar auch rücksichtlich der Bilanz der ausländischen Hauptniederlassung.

§ 113. Die Auflösung der inländischen Niederlassungen einer ausländischen Gesellschaft kann in sinngemäßer Anwendung des § 86 erfolgen. Außerdem kann sie von der politischen Landesbehörde, in deren Sprengel die inländische Hauptniederlassung ihren Sitz hat, verfügt werden:

1. wenn die Gesellschaft in ihrem Heimatstaate rechtlich zu bestehen aufgehört oder die volle Verfügungs- und Verkehrsfähigkeit hinsichtlich ihres Vermögens verloren hat;
2. wenn die für das Inland bestellte Vertretung nicht mehr besteht und deren neuerliche Bestellung binnen drei Monaten, nachdem die Gesellschaft vom Handelsgerichte dazu aufgefordert worden ist, nicht erfolgt;
3. wenn sich ergibt, daß der Staat, dem die Gesellschaft angehört, in der Behandlung inländischer Gesellschaften gleicher Art die Gegenseitigkeit nicht beobachtet.

Die Auflösung ist auf Antrag der Finanzprokuratur durch Beschluß des Handelsgerichtes, in dessen Sprengel die inländische Hauptniederlassung ihren Sitz hat, auszusprechen, wenn die Eintragung entgegen den Vorschriften des § 108 bewilligt wurde; für das Verfahren gelten die Bestimmungen des § 43.

Die Abwicklung der Geschäfte der inländischen Niederlassungen hat unter sinngemäßer Anwendung der Bestimmungen über die Liquidation von Gesellschaften mit beschränkter Haftung zu erfolgen.

§ 114. Die Vorschriften dieses Gesetzes über konzessionspflichtige Gesellschaften, dann die Bestimmungen der §§ 62 und 102 bis 106 finden auf ausländische Gesellschaften sinngemäß Anwendung. Weitere Einzahlungen auf die nicht volleingezahlten Stammeinlagen und sonstige Veränderungen des Stammkapitals sind von der für das Inland bestellten Vertretung zum Handelsregister anzumelden.

Siebentes Hauptstück.

Steuer- und gebührenrechtliche Bestimmungen.

§§ 115—120. ... [An ihre Stelle sind Vorschriften neuer steuerrechtlicher Sondergesetze getreten.]

Achtes Hauptstück.

Strafbestimmungen. Schlußbestimmung.

§ 121. Ein Vergehen begeht, wer vorsätzlich als Geschäftsführer, als Mitglied des Aufsichtsrates oder als Liquidator einer Gesellschaft mit beschränkter Haftung bewirkt, zustimmt oder nicht hindert, daß den Gesellschaftern Urkunden über ihre Beteiligung, die auf Inhaber oder an Order lauten, oder eine auf die Zulässigkeit der Indossierung hinweisende Bemerkung enthalten oder Dividendenscheine ausgestellt werden.

§ 122. Ein Vergehen begeht, wer:

1. als Geschäftsführer in dem zum Zwecke der Eintragung der Gesellschaft oder der Eintragung der Erhöhung oder Herabsetzung des Stammkapitals in das Handelsregister gemäß § 9 Punkt 2, § 10, 53 oder 56 abzugebenden Erklärungen oder

2. als Geschäftsführer oder Liquidator in dem gemäß § 26 zu führenden Anteilbuche oder in der auf Grund des Anteilbuches dem Handelsgerichte vorzulegenden Liste

vorsätzlich eine zur Täuschung über dem Vermögensstand einer Gesellschaft mit beschränkter Haftung geeignete falsche Angabe macht.

§ 123. Ein Vergehen begeht, wer vorsätzlich als Geschäftsführer oder Liquidator, als Mitglied des Aufsichtsrates oder als Beauftragter einer Gesellschaft mit beschränkter Haftung in den Versammlungsprotokollen, Rechnungsabschlüssen, Bilanzen, Geschäftsberichten oder in einer öffentlichen Aufforderung zur Beteiligung an dem Unternehmen den Vermögensstand der Gesellschaft falsch darstellt oder eine Tatsache verschweigt, deren Verschweigung über den Vermögensstand der Gesellschaft zu täuschen geeignet ist.

§ 124. Die Strafe der unter §§ 121 bis 123 bezeichneten Vergehen ist Arrest von einer Woche bis zu einem Jahre, womit Geldstrafe von 1000 bis zu 20 000 Kronen verbunden werden kann.

§ 125. Die Strafbestimmungen dieses Gesetzes sind nur soweit anzuwenden, als die Handlung nicht unter eine strengere strafrechtliche Bestimmung fällt.

Die allgemeinen Bestimmungen des Strafgesetzes vom 27. Mai 1852, RGBl. Nr. 117, gelten auch für die durch dieses Gesetz festgesetzten Vergehen.

Das Verfahren steht den Gerichtshöfen erster Instanz zu.

§ 126. Wer als Revisor die ihm obliegende Pflicht der Geheimhaltung der bei der Revision zu seiner Kenntnis gelangten Geschäfts- und Betriebsverhältnisse verletzt (§ 45), ist mit Ordnungsstrafe bis zu 2000 Kronen von dem Gerichte, in dessen Handelsregister die Gesellschaft eingetragen ist, zu bestrafen.

§ 127. Mit dem Vollzuge dieses Gesetzes, das drei Monate nach seiner Kundmachung in Wirksamkeit tritt, und mit der Erlassung der zu dessen Durchführung erforderlichen Vorschriften sind Mein Justizminister und Meine Minister des Innern, der Finanzen, des Handels, der Eisenbahnen und des Ackerbaues beauftragt.

Zur Ergänzung: Bundesgesetz vom 4. Juli 1924 (Bundesgesetzblatt 1924 Nr. 246). Art. III Abs. 2.

Danach gilt für die vor dem 1. August 1924 in das Handelsregister eingetragenen Gesellschaften m. b. H.:

1. Sie haben, wenn sie nicht schon bisher nach dem Gesetze zur Bestellung eines Aufsichtsrates verpflichtet waren, einen solchen nur zu bestellen, wenn das Stammkapital den Betrag von 500 000 000 Kronen überschreitet.

2. Im Falle der Erhöhung des Stammkapitals muß, wenn auf die neuen Stammeinlagen Vermögensgegenstände angerechnet werden sollen (§ 6 letzter Absatz) mindestens die Hälfte des Betrages, um den das Stammkapital erhöht wird, durch in barem Gelde zu leistende Stammeinlagen aufgebracht werden, soweit nicht ein geringerer Betrag genügt, um für das jeweilige Stammkapital das in § 6a geforderte Verhältnis herzustellen.

3. Im Falle der Herabsetzung des Stammkapitals gelten die Beträge von 200 000 000 Kronen für das Stammkapital und von 5 000 000 Kronen für die Stammeinlage.

4. Die Bestimmung des § 3 Abs. 2 finden auch auf bestehende Gesellschaften Anwendung; doch bedürfen solche Gesellschaften, wenn nach dem Gesellschaftsvertrage bereits vor dem 1. Januar 1924 der Betrieb von Bankgeschäften oder schlechthin der Betrieb von Handelsgeschäften zum Gegenstand der Unternehmung gehört hat und sie den gewerbsmäßigen Betrieb von Bankgeschäften vor dem genannten Tage tatsächlich schon begonnen haben, nicht der nachträglichen Genehmigung des Gesellschaftsvertrages, sie unterliegen aber im übrigen allen Bestimmungen über konzessionspflichtige Gesellschaften.

Für den

tschecho-slowakischen Staat

gilt das österreichische Gesetz in der ursprünglichen Fassung. Danach sind die Wertbestimmungen

§ 6. Stammkapital: 20 000 Kronen.
Stammeinlage: 500 Kronen.
§ 10. Mindesteinlage: 250 Kronen.
§ 13. Z. 1: Mindesteinlage: 200 Kronen.
Z. 2: Mindestbetrag: 100 Kronen.
§ 14. Stammkapital: 200 000 Kronen.
§ 29. Stammkapital: 1 000 000 Kronen.
§ 39. Betrag: 100 Kronen.
§ 54. Stammkapital: 20 000 Kronen.
Stammeinlage: 500 Kronen.

§ 3 Abs. 2 lautet: Gesellschaften mit beschränkter Haftung, bei denen die Erwerbung oder Ausübung einer Eisenbahnkonzession, die Ausgabe von Pfandbriefen oder fundierten Bankschuldverschreibungen oder die Anwerbung und Beförderung von Auswanderern zum Gegenstand des Unternehmens gehört (konzessionspflichtige Gesellschaften), können ferner nur dann eingetragen werden, wenn die staatliche Genehmigung des Gesellschaftsvertrages (Konzessionierung der Gesellschaft) erfolgt ist.

§ 6a entfällt.

In § 14 und § 54 entfällt das Wort „Luftverkehrsgesellschaften".

§ 76 Abs. 2 entfällt Satz 4 und 5.

§ 102 Abs. 3f. lauten: Eine von den Anmeldungspflichtigen beizubringende Abschrift der in diesem Gesetz in den §§ 9, 51, 53, 56, 107 für das Handelsregister vorgeschriebenen Anmeldungen und Belege ist nach vollzogener Eintragung von dem Registerrichter an die Finanzprokuratur des Sitzes der Gesellschaft einzusenden.

Diese Abschriften sind stempelfrei.

Die Finanzprokuratur kann die Bewilligung der Eintragung im Wege des Rekurses anfechten.

Die §§ 115 bis 120 sind in steuerrechtlichen Sondergesetzen neu geregelt.

Vergleichende Darstellung des österreichischen und des bulgarischen Gesetzes, betreffend die Gesellschaften mit beschränkter Haftung.

Österreichisches Gesetz*).	Bulgarisches Gesetz vom 8. Mai 1924.
Errichtung der Gesellschaft.	
§ 1.	Art. 1 läßt die Gesellschaft mit beschränkter Haftung zu wirtschaftlichen Zwecken außer für Versicherungsunternehmungen zu.
§ 2.	Art. 11.
§ 3 Abs. 1.	Art. 12 Abs. 1 Ziff. 1 und 2.
Abs. 2 abgeändert durch Bundesgesetz vom 4. Juli 1924.	Keine Konzessionspflicht.
§ 4 Abs. 1 und 2.	Art. 3.
Abs. 3.	Art. 2 Notarielle Beglaubigung des Vertragsinhaltes und der Unterschriften. Auch ein Vorvertrag bedarf der Form.
§ 5.	Art. 4.
§ fehlt.	Art. 5 Der Aufnahme in den Gesellschaftsvertrag bedürfen auch etwaige Bestimmungen über die Dauer der Gesellschaft und über das Recht eines Gesellschafters, die Auflösung zu fordern mit der Möglichkeit der Fortsetzung der Gesellschaft durch die übrigen Gesellschafter.
§ 6 Abs. 1 Stammkapital mindestens 200 Millionen Kronen, jede Stammeinlage mindestens 5 Millionen Kronen oder 20 000 Schilling bzw. 500 Schilling.	Art. 8 Abs. 1 und 2 Stammkapital mindestens 200 000 Leva, jede Stammeinlage mindestens 10 000 Leva und durch 1000 teilbar.
Abs. 2.	Art. 8 Abs. 3.
Abs. 3.	Art. 8 Abs. 4.
Abs. 4.	Art. 7 und 9.
§ 6a ist nach dem Bundesgesetz vom 4. Juli 1924 einzufügen.	
§ 7.	Art. 10.
§ 8 Abs. 1 und 2.	Art. 6.
§ 9.	Art. 13 (die Mitglieder des Aufsichtsrates sind auch aufzuführen).
§ 10 Abs. 1 Mindesteinzahlung $2^1/_2$ Millionen Kronen, d. i. 250 Schilling.	Art. 12 Abs. 1 Ziff. 3, Mindestbetrag 5000 Leva.
§ 10 Abs. 3 und 4.	Art. 14.
§ 11.	Art. 15. Dieser enthält noch Vorschriften für den Fall der Ablehnung der Eintragung.
§ 12.	Art. 16.
§§ 13 und 14.	fehlt.

*) Mit den Abänderungen des Bundesgesetzes vom 4. Juli 1924 (BGBl. S. 705) und des Schillingsrechnungsgesetzes vom 20. Dez. 1924 (BGBl. S. 24, 1767).

Österreichisches Gesetz.	Bulgarisches Gesetz vom 8. Mai 1924.
Die gesellschaftlichen Organe. Die Geschäftsführer.	
§ 15.	Art. 17 mit einigen Modifikationen (mindestens die Hälfte bulgarische Staatsangehörige; Ernennung auch durch Aufsichtsrat, dagegen nicht durch den Staat usw.).
§ 16.	Art. 18 mit entsprechenden Modifikationen.
§ 17.	Art. 19.
§ 18.	Art. 20.
§ 19.	Art. 21.
§ 20.	Art. 22, der nur noch den Zusatz (Abs. 3) enthält, daß die Regel des Abs. 2 nur gegenüber dem gutgläubigen Dritten gilt.
§ 21.	Art. 23.
§ 22.	Art. 24 mit geringen Abweichungen (es fehlen die Vorschriften des Abs. 4 Satz 2ff. österr. Gesetz).
§ 23.	Art. 25, der in Ziff. 5 und 6 noch Vorschriften über Verbuchung der Gründungskosten und der zweifelhaften bzw. aussichtslosen Forderungen enthält.
§ 24.	Art. 26.
§ 25 Abs. 1—4.	Art. 27.
§ 25 Abs. 5.	Art. 28.
§ 26 Abs. 1 und 2.	Art. 29 Abs. 1 u. 2.
§ 26 Abs. 3 und 4.	Art. 30.
	Art. 29 Abs. 3 (Mitteilung von Umbuchungen binnen 3 Tagen an Gericht) fehlt im österr. Gesetz.
§ 27.	Art. 31.
§ 28.	Art. 32.
Der Aufsichtsrat.	
§ 29 500 Millionen Kronen, d. i. 50 000 Schilling	Art. 33. Obligatorisch bei mehr als 20 Mitgliedern, unabhängig vom Kapital. Abs. 3 fehlt im österr. Gesetz.
§ 30.	Art. 34. Mindestens die Hälfte der Mitglieder müssen bulgar. Staatsangehörige und dort ansässig sein; dagegen wird die Wählbarkeit nicht durch Verwandtschaft mit nicht wählbaren Personen ausgeschlossen.
§ 31.	Art. 35.
§ 32 Abs. 1 und 2.	Art. 36.
§ 32 Abs. 3.	fehlt.
§ 32 Abs. 4—6.	Art. 37.
§ 32 Abs. 7 und 8.	Art. 38.
§ 32 Abs. 9 und 10.	Art. 39.
§ 33.	Art. 40.

Österreichisches Gesetz.	Bulgarisches Gesetz vom 8. Mai 1924.
Die Generalversammlung.	
§ 34.	Art. 41.
§ 35.	Art. 42.
§ 36.	Art. 43.
§ 37.	Art. 44.
§ 38.	Art. 45—47.
§ 39 1 Million Kronen, d. i. 100 Schilling, gewähren 1 Stimme.	Art. 48. 1000 Leva gewähren 1 Stimme.
§ 40.	Art. 49.
§ 41.	Art. 50.
§ 42.	Art. 51.
§ 43.	Art. 52 (statt Finanzprokurator „Staatsanwalt").
§ 44.	Art. 53.
Minderheitsrechte.	
§ 45.	Art. 54.
§ 46.	Art. 55.
§ 47.	Art. 56.
§ 48 mit Ausnahme von Abs. 4.	Art. 57.
Abänderungen des Gesellschaftsvertrages.	
§ 49 Abs. 1 und 2.	Art. 58.
§ 50.	Art. 59.
§ 51 mit Ausnahme der Bestimmung über konzessionspflichtige Gesellschaften.	Art. 60.
Erhöhung des Stammkapitals.	
§ 52.	Art. 61, 62.
§ 53.	Art. 63.
Herabsetzung des Stammkapitals.	
§ 54 Herabsetzungsgrenze: 200 Millionen Kronen, d. i. 20 000 Schilling, Mindestbetrag einer Stammeinlage 5 Millionen Kronen, d. i. 500 Schilling.	Art. 64. Herabsetzungsgrenze 200 000 Leva. Mindestbetrag einer Stammeinlage 10 000 Leva.
§ 55.	Art. 65. Unmittelbare Mitteilung an die bekannten Gläubiger durch Einschreibbrief.
§ 56.	Art. 66, 67.
§ 57.	Art. 68.
§ 58.	fehlt, vergleiche Art. 100.
Zweigniederlassungen.	
§ 59.	Art. 69.
§ 60.	Art. 70.

Österreichisches Gesetz.	Bulgarisches Gesetz vom 8. Mai 1924.
Rechtsverhältnisse der Gesellschaft und der Gesellschafter.	
§ 61.	Art. 71 mit geringfügiger Abweichung.
§ 62.	fehlt.
Die Stammeinlagen.	
§ 63.	Art. 72—75.
§ 64.	Art. 76.
§ 65.	Art. 77.
§ 66.	Art. 78 Abs. 1 und 2.
	Art. 78 Abs. 3 gibt dem ausgeschlossenen Gesellschafter und seinen Vormännern gegen die Ausschließung das Recht der Beschwerde an das Kreisgericht und das Recht der Kassationsbeschwerde.
§ 67.	Art. 79.
§ 68.	Art. 80—82.
§ 69.	Art. 83.
§ 70.	Art. 84.
§ 71.	Art. 85.
Nachschüsse.	
§ 72.	Art. 86. Die Verpflichtung zu Nachschüssen muß für eine Zeit von einem oder mehreren Jahren auf einen bestimmten Betrag beschränkt werden.
§ 73.	Art. 87.
§ 74.	Art. 88 und 89.
Die Geschäftsanteile.	
§ 75 Abs. 1.	Art. 90.
§ 75 Abs. 2.	Art. 91. Wenn jemand nach der Gründung von Gesellschaftern andere Geschäftsanteile erwirbt, so gilt dasselbe wie bei Hinzuerwerbung eines weiteren Anteils durch einen Gründer. Die neuerworbenen Geschäftsanteile behalten jedoch ihre Selbständigkeit bezüglich der Rechte Dritter.
§ 75 Abs. 3.	Art. 92.
§ 76.	Art. 93, 94.
§ 77.	Art. 95.
§ 78.	Art. 96.
§ 79.	Art. 97 mit der Abweichung, daß die Teilung stets der Zustimmung der Gesellschaft bedarf.
§ 80.	Art. 98. In bezug auf die Erben eines verstorbenen Gesellschafters finden diese Bestimmungen Anwendung nach Ablauf eines Monats vom Todestag ab (vgl. dtsch. Gesetz § 18).

Österreichisches Gesetz.	Bulgarisches Gesetz vom 8. Mai 1924.
§ 81.	Art. 99. Dieser gestattet außerdem den Erwerb eigener Geschäftsanteile zwecks Amortisation. Art. 100 behandelt die Amortisation von Geschäftsanteilen (vgl. § 58 österr. Gesetz).
§ 82.	Art. 101—103.
§ 83.	Art. 104.
Auflösung.	
§ 84	Art. 105.
Abs. 1 Ziff. 1—4.	Ziff. 1—4. Der Auflösungsbeschluß bedarf, wenn nichts anderes bestimmt ist, der Dreiviertelmehrheit.
Ziff. 5.	fehlt.
Ziff. 6.	Ziff. 5. Nur steht hier „Entscheidung" statt „Beschluß". Vgl. Art. 106. Ziff. 6. Auflösung durch Erwerb aller Geschäftsanteile seitens eines Gesellschafters.
§ 84 Abs. 2.	Abs. 2.
§ 85 Abs. 2 und 3.	Art. 108.
	Art. 107 entspricht dem deutschen Gesetz §§ 63, 64.
§ 86.	Auflösung durch die Verwaltungsbehördc ist hier überhaupt nicht vorgesehen. Dagegen kennt das bulgarische Gesetz Art. 106 dic Auflösung durch gerichtliche Entscheidung, teilweise entsprechend dem § 61 deutschen Gesetzes, teilweise auf eine Klage des Staatsanwaltes hin aus den Gründen des
§ 87.	§ 87 österr. Gesetz (und des § 62 dtsch. Gesetz).
§ 88 Abs. 1 und 2.	Art. 109 mit den notwendigen Modifikationen.
§ 88 Abs. 3.	Art. 110.
Liquidation.	
§ 89.	Art. 111.
§ 90 Abs. 1.	Art. 112, 113.
§ 90 Abs. 2—4.	Art. 114.
§ 91 Abs. 1.	Art. 115. Die Mitteilung an die bekannten Gläubiger erfolgt durch Einschreibbrief.
§ 91 Abs. 2.	Art. 116.
§ 91 Abs. 3 und 4.	Art. 117. Sperrfrist 6 Monate.
§ 92.	Art. 118.
§ 93 Abs. 1 und 2.	Art. 119.
§ 93 Abs. 3—5.	Art. 120.
§ 94 Abs. 1 und 2.	Art. 121.
§ 95.	fehlt.
§ 96.	Art. 122.

Österreichisches Gesetz.	Bulgarisches Gesetz vom 8. Mai 1924.

Umwandlung anderer Gesellschaften in Gesellschaften mit beschränkter Haftung. (In Bulgarien „Umwandlung von Aktiengesellschaften in Gesellschaften mit beschränkter Haftung".)

§ 97.	Art. 123.
§ 98.	Art. 124.
§ 99 Satz 1.	Art. 125 Abs. 1.
	Art. 125 Abs. 2 und 3; s. dtsch. Gesetz § 81 Abs. 3.
§ 100.	Art. 126.
§ 101.	fehlt.
Behörden und Verfahren	fehlt im bulgarischen Gesetz.

Ausländische Gesellschaften.

§ 107.	Art. 127.
§ 108.	Art. 128.
Ziff. 1 u. 2.	Ziff. 1 und 2.
Ziff. 3	fehlt.
Ziff. 4.	Ziff. 3.
	Ziff. 4. Unterwerfung unter bulgarische Gerichtsbarkeit und Gesetzgebung in Streitfällen über die von den Vertretern abgeschlossenen Geschäfte.
§ 109.	Art. 129 mit einigen geringfügigen formalen Abweichungen.
§ 110 mit Ausnahme von Ziff. 4.	Art. 130.
§ 111.	Art. 131, 132.
§ 112.	Art. 133.
§ 113 Abs. 1.	Art. 134 Abs. 1 mit dem Unterschiede, daß nicht die politische Landesbehörde die Auflösung verfügt, sondern der Staatsanwalt sie bei dem Gericht der inländischen Hauptniederlassung beantragt.
Abs. 2.	Art. 134 Abs. 2. Dieser enthält den Zusatz, daß aus dem Vermögen der Gesellschaft in Bulgarien zunächst die Gläubiger befriedigt werden, die Forderungen aus Geschäften mit der bulgarischen Niederlassung haben.
§ 114.	fehlt.
Steuer- und gebührenrechtliche Bestimmungen.	fehlen.

Strafbestimmungen.

§ 121 enthält den Tatbestand wie:	Art. 135 Ziff. 1 (Gefängnis bis 1 Jahr und Geldstrafe von 1000 bis 50 000 Leva).
§ 122 enthält den Tatbestand wie:	Art. 135 Ziff. 2 (Strafe siehe oben).
§ 123 enthält den Tatbestand wie:	Art. 135 Ziff. 3.

Österreichisches Gesetz.	Bulgarisches Gesetz vom 8. Mai 1924.
§ 124. Höhe der Geldstrafe*): 6 Millionen bis 120 Millionen Kronen, d. i. 600 bis 12 000 Schilling.	Vgl. Art. 135 Abs. 1.
§ 125 Abs. 1.	Art. 138.
§ 126.	Art. 136.
Es fehlt die neue Höhe der Ordnungsstrafe.	Art. 137 vgl. dtsch. Gesetz § 84.

Polen.

Verordnung vom 8. Februar 1919 über Gesellschaften mit beschränkter Haftung.

(Gesetzblatt der polnischen Republik Nr. 15 Ziff. 201.)
In der Fassung des Art. 1 des Gesetzes vom 13. November 1923.
RGBl. Ziff. 1019*).

Art. 1. Neben den Gesellschaften des Handelsgesetzbuches (Art. 19 HGB.) werden durch die vorliegende Verordnung Gesellschaften mit beschränkter Haftung zugelassen.

Art. 2. Eine Gesellschaft mit beschränkter Haftung wird errichtet von zwei oder mehreren Personen zwecks Führung eines Handelsunternehmens unter einer Gesellschaftsfirma mit Beschränkung der Haftung der Gesellschafter auf die Geschäftsanteile**) und gesetzlicher Beschränkung des Veräußerungs- und Verpfändungsrechts der Geschäftsanteile (Art. 6).

Art. 3. Der Gesellschaftsvertrag bedarf des Abschlusses in öffentlich beglaubigter Form.

Art. 4. Die Eintragung der Gesellschaft ins Handelsregister darf erst erfolgen, nachdem der Vorstand der Gesellschaft eine Bescheinigung darüber vorgelegt hat, daß mindestens ein Viertel der in Geld zu entrichtenden Stammeinlagen eingezahlt worden ist.

Art. 5. Das Stammkapital einer Gesellschaft mit beschränkter Haftung muß mindestens den Gegenwert von 2000 Goldfranks in polnischer Mark betragen; es muß in gleiche Stammeinlagen zu mindestens 20 Goldfranks in polnischer Mark eingeteilt sein.

Die Stammeinlagen können mit Einverständnis aller Gesellschafter anstatt in Geld auch in anderen deutlich bestimmten, in Geld abgeschätzten, körperlichen oder nicht körperlichen Gegenständen geleistet werden. Die Leistung einer derartigen Stammeinlage ist vor Eintragung der Gesellschaft bzw. der Kapitalserhöhung ins Handelsregister zu erfüllen.

Die Geschäftsanteile sind unteilbar.

Die Verteilung des Gewinns und die Verteilung des Gesellschaftsvermögens bei der Liquidation erfolgt nach Verhältnis der Geschäftsanteile; durch den Gesellschaftsvertrag kann ein anderes Verhältnis bestimmt werden.

Art. 6. Die Veräußerung oder Verpfändung eines Geschäftsanteils sowie die Eingehung einer Verpflichtung zur Veräußerung oder Veräußerung eines Geschäftsanteils bedarf der notariellen Beurkundung; außerdem kann die Veräußerung oder Verpfändung eines Geschäftsanteils an Nichtgesellschafter an weitere Voraussetzungen geknüpft werden. Ist die Veräußerung oder Verpfändung von der Genehmigung der Gesellschaftsorgane oder der

*) Die Verordnung gilt nach Art. 3 des Gesetzes vom 13. Nov. 1923 jetzt in dem ganzen ehemaligen russischen Gebiet. In dem ehemaligen deutschen Gebiet gilt das deutsche, in dem ehemaligen österreichischen Gebiet gilt das österreichische GmbHG.

**) Das polnische Gesetz gebraucht für „Geschäftsanteil" und „Stammeinlage" ein und denselben Ausdruck „udział"; in der Übersetzung ist entsprechend der Terminologie des deutschen und österreichischen Gesetzes der jeweils passende Begriff „Geschäftsanteil" oder „Stammeinlage" gewählt worden.

Gesellschafter abhängig und wird diese Genehmigung verweigert, so kann der Registerrichter die Genehmigung erteilen, sofern wichtige Gründe hierfür vorliegen, jedoch nur dann, wenn die Gesellschaft nicht innerhalb einer ihr gesetzten Frist einen anderen Erwerber anbietet.

Mit dem Geschäftsanteil gehen alle aus dem Gesellschaftsvertrag sich ergebenden Rechte und Pflichten des Veräußerers auf den Erwerber über.

Der Veräußerer haftet 3 Jahre vom Tage der Veräußerung ab der Gesellschaft als Gesamtschuldner neben dem Erwerber bis zur Höhe des nicht eingezahlten Teils seiner Stammeinlage.

Art. 7. Die Gesellschafter haben die Einzahlungen auf die Stammeinlagen in den im Gesellschaftsvertrag bestimmten Fristen zu leisten.

Die Leistung der Stammeinlage durch Aufrechnung ist unstatthaft.

Leistet ein Gesellschafter die Einzahlung in der vereinbarten Frist nicht, so ist er innerhalb acht Tagen, von der versäumten Frist an gerechnet, vom Vorstand aufzufordern, binnen acht Tagen nach Zustellung der Aufforderung seine Zahlungspflicht zu erfüllen.

Nach fruchtlosem Ablauf dieser Fristen hat der Vorstand innerhalb der folgenden 14 Tage entweder gegen den säumigen Gesellschafter Klage auf Zahlung des Rückstandes zu erheben oder zum Verkauf des Geschäftsanteils durch öffentliche Versteigerung oder aus freier Hand zu schreiten oder aber den Säumigen von der Gesellschaft auszuschließen und seinen Geschäftsanteil zugunsten der übrigen, den Fehlbetrag der Stammeinlage deckenden Gesellschafter für verfallen zu erklären.

Den auf diese Weise nicht gedeckten Teil der Stammeinlage sind die übrigen Gesellschafter im Verhältnis ihrer Geschäftsanteile zu decken verpflichtet; sie treten dadurch in die Rechte des Säumigen.

Der beim Verkauf erzielte Überschuß ist dem früheren Inhaber des verkauften Geschäftsanteils auszuzahlen.

Solange die Stammeinlage nicht voll eingezahlt ist, bleibt auch der frühere Inhaber bis zur Höhe der nicht geleisteten Einzahlung der Gesellschaft verhaftet.

Art. 8. Organe der Gesellschaft sind: der Vorstand und die Versammlung der Gesellschafter.

Art. 9. Im Gesellschaftsvertrag muß ein Vorstand vorgesehen sein, der aus einer oder mehreren Personen besteht; auch Nichtgesellschafter können dem Vorstand angehören.

Dritten Personen gegenüber sind die Geschäftsführer, nach Maßgabe der Eintragung ins Handelsregister, einzeln oder gemeinschaftlich berechtigt, die Gesellschaft unbeschränkt zu vertreten, insbesondere über das Gesellschaftsvermögen zu verfügen und die Gesellschaft gerichtlich zu vertreten.

Auch die auf bestimmte Zeit bestellten Geschäftsführer können, unbeschadet ihrer Entschädigungsansprüche, jederzeit abberufen werden. Für die im Gesellschaftsvertrag bestellten Geschäftsführer kann bestimmt werden, daß sie nur aus wichtigen Gründen abberufen werden können.

Geschäftsführer, die gleichzeitig Gesellschafter sind, hören auf Geschäftsführer zu sein, wenn sie aus der Gesellschaft ausscheiden.

Art. 10. Die Geschäftsführer haften der Gesellschaft und Dritten mit ihrem ganzen Vermögen als Gesamtschuldner für den aus mangelhafter Buchführung, aus Verletzung gesetzlicher und statutarischer Vorschriften, sowie infolge unrichtiger Erklärungen gegenüber dem Registerrichter entstandenen Schaden.

Art. 11. Der Vorstand ist verpflichtet, den Gesellschaftern alljährlich eine Bilanz und einen Geschäftsbericht vorzulegen. In der Bilanz ist das Vermögen der Gesellschaft zum wirklichen Wert zur Zeit des Bilanzstichtages, jedoch nicht höher, als zu dem Anschaffungs- oder Herstellungspreis mit Berücksichtigung der Abnutzungskosten anzusetzen. Organisationskosten dürfen nicht als Aktiva angegeben werden.

Die Bilanzen von Gesellschaften mit einem Stammkapital von über 20 000 Goldfranks in polnischer Mark sowie von Gesellschaften, die das Transport-, Versicherungs-, Lagergeschäft, die Pfandleihe oder das Bankiergeschäft zum Gegenstand haben, sind öffentlich bekanntzumachen (Art. 8 Handelsregistergesetz).

Art. 12. Die Versammlungen der Gesellschafter sind ordentliche und außerordentliche. Die ordentlichen Versammlungen haben innerhalb der ersten vier Monate eines jeden Geschäftsjahres stattzufinden.

Gegenstand ihrer Beratung ist:

1. die Genehmigung des Geschäftsberichtes des Vorstandes,
2. die Feststellung der Jahresbilanz,
3. die Verteilung des Reingewinns, sofern im Gesellschaftsvertrag nichts anderes bestimmt ist,
4. die Veräußerung, der Erwerb, die Beschränkung und Belastung von Grundstücken und hypothekarisch sichergestellten Rechten,
5. die Veräußerung des Unternehmens,
6. die Bestellung und Abberufung von Geschäftsführern und Prokuristen,
7. die Geltendmachung von Ersatzansprüchen gegen Geschäftsführer oder Gesellschafter sowie die Bestellung von Handlungsbevollmächtigten,
8. die Auflösung der Gesellschaft,
9. endlich alle anderen, vom Vorstand oder von den Gesellschaftern vorgebrachten Angelegenheiten.

Art. 13. Machen Verluste eine Herabsetzung des Stammkapitals bis zur Hälfte notwendig, oder ergibt sich infolge erlittener Verluste die Notwendigkeit der Auflösung der Gesellschaft, der Ergänzung oder Herabsetzung des Stammkapitals, so ist der Vorstand verpflichtet, unverzüglich eine Versammlung zwecks Beschlußfassung einzuberufen.

Art. 14. Die Versammlung wird von den Geschäftsführern einberufen. Will oder kann der Vorstand die Versammlung nicht einberufen, so steht das Recht der Einberufung den Gesellschaftern, die mindestens ein Zehntel des Stammkapitals vertreten, oder auch nur einem einzigen Gesellschafter mit Ermächtigung des Registerrichters zu, wenn es der Registerrichter aus wichtigen Gründen für erforderlich hält.

Die Einberufung geschieht auf die Weise, daß jedem Gesellschafter oder dessen bestelltem Vertreter mittels eingeschriebenen Briefes unter der in den Registerakten enthaltenen Anschrift der Zeitpunkt der Versammlung und die Tagesordnung mitgeteilt wird. Zwischen der Absendung des Briefes und dem Tage der Versammlung müssen mindestens 14 Tage liegen.

Art. 15. Die Gesellschafter können ihre Rechte in der Versammlung entweder persönlich oder durch Bevollmächtigte ausüben; sie können aber auch, wenn der Gesellschaftsvertrag nichts anderes bestimmt, ihre Erklärung über Gegenstände, die auf der Tagesordnung der Versammlung stehen, schriftlich abgeben.

Bevollmächtigte müssen eine schriftliche Vollmacht vorlegen.

Art. 16. Beschlüsse, die in einer nicht ordnungsmäßig einberufenen Versammlung gefaßt werden oder die nicht auf die Tagesordnung gestellte Gegenstände betreffen, werden nur dann rechtswirksam, wenn alle Gesellschafter an der Versammlung teilgenommen (Art. 15) oder schriftlich ihr Einverständnis erklärt haben.

Art. 17. Jeder Geschäftsanteil gewährt eine Stimme, wenn nicht der Gesellschaftsvertrag ein anderes bestimmt.

Die Beschlußfassung in der Versammlung erfolgt durch Stimmenmehrheit.

Beschlüsse, welche eine Änderung des Gesellschaftsvertrages, insbesondere die Erhöhung oder Herabsetzung des Stammkapitals, die Verlängerung der Frist zur Leistung der Stammeinlagen und die Auflösung der Gesellschaft betreffen, müssen mit Dreiviertelmehrheit der Stimmen aller Geschäftsanteile gefaßt werden.

Die Gesellschafter können nur auf Grund einer schriftlich abgegebenen Einverständniserklärung zu Leistungen, die über den ursprünglichen Gesellschaftsvertrag hinausgehen, angehalten werden.

Bei Beschlußfassung über Angelegenheiten, welche die Vornahme eines Rechtsgeschäfts eines Gesellschafters mit der Gesellschaft betreffen, hat dieser Gesellschafter kein Stimmrecht.

Art. 18. Beschließen die Gesellschafter die Erhöhung des Stammkapitals, so finden die Vorschriften über die Einzahlung der Stammeinlagen entsprechende Anwendung.

Die Beschlüsse auf Herabsetzung des Stammkapitals werden rechtswirksam nach Ablauf von 6 Monaten vom Tage ihrer Bekanntmachung im Amtsblatt. Erhebt ein Gläubiger der Gesellschaft vor Ablauf dieser Frist Widerspruch, so tritt die Rechtswirksamkeit erst nach Befriedigung oder Sicherstellung [Art. 615 der ZPO.*)] des den Widerspruch erhebenden Gläubigers ein.

Art. 19. Gesellschafter, die mindestens den zehnten Teil des Stammkapitals vertreten, sind befugt:

1. beim Registerrichter zu beantragen, daß auf ihre Kosten die Handelsbücher der Gesellschaft durch Sachverständige geprüft werden. Die Sachverständigen haben dem Registerrichter ihr Gutachten schriftlich, gegebenenfalls in einer Sitzung, abzugeben, zu der auch die beteiligten Personen hinzuzuziehen sind;
2. die Aufhebung von Beschlüssen, gegen welche sie innerhalb 7 Tagen seit der Beschlußfassung durch Einschreibebrief Widerspruch erhoben haben, im Klagewege innerhalb 2 Monaten seit der Beschlußfassung zu verlangen. Das Bezirksgericht bzw. der Registerrichter hat der Klage stattzugeben, wenn wichtige Gründe hierzu vorliegen.

Art. 20. Der Gesellschaftsvertrag kann strengere Bestimmungen enthalten in bezug auf die Verantwortung der Gesellschafter und Geschäftsführer, auf die Veräußerung von Geschäftsanteilen, auf die Aufstellung von Rechnungsabschlüssen sowie auf die Erweiterung der Minderheitsrechte (Art. 19), schließlich Bestimmungen, die in diesem Gesetze nicht enthalten, mit demselben aber nicht in Widerspruch stehen, insbesondere: über einen Aufsichtsrat, über die Beaufsichtigung des Vorstandes durch die Gesellschafter und über die Gründe der Auflösung der Gesellschaft.

Verordnung des polnischen Staatspräsidenten vom 30. Dezember 1924 über die Umwandlung von Aktiengesellschaften in Gesellschaften mit beschränkter Haftung.

(Polnische Gesetze und Verordnungen in deutscher Übersetzung vom 17. Februar 1925, S. 52.)

Auf Grund des Punktes E. 5 Art. 1 und des Art. 2 des Gesetzes vom 31. Juli 1924 über die Sanierung des Staatsschatzes und Hebung der Volkswirtschaft (DzURP. Nr. 71, Pos. 687) sowie im Einklang mit dem Beschluß des Ministerrats vom 29. Dezember 1924 bestimme ich folgendes:

§ 1. Diese Verordnung betrifft lediglich solche Aktiengesellschaften, die auf Grund der Verordnung des Staatspräsidenten vom 25. Juni 1924 (DzURP. Nr. 55, Pos. 542) der Liquidation. unterliegen müßten, und findet auf Bank- und Versicherungsunternehmen keine Anwendung.

Die Umwandlung einer Aktiengesellschaft in eine Gesellschaft mit beschränkter Haftung verursacht keine Änderung in ihrem Verhältnis zu dritten Personen.

§ 2. Der Beschluß der Aktiengesellschaft bezüglich Umwandlung in eine Gesellschaft mit beschränkter Haftung wird durch die Eintragung in das Handelsregister rechtsgültig. Der Beschluß muß auf Grund von wenigstens drei Viertel der auf der Generalversammlung anwesenden Aktionäre, die wenigstens ein Drittel des Aktienkapitals darstellen, gefaßt werden. Der Beschluß betreffend die Umwandlung muß bezüglich der Form der Anforderungen, die durch die Teilgebietsgesetzgebung bzw. durch die Satzungen für die Beschlüsse über die Auflösung der Gesellschaft vorgesehen sind, entsprechen.

§ 3. Die Anmeldung zum Handelsregister muß binnen drei Monaten nach Beschlußfassung über die Umwandlung erfolgen, wobei zu beweisen ist:

1. Daß die Aktionäre der Aktiengesellschaft mittels Bekanntmachungen in den Zeitungen, die in den Gesellschaftsstatuten vorgesehen sind, oder durch Einschreibebriefe zwecks Äußerung,

*) russischen.

ob sie zur Gesellschaft mit beschränkter Haftung mit denselben Anteilen des Vermögens, welche auf ihre Aktien fallen, der Aktiengesellschaft beizutreten beabsichtigen, aufgefordert worden sind.

2. Daß jeder Aktionär, der zur umgestalteten Gesellschaft beitritt, den Betrag übernimmt, der seinen Anteil im Vermögen der Aktiengesellschaft entspricht.

3. Daß die Aktien, die in dem früheren russischen Gebiet in Anteile und die in den Restgebieten des Staates in Gründungsbeiträge umgetauscht worden sind, wenigstens die Hälfte des Gründungskapitals der Aktiengesellschaft gemäß den Anforderungen der Punkte 4 und 5 dieses Paragraphen darstellen.

4. Daß die Grundlage zur Berechnung, was für ein Anteil im Gesellschaftsvermögen auf jede Aktie entfällt, eine besondere Bilanz war, die auf Grund der Einschätzung des tatsächlichen Wertes des Gesellschaftsvermögens durch die Schätzungskommission aufgestellt worden ist, die durch die Verordnung des Finanzministers vom 21. September 1924 (DzURP. Nr. 92, Pos. 863) vorgesehen ist, und daß die Bilanz durch den Minister für Handel und Gewerbe, wie auch durch den Finanzminister bestätigt wurde.

5. Daß das Gründungskapital der Gesellschaft mit beschränkter Haftung nicht niedriger als der Bilanzwert des Gründungskapitals der Aktiengesellschaft war, der im Sinne des Punktes 4 dieses Paragraphen festgesetzt wurde.

6. Daß die Aktionäre, die der Gesellschaft mit beschränkter Haftung beitreten bzw. andere Personen sich der Gesellschaft gegenüber durch notariellen Akt zur Einzahlung dieser Beträge zugunsten der Gesellschaft binnen drei Jahren verpflichten, die im Sinne des § 5 dieser Verordnung eingezahlt werden, wobei in der oben erwähnten Akte die Verteilung dieser Beträge untereinander als Anteile bzw. Gründungseinlagen festgesetzt werden muß.

§ 4. Die Vorschriften der Teilgebiete bezüglich der Höhe des Gründungskapitals der Gesellschaft mit beschränkter Haftung, sowie die Höhe der Anteile bezüglich der Gründungseinlagen bleiben in Kraft.

§ 5. Die Gesellschaft mit beschränkter Haftung ist verpflichtet, den Aktionären, die ihr nicht beigetreten sind, nach Ablauf von drei Jahren vom Tage der Eintragung des Beschlusses über Umwandlung der Gesellschaft an, Beträge zu zahlen, die auf ihre Aktien auf Grund der im § 3, Punkt 4 erwähnten Bilanz entfallen. Vor Ablauf der drei Jahre können die Aktionäre nur die Auszahlung der Zinsen jährlich nachträglich verlangen, die der Dividende gleich sind, welche in diesem Jahre die Anteilnehmer von den betreffenden Beträgen erhalten. Die Auszahlung dieser Beiträge wird auf den Aktien vermerkt.

§ 6. Der Beschluß über die Umwandlung der Gesellschaft unterliegt der Anmeldung in das Handelsregister beim für die Gesellschaft mit beschränkter Haftung zuständigen Gericht unter Berücksichtigung ihres Sitzes.

Bei dieser Anmeldung müssen sämtliche Vorschriften, welche beim Eintragen der Gesellschaft mit beschränkter Haftung durch die Teilgebietsgesetzgebung vorgesehen sind, beachtet werden. Gleichzeitig mit der Eintragung des Beschlusses über die Umwandlung wird die alte Aktiengesellschaft im Handelsregister gelöscht.

Wenn das Gericht, an das der Antrag gerichtet worden ist, nicht gleichzeitig das zuständige Gericht der bisherigen Aktiengesellschaft ist, hat dasselbe nach Fassung des Beschlusses über die Eintragung dem letzterem zwecks Eintragung in dessen Handelsregister Mitteilung zu machen.

§ 7. Vom Tage der Eintragung in das Handelsregister an ist die Gesellschaft mit beschränkter Haftung berechtigt, über das Vermögen der Aktiengesellschaft zu verfügen.

§ 8. Die Umwandlung der Gesellschaft im Sinne der vorliegenden Verordnung ist von sämtlichen Stempel- und Übertragungsgebühren frei.

§ 9. Diese Verordnung tritt mit dem Tage ihrer Veröffentlichung in Kraft. Sie findet nur Anwendung auf Aktiengesellschaften, die die Beschlüsse über die Umwandlung zur Gesellschaft mit beschränkter Haftung spätestens bis zum 31. Dezember 1926 fassen und zur Eintragung anmelden.

§ 10. Die Durchführung dieser Verordnung wird dem Finanzminister, dem Minister für Handel und Gewerbe, sowie dem Justizminister übertragen.

Französisches Gesetz zur Einführung der Gesellschaft mit beschränkter Haftung vom 7. März 1925.

(Journal officiel Nr. 57 vom 8. März 1925.)

Art. 1. Es können neben den Aktiengesellschaften, für die die Gesetzgebung über die Aktiengesellschaften in Geltung ist und bleibt, Gesellschaften errichtet werden, in denen keiner der Gesellschafter über den Betrag seiner Einlage hinaus haftet.

Diese Gesellschaften führen den Namen Gesellschaft mit beschränkter Haftung. Für sie gelten die folgenden Bestimmungen.

Art. 2. Sie können für einen beliebigen Zweck errichtet werden. Jedoch können sich Versicherungsgesellschaften, Kapitalisations- und Sparvereinigungen dieser Form nicht bedienen.

Art. 3. Ohne Rücksicht auf den Gesellschaftszweck sind die Gesellschaften mit beschränkter Haftung Handelsgesellschaften. Es gelten für sie die Handelsgesetze und Handelsgebräuche.

Art. 4. Sie werden entweder durch notariellen oder durch privatschriftlichen Vertrag festgestellt.

Wird der Vertrag privatschriftlich errichtet, so ist diejenige Anzahl von Urschriften auszufertigen, die nötig ist, daß eine am Gesellschaftssitz verbleiben kann, die anderen als Unterlagen für die einzelnen gesetzlichen Formalitäten dienen können.

Alle Gesellschafter müssen am Vertragsschluß persönlich oder durch Beauftragte, die sich durch eine Spezialvollmacht ausweisen, teilnehmen.

Es ist der Gesellschaft verboten, zu ihren Gunsten im Wege der allgemeinen Zeichnung Wertpapiere irgendwelcher Art auszugeben.

Art. 5. Die Zahl der Gesellschafter ist unbeschränkt. Sie kann bis auf zwei herabgehen.

Art. 6. Das Gesellschaftskapital muß mindestens 25000 Franken betragen. Es kann unter diesen Betrag nicht herabgesetzt werden.

Es ist eingeteilt in Stammanteile von 100 Franken oder einem Vielfachen davon.

Art. 7. Die Gesellschaften mit beschränkter Haftung können erst dann endgültig errichtet werden, wenn alle Stammeinlagen von den Gesellschaftern im Gesellschaftsvertrag übernommen und vollständig geleistet sind.

Die Stammeinlagen, die ganz oder zum Teil mit Sacheinlagen in Verbindung stehen, müssen im Augenblick der Errichtung der Gesellschaft vollständig geleistet sein.

Die Gründer müssen im Gesellschaftsvertrag ausdrücklich erklären, daß diese Bedingungen erfüllt sind.

Art. 8. Der Gesellschaftsvertrag muß den Geldwert der Sacheinlagen angeben. Die Gesellschafter sind Dritten gegenüber samtverbindlich für den Wert haftbar, der für die Sacheinlagen im Augenblick der Gesellschaftsgründung festgelegt wird.

Der Schadensersatzanspruch nach den Bestimmungen des vorherigen Paragraphen verjährt in zehn Jahren von der Gründung der Gesellschaft an.

Art. 9. Nichtig und ohne Rechtswirkung gegenüber den Beteiligten ist jede Gesellschaft mit beschränkter Haftung, die entgegen den Vorschriften der Art. 2, 4, 5, 6, 7 und 8 errichtet ist.

Auf die Nichtigkeit können sich Dritten gegenüber die Gesellschafter nicht berufen.

Art. 10. Sobald die Nichtigkeit der Gesellschaft auf Grund des vorhergehenden Artikels ausgesprochen ist, haften die Gesellschafter, die zu der Nichtigkeit Veranlassung gegeben haben, den anderen und Dritten gegenüber samtverbindlich unter sich und zusammen mit den zuerst eingesetzten Geschäftsführern für den Schaden, den die Nichtigkeitserklärung zur Folge hat.

Die Klagen auf Nichtigkeit und Schadensersatz verjähren in zehn Jahren.

Art. 11. Die Gesellschaft mit beschränkter Haftung wird entweder durch ihren Gesellschaftszweck gekennzeichnet oder mit einer ein Gesellschaftsverhältnis andeutenden Firma, die den Namen eines oder mehrerer Gesellschafter enthält.

Art. 12. Im Monat der Gesellschaftserrichtung ist eine Ausfertigung des Gründungsvertrags, falls er notariell beurkundet ist, oder eine Urschrift, falls er privatschriftlich ausgefertigt ist, bei der Gerichtsschreiberei des Friedensgerichts und des Handelsgerichts desjenigen Ortes zu hinterlegen, an dem die Gesellschaft errichtet ist.

Art. 13. Im gleichen Zeitraum von einem Monat ist ein Auszug aus dem Gründungsvertrag in einer der Zeitungen zu veröffentlichen, die für die gesetzlichen Ankündigungen bestimmt sind.

Der Nachweis der Veröffentlichung wird durch ein mit der Bestätigung des Druckers versehenes Exemplar der Zeitung geführt, das vom Bürgermeister beglaubigt und innerhalb drei Monaten nach Erscheinen eingetragen ist.

Die Nichtbeachtung der in dem vorigen und diesem Artikel gegebenen Formvorschriften hat die Nichtigkeit gegenüber den Beteiligten zur Folge. Auf den Mangel einer der Formvorschriften können sich die Gesellschafter Dritten gegenüber nicht berufen.

Art. 14. Der Auszug soll enthalten: daß es sich um eine Gesellschaft mit beschränkter Haftung handelt; ihren Gesellschaftszweck; den Namen der Gesellschafter; die Gesellschaftsfirma oder die von der Gesellschaft gewählte Bezeichnung und den Gesellschaftssitz; die Personen, die ermächtigt sind, die Geschäfte zu führen und zu leiten und für die Gesellschaft zu zeichnen; den Betrag des Stammkapitals und die Art und den Wert der Sacheinlagen; die Klausel, die den Gesellschaftern Zinsen nach Maßgabe des Art. 34 auch beim Fehlen eines Reingewinnes zubilligt; den Zeitpunkt, in dem die Gesellschaft beginnt; den, an dem sie endet und das Datum der Hinterlegung bei der Gerichtsschreiberei des Friedens- und des Handelsgerichts.

Art. 15. Hat die Gesellschaft mehrere Zweigniederlassungen, die in verschiedenen Bezirken liegen, so hat die im Art. 12 vorgeschriebene Hinterlegung und die im Art. 13 vorgeschriebene Veröffentlichung in jedem Bezirk stattzufinden, in dem Niederlassungen oder Zweigniederlassungen bestehen.

In den Städten, die in mehrere Bezirke eingeteilt sind, erfolgt die Hinterlegung lediglich bei der Gerichtsschreiberei des Friedensgerichts der Hauptniederlassung.

Art. 16. Der Auszug ist von dem Notar zu unterzeichnen, der den Gesellschaftsvertrag aufgenommen hat oder falls der Gesellschaftsvertrag privatschriftlich errichtet worden ist, durch einen der Gesellschafter, der hierzu Spezialvollmacht erhalten hat.

Art. 17. Die Formvorschriften und Strafbestimmungen der Art. 12 und 13 gelten für alle Verträge und Beschlüsse, die eine Änderung des Statuts oder einen Wechsel der Gesellschafter bezwecken.

Art. 18. In allen Verträgen, Rechnungen, Anzeigen, Veröffentlichungen oder anderen Urkunden der Gesellschaft müssen der Gesellschaftsbezeichnung stets die sichtbar und ohne Abkürzung geschriebenen Worte „Gesellschaft mit beschränkter Haftung" vorangehen oder unmittelbar folgen, ebenso die Bezifferung des Stammkapitals.

Jede Übertretung der vorstehenden Bestimmungen wird mit einer Geldstrafe von 50 bis 1000 Franken bestraft.

Art. 19. Jedermann hat das Recht, von den beim Gerichtsschreiber des Friedens- und des Handelsgerichts hinterlegten Aktenstücken Kenntnis zu nehmen oder sich auf seine Kosten Ausfertigungen oder Auszüge durch den Gerichtsschreiber herstellen zu lassen.

Art. 20. Die Gesellschaft muß in dem durch das Gesetz vom 18. März 1919 geschaffenen Handelsregister in der Zeit und unter den Strafandrohungen dieses Gesetzes eingetragen sein.

Die dem Gerichtsschreiber gemäß Art. 6 des Gesetzes abzugebende Erklärung muß außer den in diesem Artikel aufgezählten Angaben enthalten: Namen und Vornamen der Gesellschafter, Datum und Ort ihrer Geburt, die Staatsangehörigkeit mit allen Angaben, die Art. 4 Ziffer 4 des genannten Gesetzes vorschreibt.

Die vom Art. 7 des Gesetzes vom 18. März 1919 verlangten Angaben müssen ebenfalls im Handelsregister eingetragen sein.

Die Gesellschaft muß ferner im Zentralhandelsregister gemäß Art. 10 des genannten Gesetzes eingetragen sein.

Art. 21. Über die Stammanteile dürfen frei veräußerliche, auf einen Nennbetrag lautende Inhaber- und Orderpapiere nicht ausgestellt werden. Sie können nur nach den Bestimmungen der folgenden Artikel übertragen werden.

Art. 22. Die Stammanteile können an Dritte, die nicht der Gesellschaft angehören, nur dann übertragen werden, wenn die Mehrheit der Gesellschafter, die gleichzeitig mindestens drei Viertel des Stammkapitals vertritt, zustimmt.

Art. 23. Die Übertragungen von Stammanteilen müssen in einem notariellen oder privatschriftlichen Vertrag festgestellt werden.

Sie können der Gesellschaft und Dritten gegenüber erst geltend gemacht werden, wenn sie der Gesellschaft bekanntgegeben oder von ihr in einem notariellen Vertrag gemäß Art. 1690 des Bürgerlichen Gesetzbuches (Code civil) genehmigt sind.

Art. 24. Die Gesellschaften mit beschränkter Haftung stehen unter Leitung eines oder mehrerer Beauftragter, die Gesellschafter oder Nichtgesellschafter sind und mit oder ohne Vergütung arbeiten.

Sie werden durch die Gesellschafter im Gesellschaftsvertrag oder in einem späteren Vertrag für eine bestimmte Zeitdauer oder auf unbestimmte Zeit ernannt. Vorbehaltlich einer gegenteiligen Bestimmung der Statuten sind sie zur Vertretung der Gesellschafter unter allen Umständen und nach jeder Richtung hin berechtigt; jede vertragliche Beschränkung der Vertretungsmacht der Geschäftsführer ist Dritten gegenüber wirkungslos.

Die Geschäftsführer, die im Gesellschaftsvertrag oder einem späteren Vertrag ernannt sind, können nur aus den gesetzlichen Gründen abberufen werden.

Art. 25. Die Geschäftsführer sind entsprechend den Bestimmungen des allgemeinen Rechts, je nach den Umständen des Falles persönlich oder solidarisch der Gesellschaft und Dritten gegenüber haftbar, soweit sie Bestimmungen des vorliegenden Gesetzes übertreten oder die Statuten verletzen oder in ihrer Geschäftsführung Fehler begehen.

Art. 26. Die Beschlüsse der Gesellschafter werden in Gesellschafterversammlungen gefaßt.

Jedoch ist die Abhaltung einer Gesellschafterversammlung nicht notwendig, wenn die Zahl der Gesellschafter zwanzig nicht übersteigt. In diesem Falle erhält jeder der Gesellschafter den Wortlaut der zu fassenden Beschlüsse und Entscheidungen schriftlich in genauer Formulierung mitgeteilt und gibt auch seine Stimme schriftlich ab.

Art. 27. Ein Beschluß ist in den beiden Fällen des vorigen Artikels nur dann gültig gefaßt, wenn er von Gesellschaftern genehmigt wird, die mehr als die Hälfte des Stammkapitals vertreten.

Vorbehaltlich anderweitiger Bestimmungen der Statuten werden die Gesellschafter, wenn dieses Stimmverhältnis bei der ersten Abstimmung nicht erreicht ist, ein zweites Mal durch Einschreibebrief einberufen. Die Beschlüsse werden dann mit der Mehrheit der abgegebenen Stimmen gefaßt, gleichgültig wie groß ihr Anteil am Stammkapital ist.

Art. 28. Ohne Rücksicht auf jede gegenteilige Bestimmung des Gesellschaftsvertrags ist jeder Gesellschafter berechtigt, an den Beschlüssen teilzunehmen. Jeder Gesellschafter hat die Stimmenzahl, die der Zahl der in seinem Besitz befindlichen Stammanteile entspricht.

Art. 29. In den Gesellschaften, die mehr als zwanzig Gesellschafter zählen, muß mindestens einmal jährlich eine Generalversammlung in dem durch die Statuten bestimmten Zeitpunkt stattfinden.

Andere Gesellschafterversammlungen können jederzeit einberufen werden, und zwar durch den oder die Geschäftsführer, im Falle ihrer Weigerung durch den Aufsichtsrat, falls ein solcher besteht, und im Falle seiner Weigerung durch Gesellschafter, die mehr als die Hälfte des Stammkapitals vertreten.

Art. 30. Jeder Gesellschafter kann persönlich oder durch einen Beauftragten am Gesellschaftssitz Kenntnis vom Inventar, der Bilanz und dem Bericht des gemäß Art. 32 gebildeten Aufsichtsrats nehmen.

In den Gesellschaften mit mehr als zwanzig Mitgliedern darf diese Kenntnisnahme nur während der vierzehn Tage stattfinden, die der Generalversammlung vorhergehen.

Art. 31. Die Gesellschafter können nur mit Einstimmigkeit die Staatsangehörigkeit der Gesellschaft ändern. Alle anderen Abänderungen der Statuten werden vorbehaltlich gegenteiliger Festsetzung im Statut mit der Mehrheit der Gesellschafter beschlossen, die gleichzeitig drei Viertel des Stammkapitals vertreten. Jedoch kann in keinem Falle die Mehrheit einen der Gesellschafter verpflichten, seine Stammeinlage zu erhöhen.

Art. 32. In jeder Gesellschaft mit beschränkter Haftung, die mehr als zwanzig Gesellschafter zählt, wird ein Aufsichtsrat eingesetzt, der aus mindestens drei Gesellschaftern besteht.

Der Aufsichtsrat wird im Gesellschaftsvertrag ernannt. Er unterliegt der Neuwahl an den durch die Statuten festgesetzten Zeitabschnitten.

Die Befugnisse des Aufsichtsrats sind in Art. 10 Absatz 1 und 2 des Gesetzes vom 24. Juli 1867 geregelt. Die Mitglieder des Aufsichtsrats tragen keinerlei Verantwortung für die Handlungen der Geschäftsführer und ihre Ergebnisse.

Jedes Mitglied des Aufsichtsrats ist der Gesellschaft wie Dritten gegenüber für seine persönlichen Fehler bei der Ausübung seines Amtes haftbar.

Art. 33. Von dem Gewinn jedes Jahres ist wenigstens ein Zwanzigstel vorwegzunehmen, das zur Bildung eines Reservefonds dient.

Die Verpflichtung zu dieser Vorwegnahme endet, sobald der Reservefonds ein Zehntel des Stammkapitals erreicht hat.

Art. 34. Im Gesellschaftsvertrag kann festgesetzt werden, daß die Gesellschafter Anspruch auf Zinsen in bestimmter Höhe haben, auch wenn ein Reingewinn nicht erzielt wird. Diese Festsetzung ist bloß für den Zeitabschnitt zulässig, der zur Ausführung derjenigen Handlungen notwendig ist, die nach dem Zweck der Gesellschaft dem Beginn seiner Geschäfte vorhergehen. Der Gesellschaftsvertrag bestimmt diesen Zeitabschnitt.

Dieser Zusatz muß zur Vermeidung der Nichtigkeit in dem Auszug aus dem Gesellschaftsvertrag angezeigt werden, der in einer der zur Aufnahme gesetzlicher Ankündigungen bestimmten Zeitungen gemäß Art. 13 veröffentlicht wird.

Der Betrag der so bezahlten Zinsen muß in die Kosten der ersten Niederlassung eingerechnet werden und ist mit diesen Kosten in der Art und in der Zeit, die die Statuten festzustellen haben, auf die Jahre zu verteilen, in denen Gewinn erzielt wird.

Art. 35. Dividenden, die ohne einen entsprechenden Gewinn verteilt wurden, können von den Gesellschaftern, die sie empfangen haben, zurückgefordert werden.

Die Klage auf Rückforderung verjährt innerhalb fünf Jahren, von dem für die Verteilung der Dividenden festgesetzten Tage an.

Art. 36. Die Gesellschaft wird durch die Entmündigung, den Konkurs, den Vermögensverfall oder den Tod eines der Gesellschafter nicht aufgelöst. Es sei denn, daß für den letzten Fall eine gegenteilige Bestimmung der Statuten besteht.

Art. 37. Mit einer Geldstrafe von 500 bis 1000 Franken und mit Haft von vierzehn Tagen bis zu sechs Monaten oder mit einer dieser Strafen werden bestraft:

Die Gründer, die im Gesellschaftsvertrag eine falsche Erklärung über die Verteilung der Stammanteile unter die Gesellschafter oder über die Zahlungen der Gesellschafter abgegeben haben.

Die Geschäftsführer, die unmittelbar oder durch eine Zwischenperson freiveräußerliche Wertpapiere irgendwelcher Art für Rechnung der Gesellschaft aufgelegt haben.

Art. 38. Mit den in Art. 405 des Strafgesetzbuches angedrohten Strafen werden bestraft, unbeschadet der Anwendung dieses Artikels auf alle Handlungen, die das Vergehen des Betrugs bilden:

diejenigen, die durch betrügerische Maßnahmen eine Sacheinlage höher bewertet haben, als ihrem wahren Wert entspricht,

die Geschäftsführer, die ohne Errichtung eines Inventars oder mittels eines betrügerischen Inventars unter die Gesellschafter nichtverdiente Dividenden verteilt haben.

Art. 39. Der Art. 463 des Strafgesetzbuches findet auf alle strafbaren Handlungen Anwendung, die in diesem Gesetz vorgesehen sind.

Art. 40. Es kann die Erhöhung des Stammkapitals durch Nachzahlungen seitens der Gesellschafter oder durch die Zulassung neuer Gesellschafter und die Herabsetzung durch die gänzliche oder teilweise Zurücknahme von Einlagen zugelassen werden.

Die Gesellschaften, deren Statuten die hiermit zugelassene Vereinbarung enthalten, unterliegen unabhängig von den Vorschriften dieses Gesetzes den Bestimmungen des Gesetzes vom 24. Juli 1867 betreffend Gesellschaften mit wechselndem Kapital (Art. 48—54).

Art. 41. Die offenen Handelsgesellschaften oder Kommanditgesellschaften und die Aktiengesellschaften, die vor oder nach dem Inkrafttreten dieses Gesetzes errichtet wurden, können vorbehaltlich der Rechte Dritter in Gesellschaften mit beschränkter Haftung umgewandelt werden.

Unter dem gleichen Vorbehalt können die auf Grund dieses Gesetzes errichteten Gesellschaften mit beschränkter Haftung in Aktiengesellschaften umgewandelt werden.

Art. 42. Die Einkommensteuer vom beweglichen Kapital gemäß Art. 1 des Gesetzes vom 29. Juli 1867 und Art. 31 des Gesetzes vom 29. März 1914 und Art. 50 des Gesetzes vom 25. Juni 1920, findet bei den nach den Bestimmungen dieses Gesetzes errichteten Gesellschaften keine Anwendung auf die Dividenden, Zinsen, Zinsrückstände und andere Einkommensquellen, die den in Art. 24 des vorliegenden Gesetzes vorgesehenen Geschäftsführern zufließen.

Diese Gesellschaften unterliegen den Mitteilungen, die durch die Art. 16 und 28 des Gesetzes vom 5. Juli 1850, Art. 22 des Gesetzes vom 23. August 1871 und Art. 7 des Gesetzes vom 21. Juni 1925 vorgeschrieben sind und zwar unter den Strafandrohungen gemäß den genannten Gesetzen und gemäß Art. 5 des Gesetzes vom 17. April 1906.

Art. 43. Die Bestimmungen dieses Gesetzes gelten auch für Algerien und für die Kolonien.

Allgemeine Einleitung.

I. Entstehungsgeschichte des Gesetzes.

(Frenkel, Die Gesellschaft mit beschränkter Haftung. 1915 S. 5 ff.)

Allgemeine Einleitung. Anm. 1.

Der Gedanke, zwischen der Aktiengesellschaft auf der einen und der offenen Handelsgesellschaft auf der anderen Seite eine neue Gesellschaftsform zu bilden, stand in Deutschland seit der Reform des Aktienrechts durch die Novelle vom 18. Juli 1884 zur Debatte. Schon in den Motiven zu diesem Gesetze war die Frage erwähnt, ob den derzeitigen Arten der Unternehmungen „nach dem Vorbilde der bergrechtlichen Gewerkschaft eine neue Form hinzuzubügen sein möchte“. Ihre Erledigung sollte der allgemeinen Revision des HGB. überlassen bleiben. Das Verlangen nach einer solchen neuen Gesellschaft wurde aber immer stärker. Vorschläge und Entwürfe traten auf. Man bekämpfte den ganzen Gedanken. Man stritt ebenso lebhaft für ihn. Der Ausschuß des deutschen Handelstages bejahte die Frage des preußischen Handelsministers, ob ein dringendes Bedürfnis für die Einfügung einer neuen Rechtsform vorliege. Als neue treibende Kraft waren die Kolonien und der Handel mit diesen und in ihnen aufgetreten. Man suchte die geeignete Form hierfür. Man glaubte sie in den Gesellschaften mit beschränkter Haftung gefunden zu haben. Namentlich das System der Nachschüsse, das der bergrechtlichen Zubuße entsprach, erschien hierfür erforderlich.

Zwei Ausgangspunkte standen einander gegenüber. Der eine wollte auf der offenen Handelsgesellschaft aufbauen. Nur die Haftung der Gesellschafter sollte begrenzt sein. Die Gesellschaft war hier individualistisch gedacht. Zu den Befürwortern dieses Gedankens gehörten die Ältesten der Kaufmannschaft zu Berlin (Korrespondenz d. A. d. B. K. IX. S. 66). Der andere erstrebte eine Milderung der Aktiengesellschaft. Die strengen Vorschriften über die Gründung sollten beseitigt werden. Dafür sollen die Anteile auf Namen lauten, schwer übertragbar sein, mit Zubußen beschwert (vgl. z. B. Ring: Deutsche Kolonialgesellschaften 1887). Hier wiegt der kollektivistische Gedanke vor. Überall aber wird das Verlangen betont, durch die Ausschaltung der Bestimmungen über die Aktiengesellschaften neue Möglichkeiten für neue Unternehmungen zu schaffen.

Diesen Bestrebungen entsprach die Reichsregierung. Man wartete die Neugestaltung des ganzen Handelsrechts nicht ab. Man schuf acht Jahre vor dieser das besondere Gesetz.

Der Entwurf wurde nach kommissarischer Durchberatung schon in der Sitzung vom 21. März 1892 in dritter Lesung en bloc angenommen. Nach erfolgter Zustimmung des Bundesrats wurde das Gesetz am 20. April 1892 ausgefertigt und im Reichsgesetzblatt vom 26. April 1892 verkündet. Es hat am 19. Mai 1892 Gesetzeskraft erlangt. Im Anschluß an die am 1. Januar 1900 in Kraft getretene neue Gesetzgebung wurden im EG. z. HGB. Art. 11 mehrfache Änderungen des Gesetzes vorgenommen. Im Art. 13 EG. z. HGB. wurde der Reichskanzler ermächtigt, den neuen Text des Gesetzes unter fortlaufender Nummernfolge der Paragraphen und Abschnitte durch das Reichsgesetzblatt bekanntzumachen. Auf Grund dieser Ermächtigung hat der Reichskanzler den neuen Text des Gesetzes durch Bekanntmachung vom 20. Mai 1898 so publiziert, wie dasselbe vom 1. Januar 1900 ab gilt. Durch das der Geldentwertung entsprungene Gesetz vom 24. Dezember 1923 wurde der Mindeststammkapitalbetrag von 20000 M. erhöht auf 500000 M. und die Mindesteinzahlung auf 5000 M. Die Verordnung über die Golbilanzen vom 28. Dez. 1923 und die zweite Durchführungsbestimmungsverordnung hierzu vom 28. März 1924 haben für bestehende Gesellschaften das

Mindestkapital auf 500 GM. und den Mindestbetrag eines Geschäftsanteils auf 50 GM. bestimmt. Notfalls kann, um die Umstellung zu ermöglichen, weiter heruntergegangen werden. Doch gewähren nur je 10 GM. Geschäftsanteil eine Stimme. Bei neugegründeten GmbH. muß das Mindestkapital 5000 GM. und ein Geschäftsanteil mindestens 50 GM. bei Mindesteinzahlung von 25 GM. betragen. An Stelle der Goldmark ist jetzt nach der Stabilisierung der Währung die Reichsmark getreten.

Das Gesetz schloß sich mehr an die Aktiengesellschaft an, als an die offene Handelsgesellschaft. Die deutsche G. m. b. H. ist als Aktiengesellschaft gedacht, die auf die Aktie verzichtet. Die Geschäftsanteile sind Anteile ohne Urkunde und ohne leichte Veräußerlichkeit. Die Organisation schiebt die Gesellschafter in den Hintergrund. Sie legen ihr Kapital ein. Die Verpflichtung zur Leistung von Nachschüssen kann im Gesellschaftsvertrage ausgesprochen werden. Das Gesetz kennt verschiedene Arten derselben. Mit diesen Zahlungen ist die Hauptaufgabe der Gesellschafter erfüllt. Die Verwaltung ruht in den Händen des von ihnen gewählten Vorstandes, der hier Geschäftsführer heißt. Der Aufsichtsrat ist vorgesehen, wenn auch nicht vorgeschrieben. An vereinzelten Stellen, so bei der Klage auf Auflösung aus wichtiger Ursache (§ 61), zeigt sich eine Annäherung an die offene Handelsgesellschaft. Die Grundzüge sind aber die der Kapitalgesellschaft. Die Individuen verschwinden. Nicht sie, sondern die vertretbaren Kapitalien sind die Träger der Gesellschaft. Daher auch als Regel die freie Veräußerlichkeit der Geschäftsanteile aufgestellt ist (§ 15).

Zwei Momente hat die Entwicklung des Gesetzes in Deutschland gezeigt. Die Nachschüsse haben nur geringe Bedeutung erlangt. Sie finden sich wohl in einzelnen Statuten. Sie sind dann durch besondere Umstände hervorgerufen. Fast stets ist die Nachschußpflicht beschränkt. Sie ist eine Erhöhung der Stammeinlage ohne Erhöhung des Stammkapitals. Für die Kolonialunternehmungen spielte die GmbH. mit Nachschußpflicht keine hervorragende Rolle. Der Kolonialhandel hat ihr kein Gepräge gegeben.

Auf der anderen Seite hat sich die individualistische Gestaltung durchgerungen. Das Gesetz gab nur eine dürftige Grundlage. Andere Verpflichtungen der Gesellschafter gegenüber der Gesellschaft bedürfen der Aufnahme in den Gesellschaftsvertrag (§ 3 Abs. 2). Das ist alles. Aber aus dieser mehr als bescheidenen Stelle hat die Vertrags- und Gerichtspraxis ein völliges System aufgebaut. Den Gesellschaftern liegen besondere Pflichten neben der Stammeinlage ob. Diese tritt gegenüber jenen völlig in den Hintergrund. Oder sie stehen doch gleichwertig nebeneinander. Den Pflichten entsprechen die Rechte der Gesellschafter. Fortgesetzt tauchen neue Formen und neue Fragen auf. Diese Bewegung schreitet unaufhaltsam weiter. Es haben sich heute zwei Arten von Gesellschaften mit beschränkter Haftung herausgestellt. Die eine nähert sich der Aktiengesellschaft. Die andere der offenen Handelsgesellschaft. Bei jener besteht der Unterschied wesentlich in dem Mangel der Aktien. Die Geschäftsanteile sind nicht im Papier verkörpert. Sie wandern nicht leicht von Hand zu Hand. Sie sind nur durch notariellen Akt übertragbar. Im übrigen überlassen die Gesellschafter, wie bei der Aktiengesellschaft die Aktionäre, den von ihnen berufenen Organen die Schicksale der Gesellschaft. Sie beteiligen sich an dem Unternehmen nur mit der Einlage. Sie wollen nur den Anteil am Jahresgewinn. Bei dieser dagegen stehen sich die Gesellschafter als Individuen gegenüber. Sie wollen nicht nur geben. Sie wollen auch tun. Sie müssen sich der Gesellschaft so verpflichten wie die offenen Handelsgesellschafter. Auch zur ausschließlichen Arbeit für die GmbH. Sie werden Geschäftsführer nicht durch Wahl der Gesellschafter, sondern kraft eigenen Rechts. Das ist in den Gesellschaftsverträgen bis ins einzelne durchgeführt. Auch wo das eine oder andere vergessen ist, wird es aus dem Sinn und Zweck des ganzen Übereinkommens ergänzt. Dazwischen steht eine Reihe von Übergangsarten, Modifikationen nach der einen oder anderen Richtung. An dem Texte des deutschen Gesetzes allein erkennt man die Gestaltung der GmbH. noch nicht. Gesellschaftsverträge und die Rechtsprechung sind eine hierzu unentbehrliche Grundlage. (Hachenburg, Gutachten über die Schaffung eines einheitlichen Rechtes der GmbH. für Deutschland, Österreich und Ungarn. Verhandlungen der Mitteleur. Wirtschaftskonferenz 1914 S. 429 ff.)

II. Die Quellen des Rechts betreffend die Gesellschaften mit beschränkter Haftung.

Allgemeine Einleitung

1. **Die erste Quelle ist das Gesetz selbst.**

2. **Daneben** Anm. 2.

a) Das HGB. Die Gesellschaft mit beschränkter Haftung ist eine Handelsgesellschaft (§ 13 Abs. 3). Sie hat die Rechte und Pflichten eines Vollkaufmanns (Anm. 21 zu § 13). Daher kommen alle diejenigen Vorschriften des HGB. zur Anwendung, welche sich aus dieser Eigenschaft ergeben. So hat sie z. B. die Verpflichtung, Bücher zu führen, ihre Geschäfte sind präsumtive Handelsgeschäfte usw. (vgl. Näheres hierüber Anm. 20 ff. zu § 13).

b) Das BGB. Die GmbH. ist eine Gesellschaft. Sie ist ein Rechtsgebilde des Privatrechts. Daher kommen die Vorschriften des bürgerlichen Rechts zur Anwendung. Anm. 3.

Insbesondere die Vorschriften des BGB. über die Vereine. Das ist hier in gleicher Weise anzunehmen wie bei der Aktiengesellschaft. Dort ist es die herrschende Ansicht (RG. v. 23. 1. 03 in JW. 03 5 Anl. S. 39; RGZ. 20. 4. 08 68, 150; KG. RJA. 8, 212; ObLG. München 28. 2. 13 DJZ. 1914, 445; Staub HGB. 6./7. Aufl. Anm. 9 zu § 178; Makower HGB. 347; Ring bei Lehmann-Ring Nr. 3 vor § 178 S. 374; Lehmann, Das Recht der Aktiengesellschaften I 102; Simon ZHR. 49, 1 ff.; Gierke ArchBürgR. 19, 131; Bieberfeld, Der Einfluß des BGB. auf das Aktienrecht ZAktWes. 12 S. 7, 126 ff.) geworden. Auch Vereine, deren Rechtsfähigkeit auf besonderer reichsgesetzlicher Vorschrift beruht, sind rechtsfähige Vereine im Sinne des BGB. (§ 22 BGB.). Aktiengesellschaften sind Vereine (§ 6 HGB.). In Handelssachen kommt das BGB. überall da zur Anwendung, wo das HGB. nichts Abweichendes vorschreibt (Art. 2 EG. z. HGB.). Die gegenteilige Ansicht (Pinner ZHR. 50, 105; Staub-Pinner 8, 94 10. Aufl., Anm. 6a); Goldmann-Lilienthal, Kommentar z. BGB. I 52; Dernburg BürgR. I § 82 Nr. IV; Reichau, Ist die Kommanditgesellschaft auf Aktien ein rechtsfähiger Verein? ist schon für das Aktienrecht verfehlt. Die Anwendung von Einzelbestimmungen des BGB. auf handelsrechtliche Institute, die ihre Regelung im HGB. gefunden haben, soll ausgeschlossen sein (Pinner). „Indem das HGB. ein Institut einheitlich regelt, hat es die Präsumtion für sich, daß diese Regelung eine geschlossene sein soll." Das ist in dieser Allgemeinheit sicher falsch. Denn dann wäre dem BGB. die Anwendung auf dem Gebiete des Handelsrechts so gut wie gänzlich versagt. Der Kaufmann, die Prokura und die Handlungsvollmacht, die Firma, die Handelsbücher, das Kontokorrent, der Kommissionär, der Lagerhalter, der Spediteur, der Frachtführer, das alles sind handelsrechtliche „Institute", die das HGB. „einheitlich" regelt. Darum ist aber doch die Regelung keine „geschlossene" und die subsidiäre Anwendung des BGB. nicht ausgeschlossen. Bei allen diesen Instituten ist bisher in allen vom HGB. nicht geregelten Punkten, das BGB. von Wissenschaft und Praxis angewendet worden. Wie soll denn, wenn das BGB. im Aktienrecht nicht zur Anwendung gelangen soll, die Frage, in welcher Weise dem Erfordernisse der schriftlichen Form der Aktienzeichnung genügt wird, in welcher Weise sollen die solidarisch haftbaren Mitglieder haften, wie sollen sie die Ausgleichung untereinander vorzunehmen haben, wie die Fragen über den Beginn, das Ende, die Hemmung und Unterbrechung der im Aktienrechte angeordneten mannigfachen Verjährungen und zahllose andere Fragen beantwortet werden? „Soweit reichsgesetzliche Vorschriften über ein vereinsrechtliches Institut den Charakter einer Kodifikation haben, soweit sie „also" den dieses Institut betreffenden Rechtsstoff ausschließlich regeln, kommen die allgemeinen Vorschriften des BGB. über die rechtsfähigen Vereine auch nicht ergänzend zur Anwendung." (Goldmann-Lilienthal a. a. O.) Der Fehler liegt hier in dem „also". Daraus, daß ein Gesetzbuch eine Materie kodifiziert, folgt noch nicht, daß dieselbe „ausschließlich" geregelt wird. Der Einfluß des BGB. erstreckt sich auf alle Rechtsgebiete und auf alle Gesetze. Überall wo z. B. die Begriffe der Geschäftsfähigkeit, des Irrtums, des Vertrages, des Kaufes, der Fahrlässigkeit eine Rolle spielen, sind diese jetzt dem BGB. zu entnehmen. Diesem Einflusse des BGB. sind auch diejenigen Gesetze nicht entzogen, die den Charakter selbständiger Kodifikationen haben, so das Patentgesetz, die Stempelgesetze, das Strafgesetzbuch. Um wieviel weniger ist ein Gesetzbuch diesem Einflusse entzogen, in dessen Einführungsgesetz (Art. 2 EG. z. HGB.) ausdrücklich gesagt ist, daß das BGB. überall da Anwendung findet, wo das Gesetzbuch selbst nichts Abweichendes vorschreibt! Auch Dernburgs (I § 82 Nr. IV) Begründung ist unzureichend. Die Bestimmungen des BGB. über rechtsfähige Vereine sollen, wie aus ihrer Entwicklungsgeschichte und ihrem Aufbaue hervorgehe, für die handelsgesellschaftlichen Körperschaften nicht bestimmt sein. Das ist richtig. Alle Vorschriften des BGB. sind zunächst für diejenigen Verhältnisse bestimmt, die das Gesetzbuch selbst regelt. Aber das hindert nicht, sie auch auf alle anderen Verhältnisse anzuwenden, soweit nicht aus den diese anderen Verhältnisse regelnden Vorschriften etwas Abweichendes sich ergibt. Am wenigsten bei der Auslegung eines Gesetzbuchs, das nach seinem Einführungsgesetze die subsidiäre Anwendung des BGB. ausdrücklich angeordnet hat. Pinner und Dernburg wenden den § 31 BGB. auf Aktiengesellschaften an. Dies erklären sie damit, daß dieser Grundsatz ein „allgemeiner" sei. Die Frage sei keine aktienrechtliche. Das ist richtig. Er gilt aber auch für alle anderen Fragen, in denen das Recht des BGB. herangezogen wird.

Anm. 4. Würde die hier bekämpfte Meinung im Rechte sein, so würde sie um so mehr für das Recht der Gesellschaft mit beschränkter Haftung gelten. Denn hier liegt noch unzweifelhafter die „einheitliche" Regelung eines Rechtsinstituts, eine geschlossen geregelte „Materie", eine „Kodifikation" vor. Alle Fragen, die im GmbHGesetze keine Regelung gefunden haben, müßten aus sich selbst heraus, aus der Natur der Sache, nicht aber ergänzenderweise aus den Vorschriften des BGB. beantwortet werden. Wissenschaft und Praxis, die bei der Auslegung dieses Gesetzes stets die gegenteiligen Wege gegangen sind, müßten hier umkehren. Auch früher sind die Reichsgesetze dahin ausgelegt worden, daß überall dort, wo sie selbst im Stiche lassen, das betreffende Landesrecht ergänzend herangezogen wurde. Daraus folgt jetzt, daß heute das BGB. ergänzend herangezogen werden muß. Die subsidiäre Anwendbarkeit des Vereinsrechts ist von praktischer Bedeutung. Sie bewirkt hier wie beim HGB. insbesondere die Anwendbarkeit der §§ 29 u. 48 BGB. Es ist dem Antrage eines jeden Gläubigers auf Bestellung eines Liquidators stattzugeben (KG. in OLGR. 4, 256). Ebenso ist § 31 BGB. für die Haftung der Gesellschaft mit beschränkter Haftung für die Handlungen ihrer Geschäftsführer in Ausübung ihres Amts unzweifelhaft anwendbar (RGZ. 56, 95).

Anm. 5. In erster Linie muß der Inhalt des Sondergesetzes über die GmbH. Anwendung finden. Auch wo es nicht ausdrückliche Anordnungen trifft, aber die Absicht dieses Gesetzes aus anderen Vorschriften erhellt. Fehlt es hieran, so gelangt das bürgerliche Recht zur Anwendung. Die allgemeinen Rechtsgrundsätze, mit denen sich das GmbHG. nicht beschäftigt, bestimmen sich nach dem BGB. Alle Regeln über Willenserklärungen und Verträge, über Vollmacht und Genehmigung, über Fristen und Verjährung sind dem BGB. zu entnehmen. Überall aber haben diese hinter die im Spezialgesetze enthaltenen Prinzipien zurückzutreten. Dies gilt auch dann, wenn das GmbHG. keine ausdrücklichen Bestimmungen trifft. Es genügt, daß eine Anwendung einer Vorschrift des Bürgerlichen Rechts mit einem Satze der GmbH. in Widerspruch stände und dessen Zweck gefährdete. So namentlich mit dem Prinzip von der Erhaltung des Stammkapitals (Hachenburg LZ. 3, 261). Über die Modifikationen der Regeln des BGB. für Irrtum und Betrug bei Gründung der Gesellschaft mit beschränkter Haftung vgl. Anm. 24 zu § 2 u. Anm. 30 zu § 55. Über die Wandlungsklage Anm. 28 zu § 5. Über die Einstellung der Stammeinlageschuld in die laufende Rechnung vgl. Hachenburg a. a. O. und die Ausführungen zu § 19, Anm. 26 ff. **Allgemeine Einleitung.**

c) Auch andere Reichsgesetze sind maßgebend. So z. B. § 144 des Gesetzes über die Angelegenheiten der freiwilligen Gerichtsbarkeit, der die Löschung der Gesellschaft von Amts wegen wegen Nichtigkeit regelt, und § 148 desselben Gesetzes. **Anm. 6.**

d) **Landesgesetze** können nur insoweit in Betracht kommen, als öffentlichrechtliche Vorschriften in Frage stehen (Art. 55 EG. z. BGB.). **Anm. 7.**

3. **Ob zu den Quellen des Rechts auch das Gewohnheitsrecht** gehört und in welcher Reihenfolge es als Rechtsquelle in Betracht kommt, kann hier eingehend nicht untersucht werden. (Vgl. Staub, Kommentar zum HGB. I Allg. Einl. Anm. 23 ff., Düringer-Hachenburg, Kommentar zum HGB. 1 Allg. Einl. Anm. 3 ff.) Die Frage ist auch hier nicht unpraktisch. Für den vom RG. festgehaltenen Grundsatz der Ausschließung der Anfechtung eines Gesellschafters, der zu seinem Beitritt durch Betrug bestimmt wurde, wird ein Gewohnheitsrecht als Quelle in Anspruch genommen (vgl. Anm. 35 zu § 2; Moses in JheringsJ. 53, 395). **Anm. 8.**

III. Übergangsfragen.

Die Übergangsfragen sind hier von geringer Wichtigkeit. Die Änderungen, welche am 1. 1. 1900 in Kraft getreten sind, sind nicht erheblicher Natur. Auch hier muß der Grundsatz gelten, daß die neuen Vorschriften auf diejenigen Gesellschaften, welche am 1. 1. 1900 bestanden, Anwendung finden. Das neue gesellschaftliche Leben regelt sich nach dem neuen Recht. Von besonderer Bedeutung wird dies bei der Frage der Nichtigkeit der Gesellschaften (vgl. Anm. 10 zu § 77). Rechte Dritter, welche vor dem 1. 1. 1900 entstanden waren, werden durch Vorschriften des neuen Rechtes nicht berührt. Anders nur, wenn sie neuen Bestimmungen zwingender Natur widersprechen. **Anm. 9.**

IV. Die rechtliche Natur der Gesellschaft mit beschränkter Haftung.

A. **Die Grundprinzipien der Gesellschaft mit beschränkter Haftung sind die gleichen wie die der Aktiengesellschaft.** Der Kernpunkt liegt in der Ausschließung der persönlichen Haftung. **Anm. 10.**

1. Weder bei der Aktiengesellschaft noch bei der GmbH. sind die Gesellschafter für die Verbindlichkeiten der Gesellschaft nicht haftbar. Für die Verbindlichkeiten der Gesellschaft kann das Gesellschaftsvermögen in Anspruch genommen werden (über die abweichende Auffassung des Schweizer Rechts vgl. unten Anm. 28; § 13). Der Name „Gesellschaft mit beschränkter Haftung" (Lehmann-Hoeniger Lehrb. des Handelsrechts 1921 S. 366 Anm. 2) scheint eine Nachahmung des englischen „limited" zu sein. Darüber zu rechten, ob er grammatisch zutrifft, da in Wahrheit die Gesellschaft allein, diese aber unbeschränkt haftet, hat wenig Zweck. Wir haben keine bessere Bezeichnung. **Anm. 11.**

Daß die Gesellschafter wie bei der Aktiengesellschaft für die Schulden der Gesellschaft m. b. H. nicht haften, macht diese zur juristischen Person. (§ 13; vgl. über die juristische Persönlichkeit der Gesellschaft mit beschränkter Haftung Anm. 1 ff. zu § 13.)

Der wirtschaftliche Gedanke ist die Begrenzung des Risikos des einzelnen. Mehr als einen festgesetzten Betrag will der Gesellschafter nicht wagen. Hat er ihn geopfert, so ist seine Verpflichtung erfüllt. Wer sich mit dieser Gesellschaft einläßt, trägt die Gefahr des Verlustes. Die Unternehmer wälzen sie von sich ab auf jene. Darin liegt das Problem dieser Gesellschaftsart. Daraus gehen auch die Angriffe gegen sie hervor. Jede Ermöglichung der Risikobeschränkung hebt den Wagemut. Eine Reihe von Unter- **Anm. 12.**

nehmungen unterbleibt, wenn der Unternehmer Hab und Gut daransetzen muß. Weiß er von vornherein den Höchstbetrag des Verlustes, so wird er sich zu diesem Opfer entschließen. Das Mißlingen kann ihn nicht mehr kosten als die begrenzte Summe. Auf der anderen Seite steht das Interesse derjenigen, die mit dieser Gesellschaft in Geschäftsverkehr treten. Ohne Kredit ist dieser nicht denkbar. Also tragen die Gläubiger die Gefahr des Scheiterns der Unternehmung, soweit sie mehr als die Kapitalien der Beteiligten verschlingt. Allerdings kann auch jeder einzelne bei einem Kontrakte vereinbaren, daß er „für die Rechtsfolgen eines Geschäftes nur mit bestimmten Vermögensstücken einstehen wolle". Aber daraus zu folgern, „daß auch die Vereinigung mehrerer die Zulässigkeit solcher Abmachungen nicht beeinflussen" kann (Ring Deutsche Kolonialgesellschaften 41), trifft den Kern der Sache nicht. Denn wirtschaftlich ist die Lage eine völlig andere, wenn ein bestimmter Unternehmer für ein bestimmtes Geschäft die Beschränkung durch bestimmte Abmachung bedingt, als wenn eine Gesellschaft auftritt, die allgemein nur das in sie eingelegte Kapital jedem Gläubiger als Kreditbasis bietet. Die Bedenken, die aus diesem Momente fließen, sind nicht zu unterdrücken. Sie führen aber nicht zu einer Versagung der Beschränkung. Sie können nur den Gesetzgeber zu Fürsorgemaßnahmen bestimmen. Die Form darf nicht zu einer Täuschung des Publikums benützt werden. Das zwingt zu Vorschriften über die Einlage und deren Erhaltung. Sind diese ausreichend, so ist das Bestreben der entwickelten Volkswirtschaft nach einer Erleichterung der Beschränkung des Risikos nicht zurückzuhalten. Es ist schwer zu sagen, ob die Verneinung dieser Möglichkeit in der Tat geeignet ist, inländisches Kapital in das Ausland zu drängen. (So Ochelhäuser im Deutschen Reichstag, Sitzung vom 12. November 1889. Stenogr. Bericht VII. Legislaturperiode V. Session S. 261.) Das wird wohl noch von einer Reihe anderer Umstände abhängen. Mit mehr Sicherheit wird man annehmen dürfen, daß das Kapital gerade von solchen Unternehmungen zuerst am meisten zurückschreckt, die besonders befruchtend auf die Volkswirtschaft einwirken. Man kann freilich die Form der GmbH. nicht nur für diesen Fall zulassen. Man muß ebenso die Umwandlung bestehender Geschäfte wie die Neugründung gestatten. Es lassen sich ja überhaupt rechtliche Schöpfungen nie auf eine bestimmte Verwendung beschränken. Das Verkehrsbedürfnis schreitet über solche Versuche hinweg. Es genügt, daß sich die Gesellschaftsart wirtschaftlich rechtfertigen läßt. Heute, unter dem durch den politischen und wirtschaftlichen Zusammenbruch Deutschlands eingetretenen Notstande, erscheint trotz aller Bedenken die GmbH. als unentbehrlich (vgl. auch Frenkel, Die GmbH. 2 ff.).

Nicht selten wird in der Praxis von einzelnen Gläubigern die Übernahme der persönlichen Haftung der Gesellschafter verlangt, namentlich seitens der Banken. Das ändert an dem Wesen der Gesellschaft nichts. Die Gesellschafter sind alsdann Bürgen, auch wenn ihre Erklärung dahin lautet, daß sie auf die Beschränkung ohne Haftung verzichten. Entscheidend ist der hierbei obwaltende Wille der Parteien.

Anm. 13. 2. Bei der AG. und bei der GmbH. sind die Gesellschafter mit Einlagen auf das in einzelne Teile zerlegte Grundkapital beteiligt. Die Teile, in welche das Grundkapital zerlegt wird, heißen bei jener Aktien, bei diesen Geschäftsanteile. Das ist lediglich ein Unterschied im Namen. Einen sachlichen Unterschied bildet dies so wenig wie die Bezeichnung Grundkapital bei der AG. und Stammkapital bei der GmbH. oder der Vorstand bei jener und der Geschäftsführer bei dieser.

Anm. 14. a) Sämtliche Mitglieder beteiligen sich mit Einlagen (§ 3 Nr. 4). Damit ist nicht gesagt, daß die Gesellschafter sich nur mit Stammeinlagen beteiligen. Schon für das Aktienrecht ist ein solcher Ausspruch im neuen HGB. vermieden. Es gibt auch hier sonstige Leistungsversprechen (§ 212 HGB.). Es kann statutarisch vereinbart werden, daß die Mitgliedschaft nur dadurch erworben wird, daß außer jener Einlage auch gewisse sonstige Verpflichtungen übernommen werden. Bei der Gesellschaft mit beschränkter Haftung ist dies in noch viel weiterem Umfange der Fall (§ 3 Abs. 2 u. oben Anm. 1).

b) Einlagen auf das in Teile zerlegte Grundkapital schaffen die Mitgliedsrechte. Bei der Aktiengesellschaft wie bei der GmbH. wird Mitgliedschaft der Gesellschafter in Teilbeträgen einer Grundziffer zum Ausdruck gebracht. Das bedeutet die Beteiligung am Gesellschaftsvermögen zu einer Quote. Einen Quotengeschäftsanteil zu schaffen, ist aber nicht zulässig (a. M. Lehmann-Hoeniger a. a. O. S. 389). Anm. 15.

Eine feste Ziffer erweckt den Schein, als stelle der Geschäftsanteil einen unwandelbaren Vermögenswert dar. Den Gefahren aus dieser Bezeichnung sucht der Gesetzgeber vorzubeugen. Eine Unterpari-Emission ist verboten. Wer einen Wert von 1000 M. einlegt, kann dafür nicht einen Geschäftsanteil von 1200 M. erhalten (§ 14). Aber trotzdem gibt die Ziffer des Geschäftsanteils keine Beweise für dessen Wert. Man denke nur an die Fälle, wo Sacheinlagen inferiert werden. Ob die inferierten Objekte wirklich soviel wert sind als der Nennbetrag der dafür gewährten Geschäftsanteile, bleibt stets unsicher. Sobald die Gesellschaft ins Verkehrsleben tritt, ist das Vermögen der Gesellschaft einem fortwährenden Wechsel ausgesetzt. Trotz dieses Wechsels bleibt die Ziffer des Stammkapitals unverändert. Das Stammkapital kann also nicht etwa gleichbedeutend mit dem jedesmaligen Gesellschaftsvermögen sein. Das Stammkapital zeigt mit an, wieviel an Werten als Äquivalent für die Ausgabe der Anteile mindestens geleistet worden ist oder wenigstens geleistet werden sollte. Es dient ferner als Grundziffer für die Beteiligung des einzelnen Mitgliedes an dem Ergebnisse der Gesellschaft. Es zeigt endlich an, welcher Betrag an Gesellschaftsvermögen mindestens vorhanden sein muß, ehe an eine Verteilung von Gewinn an die Mitglieder herangetreten werden kann (§ 42 Nr. 4). Diesen Betrag reinen Aktivvermögens verspricht die Gesellschaft ihren Gläubigern unter allen Umständen zu reservieren. Die einzelnen Geschäftsanteile aber bedeuten dem entsprechend nichts weiter als die Ziffer des Betrages, der mindestens auf die Geschäftsanteile eingelegt worden ist. Anm. 16.

B. **Die Unterschiede zwischen der Aktiengesellschaft und der Gesellschaft mit beschränkter Haftung** sind daher nicht in den Grundprinzipien zu suchen, sondern in der einzelnen Ausgestaltung. Diese aber sind stärker, als es den Anschein hat. So bedeutsam die Analogie des Aktienrechts ist, so sehr muß davor gewarnt werden, Rechtssätze und Rechtssprüche dieses Gebietes ohne weiteres auf die GmbH. herüberzunehmen. Es soll hier der wesentliche Gegensatz skizziert werden. Im übrigen ist auf die Einzelbestimmungen zu verweisen. Anm. 17.

Die Anteile bei der Aktiengesellschaft sind für den Verkehr bestimmt. Für die Aktien besteht eine Erleichterung des Umsatzes. Dadurch ist auch das Band, das den Gesellschafter hier mit der Aktiengesellschaft verknüpft, ein viel loseres. Es ist ein weit größerer Kreis von Interessenten, der hier in Betracht kommt. Es ist, wie der Erwerb ein leichter und der Umsatz ein häufiger ist, auch die Gefahr, daß hierbei und hierdurch der Erwerber getäuscht werde, eine größere. Daher neben der Möglichkeit dieses raschen Wechsels der Gesellschaftereigenschaft, die durch die Inhaberaktie gewährleistet wird, das Bedürfnis auch des Schutzes solcher dritter Erwerber. Die Folge ist eine Reihe von Vorschriften, die nur diesem Ziele dienen. Das sind namentlich die Bestimmungen über die Gründung und den obligatorischen Aufsichtsrat. Anm. 18.

Bei der Gesellschaft mit beschränkter Haftung wird ein innigeres Verhältnis zwischen der Gesellschaft und ihren Mitgliedern erstrebt. Ihre Geschäftsanteile sind nicht für den Verkehr bestimmt. Sie sind als feste Anlage und Beteiligung gewollt. Daher ist ihr Umsatz durch das Verlangen der notariellen oder gerichtlichen Urkunde erschwert. Andererseits fehlen die dem Schutz der Gesellschaft dienenden Bestimmungen. Sie muß keinen Aufsichtsrat haben. Bei ihrer Gründung fallen alle Vorschriften fort, welche das Interesse der späteren Gesellschafter sichern. Nur die Gläubiger bedürfen hier der besonderen Beachtung.

Im einzelnen:

1. Die Beschaffenheit der Beteiligung.

Anm. 19. a) Die Veräußerlichkeit. Bei der Aktiengesellschaft ist es in die Wahl der Gründer gelegt, ob die Aktien auf Inhaber oder Namen lauten. Nur wenn nichts gesagt ist, sind sie Namensaktien (§§ 179, 183 HGB.). Bei der Gesellschaft mit beschränkter Haftung gibt es nur auf die Namen lautende Geschäftsanteile. Auch die Namensaktie ist ein Orderpapier (§ 222 Abs. 3 HGB.). Ein Geschäftsanteil ist nie indossabel. Auch wenn dies durch das Statut ausgeschlossen ist, erfolgt die Übertragung der Aktie formlos. Der Geschäftsanteil ist stets nur in gerichtlicher oder notarieller Urkunde übertragbar (§ 15). Jede andere Bestimmung des Gesellschaftsvertrages ist nichtig. Bei der Aktie wie bei dem Geschäftsanteil kann die Zustimmung der Gesellschaft zur Übertragung im Statut vorbehalten sein. Bei jener aber nur bei der Namensaktie, bei diesem bei jedem Geschäftsanteile. Bei der Aktiengesellschaft bedarf es einer Anmeldung der Veräußerung bei der Gesellschaft nur bei den Namensaktien (§ 223 HGB.). Bei einer Gesellschaft mit beschränkter Haftung ist dies stets erfordert (§ 16).

Anm. 20. b) Der Betrag der Aktien jeder Emission ist gleich groß. Er muß mindestens 1000 M. sein. Nur durch die Erhöhung des Grundkapitals können Aktien verschiedener Größe entstehen. Bei der Gesellschaft mit beschränkter Haftung ist schon bei der Gründung die größte Verschiedenheit der Geschäftsanteile zulässig. Neben einem solchen von einer Million kann ein Anteil von 5000 M. stehen. Bei der Aktiengesellschaft ist kein Mindestkapital vorgeschrieben. Es ergibt sich nur aus der Zahl der fünf Gründer. Bei der G. m. b. H. ist jetzt ein Stammkapital von 500 M. verlangt.

c) Im Aktienrechte kann bei Namensaktien, deren Übertragung an die Genehmigung der Gesellschaft gebunden ist, den Aktionären die Verpflichtung zu wiederkehrenden, nicht in Geld bestehenden Leistungen auferlegt werden (§ 212 HGB.). Bei jeder Gesellschaft in beschränkter Haftung können von allen oder einzelnen Gesellschaftern neben ihrer Einlage beliebige Verpflichtungen, wiederkehrende oder einmalige, in Geld oder in anderen Leistungen bestehend, übernommen werden (§ 3 Abs. 2).

Anm. 21. 2. Die Schutzvorschriften.

a) Zugunsten der Gesellschafter. Nur der Aktionär bedarf derselben. Daher die Vorschriften über die Sachgründung und die Fürsorge, daß nicht faule Einlagen gemacht werden. Daher die Vorschrift des Gründerberichts und der Revisoren. Daher auch die Vorschriften über die Aufnahme jeder Übernahme einer Anlage oder sonstiger Gegenstände mit dem ihr zufließenden Kapitale durch die Gesellschaft in den Gründungsvertrag. Daher die Bestimmungen über die Nachgründung innerhalb der ersten zwei Jahre (§§ 186, 191, 193, 194, 207 HGB.). Erst bei der späteren Erhöhung des Stammkapitals fehlen diese Maßregeln. Hier sind die Gesellschafter selbst in der Lage zu prüfen, ob die Sacheinlagen übernommen werden und Aktien dafür gegeben werden sollen. Hier bedarf es auch keiner Bestimmung, daß die Übernahme von Vermögensgegenständen mittels des neu aufgenommenen Kapitals in den Beschluß über die Erhöhung aufzunehmen ist (§ 279 HGB.). Dem Vorgange der Erhöhung des Grundkapitals der Aktiengesellschaft steht die Gründung der GmbH. gleich. Keine der oben erwähnten, für die Gründung der Aktiengesellschaft getroffenen Vorschriften ist auf sie übergegangen. Die Sacheinlage ist, aber nur mit Rücksicht auf die Gläubiger, im Gesellschaftsvertrage festzustellen (§ 5 Abs. 4), ebenso wie bei der Erhöhung des Grundkapitals der Aktiengesellschaft. Eine Vorschrift, wonach bei der Gründung der GmbH. die Übernahme von Vermögensgegenständen, die mittels des durch Bargründung aufgebrachten Kapitals erworben werden sollen, der Aufnahme in den Gesellschaftsvertrag bedürfen, kennt das GmbHG. nicht. Sie in dasselbe hineinzulegen, hieße aktienrechtliche Bestimmungen dem Geiste des Gesetzes zuwider anwenden. **Allgemeir Einleitun**

b) Zugunsten der Gläubiger sind die Schutzvorschriften bei der GmbH. schärfer **Anm.** 22.
als bei der Aktiengesellschaft. Sie bilden den Ersatz für die Erleichterung der Gründungsvorschriften. In zwei Momenten zeigt sich dies besonders. Das eine ist die dem Aktienrechte völlig fremde Gesamthaftung aller Gesellschafter für das Stammkapital (§ 24). Der Aktionär haftet stets nur für seine Einlage, nie für die der anderen Aktionäre. Der Gesellschafter der GmbH. hat in letzter Linie für die Stammeinlage aller anderen Gesellschafter einzustehen. Die Haftung des Gesellschafters ist nicht auf seine Einlageverpflichtung, sondern auf den Betrag des Stammkapitals beschränkt. Das andere ist das Verbot der Auszahlung des zur Erhaltung des Stammkapitals erforderlichen Vermögens (§ 30 Abs. 1). Jede Leistung an einen Gesellschafter in dieser Eigenschaft, welche das Vermögen unter diesen Betrag mindert, ist ungültig. Die sämtlichen Gesellschafter haften zugunsten der Gläubiger für die Rückzahlung (§ 31). Die Aktiengesellschaft geht von dem Gesichtspunkt aus, daß die Einlage nicht zurückgefordert und an den Aktionär nur der Reingewinn verteilt werden darf (§ 213 HGB.; das Nähere über diesen Unterschied vgl. Anm. 1 ff. zu § 30). Es können hierdurch Fälle eintreten, in denen bei der Aktiengesellschaft eine Leistung zulässig, bei der GmbH. verboten ist. Es wird z. B. die Auszahlung der festgesetzten Dividende bei der Aktiengesellschaft durch spätere Verluste nicht berührt, bei der GmbH. wird sie unzulässig (vgl. Anm. 8 zu § 29).

Es ergibt sich aus diesem fundamentalen Gegensatze zwischen AG. und GmbH., daß eine Verstärkung des Gläubigerschutzes nur in einer Verschärfung der Gesamthaftung (§ 24) zu suchen ist. Eine Einführung der Gründerkontrolle würde die Eigenart der GmbH. verwischen. Unbedingt wird man der Ausdehnung der Kaduzierungs- und Mithaftungsvorschriften der §§ 21—25 auch auf Sacheinlagen zustimmen (vgl. Anm. 8 zu § 21). Ebenso dem Einstehen der Gründer für die Schäden der Gesellschaft bei wissentlicher Überwertung (Anm. 28 zu § 9). Zweifelhaft ist, ob diese auch auf den Fall von Fahrlässigkeit auszudehnen ist. Sachdienlich ist endlich auch eine Fortdauer der Haftung der Vormänner auch für den gemäß § 24 umzulegenden Verlust (vgl. Anm. 21 zu § 24). Generell läßt sich sagen, daß sich als Abhilfe zu einer Verhütung der Gefahr, welche aus der Eigenart der GmbH. in Ausgestaltung und Entstehung fließt, eine Verschiebung ihrer Haftungsvorschriften nach der Richtung einer allgemeinen subsidiären Gesamthaftung für alle Fälle, nicht nur für die Geldeinlage bietet. Jeder Gesellschafter würde prinzipiell für das ganze Stammkapital haften, zunächst beschränkt auf das von ihm übernommene Stück. Bei einem Versagen der anderen Gesellschafter auf deren Anteile. Dann wäre die Mittelstellung zwischen offener Handelsgesellschaft und Aktiengesellschaft noch weit stärker hervorgehoben. Dann würde auch das zweite Moment, von dem man bei Schaffung des Gesetzes sprach, der nähere persönliche Anschluß der einzelnen Gesellschafter aneinander, mehr in den Vordergrund treten. (Auf die Frage der Reform der GmbH. einzugehen ist hier nicht der Platz. Sie ist auch heute gegenüber anderen dringenderen Fragen in den Hintergrund gedängt. Es muß auf die Literatur hierüber verwiesen werden. Vgl. Hachenburg, Bedarf die GmbH. einer Reform? LZ. 3, 15; Neukamp das. 417; Liebmann DJZ. 15, 675, ZHR. 73, 1; Marcus das. 17, 93; Dalberg, Kreditsicherung bei der GmbH. u. Dalberg DJZ. 17, 611; Crüger, Gutachten z. 32 DJT. 24 ff.; v. Pitterlich das. 313; Frenkel, Die GmbH. 250 ff.; A. Holländer, ZHR. 16, 65; Über die Maßnahmen der ausländischen Gesetze vgl. Anm. 27.)

3. Die Organisation. Dasselbe Moment, das für die Bestimmungen bei der Gründung **Anm.** 23.
mitentscheidend war, macht sich auch hier geltend. Bei der Aktiengesellschaft führt die Rücksicht auf die leichte Beweglichkeit der Mitgliederrechte und den häufigen Wechsel

der Mitglieder zu einer festen, unabänderlichen Organisation. Jede Aktiengesellschaft muß Vorstand und Aufsichtsrat haben. Andere Organe aber hat sie nicht. Der Aktionär kann nur in der Generalversammlung sich betätigen (§ 250 HGB.). Das Statut kann dies nicht ändern. Es kann keine anderen Organe schaffen. Es kann nicht dem einzelnen Aktionär selbständige Rechte, in die Verwaltung einzugreifen, geben oder ihm die in der Generalversammlung auszuübenden, insbesondere sein Stimmrecht, nehmen. Das alles gilt bei der GmbH. nicht. Sie muß keinen Aufsichtsrat haben. Sie kann sich neben diesem noch andere Organe schaffen. Sie kann die Rechtstellung ihrer Mitglieder beliebig ausgestalten. Sie kann jedem Gesellschafter einen Einfluß auf die Geschäfte geben, wie sie ein Teilhaber einer offenen Handelsgesellschaft hat. Sie kann ihm die Rechte, die ihm das Gesetz einräumt, auch sein Stimmrecht, völlig nehmen. Die Bestimmungen der §§ 46 ff. sind rein dispositiver Natur. Das nahe Verhältnis der einzelnen Gesellschafter zueinander, die Erschwerung des Eintritts in die Gesellschaft führt zu der Freiheit der inneren Ausgestaltung.

Anm. 24. 4. Die Bilanz muß bei jeder Aktiengesellschaft publiziert werden. Bei der GmbH. nur dann, wenn sie ein Bankgeschäft betreibt. Deshalb gibt es auch selten Bankgesellschaften mit beschränkter Haftung. Bei der Aktiengesellschaft dürfen alle umlaufenden Kapitalien höchstens zu den Gestehungskosten angesetzt werden. Die GmbH. hat hier völlige Freiheit. Die Aktiengesellschaft muß eine Reserve bilden. Die GmbH. kann es tun. All dieses besagt wieder nur, daß auf Aktionäre, die einander fremd sind und nur für Geld eine Aktie kaufen, bei der Bilanz in anderer Weise Rücksicht zu nehmen ist, als auf die Gesellschafter bei der GmbH., denen man auch diese Fürsorge selbst überlassen kann.

5. Inwieweit die Gerichtspraxis auf dem Gebiete des Aktienwesens für die Erkenntnis des Rechts der GmbH. anwendbar ist, wird aus der folgenden Darstellung erhellen. Allgemein läßt sich sagen, daß die Rechtsgrundsätze, welche aus der Eigenschaft der Aktiengesellschaft als Kapitalgenossenschaft mit eigener Rechtspersönlichkeit fließen, für die Auslegung der GmbH. verwertbar sind. Wo sich aber die Besonderheiten einer der beiden bemerkbar machen, hat dies zu unterbleiben.

Anm. 25. C. **Die GmbH. und die offene Handelsgesellschaft.** Alle Gesellschafter der offenen Handelsgesellschaft haften notwendigerweise samtverbindlich und persönlich. Bei der GmbH. ist die persönliche Haftung eines jeden Gesellschafters kraft Gesetzes ausgeschlossen. Das ist das wesentlichste trennende Moment. Es kann durch den Gesellschaftsvertrag weder bei der offenen Handelsgesellschaft noch bei der GmbH. beseitigt werden. Eine offene Handelsgesellschaft, bei der jeder Gesellschafter nur mit seiner Einlage haften soll, ist keine solche. Es liegt eine GmbH. ohne die erforderliche Form und ohne Eintragung vor. Sie ist mangels dieser Erfordernisse nichtig. Die für sie Handelnden haften und nur diese. Eine GmbH., die ihre Mitglieder den Gläubigern gegenüber unmittelbar haftbar erklärte, wäre keine GmbH. Der Registerrichter hätte ihre Eintragung abzulehnen. Erfolgt sie, so wäre eine offene Handelsgesellschaft unter falscher Bezeichnung eingetragen. Hier und da findet sich in Gesellschaftsverträgen der GmbH. eine Bestimmung, wonach die Gesellschafter verpflichtet sind, jeden Verlust der Gesellschaft zu decken. Damit wird die Wohltat ihrer Haftungsbeschränkung tatsächlich stark vermindert, wenn nicht ganz ausgeschaltet. Trotzdem bleibt es hier bei der GmbH. Denn es entsteht keine unmittelbare Verpflichtung der Gesellschafter gegenüber den Gläubigern. Wirtschaftlich nähert sich allerdings diese GmbH. der offenen Handelsgesellschaft stark. Auf der anderen Seite sind offene Handelsgesellschaften, wenn auch selten, derart gestaltet, daß sie nur vereinzelt Geschäfte abschließen und bei diesen mit den Gegenkontrahenten die Beschränkung der Haftung auf die Einlage in die offene Handelsgesellschaft verabreden. Auch dann ist eine offene Handelsgesellschaft gegeben. Kraft Gesetzes bleibt die Haftung. Sie ist nur im Einzelfalle durch die besondere Rücksprache ausgeschlossen.

Aus der beschränkten Haftung bei der GmbH. fließt das Prinzip der Erhaltung des Stammkapitals (oben Anm. 5). Für die offene Handelsgesellschaft bedarf es dessen nicht. Denn hier haftet ja ohnedies jeder Gesellschafter mit seinem ganzen Vermögen für die Verpflichtungen der Gesellschaft. Eine Abschwächung dieses Prinzipes für die GmbH. ist rechtlich nicht möglich. Daher im Gegensatz zu der offenen Handelsgesellschaft kein Gesellschafter einer GmbH. Zinsen aus einer Einlage erhalten darf. Doch stehen sich auch hier die Dinge in Wirklichkeit nicht so schroff gegenüber. Auch nach dem Gedanken des HGB. § 121 soll mangels anderer Abrede dem Gesellschafter doch nur ein Gewinnanteil von 4% seiner Einlage zugesprochen werden. Dies also nur dann, wenn Gewinn vorhanden ist. Andererseits ist die Auszahlung solcher fester Beträge auf Grund einer, in dieser Fassung allerdings ungültigen Satzungsbestimmung der GmbH., als Vorauszahlung auf den voraussichtlichen Gewinn aufzufassen. Sie wird endgiltig, wenn der Gewinn die Höhe der erfolgten Zahlung erreicht. Die Folgen einer Verletzung des Prinzipes von der Erhaltung des Stammkapitals ist die Verpflichtung des begünstigten Gesellschafters zur Rückzahlung. Damit verbindet sich die Ausfallhaftung der anderen Gesellschafter (§ 30 Abs. 1). Auch hier also tritt die persönliche Haftung der Gesellschafter wieder hervor. Sie besteht bei der GmbH. nur gegenüber der Gesellschaft. Ein Gläubiger kann niemals sich unmittelbar an die Gesellschafter halten.

Aus dem zum Wesen der GmbH. gehörenden Ausschluß der persönlich haftenden Gesellschafter gegenüber den Gläubigern, folgt die Rechtsnatur der Gesellschaft als juristische Person. Auch dieses Moment ist von der Willkür der Parteien unabhängig. In gleicher Weise also auch die Folgen hieraus. Es entstehen durch die Mitgliedschaft bei der GmbH. keine persönlichen Beziehungen zwischen den Gesellschaftern. Daher z. B. alle Streitigkeiten über eine Verteilung des Vermögens der GmbH. i. L. nicht zwischen den Gesellschaftern, sondern nur zwischen diesen und den Liquidatoren auszutragen sind (RG. v. 1. 5. 04 RGZ. 59, 58). Dies schließt aber nicht aus, daß vertragsmäßig doch wieder ein Rechtsverhältnis zwischen den einzelnen Gesellschaftern geschaffen wird. Auch bei der GmbH. können die Mitglieder vereinbaren, daß bestimmte Vorgänge unmittelbare Rechte zwischen ihnen erzeugen sollen. Es kann auch in dem obenerwähnten Falle die Differenz über die Verteilung des Vermögens zwischen den Gesellschaftern unmittelbar zum Austrag gebracht werden. Sie sind verpflichtet, sich so zu behandeln, als ob ein Gesellschafterbeschluß vorläge. Umgekehrt wird auch bei der offenen Handelsgesellschaft eine Vereinbarung statthaft sein, wonach die unmittelbaren Beziehungen zwischen den Gesellschaftern abgeschwächt werden. Sie können die Rechtsnatur der Gesellschaft nicht aufheben. Sie können jedoch für alle Einzelfälle deren Folgen abbiegen.

Aus der eigenen Rechtspersönlichkeit der GmbH. folgt, daß sie auf unbestimmte Zeit in dem Sinne abgeschlossen werden kann, daß sie bis zu einer Auflösung durch Beschluß der Gesellschafter besteht. Für die offene Handelsgesellschaft bedeutet die Vereinbarung auf unbestimmte Zeit die jederzeitige Kündbarkeit auf Ende eines Geschäftsjahres. Das fließt hier aus der Bindung der Person, im Gegensatze zu der als Regel bei der GmbH. vorausgesetzten rein kapitalistischen Vereinigung. Beide Gesellschaften nähern sich aber in der Praxis auch hier. Die offene Handelsgesellschaft kann auf lange Dauer eingegangen werden. Es gibt Gesellschaften mit einer Vertragszeit von 30 und 50 Jahren. Die GmbH. wird umgekehrt häufig nur auf bestimmte Zeit eingegangen. Je mehr bei der offenen Handelsgesellschaft das kapitalistische Moment überwiegt, namentlich bei Familiengesellschaften, desto länger wird man ihre Dauer herbeiführen. Man wird bei Ablauf dieser Zeit nur ein Recht der Gesellschafter auf Ausscheiden durch Kündigung zulassen. Umgekehrt wird, je stärker in einer GmbH. das persönliche Element betont wird (vgl. oben Anm. 1 Abs. 7), desto wichtiger die Beschränkung der Gesellschaftsdauer auf eine bestimmte Zeit werden (§ 3 Abs. 2).

Aus der Natur der GmbH. als juristische Person ergab sich auch die Zulässigkeit der Sachfirma. Die offene Handelsgesellschaft kennt nur die aus dem Personennamen wenigstens eines der Gesellschafter gebildete Firma. Auch hier nähern sich wieder die beiden Gesellschaften. Bei der GmbH. ist die Personenfirma zulässig. Bei der offenen Handelsgesellschaft kann eine Sachfirma dann eintreten, wenn sie das Geschäft einer Aktiengesellschaft oder GmbH. mit deren Firma erwirbt.

Aus der juristischen Persönlichkeit der GmbH. floß die Selbständigkeit des Geschäftsanteiles. Nicht in dem Sinne, daß er unbedingt veräußerlich sein muß. Die Veräußerlichkeit kann auch ausgeschlossen werden. Umgekehrt führt das persönliche Element bei der offenen Handelsgesellschaft zur Unveräußerlichkeit. Aber auch diese ist nicht zwingendes Recht. Der Gesellschaftsvertrag kann, mindestens unter gewissen Kautelen, auch hier die Übertragbarkeit einführen. Wohl aber hat diese Gestaltung der Beteiligung bei der GmbH. zur Versagung eines Ausscheidens des einzelnen Gesellschafters geführt. Er kann nach dem Gesetze nur durch Veräußerung seines Geschäftsanteiles ausscheiden. Daher bleibt wieder die Möglichkeit einer Auflösung im Wege der gerichtlichen Klage. Den Gegensatz hierzu bildet die offene Handesgesellschaft. Hier führt die Kündigung zur Auflösung. Vertragsmäßig kann aber ein Ausscheiden eines Gesellschafters eingeführt sein (§ 131 Ziff. 6, § 138 HGB.). Findet sich in einem Gesellschaftsvertrage der GmbH. die Festsetzung eines Wiederaustritts eines Gesellschafters, wobei ihm seine Einlage zurückvergütet wird, so widerspricht dies dem Wesen der GmbH. Trotzdem wird auch diese Bestimmung aufrecht zu erhalten sein. Es liegt hier nur eine unrichtige Ausdrucksweise vor. Es ist Frage der Auslegung, was die Gesellschafter wollten. In den meisten Fällen ist damit die Verpflichtung des ausscheidenden Gesellschafters gemeint, seinen Geschäftsanteil den anderen Gesellschaftern zu übertragen und die Verpflichtung der letzteren, ihn zu erwerben. Seltener wird das Recht der GmbH., selbst den Geschäftsanteil einzuziehen, gewollt sein.

Der innere Aufbau der beiden Gesellschaften ist nach dem Gesetze ein wesentlich verschiedener. Die Mitglieder der offenen Handelsgesellschaft stehen in engster Verbindung. Sie haben sich in der Regel zu gemeinsamer Arbeit zusammengefunden. Bei der GmbH. sind nur die Kapitalien zusammengeflossen. Hier wollen die Gesellschafter sich fremd bleiben. Sie treffen sich nur in den Gesellschafterversammlungen. Zwingendes Recht liegt hier nicht vor. Es gibt offene Handelsgesellschaften, die sich im Innenverhältnis nach dem Vorbilde der GmbH. ausgestalten. Umgekehrt findet man zahlreiche GmbH., die sich der offenen Handelsgesellschaft nähern. Das erstere pflegt bei Familiengesellschaften der Fall zu sein. Man kann sich nicht zu einer Umwandlung in eine andere Rechtsform entschließen, trotzdem infolge Erbganges sich die Zahl der Gesellschafter außerordentlich vermehrt hat und nur Einzelne davon mit der Geschäftsführung betraut werden. In solchen Verträgen ist von Geschäftsanteilen und deren Veräußerlichkeit, von Gesellschafterversammlungen und Gesellschafterbeschlüssen, von der Bestellung und Abberufung der Geschäftsführer usw. genau so die Rede, wie bei der GmbH. Umgekehrt kann die GmbH. die Beziehungen ihrer Gesellschafter so gestalten, als bestände unter ihnen eine offene Handelsgesellschaft. Man schreitet zu dieser Art, wenn keiner die persönliche Haftung übernehmen will. Der Gesellschaftsvertrag gibt dann jedem Gesellschafter das Recht auf das Amt des Geschäftsführers als ein Sonderrecht. Er regelt den Erbgang, die Ausschließung wegen Verfehlung gegenüber den anderen Gesellschaftern usw., genau wie bei der offenen Handelsgesellschaft. Nur wirken die letzterwähnten und ähnlichen Vorgänge nicht kraft Gesetzes oder kraft Ausspruchs der anderen Gesellschafter. Es muß der Geschäftsanteil des Verstorbenen oder Ausgeschlossenen entweder übertragen oder eingezogen werden. Durchführbar ist diese Annäherung bis aufs kleinste. In solchen Fällen wird die Auslegung des Gesellschaftsvertrages sich der aus der offenen Handelsgesellschaft fließenden Verkehrsanschauung bedienen. Die Parteien wollen sich so behandeln, als bestände zwischen ihnen eine offene Handelsgesellschaft.

In einem Punkte hat die GmbH., im Gegensatze zu der Aktiengesellschaft, unmittelbar einen Gedanken der Personengesellschaft aufgenommen. Auch sie kennt eine Auflösung aus wichtigen Gründen (§ 133 Abs. 1 HGB., § 61 GmbHG.). Je mehr eine GmbH.

sich der offenen Handelsgesellschaft nähert, desto stärker wird, wie bei dieser, der Einfluß der persönlichen Beziehungen auf ihren Fortbestand sein. **Allgemeine Einleitung.**

Schließlich finden sich Erscheinungen, die nur so zu erklären sind, daß die Parteien unter sich als offene Handelsgesellschafter betrachtet werden sollen, während sich ihre Verbindung nach außen in Form der GmbH. darstellt. Es fehlt zwar in der GmbH. selbst der Ausdruck dieses Willens. Sie entbehrt der besonderen Gestaltung im Gesellschaftsvertrage. Daher können nur persönliche Verpflichtungen der Gesellschafter untereinander bestehen. Diese verpflichten sie aber dann, sich gegenseitig so zu stellen, wie es bei einer offenen Handelsgesellschaft der Fall wäre. Unmittelbare Folgen dieser Vereinbarung im Leben der GmbH. zeigen sich nicht. Sie treten aber mittelbar auf durch die Verpflichtung der Gesellschafter. Dies gilt insbesondere im Falle einer Verletzung wesentlicher Pflichten durch den einen Gesellschafter. Er kann nicht, wie bei der offenen Handelsgesellschaft, ausgeschlossen werden. Er kann auch nicht durch Einziehung seines Geschäftsanteiles zum Ausscheiden aus der GmbH. gezwungen werden, da dies nicht im Gesellschaftsvertrage ausgesprochen wurde. Wohl aber ist er verpflichtet, auf Verlangen der anderen Gesellschafter entweder auf die Amortisation einzugehen oder ihnen seinen Geschäftsanteil zu übertragen. Ob ein solches inneres Verhältnis zwischen den Gesellschaftern vorliegt, kann nur im Einzelfalle auf Grund aller Umstände festgestellt werden. Nicht erforderlich ist, daß eine ausdrückliche Abrede besteht. Immerhin müssen ausreichende Grundlagen dafür vorhanden sein, daß eine solche stillschweigende Vereinbarung angenommen werden kann.

Das RG. (7. 12. 20 RGZ. 101, 66) scheint die hier vertretene Auffassung abzulehnen. Allerdings könnten die Gesellschafter einer GmbH. „im internen Verhältnis Abreden der verschiedensten Art" treffen. Dieses könne eine Gestaltung erfahren, „die eine gewisse Ähnlichkeit aufweist mit den näheren Beziehungen, wie sie schon nach den gesetzlichen Vorschriften zwischen den Gesellschaftern einer offenen Handelsgesellschaft bestehen". Das RG. läßt jedoch nicht „mehr als eine gewisse Ähnlichkeit mit dem inneren Verhältnis der offenen Handelsgesellschafter" zu. „Die Schaffung eines durchaus gleichen Innenverhältnisses bei der GmbH. einerseits und der offenen Handelsgesellschaft andererseits ist bei der völlig verschiedenen Struktur der beiden Gesellschaftsarten und deshalb undenkbar, weil bei der offenen Handelsgesellschaft die inneren und die nach außen wirkenden Rechtsbeziehungen der Gesellschafter vielfach ineinander übergreifen, so daß sich eine jeden Zweifel für den Einzelfall beseitigende scharfe Scheidung zwischen beiden Gebieten gar nicht bewirken läßt." Allein bei näherer Betrachtung dürfte hier doch mehr eine Verschiedenheit im Ausdruck vorliegen. Das RG. gibt die Möglichkeit einer Vereinbarung der Parteien zu, „daß sich ihr inneres Verhältnis nach den Vorschriften über das Verhältnis der offenen Handelsgesellschafter unter sich regeln soll". Dann ist es gleichgültig, ob man davon spricht, daß nach innen eine offene Handelsgesellschaft oder nur ein dieser ähnliches Rechtsverhältnis vorliegt. Denn auch im ersteren Falle wird nur ein Anspruch der Gesellschafter untereinander entstehen, sich so wie offene Handelsgesellschafter zu behandeln. Dasselbe ist wohl vom Reichsgericht bei seiner zurückhaltenden Anschauung gemeint. Es will damit wohl nur die unmittelbare Wirkung ausschalten. Das ist selbstverständlich. Die §§ 140, 142 des HGB. können nur im Wege einer mittelbaren Anwendung geltend gemacht werden.

D. **Die GmbH. und die Kommandit-Gesellschaft.** Weit mehr Berührungspunkte als die offene Handelsgesellschaft hat die Kommanditgesellschaft mit der GmbH. Sie steht in der Mitte zwischen beiden. Ein Teil der Gesellschafter, mindestens einer derselben, muß persönlich haften. Bei allen anderen aber ist die Haftung auf die Einlage beschränkt. Für diese ist wirtschaftlich der gleiche Vorteil wie bei der GmbH. gegeben. Eine Zeitlang war die Kommanditgesellschaft wieder an Stelle der GmbH. bevorzugt. Dies hing mit der steuerlichen Behandlung der GmbH. in einer Reihe deutscher Staaten zusammen (vgl. unten Anm. 28). Auch heute noch wird, namentlich bei Familiengesellschaften, die Kommanditgesellschaft vielfach als deren Art mehr entsprechend angesehen. Anm. 26.

Die Kommanditgesellschaft ist gleich der offenen Handelsgesellschaft als Personengesellschaft gedacht. Daher gilt für sie dasselbe wie für diese bezüglich der Firma und der Zeitdauer usw. (oben Anm. 25). Für die Haftung der persönlich haftenden Gesellschafter bleibt der gleiche Gegensatz zur GmbH. wie bei der offenen Handelsgesellschaft. Dagegen kann das Verhältnis der Kommanditisten so gestaltet werden, daß es der GmbH. sich vollständig angleicht.

Die Geschäftsanteile der Kommanditisten sind kraft Gesetzes nur mit Zustimmung aller anderen Gesellschafter übertragbar. Der Geschäftsanteil der GmbH. ist frei veräußerlich. In beiden Fällen kann der Gesellschaftsvertrag das Gegenteil bestimmen. Es kann also insbesondere jeder Anteil eines Kommanditisten beliebig übertragbar sein. Es kann die Genehmigung des persönlich haftenden Gesellschafters gefordert werden. Es kann bei einer Mehrheit von Kommanditisten die Zustimmung der Majorität derselben vorhergehen müssen. Auch bei den kapitalistisch gestalteten KG. wird man die abgeschwächte Art der Genehmigung zumeist beibehalten. Ist nichts über die Veräußerlichkeit der Kommanditanteile gesagt, so wird es im Zweifel bei dem gesetzlichen Verlangen der Zustimmung aller bleiben. Doch kann ein entgegengesetzter Wille der Gesellschafter aus dem Gesellschaftsvertrag wie aus außerhalb desselben liegenden Momenten abgeleitet werden. Sehr erheblich wird überall bei diesen Auslegungsfragen die Zahl der Kommanditisten sein. Je größer diese wird, desto mehr spricht für die Erleichterung der Übertragung der Anteile.

Bei den Geschäftsanteilen der GmbH. ist die Abtretung von Teilbeträgen oder die Teilung unter mehrere Mitberechtigte kraft Gesetzes an die Genehmigung der Gesellschaft geknüpft (§ 17 Abs. 1 GmbHG.). Das kann der Gesellschaftsvertrag nur zugunsten von Übertragungen von Gesellschaftern an Gesellschafter oder der Teilung unter mehreren Miterben ändern. Bei der KG. kann auch die Teilabtretung und die Teilung völlig freigegeben werden.

Die GmbH. läßt Anteile unter einem Mindestsatz, heute 50 M., nicht zu. Die KG. ist darin völlig frei. Die Anteile können so klein sein, wie es den Beteiligten beliebt. In Fällen, in denen die Kapitalbeteiligung nur die Grundlage für andere Rechte und Pflichten gibt, wird man bei der KG. davon Gebrauch machen. So bei Kartellen. In gleicher Weise wird bei der KG. nicht verlangt, daß die Geschäftsanteile durch hundert teilbar sein müssen. Es sind ungerade Zahlen zulässig. Hier wird die kapitalistische KG. sich der GmbH. anpassen. Namentlich, wenn sich das Stimmrecht nach der Kapitalbeteiligung richtet.

Einer Form bedarf die Übertragung der Kommanditanteile nicht. Bei der GmbH. muß sie in notarieller Urkunde geschehen. Es ist ratsam, bei der KG. der Wichtigkeit des Vorgangs wegen die Schriftlichkeit der Abtretung zu fordern. Doch ist diese Form stets eine gewillkürte. Auch ohne Abänderung des KG.-Vertrages können die Gesellschafter darauf verzichten. Doch bedarf es hier der Zustimmung aller. Die Genehmigung der Übertragung durch die Mehrheit genügt nicht, den Formmangel zu beseitigen.

Erwirbt der Gesellschafter der GmbH. zu seinem Anteile einen anderen, so behält jeder Teil seine Selbständigkeit. Anders bei der KG. Sie kennt nur den einen Kommanditisten. Der Gesellschaftsvertrag kann die Fortdauer der Selbständigkeit der mehreren Kommanditanteile bestimmen. Das besagt aber nur, daß diese bei Berechnung des Gewinnanteils, bei einer Weiterveräußerung usw., so angesehen werden sollen, als seien mehrere Kommanditisten vorhanden. Die Einheit der Beteiligung kann nicht beseitigt werden.

Für die GmbH. ist nur der Erwerber Gesellschafter, der ihr angemeldet ist (§ 16 Abs. 1). Es können die Wirkungen des Übergangs, namentlich die Haftung, durch das Unterlassen der Anzeige vermieden werden. Für die KG. kann dies durch Gesellschaftsvertrag eingeführt werden. Zweckmäßig ist es nur dann, wenn die Veräußerung des Kommanditanteils freigegeben ist. Andernfalls genügt das Verlangen der Genehmigung den Interessen der Gesellschaft.

Die Veräußerung des Geschäftsanteiles der GmbH. bedarf keiner Anmeldung zum Handelsregister. Sie erscheint nur in der alljährlich im Januar einzureichenden Gesellschafterliste (§ 40 GmbHG.). Das Unterlassen dieser Anzeige hat keine Rechtsfolgen für die Gesellschafter. Der Erwerb der Kommanditanteile muß zum Handelsregister angemeldet und in dieses eingetragen werden (§ 177 HGB.). Das Versäumen dieser Anmeldung hat die persönliche Haftung des neuen Kommanditisten für die seit seinem Eintritt in die KG. eingegangenen Verbindlichkeiten zur Folge (§ 176 Abs. 2 HGB.). Diese Bestimmung kann durch den Gesellschaftsvertrag nicht geändert werden.

Veräußert ein Mitglied einer GmbH. einen vollbezahlten Geschäftsanteil, so ist es von jeder Haftung frei. Anders bei der Veräußerung eines Kommanditanteils. Auch hier scheidet der bisherige Kommanditist aus. Der neue tritt an seine Stelle. Jener überläßt diesem seinen Anteil zur Deckung der Einlage. Darin liegt die Rückgewähr derselben an den ausscheidenden Kommanditisten. Es treten deren Folgen ein. Der bisherige Kommandist bleibt fünf Jahre lang für die bei seinem Ausscheiden vorhandenen Schulden der KG. bis zur Höhe seiner Einlage haftbar (§ 171 Abs. 1, § 172 Abs. 4 HGB.). *Das ist durch den KG.-Vertrag nicht abänderlich.*

Die Notwendigkeit der Anmeldung des Erwerbers des Kommanditanteils führt zu seiner Offenkundigkeit. Es ist nicht möglich, wie bei der GmbH., durch Unterlassen der Anmeldung bei der Gesellschaft die Mitgliedschaft verborgen zu halten.

Durch die Benützung des *Treuhänders*, der für sämtliche Kommanditisten einen Geschäftsanteil besitzt, werden die vorstehend beschriebenen Nachteile der KG. verhütet. Es bedarf der Eintragung zum Handelsregister nicht, wenn eine Änderung nur im Innenverhältnisse erfolgt. Es bleibt keine Haftung des nur aus diesem ausscheidenden Kommanditisten. Sein und seines Nachfolgers Namen werden nicht bekannt.

Die Gesellschafter der GmbH. wie die Kommanditisten sind verpflichtet, eine *Einlage* in die Gesellschaft zu machen. Bei der GmbH. ist mangels besonderer Festsetzung im Gesellschaftsvertrage nur die Leistung durch bare Einzahlung zulässig. Die Eintragung darf nicht erfolgen, wenn nicht mindestens 25% in der freien Verfügung des Geschäftsführers sind (§ 5 Abs. 4, § 1 Abs. 2 GmbHG.). Für die Kommanditgesellschaft besteht keinerlei solche Vorschrift. Die Eintragung geschieht ohne die Versicherung irgendeiner Zahlung. Die Leistung der Einlage kann durch jeden Gegenstand, sie kann auch durch Dienstleistung geschehen. Hiernach ist bei der KG. die Lage der Kommanditisten eine wesentlich erleichterte. Andererseits muß aber der zur Deckung der Einlage der KG. überlassene Gegenstand *wirklich den Wert* des übernommenen Betrags haben. Die bei der GmbH. den Gesellschaftern überlassene Bewertung greift hier nicht Platz. Hierdurch wird das Interesse der Gläubiger auch bei der KG. wieder geschützt. Vielleicht mehr als durch die bei der GmbH. verlangte Erwähnung im Gesellschaftsvertrage.

Die Herabsetzung des Kapitals bei der GmbH. und der Kommanditgesellschaft unterliegt verschiedenen Grundsätzen. Sie dienen beide dem Interesse der Gläubiger. Bei der GmbH. bedarf es eines Beschlusses von $^3/_4$ der Mehrheit. Er ist in den öffentlichen Blättern dreimal bekanntzumachen. Er darf erst nach Ablauf eines Jahres von der letzten Veröffentlichung ab in das Handelsregister eingetragen werden. Dann wirkt er aber gegen alle Gläubiger, die nicht widersprachen. Auch die bei der Herabsetzung schon vorhandenen (§§ 58 ff. GmbHG.). Bei der KG. wird die Herabsetzung sofort bekanntgemacht. Es bedarf keiner vorherigen Aufforderung der Gläubiger. Für Ansprüche, die bei den Beschlüssen schon bestanden, haftet der Kommanditist aber auch nach wie vor bis zur vollen Höhe der zugesagten Einlage (§ 174 HGB.). Eine vertragsmäßige Einführung der Grundsätze der GmbH. auf die KG. ist nur soweit möglich, als sie die Lage der Gesellschaftsgläubiger verbessert und die der Kommanditisten verschärft. Es kann also die vorherige Aufforderung der Gläubiger bedungen werden. Einen Verlust der Rechte derer, die sich nicht melden, kann der Gesellschaftsvertrag der KG. nicht einführen.

Die KG. wird durch den oder die persönlich haftenden Gesellschafter vertreten, und nur durch diese. Die Geschäftsführer der GmbH. müssen nicht Gesellschafter sein. Sind sie es, so besteht kein notwendiger Zusammenhang zwischen diesen beiden Momenten. Er kann nur durch den Gesellschaftsvertrag hergestellt werden. Bei der KG. besteht eine untrennbare Verbindung der Gesellschaftereigenschaft mit der Geschäftsführung und Vertretung. Diese können dem persönlich haftenden Gesellschafter durch den Gesellschaftsvertrag entzogen werden. Sie können aber ohne jene nie bestehen. Es muß daher die KG. stets mindestens einen persönlich haftenden Gesellschafter zu ihrer Vertretung haben. Häufig bietet gerade dies Schwierigkeiten. Diese Haftung kann nicht mit Wirkung gegen Dritte durch den Vertrag ausgeschaltet werden. Es können freilich die Kommanditisten mit dem persönlich haftenden Gesellschafter eine Beschränkung seiner Haft vereinbaren. Sie können ihn im internen Verhältnis sogar vollständig davon befreien. Dadurch wird aber ihre Haftung materiell wieder erhöht (§ 161 HGB.). Dem Widerrufe der Bestellung der Geschäftsführer entspricht bei der KG. die Entziehung der Geschäftsführung und Vertretung gegenüber dem persönlich haftenden Gesellschafter aus wichtigem Grunde (§ 164, § 170 HGB.). Dieses Recht kann erweitert werden. Es kann die Zurücknahme der Geschäftsführung und Vertretung auch ohne besondere Gründe eingeführt sein. Sie kann in den Willen der Mehrheit gelegt werden (§ 119 HGB.). Dann bleibt der persönlich haftende Gesellschafter immer noch Gesellschafter Man kann dann im Gesellschaftsvertrag die Kürzung seiner Bezüge vorsehen. Nimmt man sie ihm völlig, so hört er auf, Gesellschafter zu sein. Die Entziehung der Vertretungsbefugnis versagt aber dann, wenn nur ein persönlich haftender Gesellschafter vorhanden ist. Man muß für diesen Fall zu seiner Ausschließung greifen.

Besitzt die KG. nur einen persönlich haftenden Gesellschafter, so muß sie bei seinem Ausscheiden sofort zur Bestellung eines Nachfolgers schreiten. Auch hierfür hat der Gesellschaftsvertrag zu sorgen. Er kann nach dem Vorbilde der GmbH. der Mehrheit der Kommanditisten die Bestimmung zusprechen. Die Anmeldung des neuen persönlich haftenden Gesellschafters hat auch dann durch alle Kommanditisten zu geschehen. Eine Abänderung dieser Vorschrift ist vertragsmäßig nicht möglich. Der Registerrichter kann aber die Anmeldung des durch Mehrheitsbeschluß erwählten neuen persönlich haftenden Gesellschafters durch Ordnungsstrafen erzwingen. Die anderen Gesellschafter können gegen die widerstrebende Minderheit auf Mitwirkung zur Anmeldung klagen. Die Aufstellung eines Treuhänders für alle Kommanditisten gemeinsam erleichtert auch hier die Rechtslage. Der Treuhänder hat gemäß seiner Bestellung den ihm kundgegebenen Willen der Mehrheit zu vollziehen.

Die für die Entlassung des persönlich haftenden Gesellschafters als Geschäftsführer nötigen Maßnahmen sind in gleicher Weise für die anderen Fälle seines Ausscheidens zu treffen. Sind mehrere solche Geschäftsführer in Gestalt der persönlich haftenden Gesellschafter vorhanden, so genügt die Bestimmung, daß der Tod eines von ihnen die KG. nicht auflöse. Er scheidet aus. Die Gesellschaft besteht unter den anderen Mitgliedern weiter. Es kann bedungen sein, daß die Erben dieses persönlich haftenden Gesellschafters Kommanditisten werden. Ist nur ein persönlich haftender Gesellschafter vorhanden, so ist der Übergang des Vermögens der KG. auf die Kommanditisten zu bedingen. Sie haben einen neuen persönlich haftenden Gesellschafter aufzustellen.

Bei der GmbH. sind die Gesellschafter kraft Gesetzes als Organ der Gesellschaft gedacht. Die mehreren Kommanditisten stehen in keiner besonderen Verbindung. Sie können nicht als Gesamtheit dem persönlich haftenden Gesellschafter gegenübertreten. Der Gesellschaftsvertrag kann ihnen diese Eigenschaft geben. Er kann bestimmen, daß sie nur als Gesamtheit Rechte besitzen. Er kann ihnen das Recht geben, Mehrheitsbeschlüsse zu fassen. Für diese sind in der Regel die Kapitalbeträge maßgebend. Der Vertrag kann aber auch die Abstimmung nach Köpfen einführen. Auch eine besondere Mehrheit in besonderen Fällen kann verlangt werden. Ohne ausdrückliche Anordnung im Gesellschaftsvertrage bedarf dessen Abänderung der Einstimmigkeit. Aber auch hier können sich die Gesellschafter der Mehrheit unterwerfen. Sie muß nicht drei Viertel der Stimmen betragen. Es kann auch der einfachen Mehrheit dieses Recht gegeben werden. **Allgemeine Einleitung.**

Die GmbH. kann einen Aufsichtsrat haben. Sie muß es nicht. Hat sie einen solchen, so unterliegt er mangels anderweiter Bestimmung den Vorschriften des Aktienrechtes. Die Kommanditgesellschaft gibt sich mitunter ebenfalls einen Aufsichtsrat. Die aktienrechtlichen Vorschriften sind auf ihn nicht anwendbar. Es ist Sache der Auslegung, festzustellen, welche Befugnisse dem Aufsichtsrate der KG. zukommen. Namentlich, ob die der Kommanditisten erweitert werden sollen. Die Bezeichnung als Aufsichtsrat genügt hierzu nicht. Auch nicht die Aufzählung von Fällen, in denen der persönlich haftende Gesellschafter die Zustimmung des Aufsichtsrates einzuholen hat. Man kann auch nicht daraus, daß die KG. statt der ursprünglich geplanten GmbH. gewählt wurde, schließen, daß der Aufsichtsrat das zeitlich unbeschränkte Kontrollrecht oder gar das Recht der Entscheidung in Geschäftsangelegenheiten haben soll. Dagegen kann aus einer Anordnung, daß nur der Aufsichtsrat als Gesamtheit Auskünfte jederzeit verlangen darf, sehr wohl entnommen werden, daß auch die anderen Befugnisse des Aufsichtsrats der AG. dem der KG. zustehen.

Durch die eigene Gestaltung der Rechte der geschäftsführenden persönlich haftenden Gesellschafter, durch die Zusammenfassung der Kommanditisten zu einer Einheit, durch die Wahl eines sie vertretenden Körpers, der den Namen Aufsichtsrat erhält, nähert sich dann die Kommanditgesellschaft in ihrer inneren Struktur auffallend der GmbH. Nur über eines kommt sie nie hinweg, die persönliche Haftung mindestens eines Mitgliedes. Auch diese sucht man zu umgehen durch die zu diesem Zwecke erfolgende Schaffung einer juristischen Person. Die sämtlichen Kommanditisten bilden eine GmbH. Diese wird zum geschäftsführenden und persönlich haftenden Gesellschafter ernannt. (Über deren Zulässigkeit vgl. Anm. 7 zu § 13. Fritz Cahn, GmbH. 1922.)

E. **Ausländisches Recht.** Es dauerte geraume Zeit, bis die deutsche GmbH. in anderen Ländern Nachbildungen erfuhr. Zuerst hat sie Österreich durch Gesetz vom 6. März 1906 geregelt (RGBl. 1906 Nr. 58 vom 15. März 1906). Kurz vor dem Weltkrieg wurde die Ausdehnung auf Ungarn geplant (Verhandlungen des Mitteleuropäischen Wirtschaftsvereins 1914, 169; Hachenburg Gutachten daselbst S. 429 ff.). Eine Verwirklichung hat sie bis heute nicht gefunden. Für die Länder der ehemaligen österreichischen Monarchie ist das österreichische Gesetz in Kraft geblieben. **Anm. 27.**

Die Tschechoslowakei hat mit Gesetz vom 15. April 1920 (GS. 1920 Nr. 271) die steuerlichen Bestimmungen (§§ 115 u. 116) des österreichischen Gesetzes abgeändert und ihrem Steuersystem angepaßt. Im wesentlichen blieb es bei dem deutschen Inhalte. Das Gesetz erstreckt sich auch jetzt auf die Slowakei und Karpathorußland. Durch Rep. V. vom 27. Juli 1920 (GS. Nr. 469) steht allen tschechoslowakischen Ministerien des Innern ein Einspruchsrecht gegen die Eintragung einer GmbH. oder die Erhöhung ihres Stammkapitals für die Zeit der außerordentlichen Verhältnisse zu. Eine Verordnung vom 25. Febr. 1921 (GS. Nr. 83) hat die Gegenseitigkeit in der Behandlung der GmbH. mit der Republik Österreich geregelt.

Es folgte Bulgarien mit dem Gesetze über die Gesellschaften mit beschränkter Haftung vom 8. Mai 1924 (abgedruckt im „Auslandsrecht" 1925 Sp. 171 ff. übersetzt von Schmitz mit Einleitung von Paskaleff). Es schließt sich an das österreichische Gesetz an. Hatte dieses 120 Paragraphen, so weist Bulgarien 138 Artikel auf. Kürzer in 43 Artikeln nähert sich Frankreich (loi tendant à instituer les sociétés à responsabilité limitée vom 7. März 1925) mehr dem deutschen Systeme an. In dem Progetto preliminare per il nuovo codice di commercio (1922) hat Italien die GmbH. als „società a garanzia limitata vorgesehen (Art. 144 und 158). Man kann auch hier das gleiche sagen.

Für die Schweiz ist die Einführung der GmbH. in das neu zu gestaltende Obligationenrecht geplant. Der zweite Entwurf eines Bundesgesetzes „betreffend Revision der Titel XXIV bis XXXIII des Obligationsrechts" ist im Dezember 1923 von dem Referenten Hoffmann, St. Gallen, dem eidgenössischen Justiz- und Polizeidepartement mit einem eingehenden Bericht vorgelegt worden. Die Expertenkommission hat die Artikel 793a ff. jetzt Art. 785—829 über die GmbH. in mehreren Sitzungen im April 1925 durchberaten. Die Kommission hat sich für die Einführung der GmbH. ausgesprochen (Protokoll der Exp. K. 1925, 482). Der Schweizer Entwurf stellt sich bewußt in einen Gegensatz zu den anderen Gesetzen. Bei diesen waren nach dem Vorbilde Deutschlands die GmbH. als Aktiengesellschaft ohne Aktien erschienen. Daher haftet den Gläubigern nur das Vermögen der Gesellschaft. Die Gesellschafter haften nur dieser. Das Schweizer System geht von der Kollektivgesellschaft (offenen Handelsgesellschaft) aus. Die GmbH. ist eine solche Personenvereinigung. Bei ihr haften die Gesellschafter unmittelbar den Gläubigern. Nur ist diese Haftung auf den Betrag des Stammkapitals beschränkt. Es ist begreiflich, daß sich hieraus auch sonst wesentliche Unterschiede ergeben (Hachenburg, Zentralblatt für Handelsrecht 1926 S. 16 ff.).

Es wird von Interesse sein, bei den einschlagenden Stellen auf die Regelung im Auslande hinzuweisen. Hier seien einige allgemeine Bemerkungen gestattet. Man hat in Benutzung der Erfahrung in Deutschland und dann in Österreich und in Anpassung an das Recht und die Wirtschaft des eigenen Landes Abweichungen im einzelnen getroffen. Sie werden, wenn Deutschland die Reform der GmbH. in die Hand nimmt, zu beachten sein. Sie dienen heute schon teils wegen des Gegensatzes, teils wegen ausführlicher Bestimmung zur Erkenntnis auch des deutschen Rechtes. Bulgarien und der Schweizer wie der italienische Entwurf lassen im Gegensatz zu den anderen Gesetzen die GmbH. nur zu wirtschaftlichen Zwecken zu (Bulg. Art. 6, Schw. E. II Art. 785 Abs. 1, Ital. E. Art. 95). Das erklärt sich für Bulgarien wohl daraus, daß man sie zur Wiedergesundung des wirtschaftlichen Lebens, das der Krieg zerstört hat, einführte. Auch in Italien und in der Schweiz liegt für die Verwendung der GmbH. bei den sog. idealen Gesellschaften ein Bedürfnis nicht vor. Die Versicherungsunternehmen sind wie in Deutschland auch in Österreich, Frankreich und Bulgarien ausgeschlossen. Der Schweizer Entwurf kennt diese Beschränkung nicht. Sehr interessant ist die Behandlung der Nebenleistungsgesellschaften. In Deutschland bietet § 3 Abs. 2 des Gesetzes die Möglichkeit, Gesellschaften mit stark individueller Prägung herzustellen. Die Gesellschaften können sich zu Leistungen jeder Art verpflichten. Die Vertrags- und Gerichtspraxis hat aus den wenigen Worten des Gesetzes ein System eigenartiger Gesellschaften geschaffen. Österreich (§ 8) läßt nur die Verpflichtungen „zu wiederkehrenden nicht in Geld bestehenden, aber einen Vermögenswert darstellenden Leistungen" zu. Der Schw. E. schließt sich an das deutsche Recht an (Art. 790). In der Möglichkeit der besonderen Nebenleistungen liegt eine Hauptrechtfertigung der GmbH. Auch Bulgarien (Art. 6) griff wieder zu der weitgehenden deutschen Auffassung. Die „wiederkehrenden nicht in Geld bestehenden, aber einen Vermögenswert darstellenden Leistungen" werden zwar erwähnt. Aber nur um deren genaue Darstellung in Gesellschaftsverträgen zu fordern. Frankreich und der italienische Entwurf kennen dagegen überhaupt keine andere Leistung der Gesellschafter als die Stammeinlagen. Die verschiedenen Richtungen prägen sich wieder bei der Regelung der Haftung aus. Frankreich und der italienische Entwurf vereinfachen sie. Sie verlangen Vollzahlung. Vorher besteht die Gesellschaft nicht. Österreich und Bulgarien halten an der Teilzahlung fest. Danach muß auch die Kaduzierung des säumigen Gesellschafters nach deutschem Vorbilde und die Haftung der Vormänner und schließlich aller Gesellschafter beibehalten werden. Der Schw. E. II geht denselben Weg. Er fordert nur eine Einzahlung von 20% der Bareinlagen. Die Exp.-Komm. setzte den Betrag auf 50% fest (Prot. S. 488). Die Gesellschafter haften aber hier im Gegensatze zu den anderen Systemen den Gläubigern wie bei der o.HG. solidarisch, wenn auch nur bis zur Höhe des gesamten Stammkapitals. Sie werden durch Einzahlungen auf das Stammkapital befreit. Das französische und italienische Verlangen der Vollzahlung erschien den Bedürfnissen des Verkehrs nicht entsprechend. Bei den Sacheinlagen begnügen sich Österreich und der Schw. E. II (Art. 789) mit deren Aufnahme in den Gesellschaftsvertrag. Dagegen führt Frankreich eine Haftung aller Gesellschafter bei Sacheinlagen für den angegebenen Wert ein (Art. 8 Abs. 1). Ähnlich Bulgarien (Art. 9 Abs. 2). In Frankreich ist die Gründung durch privatschriftliche Urkunde zugelassen (Art. 4). Bulgarien verlangt notarielle Beglaubigung der Unterschriften und des Inhalts des Vertrags. Deutschland und Österreich und mit ihnen der ital. E. (Art. 107) und der Schw. E. II (Art. 787 Abs. 1) halten an der notariellen Form fest. Österreich und Bulgarien verlangen gleich Deutschland ein Mindestkapital. Ebenso der italienische Entwurf. Das gleiche geschah im Schw. E. II (Art. 788). Die Exp.-Komm. hat schließlich (Prot. S. 487, 657) dies Erfordernis gestrichen. Dagegen hielt sie an dem dem Schweizer Entwurf eigenartigen Erfordernis des Höchstbetrages (vorgesehen sind fünf Millionen Franken) (Art. 788) fest. Hierdurch soll die Verwendung der GmbH. auf die Unternehmungen des Mittelstandes beschränkt werden. Den weiteren Gedanken des Entwurfs, auch die Mitgliederzahl zu beschränken (Art. 786 Abs. 1) hat die Exp.-Komm. beseitigt (Prot. S. 483/84). Dagegen hat ihn der italienische Entwurf beibehalten (Art. 144). Verschieden ist auch die Behandlung der Einmanngesellschaft. Österreich läßt sie zu. Bulgarien und der Schweizer Entwurf lehnen sie ab. Doch gibt dieser den Interessenten nur ein Recht, die Auflösung der Gesellschaft durch das Gericht herbeizuführen. Auch dies kann verhütet werden, wenn die Gesellschaft diesen Zustand innerhalb einer ihr bestimmten Frist wieder beseitigt (Art. 786 Abs. 2 Prot. S. 483). Es genügt die vorstehend erwähnten mit der Auffassung von der Natur der GmbH. zusammenhängenden Verschiedenheiten zu erwähnen. Anderes mag an den einschlagenden Stellen des Kommentars hervorgehoben werden. Die gegebenen Beispiele zeigen aber doch auch wieder, daß trotz der Abweichungen im einzelnen eine Gleichheit der Grundlage geblieben ist. Alle Besonderheiten haben die Übernahme der GmbH. in der Eigenart, wie sie in Deutschland entstand, nicht beseitigt. Sie ist die Mutter, der all ihre Kinder ähnlich blieben. Soweit aber, daß ein einheitliches internationales Recht der GmbH. geschaffen werden könnte, geht diese Ähnlichkeit freilich nicht. Die Versuche, dies für Deutschland und Österreich durchzuführen (Gutachten für den 31. Deutschen Juristentag 1912 über die Fragen: Empfiehlt es sich, das im Deutschen Reiche und in Österreich geltende Recht der GmbH zu vereinheitlichen? Welche Sonderbestimmungen des österreichischen Gesetzes vom 6. März 1906 würden sich vorzugsweise zur Aufnahme in das einheitliche Recht eignen? Neukamp, Gutachten 2, 221 und Plitterich 314, vgl. auch Hachenburg DJZ. 1912 [17], 1070), sind durch den Krieg unterbrochen worden. Ob sie mit Erfolg wieder aufgenommen werden, hängt von der politischen Entwicklung ab.

Das österreichische Gesetz (§§ 107—114) und ihm folgend das bulgarische (Art. 127 bis 134) behandeln „Ausländische Gesellschaften". Danach können Gesellschaften „der in diesem Gesetz bezeichneten Art, die ihren Sitz außerhalb des Geltungsgebietes dieses Gesetzes haben" im Inlande ihre Geschäfte durch eine Niederlassung betreiben (§ 107 Österr., Art. 127 Bulg.). Dazu gehört neben dem Nachweise der Entstehung im Heimatstaate die Bestellung eines zeichnungsberechtigten Vertreters für das Inlandgeschäft, der dort auch seinen Wohnsitz haben muß (Österr. § 108 Ziff. 1 u. 2, Bulg. Art. 128 Ziff. 1 u. 2). Endlich wird Gegenseitigkeit verlangt. Eine österreichische oder bulgarische GmbH. muß in dem Auslandsstaate anerkannt und zum Handelsregister eingetragen werden (Österr. § 108 Ziff. 4, Bulg. Art. 128 Ziff. 3). Soweit nicht Staatsverträge oder amtlich bekanntgemachte Regierungserklärungen bestehen, wird für den Nachweis eine Erklärung des Justizministeriums verlangt (§ 109 Österr., Art. 129 Bulg.). Der Mangel der Gegenseitigkeit wird durch besonderen Beschluß des zuständigen Ministers (in Österreich der Minister des Innern, in Bulgarien der Minister für Handel, Gewerbe und Arbeit) ersetzt. Zwischen Deutschland und Österreich ist die Gleichheit der Behandlung der „Aktiengesellschaften und anderer kommerzieller, industrieller und finanzieller Gesellschaften" durch den Zusatzvertrag zum Handels- und Zollvertrage vom 6. Dezember 1891, vom 25. Januar 1905 Art. V (deutsches RGBl. 1906, 143, österreichisches RGBl. 1906 Nr. 24) vereinbart. Eine Bekanntmachung des österreichischen Justizministeriums über die Rechtsnatur der deutschen GmbH. ist nicht erfolgt. Kurz vor Kriegsende wurde durch VO. vom 3. September 1918 (RH. 1918 H. 323) ein Einspruchsrecht gegen die Eintragung der GmbH. und die Erhöhung ihres Stammkapitals eingeführt.

Für Deutschland bestehen analoge Vorschriften nicht. Es ist daher Sache des deutschen Registerrichters, zu prüfen, ob die österreichische oder bulgarische Gesellschaft mit beschränkter Haftung eintragungsfähig ist. Es wird dies zu bejahen sein. Die Bestimmungen des HGB. über die ausländischen Aktiengesellschaften sind hierbei entsprechend zu beachten (§ 201 Abs. 5 HGB.). Die Anerkennung der ausländischen GmbH. als rechtsfähige und handlungsfähige Person ist von dieser Eintragung nicht abhängig. Sie richtet sich nach dem allgemeinen Grundsatze des internationalen Privatrechtes (vgl. Anm. 25 zu § 2). Die Zweigniederlassung der ausländischen GmbH. untersteht nur dem Rechte ihres Landes. Es ist unzulässig, einzelne abweichende Bestimmungen des deutschen Gesetzes auf sie anzuwenden (s. für das Recht der AG. RG. 27. 5. 1910, JW. 10, 758[27]).

Das französische Gesetz hat die Behandlung ausländischer GmbH. nicht geregelt. Auch der Schweizer Entwurf spricht nicht hierüber. Nach der Praxis des Bundesrates sind die Filialen deutscher GmbH. heute schon in die Schweizer Handelsregister einzutragen (Prot. 1925 S. 475). Ob eine französische GmbH. und nach dem Inkrafttreten eines Schweizer Gesetzes diese Gesellschaften in Deutschland einzutragen sind, hängt von dem Handels- und Niederlassungsvertrage ab. Gewährt dieser allen Gewerbetreibenden das Niederlassungsrecht in Deutschland, so gilt dies auch für die juristischen Personen. Sie haben dann einen Rechtsanspruch. Die Rechtsfähigkeit desselben hängt nicht damit zusammen. Sie ist nach den Vorschriften des Heimatrechtes zu beurteilen. Der Registerrichter in Deutschland ist nur zu deren Prüfung berechtigt. Es ist Sache der Verwaltungsorgane, die GmbH., denen ein Recht der Niederlassung nicht zusteht, daran zu verhindern. Es gilt dasselbe wie für physische Personen. Ihre Rechtsfähigkeit genügt für den Richter, sie als Inhaber eines Handelsgeschäftes anzuerkennen. Die Ausweisung als Ausländer berührt die Gerichte nicht. Sie ist Verwaltungssache.

Erster Abschnitt.

Errichtung der Gesellschaft.

§ 1.

§ 1.

Gesellschaften mit beschränkter Haftung können nach Maßgabe der Bestimmungen dieses Gesetzes zu jedem gesetzlich zulässigen Zweck errichtet werden.

Der § 1 enthält die Vorschrift, daß eine Gesellschaft mit beschränkter Haftung zu jedem gesetzlich zulässigen Zweck errichtet werden kann. Einleitung

Darin liegt ein Doppeltes. Zum einen, daß das Gesetz selbst keine Beschränkung aufstellt. Die GmbH. ist nicht nur als Erwerbsgesellschaft gleich der offenen Handelsgesellschaft und der Kommanditgesellschaft denkbar. Die aktienrechtliche Streitfrage (Simon ZHR. 49, 849) scheidet hier schon durch den Wortlaut des Gesetzes aus. Eine Ausnahme findet nur insoweit statt, als andere Gesetze für bestimmte Unternehmungen bestimmte Gesellschaftsformen fordern (unten Anm. 2 u. 3). Zum andern untersteht die Errichtung der GmbH. den Vorschriften des bürgerlichen Rechtes über die Rechtsgeschäfte. Sie ist daher unzulässig, wenn sie gegen ein gesetzliches Verbot verstößt. Auch die Gesellschaft des bürgerlichen Rechtes muß einen erlaubten Zweck verfolgen (RGZ. 42, 295).

Das österreichische Gesetz gibt in § 1 Abs. 1 den deutschen § 1 wörtlich wieder.

I. **Zu jedem Zweck kann eine GmbH. errichtet werden.** Anm. 1.

1. In erster Linie stehen Erwerbsgesellschaften. Es sind das meist kaufmännische Unternehmungen. Alle Geschäfte der in § 1 Ziff. 1, 2, 4—9 HGB. aufgezählten Art können Gegenstand der GmbH. sein. (Über „Versicherungsgeschäft" § 1 Ziff. 3 HGB. s. unten Anm. 2). Ebenso aber auch alle Unternehmungen, die nicht als Handelsgeschäfte erscheinen. So die Gewinnung von Urprodukten jeder Art. Es können Bergwerke, Steinbrüche, Petroleum- und Mineralwasserquellen durch GmbH. ausgebeutet werden. Es kann endlich auch die Land- und Forstwirtschaft Zweck einer GmbH. sein. Da diese stets Handelsgesellschaft ist (§ 13 Abs. 3), so kann die Bildung der GmbH. dem Landwirt die Möglichkeit der Ausgabe von kaufmännischen Verpflichtungsscheinen an andere verschaffen. Daß ein Spezialgesetz für ein bestimmtes Unternehmen eine bestimmte Gesellschaftsform geschaffen hat, wie z. B. das Bergrecht die Gewerkschaft für den Bergbau, schließt nicht aus, daß dasselbe Unternehmen auch als Zweck einer GmbH. erscheint.

Das Versicherungsgeschäft gegen Prämien (§ 1 Ziff. 3 HGB.) ist der GmbH. nur beschränkt zugänglich. Maßgebend ist hier das RG. vom 12. Mai 1901 über die privaten Versicherungen. Jeder Betrieb eines Versicherungsgeschäfts bedarf der staatlichen Ermächtigung. Für Lebens-, Unfall-, Haftpflicht-, Feuer- und Hagelversicherung kann die Konzession nur an Versicherungsvereine auf Gegenseitigkeit und an Aktiengesellschaften erteilt werden. Als Lebensversicherung gilt auch die Invaliditäts-, Alters-, Witwen-, Waisen-, Aussteuer- und Militärversicherung. Es ist einerlei, ob ein Kapital oder eine Rente den Inhalt der Verpflichtung bildet (§ 6 Abs. 2 u. 3 RVG.). Für die GmbH. blieben die Transportversicherungen in ihren verschiedenen Gestalten, die Versicherung gegen Kursverlust, Hypothekenausfall, Mietausfall, Versicherung gegen Anm. 2.

§ 1. Wasserschaden und Überschwemmungen, gegen Mißwachs und Frostgefahr, gegen Einbrüche und sonstige Diebstähle, gegen Streik, gegen Beschädigung von Fensterscheiben. Der Bundesrat kann jedoch anordnen, daß die Beschränkung auf die Versicherungsvereine auf Gegenseitigkeit und Aktiengesellschaften auch auf andere als die im Gesetze aufgezählten Arten erstreckt werde (§ 117 RVG.). Nicht als Versicherungsgesellschaft erscheint die GmbH. aber dann, wenn eine in ihr zusammengeschlossene beschränkte Anzahl von Personen die gemeinsame Tragung eines Risikos (Feuer usw.) übernehmen.

Das österreichische Gesetz (§ 1 Abs. 2) schließt den Betrieb von Versicherungsgeschäften ausdrücklich aus, ebenso das bulgarische (Art. 1) und das französische (Art. 2 Abs. 2). Bei anderen Geschäftszweigen (Ausübung einer Eisenbahnkonzession, Ausgabe von Pfandbriefen und fundierten Bankschuldverschreibungen, Anwerbung und Beförderung von Auswanderern) verlangt das österreichische Gesetz (Art. 3 Abs. 2) staatliche Genehmigung des Gesellschaftsvertrages (vgl. unten Anm. 12).

Anm. 3. Bankgeschäfte sind von den Zwecken der GmbH. nicht ausgenommen. Ein darauf zielender Antrag in der RTKommission wurde abgelehnt. Ein genügender Anlaß hierfür wurde nicht als vorliegend anerkannt (KommBer. 2, 3). Es wurde nur die Sonderbestimmung über die Verpflichtung zur Veröffentlichung der Bilanz eingefügt (§ 41 Abs. 4). Der Betrieb des Geschäfts einer Hypothekenbank, d. h. die hypothekarische Beleihung von Grundstücken und Ausgabe der Schuldverschreibungen auf Grundlage der Hypotheken ist der GmbH. entzogen (§§ 1, 2 HypBG. vom 13. Juli 1899). Im französischen Gesetz ist der Betrieb einer Sparkasse durch eine GmbH. ausgeschlossen (Art. 2 Abs. 2).

Anm. 4. 2. Neben den Erwerbsgesellschaften stehen die Gesellschaften mit wirtschaftlichen Zwecken, die keinen Erwerb beabsichtigen. Dahin gehören die zahlreichen Verbände des modernen Wirtschaftslebens, welche die Erleichterung und Verbesserung der Lage der einzelnen Mitglieder erstreben. So die Syndikate und Kartelle, die Verbindungen zur Abwehr von Boykott- und Streikgefahr usw. Hierher auch Gläubigergesellschaften, deren Zweck die Verwertung der Aktiven ihres Schuldners und deren Verteilung auf die Forderungen ist. Unzulässig dagegen erscheint (§ 30 Abs. 1 GmbHG.) eine GmbH., auf die das Aktivvermögen einer offenen Handelsgesellschaft oder eines sonstigen Kaufmannes zum Zwecke seiner Verwertung und seiner Auszahlung an die Gläubiger übertragen werden soll. (Vom Registergericht Berlin eingetragen.) Über den besonderen Fall einer Verwertungsgesellschaft mbH., auf die zum Zwecke der Verwaltung und Verwertung des Vermögens eines Schuldners der Nießbrauch an dessen Immobilien und das Eigentum an dessen übrigem Vermögen übertragen war, vgl. LZ. 1913, 700[9].

Anm. 5. 3. Der Zweck kann endlich ein nicht wirtschaftlicher, ein sogenannter idealer sein. Hier kommt die GmbH. meist nur als Hülfsgesellschaft, welche das Grundeigentum für gesellige, sportliche und gemeinnützige Vereine erwirbt, vor. Seit durch das BGB. diese Vereine selbst durch die Eintragung zum Vereinsregister Rechtspersönlichkeit gewinnen können, ist das Bedürfnis nach der Errichtung solcher Treuhandgesellschaften selten geworden. (Über die GmbH. als Rechtsträger für religiöse Verbände vgl. unten Anm. 11.) Zu unmittelbarer Rechtsform für die Verbindung zu solch idealen Zwecken eignet sich die GmbH. weniger, da der Wechsel der Mitglieder und die Neuaufnahme erschwert und an den Besitz eines Geschäftsanteils gebunden sind. Die GmbH. zu andern als wirtschaftlichen Zwecken kennt außer dem deutschen noch das österreichische (§ 1 Abs. 1) und das französische Gesetz (Art. 2 Abs. 2). Das bulgarische Gesetz läßt nur wirtschaftliche Zwecke zu (Art. 1) ebenso der Schweizer Entwurf II (§ 785 Abs. 1) und der italienische Vorentwurf (Art. 95 Abs. 1); das polnische Gesetz schränkt weiter ein auf Handelsunternehmungen (Art. 2).

Anm. 6. Zulässig ist die GmbH., deren Zweck ist, aus dem Stammkapitale bestimmten Personen und Anstalten unentgeltliche Zuwendungen zu machen. Die GmbH.

konkurriert hier mit der **Stiftung**. Sie ist aber trotz desselben Endziels auch neben dieser zulässig. Die Stifter als Gesellschafter bewahren sich hierdurch ihre Selbständigkeit. Sie können die Gesellschaft auflösen, ihren Gegenstand ändern usw. **Die Einlagen in die Gesellschaft unterstehen keiner Schenkungssteuer.** § 1.

In der neueren Zeit werden GmbH. als Rechtsträger für Zuwendungen an die Arbeiter und Angestellten von Großunternehmungen gebildet. Dadurch wird das Ausscheiden des für diese Zwecke gewidmeten Vermögens aus dem des Unternehmers herbeigeführt. Damit ist die Steuerfreiheit der an diese GmbH. fließenden Zuwendungen gegeben, wenn das Unternehmen selbst AG. oder GmbH. ist und der Körperschaftssteuer unterliegen würde (§ 7 Ziff. 1 KörpStG.). Dagegen sind die Einkünfte dieser GmbH. selbst nicht steuerfrei. Die Unterstützung oder die Altersversorgung der Arbeiter und Angestellten einer Fabrik kann nicht unter die gemeinnützigen oder mildtätigen Zwecke gebracht werden (§ 9 Ziff. 7 KörpStG.).

Eine besondere Art bildeten die sogenannten **Kriegsgesellschaften**. Ihr Zweck war eine Mitwirkung bei der Erfüllung der dem Reiche durch den Krieg erwachsenen Aufgaben. Der erschwerte Bezug und die Knappheit an Rohstoffen hat es erwünscht erscheinen lassen, Gesellschaften ins Leben zu rufen, um die Rohstoffe und Erzeugnisse gemeinschaftlich zu beziehen, zu verteilen und zu verwerten. (Denkschr. über wirtschaftl. Maßnahmen aus Anlaß des Kriegs, Drucks. d. Reichstages 13. Leg.-Per. 1914.) Neben Aktiengesellschaften wurde vielfach die Form der GmbH. gewählt. Ihre Besonderheit lag nicht auf der zivilrechtlichen Seite. Sie zeichnete sich durch die Übertragung von öffentlich-rechtlichen Befugnissen aus. Beschlagnahme, Preisfestsetzung, Zuteilung usw. geschehen nicht als Geschäfte im Verfolge eines Gewerbebetriebes, sondern kraft ihnen übertragenen staatlichen Hoheitsrechtes. Daher in solchen Fällen Ansprüche Dritter gegen die Kriegsgesellschaft mbH. nicht im ordentlichen Rechtswege verfolgt werden konnten (RG. 1. 3. 17, RGZ. 89, 207; RG. 2. 12. 19, RGZ. 97, 232; RG. 18. 10. 20, RGZ. 100, 144). Soweit dagegen die Kriegsgesellschaft Geschäfte des bürgerlichen Rechtes abschloß, Waren kaufte oder verkaufte, wurde der zivilrechtliche Charakter solcher Vorgänge durch die besondere Stellung der Gesellschaft nicht berührt (RGZ. 100, 144). Heute sind die Kriegsgesellschaften durchweg aufgelöst. Anm. 6a.

Eine neue Eigenart der GmbH. schufen die **Sozialisierungsgesetze**. Für die Kohlenwirtschaft erhielt das Syndikat die Form der AG. Für die Kaliwirtschaft die der GmbH. (Gesetz über die Regelung der **Kaliwirtschaft** vom 24. April 1919, AusfBest. vom 18. Juli 1919, RGBl. 1919, 413 u. 468). In beiden Fällen in Anlehnung an die bestehenden Vorschriften. Die besonderen Vorschriften des Kaligesetzes gehen den allgemeinen des GmbHG. vor. Das Syndikat beruht auf Zwang. Die Satzung bedarf der Genehmigung des Reichskalirates. Daher eine Reihe von Bestimmungen zwingenden Rechtes sind. Das Stimmrecht muß sich nach den Beteiligungsziffern richten. Die Wahl des Vorstandes muß durch den Aufsichtsrat erfolgen. Die Gesellschaft muß einen Aufsichtsrat haben. Ihm müssen vier Personen angehören, von denen zwei von den Arbeitervertretern, eine von den Angestelltenvertretern und eine von den Verbrauchervertretern des Reichskalirates in Listen von drei, zwei und zwei Personen dem Kalisyndikat vorgeschlagen werden. Ebenso muß dem Vorstand eine Person angehören, die von den Arbeitervertretern des Reichskalirates in einer Liste von fünf geeigneten Personen vorgeschlagen wird. Über die Geeignetheit entscheidet der Reichskalirat (§§ 43 u. 46 AusfBest.). Das Geschäftsjahr **soll** die Zeit vom 1. Januar bis 31. Dezember sein. Hier kann also der Reichskalirat bei der Genehmigung der Satzung vorübergehend oder dauernd eine Abweichung einführen. Bei allen anderen Vorschriften wäre eine Änderung nichtig. Weil hier eine Aufgabe des öffentlichen Lebens einer privatwirtschaftlichen Körperschaft übertragen wird, verliert sie die freie Beweglichkeit ihrer inneren Gestaltung. Namentlich bei der Bildung der Organe. Dazu tritt die Pflicht der Mitglieder, dem Syndikate die geförderten Kalisalze und Kaliverbindungen zur Verfügung zu stellen (§ 74 KaliAusfBest.).

§ 1. Die praktische Durchführung wird zeigen, ob der Sozialisierungsgedanke sich verwirklichen läßt. Daran wird sich die Anwendung der Sondervorschriften für die eigene GmbH. schließen. Möglich, daß sich aus ihr eine neue Art der GmbH. mit öffentlich-rechtlichem Charakter und starren Vorschriften entwickelt.

Anm. 7. II. **Der Zweck muß gesetzlich zulässig sein.** Das ist jeder, der nicht verboten ist. Das Verbot kann ausdrücklich ausgesprochen sein. Es kann sich aus den Bestimmungen des Strafgesetzes ergeben. Das Verbot kann auf dem Gesetz selbst beruhen. Es kann in Verordnungen, die innerhalb des gesetzlichen Rahmens erlassen sind, enthalten sein. Eine GmbH. ist unzulässig, wenn sie die Einführung und den Vertrieb eines Gegenstandes, dessen Herstellung und Handel dem Staat oder einem Privilegierten vorbehalten ist (Monopol), bezweckt. Eine GmbH. mit diesen Zwecken wäre nichtig. Sie ist unstatthaft, wenn ihr Zweck Mädchenhandel oder Bordellbetrieb, gewerbsmäßiges Glücksspiel oder Verrat von militärischen Geheimnissen ist. Sie ist aber ebenso ungesetzlich, wenn sie gegen ein rein lokales Verbot verstößt, so bei der Errichtung eines Autoverkehrs auf einer Straße, die den Kraftwagen versagt ist, bei der Erbauung eines Vergnügungslokales in einer Gegend, in der nur Privatwohnungen gebaut werden dürfen. Einerlei ist endlich, ob das Verbot im allgemeinen Interesse oder zum Schutze einzelner erlassen ist. Auch eine Gesellschaft, deren Zweck die Verletzung eines Patentes, ein unberechtigter Nachdruck usw. wäre, verstößt gegen ein gesetzliches Verbot. Zulässig ist eine GmbH., die gegründet ist, um als Träger der dinglichen Rechte einer in Preußen nur nach besonderer staatlicher Genehmigung zum Erwerb dinglicher Rechte zugelassenen Rechtspersönlichkeit (Gewerkschaft Gothaischen Rechtes mit 1000 Kuxen) einzutreten, wenn sämtliche GmbH.-Anteile sich in Händen der Gewerkschaft befinden. Für Bauten ist in diesem Falle die GmbH. Schuldnerin (OLG. Celle 12. 3. 14, GmbH.-Zeitschrift Nr. 104 S. 6). Nicht verboten ist es, auf dem Wege der GmbH. die Wirkung der nicht mehr zulässigen Stammgüter und Fideikommisse zu erreichen. Es läßt sich dies nur in beschränktem Rahmen durchführen, insbesondere durch die Pflicht der Erben zur Abtretung ihres Anteils an dem Geschäftsanteile an den ältesten Sohn gegen Unterhaltsleistung. Soweit dies mit den Vorschriften des GmbHGes. sich verträgt, liegt kein Grund zur Beanstandung vor. Ist die GmbH. nur scheinbar errichtet, während die Gesellschafter in Wahrheit ihre Wirkungen nicht wollen, so fehlt wieder der erlaubte Zweck. Es geht nicht an, aus einem unselbständigen Teil eines Gewerbebetriebes eine nur scheinbar selbständige GmbH. zu bilden. Das KG. (5. 6. 14, RundschG. mbH. 1914, 347) hat eine GmbH., von Amts wegen gelöscht, für die vertragsmäßig eine andere Firma das ganze Risiko und die gesamten Kosten trug.

Anm. 8. Nicht verboten sind Kartelle und Syndikate. Das sind „Vereinigungen von Gewerbsgenossenzu dem Zwecke, einen Gewerbebetrieb durch Schutz gegen Entwertung der Gewerbeerzeugnisse und die sonstigen aus Preisunterbietungen einzelner hervorgehenden Nachteile lebensfähig zu erhalten" (RGZ. 28, 244). Die Rechtsprechung hat fortgesetzt die Gültigkeit anerkannt (RGZ. 28, 278; 38, 155; 56, 27; 73, 422; 79, 322; 82, 299; 83, 216; BayObLG. in SeuffA. 44 Nr. 13; Flechtheim, Deutsches Kartellrecht 7). Die Syndikate und Kartelle bedienen sich daher immer häufiger der GmbH. (vgl. Exkurs zu § 3). Das Kartell und Syndikat wird nur dann unzulässig, wenn es gegen die guten Sitten verstößt (unten Anm. 15). Dann ist die GmbH. unzulässig, nicht weil sie einem verbotenen Zwecke dient, sondern weil sie dies im besonderen Falle in einer unzulässigen Weise tut. Das liegt vor, wenn die Vereinigung eine nicht durch berechtigte wirtschaftliche Interessen gebotene, dem Volkswohl nachteilige Preistreibung und Monopolisierung erstrebt. Ihr Ziel ist dann eine wucherische Ausbeutung der Konsumenten. Für das Einschreiten gegen diese Kartellziele schafft die VO. gegen Mißbrauch wirtschaftlicher Machtstellungen vom 2. November 1923 die Grundlage (RGBl. 1923 I, 1067). Voraussetzung für das Einschreiten ist die Gefährdung des Gesamtwohls oder der Gesamtwirtschaft. Gegebenenfalls auch die unbillige Einschränkung der wirtschaftlichen Bewegungsfreiheit eines Kartellmitgliedes. Zum Einschreiten berechtigt ist im allgemeinen das Reichswirtschaftsministerium. Es kann außer mehr verwaltungstechnischen Maßnahmen einen Spruch des Kartellgerichts herbeiführen, das ausschließlich zu diesem Zweck geschaffen ist. Diese Bestimmungen gelten auch für Kartelle in Form der GmbH. Insbesondere auch für das Kündigungsrecht eines Kartellmitgliedes (KartG. 26. 1. 24, JW. 1924, 437 Nr. 1). Nicht nur auf Grund der speziellen Bestimmung der VO. vom 2. November 1923, schon aus den allgemeinen Grundsätzen des bürgerlichen Rechts (BGB. § 826) kann eine GmbH. unzulässig sein, wenn das Kartell eine übermäßige Knebelung seiner Mitglieder mit sich führt und diese nicht durch die Möglichkeit der Veräußerung der Geschäftsanteile und der Auflösungsklage ausgeglichen ist. Die Einschränkungen, die der Kartellzweck mit sich bringt, enthalten keinen Verstoß gegen die guten Sitten. Das RG. (7. 6. 10 RGZ. 73, 432) hat die Nichtigkeit für den gewöhnlichen Fall des Kartells verneint. Die Entscheidung ist jeweils nur im konkreten Falle auf Grund der Gesamtumstände möglich (vgl. Exkurs zu § 3). § 1.

Zulässig ist die Errichtung einer GmbH. zum Zwecke der Erreichung besserer Arbeitsbedingungen. Kraft § 152 Abs. 2 GO. steht jedem Teilnehmer an einer solchen das Recht des jederzeitigen Rücktrittes frei. Eine solche ist nun unvereinbar mit den Vorschriften der GmbH. Eine Gründung muß vorbehaltlos erfolgen (Anm. 39 zu § 2). Es kann aber jedem Gesellschafter ein jederzeitiges Kündigungsrecht gegeben werden (§ 60 Abs. 2). Bezweckt die GmbH. die Erreichung besserer Arbeitsbedingungen nicht ihrer Mitglieder, sondern einer unbeschränkten Gruppe von Personen eines bestimmten Berufs, so ist § 152 Abs. 2 GO. überhaupt nicht anwendbar. Anm. 9.

Politische Zwecke sind in Deutschland erlaubt. Das österreichische Gesetz (§ 1 Abs. 2) verbietet sie. Für Deutschland ist das Vereinsgesetz vom 19. April 1919 maßgebend. Es kennt kein Verbot von Verbindungen zu politischen Zwecken. Die besonderen Vorschriften des RVG. über politische Vereine finden auf die GmbH. mit politischem Zweck keine Anwendung. Es bedarf keiner Einreichung der Satzungen (§ 3 RVG.). Gesellschafter können auch Personen unter 18 Jahren sein (§ 17 RVG.). Anm. 10.

Religiöse Zwecke konnten früher die GmbH. unzulässig machen, sobald das Landesgesetz auf Grund des Vorbehalts im EG. z. BGB. zur Entstehung von Körperschaftsrechten für Religionsgesellschaften ein besonderes Landesgesetz forderte (Art. 13 Preuß. VerfUrk. und KG. 20. 4. 05 OLGR. 11, 393 und 21. 9. 05 OLGR. 12, 538; KGJ. 31 A, 183; vgl. auch OLG. Jena 8. 9. 09 RJA. 10, 181 für Reuß j. L.). Es brauchte dabei nicht die unmittelbare Religionsübung als Zweck der Gesellschaft zu erscheinen. Es genügte, daß diese sich mit dem Zwecke der Religionsgesellschaft deckt (KG. 13. 10. 11 OLGR. 24, 133). Es genügte z. B. „die Belebung und Pflege der christlichen Mission" (OLG. Jena a. a. O.). Doch sollte nicht schon deshalb eine GmbH., die satzungsgemäß keinen Religionszwecken dient, gelöscht werden dürfen, weil sie tatsächlich die Ziele einer besonderen Religionsgesellschaft verfolgt (KG. 1. 8. 08 ZBlFG. 9, 420[411]; vgl. unten Anm. 16). Durch die RVerf. vom 11. August 1919 ist dies beseitigt. Auch zu religiösen Zwecken ist eine GmbH. zulässig (Art. 137). Die nach früherem Rechte eingetretene Nichtigkeit wird aber hierdurch nicht geheilt. Es bedarf eines einstimmigen Beschlusses aller Gesellschafter (§ 76). Anm. 11.

Nicht als gesetzliches Verbot zu betrachten ist das Verlangen einer staatlichen Konzession zu einem Gewerbebetrieb, so bei Eisenbahnen, Versicherungen (oben Anm. 2), Theater, Auswandererverkehr usw. Der Zweck ist ein gesetzlich erlaubter. Nur ist die Wirksamkeit der Gesellschaft mit dem gewählten Gegenstande von der staatlichen Zustimmung abhängig (vgl. Anm. 8 zu § 8). Anm. 12.

Das gleiche gilt von der auf Grund der Verordnung des Bundesrates vom 23. September 1915 § 3 (RGBl. 1915, 603), durch den Reichskanzler oder die Landeszentralbehörde ergangenen Anordnung, daß der Beginn des Handels mit Gegenständen des täglichen Bedarfs oder des Kriegsbedarfs allgemein oder unter bestimmten Voraussetzungen der Erlaubnis bedarf. Eine Nichtigkeit des Gesellschaftsvertrages kann durch den Mangel dieser Erlaubnis nicht herbeigeführt werden. Über die Befugnis des Registerrichters zur Zurückweisung der Eintragung vgl. Anm. 8 zu § 8.

§ 1. Verschieden von dieser persönlichen Konzession ist der Begriff der österreichischen Konzessionierung einer Gesellschaft. Er setzt staatliche Genehmigung des Gesellschaftsvertrags selbst voraus (Art. 3 Abs. 2 vgl. oben Anm. 2).

Anm. 12a. Nicht verboten ist die Gründung einer GmbH., um durch diese Form Steuer zu ersparen. Die Umwandlung einer offenen HG. in eine GmbH. erfolgt zu dem Zwecke nicht selten, die von den Gesellschaftern nicht zu ihrer Lebenshaltung gebrauchten Gewinnbeträge im Geschäfte zu belassen, so daß für diese nur die unter der Einkommensteuer bleibende Körperschaftsteuer zu bezahlen ist. Das gilt auch dann, wenn die Steuerbehörde auf Grund des § 5 RAbgO. die Gesellschafter so besteuern kann, als bestehe die GmbH. nicht. Trotz des Mißbrauches dieser Form zu Umgehung einer Steuerpflicht bleibt die GmbH. gültig. Man denke an den Fall, daß zwei Ehegatten eine GmbH. errichten, deren Gegenstand die Verwaltung ihres in dieselbe eingebrachten Vermögens sein soll. Hier läge die Steuerumgehung durch Wahl einer der Sachlage nicht entsprechenden ungewöhnlichen Rechtsform vor. Die GmbH. ist aber giltig entstanden. Der Richter darf die Eintragung nicht verweigern. Er darf auch trotz einer den Gesellschaftern ungünstigen Entscheidung der Steuergerichte sie nicht wieder löschen. Nur die Klage auf Auflösung (§ 61) ist den Gesellschaftern gegeben. Von einer Anwendbarkeit des § 62 ist keine Rede. Eine Gefährdung des Gemeinwohles liegt nicht vor.

Anm. 13. III. **Dem gesetzlichen Verbot** steht der Verstoß gegen die guten Sitten gleich. Auch der unsittliche Zweck ist gesetzlich nicht zulässig (§ 138 Abs. 1 BGB.). Ob der Zweck der GmbH. ein aus diesem Grunde unerlaubter ist, muß im Einzelfalle geprüft werden. Die Errichtung der Gesellschaft ist auch hier den Vorschriften über das Rechtsgeschäft unterworfen. Der Schmuggel von Waren nach dem Auslande, namentlich wenn mit diesem ein Zoll- und Handelsvertrag besteht, kann als unsittlich erscheinen (RG. 42, 295). Unzulässig ist eine Gesellschaft zur Verbringung deutscher Vermögen in das Ausland (Steuerflucht), wie überhaut jedes Unternehmen, durch das eine Steuerhinterziehung gefördert werden soll. Statthaft ist als Gegenstand einer GmbH. die Besorgung von Steuerreklamationen auch dann, wenn die Vergütung in einem Prozentsatze der Steuerherabsetzung besteht. Die an sich zulässigen Verbindungen im Kampfe zwischen Arbeitern und Arbeitgebern, zwischen mehreren Unternehmern auf demselben Gebiete können unerlaubt werden, sobald der konkrete Zweck gegen die guten Sitten verstößt. Der Plan, der sich in dem Gesellschaftsvertrage verwirklicht, kann durch Einzelheiten der Ausführung, z. B. durch die Mittel, denen sich die Gesellschafter bedienen wollen unzulässig werden (vgl. für die Kartelle oben Anm. 7).

Hat die GmbH. mit einem Dritten einen Vertrag abgeschlossen, der gegen die guten Sitten verstößt, und besteht der Gesellschaftszweck in der Durchführung dieses Vertrages, so wird hierdurch der Gesellschaftszweck zu einem sittenwidrigen. In den Fällen, in denen dieser Vertrag die GmbH. über das zulässig erscheinende Maß hinaus fesselt, kann sie sich diesem Vertrage durch die Auflösung entziehen (vgl. RG. 26. 11. 09 DJZ. 10, 202). Aber deshalb hört ihr ganzer Zweck doch noch nicht auf, gegen die guten Sitten zu verstoßen. Das ist wichtig wegen der Nichtigkeitsklage jedes Gesellschafters ohne Rücksicht auf die Höhe seines Geschäftsanteils (vgl. Anm. 15 und 16).

Zu trennen von dem Zweck, der gegen die guten Sitten verstößt, ist die Unzulässigkeit einer einzelnen anderen Vorschrift des Gesellschaftsvertrages, welcher dieser Mangel anhaftet. Er macht die Gesellschaft nicht zu einer verbotenen. Er kann die Ungültigkeit der Gesellschaft nur herbeiführen, wenn die Bestimmung einen der in § 3 Abs. 1 aufgezählten wesentlichen Teile des Gesellschaftsvertrages trifft (§ 75). Deshalb ist es erheblich, ob eine solche Bestimmung durch ihren Zusammenhang mit dem Zweck der Gesellschaft diesen zu einem gegen die guten Sitten verstoßenden machen kann.

Anm. 14. IV. **Der Zweck der GmbH. kann mit dem gemäß § 3 Ziff. 2 anzugebenden Gegenstande der Gesellschaft identisch sein.** Er muß es nicht. Die Gesellschaft kann einen anderen Zweck als den ausgesprochenen verfolgen. Es wird das meist dann der Fall sein, wenn der

Zweck verboten ist. Die Gesellschaft, die eine Spielhölle betreiben will, wird sich als Hotel oder Restaurant bezeichnen. Stets ist das maßgebend, was als wirklicher Zweck gewollt und betätigt ist. Daß die Nichtigkeit gemäß § 75 GmbH. und § 144 FG. nur geltend gemacht werden kann, wenn der Gesellschaftsvertrag den unerlaubten Zweck zu erkennen gibt, würde zur Duldung ungesetzlicher und unsittlicher Gesellschaften führen. Der Gegenstand ist das in dem Gesellschaftsvertrag angegebene Ziel der Vereinigung (§ 3 Ziff. 2), der Zweck das tatsächlich erstrebte. Für die Gültigkeit ist das letztere maßgebend (vgl. auch PreußOVG. 14. 10. 10 PreußVBl. 32, 297 bei der Feststellung eines Vereins als eines politischen). Besteht ein solcher unerlaubter Zweck, so ist nicht erforderlich, daß sämtliche Gesellschafter diese Abweichung von dem angegebenen Gegenstande kennen und billigen. Es genügt, wenn eine solche Mehrheit vorhanden ist, daß diese der Gesellschaft die Richtung geben kann. Über die nachträgliche Einführung eines unerlaubten Zweckes vgl. unten Anm. 16. § 1.

V. **Rechtsfolgen bei dem Verstoß des Zweckes gegen Gesetz und gute Sitten.** Anm. 15.

1. Die Gesellschaft ist nicht in das Handelsregister einzutragen. Der Gesellschaftsvertrag ist nichtig. Der Registerrichter hat die Eintragung abzulehnen. Er tut dies, sobald der im Vertrage angegebene Zweck als verboten erscheint. Er kann aber auch in die Prüfung eintreten, ob der Gesellschaftsvertrag auf Wahrheit beruht. Es müssen Gründe vorliegen, die ihn zu diesem Vorgehen veranlassen. Er ist dann berechtigt, Erhebungen zu veranstalten (§ 12 FG.). Stellt sich der angegebene Gegenstand nur als Deckmantel für einen ungesetzlichen Zweck heraus, so ist die Eintragung zu verweigern. Unter den Parteien ist ein Vertrag, der einen gesetzwidrigen oder gegen die guten Sitten verstoßenden Zweck verfolgt, nichtig. Jeder kann auf Feststellung der Nichtigkeit klagen. Er kann dem Begehren auf Einzahlung der ersten Einlage die Einrede hieraus entgegenhalten. Er kann eine einstweilige Verfügung erwirken, wodurch die Eintragung untersagt wird. Denn mit der Eintragung ändert sich die Rechtslage. Ob ein Gesellschafter gegen einen anderen Anspruch auf Schadensersatz infolge der Ungültigkeit des Gesellschaftsvertrages hat, hängt davon ab, ob ihm der Verstoß gegen das Gesetz ohne sein Verschulden unbekannt war, während er den anderen bekannt war oder sein mußte (§ 308 BGB.).

2. Wenn die Gesellschaft eingetragen ist, obgleich sie sich zu einem gesetzlich unzulässigen oder gegen die guten Sitten verstoßenden Zweck gebildet hatte, so ist eine nach § 3 Abs. 1 wesentliche Bestimmung des Gesellschaftsvertrages nichtig, nämlich der Teil, der den Gegenstand des Unternehmens betrifft. Es fällt dann trotz des Verstoßes gegen § 1 nicht die ganze Gesellschaft in sich zusammen. Es ist der Fall des § 75 gegeben. Es kann die besondere Nichtigkeitsklage angestellt werden. Ebenso greift der § 144 FG. Platz. Das Registergericht kann von Amts wegen die Auflösung der Gesellschaft herbeiführen. Ein Gesellschafter kann aber nach der Eintragung nicht die Zahlung der Einlage unter Hinweis auf den unerlaubten Grund der Gesellschaft verweigern (vgl. Anm. 4 zu § 77). Er muß die Nichtigkeitsklage durchführen oder durch das Registergericht die Löschung von Amts wegen veranlassen. In beiden Fällen bleibt er verpflichtet, die Einlage, soweit sie zur Deckung der Gläubiger erforderlich ist, zu leisten. Dies gilt auch für den Gesellschafter, dem der Verstoß gegen das Gesetz unbekannt war. Ein Gläubiger, der den verbotenen Zweck kennt, wird nur dann keinen Anspruch auf Befriedigung und Einziehung der Einlage zu diesem Zwecke haben, wenn seine Forderung ebenfalls gegen das Gesetz oder die guten Sitten verstößt, also z. B. wenn es sich um Hehlerlohn oder Kuppelgeld handelt. Ist sein Geschäft ein erlaubtes, so steht seiner Forderung die Kenntnis des Mangels in dem Gesellschaftsvertrage nicht im Wege. Daneben greift noch § 62 Platz (GmbHG.). Wenn das Gemeinwohl gefährdet wird, kann die Gesellschaft durch die Behörde aufgelöst werden. Anm. 16.

3. Wenn der Gesellschaftszweck ursprünglich gehörig gewählt war, die Gesellschaft aber nachher andere, gesetzlich unzulässige oder unsittliche Zwecke verfolgt, Anm. 17.

§ 1. so z. B. wenn eine Gesellschaft, die sich mit dem Betriebe der Gastwirtschaft beschäftigte, nachträglich zum Betriebe einer Bordellwirtschaft übergeht, so wird dadurch die Gesellschaft nicht nichtig. Ein Beschluß der Gesellschafter, der an Stelle des zulässigen Gegenstandes einen unzulässigen setzt, ist ungültig. Erscheint er in Form einer Änderung des Gesellschaftsvertrages, so lehnt der Registerrichter den Eintrag ab. Zeigt er sich als interner Beschluß der Verwaltung, so ist er weder für den Geschäftsführer noch für die Gesellschaft bindend. Einer Anfechtung bedarf es in beiden Fällen nicht. Der Beschluß ist absolut nichtig. Wird der unzulässige Zweck tatsächlich verfolgt, so ist dies ein Grund zur Klage auf Auflösung der Gesellschaft (§ 61 GmbHG.). Es liegt ein wichtiger Grund in den Verhältnissen der Gesellschaft vor. Aber auch hier müssen die Kläger ein Zehntel des Stammkapitals besitzen. Eine Auflösung durch die Verwaltungsbehörde kann erfolgen, wenn die GmbH. das Gemeinwohl schädigt (§ 62). Fehlt dies Moment oder lehnt die Verwaltung das Einschreiten ab und erhebt kein Gesellschafter eine Auflösungsklage, so bleibt die GmbH. Der Registerrichter kann nicht von Amts wegen löschen. Die Gesellschaft ist nicht nichtig geworden. Er kann nur aus dem späteren Verhalten Schlüsse darauf ziehen, daß der nachträglich zutage getretene Zweck schon bei der Gründung gewollt war.

Anm. 18. 4. Die Nichtigkeit, die aus der Unzulässigkeit des Zwecks entsteht, ist heilbar wie jeder Mangel des Gegenstandes der Gesellschaft (§ 3). Es kann an Stelle des gegen das Gesetz oder die guten Sitten verstoßenden Zwecks ein anderer gesetzt werden.

Ist ein erlaubter Gegenstand eingetragen, der wirkliche Zweck aber ein verbotener, so wird die Nichtigkeit beseitigt durch den Beschluß, der den angegebenen Zweck zum wirklichen macht und dessen tatsächlichen Vollzug. Es kann unmöglich eine Gesellschaft, die als Gegenstand Handelsgeschäfte jeder Art angab und in Wahrheit der Beihilfe der Steuerflucht dient, schlechter gestellt sein als eine solche, die alsbald ihren Zweck offenbart.

§ 2.

§ 2.

Der Gesellschaftsvertrag bedarf des Abschlusses in gerichtlicher oder notarieller Form. Er ist von sämtlichen Gesellschaftern zu unterzeichnen.

Die Unterzeichnung durch Bevollmächtigte ist nur auf Grund einer gerichtlich oder notariell errichteten oder beglaubigten Vollmacht zulässig.

Einleitung. **Der § 2 enthält die Vorschriften über die formellen Voraussetzungen beim Entstehen der Gesellschaft. Er regelt die Form des Gesellschaftsvertrages** (Abs. 1) **und die Zulässigkeit und Form von Vollmachten zum Abschlusse des Gesellschaftsvertrages** (Abs. 2). Hieran wird die Betrachtung der materiellen Voraussetzung angeschlossen. Die Vorschriften des BGB. über Rechtsgeschäfte sind anwendbar. Sie werden aber durch die besondere Natur der GmbH. stark beeinflußt.

Anm. 1. 1. (Abs. 1.) **Die Form beim Abschluß des Gesellschaftsvertrages. Der Gesellschaftsvertrag muß in gerichtlicher oder notarieller Form abgeschlossen werden. Er ist von sämtlichen Mitgliedern zu unterzeichnen.** Die strengere Form der notariellen oder gerichtlichen Urkunde ist im Gegensatze zu dem Entwurfe, der nur Schriftlichkeit forderte, durch die Reichstagskommission beschlossen worden (KomB. 4). Mit der gerichtlichen oder notariellen Form ist diejenige Form gemeint, welche § 128 BGB. die gerichtliche oder notarielle Beurkundung nennt. Die näheren Vorschriften für die Beobachtung dieser Form sind in den §§ 168 ff. FG. enthalten.

Der Gesellschaftsvertrag muß von sämtlichen Gesellschaftern unterzeichnet werden. Das schließt die Sukzessivgründung aus. Die GmbH. tritt hierdurch in einen Gegensatz zum Aktienrecht (§ 196 HGB.). Es ist daher nicht zulässig, daß der Gesellschaftsvertrag durch eine einzelne Person festgestellt wird und die anderen Personen erst durch spätere Zeichnung dem Vertrage beitreten. (Ebenso Brodmann Anm. 1,

§ 2.

Liebmann Anm. 9. A. M. Parisius-Crüger-Crecelius S. 89 Anm. 2.) Nichtig, weil Sukzessivgründung vorliegt, ist auch eine GmbH., deren Gesellschaftsvertrag zwar von sämtlichen sofort beigetretenen Gesellschaftern unterzeichnet, in dem aber der unter bestimmten Bedingungen vorgesehene Eintritt weiterer, namentlich genannter Gesellschafter vorbehalten blieb (RG. 7. 11. 19 RGZ. 83, 259. Über die Nichtigkeit wegen der Unzulässigkeit eines bedingten Beitritts vgl. unten Anm. 39). Ein Zeichnungsschein, wodurch jemand einer von anderen Beteiligten notariell begründeten Gesellschaft mit einem Teile des Stammkapitals beitritt, ist wirkungslos (KG. 17. 2. 02 Recht 02, 1519, KGBl. 02, 55). Das Verfahren, wonach zunächst zwei Gesellschafter den Vertrag schließen und alsbald nach der Eintragung Dritten Teile ihrer Geschäftsanteile abtreten, ist dagegen keine Sukzessivgründung. Eine Vereitelung des Zweckes des Gesetzes ist darin nicht zu sehen.

Mit der Anordnung des Gesetzes ist jedoch nicht gesagt, daß sämtliche Gesellschafter oder ihre Vertreter beim Abschlusse gleichzeitig zugegen sein müssen. Das Wesen der Sukzessivgründung liegt nicht in der zeitlichen Ordnung der Vorgänge. Sondern die AG. entsteht im Gegensatz zur GmbH. sukzessiv in zwei Etappen — weil bei ihr die Mitglieder bereits vor der Zeichnung aller Aktien gebunden sind (Brodmann Anm. 1). Das Erfordernis *gleichzeitiger Anwesenheit* ist bei der Gründung der GmbH. nicht, wie im § 925 BGB. für die Auflassung, vorgeschrieben. Es können Antrag und Annahme besonders beurkundet werden (§§ 128 und 152 BGB.; KG. 13. 8. 01 OLGR. 3, 262). Es ist auch nicht zutreffend, daß das besonders umständlich sei (so Förtsch Anm. 3). Gesetzt, der Gesellschaftsvertrag soll von fünf Personen beschlossen werden, von denen drei in Berlin und zwei in Frankfurt a. M. wohnen. Dann kann die Vertragsschließung, wenn die beiden in Frankfurt a. M. wohnenden Personen nicht durch Bevollmächtigte bei der Verhandlung in Berlin vertreten sind, in der Weise erfolgen, daß die drei Berliner sich gegenseitig die Abschließung des Gesellschaftsvertrages offerieren, diese Offerte gleichzeitig annehmen und den beiden Frankfurtern die Errichtung eines Gesellschaftsvertrages unter den angegebenen Bedingungen antragen. Diese nehmen alsdann vor dem Notar in Frankfurt den Antrag an. Die Annahme braucht nicht den gesamten Inhalt des Gesellschaftsvertrages zu enthalten. Es genügt eine deutliche Bezugnahme auf den Antrag (vgl. Formularbuch des Berliner Anwaltsvereins 127; a. M. Brodmann Anm. 1). Der Akt ist auch dann gültig, wenn die Beteiligten nacheinander vor dem Notar erscheinen und dieser trotzdem nur ein einheitliches Protokoll, als ob alle gleichzeitig anwesend waren, aufnimmt (RG. 2. 7. 08 JW. 08, 520[4], DJZ. 13, 1084). Ein Zugehen der vor dem Notar erklärten Annahme ist nicht erforderlich (§ 128 BGB.). Der Gesellschaftsvertrag ist mit dieser wirksam und bindend.

Anm. 1a. Auch die ausländischen Gesetze verlangen durchweg die Errichtung des Gesellschaftsvertrages in öffentlich beglaubigter Form (Österreich Art. 4 Abs. 3; Bulgarien Art. 2; Polen Art. 3; Schweiz. E. II § 787 Abs. 1; Italien Art. 107). Nur das französische Gesetz (Art. 4 Abs. 1) läßt auch privatschriftliche Form zu. Es verlangt, daß in diesem Falle so viele Originale des Gesellschaftsvertrages hergestellt werden, daß für jeden Fall, in dem die Vorlage eines Gesellschaftsvertrages notwendig ist, ein Original zur Verfügung steht (Art. 4 Abs. 2).

Anm. 2. Die notarielle Beurkundung kann so erfolgen, daß der Gesellschaftsvertrag zu Protokoll erklärt wird. Er kann *aber auch überreicht und als Anlage zum Protokoll genommen werden* (§§ 174, 176 Abs. 2, 177 FG.). In diesem Falle braucht der Gesellschaftsvertrag nicht besonders unterzeichnet zu werden. Die Unterzeichnung des Protokolles genügt. Der § 2 Abs. 1 Satz 2 steht dem nicht entgegen. Er besagt nur, daß sämtliche Gesellschafter den Gesellschaftsvertrag feststellen müssen. Durch Unterzeichnung des Protokolles, in welchem dies geschieht, wird der Vorschrift des Abs. 1 Satz 2 genügt.

Liegt ein gültiger *Vorvertrag* vor (unten Anm. 14), so kann auf Grund desselben ein Kontrahent zur Abgabe der Gründungserklärung verurteilt werden (§ 894 ZPO.).

§ 2. Der Gesellschaftsvertrag wird dann dadurch geschlossen, daß der oder die anderen Gesellschafter den Gesellschaftsvertrag unter Beifügung des rechtskräftigen Urteils zu Protokoll erklären.

Anm. 3. Der Gesellschaftsvertrag kann gültig auch im Auslande vor einem ausländischen Notar errichtet werden. Wenn sich auch aus Art. 30 EG. z. BGB. und der Tendenz des § 2 des GmbHG. ergibt, daß ein ohne jede Beobachtung der deutschen Formvorschrift im Auslande vorgenommener Vertrag ungültig ist, so folgt hieraus nicht, daß dieser Abschluß nur in Deutschland erfolgen könne. Vorausgesetzt ist nur, daß diese Urkundsperson ihrer Art nach dem deutschen Notar entspricht, also in einem Kulturstaate zur Aufnahme von Urkunden mit öffentlichem Glauben staatlich bestellt ist. Auf die Vorbildung derselben kommt es nicht an. Daher ist in solcher vor dem ausländischen Notar erfolgender Erklärung der Gebrauch der Sprache dieses Landes zulässig. Es richtet sich überhaupt die Gültigkeit des Aktes nach den hierfür geltenden Vorschriften. Dem deutschen Registerrichter sind bei der Eintragung sowohl eine beglaubigte Übersetzung wie eine Beurkundung, daß die den Vertrag aufnehmende Person hierzu befugt und die Urkunde nach den Gesetzen des Landes gültig sei, vorzulegen.

Anm. 4. Die gerichtliche Beurkundung braucht nicht vor dem Amtsgericht zu erfolgen, welches das zuständige Registergericht ist. Ob die Gerichte oder die Notare zuständig oder beide zuständig sind, bestimmt das Landesgesetz (Art. 141 EG. z. BGB.). In Preußen sind beide zuständig (Preußisches Gesetz über die freiwillige Gerichtsbarkeit Art. 31).

Anm. 4a. Neben dem Gesellschaftsvertrage, für den die notarielle Form vorgeschrieben ist, können die Gesellschafter Abmachungen unter sich formlos treffen. Vorausgesetzt ist, daß es sich nur um die Begründung persönlicher Rechtsbeziehungen handelt. Ist eine Umgehung der für die Gesellschaft verlangten Form beabsichtigt, so ist die Vereinbarung ungültig (RG. 7. 11. 16 Holdheim 26, 153; vgl. RGZ. 82, 303). Daß die GmbH. aus der Vereinbarung der Gesellschafter ein Recht erwerben soll, schließt die Gültigkeit dieses zu ihren Gunsten getroffenen Vertrages nicht aus. Die Gesellschafter können im Gesellschaftsvertrage sich verpflichten, der Gesellschaft ein Darlehen zu geben. Dann entsteht dieses Recht der GmbH. unmittelbar (§ 3 Abs. 2). Die Gesellschafter können unter sich die gleiche Abrede treffen. Es ist dann Auslegungsfrage, ob daraus ein Anspruch der Gesellschaft selbst oder nur der Gesellschafter erwächst, auch ob die letzteren ohne Zustimmung der ersteren die Vereinbarung wieder aufheben können. Sieht man in der Darlehenszusage verschleierte Einlagen, so wird wieder die Umgehung der Formvorschrift zur Nichtigkeit führen (vgl. auch Anm. 47 zu § 3).

Anm. 5. 2. (Abs. 2.) **Die Formvorschrift für die Vollmacht. Die Bevollmächtigung ist zulässig. Doch muß die Vollmacht gerichtlich oder notariell errichtet oder beglaubigt sein.** Nach der Regel des BGB. ist die Vollmacht zum Abschlusse von Rechtsgeschäften formlos, auch wenn das Geschäft selbst an eine Form gebunden ist (§ 167 Abs. 2 BGB.). Hier ist auch für die Vollmacht eine Form vorgeschrieben. Der Gesellschaftsvertrag ist daher nicht vollendet, falls dem Bevollmächtigten nicht eine beglaubigte Vollmacht erteilt ist. Es handelt sich aber nicht um eine Formvorschrift für den Gesellschaftsvertrag selbst. Sonst wäre dieser nichtig. Der Verstoß gegen die Vorschrift für die Vollmacht erzeugt nur einen Mangel der Unterschrift eines der Vertragsteile, ohne die der andern zu berühren (vgl. hierüber unten Anm. 19 ff.). Daher kann dieser Mangel, wie der der Vollmacht selbst durch Genehmigung, durch Ausstellung der beglaubigten Vollmacht oder Beglaubigung der ausgestellten geheilt werden. Für die Vollmacht genügt auch stets die hier vorgeschriebene Form. Sie bleibt gültig, auch wenn sie als Teil eines ihr zugrunde liegenden Rechtsgeschäfts (Vorvertrag über Errichtung einer GmbH.) erscheint und dieses mangels der hierfür vorgeschriebenen Form nichtig ist. Dies folgt aus dem selbständigen Charakter der Vollmacht (RG. 29. 9. 08 JW. 08, 655[3]). Andere als gerichtliche oder notarielle Beglaubigungen sind unzureichend, also auch die nach dem Rechte einzelner Länder vorgesehene Beglaubigung durch Polizei- oder Kommunalbehörden.

In den fremden Gesetzen ist die Form der Vollmachtserteilung verschieden geregelt. Der Schweizer Entwurf spricht nur von Vertretern schlechthin (§ 787 Abs. 1). Das französische Gesetz verlangt lediglich Spezialvollmacht, ohne bestimmte Form (Art. 4 Abs. 3), das österreichische (§ 4 Abs. 3) wie das bulgarische (Art. 2 Abs. 2) verlangen notarielle Spezialvollmacht. Das polnische Gesetz und der italienische Vorentwurf erwähnen die Möglichkeit einer Vertretung überhaupt nicht. **§ 2. Anm. 5a.**

Die Erfordernisse der gerichtlichen Beglaubigung ergeben sich aus § 183 FG. Sie setzt Vollziehung oder Anerkennung der Unterschrift in Gegenwart des Richters voraus. Landesrechtliche Delegation an einen Gerichtsschreiber ist unzulässig (KG. 3. 11. 02 OLGR. 6, 109). Die Vollmacht kann auch im Auslande ausgestellt sein. Die Form der Beglaubigung untersteht den dortigen Gesetzen. Nach diesen bestimmt sich, ob das sie vollziehende Gericht oder der Notar hierzu befugt ist. Eine Beglaubigung durch den deutschen Konsul genügt nicht. Das Gesetz verlangt die Beglaubigung durch Gericht oder Notar. **Anm. 6.**

Keiner Vollmachtsurkunde bedarf der Prokurist. Für ihn genügt der Auszug aus dem Handelsregister.

Der *notwendige Inhalt der Vollmacht* ergibt sich aus ihrem Zwecke. Sie muß unzweideutig ersehen lassen, daß sie zu dem Abschlusse des betreffenden Gesellschaftsvertrages ermächtigt. Ob dies der Fall ist, kann nur von Fall zu Fall entschieden werden. Allgemeine Vorschriften lassen sich darüber nicht geben. Der Gesellschafter kann die Vollmacht durch Bezugnahme auf den Inhalt eines bereits fest verabredeten Gesellschaftsvertrages begrenzen. Dann ist jede *materielle* Abweichung unstatthaft. Rein formelle Änderungen muß man nach der Auslegung des Vollmachtsaktes in seiner Wirkung Dritten gegenüber zulassen. Er kann die Vollmacht aber auch in weitgehender Weise offen lassen. Es darf nicht gefordert werden, daß sie die in § 3 Abs. 1 aufgeführten wesentlichen Teile des Gesellschaftsvertrages enthalten müsse. Auch diese können der Entschließung des Bevollmächtigten überlassen sein. Die Vollmacht muß nicht einmal die *Höhe der vom Vertretenen zu übernehmenden Stammeinlage* enthalten (KG. 26. 6. 99 KGJ. 19, 17). Es ist Sache des Vollmachtgebers, diese Beschränkung der Vollmacht zur eigenen Sicherung einzufügen. Eine *Generalvollmacht* kann genügen. Das österreichische Gesetz, § 4 Abs. 4, verlangt eine „besondere, auf das einzelne Geschäft ausgestellte Vollmacht". Für das deutsche Recht ist dies mangels einer solchen Vorschrift nicht zu verlangen (Liebmann Anm. 6; dagegen Birkenbihl Anm. 8). Der Begriff der Generalvollmacht und das Erfordernis der Spezialvollmacht ist dem neuen Recht überhaupt nicht bekannt. Es kann sich immer nur darum handeln, ob deutlich ersichtlich ist, daß die Vollmacht zur Errichtung der Gesellschaft ermächtigt. Eine *generelle Handlungsvollmacht* wird im allgemeinen nicht genügen. Denn der Betrieb eines Handelsgewerbes bringt in der Regel die Beteiligung bei der Gründung einer GmbH. nicht mit sich. Doch kann auch dies der Fall sein. Wenn im Gesellschaftsvertrage einer offenen Handelsgesellschaft oder Aktiengesellschaft die Beteiligung bei der Gründung von GmbH. einer bestimmten Art als Gegenstand des Unternehmens bezeichnet ist, so bezieht sich eine allgemeine Handlungsvollmacht auch hierauf. Der *Prokurist* eines Handelsgeschäfts ist stets dazu bevollmächtigt (a. M. Brodmann Anm. 4). Denn dieser ist ja nicht bloß zu den gewöhnlichen Geschäften des betreffenden Betriebes, sondern zu allem berechtigt, was der Betrieb *eines Handelsgewerbes* mit sich bringt (§ 49 Abs. 1 HGB.). Dies gilt also auch dann, wenn der Prinzipal die Beteiligung bei der GmbH. aus privaten Mitteln bestreitet. Dagegen ist der *Prokurist einer offenen Handelsgesellschaft* als solcher nicht zur Vertretung eines der *Teilhaber* befugt. Ebenso wird man einem Prokuristen einer Aktiengesellschaft und GmbH., die *nicht ein Handelsgewerbe betreiben*, die Vertretungsmacht versagen (Markus bei Holdheim 16, 149). Über die Vertretungsmacht des Liquidators vgl. unten Anm. 26. **Anm. 7.**

Es können alle Gesellschafter ein und dieselbe Person ermächtigen, den Gesellschaftsvertrag abzuschließen (§ 181 BGB.). (Kreß LZ. 1911, 421.) Ein solcher Bevollmächtigter **Anm. 8.**

§ 2. muß von jedem Gesellschafter ermächtigt sein, auch für den anderen zu handeln (KG. 24. 9. 08 OLGR. 19, 29). (Anders bei der Erhöhung des Stammkapitals, vgl. Anm. 15 zu § 55.) Ebenso kann ein Gründer den anderen bevollmächtigen. Diese Bevollmächtigung muß, falls sie speziell für den Abschluß des Gesellschaftsvertrages erteilt ist, die Zustimmung zum Kontrahieren mit sich selbst enthalten (§ 181 BGB.).

Maßgebend ist nicht die Zahl der Bevollmächtigten, sondern die der Gesellschafter. Ihre Mindestzahl (unten Anm. 22) muß gewahrt bleiben. Nichtig ist daher ein Vertrag, durch den zwei Personen für einen Dritten, der einziger Gesellschafter einer GmbH. werden soll, den Gesellschaftsvertrag abschließen (OLG. Celle 9. 4. 13 OLGR. 27, 362).

Anm. 9. Gesetzliche Vertreter bedürfen keiner Vollmacht. Inwieweit diese legitimiert sind, bestimmt sich nach den für sie geltenden Vorschriften (unten Anm. 23). Auch die gesetzlichen Vertreter müssen ihre Vertretungsbefugnis nachweisen. Der Vorstand einer Aktiengesellschaft, einer GmbH. und einer Genossenschaft, der Teilhaber einer offenen Handelsgesellschaft und die persönlich haftenden Gesellschafter einer Kommanditgesellschaft tun es durch den Registerauszug, der Vormund und Pfleger, der Konkursverwalter und der Nachlaßverwalter durch ihre Bestallung. In den Fällen, in denen das Handelsregister oder die Vormundschafts- oder die Nachlaßakten bei demselben Gerichte geführt werden, das die Eintragung der Gesellschaft vollzieht, genügt eine Berufung hierauf. Die Vertreter öffentlicher Korporationen bedürfen, wenn ihre Vertretungsbefugnis unbeschränkt ist, einer Legitimationsurkunde nicht. Anderenfalls ist sie nach den die Verfassung der Korporation regelnden Gesetzen auszustellen (KG. 13. 8. 01 OLGR. 3, 259). So ist die Berechtigung, den Provinzialverband oder Kreis zu vertreten, in dem preußischen Gesetze von einer besonderen urkundlichen Autorisation abhängig gemacht (§ 91 der Provinzialordnung; § 137 der Kreisordnung von 72/81). Die Erteilung einer solchen Ermächtigung, mag sie sich auch selbst als Vollmacht bezeichnen, ist keine Vollmacht im Sinne des § 2 Abs. 2. Sie bedarf keiner Beglaubigung (KG. 13. 8. 01 a. a. O.).

Der gleichen Form wie die Vollmacht bedarf auch eine zur Wirksamkeit der Beteiligungserklärung erforderliche Zustimmung (z. B. des Ehemannes), es sei denn, daß es sich um die Genehmigung einer öffentlichen Behörde (z. B. des Vormundschaftsgerichts) handelt.

Anm. 10. Kann der Testamentsvollstrecker bei der Gründung einer GmbH. als Vertreter der Erben mitwirken? Das KG. (21. 12. 06 RJA. 8, 127, Recht 11 Nr. 1145) verneint dies strikt. Selbst dann, wenn die Erben nachträglich dem schon gültig abgeschlossenen, aber nicht zur Eintragung führenden Vertrag beitreten (KG. 11. 7. 19 RJA. 16, 102; OLGR. 40, 134). Allein die Gründe sind nicht überzeugend. Zweifellos kann der Testamentsvollstrecker, dem nur die Auseinandersetzung des Nachlasses obliegt, ohne bereits bestehende Verpflichtung des Erblassers die Erben nicht zu Mitgliedern einer GmbH. machen. Denn seine Vertretungsmacht ist kausal begrenzt. Er verpflichtet sie oder den Nachlaß nur, soweit dies zur ordnungsgemäßen Geschäftsbesorgung erforderlich ist. Anders aber bei dem Testamentsvollstrecker, dem die erweiterte Befugnis zu dem Eingehen von Verbindlichkeiten für den Nachlaß zusteht (§ 2207 Satz 1 BGB.). Also speziell der, dem die Verwaltung des Nachlasses übertragen ist (§ 2209 Satz 2 BGB.). Das KG. versagt auch diesem die Vertretung bei der Gründung einer GmbH. Er werde nicht persönlich Subjekt der Ansprüche und Verpflichtungen. Er sei nicht gesetzlicher Vertreter der Erben. Er vertrete den Nachlaß nur kraft Testamentes und können nur für diesen Schulden eingehen, demnach die Erben nur mit dem Nachlasse haftbar machen. Daher könne er für die Erben nicht die Verpflichtungen aus ihrer Einlage in die Gesellschaft und aus der Kollektivhaftung gemäß § 24 übernehmen, da gemäß § 25 eine Befreiung von diesen Schuldverhältnissen auch nicht durch Berufung auf die beschränkte Haftung der Erben zulässig sei. Von diesem Argument sind die drei ersten Sätze richtig. Der vierte, der die Folgerungen wiedergibt, ist falsch. Die Berufung der Erben auf die Beschränkung ihrer Haftung bis zur Höhe des Nachlasses ist kein Anrufen eines Verzichtes seitens der Gesellschaft. Nur dieser ist verpönt. Daß die Ansicht des KG. unzutreffend ist, erhellt deutlich, sobald man sich des Falles erinnert, daß der Erblasser einen wirksamen Vorvertrag zur Errichtung einer GmbH. unterzeichnete, in dessen Vollzug der Testamentsvollstrecker (und hier ist auch der nur zur Auseinandersetzung des Nachlasses Berufene legitimiert) bei dem Gesellschaftsvertrage mitwirkte. Die Erben haften auch hier nur mit dem Nachlasse, wie es der Fall wäre, wenn sie selbst den Akt in Erfüllung einer Verpflichtung ihres Erblassers vollzögen. Parisius-Crüger-Crecelius schließen sich dem KG. an (Bem. 2 Abs. 7 Nr. 2). Zu den Schulden, die der Testamentsvollstrecker eingehen dürfe, könnten unmöglich solche, wie der § 24 in sich schließt, gehören. Wäre dies richtig, so könnte ein Testamentsvollstrecker für den von ihm verwalteten Nachlaß auch keinen Geschäftsanteil einer bestehenden Gesellschaft erwerben, insbesondere bei noch nicht vollbezahltem Stammkapitale. Auch hier tritt die Haftung aus § 24 ein. Auch hier bleibt aber die Haftung des Gesellschafters auf die Erbschaft beschränkt. Ebenso schließen sich Liebmann (Anm. 7) und Brodmann (Anm. 4) dem KG. an. Beide müssen allerdings zugeben, daß in dem oben erwähnten Fall des vom Erblasser errichteten Vorvertrags der Testamentsvollstrecker diesen Vertrag müsse abschließen können. Sie wollen aber diesen Fall als eine nicht weiter rechtlich zu begründende Ausnahme ansehen und greifen im übrigen vollkommen auf den Standpunkt des KG. zurück, wobei Brodmann noch den Testamentsvollstrecker überhaupt nicht als Bevollmächtigten, sondern als gesetzlichen Vertreter angesehen wissen will. Man sieht aus diesen Konsequenzen, daß die bekämpfte Ansicht unhaltbar sein muß. Es macht auch keinen Unterschied, daß die Verwaltung des Nachlasses auf Zeit beschränkt ist. Der Erbe nimmt nach dem Aufhören der Testamentsvollstreckung das Vermögen in der Gestalt, wie es angelegt wurde. Zu trennen von der Einwirkung des Testamentsvollstreckers bei der Errichtung der GmbH. ist die des Erben unter Zustimmung des Testamentsvollstreckers. Diese ist stets dann erforderlich, wenn die Einlage des Erben aus dem Nachlaß vermerkt werden soll. § 2.

3. **Die Ergänzung oder Abänderung des Gesellschaftsvertrags.** Jede nach dem Abschluß **des Gesellschaftsvertrages** und vor dem Eintrage erfolgende **Ergänzung oder Abänderung** bedarf ebenfalls der Beobachtung der Vorschrift des § 2. So ist die Einigung der Gesellschafter über die Wahl einer gesetzmäßigen Firma, auch wenn sie dem Gesellschaftsvertrag als Ergänzung oder Änderung der zunächst beabsichtigten, aber unzulässigen Firma hinzutritt, formbedürftig (KG. 30. 12. 21, OLGRspr. 42, 219). Erfolgt sie, so ist es so anzusehen, als ob sie von Anfang an darin enthalten war (BayrObLG. in OLGR. 5, 281 und im Recht 02, 270). Eine solche Änderung ist, da sie vor der Eintragung zum Handelsregister erfolgte, nur einstimmig möglich (vgl. unten Anm. 8 zu § 11). Die Bestimmungen über Statutenänderung finden noch keine Anwendung. Eine GmbH., bei der bedungen ist, daß die Stammeinlagen einzelner Gesellschafter durch ihre Dienste bei der Gründung als bezahlt gelten sollen, ist nicht nichtig. Eine nachträgliche Abänderung dahin, daß alle Stammanteile bar bezahlt werden sollen, ist keine Neugründung, keine Bestätigung eines nichtigen Vertrages, sondern Abänderung eines bestehenden Gesellschaftsvertrages (RG. 2. 2. 14 BauersZ. 22, 12). Keine Ergänzung des Gesellschaftsvertrages ist eine Vereinbarung der Gesellschafter darüber, wo die Einlage bezahlt werden soll. Sie ist daher ohne Form gültig. Auch die Einzahlung bei einem Treuhänder ist Übergabe des Geldes an die Gesellschaft (RG. 23. 5. 13 LZ. 1913, 946[4]). Anm. 11.

Wird eine beigefügte Änderung nur von einzelnen Gesellschaftern beschlossen, so hindert dies die Eintragung nicht, sofern nur der von allen Beteiligten unterschriebene Vertrag den gesetzlichen Anforderungen entspricht. Der spätere Zusatz bleibt aber, auch wenn er mit eingereicht wird, ohne Bedeutung. Einen Einwand gegen ihre im ursprünglichen Vertrage übernommenen Verpflichtungen können die Gesellschafter aus der Ungültigkeit dieses Nachtrags nicht ableiten, selbst wenn sie dartun, daß sie nur auf Grund desselben dem Geschäftsführer die Weisung zum Eintrage gaben. Dies gilt auch, wenn der

§ 2. Nachtrag nur die Zusage eines Gesellschafters enthält. Ob die Gesellschafter gegen die nicht den Nachtrag Unterschreibenden eine Klage auf Mitwirkung zur Beurkundung des Nachtrags haben, hängt von der Existenz eines gültigen Vorvertrags ab (unten Anm. 14 ff.). Das Recht, wegen mangelnder Gültigkeit des Nachtrags die Auflösung der Gesellschaft zu fordern, ist nur dann gegeben, wenn hieraus ein in den Verhältnissen der Gesellschaft liegender wichtiger Grund zur Auflösung der Gesellschaft folgt (§ 61).

Anm. 12. 4. Ein Gesellschaftsvertrag, der der vorgeschriebenen Form entbehrt, ist **nichtig.** Ebenso wenn eine wesentliche Vorschrift des Gesetzes über die Errichtung desselben, die zur Wahrung der Form gehört, verletzt ist. So bei der Nichtvorlesung der Anlage, welche den Vertrag enthält (§ 146 Abs. 2 FG.). Der nichtige Vertrag kann nur unter Wahrung der Form bestätigt werden (§ 141 BGB.). Solange dies nicht geschehen, kann jeder Kontrahent auf Feststellung der Nichtigkeit klagen. Liegt ein gültiger Vorvertrag vor, so steht jedem Beteiligten der Anspruch auf nochmalige Vornahme in ordnungsgemäßer Form zu. Die Beteiligten haben sich bei der formgerechten Wiederholung untereinander so zu behandeln, als wäre der Vertrag von Anfang an gültig gewesen (§ 141 Abs. 2 BGB.). Das kann insbesondere für Sacheinlagen von Wert sein.

Das auf Grund des nichtigen Vertrags bereits Geleistete kann von dem Leistenden nach den Grundsätzen über die ungerechtfertigte Bereicherung zurückgefordert werden (§ 812 BGB.). Wird die Gesellschaft in vorgeschriebener Form nicht von allen ursprünglichen Gesellschaftern errichtet, so geht der Bereicherungsanspruch dann gegen die GmbH., wenn diese die Einlage der bei der gültigen Errichtung nicht mehr beteiligten Gesellschafter erhalten hat (KG. BauersZ. 18, 86). Unzulässig ist es, solange nicht alle Beteiligten sich durch den notariellen Vertrag gebunden haben, der Rückforderung entgegenzuhalten, daß ein wider Treu und Glauben verstoßendes Verhalten (§ 815 BGB.) vorliegt (RG. 9. 11. 09 JW. 10, 17 [23]). Solange der Gründungsvertrag nicht formell beurkundet ist, besteht keinerlei Verpflichtung aus diesem. Anders stets beim Vorliegen eines gültigen Vorvertrags. Ebenso auch wenn der Leistende den Gründungsakt selbst zeichnete und dabei die Einlage machte, solange dieser Vorgang als Offerte an den anderen Gesellschafter zum Abschlusse des Gesellschaftsvertrags aufzufassen ist. Erst wenn dieser die Unterzeichnung ablehnt und über die angemessene oder im Vertrage bestimmte Zeit verzögert, wird jener wieder frei.

Die Erben eines Gründers haben dieselbe Rechtsstellung wie ihr Erblasser. Sie sind an einen wegen Mängel nichtigen Gesellschaftsvertrag nicht gebunden. Ob sie zum Abschlusse eines neuen Vertrags gehalten sind, hängt von dem Vorliegen eines gültigen Vorvertrags ab (OLG. Bamberg 1. 3. 10 LZ. 10, 872). Daß diese darin begründete Gesellschaft bürgerlichen Rechts durch den Tod eines Gesellschafters aufgelöst werde (§ 727 BGB.), läßt sich nicht allgemein behaupten. Die Verkehrsauffassung spricht hier für das Gegenteil (vgl. unten Anm. 16).

Anm. 13. **Wenn der in nicht gehöriger Form abgeschlossene Gesellschaftsvertrag gleichwohl eingetragen worden ist,** so ist die Gesellschaft gültig. Ein Fall des § 75 liegt nicht vor. Das RG. in RGZ. 26, 68 hatte ausgesprochen, daß im Aktienrecht die Formlosigkeit eines Gesellschaftsvertrags, wenn die Eintragung nur mit dem Willen der Kontrahenten erfolgt ist, die Nichtigkeit der Gesellschaft nicht zur Folge hat. Dieses Prinzip muß auch auf die GmbH. ausgedehnt werden. Für die formlos erfolgte Kapitalserhöhung hatte dies das Kammergericht unter Bezugnahme auf die Entscheidung des RG. angenommen (KG. 9. 7. 00 RJA. 1, 116). Der § 75 ist dahin auszulegen, daß Nichtigkeit dann eintritt, wenn eine der im § 3 Abs. 1 enthaltenen Bestimmungen fehlt oder ihrem Inhalte nach nichtig ist. Mängel in der Form der Gesellschaftserrichtung kommen aber nicht mehr in Betracht, wenn der Gesellschaftsvertrag eingetragen ist. Entgegen dieser schon von Staub in der ersten Auflage ausgesprochenen Ansicht hat das RG. (13. 5. 03 RGZ. 54, 418 und 22. 6. 11 Recht 11, 2698) entschieden. Es stützt sich auf den Grundsatz des BGB. § 125, daß alle Rechtsakte, welche der vorgeschriebenen Form entbehren, nichtig sind. Es legt die Motive bar, welche zur Einführung der Nichtigkeitsklage führten. „Hiernach kann nicht von der Einführung eines neuen Rechtsgrundsatzes die Rede sein, daß eine Nichtigkeit, welche dem Gesellschaftsvertrage wegen Nichtbeobachtung der gesetzlich gebotenen gerichtlichen oder notariellen Form anhaftet, durch die Eintragung der Gesellschaft in das Handelsregister geheilt würde." Die einengende Auslegung des § 75, daß nur Mängel im urkundlichen Inhalte des Gesellschaftsvertrages die Nichtigkeitsklage begründen, sei mit der Fassung des Gesetzes nicht vereinbar. Diese Gründe wirken nicht überzeugend (vgl. Staub DJZ. 03, 336; Hachenburg das. 439; Keyßner ZHR. 54, 285; Parisius-Crüger-Crecelius 91 Anm. 1; mit dem RG. Neukamp GZ. 42). Im Gesetze selbst ist ein unmittelbarer Ausspruch über diesen Punkt nicht enthalten. Es muß aus sich selbst ergänzt werden. Nirgends ist auch der Rechtssatz ausgesprochen, daß die Anfechtung wegen Betrugs und Irrtums ausgeschlossen sei, sobald die Gesellschaft im Handelsregister eingetragen ist (vgl. unten Anm. 34). Und doch hat das RG. unter allgemeiner Billigung aus dem Geist des Gesetzes die Auslegung gefunden. Fragen wie die hier vorliegende können nicht aus dem Wortlaute von Gesetzesstellen, sondern nur aus dem Wesen des ganzen Gesetzes heraus gelöst werden. Das RG. wird bei seiner Begründung dem Unterschiede zwischen dem Formmangel und dem des materiellen Inhaltes des Gründungsaktes nicht gerecht. Der letztere wird auch durch den Eintrag nicht verdeckt. Denn dieser erfolgt mit den Mängeln, die dem Vertrage anhaften. Welche Urkunde der Eintragung zugrunde liegt, vermag niemand zu sehen, wenn er nicht diese selbst sich vorlegen läßt. Was aber gilt, wenn statt des notariellen Protokolls eine Privaturkunde mit beglaubigter Unterschrift vorlag, muß auch angenommen werden, wenn zwar eine notarielle Urkunde errichtet ist, diese aber aus irgendeiner Ursache nichtig ist. So wenn die Urkunde vom Stellvertreter des Notars aufgenommen war, dessen Vertretungsbefugnis bereits erloschen war, wenn der Notar der Schwager eines Gründers war usw. In diesen Fällen kann auch der Registerrichter der Urkunde nicht ansehen, daß sie diese Mängel hat. Eine notarielle Urkunde im Sinne des § 2 setzt aber doch eine gültige Urkunde voraus. Die Folge wäre, daß bei längst bestehenden Gesellschaften ein Mitglied, das deren Liquidation erzwingen will, in den Registerakten stöbern und auf Grund eines ihm durch Zufall bekanntwerdenden Umstandes eine blühende Gesellschaft vernichten kann. Eine Heilung durch Beschluß der Gesellschafter gibt es nicht. Der § 76 führt diesen Fall nicht an. Es bliebe nur die Bestätigung im Sinne des § 141 Abs. 2 BGB. Hierzu ist aber nicht nur die Mitwirkung aller, sondern aller ursprünglichen Gesellschafter, der Gründer, erforderlich, da diese Bestätigung eine erneute Vornahme bedeutet. Es wäre dies aber eine Neugründung, die eine neue Gesellschaft erzeugte. Gerade diese Konsequenzen zeigen, daß die Auslegung der §§ 75 und 76 durch das RG. nicht richtig sein kann. Die Nichterwähnung des § 2 in den §§ 75 und 76 bedeutet nicht, daß man die Nichtigkeit wegen Formmangels als selbstverständlich ansieht und daß man eine Heilung, die bei inhaltlichen Mängeln gestattet ist, ausschließen will. Aus § 76 folgt vielmehr der eingangs aufgestellte Satz, daß die eingetragene Gesellschaft wegen eines Mangels in der Form nicht als nichtig erklärt werden kann. Die notarielle Beurkundung ist, wie das RG. selbst es ausdrückt, als „zuverlässige Errichtungsgrundlage" gefordert. Errichtungsgrundlagen sind auch die Bestimmungen über die Deckung der Stammeinlage (vgl. § 7 Abs. 2). Man ist aber darüber einig, daß das Fehlen dieser Grundlage auf den Bestand der Gesellschaft keinen Einfluß hat (vgl. Anm. 13 zu § 7). Dieselben Gründe müssen in unserem Falle ebenso zu einem Zurücktreten des formalen Momentes hinter den materiellen Interessen führen. Man beachte endlich, daß das Gesetz selbst, wie aus §§ 75 ff. erhellt, der Eintragung eine heilende Wirkung zuspricht. Allerdings für den dort aufgezählten Fall keine vollständige. Aber die vollzogene Eintragung hindert doch, daß eine Gesellschaft, auch wenn sie noch so wesentliche materielle Mängel hat, als ein Nichts erscheine. Sie wird durch die Nichtigkeitsklage oder den Beschluß des Registergerichts aufgelöst. Sie steht der in Liquidation befindlichen Gesellschaft gleich (vgl. Anm. 2 zu § 77). Vor der Eintragung hatte ein solcher

§ 2. mangelhafter Vertrag überhaupt keine Rechtskraft. Nach der Eintragung entsteht sie, wenn auch abgeschwächt. Hieraus ergibt sich, daß zweifellos dieser Vorgang heilende Bedeutung hat. Es wird daher aus dem Nichterwähnen der Vernichtungsmöglichkeit trotz der Eintragung bei der formwidrigen Urkunde auf die vollständige Heilung geschlossen werden dürfen. Nur der Nichtigkeit des Gesellschaftsvertrags wegen Formmangels versagt das Reichsgericht die Heilung durch die erfolgte Eintragung der GmbH. Ist der Gesellschaftsvertrag aus einem anderen Grunde nichtig, so heilt die Eintragung den Mangel (RG. 22. 5. 13 RGZ. 82, 291). (A. M. Brodmann Anm. 5; Liebmann Anm. 1.)

Das österr. Ges. § 87 gibt die die Stelle der deutschen Löschung von Amts wegen vertretende Auflösung der Gesellschaft durch die Handelsgerichte auf Antrag der Finanzprokuratur, auch wenn der Gesellschaftsvertrag der notariellen Beurkundung entbehrt. Hier liegt die ausdrückliche gesetzliche Vorschrift vor. Sie wird außerdem gemildert durch die allgemeine Zulassung der Behebung der Nichtigkeit (§ 43). Daß hier bereits die Rechtsprechung des deutschen RG. einwirkte, läßt sich vermuten. Ganz ebenso verfährt das bulgarische Gesetz (Art. 106). Nur daß an die Stelle der Finanzprokuratur der Staatsanwalt getreten ist. Auch hier besteht die allgemeine Möglichkeit der Behebung der Nichtigkeit (Art. 52). Dagegen hat nach dem französischen Gesetz ein Formmangel bei Abschluß des Gesellschaftsvertrags unbedingt die Nichtigkeit des gesamten Vertragskomplexes zur Folge (Art. 9). Ebenso verhindert nach dem italienischen Vorentwurf (Art. 118) der Mangel in einer gesetzlichen Formvorschrift das Entstehen der Gesellschaft, auch wenn die übrigen Vorschriften erfüllt sind. Das polnische Gesetz, der Schweizer Entwurf lassen die Fragen unerwähnt.

Anm. 14. 5. **Der Vorvertrag. Bedarf auch ein Rechtsgeschäft, durch welches die Verpflichtung zur Gründung oder Mitbegründung einer GmbH. eingegangen wird, der gerichtlichen oder notariellen Form?** Dies wird vom RG. (43, 136) bejaht. Schon Staub in der 1. Auflage (Anm. 25 S. 32) hatte diese Ansicht bekämpft. Das RG. erklärt auch gegenüber den hier vorgebrachten Gründen, an seiner Meinung festzuhalten (RG. 15. 4. 03 JW. 1903, 248; 7. 5. 04 JW. 1904, 321 und Holdheim 13, 257; 24. 6. 05 das. 291 und 8. 5. 07 JW. 1907, 394[15]; sowie RGZ. 66, 116; RG. 24. 3. 08 LZ. 2, 866[5]; 18. 12. 08 Recht 09, 581; RG. 22. 5. 13 RGZ. 82, 299; und speziell unter Bekämpfung der hier vertretenen Ansicht RG. 19. 12. 19 LZ. 1920, 484[5]). Mit dem RG. stimmen Parisius-Crüger-Crecelius S. 87 Anm. 1, Neukamp-Becker Anm. 4 und Brodmann Anm. 5 überein. Das RG. sagt: „Es gibt keinen Anspruch auf Vollziehung der Form, wenn das Gesetz dem rechtsgeschäftlichen Willen nur in der gebührenden Form Beachtung schenkt." Dieser Satz ist richtig. Aber die Verpflichtung, sich bei einer GmbH. zu beteiligen, ist wohl zu scheiden von dem „Abschluß des Gesellschaftsvertrages", von welchem im § 2 des Gesetzes die Rede ist. Der Abschluß des Gesellschaftsvertrages ist derjenige Rechtsakt, durch welchen die Gesellschaft gebildet wird. Er ist die Errichtung desjenigen juristischen Gebäudes, welches, nachdem in der Eintragung die Krönung hinzukommt, eine GmbH. ist. Dieses juristische Gebäude betrifft die Festsetzung der Lebensbedingungen der künftigen **Gesellschaft**, die Gestaltung der Rechtsverhältnisse, wie sie zwischen der Gesellschaft und den Gesellschaftern bestehen sollen, die „dauernde, auch Dritten erkennbar zu machende Grundlage der Gesellschaftsverhältnisse" (Motive zu § 2). Von der Festsetzung dieser Satzungen sind begrifflich verschieden diejenigen Abreden, durch welche sich die einzelnen Gesellschafter verpflichten, ein solches Rechtsgebäude zu errichten. Das ist auch bei der Aktiengesellschaft nicht anders. Verpflichtet sich jemand, sein Fabrikgrundstück in eine Aktiengesellschaft zu inferieren, so werden hierüber eine Reihe von Abreden getroffen, die mit der Errichtung der Aktiengesellschaft selbst, mit den Lebensbedingungen der künftigen Gesellschaft, mit den Rechtsverhältnissen der Gesellschafter zur Gesellschaft nicht das geringste zu tun haben. Der Fabrikbesitzer erklärt sich z. B. zur Inferierung bereit, jedoch nur gegen die Verpflichtung der anderen Kontrahenten, ihm die Aktien nach einer bestimmten Zeit oder zu einem bestimmten Kurse abzunehmen oder sie ihm zu lombardieren, oder gegen die Abrede, seinen Sohn zum Vorstande anzustellen usw. usw. Bei der Gründung einer GmbH. haben derartige Abreden unter den Gesellschaftern oft zum Inhalt, daß der eine Gesellschafter dem anderen seine Geschäftsanteile jederzeit zu einem bestimmten Kurse abkaufen oder überlassen muß, oder daß ein Teil dem anderen seine Geschäftsanteile abkaufen muß, wenn sich eine bestimmte Unterbilanz herausstellt, oder daß eine gewisse Zeit lang der eine Gesellschafter den halben Gewinn dem anderen überlassen muß usw. usw. Oder es wird einem Gesellschafter das Recht eingeräumt, nach Ablauf einer gewissen Zeit neues Kapital einzuschießen, und die übrigen Gesellschafter werden verpflichtet, dem zuzustimmen. Für die Gesellschaft ist dies natürlich nicht bindend. Ein Bestandteil des Gesellschaftsvertrages ist dies nicht. Der Kapitalserhöhungsbeschluß ist nur in Form eines konkreten Beschlusses auf Abänderung eines Gesellschaftsvertrages gültig. Aber unter den Gesellschaftern können solche Verpflichtungen vereinbart und eventuell klagend geltend gemacht werden. Für diese rein obligatorischen Verträge kann aber auch bei der GmbH. eine Form nicht gefordert werden. Nur in den Fällen, in denen ein obligatorischer Vertrag an eine Form gebunden ist, gilt das Prinzip, daß es keine formlose Verpflichtung zur Eingehung dieses Vertrages gibt. Niemand kann sich formlos verpflichten, einen notariellen Vertrag über einen Hausverkauf zu schließen. Anders aber, wenn nur das Erfüllungsgeschäft an die Form gebunden ist. Hier ist die Verpflichtung formlos gültig. Man kann sich mündlich verpflichten, eine Wechselverpflichtung einzugehen. Aber man kann sie nur eingehen in der strengen Form des Wechsels. Man kann sich mündlich verpflichten, eine Hypothek zu bestellen. Aber man bestellt sie nur in den bekannten erschwerenden Formen (RG. 48, 133; 50, 77). Dasselbe gilt auch hier. Wie das Versprechen der Hypothek ist auch die Zusage der Gründung einer GmbH. formlos gültig. Ihr gegenüber ist der Beschluß des Gesellschaftsvertrages das dingliche Geschäft. Neukamp (GZ. 499) wirft ein, daß Wechselzeichnung und Hypothekenbestellung dem Individualrecht angehören, die Beitrittserklärung zu einer GmbH. dem Sozialrecht. Das trifft zu, schließt aber die Richtigkeit der Parallele nicht aus. Brodmann (Anm. 5) sieht die Unrichtigkeit der hier aufgestellten Parallele darin, daß das Verlangen der strengen Form bei der Wechselverpflichtung einen anderen Zweck habe als bei der Gründung der GmbH. Indessen argumentiert er hier mit angeblichen gesetzgeberischen Motiven, die nicht in dem Gesetze ihren Ursprung haben, sondern umgekehrt erst selbst durch seine Stellungnahme motiviert erscheinen. Über die Parallele der Hypothekbestellung spricht Brodmann überhaupt nicht. Das RG. (66, 120) sieht in dem Gesellschaftsvertrag ein obligatorisches Geschäft, da jeder Gesellschafter sich darin zu einer Einlage verpflichte. Dieses Moment genügt hierzu nicht. Nicht dadurch allein, daß aus einem Rechtsakte Schuldverhältnisse fließen, wird dieser zu einem obligatorischen Vertrage. Die Gründung der GmbH. ist ein Stück des Körperschaftsrechts. Sie verhält sich aber gerade deshalb zu dem obligatorischen Vertrag wie die Hypothekenbestellung zur Zusage. § 2.

Endlich ist noch auf § 15 Abs. 4 hinzuweisen. Dort hat das Gesetz ausdrücklich angeordnet, daß bei der Veräußerung eines Geschäftsanteils auch der obligatorische Vertrag der Form bedarf. Das beweist, daß das Prinzip, wie es das RG. aufstellt, dem Gesetze nicht zugrunde liegt. Sonst wäre diese Stelle zwecklos. Das RG. war offenbar früher auch anderer Ansicht. Sonst wäre es nicht zu erklären, daß es in der Entscheidung 41, 282 sorgfältig untersucht, ob die in einfacher Schriftform abgegebene Verpflichtungserklärung eines Brauereibesitzers, seine Brauerei in eine zu gründende Aktiengesellschaft zu inferieren, nicht wegen ungenügender Bestimmtheit besonders hinsichtlich der Rechtsverhältnisse der künftigen Aktiengesellschaft, ungültig ist. Wozu diese umständlichen Untersuchungen der materiellen Frage, wenn die Form fehlte? Denn auch im Aktienrecht ist für den eigentlichen Gründungsvertrag die notarielle oder gerichtliche Form Erfordernis. Dagegen nimmt das RG. in Bd. 43 zu Unrecht auf seine

§ 2. früheren Entscheidungen in 14, 93 und 40, 48 Bezug. In diesen beiden Entscheidungen stand in Frage, ob derjenige Rechtsakt, durch welchen jemand Mitglied einer Genossenschaft oder einer Aktiengesellschaft wird, notwendig in der gesetzlichen Form betätigt werden muß. Das hatte das RG. mit Recht bejaht. Die Aktienzeichnung als solche, der Akt, durch welchen man Mitglied wird, ist allerdings nur in schriftlicher Form gültig. Nur in dieser Form wird die Mitgliedschaft erworben. Dagegen war bisher nicht angezweifelt worden, daß die einem Dritten oder einem künftigen Mitgesellschafter gegenüber abgegebene Verpflichtung, eine Aktie zu zeichnen, auch in mündlicher Form gültig ist. Auch die Polemik von Neukamp (GZ. 501) übersieht, daß es sich nicht um die zweifellos der schriftlichen Form bedürfenden Aktienzeichnung, sondern um die Verpflichtung hierzu gegenüber Dritten handelt. Wenn Neukamp (GZ. 505) auf die Tendenz des Gesetzes, den spekulativen Handel mit den Geschäftsanteilen unmöglich zu machen, verweist und der hier vertretenen Ansicht vorwirft, daß sie zu der formlosen Übertragung des Rechts auf Beteiligung führe, so wird hier der fundamentale wirtschaftliche Unterschied zwischen einem Geschäftsanteil einer GmbH. und einer Beteiligung bei einem Gründungssyndikat übersehen. Letztere eignen sich ihrer ganzen Natur nach nicht zum Umsatzobjekt des spekulativen Verkehrs. Stehen sich doch hier Rechte und Pflichten auf beiden Seiten gegenüber. Der Eintritt eines anderen in den Vorvertrag bedarf auch der Zustimmung der anderen Beteiligten (unten Anm. 15).

Das RG. erklärt einen privatschriftlichen Vorvertrag auch dann für nichtig, wenn in ihm die Errichtung der künftigen Gesellschaft in einer noch unbestimmten Form vorgesehen ist, sobald nur die Möglichkeit besteht, daß die künftige Gesellschaft auch als GmbH. (oder AG.) errichtet wird. Die Formbedürftigkeit des Vorvertrags zur GmbH., die aus der Teilnichtigkeit sich ergebende Gesamtnichtigkeit des Vorvertrags ist als einer der Nichtigkeitsgründe ausdrücklich hervorgehoben (RG. 9. 1. 23, JW. 1924, 170[6] mit zustimmender Fußnote von Fischer).

Die Folge der Ansicht des RG. ist, daß alle Verträge, in denen die Gründung einer GmbH. auch nur für bestimmte Fälle oder unter Bedingungen vorgesehen, ihrem ganzen Inhalte nach der Form bedürfen. Also auch der Vertrag einer offenen Handelsgesellschaft, der für den Fall des Todes aller Gesellschafter die Umwandlung des Geschäftes in eine GmbH. vorsieht. Das erschwert solche fürsorglichen Maßnahmen. Es spricht gegen die Auffassung des RG. Auch Erwägungen aus den Ausführungen Brodmanns sprechen trotz seiner eigenen Stellungnahme gegen das RG. Sie muß folgerichtig auch für die erste Vereinbarung unter den künftigen Gesellschaftern die notarielle Form verlangen. Denn wenn auch nur dieser allererste Vertrag formlos ist, behält jeder Teilnehmer freie Hand (Brodmann Anm. 5). Ein Ausreifenlassen der Pläne unter der doch notwendigen Bindung der künftigen Gesellschafter ist auf diese Weise so gut wie unmöglich.

Das bulgarische Gesetz verlangt ausdrücklich auch für alle Vorverträge notarielle Form (Art. 2 Abs. 3). Das ist der einzige Fall, daß das Gesetz selbst die Regelung schafft.

Anm. 15. **Die Verpflichtungserklärung muß die nötige materielle Bestimmtheit haben.** Es muß feststehen, nach welchen Rechtsverhältnissen die künftige Gesellschaft leben soll (vgl. hierüber RG. 30, 95 und 41, 282). Eine größere Genauigkeit, als daß die Kontrahenten die Tragweite der einzugehenden Pflichten kennen, ist nicht erforderlich (RG. 8. 5. 07 RGZ. 66, 116 und 24. 3. 08 LZ. 2, 866[5]). Es müssen alle wesentlichen Erfordernisse des Gesellschaftsvertrages, insbesondere Stammkapital und Einlagen, feststehen. Es muß feststehen, daß im übrigen nichts Besonderes oder was sonst Besonderes vereinbart werden soll. Das Erfordernis der Bestimmtheit oder Bestimmbarkeit ist aber nicht allzu streng aufzufassen. Es müssen nicht gerade alle Festsetzungen des abzuschließenden Gesellschaftsvertrages unabänderlich feststehen. Statthaft ist eine gewisse Wandelbarkeit, die das Erfordernis der Bestimmtheit nicht beeinträchtigt. Man kann sich z. B. gültig verpflichten, einer GmbH. beizutreten, welche entweder die Firma

A. Schulze & Co. Gesellschaft mit beschränkter Haftung trägt oder einen der anderen Namen der Gesellschafter mit einem das Gesellschaftsverhältnis andeutenden Zusatz oder ohne einen solchen. Es genügt, daß das künftige Gesellschaftskapital, wenn auch nur objektiv, im Mindest- und im Höchstbetrage bezeichnet ist, wenn nur die von dem Verpflichteten übernommene Höchsteinlage feststeht. Es kann dabei auch dem einen Beteiligten die Abrundung der auf die einzelnen Gesellschafter entfallenden Beteiligungsziffern überlassen werden (RG. 66, 116). Dagegen ist die Änderung des Stammkapitals nur im Wege der Vertragsänderung möglich. Sie bildet mit dem ursprünglichen Vertrag eine rechtliche Einheit (RG. 26. 2. 18 LZ. 18, 856[22]). Es schadet nichts, wenn über den Gegenstand der Sacheinlage später Meinungsverschiedenheit besteht. Es genügt, daß dieser in Streitfällen durch den Richter bestimmt werden kann. Ja, es können auch Namen und Sitz, wenn sie nicht ausdrücklich erwähnt sind, aus dem Gesamtinhalt entnommen werden (RG. LZ. 2, 866[5]). Nicht selten wird im Vertrage einer offenen Handelsgesellschaft oder Kommanditgesellschaft unter bestimmten Voraussetzungen die Umwandlung in eine Gesellschaft m. b. H. vereinbart. Ist nun diese Vereinbarung getroffen, so ist der nähere Inhalt aus den Umständen zu entnehmen. Im Zweifel wird die Firma, der Sitz und der Gegenstand des bisherigen Unternehmens beibehalten werden sollen. Das Stammkapital und die Einlagen decken sich mit dem Gesellschaftsvermögen und den Kapitalkonten der Gesellschafter. Ungültig wegen mangelnder Bestimmtheit ist eine solche Zusage nicht. § 2.

Ein Vorvertrag muß als solcher gewollt sein. Man kann nicht einen Gesellschaftsvertrag, der infolge eines Mangels nichtig und dessen Eintrag vom Registerrichter zurückgewiesen ist, als gültigen Vorvertrag behandeln. Jeder Beteiligte kann dann die Mitwirkung zu einer erneuten Errichtung des Gesellschaftsvertrages ablehnen (OLG. Bamberg 1. 3. 10 LZ. 10, 872). Anders nur, wenn dieselbe Urkunde sich nach ihrem Inhalt zugleich als Verpflichtungsvertrag und als Errichtungsakt geben will.

Nimmt man mit dem RG. eine Formvorschrift für den Vorvertrag an, so kann sich derjenige, der die Nichtbeobachtung der Form verschuldete, indem er sie gegenüber dem Verlangen des anderen Teils für unnötig erklärte, nicht auf die Ungültigkeit wegen Fehlens der Form berufen. Dies gilt insbesondere, wenn er absichtlich verfuhr, um sich später auf den Mangel der notariellen Form zu stützen. Dagegen ist eine Berufung auf Treu und Glauben gegenüber der Nichtigkeit grundsätzlich ausgeschlossen (RG. 14. 12. 11; ZAG. 20, 15). Die Einrede der Arglist erscheint zulässig, wenn der eine Vertragsteil durch schuldhaftes Verhalten des anderen Teils in den Irrtum versetzt würde, die Beobachtung der Form sei nicht erforderlich (RG. 17. 6. 22; RGZ. 105, 155; RG. 28. 11. 23; RGZ. 107, 357).

Kein Vorvertrag im Sinne der reichsgerichtlichen Rechtsprechung ist es und also nicht der Form bedürftig, wenn sich zwei Personen einem Dritten gegenüber verpflichten, eine GmbH. zu errichten, bei der dieser Dritte nicht beteiligt ist. So, wenn dieser den beiden Teilhabern einer offenen Handelsgesellschaft einen Kredit zusagt. Diese verpflichten sich, ihre Gesellschaft in eine GmbH. umzuwandeln. Hier kann nach der Gründung der Kredit nicht wegen des Formmangels der Abrede geweigert werden. Ebenso nicht das etwaige Versprechen, einen Teil der Kosten der Gründung zu tragen.

Der gültige Vorvertrag schafft unter den Beteiligten eine Gesellschaft bürgerlichen Rechts. Ihr Zweck ist, die in Aussicht genommene GmbH. durch das gemeinsame Zusammenwirken zu schaffen. Mit ihr ist sie identisch. Vorgesellschaft und GmbH. sind nicht verschiedene Vereinigungen. Sie sind die gleiche Gesellschaft in verschiedenen Entwicklungsstadien (RG. 22. 5. 13 RGZ. 82, 289; JW. 1913, 925, ferner ausführlich in Anm. 1 zu § 11. Dort auch die weitere Rechtsprechung). Die für die werdende GmbH. im Gründungsstadium entstandenen Rechte und Pflichten gehen ohne Übertragung auf die eingetragene GmbH. über. Aus Handlungen des Geschäftsführers vor der Eintragung wird ausschließlich die Vorgesellschaft berechtigt und verpflichtet, soweit Anm. 16.

§ 2. sie über das zur Begründung der GmbH. Notwendige hinausgehen (RG. 16. 2. 13 RGZ. 83, 370; vgl. Anm. 7 zu § 11). Das Versprechen, für die infolge Beteiligung an der Gründung einer GmbH. entstehenden Verluste einzutreten, ist wirksam, auch wenn die Gesellschaft nicht zur Eintragung gelangte (RG. 25. 6. 15 BauersZ. 23, 65). Die durch den Vorvertrag geschaffene Gesellschaft untersteht den Vorschriften des BGB. über die Gesellschaft. Es ist Sache der Auslegung, den Willen der Gesellschafter festzustellen. Daher ist das Recht der jederzeitigen Kündigung (§ 723 BGB.) in der Regel nicht als Inhalt des Abkommens anzunehmen. Alle Gesellschaften, deren Zweck die Errichtung eines bestimmten Ergebnisses ist, gelten auf solange geschlossen, als dieses Ziel im normalen Geschäftsgange zu erreichen ist. Verzögert sich die Errichtung der GmbH. über die normale Zeit, so tritt das Kündigungsrecht ein (RG. 28. 9. 15 RGZ. 87, 164; Holdheim 25, 204). Dabei wird wieder im Wege der Auslegung festzustellen sein, ob besondere Momente, welche die Errichtung der Gesellschaft hinausziehen, bei der Berechnung der Zeitdauer in Betracht kommen. So, wenn eine Person, die als Geschäftsführer in Aussicht genommen war, fortfällt. Das Aufsuchen einer geeigneten anderen Kraft stößt auf Schwierigkeiten. Das Recht der jederzeitigen Kündigung aus wichtigem Grunde (§ 723 BGB.) bleibt jedem Beteiligten des Vorvertrags gewahrt. Dabei kommen alle die Momente zur Geltung, die bei Bestehen der Gesellschaft als Ursache der Auflösungsklage erscheinen (§ 61 GmbHG.). Dazu gehören aber auch alle Vorkommnisse in der Person eines Gesellschafters (Insolvenz usw.), die nur den Vollzug des Vorvertrags berühren. Der wichtige Grund macht aber nach der Rechtsprechung des Reichsgerichts nicht etwa den Vorvertrag nichtig. So für den Fall des Konkurses eines Gesellschafters RG. 22. 5. 13 (JW. 1913, 925 in Bestätigung von OLG. Königsberg 19. 11. 12 PosMSchr. 16, 12). Über die Bedenken dagegen vgl. Anm. 8 zu § 11 am Schlusse.

Die Rechte aus dem Vorvertrage sind nicht veräußerlich. Auch dann nicht, wenn die Geschäftsanteile der künftigen GmbH. zu ihrer Abtretung der Zustimmung der Gesellschaft nicht bedürfen. Es ist ein anderes, ob sich mehrere Personen erst zur Gründung einer GmbH. zusammentun. Ein anderes, ob sie schon entstanden ist. Dies gilt auch bei beabsichtigter Bargründung. Mit Genehmigung der anderen Interessenten kann selbstredend ein Personenwechsel stattfinden (OLG. Stuttgart 13. 10. 11 WürttJ. 24, 274; KG. 28. 2. 19 RsprOLG. 40, 194 und KGJ. 51 A 130). Ebenso kann eine freie Veräußerung an Dritte vereinbart sein. Doch wird sich dies nur in seltenen Fällen als praktisch möglich erweisen. So z. B. wenn ein Terrainkonsortium die Umwandlung in eine GmbH. verabredet und im Konsortialvertrag nach Zahlung des Preises der Liegenschaften die jederzeitige Veräußerung der Beteiligung gestattet wurde.

Ob der Tod eines Beteiligten den Vorvertrag auflöst, ist Auslegungsfrage. Die gesetzliche Regel ist es (§ 727 Abs. 1 BGB.). Es kann sich aber aus dem Gesellschaftsvertrage ein anderes ergeben. Man wird dies annehmen, wenn es sich um eine reine Kapitalvereinigung handelt. Auch dann, wenn Sacheinlagen in Betracht kommen. Es entspricht der Verkehrsauffassung, daß bei solchen Vereinigungen die Pflicht zur Mitwirkung zur Erreichung des einmaligen Zweckes nicht mit dem Tode des einen Beteiligten erlischt. Anders, wenn dieser neben seiner Einlage auch an seine Person geknüpfte Leistungen zusagen sollte. Dann bleibt es bei der Regel der Auflösung. Es ist wieder Sache der Vertragsauslegung, ob der Tod eines Gesellschafters beim Vorvertrage zwar für diesen erheblich ist, aber für die anderen keine Aufhebung der Gesellschaft zur Folge hat. Das Fortbestehen kann angenommen werden, auch wenn es nicht unmittelbar ausgesprochen ist. Aber Anhaltspunkte für diesen Willen der Beteiligten müssen gegeben sein.

Dem **Vorvertrage** unter den mehreren Beteiligten steht die **letztwillige Anordnung** des Erblassers gleich. Er kann den Erben die Errichtung einer GmbH. auferlegen. Sie kann von jedem Miterben gegenüber dem anderen im Wege der Klage erzwungen werden (§ 2194 BGB.). Nur muß auch hier die letztwillige Anordnung die nötige Bestimmtheit aufweisen. Der Erblasser kann nicht den Erben lediglich aufgeben, eine GmbH. zu errichten. Meist wird sich sein Wille auf einen Gegenstand seines Nachlasses beziehen. So auf Grundstücke, die zusammengehalten werden, auf sein Geschäft, das auf diese Weise in der Familie bleiben soll. Der Erblasser kann dabei anordnen, daß diejenigen Erben, die sich nicht innerhalb einer bestimmten Frist zur Mitwirkung bei der Errichtung der GmbH. bereit erklärten, von der Beteiligung an dem Gegenstande seines Nachlasses, auf den sich sein Wille bezieht, ausgeschlossen sind. Sie sind mit Geld abzufinden. Hier liegt eine Teilungsanordnung (§ 2048 BGB.) vor. Er kann noch weiter gehen. Er kann die Widerstrebenden von dem Nachlasse ausschließen und auf den Pflichtteil beschränken. Die einfache Anordnung, worin er die Gründung der GmbH. unter Einlage des Geschäfts verfügt, enthält eine solche Wirkung der Nichtbefolgung nicht. § 2.

Ist der Gesellschaftsvertrag gültig errichtet, so müssen, wenn man auch für den Vorvertrag die Form verlangt, die in dem formlosen Vorvertrage getroffenen Bestimmungen, auch soweit sie nicht in dem Gesellschaftsvertrag Aufnahme fanden, gültig werden. Hierzu führen nicht nur die Bestimmung des § 15 Abs. 4 GmbHG. und des § 313 BGB., sondern vor allem das praktische Bedürfnis. Auch mündliche Nebenabreden werden dann gültig. Nur darf es sich in diesen Fällen nicht um Festsetzungen handeln, die gültig nur im Gesellschaftsvertrage getroffen werden können (RG. 15. 4. 13 LZ. 1913, 783[12]). Es werden daher zunächst alle Abreden der Beteiligten unter sich, die einen Bestandteil des formlosen Vertrags bilden, voll wirksam. So die Zusage, falls die Gesellschaft nicht innerhalb einer bestimmten Zeit ein gutes Resultat ergibt, die Auflösung zu beschließen oder unter festgesetzten Voraussetzungen die Veräußerung eines Geschäftsanteils, welche der Zustimmung der Gesellschafter bedarf, zu genehmigen. Dasselbe gilt aber auch von Bestimmungen, welche der Gesellschaft zugute kommen sollen. Die Abreden können zugunsten der künftigen Gesellschaft getroffen sein. So die Vereinbarung, derselben auf deren Anfordern Darlehen bis zu einem Höchstbetrage zu geben. Insoweit aus der Nichtaufnahme in den notariellen Gründungsvertrag folgt, daß die Beteiligten die Stelle des Vorabkommens nicht mehr gelten lassen wollen, verliert diese ihre Bedeutung. War eine Vorschrift, die nur im Gesellschaftsvertrage getroffen werden kann, z. B. eine Regelung der Stimmverhältnisse oder eine Beschränkung der Anfechtbarkeit von Beschlüssen der Gesellschafter, nur aus Versehen ausgefallen, so hat die durch die Errichtung der Gesellschaft eingetretene Wirksamkeit des Vorvertrages die Folge, daß der verpflichtete Gesellschafter zur Mitwirkung zu einem Nachtrage (oben Anm. 5) oder nach dem Eintrage zu einer Statutenänderung angehalten werden kann (vgl. über die Verpflichtung zur Stimmabgabe in einer vorgeschriebenen Weise Anm. 44 zu § 45). Anm. 17.

6. **Mängel der Vollmacht.** Es liegt entweder eine Ermächtigung zur Vertretung vor. Sie entbehrt aber der vorgeschriebenen Form. Oder es ist überhaupt keine Vollmacht erteilt. Für den Registerrichter, dem ein Gesellschaftsvertrag vorgelegt wird, ist dieser Unterschied belanglos. Er hat in beiden Fällen die Eintragung abzulehnen. Er nimmt sie vor, sobald nachträglich eine ordnungsgemäß beglaubigte Vollmacht vorliegt. Auch hier ist es für ihn einerlei, ob eine mündliche Vollmacht vorher erteilt war oder nicht. Denn auch die nachträgliche Genehmigung hat die gleiche Kraft wie die vorherige Ermächtigung. Es genügt also auch, daß eine solche Gutheißung der vollmachtlosen Vertretung erteilt wird, um den Gründungsakt zu vollenden (KG. 13. 8. 01 OLGR. 3, 261. Den gleichen Grundsatz hatte das KG. ebenfalls auf Grund der Vorschrift des § 177 BGB. bei der noch strengeren Form der Auflassung aufgestellt KG. 4. 3. 01 in RJA. 2, 85). Anm. 18.

Es kann also, wenn nicht alle Gesellschafter anwesend oder gehörig vertreten sind, der Gesellschaftsvertrag entweder (vgl. oben Anm. 1) in der im § 128 BGB. vorgesehenen Form in zeitlicher Reihenfolge abgeschlossen werden oder so, daß eine Person als Vertreter des abwesenden Gesellschafters auftritt und nachträglich eine gehörig beglaubigte Genehmigungserklärung des abwesenden Gesellschafters beibringt. Hätte solch ein Vertreter den Gesellschaftsvertrag nur unter Vorbehalt der Genehmigung des Vertretenen

§ 2. abgeschlossen, so ist diese Erklärung für den Vertretenen nicht bindend. Für ihn gelten die bisherigen Erklärungen der anderen Gesellschafter als Vertragsofferte. Es kann der Vertrag durch den Beitritt des Vertretenen gemäß § 128 BGB. perfekt werden (so auch KG. 13. 8. 01 OLGR. 3, 262). Über die Rechtslage bei Versagung der Genehmigung vgl. unten Anm. 31.

Anm. 19. Liegt ein bindender Vorvertrag vor, so ist der ohne Vollmacht Vertretene den andern Gesellschaftern gegenüber verpflichtet, die Genehmigung zu erteilen und die nicht beglaubigte Vollmacht formkorrekt auszustellen.

Fehlt es an dem Vorvertrage, hat aber der Vertretene dem für ihn Handelnden eine wenn auch nicht beglaubigte Vollmacht erteilt, so steht diesem in der Regel ein Anspruch auf eine dem Gesetze entsprechende Vollmacht nicht zu (Neukamp GZ. 45). Es liegt meist ein Auftrag vor, den der Auftraggeber jederzeit beenden kann. Anders, wenn der Vertreter in einem besonderen Rechtsverhältnisse zum Vertretenen steht, das ihm Anspruch auf die Vollmacht gibt, z. B. in einem Gesellschaftsverhältnisse. Ebenso, wenn der Vertreter für die Beibringung der Beglaubigung einstand. Hier haben die anderen Gesellschafter einen klagbaren Anspruch gegen ihn. Dann muß ihm, auch wenn nur ein Auftrag vorliegt, das gleiche Recht gegen seinen Auftraggeber zustehen. Ohne eine solche Garantie für die Nachholung der Form haben die anderen Gesellschafter keine solche Klage gegen den Vertreter. Sie können in diesem wie in dem Falle, daß der Vertreter ohne jede Vollmacht handelte, nur den Vertretenen zur Erklärung binnen 14 Tagen auffordern. Erfolgt die Genehmigung oder die Aufstellung der beglaubigten Vollmacht nicht innerhalb dieser Frist, so gilt beides als verweigert. Der Vertretene hat keine Rechte mehr aus dem für ihn abgeschlossenen Gesellschaftsvertrage.

Gegen den Vertreter, falls er nicht für seine Vollmacht ausdrücklich einstand, stehen den anderen Gesellschaftern keine Ansprüche zu. Sie kannten den Mangel seiner Vollmacht. Es ist einerlei, ob er eine solche formlos besaß oder nicht, einerlei, ob er behauptete, mündlich ermächtigt zu sein oder zugab, auf eigene Faust zu handeln, einerlei, ob er an seine Vollmacht glaubte oder sich des Mangels jeder Vertretung bewußt war. Er ist nur bevollmächtigt, wenn er eine beglaubigte Urkunde vorweist. Es stand den anderen Kontrahenten frei, ihn zuzulassen oder zurückzuweisen. Wählen sie das erstere, so handeln sie auf ihr Risiko. Es ist daher in keinem Falle eine Klage auf Erfüllung gegen den Vertreter ohne Vollmacht gegeben. Wenn aber der Vertreter ausdrücklich die Garantie für das Beibringen der Vollmacht übernahm, kann von ihm, falls der Vertretene nicht genehmigt, die Erfüllung an dessen Stelle oder Schadensersatz gefordert werden. Der Inhalt seiner Haftung ist im Sinne des § 179 Abs. 1 BGB. auszulegen.

Anm. 20. Ist der Vertreter durch eine beglaubigte Vollmacht legitimiert, so vertritt er den Vollmachtsgeber wirksam, auch wenn dieser die Vollmacht bereits widerrufen hatte (§ 172 Abs. 2 BGB.). Wenn von den anderen Gesellschaftern nur einer oder einzelne den Widerruf kannten oder kennen mußten (§ 173 BGB.), so bliebe der Vertretene den übrigen Gesellschaftern gegenüber gebunden. Da aber seine Teilnahme an der GmbH. nicht einem Gesellschafter gegenüber bestehen, einem anderen gegenüber nicht bestehen kann, mithin ein nur einheitlich festzustellendes Rechtsverhältnis vorliegt, so erscheint der Vertretene hier allen Gesellschaftern gegenüber gebunden (zustimmend RG. 29. 9. 08 JW. 08, 655[3]; RGZ. 69, 232). Kannten aber alle Gegenkontrahenten den Mangel dieser formell ordnungsgemäß erscheinenden Vollmacht, so tritt auch trotz der Eintragung der Gesellschaft keine Verpflichtung für den ohne Vollmacht Vertretenen ein. Nicht erheblich ist die Täuschung des Registerrichters (§ 171 BGB.). Denn ihm gegenüber wird nicht seitens des vollmachtlosen Vertreters gehandelt. Eine strafbare Handlung der Geschäftsführer, welche diese Tatsache bei der Anmeldung verschweigen, liegt nicht vor, vorausgesetzt, daß die 25 Proz. Einzahlung auf den Geschäftsanteil des vollmachtlos vertretenen Gesellschafters erfolgt war (§ 82 Abs. 1 Ziff. 1).

Ist die Gesellschaft zum Handelsregister eingetragen, obwohl die Vollmacht § 2.
nicht in der vorgeschriebenen Form erteilt war, so ist dieser Mangel geheilt. Es muß Anm. 21.
dasselbe gelten wie von der Eintragung einer Gesellschaft, die des notariellen oder gerichtlichen Vertrages entbehrt (vgl. Anm. 13, Parisius-Crüger-Crecelius S. 92 Anm. 3). Der Gesellschafter, der dem Vertreter schriftlich oder mündlich Vollmacht erteilt, kann sich nicht auf den Mangel der Beglaubigung berufen. Noch weniger kann die Nichtigkeit der Gesellschaft aus diesem Grunde geltend gemacht werden. Doch ist der Vertretene in keiner Weise verpflichtet, solange er nicht genehmigt (a. M. Neukamp Anm. 9). Ebensowenig kann der Registerrichter eine Wiederlöschung androhen und, falls der Mangel nicht beseitigt wird, vollziehen (§ 144 FG.). Denn dies verlangt denselben Tatbestand wie die Nichtigkeitsklage. Auch § 142 FG. ist nicht anwendbar (vgl. hierüber unten Anm. 57ff. und Anm. 1 und 3 zu § 75). Die gegenteilige Ansicht von Neukamp GZ. 46, der mangels der beglaubigten Vollmacht die ganze Gesellschaft für nichtig erklärt und, falls der Fehler nicht innerhalb einer nach Analogie des § 144 FG. zu setzenden Frist beseitigt wird, sie löschen läßt, zeigt, zu welchen Resultaten eine strikte Konsequenz aus Formvorschriften führt. Dabei will aber Neukamp eine Haftbarkeit des nicht durch einen mit beglaubigter Vollmacht legitimierten Bevollmächtigten vertretenen Gesellschafters insoweit annehmen, als zur Erfüllung der Verbindlichkeiten der zwar nichtigen, aber doch für die Außenwelt vermöge ihrer Eintragung existierenden Gesellschaft erforderlich ist. Allein entweder ist er Gesellschafter, dann liegt kein Grund vor zur nachträglichen Beanstandung der Vollmacht. Oder es ist es nicht, dann fehlt rechtlich seine Unterschrift. Er kann nicht haftbar gemacht werden. Das österreich. G., das bei dem Mangel der vorgeschriebenen Form die Auflösung der eingetragenen Gesellschaft in einem Verfahren von Amts wegen kennt (vgl. oben Anm. 13), beschränkt diese auf die nicht ordnungsgemäße Beurkundung des Gesellschaftsvertrags (§ 87). Ebenso das bulgarische Gesetz (Art. 106). Im französischen Gesetz gehört der Mangel einer Spezialvollmacht zu den absoluten Nichtigkeitsgründen (Art. 4, Art. 9). Bei dem Mangel der Beglaubigung lehnt es die Nichtigkeit ab. Ein Beweis, daß man eine Ausdehnung des Prinzips auf diesen Fall für unzweckmäßig hielt. Derselbe Gedanke muß für das deutsche Gesetz zu einer Ablehnung der Auslegung führen, die eine Gesellschaft, wenn nachträglich nicht die Beglaubigung der Vollmacht eines Gesellschafters beschafft werden kann, vernichtet.

Ist die Gesellschaft eingetragen, obwohl ein angeblicher Gesellschafter überhaupt keine Vollmacht ausgestellt hatte, so entsteht für ihn keinerlei Verpflichtung. Eine Nichtigkeit des ganzen Gesellschaftsvertrages erwächst hieraus aber nicht. Es liegt nur der Fall der Unwirksamkeit einer einzelnen Beitrittserklärung vor. Über deren Bedeutung vgl. unten Anm. 46. Über die Haftung der anderen Gesellschafter für den Ausfall am Stammkapital, der durch den Wegfall der ohne Vollmacht Vertretenen entsteht, vgl. unten Anm. 49. Über die Befugnis der anderen Gesellschafter, auf Grund der Unwirksamkeit des Beitritts des ohne Vollmacht Vertretenen die Auflösung der Gesellschaft zu fordern, vgl. unter Anm. 46 und die Ausführungen Anm. 5ff. zu § 61.

Zusatz 1. Zahl und Qualität der Gründer.

1. Über die Zahl ist nichts bestimmt. Da es sich um eine Gesellschaft handelt und ein Anm. 22.
Vertrag geschlossen werden muß, so sind zur Gründung der Gesellschaft mindestens zwei Personen erforderlich. Eine größere Anzahl, wie im Aktienrecht, ist nicht gefordert. Daher kann ein Gesellschaftsvertrag, durch welchen eine GmbH. gegründet wird, auch zwischen nur zwei Personen geschlossen werden. Daß die beiden Personen für eigene Rechnung handeln (so OLG. Celle 9. 4. 13 OLGR. 27, 362), kann nicht verlangt werden. Auch der Strohmann ist wahrer Gründer (unten Anm. 38). Das Argument, daß ein Gesellschaftsverhältnis „seinem Wesen nach" das Vorhandensein von mindestens zwei Gesellschaftern voraussetze (Celle), übersieht dieses Moment. Ist der Strohmann Gesellschafter, so genügen zwei derselben diesem Wesen der Gesellschaft. Es ist undenkbar, in all den Fällen, in denen von zwei Gründern der eine nur für Rechnung des andern tätig

§ 2. ist und vorher sich zur sofortigen Abtretung seines Geschäftsanteils verpflichtet hat, eine Ungültigkeit beider Erklärungen anzunehmen. Das müßte man, wäre die Gründung durch zwei Strohmänner derselben Person unzulässig. Der Gesellschaftsvertrag ist auch zwischen Ehegatten zulässig. Daß sie in einer Gütergemeinschaft leben, steht nicht im Wege. Das Gesetz verlangt nicht mehr als zwei rechtsfähige Personen. Daß die von beiden erworbenen Geschäftsanteile in eine zwischen ihnen bestehende Gemeinschaft fallen, hindert die Entstehung der GmbH. nicht. Es ist ja auch eine vorherige Abrede zwischen den beiden Gründern zulässig, daß sie für die Geschäftsanteile eine Gesellschaft bürgerlichen Rechts zu gemeinsamem Besitze unter der Geschäftsführung des einen von ihnen begründen. Auch die offene Handelsgesellschaft und einer ihrer Gesellschafter können miteinander eine GmbH. schließen. Ebenso eine Kommanditgesellschaft mit ihrem Komplementar oder mit ihren Kommanditisten. Das Erfordernis der Zweizahl ist erfüllt. Jene Gesellschaften besitzen Parteifähigkeit (Kreß LZ. 1911, 346 und 425). Endlich ist es auch zulässig, daß eine GmbH., deren Geschäftsanteile eine einzige Person besitzt, mit dieser wieder eine neue GmbH. begründet. Auch daß diese physische Person gleichzeitig Geschäftsführer der GmbH. ist, schadet nicht. Rechtlich sind zwei verschiedene Personen vorhanden. Es liegt hier nur eine Konsequenz aus dem Prinzip vor, daß die Vereinigung aller Geschäftsanteile in einer Hand die Gesellschaft nicht auflöst (Anm. 24 zu § 60). Der italienische Vorentwurf — als einziger — begrenzt die Zahl der Gründer, wie auch späterhin der Gesellschafter nach obenhin auf 25 (Art. 144 Abs. 1). Der Gedanke, daß eine größere Anzahl von Gesellschaftern zur Verwischung der Grenze zwischen GmbH. und AG. beitrage, daß bei der GmbH. engere Beziehungen zwischen den einzelnen Gesellschaftern gewollt seien (vgl. italienischen Vorentwurf, Bericht Asquini, S. 315), ist dem deutschen Recht vollkommen fremd.

Anm. 23. 2. **Über die Qualität der Gründer** ist im Gesetze gleichfalls nichts gesagt. Wer fähig ist, Mitglied eines rechtsfähigen Vereins zu sein, kann Mitglied einer GmbH. werden; also jede physische oder juristische Person.

a) Die physischen Personen brauchen nicht selbständig verpflichtungsfähig zu sein. Für Minderjährige, Geisteskranke, Verschwender kann der gesetzliche Vertreter auftreten. Ob dazu die Genehmigung des Vormundschaftsgerichts nötig ist, richtet sich nach den Vorschriften des BGB. Die §§ 1822 Nr. 3 und 1643 BGB. greifen hier nicht Platz. Der Vormund oder der Vater bedürfen daher der Genehmigung des Vormundschaftsgerichts nicht, weil es sich in diesem Sinne nicht um einen Gesellschaftsvertrag handelt, der zum Betriebe eines Erwerbsgeschäfts eingegangen wird. Als solcher ist nur ein Gesellschaftsvertrag zu verstehen, inhalts dessen die Kontrahenten selbst das Geschäft betreiben wollen. Hier aber soll die als selbständige juristische Person entstehende neue Gesellschaft das Erwerbsgeschäft betreiben. Eine Unterscheidung danach, ob alle Einlagen voll bezahlt sind oder nicht (Liebmann bei Holdheim 4, 259, Moses in IheringsJ. 53, 23) ist schon deshalb unzutreffend, weil die gerichtliche Genehmigung vor der Gründung einzuholen ist. Aus § 1806 BGB. folgt nur, daß der Vormund das Mündelvermögen nicht in einer GmbH. anlegen soll. Eine dennoch erfolgte Beteiligung bleibt gültig. Nur wenn die Einlage ein Grundstück (§ 1821 Ziff. 1 und 2) oder das ganze Vermögen des Mündels oder eine ihm angefallene Erbschaft (§ 1822 Ziff. 1 BGB.) sein soll, ist die Genehmigung des Vormundschaftsgerichts geboten (a. M. KG. 11. 1. 06 BauersZ. 15, 63). Aus § 1822 Ziff. 10 BGB. (Übernahme einer fremden Verbindlichkeit, insbesondere Eingehung einer Bürgschaft) läßt sich dies nicht ableiten. Man kann die Möglichkeit einer Mithaftung für den Ausfall bei der Insolvenz eines Gesellschafters (§ 24) nicht als Übernahme einer fremden Schuld ansehen. Es müßte anderenfalls jeweils geprüft werden, ob die Stammeinlagen voll bezahlt werden sollen oder nicht. Auch das wäre noch nicht beruhigend. Es müßte auch festgestellt sein, daß alle Zahlungen gebucht wurden. Man müßte zwischen Sacheinlagen und Geldeinlagen unterscheiden usw. Daraus erhellt wieder die Unmöglichkeit der Anwendung des § 1822 Ziff. 10 BGB. (a. M. KG. 31. 1. 13

RGJ. 44 A 142). Brodmann will die Frage, ob Genehmigung des Vormundschafts- § 2.
gerichts aus BGB. § 1822 Ziff. 3 notwendig ist oder nicht von den Umständen des Einzelfalls abhängig machen: ob nämlich die GmbH. eine reine Kapitalgesellschaft ist oder sich mehr einer Personalgesellschaft annähert. So beachtlich der Gedanke ist, scheitert doch seine Durchführung an der Unmöglichkeit einer klaren Trennungslinie (Brodmann Anm. 6. Unklar in der Stellungnahme Liebmann Anm. 7). Über die Vereinigung sämtlicher Geschäftsanteile in der Hand des Minderjährigen vgl. Anm. 1 zu § 13.

b) Auch juristische Personen können als Gründer einer GmbH. auftreten (KG. Anm. 24.
13. 8. 01 OLGR. 3, 260), insbesondere also rechtsfähige Vereine im Sinne des BGB., Aktiengesellschaften, Aktienkommanditgesellschaften, öffentlich-rechtliche Korporationen, z. B. Kreisverbände, Stadtgemeinden, auch GmbH. selbst. Eine GmbH. kann aus lauter GmbH. bestehen. So bei einer Gesellschaft, welche die Verfolgung eines gemeinsamen Zieles aller Beteiligten bezweckt. Als Gesellschafter und Gründer sind auch juristische Personen des ausländischen Handelsrechts, insbesondere die ausländischen Aktiengesellschaften und die GmbH. zulässig. Nur für Vereine des Auslandes fordert Art. 10 EG.BGB. die Anerkennung der Rechtsfähigkeit durch den Bundesrat (vgl. Düringer-Hachenburg HGB. I Allg. Einleitung Anm. 13). Der Registerrichter ist berechtigt, soweit die Rechts- und Geschäftsfähigkeit der ausländischen juristischen Person nicht gerichtskundig ist, den Nachweis dieser Eigenschaft zu fordern (§ 12 EG.). Wann dieser erbracht ist, bleibt dem Ermessen des Gerichtes überlassen. Als Regel wird die gutachtliche Äußerung eines Rechtsanwaltes genügen.

Für juristische Personen tritt der gesetzliche Vertreter auf. Er übernimmt dadurch Anm. 25.
die etwaige strafrechtliche Verantwortlichkeit. Zur Zeichnung genügt auch hier Beifügung des Namens der Geschäftsführer unter die durch Stempeldruck hergestellte Firma (KG. 19. 8. 04 KGJ. 28 A, 241). Natürlich muß dabei der gesetzliche Vertreter innerhalb seiner Vertretungsbefugnis handeln. Bei der schrankenlosen und unbeschränkbaren Vertretungsbefugnis, die dem Vorstande der hier in Frage stehenden Vereine regelmäßig zukommt, wird dieser Legitimationspunkt regelmäßig keine Schwierigkeiten machen. Kann auch eine aufgelöste, in Liquidation befindliche juristische Person (Aktiengesellschaft, GmbH., Genossenschaft, eingetragener Verein usw.) sich als Gründer beteiligen? Die Frage ist zu trennen von der der Vollmacht der Liquidatoren. Diese ist kausal beschränkt. Nur soweit dies zur Beendigung schwebender Geschäfte erforderlich, dürfen die Liquidatoren neue Geschäfte machen (vgl. auch Anm. 15 zu § 70). Zu diesem Zweck kann auch das ganze Vermögen der aufgelösten juristischen Person in die GmbH. inferiert werden (OLG. Dresden 9. 3. 04 OLGR. 5, 493). Oft findet ja gerade die Auflösung statt, um ein solches Einbringen zu ermöglichen. Überschreitet der Liquidator seine Vertretungsmacht, so verpflichtet er die Gesellschaft nicht. Anders dagegen, wenn der Liquidator hierzu von den Gesellschaftern (Generalversammlung usw.) ermächtigt ist. Auch dann ist der Liquidationszweck nicht unerheblich. Auch diese Ermächtigung ist nur zulässig, wenn die Beteiligung nicht die Abstoßung der Schulden in Frage stellt und zu Liquidationszwecken geschieht (KG. v. 4. 2. 01 KGJ. 21 A, 56). Allein der Beschluß der AG. usw. in Liquidation, eine Gründung, die als neue Gesellschaft erscheint, zu genehmigen, erscheint nicht als nichtig. Der Beschluß ist lediglich seitens der einzelnen Gesellschafter anfechtbar. (Vgl. Anm. 4 zu § 60 und Anm. 21 zu § 70; eingehend Wimpfheimer, Die Gesellschaft im Stadium der Liquidation, 1908, 189 ff.)

c) Auch diejenigen Gesellschaften, die nicht juristische Persönlichkeit, aber doch Anm. 26.
Parteifähigkeit besitzen, die offene Handelsgesellschaft und die Kommanditgesellschaft, können als Gründer einer GmbH. auftreten. Den Gegensatz bildet die Frage, ob eine GmbH. Mitglied einer offenen Handelsgesellschaft sein kann, vgl. darüber Anm. 7 zu § 13. Für die Liquidatoren der offenen HG. und der Kommanditgesellschaft gilt das bezüglich der Liquidatoren der AG. und GmbH. oben Anm. 25 Gesagte.

§ 2. d) Eine bürgerliche Gesellschaft kann als solche nicht als Gründer auftreten.
Anm. 27. Denn sie besitzt keine Parteifähigkeit. Aber sie kann sich in dem Sinne und mit der Wirkung bei der Gründung beteiligen, daß die wahren Gründer in solchem Falle die Mitglieder der bürgerlichen Gesellschaft sind. Diese sind nach § 8 Nr. 3 nach Namen, Stand und Wohnort anzugeben. Mehrere Personen können gemeinsam einen Stammanteil bei der Gründung übernehmen. Es ist nicht unzulässig, daß mehrere Personen einen Geschäftsanteil durch Rechtsgeschäft unter Lebenden erwerben (a. M. OLG. Stuttgart v. 3. 5. 01 RJA. 2, 130; KG. 21. 12. 06 OLGR. 14, 324; ferner Liebmann Anm. 4 zu § 3, dagegen wie hier Brodmann Anm. 6 zu § 2). Weder aus § 3 Nr. 4 noch aus § 5 des Gesetzes läßt sich die Unzulässigkeit des gemeinsamen Erwerbes folgern. Wenn gesagt wird, daß der Betrag der von jedem Gesellschafter zu leistenden Einlage anzugeben ist, und daß die Stammeinlage eines jeden Gesellschafters mindestens 500 M. betragen und durch 100 teilbar sein müsse, so darf dabei der Nachdruck nicht auf das Wort „jeden" gelegt werden. Die mehreren gemeinschaftlich Handelnden haben dabei als ein Gesellschafter zu gelten. Es ist nicht einzusehen, weshalb das Gesetz verbieten sollte, daß mehrere gemeinsam ein Stammanteil übernehmen, wenn es doch gestattet, daß an einem solchen, unmittelbar nach der Gründung, jeder Gesellschafter einem anderen das Miteigentum einräumt. Die Versagung des gemeinsamen Erwerbes hätte zur Folge, daß, wenn ein Erblasser in gültigem Vorvertrage die Übernahme eines Geschäftsanteils von 50 M. zusagte, es überhaupt kein Mittel gäbe, diese Verpflichtung durch die Erben zu erzwingen. Eine Teilung ist nicht möglich. Ein Anspruch, daß einer von ihnen bei der Gründung für Rechnung der Gesamtheit der Erben mitwirke, besteht nicht. Versagt man die gemeinsame Beteiligung, so verschließt man jeden Weg der Erfüllung. Es ist möglich, daß jedes Mitglied der bürgerlichen Gesellschaft einen nach dem Wert seiner Einlage berechneten gesonderten Geschäftsanteil bekommt. Dann löst sich aber mit der Gründung der GmbH. die Gesellschaft bürgerlichen Rechtes nicht nur auf. Ihre Mitglieder setzen sich auch gleichzeitig wegen des Gesellschaftsvermögens auseinander (RG. 22. 1. 18 RGZ. 91, 428).

Ganz dasselbe wie für die bürgerliche Gesellschaft gilt für den nicht rechtsfähigen Verein. Denn für ihn gilt ja das Recht der Gesellschaft (§ 54 BGB.). Auch er kann also nicht als Gründer einer GmbH. auftreten (Dernburg I § 80 Nr. VI; OLG. Hamburg 9. 12. 07 LZ. 2, 476). Geschieht dies dennoch, so sind die einzelnen Vereinsmitglieder die Gründer. Außerdem haften aber die Handelnden für die durch den Gründungsvertrag entstehenden Verbindlichkeiten (§ 54 BGB.). Werden diese aus dem Gründungsakte herangezogen, so können sie nicht verlangen, als Gesellschafter aufgenommen zu werden. Sie haften nur für die Mitglieder des Vereines. Keinesfalls darf, wenn eine Eintragung erfolgt ist, nachträglich eine Nichtigkeit der Gesellschaft behauptet werden. Gierke (Vereine ohne Rechtsfähigkeit 2. Aufl. 30) erachtet den nicht rechtsfähigen Verein ohne weiteres für fähig, Mitglied eines rechtsfähigen Vereins zu sein. Dem kann nicht gefolgt werden. Denn es fehlt ihm die formelle Parteifähigkeit, wie sie der offenen Handelsgesellschaft zukommt. Er ist nicht nach den Regeln dieser, sondern nach den Regeln über die bürgerliche Gesellschaft zu beurteilen.

Anm. 28. e) Es ist streitig, ob ein Einzelkaufmann unter seiner Firma als Gründer einer GmbH. fungieren kann. Die Praxis bejaht es. Ihr genügt, wenn der bürgerliche Name des Einzelkaufmanns in der mit der Anmeldung zum Handelsregister einzureichenden Liste sich findet. Den Gesellschaftsvertrag erkennt sie als gültig an, auch wenn in ihm ein Einzelkaufmann unter seiner Firma als Gesellschafter erscheint (OLG. Dresden 12. 2. 16 OLGR. 34, 356). Das in den früheren Auflagen demgegenüber ausgesprochene Bedenken soll nicht weiter aufrecht erhalten werden (gl. M. auch Staub HGB. 10. Aufl. Anm. 11 zu § 17; a. M. Liebmann Anm. 7 und Brodmann Anm. 6). Die Beteiligung eines Einzelkaufmanns bei der Neugründung einer GmbH. ist im Zweifel als im Betrieb seines Handelsgewerbes erfolgt anzusehen. Dann ist sie ein Handelsgeschäft, dann bedient er sich hierbei seiner Firma (§§ 343, 344, 17 HGB.). Das hat

praktische Bedeutung für die Firma der GmbH. Der Kaufmann Berthold Schwarz, § 2.
der die Firma Ernst Weiß führt, kann nicht nur seinen Familiennamen, sondern auch seine Firma benutzen, um den Namen der GmbH. zu bilden. Wirkt er selbst beim Gründungsakte mit, so wird er als Berthold Schwarz Inhaber des unter der Firma Ernst Weiß betriebenen Handelsgeschäfts aufgeführt. Sein Prokurist braucht lediglich als Vertreter der Firma Ernst Weiß zu erscheinen.

f) Der Gesellschaftsvertrag kann bestimmen, daß die Gesellschafter bestimmte Eigen- Anm. 29.
schaften haben müssen, z. B. daß sie nur physische Personen sein können oder nur Inländer oder nur Frauen oder nur Mitglieder einer Gesellschaft bürgerlichen Rechts (Kartell) usw. Fehlt bei einem der Gründer eine solche vertragsgemäß verlangte Eigenschaft, so kann dies zu einer Anfechtung wegen Irrtums oder Betruges durch die anderen Gesellschafter und, nach der Eintragung, zu einer Einziehung des Geschäftsanteils durch die Gesellschaft führen (vgl. über deren Durchführung unten Anm. 37). War den übrigen Gesellschaftern dieser Mangel bekannt, so liegt in dem Abschlusse mit dem betreffenden Mitgründer der Verzicht auf die Eigenschaft, also eine Ausnahme von der statutarischen Voraussetzung. Der Beitritt dieser Person zur Gesellschaft ist gültig. Es darf nicht ohne weiteres unterstellt werden, daß die Gesellschaft bei Aufnahme anderer Personen eine andere werde (RG. 3. 5. 05 RGZ. 60, 411). Schwierigkeiten ähnlicher Art entstehen bei der Übertragung solcher Geschäftsanteile. Sie wird, wenn die statutarische Beschränkung durchgeführt werden soll, an die Genehmigung der Gesellschaft geknüpft sein müssen. Enthält dann jede Genehmigung einen Verzicht auf die vorgeschriebene Eigenschaft? Sicher dann nicht, wenn die Genehmigenden die Eigenschaft als vorhanden annahmen. Man wird aber auch nicht ohne weiteres dem Geschäftsführer die Befugnis einräumen, auf diese Eigenschaft des Gesellschafters zu verzichten. Es bedarf der Zustimmung der Gesellschafter. Statutenänderung, die hierzu erforderliche Mehrheit und die hier vorgeschriebene Form, wird nicht zu verlangen sein. Die Bestimmung des Gesellschaftsvertrags über die Voraussetzungen der Gesellschaftereigenschaften bleiben jedenfalls für die Weiterveräußerung des Geschäftsanteils in Wirksamkeit. Verliert ein Gesellschafter die im Gesellschaftsvertrag vorgeschriebene Eigenschaft, so hört er damit nicht auf, Gesellschafter zu sein. Es bedarf eines in der Satzung vorgesehenen Verfahrens (Abtretung des Geschäftsanteils, nicht Einziehung), um die Mitgliedschaft zu beseitigen. Ob ein unvollständiger Gesellschaftsvertrag im Wege der Auslegung ergänzt werden kann, ist im Einzelfalle zu prüfen. Es müssen bestimmte Anhaltspunkte dafür vorliegen.

g) In den ausländischen Gesetzen wird über die Voraussetzungen in der Person der Anm. 29a.
Gründer nichts gesagt. Nur der Schweizer Entwurf (§ 785 Abs. 1) nennt ausdrücklich auch Firmen als Gründer.

Zusatz 2. Die materiellrechtlichen Bestimmungen des BGB. in ihrer Anwendung auf Anm. 30.
die Gründung einer GmbH.

Der Gesellschaftsvertrag ist, wenn er auch die Errichtung einer Körperschaft bezweckt, doch ein Rechtsgeschäft, das den allgemeinen Regeln über die Willenserklärung untersteht. Diese gelten aber nur insoweit, als sich nicht aus den Bestimmungen des Spezialgesetzes ein anderes ergibt. Hierfür kommen insbesondere zwei solcher Momente in Betracht. Das eine ist in § 30 Abs. 1 enthalten. Es läßt sich als das Prinzip von der Erhaltung des Stammkapitals bezeichnen. Eine Zurückerstattung der eingezahlten Stammeinlagen darf nicht erfolgen. Dies ist dort für freiwillige Ausschüttung des zur Erhaltung des Stammkapitals erforderlichen Vermögens ausgesprochen. Es wirkt aber auch auf Ansprüche, die sich auf das bürgerliche Recht gründen. Das andere findet sich in § 75. Dort ist die Nichtigkeit der GmbH. auf bestimmte Mängel im Inhalte des Gesellschaftsvertrags beschränkt. Hieraus fließt die Folge der Unerheblichkeit aller anderen (KG. 3. 11. 09 OLGR. 19, 371; RG. 7. 6. 10 RGZ. 73, 431). Es ist hier das Prinzip von der Erhaltung der Eintragung zum Ausdruck gekommen. Der erste der beiden beschriebenen Grundsätze macht sich durch den Ausschluß bestimmter Ungültigkeitsursachen bei der einzelnen Willens-

§ 2. erklärung der Gründer geltend. Der andere bei der Beschränkung des Einflusses vorhandener Ungültigkeiten auf den ganzen Vertrag. Diese Besonderheiten des Rechts der GmbH. zeigen sich aber erst nach deren Eintragung. Bis dahin untersteht der Vertrag in allen Punkten dem allgemeinen Rechte. Jeder Gesellschafter kann jeden Mangel im Willen seiner Erklärung und im Inhalte des Gründungsaktes gegenüber den anderen geltend machen. Er kann der Eintragung aus diesen Gründen widersprechen. Er kann eine einstweilige Verfügung zu deren Verhinderung erwirken.

Anm. 31. **I. Die Gültigkeit der Beitrittserklärungen der einzelnen Gesellschafter.**

1. Fälle, in denen die Bestimmungen des bürgerlichen Rechts in Geltung bleiben.

a) Die Geschäftsunfähigkeit und die beschränkte Geschäftsfähigkeit bewirken auch bei der Gründung einer GmbH. die Ungültigkeit der Beitrittserklärung. Nichtigkeit tritt ein, wenn ein Gesellschafter, der unter sieben Jahre alt oder entmündigt oder geisteskrank war, selbst oder durch einen von ihm bestellten Vertreter handelt oder wenn ein Gesellschafter sich in einem vorübergehenden Zustande des Ausschlusses der freien Willensbestimmung befand (§§ 104 u. 105 BGB.). Aus der Beitrittserklärung einer solchen Person können keinerlei Rechtsfolgen erwachsen. Es bedarf einer Reaktion gegen die formell vorhandene Erklärung nicht. Sie ist auch keiner Bestätigung fähig. Die nachträgliche Genehmigung durch den gesetzlichen Vertreter des Gesellschafters oder durch diesen selbst nach Wiedererlangung der freien Willensbestimmung ist ohne Belang (a. M. Liebmann Anm. 12). Es bedarf einer Wiederholung des Gesellschaftsvertrages mit allen anderen Gesellschaftern. Ist die Eintragung noch nicht erfolgt, so bildet diese wiederholte Erklärung mit dem ursprünglichen Vertrage zusammen ein Ganzes und wird mit diesem zum Eintrage verwendet. Erfolgt die Wiederholung erst nach der Eintragung, so kommt sie nur als Schaffung eines neuen Geschäftsanteils an Stelle eines ungültigen in Betracht (vgl. unten Anm. 51). Möglich ist, daß die Erklärungen der anderen Gesellschafter als Offerten an den willensunfähigen Mitkontrahenten auch nach der Entdeckung dieses Willensmangels noch in Kraft sind (§ 147 BGB.). In diesem Falle wird die nur von dem gesetzlichen Vertreter allein erklärte nachträgliche Genehmigung als Annahme des Vertragsanerbietens genügen, sobald sie nur entsprechend beurkundet ist.

Relativ unwirksam ist die Beitrittserklärung des Minderjährigen oder des gemäß § 114 BGB. in der Geschäftsfähigkeit Beschränkten. Lehnt der gesetzliche Vertreter die Genehmigung ab, so ist die Erklärung ohne jede Wirkung. Erfolgt dieselbe, so ist die Erklärung von Anfang an wirksam. Die anderen Gesellschafter und nach der Eintragung die Geschäftsführer können den gesetzlichen Vertreter zur Entschließung auffordern (§ 108 BGB.). Erfolgt die Genehmigung, wenn auch formlos, so ist der Vertrag für den in der Geschäftsfähigkeit Beschränkten wirksam geworden. Dabei ist es einerlei, ob diese Genehmigung vor oder nach der Eintragung zum Handelsregister erfolgte. Eine Beteiligung des gesetzlichen Vertreters an den Versammlungen der Gesellschaft, der Bezug von Dividende usw. wird als Genehmigung aufzufassen sein.

Eine Haftung des Geschäftsunfähigen oder in der Geschäftsfähigkeit Beschränkten aus der Beitrittserklärung kann auch zugunsten der Gläubiger nicht gefordert werden. Über die Stellung des Registerrichters vgl. unten Anm. 57.

Anm. 32. b) Ein ohne Vollmacht Vertretener wird auch bei der GmbH. nicht ohne seine Genehmigung Gesellschafter. Das Nähere hierüber vgl. oben Anm. 18 ff. Auch die von dem nicht berechtigten Vertreter aus dem Vermögen des angeblichen Gesellschafters eingezahlten Beträge müssen zurückerstattet werden. War die Vollmacht erteilt, so ist die nach der Eintragung der GmbH. erfolgende Anfechtung derselben wegen Irrtums, Betrugs und Zwangs unerheblich (unten Anm. 34).

Anm. 33. c) Eine Beitrittserklärung erfolgt in Verbindung mit einer unmöglichen Sacheinlage. Das ganze Rechtsgeschäft ist ungültig (§ 306 BGB.). Die Beitrittserklärung ist nichtig.

Es wird keine Verpflichtung zu einer Einlage begründet (RG. 22. 2. 08 RGZ. 68, 275). § 2.
Es gibt keine Möglichkeit, diese Ungültigkeit durch das Verlangen einer Geldeinlage an der Stelle der unmöglichen Sachleistung zu beseitigen (vgl. Anm. 38a zu § 5).

Über die Ungültigkeit einer Beitrittserklärung wegen unvollständiger Angabe der Sacheinlage vgl. Anm. 44 zu § 5. Über den Untergang einer einzulegenden Sache zwischen Errichtung des Gesellschaftsvertrages und der Eintragung Anm. 45 zu § 5.

2. Fälle, in denen die Ungültigkeit gegenüber der Gesellschaft nicht geltend gemacht werden kann. Anm. 34.

a) Die Anfechtung der Beitrittserklärung durch einen Gesellschafter wegen Irrtums, Betrugs und Zwanges ist nur zuzulassen, solange der Gesellschaftsvertrag noch nicht zum Handelsregister eingetragen ist. Diese Anfechtung vernichtet die Erklärung (OLG. Stuttgart 3. 5. 12 Recht 1912, 1843). Jeder Gesellschafter, sowohl der, der ein Anfechtungsrecht ausübt, als auch jeder der Gegenkontrahenten kann dann dem Eintrage widersprechen und bis zum Austrage des Rechtsstreites über die Beendigung der Anfechtung ein richterliches Verbot der Eintragung beantragen. Eine trotz erfolgter Anfechtung vollzogene Eintragung ändert dann an der geschaffenen Sachlage nichts mehr. Für den anfechtenden Gesellschafter besteht keinerlei Verpflichtung. Das RG. 10. 6. 13 RGZ. 82, 375 ff. hat sich gegen diese Meinung ausgesprochen. Seine Gründe sind nicht überzeugend. Sie gehen von einer Überspannung des Haftungsprinzipes zugunsten der „Allgemeinheit“ aus. Die in der Beitrittserklärung zu einer GmbH. gesehene Richtung an die Allgemeinheit ist nur eine Fiktion. Sie mag zur Erläuterung und Beleuchtung des Ausschlusses der Anfechtung nach der Eintragung zum Handelsregister dienen. Sie kann aber nie eine Begründung sein, aus der weitergehende Folgerungen abgeleitet werden. Es ist auch richtig, daß das Interesse derer, die im Vertrauen auf die Kapitalgrundlage mit der GmbH. in Verkehr treten, die Erhaltung jener verlangen. Aber auch dies ist kein Rechtsprinzip. Das zeigt sich in der Behandlung der Geisteskranken und der Minderjährigen. Es kann also auch nicht eine durch die Anfechtung nichtig gewordene Erklärung die Grundlage einer Haftung bilden. Sonst wäre das Recht des Anfechtenden von der Schnelligkeit seines Vertreters oder des Gerichtes bei der Erwirkung der einstweiligen Verfügung abhängig.

Anders, wenn die Eintragung vor der Anfechtung erfolgte. Das Gesetz selbst enthält hierüber nichts. Es ist aber schon vom ROHG. und RG. für das Aktienrecht dem Aktionär die Anfechtung nach der Eintragung in dauernder Rechtsprechung versagt worden (ROHG. 5, 415; 20, 270; RG. 2, 132; 9, 37; 19, 126; 45, 108; 54, 128; 72, 291). Die Gerichte erklären die Vorschriften des Zivilrechts über die Anfechtung des erklärten Willens „auf dem Gebiete solcher Erklärungen, welche dazu bestimmt sind, über den Kreis derjenigen, welchen zunächst erklärt wird, hinaus Dritten das Vorhandensein des erklärten Verhältnisses kundzugeben und mit dieser Kundgebung auf ihre Entschließungen zu wirken wie zur öffentlichen Kenntnis bestimmte Beteiligungserklärungen, nur in äußerst beschränkten Grenzen für anwendbar“ (RG. 9, 38). Das gilt in besonderem Maße bei Beteiligungserklärungen, welche vor einer Behörde abgegeben werden und an deren rechtspolizeiliche Prüfung durch die Behörde bestimmte, das allgemeine Interesse berührende und nicht wieder zurückzunehmende Wirkungen geknüpft sind. Daher müssen die Anfechtungsgründe interner Art hier außer Betracht bleiben. Dasselbe Prinzip wird für das Genossenschaftsrecht durchgeführt (RG. Vereinigte Zivilsenate v. 16. 5. 04, 57, 292). Es gilt endlich ebenso für die GmbH. (RG. 25. 5. 99 JW. 99, 306 u. 5. 10. 04 JW. 563 Nr. 33; RG. 8. 5. 08 LZ. 2, 600[32]; RG. 10. 6. 13 RGZ. 82, 375 und RG. 7. 11. 13 RGZ. 83, 265, ebenso Brodmann Anm. 6, Liebmann Anm. 12).

Der Rechtssatz selbst ist anerkannt (vgl. aber Hahn, Einfluß von Willensmängeln auf Gründungs- und Beitrittserklärungen zu juristischen Personen, 1912). Seine Motivierung ist unsicher. Neukamp (GZ. 35) sieht ihn in dem originären Erwerbscharakter der Über-

§ 2. nahmeerklärung einer Aktie wie eines Geschäftsanteiles. Moses (Über unwirksamen Beitritt zu einer GmbH. in IheringsJ. 53, 11 ff.) weist auf die Schaffung eines Rechtssubjektes hin, die durch den Gesellschaftsvertrag bezweckt ist. Beide sagen im Grunde dasselbe. Das aus dem BGB. entspringende Recht der Anfechtung tritt zurück hinter dem Recht der Körperschaft, den ihr beigetretenen Gesellschafter festzuhalten. Das RG. (83, 265) betont, daß die Übernahmeerklärung an die Allgemeinheit gerichtet sei. Insoweit dulde sie keine Anfechtung. Das Interesse derer, die im Vertrauen auf die durch die Übernahmeerklärung geschaffene Kapitalgrundlage mit der GmbH. in Verkehr getreten seien oder treten wollten, verlange, daß die Kapitalgrundlage ungeschmälert erhalten bleibe. Eine befriedigende Lösung, weshalb gerade hieraus der Ausschluß der Rückforderung entsteht, wird sich aus dem Gesetze nicht geben lassen. Man kann bei dem Minderjährigen darauf hinweisen, daß dessen Schutzbedürfnisse denen des Verkehrs und seinem Vertrauen auf den Registereintrag vorgehe. Aber man kann aus dem Gesetze keinen Grund finden, aus dem der Anfechtungsberechtigte zurückstehen müsse. Sicher überwiegt nach dessen in § 30 Abs. 1 niedergelegtem Willen das Interesse der Gläubiger der Gesellschaft das der Gesellschafter. Aber das ist ein Motiv und keine gesetzliche Grundlage. Es bleibt nur die Annahme eines aus diesen Erwägungen hervorgegangenen Gewohnheitsrechtes. Die Rechtsprechung hat diese Ergänzung des Gesetzes fortgesetzt anerkannt.

Aus demselben Grunde können Schadensersatzansprüche eines Gesellschafters wegen Betrugs bei der Gründung nicht gegen die Gesellschaft, sondern nur gegen die Person des Betrügers erhoben werden (RG. 14. 3. 03 RGZ. 54, 128; RG. 8. 11. 05 RGZ. 62, 29; RG. 28. 4. 03 RGZ. 71, 97; RG. 10. 6. 13 RGZ. 82, 376; Sievers DJZ. 8, 88). Dies gilt sowohl dann, wenn der Zeichner selbst aus dem ihm gespielten Betruge Ansprüche ableitet, als wenn ein späterer Käufer seines Geschäftsanteils sie erhebt (OLG. Dresden 26. 1. 05 SeuffA. 60, 409 Nr. 215). Andernfalls würde hier die Rückforderung der Einlage auf diesem Umwege wieder ermöglicht. Ebenso ist die Anfechtung und die Schadensersatzklage ausgeschlossen bei einer Erhöhung des Stammkapitals und dem Beitritte zu dieser (RGZ. 2, 132; RG. 4. 6. 02 DJZ. 7, 435; RG. 8. 4. 08 JW. 08, 464 [35]; RG. 27. 5. 02 OLGR. 4, 469). Moos (GZ. 70, 184) und Breit (GZ. 76, 415) bekämpften die absolute Ablehnung des Schadensersatzes als zu weitgehend. Daß eine Anfechtung des Beitritts zu einer GmbH. grundsätzlich ausgeschlossen bleiben müsse, bleibt dabei außer Zweifel. Auch, daß die Folgen des Beitritts von dem Gesellschafter nicht im Wege der Schadensersatzforderung abgewälzt werden können. In Frage gestellt wird nur, wieweit der Grundsatz der Ausschließung reicht. Es genüge, ihn auf das Stammkapital zu beschränken. Es bestehe kein Grund, den Gesellschafter auch von den Gesellschaftsgewinnen fernzuhalten. Es m ßte eine Verurteilung mit Beschränkung auf die Reserve erfolgen. Diese wären namentlich bei der Erhöhung des Stammkapitals denkbar. Das RG. hat diese Anschauung abgelehnt (RG. 4. 4. 16 RGZ. 88, 187). Es betont mit Recht die Schwierigkeit der Feststellung, ob Gewinn vorhanden ist. Um so mehr, da der Betrogene im Falle einer Anfechtung der Gesellschaft nicht mehr als Gesellschafter, sondern wie jeder andere gegenübersteht. Die Bilanzen der Gesellschaft binden ihn also nicht mehr. Ob nicht auch im Falle eines zunächst vorhandenen Gewinnes die Gesellschafter doch durch die Rückzahlung geschädigt werden, ist erst bei der Liquidation feststellbar. (Dagegen Flechtheim JW. 1916, 93..)

Das Prinzip der Versagung der Anfechtung gilt nicht, wenn die Anfechtung und die Betrugsklage nicht den Beitritt zu einer GmbH., sondern den Erwerb eines von der Gesellschaft verkauften eigenen Geschäftsanteils trifft (Hermann bei Holdheim 21, 173 ff., 203 ff., Wieland GZ. 64, 58. Vgl. aber RG. 8. 6. 12 LZ. 1912, 847, wo die Rückkaufszusage für Aktien seitens einer AG. für ungültig erklärt wird). Der § 30 Abs. 1 verbietet nur die Rückzahlung der Stammeinlage. Hier aber handelt es sich um die Rückforderung eines Kaufpreises (RG. 1. 5. 08 RGZ. 68, 309). Damit war die bisher vom RG. für das Aktienrecht durchgeführte gegenteilige Meinung (JW. 06, 21 [42];

RGZ. 62, 29; JW. 08, 464 [35]), die schon für dieses von Bolze, LZ. 1, 7, bekämpft wurde, für die GmbH. abgelehnt. Zu einer Plenarentscheidung war kein Anlaß, da es sich um verschiedene Rechtsgebiete handelt. Das RG. hat dann auch für das Aktienrecht seinen bisherigen Standpunkt verlassen (II. ZS. 28. 4. 09 RGZ. 71, 97). Gegen die veränderte Stellung des RG. Veit Simon „Die Überwälzung des Risikos des Aktienbesitzes seitens der Aktionäre auf die Aktiengesellschaft" LZ. 1913, 11 ff. Veit Simon hält vor allem die wirtschaftlichen Folgen des Urteils für unerwünscht. Ein Aktionär könne auch Gläubiger einer AG. sein. Aber man könne nicht deswegen Gläubiger sein, weil man Aktionär geworden sei. Man komme zu einer Konkurrenz der Aktionäre mit den Gläubigern beim Zugriff auf das Aktienkapital. Das gefährde die Sicherheit der AG. Das RG. weist später — RG. 2. 6. 16 RGZ. 88, 273 — mit Recht darauf hin, daß wirtschaftliche Erwägungen ebensowohl für wie gegen diese Entscheidung geltend gemacht werden können und worden sind. Nur soweit der Schadensersatz und die Rückzahlung wirtschaftlich die Auszahlung der Stammeinlage bedeutet (vgl. RGZ. 15. 12. 09 RGZ. 72, 291 a. E.), wird wieder das Prinzip von der Erhaltung des Stammkapitals die Oberhand gewinnen. Das ist der Fall, wenn der Gesellschafter im Konkurse ist. Es ist ausgeschlossen, daß ein Gesellschafter sich auf dem Wege der Betrugsklage und Anfechtung nach dem Konkursausbruche zum Gläubiger der Gesellschaft macht (vgl. Anm. 5 und 11 Exkurs II zu § 15, Anm. 4 und 6 zu § 30. A. M. RG. 2. 6. 16 RGZ. 88, 273. „Eine solche Vorschrift — die eine Änderung der Rechtslage für den Konkursfall ergeben könnte — besteht nicht"). § 2.

Eine materielle Ausgleichung ist nur unter den Beteiligten möglich. Soweit eine unerlaubte Handlung vorliegt (Betrug und Zwang), geht der Schadensersatzanspruch auch gegen jeden Dritten, der sich ihrer schuldig machte. Verlangt wird die Wiederherstellung des früheren Zustandes. Hier also die Wiederabnahme des Geschäftsanteils, die Rückzahlung der Einlage und die Garantie gegen spätere Verpflichtungen. Im Falle des Irrtums ist nur ein Bereicherungsanspruch gegen die anderen Gesellschafter denkbar. Dieser setzt voraus, daß deren Vermögen von dem des Klägers ohne Rechtsgrund einen Zuwachs erhielt (§ 812 BGB.). Es ist daher nur dann der Bereicherungsanspruch gegeben, wenn infolge des Irrtums ein Gesellschafter der Gesellschaft eine Einlage machte, die er andernfalls unterlassen hätte. So z. B. wenn der Gesellschafter der Meinung war, im Gesellschaftsvertrag sei bedungen, daß sein Geschäft auf Grund einer Neutaxierung der Immobilien usw. unter Auszahlung des hiernach die übernommene Einlage übersteigenden Betrages eingebracht werde, während versehentlich infolge eines früheren Entwurfs die Illation auf Grund der bedeutend abgeschriebenen Buchwerte erfolgt. Die Geschäftsanteile der anderen Gesellschafter können hierdurch innerlich mehr wert sein. Anm. 35.

Einen Anspruch auf Auflösung der Gesellschaft wegen eines bei der Gründung unterlaufenen Irrtums oder Betrugs und Zwangs hat der Gesellschafter an sich nicht. Doch wird dieser auf Grund des § 61 Abs. 1 dann zu gewähren sein, wenn dieses Vorkommnisses wegen das Verhältnis unter den Gesellschaftern und hierdurch die Gesellschaft selbst leidet. Man wird bei einer nur aus zwei oder drei Gesellschaftern bestehenden Gesellschaft dem Betrogenen nicht zumuten können, mit dem oder den Betrügern zusammenzubleiben (Anm. 7 zu § 61). Anm. 36.

Neben dem unmittelbar gegen die Gesellschaft gehenden Anspruch auf Auflösung (§ 61 Abs. 1) wird häufiger ein solcher gegen den Mitgründer auf Mitwirkung zum Auflösungsbeschlusse gegeben sein. Über diesen Unterschied vgl. Anm. 11 zu § 60. Über die Zulässigkeit der Verpflichtung zur Stimmabgabe im Interesse eines anderen vgl. Anm. 44 § 45. Wurde die Gesellschaft auf Grund einer Vorabsprache gegründet, so verpflichtet die infolge Irrtums hiervon abweichende Beitrittserklärung eines Gesellschafters die andern zur Wiederauflösung. Nur wird man ihnen dann auch den Ersatz des negativen Interesses (§ 122 BGB.) zugestehen müssen, sofern sie nicht den Irrtum des Mitgesellschafters kannten oder kennen mußten.

§ 2. **Wenn ein Gesellschafter durch Irrtum, Betrug oder Zwang die Aufnahme in die**
Anm. 37. **Gesellschaft erlangt, so muß das gleiche Prinzip gelten, wie wenn er selbst hierzu bestimmt wurde.**

Vor der Eintragung steht den anderen Gesellschaftern das Recht der Anfechtung zu (OLG. Hamburg 11. 2. 05 OLGR. 10, 245). Durch die Anfechtung auch nur seitens eines Gesellschafters wird der ganze Gesellschaftsvertrag nichtig. Es besteht für keinen Gesellschafter eine Verpflichtung, den Vertrag unter den verbleibenden neu zu schließen. Die Erklärung der Anfechtung ist sämtlichen anderen Gesellschaftern gegenüber abzugeben. Wäre die oben Anm. 34 Abs. 1 bekämpfte Ansicht des RG. richtig, so wäre auch hier die vor der Eintragung erfolgte Anfechtung belanglos. Der betrügerisch eingeschlichene Gesellschafter müßte trotz der Anfechtung geduldet werden.

Nach erfolgter Eintragung bliebe zwar das Anfechtungsrecht der Gesellschaft. Sie kann aber auch auf diesem Wege nicht zu einer Befreiung des Gesellschafters von seiner Einlagepflicht und zur Rückzahlung des Stammkapitals gelangen. Daher hat auch hier die Vorschrift des BGB. hinter der des besonderen Rechtes der GmbH. zurücktreten. Andererseits kann ihr nicht zugemutet werden, den Betrüger in ihrer Mitte zu behalten. Den Ausweg bietet die Zwangsamortisation. Der vom Inhaber eines Geschäftsanteils freiwillig erteilten Genehmigung zur Einziehung desselben steht die aus dem Gesetze infolge der Anfechtung fließende Verpflichtung gleich. Das Nähere findet sich Anm. 18 zu § 34; vgl. auch RG. 9. 1. 12 Holdheim 21, 195. A. M. Liebmann Anm. 12 am Ende.

Anm. 38. b) **Scheingeschäfte.** Die Behauptung, der Gesellschaftsvertrag sei nicht ernstlich gewollt, es seien vielmehr alle Gesellschafter einig, daß, sei es für sämtliche, sei es nur für einzelne, keine Rechtsfolgen entstehen sollen, wird nach Eintragung der Gesellschaft nicht gehört (LG. Mannheim 14. 4. 06 BadRpr. 07, 16). Sie ist so wenig zulässig wie die Anfechtung wegen Irrtums oder Betrugs, und zwar aus denselben Gründen. Für die dritten Kontrahenten, die sich mit der eingetragenen Gesellschaft einlassen, gilt, was § 405 BGB. zugunsten des Erwerbers einer simulierten Forderung ausspricht. Es kann also kein Gesellschafter behaupten, daß er bei der Gründung mit den anderen Beteiligten verabredet habe, er solle nur seinen Namen leihen, eine Haftungspflicht aber nicht für ihn entstehen (vgl. auch RGZ. 57, 297). Ebensowenig kann jemals mit Erfolg der Einwand der den anderen Gesellschaftern bekannten Mentalreservation (§ 116 BGB.) oder des Scherzes (§ 118 BGB.) gegenüber einer eingetragenen Gesellschaft versucht werden. Auch wenn der Geschäftsanteil eines solchen Gesellschafters weiter veräußert ist, bleibt er für seinen Erwerber gemäß § 22 haftbar. Nur solange die Gesellschaft nicht eingetragen ist, kann die Nichtigkeit des Scheinaktes geltend gemacht werden. Es kann der Gesellschafter, der sich darauf beruft, durch einstweilige Verfügung den Eintrag hemmen (vgl. oben Anm. 31). Zu trennen von diesem Ausschlusse des Einwandes gegenüber der Gesellschaft ist die Frage nach den Wirkungen einer der erwähnten Absprachen unter den Parteien. Sie ist jeweils im Einzelfalle festzustellen. Sie kann dahin gehen, daß der beitretende Gesellschafter durch die Vorspiegelung, seine Unterschrift verpflichte ihn nicht, zu der Abgabe bestimmt wurde. Ihm steht der Schadensersatzanspruch wegen Betrugs zu. Es kann ein Vertragsverhältnis vorliegen, auf Grund dessen die anderen Gesellschafter dem Scheinzeichner garantiepflichtig sind. Ein Revers der Gesellschaft selbst, ausgestellt durch den Geschäftsführer, hat diese Wirkung nicht ohne weiteres.

Von dem Scheingeschäft streng zu trennen ist die **Beteiligung für Rechnung eines anderen.** Diese Erklärung ist gültig. Sie erzeugt nur Wirkungen für den Erklärenden selbst. Auch der „Strohmann" ist wahrer Gründer (vgl. für das Aktienrecht RGZ. 28, 77; 41, 134; RG. 11. 5. 01 JW. 01, 485; RG. 5. 1. 07 LZ. 1, 219 [3]; RGSt. 30, 314). Auch wer für Rechnung eines anderen handelt, erklärt seinen wahren und vorhandenen Willen, Gesellschafter zu werden. Nur ist er verpflichtet, die Wirkungen seines Rechtsgeschäfts auf den anderen zu übertragen. Der Abschluß eines Rechtsgeschäfts durch eine vorgeschobene Person und der Erwerb eines Rechtsmittels einer solchen ist ein ernstgemeintes Geschäft, niemals ein bloßes Scheingeschäft (RG. 7. 7. 15 LZ. 1915, 1217 [11]). Dieser Fall tritt häufig dann ein, wenn der Gründer verborgen zu sein wünschte. So wenn ein Großhändler nicht haben will, daß seine Kunden seine Beteiligung bei einem Warenhause inne werden. Die Verpflichtung zur Übertragung des Geschäftsanteils bedarf hier keiner notariellen Form. Sie ist der Ausfluß eines Mandats- oder Dienstverhältnisses (vgl. RG. 18. 2. 03 RGZ. 54, 75; über die Beteiligung von zwei Strohmännern für einen Auftraggeber, der einziger Gesellschafter wird, vgl. OLG. Celle 9. 4. 13 OLGR. 27, 362 und oben Anm. 22). § 2.

Der Strohmann ist Treuhänder für seinen Auftraggeber. Im Konkurse jenes ist dieser berechtigt, die Aussonderung des Geschäftsanteils zu fordern. Im übrigen richtet sich das Verhältnis zwischen beiden nach den konkreten Umständen. Im Zweifel wird der Strohmann verpflichtet sein, jederzeit die Übertragung des Geschäftsanteils auf den Auftraggeber vorzunehmen. Bei der Ausübung der Rechte aus dem Geschäftsanteile hat er sich nach den Weisungen des letzteren zu richten usw.

Wenn sich mehrere Gesellschafter desselben Strohmannes bedienen oder wenn dieser zugleich für sich und für Rechnung eines anderen sich beteiligt, so entsteht für ihn doch stets nur ein Geschäftsanteil. Das Verhältnis nach innen ist dann analog dem mehrerer Mitberechtigter (§ 18). Der Gesellschaft gegenüber erscheint der Strohmann als alleiniger Gesellschafter. Eine Übertragung des Anteils des Auftraggebers ist nur durch Veräußerung eines Teiles des Geschäftsanteils möglich. Sie bedarf auch in diesem Falle der Genehmigung der Gesellschaft (§ 17). Wird diese versagt, so kann der Beauftragte dem Auftraggeber nur das Miteigentum an dem Geschäftsanteile einräumen.

Veräußert der Vertrauensmann den ihm anvertrauten Geschäftsanteil, so erwirbt ihn der Käufer. Der Verkäufer erscheint, wenn auch für fremde Rechnung, doch als Gesellschafter. Ihm stehen die veräußerten Rechte zu. Der Vertrauensgeber hat nur die Schadensersatzklage. Zulässig ist es, zur Sicherung des Anspruches auf Übertragung des Geschäftsanteils diesen dem Vertrauensgeber zu verpfänden. Ebenso kann demselben die Nutznießung bestellt werden. Soweit die Veräußerung des Geschäftsanteils der Genehmigung der Gesellschaft bedarf, ist sie auch für diese Rechtsakte erforderlich

3. Fälle, in denen zivilrechtlich zulässige Abreden bei der Gründung der GmbH. unzulässig sind. Beschränkungen (Bedingung und Vorbehalt) und Befristung. **Anm. 39.**

a) Beschränkungen einer Beitrittserklärung durch Bedingung und Vorbehalt sind unzulässig. Sie machen die ganze Erklärung unwirksam. Es ist nicht möglich, die Beschränkung zu streichen und den Beitritt für sich allein zu betrachten. Die Willenserklärung ist eine untrennbare Einheit. Die Motive (zu § 19 S. 54) erklärten die Aufnahme des im Aktienrechte enthaltenen Verbotes eines Vorbehaltes nicht für erforderlich. Es verstehe sich von selbst, daß bei der Aufnahme eines solchen die vorgeschriebene Deckung des Stammkapitals nicht vorhanden sei. Das Gesetz kennt keine bloß vorläufige Beteiligung (RG. 8. 4. 94 RGZ. 33, 93; KG. 13. 8. 01 OLGR. 3, 261). So wenig wie die Entstehung eines Familienrechtverhältnisses (§ 1317 Abs. 2, § 1598 Abs. 2 BGB.), so wenig kann der Begründungsakt im Körperschaftsrecht beschränkt erfolgen. Bedingung und Vorbehalt unterscheiden sich im Rechtssinn dadurch, daß bei jener die Wirkung der Willenserklärung von dem Eintritte eines künftigen Ereignisses abhängt oder mit demselben wieder fortfallen soll. Bei diesem werden selbständige Rechte des Gesellschafters begründet, kraft deren er seine Zusage nicht zu erfüllen braucht oder sie wieder aufheben kann. So das Recht, eine Sacheinlage erst zu machen, wenn die Gesellschaft Verpflichtungen, die sie dem Gesellschafter gegenüber übernahm, einhielt. Das Recht, aus der Gesellschaft wieder auszutreten. Das Recht, durch Preisgabe der Anzahlung als Reugeld

§ 2. sich von der restlichen Verpflichtung zu befreien. Solche Festsetzungen im Gesellschaftsvertrage sind ungültig. Es erhellt dies schon aus § 19 Abs. 2, § 30 Abs. 1. Auch die Erklärung eines oder mehrerer Gesellschafter, die Anteile der etwa nicht Beitretenden zu übernehmen, enthält eine Bedingung. Sie hat die Nichtigkeit des ganzen Gesellschaftsvertrages zur Folge (RG. 7. 11. 13 RGZ. 83, 259). Erscheinen sie als selbständiger Teil des Gesellschaftsvertrages, so ist nur diese Stelle nichtig. Nehmen sie aber die Form des Vorbehaltes bei der Einlage an, so wird die ganze Beitrittserklärung davon betroffen (RG. 8. 4. 94 RGZ. 33, 93; KG. 13. 8. 01 OLGR. 3, 261). Häufig wird sich unter dem Namen Vorbehalt eine echte Bedingung finden. Es ist jeweils Frage des Einzelfalles, dies festzustellen. Da beide Erscheinungen gleich behandelt sind, ist dies hier von geringerer Bedeutung. Wesentlich ist die Prüfung, ob das Geding sich als Bedingung oder Vorbehalt des Beitritts darstellt oder als selbständige Vertragsnebenabrede. Hier ist nicht nur der Wortlaut und die Stellung im Vertrage maßgebend. Die Gesamtsachlage ist maßgebend. So kann es darauf ankommen, ob die Klausel für alle oder nur für einzelne oder nur für einen Gesellschafter gelten soll.

Anm. 40. Ein Gesellschaftsvertrag, bei dem ein Beitritt bedingt oder unter Vorbehalt erklärt ist, muß von dem Registerrichter zurückgewiesen werden. Es sei denn, daß ihm der Nachweis erbracht wird, daß die Erklärung eine unbedingte oder vorbehaltlose wurde (vgl. Anm. 42). Hat er ihn eingetragen, so kann er ihn nicht mehr löschen (vgl. unten Anm. 56). Es ist nur die eine Erklärung ungültig.

Der öffentliche Glaube, den das Handelsregister beansprucht, verhindert die Anfechtung einer Übernahmeerklärung (vgl. oben Anm. 34). Die gleiche Erwägung führt dazu, einer im Innenverhältnis der Gesellschafter zulässigen Anfechtung von Gläubigern der Gesellschaft gegenüber die Anerkennung zu versagen. Auch mit der Behauptung, daß Einzahlungen nur bedingt versprochen seien, kann ein Gesellschafter die Haftung für diese Einzahlungen nicht ablehnen. Aus dem Handelsregister, dessen Inhalt die Kreditgrundlage der Gesellschaft für die mit ihr in Verkehr tretenden Personen ist, sind solche Bedingungen nicht ersichtlich. Die Stammeinlagen der einzelnen Gesellschafter sind nicht im Handelsregister eingetragen. Die Geltendmachung eines solchen Nichtigkeitsgrundes würde daher die Sicherheit des Verkehrs aufs schwerste gefährden (RG. 7. 11. 13 RGZ. 83, 265).

Beschränkungen des Beitritts, die nicht in dem Gesellschaftsvertrage erklärt sind, bleiben in allen Fällen außer acht. Sie haben für die Gesellschaft keine Bedeutung (RG. 4. 8. 08 RGZ. 33, 93, JW. 08, 464[35]). Es kann also weder der Registerrichter die Eintragung ablehnen, weil er weiß, daß ein Gesellschafter im Vorvertrag eine Bedingung an seinen Eintritt knüpfte, noch kann der Gesellschafter seine Einlage verweigern. Es können aus den Abreden nur Rechtsfolgen unter den Gesellschaftern entstehen. Für die Gesellschaft und die Gesellschafter ist nur der Gesellschaftsvertrag maßgebend. Das folgt aus § 3 Abs. 2 und § 5 Abs. 4 des Gesetzes. Ob ein Gesellschafter, dessen Beitrittserklärung ohne seine Zustimmung unbeschränkt im Gesellschaftsvertrage steht, Ansprüche auf Wiederauflösung der Gesellschaft hat, vgl. oben Anm. 38.

Anm. 41. Die **Ungültigkeit** des bedingt und unter Vorbehalt erklärten Beitritts ist **heilbar.** Selbstverständlich, wenn der Gesellschaftsvertrag noch nicht eingetragen ist. Hier genügt einseitig die Erklärung des Gesellschafters, daß er auf die besondere Abrede verzichte. Der Form des Gesellschaftsvertrages bedarf es nicht. Der Registerrichter ist aber befugt, den Beweis des gültigen Verzichtes zu fordern. Eine Zurückweisung des Verzichtes durch die anderen Gesellschafter, da die Beitrittserklärung ungültig sei, ist nicht zulässig. Das Geding ist zum Vorteil des einen Beteiligten erfolgt. Ihm muß es freistehen, seine Erklärung zu einer unbedingten und vorbehaltlosen zu machen. Dasselbe gilt, wenn die aufhebende Bedingung eintrat, die auflösende fortfiel, der Vorbehalt sich erledigt. So, wenn die von dem Vorstande einer AG. vorbe-

haltene Genehmigung seines Aufsichtsrates beigebracht wurde. So, wenn die Frist, § 2.
innerhalb deren sich ein Gesellschafter den Rücktritt ausbedungen hatte, verstrichen ist. Im letzteren Falle wird das Gericht neben dem Zeitablauf eine Erklärung, daß der Gesellschafter von seinem Vorbehalt keinen Gebrauch gemacht hat, im ersteren eine solche über die Genehmigung des Aufsichtsrates fordern. War die Bedingung vor der Eintragung erfüllt, behauptet aber der bedingt verpflichtete Gesellschafter, ihr Eintritt sei von den anderen in einer gegen Treu und Glauben verstoßenden Weise (§ 162 BGB.) herbeigeführt worden, so führt dies die Unwirksamkeit der Erklärung nur bis zur Eintragung herbei. Der Fall ist dem, daß der Beitritt durch Betrug veranlaßt wurde (oben Anm. 37), gleichzustellen (Hachenburg LZ. 2, 644). In gleicher Weise heilen Ereignisse nach der Eintragung der Gesellschaft zum Handelsregister (Hachenburg a. a. O. 643 ff.). Nach dem Zwecke der GmbH., der Erhaltung des Stammkapitals, muß wie bei der Aktiengesellschaft (§ 189 Abs. 4 Satz 2 HGB.) eine Heilung der Unwirksamkeit durch den Verzicht des Gesellschafters angenommen werden (vgl. auch Motive a. a. O. 54). Daß in jeder Ausübung eines Gesellschaftsrechts unbedingt der Verzicht des Gesellschafters liegt, wird man hier mangels einer ausdrücklichen Vorschrift nicht behaupten dürfen. Er muß im Einzelfalle konstatiert werden. Ebenso bewirkt auch nach der Eintragung der Eintritt der Bedingung und der Erledigung des Vorbehaltes die Gültigkeit des Beitrittes. Weder der Gesellschafter noch die Gesellschaft kann sich dann mehr auf die Ungültigkeit der Beteiligung berufen. Der Fall steht dem des in der Geschäftsfähigkeit beschränkten Gründers gleich.

b) Eine befristete Erklärung, wonach ein Gründer erst nach einem bestimmten Zeitraume Gesellschafter werden will, ist unzulässig. Sie steht im Widerspruch mit der Verpflichtung der sofortigen Einzahlung des Mindestbetrags der Stammeinlage. Auch ein solcher Gesellschaftsvertrag ist zurückzuweisen, solange nicht der Termin herangekommen ist oder der Gesellschafter auf die Befristung verzichtet. Ungültig ist diese Beitrittserklärung nicht. Sie hemmt nur die Eintragung zum Handelsregister. Es hat daher kein Gesellschafter das Recht, sich von dem Gesellschaftsvertrage wieder loszusagen. Häufig werden die Parteien keine Befristung der Wirkung der Willenserklärung, sondern nur eine solche der Leistungspflicht wollen. Diese ist im Gesellschaftsvertrage, soweit nicht die bei der Eintragung verlangte Minimalquote in Betracht kommt, zulässig. Sie wird dann, wenn nur die Gesellschafter diese entrichten, die Eintragung nicht in Frage stellen. Der Registerrichter darf einen Gesellschaftsvertrag, in welchem für einen Gründer bedungen ist, „sein Beitritt soll erst am 1. Oktober in Kraft treten", sobald die 25 Proz. auch von diesem Gesellschafter bezahlt sind, nicht mehr ablehnen. Anm. 42.

Ist der Gesellschaftsvertrag trotz der Befristung eingetragen, so bewirkt dies keine sofortige Wirksamkeit des aufgeschobenen Beitritts. Der Bestimmung des § 123 Abs. 3 HGB., wonach die Vereinbarung, daß die offene Handelsgesellschaft erst an einem späteren Zeitpunkt beginnen soll, Dritten gegenüber unwirksam ist, läßt sich auf den vorliegenden Fall nicht anwenden. Erst mit dem Eintritte der Frist ist die Wirkung der Beitrittserklärung voll gegeben.

Unzulässig ist die Beifügung einer aufhebenden Frist. Sie verstößt wieder gegen § 30 Abs. 1. Sie bedeutete einen Wiederaustritt des Gesellschafters nach Zeitablauf. Es ist Frage der konkreten Prüfung, ob eine solche Abrede als ein Recht des Gesellschafters, die Auflösung der Gesellschaft herbeizuführen, aufrechterhalten werden kann. Dann ist auch der Beitritt gültig. Es gilt hier ferner dasselbe wie bei Bedingung und Vorbehalt über Ungültigkeit der Beitrittserklärung und Heilung durch den Verzicht. Zulässig ist das Verlangen, daß die Gesellschaft bis zu einem bestimmten Tage eingetragen sein müsse. Das ist auch im Aktienrechte statthaft (§ 189 Abs. 3 Ziff. 4 und Abs. 4 Satz 2 HGB.). Hier bindet sich der Gründer an die entstehende Gesellschaft nur bis zu dem festgesetzten Zeitpunkte. Erfolgt die Eintragung nicht rechtzeitig, so wird seine Erklärung

§ 2. hinfällig. Die Eintragung ist abzulehnen. Geschieht sie innerhalb der Frist, so ist die Beteiligung rechtskräftig und unangreifbar.

Anm. 43. c) Von der bedingten und befristeten Beitrittserklärung zu trennen ist die aufschiebende Bedingung der Entstehung der Gesellschaft selbst. Sie ist unstatthaft. Die Entstehung einer Gesellschaft kann nur unbedingt erfolgen. Sie ist ein „bedingungsfeindliches Rechtsgeschäft" (vgl. E. F. Bruck, Die bedingungsfeindlichen Rechtsgeschäfte, 96 ff.). Die Errichtung einer Gesellschaft ist die Errichtung eines für den öffentlichen Rechtsverkehr bestimmten Gebäudes. Dazu sind nur Definitiverklärungen geeignete Bausteine. Eine bedingt begründete Gesellschaft besteht noch nicht. Einer Eintragung zum Handelsregister sind nur bestehende Gesellschaften fähig. Eine Bestimmung aber, daß ein bedingter Gesellschaftsvertrag nichtig sei, kennt das GmbHG. nicht. Es kann daher der Gesellschaftsvertrag, sobald die Bedingung eingetreten ist, als rechtswirksam geworden zum Handelsregister eingetragen werden. So z. B., wenn der Erwerb eines Terrains oder eines Patentes als Bedingung der Entstehung der Gesellschaft gesetzt wird. Das gleiche muß hier bei der gesetzlichen Bedingung einer Konzession gelten. Erst wenn sie erteilt ist, kann die GmbH. als wirksam entstanden, eingetragen werden. Der Registerrichter muß bei der aufschiebend bedingten Gründung den Eintritt der Bedingung von Amts wegen prüfen. Er kann eine Erklärung aller Gesellschafter hierüber fordern. Er kann aber den Gesellschaftsvertrag, der jetzt unbedingt und vorbehaltlos wird, nicht zurückweisen. Ist ein bedingter Gesellschaftsvertrag eingetragen, so kann ihn der Richter von Amts wegen wieder löschen (§ 144 FG.). Die Löschung hat zu unterbleiben, wenn die Bedingung vorher eintrat oder alle Gesellschafter auf dieselbe verzichten.

Eine auflösende Bedingung ist gültig. Nur muß diese als Auflösungsgrund im Sinne des § 60 aufgefaßt werden. Eine Klausel des Gesellschaftsvertrages, daß dieser wieder aufgehoben und alle seine Wirkungen einschließlich der Einlagepflicht beseitigt sein sollen, falls nicht das erste Geschäftsjahr 10 Proz. Nutzen gewähre, erschiene ungültig. Sie ist aber gültig in dem Sinne, daß die Gesellschaft in diesem Falle aufgelöst und liquidiert wird.

Befristungen sind statthaft. Die auflösende Befristung ist identisch mit der Beschränkung der Gesellschaft auf eine bestimmte Zeit (vgl. § 3 Abs. 2 und Anm. 22 hierzu). Die aufschiebende Befristung, welche die Existenz der Gesellschaft auf einen späteren Tag festsetzt, bedeutet, daß sie vorher nicht zum Handelsregister eingetragen werden soll. Die Geschäftsführer dürfen sie vorher nicht anmelden. Erfolgt dies doch und geschieht die Eintragung, so gewinnt die Gesellschaft trotz der Befristung von dem Tage des Eintrags ab ihre Existenz. Es gilt hier dasselbe wie bei der offenen Handelsgesellschaft (§ 123 Abs. 3 HGB.).

Anm. 44. 4. Anfechtung einer Beteiligung an einer GmbH., als zum Nachteile der Gläubiger erfolgt, ist ohne Einfluß auf die Gültigkeit der Beitrittserklärung selbst. Die Anfechtung bezieht sich auf die Übertragung von Vermögensobjekten des Schuldners auf die Gesellschaft. Sie stützt sich auf die darin liegende Benachteiligung der Gläubiger. Ist diese Absicht bei der Gründung den anderen Gesellschaftern bekannt, so steht den Gläubigern das Anfechtungsrecht zu. Eine Rückzahlung an einen Gesellschafter findet nicht statt. Mithin ist § 30 Abs. 1 nicht anwendbar (RG. 24. 5. 10 JW. 10, 762[35]; DJZ. 15, 583). Ebenso findet eine Anfechtung im Konkurse des Gesellschafters statt. Hier genügt es, daß eine der Konkursmasse nachteilige Rechtshandlung in Kenntnis der Zahlungseinstellung erfolgte. Diese muß bei allen anderen Gesellschaftern vorhanden sein. (RG. in JW. 1914, 401; Schulze LZ. 1921, 675). Die Gesellschaft muß, soweit es zu deren Befriedigung erforderlich ist, die Zwangsvollstreckung in die Einlage gestatten (RGZ. 24, 23/24). Der Geschäftsanteil wird hierdurch nicht vernichtet. Ebensowenig wird der Gesellschaftsvertrag selbst berührt. Der Gesellschafter ist gewährpflichtig. Der Fall steht dem der Entwährung der Sacheinlage gleich (vgl. Anm. 28 zu § 5). Ein Recht der Gesellschaft, diese Anfechtung der Gläubiger unter Hinweis auf § 30 Abs. 1 abzulehnen, besteht nicht. Das Recht der

Gläubiger geht vor. Anderenfalls könnte jeder Schuldner durch Einlage in eine GmbH. sein § 2.
Vermögen dem Zugriff der Gläubiger entziehen. Sie wären dann auf den Geschäftsanteil angewiesen. Die Gläubiger müßten den Kampf um die Veräußerbarkeit desselben mit der Gesellschaft aufnehmen (Exkurs I zu § 15 Anm. 17). Es wäre aber auch ein schwer abschätzbarer Gegenstand an die Stelle des früheren Zugriffsobjektes getreten. Selbstredend ist der Gesellschaft stets der Nachweis auf Grund des Anfechtungsgesetzes und der KO. gestattet, daß die Gläubiger nicht benachteiligt sind.

Die anderen Gesellschafter haften der Gesellschaft, wenn sie gemeinsam mit dem insolventen Gesellschafter in dem Bewußtsein, daß dieser die eingebrachten Werte dem Zugriffe der Gläubiger entziehe, handelten (vgl. Anm. 28 zu § 9). Bei anderen Anfechtungsklagen entfällt diese Haftung. Bei der Anwendung des § 24 ist zwischen Sach- und Geldeinlage zu unterscheiden (vgl. Anm. 1 zu § 24). Die Vorschrift über die Haftung der anderen Gesellschafter findet auf die Anfechtung einer Sacheinlage so wenig Anwendung wie auf jede andere Nichtleistung derselben. Wird eine Geldeinlage angefochten, so tritt die Haftung ein. Es ist unzulässig, hier den § 31 anzuwenden. Diese Bestimmung setzt eine freiwillige rechtsgeschäftliche Rückgabe der Einlage voraus.

Erfolgt die Beteiligung an einer GmbH. für Rechnung eines anderen, um dessen Gläubigern den Zugriff auf den Geschäftsanteil zu entziehen, so ist auch dies anfechtbar (RG. 29. 11. 04 RGZ. 59, 195). Diese Anfechtung bezieht sich aber nur auf das Rechtsgeschäft zwischen dem Gesellschafter und dem Schuldner. Die durchgeführte Anfechtung hat nicht die Wirkung, daß der Geschäftsanteil auf den Namen des Schuldners umgeschrieben werden muß. Für die Gesellschaft ist das Urteil im Anfechtungsprozesse ohne Wirkung. Die Anfechtungsklage hat lediglich die Zwangsvollstreckung in diesen Geschäftsanteil zu ermöglichen. Der Fall liegt analog der Vollstreckung in ein fraudulös auf den Namen eines anderen erworbenes Grundstück. Statt dieses Weges steht dem Gläubiger auch die Möglichkeit offen, den Anspruch seines Schuldners an den Gesellschafter auf Übertragung des Geschäftsanteils zu pfänden. Es setzt dieses nicht das Vorliegen eines Anfechtungsurteils voraus, sondern nur eines vollstreckbaren Titels gegen den Schuldner.

II. **Die Ungültigkeit einzelner Teile des Gesellschaftsvertrages und deren Folgen für den ganzen Gründungsakt.** Anm. 45.

Aus § 75 ergibt sich, daß eine Ungültigkeit des Gründungsgeschäftes nur eintritt, wenn der Gesellschaftsvertrag einen der gemäß § 3 wesentlichen Punkte nicht enthält oder wenn einer derselben nichtig ist. (Das Nähere hierüber Anm. 3—13 zu § 75.) Aus diesem Rechtssatze ergibt sich:

1. Eine Ungültigkeit einzelner anderer Bestimmungen des Gesellschaftsvertrages ist nach dessen Eintragung ohne Einfluß auf die Existenz der Gesellschaft. Die Bestimmung des § 139 BGB. ist unanwendbar (RG. 7. 6. 10 RGZ. 73, 431; RG. 5. 2. 15 RGZ. 86, 213; RG. 7. 3. 16 JW. 1916, 145 Nr. 10). Auch im Aktienrecht verliert eine an sich wirksame Aktienzeichnung nicht dadurch ihre Wirksamkeit, daß sie durch rechtlich unzulässige Versprechungen veranlaßt war (RG. 5. 3. 15 JW. 1915, 514[12]; LZ. 1915, 1243[25]). Es ist unerheblich, daß der Gesellschafter nachweist, er hätte ohne die nichtige Schiedsgerichtsklausel oder ohne die Zinsgarantie oder die Zusage, daß die Gesellschaft ihm den auch nicht vollbezahlten Geschäftsanteil jederzeit abnehme, nicht gezeichnet. Es gibt für diesen Fall keine Nichtigkeitsklage. Ob dem Gesellschafter der Anspruch auf Auflösung zusteht, richtet sich nach § 61 Abs. 1. Er liegt dann vor, wenn durch die Ungültigkeit der besonderen Bestimmung eine solche Gestaltung der Verhältnisse der Gesellschaft eintritt, daß hierin ein wichtiger Grund zur Auflösung gegeben ist. So, wenn ein Gesellschafter sich verpflichtet hatte, auf Lebenszeit seine Dienste der Gesellschaft zu widmen. Ebenso tritt infolge der Ungültigkeit einer einzelnen Vertragsstelle auch nicht eine solche der Beitrittserklärung eines einzelnen Gesellschafters ein. Anders nur, wenn diese als Bedingung oder Vorbehalt einen untrennbaren Bestand derselben bilden (vgl. oben Anm. 39). Ob aus Anm. 46.

§ 2. der besprochenen Ungültigkeit Ansprüche eines Gesellschafters gegen die Mitgründer entstehen, richtet sich nach dem Rechtsverhältnisse unter diesen. Ergibt sich hieraus, daß dieselben oder einer derselben die Gesellschaft nur unter der ungültigen Abrede wollten und sich zur Errichtung nur in dieser Weise verabredet hatten, so bestand für keinen dieser Gesellschafter eine Verpflichtung zur Erfüllung dieser ungültigen Zusage. Daher hat jeder das Recht auf Rückgängigmachung dieser Erfüllung (§§ 821 ff. BGB.). Hieraus fließt wieder der Anspruch der einzelnen Gesellschafter auf Mitwirkung zur Auflösung der Gesellschaft und zur Stimmabgabe in diesem Sinne (vgl. Anm. 44 zu § 45). Bis zur Eintragung der Gesellschaft steht es jedem Gesellschafter frei, die Nichtigkeit des ganzen Gesellschaftsvertrages wegen Nichtigkeit eines Teiles geltend zu machen (vgl. oben Anm. 34). Nur ist den anderen Gesellschaftern der Nachweis gestattet, daß alle Beteiligten den Vertrag auch ohne den ungültigen Passus geschlossen hätten. § 75 Abs. 1 GmbHG. gibt der Eintragung der Gesellschaft heilende Kraft, soweit nicht Mangel oder Nichtigkeit der nach § 3 Abs. 1 wesentlichen Bestimmungen in Frage steht. Diese Ausnahmen dürfen nicht vermehrt werden. § 75 Abs. 1 schützt das öffentliche Interesse an der Erhaltung der einmal eingetragenen Gesellschaft (RG. 22. 5. 13 RGZ. 82, 288; LZ. 1913, 761[24]).

Das aufgestellte Prinzip bezieht sich aber nur auf den Gesellschaftsvertrag als Ganzes. Es ist nicht anwendbar auf ein Stück desselben. Besteht eine Beitrittserklärung und Einbringensabrede aus einheitlichen mehreren Teilen, so vernichtet die Ungültigkeit des einen Teiles auch die anderen (RG. 5. 2. 15 RGZ. 86, 213).

Das vorstehend Ausgeführte ist auch nicht anwendbar auf den Fall des Verkaufs eigener Geschäftsanteile durch die Gesellschaft (vgl. oben Anm. 34). Hier ist § 139 BGB. anwendbar. Es ist unzulässig, daß eine Gesellschaft, welche einen Geschäftsanteil mit Zusage der Amortisation oder einer festen Verzinsung durch die Gesellschaft verkaufte, trotz der Ungültigkeit desselben die Rückzahlung des Kaufpreises weigerte. (A. M. Sievers im Recht 1906, 974 ff. Dagegen Hachenburg das. 1907, 252.)

Anm. 47. 2. Eine Ungültigkeit einer Beitrittserklärung ist ohne Einfluß auf die Gültigkeit der Beitrittserklärungen der anderen Gesellschafter. Es kann nicht, weil ein Gesellschafter eine wirksame Verpflichtung nicht übernommen hat, der ganze Gesellschaftsvertrag für ungültig erklärt werden. Aus der Nichtigkeit einer Beitrittserklärung (infolge einer Bedingung) folgt nicht ohne weiteres die Nichtigkeit des Gesellschaftsvertrages (RG. 7. 11. 13 RGZ. 83, 258). Sobald er eingetragen ist, wird die Existenz der Gesellschaft, sofern nur zwei Personen als Gesellschaftsgründer bleiben (unten Anm. 55), nicht mehr berührt. Nur bis zum Eintrage der Gesellschaft kann jeder Beteiligte die Ungültigkeit des Vertrags geltend machen (oben Anm. 34). Der Registerrichter kann die Eintragung ablehnen. Die eingetragene Gesellschaft kann er nicht wieder löschen (vgl. hierüber unten Anm. 56). Man kann die gegenteilige Meinung, welche zu einer Nichtigkeitsklage und einer Löschung von Amts wegen auch in dem hier besprochenen Falle führt, nicht damit stützen, daß man durch die Ungültigkeit der einen Erklärung zu einer Nichtigkeit des Vertrags in seinen Essentialien (§ 3 Abs. 1, § 75) gelangt (Neukamp GZ. 46). Aus § 75 erhellt deutlich, daß dort das Fehlen eines solchen Teiles des Gründungsvertrages oder dessen inhaltliche Nichtigkeit gemeint sein muß. Nur diese steht jener gleich. Auch zeigt die praktische Folge die Unhaltbarkeit der bekämpften Ansicht. Träfe sie zu, so würde bei einer Gesellschaft von einer Million Kapital jedem Gesellschafter die Nichtigkeitsklage zustehen, weil sich nachträglich herausstellte, daß ein anderer Gesellschafter mit einer Beteiligung von 500 M. ohne Vollmacht vertreten war. Dieser könnte seine Genehmigung durch die Drohung mit der Nichtigkeitsklage, welche ein ihm verbündeter anderer Gesellschafter bereithält, recht teuer zu verkaufen suchen. Im einzelnen:

Anm. 48. a) Der Geschäftsanteil, welcher durch die ungültige Beitrittserklärung übernommen werden sollte, gelangte nicht zur Entstehung. Der Geschäftsanteil bestimmt sich nach der Höhe der übernommenen Stammeinlage (§ 14). Er bedeutet den aus der Übernahme fließenden Anteil an der Gesellschaft, das Mitgliedsrecht (vgl. Anm. 1—5 zu § 14).

Fehlt die Übernahme, so fehlt auch die Mitgliedschaft und damit der Geschäftsanteil. Daraus folgt aber nicht, daß auch das Stammkapital um diesen Betrag vermindert ist. Der § 5 Absatz 3 Satz 2, daß der Gesamtbetrag der Stammeinlagen mit dem Stammkapital übereinstimmen muß, hat nicht die Bedeutung, daß niemals eine Gesellschaft bestehen kann, bei der diese Übereinstimmung nicht vorhanden ist. Eine solche ergibt sich bei der Amortisation von Geschäftsanteilen aus den Überschüssen des Gesellschaftsvermögens (vgl. Anm. 18 zu § 34). Eine solche tritt auch hier ein, wenn nach der Eintragung der Gesellschaft sich herausstellt, daß eine Beitrittserklärung nicht rechtswirksam ist. Der Fall ist dem dieser Amortisation insofern ähnlich, als in beiden ein Geschäftsanteil verschwindet und in beiden der Betrag des Stammkapitals in gleicher Höhe bleibt. Der Unterschied ist hier aber der, daß bei der Ungültigkeit einer Gründungserklärung keine volle Deckung des Stammkapitals vorliegt, mithin ein Verlust an Kapital die Folge ist. Wurde eine Gesellschaft mit einem Stammkapitale von 100000 M. gegründet, ist ein Gründer, der 10000 M. übernommen hatte, geisteskrank gewesen, so beginnt die Gesellschaft ihre Geschäfte mit einem Stammkapitalkonto von 100000 M. auf der Passivseite, dem auf der Aktivseite nur 90000 M. Einzahlungen gegenüberstehen, mithin mit einer Unterbilanz von 10000 M. Ehe diese ausgeglichen ist, kann eine Verteilung von Gewinn nicht erfolgen. Zustimmend KG. 15. 10. 15 RJA. 15, 39 für die Erhöhung des Stammkapitals. **§ 2.**

b) Eine Haftung der anderen Gesellschafter für den Verlust, den die Gesellschaft durch die Ungültigkeit eines Gründerbeitritts erleidet, besteht nicht. Die Bestimmung des § 24 ist nicht anwendbar. Sie ist zu beschränken auf die Insolvenz eines Gesellschafters. Sie darf nicht auf die Garantie für die Rechtsbeständigkeit der Einlagezusage ausgedehnt werden. Ein Schluß aus § 437 Abs. 1 BGB., daß die Haftung für die Existenz einer Forderung als das Geringere in der Haftung für den Eingang erhalten sei, ist unzulässig. Denn jene Stelle handelt von der Zession einer Forderung. Die Stellung der Mitgesellschafter hat mit der des Veräußerers nichts gemein. Sie sind dem Bürgen vergleichbar. Dieser aber haftet nicht für die Existenz, sondern nur für den Eingang des verbürgten Betrags. Im Gegenteil, es stehen ihm alle Einreden des Hauptschuldners zu. So dürfen auch die Mitgesellschafter, welche für den Ausfall bei der Einlage eines Gesellschafters haftbar gemacht werden, der Klage entgegenhalten, daß die Einlage nicht gültig übernommen wurde. Eine Haftung für diesen Wegfall einer Einlage aus Rechtsgründen kennt das Gesetz nicht. (Zustimmend Neukamp Note 1a zu § 24. A. M. Marcus ZBlFG. 7, 612. Dagegen wieder Hachenburg DJZ. 12, 685 ff. Die von Marcus vorgebrachten Gründe, die wesentlich in einer Gewährleistung der Kreditbasis gegenüber dem Publikum gipfeln, sind gesetzgeberisch beachtenswert. Für die Auslegung des bestehenden Gesetzes sind sie nicht beweisend.) **Anm. 49.**

c) An Stelle des nicht entstandenen Geschäftsanteils kann ein anderer gesetzt werden. Das ist zweifellos solange die Gesellschaft noch nicht eingetragen ist. Dann wird der Gesellschaftsvertrag abgeändert. An Stelle des wegfallenden Gesellschafters schließt ein anderer den Vertrag. Nur muß dies mit allen übrigen Gesellschaftern in förmlicher Weise vereinbart sein. Weniger einfach liegt die Sache nach der Eintragung. Die Gesellschaft ist jetzt entstanden. Die Schaffung neuer Geschäftsanteile ist als Regel nur im Wege der Erhöhung des Stammkapitals möglich. Es bliebe also nur der Weg, daß die Gesellschafter das Stammkapital um den ausgefallenen Betrag herabsetzen und dann wieder, um es auf die frühere Summe zu bringen, um jenen Betrag erhöhen (so Neukamp). Abgesehen von dem Umstande, daß sich diese beiden Momente nicht sofort vereinigen lassen, denn die Herabsetzung des Stammkapitals setzt den Ablauf des Sperrjahres voraus (§ 58), hätte man hier einen völlig zwecklosen Umweg gemacht. Es kann nicht dem Geiste des Gesetzes entsprechen, die Aufbringung des Stammkapitals, dessen Erhaltung eine der wichtigsten Aufgaben ist, zu erschweren. Man wird daher die Bestimmung über die Erhöhung des Stammkapitals auch hier entsprechend anwenden **Anm. 50.**

§ 2. müssen. Die Gesellschafter wollen ein Stammkapital in Höhe des eingetragenen Betrages. Der Gesellschaftsvertrag, der von den übrigen Gesellschaftern mit Ausnahme desjenigen, der sich nicht verbindlich machte, gültig vereinbart wurde, entspricht bezüglich des nicht gedeckten Teiles dem Beschluß der Gesellschaft, das Kapital zu erhöhen. Es bedarf nur dessen Übernahme in der Form des § 55 Abs. 1. Der neue Gesellschafter erklärt in beglaubigter Form, daß er von dem Stammkapitale den Betrag von 10000 M., für den die Beitrittserklärung eines ursprünglichen Gesellschafters ungültig sei, übernehme. Die anderen Gesellschafter geben ihre Zustimmung zu diesem Beitritt zur Gesellschaft (§ 55 Abs. 2 Satz 1). Dadurch wird an der Existenz der Gesellschaft nichts geändert. Aber es ist für den fehlenden Betrag der Einlage die Deckung wieder erfolgt.

Anm. 51. Selbstverständlich kann als Übernehmer dieses nicht existent gewordenen Geschäftsanteiles auch der frühere Gesellschafter, dessen Beitritt unwirksam war, auftreten. Er ist aber hierbei wie jeder Dritte zu behandeln. Hiervon zu unterscheiden ist der Fall der nur relativen Unwirksamkeit, bei der die Genehmigung heilende Folgen hat, so bei der Minderjährigkeit und der Vertretung ohne Vollmacht (vgl. oben Anm. 31). Hier genügt die formlose Erklärung gegenüber der Gesellschaft.

Anm. 52. d) Die Gesellschafter können die Herabsetzung des Stammkapitals um den Betrag, der durch die Ungültigkeit der einen Einlage nicht gedeckt wird, beschließen. Für dieses sind die allgemeinen Bestimmungen des § 58 wie für den Fall der Herabsetzung des Stammkapitals zur Ausgleichung einer Unterbilanz maßgebend (vgl. die Anm. 22 ff. zu § 58).

Anm. 53. e) Ein gültiger Vorvertrag (oben Anm. 14) über die Errichtung einer GmbH. verpflichtet den Gesellschafter, dessen Beitrittserklärung selbst unwirksam ist, zu wirksamer Wiederholung. Sie bedarf ebenfalls stets der für die Errichtung selbst bestimmten Form. So, wenn der im Zustande der totalen Betrunkenheit Unterzeichnende sich vorher in nüchternem Zustande gültig verpflichtet hatte, bei der Gründung mitzuwirken. So, wenn die Sacheinlagezusage wegen fehlender Angaben (Anm. 44 zu § 5) ungültig ist, sich aber im Vorvertrage die genaue Festsetzung findet. Dieses Recht der Gesellschaft kann mittels Klage geltend gemacht werden. Das rechtskräftige Urteil ersetzt die formgerechte Urkunde.

Aus der Verpflichtung aus dem Vorvertrage ist eine Entkräftung der Einrede aus der Ungültigkeit des Hauptvertrages abzuleiten. Es kann dem Einwand des auf Leistung der Einlage verklagten Gesellschafters, daß seine Beitrittserklärung nichtig sei, entgegengehalten werden, daß er gezwungen werden kann, diese in gültiger Form zu wiederholen. Es wäre gegen Treu und Glauben, sich in einem solchen Falle der Leistungspflicht zu entziehen, der man alsbald nach dem Urteile auf Abgabe der Erklärung genügen muß.

Anm. 54. f) Auch die Gesellschaft kann sich auf die Nichtigkeit und Unwirksamkeit der Beitrittserklärung eines Gesellschafters berufen, denn die Nichtigkeit wirkt für alle Beteiligten. Die Gesellschaft kann sich also auf die Geschäftsunfähigkeit eines Gesellschafters stützen, um diesen von der Gesellschaft fernzuhalten. Einen Anspruch auf Aufnahme seines nachträglichen Beitritts (oben Anm. 50) hat dieser nur gegenüber den einzelnen Gesellschaftern und auch diesen nur, wenn ein gültiger Vorvertrag vorliegt. Soweit ihm das Recht der Bestätigung zusteht, wie bei der Vertretung durch den Nichtbevollmächtigten und beim Abschlusse durch den Minderjährigen, schließt dieses das Recht der Gesellschaft, sich auf die Ungültigkeit zu stützen, aus.

Anm. 55. g) Ungültigkeit aller Beitrittserklärungen oder aller bis auf eine. Der Grundsatz, daß die Unwirksamkeit des Beitritts eines Gesellschafters den Bestand des Gesellschaftsvertrages nicht berührt, setzt voraus, daß noch mindestens zwei gültige Erklärungen bleiben. Denn mindestens zwei Gesellschafter sind zur Gründung der Gesellschaft nötig (oben Anm. 22). Sind alle Erklärungen ungültig oder bleibt nur eine gültige Erklärung übrig, so ist überhaupt kein Gesellschaftsvertrag vorhanden. Der eingetragene Gesellschaftsvertrag wird für nichtig erklärt. Die Vorschrift des § 75 ist anwendbar. Ebenso ist die Löschung von Amts wegen zulässig. Sie wird abgewendet, wenn die ungültigen Erklärungen ordnungsgemäß nachgeholt werden (vgl. Anm. 50 und 51). Es wäre auch hier zwecklos, die Eintragung zu löschen, um sie alsbald wieder vorzunehmen. § 2.

Sind alle Erklärungen ungültig, so entsteht auch trotz der Eintragung keinerlei Verpflichtung zur Einlage. Bleibt aber ein Gesellschafter übrig, so findet auf ihn § 77 Anwendung. Er hat seine Einlage zu machen. Für die Einlage des oder der anderen Gesellschafter hat er nicht, auch nicht bis zur Höhe der Schulden der Gesellschaft, einzustehen (vgl. oben Anm. 49).

III. **Die Stellung des Registerrichters gegenüber dem ungültigen Gesellschaftsvertrage.** Er hat jeden Antrag abzulehnen, dem ein formell oder materiell, ganz oder teilweise ungültiger Vertrag zugrunde liegt (vgl. Anm. 1 u. 2 zu § 10). So z. B. auch, wenn eine unzulässige Zerlegung der Stammanteile bestimmt ist (KG. 23. 1. 08 KGJ. 35 A, 175). Andererseits aber hat der Richter grundsätzlich den Gesellschaftsvertrag nur dann zu beanstanden, wenn sein Inhalt gegen bestimmt zwingende Normen des Gesetzes verstößt (KG. 10. 1. 08 KGJ. 35 A, 180). Enthält er Abreden unter den Gesellschaftern, die materiell auch diese berühren, so unterliegen sie der Nachprüfung durch den Registerrichter überhaupt nicht. Ist die Eintragung erfolgt, so ist das Recht des Registerrichters, die Gesellschaft wieder zu löschen, auf die Fälle des § 75 beschränkt. Er kann diese Verfügung also weder darauf stützen, daß ein anderer Teil des Gesellschaftsvertrages, als an dieser Stelle angeführt, nichtig (oben Anm. 46), noch daß eine Beitrittserklärung unwirksam sei (Anm. 47). Eine Löschung von Amts wegen darf nur in den Fällen eintreten, in denen die Nichtigkeitsklage möglich ist (§ 144 Abs. 1 FG.). Eine Anwendbarkeit des § 142 FG. und eine Löschung wegen Mangels einer Voraussetzung der Eintragung ist ausgeschlossen. Bei der GmbH. ist die Löschung von Amts wegen auf die Fälle der Nichtigkeit beschränkt. (Dorner, Kommentar zum RG. über die Angelegenheiten der freiwilligen Gerichtsbarkeit, Anm. 1 zu § 144 S. 500 ff.; Düringer-Hachenburg HGB. I Anhang, Anm. 3 zu § 144 FG.) Die anscheinend gegenteilige Meinung des KG. (18. 4. 04 RJA. 4, 162 KGJ. 27 A, 232 OLGR. 9, 263, vgl. auch KG. 28. 11. 04 ZBlFG. 6, 86) ist nicht zu billigen. Durch die Anwendung auch des § 142 FG. neben § 144 würde eine Rechtsunsicherheit entstehen, die nicht im Sinne des Gesetzes liegen kann. Man kann den § 142 nicht dadurch wieder einführen, daß man außer der Löschung der Gesellschaft oder des in das Handelsregister einzutragenden Beschlusses „Löschungen anderer Art" einführt, die neben der auf Nichtigkeit beruhenden möglich sind. Selbstverständlich ist stets zulässig, daß die Eintragung als solche, weil im Widerspruche mit dem Inhalt des Statutes stehend, von Amts wegen gelöscht wird. Das war auch der Kern des zitierten Beschlusses des KG. und insofern ist die Entscheidung richtig. **Anm. 56.**

Über die Folgen, wenn alle Erklärungen oder alle bis auf eine ungültig sind, vgl. oben Anm. 55. An der eingetragenen Gesellschaft vermag der Registerrichter keine Änderungen vorzunehmen. Er kann keinen Eintrag beschließen, wonach die Gesellschaft nur für das durch die gültigen Einlagen gedeckte Stammkapital existiere. Das wäre eine dem Gesetze fremde Herabsetzung desselben durch den Registerrichter. Er muß dies den Gesellschaftern überlassen.

IV. **Übernahme der Garantie für einen Zeichner des Gesellschaftsvertrages.** Sie ist gültig, wenn sie als Bürgschaft für die Erfüllung seiner Verpflichtung gemeint ist. Sie untersteht den allgemeinen Regeln über die Bürgschaft. Ein Übergang des Geschäftsanteils auf den zahlenden Bürgen kraft Gesetzes findet nicht statt. Dies ist kein Teil des Anspruches des Gläubigers gegen den Hauptschuldner und kein Sicherungsrecht. Der Bürge kann sich nur durch eine ordnungsgemäß übernommene Verpflichtung des Gesellschafters, **Anm. 57.**

§ 2. ihm im Falle der Zahlung den Geschäftsanteil zu übertragen, ein Recht auf denselben verschaffen.

Bedeutet die Garantie jedoch ein Einstehen dafür, daß der nicht selbst erschienene oder ordnungsgemäß vertretene Gesellschafter die von einem vollmachtlosen Vertreter gezeichnete Einlage macht, so kann diese Garantie nicht bewirken, daß die Gesellschaft eintragungsfähig ist. Sie vermag nicht, die fehlende Willenserklärung des ohne Vollmacht Vertretenen zu ersetzen. Der Garant kann nicht als eventueller Gesellschafter betrachtet werden. Denn sein Beitritt wäre ein bedingter. Die Eintragung ist trotz solcher Garantie zu versagen. Den Gesellschaftern gegenüber können aus der Garantie, falls der Vertretene den Vertrag nicht genehmigt, Ansprüche auf Schadensersatz folgen. Auslegungsfrage ist es, ob in der Garantie das Versprechen, für sich selbst den Gesellschaftsvertrag zu unterzeichnen, liegt. Ist trotz des Mangels der Genehmigung der Eintrag erfolgt und die Gesellschaft entstanden (vgl. oben Anm. 56), so steht der Anspruch aus der Garantie der Gesellschaft zu. Einen Anspruch auf den Geschäftsanteil hat der Garant nicht.

Anm. 58. **Zusatz 3. Auslegung des Gesellschaftsvertrages.** Staub hatte (1. Auflage S. 32 Anm. 25) den Satz aufgestellt: „Für den Gesellschaftsvertrag ist das maßgebend, was die Parteien erklärt haben, nicht das, was sie gewollt haben. Der Gesellschaftsvertrag ist nach objektiven Momenten auszulegen." Dieser Satz ist nur in beschränktem Umfange richtig. Zunächst muß für den Gesellschaftsvertrag das allgemeine Prinzip des § 133 BGB. gelten. Es ist nicht an dem buchstäblichen Sinne zu haften, sondern der wirkliche Wille zu erforschen. Es ist nirgends ein Anhalt dafür, daß für das GmbHG. eine abweichende Regel gelten solle. Bei den notwendigen Bestandteilen des Gesellschaftsvertrages, die § 3 aufzählt, wird eine Interpretation selten notwendig sein. Man kann sich kaum vorstellen, daß Sitz, Gegenstand, Stammkapital und Stammeinlagen nicht unzweideutig ausgesprochen sind. Die Frage, ob die besondere Angabe des Unternehmens (§ 3 Nr. 2) unterbleiben kann, wenn ausnahmsweise die Firma (§ 3 Nr. 1) schon den Gegenstand des Unternehmens unzweideutig erkennen läßt („Vertriebsgesellschaft zahnärztlicher und zahntechnischer Bedarfsartikel nur für Mitglieder des wirtschaftlichen Verbandes deutscher Zahnärzte mbH.") ist vom RG. bejaht worden (RG. 16. 11. 15 Holdh. 25, 90). Am ersten ist die Interpretation bei der Zweckangabe möglich. Hierbei wird nun allerdings betont werden müssen, daß die Auslegung sich nicht über den Wortlaut hinwegsetzen darf. Denn dieser wird eingetragen und ist für jeden Dritten maßgebend. Aber bei der Prüfung desselben hat der Richter doch wieder die Vorschrift des § 133 BGB. zu beachten (RG. 12. 1. 01 JW. 01, 142[9] für das Aktienrecht). Das wird für die Frage wichtig, ob der Geschäftsführer die durch den Gesellschaftsvertrag und die Angabe des Gegenstandes gezogene Grenze überschritten hat. Auch dafür, ob ein Beschluß der Gesellschafter, ein Stück des Betriebes aufzuheben oder ein neues hinzuzunehmen, eine Satzungsänderung ist. Bei der Prüfung muß das Revisionsgericht einen freieren Standpunkt einnehmen als gegenüber Vertragsauslegungen im allgemeinen. Besonderheiten des Einzelfalles spielen keine Rolle. Der maßgebende Sinn kann nur aus der Urkunde selbst geschöpft werden (RG. 13. 12. 12 RGZ. 81, 119; RG. 18. 11. 13 RGZ. 83, 296; RG. 25. 1. 21 RGZ. 101, 246). Handelt es sich um Bestandteile des Gesellschaftsvertrages, die zwar, um gültig zu sein, in diesem erscheinen müssen, die aber keine notwendigen Voraussetzungen des Gesellschaftsvertrages sind, insbesondere also um Verpflichtungen der Gesellschafter gegenüber der Gesellschaft (§ 3 Abs. 2) oder um solche der Gesellschaft gegenüber den Gesellschaftern, so muß den Berechtigten und Verpflichteten das Recht gegeben sein, den bei der Schöpfung dieses Rechtsverhältnisses vorwaltenden Willen vor dem buchstäblichen Wortlaut zur Geltung zu bringen (vgl. Anm. 24 zu § 3). Je zahlreicher die Gesellschaften werden, bei denen die Kapitaleinlage hinter der persönlichen Leistung zurücktritt, desto mehr wird die Auslegung notwendig. Hier greift neben § 133 auch § 157 BGB. ein (RG. 13. 2. 09 RGZ. 70, 331). Die Ergänzung des unvollständig erklärten Willens ist aus der Verkehrssitte zu entnehmen. Es wird z. B. nicht zu beanstanden sein, wenn bei der Einlegung eines Geschäfts um einen festen Betrag, jedoch auf Grund einer auf den Tag der Einlage aufzumachenden Bilanz, der Verkehrsanschauung entsprechend die Verpflichtung des Inferenten, den sich etwa ergebenden Minderbetrag in Geld auszugleichen, gesehen wird (vgl. unten Anm. 20 zu § 5). Es wird umgekehrt zulässig sein, daß, wenn der Gesellschaftsvertrag bestimmt, daß bei dem Ausscheiden eines Gesellschafters aus dem Amte als Geschäftsführer sein Geschäftsanteil amortisiert werden kann (vgl. Anm. 18 zu § 34), der Gesellschafter nachweist, daß hierbei nur der Fall seiner freiwilligen Kündigung, nicht ein solcher ohne sein Verschulden durch die Gesellschaft erfolgender gemeint sei. Man kann ihm dieses Recht nicht durch den Hinweis darauf, daß der Gesellschaftsvertrag allgemein laute, abschneiden. Es ist Frage der Auslegung, ob die Übertragung der Ernennung der Geschäftsführer dem Aufsichtsrate auch das Recht der Entlassung gibt (Anm. 3 zu § 38). Ebenso untersteht die Bestellung der Geschäftsführer im Gesellschaftsvertrage der Auslegung des hierin liegenden Willens (Anm. 41 zu § 35). Zahlreich sind die Vorschriften in Gesellschaftsverträgen über eine bestimmte Zeitdauer (vgl. Anm. 20 ff. zu § 3). Ob bei einer solchen die Gesellschafter auch während dieser Zeit die Auflösung mit einer Mehrheit von drei Vierteln der abgegebenen Stimmen beschließen können oder ob die zeitliche Begrenzung den Verzicht darauf enthält, muß aus den Gesamtumständen entnommen werden usw. Die durch die Natur gerade des GmbH.-Vertrags gezogene Grenze darf jedoch nicht überschritten werden. Umstände, die für den Empfänger einer Willenserklärung nicht erkennbar waren, müssen für deren Auslegung außer Betracht bleiben. Der GmbH.-Vertrag selbst ist nur einheitlicher Auslegung fähig. Im Verhältnis zu den Gesellschaftern wie im Verhältnis zu Dritten. Nur eine aus der Urkunde selbst zu gewinnende Auslegung ist daher über deren Wortlaut hinaus zulässig. Ist also nicht, wie das Gesetz es zuläßt, die Abtretung des Geschäftsanteils an die Genehmigung der Gesellschafter gebunden, sondern nur der Verkauf, so ist das eine ihrem Wortlaut nach unzweideutige Einschränkung. Sie zu korrigieren, wäre nur auf Grund des übrigen Inhalts der Satzung möglich (RG. 25. 1. 21 RGZ. 101, 247). Die gleiche Einschränkung gilt für das Aktienrecht. Soll der § 186 Abs. 2 HGB. seine für den Rechtsverkehr wichtige Bestimmung nicht verlieren, so genügt es nicht, daß eine Vereinbarung des in § 186 Abs. 2 vorgesehenen Inhalts in der Urkunde über Errichtung nicht als schlechthin ausgeschlossen betrachtet werden kann. Vielmehr ist zu ihrer Wirksamkeit gegenüber der Gesellschaft und dritten Personen, die mit ihr in Rechtsbeziehungen treten, erforderlich, daß sie in der Urkunde einen hinlänglich klaren „deutlichen Ausdruck gefunden haben" (RG. 13. 7. 16 JW. 1916, 1413 [4]). Die Vertragsbestimmung, daß die Grundstücke mit allen entgeltlichen und unentgeltlichen Rechten und Gerechtigkeiten auf die AG. übergehen, genügt nicht, um die Aktiengesellschaft zu verpflichten, Schuldbeträge des Inferenten für Erwerb der Grundstücke an Dritte zu bezahlen. Der an die Öffentlichkeit sich wendende Gesellschaftsvertrag darf nicht unter Berücksichtigung von Umständen ausgelegt werden, die nur einem beschränkten Personenkreis bekannt sind (Flechtheim JW. 1916, 1413 [4] Anm.). § 2.

Bei jedem Rechtsgeschäfte nimmt die Rechtsprechung an, daß Absprachen, die nicht in den Vertrag kamen, als fallengelassen gelten. Die Parteien können demgegenüber besondere Umstände nachweisen, aus denen sich diese Vermutung widerlegt. Bei der GmbH. ist dies unmöglich. Was nicht im Gesellschaftsvertrage steht, hat keine Geltung. Ein entgegenstehender Wille der Parteien kommt nicht in Betracht. Wohl aber können mündliche Nebenabreden, die bei der Gründung abgegeben wurden, zur Auslegung herangezogen werden. So bei der Sacheinlage als ergänzende Bestimmungen (RG. 12. 1. 01 JW. 01, 142 [9]). Solche Abreden dürfen aber nie im Widerspruch mit dem Inhalt des Vertrages stehen, so daß dieser selbst wieder aufgehoben wird. Es kann nicht an Stelle der notariell beurkundeten Vereinbarung eine andere angeblich mündlich besprochene gesetzt werden (RGZ. 70, 331). Es kann sich nur um ergänzende Bestimmungen zu Verpflichtungen der Gesellschaft und der Gesellschafter, die keine wesentlichen Bestandteile des Vertrages (§ 3 Abs. 1) sind, drehen. Ganz besonders gilt dies für Abmachungen, welche kraft ausdrücklicher Bestimmung der Aufnahme in den Gesellschaftsvertrag bedürfen. Es kann also eine Sacheinlage, wonach ein Gesellschafter die Aktiven seines Geschäftes ohne Schulden einbringt, nicht auf Grund eines abweichenden

§ 2. Vertrags der Gründer dahin ausgelegt werden, daß die Gesellschaft auch für die Schulden hafte (RG. 31. 1. 05 JW. 05, 214[23]). Es kann ein Kündigungsrecht, das nur in einem in Privatschrift niedergelegten Nebenabkommen enthalten ist, nicht für das Gesellschaftsverhältnis im Wege der Auslegung Geltung gewinnen (RG. 21. 6. 12 RGZ. 79, 418).

§ 3.

§ 3.

Der Gesellschaftsvertrag muß enthalten:

1. die Firma und den Sitz der Gesellschaft,
2. den Gegenstand des Unternehmens,
3. den Betrag des Stammkapitals,
4. den Betrag der von jedem Gesellschafter auf das Stammkapital zu leistenden Einlage (Stammeinlage).

Soll das Unternehmen auf eine gewisse Zeit beschränkt sein oder sollen den Gesellschaftern außer der Leistung von Kapitaleinlagen noch andere Verpflichtungen gegenüber der Gesellschaft auferlegt werden, so bedürfen auch diese Bestimmungen der Aufnahme in den Gesellschaftsvertrag.

Einleitung. **Der vorliegende Paragraph regelt in seinem ersten Absatze die wesentlichen Erfordernisse des Gesellschaftsvertrages.** Sie sind notwendige Bestandteile desselben. Fehlen sie oder sind sie nichtig, so wird hierdurch, aber nur hierdurch, die Gesellschaft nichtig (§ 75 vgl. Anm. 31 und Anm. 46ff. zu § 2). In seinem zweiten Absatze hebt § 3 einige Bestimmungen hervor, die gültig nur im Gesellschaftsvertrage getroffen werden können. Sie sind keine notwendigen Bestandteile des Gesellschaftsvertrages. Aber wenn sie gültig sein sollen, so müssen sie notwendigerweise in denselben aufgenommen werden. Beschließt eine Gesellschafterversammlung eine Neufassung des Gesellschaftsvertrages, so muß auch diese die wesentlichen Erfordernisse des Gesellschaftsvertrages enthalten. Es sei denn, daß es sich bloß um Abänderungen und Zusätze handelt, die ohne Schwierigkeit in die ursprüngliche Fassung eingeschoben werden können (KG. 2. 3. 17 RsprOLG. 38, 188).

Anm. 1. I. (Abs. 1.) **Die wesentlichen Erfordernisse des Gesellschaftsvertrages.**

A. Im allgemeinen:

1. Ein Beispiel eines in knappster Form gehaltenen Gesellschaftsvertrages: Die Kaufleute Heinrich Schneider und Albert Schuster zu Berlin, beide Friedrichstraße 31 wohnhaft, vereinigen sich hiermit zu einer GmbH. Deren Firma lautet „Berliner Leder-Engrosgeschäft, Gesellschaft mit beschränkter Haftung“. Ihr Gegenstand ist der Betrieb eines Leder-Engrosgeschäfts. Ihr Stammkapital beträgt 20000 M. Jeder Gesellschafter übernimmt die Leistung einer Einlage von 10000 M.

Alle sonstigen Rechtsverhältnisse ergeben sich aus dem Gesetze.

Anm. 2. 2. Enthält der Gesellschaftsvertrag eines dieser Erfordernisse nicht, so muß der Registerrichter die Eintragung ablehnen. Jeder Gesellschafter kann die Nichtigkeit durch Feststellungsklage feststellen lassen. Haben sich die Parteien gültig verpflichtet, eine GmbH. zu bilden (vgl. hierüber Anm. 14 zu § 2), so kann auf Abänderung des Gesellschaftsvertrages zur Herstellung seiner Gültigkeit geklagt werden. Ist trotz des Fehlens eines wesentlichen Erfordernisses die Eintragung der Gesellschaft erfolgt, so liegt Nichtigkeit gemäß §§ 75 und 76 vor. Auch in diesem Falle kann, wenn die Gesellschafter sich gültig verpflichtet hatten, eine GmbH. zu bilden, auf Beseitigung der Nichtigkeit geklagt werden. Die rechtswirksame Auflösung der Gründungsgesellschaft bedeutet nicht das Fehlen eines gültigen Gesellschaftsvertrages. Sie bedeutet insbesondere nicht das Fehlen einer nach § 3 Abs. 1 wesentlichen Bestimmung (RG. 22. 5. 13 RGZ. 82, 291).

B. Die einzelnen wesentlichen Erfordernisse des Gesellschaftsvertrages. § 3.

1. **Die Firma und der Sitz der Gesellschaft.** Anm. 3.

a) Die Firma. Hierüber im Zusammenhange Anm. 2ff. zu § 4.

b) Der Sitz der Gesellschaft. Erfordert ist die Festsetzung eines in einer bestimmten Gemeinde belegenen Sitzes. Der Sitz der Gesellschaft ist meist der Ort, an welchem die Verwaltung geführt wird. Es ist aber nicht ungültig, wenn die Statuten einen anderen Ort als Sitz bestimmen. Das wird wie im Aktienrecht (Staub-Pinner HGB. Anm. 10 zu § 182) allgemein bei der GmbH. angenommen (etwas einschränkend Brodmann Anm. 3). Durch § 24 BGB. wird dies bestätigt (vgl. auch RG. 28. 1. 02 Holdheim 11, 125). Der frei gewählte Ort ist Sitz und Hauptniederlassung der GmbH. für alle Rechtsverhältnisse, also auch für den Prozeß (§ 17 ZPO. abweichend Brodmann). An dem anderen Orte, an dem die Gesellschaft ihren Gewerbebetrieb ausübt, fabriziert, verkauft usw., ist eine Zweigniederlassung einzutragen. Dies ist erheblich für die Gebühren der Eintragung. Umgekehrt wird die Gesellschaft auch an den Orten, wo sie statutengemäß ihren Sitz hat, trotzdem sie ihr Geschäft in einem anderen Staate betreibt, zur Landes- und Gemeindesteuer heranzuziehen sein, sofern von dort der Aufsichtsrat die Leitung der Geschäfte besorgt und überwacht (RG. 27. 3. 08 BankArch. 08, 267).

Der Sitz ist ein einheitlicher. Die GmbH. kann ebensowenig wie die Aktiengesellschaft einen mehrfachen Sitz haben. Sie kann nur einen Hauptsitz und im übrigen Zweigniederlassungen haben. Geschäftsstellen einer GmbH., die nicht am Orte des Gesellschaftssitzes sich befinden, sind im gesetzlichen Sinne nur Zweigniederlassungen, niemals selbständige Niederlassungen (KG. 26. 9. 13 OLGR. 27, 395). Wird die Verwaltung und das Geschäft anderswo geführt, als am nominellen Sitz der Gesellschaft, so muß an jenem anderen Orte eine Zweigniederlassung angemeldet werden. Dort ist auch der Sitz der gewerblichen Niederlassung nach § 21 ZPO. (RG. 28. 1. 02 Holdheim 11, 125). Es ist unzulässig, auf Grund des § 17 Abs. 1 Satz 2 ZPO., da wo die Verwaltung geführt wird, den allgemeinen Gerichtsstand zu behaupten, wenn der Sitz im Statut besonders geregelt ist. Das folgt aus § 17 Abs. 3 ZPO. (RG. 7. 10. 04 RGZ. 59, 106, RG. 6. 6. 13 LZ. 1913 Nr. 760[21]). Anm. 4.

Schwierigkeiten ergeben sich für die Bestimmungen des Gerichtsstandes, wenn, wie jetzt in Berlin, der Sitz in mehrere Gerichtsbezirke zerfällt. Ist ein Geschäftslokal in Berlin vorhanden, so bestimmt sich der Gerichtsstand nach dem Gerichtsbezirk, in dem das Geschäftslokal liegt. Hat die GmbH. ihren Sitz schlechthin in Berlin, ohne daß hier der Ort der Verwaltung liegt (vgl. oben Anm. 3), so kommt jeder der Berliner Gerichtsbezirke wahlweise als Gerichtsstand in Betracht. § 36 Ziff. 2 ZPO. ist nicht anwendbar (Stein-Jonas ZPO. § 36 III 2 u. § 29 4 IV 6). Verlegt die GmbH. ihre Verwaltung von dem LGBez. Berlin I in den des LG. Berlin II, so ist dieses zuständig (KG. 14. 7. 09 OLGR. 20, 287).

Der Sitz muß selbstverständlich in Deutschland sein (RG. 7, 67). Das folgt auch aus § 7. Anm. 5.

Der Sitz kann verlegt werden. Dazu ist ein Beschluß auf Abänderung des Gesellschaftsvertrages erforderlich und ausreichend. Der Aufsichtsrat kann die Sitzverlegung nicht beschließen. Auch durch Gesellschaftsvertrag kann ihm ein solches Recht nicht übertragen werden (RG. in Holdheim 18, 168). Dabei gilt aber die Verlegung des Geschäftsbetriebes nicht als Sitzverlegung. Sitz der Gesellschaft und der Ort ihres Geschäftsbetriebes sind nicht gleichbedeutende Begriffe (KGJ. 13, 45; vgl. oben Anm. 3). Anm. 6.

Das Verfahren bei der Sitzverlegung. Der Beschluß auf Sitzverlegung wird zunächst in das Handelsregister des bisherigen Sitzes eingetragen und dadurch rechtsgültig (Glücksmann bei Holdheim 10, 161 Staub HGB. 10. Aufl. Anm. 17 zu § 182; KG. v. 28. 1. 01 KGJ. 21 A, 269 und OLGR. 2, 336). Von dieser Eintragung ab hat die Gesellschaft ihren Sitz am neuen Orte. Dort muß sie wenn auch nicht zum Zwecke, der Gültigkeit des Sitzverlegungsbeschlusses, ebenfalls eingetragen werden. Die Eintragung Anm. 7.

§ 3. des Beschlusses auf Sitzverlegung bei dem Register des bisherigen Sitzes kann unterbleiben, wenn sie durch Verfügung von hoher Hand, wie etwa bei der Besetzung Elsaß-Lothringens und dem auf den November 1918 zurückbezogenen Wechsel der Staatszugehörigkeit, dort nicht mehr eingetragen werden kann (KG. 23. 4. 20 RJA. 17, 84 — vgl. unten am Ende der Anm.). Bei der Sitzverlegung darf die GmbH. nicht behandelt werden wie eine noch nicht eingetragene Gesellschaft. Sie ist ohne sachliche Nachprüfung einzutragen. Es kann nur in Anwendung von FGG. § 144 Löschung angedroht werden (KG. 11. 10. 12 Recht 1913 Nr. 2175). Diese Anmeldung wird die Gesellschaft in ihrem eigenen Interesse bewirken. Der Richter des neuen Ortes wird auf Grund der §§ 14 HGB. und 132ff. FG. die Gesellschaft zur Anmeldung anhalten (ebenso Liebmann Anm. 2, a. M. Brodmann Anm. 3). Die Organe des Handelsstandes, auch der Registerrichter des aufgegebenen Sitzes werden ihn auf die Sitzverlegung aufmerksam machen. Das KG. (s. o.) erklärt die Eintragung der Gesellschaft am neuen Sitze überhaupt nicht für vorgeschrieben. Im Gesetze steht nichts davon. Aber ihre Notwendigkeit folgt zwingend aus dem Wesen und dem Zwecke des Handelsregisters. Mit der Anmeldung wird die Einreichung des Gesellschaftsvertrages, die Führung des Nachweises, daß die Gesellschaft eingetragen und der Sitz verlegt ist, verbunden sein. Damit die zur Zeit gültigen sonstigen Eintragungen auch am neuen Orte erfolgen können (z. B. die Vorstandsmitglieder, die Prokuristen usw.), ist der Nachweis hierüber zu führen. Am besten erfolgt diese Nachweisung dadurch, daß der Registerrichter des alten Sitzes dem des neuen Sitzes die Akten übersendet. Zeichnung der Unterschrift der Geschäftsführer ist nicht erforderlich (a. M. Glücksmann a. a. O.).

Die Verlegung des Sitzes von Gesellschaften, die in den durch den Friedensvertrag abgetretenen Gebieten des Reiches ihren Sitz hatten, erfolgt auch durch den Beschluß der Gesellschafter. Die Eintragung in das Handelsregister ihres Sitzes ist nicht möglich. Daher findet die Bestimmung des zuständigen Gerichts durch das RG. statt. — Elsaß-Lothringen ist nach dem Friedensvertrag (Art. 51) mit Wirkung vom 11. November 1918 ab aus dem Reichsgebiet ausgeschieden. Der Friedensvertrag selbst ist von den ersten früher feindlichen Mächten am 10. Januar 1920 ratifiziert worden (Bekanntm. v. 11. 1. 21 RGBl. S. 31). Bis dahin hatte er keinerlei verbindliche Kraft. So war der Sitz elsaß-lothringischer GmbH. zeitweise nicht in Deutschland. Die Möglichkeit der Sitzverlegung nach Deutschland wurde ihnen dadurch nicht genommen. Sie sind nicht rückwirkend am 11. November 1918 untergegangen. Ihre Existenz bis zur Ratifikation des Friedensvertrages kann — entgegen der Meinung von Staub-Pinner (HGB. 10. Aufl. § 392 Anm. 20) — nicht angezweifelt worden. Die Annexion Elsaß-Lothringens durch Frankreich im Waffenstillstand schuf noch keinen neuen staatsrechtlichen Zustand. Erst die Ratifikation des Friedensvertrages tat es. — Auch genügt zur Auflösung der GmbH. nicht, daß wider ihren Willen ihr bisheriger Gesellschaftssitz aus dem deutschen Staatsgebiet ausscheidet. Nur die beschlossene Verlegung des Sitzes wirkt als Auflösungsbeschluß. Im speziellen Fall Elsaß-Lothringens schafft insbesondere auch der Friedensvertrag von Versailles kein anderes Recht (Entsch. d. RG. v. 29. 6. 23, RGZ. 107, 94 zitiert von Hachenburg in DJZ. 1923, 548).

Über Zweigniederlassungen s. § 12. Über Nichtigkeit infolge Fehlens von Firma und Sitz vgl. Anm. 9 zu § 75.

2. **Der Gegenstand des Unternehmens.**

Anm. 8. a) Er muß ein erlaubter sein. Darüber Anm. 6—11 zu § 1.

Anm. 9. b) Er bedarf keiner Spezialisierung auf Grund des tatsächlich geplanten Unternehmens. Statt der Art genügt die Bezeichnung der Gattung. Zwecklos kann keine GmbH. sein. Sie kann aber den Zweck soweit erstrecken, als es ohne jede Bestimmtheit einzubüßen möglich ist. Es gilt dies insbesondere für die Unternehmungen des Handels. Es genügt als Gegenstand „Handelsgeschäfte jeder Art“ anzugeben. Ebenso muß auch „Übung von Wohltätigkeit“, „Unterstützung der Wissenschaft“ zulässig sein. So jetzt auch RG. 25. 11. 05 RGZ. 62, 96 und JW. 06, 70[26], ferner RG. 16. 11. 15 Holdheim 25, 90 und RG. 7. 3. 16 JW. 16, 745[10], LZ. 1916, 678, Holdheim 26, 152, auch OLG. Dresden

28. 4. 17 OLGR. 36, 286). Erforderlich ist aber, daß die Gesellschaft wirtschaftlich selbständig, auf eigene Verantwortung und eigenes Risiko geführt wird. Verkaufsstellen, die wirtschaftlich und rechtlich von einem anderen Betrieb abhängen, können nicht zur GmbH. erhoben werden (RG. 5. 6. 14 Holdheim 23, 234). Zur Frage der Umsatzsteuer im Falle wirtschaftlicher Abhängigkeit vgl. RFH. 31. 3. 22. E. 9, 146. Die dort zitierten Entscheidungen RFHE. 3, 231 und 4, 172; Recht 1919 Nr. 1083; ferner RFH. 27. 1. 23 E. 11, 266. Das KG. v. 21. 11. 06 KGJ. 34 A, 149, RJA. 8, 114 hält an dem Verlangen der Individualisierung fest (ebenso Staub-Pinner HGB. 10. Aufl. Anm. 18 zu § 182 und Marcus in Holdheim 23, 234). Es findet in der Entscheidung des RG. nur eine Verneinung der Nichtigkeit eines Gesellschaftsvertrages bei Angabe einer allgemein gehaltenen Angabe des Wertes. Das schließe nicht aus, daß der Registerrichter für den Eintrag eine Individualisierung fordere. Es handle sich nicht um materielle Gültigkeit, sondern um formelle Ordnungswidrigkeit. Dieser Unterscheidung ist schwer zu folgen. Genügt die allgemeine Bezeichnung dem Gesetze zu einem gültigen Gesellschaftsvertrage, so muß sie auch für den Registerrichter hinreichen. Auch die Vorschrift des § 8 Nr. 4 (Förtsch Anm. 6), wonach, wenn der Gegenstand des Unternehmens vorheriger Genehmigung bedarf, die Genehmigungsurkunde beizubringen ist, ändert hieran nichts. Es ist nicht zutreffend, daß die Bezeichnung den Gegenstand des Unternehmens ersichtlich machen müsse, ob derselbe der staatlichen Genehmigung bedarf oder nicht (KG. a. a. O.). Das Erfordernis der Staatsgenehmigung ist als Ausnahme von der Regel nicht zu unterstellen (RG. a. a. O.). Der Gegenstand kann allerdings so allgemein gefaßt sein, daß an sich auch Geschäfte darunter fallen können, welche staatlicher Genehmigung bedürfen. Unter Handelsgeschäfte aller Art können z. B. auch die Gastwirtschaft, die Eisenbahnunternehmung, die Versicherung auf Prämien fallen. Es ist aber davon auszugehen, daß solche nicht beabsichtigt sind. Aus dem gleichen Grunde ist ja auch trotz § 1 nicht ersichtlich zu machen, daß erlaubte Zwecke verfolgt werden (KG.). Auch dies wird vermutet. Es muß die Angabe „der Betrieb der Gastwirtschaft" genügen. Es braucht nicht hinzugefügt zu werden, daß nicht beabsichtigt wird, mit Hilfe kupplerischer Mittel die Gastwirtschaft zu betreiben. Auch die Vorschrift des § 41 Abs. 4 über die Bilanz der Bankgeschäfte zwingt nicht dazu, daß die Bezeichnung des Gegenstandes ersichtlich machen müsse, ob der Gegenstand des Unternehmens im Betriebe von Bankgeschäften besteht. Es kann sich nur fragen, ob, wenn die Bezeichnung gewählt wird, die Gesellschaft der Vorschrift des § 41 Abs. 4 unterfällt, weil zu Handelsgeschäften aller Art auch Bankgeschäfte gehören (darüber vgl. Anm. 36 zu § 41). § 3.

Das KG. operiert ferner mit dem Schutze der Gesellschafter. Es solle nicht lediglich im Belieben der Organe stehen, von einem Geschäftszweige zum anderen überzugehen. Auch das Reichsgericht hebt gelegentlich hervor, daß die Gründer durch ins einzelne gehende Anordnung den Vorteil erzielen, „daß es für spätere Abweichungen der Voraussetzung der Satzungsänderung bedarf" (RG. 7. 3. 16 JW. 16, 745[10]). Darin liege ein Schutz des einzelnen Gesellschafters gegen eine Ausdehnung des Unternehmens. Das ist aber nicht immer ein Vorteil für die Gesellschaft. Es kann einem einzelnen Mitglied ein Mittel an die Hand geben, die Entwicklung der Gesellschaft zu erschweren. Es muß bei einer Ausdehnung der Geschäfte über den Satzungsgegenstand hinaus ein vorheriger Beschluß der Gesellschafter eingeholt werden. Dann ist dieser, wenn ihn nicht eine Statutenänderung begleitet, anfechtbar. Kümmert sich aber der Geschäftsführer nicht um die Satzung oder begnügt er sich mit der privaten Versicherung der Mehrheit der Gesellschafter, ihn zu decken, so ist der Gesellschafter, dessen Widerspruch man befürchtet, tatsächlich doch ausgeschaltet. Er kann die mit Dritten getätigten Verträge nicht ungeschehen und nicht ungültig machen. Er kann den Geschäftsführer nicht verantwortlich erklären. Das kann nur die Mehrheit. Es werden die Folgen der engen Begrenzung des Gesellschaftszweckes durch einen entschlossenen Geschäftsführer doch übersprungen. Man darf sich von dieser Art der Bestimmung des Gegenstandes in Wirklichkeit nicht viel mehr versprechen als von jeder

§ 3. in die Anstellung des Geschäftsführers aufgenommenen Beschränkung. Ist dagegen der Geschäftsführer vorsichtig, so wird er jeweils Gesellschafterbeschlüsse herbeiführen und Statutenänderungen fordern. Dadurch gewinnt die Minderheit eine Macht, die nicht im Interesse der Gesellschaft liegt (Hachenburg JW. 16, 745). Überdies soll § 3 Ziff. 2 auch gar keine Schutzvorschrift für die Minderheit sein — wie auch Brodmann (Anm. 4) annimmt. Es ist Sache jedes Gesellschafters, ob er sich an einer Gesellschaft mit so weit gefaßtem Gesellschaftszweck beteiligen will.

Die Aufzählung aller möglichen und der verschiedenartigsten Geschäftszweige, die die GmbH. betreiben **kann**, ist endlich nicht etwa deshalb abzulehnen, weil dadurch dritte Personen getäuscht werden könnten (RG. 24. 9. 20 RundschGmbH. 1920, 390).

Anm. 10. Den Gegensatz zu diesen generell behandelten Angaben der Gegenstände bildet die **Beschränkung auf ein konkretes Unternehmen**. Das geschieht namentlich, wenn die GmbH. ein bestehendes Geschäft übernimmt und weiterführt. Die Angabe dieses Vorganges und des herausfließenden Zweckes erfolgt dann meist im Zusammenhang mit der Weiterführung der Firma dieses Unternehmens. In solchen Fällen ist jede Änderung des Geschäftes eine Änderung des Gegenstandes. Die GmbH., als deren Zweck nur der Fortbetrieb des Unternehmens des Vorbesitzers angegeben wird, soll keine anderen Unternehmen erwerben oder errichten, ohne den Gesellschaftsvertrag zu ändern. Sie soll das ursprüngliche Unternehmen nicht ohne diesen Beschluß aufgeben. Rechtsgeschäfte mit Dritten sind trotzdem gültig. Den **Verkauf** der Fabrik, die vom Vorbesitzer herrührt, vollzieht der Geschäftsführer rechtswirksam auch ohne Statutenänderung. Aber der Zweck der Gesellschaft kann hierdurch unmöglich werden. Jeder Gesellschafter hat das Recht, die Auflösung zu fordern (§ 61). Der Geschäftsführer haftet den Gesellschaftern auf Schadensersatz. Das Gesagte gilt auch in den Fällen, in denen der Gesellschaftsvertrag den konkreten Gegenstand neben dem abstrakten nennt. So wird z. B. als Gegenstand „die Herstellung und der Vertrieb von chemischen Produkten, insbesondere in Fortführung des von der Firma X. erworbenen Geschäfts" bezeichnet. Auch hier bildet der konkrete Teil ein Stück des Gesellschaftsvertrages. Es ist durch Auslegung festzustellen, ob der Gegenstand durch die Veränderung des konkreten Teiles geändert wird. Er kann auch nur als besonderer Fall aus historischen Gründen oder zur Rechtfertigung der Firma mit aufgenommen sein. Danach entscheidet sich auch die Frage, ob das Aufgeben dieses Geschäftes eine Änderung der Satzung bedeutet (über die tatsächliche Änderung des Gegenstandes der Gesellschaft ohne Beschluß des Gesellschaftsvertrages vgl. Anm. 1 zu § 53). Selbstredend kann die ganze Frage nur bei einem **Aufgeben** des konkreten Unternehmens erheblich werden. Eine rein wirtschaftliche Umgestaltung, Aufnahme anderer Artikel, Herstellung nach anderen Verfahren, Übersiedelung in einen anderen Raum und in eine andere Stadt usw., sind Verwaltungshandlungen. Sie heben den Fortbestand des ursprünglichen Unternehmens nicht auf.

Nicht zu dem Gegenstand des Unternehmens gehört die Angabe, ob die Geschäfte der Gesellschaft in dem angegebenen Geschäftszweige für fremde oder für eigene Rechnung betrieben werden. Solche Zusätze sind lediglich Ordnungsvorschriften für den internen Betrieb. Dagegen kann der „Betrieb eines Agentur- und Kommissionsgeschäfts" als Gegenstand bezeichnet werden.

Über die **Nichtigkeit der Gesellschaft** infolge Fehlens der Angabe des Gegenstandes vgl. Anm. 10 zu § 75.

Beispiele von Bezeichnungen des Gegenstandes des Unternehmens: Handelsgeschäfte aller Art, Betrieb von Bank-, Handels- und industriellen Geschäften aller Art; Maschinenfabrikation und verwandte Geschäfte; Handel mit Immobilien und Hypotheken usw. Aber auch andererseits: Ausbeutung des DRPatentes Nr. X zur Herstellung eines Bierausschankapparates, Bau von Kleinautos nach System a, Übernahme und Weiterführung des Geschäfts der Firma Z. & Co., Erwerb und Besitz des Hauses Langstr. 9 usw.

c) Die Änderung des Gegenstandes des Unternehmens ist eine Änderung des Gesellschaftsvertrages. Sie unterliegt den Erfordernissen einer solchen Änderung. Vgl. oben Anm. 9 und die Ausführungen zu § 53. § 3. Anm. 11.

d) Die Bestimmung über den Gegenstand des Unternehmens hat eine doppelte Bedeutung. Einmal nach außen zur Kennzeichnung der Gesellschaft. Sie ist in dieser Richtung ein unentbehrlicher Bestandteil des Gesellschaftsvertrages. Zum anderen nach innen. Sie umgrenzt die Befugnis der Geschäftsführer, für die Gesellschaft zu handeln. Hiervon kann der Gesellschafterbeschluß die Geschäftsführer befreien (darüber s. Anm. 4 zu § 35 und Anm. 3 zu § 37). Anm. 12.

3. **Der Betrag des Stammkapitals.** Über das Stammkapital vgl. Anm. 15 u. 16 Allg. Einleitung und Anm. 2 zu § 5. Über die Nichtigkeit der Gesellschaft infolge Fehlens dieses Punktes vgl. Anm. 11 zu § 75. Anm. 13.

Die Ziffer des Stammkapitals ist der Betrag der mindestens einzulegenden Werte. Sie ist gleichzeitig der Betrag, den die Gesellschaft an die Gesellschafter nicht eher zu verteilen verspricht, als die Gläubiger befriedigt sind. In beiden Beziehungen ist der Begriff wirtschaftlich oft ohne Bedeutung. Denn wenn auch ersichtlich ist, welcher Betrag mindestens eingelegt ist, so ist damit noch keineswegs gesagt, wieviel davon zur Zeit vorhanden ist. Es kann weit mehr oder weit weniger vorhanden sein, je nachdem die Gesellschaft gut oder schlecht gewirtschaftet hat. Und wenn ferner auch aus der Ziffer des Stammkapitals ersichtlich ist, wieviel die Gesellschaft an die Gesellschafter nicht verteilen darf, ehe die Gläubiger befriedigt sind, so kann es doch sein, daß die Gesellschaft weniger als soviel ihr eigen nennt. Es ist anderweit als durch Verteilung an die Gesellschafter absorbiert (Fall der Unterbilanz).

Es genügt, wenn das Stammkapital aus dem Inhalte des Vertrages ersichtlich ist. Mit der Angabe, „die Gesellschaft hat sechs Geschäftsanteile von je 10000 M.", ist das Stammkapital auf 60000 M. festgesetzt. Zu empfehlen ist diese Art freilich nicht. Ungenügend wäre es aber, wenn lediglich gesagt wäre, daß die sechs Gesellschafter das zum Betriebe erforderliche Kapital bis zum Maximalbetrage von 60000 M. aufbringen werden. Das wären Zubußen oder Nachschüsse, aber keine Einlagen, also auch kein Stammkapital. Ungenügend ist auch, wenn sich die Höhe des Stammkapitals lediglich aus dem Vergleich des Gesellschaftsvertrages mit anderen dem Registerrichter übergebenen Urkunden ergibt (RG. 28. 2. 19 OLGRspr. 40, 194). Erhöhung des Stammkapitals bedingt Änderung des Gesellschaftsvertrages (RG. 20. 10. 11 RGZ. 77, 152). Bei dieser Erhöhung sind die ursprünglichen Stammeinlagen auch dann einzeln aufzuführen, wenn sie inzwischen in einer Hand sich vereinigt haben (RG. 2. 3. 17 OLGRspr. 38, 188, RJA. 15, 206, Recht 1918 Nr. 579; RG. 11. 4. 19 OLGRspr. 40, 191; RG. 21. 4. 22 OLGRspr. 42, 218). Denn dadurch wird die selbständige Existenz der einzelnen Stammanteile nicht berührt. Dagegen geht es zu weit, daß auch nach einer Erhöhung des Stammkapitals in dem Statut das ursprüngliche Stammkapital noch angegeben sein müsse (a. M. RG. 16. 8. 20 RJA. 17, 99).

4. **Der Betrag der einzelnen Stammeinlagen.** Auch hierüber s. Näheres Anm. 3 u. 4 zu § 5. Über die Nichtigkeit der Gesellschaft infolge Fehlens dieses Punktes vgl. Anm. 12 zu § 75. Die Angabe des Betrags der Stammeinlagen fehlt, wenn sie — bei wiederholten Abänderungen des Statuts in mehreren notariellen Verhandlungen — nicht in der für die Anmeldung maßgebenden Verhandlung enthalten ist, sondern sich nur durch Vergleich mit den anderen Urkunden feststellen läßt (KG. 28. 2. 19 OLGRspr. 40, 194, KGJ. 51 A 30). Anm. 14.

a) Wesen der Stammeinlagen. Der Betrag des Stammkapitals ist (oben Anm. 12) derjenige Betrag, den die sämtlichen Gesellschafter mindestens einzulegen haben. Die Stammeinlage ist der Betrag derjenigen Werte, die der einzelne Gesellschafter mindestens einzulegen hat. Die Summe der Stammeinlagen bildet das Stammkapital (§ 5 Abs. 3). Richtig wird die GmbH. durch die Bestimmung des Gesellschaftsvertrages, daß die Unterzeichnenden auch die Anteile der etwa nicht Beitretenden übernehmen. Die Übernahme

§ 3. ist bedingt. Die Bedingung an und für sich macht die Gesellschaft nicht nichtig. Sie tut es hier, weil der endgültige Betrag, mit dem die Unterzeichnenden haften, nicht feststeht. Das verstößt gegen § 3 Abs. 1 Nr. 4 (RG. 7. 11. 13 RGZ. 83, 258).

Die Stammeinlage bedeutet aber nur den Betrag, den der Gesellschafter mindestens einzulegen hat. Den Gesellschaftern können außer den Stammeinlagen aber noch andere Verpflichtungen auferlegt werden (Abs. 2 und unten Anm. 25ff.).

Anm. 15. Verschieden von dem Begriff der Stammeinlage ist der Begriff des Geschäftsanteils. Beide stehen miteinander in Wechselbeziehung. Aber sie sind trotzdem verschieden. Der Geschäftsanteil ist die Gesamtheit der dem Gesellschafter zustehenden Gesellschaftsrechte, wie die Aktie die Zusammenfassung der dem Aktionär zustehenden Gesellschaftsrechte ist (vgl. KG. 10. 10. 13 RJA. 13, 218). Die Stammeinlage verweist auf die Pflicht des Gesellschafters zur Kapitalleistung an die Gesellschaft. Sie verhält sich zum Geschäftsanteil, wie die Aktieneinlage zu dem in der Aktie verkörperten Aktienrecht. Der dem Geschäftsanteil wie der Aktie anhaftende Nennbetrag ist nichts weiter als eine Identitätsbezeichnung. Weder bei der Aktie noch bei dem Geschäftsanteil der GmbH. wird mit dem Nennbetrag notwendig das Beteiligungsverhältnis hinsichtlich des Stimmrechts, des Gewinnbezugs oder des Anteils am Liquidationsüberschusse angegeben. In allen diesen Beziehungen können statutarisch andere Beteiligungsrechte als nach dem Verhältnis der Nennbeträge bestimmt werden (§§ 214 Abs. 3, 252, 300 Abs. 2 HGB.; §§ 47, 45, 29, 72 GmbHG.). Der Angriff von Neukamp GZ. 23 gegen die vorstehenden Ausführungen erscheint verfehlt. Allerdings hatte er darin recht, daß eine ungleichmäßige Beteiligung von Aktien derselben Gattung am Gewinne, am Gesellschaftsvermögen und am Stimmrecht unstatthaft erscheine. Denn hierdurch wird diese Aktie zu einer besonderen Gattung. Sie fallen unter § 275 Abs. 3 HGB. Allein auch Geschäftsanteile der GmbH. teilen dieses Schicksal. Sobald sie sich in Gutem oder Schlimmem von den anderen unterscheiden, bilden sie eine besondere Gattung. Über die Ansicht Neukamps, der jeden Nennwert eines Geschäftsanteils ablehnt (GZ. 8ff.) vgl. Anm. 1 zu § 14.

b) Was gültigerweise eingelegt werden kann, darüber s. Anm. 11—22 zu § 5.

Anm. 16. 5. **Weitere wesentliche Erfordernisse des Gesellschaftsvertrages kennt das GmbHG. nicht.** Daß die Namen der Gesellschafter genannt sein müssen, ist selbstverständlich. Das liegt in der Natur eines jeden Vertrages. Es folgt außerdem aus den Vorschriften über die Abschließung notarieller oder gerichtlicher Verträge. Das Aktienrecht (§ 182 HGB.) kennt weitere Voraussetzungen. Sie sind bei der GmbH. nicht aufgenommen. Nicht erforderlich ist

Anm. 17. a) eine Bestimmung über die Art der Bestellung und Zusammensetzung des Vorstandes. Für den Fall, daß der Gesellschaftsvertrag nichts darüber enthält, gelten die Regeln des Gesetzes (§ 6);

Anm. 18. b) eine Bestimmung über die Form, in welcher die Berufung der Gesellschaftsversammlung geschieht. Auch dies regelt das Gesetz (§ 51);

Anm. 19. c) über die Form, in welcher die von der Gesellschaft ausgehenden Bekanntmachungen erfolgen. Damit ist nicht die Art der Unterzeichnung und die Frage, von wem die Bekanntmachung ausgehen soll, sondern die Art der Bekanntmachung (öffentliche Blätter, eingeschriebene Briefe usw.) verstanden. Darüber gibt allerdings auch das GmbHG. keine Vorschrift. Sie bleibt dem Gesellschaftsvertrage überlassen. Sie ist aber kein wesentliches Erfordernis des Gesellschaftsvertrages. Bestimmt der Gesellschaftsvertrag darüber nichts, so erfolgt die Bekanntmachung in geschäftsüblicher Form. In einigen Fällen schreibt das Gesetz eine Bekanntmachung in öffentlichen Blättern vor (z. B. in § 30 Abs. 2, § 41 Abs. 4). Dann sind für den Fall, daß der Gesellschaftsvertrag diese Blätter nicht bestimmt, die für die Bekanntmachungen aus dem Handelsregister festgesetzten Blätter zur Bekanntmachung zu benutzen (§ 30 Abs. 2). In einzelnen Fällen ist eine solche Vorsorge nicht getroffen. So im § 244 HGB., der gemäß § 52 Abs. 1 hier zur Anwendung gelangt, und in § 81 Abs. 3 des GmbHG., § 297 HGB. Doch wird in diesen Fällen das gleiche gelten müssen.

6. Die wesentlichen Erfordernisse des Gesellschaftsvertrags sind in fast allen ausländischen Gesetzen die gleichen. Das österreichische in § 4 Abs. 1, das bulgarische in Art. 3 Abs. 1, der Schweizer Entwurf in Art. 787 Abs. 2 stimmen wörtlich oder fast wörtlich mit § 3 Abs. 1 GmbHG. überein. Der italienische Vorentwurf verlangt über das deutsche Gesetz hinaus noch Name, Firma und Wohnsitz der Gesellschafter, Angabe der zeichnungsberechtigten Gesellschafter, Anteil jedes Gesellschafters an Gewinn und Verlust (Art. 108). Das französische Gesetz behandelt die Entstehung des Gesellschaftsvertrags selbst weniger als Formalakt. Es gibt über seinen Inhalt keine besonderen Bestimmungen. Indessen sind die gleichen Bestimmungen wie in § 3 Abs. 1 GmbHG. als notwendiger Inhalt des Auszugs aus dem Gesellschaftsvertrag vorgeschrieben. Er muß in den amtlichen Publikationsorganen veröffentlicht werden (Art. 13 Abs. 1, Art. 14). Das polnische Gesetz, das sich durch den Mangel an formalen Bestimmungen auszeichnet, enthält überhaupt nichts über den Inhalt des Gesellschaftsvertrags. § 3. Anm. 19a.

II. (Abs. 2) **Bestimmungen, die gültig nur im Gesellschaftsvertrage getroffen werden können.** Alle Abreden der Gründer, welche einen Teil des Gesellschaftsrechts bilden sollen, müssen in dem Gesellschaftsvertrage erscheinen. Der Gründungsvertrag ist ein von den Gründern vereinbartes Grundgesetz, nach dem die Gesellschaft bestehen soll (RGZ. 31, 17; 45, 99). Was nicht in diesem erscheint, ist nur von Bedeutung zwischen den Gründern persönlich. Die Wirkung dieser Verpflichtung und Berechtigung ist im Einzelfalle festzustellen. Als Norm des Gesellschaftsrechts kommt sie nicht in Betracht. Es kann eine im Gesellschaftsvertrage getroffene Bestimmung Abänderungen des Gesetzes, das subsidiär gilt, enthalten. Sie kann besondere Fälle, für die das Gesetz keine Regel enthält, einführen. Das Gesetz erwähnt in § 3 von diesen Arten zwei besonders wichtige Fälle. Es ist hierin aber nur der Ausfluß eines allgemeinen Prinzips zu sehen. Dasselbe findet sich in § 5 Abs. 4, § 15 Abs. 5, § 17 Abs. 3, § 19 Abs. 3, § 26 Abs. 1, § 34 Abs. 1, § 60 Abs. 1. Rechte und Pflichten der Gesellschaft und der Gesellschafter untereinander können bei der Gründung nur durch den Gesellschaftsvertrag bestimmt werden. Über die Bedeutung von Abreden des Vorvertrags für die Auslegung vgl. Anm. 58 zu § 2. Über Abreden der Gesellschafter, die nicht in den Gesellschaftsvertrag aufgenommen wurden, vgl. Anm. 1 zu § 2 und unten Anm. 47. Anm. 20.

A. **Die Beschränkung des Unternehmens auf gewisse Zeit** kann zwar bestimmt werden, jedoch nur im Gesellschaftsvertrage. Es folgt dies auch aus § 60. In dessen Abs. 1 sind bestimmte Auflösungsgründe festgesetzt. Der Abs. 2 gestattet im Gesellschaftsvertrage weitere einzuführen. Von diesen ist die Setzung einer Endfrist nur ein Fall. Aus § 60 Abs. 2 hätte sich also auch ohne die Bestimmung des § 3 Abs. 2 die Zulässigkeit der Beschränkung des Unternehmens auf Zeit ergeben. Unzulässig ist es, aus einer nicht zum Bestandteile des Gesellschaftsvertrages gewordenen besonderen Urkunde eine Befristung der Gesellschaft oder ein Kündigungsrecht eines Gesellschafters abzuleiten. Es kann dies auch nicht als ergänzende Auslegung geschehen (RG. 21. 6. 12 RGZ. 79, 418, JW. 12, 878[48], Anm. 58 zu § 2). Nur aus dem Gesellschaftsvertrage kann die Zeitgrenze sich ergeben. Die Bezugnahme auf einen ergänzenden privatschriftlichen Vertrag genügt nicht (RG. 21. 6. 12 RGZ. 79, 418). Doch muß die Begrenzung nicht mit festen Zahlen und auch nicht mit ausdrücklichen Worten geschehen. Der Gesellschaftsvertrag selbst ist der Auslegung fähig. Anm. 20a.

1. Auf gewisse Zeit ist das Unternehmen beschränkt, wenn es kalendermäßig bestimmt oder bestimmbar ist. Es ist nicht notwendig, daß die Zeit im voraus kalendermäßig bestimmt ist. (Ebenso Brodmann Anm. 6. A. M. Liebmann Anm. 7). Es schadet nicht, wenn die Endzeit subjektiv unbestimmt ist, sofern sie nur objektiv als sicher erscheint. Es können Ereignisse außerhalb der Gesellschaft maßgebend sein. So ist es zulässig, zu bestimmen, daß die Gesellschaft so lange dauern soll, bis eine Ausstellung als geschlossen erklärt wird oder bis zum Friedensschlusse zwischen Deutschland und England. Ebenso kann auf ein Ereignis in der Person eines Gesellschafters, das Anm. 20b.

§ 3. sicher eintreten wird, abgestellt werden. Die Gesellschaft besteht, solange einer der Gründer lebt oder solange er das Amt des Geschäftsführers bekleidet. Endlich kann auch die Dauer von Rechten und Pflichten, überhaupt die Existenz von Vermögensteilen der GmbH. die Frist bestimmen, sobald diese, wie Patentrechte, Urheberrechte usw., ein notwendiges Ende haben. Dagegen ist eine gewisse Zeit im Sinne des vorliegenden Paragraphen dann nicht vorhanden, wenn es unsicher ist, ob das Ereignis eintritt. So, wenn ein Kartell so lange bestehen soll, als der Absatz der Produkte der Gesellschafter nicht durch die Konkurrenz Dritter gestört wird. Hier liegt eine auflösende Bedingung vor (vgl. Anm. 43 zu § 2, Anm. 21 zu § 60). Sie kann als Recht der Gesellschafter, die Auflösung zu fordern und durch Klage zu erzwingen, gemeint sein. Dann liegt ein besonders hervorgehobener Fall der wichtigen Ursachen (§ 61) vor. Es kann aber auch gewollt sein, daß bei Eintritt dieser Tatsachen die Gesellschaft sich von selbst auflöst. In obigem Beispiele wird das erstere anzunehmen sein. Ist eine unmittelbare Auflösung durch den Eintritt des künftigen ungewissen Ereignisses gemeint, so trifft die Wirkung dieser Bestimmung vollständig mit dem Eintritte des Endtermines zusammen. Beide haben die Auflösung der Gesellschaft (§ 60) zur Folge.

Der Beschränkung des Unternehmens auf Zeit steht das den Gesellschaftern eingeräumte Recht der Kündigung gleich (vgl. Anm. 28 zu § 60). Die Kündigung kann jederzeit, sie kann auf Ablauf einer bestimmten Frist gestattet sein. So kann mit sofortiger Wirkung ausgestattet werden. Es kann der Eintritt dieser Auflösung befristet sein. Häufig finden sich Verabredungen von zeitlicher Beschränkung der Dauer mit Kündigung. Es kann die Kündigung auch an feste Voraussetzungen, z. B. Vorliegen von Unterbilanz, an die Entstehung neuer Werke außerhalb des Kartells usw. geknüpft sein. Sie kann allen Gesellschaftern, sie kann einzelnen Personen zugesichert werden. Alles das kann nur im Gesellschaftsvertrage bedungen werden. Auf das Recht zur Kündigung kann der berechtigte Gesellschafter verzichten. Der Verzicht kann stillschweigend sein. Er muß aber vor Eintritt der Auflösung der GmbH. stattgefunden haben (RG. 13. 12. 12 LZ. 1913, 212[5]). Eine spätere Abänderung des Gesellschaftsvertrages, welche ein solches Recht eines Gesellschafters, die Auflösung der Gesellschaft zu fordern, einführt, ist nur im Wege der Statutenänderung zulässig. Ob sie der Zustimmung aller anderen Gesellschafter bedarf, hängt davon ab, ob ein Eingriff in ein Sonderrecht derselben vorliegt (vgl. hierüber Anm. 19ff. zu § 14).

Von dem Kündigungsrecht der Gesellschafter unterscheidet sich das Austrittsrecht zu einem festgesetzten Termin. Die Austrittserklärung eines oder mehrerer Gesellschafter bewirkt nicht die Auflösung der GmbH. „Austreten" aus der GmbH. kann der Gesellschafter überhaupt nicht. Mit der Austrittserklärung wird nur ein Auflösungsmoment für die GmbH. gemäß § 60 GmbHG. geschaffen (RG. 27. 9. 18 RGZ. 93, 327).

Die Festsetzung der Frist und der auflösenden Bedingungen, des Kündigungsrechts in seinen verschiedenen Formen braucht nicht mit ausdrücklichen Worten zu erfolgen. Es genügt, daß aus dem Gesellschaftsvertrag sich der Wille der Gesellschafter in schlüssiger Weise ergibt. Es kommt hierbei der Zweck der Gesellschaft wesentlich mit in Betracht. Es kann sich aus demselben eine Verkehrsauffassung entwickeln, welche die zeitliche Beschränkung notwendigerweise ergibt (vgl. über die Kartelle ohne bestimmte Zeitgrenze unten Exkurs zu § 3 Anm. 13). Stets muß aber verlangt werden, daß sich aus dem Vertrage selbst ein solcher Inhalt ableiten läßt (RGZ. 79, 418). Vorhergehende schriftliche und mündliche Äußerungen der Gründer können nur als Unterstützung der Auslegung in Betracht kommen. Sie können einen Anspruch eines Gesellschafters auf Mitwirkung der anderen Gesellschafter zur Auflösung der Gesellschaft begründen, sobald sie eine bindende Absprache enthalten.

Anm. 21. 2. Ist keine gewisse Zeit bestimmt, so dauert die Gesellschaft so lange, bis ein Auflösungsbeschluß gemäß § 60 Nr. 2 gefaßt wird oder ein anderer Auflösungsgrund eintritt.

Ist eine Zeit bestimmt, so ist mit deren Eintritt die Gesellschaft aufgelöst (Anm. 9

zu § 60). Doch ist damit nicht die Dauer der Gesellschaft unabänderlich auf die betreffende Zeit festgelegt. Die Zeitbeschränkung allein gibt den einzelnen Gesellschaftern kein Sonderrecht. Trotz der Zeitbestimmung kann die Auflösung der Gesellschaft vor der bestimmten Zeit beschlossen werden. Trotz der Zeitbeschränkung kann eine längere Dauer der Gesellschaft beschlossen werden. Der Auflösungsbeschluß muß nur gleichzeitig den Erfordernissen eines Beschlusses auf Änderung eines Gesellschaftsvertrages genügen (vgl. für das Aktienrecht Staub-Pinner HGB. 10. Aufl. Anm. 4 und 5 zu § 292). Nur aus besonderen Umständen kann sich ergeben, daß jedem einzelnen Gesellschafter ein Recht auf Auflösung zu der bestimmten Zeit gewährt sein soll. Dann bedarf es zur Verlängerung der Gesellschaftsdauer der Zustimmung sämtlicher Gesellschafter (RG. 13. 1. 14 Holdheim 23, 156). Der Beschluß auf Verlängerung der Dauer der Gesellschaft kann auch nach dem Ablauf der vereinbarten Zeit gefaßt werden (so *jetzt* KG. 5. 2. 25 JW. 1925, 640 im Gegensatz zu der früheren Rechtsprechung KG. 10. 5. 06 KGJ. 32 A 154 und KG. 28. 10. 07 KGJ. 34 A 166). Was für die Auflösung der GmbH. durch Zeitablauf gilt, muß auch für alle anderen Auflösungsgründe der GmbH. gelten (Hachenburg JW. 1925, 802; vgl. Anm. 3 zu § 60). Die Bestimmung des Gesellschaftsvertrages über die Beschränkung der Gesellschaftsdauer auf eine gewisse Zeit stellt nicht unbedingt ein durch Majoritätsbeschluß unentziehbares Sonderrecht dar (Liebmann Anm. 4e zu § 53 und Neukamp Anm. 3 zu § 60). Daß die Verbindung der Gesellschafter mit der Gesellschaft und zueinander hier *grundsätzlich* enger gemeint ist als bei der Aktiengesellschaft (Liebmann), ist nicht beweisend. Dieser Grundsatz ist kein Rechtsgrundsatz, aus welchem derartige weitgehende, abnorme Konsequenzen gezogen werden dürfen. Denn daß eine Bestimmung des Gesellschaftsvertrages nicht durch einen einfachen Statutenänderungsbeschluß abgeändert werden kann, wäre eine ganz besondere Ausnahme. Ebenso unerheblich ist, daß die Aktie leichter veräußerlich ist. Dann müßte bei der Aktiengesellschaft mit vinkulierten Namensaktien die Zeitdauer nicht durch Statutenänderungsbeschluß abänderlich sein. Nicht stichhaltig ist, daß, wer sich nur auf *bestimmte* Zeit gebunden hat, nicht gegen seinen Willen festgehalten werden könne (Neukamp). Es ist aber gerade die Frage, ob in der Festsetzung eines Termins eine solche Beschränkung der Gebundenheit liegt. Richtig ist, daß das Gesetz der Festsetzung der Zeitdauer ganz besondere Wichtigkeit beimißt (Neukamp). Es ordnet sogar die Veröffentlichung dieser Festsetzung an (§ 10 Abs. 3). Aber auch hinsichtlich der Firma, des Sitzes, des Gegenstandes des Unternehmens schreibt es die Veröffentlichung vor. Diese Bestimmungen sind sogar Essentialien des Gesellschaftsvertrages. Und doch kann eine Abänderung aller dieser Bestimmungen im Wege der einfachen Statutenänderung erfolgen. Das RG. (25. 5. 08 LZ. 2, 858[21]; Holdheim 17, 253, Recht 1908, 2498) hat einem Mehrheitsbeschluß die Wirkung der Fortsetzung der Gesellschaft versagt. Allein hier hatte das OLG. einwandfrei festgestellt, daß ein Sonderrecht der Gesellschafter, die Gesellschaft durch Kündigung auf den Endtermin aufzulösen, bestehe. Im Prinzip aber baut das RG. auf der Zulässigkeit der einfachen Statutenänderung auf (vgl. auch das vom RG. bestätigte Urteil des OLG. Hamburg 25. 10. 07 OLGR. 16, 122). § 3.

Eine die Zeitdauer beschränkende Bestimmung kann im Sinne *eines durch Majoritätsbeschluß nicht entziehbaren Sonderrechts zu deuten sein* (RG. 13. 11. 13 LZ. 14, 571 Nr. 1; OLG. Hamburg 4. 7. 13 RundschauGmbH. 1914, 41). Das ist hier so gut wie bei jeder anderen Statutenbestimmung möglich (vgl. Anm. 17 zu § 14). Es kann gesagt sein, daß die Zeitdauer überhaupt nicht oder nur durch einstimmigen Beschluß oder nur mit Zustimmung eines bestimmten Gesellschafters abänderlich sein soll. In allen diesen Fällen bestehen Sonderrechte der Gesellschafter. Sie können nicht durch den mit gewöhnlicher Dreiviertelmehrheit gefaßten Beschluß beseitigt werden. Das braucht aber nicht stets mit ausdrücklichen Worten gesagt zu sein. Einer Bestimmung dieser Art steht der Fall gleich, daß einem einzelnen Gesellschafter ein Kündigungsrecht eingeräumt ist. Der Gesellschafter soll ein der Bestimmung der Majorität nicht ausgesetztes Recht haben, an die Gesellschaft nicht länger gebunden zu sein, als bis zum Ablauf seiner Kündigungs- Anm. 22.

§ 3. frist. Sie kann aus dem Inhalte des Statutes unmittelbar oder auch in Verbindung mit einem in diesem nicht enthaltenen aber zitierten Vertrage der Gesellschafter (OLG. Hamburg 25. 10. 07 OLGR. 16, 122) oder auch aus anderen begleitenden Umständen sich ergeben. Die Auslegung hat hier weiten Spielraum. So wird man bei der Auflösung durch den Tod eines Gesellschafters, der die von der GmbH. auszubeutende Erfindung einbrachte, annehmen, daß diese Bestimmung zugunsten aller Gesellschafter gegeben ist. Sie wollen nur solange der Erfinder ihnen zur Seite steht, ihr Kapital wagen. Unterstützend kann hier ein Anstellungsvertrag dieses Gesellschafters als technischen Beirates in Betracht kommen. Sobald die Gesellschafter neben der Kapitaleinlage weitere Verpflichtungen übernehmen, ist die Zeitbestimmung im Zweifel als ein Sonderinteresse anzusehen. Jede Verlängerung ist eine Erschwerung ihrer Verpflichtungen. Sie bedarf ihrer Zustimmung (OLG. Rostock 7. 7. 11 MecklZ. 30, 285). Der Gesellschaftsvertrag kann allerdings das Gegenteil bestimmen oder ergeben. So kann ausdrücklich gesagt sein, daß eine Verlängerung mit Dreiviertelmehrheit zulässig ist.

Unzulässig ist, das Sonderrecht der Gesellschafter auf Auflösung der Gesellschaft dadurch zu beseitigen, daß die Mehrheit zunächst die Verpflichtungen aufhebt und dann die Verlängerung ausspricht. Das einmal entstandene Recht ist nur mit Zustimmung der Berechtigten aufhebbar. Unstatthaft ist es aber, die Verlängerung der Dauer der Gesellschaft durch einfache Mehrheit anzuordnen. Sobald eine zeitliche Beschränkung, die ohne Willensäußerung eines Gesellschafters wirksam wird, vereinbart ist, gibt es auch im Gesellschaftsvertrage keine andere Möglichkeit der Verlängerung als durch Änderung des Gesellschaftsvertrages mit der gesetzlichen Dreiviertelmehrheit. Daher die Praxis zumeist die gemischte Zeitbeschränkung durch Verbindung von Befristung und Kündigung (oben Anm. 21) vorzieht.

Anm. 22a. Anordnungen, durch welche bei Einräumung eines Kündigungsrechts den anderen Gesellschaftern die Möglichkeit gegeben wird, trotz der Kündigung die Gesellschaft fortzusetzen, sind möglich. Sie bedürfen der Aufnahme in den Gesellschaftsvertrag. Eine Ergänzung desselben auf Grund einer nicht in den Gesellschaftsvertrag aufgenommenen Abrede ist unstatthaft (RG. 21. 6. 12 RGZ. 79, 418). Aber auch im Statut kann nicht bestimmt werden, daß die einfache Mehrheit der Gesellschafter trotz der Kündigung die Fortsetzung der Gesellschaft beschließen kann. Das würde nach dem Wortlaut zu einer Aufhebung der Kündigung des einzelnen Gesellschafters führen. Diese wäre dann von der Zustimmung der Mehrheit abhängig. Eine Versöhnung der einander widerstrebenden Interessen des einen Gesellschafters, der von seinem Kündigungsrecht Gebrauch macht, und der anderen Gesellschafter, die ein Weiterbestehen der Gesellschaft wollen, ist nur möglich, wenn jener ohne Auflösung der Gesellschaft ausscheidet. Das kann bei der GmbH. nur in der Weise geschehen, daß er entweder seinen Geschäftsanteil veräußert (§ 15) oder daß derselbe amortisiert wird (§ 34). Beides kann im Gesellschaftsvertrage bestimmt werden. Der Kündigende kann verpflichtet sein, seinen Geschäftsanteil, sobald er kündigt, der Gesellschaft oder den anderen Gesellschaftern oder einem Dritten, den diese bezeichnen, abzutreten. Es kann vorgesehen sein, daß die Gesellschaft im Falle einer Kündigung die Einziehung des Geschäftsanteils beschließen darf. In beiden Fällen ist es Aufgabe der Auslegung, die häufig unvollständigen Vorschriften zu ergänzen. So wird der Betrag, den der ausscheidende Gesellschafter zu beanspruchen hat, sich mangels anderweiter Festsetzung im Gesellschaftsvertrage nach seinem Wert, nicht nach der Nennziffer, richten. So wird bei der Einziehung des Geschäftsanteils, sobald keine Reserven vorhanden sind, auch der Weg der Herabsetzung des Stammkapitals gewollt sein. Der Kündigende muß dann mit der Auszahlung seines Geldanteiles zuwarten, bis das Sperrjahr abgelaufen ist. So wird, wenn der Gesellschaft eine bestimmte Zeit zur Erwägung belassen ist, ob sie das Ausscheiden des kündigenden Gesellschafters herbeiführen will, die Kündigung erst nach Ablauf dieser Zeit wirksam werden. Andernfalls wäre der Zweck dieser ganzen Bestimmung vereitelt. Aus demselben Grunde folgt auch, daß die Kündigung,

die mit Ablauf einer Frist geschieht, bis zu deren Ablauf zurückgenommen werden kann. § 3
Sache der Auslegung ist es endlich, Verträge, die von einem „Austreten" des kündigenden Gesellschafters sprechen, durch die Feststellung der Absicht, daß damit die Pflicht der Abtretung des Geschäftsanteils und die Gestaltung der Einziehung oder beides gemeint ist, aufrecht zu erhalten. Die Fassung der Gesellschaftsverträge macht dies oft recht schwer.

3. Ein Beschluß der Gesellschaft auf Fortsetzung der Gesellschaft über den vertragsmäßig Anm. 23.
bestimmten Zeitpunkt hinaus, der gegen das Sonderinteresse eines Gesellschafters verstößt, ist unwirksam (Anm. 22 zu § 14). Er bedarf einer Anfechtung nicht. Die Gesellschaft wird trotz des Beschlusses auf den bestimmten Tag aufgelöst. Es bedarf auch hier nicht des Mitstimmens, sondern nur des Zustimmens. Über die nachträgliche Zustimmung nach vorheriger Ablehnung vgl. Anm. 22 zu § 14.

B. **Andere Verpflichtungen der Gesellschafter außer der Kapitaleinlage.** Zum Wesen Anm. 24.
der GmbH. gehört es, daß jeder Gesellschafter einen Mindestbetrag von Werten in die Gesellschaft einlegt. Dieser Mindestbetrag ist „die von jedem Gesellschafter auf das Stammkapital zu leistende Einlage" oder die „Stammeinlage". Außer dieser Einlage, die hier im zweiten Absatze „Kapitaleinlage" genannt wird, können den Gesellschaftern noch andere Verpflichtungen auferlegt werden. An diese Vorschrift des Gesetzes hat die Praxis der GmbH. angeknüpft. Sie hat eine besondere Art derselben geschaffen. Neben die kapitalistische ist die individualistische Gesellschaft getreten (Allg. Einl. Anm. 1). Daß das Gesetz nicht wie das Aktienrecht (§ 212 HGB.) und das österr. Gesetz für die GmbH. die weiteren Leistungen nur in beschränktem Umfange gestattet, kam dieser Entwicklung zugute. Man hat bei der Schöpfung des Gesetzes nicht an dieses Zurückdrängen des kollektivistischen Momentes gedacht. Das zeigt auch die Beschränkung des Gesetzes auf die eine Stelle. Das schloß aber nicht aus, daß das Bedürfnis des Verkehrs sich dieser Vorschrift der GmbH. bemächtigte. Er gießt in diese Rechtsform seine neuen wirtschaftlichen Erscheinungen. Die Vertrags- und Gerichtsjurisprudenz hat die Anpassung zu vollziehen. Ihre Ergebnisse steigern sich von Jahr zu Jahr. Das Gesetz hat die Kapitalzahlung als Stammeinlage als die Hauptleistung aufgefaßt. Neben ihr können andere Verpflichtungen übernommen werden. Sie erscheinen rechtlich als Nebenleistungen. Wirtschaftlich werden sie häufig zur Hauptleistung. Daher besser von Sonderleistungen gesprochen wird (Kaufmann SächsArch. 1912, 411). Die Stammeinlage ist nur das Mittel zum Eintritt in den Personenverband. Es macht aber für den rechtlichen Charakter nichts aus, ob man diese besonderen Verpflichtungen als Haupt- oder Nebenverpflichtungen bezeichnet (RG. 7. 6. 10 RGZ. 73, 429). Doch wird das wirtschaftliche Überwiegen von Bedeutung, sobald die Unmöglichkeit oder der sonstige Wegfall der Erfüllung dieser Pflichten eintritt. Je stärker ihre Bedeutung, desto mehr wird ihr Aufhören zu einem Grunde der Auflösung der GmbH. Denn desto stärker werden die Verhältnisse der GmbH. durch die Schicksale dieser Verpflichtung berührt.

Im Gegensatze zu der Stammeinlagepflicht wird bei den besonderen Verbindlichkeiten die Auslegung und Ergänzung des Vertrags von großer Bedeutung werden. Hier ist besonders Raum für die Verkehrssitte. Die Interessen der Gläubiger treten zurück. Es handelt sich um interne Gesellschaftsverhältnisse. Sie zu regeln steht den Gesellschaftern frei. Daher auch hier ihr „Wille", auch wenn er nicht unmittelbar ausgesprochen wurde, aus den Umständen des Falles festzustellen ist. Dieser Vertragsteil kann Lücken haben. Sie sind nach den Regeln des BGB. (§ 157) auszufüllen.

Nicht zu der besonderen Verpflichtung im Sinne des Abs. 2 gehören Nebenverpflichtungen, die bei den Stammeinlagen übernommen sind. Sie bilden stets ein Stück von diesen. So die Haftung des Gesellschafters, der ein Geschäft als Sachgesamtheit einbringt, für den Eingang der Ausstände (RG. 23. 4. 12 RGZ. 79, 271, Recht 1912, 1844).

Neben der GmbH. besteht nicht infolge der besonderen Zusage eine besondere Gesellschaft bürgerlichen Rechts unter den Mitgliedern derselben (so Roth LZ. 1912,

§ 3. 266; vgl. unten Anm. 36). Eine solche Konstruktion zersprengt die tatsächliche Gestaltung des wirtschaftlichen Lebens. Sie ist ein Versuch, die durch die Sonderleistungspflicht entstehenden Schwierigkeiten, namentlich die hier oft drückende Bindung zu überwinden. Es ist jedoch stets nur eine Gesellschaft vorhanden. Wohl aber wird durch die Sonderleistung der Charakter der GmbH. geändert. Sie erhält einen genossenschaftlichen Einschlag. Nicht zu verwechseln ist damit der Fall, daß die Gesellschafter eine Gesellschaft bürgerlichen Rechts oder eine persönliche Handelsgesellschaft bilden wollen, die aber nach außen in Form einer GmbH. auftritt (Anm. 25 Allg. Einl.).

Eine Vermehrung der den Gesellschaftern nach dem Gesellschaftsvertrag obliegenden Leistungen kann nur mit Zustimmung aller beteiligten Gesellschafter erfolgen. Besonders wenn es sich um Vermehrung der Verpflichtungen handelt (Roth LZ. 1915, 1492 ff.). Anders, wenn eine Minderung in Frage steht. Das Bedürfnis, eine Erhöhung der Verpflichtungen auch durch Mehrheitsbeschlüsse herbeizuführen, mag bestehen. Gleichwohl muß ein allgemeiner dahingehender Vorbehalt wirkungslos bleiben (a. a. O. 1494). Es müssen erkennbare Grenzen der Verpflichtung gezogen sein. Es genügt, wenn sie so gezogen sind, „daß die Abänderung keine unabsehbaren Wirkungen auf die Mitgliedschaftspflichten haben kann“ (a. a. O. 1495). Es muß absehbar sein, wozu sich die Gesellschafter verpflichten.

Anm. 24a. Ausländisches Recht: Die Zulässigkeit oder Nichtzulässigkeit von Verpflichtungen zu Nebenleistungen ist das Kennzeichen dafür, ob die Gestaltung der GmbH. im positiven Recht mehr der Kapitalgesellschaft oder mehr der Individualgesellschaft zuneigt. Bei der Schaffung des deutschen Gesetzes war man sich der Bedeutung dieser Nebenleistungen nicht bewußt. Erst die Praxis hat sie hervorgebracht (oben Anm. 24). Sie schien für manche damit den Rahmen der GmbH. gesprengt zu haben (vgl. Brodmann Anm. 8 zu § 3). Die Auswirkung schien nicht absehbar. Das nächste Gesetz nach dem deutschen, das österreichische, kennt Nebenleistungen nur, soweit sie einen Vermögenswert darstellen (§ 8 Abs. 1). Damit ist die eigentümliche freie Gestaltungsmöglichkeit des Gesetzes aufgegeben. Das bulgarische Gesetz (Art. 6) aber, das sich im allgemeinen eng an das österreichische anlehnt, läßt die Nebenleistungen zu, wie das deutsche. Nicht, daß es auch solchen Nebenleistungen, die einen Vermögenswert darstellen, eine besondere Stellung einräumt. Beide Gesetze machen im Falle von Nebenleistungen die Übertragung der Geschäftsanteile von der Zustimmung der Gesellschafter abhängig. — Der Schweizer Entwurf aber läßt nicht nur weitere Leistungen der Gesellschafter unbeschränkt zu (Art. 790). Er hält vielmehr gerade die Möglichkeit zu Nebenleistungen für einen der wesentlichen Vorteile der GmbH. (vgl. 2. Bericht über die Revision der Titel 24 bis 33 des Schweizer Obligationenrechts S. 90 f.). Die Übertragbarkeit der Gesellschaftsanteile ist nach dem Schweizer Entwurf praktisch auch ohne Sonderbestimmung von der Genehmigung durch drei Viertel der Gesellschafter abhängig (§ 806). — Dem französischen und dem polnischen Gesetz wie dem italienischen Vorentwurf ist die Nebenleistung in jeder Art unbekannt.

Anm. 25. 1. Die besonderen Verpflichtungen bilden einen Teil des Gesellschaftsvertrages. Sie müssen formell in denselben aufgenommen sein. Dazu genügt die Beifügung eines besonderen Abkommens, sobald es als Bestandteil der notariellen oder gerichtlichen Urkunde erscheint. Nicht dagegen die Verweisung auf einen zwischen der Gesellschaft und dem Gesellschafter abzuschließenden Vertrag. Hierdurch können nur obligatorische Beziehungen erwachsen. In solchem Falle geht insbesondere die Verpflichtung aus dem Separatvertrage nicht mit der Übertragung des Geschäftsanteils als notwendige Folge auf den Erwerber über.

Die Auferlegung muß in dem ursprünglichen Gesellschaftsvertrage vereinbart werden. Die nachträgliche Auferlegung oder die Erschwerung der ursprünglichen Verpflichtungen kann nur mit Zustimmung der Belasteten erfolgen (§ 53 Abs. 3). Die Verpflichtung muß soweit in dem Gesellschaftsvertrage enthalten sein, daß dieser alle wesentlichen Bestandteile derselben enthält. Wie in § 5 Abs. 4 Gegenstand, Person und Gegenwert der Sacheinlage als Essentialien festgesetzt werden müssen, so muß hier die Person des Gesellschafters und der Inhalt seiner Verpflichtung in dem Gesellschaftsvertrage stehen (RG. 22. 5. 13 RGZ. 82, 303). Sonst ist die Abrede über die Verpflichtung nicht fähig, Bestandteil des Gesellschaftsverhältnisses zu sein. Es ist dies Ausfluß eines allgemeinen Prinzips. Eine Erklärung, daß sich ein Gesellschafter zu Leistungen beliebiger Art verpflichtete, wäre, wegen dieser Unbestimmtheit, wertlos, auch wenn im Vorvertrage diese Leistungen genauer bezeichnet waren. Ungenügend ist auch, sich mit der Aufnahme einer nur grundsätzlichen Verpflichtung zu einer Leistung in den Gesellschaftsvertrag zu begnügen und die Ausgestaltung auch der notwendigen Bestandteile einer Regelung außerhalb des Gesellschaftsvertrages zu überlassen (RG. 10. 5. 12 RGZ. 79, 333). Die Zusage der Gesellschafter, ihre Waren an die Gesellschaft zu liefern, entbehrt der Bestimmtheit. Sie erzeugt keine gesellschaftliche Pflicht. Wohl aber kann es genügen, wenn der Gesellschaftsvertrag einen festen Rahmen für die Verpflichtung aufstellt, innerhalb dessen dann die im einzelnen genauere Ausgestaltung der übernommenen Verpflichtung in einer bestimmt vorgeschriebenen Weise stattfinden soll und kann. Die Bezugnahme auf dem Vertrag als Bestandteil angefügte Verbandslieferungsbedingungen kann als solcher Rahmen angesehen werden (RG. 29. 10. 15 RGZ. 87, 266, Holdheim 16, 42; LZ. 1916, 41[20]; JW. 16, 120 und dazu Riese in LZ. 1916, 587 f.). Die Grenze zwischen dem „festen Rahmen" und der vom RG. verworfenen „schrankenlosen Unterwerfung" des Gesellschafters unter spätere Beschlüsse der Gesellschaft, die die Verpflichtung des einzelnen Gesellschafters festlegen, ist freilich flüssig. Sie wird von einer verständigen Ausgestaltung im einzelnen abhängen (Flechtheim in d. Anm. JW. 16, 126). Nur für die Nebenfolgen der im Gesellschaftsvertrage genügend deutlich niedergelegten Verpflichtung, für die in Ermangelung anderer Anhaltspunkte die Verkehrssitte entscheidet, kann auch der Vorvertrag oder eine besondere Abrede zwischen Gesellschaft und Gesellschafter bestimmend sein. Unrichtig wäre es aber, aus der Notwendigkeit der Aufnahme der Pflicht zur Sonderleistung in den Gesellschaftsvertrag zu schließen, daß nur in diesem ein Rechtsverhältnis dieser Art vereinbart werden kann. Die GmbH. kann mit ihren Gesellschaftern Verträge, die außerhalb des Gesellschaftsvertrages bleiben, abschließen. Sie stehen einander als selbständige Kontrahenten gegenüber (RG. 10. 5. 12 RGZ. 79, 333). Ob nachträglich übernommene Verpflichtungen der Gesellschafter in das gesellschaftliche Verhältnis einzuordnen und daher formbedürftig sind — oder ob sie als selbständige, keiner Form bedürftige Nebenverträge rein schuldrechtlicher Art zu gelten haben, entscheidet der innere Zusammenhang der übernommenen Verpflichtungen mit den gesellschaftlichen Rechten und Pflichten (RGZ. 48, 102; 74, 34; 79, 332 u. 418; 83, 218). Die Gesellschafter können unter sich zugunsten ihrer Gesellschaft ohne jeden Zusammenhang mit dem Gesellschaftsvertrag die Vereinbarung treffen, ihrer Gesellschaft Zuschüsse zu machen oder deren Schulden zu übernehmen. Auch wenn diese Vereinbarung in die Form eines Gesellschaftsbeschlusses gekleidet ist. Auch wenn die Tilgung durch Einbehaltung von Dividenden erfolgen soll (RG. 24. 10. 13 RGZ. 83, 219; JW. 14, 94[23]; LZ. 14, 175[11]). Ebenso muß die Verpflichtung zur Abtretung des Geschäftsanteils nicht notwendig eine gesellschaftsrechtliche Verpflichtung sein (RG. 15. 4. 13 LZ. 13, 785). Vgl. auch Exk. zu § 3 Anm. 7. Ferner über den Unterschied zwischen gesellschaftsrechtlichen und anderen Verpflichtungen Pinner in JW. 14, 172 und Giersberg a. a. O. 512. § 3.

Materiell ist die Übernahme der besonderen Verpflichtung neben der Stammeinlage zwar stets ein Stück des Gesellschaftsvertrages. Sie ist aber nicht ein Stück der Einlage. Daraus folgt, daß die besondere Umgestaltung der Vorschriften des BGB. über das Rechtsgeschäft (vgl. Anm. 34 ff. zu § 2) nicht in gleicher Weise hier anzuwenden ist. Eine Anfechtung der Übernahme der besonderen Verpflichtung hatte Staub (1. Auflage Anm. 31 zu § 3, Anm. 21 zu § 2; ebenso OLG. Rostock OLGR. 22, 12) völlig ausgeschlossen. Die für die Ausschließung der Anfechtung der Beitrittserklärung als solcher Anm. 25a.

§ 3. und insbesondere der Einlageverpflichtung maßgebenden Momente treffen aber hier nicht zu. Die Sicherheit des Verkehrs verlangt nur, daß die Stammeinlage gewährleistet ist. Das Interesse des Dritten, der mit der Gesellschaft kontrahiert, kann nicht so weit berücksichtigt werden, daß auch die sonstigen Verpflichtungen erhalten bleiben. Eine Wiederbeseitigung derselben durch Rechtsgeschäft ist zulässig, soweit nicht die Stammeinlage hierdurch berührt wird (über Verzicht vgl. unten Anm. 38). (Gleicher Ansicht Moos, ZeitschrfHR. 70, 184 und Breit a. a. O. 76, 415; — ferner mit ausführlicher Begründung Flechtheim in JW. 16, 937ff. Flechtheim wendet sich vor allem gegen die Stellungnahme des RG. in RGZ. 88, 188 (4. 3. 16). Das RG. läßt, auch soweit die Stammeinlage dadurch nicht berührt wird, eine Anfechtung des Gesellschafters gegen die Gesellschaft nicht zu.) Daher muß in gleicher Weise die Beseitigung durch den Verpflichteten selbst wegen eines Willensmangels gestattet sein. Nur soweit eine untrennbare Verknüpfung der Stammeinlage und der besonderen Verpflichtung gegeben ist, muß die Erhaltung des Stammkapitals auch hier vorgehen. Die Anfechtung ist daher zuzulassen, wenn der Gesellschafter, der sein Geschäft einbringt, sich hierbei zu einem Konkurrenzverzicht durch Zwang bestimmen läßt. Die anderen verlangen z. B. diese Klausel einen Tag vor dem Abschlusse. Der Inferent, dem sie mit dem Konkurse drohen, muß sich fügen. Oder der Gesellschafter hat die Verpflichtung zur Lieferung seiner ganzen Produktion an die Gesellschaft zugesagt. Er weist nach, daß hier ein von ihm übersehener Abschreibfehler des Notars vorliegt. Er wollte nur einen Teil derselben fest versprechen. Oder die beiden Gesellschafter sagen der Gesellschaft Darlehen in bestimmter Höhe zu. Der eine hatte den anderen, der ihn befragt, über seine Fähigkeit, die Geldsummen zu geben, angelogen usw. Es entspricht auch der Billigkeit, in diesen und den zahlreichen ähnlichen Fällen den Gesellschafter nicht an der Verpflichtung festzuhalten. Wenn hingegen z. B. ein Agio versprochen ist, das, wenn es auch nicht Stammeinlage ist, doch einen Teil der ganzen Einlage bildet, so wird hier die Anfechtung unteilbar sein. Eine Beseitigung dieser Zusage, ohne die ganze Einlagepflicht zu berühren, wird nicht möglich erscheinen. Wenn eine solche Verpflichtung selbständig vernichtet wird, so wird es jeweils Frage des Einzelfalles sein, ob hieraus ein wichtiger Grund für die anderen Gesellschafter zur Auflösung der Gesellschaft sich ergibt (§ 61 Abs. 1, vgl. auch Anm. 36 zu § 2).

Aus demselben Grunde muß dem Gesellschafter hier die Einrede des Scheinabkommens gestattet sein. Er hat die Verpflichtung nur übernommen gegen die Zusicherung, daß sie keine Wirkung gegen ihn haben solle. Es kann sich Dritten gegenüber um einen Betrug handeln. So wenn die Gesellschafter andere Personen zum Beitritte unter denselben Bedingungen bestimmen. Sie verschweigen aber, daß die für den einen Gesellschafter getroffenen keine Geltung haben. Rechte aus dem Scheinvertrage zwischen Gesellschaft und Gesellschafter entstehen auch dann nicht.

Die besonderen Verpflichtungen können endlich auch bedingt und befristet, aufschiebend und auflösend übernommen sein. Es können Vorbehalts- und Rücktrittsrechte bedungen werden. Die Gründer haben die Wahl, ob sie diese Pflichten übernehmen wollen. Sie haben die Freiheit sie zu gestalten. Nur die Erhaltung des Stammkapitals zieht hier die Schranke. Die Wiederbeseitigung der besonderen Verpflichtung darf nicht in die Stammeinlage eingreifen.

Anm. 26. 2. Jede andere Verpflichtung, die Gegenstand eines Schuldverhältnisses sein kann, also sowohl solche auf ein Tun als auf ein Unterlassen und ein Dulden, kann den Inhalt der Sonderverpflichtung bilden. Zulässig ist die Einführung der Verpflichtung, sich bezüglich der Preisvereinbarungen, der Lieferungs- und Zahlungsbedingungen an das zu halten, was hierin die Gesellschaft bestimmt. Die Leistung des Gesellschafters ist dann: zu unterlassen, zu anderen als von der Gesellschaft vorgeschriebenen Bedingungen zu verkaufen (RG. 25. 10. 15 RGZ. 87, 265). Es gibt keinen Leistungsinhalt, der grundsätzlich sich nicht als gesellschaftliche Verpflichtung eignet. Das Gesetz steht hier im Gegensatz zum

Aktienrecht. Auch hier sind feste Nebenleistungen zugelassen, aber nur wiederkehrende, nicht in Geld bestehende (§ 212 HGB.). Gleiche Beschränkungen hat Österreich (§ 8) eingeführt. Es liegt kein Grund vor, die weite Fassung des Deutschen Gesetzes zu beanstanden. Gerade durch die Unbeschränktheit der Verpflichtungsmöglichkeit hat sich die GmbH. für eine Reihe wirtschaftlicher Erscheinungen brauchbar erwiesen (vgl. über die Kartellgesellschaft unter Exkurs Anm. 1ff.). Es finden sich daher auch in der Praxis alle Arten von Leistungen. Es können Verpflichtungen zur Überlassung von Vermögenswerten mannigfachster Art bestellt werden. In erster Linie Geld (RG. 24. 10. 13 RGZ. 83, 216). Die Gesellschafter können eine einmalige Leistung neben der Einlage zusagen. Darunter fällt die Zahlung des Agios und damit die Überpariausgabe von Geschäftsanteilen (ebenso Liebmann). Die dagegen geäußerten Bedenken (Neukamp Anm. 4 zu § 3, Anm. 3 zu § 5, vor allem Brodmann Anm. 6) sind nicht stichhaltig. Aus dem Gegensatz, in den in § 3 Abs. 2 die anderen Verpflichtungen zur Leistung der Kapitaleinlagen gestellt sind, folgt nicht, daß jene nicht in Geld bestehen können. Mit der Kapitaleinlage sind hier lediglich die Stammeinlagen gemeint. Es ist nicht richtig, daß alle Geldzahlungen notwendigerweise einen Bestand der Stammeinlage bilden müssen. Das Gegenteil zeigt schon die Zulassung der Nachschüsse. Es ist auch nicht richtig, daß nach dem Gesetz alle Beiträge, welche im Beginn bezahlt werden, Stammeinlage, alle späteren Nachschüsse sind — wie Brodmann sagt (S. 21). Er führt selbst weiter unten (S. 23) Beiträge auf, die weder Stammeinlagen noch Nachschüsse sind: Nachzahlungen bei Unterbilanzen, Agio bei Kapitalerhöhungen. Beide können im Gesellschaftsvertrag ihre Grundlage haben. Das schließt die behauptete ratio legis aus. In Wahrheit nimmt Brodmann seine Argumente gegen die Zulässigkeit einer einmaligen Geldleistung nach § 3 Abs. 2 aus dem Mißbrauch oder dem möglichen Mißbrauch in steuerlicher Beziehung. Indessen darf aus einer steuerlichen Unzulässigkeit nicht auf die Rechtsgrundsätze des Gesellschaftsrechts geschlossen werden. Weder sonst noch hier. Der § 5 RAbgO. beweist ja gerade, daß die steuerrechtlichen Notwendigkeiten durchaus nicht immer den zivilrechtlichen Gestaltungsmöglichkeiten entsprechen. Wäre die Stellungnahme Brodmanns richtig, so wäre der § 5 RAbgO. unnötig. Denn die sog. Umgehungsgeschäfte müßten schon zivilrechtlich ungültig sein. Wie das Agio zu behandeln ist, muß aus dem Gesellschaftsvertrage erhellen. Ist nichts gesagt, so wird als dem Willen der Gesellschafter entsprechend die Zuweisung zur Reserve anzunehmen sein (RG. 9. 12. 19 JW. 1920, 776[5]). Eine sofortige Aufteilung dieses Buchgewinnes würde dem Zweck des Agios, der Gesellschaft über die Stammeinlage hinaus werbendes Kapital zu schaffen, widersprechen. Dabei ist die Bezeichnung als Agio nicht erforderlich. Es genügt, daß sich ein Gesellschafter zu einer solchen Leistung verpflichtet. Die Fälle kommen auch dann vor, wenn eine Sacheinlage unter dem Buch- und Schätzungswert gemacht wird. Die anderen Gesellschafter, die Geld einlegen, gleichen diesen Mehrwert durch Mehrzahlung über die Stammeinlage aus. § 3.

Als besondere Leistungen in Geld können regelmäßig wiederkehrende Beträge zugesagt werden. Sie können fest bestimmt sein. Seltener geschieht dies in unabänderlichen Summen als in Prozentsätzen bestimmter Beträge, z. B. von den Umsätzen der Gesellschafter, vom Reingewinne usw. Häufiger sind von Fall zu Fall zu berechnende Einlagen zur Deckung von Spesen. Hier und da findet sich auch die Verpflichtung, den Verlust der Jahresbilanz zu decken. Meist bei Kartellgesellschaften und solchen, deren Zweck nicht die Erzielung eines verteilbaren Gewinnes ist. Aber auch in den Statuten von Erwerbsgesellschaften stößt man mitunter auf solche Verpflichtungen (vgl. auch Anm. 25 Allg. Einl.) Auch bei den Verpflichtungen der Gesellschafter zur Deckung der Unterbilanz bleibt rechtlich die Natur der Gesellschaft die gleiche. Die Gläubiger haben keine Klage gegen die Gesellschafter selbst. Diese können durch Statutenänderung jederzeit diese Verpflichtung wieder aufheben. Sie fällt nicht unter die zum Schutze der Gläubiger bestehende Haftung der Gesellschafter. Solange sie aber besteht, kann jeder Gläubiger den durch Vorliegen des Verlustes entstandenen Anspruch pfänden. Eine neben der Stammanlage

§ 3. bestehende besondere Verpflichtung ist auch die Nachschußleistung. Sie ist im Gesetz besonders geregelt. Über den Unterschied derselben von der hier besprochenen Summenleistung, vgl. Anm. 2 zu § 26.

Anm. 26a. Die Gesellschafter können sich der Gesellschaft gegenüber zur Leistung von anderen Sachen verpflichten. So namentlich zur Lieferung von Waren, sei es zur Fabrikation oder zum Weiterverkaufe (vgl. über die Gegenleistung der GmbH. unten Anm. 27). Die erstere ist bei den Rübenzuckerfabriken üblich. Die Gesellschafter haben ein vorgeschriebenes Quantum Rüben zu erzeugen und der GmbH. zu überlassen. Der zweite bei Kartellen mit ausschließlichem Verkaufsrecht. Die Gesellschafter haben der Gesellschaft ihre Produktion zum Verkauf zu übergeben. Es kann sich auch um Rechte anderer Art handeln. Die Gesellschafter müssen mitunter ihre Geschäftsanteile unter bestimmten Voraussetzungen der Gesellschaft und auf deren Verlangen Dritten abtreten (KG. 21. 5. 09 OLGR. 22, 29, KGJ. 38A, 171). So beim Tode eines Gesellschafters, bei der Niederlegung des Geschäftsführeramtes, bei Kündigung des Gesellschaftsvertrages (oben Anm. 22). Dagegen erzeugt die nur den anderen Gesellschaftern gegenüber übernommene Zusage einer solchen Übertragung der Geschäftsanteile keine Sonderpflicht kraft Gesellschaftsvertrages. Die Gesellschafter als solche können gehalten sein, alle Erfindungen auf einem gewissen Gebiete und alle Schutzrechte daran der Gesellschaft zu übertragen usw. In gleicher Weise können Verpflichtungen zur gebrauchsweisen Überlassung begründet werden. Das kann als Benutzung einer konkreten Sache erscheinen. Die Liegenschaften eines Geschäfts werden der GmbH. nicht zu Eigentum übertragen, um die hierauf ruhenden Steuern und Kosten zu sparen. Der Gesellschafter gestattet der Gesellschaft die Benutzung derselben. In diesem Fall wird oft von Miete gesprochen. Es ist ein besonderer Mietsvertrag denkbar. Ebenso aber auch eine Überlassung kraft Gesellschaftspflicht. Was gewollt ist, muß jeweils festgestellt werden. Aus der Aufnahme in den Gesellschaftsvertrag wird man meist auf das letztere schließen. Unbedingt sicher ist dies nicht. Es kann die Unterscheidung von Erheblichkeit besonders im Konkurse der GmbH. werden. Der Gesellschafter hat im Gegensatz zum Vermieter kein gesetzliches Pfandrecht an den eingebrachten Sachen (vgl. unten Anm. 33). Der Gesellschaftsvertrag kann auch die Überlassung verbrauchbarer Sachen gegen Rückerstattung vorschreiben. Die Gesellschafter verpflichten sich, Darlehen zu gewähren. Auch hier sind gesonderte Darlehnsverträge möglich. Das Darlehen als Gesellschaftspflicht findet sich aber oft statt einer Erhöhung des Gesellschaftskapitals. Dadurch wird den Gesellschaftern hierfür eine feste Verzinsung und im Falle des Konkurses ein Anspruch auf die Dividende gesichert. Daß sie das Darlehen als Gesellschafter geben, schließt diesen Anspruch nicht aus.

Neben der Sachleistung sind Arbeiten jeder Art denkbar. Der Gesellschafter kann verpflichtet sein, das Geschäft der Gesellschaft zu führen. (Über die in der Rechtsprechung strittige Frage, inwieweit die gesellschaftsrechtliche Verpflichtung zur Geschäftsführung steuerlich anders zu behandeln ist als die lediglich obligatorische Verpflichtung eines Gesellschafters vgl. Entsch. d. PrOVG. v. 5. 10. 17 u. 22. 1. 18 JW. 18, 524; d. BadVGH. v. 11. 6. 18 JW. 19, 528 mit Anm. von Rosendorff; d. RFH. v. 21. 10. 19 JW. 20, 510[3] mit Anm. von Hachenburg, d. BraunschwVGH. v. 3. 3. 20 JW. 21, 128[1]; d. RFH. v. 5. 10. 20 JW. 21, 916[1]). Er kann als technischer Leiter tätig sein. Er kann Erfindungen für sie machen. Er kann ihr „mit Rat und Tat zur Seite stehen". Freilich wird man mit dieser häufig von Vorbesitzern gemachten Zusage praktisch nicht viel anfangen können. Es muß auch hier jeweils aus den Umständen des Falles bestimmt werden, ob eine Gesellschaftsverpflichtung oder ein Anstellungsverhältnis vorliegt (RG. 7. 5. 04 Holdheim 13, 256; vgl. Anm. 41 zu § 35). Die Aufnahme in den Gesellschaftsvertrag allein genügt auch hier nicht. Häufig sichern sich die Kapitalisten einen Gesellschafter, der die treibende Kraft des Unternehmens ist, durch die Einführung der gesellschaftlichen Pflicht zur Geschäftsführung und sonstige Dienste. Dann ist § 624 BGB. unanwendbar. Die Geschäftsführer als Gesellschafter können länger als fünf Jahre verpflichtet werden. Beachtlich ist, ob dem Gesellschafter auch ein Recht auf die Geschäftsführung eingeräumt ist. Dies ermöglicht den Schluß auf die gesellschaftsrechtliche Pflicht. § 3.

Endlich kann sich die Verpflichtung auch auf eine Unterlassung beziehen. Die Zusage, der GmbH. keine Konkurrenz zu machen, ist zulässig (OLG. Dresden 28. 10. 15 BayerZ. 24, 28). Doch muß das Konkurrenzverbot ausdrücklich festgesetzt sein. Die Tatsache allein, daß jemand sein Geschäft — wenn auch mit Firma — in eine neugegründete GmbH. einlegt, begründet das Konkurrenzverbot noch nicht. Abweichend von der Einlage in eine offene Handelsgesellschaft (a. M.: OLG. München 22. 5. 14 BayerZ. 22, 205). Die Zusage, keine Konkurrenz zu machen, untersteht der Auslegung nach allgemeinen Regeln. So konnte das Vorliegen der Verletzung verneint werden bei einem Darlehen, das der Gesellschafter seinem Sohne bei Errichtung eines Konkurrenzunternehmens unverzinslich und in Anrechnung auf sein Erbteil gegeben hatte (OLG. Hamm, bestätigt vom RG. 9.3.11 BayerZ. 18, 223). Das Konkurrenzverbot erlischt in der Regel mit dem Ausscheiden des Gesellschafters durch Veräußerung des Geschäftsanteils (RG. 26. 5. 99 DJZ. 4, 441). Es kann aber auch bedungen sein, daß das Konkurrenzverbot fortdauert. Namentlich wenn beim Einbringen des Geschäftes der Besitzer für eine bestimmte Zeit die Karenz zusagt. Auch das Erlöschen des Konkurrenzverbots unterliegt den allgemeinen Bestimmungen (RG. 17. 9. 20 JW. 21, 27[6] mit Anm. von Titze). Zu der Unterlassungspflicht gehört endlich auch die Zusage, ausschließlich die Waren an die GmbH. zu liefern. Über die besondere Gestaltung beim Kartell vgl. Exkurs zu § 3 Anm. 3.

Endlich kann sich der Gesellschafter auch zu einem Dulden verpflichten. Er gestattet der Gesellschaft z. B. nachbarliche Übergriffe, zu deren Duldung er sonst nicht verpflichtet ist, wie den übermäßigen Lärm und Rauch einer Fabrik usw.

Die Verpflichtungen können als **einseitige** übernommen sein. Nur der Gesellschafter ist verpflichtet. Sie können aber auch von einer **Gegenleistung** abhängen. Das ist überall der Fall, wo es sich um einen sogenannten Kauf oder eine sogenannte Miete handelt. Darunter fallen alle Verpflichtungen zur Warenlieferung. Ebenso die Überlassung einer Liegenschaft gegen Miete oder einer Patentbenutzung gegen Lizenz. Oft besteht die Gegenleistung in einem Gewinnanteile, namentlich wenn der Zweck der GmbH. die Ausbeutung dieser einen Erfindung ist. Man handelt vorsichtig, wenn man diese Erfindung nicht zur Deckung einer Stammeinlage übernommen hat. Der Erfinder soll aber einen Anteil am Nutzen haben. Die Leistung von Diensten kann in gleicher Weise gegen Entgelt erfolgen. Es kann aus den Umständen des Falles auch ohne Abrede ersichtlich sein, ob eine Gegenleistung verlangt werden kann. Man kann im Zweifel dem Geschäftsführer nicht zumuten, ohne Vergütung zu arbeiten. Andererseits darf diese Form nicht dazu dienen, den ganzen Nutzen der Gesellschaft den Gesellschaftern unter dem Namen Gehalt zuzuweisen und durch die Geschäftsunkosten verschwinden zu machen. Für die Steuerpflicht der Gesellschaft kommt diese übermäßige Aufwendung an die Gesellschafter nicht in Abzug (vgl. oben Anm. 26 a). Anm. 27.

Leistungen der Gesellschafter, für welche keine Gegenleistung bedungen ist, werden deshalb nicht zu Schenkungen. Sie sind meist Nebenleistungen neben der Stammeinlage. So die Konkurrenzverbote, die Zuschüsse usw. In allen Fällen fließen sie aus dem Gesellschaftsverhältnis. Eine Beschränkung der Gegenleistung kennt das Gesetz nicht. Auf die Erzielung eines Reingewinns kommt es nicht an. Österreich gestattet ausdrücklich die Auszahlung einer den Wert dieser Leistungen nicht übersteigenden Vergütung „ohne Rücksicht darauf, ob die jährliche Bilanz einen Reingewinn ergibt" (§ 82 Abs. 4). Dasselbe gilt für deutsches Recht. Nur darf die vorgebliche Vergütung nicht zu einer Verletzung des § 30 Abs. 1 führen (vgl. auch Anm. 5 zu § 30). Verpflichtet sich die Gesellschaft zu mehr, als die Leistung für die Gesellschaft wert ist, insbesondere zu mehr als sie einem Dritten gewähren würde, so liegt mehr als ein Umsatz von Leistung gegen Leistung vor. Der Gesellschafter erhielte den Mehrbetrag, falls keine Reserven vorhanden sind, aus dem Stammkapital. Das ist gesetzlich verboten (§ 30 Abs. 1). Damit wird nicht

§ 3. stets das ganze Abkommen nichtig. Der Gesellschafter kann trotzdem gehalten sein, seine Verpflichtung zu erfüllen. Doch muß die GmbH. dartun, daß er dieselbe auch gegen die Zusage einer der dem wahren Wert entsprechenden Vergütung übernommen hätte (§ 139 BGB.).

Anm. 28. Zu trennen von der Leistung gegen Gegenleistung ist die Gewährung paralleler Rechte gegenüber den Pflichten. Auch sie bedürfen der Aufnahme in den Gesellschaftsvertrag (oben Anm. 25). Sie sind ohne die Pflichten denkbar, wie diese ohne die Rechte. Sie finden sich aber häufig verbunden. Dann bilden sie eine Einheit. So wird dem Gesellschafter neben seiner Pflicht zur Geschäftsführung ein Recht darauf eingeräumt. So verpflichtet sich die Gesellschaft, dem Gesellschafter, der seine ganze Produktion abzuliefern hat, sie auch abzunehmen. So muß die Gesellschaft, der die Ausbeutung des Patents zusteht, diese auch betreiben. Unwirksamkeit des einen Teils hat die Unwirksamkeit auch des anderen zur Folge. Es bedarf des besonderen Nachweises, daß die Pflicht auch ohne das korrespondierende Recht übernommen worden wäre.

Anm. 29. Die Verpflichtung muß nicht von allen Gesellschaftern gleichmäßig übernommen werden. Sie kann einzelnen oder auch nur einem obliegen. So wenn ein Gesellschafter der Gesellschaft eine Dividendengarantie leistet, wenn ein Gesellschafter zusagt, für sie als Erfinder tätig zu sein.

Anm. 30. 3. Die besonderen Verpflichtungen müssen nicht in allen Einzelheiten im Gesellschaftsvertrag geregelt sein. Es genügt die Feststellung der Grundlagen. Nur müssen diese durch die im Gesellschaftsvertrag enthaltenen Wege und durch das Gesetz bestimmt werden können. Eine ganz allgemein gehaltene Zusage, welche einer solchen Prüfung nicht zugänglich ist, erscheint mangels eines rechtlichen Inhalts als unwirksam (vgl. Anm. 25). Es ist nicht zulässig, die einzelnen Gesellschafter zu verpflichten, alle von der Gesellschafterversammlung, um der Konkurrenz entgegenzuarbeiten, ihnen auferlegten Pflichten zu erfüllen (Flechtheim, Kartellrecht 78; oben Anm. 25). Ebenso ist die Verpflichtung, die Gesellschaft „durch Bürgschaften und sonstige Sicherheitsleistungen zu stützen" zu unbestimmt. (Die Gesellschaft ist jedoch in dieser Form eingetragen worden; vgl. KartG. 4. 2. 24 JW. 1924, 724.) Dagegen kann sehr wohl Maß und Art der Einzelleistung den Organen der Gesellschaft oder Dritten zu bestimmen überlassen werden. So die Höhe der Umlage, die alljährlich zu zahlen, das Quantum Ware, das zu liefern ist. Auch die Dienste können durch die Gesellschaft näher bestimmt werden sollen. So bei der Zusage, auf Wunsch der GmbH. ihr in den von ihr bezeichneten Fällen zur Seite zu stehen.

Das gleiche gilt von der Gegenleistung. Auch hier muß sich notwendigerweise die Grundlage für die Bemessung aus dem Gesellschaftsvertrage ergeben. Das schreibt § 8 Abs. 1 österr. Gesetz ausdrücklich vor. Es ergibt sich dies aus dem Erfordernis des notwendigen Inhalts eines Rechtsgeschäfts. Nur muß nicht stets ausdrücklich die Basis der Berechnung festgesetzt sein. Es kann wie im Verkehr der Individuen miteinander die Festsetzung nach dem Marktpreise, nach der Verkehrsübung, nach dem billigen Ermessen des Gläubigers oder des Schuldners erfolgen sollen. Es kann also Fälle geben, in denen die Bestimmung, daß der Gesellschafter Waren zu liefern hat, deren die Gesellschaft bedarf, z. B. der Kohlen zum Fabrikbetriebe, genügt. Die Gegenleistung ist nach dem verkehrsüblichen Preise zu berechnen. Ebenso wenn ein Gesellschafter bestimmte Dienstleistungen zusagt. Die Entgeltlichkeit ist zweifellos. Die Forderung ist in sein billiges Ermessen gestellt. Mitunter finden sich in den Gesellschaftsverträgen Vorschriften, wonach die Gegenleistung durch ein Organ der GmbH., Geschäftsführer und Aufsichtsrat oder auch eine eigens dazu geschaffene Kommission, bestimmt wird. Mitunter durch einen Dritten. Auch hier kann § 315 BGB. anwendbar sein. Es kann sich aber auch aus den Umständen des Falles ergeben, daß ein anderer Maßstab als das billige Ermessen anzulegen ist (für die Kartelle vgl. Flechtheim, Kartellrecht 77 und Exkurs zu § 3 Anm. 6). Der Begriff der Angemessenheit versagt auch hier nicht. Er muß nur jeweils aus den Umständen des Falles konkret gefaßt werden. Das Gericht ist auch hier in der Lage nachzuprüfen, ob die Bemessung der Vergütung als ein Mißbrauch der der GmbH. überlassenen Macht erscheint, ob sie unbillig ist. Es ist nicht erforderlich, daß eine absichtliche Schädigung eines oder einzelner Gesellschafter vorliege. Dann ergäbe sich aber freilich schon die Nichtigkeit aus den §§ 138, 826 BGB. Solche Fälle sind selten. Es muß genügen, daß die GmbH. und ihr Organ sich bei der Bemessung der Vergütung vergriffen hat. Fehler derselben müssen an der Hand des Zweckes der Gesellschaft und ihres Statuts berichtigt werden können. § 3.

4. Die Ergänzung der Verpflichtungen ist Sache der Auslegung. Sie enthalten alles, wozu der Gesellschafter nach Treu und Glauben mit Rücksicht auf die Verkehrssitte verbunden ist. Danach werden eine Reihe von Fragen, die bei den meisten dieser Gesellschaften auftauchen, zu beantworten sein. Wer trägt bei der Überlassung von Waren die Spesen, die Transportkosten? Wann muß hier die Mängelrüge erfolgen? Wer hat bei der Überlassung von Gegenständen, Häusern, Fabriken usw., für deren Erhaltung zu sorgen, die Steuern zu bezahlen? Wie ist bei einem Darlehen die Kündigungsfrist zu bemessen? Welche Weisungen der Gesellschafter muß der Geschäftsführer, der kraft eigenen Gesellschaftsrechts bestellt ist, beachten? usw. usw. Es kann überall nur auf Grund der Gesamtumstände des Einzelfalls entschieden werden. Anm. 31.

5. Aus der Übernahme der besonderen Verpflichtungen entsteht ein Schuldverhältnis. Es untersteht vorbehaltlich des Einflusses der Gesellschaft überhaupt und der GmbH. im besonderen (Anm. 33, 34) den Regeln des BGB. (a. M. Liebmann vgl. dort Anm. 8). Daher hat die Erfüllung so zu erfolgen, wie Treu und Glauben mit Rücksicht auf die Verkehrssitte es erfordern (§ 242 BGB.). Bei Erfüllung seiner Verpflichtung hat der Gesellschafter Vorsatz und Fahrlässigkeit seiner selbst und seiner Gehilfen zu vertreten (§§ 276, 278 BGB.). Er haftet nicht nur für die Sorgfalt in eigenen Angelegenheiten gemäß § 708 BGB. Diese Spezialvorschrift bezieht sich nur auf die Mitglieder einer Gesellschaft bürgerlichen Rechts. Ist der Gesellschafter Kaufmann, so ist bei der Beurteilung seines Verhaltens die Sorgfalt eines ordentlichen Kaufmanns zugrunde zu legen (§ 347 HGB.), sofern die Beteiligung bei der Gesellschaft im Betriebe seines Handelsgewerbes erfolgte. — Für den Verzugsfall können Vertragsstrafen vorgesehen werden. Einer ausdrücklichen Gestattung im Gesetze, wie im § 212 HGB., bedarf es hierzu nicht. Auf die Vertragsstrafen finden dann die §§ 339—345 BGB. Anwendung (vgl. Staub-Pinner zu § 348 HGB.; Düringer-Hachenburg II Anm. 2—25 zu § 348 HGB.). Die Gesellschafter können gemäß § 343 BGB. die richterliche Herabsetzung einer zu hohen Konventionalstrafe verlangen, außer wenn ihre Beteiligung sich als das Handelsgeschäft eines Vollkaufmanns darstellt (§§ 348, 361 HGB.). Als wichtigste Strafe kennt der Gesellschaftsvertrag die Ausschließung des Gesellschafters mit und ohne Verlust seiner Einlage. Sie kann sich nur im Wege der Amortisation des Geschäftsanteils vollziehen. Für das Aktienrecht war die Frage bestritten. (Dafür Staub HGB. Anm. 22 zu § 212; Ring bei Lehmann-Ring Nr. 7 zu § 212; dagegen KG. 23. 2. 01 OLGR. 2 S. 232, 233; Dernburg I § 81 Anm. 9; Wolff in der Festgabe der Rechtsanwaltschaft des KG. für Wilke 342; RG. 25. 9. 01 RGZ. 49, 77.) Das RG. hat seine ablehnende Ansicht in dem angezogenen Erkenntnisse für das Aktienrecht eingehend entwickelt. Daß diese Gründe des RG. in der Tat unbedingt für die GmbH. anwendbar sind, wie Staub (1. Auflage Anm. 31 S. 41) annahm, ist nicht zutreffend. Es wird vom RG. neben den juristischen Momenten hervorgehoben, daß die Aktiengesellschaft auf „eine Vereinigung von Personen zu gemeinsamer Tätigkeit für einen bestimmten individuellen, nur von bestimmten Einzelpersonen zu erreichenden oder nur solchen dienenden Zweck" nicht angelegt sei. Die gesperrt gedruckten Worte hebt auch das RG. im Druck hervor. Die GmbH. kann gerade durch die besonderen Pflichten völlig individuell gestaltet werden. Schon dadurch erscheint der vom RG. betonte Ausgangspunkt als hier nicht zutreffend. Es muß die Streitfrage für die GmbH. selbständig entschieden werden. Unzulässig ist es, aus dem kollektivistischen Prinzip, das die GmbH. beherrsche, ein Argument gegen die Ausschließung des Gesellschafters zu folgern (so OLG. Anm. 32.

§ 3. Kiel 13. 12. 07 OLGR. 19, 364). Der § 3 Abs. 2 hebt ja dieses Prinzip auf. Nicht gegen die Zulassung der Amortisation spricht das Argument des RG., daß eine Einziehung der Aktien unter Herabsetzung des Grundkapitals vorliege, die das Gesetz nur unter Voraussetzungen zulasse, welche hier nicht zuträfen. Das ist sicher für die GmbH. nicht richtig. Denn eine Einziehung des Geschäftsanteils ist im Gesetz zulässig, sobald sie im Gesellschaftsvertrag für statthaft erklärt ist (§ 34). Das kann allgemein erfolgen. Es kann aber auch unter Beschränkung auf gewisse Fälle, namentlich Nichterfüllung der besonderen Pflichten, angeordnet sein. Wenn ein Gesellschafter die gesellschaftliche Verpflichtung, als Geschäftsführer tätig zu sein, schwer verletzt, so muß es auch der Gesellschaft möglich sein, durch Einziehung seines Geschäftsanteils den ganzen Mann los zu werden. Daß die Einziehung gegen Entgelt erfolgen müsse, verlangt § 34 nicht einmal. Jedenfalls aber müßte sich der Gesellschafter gefallen lassen, daß sein Geschäftsanteil gegen Zahlung der Einlage, oder was von ihr übrig ist, amortisiert wird (vgl. die Ausführungen Anm. 18 zu § 34). Ebenso ist es zulässig, daß im Gesellschaftsvertrage ein Zwangsverfahren ähnlich dem für die Nichtzahlung der Stammeinlage gesetzlich geregelten Kaduzierungsverfahren bei Nichterfüllung eingeführt wird. Es kann von dem obligatorischen mehr oder weniger abweichend gestaltet werden. Nur dürfen auch hier die Bestimmungen über die Erhaltung des Stammkapitals nicht gefährdet werden (KG. 10. 1. 08 KGJ. 35A, 179). Dagegen kann sich der Gesellschafter von den Verpflichtungen nicht durch Abandonnierung des Geschäftsanteils befreien. Der § 34 des Gesetzes sieht nur eine Einziehung vor, also einen gegen den Gesellschafter gerichteten Akt, durch welchen sein Anteil vernichtet wird (vgl. Anm. 17 zu § 34; a. M. Liebmann Anm. 8). Die Bestimmungen des § 27 über die Befreiung von Nachschußpflichten sind nicht über diesen besonderen Fall auf andere Leistungen ausdehnbar. Durch das Statut kann aber ein solches Abandonrecht geschaffen werden. Es steht ja im freien Belieben der Gesellschafter, ob sie überhaupt das Recht der Gesellschaft auf besondere Leistung begründen wollen (zustimmend Neukamp Anm. 8 zu § 3).

Anm. 33. 6. Die besonderen Verpflichtungen entspringen dem Gesellschaftsverhältnisse. Sie sind Bestandteile desselben. Es kommt daher nicht auf die Bezeichnung an. Trotz der Worte „Kauf", „Miete", „Anstellung" kann eine Verpflichtung gesellschaftlicher Art gewollt sein. Hieraus folgt, daß die Verpflichtungen sich nur soweit nach den Vorschriften des BGB. über die der Leistung entsprechende übliche Vertragsart richten können, als nicht das Wesen der Gesellschaft dem widerspricht. Es zeigt sich hier derselbe Vorgang, der sich auch bei der Gesellschaft des bürgerlichen Rechts beobachten läßt. Die Regeln des Zivilrechts über die Leistungen sind für die Umsatzverträge gegeben. Soweit dieses besondere Moment dabei von Einfluß ist, ist die Vorschrift für die Gesellschaft jeder Art unanwendbar. Bei aller Ähnlichkeit der Übereignung einer Sache gegen Entgelt, der Überlassung des Gebrauchs gegen Mietzins, der Dienste gegen Gehalt, der Geldsumme gegen Zinsen usw., darf nie außer acht gelassen werden, daß es sich um eine besondere Verpflichtung des Gesellschafters der GmbH. handelt. Daher sind alle die Bestimmungen des bürgerlichen Rechts unanwendbar, die aus der besonderen Natur des Individualrechts fließen. Bei der auf Grund des Gesellschaftsvertrages erfolgenden Überlassung von Geldsummen gegen Verzinsung wird nicht die gewöhnliche Kündigungsfrist des Darlehns (§ 609 BGB.) anzuwenden sein (vgl. oben Anm. 26). Die Geldüberlassung hängt mit der Gesellschaftereigenschaft zusammen. Der Gesellschafter, der sein Haus der Gesellschaft zum Gebrauche überläßt, hat nicht das Pfandrecht des Vermieters. Unanwendbar sind auch die Vorschriften über die Folgen der gesundheitswidrigen Beschaffenheit der Mietsache. Die GmbH. kann auf die Rechte hieraus wirksam verzichten (§ 544 BGB.). Das Verbot entspringt dem Schutzbedürfnisse des Mieters. Dagegen besteht das Benutzungsrecht der Gesellschaft an den Grundstücken auch bei deren Verkaufe an einen Dritten weiter. Bei der Leistung von Diensten entbehrt der Gesellschafter für seine Vergütung des Konkursprivilegs (vgl. Anm. 67 zu § 35). Es ist nur dem Arbeitsvertrag zugesprochen. Andererseits ist die Dauer der Verpflichtung nicht auf fünf Jahre (§ 624 BGB.) beschränkt.

Der Geschäftsführer kann als Gesellschafter dieses Amt auf so lange übernehmen, als er § 3.
den Geschäftsanteil besitzt und als die Gesellschaft besteht. Es zeigt sich hier wieder die Annäherung der GmbH. in ihrer inneren Gestaltung an die offene Handelsgesellschaft (vgl. Allg. Einleitung Anm. 25). Ist der Gesellschafter nicht Geschäftsführer, leistet er nur Dienste, die sich beim Sondervertrag als Tätigkeit des Handlungsgehilfen darstellen, so ist die GmbH. nicht an die für diese Angestellten aufgestellten Schranken (§ 75 HGB.) gebunden (RG. 3. 5. 18 RundschGmbH. 1918, 253 Recht 1919 Nr. 671). Die Konkurrenzklausel kann auch für den Fall, daß die GmbH. das Dienstverhältnis aufhebt oder die Auflösung durch den Dienstverpflichteten verschuldet, bedungen sein (a. M. Liebmann Anm. 10). Nur muß in solchen und ähnlichen Fällen es sich nicht um einen Scheinvertrag handeln, der lediglich die Ausschaltung der gesetzlichen Schutzbestimmungen bezweckt. So, wenn von dem Handlungsgehilfen bei der Gründung der GmbH. ein Geschäftsanteil von 500 M. übernommen und mit diesem die Pflicht zur Leistung der Dienste verknüpft wird. Die Zahlung der Einlage erfolgt aber durch den Hauptgesellschafter und tatsächlichen Herrn des Geschäfts. Der Anspruch auf Dividende wird diesem sofort abgetreten. Bei dem Ausscheiden aus dem Dienst muß der Geschäftsanteil zurückübertragen werden. In diesem und in ähnlichen Fällen liegt ein ernstlicher Wille, daß der Gesellschafter die besonderen Pflichten als solcher übernehmen soll, nicht vor. Es handelt sich trotz der gegenteiligen Behauptung um einen Anstellungsvertrag.

Für seinen entstandenen Anspruch auf die Gegenleistung ist stets der Gesellschafter gleich jedem anderen Gläubiger zu behandeln. Er ist berechtigt, seine Forderung zur Konkursmasse anzumelden. Mit seinen Leistungen sind seine Gegenansprüche zu selbständiger Existenz erwachsen (Staub-Pinner HGB. Anm. 6 zu § 216; a. M. Flechtheim, Kartellrecht 76 Note 16). Der Gesellschafter wird durch die Lieferung der Ware, durch den Ablauf der Mietzeit, durch die Leistung der Dienste, durch die Auszahlung des Darlehns zum Dritten. Ebenso wie er durch die Festsetzung des Reingewinns und den Verteilungsbeschluß Gläubiger für seine Dividendenforderung wird (Anm. 8 zu § 29). Den Gesellschafter für seinen Anspruch auf die Gegenleistung von der Konkursmasse ausschließen, hieße auch die Leistungen kraft besonderer Verpflichtung zu Stammeinlagen machen. Nur diese aber dienen zur Befriedigung der Gläubiger.

7. Bei den Folgen der Nichterfüllung der besonderen Leistungen des Gesellschafters Anm. 34.
ist zu unterscheiden, ob es sich um eine einseitige oder um eine gegenseitige Verpflichtung handelt. Im ersteren Falle gelten nur die Bestimmungen des BGB. über den Verzug (§§ 284 ff. BGB.). Der Gesellschafter hat Schadenersatz zu leisten. Er hat Verzugszinsen zu bezahlen. Hier findet sich nichts von der Vorschrift für alle Schuldverhältnisse Abweichendes. Ob aus dieser Nichterfüllung ein Recht des anderen Gesellschafters, die Auflösung der Gesellschaft zu fordern (§ 61), fließt, kann nur aus den Gesamtumständen beantwortet werden. Die Nichtzahlung des Darlehns, die Unterlassung der Erfindertätigkeit kann diese Bedeutung haben, wenn hierdurch die Verhältnisse der GmbH. beeinflußt werden. Die anderen Gesellschafter können aber bei einer solchen Nichterfüllung nicht diese Aufhebung des Gesellschaftsverhältnisses auf den säumigen Gesellschafter beschränken. Sie können auch nicht den einen Gesellschafter durch ihre einfache Willenserklärung aus der Gesellschaft entfernen. Dies würde zu dem unstatthaften Anspruch des ausgeschlossenen Gesellschafters auf Rückerstattung seiner Einlage führen (§ 30 Abs. 1). Andererseits zeigt sich hier wieder der Konflikt, der für die übrigen Gesellschafter aus dem Verhalten des einen und aus dem Gebote der Erhaltung des Stammkapitals (Anm. 30 zu § 2) entsteht. Die Gesellschafter stehen vor der Alternative, entweder den Gesellschafter, der seine Zusage nicht erfüllt, zu behalten oder ihre Gesellschaft aufzulösen. Das führt wieder zu der Annahme der Zwangsamortisation (vgl. Anm. 37 zu § 2 und Anm. 18 zu § 34). Bei der offenen Handelsgesellschaft kann ein Gesellschafter, der seine Pflicht aus dem Gesellschaftsvertrage verletzt, ausgeschlossen werden (§ 144 HGB.). Für die normale GmbH. als Kapitalgesellschaft besteht nur die Verpflichtung zur Leistung der Stamm-

§ 3. einlage. Bei deren Nichtzahlung tritt die Kaduzierung ein (§§ 22ff.). Für die GmbH. mit den besonderen Pflichten fehlt die besondere Vorschrift. Es muß der Zwiespalt aus dem Inhalte des Gesetzes dahin gelöst werden, daß die GmbH. befugt ist, unter Beobachtung der Vorschriften der §§ 34, 58 den Geschäftsanteil des vertragsbrüchigen Gesellschafters einzuziehen. Der ausdrücklichen Abmachung im Gesellschaftsvertrag steht die durch Auslegung aus dem übrigen Inhalte desselben sich ergebende Befugnis gleich (vgl. Anm. 18 zu § 4). Man denke an eine nur aus zwei oder drei Gesellschaftern bestehende GmbH. Die Gesellschafter haben sich gleich den Teilhabern der offenen Handelsgesellschaft zur Arbeit für die Gesellschaft, zur Überlassung von Erfindungen, zur Einhaltung des Konkurrenzverbotes verpflichtet. Man kann den vertragstreuen Gesellschaftern nicht zumuten, den Vertragsverletzenden entweder an dem Nutzen ihrer Arbeit teilnehmen zu lassen oder von dem Mittel der Auflösung der Gesellschaft Gebrauch zu machen. Bei der Abfassung des GmbHG. dachte man an die individuell gestalteten Erscheinungen nicht. Das darf aber nicht dazu führen, diese nur nach der Schablone der Kapitalgesellschaften zu behandeln. (Über die Auslegung vgl. Anm. 58 zu § 2.)

Anm. 34a. Handelt es sich um die Verpflichtung eines Gesellschafters **zur Leistung gegen Leistung,** so sind auf diese die Bestimmungen des BGB. über die gegenseitigen Verträge stets mit den durch die Besonderheit der GmbH. sich ergebenden Einschränkungen anwendbar. Es muß hierbei die Wirkung des Verzugs auf die jeweils begehrte Einzelleistung und die auf das gesamte Rechtsverhältnis getrennt werden. Der erstere Fall ist namentlich bei Verpflichtungen zum Verkaufe häufig. Hier kann die Gesellschaft vom Gesellschafter die Ware nicht fordern, wenn sie, bei der Abrede der Erfüllung Zug um Zug, nicht zugleich Zahlung bietet. Ist sie im Verzuge, so kann der Gesellschafter für die völlige Lieferung statt der Erfüllung Schadensersatz fordern. Er kann für diesen Teil vom Vertrage zurücktreten. Dasselbe gilt genau so, wenn der Gesellschafter die Ware nicht liefert. Die GmbH. setzt ihm die Nachfrist. Sie verlangt nach dem Ablauf Schadensersatz. Sie streicht die Lieferung dieses Postens (§ 326 BGB.). Unter diese Regeln gehört z. B. die Abrede im Gesellschaftsvertrage, wonach ein Gesellschafter sich neben der Einlage verpflichtet hat, der Gesellschaft Rohmaterialien zu einem bestimmten Preise zu liefern. Die GmbH. fordert statt der Erfüllung des abgerufenen Postens Schadensersatz. Die Frage wird schwieriger, wenn es sich um die Wirkung des Verzugs auf das ganze Rechtsverhältnis dreht. Es gehören hierher die Fälle, in denen durch den Teilverzug die GmbH. das Interesse an der gesamten Leistung verloren hat, überhaupt wo dieser als Totalverzug anzusehen ist (Hachenburg LZ. 1, 7). Es gilt dies auch für die Fälle, in denen nur ein einheitliches und einmaliges Erfüllen in Frage steht. Auch hier muß für beide Teile jede Folge des Verzugs möglich sein, aber stets beschränkt auf die besondere Verpflichtung des Gesellschafters. Es kann nicht aus der Übernahme der Verpflichtung im Gesellschaftsvertrage gefolgert werden, daß der nicht säumige Teil an dieses besondere gegenseitige Verhältnis gebunden bleibt, wenn der andere die Erfüllung weigert. Es kann daher auch hier jeder Teil vom anderen statt der Erfüllung Schadensersatz fordern. Er kann für diese besondere Abrede vom Vertrag zurücktreten. Handelt es sich um ein Verhältnis, bei dem zivilrechtlich das Rücktrittsrecht als Aufhebungsrecht gedacht ist, so ist dessen Analogie anwendbar. Daß hierdurch das besondere Rechtsverhältnis aus dem Gesellschaftsvertrag der GmbH. verschwindet, steht nicht im Weg. Es kann ja auch durch beiderseitiges Übereinkommen aufgehoben werden (oben Anm. 25). Die Notwendigkeit dieses Rechts der GmbH. ergibt sich für die besonderen Fälle der Geschäftsführertätigkeit kraft Gesellschaftsvertrag aus § 38 Abs. 2 des Gesetzes. Für den Fall, daß wichtige Ursachen vorliegen, ist stets die Bestellung zum Geschäftsführer widerruflich. Auch für den kraft Gesellschaftsvertrag Berufenen. Eine entgegenstehende Abrede wäre nichtig. Also kann die GmbH. im Falle der Nichtleistung der Dienste das Verhältnis zum Geschäftsführer aufheben. Genau dasselbe vollzieht sich, wenn sie von dem Gesellschafter, von dem sie das Grundstück mietete, statt der Erfüllung Schadensersatz fordert oder wenn sie das sonstige ganze Übereinkommen

beseitigt, soweit es sich auf das besondere Verhältnis zu dem einen Gesellschafter bezieht. § 3.
Wenn dieser im Gesellschaftsvertrag die Weiterausarbeitung von Erfindungen zusagte und hierfür einen Anteil am Reingewinn erhalten soll, so kann der Gesellschaft nicht zugemutet werden, im Falle der Weigerung dieser Tätigkeit den säumigen Gesellschafter fortgesetzt an dem Gewinn ihres Unternehmens zu beteiligen und nur den von ihr jeweils nachzuweisenden Schaden an dessen Guthaben zu kürzen. Sie muß die Möglichkeit haben, diese besondere Abrede zu beseitigen. Und wieder das gleiche gilt von jedem anderen gegenseitigen Verhältnisse, von der Zusage der gebrauchsweisen Überlassung von Sachen wie von der Verpflichtung zum Verkaufen von Waren. Es macht keinen Unterschied, ob der Gesellschafter erst Erfindungen machen oder der Gesellschaft gegen Beteiligung an ihrem Nutzen die Ausbeutung einer vorhandenen Erfindung überlassen soll. Auch im letzteren Fall führt die Nichterfüllung zum Rücktrittsrecht der GmbH. Es macht keinen Unterschied, ob es sich um die Überlassung zu Gebrauch oder zu Eigentum handelt. Auch die unterlassene Übertragung des zugesagten Patentes hat dieselbe Folge. Es macht keinen Unterschied, ob es sich um eine einmalige Leistung oder um wiederkehrende handelt. Der zur Pflanzung und Lieferung von Rüben verpflichtete Gesellschafter, der fortgesetzt säumig bleibt oder der seine Verpflichtung bestreitet, kann sich nicht beschweren, wenn die Gesellschaft sein Rechtsverhältnis einfach streicht. Sie bekommt vielleicht die Rüben von dritter Seite billiger. Sie hat kein Interesse, Ersatz für Schaden zu fordern, den sie nicht nachweisen kann. Es macht endlich keinen Unterschied, ob der Gesellschafter oder die Gesellschaft der säumige Teil ist. Auch im letzteren Falle kann dem Gesellschafter eine Fortsetzung des besonderen Verhältnisses nicht angesonnen werden. So, wenn die Gesellschafter (Seifenfabrikanten) sich verpflichten, die Neutralfette der Gesellschaft (Fettspalterei) zum Spalten zu überlassen. Diese hat die Arbeit zu leisten. Sie darf dafür das gewonne Glyzerin behalten. Ein wiederholter Verzug der Gesellschaft in ihrer Arbeit kann den Gesellschaftern das Recht geben, sich von ihrer Zusage wieder zu befreien. Was zwischen Gesellschaft und Gesellschaftern durch Vereinbarung herbeigeführt werden kann, die Wiederaufhebung der besonderen Verpflichtung ist auch auf einseitige Erklärung eines der beiden Beteiligten möglich, sobald die gesetzliche Grundlage für diese gegeben ist. Dies ist der Fall, sobald die Voraussetzungen des Zivilrechts für das Verlangen des Rücktritts und der Aufhebung gegeben sind. Diese fließen aus der Gegenseitigkeit der Verpflichtungen. Sie sind aber auf diesen Teil des ganzen gesellschaftlichen Rechtsverhältnisses beschränkt. Denn nur die besonderen Pflichten unterstehen den Bestimmungen des BGB. Für den anderen Teil, die Stammeinlage, gelten die Vorschriften des Rechts der GmbH. Sie reichen aber nur soweit, als es sich um die Stammeinlage dreht. Es kann daher der Fall eintreten, daß das Gesellschaftsverhältnis auf die Stammeinlage wieder beschränkt wird. Es wird dann für die anderen Gesellschafter die Frage auftauchen, ob nicht ein Grund zur Auflösung der Gesellschaft (§ 61) gegeben ist. Es wird bei einem Verschulden des Gesellschafters die Ausschließung durch Zwangseinziehung Platz greifen können (oben Anm. 33). Den Anspruch auf Reingewinn verliert der Gesellschafter durch Wegfall seiner Sonderverpflichtung allein noch nicht. Man denke an die Übernahme von Arbeit, als Geschäftsführer, als Erfinder usw. Der Tod dieser Verpflichteten ändert an dem auf den Geschäftsanteil fallenden Gewinnanteil nichts. Es ist Sache des Gesellschaftsvertrages, hier für eine besondere Regelung zu sorgen. Ebenso wird das Stimmrecht des Gesellschafters nicht durch das Aufhören der Sonderpflicht berührt. Es bleibt ihm auch in den Fragen der Sonderleistungen der anderen Gesellschafter. Nur bei Frage des Erlöschens seiner eigenen Pflicht kann es unter Umständen versagen (Anm. 25 zu § 47, zu weitgehend Kaufmann, SächsArch. 1912, 419). Auch die aus diesen und ähnlichen Momenten entspringende Gestaltung der Sachlage kann bei der Auflösungsklage in Betracht kommen.

Besteht zwischen der Stammeinlage und der besonderen Verpflichtung eine untrennbare Verbindung, so daß der Rücktritt von dieser nicht ohne Rückleistung jener gedacht werden kann, so muß wieder die Rechtsnatur der GmbH. überwiegen. Die Aufhebung Anm. 35.

§ 3. der besonderen Verhältnisse ist dann ausgeschlossen. Ein solch unlösbarer Zusammenhang kann auch durch den Parteiwillen geschaffen sein (vgl. oben Anm. 24).

Anm. 36. Neben den auf das besondere Rechtsverhältnis beschränkten Folgen aus der Natur der gegenseitigen Verpflichtungen bleibt auch hier (oben Anm. 33) die Möglichkeit der Auflösungsklage aus § 61 für jeden Gesellschafter, der ein Zehntel des Stammkapitals besitzt. Vorausgesetzt ist wieder, daß die Nichterfüllung durch die Gesellschaft die Lage der Gesellschaft ungünstig beeinflußt (Anm. 6 zu § 61). In diesem Falle kann auch die Nichterfüllung der Verpflichtung durch einen anderen Gesellschafter den Klagegrund bilden. Über den Fall der Klage eines Gesellschafters, der weniger als ein Zehntel des Stammkapitals besitzt, vgl. unten Anm. 44 und Exkurs zu § 3 Anm. 11.

In gleicher Weise kann auch bei der gegenseitigen Verpflichtung aus der Nichterfüllung der besonderen Pflicht durch den Gesellschafter die GmbH. das Recht ableiten, ihn aus der ganzen Gesellschaft unter Wahrung der Vorschriften über Amortisation auszuschließen (oben Anm. 33 und 34). Dies wird voraussetzen, daß auch nach der Aufhebung des bestehenden Rechtsverhältnisses der GmbH. die weitere Beteiligung des vertragswidrigen Gesellschafters nicht zugemutet werden kann.

Dagegen ist unzulässig, neben der Auflösung des ganzen Gesellschaftsvertrags eine gesellschaftsrechtliche Kündigung des Teils der Gesellschaft, der die Sonderbestimmungen enthält, anzunehmen (RG. 1. 6. 10 RGZ. 73, 429). Dies setzte das Bestehen einer besonderen Gesellschaft voraus. Ein solches ist tatsächlich möglich. Neben der GmbH. kann eine andere Gesellschaft gegründet werden. So bei dem System der Doppelgesellschaft bei Kartellen (Anm. 1 u. 14, Exkurs zu § 3). Ist aber nur eine einheitliche GmbH. geschaffen, so kann nur diese selbst als Einheit aufgelöst werden. Man kann nicht, um der Kündigung Eingang zu schaffen, im Widerspruche mit den Tatsachen eine besondere Nebenleistungsgesellschaft konstruieren (Roth, LZ. 1912, 266ff. und LZ. 1914, 1492ff.; vgl. auch Kaufmann, SächsArch. 1912, 416). Darin läge eine Fiktion. Es wird eine Kündigung eingeführt, obwohl in Wahrheit keine Gesellschaft bürgerlichen Rechts vorhanden ist. Ebensowenig kann man aber in unmittelbarer entsprechender Anwendung des § 725 BGB. eine Kündigung des aus der GmbH. fließenden Sonderleistungsverhältnisses zulassen (Kaufmann, SächsArch. 1912, 414). Es widerspricht dem Wesen der gesellschaftlichen Verpflichtung direkt, wenn der Gesellschafter, falls die Bindung auf unbestimmte Zeit erfolgt ist, sie jeden Augenblick aufsagen könnte. Aus dem Recht des geschäftsführenden Gesellschafters, das Amt aus wichtigen Ursachen niederzulegen, darf man keine allgemeine Regel bilden. Dies Recht fließt aus der Art der Leistung, den persönlichen Diensten. Es muß stets die besondere Behandlung des besonderen gegenseitigen Vertrags von dem allgemeinen Kündigungsrechte, das, sei es mit, sei es ohne wichtige Ursache, aus dem Gesellschaftsverhältnis entspringt, getrennt bleiben. Mitunter lassen die wichtigen Ursachen, die zur Kündigung führen sollen, eine Anwendung der allgemeinen Vorschriften des BGB. über Leistung gegen Leistung (ohne Anm. 34) und die positive Vertragsverletzung zu (unten Anm. 37). Oder es greifen hier Bestimmungen des GmbH. über die Auflösung der Gesellschaft ein (vgl. auch Anm. 10ff. Exkurs zu § 3). Nie aber dürfen die Vorschriften des BGB. über die Gesellschaft auf die GmbH. übertragen werden. Eine andere Frage ist es, inwieweit bei einer gesetzlichen Neugestaltung der GmbH. mit Sonderleistung diesen Gedanken Rechnung zu tragen ist.

Anm. 37. 8. Der Nichterfüllung steht die positive Vertragsverletzung gleich. Sie muß auch hier wie im Gebiet des Zivilrechts in denselben Fällen dieselbe Folge haben. Es muß sich um Verstöße gegen vertragsmäßige Pflichten von solcher Schwere handeln, daß dem Gesellschafter oder der Gesellschaft die Fortsetzung dieses Verhältnisses nicht mehr zugemutet werden kann. Dies liegt namentlich vor bei der Verletzung der Zusage, die Ware ausschließlich an die Gesellschaft zu liefern (RGZ. 70, 166). Sie kann aber auch von der Gesellschaft dadurch begangen werden, daß sie es unterläßt, dem einen Gesellschafter gegen den anderen

hinreichend Schutz zu gewähren. Das Gewährenlassen des letzteren, der vertragswidrig § 3.
die Ware an Dritte abgibt, verletzt zugleich die Verpflichtung der GmbH. gegen den ersteren.

Das über die Auflösung der GmbH. auf Klage eines Gesellschafters und über die Ausschließung eines Gesellschafters durch Einziehung seines Geschäftsanteils Gesagte (oben Anm. 33, 36) gilt auch hier.

9. Wird die Erfüllung der besonderen Verpflichtung unmöglich, so gelten Anm. 38.
wieder die allgemeinen Vorschriften des BGB. Von einem einseitigen Versprechen des Gesellschafters wird dieser durch Zufall frei. Für sein Verschulden haftet er. Bei einer Verpflichtung zur Leistung gegen Leistung gelten die Bestimmungen der §§ 323, 324, 325 BGB. Wird durch das Verschulden der einen Seite die Erfüllung vereitelt, so hat die andere das Recht, statt der Erfüllung Schadensersatz zu fordern oder von diesem Rechtsverhältnisse zurückzutreten. So kann, wenn der Gesellschafter, an dessen Patent die Gesellschaft ein Benutzungsrecht gegen Gewährung eines Anteils an ihrem Reingewinn hat, das Patent durch Nichtzahlung der Gebühren verfallen läßt, die GmbH. diesen Teil des Gesellschaftsvertrags für aufgehoben erklären. Sie ist nicht verpflichtet, dem Gesellschafter die Beteiligung am Nutzen zu lassen und davon den durch den Verlust des Patents entstandenen Schaden in Abzug zu bringen (vgl. oben Anm. 34).

In allen Fällen der Nichterfüllung infolge Unmöglichkeit kann aus den Umständen des Falles das Recht der Auflösung abgeleitet werden (oben Anm. 33, 36, 37). Ein Ausschluß aus der Gesellschaft im Wege der Amortisation aber setzt ein Verschulden auf Seite des Gesellschafters voraus.

10. Gerät der Gesellschafter in Konkurs, so wird die Gesellschaft für die „sonstige Verpflich- Anm. 39.
tung" des Gesellschafters Konkursgläubiger. Soweit die Forderung nicht auf einen Geldbetrag lautet, wird sie in Reichswährung umgesetzt (§ 69 KO.). Ansprüche auf Dienstleistungen bestehen weiter. Sie werden, da es sich nicht um ein Dienstverhältnis handelt, nicht der Kündigung nach § 17 KO. unterworfen. Ein durch die Konkursverwalter erfolgender Verkauf eines Geschäftsanteils hat dieselbe Wirkung wie ein freiwilliger Verkauf durch den Gesellschafter (vgl. unten Anm. 41 u. Anm. 21ff. zu § 16).

11. Tod eines Gesellschafters beendet die Verpflichtung zu den besonderen Leistungen Anm. 40.
nur dann, wenn diese persönlicher Art sind. Das sind solche, die nicht durch einen Dritten möglich sind. Dahin gehören insbesondere Tätigkeiten, die von ihm als Geschäftsführer, Betriebsleiter usw. zu entfalten sind. Bei Sachleistungen wird im Zweifel ein Übergang auf die Erben anzunehmen sein. Der Gesellschaftsvertrag kann Bestimmungen dafür treffen, daß im Falle des Aufhörens der der Gesellschaft zugesagten Leistungen des Gesellschafters seine Rechte nicht auf seine Erben übergehen. Es kann angeordnet sein, daß diese im Todesfalle des Gesellschafters verpflichtet sind, den Geschäftsanteil an die Gesellschaft oder einen von ihr bezeichneten Dritten zu verkaufen (vgl. Anm. 2 u. 3 zu § 15). Es kann die Einziehung dieses Geschäftsanteils für den Fall des Todes zugelassen sein (§ 34 Abs. 1). Ein Recht auf eine solche Einziehung und Rückzahlung des Einlagekapitals kann den Erben dagegen nicht eingeräumt werden (vgl. Anm. 8 zu § 34).

12. Die Veräußerung eines Geschäftsanteils wird durch die Festsetzung besonderer Anm. 41.
Verpflichtungen im Gesellschaftsvertrag nicht kraft Gesetzes berührt. Es ist weder die Veräußerung wie bei der Teilabtretung (§ 17) von Rechts wegen an die Zustimmung der Gesellschaft geknüpft. Noch wird die Einführung der besonderen Verpflichtung nur zugelassen, wenn das Statut die Abtretung an die Genehmigung der Gesellschaft knüpft (so § 212 HGB. für das Aktienrecht, Österreich GmbH. § 8 Abs. 2). Es ist also auch nicht eine Bestimmung des Gesellschaftsvertrages, welche die besondere Verpflichtung einführt, infolge des Mangels der Vorschrift über die Genehmigung nichtig. Es kann sich nur, falls der Gesellschaftsvertrag nichts über die Veräußerung der Geschäftsanteile enthält, fragen, ob nicht die auf die Gesamtumstände aufbauende Auslegung den Gesellschaftsvertrag in diesem Sinne ergänzen kann. Man darf aber nicht soweit gehen, daß man in allen Fällen der besonderen Verpflichtung aus diesen allein den Parteiwillen auf Vorbehalt der Ge-

§ 3. nehmigung ableitet. Es genügt nicht, daß die Einfügung dieses Vorbehalts offenbar nur übersehen sei. Es müssen stets besondere Momente, namentlich aus der Art der Verpflichtung im Zusammenhange mit dem Zwecke der Gesellschaft vorhanden sein. Aus diesen muß auch für den Dritten erhellen, daß die Veräußerung nur mit Zustimmung der Gesellschaft erfolgen soll.

Der Gesellschaftsvertrag kann die Genehmigung in jeder im Interesse der Gesellschaft liegenden Weise zur Gültigkeit der Abtretung vorschreiben. Er kann verlangen, daß sie von jedem einzelnen Gesellschafter erteilt wird. Doch wird man auch hier in der Fassung, daß die „Gesellschafter" zuzustimmen haben, im Zweifel stets nur die Genehmigung der Gesellschafter als Organ (§ 46 Ziff. 4) zu verstehen haben. Aus dem Zwecke der Vorschrift und dem Vorhandensein der besonderen Verpflichtung folgt nichts für das weitergehende Verlangen (vgl. Anm. 52 zu § 15).

Neben der Genehmigung können weitere Bedingungen eingesetzt sein. So schriftliche Zusagen der Erwerber, die sonstigen Pflichten zu erfüllen. Auch das Vorhandensein bestimmter Eigenschaften kann vorgeschrieben sein (vgl. Anm. 29 zu § 2).

Anm. 42. 13. Der Gesellschafter wird von den fälligen sonstigen Verpflichtungen durch Veräußerung seines Geschäftsanteils nicht frei. Nach der im § 16 enthaltenen Regel des Gesetzes hört jeder Gesellschafter durch die ordnungsgemäß angemeldete Veräußerung auf Gesellschafter zu sein. Damit entfällt auch die Verpflichtung für alle künftigen Leistungen (vgl. Anm. 21 ff. zu § 16). Ausnahmen macht das Gesetz nur für die Erhaltung des Stammkapitals (RG. 26. 5. 99 JW. 99, 444[36]). Daher gehen alle gemäß § 3 Abs. 2 des Gesetzes übernommenen Verpflichtungen mit der Veräußerung des Geschäftsanteils auf den Erwerber über. Dabei ist es einerlei, ob der Erwerber denselben gewachsen ist. Es ist Sache der Gesellschaft, wenn sie solche Folgen fürchtet, im Statute die Veräußerung an ihre Genehmigung zu knüpfen. Es ist Sache der Gesellschafter, die Genehmigung zu versagen, wenn sie der Erwerber nicht für geeignet ansieht. Nimmt die Gesellschaft ihn an, so trägt sie die Folgen (OLG. Breslau 19. 1. 15 RundschGmbH. 15, 139). Es können also auch Rübenlieferungspflichten und ähnliche auf diesem Wege übertragen werden. Die „Rübenlieferungsverpflichtung" erschöpft sich nicht in der Lieferung. Sie umfaßt auch die Verpflichtung zur Anpflanzung. Anpflanzung und Lieferung selbst bilden ein unteilbares Ganzes. Veräußert ein Gesellschafter in der Zeit zwischen Beginn der Anpflanzungszeit und dem Zeitpunkt der Lieferung seinen Geschäftsanteil, so bleibt er für die Nichterfüllung seiner Verpflichtung verhaftet. Eines Verzugs bedarf es hierbei nicht. Es genügt, daß die Leistung fällig und nicht bewirkt war. Daß eine solche einheitliche und unteilbare Leistung, die längere Monate in Anspruch nimmt, durch die dazwischen kommende Veräußerung des Geschäftsanteils in zwei Teile zerschnitten werden sollte, von denen der eine dem Veräußerer, der andere dem Erwerber obläge, ist sachlich unmöglich und deswegen undenkbar (RG. 23. 1. 14 JW. 1914, 477; LZ. 14, 666; auch RG. 14. 6. 14 BauersZ. 21, 208). Ebenso bei allen Leistungen, die sich über einen längeren Zeitraum erstrecken. Zulässig ist, im Gesellschaftsvertrag im Falle einer Veräußerung des Geschäftsanteils eine Garantie des Veräußerers für die Leistungen des Erwerbers einzuführen. Auch diese ist eine dem § 3 Abs. 2 entsprechende Verpflichtung. Wie von positiven Leistungen wird der Gesellschafter auch von der Verpflichtung zur Unterlassung befreit, also namentlich von Konkurrenzklauseln (oben Anm. 26). Es ist mangels anderweiter Anhaltspunkte anzunehmen, daß diese den Gesellschafter nur so lange binden, als er Gesellschafter ist. Die Gesellschaft kann ihm die Verpflichtung auferlegen, auch eine Zeit nach der Veräußerung sich der Konkurrenz zu enthalten. Es ist aber jeweils Sache der Auslegung festzustellen, ob eine solche Verpflichtung als eine den Besitz des Geschäftsanteils überdauernde gewollt ist. Fehlt es daran, so muß angenommen werden, daß mit Aufgabe des Geschäftsanteils die Befreiung auch von dieser Verpflichtung eintritt. Nur muß die Veräußerung eine ernstliche sein. Der Einwand der Gesellschaft, daß ein Scheingeschäft vorliege, ist stets gestattet. Dagegen ist es ohne Belang, ob die Veräußerung entgeltlich oder unentgeltlich erfolgt.

Es ist daher möglich, daß ein Gesellschafter, sofern ihm die Veräußerung ohne Genehmigung der Gesellschaft gestattet ist, sich durch Schenkung an einen Leistungsunfähigen von seinen besonderen gemäß § 3 Abs. 2 übernommenen Pflichten befreit. Verpflichtungen, die nur durch den Gesellschafter in Person erbracht werden können, gehen nicht auf den Erwerber des Geschäftsanteils über. Sollen sie nicht für den Gesellschafter trotz der Veräußerung weiter bestehen, so erlöschen sie vollständig. § 3.

14. Wenn der Gesellschafter nicht seinen Geschäftsanteil, wohl aber das Objekt, aus welchem die Leistungen im wesentlichen fließen, veräußert, z. B. das Gut, aus welchem die Rüben zu gewinnen sind, die Fabrik, in welcher die von ihm an die Gesellschaft zu liefernden Waren hergestellt werden, dann hat nur der Gesellschafter die Verpflichtungen weiter zu erfüllen. Ein Recht, den Erwerber in Anspruch zu nehmen, hat die Gesellschaft an sich nicht. Es bedarf hierzu besonderer Umstände, insbesondere einer Schuldübernahme. Der Erwerber des Geschäfts des Gesellschafters mit Firma haftet für die Verbindlichkeiten des Veräußerers. Er hat auch die besonderen Verpflichtungen aus dem Gesellschaftsvertrage zu erfüllen, obwohl er nicht Gesellschafter wird. Vorausgesetzt ist, daß die Beteiligung bei der GmbH. seitens des Veräußerers des Geschäfts im Betriebe seines Handelsgewerbes erfolgt (RG. 24. 3. 11 JW. 11, 511[37]). Geraten wird es sein, auch für solche Fälle im Gesellschaftsvertrage Fürsorge zu treffen. Die Gesellschaft kann in ihren Statuten den Gesellschaftern die Verpflichtung auferlegen, auch ihren Geschäftsnachfolgern beim Verkauf der Leistungsquelle den Erwerb des Geschäftsanteils mitaufzuerlegen, und eine solche Veräußerung nicht eher perfekt zu machen, als bis die Gesellschaft die Veräußerung genehmigt hat. Bei Zwangsverkäufen versagt allerdings auch diese Vorsichtsmaßregel. Anm. 43.

Findet Fusion zwischen einem Gesellschafter und einem Außenseiter statt, so ist ein wesentlicher Unterschied, welcher der beiden der Aufnehmende, welcher der Aufgenommene ist. Nimmt der Gesellschafter den Außenseiter auf, so liegt eine Erweiterung der Anlagen des Gesellschafters vor. Die Lieferungspflicht erstreckt sich auf die neu erworbenen Werke. Im anderen Falle rückt der Außenseiter in die Stelle des bisherigen Gesellschafters ein. Die Lieferpflicht bleibt auf die bisher verhafteten Werke beschränkt. Die übrigen Anlagen des Erwerbers verbleiben außerhalb. Mißlichkeiten, die sich daraus ergeben, vermögen an der Rechtsfolge nichts zu ändern (RG. 30. 1. 17 RGZ. 89, 357).

15. **Eine Befreiung von den besonderen Verpflichtungen** kann nur durch Statutenänderung erfolgen. Der Vorstand hat hierzu kein Recht. Eine Befreiung von einer Einzelverpflichtung liegt jedoch im Rahmen der Vertretungsbefugnis des Vorstandes. Die Vorschrift des § 25 hindert ihn daran nicht. Er handelt nur von den Kapitaleinlagenverpflichtungen. Anm. 44.

Ein Abandonrecht des Gesellschafters gibt es nicht (oben Anm. 32). Dieses ist nur für die unbeschränkte Nachschußpflicht gestattet. Der Gesellschaftsvertrag kann es aber für die anderen Verpflichtungen einführen. Dann liegt ein Recht des Gesellschafters auf Abnahme des Geschäftsanteils und durch diese auf das Erlöschen der besonderen Pflichten vor. Ausgeschlossen ist dies nur, solange die Stammeinlange nicht voll bezahlt ist.

16. Die Einführung besonderer Pflichten kann auf die Beendigung der Gesellschaft von Einfluß sein. Für die vom Gesetze als regelmäßige Art der GmbH. ins Auge gefaßte Kapitalvereinigung genügt die Veräußerlichkeit des Geschäftsanteils und die Auflösungsklage aus wichtiger Ursache in den Verhältnissen der Gesellschaft. Für die durch die Auferlegung weiterer und oft weitgehender Verpflichtungen gebildete Individualgesellschaft reicht dies nicht aus. Daher finden sich in den meisten dieser Gesellschaftsverträge entweder eine Beschränkung auf Zeit oder eine Kündigung, sei es unter besonderen Umständen, sei es lediglich unter Wahrung bestimmter Zeitgrenzen. Hand in Hand damit geht die Anpassung der Gründe zur Auflösungsklage an die konkreten Verhältnisse. Doch wird in den Gesellschaftsverträgen meist sofort der Schritt zur Kündigung ohne gerichtliche Mitwirkung getan. Selten ist eine Erweiterung der Auflösungsklage des § 61 auch zu- Anm. 45.

§ 3. gunsten der Gesellschafter, die weniger als 10 Proz. des Stammkapitals besitzen, zu finden. Gerade dieses aber ist bei einer GmbH., bei der der Schwerpunkt auf persönlichen Leistungen und nicht auf der Stammeinlage liegt, von erheblicher Bedeutung (vgl. Anm. 11 Exkurs zu § 3).

Diese Anpassungen der Gesellschaft bei der aus der besonderen Pflicht sich ergebenden besonderen Lage der Gesellschafter kann auch durch Auslegung gefunden werden (vgl. oben Anm. 41). Es bedarf aber stets des Nachweises, daß sich dieser Wille der Gesellschafter aus dem Gesellschaftsvertrag ergibt. Andere Momente können nur unterstützend in Betracht kommen. Aus der Tatsache allein, daß den Gesellschaftern besondere Pflichten obliegen, daß in anderen Gesellschaftsverträgen bei solchen weiteren Leistungen Zeitbeschränkungen üblich sind, daß ohne eine solche ein Gesellschafter, der weniger als ein Zehntel des Kapitals der GmbH. besitzt, nie kündigen kann, wird man den Inhalt des Gesellschaftsvertrages nicht dahin ergänzen dürfen, daß er einer zeitlichen Begrenzung oder Kündigung untersteht. Es liegt ein Mangel im Gesetze vor. Dieses hat die besonderen Verhältnisse, die aus der besonderen Verpflichtung entstehen, nicht besonders geregelt. Es liegt ein Mangel im Gesellschaftsvertrage vor. Aber dieses allein darf nicht zu einer Verbesserung von Gesetz und Vertrag durch das Gericht führen. Es muß der Gesellschaftsvertrag selbst eine Grundlage für die Annahme eines solchen besonderen Rechts bieten.

Zu trennen hiervon ist die Befreiung des Gesellschafters von seiner besonderen Pflicht (oben Anm. 33ff.). Sie kommt jedem Gesellschafter zugute. Inwieweit diese zu einer Auflösungsklage für die ganze GmbH. führt, kann stets nur im Einzelfalle auf der Grundlage der Voraussetzung einer Klage gemäß § 61 geprüft werden (oben Anm. 34).

Anm. 46. 17. Gleich den Leistungen der Gesellschafter an die Gesellschaft bedürfen auch **alle besonderen Leistungen der Gesellschaft an die Gesellschafter** der Aufnahme in den Gesellschaftsvertrag. Hierher sind die Einräumung von Vorzugsrechten für einzelne Geschäftsanteile wie die von Vorrechten für einzelne Gesellschafter zu zählen (vgl. das Nähere Anm. 45ff. zu § 5). Der Abs. 2 § 3 ist nur der Ausfluß eines Prinzips. Eine Abrede zwischen den Gründern ist nur dann für die Gesellschaft wirksam, wenn sie im Gesellschaftsvertrage erscheint (oben Anm. 20). Oft bilden die Pflichten des Gesellschafters und seine Rechte eine Einheit. Sie zeigen das Gebilde des gegenseitigen Vertrages (oben Anm. 34ff.). So in den Fällen, in denen die Gesellschaft nicht nur das Recht, sondern auch die Pflicht hat, die Waren des Gesellschafters zu beziehen.

Anm. 47. **Zusatz 1. Wird eine Bestimmung, die für die Gesellschaft nur im Gesellschaftsvertrage gültig getroffen werden kann, formlos vereinbart,** so ist sie als gesellschaftliche Bestimmung ungültig. Da sie nicht in der Form der Statutenfeststellung getroffen wird, so ist sie keine gültige Gesellschaftsregel. Für das Verhältnis der Gesellschaft zu den Gesellschaftern existiert sie rechtlich nicht. Wenn z. B. die Gesellschafter, und sei es einhellig, vereinbaren, daß jeder Gesellschafter 100 M. pro Jahr in die Gesellschaftskasse zur Bestreitung der Geschäftsunkosten zu zahlen hat, oder daß ein Gesellschafter neues Kapital einschießen soll, oder daß ein Gesellschafter nach Abtrennung seines Geschäftsanteils der Gesellschaft keine Konkurrenz machen darf, so ist alles dies als Gesellschaftsregel nur gültig, wenn es in der Form der Statutenfeststellung vereinbart und in das Handelsregister eingetragen wird. Allein den Gesellschaftern bleibt es unbenommen, derartige Vereinbarungen mit Gültigkeit untereinander zu treffen (oben Anm. 25; RGZ. 79, 333). Sie können sogar eine regelrechte Gesellschaft bilden, deren Gegenstand die Erhaltung der GmbH. ist. Sie sind dann doppelt vereinigt. Neben der GmbH. besteht eine Gesellschaft gemäß §§ 705ff. BGB. Jeder Gesellschafter kann auf Grund einer solchen Vereinbarung auf Erfüllung der Pflichten hieraus klagen. Die Gesellschaft selbst kann es dann, wenn die Gesellschafter eine Vereinbarung zugunsten der Gesellschaft treffen, wonach dieser unmittelbar Rechte hieraus entspringen sollen. So, wenn sich die Gesellschafter einer GmbH. verpflichten, dieser Darlehen zu gewähren. Es liegt zwar dann noch kein Vertrag der Gesellschafter

mit der Gesellschaft — der an sich möglich wäre — vor (unrichtig BauersZ. 24, 139). Wohl § 3.
aber ein Vertrag der Gesellschafter zugunsten der Gesellschaft (RG. 24. 10. 13 RGZ. 83, 219). Nicht jeder einstimmige Beschluß der Gesellschafter gilt, auch wenn er nicht in gehöriger Form gefaßt und nicht eingetragen ist, als Vereinbarung unter den Gesellschaftern. War eine gesellschaftsrechtliche Bindung beabsichtigt, die man lediglich zur Ersparung des höheren Stempels oder aus ähnlichen Gründen nicht in den Gesellschaftsvertrag aufnahm, so ist die Nebenabrede ungültig (RG. 7. 11. 16 BauersZ. 25, 11). Hierin liegt die Gefahr derartiger privatschriftlicher Nebenabreden. Namentlich Kaufleute neigen dazu, Dinge, die man der Öffentlichkeit nicht mitteilen müsse, zu verschweigen. Das hat seine Grenze darin, daß der Gesellschaftsvertrag die ausschließliche Stelle für die Regelung der Gesellschaftsverhältnisse ist. Nur wo es sich um besondere Abmachungen zwischen Gesellschaft und Gesellschaftern oder unter den Gesellschaftern dreht, können sie teilweise dem Gesellschaftsvertrag fernbleiben (Hachenburg zu RG. 7. 3. 16 JW. 1916, 745). Es muß festgestellt werden, daß die Gesellschafter eine Vereinbarung treffen wollten, die nicht bloß Gesellschaftsbeschluß, sondern außerdem oder gar lediglich eine Sozietätsvereinbarung sein sollte. Auch einzelne Gesellschafter können unter sich solche Vereinbarungen treffen, die für sie obligatorisch bindend sind, ohne Teil des Gesellschaftsvertrages zu bilden. So kann eine Anzahl von Gesellschaftern, die zwar die einfache, aber nicht die zu Statutenänderung erforderliche Mehrheit besitzt, vereinbaren, daß jedes Jahr ein Teil des Reingewinnes als Reserve zurückzuhalten beschlossen werde. Diese Verbindlichkeit ist unter den Kontrahenten verbindlich (vgl. über die gültige Verpflichtung zur Abstimmung Anm. 44 zu § 45).

Andererseits sind Vereinbarungen, welche nur unter den Gesellschaftern gelten sollen, denkbar, auch wenn sie im Gesellschaftsvertrage stehen. Es ist auch dies durch Auslegung festzustellen. Die Folge ist dann, daß solche Vereinbarungen stets formlos geändert werden können. So wenn ein Gesellschafter den anderen für eine bestimmte Zeit eine Verzinsung ihrer Einlage garantiert. Diese Abrede bildet materiell keinen Teil des Statuts (a. M. BayObLG. 12. 4. 02 OLGR. 5, 281). Ebenso wenn die Gesellschafter untereinander eine vom Gesellschaftsvertrag abweichende Gewinnverteilung verabreden. Sie verpflichtet sie nur für ihre Person (KG. 4. 5. 10 OLGR. 24, 153).

Zusatz 2. Aus der in § 3 Abs. 2 zugelassenen Übernahme von Verpflichtungen jeder Anm. 48.
Art, verbunden mit der Befugnis, die Rechte der Gesellschafter nach dem jeweiligen Falle zu gestalten (§ 45), ergibt sich die Möglichkeit, die GmbH. der offenen Handelsgesellschaft oder der Kommanditgesellschaft bedeutend zu nähern. (Allg. Einleitung Anm. 25. Über die Grenzen der Annäherung RG. 7. 12. 20 RGZ. 101, 55; JW. 1921, 462 mit Anm. von Pinner). Das zeigt einen Gegensatz zum Aktienrecht, dem beide Wege verschlossen sind. Es ist ein Gesellschaftsvertrag denkbar (und solche sind nicht selten), bei dem jeder von den Gesellschaftern im Gesellschaftsvertrage die Geschäftsführung übernimmt. Er widmet seine ganze Arbeitskraft dem Geschäfte. Er ist ausdrücklich verpflichtet, weder im Handelszweige der Gesellschaft Geschäfte zu machen, noch sich bei einem anderen gleichartigen Unternehmen zu beteiligen. Es wird jedem Gesellschafter das Recht gegeben, auch unabhängig von seiner Eigenschaft als Geschäftsführer, die Bücher und Schriften der Gesellschaft stets einzusehen. Es ist bestimmt, daß der Geschäftsanteil nicht auf die Erben übergeht. Diese müssen ihn an die Gesellschaft oder einen von dieser bezeichneten Dritten verkaufen. Die Gesellschaft ist auf eine bestimmte Anzahl von Jahren geschlossen. Sie kann mit festgesetzter Frist gekündigt werden usw. Nur bei einem Punkte wird stets der Unterschied der GmbH. und der offenen Handelsgesellschaft bleiben, in der Festlegung des einbezahlten Kapitals und der Unmöglichkeit der Entnahme desselben. Er bildet das Korrelat zu der Ausschließung der persönlichen Haftung. Eine Milderung dieses Momentes sieht die Praxis darin, daß die Einlagen nur in dem Mindestbetrage gemacht werden, wogegen die Gesellschafter weitere Beträge leihen, über die sie jederzeit verfügen können. So ist es möglich, daß zwei Gesellschafter zusammen 20000 M. einlegen und daneben 500000 M. freies Darlehen gewähren. Im Interesse der Solidität und Kreditfähigkeit der Gesellschaften liegt dieses System nicht.

Exkurs zu § 3.

Exkurs zu § 3.

Die Gesellschaft mit beschränkter Haftung zu Kartellzwecken.

(Flechtheim, Die rechtliche Organisation der Kartelle, 2. Aufl. 1923; Düringer-Hachenburg HGB. IV S. 306ff.; Rudolf Isay, Kartellprobleme RuW. 1921, 128; Staub-Pinner HGB. Anh. zu § 346 Anm. 36—56; Isay, Bergrecht Bd. II Anh. 1; Isay-Tschierschky, Kartellverordnung 1925).

Anm. 1. 1. Über den Begriff des Kartells oder Syndikats s. Anm. 8 zu § 1. Über die Zulässigkeit des Kartells als Gegenstand der GmbH. s. Anm. 4 u. 8 zu § 1. Über die Vorschläge zur Neugestaltung der Kartelle nach dem Kriege: Tschierschky, Zur Reform der Industriekartelle 1921; Isay a. a. O. S. 133 und die dort angeführten Schriften; Isay-Tschierschky und die dort verzeichnete Literatur. Hier handelt es sich um die Darstellung des geltenden Rechts und auch dieses nur, soweit es die GmbH. berührt.

In Betracht kommt zunächst die GmbH., deren Gesellschafter als solche Mitglieder des Kartells sind. Es besteht neben der GmbH. keine weitere Vereinigung Die Verpflichtungen der Syndikatsmitglieder sind Verpflichtungen der Gesellschafter der GmbH. In Betracht kommt aber ebenso die GmbH. lediglich als Verkaufs- oder sonstiges Ausführungsorgan des selbständigen Syndikates. Die Verpflichtungen der Syndikatsmitglieder sind Verpflichtungen aus der besonderen Vereinigung. Sie ist eine Gesellschaft des bürgerlichen Rechts (RG. 21. 6. 18 Recht 19 Nr. 1083, ebenso RFH. III 231, IV 172, Literaturnachweis bei Flechtheim, Rechtl. Organis. S. 245). Diese letztere Form der Doppelgesellschaft ist die zeitlich frühere. Die Vereinigung aller wirtschaftlichen Erscheinungen in der einen GmbH. gehört einer späteren Entwicklung an. Bei dem System der getrennten Gesellschaften kann an Stelle der GmbH. ebensowohl eine andere juristische Person als Zentralstelle stehen. So namentlich eine Aktiengesellschaft. Aber ebensowohl auch eine physische Person oder eine offene Handelsgesellschaft. Bei dem System der Vereinigung in einer Gesellschaft erweist sich nur die GmbH. als tauglich. Nur hier ist durch die Weite der Bestimmungen des § 3 Abs. 2 eine Anpassung an die Bedürfnisse des Kartells möglich. Über die Nachteile der AG. vgl. Flechtheim 100 u. d. Literaturnachweis a. a. O. 295. Die Frage, ob es sich um eine Doppelgesellschaft handelt oder das Kartell in der GmbH. organisiert ist, ist im Einzelfall nicht immer leicht zu beantworten. Namentlich da häufig den Gründern des Kartells ein klarer Gedanke fehlt. Maßgebend muß immer sein, ob die Kartellpflichten durch die Mitgliedschaft begründet werden oder ob sie auf nebenherlaufenden Abmachungen beruhen (vgl. Isay in Isay-Tschierschky Anm. 4—6 Exk. zu § 3 der Einleitung).

Anm. 2. 2. Das Kartell selbst ist als GmbH. organisiert. Der Zweck des Kartells kann durch mehr oder weniger weitgehende Verpflichtungen der Gesellschafter erreicht werden. Diesen entspricht die mehr oder minder weitgehende Beschränkung der Gesellschafter in der Selbständigkeit des Geschäftsbetriebs. Der häufigste Typus ist der des ausschließlichen Verkaufs der ganzen Produktion der Gesellschafter oder bestimmter Arten derselben durch die Gesellschaft. Der Absatz ist in der Hand der Gesellschaft vereinigt (zentralisiert) und unter den Mitgliedern verteilt (kontingentiert). Als Abschwächung erscheint ein Kartell, das auf die Zentralisierung verzichtet. Es begnügt sich mit der Absatzverteilung. Es kann auch die Kontingentierung unterbleiben. Es tritt das Syndikat nur als Preiskonvention oder Konditionenkartell auf (Tschierschky in Isay-Tschierschky S. 44, 47, 50). Die GmbH. ist beim Syndikat die gegebene Gesellschaftsform, ebenso bei der Preiskonvention, sowohl wegen ihrer freien Gestaltungsmöglichkeit wie ihrer geringen Publizitätsforderungen. Soweit dagegen die GmbH. auch beim Konditionenkartell Anwendung finde, sei das Kartell meist die organisatorische Rückbildung einer höheren Kartellform. In neuerer Zeit erscheinen an Stelle der Preiskartelle die Kalkulationskartelle (Tschierschky 73ff.). Sie schreiben keinen einheitlichen Preis, sondern nur ein gemeinsames Kalkulationsschema vor. Für all diese Fälle ohne Zentralisierung bedarf es der straffen Organisation der GmbH. nicht. Es kommen wohl solche Fälle vor (Flechtheim 141). Sie sind aber selten. Die wesentlichste Erscheinung im Gebiet der GmbH. ist das Kartell mit Zentralisierung und Kontingentierung des Absatzes (das Verkaufskartell oder Syndikat). Grundsätzlich gegen die GmbH. als Kartellform eingestellt ist Brodmann (Anm. 8 zu § 3). Für ihn bleibt die GmbH. in erster Linie kapitalistische Erwerbsgesellschaft. **Exkurs zu § 3.**

3. Bei dem Verkaufskartell (Zentralisierung und Kontingentierung) müssen zur Erreichung des Zweckes die Gesellschafter eine Mehrheit von Verpflichtungen übernehmen. Andererseits hat die GmbH. wieder Verpflichtungen gegenüber den Gesellschaftern. Sie müssen alle von dem Gesichtspunkt des Kartellzweckes aus betrachtet werden. Anm. 3.

a) Jeder Gesellschafter ist verpflichtet, seine Produktion der Gesellschaft abzuliefern. Meist wird dies als Verkauf bezeichnet. Ein solcher liegt wohl juristisch, nicht aber wirtschaftlich vor (RG. 16. 10. 18 RGZ. 94, 66; Flechtheim, Rechtl. Org. S. 249). Das Wesentliche ist das Überlassen der Ware zum Verkauf an die GmbH. Diese allein ist berechtigt, sie an die Konsumenten abzugeben. Sie ist wirtschaftlich Verkaufsstelle für die Mitglieder, nicht selbst Konsument. Daher hat auch die GmbH. nicht die Pflicht der Mängelrüge. Den Gesellschaftern gegenüber genügt die rechtzeitige Anzeige der dritten Abnehmer. Daher ist auch der Produzent verpflichtet, die GmbH. in Stand zu setzen, ihren Kunden zu liefern. Er hat ihren Weisungen über die Absendung Folge zu leisten. Der Revers dieser positiven Pflicht ist die negative, an niemand anders als an die GmbH. zu liefern. Auch wenn dies nicht deutlich gesagt ist, so fließt es aus der positiven Zusage, die ganze Produktion an die GmbH. abzugeben, und aus dem Kartellzweck. Diese Unterlassungspflicht ist meist durch Vertragsstrafen gesichert. Es finden sich häufig Bestimmungen über deren Festsetzung durch den Vorstand und Aufsichtsrat oder eine besondere Kommission. Mitunter ist eine Berufung an die Gesellschafterversammlung gegeben. Wesentlich ist die Forderung der Strafe nicht. Mit dem Austritt aus der GmbH. erlischt nicht notwendig auch die Verpflichtung zur Lieferung an die GmbH. (RG. 14. 6. 13 Holdheim 23, 104). Übernimmt ein Dritter das Geschäft eines Gesellschafters mit Firma, so übernimmt er die Kartellverpflichtung, auch wenn er nicht selbst Gesellschafter der GmbH. wird (RG. 24. 3. 11 RundschGmbH. 11, 209). Tritt zwischen dem Gesellschafter und einem Nichtgesellschafter eine Fusion ein, so sind zwei Fälle zu unterscheiden. Erstens: der Außenseiter geht in dem Kartellmitglied auf. Dann ist das Kartellmitglied auch mit seinen neuen Werken den Kartellbestimmungen unterworfen. Oder: der Außenseiter ist der Aufnehmende. Dann übernimmt er die Kartellverpflichtung nur für die Werke der bisherigen Kartellmitglieder (RG. 30. 1. 17 RGZ. 89, 354, RundschGmbH. 1917, 143, Recht 1917, Nr. 376, 483; RG. 30. 10. 23 RGZ. 108, 25). Freie Auslegung des Kartellvertrags nach Treu und Glauben führt dazu, den Mitgliedern, sobald das Ende der Kartellzeit herannaht, das Recht auf freie Abschlüsse für die Zeit nach Auflösung des Kartells zu geben. Die Dauer der Zeitspanne dabei festzulegen, ist Sache des richterlichen Ermessens (RG. 27. 3. 17 RGZ. 90, 100; BauersZ. 24, 191; vgl. auch JW. 1911, 99[1]; 1914, 142).

Als weitere Verpflichtung findet sich die Zusage von Geldleistungen. Entweder werden periodische Beiträge erhoben, oder es wird eine durch die Unkosten entstehende Unterbilanz gedeckt. Das setzt voraus, daß die Gesellschaft keinen Gewinn für sich macht. Der erzielte Bruttonutzen geht unmittelbar an die Gesellschafter als Lieferanten. Es kann aber auch zunächst der Aufwand der GmbH. aus den Ergebnissen befriedigt werden. Dann bedarf es der Beiträge nicht. Sie sind ebenfalls nichts Wesenseigenes für die Kartellgesellschaft. Neben den Leistungen zu einem Geben oder Tun stehen die Verpflichtungen zum Unterlassen. Sie wachsen bis zur Berechtigung des Kartells, die nicht gut rentierenden Betriebe stillzulegen. Diese bleiben am Gesamtgewinn nach ihrem Kontingent beteiligt. Anm. 4.

Seltener als das Verkaufskartell ist das Einkaufskartell. Es dient der Deckung des Bedarfs durch gemeinsamen Einkauf. Abgeschwächt erscheint es im Einkaufspreiskartell. Es

Exkurs zu § 3. verbietet den Mitgliedern, über die festgesetzten Preise hinauszugehen. Selbstverständlich kann ein Kartell zugleich Ein- und Verkaufskartell sein.

b) Den Verpflichtungen gegenüber stehen die Rechte der Gesellschafter. Sie haben Anspruch auf Abnahme ihrer Produkte im Rahmen der Kontingentziffern. Diese Beteiligung an dem Gesamtabsatze drückt sich häufig schon in der Beteiligung am Stammkapital aus. Notwendig ist das nicht. Es können die Geschäftsanteile ein anderes Verhältnis zeigen. Das wird namentlich dann eintreten, wenn der Gesellschaftsvertrag den Gesellschaftern gestattet, ihre Beteiligung untereinander, von der ursprünglichen Verteilung abweichend zu regeln, einen Teil des Kontingents „zu übertragen". Das Kontingent ist ein von der Höhe der Stammeinlage unabhängiges Recht aus dem Gesellschaftsverhältnis auf Abnahme der Erzeugnisse nach einer bestimmten Quote des Gesamtabsatzes. Diese Abnahme erfolgt wieder nur wie die Lieferung zur Erreichung des Kartellzweckes. Es kann der Gesellschafter nicht schlechthin fordern, daß die GmbH. seine Jahresproduktion beziehe und bezahle. Sie muß das nur, soweit sie selbst Abnehmer findet. Der Gesellschafter kann wirtschaftlich nur fordern, daß die GmbH. als Verkaufsstelle für ihn die Ware vertreibe. Aus dem Anteil am Gesamtabsatze folgt weiter das Recht und die Pflicht des Ausgleichs. Der Gesellschafter, der mehr als sein Kontingent liefert, hat dem, welchem weniger zugeteilt wird, dafür Vergütung zu leisten. Sie wird meist durch ein damit betrautes Organ der GmbH. festgesetzt. Einen unmittelbaren Anspruch der Gesellschafter untereinander erzeugt der Gesellschaftsvertrag nicht. Es bestehen nur Rechte und Pflichten gegenüber der Gesellschaft. Zulässig ist es, auf dem Wege des Vertrages zugunsten Dritter den Ausgleichungsanspruch unmittelbar von Gesellschafter zu Gesellschafter zu schaffen. Üblich ist es nicht.

Beim Einkaufskartell haben die Mitglieder ein Recht auf Zuteilung der Rohstoffe nach ihrem Kontingent. Sie sind zur Abnahme verpflichtet. Dies braucht nicht ausdrücklich gesagt zu sein. Es fließt aus dem Zweck der Gesellschaft.

Anm. 5. Der Gesellschafter hat Anspruch auf die Zahlung des Kaufpreises für seine Ware. Meist wird ein Grundpreis (Richtpreis) bestimmt. Dieser oder ein Teil desselben ist an jeden Gesellschafter alsbald nach der Lieferung zu begleichen. Der Mehrerlös gehört erst nach Abwicklung einer größeren Geschäftsperiode den Gesellschaftern. Sie erhalten ihn nach Verhältnis ihrer Lieferungen. Auch hier finden sich die mannigfachsten Abweichungen. Es kann eine Verteilung des Reingewinnes nach den Bestimmungen des Gesetzes auf Basis der Geschäftsanteile stattfinden. Das setzt voraus, daß Kontingent- und Geschäftsanteile gleich sind, und daß die tatsächlichen Lieferungen mit den Kontingenten stimmen. Es kann die Gewinnverteilung den eingelegten Kapitalien eine bestimmte Quote (z. B. 4 Proz.) zuweisen. Der Rest richtet sich nach der Beteiligungsziffer. Es kann die Berücksichtigung der Einlagen ganz ausscheiden. Der Gewinn wird nur nach den tatsächlichen Lieferungen verteilt. Es wird endlich von einem bilanzmäßigen Reingewinne als Voraussetzung seiner Verteilung ganz abgesehen. Es werden die erzielten Mehrbeträge über die an die Gesellschaft bezahlten Richtpreise den Gesellschaftern ohne Rücksicht auf den Reingewinn der Gesellschaft zugeführt. Dies setzt die oben erwähnte Pflicht zur Deckung der Unkosten oder Unterbilanz durch die besonderen Umlagen voraus. Eine Spielart ist es, wenn die GmbH. von den Eingängen einen Prozentsatz zur Bestreitung ihrer Spesen zurückbehält. Zum Wesen des Kartells gehört weder die eine noch die andere dieser Arten. Die Wahl derselben hängt von den jeweiligen Bedürfnissen und Wünschen der Beteiligten, manchmal vom Zufall ab.

Anm. 6. Die Richtpreise, aber auch sonstige an die Gesellschafter zu zahlende Vergütungen, sind wechselnd. Ihre Feststellung ist meist von Jahr zu Jahr einem Organ der Gesellschaft (Gesellschafterversammlung, Aufsichtsrat, Beirat, Ausschuß usw.) übertragen. Diese Festsetzung ist nicht identisch mit der Bestimmung der Gegenleistung durch den Verpflichteten (Anm. 30 zu § 3). Die Gegenleistung der GmbH. besteht nicht in den von ihr zu bezahlenden Beträgen. Der Gesellschafter empfängt als Gewinn in irgendeiner Form die

Mehrerlöse. Er erhält den Schutz seiner Produktion und die Gewähr eines bestimmten **Exkurs** Absatzes. Daher ist hier § 315 BGB. nicht anwendbar (a. M. RG. 14. 6. 13 Holdheim **zu § 3.** 23, 104; RG. 20. 10. 15 RGZ. 87, 201, JW. 16, 126 mit Anm. v. Hachenburg u. Flechtheim. Die Literatur ist überwiegend für die hier vertretene Ansicht. Vgl. Flechtheim, Rechtl. Org. S. 269). Das Gericht kann die Richtpreise nicht als unbillig abändern und einen anderen, höheren Satz bestimmen (Flechtheim 77). Es kann sich nur um eine Anfechtung des Festsetzungsbeschlusses wegen Verletzung des Gesellschaftsvertrages handeln. Sie ist namentlich dann gegeben, wenn der Grundsatz der Gleichberechtigung durchbrochen ist. Ebenso wenn ein Verstoß gegen die guten Sitten vorliegt, wenn etwa die Grundpreise absichtlich so niedrig festgesetzt werden, daß die kleinen Gesellschafter zugrunde gehen müssen. Über die Bedeutung der Preistreibereiverordnungen für die Berechnung der Kartellpreise vgl. Isay a. a. O. 129 u. Kartellrundschau 1920, 97 ff. (weitere Literatur bei Flechtheim, Rechtl. Org. S. 231). Die Verordnungen gehen von der Kalkulation der Gestehungskosten des Einzelunternehmers aus. Das Kartell muß einen für alle Mitglieder geltenden einheitlichen Preis finden, der auch den ungünstig arbeitenden Betrieb noch bestehen läßt (abweichend Flechtheim, Rechtl. Org. S. 257), also dem besser arbeitenden einen höheren Gewinn zuführt (vgl. auch RG. 21. 10. 21 RGZ. 101, 64 u. Flechtheim 269 über die Einwirkung der überragenden Stellung der größeren Betriebe und das Verlangen der Unerträglichkeit).

Die Bestimmungen über die beiderseitigen Pflichten müssen im Gesell- Anm. 7. schaftsvertrage enthalten sein. Sie müssen so vollständig sein, daß die wesentlichen Punkte in den Quellen für ihre Ergänzung festgelegt sind (vgl. Anm. 25 zu § 3). Eine Zerteilung in die Grundlagen, die in den Gesellschaftsvertrag, und die Ausführungen, die in ein separates Abkommen verwiesen werden, ist unzulässig, sofern auch die letzteren wesentliche Bestandteile der Verpflichtung enthalten sollen. Dagegen geht es zu weit, den in den Lieferungsverträgen niedergelegten besonderen Erweiterungen und Sicherungen der aus dem Gesellschaftsvertrage hervorgehenden, alles Wesentliche umfassenden Pflichten die Wirkung zu versagen. Es ist nicht zutreffend, daß Strafgedinge nicht formlos außerhalb des Gesellschaftsvertrages vereinbart werden können (so RG. 10. 5. 12 RGZ. 79, 332). Es ist auch nicht zutreffend, daß die Auslegung eines Gesellschaftsvertrages nicht auf einer Privaturkunde beruhen könne (so RG. 21. 6. 12 RGZ. 79, 423). Die Gesellschaft kann mit jedem Gesellschafter Abreden treffen, die nur ihn persönlich, nicht jeden Inhaber des Geschäftsanteils treffen. Er kann ihr außerhalb des Gesellschaftsvertrags ein Pfandrecht für getreue Erfüllung bestellen. Er kann sich auch einer Vertragsstrafe unterwerfen. Ebenso kann er die Lieferungsbedingungen modifizieren, auf Frachtvergütung verzichten, der Gesellschaft Rabatte zubilligen usw. Enthielte freilich der Gesellschaftsvertrag nur die allgemein gehaltene Formel, daß die Gesellschafter ihre Gesamtprodukte der Gesellschaft abliefern, so fehlte ein wesentliches Moment. Dann ergänzt der Lieferungsvertrag nicht die Verpflichtung des Gesellschaftsvertrages. Eine solche besteht überhaupt nicht. Es liegt keinerlei gesellschaftliche Pflicht vor. Sie wird nur und ausschließlich durch die Sonderverträge der Gesellschaft mit den Gesellschaftern geschaffen (unten Anm. 14). Die Erwähnung im Gesellschaftsvertrag ist nur programmtisch (vgl. Anm. 30 zu § 3).

Die Vorschriften des Gesellschaftsvertrages können die Verpflichtungen des Gesellschafters beliebig erweitern. Hier herrscht die Vertragsfreiheit. Die Gesellschafter können für die Dauer des Kartells auch eine Arbeitsteilung festsetzen. Sie dient der Vervollkommnung und Verbilligung der einzelnen Warengattungen (Produktionskartell, Tschierschky 87). Dadurch wird das Wiederauseinandergehen sehr erschwert. Daher solche Vereinbarungen häufig den Weg zur Interessengemeinschaft oder zum Trust bilden.

Neben den Verpflichtungen des Gesellschafters und der Gesellschaft führt der Kartell- Anm. 8. zweck zu Abänderungen von der regelmäßigen Gestaltung der GmbH.

α) Die Abtretung des Geschäftsanteils bedarf hier der Zustimmung der Gesellschaft (vgl. im allgemeinen Anm. 40 zu § 3). Auch ohne ausdrückliche Bestimmung folgt

Exkurs zu § 3. dies hier aus dem Gesamtinhalt des Vertrages. Eine Flüchtigkeit bei der Abfassung des Statuts kann nicht dazu führen, daß der Kartellgesellschafter durch Verkauf seines Geschäftsanteils der Gesellschaft ein dem Gesellschaftszweck widerstrebendes Mitglied aufzwinge. Darüber, daß der Kartellgesellschafter für die in seinem Geschäftsbetriebe eingegangene Verpflichtung aus dem Gesellschaftsverhältnis nach der Veräußerung des Geschäftsanteils haftbar bleibt und daß diese Verpflichtung auch ohne den Geschäftsanteil auf den Übernehmer des Geschäfts als Ganzes übergeht, vgl. Anm. 42 zu § 3.

Anm. 9. β) Die Bestimmungen des BGB. über die Nichterfüllung und den Verzug beim gegenseitigen Vertrage (§§ 325 und 326 BGB.; Anm. 34 zu § 3) finden auf die Kartellgesellschaft keine Anwendung. Ihrem Zweck nach liegt kein Kauf und Verkauf, sondern nur der gemeinschaftliche Verkauf der Produkte für alle Gesellschafter vor. Die Annahme eines selbständigen von dem Bestande der GmbH. losgelösten Rechtsverhältnisses widerspricht dem Gesellschaftszweck. Daher kann im Falle der Nichtzahlung des Kaufpreises durch die GmbH. der Gesellschafter nicht seine besonderen Verpflichtungen durch Rücktritt von diesen lösen und doch Mitglied der Gesellschaft bleiben. Die Verpflichtungen sind hier untrennbar von der Mitgliedschaft. Dieses ohne jenes ist nach dem Vertragsgedanken unmöglich (RG. 7. 6. 10 RGZ. 73, 429).

Aus demselben Grunde ist eine Kündigung der Kartellpflicht unter Annahme einer besonderen Gesellschaft des bürgerlichen Rechts ausgeschlossen (RG. a. a. O. Anm. 24 u. oben Anm. 36 zu § 3). Es kann nur das ganze Gesellschaftsverhältnis im Wege der Klage aufgelöst werden.

Anm. 10. γ) Die Auflösung der Kartellgesellschaft aus wichtiger Ursache (Anm. 6 zu § 61) bildet das notwendige Mittel, die Unzuträglichkeiten aus der Bindung eines Gesellschafters auf unbegrenzte Zeit zu beseitigen. Ein Kartellvertrag, der diese Rechte beschränkt, wäre in diesem Punkte ungültig. Ob er die ganze Kartellabrede vernichtet, ist der Prüfung des Einzelfalles unterworfen. Je notwendiger dieses Ventil bei der starken Fesselung des einzelnen erscheint, desto weiter muß die Anwendung des § 61 gehen. Nicht nur die Vereitelung der durch das Kartell erstrebten Resultate erscheint als wichtige Ursache. Es genügt, daß eine Minderheit oder ein einzelner nicht in der dem redlichen Vollzuge des Vertrags entsprechenden Weise behandelt wird (RG. 20. 2. 17 Warn. Nr. 289, Nr. 453; Holdheim 17 S. 107. Hierzu Flechtheim, Rechtl. Org. S. 257 ff.). Auch dann liegt die Ursache in den Verhältnissen der Gesellschaft. Dahin gehört insbesondere der Fall, daß die Mehrheit es ablehnt, gegen einen aus ihrer Mitte, der den Vertrag verletzt, vorzugehen.

Anm. 11. Das Recht, die Auflösung zu fordern, steht nach dem Gesetz nur dem Gesellschafter zu, der ein Zehntel des Stammkapitals besitzt (§ 61). Auch das ist dispositives Recht. Der Gesellschaftsvertrag kann diese Beschränkung aufheben. Für die Kartellgesellschaft muß dies aus dem Inhalt des Abkommens und dem Gesellschaftszweck auch ohne ausdrückliche Festsetzung als Wille der Gesellschaft angenommen werden (Anm. 61 zu § 3). Andernfalls wäre der Gesellschafter, der einen kleineren Prozentsatz besitzt, rettungslos jeder Willkür der anderen Gesellschafter preisgegeben. Bei reinen Kapitalgesellschaften erwies sich diese Begrenzung, die im Interesse der Gesamtgesellschaft liegt, als angezeigt. Bei den durch besondere Leistung individualisierten wird sie bedenklich. Bei der Kartellgesellschaft, welche die ganze wirtschaftliche Tätigkeit des Gesellschafters erfaßt, wird sie unerträglich. Eine Kartellverpflichtung, die einen Gesellschafter, der weniger als 10 Prozent des Kapitals besitzt, von der Auflösung aus wichtiger Ursache ausschließt, müßte nichtig sein (Flechtheim 97 und Flechtheim in JW. 15, 374). Das kann nicht der Wille der Gesellschaft sein. Also muß der Vertrag dahin aufgefaßt werden, daß die gesetzliche Beschränkung auf den Besitz eines Zehntels des Kapitals hier fortfällt. Es ist dies um so notwendiger, als die Stammeinlagen so klein wie möglich gehalten werden. Gesellschafter, die weniger als ein Zehntel des Kapitals haben, sind häufig. **Exkurs zu § 3.** Weiter noch geht Flechtheim (97, 286ff.), der jedem Gesellschafter in den gedachten Fällen das einseitige Kündigungsrecht gibt. Wenigstens soweit es sich um die Nebenleistungsverpflichtungen handelt. So sehr dies mitunter im Interesse der Mitglieder liegen kann, so scheint diese Ergänzung des Gesellschaftsvertrages doch zu weit zu gehen. Fl. nennt dieselbe „kühn". Man wird wohl das gesetzlich bestehende Recht der Klage auf Auflösung durch Auslegung aus dem Zwecke der Gesellschaft erweitern dürfen. Die Einführung eines nur im Gesellschaftsvertrage zugelassenen Rechts auf Kündigung (§ 3 Abs. 2) ohne jeden positiven Anhalt geht, so wünschenswert sie manchmal sein mag, zu weit. Die Gesellschafter können nicht verlangen, daß die Gerichte ihr Versäumnis bei der Ausarbeitung der oft recht flüchtigen Verträge wieder gutmachen. Das RG. lehnt daher mit Recht Flechtheims Anschauung ab. Es geht nicht an, daß ein Teil der gesellschaftsrechtlichen Verpflichtungen aus dem Komplex herausgenommen und anderem Schicksal unterworfen wird. Daß also der Gesellschafter zwar mit der Stammeinlage an der Gesellschaft beteiligt bleibt, daß seine gleichfalls auf dem Gesellschaftsvertrag beruhenden Verpflichtungen jedoch untergehen (RG. 30. 10. 23 RGZ. 108, 23, JW. 1924, 681). In Gegensatz zu der hier vertretenen Anschauung und der Rechtsprechung des Reichsgerichts stellt sich Brodmann (Anm. 8 zu § 3). Er will die Formvorschriften der GmbH. den sachlichen Aufgaben des Kartells nachstellen. Selbstverständlich läßt sich das mit Zweckmäßigkeitsgründen belegen. Es findet nur im Gesetz keine Stütze. Brodmann hält selber die GmbH. ihrer eigentlichen Grundlage und ihrem Ausbau nach nicht für eine Kartellgesellschaft geeignet. Um so weniger sollte er dann dem Zweck zuliebe die klaren gesetzlichen Bestimmungen für ausschaltbar erklären.

Während der Gültigkeitsdauer der Verordnung gegen Mißbrauch wirtschaftlicher **Anm. 11a.** Machtstellungen („Kartellverordnung") vom 2. 11. 1923 (RGBl. I 1067, berichtigt I 1090) besteht ein unbeschränktes Kündigungsrecht jedes Kartellgesellschafters aus wichtigem Grund (KartV. § 8 Abs. 1). Als wichtiger Grund gilt immer eine unbillige Einschränkung der wirtschaftlichen Bewegungsfreiheit des Kündigenden, insbesondere bei der Erzeugung, dem Absatz oder der Preisgestaltung (a. a. O. § 8 Abs. 2). Das Kündigungsrecht aus § 8 greift gegenüber jedem Kartell durch. Die Rechtsform des Kartells ist gleichgültig (KartG. Nr. 1 vom 7. 1. 24, Nr. 2 vom 16. 1. 24, Nr. 3 vom 26. 1. 24, Nr. 4 vom 30. 1. 24, und die ständige Rechtsprechung seitdem. Isay bei Isay-Tschierschky Anm. 2 zu § 8). Die Vorschrift bringt einen neuen Gedanken: nicht mehr die Rechtsform der Vereinbarung erzeugt die Rechtswirkung. Die Form ist gleichgültig. Maßgebend ist ausschließlich der wirtschaftliche Zweck.

Die Kündigung aus § 8 KartV. ist in ihrer Wirkung naturgemäß verschieden von der Auflösungsklage nach § 61 GmbHG. Bei der Kündigung tritt die Endigung der Verpflichtung sofort ein — nicht erst nach Durchführung eines Prozeßverfahrens. Ja, die Kündigung wird — ebenfalls ein Novum — sogar endgültig wirksam, wenn nicht binnen zwei Wochen nach der Kündigung das Kartellgericht (§§ 11ff. KartV.) von einem der Beteiligten angerufen wird, um über die Zulässigkeit der Kündigung zu entscheiden. Die Entscheidung des Kartellgerichts ist, wenn die Kündigung für zulässig erklärt wird, lediglich deklaratorisch. Die Gerichtsentscheidung im Fall des § 61 GmbHG. ist konstitutiv.

Die Bedeutung des § 61 GmbHG. für die Kartellauflösung wird durch § 8 KartV. zwar beeinflußt, aber nicht aufgehoben (vgl. hierzu Isay a. a. O. Anm. 3bβ).

Nach Ursprung, nicht nach Wirkung verschieden von der rein zivilrechtlichen Bestimmung des § 8 KartV. ist die auf öffentlich-rechtlichen Gesichtspunkten beruhende Vorschrift von § 4 Abs. 1 Ziff. 2 KartV. Auch sie schafft jedem Kartellmitglied, ohne Rücksicht auf die Rechtsform des Kartells ein außerordentliches und fristloses Kündigungsrecht gegenüber der Kartellgesellschaft. Rechtliche Voraussetzung ist eine dahingehende An-

Exkurs zu § 3. ordnung des Reichswirtschaftsministers. Für diese Anordnung hinwiederum ist tatsächliche Voraussetzung die Gefährdung der Gesamtwirtschaft oder des Gemeinwohls. Was darunter zu verstehen ist, ist in § 4 Abs. 2 KartV. näher ausgeführt.

Welches sind die Wirkungen einer Kündigung nach § 4 Ziff. 2 oder nach § 8? Das Kartellgericht hat zunächst in Entsch. Nr. 1 (7. I 24) sich auf den Standpunkt gestellt, die Rechtsfolgen, die die Kündigung des Kartellvertrags im einzelnen für die Kartell-GmbH. nach sich ziehe, seien vom Kartellgericht nicht zu entscheiden. Das trifft zu. Das Kartellgericht entscheidet über die Frage der Zulässigkeit der Kündigung. Ihre Wirkung ist eine Frage des Privatrechts. Des Vereinsrechts, des Rechts der Gesellschaft bürgerlichen Rechts, des Rechts der GmbH. — je nach der Struktur des Kartells. Später ist das Kartellgericht abgewichen. In Entsch. Nr. 29 (3. 3. 24) erklärt es, die Vorschriften des GmbHG. ließen eine Kündigung des Gesellschaftsvertrags nicht zu. Eine fristlose Kündigung der in und neben dem Kartellvertrag vereinbarten Kartellbindungen sei damit nicht ausgeschlossen. An dieser Auffassung hielt das Kartellgericht seitdem fest (vgl. Entsch. Nr. 45 vom 5. 2. 25). — Isay verallgemeinert diesen Gedanken. Eine Kündigung nach § 8 löse überhaupt nicht das Kartell als solches auf. Es befreie nur das kündigende Mitglied von der Kartellbindung (Isay in Isay-Tschierschky Anm. 2 zu § 8).

Die Verallgemeinerungen Isays sind mit der Rechtsgestaltung der GmbH. und der Rechtsprechung des Reichsgerichts dazu (vgl. oben Anm. 11 am Schlusse) ebensowenig in Übereinstimmung zu bringen wie die Stellungnahme des Kartellgerichts. Bei der KartellGmbH. — der NebenleistungsGmbH., wie sie Isay nennt — sind die Kartellverpflichtungen ein Teil des Gesellschaftsvertrags. Man kann sie von dem Bestand der GmbH. nicht loslösen. Ein Gesellschafter kann nicht einen Teil des Gesellschaftsvertrags für sich gültig aufrechterhalten — einen Teil wirkungslos machen. Es geht auch nicht, daß ein Gesellschafter von seinen Verpflichtungen (gemäß § 3 Abs. 2 GmbHG.) befreit wird und die Gesellschafterrechte, wie Stimmrecht usw., beibehält. Es gibt hier nur ein Ganz oder Garnicht. Kündigt ein Mitglied eines Kartells in GmbH.-Form, so folgt daraus notwendig die Auflösung der GmbH. im ganzen. Insoweit hat auch die KartV. nichts an dem bestehenden Rechtszustand geändert. Es ist auch nicht ihr Zweck. Sie regelt nicht die Wirkung der Auflösung, sie schafft ihre Voraussetzung. Sie erleichtert sie. Das tut sie auch für die KartellGmbH., indem sie die Kündigung vor das Urteil setzt.

Isays Standpunkt trifft für ein Kartell in Form eines Vereins zu. Er kann zutreffen für ein Kartell in Form einer bürgerlichen Gesellschaft. Für die GmbH. ist er unmöglich. Der Umstand, daß die Voraussetzungen der Kündigung für alle Rechtsformen des Kartells die gleichen sind, darf nicht zu dem Gedanken verführen, daß auch die Wirkungen die gleichen sein müßten.

Die Kündigung des Kartells ist bei der GmbH. gleichbedeutend mit der Auflösung. Es sei denn, daß das Statut den Fall vorsieht und Maßnahmen trifft. Es kann vereinbart sein, daß bei Kündigung eines Gesellschafters aus § 4 oder § 8 KartV. die übrigen Gesellschafter oder, wenn der Anteil voll bezahlt ist, die Gesellschaft den Anteil übernimmt. Es kann die Amortisation des Stammanteils vorgesehen sein. Ohne solche Festlegungen im Statut sind diese Auswege nicht gegeben (a. M. Brodmann Anm. 8 zu § 3 am Schlusse).

Ob die Kündigung einzelner Beschlüsse bei der KartellGmbH. ebenfalls die Auflösung der GmbH. nach sich zieht, ist Sache der Vertragsauslegung im Einzelfall. Erscheint der Inhalt der einzelnen Beschlüsse als Bestandteil des Statuts, so muß das gleiche gelten, wie wenn die Kündigung der gesamten Kartellbindungen erfolgt. Auch dann, wenn die einzelnen Beschlüsse nach der Entstehung der GmbH. zur Ausfüllung eines im Statut aufgestellten Rahmens gefaßt worden sind. Sind dagegen die Beschlüsse spätere Sondervereinbarung, so ist ihre Kündigung möglich, ohne daß der Bestand des Kartells als solchen berührt wird.

Die in § 4 Ziff. 1 KartV. auf Antrag des Reichswirtschaftsministers durch das Kartellgericht erfolgende Nichtigkeitserklärung schafft den gleichen Rechtszustand für die Kartellgesellschaft in jeder Rechtsform, die für die GmbH. durch § 62 GmbHG. gegeben ist. **Exkurs zu § 3.**

Die Ausschließung eines Mitgliedes aus der GmbH. ist auch bei der Kartellgesellschaft nur möglich, wenn sie im Gesellschaftsvertrage im Wege der Einziehung des Geschäftsanteiles oder der Verpflichtung zur Übertragung desselben an die GmbH. oder eine von ihr bezeichnete Person vorgesehen ist. Dies auch bei einer Vertragsverletzung. Um so mehr, wenn ein Mitglied ohne Verschulden nicht mehr zur Erfüllung des Gesellschaftszweckes beitragen kann, etwa bei der Zerstörung der Fabrik oder der Zwangsliquidation des im abgetretenen Gebiete belegenen Unternehmens. Unzulässig ist es in solchem Falle, die Rechte des Gesellschafters für ruhend zu erklären. Die Gefahr der dauernden Unmöglichkeit seines Beitrages beraubt ihn seiner Teilnahme am Gesamtergebnisse nur, wenn dies ausdrücklich bestimmt ist. Es bleibt nur die Auflösung und Neubildung. Anm. 11b.

δ) Eine stillschweigend festgesetzte Kündigungsbefugnis ohne gerichtliche Klage (so Flechtheim 941, dagegen RundschauGmbH. 1912, 365) wird man nicht annehmen dürfen. Allerdings vergeht geraume Zeit, bis die Entscheidung des Gerichts ergeht. Aber dieser Einwand gilt nicht nur hier. Er läßt sich bei jeder GmbH. gegen das System der Klage statt der Kündigung vorbringen. Es muß den Gesellschaftern überlassen bleiben, diese Änderung durch Vertrag einzuführen. Es genügt, wenn jeder Gesellschafter das Recht der Auflösungsklage hat. Anm. 12.

ε) Eine Zeitgrenze kann ebenfalls nicht ohne weitere Anhaltspunkte aus dem Gesellschaftszweck allein gefolgert werden. Sie bedarf einer Willenskundgebung, wenn auch nicht einer ausdrücklichen Fixierung. Kartelle werden nicht auf lange Dauer geschlossen. Das ist für die Auslegung der Zeitbestimmung zu beachten. Anm. 13.

Ist sie eingeführt, so bedarf jede Verlängerung der Gesellschaft der Zustimmung aller Gesellschafter (Anm. 21 u. 22 zu § 3).

4. Die GmbH. ist nur als Verkaufsstelle organisiert. Sie enthält keine Verpflichtungen der Gesellschafter neben der Kapitaleinlage. Das Syndikat wird im besonderen Gesellschaftsvertrag bürgerlichen Rechts vereinbart (oben Anm. 1). Über den Fall, daß die Gesellschafter nicht untereinander einen Kartellvertrag schließen, sondern die GmbH. mit jedem einzelnen einen Lieferungsvertrag eingeht, vgl. RGZ. 74, 331 und Flechtheim 83, Kaufmann, SächsArch. 1912, 412. Die Annahme einer Gesellschaft bürgerlichen Rechts unter den mehreren Kontrahenten des Lieferungsvertrages auch für diesen Fall dürfte gegen das RG. den Vorzug verdienen (gegen das RG. auch Flechtheim 2. Aufl. S. 285 mit guten Gründen). Aus § 3 GmbHG. kann keine Ungültigkeit solcher Lieferungsverträge zwischen der GmbH. und ihren Gesellschaftern abgeleitet werden. Die Gesellschaft kann mit ihren Mitgliedern wie mit jedem Dritten Verträge schließen. Sie bedürfen der Aufnahme in den Gesellschaftsvertrag nicht (RG. 10. 5. 12 RGZ. 79, 332; Kaufmann 409, 410). Nur wenn die Verpflichtungen als gesellschaftliche gewollt sind, bedarf es dieser Form. Ob dies der Fall ist, muß jeweils festgestellt werden. Besteht eine gesellschaftliche Pflicht, dann sind die Lieferungsverträge nur als Ergänzung derselben von Bedeutung (Anm. 25 u. 30 zu § 3). Als Gegenstand der GmbH. wird häufig das Syndikat nicht erwähnt. Es ist lediglich von dem Handel mit den Produkten bestimmter Art die Rede. Trotzdem ist dieser Zweck der GmbH. unmittelbar von Einfluß. Die Schicksale des Syndikats wirken auf sie ein. Es kann daher insbesondere auch aus dem Zusammenhange zwischen dem Syndikat und der Verkaufsgesellschaft für die Geschäftsanteile dieser ein Vorbehalt der Genehmigung bei Veräußerungen gefolgert werden (oben Anm. 8). Unbedingt gegeben ist dieser Schluß aus dem Gesellschaftszweck nicht. Es ist möglich, daß sich bei der konkreten Gestaltung des Vertrags eine Übertragung des Geschäftsanteils ohne Zustimmung der Gesellschaft als mit dem Zweck derselben verträglich zeigt. So namentlich dann, wenn die Anm. 14.

Exkurs zu § 3. GmbH. außer dem Verkauf der Produkte des Syndikats noch andere Handelsgeschäfte betreibt. Dasselbe gilt von der Frage der Auflösung. Ob eine Auslegung des Vertrags dahin notwendig ist, daß auch dem mit weniger als 10 Proz. beteiligten Gesellschafter die Auflösungsklage zustehen muß, wird aus dem konkreten Zusammenhang entschieden werden. Die Verbindung als Verkaufsstelle mit der Kapitalgesellschaft allein ist nicht dazu genügend.

Anm. 15. Häufig werden Verbindungen zwischen der GmbH. und der besonderen Syndikatsgesellschaft dadurch hergestellt, daß bestimmte Funktionen jener auf diese übertragen werden. Das ist zulässig, soweit solche Überlassungen an Dritte statthaft sind. So kann die Festsetzung der Bilanz und der Beschluß über Gewinnverteilung dem Ausschuß dieser Syndikatsgesellschaft übertragen werden (Anm. 13 zu § 46). Ebenso die Bestellung des Geschäftsführers usw. (Anm. 42 zu § 35). Je stärker sich die Existenz des besonderen Syndikats im Gesellschaftsvertrage der GmbH. ausdrückt, um so stärker wird der Einfluß des Schicksals desselben auf diese sein.

Die Auflösung des Syndikats ist wichtige Ursache der Auflösung der GmbH. Ohne weiteres wirkt sie nicht auflösend, falls es nicht im Gesellschaftsvertrage bedungen ist. Eine Verlängerung der GmbH. bedarf der Zustimmung aller Gesellschafter, sofern nicht aus dem Gesellschaftsvertrage und der Beziehung zum Syndikat erhellt, daß sie auch ohne dieses weiterbestehen soll (oben Anm. 14 zu § 3).

Anm. 16. 5. Über die Zwangssyndikate und ihre Einwirkung auf die GmbH. vgl. Anm. 6a zu § 1, Flechtheim 223. Für die Zwangssyndikate der Kriegszeit vgl. E. Heymann, Die Rechtsformen der militärischen Kriegswirtschaft (Marburg 1921) S. 164ff. Zu den eigenartigen Aufgaben dieser Syndikate gehörten auch die Zusammenlegung und die Stillegung von Betrieben.

§ 4.

§ 4.

Die Firma der Gesellschaft muß entweder von dem Gegenstande des Unternehmens entlehnt sein, oder die Namen der Gesellschafter oder den Namen wenigstens eines derselben mit einem das Vorhandensein eines Gesellschaftsverhältnisses andeutenden Zusatze enthalten. Die Namen anderer Personen als der Gesellschafter dürfen in die Firma nicht aufgenommen werden. Die Beibehaltung der Firma eines auf die Gesellschaft übergegangenen Geschäfts (Handelsgesetzbuch § 22) wird hierdurch nicht ausgeschlossen.

Die Firma der Gesellschaft muß in allen Fällen die zusätzliche Bezeichnung „mit beschränkter Haftung" enthalten.

Anm. 1. **Die Bestimmungen über Bestandteile der Firma der GmbH. sind teils zwingenden, teils nachgiebigen Rechts.**

1. **Die notwendigen Bestandteile der Firma der GmbH.** bestehen aus einem Hauptteile (Abs. 1) und einem notwendigen Zusatze (Abs. 2).

Anm. 2. a) **Der notwendige Hauptbestandteil.** Das Gesetz unterscheidet zwei Fälle:

α) Es kann eine sogenannte Sachfirma gewählt werden. Das ist eine solche, welche Personennamen nicht enthält. Sie muß von dem Gegenstande des Unternehmens entlehnt sein. Dieses Erfordernis ist hier absolut aufgestellt. Für die Aktiengesellschaft ist im § 20 HGB. nur gesagt, daß die Sachfirma „in der Regel" von dem Gegenstande des Unternehmens entlehnt werden soll. Daher ist es dort unter Billigung des Registerrichters möglich, als Sachfirma Phantasienamen zu wählen (z. B. Phönix, Merkur, Exzelsior, Neptun, Dreizack, Rapid). Bei der GmbH. ist eine solche Phantasiebezeichnung als Hauptbestandteil der Firma nicht genügend (KG. 2. 7. 1900 SeuffA. 56, 8; mit dem Worte: „Heimdal" kann ein Verlags-, Papier- und Druckereigeschäft nicht bezeichnet werden). Eine Phantasiebezeichnung kann nur als fakultativer Zusatz neben dem notwendigen Hauptbestandteil gewählt werden (vgl. hierüber unten Anm. 7). Doch kann auch mit der sinnbildlichen Bezeichnung die Sache selbst getroffen werden (Neukamp Anm. 1 zu § 4; KG. 20. 2. 99 KGJ. 19, 15; „Orlow" Gesellschaft für elektrische Beleuchtung zulässig, da mit dem Namen des zweitgrößten Diamanten der Welt der Glanz des elektrischen Lichtes symbolisiert werden sollte). Das Symbol muß aber dem Publikum verständlich sein oder aus einem Beisatze verständlich gemacht werden (KG. a. a. O. und 3. 5. 06 Recht 06, 1849). Bei einem auf Verpflegung von Rekonvaleszenten gerichteten wohltätigen Unternehmen entspricht die Firma „Haus Nazareth" den Erfordernissen der Sachfirma nicht (KG. in KGJ. 20 A 102 und RJA. 4, 163). Was man unter den Worten „Von dem Gegenstande des Unternehmens entlehnt" zu verstehen hat, ist durch Heranziehung des § 3 Nr. 2 festzustellen. Maßgebend ist der Inhalt des in das Handelsregister eingetragenen Gesellschaftsvertrages oder Abänderungsbeschlusses (KG. 25. 7. 07 Recht 07 Nr. 1331, 3373). Aber der Gegenstand des Unternehmens braucht nicht etwa deutlich erkennbar zu sein. Dazu dient ja die Statutenbestimmung (§ 3 Nr. 2). Hier ist nur eine „Entlehnung" erforderlich. Es genügt, daß die Firma einen Hinweis auf den Gegenstand enthält, durch den dieser für das Publikum im wesentlichen erkennbar gemacht wird. Die Firma kann ihn ja doch nur in eingeschränkter Weise wiedergeben (KG. 22. 11. 06 KGJ. 34 A 149, RJA. 8, 114; KG. 25. 7. 07 Recht 07, 3373). Wie hier Liebmann Anm. 3, Parisius-Crüger-Crecelius Anm. 1a, Brodmann Anm. 4. Mit Beschluß vom 29. 1. 25 (JW. 1925, 639 mit Note von Hachenburg JW. 1925, 802) ist das Kammergericht über den in Literatur und Rechtsprechung einhellig angenommenen Begriff des „Entlehnens" hinausgegangen. Es hat im Hinblick auf das griechische Wort aer = Luft die Bezeichnung „Aeriola" für die Herstellung und den Vertrieb von elektrischen Apparaten zugelassen. Damit ist gemeinverständlich die Entlehnung nicht mehr erkennbar. Der Hinweis auf die Personenfirma, die ja auch keinen Zusammenhang mit dem Gegenstande des Unternehmens habe, versagt. Dort handelt es sich um positive gesetzliche Bestimmungen. Es besteht die Gefahr, daß die neue Stellung des KG. dem reinen Phantasienamen den Weg bahnt. Die Rechtssicherheit fördert sie nicht. § 4.

Eine Gesellschaft, deren Zweck der Betrieb eines Handelsgewerbes überhaupt ist (vgl. Anm. 9 zu § 3), kann als Firma Handelsgesellschaft m. b. H. wählen (KG. 22. 11. 06 KGJ. 34 A 149. A. M. Brodmann Anm. 3. Die Bezeichnung „Industrie-Bedarf-GmbH." ist vom LG. Gießen als ungenügend abgelehnt worden, 19. 10. 21 HessRspr. 22, 188). Sie kann umgekehrt einen Spezialartikel, den sie herstellt, für ihre Firma verwenden. So „Lawendelwassergesellschaft". Es schadet nicht, daß sie noch andere Parfümerien erzeugt. Sie kann sich „Gasthaus" oder „Restaurant" nennen. Sie kann diese Firma durch Beifügung des Schildes spezialisieren, „Hotel zum weißen Rößl". Handelt es sich um eine bekanntere und unzweideutige Bezeichnung, so kann auch diese genügen: „Weißes Rößl" oder „Goldener Karpfen" oder „Holländer Hof" G. m. b. H. Je weiter der Gegenstand der Gesellschaft bestimmt ist, desto allgemeiner kann die Firma lauten. Ist er aus einem allgemeinen und einem besonderen Zwecke gemischt, so können beide zur Firmenbildung dienen. Eine Gesellschaft, als deren Zweck die Herstellung chemischer Produkte, insbesondere Uranoxyd angegeben ist, kann sich sowohl „chemische Fabrik" als „Uranoxydfabrik" nennen. Nicht zulässig ist es aber, wenn nur eine allgemeine Bezeichnung des Gegenstandes vorliegt, die Firma aus einem besonderen Zweige, der unter diese Gattung fällt, aber nicht im Gesellschaftsvertrage erwähnt ist, zu schöpfen. So kann eine Gesellschaft, deren Gegenstand „Fabrikation von Maschinen" lautet, sich nicht „Schuhmaschinenfabrik" nennen, auch wenn sie diese Maschinen erzeugt. Der Gesellschaftsvertrag enthält nichts darüber. Es bedarf einer Änderung desselben, um die Firma zu rechtfertigen. Wenn ein Geschäftskreis mehrere Zweige umfaßt, so genügt die Aufnahme eines derselben als Gegenstand, um eine Firma

§ 4. der generellen Art zu rechtfertigen. Die Bezeichnung als „Bank“ ist zulässig, wenn auch nur ein Stück aus der Gattung der Bankgeschäfte den Gegenstand der Gesellschaft bildet. Es genügt die Gewährung oder Vermittlung der Beleihung von Grundstücken (vgl. OLG. Braunschweig 17. 11. 11 BauersZ. 19, 161). Über die Bezeichnung als Bank vgl. auch unten Anm. 10 u. 11.

Die Firma ist auch vom Gegenstand entlehnt, wenn sie die Namen des Warenzeichens, dessen sich die GmbH. bedient, enthält. Sie kann also „Exzelsior“ oder „Triumph“ oder „Siegerin“ Werke G. m. b. H. heißen. Doch muß auch in diesem Fall aus dem Gesellschaftsvertrage sich ergeben, daß der Gegenstand der Gesellschaft die Herstellung und der Vertrieb von Waren unter dieser Bezeichnung ist. Nicht zum Gegenstand gehören die Mittel, durch welche der Zweck der Gesellschaft erreicht wird. Eine Firma „Dampfbetriebsgesellschaft“ ist unstatthaft, auch wenn sie mit Dampf arbeitet. Ein Beisatz „Molkerei mit Dampfbetrieb“ ist gestattet. Ob die Firma das Gebrauchsrecht des Warenzeichens hat, ist vom Registerrichter nicht nachzuprüfen (KG. 21. 10. 21 OLGRspr. 42, 219).

Ob eine Entlehnung von Gegenständen vorliegt, muß in jedem Einzelfall nach der Verkehrsauffassung beurteilt werden. Es wird hiernach namentlich auch die Frage zu entscheiden sein, inwieweit verwandte Momente, die nicht unmittelbar den Gegenstand bilden, benützt werden dürfen. Unzulässig sind alle die Firmen, welche auf eine Erzeugung des Rohproduktes deuten, mit denen die Gesellschaft nur Handel treibt, oder die sie weiter verarbeitet. So kann sich keine Weinhandelsgesellschaft als „Winzerei“, keine Zigarrenfabrik als „Tabaksbau“ bezeichnen. So ist „Industrie“ unzulässig bei einer Gesellschaft, die nur Handel treibt (OLG. Stuttgart 12. 7. 20 BauersZ. 28, 27). Nach demselben Prinzip sind die Fälle zu erledigen, in denen nur der Stoff selbst ohne Angabe, ob er hergestellt oder verarbeitet oder weiterverkauft wird, die Firma bildet. Er ist zulässig, sobald er diese verschiedenen Möglichkeiten umfaßt. So kann „Tabaksgesellschaft“ die Rohproduktion und den Handel bedeuten. Dagegen sieht der Verkehr in „Weinkompagnie“ nur den Weinhandel. Maßgebend ist die Auffassung, die am Orte der Niederlassung herrscht. Es kann daher auch eine lokal verständliche Bezeichnung nicht beanstandet werden. Die Firma bleibt dann bestehen, auch wenn die GmbH. ihren Sitz verlegt. Die Bestimmungen des UWG. werden durch das Recht zur Führung einer Sachfirma nicht berührt (RG. 16. 3. 14 LZ. 1914, 933[25]). Es hängt von den konkreten Umständen des Einzelfalls ab. Das Wort „Germania“ ist als Freizeichen unter Beifügung eines Eigennamens auch bei einer schon am Gesellschaftssitz vorhandenen Firma „Germania“ für zulässig erklärt worden (KG. 28. 5. 18 BauersZ. 26, 135). Umgekehrt bei dem Worte „Normalzeit“ (RG. 24. 1. 12 RGZ. 78, 265, JW. 12, 482[29]; LZ. 1912, 307[1]).

Es ist nur erforderlich, daß die Gesellschaft zur Zeit ihrer Entstehung satzungsgemäß den Gegenstand hat, nach dem sie ihre Firma bildet. Eine spätere Änderung desselben zwingt sie nicht zur Änderung der Firma (a. M. Liebmann Anm. 2). Eine „Nähmaschinengesellschaft“ kann bleiben, auch wenn sie Fahrräder oder Schreibmaschinen herstellt. Es ist einerlei, ob sie dies in ihrem Statut ausdrückt oder nicht. Doch kann die Sachfirma jederzeit geändert werden, sobald der Gegenstand wechselt. Die Nähmaschinengesellschaft kann die Firma in „Fahrradfabrik“ umwandeln.

Anm. 3. β) Es wird eine Personenfirma gewählt. Das ist eine solche, welche Personennamen enthält.

αα) Regelmäßig ist es nur zulässig, in die Firma die Namen der Gründer selbst aufzunehmen. Die Namen fremder Personen sind unstatthaft. Nur mythologische oder historische Namen, z. B. Salvator, Friedrich der Große, Kolumbus, wohl auch Bismarck, können, weil sie ihre Eigenschaft als Personennamen verloren haben und Symbol geworden sind, zugelassen werden (KGJ. 19, 17; KG. 30. 5. 08 OLGR. 19, 359). Es ist einerlei, ob der Name jener Person allein oder als Teil einer Sachfirma erscheint.

Für unzulässig wurde die Aufnahme des Namens „Berlitz" in der bekannten Zusammenstellung "The Berlitz School of Languages" erklärt (KG. 23. 1. 08 ZBlFG. 8, 796; KGJ. 35 A 167). Ebenso wurde als Firma „Abwässer-Vereinigung System D" abgelehnt (KG. 30. 5. 08 OLGR. 19, 359). Doch dürften diese Beanstandungen zu weit gehen. In diesen beiden Fällen läßt sich der Gegenstand der Gesellschaft nur durch Bezugnahme auf die nach dem Erfinder bezeichnete Methode des Unterrichts und auf das System des Verfahrens genau bezeichnen. § 4.

Die Namen aller Gründer brauchen nicht aufgenommen zu werden. Für den Fall aber, daß nicht die Namen aller Gründer in die Firma aufgenommen werden, muß ein ein Gesellschaftsverhältnis andeutender Zusatz in die Firma aufgenommen sein (Gesellschaft; Verein; Gebrüder; Erben; Vater und Sohn; und Kompagnie) (KG. 30. 11. 05 RJA. 7, 35). Die Vorschrift deckt sich fast wörtlich, jedenfalls aber dem Sinne nach mit der Vorschrift des § 19 HGB. für die Firma der offenen Handelsgesellschaft. Sie muß ebenso wie diese ausgelegt werden. Wenn also z. B. Schulze und Müller die Gründer sind, so kann der Hauptbestandteil der Firma lauten: Schulze & Müller, oder Schulze & Co. oder Müller & Co. Oder die Firma kann lauten: Schulze, Gesellschaft mit beschränkter Haftung. Die Beifügung des Vornamens eines Gründers ist nicht erforderlich. Denn § 18 HGB. ist nicht anwendbar (KG. 3. 12. 09 KGJ. 39 A 114). Wenn alle Gründer genannt sind, kann nicht ein noch ein weiteres Gesellschaftsverhältnis andeutender Zusatz hinzugefügt werden. Es darf nicht der Irrtum erregt werden, als seien außer den einzigen Gründern Schulze und Müller noch andere Gründer vorhanden. Ein Gesellschafterzusatz, der diesen Irrtum nicht erregt, z. B. Kompagnie Schulze und Müller mit beschränkter Haftung oder Torfbereitungs-Gesellschaft Müller & Schulze mit beschränkter Haftung, oder Schulze & Müller Gesellschaft mit beschränkter Haftung ist nicht zu beanstanden. Auch der Deckname, unter dem ein Künstler bekannt geworden ist, ist Namen in diesem Sinn. Er genießt Rechtsschutz. Mit ihm verbindet sich die Vorstellung einer bestimmten Persönlichkeit. Der gesetzliche Name mag ganz unbekannt sein. Die Verbindung zwischen Name und Individuum ist das Wesentliche (abw. RG. RGZ. 38, 158; 39, 115; KG. 6. 8. 19 BayerZ. 27, 140; wie hier KG. 1. 8. 21 OLGRspr. 42, 219). Bei einer späteren Firmenänderung kann statt des bisherigen Personennamens der Name des augenblicklichen Inhabers der Geschäftsanteile gewählt werden. Wenn die Anteile in einer Hand vereinigt sind, steht es im Belieben dieses Alleingesellschafters, seinen Namen als Firma zu wählen. Auch hier bedarf es einer Änderung des Gesellschaftsvertrags (KG. 3. 3. 20 OLGRspr. 42, 219). Aber auch bei dem Eintritt eines einzelnen Gesellschafters, sei es bei der Erhöhung des Stammkapitals, sei es durch Erwerb eines ursprünglich entstandenen Geschäftsanteils, gilt dasselbe. War der Name zu Unrecht aufgenommen, so wird die hierdurch entstehende Ungültigkeit nicht dadurch geheilt, daß der Namensinhaber nachträglich Gesellschafter wird. Es bedarf eines Beschlusses der Gesellschafter gemäß § 76. Unerheblich ist es, daß der namengebende Gesellschafter nur seines Namens wegen aufgenommen wurde. Es wird genügen, daß er Gesellschafter ist. Das wird er auch, wenn er sich verpflichtet, nach der Eintragung der Gesellschaft seinen Geschäftsanteil an einen anderen abzutreten (vgl. Anm. 38 zu § 2). Bei der Veräußerung eines bestehenden Geschäftsanteils an einen Erwerber aber, mit dessen Namen nach dem Erwerbe die Firma durch Satzungsänderung ausgestattet wird, kann die Eintragung beanstandet werden, wenn die Übertragung nur zum Scheine geschehen ist. Dieser Erwerber ist nie Gesellschafter geworden. Die Gesellschaft kann sich seines Namens nicht bedienen. Unerheblich ist aber, ob der Gesellschafter, dessen Name in der Firma erscheint, volljährig oder minderjährig, ob er männlich oder weiblich ist. Auch Kinder, die Gesellschafter sind, können die Firma bilden helfen. Einer besonderen vormundschaftsgerichtlichen Genehmigung bedarf es hierzu nicht. Führt ein Gesellschafter den Namen zu Unrecht, so kann ihn auch die

§ 4. GmbH. nicht für ihre Firma verwenden. So kann eine geschiedene Ehefrau, die als schuldiger Teil ihren Mädchennamen wieder annehmen mußte, nicht die Firma einer GmbH. mit ihrem Frauennamen bilden. Zulässig ist der Name eines Ausländers, auch wenn er in Deutschland ungebräuchlich und schwer verständlich ist, sobald der Ausländer als Gesellschafter erscheint. Ist eine juristische Person, z. B. eine Aktiengesellschaft unter den Gründern, so kann auch deren Name zur Firma der GmbH. verwendet werden. Dies ist namentlich von Bedeutung, wenn in dieser Firma der Aktiengesellschaft ein Personenname von besonderem Klange enthalten ist. Die Aktiengesellschaft Siemens & Halske könnte eine GmbH. mit der Firma Siemens & Halske, Fabrik für Ferndruckapparate, Gesellschaft mit beschränkter Haftung, gründen helfen. Auch aus dem Namen zweier Aktiengesellschaften läßt sich eine Firma für die GmbH. bilden, z. B. Siemens-Schuckert-Werke mit beschränkter Haftung. Führt die Aktiengesellschaft einen Personennamen, so kann es nicht beanstandet werden, daß dieser in die Firma der GmbH. kommt, auch wenn der physische Träger dieses Namens nicht Gesellschafter ist. Die Aktiengesellschaft Seebohm & Dickstahl könnte eine GmbH. Seebohm & Dickstahl gründen. Ist die Firma einer ausländischen Aktiengesellschaft zur Bildung der Firma der GmbH. benutzt, so darf diese nicht wegen des fremdsprachlichen Bestandteils beanstandet werden. Die englische Standard Varnish Works Ltd. kann eine Firma: Standard Varnish Works Gesellschaft mit beschränkter Haftung rechtfertigen.

Die Aufnahme eines Namens eines Gesellschafters in die Firma bedarf seiner Zustimmung. Dies folgt aus dem Personenrecht auf die Führung des Namens. Diese Zustimmung liegt bei der Gründung in der Mitwirkung des Gesellschafters, mit dessen Namen die Firma gebildet ist. Wird aber der Name eines Gesellschafters, der erst nachträglich der Gesellschaft beitrat, durch Änderung des Gesellschaftsvertrages zur Bildung der Firma verwendet, so wird dessen Genehmigung in der Zustimmung zur Firmenänderung liegen. Hat er hierbei nicht mitgewirkt, so ist sie besonders darzulegen. Der Registerrichter kann andernfalls die Eintragung ablehnen. Das Recht auf diese Firma hängt von der Genehmigung des Gesellschafters ab. Ohne diese ist der Beschluß unwirksam. Die Genehmigung kann aber noch nachträglich erteilt werden. Durch das Ausscheiden eines Gesellschafters aus der GmbH. verliert diese nicht die Befugnis, ihre Firma weiter zu führen (vgl. BayerZ. 23, 76; OLG. Karlsruhe 8. 11. 13 RundschGmbH. 14, 173). Es ist einerlei, auf welche Weise der Gesellschafter aufhört, ihr anzugehören. Auch bei Amortisation, Kaduzierung, Preisgabe bleibt die Firma. Nur bei der Gründung oder im Fall späterer Firmenänderung bei seiner Zustimmung hierzu, kann der Gesellschafter das Recht der Gesellschaft, seinen Namen als Firma zu benutzen, zeitlich begrenzen. Er kann es auch an die Bedingung, daß er selbst Gesellschafter bleibe, knüpfen. Dann verliert die Gesellschaft das Recht auf diesen Namen. Sie behält es, wenn er nachträglich der Fortführung zustimmt. Der Registerrichter kann nicht von Amts wegen einschreiten, solange nicht der frühere Gesellschafter die Änderung der Firma fordert. Ein Sonderrecht auf Beibehalten seines Namens in der Firma hat der Gesellschafter durch die Aufnahme desselben nicht erhalten (KG. 8. 3. 12 RJA. 12, 38). Es kann dies im Gesellschaftsvertrag bedungen sein. Dann ist eine Änderung der Firma ohne seine Genehmigung unwirksam.

Anm. 4. ββ) Die behandelte Vorschrift kann außer Anwendung bleiben, wenn ein Geschäft mit Firma bei Gründung der Gesellschaft erworben wird. In diesem Falle kann die bisherige Firma (nur mit dem Zusatze „mit beschränkter Haftung") mit oder ohne Nachfolger-Zusatz beibehalten werden (KG. 4. 11. 01 DJZ. 02, 202). Es braucht weder die Vorschrift beachtet zu werden, daß die Namen der Gründer der Gesellschaft in die Firma aufgenommen werden, noch die Vorschrift, daß, wenn die Namen der Gründer der Gesellschaft in die Firma aufgenommen werden, aber nicht alle, ein Gesellschafterzusatz beigefügt werden muß. Es inferiert z. B. der Einzelkaufmann Siegismund Wild sein unter der Firma „Albert Haberfeld" betriebenes

Geschäft in eine zu gründende GmbH. In diesem Falle kann die Firma lauten „Albert § 4.
Haberfeld mit beschränkter Haftung", obwohl dies ein fremder Name, nicht der Name eines Gründers ist. Betrieb Siegismund Wild sein Geschäft unter der Firma Siegismund Wild, und inferiert er es in die Gesellschaft, so kann diese firmieren „Siegismund Wild mit beschränkter Haftung". Sie braucht keinen Gesellschafterzusatz hinzuzufügen, obgleich sie den Namen eines Gründers, und zwar nur den Namen eines Gründers in die Firma aufnimmt. Betreiben Siegismund Wild und Georg Kornfeld ein Geschäft unter der Firma Wild, Kornfeld & Co, und inferieren diese es in eine von ihnen beiden allein gegründete GmbH., so kann diese firmieren Wild, Kornfeld & Co. mit beschränkter Haftung. Sie können also den Gesellschaftsverhältnis-Zusatz „& Co." beibehalten, obgleich der Name aller Gesellschafter in die Firma aufgenommen wird. Die Beibehaltung der Firma liegt auch dann vor, wenn ein unwesentlicher Zusatz, z. B. „Baugesellschaft", der früheren Firma beigefügt wird (OLG. Karlsruhe 16. 2. 07 BadRpr. 07, 245). Die Verwendung der übernommenen Firma kann auch in Verbindung mit anderen zulässigen Firmenbildungen erfolgen. Eine Verwendung derselben zu einer Kombination ist zulässig (OLG. Dresden 14. 10. 16 JW. 1916, 1550, Recht 1917 Nr. 1303, KGJ. 50 A 236; a. M. KG. 24. 9. 08 OLGR. 19, 297). Es ist möglich, aus zwei Firmen zweier Geschäfte nur eine Firma zu bilden (RG. 21. 10. 11 LZ. 1912, 316 für das Aktienrecht. Aus den Firmen „R. Karges" und „Gustav Hammer & Co." wurde die Firma „Karges-Hammer Maschinenfabrik A.-G." geschaffen. Das Prinzip ist für die GmbH. dasselbe.) Ebenso aus einer übernommenen Personenfirma und dem Namen eines Gesellschafters. Aus demselben Grunde ist eine Sachfirma mit der erworbenen Personenfirma kombinierbar. Eine GmbH., die ihre Ware unter der Marke „Siegerin" vertreibt und das Geschäft des Herrn Fritz Goldmann erwirbt, kann die Firma Siegerin-Goldmann-Werke führen. Endlich kann auch eine Sachfirma, welcher ein Zusatz als Nachfolger der mehreren aufgenommenen Geschäfte eingefügt ist, nicht beanstandet werden. So ist „Vereinigte Zündholzfabriken vormals Hofmann & Sohn vormals Wilke & Co. vormals Alb. Fromm" statthaft.

Es ist nicht erforderlich, daß das Geschäft mit der Firma von einem Gesellschafter selbst übernommen wird. Die Firma konnte auch bei dem Erwerbe durch einen Dritten beibehalten werden. Nur muß dieses sich mit der Eintragung der Gesellschaft vollziehen. Das Abkommen muß also bereits für die künftige Gesellschaft getroffen sein. Daß es im Gesellschaftsvertrage enthalten sei, ist nicht erforderlich. Doch muß dem Registerrichter der Nachweis des Erwerbes erbracht sein. Der Übernahme steht die Pachtung eines Geschäftes mit der Firma gleich. Nicht genügend ist, daß in dem Gesellschaftsvertrage als Zweck der Gesellschaft Erwerb und Weiterführung des Geschäftes des Dritten angegeben ist. Damit ist dem Erfordernisse des Überganges nicht entsprochen. Schwierigkeiten entstehen, sobald Liegenschaften in dem aufzunehmenden Geschäfte vorhanden sind, deren Erwerbsakt der notariellen Form bedarf. Mit dieser sind Gebühren und Stempel verbunden. Andererseits fehlt es an der GmbH. als Erwerberin. Sie besteht noch nicht vor dem Eintrage. Es könnte nur mit den Gründern der Vertrag geschlossen werden. Dann wäre wieder ein doppelter Akt zu beurkunden. Entweder muß dann der Verkäufer mit der gegründeten und noch nicht eingetragenen Gesellschaft im Moment der Gründung den Verkaufsakt schließen. Dann haften die namens der Gesellschaft Handelnden persönlich. Der Akt wird erst durch die Genehmigung der eingetragenen Gesellschaft gültig. Oder es muß die GmbH. zunächst mit einer anderen Firma gegründet und eingetragen werden. Sie erwirbt dann erst das Geschäft des Dritten und ändert die Firma. Erlischt später das Recht auf die Fortführung einer erworbenen Firma, so muß der Gesellschaftsvertrag geändert werden (vgl. Anm. 3). Die Bestimmung des § 4 tritt wieder in Kraft. Nicht auf die Gesellschaft geht der Hoflieferantentitel des führenden Geschäftsinhabers über (KG. 6. 1. 02 KGJ. 23 A 208). Auch dann nicht, wenn er zur Bildung der Firma des Einzel-

§ 4. kaufmanns benutzt wurde, z. B. „A. Müller, Hofphotograph". Die Verleihung ist nur persönlich. Anders, wenn es sich um die Auszeichnung eines Etablissements handelt. Sie haftet an dem Unternehmen. So „Hofapotheke", „Hofdruckerei", „Hofbräuhaus" usw. Es geht nicht nur mit dem Geschäfte dessen Bezeichnung, es geht auch die auf Grund derselben entstandene Firma auf die GmbH. über. Doch darf nicht daraus allein, daß der Inhaber der Auszeichnung diese zur Bildung einer Sachfirma benutzt, geschlossen werden, daß es sich um ein Etablissementsprädikat handelt. Dies kann nur aus der Verleihung entnommen werden.

Über die Firmenführung beim Geschäftsübergang nach der Entstehung der Gesellschaft s. unten Anm. 15ff.

Anm. 5. γ) Auch eine sogenannte gemischte Firma, d. h. eine solche, die aus einer Sachbezeichnung und einer Personenbezeichnung zusammengesetzt ist, ist gestattet. Wenn ein Geschäft mit einer solchen Firma bei der Gründung übernommen wird, ist ihre Fortführung nicht zweifelhaft. Eine Firma: Berliner Metallwarenfabrik Epstein & Co. wird von der Gesellschaft mit dem Zusatze Gesellschaft mit beschränkter Haftung weitergeführt. Dasselbe gilt aber auch für die Bildung einer solchen Firma bei der Gründung. Das folgt auch aus § 18 Abs. 2 HGB. Danach sind unterscheidende Zusätze gestattet (vgl. unten Anm. 7). Der Satz 1 Abs. 1 steht nicht entgegen, nicht einmal seinem Wortlaut nach. Denn der erste Satz schreibt nichts weiter vor, als daß die Firma entweder nichts enthalten darf, als eine dem Gegenstand des Unternehmens entlehnte Sachbezeichnung, oder aber, wenn sie Personennamen „enthält" (also entweder allein oder mit einer anderen Bezeichnung), die Personenbezeichnung den Namen der Gründer entlehnt sein muß (Simon bei Holdheim 1, 225; Förtsch Anm. 1 zu § 4; Neukamp Anm. 1 zu § 4; KG. 30. 11. 05 RJA. 7, 35).

Anm. 5a. δ) In der ausländischen Gesetzgebung ist mit § 4 Abs. 1 die Bestimmung des österreichischen (§ 5 Abs. 1) und des bulgarischen Gesetzes (Art. 4 Abs. 1) identisch. Das österreichische Recht verbietet nur noch speziell die Wahl einer Sachfirma, die lediglich Anstalten unter öffentlicher Verwaltung oder Aufsicht zukommt (Sparkasse, Landesbank usw. § 5 Abs. 3). Das französische Gesetz (Art. 11) kennt ebenfalls Sach- und Personenfirma. Am klarsten für die Firmenbezeichnung kommt die Zwischenstellung der GmbH. im italienischen Vorentwurf zum Ausdruck. Die GmbH. kann ihre Firma — unter der Voraussetzung, daß die Bezeichnung Gesellschaft mit beschränkter Haftung beigefügt wird — wie eine offene Handelsgesellschaft oder wie eine Aktiengesellschaft wählen (Art. 15). Wie eine offene Handelsgesellschaft: d. h. mit Namen oder Firma eines oder mehrerer Gesellschafter (Art. 13). Wie eine Aktiengesellschaft: d. h. durch irgendeine Bezeichnung, die zur Unterscheidung geeignet ist (Art. 14). Das polnische Gesetz und der Schweizer Entwurf enthalten keinerlei Bestimmung über die Bildung der Firma.

Anm. 6. b) **Der notwendige Zusatz.** Die Firma der GmbH. muß den notwendigen Zusatz haben: **mit beschränkter Haftung.** Mangelt dieser Zusatz, so ist die Firmenbezeichnung nichtig und damit der Gesellschaftsvertrag (vgl. Keßler ZBlFG. 5, 210). Der notwendige Zusatz lautet nicht: Gesellschaft mit beschränkter Haftung, sondern nur: mit beschränkter Haftung. (Einschränkend Brodmann Anm. 7.) Doch ist es in jedem Falle gestattet, das Wort Gesellschaft hinzuzufügen, auch dann, wenn die Namen aller Gesellschafter in die Firma aufgenommen werden (vgl. oben Anm. 3). Der Zusatz braucht keineswegs am Schlusse zu stehen. Zusatz heißt hier, wie auch im § 18 Abs. 2 HGB., Beisatz (OLG. Dresden bei Holdheim 1898, 60; Liebmann Anm. 4; Dernburg I § 89; anders Förtsch Anm. 3; Parisius-Crüger-Crecelius Anm. 3, Becker-Neukamp Anm. 2). Auch in Klammern kann er beigefügt werden (KG. 20. 2. 99 KGJ. 19, 15). Aber er muß auch dann geführt werden, wenn die GmbH. selbst nur Teil einer anderen Firma — Kommanditgesellschaft oder offene Handelsgesellschaft — ist (OLG. Hamburg 3. 7. 14 BauersZ. 22, 135; KG. 31. 5. 18 RundschauGmbH. 1918, 355, KGJ. 51 A 122; RG. 4. 7. 22 RGZ. 105, 101, JW. 1922, 1676, Recht 1923 Nr. 532, LZ. 1922, 514; KG. 22. 9. 22, KGBl.

33, 117; vgl. auch BauersZ. 24, 30; Brodmann Anm. 1 hält die Teilnahme an o.HG. oder Kommanditges. für unzulässig; vgl. zu dieser Frage unten Anm. 7 zu § 13). Der Zusatz „mit beschränkter Haftung“ muß genau so lauten, wie er vom Gesetze vorgeschrieben ist. Er darf nicht lauten: mit beschränkter Haftpflicht. **Er darf auch nicht abgekürzt werden**[1]). Die Abkürzung soll auch im rechtsgeschäftlichen Verkehr nicht erfolgen. Gleichwohl ist die Bezeichnung „m. b. H.“ oder „G. m. b. H.“ außerordentlich üblich. Auf Geschäftsschildern, Briefbogen, in Zeitungsinseraten und sonst begegnet man stets dieser Abkürzung. Daß das Registergericht nach § 37 HGB. dagegen einzuschreiten habe, wie Staub in der ersten Auflage (ebenso Neukamp Anm. 2 zu § 4; Liebmann 4 zu § 4; KG. 25. 10. 18 RJA. 16, 82; Förtsch 3 zu § 4) annahm, wird man nicht billigen. Es liegt nicht der Gebrauch einer dem Zeichnenden „nicht zustehenden“ Firma vor. (So jetzt auch KG. 12. 6. 08 DJZ. 08, 1284[33]; a. M. Ritter ArchBürgR. 35, 99. Seine Ausführungen verkennen aber den Unterschied zwischen der Befugnis des Registerrichters, Firmenanmeldungen, die nicht dem Gebote des § 18 HGB., § 4 GmbHG. entsprechen, zurückzuweisen, und seinem Rechte, gegen den unrichtigen Gebrauch richtig eingetragener Firmen einzuschreiten. Die Firma, auch die abgekürzte, steht dem Kaufmann zu.) Ebensowenig wird ein Geschäftsabschluß unter der abgekürzten Firma ungültig. Auch ein Wechsel nicht (KG. 13. 5. 09 DJZ. 09, 1212). Der Verkehr sieht die Bezeichnung G. m. b. H. als gleichbedeutend mit „Gesellschaft mit beschränkter Haftung“ an (OLG. Hamburg 6. 10. 09 OLGR. 21, 372). Daß diese Abkürzung, wie Ring annimmt (ArchBürgR. 23, 412), bereits deutsches Gewohnheitsrecht geworden ist, wird man nicht annehmen dürfen. Denn in allen öffentlichen Urkunden wird stets die volle Bezeichnung durchgeführt. Für den laufenden Verkehr, ebenso für Zuschriften ans Gericht, die nicht Formalakte enthalten, hat das RG. (25. 10. 18 BauersZ. 28, 28) die Abkürzung für zulässig erklärt. Selbstverständlich schließt der Zusatz GmbH. die Beifügung einer anderen Gesellschaftsform in der Firma aus. Unzulässig ist daher etwa „Käfersteinsche Papierhandlung Kommanditgesellschaft GmbH.“. Selbst wenn die von der GmbH. übernommene Firma früher diesen Zusatz geführt hat (RG. 16. 5. 22, RGZ. 104, 341, Recht 1923 Nr. 1676, RundschGmbH. 1923, 229). § 4.

Das österr. Ges. § 5 Abs. 2 verlangt im Gegensatz zum deutschen, daß stets das Wort „Gesellschaft“ ausgeschrieben in der Firma enthalten sein muß. Die zusätzliche Bezeichnung „mit beschränkter Haftung“ kann dagegen gekürzt werden. Man wollte Verwechslungen mit Genossenschaften vorbeugen. Das bulgarische Gesetz (Art. 4 Abs. 2) läßt die Abkürzung mit den Anfangsbuchstaben, analog der deutschen Gewohnheit, zu. Das französische Gesetz (Art. 18) verlangt unter Androhung einer Geldstrafe in jedem Fall den vollen Zusatz „société à responsabilité limitée“ und dazu noch die Angabe des Stammkapitals. Auch der italienische Vorentwurf verlangt die Beifügung „società a garanzia limitata“ (Art. 15).

c) Ist die Firma eine unzulässige, so ist dieser Teil des Gesellschaftsvertrags nichtig. Daher ist es der ganze Gesellschaftsvertrag. Der Registerrichter hat die Eintragung abzulehnen. Dies gilt sowohl für den Fall, daß eine unstatthafte Sach- oder Personenfirma gewählt, als auch daß der notwendige Beisatz „Gesellschaft mit beschränkter Haftung“ fehlt oder abgekürzt ist. Auch die Gesellschafter können sich auf diese Nichtigkeit berufen. Nur wenn ein gültiger Vorvertrag vorliegt, können sie zum Abschlusse eines neuen Gesellschaftsvertrags angehalten werden. Unzulässig ist die Firma auch, wenn der Kaufvertrag mit einem Dritten über sein Geschäft, dessen Firma weitergeführt werden soll, ungültig ist. Anm. 7.

Ist die Gesellschaft eingetragen, so leidet sie an einem wesentlichen Mangel. Sie hat keine Firma. Jedem Gesellschafter steht die Nichtigkeitsklage zu. Der Registerrichter kann von Amts wegen löschen (§ 144 FG.), falls der Mangel nicht geheilt wird (RG. 4. 11. 19 BauersZ. 27, 106. Ebenso OLG. Stuttgart 12. 7. 20 Recht 20 Nr. 3481. Abweichend OLG. Hamburg 7. 3. 12 OLGRspr. 27, 314 und 11. 4. 12 ZAktG. 19, 278,

[1]) Daß im vorliegenden Kommentare die Abkürzung im Texte gebraucht wird, darf wohl, als zur Erleichterung für Drucker und Leser erfolgt, auf Zustimmung auch des letzteren rechnen.

§ 4. das nur den weiteren Gebrauch der Firma verbieten will). Zur Heilung bedarf es des einstimmigen Beschlusses der Gesellschafter. Es genügt nicht, daß die Voraussetzungen nachträglich beschafft werden, unter denen die GmbH. berechtigt gewesen wäre, die Firma zu wählen. Die Heilung wird nicht dadurch allein bewirkt, daß ein Gesellschafter des Namens, den die Firma führt, einen Geschäftsanteil erwirbt (vgl. oben Anm. 3). Auch nicht dadurch, daß ihr nachträglich das Geschäft eines anderen mit der Firma übertragen wird. Anders, wenn ein solcher Erwerbsakt vorlag, aber einen heilbaren Mangel hatte. Der Erbe hatte z. B. das Geschäft ohne Zustimmung des Testamentsvollstreckers, der Minderjährige ohne die des Vormundes veräußert. Solange weder ein Nichtigkeitsurteil vorliegt, noch die GmbH. von Amts wegen gelöscht ist, darf von dritter Seite das Bestehen der eingetragenen Gesellschaft wegen des Mangels in der Firma nicht bestritten werden. Auch der Grundbuchrichter ist nicht befugt, aus diesem Grunde eine Eintragung des Eigentums abzulehnen (a. M. LG. Köln 11. 11. 02 ZBlFG. 3, 629).

Tritt nachträglich eine Unzulässigkeit der Firma ein, so *fehlt* wieder die Firma. Der Zustand ist der gleiche: Eine GmbH. ohne Firma ist unmöglich. Die Nichtigkeitsklage ist gegeben (Marcus bei Holdheim 21, 52). Dies trifft zu, wenn das Recht auf die Führung einer Firma nur beschränkt gestattet war (oben Anm. 3). Ebenso wenn der Erwerb des Geschäfts mit der Firma wieder vernichtet wird. So bei der Anfechtung wegen Betrugs oder Irrtums. Oder wenn der Veräußerer des Geschäfts mit der Firma nicht berechtigt war, diese auf die GmbH. zu übertragen. So wenn der Konkursverwalter ohne die erforderte Zustimmung (unten Anm. 17) das Geschäft verkauft. Die Gesellschaft muß den Mangel heilen. Sie muß sich eine neue Firma verschaffen.

Wird auf Klage eines Dritten der GmbH. der Gebrauch einer Firma untersagt, sei es wegen Eingriffs in das Namen- oder Firmenrecht des Klägers (§ 17 Abs. 2 HGB.), sei es wegen unlauteren Wettbewerbes (KG. 14. 3. 11 DJZ. 16, 818; RG. 24. 11. 12 RGZ. 78, 265, JW. 12, 482[39], LZ. 1912, 307; RG. 3. 5. 19 RundschGmbH. 1920, 190; RG. 4. 11. 19 BayerZ. 27, 106), so liegt stets wieder der Mangel der Firma vor. Der Rechtszustand ist der gleiche. Eine solche Klage kann stets nur gegen die GmbH. gerichtet werden. Eine Klage gegen die Gesellschafter, auf einen Gesellschaftsbeschluß hinzuwirken, der die Löschung der unzulässigen Firma zum Inhalte hat, ist nicht begründbar, auch nicht durch den Nachweis einer unerlaubten Handlung der Gründer (RG. 3. 3. 11 JW. 11, 463[44]).

Besteht der Mangel im Fehlen des Zusatzes „Gesellschaft mit beschränkter Haftung", so kann die Heilung nur durch dessen Beifügung bewirkt werden. Der Rechtszustand ist der gleiche, wie in den anderen Fällen der Nichtigkeit. Eine unbedingte Haftung der Gesellschafter für alle Schulden der Gesellschaft gleich offenen Handelsgesellschaften, auch wenn eine Personenfirma gewählt wurde, wird man nicht annehmen dürfen (a. M. Neukamp Anm. 2 zu § 4). Aus § 15 HGB. läßt sich dies nicht folgern, ebensowenig aus §§ 123, 128 HGB. Allerdings muß der gutgläubige Dritte geschützt werden. Allein daraus, daß eine Gesellschaft m. b. H. ohne die vorgeschriebene Firma eingetragen ist, folgt noch nicht, daß eine offene Handelsgesellschaft im Handelsregister steht. Und nur auf den *Eintrag*, nicht auch die Ansicht, die durch die Firma erweckt wird, darf sich der Kontrahent verlassen. Anders, wenn ein solches Versehen benutzt würde, um den Anschein zu erregen, als werde mit einer offenen Handelsgesellschaft abgeschlossen. Hier liegt eine unerlaubte Handlung vor. Die Handelnden haften aus diesem Gesichtspunkte persönlich.

Getrennt von dem Mangel einer zulässigen Firma bei der Gründung ist der Fortfall durch Veräußerung des Geschäfts mit der Firma. Die GmbH. wird hierdurch in ihrer Existenz nicht berührt. Sie muß eine neue Firma beschließen. Erst wenn dies unterbliebe, könnte der Registerrichter die Löschung androhen. Das RG. II. ZS. hat in einem Beschluß v. 30. 10. 14 in Überspannung des Erfordernisses einer Firma die Vernichtung der GmbH. an die Veräußerung von Geschäft und Firma geknüpft (RGZ. 85, 339). Sie sollte nicht nur aufgelöst, sondern „ihres Charakters als einer zur Firmenführung befähigten Handelsgesellschaft entkleidet“ werden. Mit Beschluß v. 29. 5. 23 (RGZ. 107, 31; JW. 1923, 830; LZ. 1923, 555, Recht 1924 Nr. 471) hat der Senat diese Ansicht wieder aufgegeben und sie mit zutreffenden Gründen widerlegt. Er stellt den Verkauf der Firma den der Untersagung des Gebrauchs auf Klage eines Dritten gleich. Gesellschaften, welche nach dem Beschluß v. 30. 10. 14 als erloschen behandelt werden, können ihre Wiedereinsetzung in das Handelsregister fordern. § 4.

Über den Mangel der deutlichen Unterscheidung vgl. unten Anm. 27.

2. **Die fakultativen Bestandteile der Firma.** Nach § 18 Abs. 2 HGB. sind bei der Firma Anm. 8.
Zusätze gestattet, die zur Unterscheidung der Person und des Geschäfts dienen. Schließt sich diese Vorschrift auch an die Vorschrift über die Einzelfirma an, so ist es doch anerkannten Rechtens, daß sie sich auf alle Firmen bezieht (vgl. Staub-Pinner, HGB. Anm. 7 zu § 18; Düringer-Hachenburg Anm. 6 zu § 18). Da auch die GmbH. Handelsgesellschaft ist (§ 13 des Gesetzes) und für die Handelsgesellschaften die Vorschriften über die Kaufleute gelten (§ 6 HGB.), so gilt die Vorschrift auch für die GmbH. Es wurde daraus schon oben Anm. 5 hergeleitet, daß die Firma der GmbH. neben Personennamen auch Sachbezeichnungen enthalten kann, die dem Gegenstand des Unternehmens entlehnt sind, daß sie also eine gemischte Firma sein kann.

Über diese fakultativen Bestandteile gilt alles, was im Handelsrecht in dieser Lehre ausgeführt ist (vgl. Staub-Pinner HGB. Anm. 7ff. zu § 18; Düringer-Hachenburg Anm. 6—11 zu § 18). Insbesondere wird hervorgehoben:

a) Diese fakultativen Zusätze sind nicht bloß dann zulässig, wenn sie im gegebenen Falle, z. B. zur Vermeidung von Verwechslungen, nötig sind (vgl. KGJ. 20 A 267). Auch die Stelle, wo sie stehen, ist gleichgültig. Sie können vorn, hinten oder in der Mitte der Firma stehen.

b) Sie bilden, einmal als Bestandteil in die Firma aufgenommen, mit den Anm. 9.
notwendigen Bestandteilen der Firma ein zusammenhängendes Ganze. Sie bilden aber nur ein zusammenhängendes, nicht ein untrennbares Ganze. Es kann daher die GmbH. einen solchen Zusatz wieder ablegen, auch dann, wenn es sich um eine abgeleitete Firma handelt. Wenn sie z. B. ein Geschäft erwirbt mit der Firma: Stuttgarter Metallwaren-Fabrik Eberhard & Kleiner, so kann sie im Augenblicke der Geschäftsübernahme oder später die Firma ändern in Eberhard & Kleiner Gesellschaft mit beschränkter Haftung (vgl. hierüber Staub-Pinner HGB. Anm. 8 zu § 18; Düringer-Hachenburg Anm. 6 zu § 18).

c) Die Zusätze sind gestattet, wenn sie zur Unterscheidung der Personen oder Anm. 10.
des Geschäfts dienen. Zur Unterscheidung der in der Firma genannten Personen von anderen gleichen Namens dienen Titel, Adelsprädikate, Standesbezeichnungen, z. B. Apotheker, Doktor. Zur Unterscheidung des Geschäfts können alle nur denkbaren Zusätze verwendet werden, nicht etwa bloß solche, die der Branche entnommen sind oder eine Beziehung zum Geschäfte haben. Diese allerdings auch (vgl. oben Anm. 5). Es ist jede willkürliche Bezeichnung gestattet, mag sie auch phantastisch klingen oder zur Reklame dienen (KG. RJA. 1, 115). Daher sind auch sinnbildliche Bezeichnungen und als solche auch Namen, die nicht als persönliche Namen der Gesellschafter aufzufassen, sondern historischen oder mythologischen Inhalts sind (vgl. oben Anm. 3). So hat das Kammergericht die Aufnahme des Wortes Orlow in die Firma einer Beleuchtungsgesellschaft gestattet, mit Rücksicht darauf, daß dies der Name des zweitgrößten Diamanten, und ohne Rücksicht darauf, daß dies auch der Name einer russischen Adelsfamilie ist (oben Anm. 2; KGJ. 19, 15). Tatfrage ist es, ob Zusätze, wie „Erste“, „Einzige“, „Welthaus“ usw. zu dulden sind. Sie sind dann nicht zu beanstanden, wenn sie der wirklichen Sachlage entsprechend erscheinen (Düringer-Hachenburg Anm. 8 zu § 18). Daß die Zusätze der Reklame dienen und eine Übertreibung enthalten, schadet nicht. Für zulässig erklärt wurden daher Firmen: „Schuhhaus das muß man sehen“ (KG. 21. 4. 11 RJA. 11, 193; ZBlFG. 13, 81,

§ 4. vgl. auch die daselbst mitgeteilten Einträge aus dem Handelsregister des Amtsgerichts Berlin Mitte: „Cito“ und „Durch Recht zum Licht“ bei Auskunftsbureaus, „Behalt mich lieb“ bei einer Toilettenseifenfabrik, „Berliner Chik“ und „Tip Top“ bei Schuhwarengeschäften), und „Kaufhaus“ (auch wenn der Verkauf nicht in allen Stockwerken eines Gebäudes erfolgt. LG. Berlin 9. 5. 12 KGBl. 23, 108). Solange der reine Reklamecharakter gewahrt bleibt und keine Täuschung über Art und Umfang des Geschäfts hervorgerufen wird, sind solche Zusätze rechtlich nicht zu beanstanden.

Anm. 11. d) Nur der Täuschung darf der Zusatz nicht dienen. Dies ist im § 18 Abs. 2 HGB. ausdrücklich vorgeschrieben. Er ist auch auf die Firma der GmbH. anwendbar (KG. OLGR. 9, 241; 12, 407). Der Zusatz darf nicht über die Art und den Umfang des Geschäfts oder über die Verhältnisse des Geschäftsinhabers täuschen. So würde z. B. eine mit 20000 M. Grundkapital begründete Gesellschaft nicht Internationale Terraingesellschaft oder Größtes Bankgeschäft der Welt firmieren dürfen. Die Verhältnisse des Geschäftsinhabers sind täuschend angegeben, wenn z. B. Zusätze wie städtisch, königlich, privilegiert, provinzial gewählt werden, obwohl die damit angedeuteten Beziehungen in Wahrheit nicht bestehen (vgl. KGJ. 22 A 100; Staub-Pinner HGB. Anm. 10 zu § 18; Düringer-Hachenburg Anm. 10 zu § 18). Die Zusätze preußisch, sächsisch, braunschweigisch, deutsch (z. B. Preußische Hypothekenbank, Sächsische Bank, Braunschweigische Landesbank, vgl. OLG. Braunschweig 17. 11. 11 BauersZ. 19, 161) oder Berliner (z. B. Berliner Gasspar-Apparat-Gesellschaft, für „Münchener“ vgl. BayObLG. 3. 6. 14 Recht 14, 2722) können aber als täuschende Zusätze nicht betrachtet werden, auch wenn keine Beziehungen zu den betreffenden Staaten oder Städten bestehen. Auch die Bezeichnung „Norddeutsche“ oder „Süddeutsche“ sind nicht geeignet als Täuschung zu dienen. Das Wort „Hansa“ hat allgemeine Bedeutung und setzt keine Beziehung zu Hamburg voraus (a. M. bezüglich der Firma Havelgrundstückgesellsch. KG. 3. 3. 22 OLGRspr. 42, 219). Die Bezeichnung „Werk“ oder „Werke“ ist nur erlaubt bei großen industriellen Betrieben (KG. 1. 6. 11 KGJ. 41 A 109, KG. 20. 10. 22 JW. 1923, 998). Ob ein solcher vorliegt, ist im Einzelfalle festzustellen, also Aufgabe der Tatsacheninstanz. Doch ist die Nachprüfung, ob die festgestellten Tatsachen richtig gewürdigt sind, auch bei der weiteren Beschwerde zulässig (a. M. KG. 20. 10. 22 JW. 1923, 998). Der Zusatz „Genossenschaftlich“ bei einer GmbH. ist unzulässig, auch wenn Genossenschaften die Gesellschafter bilden. Der Zusatz würde dahin verstanden, daß eine Genossenschaft Firmeninhaberin sei (KG. 20. 9. 10 OLGR. 40, 193). Wenn die Firma die Art des Unternehmens richtig wiedergibt, so kann sie nicht wegen Gefahr einer Täuschung über den Umfang verboten werden. Das Gesetz läßt die GmbH. für jede Art von Unternehmung und ohne Rücksicht auf dieselbe mit einem Stammkapital von 20000 M. zu. Daher kann einer solchen GmbH. nicht die Bezeichnung als Bergbaugesellschaft oder Bergwerksgesellschaft versagt werden (KG. 26. 10. 10 BauersZ. 19, 160). Auch nicht als Treuhandgesellschaft. (KG. 29. 3. 12 BauersZ. 20, 62; vgl. auch die daselbst mitgeteilten Gutachten der Ältesten der Kaufmannschaft und der Handelskammer Berlin über die Bedeutung der Treuhand.) Die Firma „Auto-Import-Gesellschaft“ ist unzulässig, wenn es nicht Aufgabe der Gesellschaft ist, aus dem Ausland Autos einzuführen, um das Inland mit ihnen zu versorgen, sondern wenn Autos nur gelegentlich eingeführt werden (KG. in BauersZ. 22, 14). Ebenso die Firma „Vereinigte Güter G. m. b. H.“, wenn die Gesellschaft neben Fleisch von dem Gute des einen Gesellschafters auf dem Schlachthof gekauftes vertreibt (ebenda). Dagegen ist „Internationale Patent- und Handelsgesellschaft“ zulässig, wenn sich statutengemäß der Betrieb der Gesellschaft auf In- und Ausland erstrecken soll (RG. 17. 11. 14 Holdheim 24, 54). Unzulässig ist der Firmenzusatz „Industrie“, wenn die Gesellschaft lediglich Handel treibt (OLG. Stuttgart 15. 7. 20 BauersZ. 28, 27). Ebenso die Firma „Vereinigte Deutsche . . . Fabriken GmbH.“, wenn es sich nicht um die Herstellung von Waren, sondern um die Regelung des Absatzes und der Produktion der . . . Fabriken handelt (RG. 10. 12. 20 DJZ. 1921, 566, RJA.

17, 109). Die Bezeichnung als „Bank" weist auf ein mit größerem Kapital ausgestattetes Unternehmen hin (KG. 21. 12. 06 KGJ. 33 A 122). Doch gilt dies nicht ausnahmslos (OLG. Braunschweig 17. 11. 11 OLGR. 24, 113). Sie ist auch ohne größeres eigenes Kapital zulässig, wenn der Gesellschaft hinreichend Kredit zur Verfügung steht. Ebenso wenn als Gegenstand Bankverwaltungsgeschäfte angegeben sind. (Kommissionsbank, vgl. KG. 1. 2. 12 BauersZ. 20, 57; vgl. auch oben Anm. 2.) Auf ein mit größerem Kapital ausgestattetes Unternehmen weist auch die Firma Deutsch-ukrainische Handelsgesellschaft m. b. H. hin (KG. 26. 9. 19 BauersZ. 28, 139). Nicht dagegen: Tiefbaugesellschaft (KG. 17. 10. 19 RundschGmbH. 1919, 455, Recht 1920 Nr. 2071) und Grundstückserwerbsgesellschaft (KG. 3. 3. 22 OLGRspr. 42, 219). § 4.

e) Handelsrechtlich gestattete Zusätze können auch aus anderen Gründen verboten sein. Sie können z. B. gegen Polizeigesetze oder gegen das Preßgesetz oder gegen Vertragsrechte verstoßen (vgl. Staub-Pinner HGB. Anm. 10 zu § 18). Anm. 12.

3. **Alle diese Bestandteile brauchen nicht gerade in deutscher Sprache abgefaßt zu sein.** Nur der Zusatz „mit beschränkter Haftung" muß in deutscher Sprache abgefaßt sein (oben Anm. 3). Anm. 13.

Zusatz. Die übrige Lehre vom Firmenrecht der GmbH.

I. **Das Wesen einer Firma** (§ 17 HGB.). Auch bei der GmbH. ist die Firma der Name, unter welchem die Gesellschaft im Handel ihre Geschäfte betreibt und die Unterschrift abgibt. Sie ist aber noch mehr. Denn bei der GmbH. fällt wie bei der Aktiengesellschaft der Name und die Firma zusammen. Ihr Name ist ihre Firma und ihre Firma ist ihr Name. Die Firma ist hier der Name, unter welchem die Gesellschaft nicht nur im Handels-, sondern überhaupt im Rechtsverkehr auftritt. Veräußert sie daher das von ihr betriebene Handelsgeschäft mit der Firma, so entäußert sie sich nicht bloß ihres Handelsnamens, sondern ihres Namens überhaupt. Damit eines wesentlichen Teils ihrer Rechtspersönlichkeit. Das führt aber nicht dazu, daß die Firma aufgelöst wird. Der Fall ist vielmehr analog der Aberkennung der Firma auf Grund der Klage eines Dritten. Die Firma muß einen neuen Namen annehmen. So jetzt auch das Reichsgericht (Beschl. vom 29. Mai 1923, RGZ. 107, 31, JW. 1923, 830; LZ. 1923, 55, Recht 1924 Nr. 471 unter ausdrücklicher Verwerfung der früheren Entscheidung vom 30. Oktober 1914 oben Anm. 7). Anm. 14.

Die GmbH. kann (abgesehen von der Zweigniederlassung vgl. unten Anm. 28) nur eine Firma haben. Sie kann nicht mehrere Geschäfte unter mehreren Firmen betreiben (KG. 25. 6. 94 KGJ. 14, 34; RG. 1. 11. 05 RGZ. 62, 7; vgl. auch BauersZ. 24, 14). Es gibt Gesellschaften m. b. H., die keine Handelsgeschäfte betreiben. Sie können dann beim Erwerbe eines bestehenden Geschäfts nicht als Inhaber desselben unter der bisherigen Firma eingetragen werden. Es ist unzulässig, daß sie gleich einer physischen Person als neuer Firmainhaber erscheine. Soll die erworbene Firma erhalten bleiben und will die Erwerberin nicht ihre eigene Firma opfern, so muß sie für das erworbene Geschäft eine selbständige GmbH. bilden, deren Geschäftsanteile ihr gehören. Zulässig ist auch eine Kommanditgesellschaft, deren Kommanditist sie ist. Auch eine offene Handelsgesellschaft (Anm. 7 zu § 13). Nur als Einzelfirma ist die Fortführung der bisherigen Firma des erworbenen Geschäfts unmöglich, weil dies zur Doppelfirma für dieselbe GmbH. wird. Die GmbH. kann das von ihr betriebene Geschäft mit der Firma verpachten. Dann kann mit Zustimmung des bisherigen Geschäftsinhabers der Pächter die Firma fortführen. Dazu ist jedoch nötig, daß die verpachtende GmbH. im Wege der Statutenänderung eine andere Firma angenommen hat (OLG. Stuttgart 16. 3. 17 BauersZ. 24, 179). Das Reichsgericht hatte in der Entscheidung vom 30. 10. 14 (RGZ. 85, 397) diese Möglichkeit abgelehnt. Jetzt hält es sie für zulässig (RG. 29. 5. 23 RGZ. 107, 31). Über die Änderung des Firmennamens vgl. unten § 69 Anm. 38, ferner besonders die zutreffenden Ausführungen Flechtheims LZ. 15, 943ff.

§ 4. II. **Die Zulässigkeit der Firmenfortführung beim Übergange eines Geschäfts** (§ 22 HGB.).

Anm. 15. 1. **Allgemeines.** Es ist schon oben (Anm. 4) betont worden, daß bei der Gründung einer GmbH. auch eine bereits bestehende Firma fortgeführt werden kann, wenn bei der Gründung das Geschäft erworben wird. Sie kann auch nach ihrer Gründung ein Geschäft erwerben und hierbei eine andere Firma übernehmen. Ebenso kann die GmbH. auch ihr Geschäft mit Firma veräußern.

Alle diese Fälle fallen unter § 22 HGB.

2. **Die Voraussetzungen des Firmenüberganges** sind:

Anm. 16. a) Es muß ein einem Vollkaufmann gehörendes bestehendes Handelsgeschäft erworben werden. Gleichgültig ist, ob die Firma eingetragen ist (Näheres Staub-Bondi HGB. Anm. 2 zu § 22; Düringer-Hachenburg Anm. 2 zu § 22). Ein bestehendes Handelsgeschäft muß es sein. Darüber, ob durch die Liquidation und den Konkurs einer Handelsgesellschaft das Geschäft aufhört, ein bestehendes Handelsgeschäft zu sein, siehe Staub-Bondi HGB. Anm. 2 u. 3 zu § 22. Erwirbt die GmbH. bei ihrer Gründung oder später die Firma eines bestehenden Geschäfts, so wird dieser Vorgang in das Handelsregister oft dahin eingetragen, daß die bisherige Firma gelöscht wird. Sie ist aber nicht zu löschen, sondern auf die GmbH. zu übertragen (KG. 4. 11. 01 DJZ. 7, 202; KG. 27. 12. 12 KGJ. 44 A 149; KG. 30. 5. 13 KGJ. 44, 381). Zulässig ist es auch, eine Zweigniederlassung eines bestehenden Handelsgeschäfts mit der Firma zu erwerben, unbeschadet der Fortführung derselben Firma für die an ihrem Orte weiter bestehende Hauptniederlassung und umgekehrt (RG. 20. 9. 11 RJA. 11, 187, ZBlFG. 13, 73).

Anm. 17. b) Die ausdrückliche Zustimmung des Geschäftsinhabers oder der Erben. Ist eine offene Handels- oder Kommanditgesellschaft in Liquidation oder in Konkurs, so können Liquidatoren und Konkursverwalter die Firma nicht veräußern, sondern nur das Geschäft. Zum gleichzeitigen Übergang der Firma gehört die Einwilligung der Geschäftsinhaber selbst. (Hierüber s. Staub-Bondi HGB. Anm. 7 zu § 22; Düringer-Hachenburg Anm. 7 zu § 22.) Doch wird man, falls nicht der persönliche Name eines Gesellschafters in der Firma enthalten ist, dem Liquidator und dem Konkursverwalter das Recht geben müssen, die Bewilligung zur Fortführung dieser Grundform zu erteilen (Staub-Bondi a. a. O.). Es gilt dies insbesondere, wenn die offene Handelsgesellschaft selbst erst die Firma von einem Dritten erworben hat. Sie bildet einen wertvollen Bestandteil des Geschäftsvermögens. Es wird oft ein besonderes Konto für sie unter den Aktiven geführt. Dasselbe gilt von der Einzelfirma. Ist sie der Name des Geschäftsinhabers, so bedarf es seiner Zustimmung. Trägt die Firma einen anderen Namen, so ist sie auch ohne diese mit dem Geschäfte veräußerlich. Soll das Geschäft einer GmbH. auf eine andere solche Gesellschaft mit Firma übergehen, so gehört zum Firmenübergange die Zustimmung der Gesellschafterversammlung der veräußernden Gesellschaft. Sicherlich während ihres Bestehens. Denn wenn die Gesellschaft ihre Firma übertragen soll, muß sie ihre Firma ändern, und das ist eine Statutenänderung (vgl. unten Anm. 28). Das gleiche gilt aber, wenn die die Firma veräußernde Gesellschaft in Liquidation getreten ist (Anm. 39 zu § 69). Auch hier ist die Übertragung der Firma eine Änderung derselben, also eine Statutenänderung. Das gleiche gilt auch vom Konkurse. Denn eine Firma muß sie auch in diesem Stadium haben. Will sie die Firma übertragen, so muß sie eine andere Firma annehmen, also ihre Firma ändern. Der Konkursverwalter kann daher andernfalls über die Firma der GmbH. nicht verfügen (RG. 14. 12. 01 JW. 02, 95).

Anm. 18. 3. **Die Wirkungen des Firmenüberganges** sind:

a) Die Befugnis, die erworbene Firma zu führen. Der Erwerber ist hierzu nicht verpflichtet. Es kann z. B. eine GmbH. ein Geschäft mit dem Firmenrecht erwerben und unterläßt doch, sie zu brauchen. Der Firmenerwerb hat auch dann noch Sinn und Bedeutung. Er hat die Wirkung eines Untersagungsrechts gegen den Veräußerer. Nur muß der Erwerber dann mit der Gefahr rechnen, daß die veräußerte, aber nicht benutzte Firma gelöscht wird (KG. 1. 7. 20 RJA. 17, 91). Ebenso ist es selbstverständlich, daß eine erworbene Firma wieder abgelegt werden kann. Dann muß eine neue Firma nach den Regeln des Gesetzes gebildet werden. Über den Wegfall des Rechtes zur Firmenführung vgl. oben Anm. 3 und Anm. 7. § 4.

b) Zur Fortführung der bisherigen Firma besteht die erworbene Befugnis. Erwirbt eine GmbH. ein Geschäft mit Firma und will sie die erworbene Firma fortführen, so muß sie ihre bisherige Firma durch eine Statutenänderung entsprechend ändern. Zwei Firmen für die Hauptniederlassung kann sie nicht führen (oben Anm. 14, KGJ. 14, 34). Daß sie ein Geschäft mit Firmenrecht erwirbt und sofort weiter veräußert, wird hierdurch nicht ausgeschlossen (KG. 4. 11. 01 DJZ. 7, 202). Über die besondere Firma für eine Zweigniederlassung vgl. unten Anm. 28. Auch bei der Fortführung muß sie den Zusatz „mit beschränkter Haftung" hinzufügen (§ 4 Abs. 2 des Gesetzes). Veräußert umgekehrt eine GmbH. ihr Geschäft mit Firma (oben Anm. 17 und Anm. 29ff. zu § 60), so darf der Erwerber, wenn er nicht gerade selbst eine GmbH. ist oder wird, den Zusatz „mit beschränkter Haftung" nicht führen, wohl aber den übrigen Teil der Firma. Insbesondere kann auch ein Einzelkaufmann, wenn er eine Sachfirma erwirbt, diese führen, aber stets ohne den Zusatz „Gesellschaft mit beschränkter Haftung" oder eine ein Gesellschaftsverhältnis an-338). Überall ist es gestattet, aber nicht geboten, einen Nachfolger-Zusatz zu führen. Dieser Nachfolger-Zusatz kann später auch abgelegt werden (Staub-Bondi HGB. Anm. 2 zu § 22, LG. Naumburg 9. 11. 20 ZBlFG. 21, BayObLG. in RJA. 1, 47). Ob es sich um die Fortführung einer bestehenden oder die Gründung einer neuen Firma handelt, ist unter freier Würdigung des Einzelfalls zu entscheiden. Unnötiger Formalismus ist zu vermeiden (RG. 27. 4. 15 Holdheim 24, 123). Die Vereinigung zweier Firmen in einer GmbH. dergestalt, daß beide Firmennamen als gleichwertige Bestandteile in der neuen GmbH. nebeneinanderstehen, ist zulässig (OLG. Dresden 14. 10. 16 JW. 16, 1550, BauersZ. 24, 86; vgl. oben Anm. 3). Anm. 19.

c) Der Firmenerwerb berechtigt zur Weiterveräußerung der Firma und zur Verwendung derselben bei Zweiggeschäften und bei Hauptgeschäften, zu welchen die Zweiggeschäfte erhoben werden. (Über alles dieses s. Staub-Bondi HGB. Anm. 10 zu § 22 und KGJ. 18, 26). Anm. 20.

d) Der Veräußerer verliert die Befugnis zur Führung der Firma. Ebenso darf an demselben Platze auch niemand anders die Firma führen, auch nicht etwa mit Weglassung der Worte „mit beschränkter Haftung". Es bleibt dieselbe Firma (KG. 4. 11. 01 DJZ. 7, 202 und RG. 8. 2. 02 JW. 02, 186). Anm. 21.

4. **Über die Form des Vertrages betreffend die Veräußerung eines Handelsgeschäfts** (§ 311 BGB. greift Platz, wenn das Geschäft das ganze Vermögen des Veräußerers bildet) und über die materiellen Grundsätze bei der Veräußerung des Handelsgeschäfts, insbesondere darüber, was unter den Parteien als übergehend gilt hinsichtlich der Aktiva und hinsichtlich der Passiva, darüber s. Staub-Bondi HGB. Anm. 12ff. zu § 22. Anm. 22.

5. Über die Voraussetzungen, unter welchen eine GmbH. ihr Geschäft veräußern kann, s. Anm. 29 u. 30 zu § 60. Anm. 23.

III. **Einfluß des Eintritts in das Geschäft und des Ausscheidens eines Gesellschafters.** Der Eintritt eines Gesellschafters soll nach § 24 Abs. 1 HGB. auf das Recht, die bisherige Firma zu führen, einflußlos bleiben. Diese Stelle ist auf die GmbH. auch anwendbar. Es handelt sich um eine juristische Person, bei welcher der Beitritt eines Mitgliedes nicht als Eintritt in das Geschäft im Sinne des § 24 erscheint. Auch Abs. 2 § 24 findet hier keine Anwendung. Die Vorschrift, daß beim Ausscheiden eines Gesellschafters, dessen Namen in der Firma enthalten ist, die Firma nur mit Einwilligung dieses Gesellschafters oder seiner Erben fortgeführt werden kann, bezieht sich nur auf die offene Handelsgesellschaft und die Kommanditgesellschaft. Sie gilt so wenig wie für die Aktiengesellschaft für die GmbH. (vgl. oben Anm. 3; ebenso Liebmann Anm. 1; anders Förtsch Anm. 1). Anm. 24.

§ 4. Anm. 25. Die Frage, ob der § 24 Anwendung findet, wenn eine GmbH. in eine Handelsgesellschaft oder Kommanditgesellschaft als offener Gesellschafter eintritt, ist dann gegenstandslos, wenn man einen solchen Eintritt für nicht möglich erklärt (vgl. Staub-Bondi HGB. Anm. 22 zu § 105; KG. bei Holdheim 2, 99). Das Nähere über diese Frage vgl. Anm. 6 zu § 13. Läßt man den Eintritt zu, so finden auch §§ 24, 105 HGB. Anwendung.

Anm. 26. IV. Die Vorschrift über die **Haftung des Geschäftsübernehmers für die geschäftlichen Schulden beim Übergange des Geschäfts mit Firma** (§ 25 Abs. 1 und 2) findet hier Anwendung. Erwirbt also die GmbH. bei der Gründung oder später ein bestehendes Geschäft mit Firma, so haftet sie für die Schulden, wenn diese Haftung nicht gemäß § 25 Abs. 2 ausgeschlossen wird. Daß die Firma den Zusatz „mit beschränkter Haftung" oder „Gesellschaft mit beschränkter Haftung" erhielt, ändert an diesem Ergebnisse nichts, da hierdurch eine Firmenverschiedenheit nicht begründet wird (vgl. KG. 4. 11. 01 DJZ. 7, 202; RG. 8. 2. 02 JW. 186; RG. 27. 4. 15 ZAG. 23, 64; oben Anm. 21). Das ist besonders bei der Gründung einer GmbH. wohl zu beachten. Als genügende Änderung erscheint aber die Zufügung einer Sachfirma zu der bisherigen Personenfirma („Baugeschäft", OLG. Colmar 16. 6. 11 BauersZ. 18, 269). Dagegen nicht die Umänderung des Zusatzes, „Fabrik" in „Fabriken" (RG. 4. 7. 13 LZ. 13, 846). Es genügt zur Wirksamkeit des Ausschlusses der Haftung nicht, daß der Gesellschaftsvertrag den Ausschluß enthält. Denn der Gesellschaftsvertrag wird nicht eingetragen und publiziert. Eingetragen wird nur die Gesellschaft. Zu den zu publizierenden Bestimmungen gehört diese Bestimmung nicht (§ 10 des GmbHG.). Der etwa vereinbarte Ausschluß der Haftung für die Passiva des übernommenen Geschäfts ist zugleich mit der Gesellschaft zur besonderen Eintragung in das Handelsregister anzumelden. Sonst haftet die Gesellschaft für alle Passiva des übernommenen Geschäfts, sie mag dieselben übernommen haben oder nicht. Übernimmt die GmbH. das Geschäft, aber ohne Firma, so gehört zur Übernahme der Passiva ein besonderer Rechtsgrund (§ 25 Abs. 3). Bei dem Einbringen des Geschäfts ohne Firma ist die Abrede der Übernahme einer Schuld auch für den Gläubiger nur wirksam, wenn sie im Gesellschaftsvertrage beurkundet ist (§ 5 Abs. 4; RG. 31. 1. 03 JW. 05, 214 Nr. 23).

Alles was § 25 HGB. über den Übergang der Forderungen vorschreibt, gilt hier.

Die neben der Haftung des Erwerbes bestehende Weiterhaftung des Veräußerers des Geschäfts verjährt in fünf Jahren (§ 26 HGB.).

Über alles dies s. die Erläuterungen bei Staub-Bondi HGB. zu §§ 25 und 26, Düringer-Hachenburg Anm. 11 zu § 25.

Das gleiche gilt auch, wenn eine GmbH. ihr Geschäft mit Firma an eine andere Person veräußert.

Anm. 27. V. **Das Erfordernis der deutlichen Unterscheidung der Firma** (§ 30 HGB.). Auch für die GmbH. gilt die Vorschrift, daß ihre Firma sich von allen an demselben Orte oder in derselben Gemeinde bereits bestehenden und in das Handelsregister eingetragenen Firmen deutlich unterscheiden muß. Der Zusatz „mit beschränkter Haftung" oder „Gesellschaft mit beschränkter Haftung" ist kein genügendes Unterscheidungsmerkmal. Dieser Zusatz erzeugt keine Firmenverschiedenheit (vgl. KG. 4. 11. 01 DJZ. 7, 202; RG. 8. 2. 02 JW. 02, 186; KG. 1. 3. 18 BauersZ. 26, 107; Liebmann Anm. 6b). Anders KG. 27. 3. 18; KGJ. 51 A 115. Das RG. hatte am 5. Februar 1918 erklärt, daß diese Entscheidung mit den abweichenden früheren nicht im Widerspruch steht. Es kommt also danach auf die konkreten Umstände des Einzelfalls an. Speziell für Firmen mit Zusatz AG. und GmbH. KG. 29. 1. 03 KGJ. 26 A 216: „Automat Gesellschaft mit beschränkter Haftung" und „Automat Aktiengesellschaft" und KG. 26. 11. 08 RJA. 10, 20: „Kohlensäureindustriegesellschaft mit beschränkter Haftung" und „Aktiengesellschaft für Kohlensäureindustrie" sollen verschieden sein. Brodmann, Anm. 6 zu § 4 hält im allgemeinen den Zusatz GmbH. für nicht genügend zur deutlichen Unterscheidung, macht aber bei der gleichnamigen AG. eine Ausnahme.

Auch der Hauptbestandteil der Firma muß so gewählt werden, daß er sich in seiner Totalität von allen Firmen desselben Ortes oder derselben Gemeinde unterscheidet. Ob dieser Erfolg erzielt ist, kann nur von Fall zu Fall beurteilt werden. Wenn auch der Zusatz „mit beschränkter Haftung" für sich allein nicht ausreicht, um die deutliche Unterscheidung zu begründen, so kann er doch in Verbindung mit anderen Momenten dazu genügen. Es existiert z. B. eine Firma Hermann Odebrecht. Die Firma Hermann Odebrecht Schuhfabrik würde nicht deutlich unterschieden sein, weil die Hinzufügung der Branche im Verkehr nicht erkennen läßt, ob sie wirklich zur Firma gehört. Dieses Bedenken fällt aber weg, wenn die Firma Hermann Odebrecht Schuhfabrik Gesellschaft mit beschränkter Haftung geführt wird. Hier ist offensichtlich, daß sie Bestandteil der Firma ist. In ihrer Totalität ist diese Firma deutlich unterschieden von der Firma Hermann Odebrecht. Im übrigen ist bei der Verwechslungsgefahr nicht der Gesamteindruck zu würdigen, sondern der Eindruck der einzelnen Teile. Auch die Absicht bei der Wahl der Firma, eine Verwechslung wenigstens zu begünstigen, kommt in Betracht. So ist „Ostdeutsche Brennstoffvertrieb GmbH." und „Ostdeutsche Betriebsstoff GmbH." als verwechslungsfähig erklärt worden (RG. 17. 9. 20 RGZ. 100, 45, JW. 1920, 968). Ebenso „Brikettvertriebs-Ges. m. b. H." und „Brikettvertrieb Westen GmbH." (RG. 8. 10. 18 BauersZ. 26, 88). Erscheint eine Firma wegen Verstoßes gegen § 30 HGB. unzulässig, so ist hier eine Löschung der Gesellschaft von Amts wegen (§ 144 FGG.) nicht statthaft. Dies ist nur zulässig, wenn die Annahme der Firma selbst unstatthaft war und gegen das Gesetz verstößt. Unterscheidet sie sich nicht von einer anderen Firma deutlich genug, so hat sie trotzdem eine dem § 4 entsprechende Firma. Es kann nur nach der Regel des HGB. vorgegangen werden. Die Gesellschaft ist durch Strafverfügung zur Änderung anzuhalten. Ob aus anderen Gründen (§ 16 des Wettbewerbsgesetzes) der Gebrauch einer ähnlichen, aber nicht gleichen Firma untersagt werden kann, ist im Wege des Prozesses zwischen den Beteiligten auszutragen. Der Gebrauch der Firma kann beim Vorliegen des unlauteren Wettbewerbs verboten werden (RG. 3. 5. 06 KGJ. 63, 138; RG. 24. 2. 25 RGZ. 110, 238). Die Klage wegen des unlauteren Wettbewerbs findet auch statt, wenn der Registerrichter die Firma unbeanstandet eintrug (RG. 14. 3. 11 DJZ. 16, 818). Der Registerrichter aber kann nicht bei Annahme eines Verstoßes gegen das Gesetz über den unlauteren Wettbewerb von Amts wegen die Firma löschen (BayOLG. 26. 2. 09 Recht 09, 1395; KG. 8. 4. 11 ZBlFG. 12, 483 und 21. 4. 11 RJA. 11, 193; KGJ. 41 A 114). Ist der GmbH. die Führung einer Firma durch Urteil verboten, so ist sie zu löschen. Eine Beschwerde hiergegen findet nicht statt (KG. 23. 2. 12 Holdheim 21, 121; a. M. Marcus das.). § 4.

VI. **Die Firma der Zweigniederlassung** kann von der der Hauptniederlassung verschieden sein. Es ergibt sich dies als allgemeine Regel des Firmenrechts aus den §§ 30 Abs. 3 u. 126 Abs. 3 HGB. (Düringer-Hachenburg Anm. 5 zu § 30; RG. 20. 9. 11 RJA. 11, 187: „Diese Selbständigkeit der Zwischenniederlassung tritt namentlich nach außen hervor. Sie wird vom Gesetze anerkannt, welches zuläßt, daß die Zweigniederlassung unter anderer Firma geführt wird als die Hauptniederlassung"; a. M. Staub-Bondi HGB. Anm. 8 zu § 30; ebenso Brodmann Anm. 1 zu § 4, Liebmann Anm. 9. Es kann hier diese Streitfrage nicht ausgetragen werden.) Ist allgemein für die an einem anderen Orte befindliche Filiale eine andere Firma zulässig, so muß dies auch für die GmbH. sein. Allerdings muß diese Filialfirma ebenfalls, da sie ein Name der Gesellschaft ist, im Gesellschaftsvertrag zugelassen sein. Die Gesellschaft hat dann zwei und mehr Firmen. Nicht für die Hauptniederlassung. Das ist bei ihr wie bei jedem Handelsgeschäfte unstatthaft (vgl. oben Anm. 14 u. 19). Wohl aber führt sie für die verschiedenen Plätze verschiedene Firmen. Die besondere Firma bildet für den Geschäftskreis der Zweigniederlassung den einzigen Namen (RG. 1. 11. 05 RGZ. 62, 8; JW. 05, 722[13]). Dieses Prinzip wird besonders dann von praktischem Wert, wenn eine GmbH. Anm. 28.

§ 4. durch Erhöhung des Stammkapitals ein an einem von dem Orte ihrer Hauptniederlassung verschiedenen Platze bestehendes Geschäft mit der Firma erwirbt oder wenn ein neuer Gesellschafter eintritt, dessen Name als Firmenbestandteil für den Ort der Filiale, aber nur für diesen, wertvoll ist. Wollte man die Fortführung der besonderen Filialfirma nicht zulassen, so nähme man der GmbH. jede Möglichkeit, sich diesen idealen Wert zu erhalten. Für die hier vertretene Ansicht anscheinend OLG. Dresden bei Holdheim 13, 22. Dagegen KG. 21. 3. 00 KGJ. 20 A 36 und KG. 1. 7. 10 KGJ. 40 A 64; im Widerspruche mit KG. in OLGR. 2, 199; anscheinend dagegen auch OLG. Darmstadt OLGR. 13, 38. Dafür offenbar RG. 1. 11. 05 JW. 05, 721[13]. Die Eintragung einer Hypothek im Grundbuche auf die besondere Firma der Zweigniederlassung wird zugelassen. Die Errichtung einer Zweigniederlassung mit abweichender Firma ist als zulässig vorausgesetzt (vgl. auch BayOLG. 10. 2. 06 RJA. 7, 114). Es ist aber bei den angeführten die besondere Firma verneinenden Erkenntnissen beachtlich, daß diese nicht in das Handelsregister eingetragen wurden (vgl. KGJ. 40 A 64).

Anm. 29. VII. **Änderungen der Firma.** Will eine GmbH. ihre Firma ändern, so muß sie die Vorschriften des § 4 des Gesetzes ebenso beachten, wie wenn sie bei der Gründung eine Firma wählt. Die Form, in welcher die Änderung erfolgt, ist die Änderung des Gesellschaftsvertrages (§§ 53, 54 des Gesetzes). Gegen die Ablehnung des Eintrags der Firmenänderung findet Beschwerde statt. Ausgenommen ist der Fall, daß zugleich wegen unbefugten Gebrauches der neuen Firma das Ordnungsstrafverfahren schwebt (KG. in RJA. 9, 250 und 10, 13; Marcus bei Holdheim 21, 22). Vgl. spez. unten § 68 Anm. 38.

Anm. 30. VIII. **Eintragung des Konkursvermerks in das Handelsregister** (§ 32 HGB.). Hierüber gelten die Vorschriften des § 32. Es wird der Konkursvermerk eingetragen. Die erfolgte und die unterbliebene Eintragung hat aber nicht die Wirkungen des § 15 HGB. Hier trifft die Konkursordnung Fürsorge. Alle Rechtsakte, welche nach der Konkurseröffnung liegen, sind gegenüber der Konkursmasse unwirksam.

Anm. 31. IX. **Folgen der unbefugten Führung einer Firma** (§ 37 HGB.). Sowohl aktiv, als passiv kommen die Vorschriften dieses Paragraphen bei der GmbH. zur Anwendung. Gebrauchen die Leiter einer GmbH. eine Firma, die der Gesellschaft nicht zusteht, so kann gegen sie seitens des Registerrichters und seitens des Verletzten nach Maßgabe des § 37 vorgegangen werden. (Über die Abkürzung „GmbH." vgl. oben Anm. 6.) Umgekehrt kann auch von ihr selbst und vom Registerrichter zu ihren Gunsten eingeschritten werden, wenn ein anderer die Firma oder ein sonstiges Recht der GmbH. durch unbefugte Führung einer Firma verletzt.

Anm. 32. X. **Keine Anwendung finden die Vorschriften des § 15 a der Gewerbeordnung über die Anbringung der Firma auf dem Firmenschild.** (Vgl. Staub-Bondi HGB. Anm. 3 im Exkurse zu § 37.)

§ 5.

§ 5.*)

Das Stammkapital der Gesellschaft muß mindestens fünfhunderttausend Mark, die Stammeinlage jedes Gesellschafters muß mindestens zehntausend Mark betragen.**)

Kein Gesellschafter kann bei Errichtung der Gesellschaft mehrere Stammeinlagen übernehmen.

---

*) Geändert durch Gesetz vom 28. Juni 1926, siehe Einlageblatt am Schlusse des Bandes S. 523.

**) Bis zum Gesetz vom 28. Juni 1926 maßgebend GoldbilanzVO. v. 28. Dez. 1923, § 17 Abs. 3: „Das Stammkapital einer Gesellschaft mit beschränkter Haftung muß mindestens fünftausend Goldmark, die Stammeinlage jedes Gesellschafters mindestens fünfzig Goldmark betragen." (Vgl. Einleitung zu § 5.)

Mit dieser Regelung war auch § 5 Abs. 3 Satz 2 GmbHG. unwirksam.

Der Betrag der Stammeinlage kann für die einzelnen Gesellschafter verschieden bestimmt werden. Derselbe muß in Mark durch hundert teilbar sein. Der Gesamtbetrag der Stammeinlagen muß mit dem Stammkapital übereinstimmen. § 5.

Sollen von Gesellschaftern Einlagen, welche nicht in Geld zu leisten sind, auf das Stammkapital gemacht oder soll die Vergütung für Vermögensgegenstände, welche die Gesellschaft übernimmt, auf Stammeinlagen angerechnet werden, so muß die Person des Gesellschafters, der Gegenstand der Einlage oder Übernahme sowie der Geldwert, für welchen die Einlage angenommen wird, oder die für die übernommenen Gegenstände zu gewährende Vergütung im Gesellschaftsvertrage festgesetzt werden.

Nach der ursprünglichen Fassung des Gesetzes mußte das Stammkapital mindestens 20 000, die Stammeinlage jedes Gesellschafters mindestens 500 M. betragen. Die erste Änderung erfolgte durch Ges. vom 24. Dezember 1922 (RGBl. 1923, 22). Das Gesetz trat in Kraft am 5. Januar 1923. Man wollte damit der steigenden Geldentwertung Rechnung tragen. Indessen waren beim Inkrafttreten des Gesetzes seine Werte bereits überholt. Die 500 000 Papiermark entsprachen nur noch 250 Goldmark. Der Kapitalbetrag hörte im Verlauf der Inflation überhaupt auf, irgendwelche Rolle zu spielen. — Die Bestimmung des Ges. vom 24. Dezember 1922 galt für solche Gesellschaften nicht, die am 5. Januar 1923 schon eingetragen waren oder die Voraussetzungen erfüllten, an deren Nachweis die bisherigen gesetzlichen Bestimmungen die Eintragung knüpften (§ 2 Ges. vom 24. Dezember 1922, § 10 GmbHG.). Einleitung.

Formell besteht diese Fassung des Gesetzes noch zu Recht. Materiell ist sie abgeändert durch die Verordnung über Goldbilanzen vom 28. Dezember 1923 (RGBl. I, 1253, in Kraft seit 30. Dezember 1923) und die 2. Verordnung zur Durchführung der Verordnung über Goldbilanzen vom 28. März 1924 (RGBl. I, 385). Nach der Goldbilanzverordnung haben alle zur Führung von Handelsbüchern verpflichteten Kaufleute vom 1. Januar 1924 an oder vom Schluß desjenigen Geschäftsjahres an, das am 1. Januar 1924 lief, Inventar und Bilanz in Goldmark aufzustellen, also auch sämtliche Gesellschaften mit beschränkter Haftung. Für die Bewertungen in der Goldmarkeröffnungsbilanz war die Bestimmung des § 42 Ziff. 1 GmbHG. außer Kraft gesetzt. Es war nur nötig, in der Bilanz den Mehrwert gegenüber dem nach § 42 Ziff. 1 sich ergebenden Wert in der Bilanz gesondert auszuweisen. Wobei die Goldmark gleich $^{10}/_{42}$ des nordamerikanischen Dollar oder 1 Billion Papiermark zu berechnen war. — Die in dieser Eröffnungsbilanz eingesetzten Werte gelten für die künftigen Jahresbilanzen als Anschaffungs- oder Herstellungspreise im Sinne des § 43 Ziff. 1 GmbHG. — Überstiegen bei einer derartigen Eröffnungsbilanz die Aktiven das Stammkapital, so war der Überschuß als Reserve einzustellen oder das Stammkapital zu erhöhen. War das Stammkapital höher als die Aktiven, so war der Unterschied in einem Kapitalentwertungskonto auf der Aktivseite auszugleichen oder das Vermögen durch neue Einlagen zu vermehren oder der Betrag des Stammkapitals zu ermäßigen. Da die wirtschaftliche Möglichkeit zu neuen Einlagen fast durchweg fehlte, das Kapitalentwertungskonto aber 90% des Stammkapitals nicht überschreiten durfte, so waren die Fälle der Stammkapitalsherabsetzung bei der „Umstellung" durchaus überwiegend (vgl. §§ 1—7 GBilV.).

Eine umgestellte GmbH. muß ein Stammkapital von mindestens 500 GM. haben. Die Stammeinlage jedes Gesellschafters muß mindestens 50 GM. betragen (§ 10 GBilV.). Das Verhältnis der einzelnen Geschäftsanteile zueinander wurde durch die Umstellung nicht berührt (§ 8 GBilV.). Soweit durch die Umstellung Stammeinlagen unter 50 GM. sinken würden, sollte die Verminderung der Zahl der Stammeinlagen zulässig sein (§ 11 GBilV.). Die 2. Durchführungsverordnung (§ 36) hat die Grenze für die Stammeinlagen indessen noch weiter herab-

§ 5. gesetzt. Nach ihr war es unter gewissen Voraussetzungen möglich, Stammeinlagen bis zu 10 GM. (oder einem Vielfachen davon) zu bilden. Die Bildung von Stammeinlagen bis zu 10 GM. ist auch späterhin für umgestellte Gesellschaften bei Kapitalherabsetzung möglich (2. DurchfVo. § 43 Abs. 3). Es ist zu hoffen, daß diese Zwerggebilde allmählich verschwinden. Bei Neugründungen von Gesellschaften mit beschränkter Haftung muß künftig das Stammkapital mindestens 5000 GM., die Stammeinlage mindestens 50 GM. betragen (§ 17 GBilV.). Nicht als Neugründungen gelten Gesellschaften, die am 30. Dezember 1923 im Handelsregister eingetragen oder deren Gesellschaftsvertrag vor diesem Tag abgeschlossen war (2. DurchfVo. § 42 Abs. 2). Die Mindeststammeinlage von 50 GM. muß auch bei Kapitalherabsetzungen bleiben. Daß die Bestimmungen der GBilV. an die Stelle der Bestimmungen von § 5 GmbHG. treten, ist in § 45 der 2. DurchfVo. angeordnet.

Die Bezeichnung Goldmark ist ersetzt durch Reichsmark (2. Verordnung zur Durchführung des Münzgesetzes § 3 RGBl. 1924 I, 776).

Anm. 1. I. **Die Vorschriften über die Höhe des Stammkapitals und der Stammeinlagen** sind in drei Absätzen enthalten. Es sind im ganzen fünf Vorschriften. Von diesen sind drei in einem Absatze, dem Absatze 3, zusammengefaßt. Sie stehen aber in keinem engeren Zusammenhange zueinander, als die sämtlichen fünf Vorschriften untereinander. Bei der vorliegenden Erläuterung werden die fünf Vorschriften als gleichwertig hintereinander behandelt.

Anm. 2. 1. (Abs. 1 erste Hälfte.) Das Stammkapital muß mindestens 5000 RM. betragen. Man will damit eine gewisse Sicherheit für das Vorhandensein einer Kapitalgrundlage schaffen. Über das Erfordernis der deutschen Reichswährung vgl. unten Anm. 9.

Wird dieser Vorschrift nicht entsprochen, so ist die Gesellschaft nicht eintragungsfähig. Die aus Versehen erfolgte Eintragung erzeugt eine Gesellschaft, die gemäß §§ 75, 76 des Gesetzes und § 144 FG. für nichtig erklärt werden kann. Eine Heilung dieses Mangels ist nicht zugelassen (§ 76). Es kann auch nicht etwa eine Erhöhung des Stammkapitals erfolgen. Dies beseitigt den ursprünglichen Mangel nicht. Ob dies vom Standpunkt des Gesetzgebers zu billigen ist, steht dahin. Das österr. Ges. § 43 Abs. 2 schließt den Mangel des zu geringen Stammkapitals nicht von der Behebung der Nichtigkeit aus. Für das deutsche Recht muß eine Neugründung erfolgen. Sie kann sich in der Weise abspielen, daß die für nichtig erklärte Gesellschaft, da sie trotz der Nichtigkeit Rechtspersönlichkeit behält (RG. 11. 12. 04 RGZ. 59, 325 und Holdheim 14, 143), ihr Vermögen in die neugegründete Gesellschaft einbringt (vgl. Anm. 2 zu § 76).

Das Stammkapital kann nie unter 5000 RM. sinken, auch nicht im Wege der Herabsetzung des Stammkapitals (Anm. 7 zu § 58 Abs. 2).

Anm. 3. 2. (Abs. 1 zweite Hälfte.) Die Stammeinlage muß mindestens 50 RM. betragen. Darin liegt die Vorschrift, daß auch jeder Geschäftsanteil mindestens 50 RM. betragen muß. Denn die Stammeinlage ist der Betrag desjenigen eingelegten Wertes, der mit dem Nennbetrage der dem Gesellschafter hierfür zugeteilten Mitgliedschaft (Geschäftsanteil) korrespondiert (§ 14). Der Gesellschafter kann als Äquivalent für seine Mitgliedschaft der Gesellschaft noch andere Werte zuführen. Sie sind ebenfalls Ausfluß der von ihm übernommenen gesellschaftlichen Verpflichtungen. Aber er muß mindestens eine Kapitaleinlage machen, mit deren Betrag der dafür gewährte Geschäftsanteil in seiner Nennziffer übereinstimmt (§ 3 Abs. 1 Nr. 4 und Abs. 2).

Enthält ein Gesellschaftsvertrag eine Stammeinlage unter 50 RM., so ist diese Festsetzung nichtig. Denn sie verstößt gegen eine zwingende Vorschrift des Gesetzes. Das hat die weitere Folge, daß eine Nichtigkeit des ganzen Gesellschaftsvertrages eintritt. Denn diese ist auch für den Fall angeordnet, daß eine der wesentlichen Bestimmungen, die § 3 Abs. 1 aufzählt, nichtig ist. Zu dieser gehört der Betrag der von jedem Gesellschafter zu leistenden Einlage. Auch hier ist keine Heilung, sondern nur eine Neugründung möglich.

Wenn die unzulässige Angabe der Höhe des Stammkapitals oder der Stammeinlage § 5.
im Gesellschaftsvertrage auf einem Versehen des Notars oder Richters beruht, der den Anm. 4.
ihm vorgelegten richtigen Entwurf falsch abschrieb, so tritt trotzdem die Nichtigkeit ein. Nur der Inhalt der Urkunde selbst kommt in Betracht. Vor der Eintragung ist eine Berichtigung in einem ordnungsmäßig beurkundeten Nachtrage zulässig. Nach der Eintragung ist der eingetragene Akt einer Ergänzung nicht mehr fähig. War die Urkunde selbst richtig, lag dem Registerrichter nur eine falsche Abschrift derselben vor, aus der der Registerbeamte den Eintrag entnahm, oder ist nur dessen Eintrag, nicht die ihm vorgelegte Urkunde unrichtig, so ist das unerheblich. Es bedarf hier nur einer Berichtigung des Eintrages (vgl. Anm. 10ff. zu § 10).

Auch in den ausländischen Gesetzen findet sich bis jetzt die Einführung eines Anm. 4a.
Mindeststammkapitals und einer Mindeststammeinlage. Die Beträge liegen im allgemeinen über den gegenwärtig für Deutschland maßgebenden Stammkapital. Verlangt sind mindestens in Österreich 20 000 Schilling, in Bulgarien 200 000 Leva, in Frankreich 25 000 Fr., in Polen 2000 Goldfranken in polnischer Währung, im Schweizer Entwurf 20 000 Fr. Stammkapital. An Stammeinlage zu übernehmen sind mindestens in Österreich 500 Schilling, in Bulgarien 10 000 Leva, in Frankreich 100 Fr., in Polen 20 Goldfranken — wobei der aktienartige Charakter der Stammeinlage in Betracht zu ziehen ist — im Schweizer Entwurf 1000 Fr. (vgl. auch Allg. Einleitung Anm. 27). Der italienische Vorentwurf setzt nur ein Mindeststammkapital von 50 000 Lire, nicht dagegen eine Mindeststammeinlage fest.

Das polnische Gesetz hatte in seiner ersten Fassung (vom 8. Februar 1919) auch ein Maximalstammkapital vorgesehen. Es ist bei der Neuredigierung (vom 13. November 1923) weggefallen. Der Schweizer Entwurf sieht es vor (§ 788). Die GmbH. soll nicht mehr als 5 000 000 Fr. Stammkapital haben. Der Gedanke ist der Beschränkung der Gesellschafter auf eine Höchstzahl parallel (30 Gesellschafter; § 786 Abs. 1). Über die Zweckmäßigkeit vgl. Allgem. Einl. Anm. 27. Bei den Verhandlungen über den Schweizer Entwurf hat man zwar von der Beseitigung des Minimal-, nicht aber des Maximalkapitals gesprochen (Prot. der Exp.-Komm. S. 485ff.).

3. (Abs. 2.) Kein Gesellschafter kann bei Errichtung der Gesellschaft mehrere Anm. 5.
Stammeinlagen übernehmen. Die Bestimmung ist durch die Reichstagskommission eingefügt worden. Sie bezweckt, die Verknüpfung von Kapital und Person zu verstärken und das Heranziehen des großen Publikums zu erschweren. Bei der Aktiengesellschaft kann das Grundkapital von vornherein in beliebig viele Teile zerlegt, es können so viele selbständige Mitgliedschaften (Aktien) gebildet werden, als sich unter Zugrundelegung der Ziffer des Aktienkapitals und der Vorschriften über den Mindestbetrag jeder Aktie überhaupt nur bilden lassen. Bei der GmbH. ist ein gleiches nicht gestattet. Hier können bei der Gründung nur so viele Mitgliedschaften (Geschäftsanteile) gebildet werden, als Gründer vorhanden sind. Eine Verletzung dieser Bestimmung liegt nicht vor, wenn die Unterzeichner des Protokolls bei Errichtung der Gesellschaft erklären, außer ihren Einlagen noch weitere, ursprünglich anderen Personen, die aber dann nicht unterschrieben, zugedachte Anteile zu übernehmen. Nach dem Willen der Beteiligten übernehmen sie dann nur eine Stammeinlage (RG. 7. 11. 1913 RGZ. 83, 263). Jeder Gründer kann nur einen Geschäftsanteil, oder, wie das Gesetz sagt, nur eine Stammeinlage übernehmen. Damit ist aber nicht der Erfolg erreicht, daß bei der GmbH. ein Gesellschafter stets nur einen Stammanteil besitzen kann. Die Vorschrift kann leicht umgangen werden. Der Gründer, der mehrere Geschäftsanteile wünscht, etwa um sie später besser zu veräußern, läßt die Übernahme durch mehrere Personen für seine Rechnung (vgl. Anm. 38 zu § 2) erklären. Alsbald nach der Eintragung zum Handelsregister erwirbt er sie. Oder jeder der beiden Gesellschafter überträgt seinen Geschäftsanteil stückweise dem andern. Das macht Kosten. Aber das Ziel kann erreicht werden. Bei der Kapitalserhöhung kann der Gesellschafter auch direkt von der Gesellschaft einen weiteren Anteil übernehmen (§ 55 Abs. 2). Das Gesetz ist also unvollständig. Es hätte stets in einer Hand nur einen Geschäftsanteil zulassen müssen.

§ 5. Beschließen die Gesellschafter vor Eintragung der Gesellschaft eine Kapitalserhöhung, so sind die ursprünglichen und die abändernden Beschlüsse als Einheit anzusehen. Soweit die Gesellschafter erhöhte Stammeinlagen durch die Abänderungsbeschlüsse übernehmen, bilden die ursprünglichen Stammeinlagen mit der Erhöhung nur eine Stammeinlage. Eine auf die ursprünglich beschlossene Stammeinlage gemachte Einzahlung ist auf die Gesamteinlage anzurechnen. Für die Anmeldung genügt es, daß die Einzahlung ein Viertel des erhöhten Betrags (§ 7 GmbHG.) ausmacht. Es ist nicht notwendig, auf die Erhöhung besonders ein Viertel einzuzahlen, wenn die ursprüngliche Einzahlung ein Viertel des Gesamtbetrages deckt (RG. 26. 2. 18, LZ. 18, 856). Im Gegensatz dazu fließen bei einer Kapitalserhöhung nach erfolgter Eintragung die beiden Stammeinlagen nicht zusammen (vgl. hierzu RG. 1. 4. 13 RGZ. 82, 116). Nach österr. Gesetz tritt in solchen Fällen eine Erhöhung des bisherigen Geschäftsanteils ein (§ 75 Abs. 2 Satz 2). Man wollte hierdurch absichtlich die Übertragung von Geschäftsanteilen erschweren. Durch die konsequent durchgeführte Einheit eines Geschäftsanteils sollte die GmbH. sich der offenen Handelsgesellschaft und Kommanditgesellschaft nähern.

Über die Übernahme eines Geschäftsanteils bei der Gründung durch mehrere Gesellschafter vgl. Anm. 27 zu § 2.

Die Vorschrift des Abs. 2 setzt stets voraus, daß ein und derselbe Gesellschafter mehrere Geschäftsanteile übernimmt. Sie ist daher nicht anwendbar auf den Fall, daß eine offene Handelsgesellschaft und einer ihrer Teilhaber getrennte Geschäftsanteile übernehmen. Die erstere ist nicht identisch mit der letzteren (LG. Straßburg ZBlFG. 2, 341). Ebenso bei der Übernahme mehrerer Stammeinlagen durch mehrere Gesellschafter einer offenen Handelsgesellschaft, auch wenn dieses für Rechnung der Gesellschaft geschieht.

Anm. 6. Wenn entgegen der Vorschrift des Abs. 2 ein Gesellschafter mehrere Stammeinlagen übernimmt, so ist in erster Linie zu prüfen, ob in der Tat eine Übernahme zweier selbständiger Geschäftsanteile gewollt ist und nicht nur die Verschiedenheit der Einlagen hervorgehoben werden sollte. Wenn lediglich erklärt wird, ein Gesellschafter lege 20000 M. in bar ein und erhalte hierfür einen Geschäftsanteil in dieser Höhe, er lege weiter 20000 M. in Gestalt eines Grundstückes ein und erhalte auch hierfür 20000 M. Geschäftsanteil, so ist dies dahin auszulegen, daß der Gesellschafter einen Geschäftsanteil von 40000 M. übernimmt. Auch die Zerlegung des Restkapitals in Anteile von x Mark — nach Übernahme genau bezeichneter Stammeinlagen durch die einzelnen Gesellschafter — ist nicht als die Festsetzung mehrerer Stammeinlagen für ein und denselben Gesellschafter aufzufassen. Ebensowenig die Bestimmung, daß die Unterzeichner das Restkapital „gemeinschaftlich" übernehmen und die daraus nach Ansprüchen folgende gesamtschuldnerische Haftung (RG. 7. 11. 13 RGZ. 83, 263). Nur wenn der erkennbare Wille der Gründer dahin geht, daß ein Gesellschafter zwei getrennte Geschäftsanteile erwerben soll, ist überhaupt von dem Verbote des Abs. 2 die Rede. Die Wirkungen desselben sind aber nicht unbedingt die Nichtigkeit der ganzen Übernahme. Es ist zunächst nur die Teilung der Übernahme in mehrere Teile ungültig. Es ist anzunehmen, daß, wenn ein Gesellschafter mit einem bestimmten Kapitale beitritt, er dabei keinen ausschlaggebenden Wert auf die Teilung von Einlage und Geschäftsanteil legt. Es bleibt dann wieder die Gültigkeit der Gesamtübernahme mit der Wirkung, daß ein Geschäftsanteil entsteht. Nur wenn erwiesen wird, daß der Gesellschafter den Geschäftsanteil als einen einheitlichen nicht übernommen haben würde, kann von einer Nichtigkeit der ganzen Übernahme gesprochen werden (§ 139 BGB.). Dann ist der Betrag „der von jedem Gesellschafter zu leistenden Einlage" nicht gültig festgesetzt. Der § 3 Abs. 1 Ziff. 4 ist verletzt. Aus der Nichtigkeit dieser Festsetzung folgt wieder die Nichtigkeit des ganzen Gesellschaftsvertrages (§ 75, vgl. oben Anm. 3). Eine Heilung ist auch hier nicht möglich. Gerade dieses Resultat zeigt, daß die Nichtigkeit der ganzen Übernahme wegen der Bewilligung mehrerer Geschäftsanteile nur in den zwingendsten Fällen anzunehmen ist.

4. (Abs. 3 Satz 1.) Der Betrag der Stammeinlage kann für die einzelnen Mitglieder verschieden bestimmt werden. Man hat mit dieser Vorschrift (vgl. Kommissionsbericht 3) im Auge gehabt, die GmbH. von der Gestaltung der Aktiengesellschaft zu entfernen. Auch Förtsch Anm. 3 meint, es sei ein charakteristischer Unterschied von der Aktiengesellschaft, daß hier die Einlagen nicht die gleichen zu sein brauchen. In der Tat kann das Aktienkapital nur in verschiedene Beträge zerlegt werden, wenn eine Kapitalserhöhung stattfindet (vgl. auch Staub-Pinner HGB. Anm. 2 zu § 180 und Anm. 13 zu § 182 und Anm. 20 Allg. Einleitung). Es bedarf die GmbH. der Erlaubnis, Stammanteile verschiedenen Betrages auszugeben, mehr als die Aktiengesellschaft. Bei dieser kann jeder Gründer mehrere Gesellschaftsanteile übernehmen, bei der GmbH. jeder nur einen. § 5. Anm. 7.

Auch die ausländischen Gesetze verbieten meist, daß der Gesellschafter mehr als einen Stammanteil übernimmt. Sie gestalten dafür gleich dem deutschen Gesetz die Größe der Stammanteile verschieden (Österreich § 6 Abs. 2 u. 3, Bulgarien Art. 8 Abs. 3 u. 4, Schweiz § 788 Abs. 2 u. 3, offenbar ebenso Italien Art. 144, wenn auch ohne ausdrückliches Verbot). Nur Polen verfährt umgekehrt: die Stammeinlagen müssen alle von gleicher Größe sein (Art. 5 Abs. 1). Notwendig muß dann dem einzelnen Gesellschafter erlaubt sein, mehrere Stammanteile zu besitzen. Das ursprünglich (Dekret vom 8. 2. 1919) bestehende Verbot, daß kein Gesellschafter mehr als $^3/_4$ des Stammkapitals besitzen dürfe, ist jetzt (Ges. vom 13. November 1923) aufgehoben. Dem französischen Gesetz fehlen analoge Bestimmungen. Anm. 7a.

5. (Abs. 3 Satz 2.) Die ursprüngliche Bestimmung, daß der Betrag jeder Stammeinlage in Mark durch hundert teilbar sein müsse, ist durch die Neuregelung in § 17 Abs. 3 GBilV. unwirksam geworden. Denn nach ihr muß die Stammeinlage überhaupt nur 50 RM. betragen. Irgendeine analoge Bestimmung für die neuen Beträge fehlt. Das ist nicht dahin auszulegen, daß nun beliebige ungerade Beträge als Stammeinlagen Anwendung finden könnten. Die GBilV. ist in den wirtschaftlichen Nöten des Herbstes 1923 mit außerordentlicher Beschleunigung entstanden. Manches ist bei der redaktionellen Fertigstellung übersehen worden. Dazu gehört offensichtlich auch die Festlegung der möglichen Stückelung einer Stammeinlage. Denn daß man nicht ungerade Beträge zulassen wollte, beweisen die Bestimmungen der 2. Durchführungsverordnung über die Stammeinlage bis zu 10 RM. herunter. Diese außerordentliche Stammeinlage ist ausdrücklich auf 10 RM. oder ein Vielfaches davon beschränkt (2. DurchfVo. § 36 Abs. 2). Mindestens das gleiche mußte also für die bei Neugründungen allein zulässige Mindeststammeinlage von 50 M. gelten. Indessen ist eine derartige Abtreppung der Stammeinlagen zwecklos. Es muß vielmehr tunlichst eine Anlehnung an die bisherigen Größen erfolgen. Die Teilung durch 100 ist künftig nicht möglich. So bleibt die durch den Mindestbetrag der Stammeinlage. Die Stammeinlage muß also künftig durch 50 teilbar sein. Auch wenn eine ausdrückliche gesetzliche Bestimmung zunächst fehlt. Anm. 8.

Will jemand Sacheinlagen machen, die durch die Zahl 50 nicht teilbar sind, so muß er den Rest bar eintragen oder den überschießenden Betrag herausgezahlt bekommen oder die Einlage zu dem abgerundeten geringeren Preise machen. Wenn jemand z. B. eine Forderung im Nennwerte von 56 M. einbringen will, so muß er entweder einen Stammanteil von 50 M. erwerben und sich die Auszahlung von 6 M. ausbedingen. Oder er muß einen Stammanteil von 100 M. übernehmen und 44 M. bar einlegen. Oder endlich sich mit dem Stammanteil von 50 M. begnügen. Zu einer Nichtigkeit dürfte eine Verletzung dieser Bestimmung jedoch nicht führen. Es fehlt bei der gegenwärtigen Fassung des Gesetzes an einer zwingenden Vorschrift.

Ist die Bestimmung auch insoweit unwirksam, als der Betrag von 100 RM. nicht in Betracht kommen kann — die gesetzliche Bestimmung, daß eine Stammeinlage durch einen Markbetrag teilbar und daher auf Mark lauten soll, wird dadurch nicht berührt. Es bleibt daher bestehen, daß Stammkapital und Stammeinlage in Reichswährung anzugeben sind. Sie kennt heute allerdings nicht mehr die Mark, sondern nur noch die Reichsmark. Anm. 9.

§ 5. Angabe der Stammeinlage in anderer als Reichswährung macht den Gesellschaftsvertrag aber nicht ungültig. Eine derartige Stammeinlage kann zwar vom Registerrichter zurückgewiesen werden. Trägt er sie dennoch ein, so besteht die Gesellschaft. Es liegt keine Vorschrift vor, deren Verletzung einen wesentlichen Punkt des Gesellschaftsorganismus berührt. Es fehlt hier auch an dem „Muß" des Gesetzes.

Anm. 10. 6. (Abs. 3.) Der Gesamtbetrag der Stammeinlagen muß mit dem Stammkapital übereinstimmen. Diese Vorschrift erscheint selbstverständlich. Sie ist aber doch mehr als eine einfache mathematische Wahrheit, wie Staub (erste Auflage Anm. 4 S. 51) annahm. Freilich müssen bei einem korrekten Vertrage die Summe der Einlagen und das Stammkapital einander gleich sein. Wie aber, wenn dies nicht der Fall ist? Wie, wenn das Stammkapital auf 100000 RM. bemessen ist, dann aber fünf Geschäftsanteile geschaffen sind, je vier zu 20000 RM. und der fünfte zu 19500 RM., da man vergaß, der Sacheinlage eine Geldeinlage von 500 RM. beizufügen? Oder wenn man umgekehrt zwei Einlagen von je 60000 RM. festgesetzt, weil dies der Größe des Sacheinbringens entspricht? Auch hier ist eine Bestimmung über die Festsetzung des Betrages der von jedem Gesellschafter zu leistenden Einlage (§ 3 Abs. 1 Ziff. 4) verletzt. Diese Festsetzung der Einlage ist nichtig. Mit ihr der ganze Gesellschaftsvertrag (vgl. oben Anm. 3). Anders liegt der Fall, wenn die Festsetzung der von jedem Gesellschafter zu leistenden Einlage in Ordnung ist, die Übernahme aber falsch. Wenn also oben im ersten Beispiele die fünfte zu leistende Einlage auch auf 20000 RM. bestimmt wurde, so daß die 10000 RM. des Stammkapitals mit der Summe dieser Einlage stimmten, dagegen an späterer Stelle der betreffende Gesellschafter erklärt, er mache eine Sacheinlage im Werte von 19500 RM. Oder wenn im zweiten Beispiele die Einlagen mit 50000 RM. richtig angegeben sind, die beiden Gesellschafter aber erklärten, daß sie Werte von je 60000 RM. einlegen. In beiden Fällen ist zunächst durch Auslegung der Wille der Kontrahenten festzustellen. Er kann dahin gehen, daß im ersten Falle die 500 RM. als Geldeinlage als selbstverständlich vorausgesetzt sind. Im zweiten, daß der Mehrbetrag herauszuzahlen ist. Wollen aber die Gesellschafter nur eine Einlage in Höhe der angegebenen Ziffern, so stimmt ihre Übernahme-Erklärung nicht mit der Feststellung der Einlagen überein. Sie ist keine Annahme des von den anderen Gesellschaftern angebotenen Vertrages. Man will dem Gesellschafter 20000 RM. Beteiligung geben. Er will aber nur 19500 RM. nehmen. Man offeriert je 50000 RM. Die Inferenten wollen je 60000 RM. Hier fehlt eine wirksame Beitrittserklärung. Die Unwirksamkeit ist auf diese beschränkt (vgl. Anm. 46ff. zu § 2).

Die Vorschrift über die Übereinstimmung von Stammkapital und Stammeinlagen gilt nur für die Gründung und die Festsetzung der letzteren hierbei (§ 3 Abs. 1 Ziff. 4). Sie hat aber nicht die Bedeutung, daß auch stets die Summe der Geschäftsanteile, deren Höhe sich nach dem Betrage der übernommenen Stammeinlagen bestimmt (§ 14), gleich dem Stammkapitale sein muß (vgl. Anm. 48 zu § 2; Anm. 1 zu § 14; Anm. 21 zu § 34; Anm. 7 zu § 58).

Anm. 11. II. **Die Vorschriften über Sacheinlagen und Übernahme.**

1. Die Sacheinlagen.

Die Bestimmungen des Abs. 4 beschäftigen sich mit einem nicht zur Entstehung der Gesellschaft nötigen Bestandteile des Vertrags, der Deckung der übernommenen Stammeinlagen. Sie braucht so wenig wie im Aktienrecht durch Zahlung von Geld zu erfolgen. Auch sonstige Werte sind dazu geeignet. Nur bedarf es im letzteren Falle einer Regelung im Gesellschaftsvertrag. Die Verpflichtung in einem, wenn auch formgerecht abgeschlossenem Vorvertrag genügt nicht (RG. 22. 5. 1913 RGZ. 82, 299). Enthält der Gesellschaftsvertrag nichts, so geht die Verpflichtung auf Einlage in Geld (vgl. unten Anm. 46). Einer Erklärung, Geld einzulegen, bedarf es nicht. Die Bestimmung des § 5 Abs. 4 soll dem mit der GmbH. verkehrenden Dritten Klarheit über die wirtschaftlichen Grundlagen derselben verschaffen. Es soll aus dem Gesellschaftsvertrage und der öffentlichen Bekanntmachung erhellen, ob das Stammkapital, das in Geld festgesetzt ist, ganz oder teilweise nicht in Geld aufgebracht ist (RG. 4. 5. 06 Recht 06, 1698; BayrOLG. 26. 6. 06 BayrZ. 06, 342). Das ist ein Warnungssignal für das Publikum. Mehr aber nicht. Es wird zur Vorsicht und Nachprüfung gemahnt. Unzulässig ist die nachträgliche Abänderung eines Gesellschaftsvertrags, die an Stelle einer Geld- eine Sacheinlage setzt. Es werden damit die Gläubiger der Sicherheit verlustig, die ihnen § 24 GmbHG. geben will. Wenigstens soweit es sich um Gläubiger vor der Veränderung handelt (KG. im Berl. Tageblatt v. 5. 3. 15). Wird das Gesellschaftsstatut einer Abänderung unterzogen, so müssen die Sacheinlagen auch in der Neufassung angegeben sein (KG. 11. 4. 19 OLGRspr. 40, 191). Die Vergütung, die der Gesellschafter für die Einlage erhält, ist in den Gesellschaftsvertrag aufzunehmen. Auch wenn sie nicht nur in einer Anrechnung auf den Betrag der Stammeinlage, sondern in wiederholten Gegenleistungen besteht. So in einer der Ausschüttung des Reingewinns vorwegzunehmenden Gewinnquote. Die Verpflichtung, daß nun auch jedes Rechtsgeschäft, das diese Vergütung zum Gegenstand hat, der Aufnahme in den Gesellschaftsvertrag bedarf, läßt sich daraus nicht herleiten. Ein ganzer oder teilweiser Verzicht des berechtigten Gesellschafters ist formlos möglich (RG. 12. 1. 17 DW. 17, 468 DJZ. 1917, 750). Der Begriff der Änderung des Gesellschaftsvertrages ist beschränkt. Für ihn kommt es nicht darauf an, daß es sich um Aufgabe eines durch den Gesellschaftsvertrag geschaffenen Rechtes handelt. Nicht die Form ist maßgebend. Nur wenn es sich inhaltlich um eine Anordnung handelt, welche die Gesellschaft als solche für sich und ihre Gesellschafter trifft, ist Formbedürftigkeit gegeben (Hachenburg Anm. JW. 17, 468). Eine andere Fürsorge als die Aufnahme in den Gesellschaftsvertrag trifft das Gesetz nicht. Es besteht weder eine Kontrolle durch Dritte noch eine Garantie der Einbringer oder Gründer für den Wert. Insbesondere hat das Registergericht bei der Eintragung zwar zu prüfen, ob das Einzubringende sich überhaupt zur Sacheinlage eignet. Dagegen ist ihm die Prüfung des Wertes der Einlage verschlossen (RG. 17. 3. 11 OLG-Rspr. 24, 163; KG. 25. 7. 12 RJA. 12, 58). Es darf auch nicht übersehen werden, daß auch bei der Bareinlage dieses Geld nicht in der Kasse zur Sicherung der Gläubiger liegen bleibt. Es wird in andere Gegenstände durch die Geschäftsführung umgesetzt. Sie können wertloser sein, als die von den Gründern unmittelbar eingebrachten. Im letzteren Falle besteht aber die Gefahr, daß die Einbringenden ihr Sonderinteresse dem der Gesellschaft vorziehen. Auf diese Bedenken weist das Gesetz die Dritten hin. An die Verletzung seiner Vorschrift knüpft es den Nachteil für die Gesellschafter, die Unwirksamkeit anderer Leistungen als Geld. Betrügerische Überwertung einer Sacheinlage allerdings kann Haftung der Gründer zur Folge haben (RG. 2. 11. 20 RGZ. 100, 177). Sie kann auch für die Geschäftsführer, die um die absichtliche, zu Täuschungszwecken eingesetzte Überbewertung der Sacheinlagen wußten, strafrechtliche Folgen haben (GmbHG. § 82; RG. 26. 9. 13 RGSt. 49, 340; RG. 30. 1. 14 LZ. 14, 950). Das österr. Gesetz § 6 Abs. 3 entspricht trotz etwas abweichender Fassung in seinem Inhalte dem deutschen Recht. Es behandelt zwar nur die Anrechnung einer Vergütung für Vermögensgegenstände. Es umfaßt aber hiermit die beiden Formen derselben, deren § 5 Abs. 4 des deutschen Gesetzes ausdrücklich gedenkt. § 5.

a) Die Bestimmungen des Gesetzes über die Sacheinlagen sind denen des Aktienrechts nachgebildet. Beide enthalten denselben Grundgedanken. Sacheinlagen können nur im Gesellschaftsvertrag bedungen werden. Sie bedürfen der nötigen Bestimmtheit. Sie sind zu veröffentlichen. Der § 5 Abs. 4 schließt sich auch seinem Wortlaut nach den §§ 186 u. 279 HGB. an. Völlig identisch ist die Behandlung der Sacheinlage der GmbH. nur mit der der Sacheinlage bei der Erhöhung des Grundkapitals der Aktiengesellschaft. Bei der Gründung derselben fügt das HGB. eine Reihe von Kautelvorschriften bei (Gründerbericht, Revisoren, Gründerhaftung usw. §§ 191, 192, 193, 202 HGB.). Man hat diese Teile des Aktienrechts auf die Gründung der GmbH. nicht übernommen. Es erschien die Vorschrift über die Aufnahme der Sacheinlage in den Gesellschaftsvertrag und die Bekanntmachung derselben genügend, um den Gläubigern den nötigen Schutz zu geben. Bei der Erhöhung des Grundkapitals sind es die Aktien- Anm. 12.

§ 5. gesellschaft und die Aktionäre selbst, welche das Übereinkommen treffen. Ihre Interessen bedürfen hier keines Schutzes. Ganz ebenso wie jene Schutzmaßregeln auch bei der GmbH. infolge des Ausschlusses der Eigenschaft des Geschäftsanteils als kursierendes Wertpapier entbehrlich erschienen. Soweit aber die Bestimmungen über die Sacheinlage vom Aktienrecht übernommen wurden, decken sie sich inhaltlich mit denen des § 5 Abs. 4. Sie sind als Auslegungsquelle verwertbar (vgl. Anm. 24 Allg. Einleitung). Einer Abänderung des Gesetzes, wonach auch auf die GmbH. die Gründungsvorschriften des Aktienrechts angewendet werden sollen, ist nicht das Wort zu reden. Es würde hierdurch das Wesen der GmbH. vernichtet (Hachenburg, LZ. 3, 28ff.). Über den Unterschied bezüglich der **Begleichung** der Sach- und Geldeinlagen der Aktiengesellschaft und der GmbH. vgl. Anm. 15 zu § 7. Über die Verschiedenheit der Bestimmungen für die Übernahme von Gegenständen, die nicht als Einlage auf die Gesellschaft übertragen werden, vgl. unten Anm. 29 und Allg. Einleitung. Auch hier ist die Gründung der GmbH. gleich der Erhöhung des Grundkapitals bei der Aktiengesellschaft geregelt.

Anm. 13. b) Zulässig ist es, eine **Wahlverbindlichkeit** zu schaffen. Der Gesellschafter legt entweder Geld oder einen anderen Wert ein. Steht das Wahlrecht der Gesellschaft zu, so ergibt sich die Statthaftigkeit dieser Abrede schon daraus, daß bei einer Sacheinlage die Gesellschaft nicht verpflichtet ist, auf dieser zu bestehen. Sie kann statt derselben Geld nehmen (vgl. Anm. 25 zu § 19). Nur die Annahme von anderen Sachen an Stelle von Geld ist verboten, nicht das Umgekehrte (bestr.). Dafür, daß aber auch dem Gesellschafter ein Wahlrecht zugebilligt werden kann, spricht § 19 Abs. 3. Er behandelt die Fälle, daß statt der Geldeinlage eine Sacheinlage **geleistet** wird. Er erklärt dies für zulässig, wenn dies in Ausführung einer gemäß § 5 Abs. 4 getroffenen Bestimmung erfolgt. Demnach ist es statthaft zu bedingen, daß der Gesellschafter statt des Geldes eine Sache leisten könne (**facultas alternativa**). Es wurde daher zu Unrecht ein Gesellschaftsvertrag beanstandet, laut welchem auf die von jedem Gesellschafter sofort bar zu bezahlenden 50 Proz. seiner Einlage auch sichere kautionsfähige Wertpapiere in Zahlung genommen werden (LG. Gießen in ZBlFG. 1, 679). Wird diese Möglichkeit, zu bedingen, daß statt des Geldes eine Sache gegeben werden darf, anerkannt, so muß auch die Konsequenz in der Zulassung der Wahlverbindlichkeit gezogen werden. Die Wahl muß nur vor der Eintragung vollzogen sein. Die Art der Anmeldung und der hierbei abzugebenden Versicherung hängt davon ab. Es wäre ferner nach den Umständen des Falles zu entscheiden, ob die Gesellschaft oder die Gesellschafter, welche für die 25 Proz. der ersten Einzahlung Geld forderten oder leisteten, für die restlichen 75 Proz. noch das Wahlrecht haben oder ob dies durch die Wahl der ersten Einlage vollzogen ist. Dagegen kann eine einheitliche Illationsabrede nicht **teilweise** aufrechterhalten werden. Sind mehrere Sacheinlagen gemacht und soll eine davon nichtig sein, so kann nur der ganze Geschäftsanteil vernichtet werden oder gar nichts (RG. 5. 2. 15 RGZ. 86, 213, JW. 15, 514, Holdh. 16, 21).

Auch zwischen mehreren Sachwerten kann aus demselben Grunde eine Wahlberechtigung geschaffen werden. Nur müssen beide den Erfordernissen der Bestimmtheit entsprechen. Dem Interesse des Publikums ist genügt, wenn es auf die Möglichkeit dieser Wahl durch die Bekanntgabe hingewiesen wurde. Eine Hingabe an Zahlungsstatt kann nicht nur für eine Geld-, sondern auch für eine Sacheinlage vereinbart sein (§ 19 Abs. 3). Ist dies zulässig, so ist auch das entsprechende Wahlrecht nicht zu beanstanden.

Anm. 14. c) **Geeignet, als Sacheinlagen zu dienen, sind alle vorhandenen selbständigen Wertgegenstände.** Alles, was bestehendes Wertobjekt ist und Gegenstand des Rechtserwerbs durch das Rechtssubjekt sein kann, gehört hierher. **Ausgeschlossen ist, was nicht vorhanden ist. Ausgeschlossen ist, was nicht Gegenstand des Rechtsverkehrs ist.** (Über Vertragsanträge vgl. unten Anm. 17, über Erfindungen daselbst, über Gesellschafterrechte Anm. 16.)

Im einzelnen gestaltet sich die Sacheinlage nach diesen Grundprinzipien je nach der Verschiedenheit des Gegenstandes:

α) Alle körperlichen Sachen, Grundstücke und bewegliche Sachen sind zur Sacheinlage **§ 5.**
tauglich. Ebenso Rechte an solchen, ihre Übertragbarkeit vorausgesetzt. Ausgeschlossen ist **Anm. 15.**
daher die Einbringung einer Nutznießung oder Nutzung. Diese können nicht veräußert werden (§§ 1059, 1408 BGB.). Zulässig als Sacheinlagen sind dagegen auch solche Rechte an Sachen, insbesondere an Immobilien, welche als Einlage erst geschaffen werden. Die Bestellung eines Erbbaurechts, einer Nutznießung, einer Dienstbarkeit erzeugt Werte, welche als Aktiva in der Bilanz der Gesellschaft erscheinen können. Man denke an den Fall, daß ein Gründer zugunsten einer Fabrik seinem Grundstück die Servitut der Benutzung einer Wasserkraft, die Ausbeutung eines Steinbruchs auferlegt. Es sind dies keine erst zukünftigen Werte. Sie entstehen bereits insoweit vor der Eintragung der Gesellschaft zum Handelsregister, als ihre Verwirklichung nur von deren Eintragung und von der von jener abhängigen Eintragung zum Grundbuche bedingt ist. Die Servitut könnte zuerst zugunsten der ebenfalls in die Gesellschaft von anderer Seite einzuwerfenden Fabrik bestellt werden. Diese würde dann um den durch die Dienstbarkeit erhöhten Wert eingebracht. Von dem Totalwert derselben wäre der Mehrwert zur Deckung der Einlage des Bestellers der Dienstbarkeit zu verwenden. Es wäre aber sinnlos, die Parteien zu einem solchen Umwege zu zwingen. Dieser würde auch völlig versagen, wenn die Gesellschaft gar kein herrschendes Grundstück erwirbt, und die Benutzung des Grundstücks des Inferenten als persönliche Dienstbarkeit (Nutzungsrecht) bestellt werden soll.

Nicht ausgeschlossen ist das Einbringen von Sachen, die unter der Verwaltung eines anderen (Ehemannes, Testamentsvollstreckers usw.) stehen. Hier ist nur dessen Zustimmung erfordert.

Sachen, die erst geschaffen werden sollen, sind nicht taugliche Einlagen. Es kann also nicht ein Baugrundstück nebst einem darauf zu errichtenden Hause eingebracht werden. Früchte auf dem Halme können Sacheinlagen nur gemeinsam mit dem Grundstück selbst sein, auf dem sie wachsen. Da sie noch keine selbständige Existenz haben, so sind sie für sich nicht fähig, Sacheinlagen zu sein. Doch ist das Recht auf die Ernte einbringungsfähig. Zulässig ist auch, eine bereits existierende, aber einem anderen gehörende Sache einzulegen. Der Gesellschafter haftet dafür. Darüber Näheres unten Anm. 24. Nicht hinderlich ist, daß an der eingebrachten Sache Rechte Dritter bestehen oder daß sich dieselben im unmittelbaren Besitze eines Dritten (Mieter, Verwahrer usw.) befinden.

Zur Einlage fähig ist das Miteigentum. Auch Kuxe einer altrechtlichen Gewerkschaft. Sämtliche Kuxe einer altrechtlichen Gewerkschaft können nicht Gegenstand der Einlage bilden. Sie erlöschen mit dem Übergang aller Kuxe auf die GmbH. Wohl aber ist eine Einlage aller Kuxe dahin aufzufassen, daß sämtliche Beteiligten das Bergwerkseigentum einbringen (KG. 7. 5. 08 KGJ. 36 A, 133). Kuxe neuen Rechtes können Gegenstand der Einlage sein. Ebenso das durch die Mutung erlangte Recht (vgl. RG. 8. 2. 10 RGZ. 73, 14 über die Versteuerung dieses Einbringens). Die Umwandlung einer Gewerkschaft in eine GmbH. erfolgt durch Einbringung des Bergwerks.

β) Bei Forderungen ist Übertragbarkeit verlangt. Ansprüche, die an die Person **Anm. 16.**
des Gründers gebunden sind, so daß die Leistung nur an seine Person möglich ist, sind nicht einlagefähig (RG. 1. 10. 13 Holdh. 23, 50, R. 13 Nr. 3063). Ist die Übertragung durch Vertrag an die Zustimmung des Schuldners geknüpft, so ist mit dessen Einwilligung die Einlage statthaft (§ 399 BGB.). In dem Gesellschaftsvertrage braucht diese nicht enthalten zu sein. Sie kann vor und nach dessen Abschlusse erfolgen. Nur muß sie vor der Eintragung zum Handelsregister vorliegen. Andernfalls hat der Registerrichter die Eintragung der Gesellschaft abzulehnen. Erfolgt sie trotzdem, so macht die nachträgliche Zustimmung des Drittschuldners das Einbringen wirksam. Nicht übertragbar ist die Beteiligung bei einer Gesellschaft, sei es einer solchen des Handels- oder des bürgerlichen Rechts (§ 719 BGB.). Anders, wenn der Inferent an dieser mit Vermögen beteiligt ist und die Übertragung seines Anteils entweder allgemein oder für den besonderen

§ 5. Fall gestattet ist. Von der Übertragung der Beteiligung zu trennen ist das Einbringen des ganzen Gesellschaftsvermögens als Sachgesamtheit durch alle Gesellschafter (Anm. 18ff.). Nicht die Anteile werden hier eingebracht, sondern die den Gesellschaftern zur gesamten Hand gehörenden Sachen und Forderungen. Auf diese Weise vollzieht sich die Umwandlung der offenen Handelsgesellschaft oder Kommanditgesellschaft in eine GmbH. Die sämtlichen Gesellschafter bringen das Geschäftsvermögen, das ihnen zur Gesamtheit gehört, als Sachgesamtheit in die GmbH. ein (unten Anm. 19 und Anm. 48 zu § 80). Es kann auch bedungen werden, daß ein Gesellschafter der GmbH., der zugleich Mitglied einer offenen Handelsgesellschaft bleibt, das Ergebnis dieser Beteiligung an die Gesellschaft abzuliefern hat. Das ist aber eine besondere Verpflichtung im Sinne des § 3 Abs. 2. Als Einlage ist diese Zusage nicht verwendbar. Anteile an einer Gesellschaft mit selbständiger Rechtspersönlichkeit, Aktiengesellschaft und GmbH., sind einlagefähig, jedoch erst nach der Eintragung derselben zum Handelsregister. Denn erst dann existieren diese Rechte. Nicht nötig ist, daß Aktien ausgegeben sind. Nicht nötig, daß diese vollbezahlt sind. Unverwendbar sind kaduzierte Aktien oder Geschäftsanteile. Sie existieren nicht mehr.

Nicht erforderlich ist, daß der Eingang der Forderung sicher ist. Auch zweifelhafte Ausstände können eingebracht werden. Der Gesellschafter haftet nur bei Übernahme der Garantie. Ebenso wenn er wissentlich eine entwertete Forderung als vollwertig einbrachte, sofern darin eine Täuschung der anderen Gesellschafter liegt. Bei allseitiger Kenntnis von der Lage des Schuldners entfällt diese Gewährleistung. So in dem Fall, in dem sämtliche Gläubiger eines insolventen Schuldners ihre Forderungen gegen denselben in die Gesellschaft einbringen, um gemeinsam ohne Konkurs dessen Vermögen zu verwerten. (Über eine solche Verwertungsgesellschaft vgl. GmbHZtschr. 1912, Nr. 87, 11.)

Unerheblich ist es, daß die Forderung *bestritten* ist. Es ist Sache der Gründer, zu erwägen, welchen Wert die Forderung in dieser Eigenschaft hat. So ist eine GmbH. möglich, bei denen sich eine Anzahl Gläubiger einer anderen Gesellschaft zusammentun, um ihre Regreßklagen gegen den gemeinsamen Schuldner auf gemeinsame Kosten und unter Beschränkung ihres Beitrags hierzu durchzuführen. Sie legen ihre Ansprüche in die Gesellschaft um einen nach den Chancen des Prozesses abgewogenen Betrag ein. Einer Bemerkung im Gesellschaftsvertrag, daß die Forderung bestritten ist, bedarf es nicht. Dasselbe gilt, wenn die Forderung bereits im Prozesse ist (§ 255 ZPO.).

Noch weniger ist erfordert, daß die *Höhe* der eingebrachten Forderung feststehe. Sie kann zu einem festbewerteten Satze übernommen sein. Dann trägt die Gesellschaft das Risiko. Oder es wird dieser Wert bei späterer Festsetzung ausgeglichen. Die Gesellschaft bezahlt den Überschuß heraus, der Inferent deckt das Manko je nach dem Ausfalle. Der Fall ist ähnlich dem bei der Übernahme eines ganzen Geschäfts (vgl. unten Anm. 20). Der Fall einer solchen Einlage tritt z. B. ein, wenn ein Gesellschafter an einen Dritten einen größeren Posten Waren verkauft hat, der Preis aber erst durch die ziemlich umständliche Berechnung unter Kontrolle eines Sachverständigen festzusetzen ist. Die Forderung wird in Höhe der Einlage übernommen. Der Inferent garantiert, daß dieser Wert auch in Wahrheit vorhanden ist. Diese Garantie ist, auch wenn sie vertragsmäßig bedungen wird, doch keine andere als die gesetzliche für die *Existenz* der Forderung, die bei jeder Einlage eines Anspruchs besteht (§ 437 BGB.). Nicht erforderlich ist, daß die Forderung auf deutsche Währung lautet. Nur muß der Wert, zu dem sie übernommen wird, in Mark festgesetzt werden. Das muß im Gesellschaftsvertrag selbst geschehen. Es genügt nicht, auf den Kurs am Tage der Gründung oder gar der Eintragung zu verweisen. Doch braucht die Übernahmesumme nur für die Stammeinlage festzustehen. Es ist zulässig, den Kurs auf einen bestimmten Tag der Abrechnung zwischen Gesellschaft und Gründer zugrunde zu legen. Ist er höher als die Einlagepflicht, so zahlt

die Gesellschaft den Mehrbetrag heraus. Ist er niedriger, so schießt der Gesellschafter zu. § 5.
Ist eine Forderung in fremder Währung zu einem bestimmten Satze in Mark ohne weitere Absprache eingebracht, so kann die Gesellschaft keine Nachforderung erheben, wenn später der Kurs der ausländischen Münze sinkt. Sie hat den Verlust selbst zu tragen.

Zulässig ist das Einbringen von Forderungen, gegen welche eine Gegenleistung zu machen ist. Es ist einerlei, ob diese von der Gesellschaft übernommen oder von dem Gesellschafter selbst zu erfüllen ist. Wie im ersten Falle das Vertragsverhältnis zu bewerten ist, ist Sache der Gründer. Es kann ein laufender Pachtvertrag zur Ausbeutung eines Steinbruchs ein sehr wertvolles Objekt darstellen. Ebenso das Recht einer Generalvertretung auf bestimmte Zeit (KG. 17. 3. 11 RJA. 11, 108). Ebenso eine Inseratenvertretung (KG. 14. 3. 13, KGJ. 44 A 146). Auch Mietverträge, soweit sie übertragbar sind (KG. 7. 4. 14 RundschGmbH. 14, 179). Was von dem Einbringen eines Vertragsverhältnisses gilt, wird man auch von einer Vertragsofferte eines Dritten an den Inferenten annehmen, vorausgesetzt, daß diese bindend und übertragbar ist, so daß ihre Annahme seitens der Gesellschaft wirksam erfolgen kann (KG. 25. 7. 12 RJA. 12, 58; RG. 9. 8. 12 R. 13 Nr. 263). Auch dieses Recht kann einen Wert darstellen. Solche Einlagen von Anträgen kommen vor, wenn an einen Erwerbsakt eine Steuer geknüpft ist, nicht aber oder nur in geringem Maße an die Übertragung der Offerte. Je mehr die Steuergesetze oder die Rechtsprechung die Übertragung der Offerte der des Gegenstandes gleichstellen, desto mehr verschwindet das Einbringen jener.

Unzulässig ist aber die Einlage einer erst künftigen Forderung, deren Existentwerden von anderen Momenten als solchen, die lediglich im Willen des Gläubigers liegen, abhängt. Unbrauchbar sind also Ansprüche auf künftiges Gehalt, auf künftige Dividende der Gesellschaft usw. Ungültig ist eine Abrede, daß die Einlage nur durch die künftigen Gewinnbezüge der Gesellschaft gedeckt werde.

Unzulässig sind als Einlage Forderungen an den Inferenten selbst, sowohl zivilrechtliche Anerkenntnisse als wechsel- oder handelsrechtliche Formalobligationen. Das eigene Akzept des Inferenten ist nichts als ein in Wechselform gegebenes Zahlungsversprechen. Auch daß diese Schuldversprechen durch Bürgschaft Dritter gedeckt sind, ändert hieran nichts. Maßgebend ist die Hauptschuld. Die vertragsmäßige Einräumung der Benutzung von Gegenständen für die Dauer der Gesellschaft ist entsprechend dem dinglichen Recht (oben Anm. 15) als Einlage statthaft (KG. 30. 4. 09 OLGR. 22, 26; KGJ. 38 A 161). Es kann das Recht, ein Fabrikgebäude zu gebrauchen, einen Steinbruch auszubeuten, auch wenn es nicht auf der Sache als grundbuchfähige Last ruht, ebenso das Recht, ein Patent für eine bestimmte Art und für einen beschränkten Raum auszuüben, als Sacheinlage dienen.

γ) Gleich Forderungsrechten eignen sich auch alle immateriellen Rechte, sobald sie Anm. 17.
selbständigen Vermögenswert haben, zu Sacheinlagen. Hierher gehört das geistige Eigentum in seinen verschiedenen Erscheinungen, Urheberrechte an Schriftwerken und Kunstwerken, Patentrechte und Gebrauchs- und Geschmacksmuster. Als Einlage kann auch hier die Einräumung eines beschränkten Rechtes erscheinen, so namentlich eine Lizenzgewährung bei einem Patente. Auch Erfindungen, die nicht patentrechtlich geschützt sind, repräsentieren, sofern sie nur durch ein Fabrikationsgeheimnis gedeckt sind, einen objektiven Vermögenswert. Die Gesellschaft wird hierfür ein Erfindungs- oder Fabrikationskonto errichten. Notwendig ist aber, daß jene beiden Momente zusammentreffen. Es muß sich um eine Neuheit auf dem Gebiete der Erfindung handeln. Sie darf noch nicht bekannt sein. Entweder muß der Schutz durch das Patentgesetz oder durch das Geheimnis gewahrt sein. Ein bereits bekanntes Verfahren oder eine schon im Gebrauch befindliche Maschine kann nie unter dem Namen Erfindung zur Sacheinlage gemacht werden. Unerheblich ist dann auch, ob die Erfindung zum Patent angemeldet ist (§ 20 PatG.; KG. 28. 2. 13, OLGRspr. 27, 363; KGJ. 45 A 175, Recht

§ 5. 1913 Nr. 2790). Daraus allein entsteht keinerlei Recht. Unerheblich ist es auch, ob das Patent als Ganzes oder nur eine Lizenz daran eingebracht wird (RG. 1. 10. 13 Recht 1913 Nr. 3063, Holdheim 23, 50). Den Gegenstand der Einlage bildet auch in diesen Fällen nur die Erfindung. Erweist sich, daß eine solche nicht vorliegt, so war auch kein zur Sacheinlage geeignetes Objekt vorhanden. Der Gesellschafter hat ein Nichts eingebracht. Er erhält auch keinen Geschäftsanteil (vgl. unten Anm. 28, 1). Anders, wenn er für das Vorhandensein der Erfindung und das Erlangen des Patentes Gewähr leistet. Dann haftet er im Falle der Versagung jedenfalls auf die Höhe der übernommenen Einlage. Fehlt es aber an dieser Garantie, so fehlt es an der Einlage. Diese Konsequenz muß gezogen werden. Andernfalls könnten die Gesellschafter beliebig angebliche Erfindungen zum Patent anmelden, vielleicht ein längst bekanntes Verfahren, und damit ihre Stammeinlage decken. Die Gesellschaft hätte ein „Patent-" oder „Erfindungskonto", das niemals einen Pfennig wert war. Es wird auf diesem Gebiet der Sacheinlage nicht stets mit der erforderlichen Vorsicht vorgegangen. Der Registerrichter aber kann nicht kontrollieren, ob die angegebene, zum Patent bereits angemeldete Erfindung besteht. Er hat keine Pflicht, Untersuchungen anzustellen. Ersieht er aber, daß unter dem Deckmantel Erfindung ein ungedeckter Geschäftsanteil geschaffen werden soll, so hat er die Eintragung abzulehnen.

Firma und Kundschaft sind keine selbständigen Vermögensgegenstände. Sie können keine selbständige Einlage bilden (für Kundschaft: KG. 17. 3. 11 OLGRspr. 24, 163). Sie werden nur mit dem Geschäfte, zu dem sie gehören, übertragen. Hierbei können sie zur Wertbemessung als Zubehör der Hauptsache in Betracht kommen. Es ist ein besonderes Konto für sie möglich. Durch den Erwerb einer Firma entsteht ein Recht, einen fremden Namen zu gebrauchen. Wenn es auch kein der Zwangsvollstreckung unterliegender Vermögensgegenstand ist (RGZ. 9, 110), so erscheint es trotz seiner Unselbständigkeit als ein Bilanzwert.

Auch Warenzeichen können nur mit dem Geschäfte, dem sie dienen, übertragen werden (WZG. § 7). Die Überlassung des Warenzeichens ohne das Geschäft ist daher so wenig wie die Firma als selbständige Sacheinlage denkbar. Mit dem Geschäfte ist das Zeichen besonderes Einlageobjekt. Es kann ein besonderes Konto erhalten. Zulässig bleibt die Überlassung eines örtlich begrenzten und daher nur obligatorisch, nicht dinglich wirksamen Rechts zum Gebrauch eines Warenzeichens (RG. 1. 10. 13, Recht 1913 Nr. 3063, Holdheim 23, 50). Unzulässig ist es, ein noch nicht bestehendes Warenzeichen einzubringen. Darin liegt nur die Zustimmung, daß die GmbH. selbst das Warenzeichen für sich beantragen kann. Unzulässig ist es, ein Warenzeichen für einen gar nicht bestehenden Geschäftsbetrieb eintragen zu lassen, um es dann in die Gesellschaft einzulegen. Ohne Ausübung in einem Geschäfte gibt es keine Übertragung.

Staatliche Konzessionen, sofern sie übertragbar sind, sind der Einlage fähig.

Anm. 18. 8) Sachgesamtheiten bilden einen häufigen Gegenstand der Einlage. Es sind damit die Fälle getroffen, in denen sich aus einer Reihe von Einzelgegenständen eine Einheit bildet, durch welche die einzelnen Gegenstände zueinander in Beziehung stehen (vgl. Kohler, Das Vermögen als Einheit, ArchBürgR. 22, 2ff.). Als solche kommen hier für die praktische Anwendung fast ausschließlich Vermögensinbegriffe in Betracht. Denn daß jemand eine Herde oder eine Bibliothek in eine Gesellschaft einbringt, dürfte sich kaum ereignen. Als Typen erscheinen Nachlaßvermögen, Konkursmassen, Gesellschaftsvermögen und besonders **Handelsgeschäfte** (unten Anm. 19). Bei dem Einbringen einer Erbschaft gelten die Vorschriften über den Erbschaftskauf (§§ 2371ff. BGB.). Die GmbH. haftet für die Schulden des Nachlasses. Eine abweichende Abrede ist unzulässig (§ 2382 BGB.). Erbschaften als Sacheinlagen finden sich, wenn mehrere Erben den Gesamtnachlaß als GmbH. weiter zusammenhalten und selbständig machen wollen. Eine Haftung der GmbH. über den Nachlaß hinaus tritt nur unter denselben Bedingungen ein wie die der Erben selbst. Wird nur ein Anteil eines Erben an einer Erbschaft eingebracht, so besteht das Vorkaufsrecht der Miterben (§§ 2034, 2035 BGB.). Der Erbe kann es nicht durch den Vollzug der Übergabe vereiteln. Die Miterben haben den Schätzungswert an die Gesellschaft zu vergüten. Bei dem Einbringen einer Konkursmasse ist stets nur die Aktivmasse gemeint. Eines ausdrücklichen Ausschlusses der Haftung für die Passiven bedarf es nicht. Der § 419 BGB. ist nicht anwendbar. Das Vermögen einer Gesellschaft bürgerlichen Rechts bildet eine geschlossene Einheit. Es ist von dem der Gesellschafter ausgeschieden. Die Mitglieder dieser Gesellschaft können es einbringen. Für die Schulden einer solchen Gesellschaft haftet die GmbH. nicht, wenn sie sie nicht ausdrücklich übernimmt. Sie wandeln die Gesellschaft bürgerlichen Rechts in eine GmbH. um. Mit der Einlage in eine GmbH. lösen die Gesellschafter der bürgerlichen Gesellschaft diese auf (RG. 22. 1. 18 BauerZ. 25, 141). Ebenso finden sich aber auch die Vermögen der Aktiengesellschaft und der GmbH. als solche Sachgesamtheiten und danach als Sacheinlage. Der § 80 GmbHG. beruht hierauf (vgl. Einleitung zu § 80). Das Einbringen der Sachgesamtheit liegt in der Erklärung der Gründer der GmbH., daß sie das Vermögen der aufgelösten AG. in die GmbH. einbringen (RG. 26. 6. 06 RGZ. 64, 12). Endlich sind auch bestehende Erwerbsgeschäfte eine wirtschaftliche Einheit (vgl. RG. 20. 11. 08 RGZ. 63, 57; JW. 09, 15[9]; RG. 23. 4. 12 RGZ. 79, 273). Einerlei, ob sie von einem einzelnen oder einer Handelsgesellschaft betrieben werden. In diesem Falle kann mit dem Erwerb der Aktiva dieser Gesamtheiten eine Übernahme von Schulden derselben verbunden sein. Notwendig ist dies nicht. Über den kraft Gesetzes an die Übernahme eines Handelsgeschäftes mit Firma geknüpften Übergang der Passiva vgl. Anm. 26 zu § 4. § 5.

Die Übernahme einer solchen Sachgesamtheit kann in verschiedener Weise erfolgen. Entweder sie wird ohne Kontrolle der einzelnen Bestandteile eingelegt. Der Wert im ganzen wird schätzungsweise angenommen. Ist er in Wahrheit größer oder geringer, so trifft die Differenz in beiden Fällen die Gesellschaft. Dies ist der Fall bei Übernahme einer Konkursmasse mit allen ihren Aktiven, „mögen sie bekannt oder unbekannt sein". (So in dem vom RG. bei Holdheim 12, 132 entschiedenen Stempelfalle.) Diese Form wird hauptsächlich in solchen Fällen gewählt werden, bei denen die Gesellschaft auf einen Nutzen durch die Übernahme einer ungeordneten Masse rechnet. Es kann aber auch der Wert bestimmt werden durch Verzeichnung der einzelnen Aktiven und deren Berechnung. In diesem Falle steht der Inferent für das Vorhandensein der Aktiven oder bei Mitübernahme von Passiven für das Vorhandensein des sich ergebenden reinen Vermögenswertes ein.

ε) Die Einlage eines Handelsgeschäfts. Der Verkehr spricht hier von einer „Umwandlung" des Unternehmens in eine GmbH. (vgl. Anm. 48 zu § 80). Ein solche ist rechtlich nicht möglich. Wirtschaftlich liegt sie vor. Bei der offenen Handelsgesellschaft zeigt sich dies, wenn ihre Auflösung und die Errichtung der GmbH. in einem Akte vor sich gehen (RG. 26. 4. 10 LZ. 4, 682[4]). Es sind die mannigfachsten Erscheinungen möglich. Es kann sich um die einfache Umwandlung eines Geschäfts eines Einzelkaufmanns oder einer Handelsgesellschaft in eine GmbH. drehen. Es können sich zwei oder mehrere solcher Geschäfte auf diese Weise „verschmelzen" (fusionieren). Es kann die Einlage des Handelsgewerbes durch einen Gesellschafter verbunden sein mit Bareinlagen anderer Gesellschafter. Dem Unternehmen soll frisches Kapital zufließen. Es kann die Gründung erfolgen, um ein Handelsgeschäft, das in Schwierigkeiten sich befindet, vor dem Bankrott zu schützen. Die Gläubiger werden oft im Gesellschaftsvertrage berechtigt, ihre Einlagen als Gesellschafter mit ihrer Forderung gegen die Gesellschaft infolge der Geschäftsübernahme zu verrechnen. Das Bedenkliche liegt in solchem Falle darin, daß, um eine Überschuldung zu verdecken, ein Reinwert des Geschäfts behauptet wird, der nicht mehr vorhanden ist. Ein sicherer Weg der Sanierung solcher Geschäfte ist, nur die vorhandenen Aktiven zu inferieren. Die Gläubiger erhalten kraft besonderer Abrede mit ihrem Schuldner dessen durch die Einbringung entstandenen Geschäftsanteil, ganz Anm. 19.

§ 5. oder zum Teil. Sie verzichten auf ihre hierdurch nicht gedeckten Ansprüche. Sie erhalten genau dasselbe wie bei dem anderen Wege. Aber die Gründung ist solider. Nicht selten ist endlich der Fall der Einbringung eines Geschäfts in eine GmbH. durch die mehreren Erben des Inhabers. Es soll weiter betrieben werden. Aber keiner will die Haftung als Teilhaber einer offenen Handelsgesellschaft übernehmen. Darüber, ob die Einbringung des Geschäfts aus dem Nachlasse in eine GmbH. als Fortführung des Geschäfts im Sinne des § 27 HGB. erscheint, vgl. Düringer-Hachenburg I Anm. 11 zu § 27. Führt die GmbH. das Geschäft mit der bisherigen Firma und dem Zusatz „GmbH." weiter, so haftet sie für die Schulden des alten Geschäfts nach HGB. § 25. Der Zusatz GmbH. ist keine Firmenänderung (OLG. Dresden 17. 6. 12, ZAktW. 23, 190). Dabei kann zu der alten Firma eine neue Sach- und Ortsbezeichnung treten. Auch die Reihenfolge der einzelnen Firmenbestandteile ist ohne Bedeutung. Ebenso die Form, in der sich das Nachfolgeverhältnis allenfalls ausdrückt. Ausschlaggebend ist, daß die alte Firma in der neuen wieder erscheint (RG. 27. 4. 15 Bauer 23, 64, DJZ. 1915, 1069). Die Nichtübernahme der Schulden bedarf der Eintragung im Handelsregister und Bekanntmachung. Die Unterlassung eines dahin gehenden Antrags macht den mit der Abfassung und Einreichung beauftragten Rechtsanwalt schadensersatzpflichtig (RG. 26. 2. 15 Bauer 22, 256). Die Verpflichtung zur Übernahme der Schulden bei Firmenfortführung gilt mangels besonderer Vereinbarung auch im inneren Verhältnis. Die GmbH. hat gegenüber dem Veräußerer des Geschäfts keinen Anspruch auf Ersatz der von ihr für Schulden der Firma gezahlten Beträge (RG. 14. 1. 16 LZ. 1916, 742[15]). Das mündliche Einverständnis zwischen den Gründern, daß eine bestimmte Forderung nicht übergehen soll, ist der Gesellschaft gegenüber ohne Rechtswirkung (RG. 1. 3. 18 Warneyer 11, 117). Weiter geht Brodmann (Anm. 4 zu § 5), der für die Frage, ob sämtliche Aktiven und Passiven oder wie viele übernommen sein soll, eine Auslegung des Gesellschaftsvertrags nach §§ 133, 157 BGB. zulassen will. Indessen führt das zu Einzelbewertungen, für die ein fester Maßstab völlig fehlen kann. In Ausnahmefällen mag auf diese Weise ein Ergebnis möglich sein. Grundsätzlich ist der Weg abzulehnen. Beim Firmenübergang kann gleichzeitig Konkurrenzverbot vereinbart werden. Inwieweit es beim Mangel einer besonderen Vereinbarung stillschweigend anzunehmen ist, ist Frage des Einzelfalls. Von vornherein unmöglich ist ein stillschweigendes Konkurrenzverbot nicht. Wieweit es sich räumlich und zeitlich erstreckt, ist nach Billigkeit festzustellen (RG. 12. 6. 14, Warneyer 7, 290; OLG. München 22. 5. 14 RundschGmbH. 1915, 25).

Auch ein Geschäftsvermögen kann unter Verzicht auf die Bilanzgrundlage übernommen werden. Das ist möglich, aber nicht üblich. Meist wird eine Bilanz zugrunde gelegt. Dann muß mit der Tatsache gerechnet werden, daß im Gegensatze zu anderen Sachgesamtheiten das Handelsgeschäft ständigen Veränderungen unterworfen ist. Die Bilanz gewährt ja nur ein Augenblicksbild und auch dieses nur unvollkommen. Unerheblich ist zunächst, daß sich die einzelnen Gegenstände verschieben. Aus dem Wesen der Vermögenseinheit folgt das Prinzip der Surrogation, des Ersatzes der einzelnen Teile durch andere (vgl. Kohler a. a. O., 8ff.). Es besteht aber auch keinerlei Gewißheit, daß im Momente des Abschlusses des Gründungsvertrages und des effektiven Einbringens der Wert der gleiche ist. Zwei Wege bieten sich. Beide werden begangen. Der eine: Man bringt das Geschäft auf Grund einer früheren Bilanz ein, die man der Bewertung zugrunde legt. Das Geschäft „gilt" dann in der Zwischenzeit von dieser Bilanz bis zur Einlage in die Gesellschaft als für deren Rechnung geführt. Hier liegt auf der Hand, daß der Wert des Geschäfts in diesen zwei Zeitpunkten nicht identisch zu sein braucht, ja nicht identisch sein kann. Es besteht keinerlei Gewähr dafür, daß die Gesellschaft auch wirklich den Wert in dem Geschäft erhält, für den sie einen Geschäftsanteil gibt. Andererseits kann sie ja auch mehr als diesen Betrag empfangen, wenn die zwischen Bilanz und Übernahme liegende Geschäftsepoche günstig war. Verluste der Zwischenzeit vermindern die Einlage. Sie erscheinen am Ende des

Geschäftsjahres der Gesellschaft als Verluste derselben, obwohl sie es nicht sind. Denn § 5.
sie stammen aus einer Zeit, in der sie noch gar nicht bestand. Der Inferent haftet aber nur dafür, daß die vorgezeigte Bilanz richtig war, daß also sein Geschäft zur Zeit der Errichtung derselben den angegebenen Wert hatte. Das Risiko der Zwischenepoche ist zu Lasten der Gesellschaft. Das wird durch die Klausel, daß das Geschäft von dem Bilanztage ab für Rechnung der Gesellschaft geführt gilt, ausgedrückt. Eine Ausgleichung auf den effektiven Wert am Tage der Einlage findet nicht statt. („Die Vertragsbestimmung, daß das Geschäft nach dem 1. April 22 eingebracht wird, und von diesem Zeitpunkt an für Rechnung der Gesellschaft geführt wird, bedeutet nicht mehr als eine Betreibung des Geschäfts, und zwar als eines Geschäfts, das als ein im Gange befindliches den Gegenstand des Einbringens bildet. Der bis zum Tage der Einbringung inzwischen erzielte Mehrwert stellt sich rechtlich daher als Erhöhung des Wertes des eingebrachten Geschäfts, nicht als dessen Gewinn dar", RFH. 10. 7. 23 II A 127/23; vgl. Liebmann Anm. 8 zu § 5.) Dasselbe gilt, wenn nicht eine vom Inferenten herrührende frühere Bilanz benutzt, sondern vor der Illation zu diesem Zwecke eine neue Bilanz errichtet wird. Auch das Ergebnis dieser ist, man mag sich mit der Errichtung der Gesellschaft noch so sehr beeilen, niemals identisch mit dem Stande des Geschäfts auf den Tag der Gesellschaftsgründung und der Eintragung zum Handelsregister. Die Gefahr der Differenz zwischen dem Bilanzwert und dem tatsächlich vorhandenen mag geringer sein als bei der früheren Geschäftsbilanz, schon deshalb, weil die Aufnahme nach anderen Prinzipien erfolgt. Vorhanden ist sie stets. Das Risiko der Veränderung ist zu Lasten der Gesellschaft, weil sie auch den Vorteil hieraus genießt.

Der andere Weg: Es wird das Geschäft eingebracht auf Grund einer auf den Tag Anm. 20.
der Einlage zu errichtenden Bilanz. Diese kann also weder am Tage der Gesellschaftserrichtung noch der Einbringung des Geschäfts schon vorhanden sein. Auch hier wird das Geschäft zu einem bestimmten Betrage angenommen. Es dient ja zur Deckung der Stammeinlage. In der Annahme auf diese liegt seine Bewertung (vgl. unten Anm. 42). Aber hier ist eine Ausgleichung gewollt. Auch wenn der Inferent keine ausdrückliche Zusage in dieser Richtung macht, so ist als Parteiwille anzusehen, daß er für das Ergebnis einsteht. Das ist in der Verabredung der aufzumachenden Bilanz ausgedrückt. Sollte die Bilanz ein Minus ergeben, so hat er den Fehlbetrag zu ergänzen wie bei einer Forderung, die nicht in der angegebenen Höhe existiert. Umgekehrt aber bedeutet auch die Einbringung auf Basis der aufzumachenden Bilanz die Verpflichtung der Gesellschaft, den Mehrbetrag herauszuzahlen. Sie wäre sonst ohne Rechtsgrund bereichert. Der Inferent wollte ihr sein Geschäft nur in Höhe seiner Stammeinlage als Einlage überlassen (vgl. hierüber Rehm, Einlage von Sachgesamtheiten bei Aktiengesellschaften und GmbH. in ArchBürgR. 22, 119ff.). Der hierbei stattfindende Ausgleich verwandelt die Sacheinlage nicht in eine Bareinlage, so daß der Gesellschaftsvertrag nachträglich abgeändert werden müßte. Er stellt also auch keine bei der Anmeldung zu kontrollierende Geldleistung dar (Rehm 126 u. 135). Es liegt lediglich die Folge einer Garantie vor, die bei jeder Sacheinlage möglich, als gesetzliche in einer Reihe von Fällen anerkannt ist. Es sei wieder auf die Haftung für Existenz einer Forderung oder eines sonstigen Rechts verwiesen. Dieser zweite Weg ist der für die Gesellschaft sicherere. Sie erhält dann jedenfalls den Wert der Stammeinlage.

Aus dem vorstehend Ausgeführten erhellt, was übrigens auch als selbstverständlich sich aus dem Wesen der Sachgesamtheit ergibt, daß eine Inventarisierung und Bilanzierung derselben und eine Aufnahme dieser Einzelwerte in den Gesellschaftsvertrag nicht erforderlich ist. Es kann auf dieselbe ganz verzichtet werden. Ihre Vornahme kann nachträglich erfolgen. Die Sachgesamtheit gilt wirtschaftlich und rechtlich als Einheit. Ein Verzeichnis der einzelnen Bestandteile fordern, hieße sie in diese auflösen. Die Beteiligten wollen aber nicht diese einzelnen Stücke, sondern das aus ihnen gebildete Ganze als Einbringen in die Gesellschaft (vgl. unten Anm. 41).

§ 5. Zulässig ist es, in Verbindung mit dem Einbringen eines Geschäfts auf Grund einer zurückliegenden Bilanz für den Gewinn des laufenden Jahres den Gründern eine Vergütung zuzusprechen. Sie muß in dem tatsächlichen Ergebnis dieser Zeit ihre Höchstgrenze haben. Andernfalls liegt eine verbotene Rückzahlung des Stammkapitals vor. Diese Beschränkung ergibt sich aus dem Gesetze ohne weiteres. Sie braucht nicht ausdrücklich bedungen zu sein. Eine Zusage, die ohne Rücksicht auf das tatsächliche Ergebnis gelten soll, wäre nichtig. Unabhängig von den Vereinbarungen des Gesellschaftsvertrages über das Einbringen eines Handelsgeschäfts besteht die im öffentlichen Interesse aufgestellte Vorschrift der Errichtung einer Eröffnungsbilanz auf den Tag des Geschäftsbeginns der GmbH. (§ 39 Abs. 1 HGB.; vgl. RGSt. 28, 428). In der Praxis wird dies meist nicht beachtet. Die Einbringungsbilanz gilt auch als Eröffnungsbilanz. Ein Recht, diese zu erzwingen, hat der Registerrichter nicht, ebensowenig aber die Steuerbehörde. Sie braucht zwar den aus der zurückliegenden Einbringungsbilanz sich ergebenden Wert des Geschäfts nicht als Grundlage der KapVSt. gelten zu lassen. Sie kann den Wert des Geschäfts als wirtschaftliche Einheit schätzen (§§ 137 Abs. 2, 139 RAbgO.). Sie kann die GmbH. aber nicht zur Beobachtung der handelsrechtlichen Vorschriften anhalten (RFH. 10. 7. 23 II A 127/23).

In Verbindung mit der Einlage eines Handelsgeschäfts kann die Verrechnung einer Forderung eines Gläubigers derselben, der zu den Gründern der GmbH. gehört, mit dessen Stammeinlage bedungen werden (vgl. Anm. 23).

Anm. 21. ζ) Unverwendbar zu Einlagen auf das Stammkapital sind **Tätigkeiten.** Sie sind niemals ein Sachwert, der geeignet ist, unter den Aktiven der Gesellschaft zu erscheinen. Daher ist die Zusage von Diensten auszuscheiden (vgl. Förtsch Anm. 4; Brodmann Anm. 4 zu § 5; Liebmann Anm. 8; Parisius-Crüger-Crecelius S. 109; a. M. Birkenbihl Anm. 7, mit der irrigen Begründung, daß § 3 Abs. 2 andere Verpflichtungen als Leistung von Kapitalien kenne. Aber in § 3 Abs. 2 ist ja gerade von Verpflichtungen, die nicht auf die Stammeinlage gemacht werden, die Rede. Neukamp, GZ. 41). Die Übertragung eines Anspruchs auf Dienste eines anderen, falls sie rechtlich übertragbar sind (vgl. oben Anm. 16), kann dagegen, da hier ein bestehendes Recht in Frage steht, unter Umständen einen Vermögenswert darstellen. Nicht zur Einlage verwendbar sind auch die Dienste, die ein Gesellschafter bei der Gründung leistet, weder seine Bemühungen um das Zustandebringen der Gesellschaft noch auch die Vermittlung eines für die Gesellschaft vorbereiteten Abschlusses mit einem Dritten. Hieraus kann für den Vermittler ein Geldanspruch gegen die Gesellschaft entstehen. Er kann gegen sie kraft der Abrede der Gesellschafter mit der Übernahme des für sie getätigten Vertrags mit dem Dritten durch die Gesellschaft wirksam werden. Dann besteht der Vermittleranspruch im Moment der Übernahme des neuen Geschäftsanteils. Zur Begleichung der Einlage ist dieser Anspruch nicht verwendbar (vgl. unten Anm. 23). Die Aufrechnung kann bedungen werden. Anders bei der Erhöhung des Stammkapitals.

Ebenso ist die Zusage eines Werkes nicht einlagefähig, es handle sich um eine herzustellende Sache oder andere Resultate (a. M. Liebmann Anm. 8 zu § 5). Die Einlage eines Grundstückes oder Rohbaues mit der Verpflichtung, darauf ein fertiges Haus zu erstellen, ist nur insoweit zulässig, als der gegenwärtige Wert der vorhandenen Immobilien geht. Für die ausstehende Arbeit ist nur ein Übernahmevertrag gegen Entgelt möglich (vgl. unten Anm. 30). Nicht zur Einlage verwendbar ist die Zusage einer Reederei, die Waren der Gesellschaft um einen billigeren Satz als den der Konkurrenz zu befördern. Diese Verpflichtung kann gemäß § 3 Abs. 2 in den Gesellschaftsvertrag aufgenommen werden. Kapitaleinlage ist sie nicht. Ein laufender Transportvertrag eines Inferenten mit einem Transportunternehmer ist dagegen einlagefähig (oben Anm. 17). Ein bloßes hierauf gerichtetes Vertragsangebot ist regelmäßig als Sacheinlage nicht geeignet (KG. 25. 7. 12 RJA. 12, 58; oben Anm. 16 Abs. 5).

Verzicht auf eine dem Gesellschafter gegen die Gesellschaft zustehende § 5.
Forderung fällt nicht unter eine Sacheinlage. Diese setzt ein Aktivum voraus. Da Anm. 22.
aber die Verminderung des Gesellschaftsvermögens um ein Passivum der Erhöhung um ein Aktivum gleichsteht, so muß die Bestimmung des § 5 Abs. 4 auch auf jene Anwendung finden. Dasselbe gilt für die Abrede der Aufrechnung. Die Frage, ob Aufrechnungen auch unter Sacheinlagen fallen (RG. 42, 4), ist nicht richtig gestellt. Eine Sacheinlage kann doch nur durch Überlassung eines in der Gesellschaft bleibenden Wertes erfolgen. Den schafft die Aufrechnung so wenig wie der Verzicht. Man muß aber den Gedanken des § 5 Abs. 4 dahin auffassen, daß „Einlagen, welche nicht in Geld zu leisten sind“, nicht nur, wie das gewöhnlich geschieht, durch Zuwendung eines Aktivums, sondern auch durch Beseitigung eines Passivums „gemacht werden“. Alle Arten der Begleichung der Einlagen anders als durch Geld fallen unter § 5 Abs. 4. Daß dies dem Gesetze entspricht, ergibt sich auch aus § 19 Abs. 2 u. 3. Dort ist die selbständige Aufrechnung dem Gesellschafter versagt (§ 19 Abs. 2; RG. 7. 2. 13 Holdheim 1914, 68). Über die Aufrechnung durch die Gesellschaft vgl. Anm. 15ff. zu § 19. Aus § 19 Abs. 3 ergibt sich, daß die Aufrechnung mit der Vergütung für einen der Gesellschaft übertragenen Vermögensgegenstand zulässig ist, falls dies im Gesellschaftsvertrage vorgesehen ist (vgl. OLG. Dresden 29. 12. 06 LZ. 1, 606). Damit ist die Möglichkeit einer Aufrechnung anerkannt. Es kann im Gesellschaftsvertrage bedungen werden, daß ein Gesellschafter berechtigt ist, mit einer Forderung, die ihm oder einem Dritten gegen die Gesellschaft zusteht, seine Schuld aus der Stammeinlage zu verrechnen. Und aus dieser fließt wieder der weitere Gedanke, daß die Beseitigung eines Passivums als Einlage zulässig ist. Es kann also der Eigentümer eines Grundstücks einen Geschäftsanteil erhalten für den Verzicht auf eine Dienstbarkeit, die auf einem von der Gesellschaft zu erwerbenden Terrain liegt. Es kann die Ablösung eines Mietvertrages für die Gesellschaft von solcher Bedeutung sein, daß sie den Mieter als Gesellschafter hierfür annimmt. Der Wert der Befreiung von dieser wird als Einlage anzuerkennen sein.

Die Aufrechnung selbst befreit die Gesellschaft ebenfalls von einem Passivum. Sie Anm. 23.
ist nur in den Fällen zulässig, in denen spätestens bei Eintragung der Gesellschaft zum Handelsregister für dieselbe eine Schuld entsteht. Mit künftigen Schulden der Gesellschaft kann keine Verrechnung vereinbart werden. Die Forderung muß im Zeitpunkt der Aufrechnung fällig und vollwertig sein (RG. 10. 7. 14 Holdheim 1914, 252). Anderenfalls wäre die Erfüllung der Einlage selbst in Frage gestellt. Denn es ist nie mit absoluter Sicherheit zu sagen, daß diese Forderung entstehen wird. Unzulässig ist daher die Abrede der Tilgung der Einlage durch Aufrechnung mit künftigen Gewinnansprüchen (oben Anm. 16). Als aufrechenbare Schulden können weiter nur solche in Betracht kommen, welche die Gesellschaft im Gründungsvertrage übernimmt. Verbindlichkeiten, die erst nach der Errichtung, wenn auch vor der Eintragung für diese künftig existent werdende Gesellschaft eingegangen werden und mit denen belastet diese ins Leben tritt, scheiden aus, weil sie im Momente der Errichtung des Gesellschaftsvertrages noch nicht bestehen. Schulden der Gesellschaft selbst vor der Errichtung sind unmöglich. Es gibt nur Schulden der Gründer. Diese gehen nur dann auf die Gesellschaft über, wenn der Gesellschaftsvertrag es bestimmt. Das geschieht durch die Übernahme von Passiven, die auf einem inferierten Objekte, Grundstücke oder Geschäfte ruhen. Mit all diesen Schulden der Gesellschaft kann der Gläubiger seine Einlage verrechnen, falls es im Gesellschaftsvertrage vorgesehen ist. Es ist hierdurch möglich, daß ein Gründer eine mit einer Hypothek belastete Liegenschaft einbringt, welche die Gesellschaft übernimmt und daß der Gläubiger aus der Hypothek seine Einlage durch Verrechnung mit der Hypothekenforderung leistet.

Aus § 5 Abs. 4 folgt aber endlich, daß eine Verrechnung im Gesellschaftsvertrage nur mit solchen Forderungen möglich ist, für welche die Gesellschaft einen Vermögensgegenstand, der den Anforderungen der Sacheinlage entspricht, erhielt. Denn anderenfalls wäre, was das Gesetz versagt, eine Gewährung von Geschäftsanteilen für geleistete Dienste, so-

§ 5. genannte Freianteile, möglich (oben Anm. 21). Es kann nicht, wenn die Gesellschafter einem der Gründer eine Belohnung für die Gründung zusagten (vgl. Anm. 61), auch wenn diese von der Gesellschaft im Gesellschaftsvertrage übernommen wurde, diese Forderung zur Einlage benutzt werden. Ebensowenig die Honorarforderung des Rechtsanwalts, der die Gründer beraten und die Entwürfe ausgearbeitet hat. Damit wäre eine Gesellschaft ohne Fundierung des Stammkapitals mit entsprechenden Aktiven entstanden. Eine Nichtigkeit der Gesellschaft tritt damit nicht ohne weiteres ein. Der Gesellschaftsvertrag ist einer Abänderung insoweit fähig, wenn nicht anzunehmen ist, daß die Gesellschaft nur unter diesen Voraussetzungen gewollt war (RG. 2. 2. 14 LZ. 14, 1369). Ebenso können Auslagen, welche ein Gründer für die Gesellschaft hatte und die ihm diese vergüten will, z. B. für Prüfung eines zu übernehmenden Bergwerkes, nicht zur Schaffung einer Stammeinlage dienen. Auch hier fehlt das Vermögensobjekt, das als Gegenwert in die Gesellschaft kommt. (Über die Begleichung solcher Forderungen durch die Gesellschaft vgl. Anm. 62.) Anders bei einer Erhöhung des Stammkapitals. Hier sind alle Ansprüche eines Gesellschafters gegen die Gesellschaft fähig, im Erhöhungsbeschlusse zur Aufrechnung mit der neuen Stammeinlage zugelassen zu werden.

Anm. 24. e) Nicht nötig ist, daß der Inferent Eigentümer des einzulegenden Gegenstandes ist. Man kann sich auch gültig verpflichten, einen zur Zeit noch fremden Gegenstand zu inferieren. Es ist nicht erforderlich, daß der Gegenstand Eigentum des Gesellschafters werde und dann auf die Gesellschaft übergehe. Die Übertragung kann unmittelbar durch den Dritten an die Gesellschaft erfolgen (RG. JW. 1900, 14 und Recht 1900, 539; BayObLG. 22. 6. 00 OLGR. 1, 248; RJA. 1, 147). Die Zustimmung des Dritten ist hierzu erforderlich. Sie soll bei der Anmeldung zum Handelsregister vorliegen. Der Registerrichter hat die Frage, ob der Einbringende über die Sache zu verfügen berechtigt ist, nur im Falle eines Einspruchs eines Dritten zu prüfen (Holdheim 22, 136). Die Gründer schließen entweder den Vertrag als Vertreter der künftig entstehenden Gesellschaft, oder der Einleger trifft die Vereinbarung mit dem Dritten zugunsten der GmbH. Anderenfalls fehlt es zwar nicht an der Wirksamkeit der Einlageerklärung, wohl aber an der Gewißheit der Erfüllung. Unrichtig ist es zu verlangen, daß auch diese Zustimmung im Gesellschaftsvertrage erfolge (BayObLG. a. a. O.). Es ergibt sich dieses schon daraus, daß ja auch die Einbringung von fremden Sachen oder Forderungen erfolgen kann, ohne daß die anderen Kontrahenten davon Kenntnis haben. Wird hier die Zustimmung des Berechtigten, sobald der Mangel im Rechte des Inferenten entdeckt wird, nicht beigebracht, so haftet der Inferent gemäß § 437 BGB. Die Illation kann auch in der Weise erfolgen, daß die Gesellschaft die Gegenstände im Gesellschaftsvertrage von einem Dritten übernimmt mit der Abrede, daß sie die Einlage eines Gesellschafters bilden sollen. Der mit diesem Dritten geschlossene Vertrag wird nach der Eintragung der Gesellschaft für dieselbe unmittelbar wirksam. Es kann endlich eine Illation durch einen Gesellschafter derart geschehen, daß der Wert dieser Sache sowohl für seine als die Einlage eines anderen Gesellschafters bestimmt ist. Auch der letztere ist dann Sacheinleger. Er haftet für die Einlage, soweit sie seinen Teil angeht. So kann ein Geschäft von dem Inhaber desselben eingebracht werden. Es kann aber auch als Einlage eines anderen Gründers, der nur stiller Gesellschafter bei jenem war, dienen. Die Auseinandersetzung der beiden Gesellschafter muß nicht im Gesellschaftsvertrage erfolgen. Liegt eine Schenkung vor, so ist sie auch zwischen dem Schenker und dem Empfänger durch den Vollzug des Einbringens zugunsten des letzteren erfüllt und damit auch ohne notarielle Form gültig (§ 518 BGB.). Rückforderung der Schenkung (§§ 527, 528 BGB.) oder Widerruf (§ 530 BGB.) berührt die GmbH. nicht. Über Umfang und Art der Haftung eines Dritten für die Sacheinlage vgl. Urt. d. RG. v. 5. 3. 14 RGZ. 84, 332. Die Verpflichtung der Gesellschafter, ein einem Dritten (im konkreten Fall einer o.HG., deren Teilhaber sie waren) gehöriges Grundstück einzubringen, ist vom RG. (Urt. v. 22. 5. 13, RGZ. 82, 299) bejaht worden — trotzdem die Verpflichtung nur in einem privatschriftlichen Vertrag ausgesprochen war. Der Begründung ist allerdings kaum zu folgen.

f) Mehrere, denen ein Gegenstand gemeinsam gehört, können diesen Gegenstand gemeinschaftlich inferieren, sei es so, daß der Geschäftsanteil den Inferenten gemeinsam (Anm. 27 zu § 2), oder so, daß jedem Inferenten ein Geschäftsanteil zugeteilt werde. In diesem letzteren Falle sind die gemeinsam Berechtigten sämtlich, und zwar jeder einzelne, Inferenten. Sie haben sich hinsichtlich des Gegenwertes bereits auseinandergesetzt. Die Gesellschaft ist angewiesen, in Gemäßheit dieser Teilung die Geschäftsanteile zuzuweisen. Diese Art der Illation kommt insbesondere dann häufig vor, wenn offene Handelsgesellschaften oder Kommanditgesellschaften in GmbH. umgewandelt werden. Es bringen zu diesem Zwecke sämtliche Gesellschafter ihre Anteile ein. Sie erhalten dafür Anteile der GmbH. Zu Unrecht hat der RFH. für diesen Fall den stempelpflichtigen Wert der Einlage nicht nur nach dem von jedem Gesellschafter einer o.HG. übernommenen Stammanteil bemessen, sondern den Wert der o.HG., obschon im Gesellschaftsvertrag hierüber eine Bestimmung nicht getroffen war, zugrunde gelegt. Die Einbringung der ganzen o.HG. sei als eine vereinbarte Nebenleistung im Sinne des § 3 Abs. 2 GmbHG. anzusehen (RFH. 7. 11. 21 JW. 22 I 606[3] und Geiler a. a. O.). Selbstverständlich können auch mehrere Gegenstände die Sacheinlage bilden. Über die Vereinbarung einer Gesamtvergütung vgl. unten Anm. 39. **§ 5.** **Anm. 25.**

g) Der Wert der Sacheinlage braucht sich mit der Ziffer des zu gewährenden Stammanteils ziffermäßig nicht zu decken. Die Inferierung von Sachen ist nicht bloß in der Weise zulässig, daß für den Wert der Sache glatt ein gleichwertiger Stammanteil gewährt wird. Es sind Kombinationen möglich. So kann der Gründer eine Sach- und eine Geldeinlage machen und dafür einen Stammanteil erhalten. Es kann der Gesellschafter nur eine Sacheinlage machen, aber dafür außer dem Stammanteil noch eine weitere Vergütung empfangen, insbesondere eine Geldsumme (vgl. unten Anm. 51). Ebenso kann die weitere Vergütung in der Übernahme von Schulden bestehen. Bei der Übertragung eines Geschäftes mit 150 000 M. Aktiven und 50 000 M. Passiven auf die GmbH. wird man jedoch nicht wohl von einer Vergütung von 150 000 M. durch Gewährung eines Geschäftsanteils in Höhe von 100 000 M. und Übernahme von Schulden im Betrage von 50 000 M. sprechen. Der Wert der Sacheinlage als Ganzes, um die sie unter Zugrundelegung der Schuldübernahme eingelegt wird, ist vielmehr 100 000 M., die auf die Stammeinlage verrechnet werden. Soll für mehrere Sacheinlagen ein Stammanteil in bestimmter Höhe gegeben werden, so kann dieses Abkommen nicht zum Teil für gültig, zum Teil für ungültig erklärt werden. Es ist nur einheitliche Beurteilung möglich (RG. 5. 2. 15, RGZ. 86, 210, JW. 1915, 514[13]). (Vgl. auch unten Anm. 47.) **Anm. 26.**

h) Die rechtliche Natur der Illation. Der Illationsvertrag ist ein Teil des Gesellschaftsvertrages (Zitate bei Staub-Pinner, HGB. Anm. 4 zu § 186). Er ist ein obligatorischer Veräußerungsvertrag, wenn auch eigener Art. Zu trennen von diesem Veräußerungsvertrage, der Zusage der Übertragung des Rechts, ist dessen Vollzug. Er ist kein Bestandteil des Gesellschaftsvertrags. Inwieweit er bei der Vorbereitung der Eintragung erfüllt sein muß vgl. Anm. 14ff. zu § 7 und 12 zu § 8. Die zum Vollzuge nötige Willenserklärung des Inferenten kann im Gesellschaftsvertrag erfolgen. Sie muß es nicht. So kann eine Aktiengesellschaft, welche eine Filiale in eine GmbH. umwandelt, das Handelsgeschäft dieser Filiale einbringen. Sie kann dabei den bisherigen Filialdirektor anweisen, die körperlichen Gegenstände dieser Niederlassung nun für die neue Gesellschaft zu besitzen. Der Geschäftsführer derselben kann diese Übertragung für die Gesellschaft bereits im Gesellschaftsvertrage annehmen. Ist dieser Übertragungsakt aus irgendeinem Grunde ungültig, so ist das auf die Wirksamkeit des Illationsvertrags ohne Einfluß. Für den Vollzugsakt erscheint dabei als Gegenkontrahent bereits die Gesellschaft, wenn auch erst als werdende Person, nicht die einzelnen Gesellschaftsgründer. Hieraus folgt, daß es für den Erwerb im guten Glauben nicht auf das Wissen oder Wissenmüssen der anderen Gründer, sondern nur der Geschäfts- **Anm. 27.**

§ 5. führer ankommt. Die Gesellschaft erwirbt das freie Eigentum an den ihr überlieferten Waren, wenn auch ein Gesellschafter wußte, daß diese verpfändet waren.

Da der Illationsvertrag in notarieller oder gerichtlicher Urkunde erfolgt, so sind damit stets auch die für die einzelne Veräußerungen, z. B. bei Immobilien (§ 313 BGB.), bei einem ganzen Vermögen (§ 311 BGB.), bei Geschäftsanteilen einer GmbH. usw. vorgeschriebenen Formen gewahrt.

Anm. 28. i) Die Gewährleistung für den inferierten Gegenstand richtet sich nach den allgemeinen Grundsätzen des BGB., modifiziert durch die besondere Natur der GmbH. (vgl. Anm. 5 Allg. Einleitung, Anm. 24 zu § 2, Anm. 23 zu § 3). Es ist hier stets wieder die Aufhebung des Rechtsverhältnisses, das zu einer Leistung führte, unstatthaft, soweit hierdurch § 30 Abs. 1 verletzt wird. Nur unter Beobachtung der Vorschriften über die Amortisation (vgl. Anm. 18 zu § 34) ist dies möglich (vgl. RG. 9. 1. 12 Holdheim 21, 195). Es muß entweder das Vermögen der GmbH. auch nach Ausscheiden des inferierten Gegenstandes so groß sein, daß das Stammkapital gedeckt ist, oder es muß die Herabsetzung desselben gemäß § 58 durchgeführt werden. Dies gilt, sobald der Gesellschaftsvertrag zum Handelsregister eingetragen ist. Vorher sind die Grundsätze des BGB. ohne jede Einschränkung anwendbar. Nur scheinbar a. M. Brodmann (Anm. 5 zu § 5). Er hält das „Recht zur Wandelung für ausgeschlossen, das nicht ausgeübt werden kann, ohne die Stammeinlage zurückzugewähren". Der Fall der Amortisation bleibt auch hiernach offen. Ebenso der der Herabsetzung. Das Ergebnis deckt sich mit dem Vorstehenden. Bei der Illation einer Sache ist in erster Linie für die Beschaffung des Rechts hieran einzustehen. Dasselbe gilt für immaterielle Güter (Patent, Urheberrecht usw.). Ebenso haftet der Inferent für die Existenz der Forderung. Für die Beibringlichkeit der Forderung wird nicht eingestanden. Es bedarf einer ausdrücklich hierauf gerichteten Zusage. Sie ist eine Nebenverbindlichkeit der Einlagepflicht (RG. 23. 4. 12 RGZ. 79, 273; vgl. Anm. 7 zu § 19). Die Folge der Nichtexistenz des Rechts ist der Anspruch der Gesellschaft auf Schadensersatz oder Rücktritt (§§ 434, 437, 440, 325, 326 BGB.). Abweichend das RG. (Urt. v. 5. 2. 15 RGZ. 86, 210). Es unterscheidet zwischen objektiver Unmöglichkeit der Einbringung des Rechts und subjektivem Unvermögen. Nur das letztere soll der GmbH. das Recht auf Minderung geben. Im ersteren Falle soll das Einbringungsabkommen und damit der Geschäftsanteil, auf den das Einbringen gemacht wird, nichtig sein. Brodmann (a. a. O.) hält einen Minderungsanspruch für gegeben, gleich der hier vertretenen Ansicht. Er will aber für die Frage der gänzlichen oder teilweisen Unmöglichkeit eines Sacheinbringens im weitesten Maße das Substitutionsprinzip durchgeführt sehen. Es sei die Differenz zwischen dem zugelassenen und dem tatsächlichen Einlagewert durch Geldeinzahlung zu decken. (Im Gegensatz hierzu RG. 18. 4. 13 Recht 1913, 1657/58, Holdheim 22, 247.) Beides ist abzulehnen. Hierüber Ausführungen im Zusammenhang im nächsten Absatz. Ein Recht der Gesellschaft, den Gesellschafter, dessen Sacheinlage entwehrt wird, zu kaduzieren, besteht nicht (vgl. Anm. 1 zu § 21; RG. 22. 2. 08, RGZ. 68, 275). Gerade dies zwingt aber zur Annahme der Einziehung des Geschäftsanteils. Ob aus der Rückgabe der Einlage an den einen Gesellschafter mittels Amortisation seines Anteils ein Recht eines anderen Gesellschafters folgt, die Auflösung der Gesellschaft zu fordern, ist im Einzelfalle zu entscheiden. Es hängt davon ab, wie dies auf die Verhältnisse der Gesellschaft zurückwirkt. Erheblich ist insbesondere die Erschwerung oder Vereitelung des Gesellschaftszwecks (§ 61 Abs. 1). Man denke z. B. an den Fall, daß die Gesellschaft zur Ausbeutung eines Patentes begründet wurde. Dieses wird vernichtet. Der Inferent wird durch Einziehung seines Geschäftsanteils ausgeschlossen. Kein anderer Gesellschafter braucht das von ihm zu dem jetzt vereitelten Zwecke der Gesellschaft übertragene Kapital ihr zu anderen Zwecken, auch wenn sie nebenher im Gesellschaftsvertrage erwähnt waren, zu belassen. Er kann die Auflösung fordern.

Der Inferent einer körperlichen Sache haftet nach dem Gesetze für heimliche Mängel derselben. Im Falle der Garantie und der Arglist steht der Gesellschaft der Anspruch auf Schadensersatz zu (§ 463 BGB.). In dem anderen Falle hat die Gesellschaft ein Recht, statt der Sache eine Geldleistung zu verlangen, nicht (a. M. anscheinend Neukamp Anm. 9a zu § 5. Die von ihm zitierte Entscheidung des RG. 22. 3. 03 JW. 02, 259, 260 bezieht sich auf die Gewährleistung für das fehlende Recht, nicht für Mängel). Es bleibt nur der Minderungs- und der Wandelungsanspruch. Beide zwingen wieder zur Einziehung des Geschäftsanteils. Auch bei einer Minderung ist die Herabsetzung der Gegenleistung der Gesellschaft in anderer Weise nicht möglich. Sie besteht ja in der Gewährung des Geschäftsanteils. Wird diese gemindert, so muß sich dies bei der Beteiligung ausdrücken. Diese kann aber nur durch Einziehung herabgesetzt werden. Hier ist sie nur eine teilweise Einziehung. Das bestätigt wieder, daß auch die Wandelung zulässig sein muß. Sie kann sich aber nur durch Volleinziehung des Geschäftsanteils vollziehen. Der Unterschied zwischen beiden Rechtsmitteln liegt nur darin, daß bei der Minderung dem Inferenten ein Teil des Geschäftsanteils belassen, bei der Wandelung er ihm ganz entzogen wird. Es ist daher inkonsequent, wenn Neukamp a. a. O. zwar die Minderung zuläßt, die Wandelung aber ausschließt. Ist eine Gattungssache eingebracht, so kann die Lieferung einer mangelfreien Sache gefordert werden. Ein Betrug des Gesellschafters bei dieser Leistung ist zu unterscheiden vom Betruge bei der Zusage der Einlage (Anm. 34 zu § 2). Er trifft nur den Vollzug. Die Anfechtung wie die Entschädigungsklage sind möglich. Sie treffen nicht den Gesellschaftsvertrag (RG. 9. 1. 12 Holdheim 21, 195). § 5.

Ist ein Handelsgeschäft eingebracht, so kann für dieses als einer Einheit die Haftung wegen Mängeln desselben geltend gemacht werden. Es ist anerkannt, daß die Gesamtsache als solche mit Mängeln behaftet sein kann, die deren Wert oder den nach dem Vertrage vorausgesetzten Gebrauch aufheben oder mindern. Die Wandelung und Minderung bezieht sich alsdann auf die Sachgesamtheit als einheitliches Ganzes. Davon zu trennen sind die Fehler, die sich bei einzelnen Objekten des Handelsgeschäfts zeigen. So bei Waren, die mit demselben auf die Gesellschaft übergehen. Sie erzeugen für deren Wert den Anspruch auf Wandelung und Minderung. Dabei wird auch jener im Erfolge nur auf eine Herabsetzung des Gesamtgeschäftsanteils um den Betrag der zurückzugebenden Sache hinauslaufen (RG. 13. 3. 06 RGZ. 63, 59 und RG. 20. 11. 08 RGZ. 64, 249, JW. 09, 15[9]. Das Recht eines Dritten, kraft eines Patentes den Gewerbebetrieb zu untersagen, kann ein solcher Mangel sein). Daneben kommt auch hier die Auslegungsregel in Betracht, daß der Inferent eines Handelsgeschäfts als Gesamtsache dafür im Zweifel einsteht, daß die Aktiven nach Abzug der übernommenen Passiva den angegebenen Wert erreichen (vgl. oben Anm. 20).

Eine **Haftung für den Wert** der eingebrachten Gegenstände besteht in der Regel nicht (RG. 12. 6. 13 LZ. 13, 682). Der Gesellschaftsvertrag ist auch insoweit nach §§ 133, 157 BGB. auszulegen. Bei seiner Auslegung aber dürfen nur solche Tatsachen herangezogen werden, die aus den zum Handelsregister eingereichten Schriftstücken zu ermitteln sind (OLG. Hamburg 2. 3. 12 OLGRspr. 27, 364). Eine Übernahme ist ausdrücklich und stillschweigend möglich (vgl. Anm. 20 bei der Einlage von Handelsgeschäften). Ebenso besteht eine Haftung bei absichtlicher Schädigung der Gesellschaft, also bei wissentlichem Verschweigen von Tatsachen, aus denen ein Minderwert erhellen mußte, z. B. bei Einbringung eines Bergwerks, dessen Erschöpfung ihnen bekannt war, oder eines Patentes, das unverwertbar ist (vgl. RG. 22. 3. 02 JW. 02 259 f., RG. 5. 3. 14 RGZ. 84, 332).

Die Gründer können die Haftung für den Wert übernehmen. Die Festsetzung des Wertes der Einlage erfolgt durch die Vereinbarung der Gründer. Mangels einer besonderen Abrede stehen sie auch nicht für die Richtigkeit der Bewertung ein. Was mit dem Einstehen gesagt ist, muß im Einzelfalle festgestellt werden. Es kann bedeuten, daß der Gesellschafter sich einer nachträglichen Schätzung unterwirft. Bleibt sie unter der Bewertung, so ist er verpflichtet den Fehlbetrag zuzuschießen. Es kann auch der Sinn dahin gehen,

§ 5. daß der Inferent für ein Ergebnis einer Weiterverwertung einsteht. So bei Terrains, die zum Weiterverkaufe bestimmt sind. Die Garantie kann auch den anderen Gesellschaftern geleistet sein. Sie berechtigt dann diese zu einem Anspruche auf Ersatz des Schadens, den sie durch den Minderwert ihrer Geschäftsanteile als Folge des Minderwerts der Einlage des Garanten erleiden.

Bei allen Haftungen aus der Sacheinlage besteht für den Gesellschafter kein Recht, sich durch Hingabe des Geschäftsanteils frei zu machen.

Anm. 28a. Wird eine Leistung zugesagt, die unfähig ist, als Sacheinlage zu erscheinen (vgl. Anm. 15, 18, 21), so hat der Gesellschafter überhaupt keine Einlage gemacht. Der Registerrichter muß die Eintragung ablehnen. Ist sie trotzdem erfolgt, so kann er die Gesellschaft nicht löschen. Sie ist durch die Eintragung entstanden. Ihr Stammkapital ist das im Gesellschaftsvertrage festgesetzte. Nur der Geschäftsanteil des Gesellschafters, der die einmalige Sacheinlage zusagte, kommt nicht zur Entstehung. Er ist nicht verpflichtet, an Stelle der von ihm versprochenen Leistung eine andere zu machen. Daher fehlt hier die Stammeinlage. Der Fall liegt dem der Mitwirkung eines Geschäftsunfähigen oder in der Geschäftsfähigkeit Beschränkten bei der Gründung (Anm. 31 u. 51 zu § 2) gleich. Ebenso dem der ungenügenden Bezeichnung der Sacheinlage (unten Anm. 47). Ist es nicht möglich, von dem an die ungültige Erklärung nicht gebundenen Gesellschafter eine gültige Einlage zu erhalten und tritt nicht an seiner Stelle ein anderer der Gesellschaft bei (Anm. 50 zu § 2), so hat die Gesellschaft eine Unterbilanz. Ihr Stammkapital ist wie in anderen Fällen des Verlustes um den Fehlbetrag nicht gedeckt. Die Gesellschaft muß entweder so lange auf Dividende verzichten, bis sie beseitigt ist, oder zur Herabsetzung des Stammkapitals schreiten. Eine Kollektivhaftung der anderen Gesellschafter findet nicht statt. Die Anwendung des § 24 GmbHG. ist auf diesen Fall nicht möglich (vgl. Anm. 49 zu § 2 und Anm. 1 zu § 24).

Anm. 29. 2. **Die Übernahme** im Gegensatze zur Sacheinlage ist ein Erwerb von Gegenständen durch die Gesellschaft gegen andere Vergütung als Gewährung von Geschäftsanteilen. Sacheinlage und Übernahme scheidet auch Brodmann begrifflich scharf (Brodmann § 5 Anm. 6 am Anfang), während das RG. (Urt. v. 2. 3. 15 Holdheim 1915, S. 124) darin seltsamerweise nur eine verschiedene Form des Ausdrucks sehen will. Das RG. verkennt hier, daß zwar schließlich der gleiche Erfolg in beiden Fällen erreicht wird, daß aber die Wege dazu vollständig voneinander abweichen.

a) Das Gesetz erwähnt nur den Fall, daß die Gesellschaft einen Gegenstand gegen Vergütung übernimmt und diese auf die Stammeinlage angerechnet werden soll. Der Gründer verkauft eine Liegenschaft an die Gesellschaft und bedient sich des Kaufpreises zur Begleichung seiner Einlage. Diese Abrede ist lediglich eine Umgehung der unmittelbaren Einlage. Ihre Erwähnung beseitigt ausdrücklich, was für die Aktiengründung auch ohnedies anerkannt war, die Möglichkeit, die Bestimmungen über die Sacheinlagen durch einen besonderen Übernahmevertrag, der formell vom Einlagevertrag getrennt wird, zu umgehen. Einem solchen Übernahmevertrag mit dem Gesellschafter selbst, der seine Einlageverpflichtung mit dem Kaufpreise verrechnen will, steht das Abkommen mit einem Dritten, dessen Gegenforderung zur Begleichung einer Einlage eines Gesellschafters dienen soll, gleich (RG. 25. 5. 98, RGZ. 41, 125; RG. 7. 11. 16 Holdheim 26, 167). Das sind aber die einzigen Übernahmeverträge, die in dem Gesellschaftsvertrage auf Grund des § 5 Abs. 4 aufzunehmen sind.

Anm. 30. b) Nicht im Gesetz erwähnt sind Übernahmeverträge mit Dritten, die nicht Gesellschafter sind und deren Gegenleistung nicht in der Verrechnung mit einer Einlage besteht. Sie bedürfen nicht der Aufnahme in den Gesellschaftsvertrag zu ihrer Gültigkeit (Merzbacher Anm. 6 zu § 5; Rehm in SächsBl. 71, 141; a. M. Brodmann Anm. 6 zu § 5; Parisius Crüger-Crecelius S. 109). Eine Abrede der Gesellschafter mit einem Dritten vor der Gründung, daß die Gesellschaft mit dem von ihnen bar eingeschossenen Kapitale dessen Fabrik kaufen wird, ist wirksam, auch wenn sie nicht im Gesellschaftsvertrage steht. Der Erwerb dieses Objektes, wenn auch fest vor der Gründung verabredet, kann sich erst nach dem Eintrage vollziehen. Er gilt als reine Verwaltungshandlung, für die nur die Geschäftsführer verantwortlich sind (Motive 20, 21). Es liegt hier nur eine Anlage des Gesellschaftskapitals vor. Die Motive sind an dieser Stelle keineswegs, wie Staub in der ersten Auflage ihnen vorwarf, unklar, so daß auf den Geist und Zweck des Gesetzes zurückgegangen werden müsse. Staub hatte (Anm. 18 S. 54/55) die Ansicht vertreten, daß auch diese zweite Art von Übernahmeverträgen der Aufnahme in den Gesellschaftsvertrag bedürfe. „Es wäre eine große Inkonsequenz, besondere Fürsorge zu treffen für den Fall, daß Übernahmeverträge mit den Gründern abgeschlossen würden, und Übernahmen anderer Art ohne jede Fürsorge zu lassen." Allein diese Ansicht läßt sich gegenüber dem klaren Wortlaute des Gesetzes und der Vergleichung mit dem Aktienrechte nicht aufrechterhalten. Der § 5 Abs. 4 spricht kein Wort von solchen Übernahmeverträgen mit Dritten. Es geht nicht an, aus legislatorischen Gründen eine *Form* für einen Vertrag zu fordern, von der das Gesetz nichts weiß und nichts wissen will. Der § 5 Abs. 4 lehnt sich auch hier an das Aktienrecht an, aber (vgl. Allg. Einl. Anm. 21 und oben Anm. 13) nicht an die Gründung, sondern an die *Erhöhung* des Grundkapitals. Bei jener ist allerdings bestimmt, daß bei der Übernahme von Anlagen oder sonstigen Gegenständen das Abkommen in den Gründungsakt aufzunehmen ist, auch wenn keine Aktien, sondern andere Vergütungen gewährt werden (§ 186 HGB.). Bei der Erhöhung des Grundkapitals findet sich diese Anordnung nicht. Wohl aber hat § 279 HGB. denselben Wortlaut wie § 5 Abs. 4 GmbHG. Nur die Übernahme ist erwähnt, für welche die Vergütung auf die Einlage angerechnet wird. Es ist zweifellos, daß, wenn die Aktiengesellschaft ein Anwesen zu kaufen beschloß und der Vertrag, vorbehaltlich der Beschaffung der Mittel durch Kapitalerhöhung, bereits vorliegt, es keiner Erwähnung desselben im Beschlusse über die Erhöhung und keiner Genehmigung durch die Generalversammlung bedarf (vgl. Staub-Pinner HGB., Einleitung zu § 279). Die Gründung der GmbH. steht in ihrer Behandlung der Erhöhung des Grundkapitals der Aktiengesellschaft gleich. So wenig das Gesetz die Vorschriften über den Erwerb von Anlagen oder Immobilien in den nächsten zwei Jahren nach der Gründung von dem Aktienrecht übernahm, so wenig kennt es die Bestimmung über die Unwirksamkeit einer Übernahmeabrede zu Lasten der Gesellschaft, falls nicht ein Gesellschafter hierdurch seine Einlage begleicht. Für die jetzt vertretene Ansicht sind nicht nur die meisten Kommentare, sondern offenbar auch das RG. In dem Urteile vom 5. 5. 98 RGZ. 41, 125 wird zwar eine Tilgung einer Einlageschuld durch eine mit Heranziehung eines Dritten ausgeführte Verrechnung für unwirksam erklärt. Der Satz aber, daß die Geschäftsführer nach Errichtung der Gesellschaft kraft ihrer Verwaltungsbefugnisse (§ 35) berechtigt sind, Vermögensgegenstände von dritten Personen zu erwerben, wobei der Preis aus dem Kapital der Gesellschaft berichtigt werden muß, wird nicht beanstandet. Ebenso ist in dem unter Anm. 33 angeführten ungedruckten Urteil des RG. 2. 11. 07 der Erwerb ohne Aufnahme in den Gesellschaftsvertrag nicht bemängelt. § 5.

c) *Nicht als Übernahme im Sinne des § 5 Abs. 4 erscheinen Abreden, bei denen der Gesellschafter einen Gegenstand der Gesellschaft leistet, die Gegenleistung aber nicht in der Verrechnung auf eine Einlage besteht.* Auch hier war in Konsequenz des in ihr aufgestellten Begriffs der Übernahme Staub (erste Auflage Anm. 17 S. 54) anderer Meinung. Soweit es sich um *Verpflichtungen* eines Gesellschafters als solchen dreht, ist § 3 Abs. 2 anwendbar (vgl. Anm. 25ff. zu § 3). Dann brauchen diese aber nicht in einer Sachleistung zu bestehen. Es sind hier auch Zusagen von Diensten wie herzustellenden Sachen möglich. Gerade dieses Moment, das auch Staub hervorhebt, zeigt, daß hier keine *Übernahme*, die gemäß § 5 Abs. 4 zu behandeln ist, vorliegt. Man kann doch nicht wohl von der „Übernahme" künftiger Dienste als Geschäftsführer sprechen. Einer Aufnahme in den Gesellschaftsvertrag bedürfen diese Abmachungen, um gesellschaftsrechtliche Verpflichtungen zu er- Anm. 31.

§ 5. zeugen, nicht aber um einen rechtswirksamen Dienstvertrag herzustellen. Solche Übereinkommen außerhalb des Gesellschaftsvertrages sind gültig. Nur bilden sie keinen Teil desselben. So die tagtäglich vorkommende Abrede, daß der Vorbesitzer eines in die Gesellschaft inferierten Geschäfts für mehrere Jahre Geschäftsführer oder Agent wird, daß er bestimmte Räume in seinem Hause an die Gesellschaft vermietet, daß er Lieferungsverträge abschließt usw. Über die „Gewährung besonderer Vorteile" neben dem Geschäftsanteile, die unter Umständen in einem solchen Abkommen liegen kann, so in der Verpflichtung der Gesellschaft, einem Gründer ihre ganze Produktion zu verkaufen oder die seine abzunehmen, vgl. unten Anm. 53.

Anm. 32. d) Die Voraussetzungen für den der Illation gleichstehenden Übernahmevertrag (Anm. 28) sind dieselben wie für jene. Nur solche Wertobjekte können den Gegenstand der Übernahme bilden, welche Gegenstand der Sacheinlage sein können (Anm. 14 bis 21). Unmöglich ist die Übernahme künftiger Dienste des Gesellschafters gegen Vergütung, mit welcher aufgerechnet würde. Dann wäre ja die Umgehung des Gesetzes, die durch die Behandlung der Übernahme vereitelt werden sollte, wieder eingeführt. Der Text spricht daher auch nur von Vermögensgegenständen. Gemeint sind nur der Aufnahme in die Bilanz fähige Wertobjekte.

Anm. 33. e) Gemischte Sacheinlagen (vgl. Hachenburg LZ. 1, 278). Verbindungen von echten Übernahmen mit unechten, d. h. nicht unter § 5 Abs. 4 fallenden, sind nicht nur möglich, sondern überaus häufig. Es können von denselben Gesellschaftern Sachen eingebracht werden gegen die Gewährung eines Geschäftsanteils und andere gegen Zahlung. Es kann dieselbe Sache an die Gesellschaft veräußert werden, teilweise unter Verrechnung auf eine Sacheinlage, teilweise gegen bar oder Übernahme von Schulden usw. Auf die letzteren Übernahmen ist § 5 Abs. 4 nicht anwendbar. Es braucht die Summe, für welche nicht ein Geschäftsanteil gewährt wird, nicht im Gesellschaftsvertrage benannt zu werden. Sie kann einer künftigen Schätzung überlassen bleiben. Dies ist bei der Übernahme eines Handelsgeschäfts mit allen Aktiven und den auf den Tag der Einbringung zu Buche stehenden Passiven der Fall. Der die übernommene Stammeinlage nach Abzug der Passiva übersteigende Wert des Geschäfts ist bar herauszubezahlen (vgl. Anm. 20). Nicht aber darf aus der Nichtanwendung der vollen Vorschrift des § 5 Abs. 4 auf den nicht zur Verrechnung auf die Stammeinlage dienenden Teil der Leistung geschlossen werden, daß dieser keiner Erwähnung im Gesellschaftsvertrage bedarf. Es ist nicht zulässig, daß ein Gesellschafter, der der Gesellschaft einen Vermögensgegenstand zur Deckung seiner Einlage von 10000 M. um diesen Betrag überläßt, von ihr eine weitere Zahlung von 5000 M. beziehe, weil die Sache 15000 M. wert sei und er mit den anderen Gesellschaftern vereinbart habe, daß er den Mehrwert in bar erhalte. Allerdings läge für diesen Teil der Übergabe eine Überlassung nicht zur Verrechnung auf die Stammeinlage vor, sondern ein neuer Umsatzvertrag. Allein aus der Feststellung im Gesellschaftsvertrage folgt, daß der Inferent dieser die Sache um den Wert von 10000 M. zur Deckung der Stammeinlage übertrage. Eine hiermit im Widerspruch stehende Leistung der Gesellschaft wäre wieder eine Rückgewähr des Stammkapitals. Nur durch die Erwähnung des Mehrwertes im Gesellschaftsvertrage kann sich der Gesellschafter dessen Herauszahlung sichern. Steht dieser wie in dem erwähnten Falle des Einbringens eines Geschäftes noch nicht fest, so bedarf es nur der Aufnahme der Pflicht zur Rückzahlung des zu berechnenden Überschusses. Aber stets wird aus dem Gesellschaftsvertrage hervorgehen müssen, daß es sich nicht um eine reine, sondern eine gemischte Sacheinlage handelt. Der Vorschrift des Gesetzes ist auch dann genügt, wenn es sich aus dem Gesellschaftsvertrage ergibt, daß der Gegenstand nur teilweise oder beschränkt auf die Stammeinlage eingebracht wird. Es wird der Gesellschaft an einer Immobilie das Eigentum nur zur Hälfte eingeräumt. Die andere Hälfte behält der Inferent. Sie erwirbt an einem Patent nur die ausschließliche Lizenz. Das Recht selbst bleibt dem Gesellschafter. In all diesen und ähnlichen Fällen steht nichts im Wege, daß die Gesellschaft nach ihrer Entstehung durch ihren Geschäftsführer die in den Händen des Gründers gebliebenen Rechte durch besonderen Kauf erwerbe. Auch dann, wenn dies vorher durch die Gründer verabredet war (vgl. Urteil des RG. 2. 11. 07 in Sachen Norddeutsche Melasseverwertungsgesellschaft ./. Deutsch-russische Kraftfutterwerke $\frac{\text{I, 256/1907}}{5}$. Der Patenteigentümer hatte dort, statt sein Patent um 102000 M. in die Gesellschaft zu übertragen und davon 50000 M. auf seine Stammeinlage zu verrechnen und 52000 in bar zu bedingen, sein Recht aus einem ausschließlichen Lizenzvertrage mit einem Dritten auf seine Einlage von 50000 M. eingebracht. Sein Patentrecht selbst hatte er in einem besonderen, nicht im Gesellschaftsvertrage beurkundeten Vertrage der Gesellschaft um 52000 M. verkauft. Das RG. erklärte dies für zulässig). § 5.

War unter den Gründern die Einbringung der Sache zu einem höheren Betrage als die Stammeinlage ausgemacht und die Herauszahlung eines Überschusses verabredet, ist aber im Gesellschaftsvertrage nur ein Einbringen zu einem Werte, der die Einlageschuld deckt, beurkundet, so gibt dies dem Inferenten kein Recht der Anfechtung des Gesellschaftsvertrages, selbst wenn er dartut, daß er sich über dessen Inhalt in einem Irrtum befand (vgl. Anm. 34 zu § 2). Wohl aber hat er einen Anspruch gegen seine Mitgründer auf Auflösung der Gesellschaft, allerdings nur persönlich gegen diese (vgl. Anm. 35 zu § 2 und Anm. 44 zu § 45). Er kann auch, wenn eine ungerechtfertigte Bereicherung derselben vorliegt, den Betrag derselben von den anderen Mitgründern einfordern. War z. B. vereinbart, daß ein Gesellschafter sein Geschäft auf seine Einlage von 100000 M. in dieser Höhe einbringe und den auf Grund der Eröffnungsbilanz festgestellten Mehrwert in barem Gelde erhalte, war aber diese letztere Abrede nicht in den Gesellschaftsvertrag aufgenommen, so ist eine solche Auszahlung unstatthaft. Die Gesellschaft darf das Geschäft nicht um einen höheren Betrag als 100000 M. in ihrer Bilanz aufnehmen. Nur das kostet es sie. Es ist unzulässig, mittels einer anderen Bewertung einen Überschuß über das zur Erhaltung des Stammkapitals erforderte Vermögen herauszurechnen und dessen Auszahlung an den Gesellschafter zu beschließen. Es bleibt diesem nur die Auseinandersetzung mit den anderen Gründern. Er kann seine eigene Leistung, die Mitwirkung bei dieser Gründung, die er nicht schuldet, zurückfordern. Das führt zur Klage auf Mitwirkung zum Auflösungsbeschluß. Er kann eine Bereicherung der anderen Gesellschafter aus dem inneren Mehrwert der Geschäftsanteile ableiten. Nur gegen die Gesellschaft selbst steht ihm ein Recht nicht zu. Eine Heilung der Lücke im Gesellschaftsvertrage muß auch hier durch eine Änderung desselben zulässig sein. Die Gesellschafter können die Einlagebestimmung dahin abändern, daß der Gegenstand zu einem höheren Werte angenommen und der Mehrbetrag herausbezahlt werde. Allein auch hier wird man (vgl. Anm. 46) Einstimmigkeit aller Gesellschafter fordern. Auch hier würden alle Vorschriften über die Herabsetzung des Stammkapitals zu beobachten sein. Es bedarf der Bekanntmachung des Beschlusses. Die Befriedigung oder Sicherstellung der Gläubiger, sofern diese sich melden und der Maßregel nicht zustimmen, ist nachzuweisen. Eine Anmeldung erfolgt erst nach Ablauf des Sperrjahres (§ 58). Werden aber alle diese Sicherheitsmaßnahmen beobachtet, so liegt kein Grund vor, den Gesellschaftern die Richtigstellung des Gesellschaftsvertrags auf diesem Wege zu versagen. Es kann für die Gläubiger, welche zur Zeit des Beschlusses Forderungen besitzen, von keiner Bedeutung sein, ob dem Gesellschafter unter Herabsetzung des Stammkapitals ein Teil der Einlage zurückbezahlt oder die gemachte Sacheinlage unter Beibehaltung des Nominalbetrags des Stammkapitals zu einem höheren Betrage verrechnet wird.

Bei der gemischten Einlage liegen zwei selbständige Rechtsgeschäfte vor, ein Über- **Anm. 34.** einkommen der Einbringung auf die Stammeinlage und ein Kaufgeschäft. Beide sind durch den gemeinsamen Gegenstand und die Aufnahme in den Gesellschaftsvertrag verbunden. Trotzdem muß jedes nach den für dasselbe geltenden Vorschriften beurteilt werden. Es wäre zulässig, daß der Gesellschaftsvertrag nur die Stammeinlage behandelt oder fest-

§ 5. stellt, daß die Sache teilweise auf diese eingebracht wird. Das Schicksal des anderen Anteils an der Sache bleibt der besonderen Verfügung des Eigentümers überlassen (vgl. das Anm. 33 zitierte Erkenntnis des RG.). Es kann die Gesellschaft diese zweite Hälfte in einem selbständigen Kaufvertrage erwerben. Die Unabhängigkeit beider Geschäfte springt in die Augen. Hieraus folgt aber, daß dasselbe gelten muß, wenn die beiden Rechtsgeschäfte als eine formale Einheit erscheinen. Der zufällige Umstand der Form kann für die Rechtswirkung nicht bestimmend sein. Man wird nur bei der Übertragung des Gegenstandes als Einheit aus der Verteilung des Wertes die Relation der Beteiligung an der Sache abzuleiten haben. Wenn ein Grundstück im Werte von 150000 M. derart übertragen wird, daß 50000 M. auf die Einlage kommen, 100000 M herauszuzahlen sind, so bildet ein Drittel desselben die Sacheinlage, während zwei Drittel Gegenstand des Kaufes sind. Ist das Grundstück noch nicht aufgelassen, so kann der Gesellschafter als Verkäufer bei Gefährdung der Gegenleistung die Auflassung für die zwei Drittel weigern. Nur für den Einlageteil steht ihm das Zurückbehaltungsrecht nicht zu. Gerät die Gesellschaft in Konkurs, so kann der Konkursverwalter gemäß § 17 KO. auffordern. Das eine Drittel Einlage muß der Gesellschafter leisten. Es entsteht Miteigentum zu Bruchteilen. Wollte man dies nicht tun, so müßte entweder die Konkursmasse, wenn sie nicht erfüllen will, auf das ganze Grundstück verzichten. Damit verstieße sie gegen § 19 Abs. 2 des Gesetzes. Oder sie verlöre das Wahlrecht, das ihr § 17 KO. gibt. Sie müßte stets den ganzen Vertrag erfüllen. Beide Konsequenzen sind unannehmbar. Dasselbe gilt in einer Reihe von anderen Fällen. So, wenn die Sache fehlerhaft ist. Für den verkauften Anteil muß der Gesellschaft die Wandelung zustehen. Sie scheitert nur für die Einlage an der Bestimmung des § 30 Abs. 1 (vgl. Anm. 28). Sie weiter auszudehnen, liegt kein zwingender Grund vor. (A. M. anscheinend RG. 68, 272. Dort ist allerdings die hier versuchte Lösung mittels Quotenteilung nicht zur Sprache gekommen.)

Wenn über diese Überlassung einer Sache, die teils gegen Verrechnung auf die Einlage, teils gegen Herauszahlung des Überschusses erfolgen soll, überhaupt nichts im Gesellschaftsvertrage beurkundet ist (vgl. unten Anm. 45ff.), so ist dieses Abkommen für die Gesellschaft vollständig unwirksam. Es kann, wenn die Übergabe erfolgte, diese aber gemäß § 5 Abs. 4, § 19 Abs. 2 für die Gesellschaft nicht als Erfüllung anerkannt wird, nicht von der Gesellschaft die Zahlung des vollen Betrages als **Kaufpreis** verlangt werden. Denn die Gesellschaft wollte die Sache nicht **kaufen** und für den ganzen Betrag einen baren Preis bezahlen. Sie wollte eine Verrechnung, wenn auch nur eine teilweise auf die Einlage. Diese ist unzulässig. Ist der Erwerb der Sache als Sacheinlage unwirksam, so zieht dies auch die Ungültigkeit bezüglich des Teiles nach sich, der durch Zahlung beglichen werden sollte. Es ist nicht Wille der Parteien, daß für diesen Teil das Rechtsgeschäft gültig sein sollte, während der wichtigste Teil, die Einlage, nichtig ist. Es entsteht in diesem Falle auch kein Anspruch des Inferenten auf Zahlung des Überbetrages. Er kann für die ganze Sachleistung nur den Bereicherungsanspruch geltend machen. Soweit ihm der Kaufpreis für Mehrbetrag **bezahlt** ist, kann er diesen mit der Bereicherungsforderung verrechnen. Hatte z. B. ein Gesellschafter eine Liegenschaft von 70000 M. Wertanschlag der Gesellschaft übertragen, war die Abrede, daß er von diesem seinen Geschäftsanteil von 55000 M. begleiche, den Rest von 15000 M. in bar erhalten sollte, nicht in den Gesellschaftsvertrag aufgenommen, so schuldet er die 55000 M. Einlage trotz der Auflassung der Liegenschaft. Die Gesellschaft ist nur um den Betrag bereichert, den sie für das Grundstück erlöst. Beträgt er z. B. nur 45000 M., so hat der Gesellschafter hierauf den empfangenen Betrag von 15000 M. zu verrechnen, so daß lediglich 30000 M. zur Konkursmasse der Gesellschaft anmeldbar wären.

Anm. 34a. **Ausländisches Recht:** Der Begriff der Sacheinlage oder der Übernahme von Vermögensgegenständen findet sich in allen ausländischen Gesetzen. In der Durchführung des Gedankens stimmt keines mit dem andern überein. — Das **österreichische** Gesetz (§ 6 Abs. 4) kennt dem Wortlaute nach nur die Übernahme von Vermögensgegenständen. Sie sind nach Art des Gegenstandes, Person des Gesellschafters, Übernahmepreis im Statut zu präzisieren. Stammeinlagen, auf die übernommene Gegenstände verrechnet werden sollen, sind bis zur Höhe der Übernahme voll zu leisten (§ 10 Abs. 1). Ein Zurückbehaltungsrecht an solchen Gegenständen ist ausgeschlossen (§ 63 Abs. 4). Das österreichische Gesetz deckt sich sonach mit dem deutschen. Daß die „Sacheinlage" in § 6 lediglich aus Mangel an einer scharfen begrifflichen Scheidung nicht erwähnt wird, zeigt § 63. Dort spricht das Gesetz von der Einlage. — Das bulgarische Gesetz kennt wie das deutsche, als begrifflich unterschieden, Sacheinlage und Übernahme. Die Voraussetzungen für ihre Zulässigkeit sind die gleichen wie im deutschen und österreichischen Gesetz (bulg. Ges. Art. 9 Abs. 1). Die Stammeinlagen müssen, wenn sie aus anderen Vermögenswerten als Geld bestehen, ganz gemacht sein (Art. 12, Abs. 2). Zurückbehaltung ist auch hier ausgeschlossen (Art. 73 Abs. 2). Abweichend vom deutschen und österreichischen Recht besteht eine Haftung für die richtige Einschätzung der eingezahlten oder übernommenen Vermögenswerte (Art. 9 Abs. 2). Ob die unrichtige Einschätzung aus Vorsatz oder Fahrlässigkeit erfolgt ist, macht keinen Unterschied. Verpflichtet zum Schadensersatz sind die Gründer als solche. Berechtigt zum Anspruch ist die Gesellschaft. Der Anspruch verjährt in 5 Jahren von der Eintragung der Gesellschaft an. Die Gesellschaft kann über ihren Anspruch einen Vergleich abschließen oder einen Verzicht erklären. Beide wirken jedoch gegen Gesellschaftsgläubiger nicht, soweit die Entschädigung zu deren Befriedigung notwendig ist (Art. 9 Abs. 3). — Auch das polnische Gesetz hat in seiner Neufassung vom 13. 11. 23 die Sacheinlage aufgenommen (Art. 5 Abs. 2). Sie setzt ein „Übereinkommen der Gesellschafter", also wohl eine dahingehende Bestimmung des Gesellschaftsvertrags voraus. Sie kann in körperlichen Sachen oder in Rechten bestehen. Sie muß vor der Eintragung der Gesellschaft ins Handelsregister getätigt sein. Also auch hier Volleistung. Von einer Haftung wegen falscher Bewertung ist nichts gesagt. Ob sich aus der Bestimmung des Art. 10 praktisch eine solche ergeben wird, ist Frage der Rechtsprechung. Nach Art. 10 haftet der Geschäftsführer der Gesellschaft und Dritten gegenüber mit seinem ganzen Vermögen u. a. für allen Schaden, der durch unrichtige Erklärungen gegenüber dem Registerrichter entsteht. — Sacheinlagen kennt auch der italienische Vorentwurf. Er unterscheidet dabei zwischen Forderungen und anderen Gegenständen. Sie selbst, ihr Wert und ihre Wertberechnung müssen im Gesellschaftsvertrag angegeben sein (Art. 108). Bei Forderungen wird der Gesellschafter erst befreit, wenn ihr Betrag eingegangen ist (Art. 97). Für den wahren Wert der Sacheinlage haften die Gründer gesamtschuldnerisch (Art. 145 Abs. 3). Und als besondere Sicherung: ein Stammanteil, auf den eine Sacheinlage gemacht ist, ist innerhalb der ersten 2 Jahre nach Gründung nicht übertragbar (Art. 146 Abs. 3). — Die stärksten Garantien schafft das französische Gesetz (Art. 8). Der Gesellschaftsvertrag muß die Bewertung der Sacheinlagen (apports en nature) enthalten. Die Angabe muß dem Werte im Augenblick der Gesellschaftserrichtung entsprechen. Für unrichtige Angaben, auch für fahrlässige, haften die Gesellschafter samtverbindlich allen Dritten gegenüber. Eine Beschränkung dieser Haftung besteht nicht. Verjährung tritt erst 10 Jahre nach Gründung der Gesellschaft ein (Art. 8 Abs. 2). Unterlassen der Angaben im Gesellschaftsvertrage macht die Gesellschaft nichtig (Art. 9 Abs. 1). Die Haftung der Gesellschafter wird dadurch nicht berührt (Art. 9 Abs. 2). Bewußt unwahre Angaben über den Wert der Sacheinlage ziehen außerdem strafrechtliche Ahndung nach sich (Art. 38 Abs. 1 u. 2). Sacheinlagen müssen im Augenblick der Gesellschaftsgründung bereits voll geleistet sein (Art. 7 Abs. 2). Unterlassung zieht ebenfalls Nichtigkeit der Gesellschaft nach sich. — Der Schweizer Entwurf schließt sich (§ 789) bezüglich Sacheinlagen und Übernahmen eng an § 5 Abs. 4 GmbHG. an. Jedoch brauchen nach ihm auch Sacheinlagen bei Gründung der Gesellschaft nicht voll geleistet zu sein (§ 788 Abs. 3). § 5.

3. **Die Fixierung der Sacheinlage und der Übernahme im Gesellschaftsvertrage.** Alle Einlagen, welche nicht in Geld bestehen, alle Übernahmen von Vermögensgegenständen, deren Vergütung als Stammeinlage angerechnet werden sollen, müssen im Gesellschaftsvertrage Anm. 35.

§ 5. festgesetzt werden. Nicht beigefügt ist, wie im Aktienrechte (§§ 186 u. 279), daß anderenfalls dieses Abkommen der Gesellschaft gegenüber unwirksam ist. Die Rechtskonsequenz ist aber hier dieselbe. Der Zweck, den beide Gesetze verfolgen, ist auch hier der gleiche: der Hinweis des Publikums, das mit der Gesellschaft in Verbindung tritt, daß das Kapital nicht durch Geld, sondern durch andere Gegenstände aufgebracht ist. Es soll verhütet werden, daß nicht bei anscheinender Bargründung durch Hingabe von Gegenständen an Zahlungsstatt (§ 19 Abs. 3) eine Täuschung über die Fundierung der Gesellschaft entstehe. Deshalb muß dieses Abkommen, daß nicht Geld, sondern andere Gegenstände zu leisten sind, im Gesellschaftsvertrage seinem wesentlichen Inhalte nach erscheinen. Das besagt die Vorschrift der Bezeichnung von Sache, Person und Wert. Es darf nicht erst bei dem Einbringen ein Abkommen zwischen Gesellschaft und Gesellschafter nötigfallen. Schon beim Abschluß des Gesellschaftsvertrages muß dieses als ein perfektes und bindendes erscheinen, mögen auch Nebenbestandteile der Ergänzung durch Vorvertrag, Auslegung oder dispositive Gesetzesbestimmungen bedürfen. Es ist wichtig, diese leitende Idee des Gesetzes, die auch § 19 Abs. 3 bestätigt, vorauszustellen. Hiernach wird sich die Auslegung der Gesetzesstelle selbst zu richten haben. Es muß betont werden, daß es zur Gültigkeit des Abkommens erfordert ist, aber auch genügt, wenn die nötige materielle Bestimmtheit vorliegt, ein Satz, der bezüglich der Gültigkeit eines jeden Abkommens zutrifft (RG. 30, 95). Es ist nicht zu verlangen, daß in ausdrücklicher Form schematisch die Aufzählung der einzelnen Bestandteile erfolge. Es genügt, wenn die Einigung hierüber aus der Gesellschaftsurkunde selbst erhellt. Das Gesetz gebraucht den Ausdruck „festgesetzt", nicht „angegeben". Für diese Feststellung sind alle Mittel des Ausdruckes gestattet. Nur muß diese im Gesellschaftsvertrage erfolgen. Irgendwelche Zuhilfenahme von Erklärungen, die außerhalb des Gesellschaftsvertrages liegen, ist ausgeschlossen. Also weder der in Vorbesprechungen zutage getretene Wille der Gründer bezüglich des abzuschließenden Vertrags, noch irgendeine Art von neuerlichem Vorbehalt oder neuerlicher Einschränkung (RG. 31. 1. 05 JW. 1905, 214; RG. 16. 2. 15 Holdheim 24, 224; RG. 13. 7. 16 JW. 16, 1413; RG. 1. 3. 18 BauerZ. 25, 139, LZ. 1918, 918, Warn. Erg. 11 Nr. 80). Die einem einzelnen Gesellschafter bei der Einlage zugesicherten Vorteile müssen mit hinreichender Deutlichkeit angegeben sein. Für die AG. hat das RG. (27. 2. 13 RGZ. 81, 410) entschieden, daß das Wiederkaufsrecht einer eingelegten Zechenbahn einen besonderen „Vorteil" und soweit die Bahn nicht eingelegt, sondern übernommen wurde, einen Teil der Gegenleistung der AG. für die Übernahme darstellt. Analoges gilt für die Einlage in die GmbH. Bei der Bedeutung, welche dem aus dem Gesellschaftsvertrage sich ergebenden Willen der Gesellschaft, mit Sacheinlage zu gründen, für das Bestehen derselben zukommt (vgl. unten Anm. 46 und 47), kann nicht genug vor einem im Interesse der Gesellschaft und des Publikums nicht gebotenen Formalismus gewarnt werden.

Die Festsetzung muß im Gesellschaftsvertrage erfolgen. Dazu genügt eine Anlage, sobald sie nach dem Vertrage als Inhalt desselben erscheinen soll. Die Wiederholung der Abmachung im Gesellschaftsvertrage selbst ist nicht erforderlich. Ungenügend ist aber der Hinweis auf eine unter den Gründern getroffene Abrede, wenn diese nicht zum Bestandteil des Gesellschaftsvertrages wird. Die Festsetzung kann auch durch eine Abänderung des Gesellschaftsvertrages erfolgen. Es kann die ursprünglich geplante und in dem Gesellschaftsvertrage nicht enthaltene Sacheinlage in denselben aufgenommen werden. Es kann nachträglich die Deckung durch eine Sacheinlage beschlossen werden. Hierzu genügt in der Regel die Dreiviertel-Mehrheit der Statutenänderung (§ 53 Abs. 1). Eine Erschwerung der Leistung der anderen Gesellschafter liegt nicht vor. Für die Gläubiger der Gesellschaft, deren Ansprüche vor dieser Änderung des Gesellschaftsvertrages entstanden sind, kann diese Zulassung der Sacheinlage nur auf demselben Wege wie die Herabsetzung des Stammkapitals wirksam werden. Es bedarf einer Aufforderung sich zu melden, unter Mitteilung der Änderung der Einlagedeckung. Es ist das Sperrjahr einzuhalten.

Schweigen sie über ein Jahr, so verlieren sie ihren Anspruch, daß die GmbH. sich durch § 5.
Barzahlung seitens der Gesellschafter die Mittel zu ihrer Befriedigung schaffe. Sie müssen die Deckung durch die Sacheinlage gegen sich gelten lassen. Solange diese Ausschließung nicht geschah, können sie verlangen, daß die Gesellschafter, soweit es zu ihrer Befriedigung erforderlich ist, die Geldeinlage machen. Sie müssen in dem Vertrauen, das sie der GmbH. und ihrem Gesellschaftsvertrage schenken, geschützt werden. Sonst könnte jederzeit die GmbH. durch nachträglichen Beschluß sie um dieses Sicherungsmittel bringen. Andererseits muß der GmbH. die Möglichkeit gegeben sein, ein ihr nützlich erscheinendes Sacheinbringen durchzuführen, ohne späteren Störungen ausgesetzt zu sein. Mehr, als bei der Herabsetzung des Stammkapitals vorgeschrieben ist, können die Gläubiger nicht verlangen. Wird ihnen die Änderung der Stammeinlage unterbreitet, so ist es ihre Sache, sich zu äußern. Zustimmend OLG. Braunschweig 27. 9. 15 LZ. 16[1453]; ebenso Brodmann § 5 Anm. 6. Abweichend RG. 11. 12. 14 BauerZ. 22, 277; zum Teil auch Liebmann § 5 Anm. 13. Gläubiger, die erst nach der Änderung des Gesellschaftsvertrags ihre Forderung erwerben, müssen von Anfang an mit der Sacheinlage rechnen. Tritt bei einer Kapitalerhöhung an Stelle der ursprünglichen Fassung des Gesellschaftsvertrags eine neue, so muß auch diese die Angaben über die Sacheinlagen enthalten, auch wenn sie bereits in der ursprünglichen Fassung enthalten sind (RG. 11. 4. 19 OLGRspr. 40, 191, Recht 1920 Nr. 2069). Mindestens muß der neue Vertrag ausdrücklich die Bestimmung enthalten, daß die Abrede über die Sacheinlagen im alten Vertrage ihre Geltung behalte (RG. 21. 4. 22, OLGRspr. 42, 218; vgl. auch RG. 9. 10. 16 LZ. 1917, 141). Über die Heilung des unvollständigen Gesellschaftsvertrags vgl. Anm. 46.

Anm. 36. Person (Rechtssubjekt), Gegenstand (Leistung) und Geldwert oder Vergütung (Gegenleistung) bilden die Essentialien des Abkommens.

Im einzelnen:

a) Die Person. Die Bezeichnung des Rechtssubjektes kann in jeder Weise, die über dasselbe keinen Zweifel läßt, erfolgen. Es ist insbesondere nicht erforderlich, daß die Person mit Namen bezeichnet werde. Es genügt, wenn zwei Teilhaber einer offenen Handelsgesellschaft ihr Geschäft als alleinige Gesellschafter in die GmbH. einbringen, die Bemerkung: „Die beiden Gesellschafter“ machen usw. Es genügt, wenn die Gesellschafter eingangs aufgeführt sind, bei der Einlagefestsetzung von den Gesellschaftern unter Ziffer 1, 2 usw. zu sprechen.

b) Der Gegenstand muß so bezeichnet sein, daß über seine Identität kein Zweifel ist (LG. Hamburg bei Holdheim 13, 59). Mehr ist auch hier nicht erfordert. Es können hier nicht alle möglichen Arten der Einlage und ihre Bezeichnung besprochen werden. Doch sind einige der für die Praxis wichtigsten zu erwähnen. **Anm. 37.**

Anm. 38. Bei beweglichen Sachen sind vertretbare nur nach den Gattungsmerkmalen zu beschreiben. Es genügt die Zusage, statt baren Geldes 5000 Zentner Nußkohlen einzulegen oder eine festgesetzte Anzahl von bestimmten Wertpapieren usw. Bei nicht vertretbaren beweglichen Sachen und bei Immobilien ist stets die Beschreibung des Individuums in objektiv bestimmter Weise geboten. Daß sie auch subjektiv bestimmt sei, darf nicht verlangt werden. Es ist nicht genügend, wenn ein Gesellschafter „Liegenschaften“ einbringen wird, wohl aber, wenn er sämtliche Liegenschaften einbringt, die am Tage der Errichtung des Vertrages im Grundbuche auf seinen Namen als Eigentum eingetragen sind. Es ist Sache der Gründer, sich zu vergewissern, welchen Wert die Grundstücke haben. Eine detaillierte Aufzählung oder gar eine Bezeichnung nach Grundbuchblättern und Nummern, nach Lage und Beschaffenheit ist nicht nötig. Es ist ungenau zu sagen, „Schiffe und Inventar“. Bei einer Mehrheit von Gegenständen bildet die Angabe der Zahl ein wesentliches Erfordernis. Nur bei Sachgesamtheiten entfällt es (KG. RJA. 10, 125).

Anm. 39. Bei Forderungen ist der Schuldner, der Leistungsgegenstand und die Schuldursache des Charakteristische. Es ist aber stets nach den Umständen des einzelnen Falles

§ 5. zu entscheiden, ob der Anspruch genügend gekennzeichnet ist. Sie können die Anführung eines dieser Momente entbehrlich machen. Ungenügend ist z. B. die Erklärung, Forderungen aus Immobilienverkäufen an Bewohner einer bestimmten Stadt einzulegen (LG. Hamburg a. a. O.). Dagegen muß es zulässig sein, die Forderung aus dem Verkaufe einer Immobilie, bei dem der Verkäufer den ihm vom Vermittler noch nicht aufgegebenen Käufer selbst noch nicht kennt, als Einlage anzugeben. Sind mehrere Mitschuldner vorhanden, so genügt die Angabe eines derselben. Der Leistungsinhalt ist entbehrlich, sobald er sich aus dem Zusammenhange ergibt, z. B. bei Schadensersatz aus Regreßansprüchen. Hier genügt die Schuldursache. Sie ist ihrerseits entbehrlich, sobald aus der Leistungsverpflichtung sich die Identität der Forderung ergibt. Werden ganze Gruppen von Forderungen eingebracht, so genügt, da hier eine, wenn auch auf Parteiwillen beruhende, Sachgesamtheit vorliegt, die summarische Aufzählung, wie Forderungen aus Kontokorrentverkehr, aus Bankverbindung, aus Warenlieferung usw. (LG. Mannheim bei Holdheim 15, 54). Ebenso müssen auch „alle Geschäftsausstände" als hinreichende Bezeichnung gelten. Es steht objektiv fest, was hierunter fällt, sobald nur bekannt ist, welches Geschäft gemeint ist und sein kann.

Anm. 40. Bei immateriellen Gütern ist nach demselben Prinzip zu verfahren. Bei Patenten, Gebrauchsmustern usw. ist es nicht nötig, die Registernummer anzugeben. Umgekehrt kann durch deren Benennung die Beschreibung des Inhalts vermieden werden. Bei den Urheberrechten ist das Werk anzugeben. Doch kann auch hier eine zusammenfassende Bezeichnung wie: „alle Werke des Inferenten" genügen. Bei Einbringen des Geschäftsanteils einer GmbH. genügt die Angabe der Firma derselben. Die Angabe des Nominalbetrages ist nicht geboten, da dieser doch nicht maßgebend ist usw.

Anm. 41. Sachgesamtheiten werden unter der im Verkehr üblichen Bezeichnung inferiert. Dem Gesetze entsprechen Angaben wie: „Das Aktivvermögen der Konkursmasse der Aktiengesellschaft Iduna", „das unter der Firma Nikolaus Mauer betriebene Handelsgeschäft mit allen Aktiven und Passiven" oder „mit den aus Wareneinkauf herrührenden Passiven" usw. Nicht geboten ist die Bezugnahme auf eine Bilanz. Fehlt die Angabe, so ist eben das Geschäft so, wie es am Tage der Einlage ist, übernommen (vgl. oben Anm. 19). Noch weit weniger kann die Anfügung einer Bilanz, welche als Bestandteil des Vertrags erschiene, gefordert werden. Sie hat mit der Identität des Objektes nichts zu tun. Es ist ja, wie gezeigt wurde (oben Anm. 19 u. 20), eine Bilanz, die vor der Einbringung errichtet wurde, nie identisch mit dem Stande an diesem Tage. Sie gäbe, wenn damit der Gegenstand bezeichnet werden soll, ein falsches Bild desselben. Auch ist durch die Zerlegung des Geschäftsganzen in einzelne Konti wie, Immobilienkonto, Maschinenkonto, Debitorenkonto, Warenkonto usw., nichts anderes gesagt, als daß das Geschäft Schuldner und Waren, Liegenschaften und Maschinen besitzt, womit weder für die Beschreibung desselben noch für die Aufklärung des Publikums etwas getan wäre. Wollte man diese letztere bezwecken, so müßte nicht die Bilanz, es müßten sämtliche Inventuren, das Verzeichnis der Debitoren, der Maschinen, der Waren usw. ebenfalls Bestandteile des Vertrags bilden und dann als solche auch veröffentlicht werden! Davon kann selbstverständlich nie die Rede sein. Wer ein solches Verlangen stellte, der übersieht, daß der § 5 Abs. 4 nur die Feststellung „des Gegenstandes" der Einlage fordert, so daß über sein Wesen objektiv kein Zweifel ist, nicht aber, daß er einer Kontrolle der Einlage durch alle Interessenten, welche diese Urkunden einsehen könnten, dienen soll. Bei Einlage in eine GmbH. kennt das Gesetz, wie bei der Erhöhung des Grundkapitals der Aktiengesellschaft, keine andere Prüfung der Einlagen als durch die Gesellschafter. Es wäre absurd, eine solche durch die ganze Geschäftswelt herbeizuführen, so daß alle Konkurrenten die intimsten Fragen des Geschäfts, seine Kunden, seine Warenbestände, durchsehen könnten. Dabei ist zu betonen, daß auch die Inventuren kein richtiges Bild ergeben, da auch diese bei der Einlage nicht stimmen können. Dazu kommt, daß bei

Bezeichnung eines Geschäfts durch Verzeichnen aller einzelnen Objekte die für die Gesellschaft vorteilhaftere Einbringung auf Grund einer erst zu errichtenden Bilanz ausgeschlossen erschiene, während aber gerade diese besonders ratsam sein kann (vgl. oben Anm. 20). In diesem letzterwähnten Falle ist die Aufnahme von Vereinbarungen über die Art der Bilanzerrichtung in den Gesellschaftsvertrag nicht erforderlich. Ist hierüber nichts, auch nicht in einem Neben- oder Vorvertrage, vereinbart, so entscheiden im Streitfalle über die Bewertung das Gericht und die Sachverständigen. Bei einer Sachgesamtheit wird stets eine Einheit eingelegt, die unter diesem Namen im Verkehr erscheint und als Vertragsgegenstand anerkannt ist (RG. 1. 3. 18 WarneyerErg. 1918, 117). So gut der Inhaber seines Handelsgeschäfts dieses unter dieser Bezeichnung verkaufen kann, so gut kann er es auf diese Weise in die Gesellschaft einbringen. Für die hier ausgeführte Ansicht vgl. die Entscheidung des RG. I. ZivSen. 25. 11. 05 i. S. Kaemena gegen Beerend I, 328, 05, teilweise abgedruckt in JW. 1906, 70 Nr. 26 (vgl. Anm. 8 zu § 3). Das RG. hat einen Gesellschaftsvertrag, in dem bestimmt ist, daß ein Gesellschafter seine Einlage nicht in Geld leiste, sondern durch Einbringen des von ihm betriebenen Fabrikgeschäfts nebst Maschinen nach dem Stande vom 21. 12. 01, wobei der Geldwert dieser Einbringung auf 100 000 M. angenommen wurde, als dem Gesetz entsprechend anerkannt. „Eine Spezialisierung der klägerischen Einlage und der Übernahmewerte des Inventars, der Betriebsmaterialien, der Fabrikeinrichtung, der übertragenen Schutzrechte usw. im Gesellschaftsvertrage war nicht erforderlich." Diese Regel der Bezeichnung der Sachgesamtheit gilt auch dann, wenn in derselben eine Immobilie oder ein Geschäftsanteil einer GmbH. enthalten ist. Die Verpflichtung zur Auflassung jener und Übertragung dieses entsteht auch durch das Abkommen, das sie mitumfaßt. Die notarielle Form ist durch den Gesellschaftsvertrag gewahrt (vgl. Anm. 26 zu § 15). Die weitere Form des § 2 deckt die besondere des § 313 BGB. und § 15. Das gleiche gilt hier auch bei einer Veräußerung des ganzen Vermögens (§ 311 BGB.) und einer Erbschaft oder eines Anteils davon (§ 2371 BGB.). Im letzten Falle wird nicht einmal mehr eine Auflassung gefordert (RG. 28. 6. 06 DJZ. 12, 301). Jedenfalls wird in dem hier interessierenden Falle die Wirksamkeit der Sacheinlage nicht durch das Vorhandensein eines Grundstücks oder Geschäftsanteils in Frage gestellt, auch wenn diese nicht, wie in der Praxis mitunter geschieht, besonders in der Festsetzung hervorgehoben werden. § 5.

c) Der Geldwert, für den die Einlage angenommen, und die Vergütung, die für den übernommenen Gegenstand verrechnet wird, ist im Aktienrecht als der Betrag der für die Einlage zu gewährenden Aktien bezeichnet. In der Tat ist hier trotz des verschiedenen Wortlautes dasselbe gemeint. Die Wertschätzung des Objektes, die Angabe eines Gebrauchs- oder Veräußerungswertes ist für die GmbH. nicht wesentlich (RG. 30. 4. 09 RJA. 10, 125; OLGR. 22, 28). Maßgebend ist die Annahme auf die Einlage oder mit anderen Worten die Feststellung des hierfür zu gewährenden Geschäftsanteils. Nicht korrekt wäre daher die Fassung, daß der Gesellschafter X, der einen Stammanteil von 50 000 M. übernahm, eine Liegenschaft, geschätzt zu 60 000 M., einbringe. Es ist nicht erkenntlich, ob die 50 000 M. Stammanteil durch die zu 60 000 M. geschätzte Liegenschaft gedeckt oder ob der Betrag von 10 000 M. herausbezahlt werden soll. Für ungültig ist ein solches Abkommen nicht zu halten. Es ist Frage der Auslegung, wie die Übertragung stattfindet. Nicht erforderlich ist, daß überhaupt eine Wertbemessung erwähnt wird. Das ist ein interner Vorgang der Gründung. Es muß nur ersichtlich sein, welcher Stammanteil durch die Sacheinlage beglichen werde. Dies besagt, daß dieselbe für den Wert in Höhe des Nominalbetrags desselben angenommen werde. Das Einbringen des Geschäfts mit allen Aktiven unter Übernahme aller Passiven auf Grund einer zu errichtenden Bilanz bedeutet also, daß dieses Geschäftsganze auf den Betrag des vom Inferenten gezeichneten Anteils gewertet ist. Über die Ausgleichungspflicht vgl. oben Anm. 20. Die Unterbewertung einer Sacheinlage kann schenkungsweise erfolgen. Es soll mit der Differenz zwischen dem angerechneten und dem tatsächlichen Werte, sei es der Anm. 42.

§ 5. Gesellschaft, sei es einzelnen Gesellschaftern, ein Geschenk gemacht werden. In diesem Fall ist der Übergang schenkungssteuerpflichtig: die Berechnung richtet sich nach den Vertragsabsichten. Soll die Gesellschaft als juristische Person begünstigt werden, so ist der ganze Differenzbetrag schenkungssteuerpflichtig, auch der anteilsmäßig auf den Einlegenden entfallende Teil (RFH. 11, 112, Brodmann § 5 Anm. 5).

Nicht erforderlich ist, daß bei der Einbringung mehrerer Sachen für jede derselben ein besonderer Wert angegeben werde. Das Gesetz verlangt nur die Angabe des Wertes der Sacheinlage. Er kann gemeinsam berechnet werden. Eine Sacheinlage für unwirksam zu erklären, weil für zwei oder drei Sachen ein gemeinsamer Wert, um den sie übernommen wurde, festgesetzt ist, wäre zweckloser Formalismus. (KG. 7. 5. 08 KGJ. 36 A 133; Parisius-Crüger-Crecelius Anm. 6 zu § 5; a. M. BayObLG. 18. 7. 95 bei Holdheim 4, 356.) Jedenfalls bedarf es einer Ausscheidung der Werte des einzelnen Gegenstandes dann nicht, wo diese Zubehör einer einzelnen Hauptsache bilden. (Geschäftsbücher, Utensilien zu einem Verlagsrechte, BayObLG. 26. 4. 06 SeuffA. 62, 75).

Ist ein Vermögensgegenstand an die Gesellschaft veräußert und soll die Vergütung für diesen mit der Einlage verrechnet werden (oben Anm. 28ff.), so muß in gleicher Weise diese Vergütung feststehen. Sie muß eine Forderung gegen die Gesellschaft begründen. Es muß feststehen, welchen Wert man ihr beilegt, um die Einlage zu decken. Nicht erfordert ist, daß der effektive Wert endgültig normiert ist. Auch bei dieser Form kann die Vergütung einer späteren Bilanzierung oder Schätzung bedürfen, an die sich die Ausgleichung anschließt. Nur hat auch hier der Veräußerer dafür einzustehen, daß seine Vergütung mindestens die verrechnete Summe beträgt (oben Anm. 20). Unzulässig ist aber ein Abkommen, das weder die Einlage bewertet noch den Stammanteil bezeichnet, auf den sie erfolgen soll. Hier fehlt es an dem Erfordernis des § 3 Ziff. 4, dem Betrage der zu leistenden Einlage. Unstatthaft wäre ein Vertrag, wonach ein Geschäftsvermögen verzeichnet werden und die Höhe des von dem Inferenten zu übernehmenden Stammanteils sich nach dem Ergebnisse dieser Bilanz richten sollte (Rehm ArchBürgR. 24, 141).

Eine Verpflichtung der Gesellschafter, bei der Festsetzung des Geldwertes der Sacheinlage den Verkehrswert nicht zu überschreiten, ist im Gesetz nicht ausgesprochen. Es können Dritte, welche bei der GmbH. Verluste erleiden, auf die Unterlassung einer solchen Prüfung einen Ersatzanspruch gegen einen Gründer nicht stützen. Anders, wenn dieser im Bewußtsein, daß dritte Personen getäuscht werden können, der Übernahme zu dem angegebenen Betrage zustimmte, obwohl er wußte, daß der Gegenstand nahezu wertlos sei (KG. 18. 2. 01 Holdheim 01, 142). Ebenso kann der Erwerber eines Geschäftsanteils gegen den Veräußerer Ansprüche wegen Täuschung erheben, wenn dieser wußte und verschwieg, daß die Übernahme der Sacheinlagen auf einer unrichtigen und unzulässigen Berechnung beruhte. Doch ist die Aufnahme des Warenlagers nicht deshalb eine falsche, weil sie nicht zu den Gestehungskosten des Inferenten erfolgte. Vielmehr ist als Regel der Engrosverkaufspreis anzunehmen (RG. 23. 5. 12 LZ. 1912, 660). Noch weniger als den Gesellschaftern liegt dem Registerrichter eine Prüfung des Wertes der eingebrachten Sachen ob (BayObLG. 26. 6. 06 BayZ. 06, 342). Er darf die Eintragung nicht ablehnen, weil er die Einlage für überwertet hält.

Anm. 43. d) **Nebenabreden** sind, soweit sie nicht das Übereinkommen in seinen wesentlichen Bestandteilen **abändern**, sondern nur **ergänzen**, auch ohne Aufnahme in den Gesellschaftsvertrag wirksam. In diesem ist nur die Feststellung von Person, Gegenstand und Gegenwert vorgeschrieben. Abreden über Gewährleistung, die über das gesetzliche Maß hinausgehen, sind gültig, auch wenn sie nur in privater Urkunde oder nur mündlich zwischen den Gründern verabredet wurden, sofern nicht aus der Nichtaufnahme in die Vertragsurkunde der Wille des Kontrahenten erhellt, daß dieser Punkt fallen solle. Wenn vorher in dem Vorvertrage eingehend die Verpflichtungen des Inferenten aus der Einbringung geregelt sind, so bleiben diese in Kraft, wenn auch im Gesellschaftsvertrage nur die Essentialien des Illationsabkommens mitgeteilt sind. Das wird besonders deutlich bei einer Erhöhung des Stammkapitals. Die Gesellschaft und die Übernehmer der neuen Geschäftsanteile können vor dem Beschlusse und der Übernahmeerklärung eingehende Detailabsprachen getroffen haben. Im Erhöhungsbeschluß brauchen diese nicht zu stehen. Dasselbe gilt für die Gründung. Der Inferent eines Geschäftes, der für alle Ausstände das Delkredere zusagte, kann sich dem nicht entziehen mit der Behauptung, daß dies nicht im Gesellschaftsvertrage stehe. Ebenso bindet ihn die Abrede über die Art, wie die Bilanz auf den Tag der Einlage zu errichten ist. Er kann, wenn eine besondere Abschreibung auf das Gebäude- oder Patentkonto verabredet wurde, sich diesen Verpflichtungen nicht entziehen, auch wenn sie im Gesellschaftsvertrage nicht wiederholt sind. Sobald die Essentialien des Einlageabkommens in den Gesellschaftsvertrag aufgenommen sind, ist dieses in seinem ganzen Umfange wirksam. Anders nur, wenn der Nebenvertrag eine Abänderung wesentlicher Teile enthält. Diese gehört in den Gesellschaftsvertrag. Sie ist vor der Eintragung der Gesellschaft zum Handelsregister durch einen Nachtrag, nach der Eintragung nur durch die für den Fall der Auslassung des ganzen Abkommens zulässige Änderung des Gesellschaftsvertrags nach den Vorschriften über die Herabsetzung des Stammkapitals möglich (vgl. unten Anm. 46). Es ist unwirksam, wenn die Parteien des Gesellschaftsvertrags unter sich verabreden, daß an Stelle des in der Urkunde stehenden Objektes ein anderes gegeben werden solle. Hierdurch wird der Einlagevertrag in einem wesentlichen Punkte betroffen. Dagegen wäre es nicht ungültig, wenn an Stelle der Verpflichtung der Gesellschaft, den Mehrwert des Gegenstandes in bar auszubezahlen, die Abrede tritt, statt dieser Zahlung eine Schuld des Gesellschafters zu übernehmen. § 5.

e) Die Schuldübernahme bei der Sacheinlage tritt als Begleiterscheinung auf (vgl. oben Anm. 23). Es fragt sich, inwieweit sie einer Feststellung im Gesellschaftsvertrage bedarf. Sie ist zweifellos von der Deckung der Einlage verschieden. Die Gesellschaft sagt außer der Annahme der Sache und der Verrechnung auf die Einlage auch noch die Zahlung einer Schuld des Gesellschafters zu. Sie gehört aber bei der Übernahme einer Sachgesamtheit mit zu dieser und zu dem Gegenstande der Einlage. Sollen Passiven mitübernommen werden, so bildet dies ein wesentliches Moment des Objektes. Der Wert der Sachgesamtheit ist ein anderer, je nachdem die mit ihr verbundenen Schulden übernommen werden oder dem Inferenten verbleiben. Im ersteren Falle ist der Wert der Sachgesamtheit (des Handeslgeschäfts usw.) nur der reine Vermögenswert. Ebenso bilden bei der Vergütung für die veräußerte Sachgesamtheit die abzuziehenden Passiven ein wesentliches Moment. Es muß also die Übernahme ebenfalls im Gesellschaftsvertrage erwähnt sein. Anderenfalls geht der Gegenstand ohne diese Belastung auf die Gesellschaft über. Auch ein Gläubiger des Inferenten kann sich nicht darauf berufen, abgesehen von dem Übergange der Schulden kraft Gesetzes (vgl. Anm. 26 zu § 4), selbst wenn vorher zwischen den Gründern eine solche Abrede geschlossen war (RG. 31. 1. 05 JW. 05, 214; RG. 21. 6. 09 Recht 1090, 2528, BankA. 8, 384). Dasselbe gilt, wenn einzelne Gegenstände unter Übernahme der darauf ruhenden Schulden übernommen werden sollen, Grundstücke mit Hypotheken, Warenlager mit Pfandlasten usw. Anm. 44.

Nicht erforderlich ist aber, daß die Schuld ziffernmäßig feststehe. Es muß nur für die Festsetzung des Wertes und des Gegenstandes erkenntlich sein, daß sie übernommen wird. Sie muß nur gleich der Forderung so objektiv bestimmt sein, daß ihre Feststellung von der Willkür der Partei abhängig ist. So bei Übernahme des Geschäfts mit allen Passiven oder mit allen aus Warenbezügen oder aus Bankverbindung herrührenden Passiven. Es ergibt sich dann aus der Verrechnung, ob infolge dieser Schuldübernahmen die Garantie des Inferenten herangeholt werden muß (RG. 22. 3. 02 DJZ. 02, 288 oben Anm. 20). Zulässig ist auch eine Illation des Geschäfts in der Weise, daß die Gesellschaft die Passiven bis zu der Höhe übernimmt, welche sich als Überschuß der Aktiven über die Stammeinlage ergibt, daß der Inferent aber den Mehrbetrag selbst zu decken habe. Es wird Dritten gegenüber die Gesellschaft die Zahlung eines Passivums

§ 5. nicht weigern dürfen, da sie nicht bestimmte Passiven ausschloß. Wohl aber hat der Inferent ihr auch hier die Differenz zu vergüten.

Anm. 45. 4. **Die Folgen der Nichtbeobachtung der Vorschrift über die Feststellung von Sacheinlagen und Übernahmen.** Es ist hier zu unterscheiden, ob der Wille, Sacheinlagen zu machen, aus dem Vertrage überhaupt nicht erhellt oder ob dieser Wille zwar ersichtlich ist, aber seinem Inhalte nach nicht den Erfordernissen der Vollständigkeit der Erklärung entspricht.

Anm. 46. a) Enthält der Gesellschaftsvertrag kein Wort darüber, daß andere als Geldeinlagen zu machen sind, so ist die gegenteilige Absicht des Kontrahenten für die Gesellschaft gleichgültig. Leistungen von Sachen statt Geldes befreien den Gesellschafter nicht (§ 19 Abs. 3; vgl. hierüber Anm. 20 zu § 19). Ist im Gesellschaftsvertrage nichts gesagt, so gilt die Leistung als Geldleistung versprochen. Für den Registerrichter fließt aus der Ungültigkeit der Abrede über die Sacheinlage kein Recht, die Eintragung zu verweigern, selbst wenn ihm aus anderen Vorkommnissen bekannt ist, daß die Gesellschafter beabsichtigen, statt der Geldeinlagen Sacheinlagen zu machen. Nur soweit hieraus folgen würde, daß auch die vorgeschriebenen 25 Proz. der Bareinlage nicht geleistet sind, darf die Anmeldung zurückgewiesen werden. Die künftige Absicht der Gesellschafter bezüglich der restlichen 75 Proz. darf nicht hierzu führen. Das Gesetz begnügt sich in § 5 Abs. 4, die Ungültigkeit jeder nicht aus dem Gesellschaftsvertrage ersichtlichen Abrede und in § 19 Abs. 3 die Unwirksamkeit jeder nicht durch den Gesellschaftsvertrag gestatteten Erfüllung der Einlage durch andere als bare Zahlungen zu bestimmen. Auch eine Aufrechnungsabrede, die nur die Vermeidung einer Gründung mit offener Sacheinlage bezweckt, ist nichtig. Der Schwager eines Gründers hatte den Einzahlungsanspruch der GmbH. seinem Schwager gegenüber für eine Forderung pfänden lassen, die er aus Lieferungen an die künftige GmbH. erworben hatte. Die Einlage würde damit nicht gültig geleistet (RG. 7. 11. 16 Holdheim 17, 167). Mit der Unwirksamkeitserklärung jeder nicht aus dem Vertrag ersichtlichen Abrede ist ein dem Gesetz hinreichend erscheinender Schutz der Gläubiger geschaffen. Die Gesellschafter vor Verlusten zu behüten, die durch die Verpflichtung der nochmaligen Zahlung trotz der Sachleistung (§ 19 Abs. 3) entstehen könnten, ist nicht Aufgabe des Registerrichters. (Auf die namentlich für die Übernahme von Vermögensgegenständen von Dritten im Aktienrechte schwebende Streitfrage — Staub-Pinner Anm. 18 zu § 186, Einl. zu § 207 und Makower HGB. Anm. IIc zu § 208 — kann hier nicht eingegangen werden.)

Unbedingt nichtig ist eine solche trotz der Festsetzung zwischen den Gründern nicht in den Gesellschaftsvertrag aufgenommene Abrede nicht. Sie ist nur der Gesellschaft gegenüber nicht wirksam. Zwischen den Gründern hat sie Rechtskraft. Hatte der Gründer unterschrieben, in der Meinung, der Illationsakt sei im Vertrage enthalten, so kann er vor Eintragung zum Handelsregister den Vertrag wegen Irrtums über den Vertragsinhalt anfechten. Nach der Eintragung steht ihm dieses Recht nicht mehr zu (Anm. 34 zu § 2). Es ist in diesem Falle zu unterscheiden, ob die Beteiligten in der Beseitigung des eingetretenen, aber nicht vereinbarten Zustandes einig sind oder nicht. Sind sie nicht einig, so kann der Gesellschafter, dessen Zusage, daß er eine Sacheinlage mache, ohne dessen Willen, etwa weil er durch einen Bevollmächtigten vertreten war, der seine Abrede nicht kannte, aus dem Gesellschaftsvertrage fortgeblieben ist, Auflösung der Gesellschaft aus wichtiger Ursache (§ 61 Abs. 1) und Neugründung auf vertragsmäßiger Basis dann verlangen, wenn hierdurch die Verhältnisse der Gesellschaft selbst berührt werden. Es genügt hierzu, daß diese ohne die Sacheinlage weniger zur Erreichung des Gesellschaftszwecks geeignet erscheint. Nicht aber, daß der Gesellschafter sich benachteiligt fühlt. In solchen Fällen steht ihm nur ein persönlicher Anspruch gegen die anderen Gründer zu, daß diese zu einer Auflösung der Gesellschaft mitwirken (vgl. über solche Ansprüche auf Abstimmung Anm. 44 zu § 45). Sind die Geschäftsanteile in dritter Hand, so versagt die Klage. Dasselbe Recht steht den Gesellschaftern zu, wenn der Inferent sich weigert, seine Einlage in Sachen zu machen und sich zur Geldleistung erbietet. § 5.

Eine Heilung dieser Unwirksamkeit des nicht in den Gesellschaftsvertrag aufgenommenen Beschlusses über Sacheinlage sieht das Gesetz nicht vor. Für das Aktienrecht nimmt das RG. 10. 1. 08 LZ. 2, 297[5], Recht 08, 311[1813] die Möglichkeit der Heilung eines gemäß § 186 HGB. ungültigen Abkommens durch die Änderung der Statuten an. Es handelt sich dort um die neben der Sacheinlage ebenfalls der Aufnahme in den Gesellschaftsvertrag bedürfende Übernahme eines Vermögensgegenstandes von einem Dritten. Das Rechtsprinzip ist das gleiche. Auch die Sacheinlage kann auf diesem Wege nachträglich eingeführt werden. Für die GmbH. gilt dasselbe (vgl. oben Anm. 35 über die nachträgliche Einführung der Sacheinlage).

Der Registerrichter ist nicht berechtigt, die Eintragung einer bar gegründeten Gesellschaft abzulehnen, weil nach seiner Kenntnis eine Sachgründung beabsichtigt sei. Ebensowenig kann er sie später löschen, wenn die Gesellschaft die vorher schon beabsichtigte Erwerbung bestimmter Gegenstände vor den Gründern vollzieht. Nicht der Gesellschaftsvertrag, sondern nur diese auch in ihm niedergelegte Abrede der Sachübernahme ist ungültig. Die Gesellschaft und ihre Gläubiger sind hinreichend durch die Vorschriften der §§ 3 Abs. 4 und 19 Abs. 3 geschützt. Nicht in Betracht kommt dabei auch, daß die Bargründung nur zum Zwecke der Vermeidung der Kapitalverkehrsteuer an dem Werte der Sachenlast gewählt wurde. Dann liegt zwar steuerrechtlich eine verschleierte Sachgründung vor (RFH. 10, 186). Die Steuerbehörde kann, wenn sie dies vermutet, Aufschlüsse fordern und nach dem Ergebnis die richtiggestellte Steuer verlangen (§ 5 RAbgO.). Den Registerrichter berührt dies nicht. Für ihn ist die Gesellschaft wirksam entstanden.

b) Der Gesellschaftsvertrag schließt die Geldeinlage aus. Aber die Sacheinlage ist nur unvollständig beschrieben. Dann ist es unmöglich, von dem Gesellschafter die Geldeinlage zu fordern (RG. 42, 41). Der Wille, diese nicht zu machen, ist ja deutlich ersichtlich. Die Folge ist mithin, daß seitens dieses Gesellschafters eine wirksame Beitrittserklärung zum Gesellschaftsvertrage nicht vorliegt. Wird erklärt, der Gesellschafter solle kein Geld geben, wird seine Sacheinlage aber in unbestimmter und daher unwirksamer Weise zugesagt, so ist dieser überhaupt zu nichts verpflichtet. Es findet alles an früherer Stelle (Anm. 47ff. zu § 2) über die Unwirksamkeit einer Beitrittserklärung Gesagte Anwendung. Für den so den Gesellschaftsvertrag zeichnenden Gesellschafter entsteht keine Verpflichtung. Er kann aber durch einen gültigen Vorvertrag zum ordnungsgemäßen Abschlusse gehalten sein (Anm. 53 zu § 2). Dieser vollzieht sich durch vollständige, dem Gesetze entsprechende Wiederholung des Aktes mit allen anderen Gesellschaftern. Das gilt sowohl vor als nach der Eintragung des Gesellschaftsvertrags zum Handelsregister. Bei freiwilliger Erfüllung ist die Rückforderung ausgeschlossen, wenn ein Anspruch auf Wiederholung des Beitrittsaktes besteht. Für die anderen Gesellschafter bewirkt die Ungültigkeit der Zusage der einen Sacheinlage keine Nichtigkeit des ganzen Gesellschaftsvertrags. Sie können hieraus nur einen Grund zur Auflösung der Gesellschaft ableiten (Anm. 36 zu § 2). Ist es unmöglich, von dem an seine Erklärung nicht gebundenen Gesellschafter eine wirksame Erklärung zu erlangen, so ist es gestattet, an dessen Stelle einen anderen Gesellschafter aufzunehmen (Anm. 50 zu § 2). Mißlingt dies, so haften, auch wenn die Gesellschaft zum Handelsregister eingetragen ist, die übrigen Gesellschafter nicht für den Ausfall (Anm. 49 zu § 2). Der Registerrichter ist befugt, den Eintrag einer Gesellschaft, bei der die von einem Gesellschafter zu leistende Sacheinlage unbestimmt und unverpflichtend angegeben ist, zurückzuweisen (Anm. 56 zu § 2). Den eingetragenen Gesellschaftsvertrag vermag er nicht zu löschen. Noch weniger kann er eine teilweise Abänderung unter Streichung des Stammkapitals um den Betrag der nicht gültig übernommenen Sacheinlage vornehmen (Anm. 56 zu § 2). Haben alle Gesellschafter Sacheinlagen in ungenügender Form übernommen, z. B. wenn die Gesellschaft nur aus zwei Mitgliedern besteht, die sich beide verpflichten, „Liegenschaften" zu inferieren, so ist Anm. 47.

§ 5. kein Gesellschaftsvertrag zustande gekommen. Die eingetragene Gesellschaft unterliegt der Nichtigkeitsklage (Anm. 55 zu § 2) und der Löschung von Amts wegen (§ 144 FGG.).

Wird im Gegensatz zu dem Willen der anderen der Beitritt eines Gesellschafters in der Weise erklärt, daß er statt Geldes eine Sache einbringen will, so fehlt es hier an der gültigen Annahme des ihnen gemachten Anbietens. Die Beitrittserklärung ist unter Vorbehalt abgegeben (Anm. 39 und 40 zu § 2) und mithin unwirksam. Sie wird wirksam, wenn die anderen Gesellschafter diese Sacheinlage statt der Geldeinlage vor der Eintragung genehmigen. Enthält der Gesellschaftsvertrag bei Festsetzung der Art der Einlage die Fixierung der Sacheinlage eines Gesellschafters, so bedarf es keiner besonderen Übernahmeerklärung. Sie liegt in der Zeichnung des ganzen Vertrags, der für jeden ihm beitretenden Gesellschafter als Einheit aufzufassen ist.

Über die entsprechenden Vorgänge bei der Erhöhung des Stammkapitals vgl. Anm. 4 zu § 56.

Anm. 48. 5. **Die Tragung der Gefahr bei der Sacheinlage.** Ist eine Geldeinlage zugesagt, so kann hier eine objektive Unmöglichkeit der Erfüllung nicht eintreten. Bei dem Versprechen der Sacheinlage, insbesondere einer konkret bestimmten, ist der zufällige Untergang vor der Erfüllung möglich. Er befreit den Gründer von der Einlageverpflichtung. Er beseitigt aber auch dessen Beteiligung (§ 323 BGB.). Kein Gesellschafter, der sich mit einem bestimmten Gegenstande beteiligen will, ist verpflichtet, bei dessen Untergang Geld einzulegen. Es ist durch Prüfung des Einzelfalles festzustellen, ob der Wegfall dieser Einlage die anderen Gesellschafter berechtigt, die Auflösung der Gesellschaft zu fordern (Neukamp-Becker Anm. 9c zu § 5 läßt in zu weitgehender Weise diese Auflösungsklage stets zu). Die Beitrittserklärung ist ja auch unmöglich, wenn schon zu deren Zeit die Erfüllung der Sacheinlage objektiv unwirksam war (vgl. Anm. 33 zu § 2). Hier tritt die Unmöglichkeit und mit ihr die Unwirksamkeit nachträglich ein (vgl. Anm. 45ff. zu § 2 und oben Anm. 47). War die Sacheinlage schon vor der Eintragung zum Handelsregister unmöglich geworden, so hat der Registerrichter bei Kenntnis hiervon die Eintragung abzulehnen. Eine erfolgte Eintragung kann er nicht beseitigen, weder wenn die Sacheinlage schon vor, noch wenn sie nach der Eintragung, aber vor der Erfüllung unterging. Über die Ersetzung des hiernach nicht gedeckten Stammkapitals vgl. Anm. 50 zu § 2. Darüber, daß die Sacheinlage nicht schon bei der Anmeldung zum Handelsregister bewirkt sein muß, vgl. Anm. 14 zu § 7. Wird die Erfüllung nur teilweise unmöglich, so mindert sich die Beteiligung um den verminderten Betrag (§ 323 Abs. 1 Satz 2 BGB.). Für die Lücke, die hierdurch entsteht, gilt das oben Bemerkte. Zahlt der Gesellschafter, dessen Sacheinlage vor der Erfüllung unterging, mit Zustimmung der anderen Gesellschafter den Betrag derselben in Geld, so bedarf es hierzu eines besonderen Aktes nicht. Es ist zulässig, daß an Stelle der Sacheinlage eine Geldeinlage tritt (vgl. oben Anm. 20 und Anm. 25 zu § 19; Rehm, ArchBürgR. 22, 132). A. M. Brodmann (Anm. 6), der in diesem Falle Herabsetzung des Stammkapitals (die mit den gesetzlichen Kautelen vor sich gehen muß) und anschließend Neuerhöhung verlangt. Ebenso Liebmann (Anm. 13 zu § 5). Erfolgt der Untergang der zugesagten Sache durch ein Verschulden des Gesellschafters, so wird er schadensersatzpflichtig (§ 325 BGB.). Der Rücktritt vom Vertrage steht nach der Eintragung der Gesellschaft zum Handelsregister dieser auch bei verschuldetem Untergange der Sacheinlage nur mittels Einziehung des Geschäftsanteiles des Gesellschafters zu (Anm. 18 zu § 34, Anm. 37 zu § 2). Es ist zu beachten, daß auch nach dem völligen Untergange der Sache die Rückgabe eines Teiles des Stammkapitals insofern vorliegt, als auf den Schadensersatzanspruch verzichtet wird. Es muß also auch hier die Herabsetzung des Stammkapitals, falls keine Überschüsse vorhanden sind, erfolgen.

War die Sacheinlage schon zur Zeit des Abschlusses des Gesellschaftsvertrags objektiv unmöglich (§ 305 BGB.), so ist eine wirksame Beitrittserklärung nie vorhanden gewesen. Der Verpflichtungsakt ist für diesen Gründer nichtig (vgl. Anm. 33 zu § 2). Wird durch die Unmöglichkeit der Einlage die Erfüllung des Gesellschaftszwecks ver-

eitelt, so wird der ganze Gesellschaftsvertrag nichtig (RG. 3. 12. 12 ZAktW. 23, 10). Kannte **§ 5.**
er die Unmöglichkeit der Leistung oder mußte er sie kennen, so haftet er den anderen Gesellschaftern für den Schaden, den sie durch ihr Vertrauen auf die Gültigkeit seiner Zusage erleiden, falls ihnen nicht ebenfalls Fahrlässigkeit zur Last fällt (§ 307 Abs. 1 BGB.). Ein Recht, daß ihm der Geschäftsanteil wieder überschrieben werde, hat der Gründer nicht, der sich auf die Nichtigkeit seines Beitritts stützt und der nun den anderen Gesellschaftern schadensersatzpflichtig ist.

Verzug des Gesellschafters mit der Erfüllung der Sacheinlage hat die gesetzlichen Folgen des bürgerlichen Rechts. Er haftet also dann für den zufälligen Untergang der Sache. Die Verzugsfolge des Rücktrittes ist nach Eintragung der Gesellschaft stets wieder nur in der Form der Einziehung des Geschäftsanteiles möglich. Die Verzugsfolgen, die das Gesetz in §§ 20ff. regelt, beziehen sich nur auf Geldeinlagen.

6. Daß die GmbH. Gegenstände von einem Gesellschafter nach ihrer Entstehung erwirbt, ist durch die Bestimmung des § 5 Abs. 4 nicht verboten. Der Erwerb ist auch dann gültig, wenn er bei der Gründung bereits geplant oder unter den Gründern vereinbart war. Daraus allein, daß nicht der Weg der Sacheinlage gewählt wurde, folgt keine Nichtigkeit eines später zwischen der entstandenen Gesellschaft und ihren Gesellschaftern abgeschlossenen Kaufes. Ein solcher Plan oder Vertrag unter den Gründern ist für die Gesellschaft belanglos. Sie entsteht, ohne daß der Gesellschafter berechtigt wäre, anders als durch Barzahlung seiner Einlagepflicht zu genügen. Für den von dem Geschäftsführer mit dem Gesellschafter nach der Entstehung abgeschlossenen Kauf kommt lediglich § 19 in Betracht. Unzulässig ist eine Vereinbarung, wonach ein Gesellschafter seine Stammeinlage mit dem Kaufpreise für einen der Gesellschaft überlassenen Gegenstand verrechnen darf (Anm. 16 zu § 19). Bildet diese Abrede des Aufrechnungsvertrags einen wesentlichen Bestandteil des Kaufvertrags, so daß die Parteien diesen nicht ohne jenen abgeschlossen hätten, so wird der ganze Kaufvertrag nichtig. Es ist dann auch eine einseitige Aufrechnung der Gesellschaft, welche ihre Kaufpreisschuld mit ihrer Stammeinlageforderung tilgt, wirkungslos. Es fehlt an der Gegenforderung der Gesellschafter. Wird aber ein solcher Aufrechnungsvertrag nicht getroffen oder erscheint er nach der ganzen Sachlage als nicht bestimmend für die Gültigkeit des Kaufes selbst (§ 139 BGB.), so ist der Kaufvertrag für beide Teile gültig. Die Wirksamkeit der Aufrechnung durch die Gesellschaft (Anm. 15 zu § 19) richtet sich nach den für diese allgemein geltenden Grundsätzen. Sie ist zulässig. Es wird daher in jedem Einzelfalle bei einem solchen späteren Kaufvertrage zwischen der GmbH. und einem Gesellschafter, bei dem der Kaufpreis und die Stammeinlage miteinander verrechnet werden, zu prüfen sein, worauf die Intention der Parteien ging. Er kann als Hauptsache der Verrechnung erscheinen. Die Parteien wollen den Kauf, um an Stelle der baren Zahlung der Gesellschaft die Sache zu überlassen. Dann ist der ganze Akt nichtig. Der Gesellschafter kann nur seine Sache wieder fordern (§ 19 Abs. 3). Es entstand kein Kaufpreis, mit dem verrechnet werden konnte. Es kann aber der GmbH. hauptsächlich um den Erwerb der Sache zu tun sein. Sie hätte sie ebensogut von einem Dritten kaufen können und müssen. Sie hätte sie ebensowohl dem Verkäufer bezahlen können als mit ihm verrechnen. Dieser hätte ebensowohl seine Einlage bezahlt und den Kaufpreis erhoben, als die Verrechnung geschehen lassen. Hierbei kann das Moment, daß schon bei der Gründung der Kauf beabsichtigt und verabredet war, als eines unter allen in Erwägung kommen. Ausschlaggebend kann es nicht sein. Es ist z. B. durchaus statthaft, daß bei der Entstehung der GmbH. die Lieferung von Rohprodukten durch einen Gesellschafter an die Gesellschaft als wesentliche Basis des Unternehmens erscheint. Die Gründer mögen sich hierüber schriftlich verständigt haben. Nichts steht im Wege, daß die GmbH., statt ihrem Lieferanten bare Zahlungen zu leisten, ihm den Gegenwert auf Stammeinlagekonto gutschreibt. Dasselbe gilt von anderen Gegenständen, auch von solchen, die zur festen Anlage dienen. Eine Entscheidung wird

Anm. 49.

§ 5. stets nur nach den Gesamtumständen möglich sein (Hachenburg, RundschauGmbH. 1912, 1142ff.).

Anm. 50. **Zusatz 1. Ausgabe von Geschäftsanteilen über pari.** Die Frage, ob solche Ausgabe zulässig ist, ist bestritten. Sie ist gegen Brodmann (Anm. 7 zu § 3 — vgl. unten) zu bejahen (zustimmend jetzt auch Neukamp-Becker Anm. 4 zu § 3 und Anm. 3 zu § 5). Es ist hiernach zulässig, daß im Gesellschaftsvertrage vereinbart wird, jeder Gesellschafter oder ein bestimmter Gesellschafter habe für seinen Geschäftsanteil außer seiner Kapitaleinlage noch eine weitere Summe oder ein sonstiges weiteres Wertobjekt an die Gesellschaft zu zahlen oder zu leisten (Agio). Das Gesetz erwähnt die Ausgabe über pari nicht ausdrücklich. Ihre Zulässigkeit folgt jedoch aus § 3 Abs. 2. Das Gesetz ordnet, da es die Ausgabe über pari nicht ausdrücklich erwähnt, demgemäß auch nicht an, daß das Agio in einen gesetzlichen Reservefonds fließen oder überhaupt einen Gegenposten im Passivum erhalten muß. Es ist dies also auch nicht gesetzlich notwendig. Doch empfiehlt dies Liebmann Anm. 5 mit Recht. Denn wenn es nicht geschieht, so wäre dadurch ein sofort verteilbarer Überschuß vorhanden. Es ist aber regelmäßig nicht die Absicht der Gesellschafter, Gewinn zu verteilen, der nicht im Betriebe entstanden ist. Die Ausbedingung eines Agios geschieht, um die Gesellschaft dauernd zu stärken. Es kann aber auch Fälle geben, wo auch die Ausschüttung des durch das Agio erzielten Gewinnes rationell ist. So z. B. wenn eine Gesellschaft bereits derart erstarkt ist, daß ihre Geschäftsanteile weit mehr als den Nominalbetrag wert sind. Bei einer Kapitalerhöhung werden die neuen Anteile mit Agio ausgegeben. Es wird bestimmt, daß der solchergestalt entstandene und vermehrte Jahresgewinn an die bisherigen Gesellschafter zur Auszahlung gelangt. Hier erhalten die alten Gesellschafter die Mehrzahlung der neu eintretenden als Vergütung für die Zulassung zu der prosperierenden Gesellschaft. Dasselbe Resultat würde hier auch erreicht werden, wenn die alten Gesellschafter die neuen Anteile zu pari übernehmen und sie dann den neuen mit dem Gewinnzuschlage weitergeben.

Es kann die Leistung des Agios auch durch eine Sachleistung erfolgen. So namentlich, wenn eine Sache eingebracht wird, die mehr wert ist als die zu deckende Einlage. Sie kann von der Gesellschaft trotz des Mehrwertes nur in Höhe der Stammeinlage übernommen werden. Dann hat sie in dem Mehrwert eine stille Reserve. Sie kann zum vollen Werte auf sie übergehen. Dann ist der Mehrbetrag zurückzuvergüten. Es kann in diesem letzteren Falle der Inferent auf die Auszahlung verzichten. Dann liegt der Fall des Agios vor. Unzulässig ist es aber, daß die Gesellschaft selbst nach der Übernahme die höher gewerteten Objekte nur zur Höhe der Einlage, die Gegenstände zu dem effektiven Werte in die Bilanz einzustellen und dadurch einen Gewinn zu erzielen versucht, jedenfalls soweit es sich um Gegenstände handelt, die dauernd dem Geschäftsbetriebe bestimmt sind (§ 41 Ziff. 1, vgl. auch oben Anm. 33). Es handelt sich hier bei der Einsetzung der Einlage unter ihrem wahren Werte um keine Schenkung (vgl. oben Anm. 42). Welcher von beiden Fällen zutrifft, ist aus dem Vertragswillen festzustellen.

In sehr heftiger Weise bekämpft Brodmann (Anm. 7 zu § 3) die Zulässigkeit von Geldleistungen bei der Gründung über den Betrag der Stammeinlage hinaus. Er will in erster Linie wohl die Fälle treffen, in denen, sei es aus steuerlichen, sei es aus Haftungsgründen, das gesamte Kapital niedriggehalten, der Gesellschaft aber in anderer rechtlicher Form weit höhere Beträge durch den Gesellschaftsvertrag zur Verfügung gestellt werden. Die Kritik an den Darlehensverträgen, der Kommanditgesellschaft mit der GmbH. als Komplementar, ist sachlich nur teilweise zutreffend. Die Schärfe der Kritik — „in die Tat umgesetzte Rabulistik" — hindert nicht, daß sie in der Verallgemeinerung zu weit geht. Nach Brodmann wäre auch die hier für zulässig erklärte Agioleistung unzulässig, obwohl sich gegen ihre wirtschaftliche Berechtigung und Zweckmäßigkeit Einwendungen kaum erheben lassen. Damit fällt Brodmanns Argument, daß solche höhere Einzahlung notwendig gegen den Geist des GmbHG. verstoße. Daß sie gegen den Wortlaut des Gesetzes sich richtet, vermöchte ohnehin nur eine sehr einschränkende Auslegung von § 3 Abs. 2 dazutun.

Wird das Agio einem Reservefonds einverleibt, so ist dieser kein Zwangsreservefonds, sondern ein freiwilliger. Er kann daher wie jeder freiwillige Reservefonds aufgelöst werden (vgl. Anm. 63 zu § 42). **§ 5.**

Zusatz 2. Ausgabe von Vorzugsgeschäftsanteilen.

a) Zulässigkeit. Nach § 185 HGB. können im Gesellschaftsvertrage für einzelne Gattungen von Aktien verschiedene Rechte festgesetzt werden. Sie betreffen meist die Verteilung des Gewinnes oder des Gesellschaftsvermögens oder das Stimmrecht. Das gleiche muß auch hier gelten, obgleich das Gesetz es nicht ausdrücklich festsetzt. Die Struktur der GmbH. steht dem in keiner Weise entgegen. (Vgl. § 29 Abs. 2, § 72 Abs. 2; ebenso Förtsch Anm. 5 zu § 29.) Auch hier muß natürlich eine Festsetzung im Gesellschaftsvertrage gefordert werden. Doch genügt auch hier eine Bestimmung im späteren Gesellschaftsvertrage. Letzteres findet namentlich bei der Erhöhung des Stammkapitals statt. Die Gewährung von Vorzugsrechten an die neuen Anteilseigner erfolgt, um wirksamer neue Mitglieder zu werben. Es kann dabei durch die zur Änderung des Gesellschaftsvertrages erforderliche Mehrheit das Vorzugsrecht für die neuen Geschäftsanteile geschaffen werden. Sonderrechte der Gesellschafter werden hierdurch nicht verletzt. Aber es haben auch umgekehrt die ersten Gesellschafter es in der Hand, durch eine Statutenbestimmung ihren Anteilen den dauernden Charakter von Vorzugsanteilen zu gewähren. Sie können bestimmen, daß die Inhaber der ersten Anteile auch bei einer etwaigen Kapitalserhöhung eine Vorzugsdividende von 25 Proz. genießen sollen. Freilich ist dies eine Bestimmung des Gesellschaftsvertrages, die wieder durch Statutenänderung geändert werden kann, falls sie nicht als unentziehbares Recht bestellt wurde (Anm. 18ff. zu § 14). Es kann gewollt und bestimmt werden, daß zur Entziehung dieser Vorrechte die Zustimmung sämtlicher Inhaber der ersten Geschäftsanteile gehört. **Anm. 51.**

Die Schaffung von Vorzugsanteilen in der Weise, daß man, ohne das Stammkapital zu erhöhen, den Inhabern der bisherigen Stammanteile das Recht gibt, durch Zahlung eines bestimmten Betrages ihre Anteile in Vorzugsanteile umzuwandeln, ist mit Zustimmung aller beteiligten Inhaber sicherlich zulässig. Im Aktienrecht ist streitig, ob es auch durch Mehrheitsbeschluß bestimmt werden kann. Dort verneinte es Staub, allerdings im Widerspruch mit der herrschenden Ansicht (vgl. StaubHGB. 6./7. Aufl. Anm. 2 zu § 185). In der Neubearbeitung von Staub HGB. hat Pinner diese Ansicht auch für das Aktienrecht aufgegeben (Staub-Pinner 10. Aufl. Anm. 2 zu § 186). Für die GmbH. folgerte Staub in der ersten Auflage (Anm. 26 S. 57) die Verneinung daraus, daß zur Auferlegung von statutarisch nicht gestatteten Nachschüssen die Zustimmung aller Belasteten gehöre. Der Schluß erscheint jedoch nicht genügend. Es handelt sich hier nicht um die Auflage von Nachschüssen, sondern um das Recht, durch freiwillige Leistung ein anders geartetes Mitgliederrecht zu erwerben. Es besteht kein Sonderrecht der Gesellschafter, daß an sie das ganze Ergebnis des Nutzens ausgeschüttet werde. Das kann schon durch die Erhöhung des Stammkapitals beseitigt werden. Ebenso durch Schaffung von Genußscheinen gegen Zahlung bestimmter Beträge. Dies führt zur Zulässigkeit der Abgabe eines höheren Gewinnanteils an die Geschäftsanteile, welche zuzahlen. (So jetzt auch RG. 25. 4. 11 JW. 11, 599[53]; vgl. Anm. 43 zu § 58.) Vorzugsanteile auszugeben und dabei zu bestimmen, daß jeder Gesellschafter, der 50 Proz. seiner Stammeinlage zeichne, seinen bisherigen Geschäftsanteil zum Vorzugsanteil mache, ist, insoweit darin eine Verletzung des Rechts der Gesellschafter auf gleiche Behandlung liegt, unzulässig (vgl. Anm. 20 zu § 14). **Anm. 52.**

Zweifellos ist hier, wie im Aktienrechte, gestattet, den durch Schaffung von Vorzugsanteilen ohne Erhöhung des Stammkapitals intendierten Zweck auch in anderer Weise zu erreichen. Man erhöht das Stammkapital durch Ausgabe von Vorzugsanteilen. Man gestattet gleichzeitig den bisherigen Gesellschaftern, ihre Anteile zu einem geringeren Kurse, behufs späterer Amortisation derselben, in die Gesellschaft einzubringen, sie in Zahlung auf Vorzugsanteile zu geben. Der Rest ist bar einzuzahlen. Hierbei werden die Sondervorschriften über Kapitalserhöhung einerseits und Amortisation andererseits ge- **Anm. 53.**

§ 5. wahrt. Die Kapitalserhöhung ist in solchem Falle eine qualifizierte im Sinne des § 56. Die Amortisation erfolgt durch Herabsetzung des Stammkapitals unter Vernichtung der Geschäftsanteile, welche die Gesellschaft selbst erworben hat (vgl. Anm. 8 zu § 34). Dann ist der ursprüngliche Stand des Stammkapitals wiederhergestellt und, einzelne Geschäftsanteile genießen Vorzugsrecht. Freilich ist der Weg sehr umständlich. Er zeigt aber, daß auch die unmittelbare Erreichung des Zieles möglich sein muß (oben Anm. 52).

Anm. 54. b) Der Inhalt des Vorzugsrechts kann zunächst in vermögensrechtlichen Zuwendungen bestehen. Es können hierbei wie bei den Aktien bevorzugte Ansprüche auf Gewinnverteilung bestellt werden. Es kann ein Vorrecht derart geschaffen sein, daß zuerst ein Geschäftsanteil bis zu einer bestimmten Höhe Dividende erhält, ehe die anderen Geschäftsanteile etwas bekommen. Zulässig ist dabei auch ein sog. Nachbezugsrecht. Der Vorzugsgesellschafter hat das Recht der Ergänzung der Dividende (kumulative Dividende) eines Jahres auf den Vorzugsbetrag aus den Ergebnissen der folgenden Jahre (RG. 8. 4. 08 JW. 08, 462[34]). Es ist Auslegungsfrage, ob ein solcher Anspruch in dem Vorrecht enthalten ist. Eine allgemeine Verkehrsauffassung, wonach dies selbstverständlich ist, läßt sich nicht behaupten. Das Nachbezugsrecht ist als Mitgliedschaftsrecht den Beschlüssen der Gesellschafterversammlung unterworfen. Selbständige Nachbezugsrechte lassen sich für die Zukunft durch Statutenänderung beseitigen. Ist aber einmal für ein Geschäftsjahr der Gewinnausfall festgestellt, so erwächst damit dem Gesellschafter ein selbständiges Forderungsrecht auf den Nachbezug oder die Ergänzung seines Gewinnanteils aus künftigem Geschäftsgewinn. Dessen Beseitigung durch eine Gesellschafterversammlung ist ausgeschlossen. Das Nachbezugsrecht kann dann praktisch bedeutungslos werden durch Wegfall der tatsächlichen Voraussetzungen. Seine rechtliche Grundlage jedoch ist unveränderlich. Das Reichsgericht hat das für die Aktiengesellschaft ausgesprochen (Urt. vom 8. April 13 RGZ. 82, 138). Es gilt ebenso für die GmbH. Es kann weiter den Bevorzugten ein höherer Prozentsatz eingeräumt sein. Es kann dabei für Vorzugsdividende ein besonderer Genußschein ausgegeben werden. Er hat dadurch die Eigenschaft, lediglich als Ausdruck des Vorzugsrechts eines Geschäftsanteils zu erscheinen. Daher teilt er dessen Schicksal. Mit dessen Untergang geht er unter. Er wird mit ihm verändert (vgl. Anm. 18ff. zu § 14). Der Begriff des Genußscheins ist damit indessen nicht erschöpft. Außer dem Genußschein, der der Ausfluß des Vorzugsrechts eines Geschäftsanteils und mit ihm verbunden ist, ist die Schaffung selbständiger Genußscheine möglich (vgl. Anm. 19 ff. zu § 14). Sie erstrecken sich auf Gewinnverteilung und Liquidationserlös. Sie können frei vererblich und formlos veräußerlich sein (PrOVG. 7. 3. 18, OLGRspr. 40, 194). Da es sich hier stets um Vorrechte an dem Gewinn handelt, so ist ohne weiteres klar, daß diese nie gegen § 30 Abs. 1 verstoßen. Zulässig sind aber weiter auch Vorrechte, die sich nicht an den bilanzmäßigen Reingewinn, sondern an bestimmte Quellen desselben anschließen. So kann dem Inferenten eines Patents für seinen Geschäftsanteil das Recht eingeräumt sein, neben und vor den statutarischen Dividenden aus allen Lizenzen, welche sein Patent bringt, einen Prozentsatz zu ziehen, oder von jedem Stück, das die Gesellschaft auf Grund des von ihr selbst betriebenen Patentes verkauft, eine Gebühr zu erhalten. Das Vorzugsrecht kann sich auch auf die Kapitalverteilung bei der Liquidation beziehen. Es kann hierbei einem Gesellschafter ein größerer Betrag, als im Verhältnisse zu seinem Geschäftsanteil stünde, zugewiesen werden. Es kommt dies namentlich in Betracht, wenn sich ein Sachinferent mit einer niedrigen Bewertung der Einlage begnügt. Nicht selten haben aber die Geldeinleger einen Anspruch auf Deckung vor den Sacheinlegern. Es kann auch vereinbart werden, daß bestimmte Stücke einem Gesellschafter zufallen sollen. Namentlich daß die Patente, die auf eine Stammeinlage gemacht wurden, auf den Inhaber dieses Geschäftsanteils zu übertragen sind. Selbstverständlich wirken alle diese Vorzugsrechte bei der Auflösung einer GmbH. nur unter den Gesellschaftern. Den Gläubigern gegenüber sind sie ohne Belang. Oft sind Dividende und Liquidationsvorrechte verbunden. Aus der ersteren dürfen aber nicht ohne besonderen Anhalt die letzteren abgeleitet werden.

Einen Fall von Häufung von Vorrechten bei Dividenden und Liquidation berichtet BauerZ. 18, 226. Die bevorzugten Geschäftsanteile erhalten den ganzen Reingewinn zur Dividende von 5 Proz. und den Rest zur Amortisation. Sie bekommen bei der Auflösung nicht nur ihre Einlage, sondern auch 20 Proz. Prämie im voraus. **§ 5.**

Unzulässig wird das Vorzugsrecht, sobald es auf eine sofortige Zahlung einer bestimmten Summe geht. Der Einleger erhielte einen Teil des zur Erhaltung des Stammkapitals erforderlichen Vermögens wieder zurück. Handelt es sich um die Zahlung bestimmter Beträge, Zinsen oder Kapitalien, in späteren Jahren, so wird die Auszahlung unstatthaft, sobald hierfür das zur Erhaltung des Stammkapitals nötige Vermögen angegriffen wird (vgl. Anm. 2ff. zu § 30). Die gegenteilige Ansicht Staubs (erste Auflage Anm. 28 S. 57) läßt sich nicht rechtfertigen.

Der Inhalt des Vorzugsrechts kann auch in anderen als in Geld auszudrückenden Werten bestehen. So insbesondere in einem doppelten und mehrfachen Stimmrechte, in dem Rechte, jederzeit die Versammlung einzuberufen, in dem Rechte auf den Vorsitz in der Versammlung, in dem Rechte, daß gegen diese Stimme eine Statutenänderung nicht erfolgen darf, in dem Rechte, jederzeit die Bücher und Schriften der Gesellschaft einzusehen usw. Es kann auch sein, daß der Vorzugsgeschäftsanteil zum Ausgleich für die Gewährung finanzieller Besserstellung kein Stimmrecht besitzt. Das Stimmrecht ist kein notwendiger Bestandteil des Geschäftsanteiles (PrOVG. 12. 11. 14 BauerZ. 22, 163). Die Vorteile müssen stets, und darin liegt der Gegensatz des Vorzugsrechts zu den besonderen Vorteilen (unten Anm. 58), durchweg Ansprüche sein, die mit dem Geschäftsanteile verbunden sind. Der Gesellschaftsvertrag kann aber hierbei das Erlöschen desselben für den Fall des Todes des Gründers oder der Veräußerung des Geschäftsanteils anordnen und sie damit den persönlichen Vorteilen annähern. **Anm. 55.**

c) Die Ablösung der Vorzugsrechte kann im Gesellschaftsvertrage bestimmt sein. Namentlich bei den auf einen Vermögenswert gerichteten ist dies ratsam. Auch hier darf der § 30 Abs. 1 nicht verletzt werden. Die Zahlung der Ablösungssumme kann nur aus dem Betrag, der nicht für Erhaltung des Stammkapitals erforderlich ist, erfolgen. Jede andere Zahlung wäre ungültig und müßte zurückerstattet werden (vgl. Anm. 2ff. zu § 30). Das Gedinge der Ablösung selbst ist aber gültig. Nur seine Ausführung kann auf die erwähnte Schwierigkeit stoßen. Es können daher der Gesellschaft die Mittel hierzu unentgeltlich von einem Gesellschafter zur Verfügung gestellt werden. Der andere Gesellschafter kann dies nicht ablehnen unter dem Hinweise, daß das Gesellschaftsvermögen das Stammkapital nicht übersteigt. **Anm. 56.**

Eine Ablösung der Vorzugsrechte ohne vorherige statutarische Bestimmung ist nur statthaft unter Zustimmung der Bevorrechtigten. Ebenso kann eine statutarische Festsetzung der Ablösung nur mit Zustimmung der Berechtigten wirksam erfolgen (§ 53 Abs. 3). Jeder anderweite Beschluß der Gesellschafter ist, da hier in ein Recht eines Gesellschafters eingegriffen würde, ungültig (vgl. Anm. 19 Ziff. 1 zu § 15, Anm. 4 u. 5 zu § 53).

d) Von den Prioritätsgeschäftsanteilen zu unterscheiden sind die Prioritätsobligationen. Die letzteren sind einfache Forderungen (vgl. Staub-Pinner HGB. Anm. 10 zu § 185). Solche können schon bei der Gründung beschlossen werden. Nicht selten erhalten Inferenten für den Betrag, um den der Einlagegegenstand die Stammeinlage überschreitet, Schuldscheine der Gesellschaft an Ordre mit hypothekarischem Eintrage. Ausgabe einer Prioritätsanleihe ist eine Verwaltungshandlung der Geschäftsführer. Nur nach innen ist die Zustimmung der Gesellschafter einzuholen (§ 49 Anm. 6). **Anm. 57.**

Mit den Obligationen kann neben dem Zinsanspruch auch ein Recht auf einen Anteil am Reingewinn verbunden sein. Gesellschafter werden die Geldgeber nicht. Sie haben weder Stimmrechte noch sonstige Befugnisse, die in die Verwaltung der GmbH. eingreifen. Daher sind solche Kapitalaufnahmen nicht als verschleierte Erhöhung des Stammkapitals anzusehen.

§ 5. **Zusatz 3. Auch einem einzelnen Gesellschafter können für seine Person besondere Vor-
Anm. 58. teile eingeräumt werden.** Sie sind von den eben behandelten Vorzugsgeschäftsanteilen scharf zu trennen. Das Wesen der letzteren besteht in der Einräumung von gesellschaftlichen mit dem Geschäftsanteile verbundenen Vorzugsrechten. Im Aktienrecht ist ausdrücklich vorgesehen, daß einem Aktionär auch sonst besondere Vorteile eingeräumt werden können, die ihm nach der Gründung nicht in seiner Eigenschaft als Aktionär, sondern unabhängig von dieser Eigenschaft zustehen. Er kann sie je nach ihrer Beschaffenheit auch selbständig übertragen. Sie können seine Gesellschaftereigenschaft überdauern (§ 186 Abs. 1 HGB.). Eine solche Einräumung ist auch hier zulässig. Das Gesetz erwähnt sie freilich nicht. Aber darum ist sie nicht unstatthaft. Alle solche besonderen Vorteile sind insoweit zulässig, als durch ihre Einräumung nicht der § 30 Abs. 1 verletzt wird. Die besonderen Vorteile müssen derart sein, daß ihre Erfüllung eine Verteilung des Stammkapitals nicht einschließt. Denn wenn auch der besondere Vorteil gerade darin besteht, daß er dem Gesellschafter unabhängig von dieser Eigenschaft zustehen soll, so wird er ihm doch in dieser seiner Eigenschaft gewährt. Auch darauf bezieht sich der § 30 (vgl. Anm. 2 zu § 30). Die Gesellschaft soll für das, was der Gesellschafter ihr bietet, jedenfalls nicht ihr Grundkapital angreifen. Es dürfen also dem Gesellschafter Leistungen in Kapital nur von dem Überschusse der Aktiva über Schulden und Grundkapital gezahlt werden. Ein fester dauernder Zins ist also hier ebenfalls unzulässig (vgl. oben Anm. 54). Dagegen können besondere Vorteile, welche sich innerhalb jenes Rahmens halten, wohl bedungen werden. So das Recht auf den Bezug von Gesellschaftsanteilen bei einer Kapitalserhöhung, freies Entree in die Vergnügungslokale der Gesellschaft, Geldbezüge aus dem bilanzmäßigen Überschusse oder aus dem Agio. Zu dieser Art von Vorteilen gehört auch die Auszahlung eines Teiles des Gewinnes des in die Gesellschaft eingebrachten Geschäftes (oben Anm. 50), die Zusage für den Gesellschafter, Dritten gegenüber bestehende Verpflichtungen zu erfüllen usw.

Anm. 59. Zu betonen ist hierbei, daß es sich um die Übernahme einer gesellschaftlichen Verpflichtung, die zwar nicht an den Geschäftsanteil geknüpft ist, die aber stets als Ausfluß der Gesellschaftereigenschaft erscheint, handelt. Der Unterschied von dem Vorzugsrechte ist nur der, daß dieses an den Geschäftsanteil, die besonderen Vorteile an die Person des Gründers gebunden sind. Sie bilden wie die Vorzugsrechte ein Äquivalent für die Beteiligung. Sie können auch hier vermögensrechtlicher oder idealer Art sein (vgl. oben Anm. 54 und 55). So Rechte, daß die Gesellschaft gewisse Waren nur von dem Gesellschafter kaufen oder an ihn verkaufen dürfe, so die Einräumung von Vorkaufs- oder Vormietsrechten usw. Nicht hierher gehört aber die bei der Gründung besprochene und nach dieser in Vollzug gesetzte Abrede eines außerhalb der gesellschaftsrechtlichen Sphäre liegenden gegenseitigen Vertrages, insbesondere eines Anstellungsvertrages. Es gehört zu den täglichen Erscheinungen, daß der Inferent eines Geschäfts sich der Gesellschaft verpflichtet, als Geschäftsführer tätig zu sein und diese ihm die gleiche Zusage macht. Soll hiermit nicht etwa eine gesellschaftliche Verpflichtung (Anm. 26 zu § 3) geschaffen sein, sondern nur ein Dienstverhältnis, so wird die Gültigkeit eines solchen Dienstvertrages, den die Gesellschaft nach der Eintragung der Gesellschaft vollzieht, dadurch nicht berührt, daß der Geschäftsführer, Betriebsleiter, Agent usw. auch Gesellschafter ist und dieses Abkommen schon bei der Gründung vereinbart war. Dies auch dann, wenn diese Anstellung für den Gesellschafter als Voraussetzung des Abschlusses erscheint. Wird die dem Mitgründer gemachte Zusage nach dem Entstehen der Gesellschaft von dieser nicht erfüllt, so steht jenem kein Klagerecht gegen die Gesellschaft zu. Er hat nur einen Ersatzanspruch gegen die Mitkontrahenten, welche für die Anstellung einzustehen haben.

Anm. 60. Die Gewährung der besonderen Vorteile seitens der Gesellschaft an einen der Gründer muß in dem Gesellschaftsvertrage aufgenommen werden. Das österr. Ges. schreibt dies ausdrücklich vor (§ 6 Abs. 4). Für das deutsche Recht ergibt sich dies auch ohne eine solche Bestimmung aus dem Inhalte des Gesetzes. Nicht etwa deshalb, weil es sich um Gewährung von Vergütungen für eingelegte Vermögensgegenstände handelt (§ 5 Abs. 4). Solche Vorzüge und Vorteile kommen auch bei Geldeinlagen ebenso vor wie bei Sacheinlagen. Wohl aber weil hier eine gesellschaftliche Berechtigung geschaffen werden soll. Diese kann nur im Gesellschaftsvertrage erfolgen. Denn sonst entstehen nur Verpflichtungen zwischen den einzelnen Gründern. Ebenso wie die besonderen Pflichten der Gesellschafter der Aufnahme in den Gesellschaftsvertrag bedürfen, da sie sonst den Verpflichteten nicht als Gesellschafter treffen, so müssen die gesellschaftlichen Mitgliedsrechte im Gesellschaftsvertrage erscheinen, da nur hierdurch wieder die rechtlichen Beziehungen der Gesellschaft zu ihren Mitgliedern erzeugt werden. Die Aufnahme dieser besonderen Vorteile in den Gesellschaftsvertrag ist hier eine nicht durch eine positive Gesetzesbestimmung angeordnete, sondern eine begrifflich notwendige. Sie fließt aus dem Wesen der GmbH. als einer juristischen Person (vgl. Anm. 20 zu § 3). **§ 5.**

Nicht in den Gesellschaftsvertrag aufgenommene Zusagen erzeugen nur obligatorische Beziehungen zwischen den Kontrahenten. Sie können gegenüber diesen erzwungen werden, solange die Gründer noch allein Gesellschafter sind. Die Beteiligten sind verpflichtet, den Bevorrechtigten so zu stellen, wie er es wäre, wenn sein Vorrecht im Gesellschaftsvertrage stände. Sie haben ihm von dem Reingewinn so viel abzugeben, als erforderlich, das ihm zugesagte Mehr zu gewähren. Sie haben ihm bei der Liquidation den ihm versprochenen Anteil oder Gegenstand zu überlassen. Für alles dies aber besteht nur die zivilrechtliche Klage gegen die einzelnen Gesellschafter. Auch diese ist nicht mehr durchführbar, sobald die Geschäftsanteile in fremde Hände übergingen. Es bleibt dann nur der Anspruch auf Schadensersatz wegen Nichterfüllung. Auslegungsfrage ist es auch hier, ob die Nichtaufnahme eines bedungenen Vorteils in den Gesellschaftsvertrag nicht den Verzicht auf denselben bedeutet. Notwendig ist dieser Schluß nicht. Es kann gewollt sein, daß nur persönliche Beziehungen entstehen sollen. Es kann geschehen sein in der irrigen Meinung, die Abrede hätte auch ohne Einrückung in den Gesellschaftsvertrag Geltung.

Zusatz 4. Gründerentschädigungen. Das Aktienrecht (§ 186 Abs. 3) verlangt, daß der Gesamtaufwand, welcher zu Lasten der Gesellschaft an Aktionäre oder andere als Entschädigung oder Belohnung für die Gründung oder deren Vorbereitung gewährt wird, im Gesellschaftsvertrage festzusetzen ist. Für die GmbH. ist diese Vorschrift nicht übernommen. Es folgt hieraus nicht, daß solche Gründerentschädigungen nicht zulässig sind, wohl aber, daß sie nicht in den Gesellschaftsvertrag aufgenommen werden müssen. Es liegt hier eine der Kautelarbestimmungen des Aktienrechts vor, deren Übernahme auf die GmbH. nicht erforderlich erschien. Mit der Gewährung von gesellschaftlichen Vorrechten läßt sich die Gewährung des Gründeraufwandes nicht vergleichen. Daher ist aus dieser Analogie auch nicht das Verlangen der Aufnahme der Gründerentschädigung in den Gesellschaftsvertrag (Staub erste Auflage Anm. 31 S. 58) begründbar. Dies zeigt schon der Umstand, daß es sich bei der aktienrechtlichen Vorschrift nicht nur um Gründer, sondern auch um Dritte handelt, denen ein solcher Aufwand ersetzt wird. Für diese würde die Heranziehung der Regeln über die besonderen Vorteile völlig versagen. Es muß beachtet werden, daß bei diesen Vorteilen die Aufnahme in den Gesellschaftsvertrag aus begrifflichen Momenten folgt (vgl. Anm. 58 und Anm. 20 zu § 3). Auch die Motive halten eine besondere Regelung der Gründerprovision nicht für erfordert. Die §§ 30 und 31 genügten, um eine Zahlung aus den Mitteln des Stammkapitals zu verbieten. Eine aus Billigkeitsgründen angemessen scheinende Vergütung aus anderen Mitteln sei aber leicht zu beschaffen. Es ist also stets nur immer wieder die Vorschrift des § 30 zu beachten. Ist diese gewahrt, so steht der Gründerentschädigung, z. B. aus dem Agio, nichts im Wege. (A. M. Brodmann, Anm. 8 zu § 5, der die Gewährung einer Gründerentschädigung gerade von der Aufnahme in den Gesellschaftsvertrag abhängig machen will, allerdings nicht unter Berufung auf gesetzliche Bestimmung, sondern auf der irrigen Ansicht aufbauend, daß die Gründungskosten die Gesellschaft nichts angingen, vielmehr Aufwendungen der Gründer in persönlicher Angelegenheit seien. Für die GmbH. gilt, wie für die AG., daß die Gründungs- **Anm. 61.**

§ 5. kosten nur im Hinblick auf die künftige Existenz der Gesellschaft aufgebracht werden — als eine Art auftraglose Geschäftsführung für diese.)

a) Die Entschädigung oder Belohnung ist an einen Dritten zu entrichten. Hier kann
Anm. 62. § 30 nie in Frage kommen. Denn Zahlungen an Dritte sind nie Zahlungen des Kapitals an Gesellschafter (zustimmend RundschauGmbH. 1912, 168). Es liegt hier eine Schuld vor, die entweder mit der Gesellschaft entsteht, falls sie nach der Gründung, aber vor der Eintragung eines Geschäftsführers für die Gesellschaft kontrahiert wird (Anm. 1 zu § 11) oder die, falls sie aus früherer Zeit stammt, doch von den Geschäftsführern gültig beglichen wird. Auch die dem Makler für das Zustandekommen der Gesellschaft versprochene Provision gehört hierher. Lehnt der Geschäftsführer die Zahlung ab, so besteht nur ein Anspruch an die Gründer, welche die Zusage machten.

Anm. 63. b) Die Entschädigung oder Belohnung ist an einen Gesellschafter zu gewähren. Soweit die Gesellschafter bare Vorlagen für die Gesellschaft machten, Gerichts- und Notariatsgebühren verlegten, Reisespesen hatten usw., überhaupt Ansprüche Dritter im Interesse der Gesellschaft tilgten, verstößt deren Ersatz nicht gegen § 30. Hier sind gegen die Gesellschaft Ansprüche aus Geschäftsführung entstanden. Ihre Begleichung kann wiederum nie das Stammkapital angreifen. Denn es werden ja Schulden der Gesellschaft hieraus gedeckt. Selbstverständlich müssen sich diese Aufwendungen in den angemessenen Grenzen halten. Es ergibt sich dies schon aus der Geschäftsführung (§ 677 BGB.). Wohl aber wird die Zahlung einer jeden Belohnung eines Gründers für seine Bemühungen, welche die anderen Gesellschafter ihm zusagten und die von den Geschäftsführern infolgedessen bezahlt wird, unstatthaft sein. Denn dann, aber auch nur dann, fließt an einen Gesellschafter ein Teil der Stammeinlage zurück. Besteht die Gründerbelohnung aus einem Teile des Agio oder aus dem Reingewinne, oder wird sie in Form anderer Begünstigung statt Vermögenswertes gegeben, so ist auch gegen deren Gültigkeit nichts einzuwenden. Nur soweit den Gründern gesellschaftsrechtliche Ansprüche eingeräumt werden, erfordern diese die Aufnahme in den Gesellschaftsvertrag (Anm. 6).

Über die Unzulässigkeit der Verwendung von Gründerbelohnungen und -entschädigungen zur Deckung von Stammeinlagen vgl. oben Anm. 23 (vgl. OLG. Braunschweig 27. 9. 15 LZ. 16, 1453; RG. 3. 10. 16 RGZ. 88, 428).

Das österreichische Gesetz verbietet die Gewährung einer Belohnung an einen Gründer aus dem Stammkapital ausdrücklich. Insbesondere ist deren Aufrechnung auf die Stammeinlage unzulässig (§ 7 Abs. 1). Ersatz der Kosten der Errichtung der Gesellschaft kann nur innerhalb des für die Gründungskosten im Gesellschaftsvertrage festgestellten Höchstbetrages bezahlt werden (§ 7 Abs. 2). Der erste Teil stimmt mit den Ergebnissen der Auslegung des deutschen Gesetzes überein. Weiter geht die zweite Bestimmung. Sie macht auch die Rückvergütung der Gründungskosten von einer Festsetzung im Gesellschaftsvertrage oder doch von der Aufnahme der Erstattungspflicht unter Angabe eines Maximalsatzes abhängig.

Anm. 64. **Zusatz 5. Die Bestimmungen des Gesellschaftsvertrages über die Einlage oder Übernahmen können, einmal eingetragen, nicht beseitigt werden.** Bei Aktiengesellschaften hat man diese historische Reminiszenz in der Praxis oft beseitigt. Es war den Beteiligten manchmal unangenehm, daß die Art und der Charakter der Illation ewig aus den Statuten hervorging. Im Aktienrechte ist man aber jetzt allgemein der Ansicht, daß solche Beseitigung nicht zulässig ist (Pinner 29; Düringer bei Holdheim 8, 233; OLG. Dresden in OLGR. 1, 204; KG. in KGJ. 27 A 226). Für die GmbH. muß das gleiche gelten. Das Statut enthält insoweit historische Tatsachen. Diese sind begrifflich einer Beseitigung nicht fähig. Es ist vom gesetzgeberischen Standpunkte aus wichtig, daß die Grundlagen der Gesellschaft stets erkennbar sind. Zu trennen davon ist die Frage der nachträglichen Änderung des Gesellschaftsvertrages durch Gesellschafterbeschluß (oben Anm. 46).

§ 6. § 6.

Die Gesellschaft muß einen oder mehrere Geschäftsführer haben.

Zu Geschäftsführern können Gesellschafter oder andere Personen bestellt werden. Die Bestellung erfolgt entweder im Gesellschaftsvertrage oder nach Maßgabe der Bestimmungen des dritten Abschnitts.

Ist im Gesellschaftsvertrage bestimmt, daß sämtliche Gesellschafter zur Geschäftsführung berechtigt sein sollen, so gelten nur die der Gesellschaft bei Festsetzung dieser Bestimmung angehörenden Personen als die bestellten Geschäftsführer.

Der vorliegende Paragraph enthält einige Vorschriften über Geschäftsführer. Er beschäftigt sich nur mit der Bestellung derselben beim Gründungsakt. Der Hauptstock der Vorschriften über die Geschäftsführer ist jedoch in den §§ 35ff. enthalten. **Einleitung.**

1. (Abs. 1.) **Die Gesellschaft muß einen oder mehrere Geschäftsführer haben.** **Anm. 1.**

a) Sie „muß". Als Gründungsvorschrift hat dies den Sinn, daß die Gesellschaft nicht eingetragen werden darf, wenn der Geschäftsführer nicht bestellt ist. Dieser hat ja die Gesellschaft anzumelden (§ 78, § 8 Nr. 2). Eine Gesellschaft ohne Geschäftsführer ist vom Registerrichter zurückzuweisen. Ist sie trotzdem auf Anmeldung der Gesellschafter allein eingetragen, so ist sie zur Entstehung gelangt. Der Registerrichter kann nur die Gesellschafter zur Bestellung des Geschäftsführers anhalten. Für das spätere Leben der Gesellschaft hat dieses „Muß" nicht den Sinn, daß die Gesellschaft zu bestehen aufhörte, wenn ein Geschäftsführer nicht vorhanden ist. Es ist für die Bestellung des Geschäftsführers wieder zu sorgen. So kann jeder Gesellschafter die Einberufung einer Gesellschafterversammlung herbeiführen (§ 50), um die Wahl des fehlenden Geschäftsführers zu bewirken. Die Gesellschafter und die Gläubiger haben das Recht, nach § 29 BGB. vorzugehen (§ 35) und, wenn sie klagend auftreten, auch nach § 57 ZPO. Besteht ein Aufsichtsrat, so hat dieser die Verpflichtung, für die Bestellung des Geschäftsführers zu sorgen. Eine strafrechtliche Verantwortlichkeit für Vernachlässigung dieser Pflicht besteht nicht (vgl. den Exkurs zu § 84). Das Fehlen eines Geschäftsführers kann als wichtige Ursache zur Auflösung der Gesellschaft erscheinen.

b) Die rechtliche Stellung des Geschäftsführers ist die gleiche wie die des Vorstandes bei der Aktiengesellschaft. Er ist der gesetzliche Vertreter der Gesellschaft (vgl. Anm. 2ff. zu § 35). **Anm. 2.**

c) Auch im Gründungsstadium wird der Geschäftsführer entweder im Gesellschaftsvertrag oder durch besonderen Beschluß der Gesellschafter bestellt (vgl. unten Anm. 5 und Anm. 41 u. 42 zu § 35). Ist im Gesellschaftsvertrage die Ernennung des Geschäftsführers dem Aufsichtsrate übertragen, so kann dieser auch den ersten Geschäftsführer ernennen. Geschieht die Bestellung trotzdem im Gesellschaftsvertrage oder durch besonderen Beschluß, so gilt für diesen Fall die Vorschrift des Gesellschaftsvertrages über die Befugnis des Aufsichtsrates als außer Kraft gesetzt. Über die gesellschaftsrechtliche Verpflichtung eines Gesellschafters zur Führung der Geschäfte der Gesellschaft vgl. Anm. 26 zu § 3, RG. 4. 5. 04 Holdheim 04, 256 und RG. 26. 5. 08 LZ. 09, 75. **Anm. 3.**

2. (Abs. 2.) **Zu Geschäftsführern können Gesellschafter und andere Personen bestellt werden.** Über die Qualifikationen der Geschäftsführer, ob nur physische Personen, ob nur Männer bestellt werden können, ob Geschäftsfähigkeit erforderlich ist usw. usw. vgl. Anm. 36—40 zu § 35. **Anm. 4.**

3. (Abs. 2.) **Die Bestellung des Geschäftsführers erfolgt entweder im Gesellschaftsvertrage oder nach Maßgabe des dritten Abschnitts.** Nach Maßgabe des dritten Abschnitts bedeutet: durch Beschluß der Gesellschafter nach § 46 Nr. 5, sofern nicht **Anm. 5.**

§ 6. im Gesellschaftsvertrage eine andere Art der Bestellung vorgesehen ist (§ 45 Abs. 2). Die Bestellung des Geschäftsführers im Gesellschaftsvertrage macht diese nicht zu einem Teile desselben. Sie kann daher auch ohne Beobachtung der Abänderung des Gesellschaftsvertrags aufgehoben und widerrufen und ein anderer Geschäftsführer bestellt werden (KG. 24. 2. 01 OLGR. 3, 644 und KGJ. 21 A 261). Ungültigkeit dieser Bestellung ist ohne Einfluß auf die Gültigkeit des Gründungsaktes selbst. Sieht dagegen der Gesellschaftsvertrag lediglich die Vertretung durch mehrere Geschäftsführer vor, so tritt nicht ohne weiteres durch das Wegfallen aller übrigen Geschäftsführer Einzelvertretung ein. Es bedarf hierzu einer Statutenänderung (RG. 28. 8. 22 DJZ. 1922, 697).

Anm. 6. 4. **Der Absatz 3 enthält eine Auslegungsvorschrift für einen ganz bestimmten Fall der Bestellung der Geschäftsführer.** Nach dem Gesellschaftsvertrage sollen sämtliche Gesellschafter zur Geschäftsführung berechtigt sein. Das besagt, daß damit die Gründer der Gesellschaft gemeint sind. Später in die GmbH. eintretende Gesellschafter werden nicht ohne besondere Bestellung Geschäftsführer. Mit dem Ausscheiden aus der Gesellschaft erlischt das Geschäftsführeramt.

Anm. 7. **Zusatz. Weitere Vorschriften über die Geschäftsführer** enthält das Gesetz an anderen Stellen. So z. B. sprechen sich über die Bestellung der Geschäftsführer, wenn sie nicht im Gesellschaftsvertrage geregelt ist, §§ 46 Nr. 5, 47 ff. aus. Es ist auf die Vorschrift zu verweisen, daß die Geschäftsführer sich selbst anzumelden haben (§§ 39, 78). Ferner auch die Vorschrift, daß ihr Name vom Gericht veröffentlicht wird (§ 10). Ihre Obliegenheiten und Befugnisse sind hauptsächlich durch die §§ 35—44, 64, 66, 75, 78, 80, 81, ihre zivilrechtliche Verantwortlichkeit durch die §§ 9, 43, 44, ihre strafrechtliche durch die §§ 82—84 geregelt. Über Stellvertreter der Geschäftsführer bestimmt § 44.

Anm. 8. Ausländisches Recht: § 15 Abs. 1 u. 2 des österreichischen Gesetzes decken sich wörtlich mit dem § 6 GmbHG. Inhaltlich deckt sich auch Art. 17 des bulgarischen Gesetzes. Bulgarien verlangt jedoch, daß mindestens die Hälfte der Geschäftsführer bulgarische Staatsangehörige und in Bulgarien ansässig sein müssen. Ebenso stimmen Polen (Art. 9), Frankreich (Art. 24) und der italienische Vorentwurf (Art. 150) grundsätzlich mit dem deutschen Recht überein. Auf ganz anderem Boden steht der Schweizer Entwurf (§§ 798 f.). Die Bestimmung über die Geschäftsführer zeigt am deutlichsten die enge Verwandtschaft der Schweizer GmbH. mit der offenen Handelsgesellschaft (der Kollektivgesellschaft des Schweizer Rechts). Grundsätzlich vertreten alle Gesellschafter gemeinsam die Gesellschaft. Gesellschafter, die erst später beitreten, allerdings nur, wenn ihnen die Befugnisse ausdrücklich übertragen werden. In zweiter Linie sind einzelne Gesellschafter zur Vertretung vorgesehen. Und erst in letzter Linie steht die Betrauung von Nichtgesellschaftern mit der Geschäftsführung. Für die Vertreter der GmbH. sind konsequenterweise nicht die Bestimmungen für die Vertreter der AG., sondern der Kollektivgesellschaft maßgebend (§ 800).

§ 7.

§ 7.*)

Die Gesellschaft ist bei dem Gericht, in dessen Bezirke sie ihren Sitz hat, zur Eintragung in das Handelsregister anzumelden.

Die Anmeldung darf nur erfolgen, nachdem von jeder Stammeinlage, soweit nicht andere als in Geld zu leistende Einlagen auf das Stammkapital gemacht sind, ein Vierteil, mindestens aber der Betrag von fünftausend Mark eingezahlt ist.

Einleitung. Der **Text** des Gesetzes enthält heute noch den Betrag von 5000 M. Gemeint sind 5000 M. der früheren Währung, sog. Papiermark. Materiell ist die Bestimmung ungültig. Sie

*) Geändert durch Gesetz vom 28. Juni 1926, siehe Einlageblatt am Schlusse des Bandes (S. 523).

ist ersetzt durch § 17 Abs. 3 Satz 2 der Verordnung über die Goldbilanzen vom 28. Dezember § 7.
1923. Der Satz lautet:

„Die Einzahlung auf die Stammeinlage (§ 7 Abs. 2 des Ges. betr. die GmbH.) muß mindestens ein Viertel des Betrages der Stammeinlage und mindestens 25 Goldmark betragen."

Die Bezeichnung Goldmark ist ersetzt durch Reichsmark (2. Verordnung zur Durchführung des Münzgesetzes § 3, RGBl. 1924 I S. 776).

Ursprünglich erforderte das Gesetz eine Mindesteinzahlung von 250 M. Die Änderung für den heutigen Wortlaut des Gesetzes erfolgte durch Gesetz vom 24. 12. 22 (RGBl. 1923, S. 22), in Kraft seit 5. Januar 23. Der gesetzliche Mindestbetrag galt nicht für Gesellschaften, die am 5. Januar 23 im Handelsregister eingetragen waren. Auch nicht, falls die Gesellschaft zwar noch nicht eingetragen, jedoch die Voraussetzungen erfüllt waren, an deren Nachweis die bisherigen Vorschriften die Eintragung knüpften (§ 2 Ges. v. 24. Dezember 22, § 10 GmbHG.). Die Bestimmung der Goldbilanzverordnung ist gemäß § 2 des Ges. v. 13. Dezember 1923 über die Verkündung von Rechtsverordnungen mit dem 30. Dezember 23 in Kraft getreten.

1. (Abs. 1.) **Die Anmeldung der Gesellschaft.** **Anm. 1.**

a) Die Vorschrift der Anmeldung enthält keine öffentlich-rechtliche Pflicht. Das Gesetz bestimmt ausdrücklich, daß ein Zwang zur Anmeldung einer errichteten Gesellschaft nicht besteht (§ 79). Der Staat hat kein Interesse daran. Die Vorschrift wendet sich auch nicht an die Geschäftsführer. Sie haben den Gesellschaftern gegenüber die Verpflichtung zur Anmeldung. Sie können im Prozeßwege dazu angehalten werden. Sie haften auch bei Verzug auf Schadensersatz. Das entspringt aber aus ihrem Anstellungsverhältnis. Sie können von dieser Pflicht befreit sein. Es kann ihnen aufgegeben werden, die Anmeldung bis zur besonderen Weisung zu unterlassen. Die Vorschrift hat nur die Bedeutung, daß die Gesellschaft anzumelden ist, widrigenfalls die Eintragung und damit ihre Entstehung unterbleibt. Denn sie entsteht ja nur durch die Eintragung.

b) Anzumelden ist die Gesellschaft. Nach der ursprünglichen Fassung war der Gesellschaftsvertrag und die Person der Geschäftsführer anzumelden. Das ist durch die Novelle v. 20. Mai 98 geändert. Darin daß die Gesellschaft und nicht der Gesellschaftsvertrag angemeldet wird, liegt kein sachlicher Unterschied. Auch nach der früheren Redaktion wird kaum ein Registerrichter eine Erklärung zurückgewiesen haben, wenn sie die „Gesellschaft" anmeldete. Ebensowenig heute, wenn sie den Gesellschaftsvertrag nennt. **Anm. 2.**

Es ist nicht mehr vorgeschrieben, daß die Geschäftsführer anzumelden sind. Letzteres geschieht gleichwohl in der Praxis (vgl. auch das Formularbuch des Berliner Anwaltsvereins I 136). Förtsch Anm. 2 meint, es sei deshalb nötig, weil sie ja nach § 10 einzutragen seien. Allein nach § 10 werden ja auch noch andere Daten eingetragen, die gleichwohl nicht angemeldet zu werden brauchen. Die Geschäftsführer werden zwar eingetragen (§ 10). Als Grundlage der Eintragung dient aber die bei der Anmeldung zu überreichende Legitimation der Geschäftsführer (§ 8 Nr. 2). Spätere Veränderungen im Personalbestande des Vorstandes sind allerdings anzumelden (§ 39). **Anm. 3.**

Angemeldet wird auch nicht die Firma. Der § 29 HGB. greift insoweit nicht Platz. Er ist ersetzt durch die Spezialvorschrift des § 7. Die Firma wird allerdings eingetragen (§ 10), aber auf Grund der Anmeldung der Gesellschaft und des der Anmeldung beigefügten Gesellschaftsvertrags (§ 8 Nr. 1). **Anm. 4.**

Der Ort der Handelsniederlassung ist gemäß § 29 HGB. in die Anmeldung aufzunehmen, wenn die Gesellschaft ihre Niederlassung an einem anderen Orte hat als an ihrem Sitze, oder wenn sie außer am Orte ihres Sitzes noch an einem anderen Orte **Anm. 5.**

§ 7. eine Niederlassung hat. Liegt dieser andere Ort in dem Gerichtsbezirke des Gesellschaftssitzes, so ist genügend die Angabe des anderen Ortes in der Anmeldung erforderlich. Liegt der andere Ort nicht in dem Gerichtsbezirke des Gesellschaftssitzes, so muß gemäß § 13 HGB. und § 12 GmbHG. die Anmeldung der Gesellschaft auch am Gerichte der Zweigniederlassung erfolgen. Das Gericht der Zweigniederlassung hat von Amts wegen dem Gerichte des Hauptsitzes eine Nachricht von der Eintragung zukommen zu lassen, damit dieses einen Vermerk über die Errichtung der Zweigniederlassung macht (§ 131 FG.). Zur Entstehung der Gesellschaft genügt die Eintragung am Orte des Gesellschaftssitzes.

Anm. 6. c) Die Anmeldung der Gesellschaft erfolgt bei demjenigen Gerichte, in dessen Bezirk die Gesellschaft ihren Sitz hat. Das ist derjenige Ort, den der Vertrag als Gesellschaftssitz bezeichnet. Dies kann auch ein freigewählter Ort sein, an welchem sich der Geschäftsbetrieb oder die Verwaltung nicht befindet (Anm. 3 zu § 3). Über den Fall, daß die Niederlassung sich an einem anderen Orte befindet, siehe oben Anm. 5.

Anm. 7. d) Anzumelden haben die sämtlichen Geschäftsführer (§ 78 dazu KG. 27. 5. 21 OLGRspr. 41, 208), auch die stellvertretenden (RG. 4. 11. 13, LZ. 1914, 398 Nr. 17 BauersZ. 21, 160). Die Gesellschafter und der etwa ernannte Aufsichtsrat wirken dabei nicht mit. Ob eine Anmeldung durch Bevollmächtigte möglich ist, ist bestritten. Dagegen war Staub (erste Auflage), da nach § 8 Abs. 2 in der Anmeldung die Versicherung abzugeben sei, welche höchst persönlicher Natur sei und deshalb eine Vertretung nicht zulasse. Ebenso Neukamp Anm. 2 zu § 7; Brodmann Anm. 3 zu § 7 und Liebmann Anm. 2 und für das Aktienrecht KG. 28. 11. 04 KGJ. 28 A 229; ZBlFG. 6, 86. Parisius-Crüger-Crecelius Anm. 2 lassen die Vertretung zu. Der letzteren Ansicht ist der Vorzug zu geben. Aus § 12 HGB. folgt, daß jede Anmeldung zum Handelsregister auch durch Bevollmächtigte geschehen kann. Jede Anmeldung zum Handelsregister enthält ein persönliches Moment und eine Versicherung. Die Anmeldung einer offenen Handelsgesellschaft enthält die Versicherung, daß eine solche begründet ist, die Anmeldung einer Person als Prokuristen die ihrer Bestellung usw. Es kann also aus der Tatsache, daß eine Versicherung die Anmeldung begleitet, nichts gefolgert werden. Daraus endlich, daß an die Verletzung der Versicherung strafrechtliche und zivilrechtliche Haftungen angeknüpft sind, folgt nicht, daß deren Abgabe nur durch die Geschäftsführer persönlich möglich ist. Ein Geschäftsführer, der durch den Bevollmächtigten eine Unwahrheit versichern läßt, bleibt verantwortlich, wie er andererseits straffrei ist, wenn er selbst ohne Kenntnis der Unwahrheit die Versicherung abgab. Nur die Unterschrift muß persönlich hinterlegt werden. Denn diese kann nur der Geschäftsführer selbst abgeben.

Anm. 8. Der Notar, der die Urkunde aufgenommen hat, kann die Anmeldung nicht ohne besondere Vollmacht statt der Geschäftsführer bewirken. Er kann zwar nach § 129 FGG. den Eintragungsantrag stellen. Dieser aber ersetzt nicht die Anmeldung. Tritt er als Antragsteller auf, so ist ihm von der erfolgten Eintragung Nachricht zu erteilen (§ 130 Abs. 2 FGG.). Er hat ohne Vollmacht das Beschwerderecht (§ 129 FGG.). Der Meinung von Weißler (Anm. 1 zu § 129 FGG.), daß der Notar, der den Gesellschaftsvertrag aufgenommen hat, auch die Anmeldung bewirken dürfe, kann nicht beigestimmt werden ebenso Dorner FGG. 467, und Liebmann § 7 Anm. 2. A. A. anscheinend Brodmann § 7 Anm. 3, der ohne weitere Einschränkung den Notar für legitimiert erklärt).

Anm. 9. Anmeldung durch einen hierzu nicht Befugten ist keine Anmeldung. Ein Recht, die eingetragene Gesellschaft wieder zu löschen, folgt aber für den Registerrichter hieraus nur dann, wenn das Bestehen des Eintrages dem Willen der Gesellschafter nicht entspricht. Ebenso wenn ein ordnungsgemäß beurkundeter Vertrag und die bereits unterzeichnete Anmeldung vom Notar, obwohl die Gesellschafter erklärt hatten, sie wollten den Eintrag noch nicht, versehentlich eingereicht wurde. Alsdann können die Beteiligten sofort die Löschung beantragen. Anders aber, wenn sie in Kenntnis dieser Tatsachen sich denselben fügen und die Gesellschaft ihr Geschäft beginnt. Es ist unstatthaft, diese

Tatsache der versehentlichen Einreichung der Anmeldung ohne Willen der Gesellschafter § 7.
und der Geschäftsführer später zu benutzen, um ein Nichtbestehen der Gesellschaft zu behaupten und Löschung derselben zu fordern. Von der Einreichung einer Anmeldung zu unterscheiden ist die Anmeldung durch die Geschäftsführer gegen den Willen der Gesellschafter. Diese Anmeldung ist stets rechtswirksam. Sie macht nur die Geschäftsführer haftbar. Die Anmeldung kann widerrufen werden. Der Widerruf ist an keine Form gebunden. Ist die Gesellschaft jedoch bereits eingetragen, so kann sie der Registerrichter nicht ohne weiteres wieder löschen. Im Zeitpunkt der Eintragung entsprach sie dem Willen der Gesellschafter. (KG. 10. 1. 24 OLGRspr. 43, 204 läßt die Frage der Löschungsfähigkeit unentschieden.)

Erfolgt die Anmeldung nicht durch alle Geschäftsführer, so hat der Registerrichter **Anm. 10.** die Anmeldung zurückzuweisen. Trägt er die Gesellschaft aus Versehen ein, so kann er sie nicht ohne weiteres wieder löschen (a. M. anscheinend KG. 28. 11. 04 KGJ. 28 A, 229). Nur wenn feststeht, daß die Anmeldung durch den einen Geschäftsführer dem Willen der anderen widersprach, kann die Löschung erfolgen. Denn dann liegt überhaupt keine Anmeldung vor. Stimmen aber diese anderen Geschäftsführer, wenn auch nur stillschweigend, zu, so darf der Registerrichter nicht wieder löschen. Unanwendbar ist die Vorschrift des § 142 FGG. Unter den Voraussetzungen des Eintrags sind nur die materiell-rechtlichen zu verstehen, nicht die formellen der Rechtspolizei. Der Eintrag ist gültig, sobald ein gültiger Gesellschaftsvertrag mit Willen der Gesellschafter eingetragen ist (vgl. hierüber und die gegenteilige Ansicht des KG. im Beschlusse v. 18. 4. 04 ZBlFG. 5, 104, Anm. 56 zu § 2).

e) Die Anmeldung erfolgt in öffentlich beglaubigter Form (§ 12 HGB.). Die Wahl **Anm. 11.** der gerichtlichen oder notariellen Protokollform ist zulässig.

f) Die Verantwortlichkeit für die inhaltliche Richtigkeit der Anmeldung ist **Anm. 12.** in zivilrechtlicher Hinsicht im § 9 (vgl. Anm. 1ff.), in strafrechtlicher im § 82 Nr. 1 (vgl. Anm. 6ff.) geregelt.

Auch in den ausländischen Gesetzen ist durchweg die Eintragung der GmbH. **Anm. 12a.** in das Handelsregister ihres Gesellschaftssitzes vorgeschrieben (Österreich § 2, Bulgarien Art. 11, Polen Art. 4, Frankreich Art. 20, Schweiz § 791).

2. (Abs. 2.) **Die Anmeldung darf nur erfolgen nach Erfüllung der Einlageverpflichtungen in gewissem Umfange.** **Anm. 13.**

a) Eine Anmeldung ohne die Erfüllung dieser Voraussetzungen ist wirkungslos. Erfolgt sie gleichwohl, so ist die Eintragung abzulehnen. Ist aber die Eintragung erfolgt, so hat es hierbei sein Bewenden. Der Registerrichter kann die Gesellschaft nicht wieder löschen. Es handelt sich auch hier nur um formelle Vorschriften über die Art der Anmeldung. Eine Nichtigkeit der Gesellschaft liegt nicht vor (RG. 22. 5. 13 RGZ. 82, 288; RG. 10. 6. 13 RGZ. 82, 382 JW. 13, 1047[13], LZ. 1913, 755[6]). Diese ist nur in den in § 75 aufgezählten Fällen möglich (vgl. Anm. 2 zu § 3 und Anm. 3ff. zu § 75). Wo keine Nichtigkeitsklage möglich ist, kann auch keine Löschung von Einträgen erfolgen (§ 144 FGG.). Es läßt sich als allgemeine Regel für die Tätigkeit des Registerrichters aussprechen, daß er jede Anmeldung nach Form und Inhalt genau zu prüfen, daß er die materielle Voraussetzung der angemeldeten Vorgänge, speziell der Gesellschaftsgründung zu kontrollieren (vgl. Anm. 2 zu § 10) und im Interesse der Beteiligten jeden Antrag auf Eintragung, der in einem dieser Punkte Mängel zeigt, abzulehnen hat. Eine einmal erfolgte Eintragung aber muß wiederum im Interesse der Beteiligten intakt bleiben. Die eingetragene Gesellschaft kann von dem Registerrichter nicht mehr beseitigt werden. Er kann sie nur wegen der bestimmten Mängel im Inhalte des Gründungsaktes (§ 75) zur Löschung bringen, aber auch dann nur in bestimmtem Verfahren und unter Aufrechterhaltung der Wirkung des Eintrags zugunsten Dritter (vgl. auch oben Anm. 10 a. E.,

§ 7. Anm. 56ff. zu § 2 und Anm. 3ff. zu § 75). Über die Eintragung abändernder Beschlüsse zum Handelsregister und die Wiederbeseitigung vgl. Anm. 11 zu § 54, bei Erhöhung und Herabsetzung des Stammkapitals vgl. Anm. 10ff. zu § 57 und Anm. 45 zu § 58.

Anm. 14. b) Bei dem Umfange in dem die Einlageverpflichtungen vor der Anmeldung erfüllt sein müssen, ist zwischen Sacheinlagen und Geldeinlagen zu unterscheiden

α) **Sacheinlagen.** Das Gesetz verlangt, daß, soweit nicht andere als Geldeinlagen gemacht sind, ein Viertel jeder Stammeinlage eingezahlt sein muß. Nichts ist gesagt über die Sacheinlagen und die diesen gleichstehenden Veräußerungen von Gegenständen unter Verrechnung der Vergütung. Es stehen sich zwei Ansichten gegenüber. Staub (erste Auflage) verteidigte im Gegensatze zu der herrschenden Meinung die Ansicht, daß alle anderen als Geldeinlagen vollständig gemacht sein müssen, während alle anderen Kommentare sich damit begnügen, daß die Sacheinlagen zur freien Verfügung der Gesellschaft stehen (Förtsch Anm. 4; Neukamp Anm. 4; Liebmann Anm. 9 zu § 7; ferner KG. 3. 10. 07 KGJ. 35 A, 171 RJA. 9, 93; RG. 15. 2. 10 u. 3. 6. 10 RGSt. 43, 250 u. 43, 430.

Für die letztere Meinung sind auch die Motive. Sie führen aus:

„Der Gegenstand einer solchen Einlage muß vielmehr unter allen Umständen der Gesellschaft schon vor der Eintragung unverkürzt zur Verfügung gestellt werden, wenn auch unter Umständen die weiter zur Erfüllung der Einlageverpflichtung noch erforderlichen Rechtsakte, wie namentlich die grundbuchmäßige Eintragung des Eigentums an den Immobilien, zunächst noch vorbehalten bleiben müssen. Die Bestimmung des § 7 Abs. 2 ist dementsprechend gefaßt."

Staub (erste Auflage Anm. 11 S. 63) bekämpfte diese Stelle. Es sei nicht richtig, daß die Bestimmung des § 7 Abs. 2 dem hier ausgesprochenen Gedanken entsprechend gefaßt sei. Er enthalte kein Wort davon, daß die Sacheinlagen der Gesellschaft nur „zur Verfügung gestellt zu werden brauchen". Er spreche vielmehr von den Sacheinlagen in dem Sinne, daß sie „selbstverständlich" vor der Anmeldung vollständig geleistet werden müßten. Es sei der Grundgedanke der Motive, daß die Sacheinlagen selbstverständlich vollständig geleistet werden müssen, in völlig reiner Weise, nicht in der abgeschwächten Form zum Ausdruck gekommen, daß die Sacheinlagen nicht geleistet, sondern nur zur Verfügung gestellt zu werden brauchen. Der § 7 Abs. 2 lasse nur zwei Deutungen zu: „Entweder man nimmt an, er bezieht sich auf Sacheinlagen überhaupt nicht — dann brauchen dieselben weder bewirkt noch zur Verfügung gestellt zu werden — oder aber er bezieht sich auf sie, dann müssen sie vor der Anmeldung bewirkt sein."

Anm. 15. Es läßt sich zunächst die von Staub verteidigte Ansicht nicht aufrechterhalten. Der § 7 Abs. 2 läßt sich nicht in der Weise deuten, daß damit gesagt sein solle, von Geldeinlagen sind nur 25 Proz., von Sacheinlagen ist das ganze Einbringen vor der Eintragung zu leisten. Es wäre eine eigene Art von Ausdrucksweise, eine solch wichtige Bestimmung in die Form zu kleiden, daß man nur für die Geldeinlagen eine Vorschrift gibt. Dazu kommt, daß der Wortlaut des § 7 Abs. 2 dem unbefangenen Auge die Bestimmung über die Geldeinzahlung als eine Ausnahme darstellt, eine Ausnahme dahin, daß überhaupt vor der Entstehung der Gesellschaft eine Einlage erfolgt, nicht aber dahin, daß diese nur 25 Proz. beträgt. Nicht beweiskräftig ist demgegenüber der Hinweis auf § 8 Abs. 2 und § 9 Abs. 1. Allerdings ist dort die Rede davon, daß die Stammeinlagen „bewirkt", d. h. gemacht sein müssen. Aber auch diese beiden Stellen beziehen sich ausdrücklich nur auf § 7 Abs. 2 und die daselbst erwähnten Geldeinlagen. Dazu kommt endlich ausschlaggebend, daß eine vollständige Leistung im Zustande der Gesellschaft vor der Eintragung unmöglich ist. Der Begriff der beschränkten Rechtsfähigkeit, mit dem Staub in der ersten Auflage operiert, hat im Gesetz keinen Boden. Eine Auflassung an die Gründer für die noch nicht errichtete Gesellschaft ist nur in der Weise denkbar, daß sie an die physischen Personen erfolgte mit der Auflage, das Eigentum an die errichtete Gesellschaft weiter zu übertragen. Dieser Versuch, die Sacheinlage zuerst an die Gründer oder die Geschäftsführer und dann an die Gesellschaft gelangen zu lassen, widerspricht den Intentionen der Partei und dem Gesetz vollständig. Schon um der Kosten willen, man denke an Stempel und Steuern, wird jedes solche Verfahren abgelehnt. Schon der Gefahr wegen, welche die Sacheinlagen in der Hand der Gründer oder der Geschäftsführer laufen, kann das Gesetz diese Erfüllung vor der Errichtung der Gesellschaft nicht gewollt haben. Wird darauf der Ton gelegt, daß die Gesellschaft ja auch Geldeinlagen empfange, also die Geldstücke, daß sie mithin ebensogut Waren erwerben könne und wie diese auch Forderungen und Immobiliarrechte und schließlich Grundstücke, so ist hier der erste Satz schon bedenklich. Die Einzahlung hat noch keinen Eigentumserwerb zur Folge. Sie kann es nicht haben, da die Gesellschaft noch nicht existiert. Sie will auch nicht den Geschäftsführer zum Eigentümer dieser Geldleistungen machen. Jeder Versuch eines Gläubigers des Geschäftsführers, die Geldleistung zu pfänden, wäre zurückzuweisen. Die Einzahlungen bedeuten rechtlich erst die Offerten der Gesellschafter. Sie sind verbunden mit der Übergabe der Geldstücke oder deren Surrogaten an den Vertreter der künftigen Gesellschaft. Man könnte also hieraus nur zu einer Verpflichtung der Gesellschafter gelangen, bezüglich der Sachleistungen die Übertragungsofferte abzugeben und diese, soweit sie nicht nur mittels der Erklärung des Willens sich abspielen, vorzubereiten. Bei Waren wäre die Übergabe möglich, bei den Immobiliarrechten wenigstens eine urkundliche Erklärung. Bei Grundstücken scheitert auch dies an dem Erfordernisse der gleichzeitigen Anwesenheit beider Vertragsteile. Es wäre also nicht einmal diese Offerte in rechtlich bindender Weise bei allen Illationsgegenständen möglich. Bei den oft wichtigsten versagte sie. Allerdings findet sich eine Auflassung „an die soeben begründete und noch nicht eingetragene Aktiengesellschaft" anerkannt (OLG. Colmar 25. 5. 03 OLGR. 6, 486), oder doch wenigstens für den Fall, daß hierbei die Personen für die Gesellschaft mitwirken, welche später, wenn sie rechtsfähig wird, deren Vertreter sind (Bergwerksgrundbuchamt Mosbach BadNotZ. 05 Nr. 2; ZBlFG. 5, 805). Aber abgesehen davon, daß ja auch bei dieser Ansicht die Eintragung in das Grundbuch erst nach der Eintragung der Gesellschaft in das Handelsregister erfolgen kann, ist sie selbst sehr bedenklich. Der Eigentumserwerb hat bei Grundstücken unbedingt und unzweideutig zu erfolgen (vgl. Lehmann-Ring I Bem. 4 Abs. 2 zu § 195). § 7.

So würde man zu den von der herrschenden Meinung auf Grund der Motive verteidigten abgeschwächten Systemen, wonach die Sacheinlagen zwar nicht bewirkt und vollbracht, aber doch zur Verfügung der Geschäftsführer stehen müssen, gedrängt. Diese Ansicht stützt sich auf die oben schon zitierten §§ 8 Abs. 2, 9 Abs. 1. Die Geschäftsführer haben zu versichern, „daß die im § 7 Abs. 2 bezeichneten Leistungen auf die Stammeinlage bewirkt sind und daß der Gegenstand der Leistungen sich in der freien Verfügung der Geschäftsführer befindet". Die Geschäftsführer haften dabei solidarisch für die Richtigkeit ihrer Angaben „hinsichtlich der auf die Stammeinlagen gemachten Leistungen" (§ 7 Abs. 2). Wenn die Geschäftsführer dies versichern müssen, so müsse das von denselben Versicherte auch vorher erfolgt sein. Gegen diese Ansicht sprechen aber folgende Momente. Zunächst steht im Gesetz nichts davon. Der § 8 Abs. 2 bezieht sich nur auf die in § 7 Abs. 2 bezeichneten Leistungen. Er ist die Kontrolle dieser Vorschrift. Der Registerrichter soll dies nicht selbst nachprüfen. Aber es soll ihm von den anmeldenden Organen versichert werden. Ist es vom Gesetz nicht geboten, daß die Sacheinlage vorher gemacht sei, so hat die Versicherung, daß dies geschehen sei, auch gar keinen Sinn. Wenn das Gesetz aber fortfährt, daß auch zu versichern sei, daß sich die Leistungen in der freien Verfügung der Geschäftsführer befinden, so kann es unmöglich mit einem Male damit die Sacheinlagen meinen, von denen bisher nicht die Rede war. Die Bemerkung der Motive ist ein Gedanke des Verfassers derselben geblieben. In die Wirklichkeit hat er ihn nicht umgesetzt. Anm. 16.

§ 7. Sodann, und das ist ein Grund, der sowohl gegen die Ansicht Staubs in der ersten Auflage als gegen die herrschende Meinung spricht, würde dieses Verlangen, die Sacheinlagen schon vor der Eintragung unverkürzt der Gesellschaft zur Verfügung zu stellen, eine nicht motivierte und nicht zu motivierende Abweichung von dem System der Aktiengesellschaft bedeuten (Rehm, Einlage von Sachgesamtheiten ArchBürgR. 22, 122 Note 5). Es ist an früherer Stelle (Allg. Einl. Anm. 21 ff.) auf das Verhältnis beider Gesellschaften hingewiesen. Bei der Gründung sind die Kautelarvorschriften des Aktienrechts für die GmbH. abgeschwächt, nicht verschärft. Im Aktienrechte findet sich die in der Hauptsache gleiche Vorschrift einer Versicherung, daß auf jede Aktie, soweit nicht andere als durch Barzahlung zu leistende Einlagen bedungen sind, der eingeforderte Betrag bar einbezahlt und im Besitz des Vorstandes ist (§ 195 Abs. 3 Satz 7). Diese Stelle wird von der Auslegung und der Praxis stets so aufgefaßt, daß nicht in bar erfolgende Einlagen weder ganz noch teilweise zur Zeit der Anmeldung geleistet sein müssen (Staub-Pinner HGB. I Anm. 15 zu § 195; Makower HGB. I Bem. IVa zu § 195; Lehmann-Ring HGB. I Bem. 4 Abs. 2 zu § 195; KG. 6. 10. 11 RJA. 11, 222; a. M. Cosack LehrbHR. § 117 III 4). Es hat diese verschiedene Behandlung praktisch ihren guten Sinn. Es wäre durchaus unzweckmäßig, auch die Sacheinlagen, mit denen die Gesellschaft ihr Geschäft betreiben soll, vor deren Existenz der Gesellschaft bereits auszufolgen. Das führte zu den größten Schwierigkeiten. Es vergeht mitunter ein längerer Zeitraum, bis die Eintragung vollzogen ist. Der Registerrichter kann Beanstandungen vorbringen, die beseitigt werden müssen. Wem gehören die Sachen in dieser Zwischenzeit? Wer ist berechtigt, das Handelsgeschäft, das eingebracht wird, zu leiten und über die Bestandteile desselben zu verfügen? Der bisherige Inhaber nicht mehr. Denn er soll die Sache ja zur freien Verfügung der Gesellschaft halten. Die Gesellschaft und ihre Organe noch nicht, denn sie besteht ja noch nicht und kann keine Geschäfte schließen. Man kann aber das Geschäft nicht stilliegen lassen. Daraus, daß es häufig für Rechnung der neuen Gesellschaft betrieben wird, folgt gerade, daß der frühere Inhaber es noch weiter führt. Diese Erwägungen führten für das Aktienrecht zu dem Ergebnis, nur bei der Bargründung, bei der sich keinerlei solche Schwierigkeiten ergeben, die Voreinzahlung von 25 Proz. zu fordern. Dieselben Motive sprechen bei der GmbH. für den Ausschluß des Verlangens der Vorleistung bei der Sacheinlage. Das Gesetz begnügt sich in beiden Fällen, bei der Aktiengesellschaft und der GmbH., mit der Zusage, die nach der Eintragung zu vollziehen ist, wie es sich ja auch bei der Geldeinlage auf ein Viertel derselben beschränkt. Es ist endlich noch darauf hinzuweisen, daß es kaum möglich erscheint, bei der Sacheinlage festzustellen, was „freie Verfügung" bedeutet und wie sie durchgeführt werden soll. Man könnte nur bei Waren und Wertpapieren, wo körperlicher Besitz stattfindet, ein den Geldleistungen analoges Verhältnis der „tatsächlichen Gewalt" (vgl. § 854 Abs. 1 BGB.) herbeiführen. Bei Forderungen und anderen körperlichen Rechten ist eine freie Verfügung undenkbar. Bei Immobilien wäre der Besitz möglich. Aber die rein tatsächliche Herrschaft wäre zwecklos, solange das Recht selbst beim Inferenten bleibt. Er kann hierdurch jeden Moment über das Grundstück verfügen und mittels dieser Verfügung zugunsten Dritter den Besitz der Gesellschaft wieder vernichten.

Hieraus folgt, daß eine Sacheinlage vor der Eintragung weder voll geleistet werden noch zur freien Verfügung der Geschäftsführer stehen muß. Sie wird erst nach der Eintragung verlangt und vollzogen. Die Gefahr bis dahin trägt dadurch allein der Inferent. Ein sich vor der Eintragung und der Erfüllung ereignender zufälliger Untergang trifft den Gesellschafter, sofern nicht aus der besonderen Art der Einlage, wie bei der eines Handelsgeschäfts auf Grund einer zurückliegenden Bilanz, ein Gegenteiliges anzunehmen ist. (Zustimmend OLG. Hamburg 28. 10. 07 OLGR. 16, 122; Esser 32.)

Anm. 16a. Abweichend von der hier vertretenen Ansicht ist die des RG. (RG. 6. 2. 14 RGSt. 48, 153, R. 1914 Nr. 1519 u. 1915 Nr. 761). Das RG. hat eine falsche Angabe des Ge-

schäftsführers bei der Anmeldung der GmbH. in folgendem Fall angenommen: Es handelte § 7.
sich um die Einbringung von Möbeln, die sich in einem nebenbei zu Bureauzwecken verwendeten Privatzimmer des Geschäftsführers befanden und Eigentum von dessen Ehefrau waren. Die Ehefrau hatte sich zur Einbringung im Gesellschaftsvertrage verpflichtet. Dem RG. genügte aber die unzweifelhaft vorhandene Verfügungsfähigkeit des Geschäftsführers über die Möbel nicht. Es verlangte die Herstellung rechtlicher Beziehungen. Also einen formellen Übertragungsakt seitens der Ehefrau. — Das RG. leitet seine Stellungnahme aus der dem Regierungsentwurf beigegebenen Begründung ab. Danach müsse der Gegenstand einer Sacheinlage unter allen Umständen schon vor der Eintragung unverkürzt zur Verfügung stehen, wenn auch unter Umständen, die weiter zur Erfüllung der Einlageverpflichtung nach erforderlichem Rechtsakte, wie namentlich die grundbuchmäßige Übertragung des Eigentums an Immobilien, „zunächst" noch vorbehalten bleiben müsse. Die oben (Anm. 15) betonten Schwierigkeiten bei der Zurverfügungstellung von Sachen seien nicht ausschlaggebend. Einmal könne man die gleichen Einwendungen ja auch bezüglich der Geldeinlage machen. Und dann sei die Schwierigkeit bei Sacheinlagen ja gerade auch in der erwähnten Begründung zum Entwurf ausdrücklich durch den Hinweis auf die Sonderstellung der Immobilien anerkannt. Die Begründung des RG. greift nicht durch. Es muß zugeben, daß sich aus dem Text des Gesetzes seine Stellung nicht ableiten läßt. Das Gesetz ausschließlich aber ist maßgebend. Daß der schließliche Wortlaut des Gesetzes mit jener Begründung des Entwurfs durchaus vereinbar sei, beweist nichts. Es ist ein negatives Argument. Nur ein positiver Hinweis auf den Willen des Gesetzgebers bei der Entstehung des Gesetzes käme in Betracht. So ist die Begründung des Entwurfs bedeutungslos. Auch ihre Halbheit macht sie unverwendbar. Sie läßt ja gerade die Lösung der Hauptfrage unentschieden. Sie schiebt mitten in die Sacheinlage eine willkürliche Scheidung. Die hier im Kommentar vertretene Unterscheidung zwischen Sach- und Geldeinlagen ist dagegen in der Natur der Einlagen begründet. In der Eigenschaft des Geldes als vertretbare Sache. Auch bei der Ablehnung der vom Kommentar betonten notwendigen Gleichstellung mit dem System der AG. muß das RG. auf die Entwurfbegründung zurückgreifen. Auch hier kann es aus dem Gesetz selbst der hier vorgebrachten Auffassung nicht entgegentreten. Zustimmend Smoschewar JW. 1915, 1418. Der Stellung des RG. schließt sich Liebmann (Anm. 6 zu § 7) und Neukamp-Becker (Anm. 3 zu § 7) an. Bei Brodmann ist die Frage der Sacheinlagen nicht behandelt. Eine Entscheidung der Zivilsenate steht aus.

Das LG. Elberfeld (Entsch. v. 7. 11. 14 RheinNotZ. 59, 247) hat über den Standpunkt des RG. noch hinausgehend bei Grundstücken nicht nur Eintragung im Grundbuche, sondern auch Auflassung gefordert. Über die oben (Anm. 15) festgestellte Unmöglichkeit der Auflassung wegen der Notwendigkeit der Anwesenheit der beiden Vertragsteile sucht es dadurch wegzukommen, daß es auf die Möglichkeit einer Vertretung durch Bevollmächtigte verweist. Es übersieht aber, daß eine gewillkürte Vertretung etwas anderes ist als eine Vertretung mangels Vorhandensein eines Beteiligten. Außerdem bleibt dabei die Frage der Vollmachterteilung völlig ungelöst.

Das österr. Gesetz (§ 10 Abs. 1 u. 3) verlangt ausdrücklich, daß die Vermögensgegen- **Anm. 16b.**
stände, deren Gegenwert mit der Einlage verrechnet werden soll, „in vollem Umfange geleistet" sein müssen. Die Versicherung hat dahin zu lauten, daß auch diese sich in der freien Verfügung der Geschäftsführer befinden. Hier sollte die Streitfrage des deutschen Rechts entschieden werden. Darauf, wie eine Leistung vor der Existenz der Gesellschaft möglich ist, wird die österreichische Praxis im Einzelfalle Antwort zu geben haben. Vom Standpunkte des Gesetzgebers bei einer Revision der GmbH. wird auch für Deutschland eine Prüfung der Hingabe der Sacheinlage vor der Eintragung zu erfolgen haben. Sie kann sehr wohl dahin führen, eine ähnliche Bestimmung wie die

§ 7. des österr. Gesetzes zu treffen. Derzeit aber darf sie nicht in das bestehende Recht hineingetragen werden.

Anm. 17. β) **Geldeinlagen.**

αα) Im Stadium der Gründung muß ein Viertel von jeder Stammeinlage eingezahlt werden, soweit dieselbe nicht in einer Sacheinlage besteht. Es genügt also nicht, daß ein Viertel des ganzen Stammkapitals eingeschossen ist. Die Mehrzahlung auf eine Stammeinlage macht nicht die Minderzahlung auf eine andere statthaft (RG. 4. 5. 00 RGSt. 33, 252). Eine Stammeinlage kann ganz durch Sachen, eine andere ganz in Geld zu belegen sein. Jede ist nach den für sie geltenden Vorschriften zu behandeln. Wenn eine Stammeinlage teils in Geld, teils durch Sachen zu belegen ist, so ist von der Stammeinlage der durch Sacheinlage gedeckte Betrag abzuziehen. Von dem Rest ist ein Viertel in bar einzuzahlen. Die in der Literatur herrschende Meinung verfährt anders. Sie berechnet in dem Falle, wo eine Stammeinlage teils durch Sachen, teils durch Geld zu decken ist, das bar zu zahlende Viertel von dem Nennbetrage des Stammanteils, zieht aber hiervon den Betrag der Sacheinlage ab (vgl. Parisius-Crüger-Crecelius Anm. 3, 119; Birkenbihl Anm. 10; Neukamp Anm. 4; Förtsch Anm. 5; auch RG. 3. 5. 01 GoltdA. 48, 304). Allein das Gesetz bietet für diese Ansicht keinen Anhalt. Der Grundgedanke des Gesetzes ist vielmehr, daß, was nicht durch Sacheinlage gedeckt ist, in Geld eingezahlt werden muß, und hiervon der vierte Teil sofort bei der Gründung. Die Rechtsprechung folgt der hier vertretenen Anschauung (RG. I. Strafsenat 4. 7. 07 DJZ. 07, 1324; Recht 07, 1149[2824]; RG. IV. Strafsenat 6. 2. 14 RGSt. 48, 153; Recht 14 Nr. 1519 u. 1915 Nr. 761; KG. 20. 9. 12 KGJ. 43 A, 107; Recht 1913 Nr. 2177). Mindestens aber sind 25 M. einzuzahlen, sagt GBilV. v. 28. 12. 23 § 17 Abs. 3. Doch ist das nicht genau. Wenn nach Abzug des durch Sacheinlage gedeckten Teils der Stammeinlage weniger als 25 M. übrigbleiben, so braucht nur dieser Betrag eingezahlt zu werden.

Anm. 18. Sind Stammeinlagen von verschiedener Größe, einige unter, andere über 100 M. übernommen, so wäre für jene der feste Satz von 25 M., für diese die Leistung von 25 Proz. maßgebend. Dann würde das Verhältnis der Einzahlungen verschieden. Das ist zufolge § 19 Abs. 1 unstatthaft. Um dieses zu vermeiden, müssen auch die über 100 M. betragenden Stammeinlagen in demselben Verhältnisse wie die kleineren, also mit mehr als 25 Proz. herangezogen werden. Entscheidend ist dabei stets der geringste Betrag der Einlage, dem sich alle anderen zu fügen haben. Bei Einlagen von 50, 70, 90 und 100 M. müssen alle Gesellschafter 50 Proz. einzahlen, da die erste Einlage 50 Proz., nämlich 25 von 50 M. leisten muß. Durch das Vorhandensein einer Einlage unter 100 M. wird für alle Einlagen der Minimalprozentsatz der Einzahlung von 25 Proz. aufgehoben. (Gleicher Ansicht wie hier Brodmann Anm. 4 zu § 7. Abweichend Liebmann Anm. 5 zu § 7 ohne durchgreifende Begründung.) Ändern die Gesellschafter vor Eintragung der Gesellschaft den ursprünglichen Gesellschaftsvertrag durch eine Erhöhung des Stammkapitals und der Stammeinlagen ab, so gilt die Einlage als eine einheitliche, auch wenn sie in zwei Erklärungen übernommen ist. Es genügt daher eine Einzahlung von 25 Proz. auf den insgesamt übernommenen Betrag (RG. 26. 2. 18 BauersZ. 25, 188; LZ. 18, 856; Recht 18 Nr. 1244).

Das Agio muß nicht voll eingezahlt sein (anders im Aktienrecht).

Anm. 19. ββ) Für die Geldeinlage vermeidet das Gesetz hier das Wort Barzahlung. Das österreichische Gesetz (§ 10 Abs. 1 und 2) verlangt Barzahlung in gesetzlichem Gelde. Nach den Motiven zum deutschen Gesetz ist mit seiner Fassung bewußterweise von der korrespondierenden Bestimmung des Aktienrechts (§ 195 Abs. 3 HGB.) abgewichen worden. Dort ist die Barzahlung gefordert, hier Geldzahlung. Nach den Motiven soll „nach den Umständen des Falles unter Berücksichtigung allgemeiner

Verkehrsgewohnheiten entschieden werden, was als Einzahlung zu betrachten ist. **§ 7.**
Jedenfalls muß dieselbe eine derartige sein, daß der eingezahlte Betrag zur freien Verfügung der Geschäftsführer steht". Dieser Ausspruch der Motive ist, da der Wortlaut des Gesetzes damit nicht in Widerspruch steht, bei der Auslegung zugrunde zu legen. Das tut auch das RG. Zwar hat es in RG. 36, 112 gesagt, daß die Zahlungen in bar erfolgen müssen. Doch sollte dort nur betont werden, daß, wenn keine Sacheinlage vereinbart ist, unter allen Umständen Geldzahlungen geleistet werden müssen, auch wenn den Geldbeträgen gleichwertige Objekte in die Gesellschaft eingebracht seien. Es war dort nur der Gegensatz zur Sacheinlage betont worden. In der Entscheidung RG. 41, 122 dagegen, wo gerade der Begriff der Bareinzahlung in Frage stand, hat das RG. sich ganz auf den Standpunkt der Motive gestellt (vgl. auch RGSt. 32, 82). Es hat der baren Zahlung der Stammeinlagen andere Arten von Leistungen gleichgestellt, welche jeden Augenblick mit zweifelloser Sicherheit in bares Geld umgesetzt werden können, also einen dem baren Gelde gleichkommenden Wert besitzen. (Ebenso RG. 7. 12. 09 JW. 10, 119[29]; RGZ. 72, 266.)

Das RGZ. 41, 122 und RGSt. 36, 185 hat (zustimmend Parisius-Crüger-Crecelius **Anm. 20.**
Anm. 3) angenommen, daß ein Scheck oder ein Sichtwechsel unter Umständen als Einzahlung genügt, sofern die Bank, auf welche er lautet, finanziell so gestellt ist und zugleich der Betrag des Schecks sich in solchen Grenzen bewegt, daß nach allgemeiner Anschauung der Einlösung des Schecks sofort bei seiner Präsentation mit vollständiger Sicherheit entgegengesehen werden kann. Das ist nicht unbedenklich. Ein Scheck kann als Einzahlung nicht genügen. Ein Scheck ist immer nur ein Zahlungsversuch. Er ist ja nur eine Anweisung. Der Scheckerwerber erhält kein Recht, mit Ausschluß des Scheckgebers, also frei über das Geld zu verfügen. Der Scheckgeber kann ja die Anweisung noch widerrufen. Er kann außerdem noch das Guthaben abheben. Die Zahlung durch Scheck ist erst vollendet, wenn der Betrag dem Empfänger ausgezahlt oder gutgeschrieben ist (Brodmann Anm. 4 zu § 7; a. M. Liebmann Anm. 7 zu § 7). Der Geldzahlung vollkommen gleich steht ein Rechtsakt nach allgemeinen Verkehrsgewohnheiten nur, wenn infolge desselben der Zahlungsempfänger tatsächlich und rechtlich jederzeit über den Betrag verfügen kann. Das ist z. B. der Fall, wenn der Betrag bei der Reichsbank auf Girokonto des Zahlungsempfängers umgebucht wird, es sei auch ohne Benachrichtigung des Zahlungsempfängers, oder auch wenn eine solche Buchung (hier unter Benachrichtigung des Zahlungsempfängers) bei anderen sicheren Banken erfolgt ist. Derartige Rechtsakte gelten nach allgemeinen Verkehrsgewohnheiten als Geldzahlung. Nach der von Staub (erste Auflage Anm. 16 S. 66) vertretenen Ansicht sollte es deshalb auch genügen, wenn eine sichere Bank die Einzahlung als Gründerin zu leisten habe und den Geschäftsführern anzeige, daß sie die Gesellschaft in ihren Büchern für diesen Betrag erkannt habe. Dies dürfte zu weit gehen (vgl. auch RG. 19. 11. 04 bei Holdheim 14, 142). Eine solche Anzeige wäre nur eine Schaffung einer neuen Schuldursache. Erst die Verrechnung tilgt die Einlageschuld, sofern sie durch die Gesellschaft erfolgt (vgl. Anm. 15 zu § 19). Ebenso müssen auch Sichtwechsel ausgeschlossen werden (RGSt. 5. 7. 11 JW. 1912, 950), auch solche Sichtwechsel, deren sofortige Zahlung durch die Person und die Verhältnisse des Ausstellers unter allen Umständen sicher ist. Später erst fällig werdende Tratten, die erst diskontiert werden müssen, genügen noch weniger (RGSt. 36, 187). Abweichend will OLG. Königsberg die Einzahlung durch Wechsel zulassen, wenn er in seiner Einlösung zweifelsfrei sichergestellt sei (OLG. Königsberg 19. 11. 12 PosMSchr. 16. 12). Ein Gedanke, der an der Zweifelhaftigkeit des Begriffs „sicher" scheitern muß. (Ähnlich Liebmann § 7 Anm. 7. — Mit der hier vertretenen Ansicht Brodmann Anm. 4 zu § 7.)

Durch die BRV. v. 24. 5. 17 ist die Barzahlung ersetzt durch angenommenen Reichsbankscheck. Das floß aus dem Ziel, der Vermeidung des Bargeldverkehrs. Die Bestimmung ist noch in Kraft und wird es auch wohl bleiben. Sie enthält eine vernünftige

§ 7. Abschwächung des Gesetzes. Nach der oben vertretenen Meinung war dieser Gedanke bereits aus dem bisherigen Gesetz herauszulesen. Aus der BRV., die in erster Linie an die Aktiengesellschaften dachte, kann man aber jetzt folgern, daß die Überweisung an andere Banken und deren Anerkenntnis nicht genügt.

Eine Aufrechnung auch durch den Geschäftsführer mit einer Schuld der Gesellschaft gegen die Gesellschafter genügt den Anforderungen des Gesetzes bei der ersten Einzahlung nicht. Sie ist allerdings in den Fällen als wirksame Tilgung der Einlage anzusehen, in denen sie nur ein zweckloses Hin- und Herzahlen des Geldes vermeidet (vgl. Anm. 15 zu § 19; RG. bei Holdheim 14, 142). Allein dies setzt, abgesehen von der Güte der Forderung an die Gesellschaft, stets voraus, daß beide Ansprüche sich als fällige gegenüberstehen. Das ist bei der noch nicht eingetragenen Gesellschaft nicht der Fall. Ehe sie existiert, gibt es keine Schulden derselben, daher auch keine Aufrechnung (ebenso Brodmann Anm. 4 zu § 7). Die ersten 25 Proz. müssen daher stets unmittelbar geleistet sein. Nur durch das Geding der Verrechnung im Gesellschaftsvertrage kann dies vermieden werden. Dabei ist wohl zu beachten, daß dieser Ausschluß der Verrechnung der ersten 25 Proz. nur für die Versicherung des Geschäftsführers von Bedeutung ist. Erfolgt die Aufrechnung durch den Geschäftsführer nach der Eintragung (Anm. 15 zu § 19), so wird die ganze Einlage getilgt. Die Strafbarkeit der unrichtigen Versicherung bleibt.

Anm. 21. Wie im Aktienrecht, muß die Gesellschaft bei ihrem Entstehen Eigentümerin des bar bezahlten Geldes und Forderungsberechtigter bei dem ihr überwiesenen Betrage werden. Allerdings kann, solange die Gesellschaft nicht besteht, eine Zahlung im Sinne der Erfüllung nicht erfolgen. Denn diese setzt die bestehende Schuld und diese wieder das Bestehen der Gesellschaft voraus. Einzahlung bedeutet in § 7 Abs. 2 die tatsächliche Übergabe des Geldes und bei der Überweisung die von dem Dritten angenommene Anweisung zugunsten der entstehenden Gesellschaft. Ein Eigentum derselben an dem Gelde, ein Anspruch bei der Bank aus der Giroüberweisung ist erst möglich nach der Eintragung der Gesellschaft. Bis dahin besteht nur eine Offerte an die Gesellschaft. Danach soll diese das Eigentum und die Forderung mit ihrem Entstehen erwerben. Selbstverständlich muß diese ernstlich sein. Einzahlung oder Überweisung des Geldes mit der Abrede, daß es alsbald nach der Anmeldung wieder an den Gesellschafter zurückfließen solle, genügt dem Gesetze nicht. Ebensowenig wenn ein Gesellschafter das Geld nur zum Zwecke der vorübergehenden Einlage geliehen hat und die Geschäftsführer dies wissen (RGSt. 24, 287; 30, 314) oder wenn der Geschäftsführer selber auf diese Weise das Geld leiht (RG. 25. 11. 14 ZAG. 22, 182). Auch nicht, wenn ein Gesellschafter aus seinem Guthaben bei einer Bank das Geld bar erhob, es nach dem Gründungsakt aber seinem Konto wieder zurückgab und den Vorgang von da ab buchmäßig behandeln ließ (LG. Berlin Strafkammer BauersZ. 24, 60). Oder wenn die Geschäftsführer selbst unter der gleichen Bedingung das Geld geliehen hatten (RGSt. 17. 2. 11 BauersZ. 18, 225) (vgl. auch Brodmann Anm. 4 zu § 7).

Anm. 22. Die Geldeinlage muß zur Zeit der Anmeldung zur freien Verfügung der Gesellschaft stehen. Es darf nicht der Betrag in Sachen umgesetzt oder als Darlehen ausgeliehen sein. Doch aber kann er sich bei einer sichern Bank in uneigentlicher Verwahrung (§ 700 BGB.) befinden. Es ist nicht notwendig, daß er als echtes Depot erscheine. Es ist hier nicht wie im Aktienrecht vorgeschrieben, daß das eingezahlte Geld im Besitze des Vorstandes sei. Es genügt, daß es in der freien Verfügung der Geschäftsführer ist. Wo die Geldeinlagen gesammelt werden, um zur Verfügung des Geschäftsführers gehalten zu werden, kann auch formlos vereinbart sein (RG. 23. 5. 13 LZ. 1913, 947). Als Hinterlegungsstelle kann auch der einzahlende Gesellschafter erscheinen. Das ist häufig der Fall, wenn bei der Gründung eine Bank beteiligt ist. Die einbezahlten Gelder werden sofort bei ihr angelegt. Aber auch sonst kann ein Gesellschafter Verwahrer sein. Nur muß stets vorher die Zustimmung erfolgt sein. Der Geschäftsführer darf trotz der „freien Verfügung" nicht über die Gelder disponieren. Er darf auch aus diesen vor der Eintragung keine Zahlung leisten (RGSt. 13. 2. 12 BauersZ. 20, 28 und 3. 5. 12 das. 38). Über notwendige Ausgaben vgl. Anm. 27. In einem (ungedruckten) Erkenntnisse des RG. vom 27. 9. 05 (I. 794 u. 93/05) i. S. Strecker und Gen. gegen Reiser und Gen. ist ausgesprochen, daß bei Einzahlungen auf eine künftig zu errichtende Gesellschaft, die als Betriebsmittel dienen sollten und im Vorbereitungsstadium durch das Gründerkonsortium bereits zu Betriebszwecken (der Bergwerke) verwendet wurden, „rechtlich auch nach § 7 Abs. 2 des Gesetzes vom 20. April 1892 nichts im Wege stand, diese vorher geleisteten Zahlungen bei der Errichtung als Einzahlungen auf das Stammkapital anzusehen und zu behandeln". Diese Ansicht ist nicht unbedenklich. Sie widerspricht dem Verlangen, daß die Einzahlungen zur Verfügung der Geschäftsführer stehen müssen. Aus der Verwendung durch das Konsortium war ein Anspruch der Einzahlenden gegen dessen Mitglieder entstanden. Dieser Anspruch war einlagefähig. Das praktische Ergebnis war erreichbar. Aber es durften nicht die bereits verbrauchten Zahlungen als Geldleistungen behandelt werden. Übrigens hatte das RG. diese letztere Frage nicht zu entscheiden. Es ist anzunehmen, daß es auch bei Vorliegen derselben die hier abgelehnten Konsequenzen ebenfalls nicht ziehen würde. Das zeigt auch die Stellungnahme des RG. in der Entscheidung RGZ. 83, 370. Dort sagt das RG. ausdrücklich, daß der Geschäftsführer über die Einlage vor der Anmeldung nicht verfügen darf, daß er sie vielmehr nur so zu verwalten hat, daß das Viertel sich zur Zeit der Anmeldung noch zu seiner freien Verfügung in seiner Eigenschaft als Geschäftsführer befindet. § 7.

Wird ein Rechtsverhältnis hergestellt, kraft dessen eine sichere Bank den Betrag der Gesellschaft so schuldet, daß die letztere über denselben rechtlich und tatsächlich jederzeit verfügen kann (siehe oben Anm. 20), so steht damit, solange dieser Zustand dauert, der Geldbetrag zur freien Verfügung des Geschäftsführers (RG. 23. 5. 13 Holdheim 22, 243). Nur muß diese Bank stets ein Dritter sein. Es genügt nicht, daß eine als Mitgründer auftretende Bank den Betrag ihrer Einlage der GmbH. zuschreibt. Dies ist lediglich ein Schuldanerkenntnis, keine Leistung. Das Gesetz verlangt mehr als die Erfüllungszusage (oben Anm. 22). Anm. 23.

Die Versicherung setzt nicht voraus, daß der Geschäftsführer selbst unmittelbar über die Einlage verfügt, also in eigenem Namen und für die Rechnung der Gesellschaft. Noch weniger, daß ihm ein eigenes und unentziehbares Recht eingeräumt werde. Die Einzahlung hat auf das Stammkapital der Gesellschaft zu erfolgen. Die Versicherung kann nur den Inhalt haben, daß der Geschäftsführer namens der Gesellschaft frei verfügen kann (RG. 15. 2. 10 LZ. 10, 397). Das schließt nicht aus, daß der Geschäftsführer, der die Einzahlung für die Gesellschaft erhielt, den Betrag auf seinen Namen hinterlegt. Nur die Zahlung an ihn hat nicht zu eigenem Rechte zu erfolgen. Die Wirkung der Einzahlung wird nicht dadurch aufgehoben, daß die anderen Gesellschafter oder der Geschäftsführer einem Gesellschafter zusichern, daß er das Geld zurückerhält. Dieses Versprechen ist ungültig (§ 30 Abs. 1). Es schließt nicht aus, daß im Momente der Anmeldung die Gesellschaft erhielt und das Geld zur freien Verfügung der Geschäftsführer stand. Darunter gehören die Fälle, in denen dem Gesellschafter sofort ein Kredit eröffnet wird und er die einbezahlten Beträge wieder abhebt. Anders, wenn die Abmachung dahin ging, daß die Einlage nur zum Scheine erfolge. Es soll überhaupt keine Leistung erfolgen. Das Geld war dem Geschäftsführer zwar übergeben. Die Gesellschaft soll aber kein Recht daran erwerben. Dann ist der Erfüllungsakt nichtig. Der Geschäftsführer hat keine freie Verfügungsmacht. Seine Versicherung ist falsch. Anm. 24.

γγ) **Auf jede Stammeinlage muß der Betrag besonders eingezahlt sein.** Anm. 25.
Ein Hinüberziehen der von einem Gesellschafter gezahlten Beträge auf die Einlagepflicht

§ 7. eines anderen Gründers ist nicht zulässig. Es genügt z. B. nicht, daß nur eine Stammeinlage eingezahlt ist, wenn die auf diese geleistete Einzahlung auch ein Viertel des gesamten Stammkapitals ausmacht (RGSt. 26, 66; 33, 252; oben Anm. 17)

Anm. 26. δδ) Nicht nötig ist, daß der Gesellschafter selbst die Einzahlung leistet. Es kann auch für ihn ein anderer einzahlen (RGSt. 30, 318 für das Aktienrecht). Das kommt häufig vor, insbesondere dann immer, wenn jemand nicht selbst mit seinem Namen bei der Gründung hervortreten will und einen anderen für sich den Gesellschaftsvertrag abschließen läßt (Anm. 38 zu § 2). Nur darf die Zahlung nicht durch die Gesellschaft selbst aus Geldern, die sie geliehen hat, geschehen (RG. 47, 180 und bei Holdheim 10, 121). Auch nicht durch den Geschäftsführer, der die Gelder borgte, mit der Zusage, sie alsbald zurückzugeben (RG. 17. 2. 11 BauersZ. 18, 225). Nicht genügend ist es, wenn der Geschäftsführer fähig und willens ist, die Einlage für die Gesellschaft zu machen. Dies ersetzt die Einlage nicht. Er kann allerdings eine von ihm selbst geleistete Zahlung entgegennehmen. Es müssen aber stets durch einen besonderen Vorgang die bis dahin im Privatvermögen des Gesellschafters befindlichen Gelder in die freie Verfügung des jeweiligen Geschäftsführers kommen (RG. 7. 3. 99 RGSt. 32, 82). Unerheblich ist, ob der Gesellschafter die Einlage aus eigenen oder fremden Mitteln macht. Auch das von ihm geliehene Geld wird Eigentum der Gesellschaft. Dies auch dann, wenn er den Kredit bei einem Dritten nur gegen Bürgschaft der Gesellschaft oder Verpfändung von Gegenständen der Gesellschaft erlangt. Wird die GmbH. aus dieser Bürgschaft oder der Pfandbestellung in Anspruch genommen, so liegt nicht stets eine Rückzahlung des Stammkapitals vor. Hat die Gesellschaft Reserven oder Nachschüsse, so kann das Stammkapital trotz der Zahlung für den Gesellschafter unversehrt bleiben. Wird das Stammkapital angegriffen, so entsteht der Rückforderungsanspruch mit der Haftung der anderen Gesellschafter (Anm. 3 zu § 3). Die Einzahlung selbst aber ist stets gültig. Die Versicherung entspricht der Wahrheit.

Anm. 26a. εε) Die freie Verfügung des Geschäftsführers über 25 Proz. jeder Stammeinlage ist für die Eintragung notwendig. Leisten die Gesellschafter auf ihre Stammeinlage vor der Eintragung mehr als 25 Proz., so sind ihre Einlagen gleichwohl bis zur Höhe des geleisteten Betrags gemacht. Gleichgültig, ob der geleistete Mehrbetrag im Zeitpunkte der Eintragung noch vorhanden ist oder nicht. Gleichgültig, ob die Leistung über die 25 Proz. hinaus auf eine Verpflichtung aus dem Gesellschaftsvertrage zurückzuführen ist oder nicht. Das Reichsgericht hat zunächst dahin entschieden (RG. 16. 12. 13 RGZ. 83, 374), daß zur Erreichung des Zwecks der vor der Eintragung bestehenden Gesellschaft bürgerlichen Rechts, nämlich eben der Eintragung, eine höhere Einzahlung als 25 Proz. nicht notwendig sei. Eine höhere Einzahlung habe der Gesellschafter also nicht in Erfüllung einer Verpflichtung gemacht. Eine Zahlung an den Geschäftsführer der Gesellschaft bürgerlichen Rechts befreie ihn daher nicht von der Verpflichtung zur Leistung gegenüber der später entstandenen GmbH., wenn bei deren Entstehen die Mehrleistung nicht mehr vorhanden sei. Damit wird jedoch der aus § 11 des Gesetzes abgeleitete Gedanke einer Beschränkung der Tätigkeit des Geschäftsführers der Gesellschaft bürgerlichen Rechts überspannt. Dessen Aufgabe besteht darin, die Grundlagen für die Entstehung der GmbH. herbeizuführen. Wie er zu diesem Zweck berechtigt ist, die gesamten Sacheinlagen, so muß er auch berechtigt sein, die gesamten Geldeinlagen mit Wirkung für die GmbH. in Empfang zu nehmen. Das RG. hat denn auch in einer späteren Entscheidung (RG. 12. 7. 21 JW. 1922, 94) seinen Standpunkt nicht ganz aufrechterhalten. Freilich war in diesem zweiten Falle die höhere Einzahlung auf Grund einer ausdrücklichen Vorschrift des Gesellschaftsvertrages erfolgt. Und das RG. beruft sich auf diesen Umstand. Allein grundsätzlich ist dieses Moment bedeutungslos. Denn die Unwirksamkeit der Mehrzahlung könnte immer nur auf dem Fehlen einer gesetzlichen Verpflichtung beruhen. Notwendig zur Entstehung der GmbH. ist die Mehrzahlung im Fall einer Bestimmung im Gesellschaftsvertrage genau so wenig wie ohne eine solche Bestimmung. Es ist daher davon auszugehen, daß eine Leistung über den Mindestbetrag von 25 Proz. hinaus unter allen Umständen wirksam ist (vgl. die Fußnote Hachenburgs in JW. 1922, 94). § 7.

Ausländisches Recht: Die Mindestleistung bei Geldeinlagen ist nach dem österr. (§ 10), dem bulgarischen (Art. 12) und dem polnischen Gesetz (Art. 4) ein Viertel. Nach dem 2. Schweizer Entwurf ein Fünftel (§ 788 Abs. 3), das aber voraussichtlich auf die Hälfte erhöht werden wird (Protokolle der Expertenkommission S. 488). Frankreich verlangt volle Leistung (Art. 7 Abs. 1), ebenso Italien (Art. 145). Dabei hat Italien die Besonderheit, daß die eingezahlten Beträge bei einer Emissionsbank hinterlegt und nur — unter bestimmten Kautelen — nach der Eintragung an die legitimierten Personen ausgezahlt werden dürfen. Bei den Sacheinlagen verlangen alle Gesetze mit Ausnahme des schweizerischen die volle Leistung (vgl. § 5 Anm. 34a). Anm. 26b

Auch nach einem Teile der ausländischen Gesetze darf die Eintragung der Gesellschaft nur erfolgen, wenn die Einlageverpflichtung bis zu einem bestimmten Grade erfüllt ist. Das österreichische Gesetz (§ 10 Abs. 2 u. 3), ebenso das bulgarische (Art. 14 Abs. 1) lehnen sich eng an das deutsche an.

Zusatz 1. Die Gesellschafter erhalten die Ausfertigung des Gesellschaftsvertrages erst, wenn sie dem Notar den Nachweis erbracht haben, daß dem Finanzamt eine Abschrift des Gesellschaftsvertrags zugegangen ist (KapVerkStG. §§ 73, 75). Die Eintragung kann erst nach Zahlung des Stempels (der Kapitalverkehrsteuer) erfolgen. Da aber der ganze Betrag der Einzahlung zur freien Verfügung der Geschäftsführer sein muß, so bliebe nichts, als daß die Gesellschafter den Betrag vorlegen und sich ihn von der eingetragenen Gesellschaft zurückerstatten lassen. Dazu aber besteht keine Verpflichtung. Also wird man wohl die freie Verfügung dahin einschränken, daß die notwendigen Ausgaben für die Steuer aus der Einzahlung bestritten werden dürfen. Bei der Entstehung des GmbHG. bestand die Vorschrift über die Vorentrichtung der Steuer noch nicht. Anm. 27.

Zusatz 2. Die allgemeinen Vorschriften über das Handelsregister und über die Eintragung in das Handelsregister finden auch bei der GmbH. Anwendung. Anm. 28.

1. Über die Zuständigkeit für die Führung des Handelsregisters vgl. § 8 HGB. in Verbindung mit § 125 FGG. Danach sind die Amtsgerichte zuständig.

2. Über die Tätigkeit des Registergerichts und über die Bedeutung der Eintragungen vgl. die Erläuterungen in Staub-BondiHGB., Exkurs zu § 8 und DürHach. Anm. 2 u. 3 zu § 8 HGB. Der Registerrichter hat keine allgemeine Disziplinargewalt über den Handelsstand, sondern nur die ihm durch das Gesetz verliehenen Einzelbefugnisse. Anm. 29.

a) Die Eintragungen erfolgen in der Regel auf Antrag der Parteien. Jedoch trägt ausnahmsweise der Registerrichter auch von Amts wegen ein und aus (vgl. hierüber Staub-BondiHGB. I Anm. 5 im Exkurs zu § 8). Anm. 30.

b) Nur die im Gesetz vorgesehenen Eintragungen sind statthaft. Also auch nicht für eine GmbH. die einer Handlungsvollmacht (vgl. Staub-BondiHGB. Anm. 6 im Exkurs zu § 8). Anm. 31.

c) Die Prüfung des Gerichts erstreckt sich jedenfalls darauf, daß die erforderlichen Erklärungen in gehöriger Art und Form abgegeben werden. Aber das Gericht kann auch (§ 12 FGG.) vor der Eintragung Ermittlungen anstellen, ob die abgegebenen Erklärungen wahr sind (vgl. Staub-BondiHGB. Anm. 7—10 im Exkurs zu § 8; DürHach. Anm. 8ff. zu § 14). Anm. 32.

Über den Umfang der Prüfung des Registerrichters bei der Eintragung der Gründung einer GmbH. siehe Anm. 1 zu § 10 des Gesetzes.

d) Die Eintragungen haben teils deklaratorische Bedeutung (so z. B. die Eintragung der Geschäftsführer und Prokuristen), teils konstitutive Bedeutung (so die Eintragung der Gesellschaft selbst, der Statutenänderungsbeschlüsse). Aber auch dort, wo sie konstitutive, rechtserzeugende Kraft haben, haben sie doch außerdem deklaratorische Anm. 33.

§ 7. Bedeutung. Eine GmbH. entsteht allerdings durch die Eintragung. Aber daß es eine GmbH. ist, kann, wenn es darauf ankommt, dem Dritten nur entgegengehalten werden, wenn die Eintragung auch publiziert worden ist.

Anm. 34. In allen Fällen aber hat die Eintragung die Bedeutung einer Vermutung für die Richtigkeit einer eingetragenen Tatsache (RG. 41, 22).

Über alles dies sowie über die strafrechtliche Frage, ob in der bewußt unrichtigen Anmeldung eine intellektuelle Urkundenfälschung liegt, siehe Staub-BondiHGB. Anm. 12ff. im Exkurs zu § 8.

3. Über die Öffentlichkeit des Handelsregisters vgl. § 9 HGB.

4. Über die Publikationen der handelsrechtlichen Eintragungen durch das Handelsgericht vgl. §§ 10 u. 11 HGB.

Anm. 35. 5. Für die Form der Eintragung in das Handelsregister, für die Zeichnungen zum Handelsregister und für Vollmachten gilt § 12 HGB. Dazu § 129 FGG. Die Anmeldung ist auch zu Protokoll des zuständigen Gerichtsschreibers gestattet.

Anm. 36. 6. Für die Anmeldung und Zeichnung beim Gericht der Zweigniederlassung s. § 13 HGB. Zur Ergänzung dienen §§ 12, 39 Abs. 2, 59, 67 Abs. 2 GmbHG. Vgl. die Erläuterungen zu § 12.

Anm. 37. 7. Für die Verpflichtung des Gerichts, die Eintragung durch Ordnungsstrafen zu erzwingen s. § 14 HGB., modifiziert durch § 79 GmbHG.

Ebenso gelten die Vorschriften des FGG. über das Ordnungsstrafverfahren. Näheres hierüber Anm. 1—5 zu § 78.

Anm. 38. 8. Für die Rechtsfolgen der Eintragung und der Nichteintragung einer einzutragenden Tatsache gilt § 15 HGB. Vgl. hierüber die Erläuterungen bei Staub-BondiHGB. I zu § 15; DürHach. I zu § 15.

Anm. 39. 9. Auch die im § 16 HGB. aufgestellten Regeln über die Wirkung richterlicher Entscheidungen zur Mitwirkung bei einer Eintragung gelten hier.

Anm. 40. 10. Endlich ist wegen Beseitigung von zu Unrecht erfolgten Eintragungen auf die §§ 141, 144 FGG zu verweisen Der § 144 FGG betrifft insbesondere die Löschung nichtiger Gesellschaften und nichtiger Gesellschaftsbeschlüsse. Vgl. hierüber oben Anm 8. ff., ferner Anm. 2ff. zu § 3 und Anm. 3ff. zu § 75.

§ 8.

§ 8.

Der Anmeldung müssen beigefügt sein:

1. der Gesellschaftsvertrag und im Falle des § 2 Absatz 2 die Vollmachten der Vertreter, welche den Gesellschaftsvertrag unterzeichnet haben, oder eine beglaubigte Abschrift dieser Urkunden,
2. die Legitimation der Geschäftsführer, sofern dieselben nicht im Gesellschaftsvertrage bestellt sind,
3. eine von den Anmeldenden unterschriebene Liste der Gesellschafter, aus welcher Name, Vorname, Stand und Wohnort der letzteren, sowie der Betrag der von einem jeden derselben übernommenen Stammeinlage ersichtlich ist,
4. in dem Falle, daß der Gegenstand des Unternehmens der staatlichen Genehmigung bedarf, die Genehmigungsurkunde.

In der Anmeldung ist die Versicherung abzugeben, daß die im § 7 Absatz 2 bezeichneten Leistungen auf die Stammeinlagen bewirkt sind, und daß der

Gegenstand der Leistungen sich in der freien Verfügung der Geschäftsführer befindet. § 8.

Die Geschäftsführer haben ihre Unterschrift zur Aufbewahrung bei dem Gerichte zu zeichnen.

Der vorliegende Paragraph behandelt einige Teile der Anmeldung: im Abs. 1 die Beilagen der Anmeldung, im Abs. 2 die in der Anmeldung abzugebende Versicherung über die Leistung der Einlagen, im Abs. 3 die Zeichnung der Unterschrift durch die Geschäftsführer. **Einleitung.**

I. (Abs. 1.) **Die Beilagen der Anmeldung.** **Anm. 1.**

1. **Der Gesellschaftsvertrag und die Vollmachten.**

a) Der Gesellschaftsvertrag. Gemeint ist eine Ausfertigung oder eine beglaubigte Abschrift des Gesellschaftsvertrags. Die Urschrift bleibt bei den Akten der Urkundsbeamten. Ist diese nach den landesrechtlichen Vorschriften bei dem gleichen Amtsgerichte, bei dem das Handelsregister geführt wird, zu hinterlegen, so genügt die Bezugnahme auf das Original nicht. Die Beifügung soll die Vollständigkeit der Registerakten erzwingen.

b) Die Vollmachten. Hat sich bei der Abfassung des Gesellschaftsvertrages ein Gesellschafter durch einen Bevollmächtigten vertreten lassen, so ist die Vollmacht in Urschrift oder in beglaubigter Abschrift der Anmeldung beizufügen. Die Urschrift der Vollmacht muß in notarieller oder gerichtlicher oder in notariell oder gerichtlich beglaubigter Form vorliegen (§ 2 Abs. 2). Die so beschaffene Vollmacht muß nicht in Urschrift eingereicht werden. Es genügt beglaubigte Abschrift. Diese Abschrift braucht nicht notwendig gerichtlich oder notariell beglaubigt zu sein. Es genügt Beglaubigung durch jede zur Erteilung von Beglaubigungen befugte Urkundsperson. Es kann aber auch der Notar das ihm vorgelegte Original zurückgeben und eine zurückbehaltene Abschrift beglaubigen. **Anm. 2.**

Hat ein gesetzlicher Vertreter mitgewirkt, so bestimmt sich der Nachweis seiner Legitimation nach den für sein Amt geltenden Vorschriften (vgl. hierüber Anm. 7 und 23 zu § 2). **Anm. 3.**

c) Die etwa erforderliche Genehmigungserklärung ist in derselben Form wie die Vollmacht beizufügen (vgl. hierüber Anm. 18 u. 20 zu § 2). Es handelt sich hier um die Genehmigung des Gesellschafters, wenn ein Pseudovertreter für ihn aufgetreten ist, oder um die Genehmigung des Ehemannes oder von Behörden usw. **Anm. 4.**

2. **Die Legitimation der Geschäftsführer,** sofern dieselben nicht im Gesellschaftsvertrage bestellt sind. Wie die Geschäftsführer zu bestellen sind, siehe Anm. 5 zu § 6. Ein Beschluß der Gesellschafter braucht nicht zum Zwecke der Eintragung gerichtlich oder notariell beurkundet oder beglaubigt zu werden. Die Anmeldung des Beschlusses durch die Geschäftsführer zeugt im allgemeinen für die Richtigkeit. Doch kann nach der allgemeinen Vorschrift des § 12 FGG. der Registerrichter jederzeit Ermittlungen anstellen über die Wahrheit der Grundlagen der Eintragung. Der Gesellschaftsvertrag kann auch eine mündliche formlose Beschlußfassung zulassen. Dann muß eine schriftliche Bescheinigung der Gesellschafter gefordert werden (Birkenbihl Anm. 3). **Anm. 5.**

3. **Eine von den Anmeldenden unterschriebene Liste der Gesellschafter.** Diese Liste muß den Namen, Vornamen, den Stand und Wohnort der Gesellschafter enthalten. Sie muß den Betrag der von jedem Gesellschafter übernommenen Einlagen ersichtlich machen. Als Vorname genügt der Rufname. Die Angabe sämtlicher Vornamen ist nicht nötig. Bei juristischen Personen genügt die Angabe des eingetragenen oder des sonstigen Namens, unter welchem die juristische Person im Rechtsverkehr auftritt, und ihres Sitzes. Bei offenen Handelsgesellschaften, die in das Handelsregister eingetragen sind, genügt die Angabe der Firma der Gesellschaft und ihres Sitzes. Bei solchen, die nicht eingetragen sind, wird allerdings die Angabe der einzelnen Gesellschafter miterfolgen müssen, weil dies zur Identifizierung erforderlich ist. Der Inhaber einer eingetragenen Einzelfirma **Anm. 6.**

§ 8. erscheint unter seinem bürgerlichen Namen mit dem Namen der Firma als Zusatz (vgl. Anm. 28 zu § 2; OLG Dresden 12. 2. 16 OLGR. 34, 356). Ob es sich um Sach- oder Geldeinlagen handelt und wieviel darauf eingezahlt ist, braucht aus der Liste nicht hervorzugehen. Das österreichische Gesetz (§ 9 Abs. 2 Ziff. 2) verlangt die Angabe der Einzahlung in der Liste. Die Versicherung der Geschäftsführer über die Einzahlung hat dort auf die Liste Bezug zu nehmen (§ 10 Abs. 3).

Anm. 7. Diese Liste gewährt keineswegs eine Gewähr dafür, wer jeweilig Gesellschafter ist. Sie ist ja nur jedes Jahr zu erneuern (§ 40) und außerdem nur bei der Kapitalserhöhung zu ergänzen (§ 57 Abs. 3 Nr. 2). Erfolgt die Gründung durch Strohmänner (Anm. 38 zu § 2), so erscheinen diese in der Liste. Auch wenn der Geschäftsführer weiß, daß sie für Rechnung eines andern handeln, darf er diesen nicht erwähnen. Auch dann nicht, wenn schon vor der Eintragung der Dritte sich die Anteile abtreten läßt.

Anm. 8. 4. **Die Genehmigungsurkunde, wenn der Gegenstand des Unternehmens der staatlichen Genehmigung bedarf.** Ob das Unternehmen konzessionspflichtig ist, darüber hat allein die zuständige Konzessionsbehörde zu entscheiden, nicht der Registerrichter. Bescheinigt jene, daß das Unternehmen nicht konzessionspflichtig ist, so muß sich der Registerrichter mit diesem negativen Attest begnügen. Er darf die Eintragung nicht ablehnen, weil er es für konzessionspflichtig hält. Ein Kompetenzkonflikt besteht daher nicht. So für das Aktienrecht die herrschende Ansicht (vgl. Staub-Pinner HGB. Anm. 14 zu § 195). Für das Recht der GmbH. muß das gleiche gelten (vgl. auch Neukamp-Becker Anm. 2; Liebmann Anm. 4; Förtsch Anm. 4; a. M. Birkenbihl). Nun kann allerdings der Registerrichter es ablehnen, vor Beibringung der Konzessionsurkunde zu der Frage Stellung zu nehmen, ob die Gesellschaft im übrigen eintragungsfähig ist (KGJ. 11, 23). Die Konzessionsbehörde kann sich auf den Standpunkt stellen, daß sie nach den für sie geltenden Vorschriften die Konzession nicht eher zu erteilen braucht, als bis der Registerrichter bescheinigt hat, daß der Eintragung im übrigen keine Bedenken entgegenstehen. Dieser formelle Konflikt kann nur durch das Entgegenkommen einer der beiden Behörden beigelegt werden.

Das Vorliegen der Konzession ist keine Bedingung der Entstehung der GmbH. Sie wird durch den Gründungsakt geschaffen. Der Nachweis der Genehmigung ist nur Voraussetzung für die Eintragung. Er steht auf der gleichen Stufe wie die Versicherung der Einzahlung des Stammkapitals. Der Registerrichter soll nicht vorher eintragen. Ist aber die Eintragung trotzdem erfolgt, so ist die GmbH. zur Existenz gelangt. Sie kann nicht wieder als nichtig gelöscht werden. Es fehlt ihr nur die Fähigkeit, ihren Zweck zu erreichen (Hachenburg DJZ. 1911, 312). Das begründet die Auflösungsklage aus § 61 GmbHG. Wenn die Gesellschaft ohne Konzession das genehmigungspflichtige Unternehmen betreibt, so kann dies zu einem Einschreiten im Verwaltungsrechtswege (§ 62 GmbHG.) führen.

Anm. 9. Die Vorschrift bezieht sich nicht auf Fälle, in denen es sich nur um die Genehmigung einzelner Anlagen aus Gründen sicherheits- oder gesundheitspolizeilicher Natur handelt. Der Betrieb des ganzen Unternehmens muß staatlicher Genehmigung bedürfen. Es ist z. B. die Konzessionsurkunde zur Eintragung nicht nötig, wenn eine GmbH. sich bildet zur Fertigstellung, zum Färben, Bedrucken, Appretieren und Bleichen von Waren, auch wenn die Ausführung dieses Zweckes Anlagen erheischt, welche der staatlichen Genehmigung bedürfen. Dagegen muß die Genehmigungsurkunde beigebracht werden, wenn die Gesellschaft den Betrieb von Eisenbahnen, die Emission von Banknoten, die Auswanderungsvermittlung, das Versicherungsgeschäft (Meister bei Holdheim 15, 261ff. oben Anm. 1 zu § 1) bezweckt oder für den betreffenden Geschäftszweig eine Handelserlaubnis vorgeschrieben ist. Die Frage der Konzessionspflicht tritt auch hervor bei Beschränkungen der Gewerbeordnung in bezug auf Gastwirtschaften, Schauspielunternehmungen, Heilanstalten usw. Ob solche Konzessionen auch juristischen Personen erteilt werden können vgl. Anm. 8 zu § 13. Ist der Zweck der GmbH. die Beteiligung an einer anderen Gesellschaft, die ihrerseits ein konzessionspflichtiges Unternehmen betreiben soll, so hängt die Frage, ob die

GmbH. konzessionspflichtig ist, von der rechtlichen Gestaltung der weiteren Gesellschaft ab. Handelt es sich dabei um eine offene Handelsgesellschaft oder eine Kommanditgesellschaft, bei der die GmbH. Kommanditist sein wird, so ist die GmbH. konzessionsbedürftig. Ist die weitere Gesellschaft selbst juristische Person, so entfällt die Notwendigkeit einer Konzession bei der mitbeteiligten GmbH. Ist die Frage der Rechtsform der weiteren Gesellschaft unbestimmt, so ist die Eintragung der GmbH. ohne Nachweis der Erlaubnis zum Gewerbebetriebe zu versagen (KG. 10. 12. 20 RJA. 17, 107). § 8.

Nicht unter die Bestimmung des § 8 Ziff. 4 gehören die Fälle, in denen Gegenstand des Unternehmens ein Privileg ist, also eine Befugnis, die der Staat nicht im polizeilichen Interesse oder auf Grund besonderer gesetzlicher Bestimmungen, sondern als Vermögensträger erteilt. So bei Fischerei-, Zoll-, Schiffsmakler- und Fährgerechtigkeiten. Hier handelt er als Fiskus. Die Frage, ob Konzession oder Privileg vorliegt, hat der Registerrichter zu entscheiden (KG. 29. 10. 08 OLGR. 19, 381; RJA. 10, 13; KGJ. 37 A, 156).

Darüber, ob die Konzessionsurkunde beizubringen ist, wenn durch Statutenänderung ein konzessionspflichtiges Unternehmen begonnen wird, siehe Anm. 9 zu § 54.

5. **Nicht beizufügen sind die Urkunden über die Bestellung des Aufsichtsrats.** Auch wenn ein Aufsichtsrat gebildet ist, sind diese Urkunden nicht einzureichen. Eine dem § 195 Abs. 2 Nr. 4 HGB. analoge Vorschrift ist hier nicht gegeben. Dadurch entsteht eine Inkongruenz. Denn der § 244 HGB., wonach der Vorstand die Verpflichtung hat, jede Änderung im Personalbestande des Aufsichtsrats zu publizieren und die Publikation dem Registergericht einzureichen, ist hier anwendbar (§ 52 des Gesetzes). Sie kann nur durch den Gesellschaftsvertrag außer Kraft gesetzt werden. Das geschieht auch meist. Die Registerakten ergeben sonst die Veränderungen, nicht aber die ursprüngliche Gestalt des Aufsichtsrats. Ist in der Satzung dem Aufsichtsrate die Bestellung der Geschäftsführer übertragen, so muß der Registerrichter die Möglichkeit haben, sich über die Wahl jenes zu vergewissern. Sonst fehlt ihm die Unterlage für die Bestellung der Geschäftsführer. **Anm. 10.**

6. **Fehlt es an einer der vorgeschriebenen Beilagen,** ist eine derselben unvollständig und unrichtig, so hat der Registerrichter den Eintrag abzulehnen. Ist der Eintrag erfolgt, so kann dieser Mangel der Anmeldung eine Löschung von Amts wegen nicht begründen (vgl. Anm. 10 u. 13 zu § 7; Anm. 56 zu § 2). **Anm. 11.**

Der Natur der Sache nach unterscheidet sich das, was mit der Anmeldung vorgelegt werden muß, auch in den ausländischen Gesetzen wenig von den deutschen Vorschriften (Österreich § 9, Bulgarien Art. 13, Frankreich Art. 20, Schweiz § 791, Italien Art. 110). Nur das polnische Gesetz enthält keine näheren Bestimmungen. Eine Wirkung des Weltkriegs ist, daß die nach dem Kriege entstandenen Gesetze (bulgarisches und französisches sowie der Schweizer Entwurf) die Angabe der Staatsangehörigkeit der Gesellschafter, gegebenenfalls auch der Organe verlangen. **Anm. 11a.**

II. (Abs. 2.) **Die Versicherung der Geschäftsführer in der Anmeldung.** **Anm. 12.**

1. **In der Anmeldung** ist die Versicherung abzugeben. Sie erfolgt dem Gerichte gegenüber (§ 82 Nr. 1). Sie wirkt erst in dem Augenblicke, wo sie diesem zugeht. Vorher ist sie lediglich ein Entwurf, den der Erklärende noch zurückhalten kann. Daraus folgt, daß dem Gesetze genügt wird, wenn der Inhalt der Versicherung in dem Augenblicke des Eingangs der Anmeldung beim Gerichte zutrifft. Es verschlägt nichts, daß der Inhalt in dem Augenblicke, wo sie der Erklärende unterschreibt oder wo er seine Unterschrift beglaubigen läßt oder wo er die Versicherung zu notariellem Protokoll erklärt, nicht stimmt. Erfolgt die Einreichung der Anmeldung ohne den Willen der Geschäftsführer, etwa durch ein Versehen in der Kanzlei des amtierenden Notars, so haften die Geschäftsführer im Falle der Unrichtigkeit ihrer Angaben nicht. Es fehlt an dem Willen der Anmeldung. Über die Eintragung auf Grund einer nicht mit dem Willen des Anmeldenden erfolgten Anmeldung vgl. Anm. 9ff. zu § 7.

§ 8. 2 **Der Inhalt der Versicherung** geht dahin, daß die im § 7 Abs. 2 bezeichneten Leistungen
Anm. 13. auf die Stammeinlagen bewirkt sind und daß der Gegenstand der Leistungen sich in der freien Verfügung der Geschäftsführer befindet. Der Inhalt dieser Versicherung ist in Anm. 13—28 zu § 7 erläutert. Das Wort „Versichern" selbst muß nicht gebraucht sein. Es genügt die Angabe mit dem vorgeschriebenen Inhalte (RG. 17. 5. 12 RJA. 12, 49).

Anm. 14. Über die Verantwortlichkeit der Geschäftsführer für die Richtigkeit der Versicherung siehe in zivilrechtlicher Hinsicht Anm. 5 zu § 9, in strafrechtlicher Anm. 1 zu § 82 Nr 1.

Anm. 15. III. (Abs. 3.) **Die Geschäftsführer haben ihre Unterschrift zur Aufbewahrung bei dem Gerichte zu zeichnen.** Nicht auch die Firma. Die Zeichnung muß entweder in gerichtlicher oder notarieller oder in gerichtlich oder notariell beglaubigter Form (§ 12 HGB.) oder zu Protokoll des zuständigen Gerichtsschreibers (§ 128 FGG.) erfolgen. Die Zeichnung muß dem ganzen Umfange nach handschriftlich sein. Es ist nicht zulässig, die Firma der Gesellschaft durch Stempeldruck herzustellen (KG. in ZBlFG. 6, 286; RJA. 6, 47 Heft 1). Es genügt aber die unter der Anmeldeerklärung befindliche volle Namensunterschrift. Sie deckt jedenfalls die unvollständige, zur Aufbewahrung bestimmte Zeichnung (KG. 30. 4. 09 KGJ. 38 A, 161; RJA. 10, 125). Daraus, daß die Geschäftsführer nicht die Firma, sondern nur ihre Unterschrift hinterlegen, folgt, daß im Falle einer Änderung der Firma eine Wiederholung der Zeichnung nicht verlangt werden darf. Aber auch dann nicht, wenn ein bisher nur stellvertretender zum ordentlichen Geschäftsführer oder ein Prokurist zum Geschäftsführer wird. Andererseits genügt es nicht, daß die Unterschrift der Geschäftsführer aus seiner früheren Stellung bei einer anderen Gesellschaft schon hinterlegt ist. Sie muß bei den Registerakten der GmbH. sein.

Die Zeichnung muß auch zum Zweigregister geschehen (§ 13 HGB.). Siehe Anm. 18 § 12 GmbHG.

§ 9.

§ 9.

Die Anmeldenden haften der Gesellschaft solidarisch für die Richtigkeit ihrer Angaben hinsichtlich der auf die Stammeinlagen gemachten Leistungen (§ 7 Absatz 2).

Verzichtleistungen oder Vergleiche der Gesellschaft in betreff der ihr nach Absatz 1 zustehenden Ersatzansprüche sind unwirksam, soweit der Ersatz zur Befriedigung der Gläubiger der Gesellschaft erforderlich ist. Auf einen Vergleich, welchen der Ersatzpflichtige im Falle der Zahlungsunfähigkeit zur Abwendung oder Beseitigung des Konkursverfahrens mit seinen Gläubigern abschließt, findet diese Bestimmung keine Anwendung.

Die Ansprüche auf Grund der vorstehenden Bestimmungen verjähren in fünf Jahren seit der Eintragung der Gesellschaft in das Handelsregister.

Einleitung. **Der vorliegende Paragraph regelt die Verantwortlichkeit der anmeldungspflichtigen Personen für die Richtigkeit ihrer Angaben.** Dabei spricht Abs. 1 den Umfang der Verantwortlichkeit aus, Abs. 2 regelt die Wirksamkeit von Vergleichen und Verzichten über die betreffenden Regreßansprüche, Abs. 3 die Verjährung der Regreßansprüche. In Zusätzen werden weitere Regreßansprüche erörtert.

Anm. 1. I. (Abs. 1.) **Die Anmeldenden haften der Gesellschaft solidarisch für die Richtigkeit ihrer Angaben hinsichtlich der auf die Stammeinlagen gemachten Leistungen.**

1. **Die Anmeldenden haften.** Das sind die Geschäftsführer (§ 78). Bewirken auch andere Personen als die Geschäftsführer die Anmeldung, z. B. die Gesellschafter oder die Mitglieder des Aufsichtsrats oder ein erwählter Prokurist oder Handlungsbevollmächtigter, so trifft auch sie die vorliegende Haftung (a. M. Birkenbihl Anm. 2, auch

Parisius-Crüger-Crecelius Anm. 1, Brodmann Anm. 1 und Liebmann Anm. 1. Liebmann will lediglich eine Haftung der Geschäftsführer. Brodmann läßt neben dem Geschäftsführer auch die anmeldenden Gesellschafter haften, nicht aber Dritte). Das Gesetz erwähnt nicht bloß die Geschäftsführer, sondern die Anmeldenden schlechthin. Es hat einen guten Sinn, alle Anmeldenden, auch wenn sie ohne gesetzliche Verpflichtung angemeldet haben, haftbar zu machen. Denn sie verletzen eben durch eine falsche Anmeldung das öffentliche Vertrauen (vgl. aber bezüglich der strafrechtlichen Haftung Anm. 6ff. § 82 Nr. 1). Die Geschäftsführer haften auch dann, wenn sämtliche Gesellschafter dazu bestellt sind (a. M. auch hier Birkenbihl Anm. 2). Auch in diesem Falle ist die Geltendmachung eines Anspruchs von praktischem Werte. So z. B. wenn die Gesellschaft in Konkurs geraten ist oder wenn ein Gläubiger den Regreßanspruch der Gesellschaft für sich pfändet. § 9.

2. **Sie haften der Gesellschaft** (§ 204 und § 202 HGB.). Lediglich die Gesellschaft kann die Rechte aus dieser Verantwortlichkeit geltend machen (Motive S. 22). Man wollte damit eine Überlastung der Geschäftsführer mit Verantwortlichkeiten von allen Seiten verhüten. Ein Dritter, sei es ein späterer Käufer eines Geschäftsanteils oder ein Gläubiger, hat daher auf Grund des Tatbestandes des § 9 Abs. 1 keinen Anspruch gegen die Geschäftsführer. Dies gilt auch, wenn das Interesse des Dritten durch den der Gesellschaft zustehenden Ersatzanspruch nicht voll gedeckt wäre, auch wenn wissentlich unrichtige Abgaben vorliegen (vgl. Birkenbihl Anm. 2, OLG. Colmar 9. 1. 06 OLGR. 12, 477; für das Aktienrecht Staub-PinnerHGB. Anm. 2 zu § 202 und Anm. 2 zu § 204). Dritter ist auch ein jeder Mitgründer. Wenn er sich darauf verließ, daß die Einlagen, wie versichert wurde, von allen gemacht sind, wenn er später aber bei der Insolvenz eines Gesellschafters für dessen Teil herangeholt wird, so steht ihm kein Anspruch gegen die Geschäftsführer aus der unwahren Versicherung zu. Anm. 2.

Nur dann, wenn die Geschäftsführer neben ihrer Tätigkeit, welche sie bei der Anmeldung der Gesellschaft entwickelt haben, durch Erklärungen oder Zusicherungen oder durch sonstiges Verhalten gegenüber einzelnen Personen noch in besondere kontraktliche oder außerkontraktliche Beziehung zu diesen getreten sind, welche ein besonderes Klagerecht des Dritten begründen kann, ist ein Anspruch des Dritten denkbar. Die Voraussetzungen solcher Ansprüche ruhen im bürgerlichen Recht. Sie sollten hier nicht geordnet, aber auch nicht beseitigt werden. Auf Schadensersatz können die Ansprüche jedenfalls nur dann gerichtet werden, wenn der Schaden nicht ausschließlich auf dieselben Erklärungen zurückgeführt wird, hinsichtlich deren hier eine Haftung gegenüber der Gesellschaft konstituiert ist (vgl. hierüber Staub-PinnerHGB. Anm. 3 zu § 202). Anm. 3.

3. **Zur Klage legitimiert ist die Gesellschaft.** Sie wird durch die Geschäftsführer vertreten. Sie bedürfen hierzu eines Beschlusses der Gesellschafterversammlung (§ 46 Nr. 8). Darüber, ob der Prozeßgegner die Einlassung davon abhängig machen, ob er einen Gesellschafterbeschluß fordern darf, vgl. Anm. zu § 46 Nr. 8. Wenn der Geschäftsführer, auch einer unter mehreren Geschäftsführern (Brodmann Anm. 2), selbst verklagt werden soll, so erfolgt die Vertretung der Gesellschaft im Prozesse nach der Bestimmung der Gesellschafter (§ 46 Nr. 8). Sie ernennen einen Bevollmächtigten. Dieser ist berechtigt, auf Grund dieses Beschlusses als besonderer gesetzlicher Vertreter der Gesellschaft die Gesellschaft im Prozesse zu vertreten. Ist die Gesellschaft im Konkurse, so führt der Konkursverwalter den Prozeß. Er braucht dazu weder nach innen noch nach außen einen Gesellschafterbeschluß (für das Aktienrecht Bolze 23 Nr. 58). Er kann durch einen Gesellschafterbeschluß weder zur Anstellung der Klage gezwungen noch von ihr abgehalten werden. Anm. 4.

4. **Die Anmeldenden haften** für die Richtigkeit der in der Anmeldung enthaltenen Angaben hinsichtlich der auf die Stammeinlagen gemachten Leistungen. Anm. 5.

a) Sie haften für die objektive Richtigkeit. Verschulden ist nicht nötig. Der Entwurf hatte einen Entschuldigungsbeweis zugelassen. Auch dieser wurde von der Reichstagskommission gestrichen. Bei gehöriger Sorgfalt sei eine unrichtige Angabe in den hier in Rede stehenden Punkten nicht wohl möglich (Kommissionsbericht S. 6). Sie haften

§ 9. nicht, wenn die Anmeldung mit der unrichtigen Versicherung ohne ihren Willen beim Registerrichter eingereicht wurde (vgl. Anm. 12 zu § 8).

Anm. 6. b) Die Angaben müssen sich auf die auf die Stammeinlagen gemachten Leistungen beziehen. Das sind diejenigen Angaben, welche sie nach § 8 Abs. 2 über die im § 7 Abs. 2 erwähnten Leistungen in der Form der Versicherung zu machen haben. Das geht aus der Zitierung des § 7 Abs. 2 deutlich hervor. Diese Angaben müssen richtig sein. Sonst haften sie. Es kann schon nach der klaren Fassung des Gesetzes keinem Zweifel unterliegen, daß sowohl die Angaben darüber, daß die Leistungen gemacht sind, als auch die Angaben darüber, daß sie zur freien Verfügung der Gesellschaft stehen, gemeint sind.

Anm. 7. Dagegen sind sonstige Angaben in der Anmeldung nicht gemeint (vgl. Anm. 6). Machen die Geschäftsführer sonstige Angaben in der Anmeldung, die nicht vorgeschrieben sind, z. B. Angaben über die Angemessenheit der Einlagewerte, so trifft sie nicht die strenge Haftung wegen objektiver Unrichtigkeit, sondern nur die Haftung aus Verschulden.

Anm. 8. c) Über die Haftung der Anmeldenden für sonstige Ungehörigkeiten bei der Gründung, z. B. für falsche Angaben anderer Art in der Anmeldung oder für Versehen bei der Geschäftsführung vor Eintragung der Gesellschaft, siehe unten Anm. 22.

Anm. 9. 5. **Die Anmelder** haben der Gesellschaft das zu ersetzen, was ihr dadurch entgeht, daß die Tatsachen anders liegen, als sie von den Geschäftsführern angegeben werden. Haben sie versichert, daß auf die Barzahlung 50 Proz. eingezahlt sind, und es waren nur 25 Proz. eingezahlt, so haben sie der Gesellschaft 25 Proz. zu erstatten. Haben sie versichert, daß ihnen das zu inferierende Warenlager übergeben sei, und ist dies nicht richtig, so haben sie einen ebensolchen Posten Waren zu liefern oder Schadensersatz zu leisten (ebenso Brodmann Anm. 2). Dabei ist es unerheblich, ob man die Ansicht vertritt, daß Sacheinlagen bei der Eintragung noch nicht geleistet sein müssen (vgl. Anm. 14ff. zu § 7). Es kann die Versicherung unter Hinweis hierauf unterbleiben. Wird sie aber gemacht, so stehen die Geschäftsführer dafür ein. Sie haben die Gesellschaft so zu stellen, als wäre die Angabe nicht unrichtig, sondern richtig. Der Anspruch ist daher ausgeschlossen, wenn zwar nicht zur Zeit der Anmeldung, wohl aber nach dieser die Leistungen ordnungsgemäß erfolgen.

Anm. 10. Der Anspruch der Gesellschaft besteht nur in dem Verlangen auf Deckung des Defizits am Stammkapital (Motive 22). In der ersten Auflage (Anm. 10 S. 73) hatte Staub gegen diese von den Kommentaren akzeptierte Ansicht der Motive ausgeführt, daß, wenn dies die Absicht des Verfassers der Motive war, er seine Absicht in dem Gesetz zum Ausdruck hätte bringen sollen. Im Gesetz sei eine uneingeschränkte Haftung für die Richtigkeit der Angaben angeordnet. Allein das Gesetz hat diese Ansicht der Motive doch zum Ausdruck gebracht. Er knüpft die Haftung an das formale Moment der Erklärung an. Er macht dadurch die Geschäftsführer zu Bürgen für die Gesellschafter.

Anm. 11. Von einer bloß subsidiären Haftung wie bei der analogen Vorschrift des § 204 HGB. ist hier keine Rede. Die Gesellschaft soll nach dem Willen des Gesetzgebers ausgestattet mit den ihr zugesagten Werten ins Leben treten. Fehlen sie ihr bei der Entstehung, so haben die Geschäftsführer sofort das Fehlende zu ergänzen. Sie können nicht etwa verlangen, daß die Gesellschaft die eigentlichen Leistungspflichtigen vorerst verklagt. Sie haben nicht bloß den Ausfall zu ersetzen. Doch können sie nicht verlangen, daß die Gesellschaft ihnen Zug um Zug gegen den von ihnen zu leistenden Ersatz ihre Ansprüche gegen die Einlagepflichtigen abtritt (vgl. Anm. 57 zu § 2).

Keine Haftung besteht, wenn Sacheinlagen gemacht und zur Verfügung der Gesellschaft gestellt waren, sofern sich später herausstellt, daß diese nicht in das Eigentum der Gesellschaft übergingen, weil der Inferent selbst kein Eigentum hatte, oder wenn die eingebrachte Forderung nicht bestand. Die Haftung bezieht sich nur auf die Wahrheit der tatsächlichen Versicherung.

Anm. 12. 6. Die Anmeldenden haften solidarisch als Gesamtschuldner gemäß §§ 421—426 BGB. Es steht im Belieben der Gesellschaft, welchen von mehreren Geschäftsführern sie in Anspruch nehmen will. Die Einklagung des einen allein ist zulässig. Sie wirkt nicht zugunsten und Lasten anderer. Im Konkurse mehrerer Geschäftsführer wird der ganze Betrag bis zur vollen Befriedigung der Gesellschaft angemeldet (§ 421, § 424 BGB.). Untereinander sind die mehreren Geschäftsführer zur Ausgleichung auf Grund der kraft Gesetzes zwischen ihnen bestehenden Rechtsgemeinschaft verpflichtet (§ 425 BGB.). Das gilt selbst dann, wenn dieselben wissentlich falsche Angaben machten (Prot. z. BGB. 1, 440). Nur soweit einer gegenüber dem anderen sich einer unerlaubten Handlung (Fälschung) schuldig machte oder auf Grund besonderer rechtsgeschäftlicher Beziehung (Auftrag) haftbar wird, kann der andere dem Rechtsanspruch wirksam entgegentreten. **§ 9.**

II. (Abs. 2.) **Verzicht auf diesen Regreßanspruch und Vergleiche über diesen sind nur in gewissen Grenzen wirksam.** **Anm. 13.**

1. Die Verzichte und Vergleiche müssen sich auf die im Abs. 1 bezeichneten Ansprüche beziehen. Soweit die Gesellschaft sonstige Ansprüche aus der Gründungstätigkeit der Geschäftsführer hat, sind diese von der Vorschrift nicht getroffen (vgl. unten Anm. 22—24). Das Aktienrecht (§ 205 HGB.) erklärt Vergleiche und Verzichte innerhalb der ersten fünf Jahre seit der Eintragung zum Handelsregister für unstatthaft. Auch nach dieser Zeit bedürfen sie der Zustimmung der Generalversammlung. In dieser kann der Widerspruch einer Minderheit von einem Fünftel des vertretenen Kapitals die Genehmigung ausschließen. Hiervon weiß das GmbHG. nichts. Es ist lediglich die Unwirksamkeit zugunsten der Gläubiger bestimmt. Dann aber ist es einerlei, ob der Verzicht und der Vergleich auch nach fünf Jahren (falls nur keine Verjährung eingetreten war) und unter Zustimmung aller Gesellschafter erfolgt war.

2. Sie sind unwirksam, soweit der Ersatz zur Befriedigung der Gläubiger der Gesellschaft erforderlich ist. Es ist dabei einerlei, ob dieser Umstand schon im Moment des Verzichts oder Vergleichs vorhanden war oder erst nachher eintritt. Solange die Verjährung nicht durchgreift, ist zugunsten der Gläubiger der Ersatzanspruch erhalten. Daß der Ersatz zur Deckung der Gläubiger nötig ist, muß die Gesellschaft beweisen, wenn sie die Unwirksamkeit geltend macht (vgl. Förtsch Anm. 6). Eine Gesellschaft, die imstande ist, ihre Gläubiger zu befriedigen, ist an den Verzicht oder Vergleich gebunden, auch wenn er die Gesellschaft schädigt (vgl. auch Anm. 16). Es kann hiernach bei einer Klage auf Feststellung des Verzichts oder Vergleichs das Versäumnisurteil nicht versagt und die Klage nicht von Amts wegen abgewiesen werden. Das Gericht hat nicht zu untersuchen, ob der Ersatzanspruch zur Befriedigung der Gläubiger notwendig ist. Über den Fall der Kollusion vgl. unter Anm. 15. **Anm. 14.**

Die Unwirksamkeit bedeutet nicht, wie Staub (erste Auflage Anm. 15 S. 74) annahm, Nichtigkeit, auch nicht eine zivilrechtliche Anfechtbarkeit (so Brodmann Anm. 2). Beide setzen einen Mangel in der Willenserklärung voraus (§§ 104ff. BGB.). Die hier in Frage stehende Unwirksamkeit bedarf allerdings keiner Anfechtung im Sinne des § 124 BGB. Andererseits kann doch der andere Teil sie nicht geltend machen, sondern nur die Gesellschaft. Die Gesellschaft muß dies erklären. Dann kann sich auch der Geschäftsführer auf die Wirksamkeit berufen. Sie ist zugunsten der GmbH. unter bestimmten Voraussetzungen eingeführt. Macht sie davon Gebrauch, so kann zwar der Geschäftsführer das Vorliegen der Unzulänglichkeit ihrer Mittel, die Gläubiger zu befriedigen, bestreiten. Er muß dies aber nicht. Dann kann er die Unrichtigkeit der ihm gemachten Vorwürfe behaupten und den Rechtsstreit hierüber aufnehmen. **Anm. 15.**

Die Bezeichnung als unwirksam entspricht der Ausdrucksweise des Konkursrechts (§ 29 KO. und § 1 des AnfG.). Dort sind Rechtshandlungen der Schuldner als den Gläubigern gegenüber unwirksam anzufechten. Die Unwirksamkeit der Vergleiche und Verzichte im Sinne des § 9 Abs. 2 gehört zu derselben Gruppe. Nur bedarf es hier keines Nachweises der Gefährdung und keiner gerichtlichen Anfechtung. Jede Erklärung der Gesellschaft genügt. Praktisch wird § 9 Abs. 2 besonders für den Fall des Konkurses sein. Es muß, damit Verzicht und Vergleich unwirksam sind, feststehen, daß die Aktiven

§ 9. nicht mehr reichen, um die Passiven zu decken. Dann aber muß ja der Konkurs eröffnet werden (§ 207 KO.). Es kann der Konkurs nicht dadurch verschoben werden, daß behauptet wird, infolge der Überschuldung bestehe der Regreßanspruch noch.

Dieser Unwirksamkeit gegenüber greift der Einwand der Rechtskraft nicht durch, sofern die Form des Urteils nur benutzt wurde, um den Verzicht zu verschleiern. Das Zusammenwirken des Geschäftsführers mit den Gesellschaftern kann die Gläubiger ihrer Sicherung nicht berauben. (Lehmann-Ring Bem. 2 zu § 205 HGB.; a. M. Staub-Pinner Anm. 5 zu § 205 HGB.)

Inwieweit durch eine nur teilweise Unwirksamkeit der übrige Inhalt des Vergleichs berührt wird, bestimmt sich nach § 139 BGB. Es hängt davon ab, ob der andere Teil ihn auch bei Kenntnis dieser Unwirksamkeit geschlossen hätte.

Anm. 16. Ist der Erlaß, da die Voraussetzung seiner Unwirksamkeit nicht vorliegt, für die Gesellschaft bindend, so wirkt er, wenn auch nur einem Geschäftsführer gegenüber erklärt, zugunsten aller, sobald damit die Aufhebung des ganzen Schuldverhältnisses gewollt ist (§ 423 BGB.). Den Beweis für dieses letztere Moment haben die übrigen Geschäftsführer zu erbringen. Handelt es sich um einen Vergleich, so müssen sie auch die Abmachung bezüglich der Gegenleistung gegen sich gelten lassen. (StaudingerBGB. II 1. Bem. 2 zu § 423 BGB.) Durch den Erlaß, der nur für einen Geschäftsführer vereinbart wurde, wird die Haftung der übrigen nicht berührt. Es verbleibt ihnen aber auch der Regreßanspruch in voller Höhe gegen den ersteren.

Anm. 17. 3. Ausnahmsweise kann die Unwirksamkeit nicht geltend gemacht werden, wenn der Vergleich mit einem Ersatzpflichtigen im Falle seiner Zahlungsunfähigkeit zur Abwendung oder Beseitigung des Konkursverfahrens abgeschlossen worden ist. Gemeint ist nicht der Zwangsvergleich im Konkurse. Dieser dient zwar zur Beseitigung des Konkurses. Er bindet die Gesellschaft schon aus konkursrechtlichen Gründen, gleichviel, ob sie beitritt oder nicht (§§ 184—189 KO.). Wohl aber ist die Zustimmung zur Einstellung des Verfahrens im Falle des § 202 KO. gemeint. Hauptsächlich kommt der außergerichtliche Vergleich zur Abwendung des Konkurses in Betracht. Gleichgültig ist, ob ein Konkursantrag gestellt oder beabsichtigt ist, gleichgültig, ob vorher eine Geschäftsaufsicht verhängt war und der Vergleich sich daran anreiht oder nicht, gleichgültig, ob der Schuldner sich mit allen seinen Gläubigern vergleicht, und mit allen, mit denen er sich vergleicht, gleichmäßig. Verlangt ist nur, daß er sich mit der Gesamtheit der Gläubiger derart arrangiert, daß der Konkurs dadurch vermieden wird.

Ein Vergleich und Verzicht, den der Konkursverwalter der in Konkurs geratenen Gesellschaft mit dem Geschäftsführer schließt und ein gegenüber diesem erklärter Verzicht desselben ist stets wirksam. Der Konkursverwalter übt ja die Rechte der Gesellschaft für die Gläubiger aus (vgl. auch Bett, Konkurs der Aktiengesellschaft 58).

III. (Abs. 3.) **Die Ersatzansprüche des Abs. 1 verjähren in fünf Jahren.**

Anm. 18. 1. Ersatzansprüche auf Grund der vorstehenden Bestimmungen sind es, die verjähren. Es gibt auch noch andere Ansprüche gegen die Geschäftsführer aus ihrer Gründungstätigkeit (vgl. unten Anm. 22). Auf diese bezieht sich die Verjährung nicht.

Anm. 19. 2. Die Dauer der Verjährung ist fünf Jahre seit Eintragung der Gesellschaft. Nach rechtskräftiger Feststellung der Forderungen tritt die 30jährige Verjährung ein (§ 218 BGB.). Die fünfjährige Verjährung läuft aber auch dann, wenn die Angaben, auf Grund deren die Haftung eintritt, betrügerisch gewesen sind (Birkenbihl Anm. 7).

3. Über den Lauf, die Hemmung und die Unterbrechung der Verjährung gelten die allgemeinen Vorschriften der §§ 198—221 BGB.

Hervorzuheben ist dabei, daß die Verjährung mit der Eintragung zum Register beginnt. Das Datum ist hiernach leicht festzustellen. Einer Kenntnis der Gesellschafter von der Unwahrheit der durch die Geschäftsführer versicherten Tatsachen bedarf es nicht. Ist ein Vergleich geschlossen, demzufolge die Bestimmung des Abs. 2 zugunsten der Gläubiger unwirksam ist, so wird hierdurch der Lauf der Verjährung nicht gehemmt.

Denn der Vergleich ist, insoweit der Ersatz zur Deckung der Gläubiger nötig ist, kein Grund, aus dem der Verpflichtete zur Verweigerung der Leistung berechtigt wäre (§ 202 Abs. 1 BGB.). Keine Hemmung bewirkt es, daß die Gesellschaft in den letzten 6 Monaten der Verjährungszeit ohne Geschäftsführer war. Die Bestimmung des § 206 BGB. über die geschäftsunfähigen Personen sind nicht auf juristische Personen ausdehnbar. Die Gesellschafter haben für die rechtzeitige Bestellung der Geschäftsführer Sorge zu tragen. Die Unterbrechung der Verjährung gegenüber einem von mehreren Geschäftsführern ist ohne Einfluß auf den Fortgang der Verjährung zugunsten der anderen (§ 425 Abs. 2 BGB.). Auf die Ausgleichungsfrist unter den Geschäftsführern ist dies so wenig von Einfluß wie der Erlaß (oben Anm. 16). **§ 9.**

4. Auch die Wirkung der Verjährung ist die in den §§ 222ff. BGB. bestimmte. Der Geschäftsführer hat ein Recht, die Leistung zu verweigern. Es steht ihm eine Einrede zu. Die Verjährung kann durch Rechtsgeschäfte weder ausgeschlossen noch erschwert werden (§ 225 BGB.). Eine Erleichterung der Verjährung ist statthaft. Dies kann aber hier nur vorbehaltlich der Unwirksamkeit zugunsten der Gläubiger gelten. **Anm. 20.**

IV. **Die hier angeordnete Haftung kann durch Verträge nicht im voraus beschränkt werden.** Sie ist im Interesse aller derjenigen, die in Rechtsbeziehungen mit der Gesellschaft eintreten, erlassen. **Anm. 21.**

V. Die Haftung der anmeldenden oder anderer Personen für die Richtigkeit der Angaben kennen auch die ausländischen Gesetze. Das österreichische Gesetz übernimmt die Bestimmungen des § 9 GmbHG. in § 10 Abs. 4—6. Doch beschränkt es die Haftung auf die Geschäftsführer, also die Personen, die normalerweise die Anmeldung vornehmen. Das bulgarische Gesetz dehnt die Haftung (Art. 14 Abs. 2) in allen Fällen auf Geschäftsführer und Gründer aus. Im übrigen schließt es sich an die deutschen Bestimmungen an (Art. 14 Abs. 2, Art. 9 Abs. 3). Das französische Gesetz ist strenger. Eine Gesellschaft, die vor völliger Leistung der Geld- oder Sacheinlagen gegründet ist, ist nichtig (Art. 7, Art. 9). Für den Schaden haften dann Gesellschaftern und Dritten die Geschäftsführer (Art. 10). Allerdings enthält das Gesetz keine besondere Bestimmung über die Haftung bei der Anmeldung. Sie hat nicht die gleiche Bedeutung wie im deutschen Recht, da die auf die Anmeldung erfolgende Eintragung nicht konstitutiv wirkt. Die unrichtige Anmeldung ist indessen die Folge einer unrichtigen Gründung. Nach dem italienischen Vorentwurf (Art. 145 Abs. 3) haften die Gründer samtschuldnerisch. Polnisches Gesetz und Schweizer Entwurf kennen besondere Haftungsvorschriften für die Anmeldung nicht. **Anm. 21a.**

Zusatz. Andere Regreßansprüche aus der Gründungszeit der bei der Gründung mitwirkenden Personen. **Anm. 22.**

1. **Weitere Regreßansprüche gegen die Geschäftsführer aus ihrer Tätigkeit vor der Entstehung der Gesellschaft.**

a) Regreßansprüche der Gesellschaft. Die Geschäftsführer haben zwar zunächst die ihnen nach § 7 Abs. 2, § 8 Abs. 2 obliegenden Versicherungen richtig abzugeben. Sie haben aber ihr Amt als Geschäftsführer auch der entstehenden Gesellschaft so auszuüben, wie gegenüber der bestehenden. Sie haften beiden in gleicher Weise. Der § 43 des Gesetzes greift auch dann Platz, wenn der Geschäftsführer vor Eintragung der Gesellschaft seine Pflicht verletzt, wenn er bei Führung der Geschäfte vor der Eintragung nicht so handelt wie ein ordentlicher Geschäftsmann. Das RG. (RGZ. 21) hat dies bei der Aktiengesellschaft angenommen. Dort hatte der Vorstand einen Teil der gemachten Einzahlungen vor der Eintragung der Gesellschaft den Einzahlern wieder zurückgegeben. Dieser Fall kann sich auch hier ereignen. Auch andere Pflichtverletzungen sind denkbar. Die Angabe über die geschehenen Einzahlungen kann zur Zeit der Anmeldung richtig sein, aber zwischen Anmeldung und Eintragung kann das eingezahlte Geld wieder unwirtschaftlich verausgabt sein. Ein in die Gesellschaft einzulegendes und vor der Anmeldung oder Eintragung schon übergebenes Geschäft oder Grundstück muß zwischen Anmeldung und Eintragung ord-

§ 9. nungsmäßig verwaltet werden. Pflichtverletzungen hierbei oder sonst bei Führung der Geschäfte haben zur Folge, daß der Geschäftsführer der Gesellschaft zum Schadensersatz verpflichtet ist. Man braucht, um diese Schadensersatzpflicht juristisch zu konstruieren, nicht mit dem RG. a. a. O. zu einer Rückbeziehung der Gesellschaftsexistenz seine Zuflucht zu nehmen. Viel näher liegt der Gedanke, daß die errichtete und zur Eintragung bestimmte Gesellschaft eben insoweit rechts- und verkehrsfähig ist, als sie sich einen Geschäftsführer bestellen kann. Das mit dieser Bestellung entstehende Rechtsverhältnis mit allen Konsequenzen, Rechten und Pflichten der Gesellschaft gehört eben zu denjenigen Rechtsverhältnissen, in welche die Gesellschaft schon im Stadium der Gründung mit der Wirkung treten kann, daß das Rechtsverhältnis mit der Eintragung der Gesellschaft ohne weiteres von der entstehenden Gesellschaft übernommen und fortgesetzt wird. Der Grund dieser Regreßansprüche kann hiernach jede Pflichtverletzung sein, die im Rahmen des § 43 begangen werden kann.

Anm. 23. Eine besondere Verpflichtung, die Gründung und ihre Vorgänge in allen Einzelheiten zu prüfen, wie dies in §§ 192, 193 HGB. dem Vorstande der Aktiengesellschaft auferlegt ist, liegt hier nicht vor. Das gehört nicht zu den Aufgaben des Geschäftsführers. Daß er dafür nicht verantwortlich gemacht werden sollte, geht aus § 9 Abs. 1 hervor. Wenn aber der Geschäftsführer wissentlich bei einer Schädigung der Gesellschaft mitwirkt, so verletzt er seine Verpflichtung als Geschäftsführer. Er haftet auf Schadensersatz aus dem Dienstvertrage. So z. B., wenn ein von ihm als wertlos erkanntes Patent der Gesellschaft zu hohem Preise inferiert wird. Bei der Eintragung einer solchen Gesellschaft darf er nicht mitwirken. Er macht sich sonst zum Mitschuldigen (vgl. auch RG. 47, 183).

Anm. 24. Die Verjährung richtet sich nach § 43 Abs. 4. Sie beginnt nicht mit der Eintragung der Gesellschaft, sondern mit der Begehung der Handlung.

Für die Legitimation zur Klage gilt hier das oben Anm. 4 Gesagte.

Auf den Verzicht findet § 43 Abs. 3 Anwendung.

Anm. 25. b) Ansprüche Dritter. Durch die Tätigkeit der Geschäftsführer bei Gründung der Gesellschaft können auch Dritte geschädigt sein: gegenwärtige und zukünftige Gesellschafter und Gläubiger. Soweit es sich um den Tatbestand des § 9 Abs. 1 handelt, steht der auf diesen Tatbestand gestützte Regreßanspruch nur der Gesellschaft zu (vgl. Näheres oben Anm. 2 u. 22).

Anm. 26. Allein aus selbständigen Gesichtspunkten entsteht auch Dritten gegenüber eine Verantwortung. So z. B., wenn sie, um die Gesellschaft zustande zu bringen, Gesellschafter geworben und dabei falsche Tatsachen vorgespiegelt haben. Aber auch, wenn sie bei der Gründung wissentlich mitgewirkt haben, um die Gesellschaft zu schädigen. Wenn z. B. der Gesellschaft von einem Gründer ein von ihnen als wertlos erkanntes Patent inferiert wird, so müssen sie sich (oben Anm. 23) der Anmeldung der Gesellschaft enthalten. Sonst machen sie sich zum Mitschuldigen und haften der Gesellschaft, aber auch den anderen betrogenen Gesellschaftern. Sie lassen es geschehen, daß diese anderen gründenden Gesellschafter die Gesellschaft errichten und ihr Vermögen aufs Spiel setzen, obwohl sie wissen, daß sie selbst dadurch geschädigt werden. Ihnen gegenüber liegt eine vorsätzliche Schädigung in einer gegen die guten Sitten verstoßenden Weise vor (§ 826 BGB.).

Anm. 27. Über die Haftung gegenüber künftigen Gesellschaftern und den Gläubigern aus solcher Handlungsweise siehe unten Anm. 29.

Anm. 28. 2. **Regreßansprüche gegen die Gründer.** Eine besondere Haftung der Gründer kennt das GmbHG. nicht. (Über die Behandlung dieser Frage bei einer Reform der GmbH. Hachenburg, LZ. 3, 31 ff.) Ihre Haftung richtet sich nach allgemeinen Rechtsgrundsätzen. Eine Verpflichtung, den Vorgang der Gründung zu prüfen, darauf zu achten, daß die Einzahlungen erfolgen, daß die Gesellschafter zahlungsfähig und die inferierten Werte angemessen sind, ist den Gründern nicht auferlegt. Fahrlässigkeiten nach dieser Richtung können daher

keinen Regreßanspruch der Gesellschaft oder der Gesellschafter gegen die Gründer auf § 9.
Grund der Gründungstätigkeit begründen (RG. 16. 2. 01 Holdheim 10, 142, OLG. Colmar OLGR. 12, 477). Wenn sie die Gesellschaft vorsätzlich schädigen, wenn sie der Gesellschaft Werte zu hohem Preise inferieren, von denen sie wissen, daß sie wertlos sind, z. B. wertlose Patente oder Grundstücke, oder wenn sie in dem Gesellschaftsvertrage wider besseres Wissen versichern, daß die Einlagen geleistet sind, oder wenn sie den Geschäftsführer zu einer solchen fälschlichen Versicherung verleiten oder auch nur wissentlich dulden, daß sie erfolgt, so nahm Staub (erste Auflage Anm. 28 S. 76) eine Haftung der Gesellschaft gegenüber an. Es wurde dies mit einer Verletzung der Pflichten gegenüber der entstehenden und zur Eintragung bestimmten Gesellschaft begründet. Mit den Rechten aus dieser Pflichtverletzung entstehe die Gesellschaft. Denn die Gründer seien das Organ, durch welches die entstehende Gesellschaft sich betätigt. Zweifellos ist eine solche Haftung wünschenswert. Eine Änderung der Gesetzgebung wird sie an die Spitze ihrer Bestimmungen stellen müssen. Allein bei der heutigen Lage des Gesetzes wird man einen Anspruch der Gesellschaft nicht begründen können. Wenn sämtliche Gesellschafter die Wertlosigkeit des Patentes oder die Zahlungsunfähigkeit eines Gesellschafters kennen, so kann von einer Verletzung einer vertraglichen Pflicht nicht gesprochen werden. Man kann hier die Gesellschaft im Gründungsstadium nicht von den Gesellschaftern trennen. Die Gründer als Organ der werdenden Gesellschaft kennt das Gesetz nicht. Das beweist die besondere Regelung des Aktienrechts. Allerdings spricht § 46 Nr. 8 von der Regreßklage der Gesellschaft aus der Gründung. Allein im Gesetze selbst sind solche Klagen nicht behandelt. Man wird, so anmutend das von Staub gewonnene Resultat wäre, die Lücke im Gesetz nicht ausfüllen können.

Wohl mag in der vorbeschriebenen Handlungsweise eine Pflichtverletzung der dolos Anm. 29.
handelnden Mitglieder den anderen Gesellschaftern gegenüber liegen. Sie haften diesen. Der Anspruch wird hier dahin gehen, daß sie dem geschädigten Mitgründer seinen Einlagebetrag zurückzahlen und ihn von den weiteren Verpflichtungen gegenüber der Gesellschaft unter Rücknahme des Anteils befreien. Haften sie aber aus solcher Tätigkeit auch dritten Personen? Zukünftigen Gesellschaftern oder Gläubigern der Gesellschaft? Das Reichsgericht (16. 2. 01 Holdheim 10, 142) hat für das preußische Landrecht angenommen, daß der dolos handelnde Inferent den Gläubigern der Gesellschaft hafte, wenn er „wissend, daß die eingelegten Aktien und Forderungen ganz oder teilweise wertlos seien, deren Annahme zum Nominalbetrage zugestimmt hatte in der Absicht, dritte Personen über den wahren Stand der Dinge zu täuschen oder auch nur in dem Bewußtsein, daß Dritte durch diese unrichtige Wertfestsetzung getäuscht werden konnten". Es verlangt dann weiter, daß der Dritte in der Tat hierdurch getäuscht wurde. Für das Recht des BGB. kommen die Grundsätze über die unerlaubte Handlung zur Anwendung. Die Verletzung eines Schutzgesetzes liegt nicht vor (§ 823 Abs. 2 BGB.). Eine Verpflichtung zur Prüfung der Einlagen besteht nicht. Wohl aber ist die wissentlich unwahre Einlage mit dem Bewußtsein, andere durch die falschen Angaben zur Kreditgewährung zu veranlassen, eine vorsätzliche Schädigung derselben in einer gegen die guten Sitten verstoßenden Weise (§ 826 BGB.). Es ist Staub (1. Aufl. Anm. 29 S. 76) darin beizutreten, daß der Gründer nicht ins Uferlose für alle Schäden, „die irgend jemals irgend jemand für seine Handlungsweise entstehen können", haftbar sein kann. Aber das darf nicht zu einer Verneinung jeden solchen Anspruchs führen. Es wird hier wie bei allen Fällen der unerlaubten Handlung der gesetzliche Sachzusammenhang zu prüfen sein. Er wird in den Fällen, in denen das Gefühl sich gegen die uferlose Haftung sträubt, bereits zerrissen sein. Man wird aber auch unter dem heutigen Rechte die Gründer haften lassen, wenn unmittelbar vor oder nach der Eintragung der GmbH. ein Angestellter der Gesellschaft eine Kaution leistet und die Gründer, welche wertlose Sacheinlagen machten, die Schädigung dieses Dritten bereits bei der Gründung in ihr Bewußtsein aufnahmen. Erforderlich wird freilich stets sein, daß der „Vorsatz" im Sinne des § 826 den Schaden

§ 9. mit umfaßt. Es braucht aber nicht die Person der Geschädigten festzustehen. Die Möglichkeit des Vorgangs selbst aber müssen sie sich vergegenwärtigt haben. Wie ein Gründer haftet dabei auch jeder Dritte, der bei dem dolosen Verhalten der Gesellschafter mitgewirkt hat. Der Anspruch der Gesellschaft aus § 826 BGB. richtet sich gegen alle, die sich zu dolosem Handeln verbunden hatten (RG. 5. 3. 14 RGZ. 84, 336).

Anm. 30. Über die Haftung der Gründer aus ihren Illationsverträgen, z. B. auf Grund der dort gemachten Zusicherungen vgl. insbesondere Anm. 48 und 49 zu § 5.

Anm. 31. Weitergehende Ansprüche können sich daraus ergeben, daß die Gründer miteinander oder mit dritten Personen, auf welche später die Geschäftsanteile übertragen werden, in einem besonderen Verhältnisse stehen. Wenn z. B. zehn Personen eine Gesellschaft zum Zwecke der Vorbereitung und Gründung einer GmbH. bilden, und vier von ihnen mit der Prüfung der zu inferierenden Werte betraut werden, so haften diese den übrigen sechs, wenn sie hierbei ihre nach der Verkehrsauffassung erforderliche Sorgfaltspflicht verletzt haben. Es ist dann einerlei, ob diese sechs sofort bei der Gründung oder erst später der Gesellschaft beitreten. Ähnliches gilt in den häufigen Fällen, daß die Gesellschaft zur Ausnutzung eines von einem der Gesellschafter eingelegten Patentes oder Betriebsgeheimnisses gegründet wird. Das Patent ist aber nichtig, das Geheimnis bereits bekannt. Der Inferent haftet nicht nur der Gesellschaft. Auch die anderen, mit denen er die Ausbeutung dieser Erfindung vereinbart, können von ihm Schadensersatz fordern. Stets bleibt vorausgesetzt, daß die sämtlichen Gründer vor der Gründung in einem Gesellschaftsverhältnis standen und zur Erreichung des Gesellschaftszweckes die Form der GmbH. wählten.

§ 10.

§ 10.

Bei der Eintragung in das Handelsregister sind die Firma und der Sitz der Gesellschaft, der Gegenstand des Unternehmens, die Höhe des Stammkapitals, der Tag des Abschlusses des Gesellschaftsvertrages und die Personen der Geschäftsführer anzugeben.

Enthält der Gesellschaftsvertrag besondere Bestimmungen über die Zeitdauer der Gesellschaft oder über die Befugnis der Geschäftsführer oder der Liquidatoren zur Vertretung der Gesellschaft, so sind auch diese Bestimmungen einzutragen.

In die Veröffentlichung, durch welche die Eintragung bekannt gemacht wird, sind außer dem Inhalte der Eintragung die nach § 5 Absatz 4 getroffenen Festsetzungen und, sofern der Gesellschaftsvertrag besondere Bestimmungen über die Form enthält, in welcher öffentliche Bekanntmachungen der Gesellschaft erlassen werden, auch diese Bestimmungen aufzunehmen.

Einleitung. **Der vorliegende Paragraph ordnet an, in welcher Weise die Eintragung der Gesellschaft in das Handelsregister erfolgt** (Abs. 1 und 2) **und was hierbei zu publizieren ist** (Abs. 3).

Die Eintragung setzt voraus, daß die Gründungsvorschriften befolgt sind. Es fragt sich zunächst, in welcher Weise der Registerrichter seine Prüfungstätigkeit auszuüben hat.

Demgemäß wird diese letztere Frage hier zunächst behandelt.

Anm. 1. I. **Die Prüfung der Gründung durch den Registerrichter.**

1. **Grundsätzliche Natur und Umfang der Prüfungstätigkeit.** Unzutreffend ist, daß dem Registerrichter lediglich eine formale Prüfung der Gründung obliege. (So Parisius-Crüger-Crecelius Anm. 1 zu § 8; KG. in KGJ. 8, 15.) Nach früherem Recht mag dies zutreffend gewesen sein. Allein heute ist dem Registerrichter das Recht und die Pflicht auferlegt, die

Wahrheit der in Frage kommenden Tatsachen von Amts wegen zu ermitteln (§ 12 FGG., vgl. jetzt auch KG. in DJZ. 03, 133 und KG. 6. 10. 11 RJA. 11, 222). Daraus folgt allerdings nicht, daß er sich in keinem Falle mit den ihm überreichten Urkunden und Erklärungen begnügen darf. Wenn er die Unrichtigkeit der abgegebenen Erklärung kennt, so braucht er die Eintragung nicht zu bewirken. Aber auch wenn er irgendwelchen begründeten Zweifel an der Wahrheit dessen, was ihm zwecks Herbeiführung der Eintragung erklärt worden ist, hat, so hat er das Recht und die Pflicht, die Wahrheit nachzuprüfen. Das steht mit der Denkschrift zum HGB. in Übereinstimmung. Die Zweifel können sich aus den Personen und aus den Sachverhältnissen ergeben. So wenn ein im Konkurse befindlicher Gesellschafter angeblich eine größere Zahlung leistete. Ja, auch wenn er keine begründeten Zweifel hat, hat der Registerrichter jedenfalls das Recht, wenn auch nicht die Pflicht, die Gültigkeit und die Wahrheit der abgegebenen Erklärungen nachzuprüfen. Er darf zu diesem Zwecke von Amts wegen Ermittelungen vornehmen (vgl. Staub-BondiHGB. Anm. 7—10 im Anhang zu § 8; Düringer-Hachenburg I Anm. 8ff. zu § 14). Er wird dies selten tun. Seiner Nachforschung wird meist ein Bedenken zugrunde liegen. Aber einem besonders sorgfältigen Richter wird man eine Nachfrage zu seiner Beruhigung nicht versagen. Er darf z. B. in jedem Falle ermitteln, ob die Einzahlungen erfolgt und die Sacheinlagen bewirkt sind, ob die vorgelegte Genehmigung des Dritten zur Sacheinlage echt ist usw. usw. (Einschränkend KG. 6. 10. 11 RJA. 11, 222: Der Registerrichter ist nicht befugt, ohne besondere Veranlassung oder auf bloße Vermutung hin eine Anmeldung zu beanstanden und vom Anmeldenden einen Nachweis der Richtigkeit zu fordern. Er wird sie regelmäßig ohne weiteres als wahrheitsgemäß und rechtswirksam anzunehmen haben). Eine Begründung oder auch nur Mitteilung der Momente, die seine Zweifel hervorrufen, wird man bei der Verfügung des Registerrichters jedenfalls nicht verlangen. Also ist die ganze Frage ohne besondere praktische Bedeutung. Erst wenn sich die Anmeldenden beschweren, kann die Frage nach den Motiven erheblich werden. Eine Prüfung von Sacheinlagen auf deren Wert ist dem Richter vollständig verschlossen. Wenn das Gesetz nicht einmal den Gründern selbst eine solche Pflicht auferlegt (RG. bei Holdheim 10, 142), wenn die Bestimmungen des Aktienrechts, welche eine Nachprüfung der Sacheinlagen begründen, nicht übernommen sind, so kann nicht der Registerrichter die Rolle des Revisors übernehmen. **§ 10.**

Das österreichische Gesetz (§ 11 Abs. 1) hebt hervor, daß der Registerrichter nicht nur die Vollständigkeit und Gesetzmäßigkeit der Anmeldung und ihrer Beilagen zu prüfen habe. Es bezieht sich diese Prüfung auch auf die gesetzlichen Voraussetzungen der Eintragung. Damit sind die materiellen Grundlagen des Antrags gemeint.

Das Gericht hat auch den Inhalt der Statuten zu prüfen. Es muß dieselben Anm. 2. ablehnen, wenn darin gegen zwingende Gesetze verstoßen ist, wenn z. B. das Geschäftsjahr auf länger als ein Jahr festgesetzt ist (vgl. § 39 Abs. 2 HGB.), oder wenn gesagt ist, daß die Generalversammlung auf die restierenden Einlagen verzichten darf (§ 25 GmbHG.) oder wenn ein Geschäftsanteil für schlechthin teilbar erklärt ist. Der Richter muß, falls ein minderjähriger Mitgesellschafter werden soll, das Vorhandensein der vormundschaftsgerichtlichen Genehmigung nach § 1822 Nr. 10 BGB. prüfen (RG. 31. 1. 13 DJZ. 1913, 1140). Doch darf der Registerrichter nur gesetzwidrigen Bestimmungen entgegentreten. Redaktionelle Änderungen kann er nicht verlangen (OLG. Hamburg 31. 3. 05 OLGR. 11, 28). Ein Recht, den Gesellschaftsvertrag zurückzuweisen, weil er in einer Reihe von Stellen nur das Gesetz wiederholt, hat er ebenfalls nicht (KG. 25. 7. 11 RJA. 11, 215). Die Registerrichter verlangen oft Änderungen und Zusätze, die mehr Zweckmäßigkeitsrücksichten entsprechen. Es sind dies rechtlich nur Ratserteilungen. Die Interessenten kommen diesen Wünschen nach, weil der Beschwerdeweg ihnen zu umständlich ist.

In gleicher Weise ist es die Aufgabe des Registerrichters, zu prüfen, ob alle Anm. 3. Voraussetzungen der Anmeldung gegeben sind, also ob sie von den hierzu berufenen Personen in der vorgeschriebenen Weise erfolgt, ob die erforderlichen Versicherungen

§ 10. vorliegen, überhaupt der erforderliche Inhalt der Anmeldung gegeben ist und die nötigen Beilagen beigefügt sind.

Die Bedenken und Nachfragen sind aber auf das Gebiet der GmbH. und ihres Rechts beschränkt. Steuerrechtliche Momente scheiden für den Registerrichter aus. Auch wenn die Form der GmbH. nur gewählt wäre, um eine Steuer zu vermeiden oder zu mindern, berührt dies den Eintrag zum Handelsregister nicht. Nur die Steuerbehörde ist berechtigt, die Steuer so anzusetzen, als sei die den wirtschaftlichen Verhältnissen normalerweise entsprechende Form vereinbart (§ 5 RAbgO.). Ebensowenig darf ein Eintrag abgewiesen werden, weil der Registerrichter die Erklärung, daß die Gesellschafter andere als die im Gesellschaftsvertrage vorgesehenen Leistungen nicht übernommen haben, für falsch hält. Hier handelt es sich nur um eine Vorschrift des Steuergesetzes. Derartig falsche Erklärungen haben nur steuerrechtliche Folgen. Ganz abzulehnen sind Beanstandungen des Registergerichts wegen mangelnder Solidität des Unternehmens. Auch wenn der Richter überzeugt ist, daß die mit dem kleinst zulässigen Kapital ausgestattete Gesellschaft ihren Zweck nicht erreichen kann, so darf er sich nicht zum Vormund der Gesellschafter oder des mit ihnen in Verbindung tretenden Dritten aufwerfen.

Anm. 4. 2. **Im Falle von Streitigkeiten zwischen den Beteiligten** darf der Registerrichter die Eintragung aussetzen bis nach Erledigung des Rechtsstreits (§ 127 FGG.). Doch muß die Aussetzung durch die Umstände des Falles gerechtfertigt sein. Die Tatsache allein, daß der Gesellschaftsvertrag angefochten ist, rechtfertigt die Aussetzung nicht. Sie soll nur erfolgen, wenn die Anfechtung in tatsächlicher und rechtlicher Hinsicht dergestalt begründet ist, daß mit der demnächstigen Nichtigkeitserklärung gerechnet werden muß. (So auf dem Gebiete der Lehre von der Anfechtung von Generalversammlungsbeschlüssen im Aktienrechte vertreten; KGJ. 21 A 243.) Es muß die Anfechtung nicht bloß erfolgt sein, sie muß dem Registerrichter glaubhaft erscheinen. Ebenso kann das Prozeßgericht durch einstweilige Verfügung die Aussetzung des Eintrags anordnen (OLG. Frankfurt Recht 02, 268).

Anm. 5. 3. **Gegen die Verfügungen des Registerrichters** steht die Beschwerde und weitere Beschwerde nach §§ 19 und 27 ff. FGG. jedem zu, dessen Recht durch die Verfügung beeinträchtigt wird. Also auch dem bei der Gründung bestellten Geschäftsführer (RG. 1. 4. 21 ZBlFG. 22, 352). Dabei genügt es nicht, daß der Beschwerdeführer ein Interesse an der Änderung hat. Er muß in seinem Rechte verletzt sein. Zuständig zur Verbescheidung ist das Landgericht, Kammer für Handelssachen. Weitere Beschwerde für den Fall der Verletzung einer Rechtsnorm. Doch wird man diese Beschwerde nur geben können gegen die ablehnenden Verfügungen.

Wenn die Gesellschaft einmal eingetragen ist, so ist sie als Körperschaft des Verkehrslebens entstanden. Sie kann aus dem Rechtsleben nicht wieder durch einfache Verfügungen entfernt werden. Die Nichtigkeitserklärung einer eingetragenen Gesellschaft erfolgt nur gemäß §§ 75 und 76 des Gesetzes und § 144 FGG. (vgl. Anm. 56 zu § 2; Anm. 10 und 13 zu § 7; Anm. 12 zu § 8; Anm. 3 ff. zu § 75).

II. **Die Eintragung der Gesellschaft und die Veröffentlichung.**

A. (Abs. 1 und 2.) **Die Eintragung.**

Anm. 6. 1. **Der Inhalt der Eintragung.** Nach der früheren Fassung wurde der Gesellschaftsvertrag eingetragen. Auch das österr. Ges. § 11 Abs. 2 bestimmt dies. Es fügt die Eintragung der Geschäftsführer und des auf die Stammeinlage einbezahlten Betrages bei. Für Deutschland besteht jetzt nur die Eintragung der Gesellschaft. Dieselbe wird individualisiert. Eingetragen wird

a) in jedem Falle:

α) die Firma und der Sitz der Gesellschaft,

β) der Gegenstand des Unternehmens,

γ) die Höhe des Stammkapitals, nicht aber die einzelnen Stammeinlagen (RG. 20. 6. 11 JW. 11, 779), δ) der Tag des Abschlusses des Gesellschaftsvertrags, § 10.

ε) die Personen der Geschäftsführer. Cohn, Handelsregister, fügt hinzu, daß die Personen der Geschäftsführer nach Familiennamen, Vornamen, Beruf und Wohnort anzugeben sind. Ausdrücklich ist dies nicht vorgeschrieben. Im Sinne des Gesetzes liegt es allerdings.

b) Wenn der Gesellschaftsvertrag hierüber besondere Bestimmungen enthält, ist ferner einzutragen: Anm. 7.

α) die Zeit der Dauer der Gesellschaft, falls dieselbe auf Zeit beschränkt ist oder, was dem gleichsteht, wenn jedem Gesellschafter ein Recht auf Kündigung mit bestimmter Frist zusteht (RG. 79, 418). Nicht aber wenn die Gesellschaft auf unbestimmte Zeitdauer bestehen soll, auch wenn der Gesellschaftsvertrag letzteres besonders bestimmte.

β) Die Befugnis der Geschäftsführer oder der Liquidatoren zur Vertretung der Gesellschaft, wenn der Gesellschaftsvertrag darüber besondere Bestimmungen enthält, d. h. wenn Abweichungen von der Gesamtvertretung des § 35 Abs. 2 und § 68 angeordnet sind. Wenn der Gesellschaftsvertrag nur die gesetzlichen Bestimmungen wiederholt, braucht die Eintragung darüber nichts zu enthalten. Anm. 8.

c) Außerdem ist nach § 130 FGG. der Tag der Eintragung und die Unterschrift des zuständigen Beamten anzugeben. Anm. 9.

d) Weitere Angaben braucht die Eintragung nicht zu enthalten. Insbesondere sind nicht die Namen der Gesellschafter und die Höhe der einzelnen Stammeinlagen, auch dann nicht, wenn es sich um Sacheinlagen handelt (RG. 78, 361), einzutragen. In letzterem Falle ist nur die Veröffentlichung angeordnet. Anm. 10.

2. **Durch die Eintragung** gelangt die Gesellschaft zur Entstehung (§ 11 des Gesetzes). Die Veröffentlichung ist zur Erzielung dieses Erfolges nicht erforderlich. Anm. 11.

Diese Wirkung hat aber nur eine den gesetzlichen Vorschriften entsprechende Eintragung. Doch wird sie nicht durch jeden Verstoß gegen Abs. 1 und 2 bewirkt. Zur Entstehung der Gesellschaft genügt eine solche Eintragung, welche die Identität der Gesellschaft erkennen läßt. Die Firma, der Gegenstand und die Höhe des Stammkapitals werden hinreichen. Auch in diesen Punkten werden unerhebliche Abweichungen nicht zur Ungültigkeit der Eintragung führen. Die Weglassung der Geschäftsführer, der Modalitäten der Vertretungsbefugnis, der besonderen Bestimmungen über die Zeitdauer können nicht als absolute Mängel betrachtet werden. Die fehlende Eintragung in diesen Punkten hat andere Folgen. Hier ist § 15 HGB. maßgebend. Solange diese Eintragung nicht erfolgt ist, kann die einzutragende Tatsache keinem Dritten entgegengehalten werden, der sie nicht kannte (Neukamp-Becker Anm. 2 zu § 10). Ein solcher Dritter ist auch der Konkursverwalter. Er vertritt die Gläubiger der GmbH. (RG. 20. 6. 11 JW. 11, 779). Es kann, wenn alle Gründer auch Gesellschafter sind, jeder dem anderen gegenüber sich auch ohne Eintrag auf die Tatsache berufen. Ist dagegen ein Dritter als Erwerber von Geschäftsanteilen vorhanden, so versagt diesem gegenüber die Bestimmung. Er muß es sich aber gefallen lassen, daß die Eintragung auch während seiner Mitgliedschaft erfolgt. Fehlt die Eintragung der Geschäftsführer, so sind diese Dritten gegenüber noch nicht Geschäftsführer, falls diese die Ernennung nicht kennen. Ebenso richtet sich den gutgläubigen Dritten gegenüber die Vertretungsbefugnis nur nach dem Gesetze.

Eine nicht auf dem Willen der Gesellschaft beruhende unrichtige Eintragung kann der Gesellschaft nicht schaden. Sie wird durch die Handlung eines Geschäftsführers nicht verpflichtet, wenn entgegen dem Gesellschaftsvertrag der Registerrichter eine Einzelvertretung eingetragen hatte. Die GmbH. hat die Fehler des Registergerichts nicht zu vertreten (OLG. Stuttgart 16. 2. 09 OLGR. 19, 293).

Die Stammeinlage eines Gesellschafters und die bezüglich derselben getroffene besondere Abrede ist nicht als eine in das Handelsregister einzutragende Tatsache an-

§ 10. zusehen, die vor Eintragung und Veröffentlichung Dritten gegenüber nicht geltend gemacht werden kann. Hier genügt der Gesellschaftsvertrag und seine Einreichung zum Handelsregister (RG. 20. 6. 11 JW. 11, 779).

Anm. 12. Der Tag der Feststellung des Gesellschaftsvertrages ist kein wesentlicher Eintragungspunkt. Sein Fehlen ist wirkungslos.

Anm. 13. Leidet die Eintragung an wesentlichen Mängeln, Fehlen der Firma oder des Stammkapitals oder des Gegenstandes, ist aber der Gesellschaftsvertrag in diesen Punkten korrekt und nur die Eintragung inkorrekt, so hat der Registerrichter die Eintragung von Amts wegen zu vervollständigen oder zu berichtigen. Er darf die Eintragung nicht von Amts wegen nach § 142 FGG. löschen. Das darf er ja nicht einmal dann ohne weiteres, wenn der Gesellschaftsvertrag jene Bestimmungen nicht enthielt (§ 75 des Gesetzes, § 144 FGG.). Auf jene Berichtigung des Registers durch Beschwerde hinzuwirken, hat die Gesellschaft und jeder Gesellschafter das Recht (§ 20 FGG.). Bis zur Bewirkung dieser Berichtigung besteht die Gesellschaft nicht zu Recht. Sie steht der noch nicht eingetragenen Gesellschaft gleich. Liegt eine Unrichtigkeit vor, welche nicht einen wesentlichen Mangel zur Folge hat, so berührt das weder die Gültigkeit der Gesellschaft noch ihr Entstehen durch den Eintrag. Der Registerrichter hat von Amts wegen den Eintrag zu berichtigen. Für das Verfahren nach den §§ 142, 144 FGG. ist hier kein Raum (über KG. 18. 4. 04 KGJ. 27, 232 OLGR. 9, 263, das zu Unrecht § 142 FGG. anwenden will, vgl. Anm. 56 zu § 2).

Anm. 14. 3. **Die Eintragung ist dem Antragsteller bekanntzumachen** (§ 130 FGG.). Zu den Antragstellern kann auch der Notar, der die Anmeldung beurkundet oder beglaubigt hat, gehören (§ 129 FGG.).

Anm. 15. 4. **Die Einsicht der Eintragung und des Gesellschaftsvertrages steht jedermann zu** (§ 9 HGB.; vgl. oben Anm. 4 zu § 7). Abschriften kann nur der verlangen, der ein rechtliches Interesse darlegt (§ 9 HGB.).

Anm. 16. 5. **Bei Änderung des Gesellschaftsvertrages** in den nach Anm. 6 und 7 einzutragenden Punkten muß die Eintragung ebenfalls erfolgen. So wenn der Sitz verlegt, die Firma oder der Gegenstand des Unternehmens geändert, das Stammkapital erhöht wird. Demgemäß ist dann auch der Tag, an welchem der betreffende Änderungsbeschluß gefaßt wird, einzutragen. Die Personen der Geschäftsführer sind, wenn ein Personenwechsel eintritt, nach § 39 einzutragen. Ebenso wenn die Zeitdauer künftig nicht auf Zeit beschränkt werden soll, oder wenn sie fernerhin auf Zeit beschränkt werden soll. Endlich auch wenn die Befugnis der Geschäftsführer oder Liquidatoren zur Vertretung der Gesellschaft sich gegen die Eintragung ändert. Wenn dagegen die Vertretungsbefugnis sich ändert, aber ohne Abweichung von den Bestimmungen des Gesellschaftsvertrages, sondern im Rahmen dieser Bestimmungen, so erfolgt nur eine Eintragung nach § 39.

Die Eintragung hat übrigens in Verbindung mit der Veröffentlichung auch noch die Bedeutung des § 15 HGB. (vgl. unten Anm. 23).

Anm. 17. B. (Abs. 3.) **Die Veröffentlichung.**

1. **Der Inhalt der Veröffentlichung.**

a) Zu veröffentlichen sind zunächst alle einzutragenden Punkte (oben Anm. 6 und 7),

b) außerdem aber sind, obwohl sie nicht eingetragen werden, folgende Punkte zu veröffentlichen:

α) Im Falle einer qualifizierten Gründung die nach § 5 Abs. 4 getroffenen Festsetzungen. Die für Dritte erheblichen wirtschaftlichen Grundlagen sind offenzulegen (RG. 36, 112). In diesem Falle werden auch die Namen der inferierenden Gesellschafter bekanntgegeben. Doch ist hier auch nicht der ganze Inhalt des Gesellschaftsvertrages zu veröffentlichen. So bedarf es bei dem Einbringen eines Geschäftes nicht aller einzelnen

Bedingungen oder der Aufzählung der einzelnen Konten und deren Beträge oder der Angabe der Liegenschaften nach Grundbuchblatt und Nummer. Das Wesentliche ist hervorzuheben. **§ 10.**

β) Sofern der Gesellschaftsvertrag besondere Bestimmungen über die Form enthält, in welcher öffentliche Bekanntmachungen der Gesellschafter erlassen werden, auch diese Bestimmungen (vgl. Anm. 20 zu § 3). Jede Bestimmung darüber ist eine besondere. Denn eine allgemeine Bestimmung des Gesetzes darüber gibt es nicht. **Anm. 18.**

Es handelt sich um öffentliche Bekanntmachungen. Ist bestimmt, daß die Einladung der Gesellschafter durch eingeschriebene Briefe zu erfolgen hat, so ist dies nicht zu publizieren.

γ) Auch der Tag der Eintragung des Gesellschaftsvertrages ist zu veröffentlichen. Denn dieser ist nach § 130 FGG. einzutragen. Der ganze Inhalt der Eintragung ist zu veröffentlichen. **Anm. 19.**

δ) Da der Tag des Abschlusses des Gesellschaftsvertrages veröffentlicht werden muß (vgl. oben Anm. 6 δ), so ist jede Änderung des Gesellschaftsvertrages als solche zu veröffentlichen, auch wenn die Änderung im übrigen publikationsbedürftige Einzelheiten nicht betrifft. Denn mit der Änderung des Gesellschaftsvertrages ändert sich das Datum des Vertragsabschlusses (KG. 8. 5. 14 KGJ. 46 A 292). **Anm. 19a.**

c) Weitere Punkte sind nicht zu veröffentlichen. Insbesondere ist nichts zu veröffentlichen: **Anm. 20.**

α) über die Zahl und die Namen der Gesellschafter, über die einzelnen Stammeinlagen, sofern sie nicht Sacheinlagen sind usw.,

β) über den Aufsichtsrat. Hier besteht sogar eine Inkongruenz. Der § 244 HGB., der dem Vorstand der Aktiengesellschaft zur Pflicht macht, jede Änderung in den Personen des Aufsichtsrats in den Gesellschaftsblättern bekanntzumachen, und die Bekanntmachung zum Handelsregister einzureichen, ist für anwendbar erklärt (§ 52). Der § 195 Nr. 4 HGB. dagegen, nach welchem bei der Gründung die Urkunden über die Bestellung des Aufsichtsrats einzureichen sind, und der § 109 Nr. 4 HGB., wonach der erste Aufsichtsrat vom Registerrichter zu veröffentlichen ist, ist nicht anwendbar (Anm. 10 zu § 8). So ist aus dem Handelsregister der Bestand des ersten Aufsichtsrats nicht zu ersehen, wohl aber spätere Veränderungen im Personalbestande des Aufsichtsrats. In vielen Statuten wird die Anwendbarkeit des § 244 HGB., da der ganze Aufsichtsrat dispositiven Rechtes ist, ausgeschlossen. Dann entfällt dieser Widerspruch. **Anm. 21.**

γ) über die Zulässigkeit von Nachschüssen,

δ) über Vorrechte bestimmter Teilnehmer,

ε) über das Geschäftsjahr,

ζ) über die Anordnung eines Reservefonds und dessen Dotierung,

η) über die Bilanzen und Abschreibungen.

2. **Die Publikation erfolgt** jedenfalls im Deutschen Reichsanzeiger. Außerdem in den vom Amtsgericht bezeichneten Blättern (vgl. Anm. 29 zu § 7). **Anm. 22.**

3. **Die rechtliche Bedeutung der Publikation** ergibt sich aus § 15 HGB. (vgl. hierüber Anm. 28 und 33 zu § 7). Jeder Dritte muß sie gegen sich gelten lassen, es sei denn, daß er sie weder kannte noch kennen mußte. Für die Entstehung der Gesellschaft ist sie ohne Belang. Dem Anmelder ist sie mitzuteilen. Er kann darauf verzichten. **Anm. 23.**

4. Der Gesellschaftsvertrag kann von jedem eingesehen werden (§§ 8 u. 9 HGB.). Desgleichen die Anlagen zu demselben. **Anm. 24.**

C. In der ausländischen Gesetzgebung gibt nur Polen keine Bestimmungen über Art des Eintrags im Handelsregister und die Publikation. Von den anderen Gesetzen verlangt das österreichische (§ 11 Abs. 2) und das französische (Art. 12) die Eintragung des ganzen Gesellschaftsvertrages und die Veröffentlichung eines genau bestimmten Teiles **Anm. 25.**

§ 10. von ihm (österr. Ges. § 12, französ. Ges. Art. 14). Der italienische Vorentwurf verlangt Veröffentlichung eines ausführlichen Auszugs im Amtsblatt der zuständigen Handelskammer (Art. 124). Das bulgarische Gesetz (Art. 15, 16) und der Schweizer Entwurf II (§ 791 Abs. 3, § 792) folgen der deutschen Gesetzgebung mit unerheblichen Abweichungen.

§ 11.

§ 11.

Vor der Eintragung in das Handelsregister des Sitzes der Gesellschaft besteht die Gesellschaft mit beschränkter Haftung als solche nicht.

Ist vor der Eintragung im Namen der Gesellschaft gehandelt worden, so haften die Handelnden persönlich und solidarisch.

Einleitung. **Der vorliegende Paragraph behandelt den rechtlichen Charakter der Gesellschaft im Stadium zwischen dem Abschlusse des Gesellschaftsvertrages und der Eintragung in das Handelsregister** (Abs. 1) **und bestimmt ferner eine Zivilstrafe für das Handeln im Namen der Gesellschaft vor der Eintragung** (Abs. 2).

Anm. 1. I. (Abs. 1.) Der rechtliche Charakter der Gesellschaft zwischen dem Abschlusse des Gesellschaftsvertrages und vor der Eintragung und die aus diesem Rechtscharakter sich ergebenden Konsequenzen.

1. **Der rechtliche Charakter.** Die GmbH. kann schon im Stadium zwischen dem Abschluß des Gesellschaftsvertrages und der Eintragung in gewissen Grenzen und mit gewissen Wirkungen im Rechtsverkehr auftreten: „Das Gesetz erkennt an, daß in der Zwischenzeit für die Gesellschaft in gewissen Grenzen und mit gewissen Wirkungen gehandelt werden könne und müsse, wenn es in den §§ 6, 7, 8, 78 vorschreibt, daß für die Gesellschaft ein oder mehrere Geschäftsführer bestellt werden müssen, welche ihre Eintragung in das Handelsregister anzumelden und dabei die in § 8 Abs. 2 vorgesehene Versicherung bezüglich der Stammeinlagen abzugeben haben" (RG. 20. 4. 04 RGZ. 59, 55). Ähnlich für das Genossenschaftsrecht (RG. 17. 10. 06). „Das Gesetz erkennt an, daß im Zeitraume der Gründung Rechte und Verbindlichkeiten begründet werden können, die beim Entstehen der Genossenschaft auf diese übergehen." Durch den Abschluß des Gesellschaftsvertrages entsteht eine Vereinigung, die dazu bestimmt ist, in das Handelsregister eingetragen und dadurch GmbH. zu werden. Schon um dies zu werden, muß sie in gewissen Grenzen im Rechtsverkehr auftreten. Denn sie soll ja ausgestattet mit gewissen Rechten und behaftet mit gewissen Pflichten entstehen. Die Geldeinlagen sollen zu ihrer Verfügung sein. Denn ohne solche kann sie gar nicht zum Handelsregister angemeldet, also niemals eine GmbH. werden. Auch wenn sie, solange sie nicht besteht, kein Eigentum, überhaupt kein Recht erwirbt, ist das Anbieten der Übertragung dieser Rechte an sie vorgesehen, die mit ihrer Existenz für sie entstehen. Es muß ihr ferner in diesem Stadium ein Geschäftsführer bestellt werden. Denn nur dieser kann die Anmeldung bewirken. Dadurch nun, daß ihr ein Geschäftsführer bestellt wird, entsteht zwischen diesem und der Gesellschaft ein Dienstverhältnis, kraft dessen Rechte und Pflichten für die Gesellschaft erwachsen. Die erworbenen Gegenstände müssen verwaltet, das Geld muß zur Aufbewahrung einer sicheren Stelle übergeben, die Mobilien aufbewahrt, die Immobilien bewirtschaftet werden. Ein bestehendes Geschäft, das als Sacheinlage erworben wird, muß, falls seine Ausfolgung vor der Eintragung geschieht (Anm. 14ff. zu § 7), zwischen Anmeldung und Eintragung fortgeführt werden. Durch alles dies entstehen neue Rechtsverhältnisse, neue Rechte und Pflichten, zunächst für die entstehende Gesellschaft, jedoch so, daß sie im Augenblicke der Eintragung Rechte und Pflichten der entstandenen Gesellschaft werden. Hierin liegt aber kein Übergang der Rechte und der Pflichten. Denn die in der Entstehung begriffene und die entstandene Gesellschaft sind identisch. Nur der rechtliche Charakter der Vereinigung verwandelt sich. Die entstehende und die entstandene Gesellschaft sind in ihren Eigenschaften verschieden, aber sie sind identische Vereinigungen. Sie sind ebenso identisch, wie die Knospe und die

Blüte, die Puppe und der Schmetterling, der Embryo und das Kind identisch sind. Darum hat das Gesetz nicht so unrecht, wenn es sagt, vor der Eintragung bestehe die GmbH. „als solche" nicht. Aber es besteht eine Gesellschaft, die zwar ihrer rechtlichen Natur nach verschieden ist von der demnächst eingetragenen Gesellschaft, die aber durch den Akt der Eintragung in das Handelsregister GmbH. wird. Sie ist die GmbH. in dem Stadium der Entwickelung. Die GmbH. besteht in diesem Stadium aber nicht „als solche". Sie ist der nasciturus im Gebiete der juristischen Person (so auch RG. 17. 10. 22 RGZ. 105, 228). Noch nicht rechtsfähig, aber als Träger künftiger Rechte oder künftiger Träger von Rechten im Gesetze anerkannt und daher der Fürsorge bedürftig. Der Geschäftsführer der entstehenden Gesellschaft hat die Bedeutung (nicht die rechtliche Rolle) eines Pflegers der Leibesfrucht. So die gesamte Rechtsprechung des Reichsgerichts (RG. 22. 5. 13 RGZ. 82, 288; RG. 23. 5. 13 Holdheim 22, 243; RG. 26. 10. 15 RGZ. 87, 246, JW. 1916, 49 Nr. 11, Holdheim 25, 42, Recht 1916 Nr. 753/55; RG. 17. 10. 22 RGZ. 105, 228). Anscheinend ebenso die gesamte Literatur. Abweichend nur Brodmann (Anm. 1 zu § 11). Er erklärt den Gedanken von einem der Substanz nach identischen, nur in der Gestaltung wechselnden Träger von Rechten und Verbindlichkeiten als Folge einer „unangebrachten, dabei unfruchtbaren Metaphysik". Indessen hat die ganze Frage mit Metaphysik nichts zu tun. Die sogenannte Vorgesellschaft ebenso wie die GmbH. selbst sind lediglich Gestaltungen des Rechts. Sie bleiben im Gebiete des Rechts. Sie werden niemals physisch real. So würde dem Begriff des Metaphysischen das Korrelat des Physischen fehlen. Er ist also fehl am Ort. Die lediglich zur Verdeutlichung des Rechtsvorgangs dem physischen Leben entnommenen Gleichnisse dürfen nicht irreführen. So bleibt von den Ausführungen Brodmanns nur das „unangebracht" und das „unfruchtbar". Auch diese Kritik trifft nicht zu. Die herrschende Lehre hat die rechtliche Grundlage für die tatsächlichen Vorgänge gegeben. Sie ermöglicht auch, bei entsprechender Anwendung, die Lösung jedes Einzelfalls. Auch die Frage der Vertretungsmacht des Geschäftsführers der Vorgesellschaft. Denn diese ist nicht Voraussetzung für die rechtliche Lösung des Verhältnisses von Vorgesellschaft zu GmbH., sondern ihre Folge. § 11.

Die Errichtung der Vorgesellschaft bürgerlichen Rechts ist auch von Bedeutung für die Mindesthöhe des Stammkapitals der GmbH. auf Grund der Verordnung über die Goldbilanzen vom 28. Dezember 1923. Sie bestimmt den Mindestbetrag für neue, d. h. nach dem Inkrafttreten der V. am 30. Dezember 1923 gegründete Gesellschaften auf 5000 RM. (V. § 17), für alte umgestellte Gesellschaften auf 500 M. (V. § 10). (Der Betrag der Mindeststammeinlage ist mit 50 M. in beiden Fällen gleich.) Den vor dem 30. Dezember bestehenden GmbH. sind diejenigen Gesellschaften gleichgestellt, die sich vor dem 30. Dezember 1923 im Stadium der Vorgesellschaft befanden (2. DV. zur GBV. vom 28. März 1924, RGBl. I S. 385; § 42 Abs. 2).

Aber als was besteht die in der Entstehung begriffene GmbH.? Welchen rechtlichen Charakter hat denn nun das vor der Eintragung bestehende Rechtswesen? Man könnte an einen nicht rechtsfähigen Verein denken. Allein dieser Gedanke ist abzuweisen. Denn der nicht rechtsfähige Verein ist dazu bestimmt, in seiner eigenartigen Rechtsgestaltung dauernd im Rechtsverkehr aufzutreten. Das ist hier nicht der Fall (so auch Dernburg I, 201; RGZ. 60, 99). Hier ist eine Vereinigung von Personen vorhanden, die einen Augenblickszweck hat, nämlich den Zweck, GmbH. zu werden. Es ist eine Gelegenheitsgesellschaft, also eine Gesellschaft bürgerlichen Rechtes (vgl. Staub-PinnerHGB. Anm. 4 zu § 188; RGSt. 36, 73: „Die Gründer bilden mit Abschluß des Gesellschaftsvertrages eine nach bürgerlichen Rechten zu beurteilende Gesellschaft"; RGZ. 58, 553: „Es besteht somit vor der Eintragung in das Handelsregister keine GmbH., wohl aber die Vereinigung derjenigen Personen, die den Gesellschaftsvertrag abgeschlossen haben, also eine Gesellschaft des bürgerlichen Rechts, die durch die Eintragung in das Handelsregister eine GmbH. werden soll", ferner RGZ. 83, 373; 87, 249; PrOVG. 20. 2. 02 DJZ. 7, 511; KG. 28. 6. 10 KGJ. 40 A 67). Sehr erheblich ist der Unterschied allerdings nicht, ob man Anm. 2.

§ 11. eine bürgerliche Gesellschaft oder einen nicht rechtsfähigen Verein als vorhanden annimmt. Auch für die nicht rechtsfähigen Vereine gelten die Vorschriften über die Gesellschaft (§ 54 BGB.). Doch fehlt der Vereinigung die passive Parteifähigkeit im Prozesse, wenn man sie nicht als Verein ohne Rechtsfähigkeit, sondern als Gesellschaft auffaßt (§ 50 ZPO.; RGZ. 60, S. 94, 100).

Wird die Eintragung der GmbH. mit Grund endgültig abgelehnt, so ist der Zweck der Gesellschaft unmöglich geworden. Sie löst sich auf (RG. in LZ. 1914, 1369). Auch dann, wenn die Zurückweisung wegen eines Nichtigkeitsgrundes (Fehlen der wesentlichen Voraussetzungen des § 3 Abs. 1) geschah. Einer Kündigung durch die Gesellschafter bedarf es nicht (§§ 726, 727 BGB).

Auch vor der Errichtung des Gesellschaftsvertrages kann zwischen den Gesellschaftern eine die Gründung bezweckende Gesellschaft bürgerlichen Rechtes bestehen (Vorvertrag. Hierüber Anm. 16 zu § 2). Für diese ist ausschließlich das Recht des BGB. maßgebend (Liebmann Bem. 1). Über die Entstehung von Rechten zugunsten der GmbH. auch in diesem Stadium unten Anm. 3.

Anm. 3. 2. **Rechtsverhältnisse in dem Stadium vor der Gründung der Gesellschaft durch den Abschluß von Verträgen.**

Im Gesetze ist nur ein Handeln im Stadium der Gründung der Gesellschaft behandelt. Abschlüsse vor der Beurkundung des Gesellschaftsvertrages fallen nicht unter seine Vorschrift, sowenig wie solche nach der Eintragung. Und doch erfolgen auch schon vor dem Gründungsakte Abreden für die künftige Gesellschaft. Häufig wird schon dann der Geschäftsführer verpflichtet, ein Mietobjekt gesichert, die Übernahme eines Geschäftes vereinbart usw. In all diesen Fällen besteht noch keine Möglichkeit, für die GmbH. zu handeln und sie unmittelbar zu verpflichten (OLG. Braunschweig 3. 2. 11 OLGR. 24, 150; OLG. Köln 6. 12. 16 RundschGmbH. 1917, 107; a. M. Liebmann Anm. 1 OLG. Dresden 4. 3. 10 SeuffA. 65, 178). Die Gründer schließen einen Vertrag zu Lasten der künftigen Gesellschaft. Er erzeugt keine unmittelbaren Rechte und Pflichten für diese. Er geht nicht mit der Entstehung auf diese über. Er verpflichtet nur die künftigen Gründer, den anderen Kontrahenten, dafür einzustehen, daß die Gesellschaft den Vertrag schließen wird. Lehnt diese den Abschluß ab, so besteht nur ein Anspruch auf Schadensersatz gegen die Genannten. Wird in diesem Stadium vor der Gründung bereits ein Vertrag zugunsten der künftigen Gesellschaft abgeschlossen, aus dem dieselbe nur Rechte erwerben soll, so wird, falls nicht eine gegenteilige Ansicht der Parteien erwiesen ist, die Gesellschaft mit der Eintragung die Rechte erwerben. Die §§ 328ff. BGB. sind unmittelbar anwendbar. So wenn sich die Gründer in einem Vorvertrage verpflichten, der Gesellschaft Darlehen zu geben, ihr keine Konkurrenz zu machen, ihr ein Bezugsrecht auf die Produkte der Gesellschafter einzuräumen usw. Es sind vielfach solche Absprachen der Aufnahme in den Gesellschaftsvertrag fähig. Er ist ja gerade der Ort, solche Abmachungen festzusetzen. Es kann aus der Nichtaufnahme aber nicht ohne weiteres geschlossen werden, daß hierdurch diese Punkte ohne Geltung sein sollen. Die Gesellschafter können für Verbindlichkeiten neben der Einlage auch den Weg des besonderen Abkommens betreten, vielleicht weil hierdurch die Verfügung über solche Rechte auch ohne Statutenänderung möglich ist. Es kann aus der Nichtaufnahme in den Gesellschaftsvertrag auch gefolgert werden, daß die Gesellschaft kein unmittelbares Recht erwerben soll, sondern daß nur gegenseitige Verbindlichkeiten der Gesellschafter gewollt sind. Es wird Frage der Auslegung im Einzelfalle sein. Wo es sich um gegenseitige Verträge dreht, die Gesellschaft also auch Pflichten zu übernehmen hat, wird dieser Grundsatz nicht zur Anwendung kommen. Hier bedarf es, wie bei der reinen Verpflichtung der Gesellschaft, eines neuen Abschlusses durch diese. Hier kann das Abkommen im Vorstadium zugleich das Angebot an die künftige Gesellschaft enthalten, an das der Gegenkontrahent bis zu ihrer Entstehung gebunden ist. Sie hat so viel Zeit zur Annahme, als ihr nach der Verkehrssitte zuzubilligen ist. Dem Gegenkontrahenten muß das Recht zustehen, die Gesellschaft zur Erklärung aufzufordern. Erfolgt diese nicht, so wird er frei. Eine einfache Bestätigung des für sie abgeschlossenen Geschäftes findet nicht statt. Wohl aber kann in einer solchen die Annahme des im Vorvertrage enthaltenen Angebots enthalten sein. Wenn die künftigen Gesellschafter einen Pachtvertrag bezüglich eines Steinbruchs oder einen Lizenzvertrag bezüglich eines Patentes vereinbarten, so werden die beiden Teile gebunden sein, wenn der Geschäftsführer der eingetragenen Gesellschaft das Abkommen mit dem Beisatz „genehmigt" dem Verpächter oder Patentinhaber zusendet. § 11.

3. **Rechtsgeschäfte in der Zeit zwischen Gründung und Eintragung der Gesellschaft.** Hier entstehen die Wirkungen des Rechtsgeschäfts zunächst für die Gesellschaft in ihrem derzeitigen Stadium, also für die Gesellschaft des bürgerlichen Rechts, die bestimmt ist, durch die Eintragung zur GmbH. zu werden. Es ist dabei einerlei, ob sämtliche Gesellschafter oder der bereits bestellte Geschäftsführer handelt. Alle Rechte entstehen für die in dieser Gesellschaft zusammengefaßte Gesamtheit der Gründer. Im Augenblicke der Eintragung wird die eingetragene GmbH. die Eigentümerin. Nach dem Willen des Gesetzes ist dies kein Rechtsübergang, sondern ein Wechsel in der Rechtsnatur des Rechtssubjekts, nicht ein Wechsel des Rechtsträgers (vgl. oben Anm. 1). Vorausgesetzt ist selbstverständlich, daß kein weiterer formeller Akt erforderlich ist. Den Eintrag zum Grundbuch vermag der Erwerb für die künftige Gesellschaft nicht zu ersetzen. Es ist daher nicht üblich, liegenschaftliches Eigentum zuerst für die Gründer und dann für die Gesellschaft zu erwerben. Es ist nicht möglich, eine Auflassung von Grundstücken wirksam für die GmbH. vor der Eintragung vorzunehmen (a. M. LG. Frankenthal 6. 6. 01 ZBlFG. 2, 730). Es handelt sich nicht um eine Rechtsbedingung, von deren Eintritt die Wirksamkeit des Rechtsaktes abhängt. Es mangelt an der Rechtspartei, welche den Formalakt tätigen soll. Anm. 4.

Ebenso wird zunächst die als bürgerliche Gesellschaft bestehende Vereinigung verpflichtet. Im Augenblicke der Eintragung tritt die GmbH. als solche an ihre Stelle. Als Gesellschafter haften die Mitglieder mit ihrem ganzen Vermögen und im Zweifel auch solidarisch (a. M. Liebmann Anm. 8b). Es entspricht dies meist nicht ihrer Absicht. Sie wollen nur mit dem Gesellschaftsvermögen haften. Es ist streitig, ob eine Gesellschaft bürgerlichen Rechts derart im Rechtsverkehr auftreten kann, daß die Gesellschafter nur mit einer zur Haftung bestimmten Vermögensmasse haften. Durch ihre interne Satzung können die Mitglieder dies nicht bestimmen. Wohl aber kann beim Abschlusse eines Rechtsgeschäfts verabredet sein, daß der Gläubiger sich nur an das Gesellschaftsvermögen hält. Die Haftung ist auf bestimmte Gegenstände beschränkt (vgl. RG. 12, 229). Das kann auch stillschweigend geschehen. Ob dies der Fall, muß im Einzelfall festgestellt werden. Eine generelle Regel läßt sich nicht geben. Aus dem Hinweise auf die gegründete GmbH. wird dies allein nicht folgen. In Konsequenz zu seiner Auffassung vom Verhältnis zwischen Vorgesellschaft und GmbH. (oben Anm. 1) lehnt Brodmann den unmittelbaren Übergang des Vermögens von der Vorgesellschaft auf die GmbH. ab. Nach ihm wird die Gesellschaft bürgerlichen Rechts aufgelöst. Über ihr Vermögen müßte, wenn es nicht im ganzen auf die GmbH. übertragen wird, Auseinandersetzung stattfinden. Anm. 5.

Über die Haftung des Geschäftsführers vgl. unten Anm. 9. Anm. 6.

Doch greifen diese eigenartigen Verhältnisse, d. h. das Handeln im Rechtsverkehr mit den ebengedachten Wirkungen, nur dann Platz, wenn das Auftreten im Rechtsverkehr sich in denjenigen Grenzen hält, die der Gesellschaft in diesem Zwischenstadium zugewiesen sind (vgl. RG. 4. 11. 04 JW. 05, 31; KG. 28. 6. 10 KGJ. 40 A 67; OLG. München 25. 10. 11 OLGR. 24, 175; OLG. Dresden 16. 4. 19; BayerZ. 27, 140; RundschGmbH. 1919, 295). Nur wenn diejenigen Akte, die für die Entstehung der Gesellschaft erforderlich sind, getätigt werden, treten jene Rechtsfolgen ein (OLG. Hamburg 25. 11. 15 Rundsch.-GmbH. 1916, 382). Welches diese Rechtsakte sind, ergibt sich aus der Aufgabe der ent- Anm. 7.

§ 11. stehenden Gesellschaft. In Betracht kommen die Empfangnahme und Verwaltung von Einlagen, der Abschluß und das Eingehen eines Dienstverhältnisses mit den Geschäftsführern, sonstige Akte zur Vorbereitung der Gesellschaftsentstehung (z. B. Saalmiete, Beauftragung des Notars). Dagegen zählt die Erteilung der Genehmigung zur Abtretung eines Teiles eines Geschäftsanteiles nicht hierher (a. M. Liebmann 1). Denn daraus entstehen weder Rechte noch Pflichten der Gesellschaft, sondern nur Verschiebungen in der Beteiligung. Wenn die Gesellschaft über die Grenze hinaus im Rechtsverkehr auftritt, dann tritt Haftung nach den gewöhnlichen Grundsätzen ein (RG. 24. 4. 12 Recht 1912, 1845). Auf die entstehende Gesellschaft selbst gehen die so entstandenen Verpflichtungen nicht ohne weiteres über. So z. B. wenn die Geschäftsführer namens der Gesellschaft Übernahmeverträge abschließen, die nicht in den Gesellschaftsvertrag aufgenommen waren (vgl. Anm. 30 zu § 5). Sie kaufen ein Grundstück, schließen einen Lizenzvertrag, engagieren Personal usw. Denn nicht diejenigen Rechtsgeschäfte, welche der künftige Geschäftsbetrieb **bedingt**, sondern nur diejenigen, ohne welche die Gesellschaft **nicht entstehen kann**, bewegen sich in den zulässigen Grenzen. Nur wenn ein im Gange befindliches Geschäft die Einlage bildet, sind die Grenzen natürlich weiter gesteckt. In diesem Falle liegen die auf die Fortführung des Geschäfts gerichteten Geschäfte in den zulässigen Grenzen. Für Rechtsgeschäfte, welche namens der noch nicht eingetragenen Gesellschaft über den Rahmen des vom Gesetze zugelassenen Aktionskreises einer solchen Gesellschaft hinaus geschlossen werden, haften die Kontrahenten (vgl. Anm. 9). Die Gesellschafter stehen dafür ein, wenn sie dazu die Vollmacht erteilten (Anm. 17). Ob nur in Höhe der versprochenen Einlagen siehe oben Anm. 5. Auf die eingetragene GmbH. gehen solche Rechte und Pflichten nicht ohne weiteres über. Es bedarf der Rechtsübertragung und der Schuldübernahme. Es bedarf eines neuen Vertrags, um in ein gegenseitiges Vertragsverhältnis einzutreten. Es gilt das für die Abschlüsse vor der Gründung Gesagte (vgl. oben Anm. 3). Das Reichsgericht stimmt darin überein, daß es ebenfalls die GmbH. aus solchen Geschäften nicht ohne weiteres für berechtigt und verpflichtet erklärt. Es hält aber einen neuen Vertragsabschluß zwischen den nunmehrigen Vertragskontrahenten nicht für nötig. Es wendet auf die Tätigkeit des Geschäftsführers der bürgerlichen Gesellschaft, der seinen Tätigkeitsbereich überschreitet, die Bestimmungen der §§ 177 ff. BGB. an. Es verlangt also die nachträgliche Genehmigung durch die GmbH. Auch die Haftung des Geschäftsführers richtet sich nach diesen Bestimmungen (RG. 17. 10. 22 RGZ. 105, 228; DJZ. 1923, 244; JW. 1923, 120 Nr. 4; RG. 16. 12. 22 RGZ. 106, 73). In der praktischen Auswirkung ist zwischen der hier und da vom Reichsgericht vertretenen Auffassung kein wesentlicher Unterschied (vgl. auch Hachenburg in der Fußnote JW. 1923, 120). Die Genehmigung von Verpflichtungen der Vorgesellschaft durch die GmbH. innerhalb 3 Monaten nach Eintragung der GmbH. — wodurch nur noch die GmbH. haftet — sieht der Schweizer Entwurf ausdrücklich vor (E. II § 794 Abs. 3).

Anm. 8. 4. **Rechtsverhältnisse bei der in der Entstehung begriffenen Gesellschaft nach innen.** In diesem Stadium können die Beschlüsse nicht nach dem Prinzip der Majorität gefaßt werden. Die Verfassung, die der Gesellschaftsvertrag enthält, bezieht sich auf die Zeit nach der Eintragung. Wird das Eingreifen der Gesellschafter in dem Stadium der Gründung notwendig, so haben alle Gesellschafter zuzustimmen. So z. B., wenn der bestellte Geschäftsführer stirbt und ein neuer bestellt werden muß. Der § 197 HGB. findet keine entsprechende Anwendung. Ebenso kann nur mit Zustimmung aller Gesellschafter das Stammkapital erhöht werden (RG. 4. 10. 10 RundschGmbH. 1910, 446). Auf dieselbe Weise können Gesellschafter aus- und neue Gesellschafter eintreten (KG. 28. 2. 19, OLGR. 40, 194). Die im Gesellschaftsvertrag bestellten Organe üben schon in dem Zwischenstadium ihre Funktionen aus. (Ebenso Brodmann Anm. 2 trotz seiner oben — Anm. 1 — dargestellten abweichenden Anschauung vom Rechtsverhältnis zwischen Vorgesellschaft und GmbH.) Der Vorsitzende des Aufsichtsrats kann von seinem Recht, einem Angestellten Weisungen zu erteilen und ihn im Falle des Ungehorsams zu entlassen, schon vor der Eintragung Gebrauch machen (RG. 12. 4. 99 JW. 99, 344). Der Geschäftsführer kann schon vor der Eintragung die Genehmigung zu einer Abtretung eines Teils eines Geschäftsanteils aussprechen (RG. 5. 1. 04 JW. 04, 123). Kann der Geschäftsführer nach dem Gesellschaftsvertrag die Gesellschaft nur gemeinsam vertreten, so gilt dies auch für das Zwischenstadium (KG. 6. 12. 10 KGBl. 11, 25). Die Kaduzierung eines Geschäftsanteiles wegen Nichteinzahlung ist aber erst nach der Eintragung möglich (RGZ. 58, 56), überhaupt jeder Vorgang, der das Bestehen der GmbH. voraussetzt. Also auch Einziehung (§ 34, a. M. Brodmann Anm. 2 mit nicht durchgreifender Begründung). Grundsätzlich finden auf die Vorgesellschaft die Vorschriften des BGB. über die Gesellschaft Anwendung (BGB. §§ 704ff.). Es ist auch richtig, daß für den Willen der Beteiligten bei diesem Gesellschaftsvertrag der Zweck, die Errichtung der GmbH. zur Auslegung heranzuziehen ist (RG. 22. 5. 13 RGZ. 82, 290). Wenn aber das RG. Spezialvorschriften des GmbH.-Vertrags, wie Nichtauflösung der GmbH. durch den Tod oder den Konkurs eines Gesellschafters, ohne weiteres auch als maßgebend für die Vorgesellschaft ansehen will, so dürfte das zu weit gehen (vgl. hierzu auch Anm. 16 zu § 2). § 11.

II. (Abs. 2). **Die Zivilstrafe für das Handeln im Namen der Gesellschaft.** Anm. 9.

1. Staub (1. Auflage-Anm. 9 S. 84) beschränkte die Vorschrift auf das Handeln im Namen der Gesellschaft, als bestände sie schon als eingetragene GmbH. Die gegenteilige Auffassung vertritt das RG. (21. 9. 00 RGZ. 47, 1; 22. 3. 02 JW. 02, 317 und DJZ. 7, 295; 4. 12. 06 Recht 07, 96; 19. 2. 09 RGZ. 70, 296 und 1. 2. 10 RGZ. 72, 401; RG. 16. 12. 22 RGZ. 106, 73). Das RG. faßt auch die analoge Vorschrift des § 200 HGB. dahin auf, daß es darauf nicht ankomme, ob das Auftreten so erfolgt ist, als sei die Aktiengesellschaft schon eingetragen. Dieser Ansicht des RG. wird nach dem Sinn und Wortlaut des Gesetzes zuzustimmen sein. Das Argument Staubs aus den Worten „als solche" ist nicht stichhaltig. Ebenso die Aufstellung eines Gegensatzes zwischen der Haftung des vollmachtlosen Vertreters nach Zivilrecht und der des für die nicht eingetragene, aber als solche bezeichnete GmbH. Handelnden. Der § 11 Abs. 2 enthält eine Sondervorschrift, die nicht von dem Gesichtspunkte mangelnder Vertretungsbefugnis aus zu betrachten ist. Es sind rechtspolizeiliche Gründe, die zu ihrer Aufstellung führten. Nach Sinn und Zweck derselben ist die Haftung unabhängig von Kenntnis der Nichteintragung (vgl. auch Staub-Pinner HGB. 10. Aufl. Anm. 10 zu § 200, wo ebenfalls die frühere Bekämpfung des RG. aufgegeben ist). Die Haftung des Handelnden ist auch nicht davon abhängig, daß die Gesellschaft in das Handelsregister eingetragen wird. Sie besteht auch bei Zurückweisung der Eintragung (RG. 19. 2. 09 RGZ. 70, 296). Auf das Vorstadium, vor Errichtung des Gesellschaftsvertrags, findet § 11 Abs. 2 keine Anwendung (a. M. OLG. Dresden 11. 4. 16, OLGR. 34, 356).

2. Die Haftung kann durch Vereinbarung ausgeschlossen werden (RG. 1. 2. 10 RGZ. 72, 401). Es kann bedungen sein, daß nur die Gesellschaft nach ihrer Entstehung verpflichtet sein soll. Es kann den namens der Gesellschaft Kontrahierenden Freiheit von jeder Verantwortung zugesagt sein. Es genügt der Abschluß unter der Bedingung der Genehmigung der Gesellschaft (RG. 32, 97). Daraus allein, daß die Gesellschaft, ohne daß eine solche Abrede beim Abschlusse stattfand, den Vertrag genehmigt, folgt keine Befreiung von der persönlichen Haftung (RG. 4. 12. 06 Recht 07, 96; OLG. Frankfurt 14. 1. 08 Recht 08, 1066). Ob das Verhalten des Dritten gegenüber der GmbH. als eine Entlassung der Kontrahenten aus der Haftung aufzufassen ist, kann nur im Einzelfalle entschieden werden. Rechtlich stellt sich zunächst die Genehmigung des Geschäftes durch die Gesellschaft als Schuldübernahme dar. Sie kann auch ohne ausdrückliche Erklärung nur unter der Bedingung der Freigabe des Vertreters gewollt sein. War dies dem Dritten erkennbar, so verliert er die Rechte gegen den Vertreter, sobald er die GmbH. als seinen Schuldner behandelt. Anm. 10.

3. Es muß mit einem Dritten kontrahiert sein. Gegenüber Mitgesellschaftern ist § 11 Abs. 2 unanwendbar (RG. 17. 6. 22 RGZ. 105, 153). Es kann kein Gesellschafter durch einen anderen in Anspruch genommen werden, wenn bei den Vorverhandlungen eine Zusage er- Anm. 11.

§ 11. folgte, die für die Gesellschaft, weil nicht in den Gesellschaftsvertrag aufgenommen, nicht bindend ist (OLG. Colmar 11. 5. 04 im Recht 04, 545 Nr. 1936).

Anm. 12. III. **Es haften die Handelnden persönlich und solidarisch.** Die Haftung besteht auch nach Eintragung der Gesellschaft.

1. Die einmal entstandene Haftung bleibt, auch wenn neben dem für die nicht eingetragene Gesellschaft Handelnden diese selbst als Schuldnerin hinzutritt (vgl. Anm. 10 a. E.). Es bedarf eines Verzichtes des Dritten auf die persönliche Haftung. Sie kann aus den Umständen des Falles folgen. Hierzu genügt nicht unbedingt, daß der Dritte die Gesellschaft als Gegenkontrahentin ansieht und sich mit ihr einläßt (OLG. Dresden 4. 3. 10 SeuffA. 65, 178; vgl. oben Anm. 10 a. E.).

Anm. 13. 2. Handelnde Personen sind diejenigen, die sich als Vertreter der GmbH. gerieren. Es haften aber auch diejenigen, in deren Auftrage gehandelt worden ist, z. B. der Aufsichtsrat oder die Gesellschafter, die solchen Auftrag erteilt haben. Dieser Auftrag kann auch durch konkludente Handlungen erteilt werden (vgl. unten Anm. 17). Diese Haftung der Auftraggeber folgt aus dem Zwecke der Vorschrift. Sie soll den Dritten wirksam gegen die Gefahren eines Handelns im Namen einer noch nicht eingetragenen GmbH. schützen. Die zur Erreichung dieses Schutzes statuierte Zivilstrafe muß alle diejenigen treffen, welche durch ihr Handeln jene Gefahren heraufbeschwören. Es ist also einerlei, ob sie selbst handeln oder solches Handeln veranlaßt haben. Auf das rein formale Moment, wer dem Dritten gegenüber aufgetreten ist, kann hierbei das entscheidende Gewicht nicht gelegt werden. Wer später das Handeln gutheißt, aber vorher keinen Auftrag gegeben hatte, haftet nicht (OLG. Dresden 13. 11. 05 OLGR. 14, 362; vgl. unten Anm. 17). Hier versagt die Folgerung aus dem Zwecke des Gesetzes. Der Haftende hat gegen seinen Rechtsanwalt einen Schadensersatzanspruch, wenn dieser ihn über die Bedeutung der Haftung nicht genügend aufgeklärt hat (RG. 7. 1. 16 BauersZ. 23, 184).

Anm. 14. 3. Solange die Gesellschaft nicht eingetragen ist, haften dem Dritten nur die namens der Gesellschaft Handelnden. Erst recht, wenn sie überhaupt nicht eingetragen wird, so, wenn nachträglich Differenzen entstehen oder sich die materielle Ungültigkeit des Gesellschaftsvertrags ergibt (RG. 19. 2. 09 RGZ. 70, 296). Nach der Eintragung tritt die Haftung der Gesellschaft neben diese persönliche Haftung. Bleiben die Handelnden innerhalb des Rahmens der im Vorstadium zulässigen Geschäfte (vgl. oben Anm. 7), so entstehen der Gesellschaft mit diesen Rechtsbeziehungen. Der von den Gesellschaftern im Gründungsstadium angestellte Geschäftsführer, der von diesem bei der Gründung zur Einlegung einer Beschwerde zugezogene Rechtsanwalt bedürfen nicht einer nochmaligen Abrede durch die Gesellschaft. In allen anderen Fällen muß die entstandene Gesellschaft den Abschluß selbst vornehmen (vgl. Anm. 6). Die persönliche Haftung der Handelnden wird dann zu einer Mithaftung für die Gesellschaft. Der Gläubiger kann von jedem von beiden die Leistung fordern. Beide Schuldner stehen selbständig nebeneinander. Ihre Verpflichtungen ruhen auf besonderen Rechtsgründen. Für die Handelnden auf dem Gesetz, für die GmbH. auf dem in ihrem Namen geschlossenen Vertrage. Verlangt der Gläubiger nur von einem Erfüllung und setzt er nur diesen in Verzug, so kann er nicht von dem anderen Schadensersatz wegen Nichterfüllung fordern (RG. 1. 2. 10 RGZ. 72, 406). Durch die rechtliche Selbständigkeit der Haftung des Handelnden wird aber nicht ausgeschlossen, daß seine Haftung ihrem ganzen Inhalte und Umfange nach so zu bestimmen ist, als sei das Rechtsgeschäft mit der GmbH. geschlossen. Es kann immer nur unter Berufung auf das ursprüngliche Rechtsgeschäft geklagt werden (OLG. München 29. 10. 07 BayZ. 07, 499). Die Verjährung richtet sich nach der Person der GmbH. Ist das Geschäft für ihren Gewerbebetrieb erfolgt, so unterliegt der Anspruch der vierjährigen Verjährung des § 196 Abs. 2 BGB. (RG. 31. 1. 11 RGZ. 75, 203). Die Haftung ist nicht die eines Bürgen. Es besteht kein Anspruch auf Vorausklage. Noch kann der Handelnde, wenn er zahlte, das Recht des Dritten gegen die Gesellschaft geltend machen und Pfänder oder sonstige Sicherungen für sich in Anspruch nehmen, auch nicht das gesetzliche Pfandrecht

des Vermieters. Er hat nur einen Anspruch an die Gesellschaft auf Grund eines Dienst- § 11.
oder Auftragsverhältnisses oder als Geschäftsführer ohne Auftrag.

4. Die Gesamthaftung und die Ausgleichungsansprüche unter den mehreren Haftenden Anm. 15.
richten sich nach den §§ 421ff. BGB.

5. Die Rechte aus den betreffenden Rechtsgeschäften entstehen zunächst für die für die Anm. 16.
Gesellschaft handelnden Personen. Aber nicht, damit sie diese ausüben. Kommt die Gesellschaft nicht zur Entstehung, so kann der Patentinhaber nicht genötigt werden, den Lizenzvertrag mit dem Geschäftsführer auszuführen. Zu fürsorglichen Maßregeln bis zur Entscheidung über das Entstehen der Gesellschaft und der Übernahme dieses Vertrags ist der Geschäftsführer berechtigt. Er kann einstweilige Verfügungen erwirken. Er kann eine Feststellungsklage erheben. Er kann aber nicht verlangen, daß ihm einstweilen die Benutzung des Patentes gestattet werde, sowenig, wie er ein von einem Gesellschafter einzulegendes Patent gebrauchen oder die Dienste der für die Gesellschaft geworbenen Gehilfen für sich beanspruchen darf. Das Rechtsverhältnis geht stets als Ganzes auf die entstandene Gesellschaft über. In den Fällen, die innerhalb des Vorbereitungskreises geblieben waren (oben Anm. 7 und Anm. 14) ohne weiteres. Die anderen Verträge nach der Annahme durch die Gesellschaft. Das Patentamt hat in einem Falle (Entsch. v. 16. 3. 12 DJZ. 1912, 1132), in dem ein Erfinder die Anmeldung nicht auf seinen Namen, sondern als Geschäftsführer einer im Gründungsstadium befindlichen GmbH. auf diese vorgenommen hat, ihn selbst zum Träger des Patentrechts erklärt, nachdem die GmbH. nicht zur Entstehung gelangt war. Das Ergebnis war im konkreten Fall richtig. Die Begründung jedoch falsch. Das Patentamt wollte ein Korrelat zur Haftung des Anmeldenden aus § 11 Abs. 2 darin sehen, daß ihm als solchem auch die Rechte aus der Anmeldung zustehen. Ein solches Korrelat ist aber nicht der Sinn der Bestimmung.

6. Außer den handelnden Personen haften nicht auch noch die Gesellschafter Anm. 17.
persönlich. In ihrem Namen ist nicht gehandelt worden. Ihre Haftung wird auch dadurch allein nicht begründet, daß sie nachträglich von dem Handeln der Geschäftsführer erfahren und ihm nicht widersprechen oder es gar genehmigen (RG. 19. 2. 09 JW. 09, 231[30]; vgl. oben Anm. 13). Darin kann ein stillschweigender Auftrag für die Zukunft liegen, weiter so zu handeln. Ein Rechtsgrund der Haftung für das ohne ihren Auftrag bereits Geschehene besteht nicht. Der § 177 BGB. findet hierauf keine Anwendung. Durch die Genehmigung des fälschlich Vertretenen wird zwar das Rechtsgeschäft wirksam. Hier aber ist gar nicht im Namen der Gesellschafter oder der von ihnen gebildeten Gründungsgesellschaft, sondern im Namen einer GmbH. als solcher gehandelt worden (vgl. oben Anm. 7 und 14). Wohl aber kann die Haftung der Gesellschafter damit begründet sein, daß die Handlung für die entstehende Gesellschaft mit deren Einvernehmen und Genehmigung geschah (RG. 22. 9. 03 RGZ. 55, 302 und 19. 2. 09 Recht 09, 1106; 19. 2. 09 RGZ. 70, 296). Die Bedenken Staubs (erste Auflage Anm. 13 a. E.) gegen diese Ansicht erscheinen nicht begründet. Das RG. erklärt die Gründer haftbar, welche die Triebfeder für denjenigen bildeten, der äußerlich die Geschäfte führt und infolgedessen mit Dritten in rechtliche und geschäftliche Beziehungen tritt. Das RG. sieht also nicht schlechthin die Gesellschafter als Handelnde an, welche lediglich die Handlung für die Gesellschaft ohne Widerspruch gewähren lassen. Es verlangt nur nicht den Nachweis des ausdrücklichen Auftrags für eine spezielle Handlung. Aber „irgendein Tun oder ihm gleichzustellendes Unterlassen, das für die vorgenommene Handlung irgendwie in Betracht kommt", muß vorliegen. Unerheblich ist die nur nachträgliche Zustimmung zur Handlung. Dieser Gesellschafter ist in keiner Weise mittätig gewesen. Er hat keinerlei Gefahr für die Dritten herbeigeführt. Er haftet nicht (vgl. oben Anm. 13).

IV. Wenn namens einer erst entstehenden Gesellschaft gehandelt wird, diese Anm. 18.
aber nicht zur Entstehung gelangt, sind gleichfalls die geplanten Gesellschafter nicht haftbar. Denn für diese ist nicht gehandelt. Wohl aber ist § 11 Abs. 2 anwendbar. In dem Handeln für die entstehende Gesellschaft liegt das Einstehen für deren Existent-

§ 11. werden, wie bei der Behauptung des Bestehens die Garantie für deren Rechtsbestand (RG. 12. 2. 09 RGZ. 70, 296; vgl. oben Anm. 9).

Anm. 19. V. Für eine eingetragene, aber nachher für nichtig erklärte Gesellschaft haften die Handelnden nicht. Für diese Verpflichtungen ist das Gesellschaftsvermögen als selbständiges Zugriffsobjekt vorhanden (§ 77).

Anm. 20. VI. Das österr. Ges. hat in § 2 Abs. 2 eine dem deutschen § 11 wörtlich gleiche Bestimmung. Ebenso das bulgarische Gesetz in Art. 11 und der Schweizer Entwurf in § 794. Auch nach dem italienischen Vorentwurf (Art. 118) ist die Gesellschaft vor Erfüllung der Eintragungsformalitäten nicht entstanden. Bis zu diesem Zeitpunkt haften die Gründer, die Geschäftsführer und alle anderen unbeschränkt und gesamtschuldnerisch für alle Handlungen im Namen der Gesellschaft (Art. 118 Abs. 3).

§ 12.

§ 12[1]).

Auf die Anmeldung der Gesellschaft zur Eintragung in das Handelsregister eines Gerichts, in dessen Bezirke sie eine Zweigniederlassung besitzt, finden die Bestimmungen im § 8 Absatz 1 und 2 keine Anwendung. Der Anmeldung ist eine von dem Gerichte der Hauptniederlassung beglaubigte Abschrift des Gesellschaftsvertrages und der Liste der Gesellschafter beizufügen.

Die Eintragung hat die im § 10 Absatz 1 und 2 bezeichneten Angaben zu enthalten. In die Veröffentlichung, durch welche die Eintragung bekannt gemacht wird, sind auch die im § 10 Absatz 3 bezeichneten Bestimmungen aufzunehmen, die nach § 5 Absatz 4 getroffenen Festsetzungen jedoch nur dann, wenn die Eintragung innerhalb der ersten zwei Jahre nach der Eintragung in das Handelsregister des Sitzes der Gesellschaft erfolgt.

Einleitung. **Der vorliegende Paragraph behandelt die Anmeldung und Eintragung der Zweigniederlassung.**

Vorher sind jedoch zur Vollständigkeit und zum Verständnis eine Reihe von Vorbemerkungen zu machen.

Anm. 1. 1. **Vorbemerkungen.** Sowohl im § 13 HGB. als im vorliegenden Paragraphen ist lediglich diejenige Zweigniederlassung behandelt, welche an einem Orte außerhalb des Gerichtsbezirks des Hauptsitzes besteht, die sogenannte externe Zweigniederlassung. Die Gesellschaft kann auch eine Zweigniederlassung an einem anderen Orte als dem Sitze der Gesellschaft, aber in demselben Gerichtsbezirke errichten. Auch ist das eine Zweigniederlassung (sogenannte interne Zweigniederlassung). Sie ist ebenfalls anzumelden und abzumelden. Das geschieht gemäß § 29 HGB. beim Hauptregister. Jedoch nicht in der im § 12 angeordneten Weise. Ein besonderes Zweigregister

---

[1]) Zur Ergänzung dient § 13 HGB. Derselbe lautet:

Soweit nicht in diesem Gesetzbuch ein anderes vorgeschrieben ist, sind die Eintragungen in das Handelsregister und die hierzu erforderlichen Anmeldungen und Zeichnungen von Unterschriften sowie die sonst vorgeschriebenen Einreichungen zum Handelsregister bei jedem Registergericht, in dessen Bezirke der Inhaber der Firma eine Zweigniederlassung besitzt, in gleicher Weise wie bei dem Gerichte der Hauptniederlassung zu bewirken.

Eine Eintragung bei dem Gerichte der Zweigniederlassung findet nicht statt, bevor nachgewiesen ist, daß die Eintragung bei dem Gerichte der Hauptniederlassung geschehen ist.

Diese Vorschriften kommen auch zur Anwendung, wenn sich die Hauptniederlassung im Auslande befindet. Soweit nicht das ausländische Recht eine Abweichung erforderlich macht, haben die Anmeldungen, Zeichnungen und Eintragungen bei dem Gerichte der Zweigniederlassung in gleicher Weise zu geschehen, wie wenn sich die Hauptniederlassung im Inlande befände.

wird über eine solche interne Zweigniederlassung nicht gebildet. Alle späteren Eintragungen beziehen sich, indem sie im Hauptregister gemacht werden, auf sie kraft Gesetzes mit (KG. 8. 4. 10 KGJ. 39 A 117; ZBlFG. 11, 46). Hat endlich die Gesellschaft an demselben Orte mehrere Geschäfte, und sei es auch an verschiedenen Stellen und von verschiedener Branche, so liegt eine Zweigniederlassung überhaupt nicht vor. § 12.

2. Über den Begriff der Zweigniederlassung vgl. Staub-BondiHGB. Anm. 3 zu § 13; Düringer-Hachenburg Anm. 2 zu § 13. Anm. 2.

Eine Zweigniederlassung im Sinne des Gesetzes ist vorhanden, wenn an einem vom Sitze des Hauptgeschäfts verschiedenen Orte gleichartige Geschäfte des Prinzipals abgeschlossen werden, dieser abgezweigte Betrieb nach seiner Organisation auf die Dauer berechnet ist und der damit Beauftragte eine selbständige Tätigkeit entwickelt (KGJ. 5, S. 22 und 23; 14, 12; 18, 18; ROHG. 14, 402; RG. 7, 324). Zum Begriff der Selbständigkeit gehört dabei lediglich, daß der Leiter der Zweigniederlassung nicht bloß Geschäftsvermittler ist. Er muß nach außen selbständig aufzutreten berechtigt sein. Daß dies in unbeschränktem Umfange geschieht, ist nicht notwendig. Auf die innerliche Abhängigkeit vom Prinzipal kommt es überhaupt nicht an (Brendel bei Gruchot 33, 223). Auch darauf nicht, ob in dem Nebengeschäfte alle Geschäftszweige des Hauptgeschäfts betrieben werden (OG. Wien bei Adler-Clemens Nr. 1334; KGJ. 5, 22; KG. 24. 5. 97 bei Perl-Wreschner 97, 82). Es lassen sich einzelne Merkmale der Selbständigkeit aufstellen. Von der Filiale aus werden eigene Geschäfte wie von der Hauptniederlassung abgeschlossen. Sie bilden den Gegensatz zu bloßen Vorbereitungs-, Vermittlungs- und Ausführungsgeschäften. Die Filiale hat eine äußerlich selbständige Leitung. Sie ist mit einem intern gesonderten Geschäftsvermögen ausgestattet. Für sie besteht eine besondere Buchführung (KGJ. 18, 18; ROHG. 14, 401 ff.). Eine Geschäftsstelle, an der nur die von dem Hauptgeschäfte gesandten Waren zu den vom Prinzipal bestimmten Preisen durch Angestellte verkauft werden, ist hiernach keine eintragungspflichtige Zweigniederlassung (KGJ. 18, 17). Desgleichen liegt eine Zweigniederlassung nicht vor, wenn einer der Geschäftsführer an einem anderen Orte wohnt und von dort aus, sei es auch an einem anderen Orte, Waren verkauft und die erzielten Ordres dem Hauptgeschäfte zur Effektuierung übermittelt, wenn im übrigen jene Merkmale des Zweiggeschäfts nicht vorliegen. Zweigniederlassungen sind ferner nicht die Fabriken und technischen Bureaus (Bolze 22 Nr. 695b; bei Perl-Wreschner 97, 82; OG. Wien bei Adler-Clemens Nr. 1271) und Speicher zum Empfangnehmen und Aushändigungsstellen. Auch nicht Agenturen, weil der Agent nicht selbständig abschließt. Wohl aber die Subdirektionen und Generalbahndirektionen. Sie sind Teile des Hauptunternehmens, nicht Pertinenzien. Sie sind Glieder des ganzen Organismus (RG. 2, 391).

Bei der GmbH. erhält der Begriff der Zweigniederlassung ebenso wie bei der Aktiengesellschaft eine besondere Bedeutung. Auch die GmbH. kann frei bestimmen, wo sie ihren Sitz haben soll (Anm. 3 zu § 3). Hat sie dort, wo sie ihren Sitz hat, nicht ihren Betrieb oder die Zentralstelle ihrer Verwaltung, oder hat sie dort, wo sie ihren Sitz hat, einen Kleinbetrieb, ihren Hauptbetrieb und die Zentralverwaltung in einem anderen Gerichtsbezirke, so ist doch stets an der letzteren Stelle eine Zweigniederlassung im Rechtssinne vorhanden und demgemäß anzumelden (KGJ. 13, 42; 39 A 117; RJA. 10, 247). Anm. 3.

Die Zweigniederlassung ist kein selbständiges Rechtssubjekt. Das maßgebende Rechtssubjekt, Träger der Rechte und Pflichten, welche durch den Betrieb der Zweigniederlassung entstehen, ist der Inhaber der Hauptniederlassung, hier die GmbH. als solche (RG. 38, 403). Vgl. unten Anm. 12. Anm. 4.

3. Die Errichtung der Zweigniederlassung ist ein reiner Verwaltungsakt. Der Gesellschaftsvertrag bestimmt mitunter, daß die Gesellschaft Zweigniederlassungen errichten darf. Das ist unnötig. Sie kann bestimmen, daß dies nicht zulässig ist. Dann muß die Form der Satzungsänderung gewahrt werden. Es genügt die Dreiviertelmehrheit (ROHG. 22, 282). Stimmeneinheit ist nur erforderlich, wenn das Verbot der Zweigniederlassung als Sonderrecht der einzelnen Gesellschafter gedacht ist (Anm. 18 ff. zu § 13). Anm. 5.

§ 12. Verlangt die Satzung zur Zweigniederlassung einen Gesellschafterbeschluß, so ist damit im Zweifel nur die Genehmigung der Gesellschafter mit einfacher Mehrheit gemeint. Von Gesetzes wegen ist weder ein solcher noch die Zustimmung des Aufsichtsrats, wo ein solcher besteht, einzuholen. Der Geschäftsführer ist dann allein zur Errichtung der Zweigniederlassung auch nach innen befugt. Nach außen ist er stets dazu berechtigt, auch wenn der Gesellschaftsvertrag in dieser Hinsicht seine Machtbefugnis einschränkt (§ 37 Abs. 2). Der Registerrichter darf dann den Eintrag einer Zweigniederlassung nicht von dem Nachweise der Genehmigung der Gesellschaft oder des Aufsichtsrates abhängig machen.

Anm. 6. 4. Die Eintragung der Zweigniederlassung ist weder für die rechtliche Existenz der GmbH. selbst noch für die rechtliche Existenz der Zweigniederlassung entscheidend. Die GmbH. entsteht durch die Eintragung am Hauptsitze (§ 11 Abs. 1). Die Zweigniederlassung besteht von dem Augenblicke an, wo die GmbH. an dem betreffenden Orte ein eigenes Geschäft betreibt.

Anm. 7. 5. In das Zweigregister sind, soweit nicht im Einzelfalle etwas Gegenteiliges vorgeschrieben ist, alle Anmeldungen, Unterschriftszeichnungen und Einreichungen zu bewirken (§ 13 Abs. 1 HGB.).

a) Ausnahmen hiervon siehe in § 12 Abs. 1., ferner in § 39 Abs. 2, § 59, § 67 Abs. 2 Satz 2 des Gesetzes.

b) Auch die Liste der Gesellschafter ist einzureichen. Dies nicht bloß bei der ersten Anmeldung der Zweigniederlassung (darüber siehe unten Anm. 20), sondern auch später alljährlich. Das letztere folgt aus § 40 GmbHG. und § 13 Abs. 1 HGB.

c) Alle Eintragungen in das Zweigregister setzen den Nachweis voraus, daß die Eintragung im Hauptregister bereits erfolgt ist (§ 13 Abs. 2 HGB.). Davon sind diejenigen Eintragungen ausgenommen, die sich lediglich auf das Zweigregister beziehen, z. B. die Eintragung einer bloß für die Zweigniederlassung bestellten Prokura (§ 50 Abs. 3 HGB.) und die Aufhebung der Zweigniederlassung. Diese ist beim Hauptregister nur zu vermerken, nicht dort anzumelden und einzutragen (vgl. unten Anm. 8).

Anm. 8. 6. Die interne oder uneigentliche Zweigniederlassung, die an einem anderen Orte innerhalb des Gerichtsbezirks des Hauptsitzes besteht, wird gemäß § 29 HGB. zum Hauptregister angemeldet und dort eingetragen. Die Anmeldung der externen Zweigniederlassung erfolgt im Hauptregister nicht. Der Registerrichter der Zweigniederlassung hat nach § 131 FGG. dem Registerrichter des Hauptsitzes Nachricht von der Eintragung der Zweigniederlassung zu geben. Dieser hat einen Vermerk im Hauptregister zu machen. Eine Publikation des Vermerkes erfolgt nicht. Das gleiche gilt von der Aufhebung der Zweigniederlassung.

Anm. 9. 7. Die Bedeutung der Eintragung und Publikation im Zweigregister. Bei solchen Rechtsakten, deren Wirksamkeit nicht bloß dem gutgläubigen Dritten, sondern überhaupt von der Eintragung abhängt, ist für die Vorfrage, ob der Rechtsakt wirksam ist, die Eintragung im Hauptregister entscheidend. Ist aber ein solcher Akt eingetragen und handelt es sich um die Frage, inwieweit der Dritte sich denselben entgegenhalten zu lassen braucht, so ist für den Geschäftsverkehr mit der eingetragenen Zweigniederlassung die Eintragung und Publikation bei der Zweigniederlassung, nicht die Publikation bei der Hauptniederlassung entscheidend (§ 15 Abs. 3 HGB.; vgl. auch Anm. 33 zu § 7).

Anm. 10. 8. Die Firma der Zweigniederlassung. Hier greift zunächst die allgemeine Vorschrift des § 30 HGB. Platz (vgl. daher Staub-BondiHGB. Anm. 6ff. zu § 30; Düringer-Hachenburg Anm. 5 zu § 30). Über die Frage, ob die GmbH. für die Zweigniederlassung eine besondere Firma führen kann, vgl. Anm. 28 zu § 4. Voraussetzung ist stets, daß die Führung der besonderen Firma der Zweigniederlassung im Gesellschaftsvertrag festgesetzt ist (vgl. auch KG. 1. 7. 10 KGJ. 40 A 64; RJA. 11, 22). Anerkennt man für die Zweigniederniederlassung eine besondere Firma, so muß man auch für die Gesellschaft unter dieser Firma den Rechtserwerb zulassen. Rechtssubjekt bleibt freilich stets die Gesellschaft als solche. Aber sie erwirbt im besonderen Falle unter dem besonderen Namen. Zusätze wie Filiale oder Filiale Frankfurt a. M. begründen keine wirkliche Verschiedenheit der Firma. Sie sind ohne statutarische Firmenänderung zulässig. § 12.

9. Die Vertretung der Zweigniederlassung ist nicht besonders geregelt. Sie muß weder einen Geschäftsführer noch einen Prokuristen haben. Es genügt ein Handlungsbevollmächtigter (ROHG. 17, 320). Die Bestellung eines besonderen Geschäftsführers für die Zweigniederlassung ist nicht zulässig (KGJ. 12, 34 für das Aktienrecht; vgl. zu § 37). Dagegen ist es die Bestellung eines besonderen Prokuristen für die Zweigniederlassung (§ 50 Abs. 3 HGB.). Anm. 11.

10. **Prozeßrechtliches.** Anm. 12.

a) Die Frage, ob die Zweigniederlassung unter ihrer Firma klagen oder verklagt werden kann, ist nicht richtig gestellt. Die Zweigniederlassung ist ein als Teil eines Hauptgeschäfts zu betrachtendes Geschäft. Ein Geschäft ist aber kein Rechtssubjekt. Ein Zweiggeschäft ist ebensowenig prozeßfähig wie ein Hauptgeschäft. Es kann weder klagen noch verklagt werden. Klagen und verklagt werden kann aus den durch das Zweiggeschäft entstehenden Rechtsbeziehungen nur die GmbH. selbst. Diese ist die Trägerin der Rechtsbeziehungen (vgl. oben Anm. 4). Dagegen kann die Gesellschaft unter ihrer Filialfirma klagen und verklagt werden (vgl. oben Anm. 10). Wird ein Prozeß für oder gegen die Zweigniederlassung, die ihre eigene Firma hat, erhoben, so muß hierbei die Sonderfirma gebraucht werden. Sie ist der Name, unter dem die GmbH. die Geschäfte der Filiale führt.

b) Einen besonderen allgemeinen Gerichtsstand begründet die Zweigniederlassung nicht, da sie kein zweites Domizil begründet. Aber der Gerichtsstand der Verwaltung und der Gerichtsstand der Erfüllung können am Sitze der Zweigniederlassung gegeben sein (ROHG. 17, 319; OLG. Hamburg in ZHR. 42, 503). Auch kann der Gerichtsstand des § 24 UnlWG. gegeben sein, wenn von der Zweigniederlassung aus selbständige Geschäfte betrieben werden und damit eine gewerbliche Niederlassung vorliegt (OLG. München 29. 12. 13; RundschGmbH. 1914, 425). Anm. 13.

II. **Die Anmeldung und Eintragung der Zweigniederlassung.** Sie kommt lediglich für die externe oder eigentliche Zweigniederlassung in Frage. Eine solche ist nur eine Niederlassung außerhalb des Gerichtsbezirks des Hauptsitzes (vgl. oben Anm. 1 und 8). Anm. 14.

a) Die Anmeldung muß erfolgen. Sie kann im Gegensatze zur Anmeldung der errichteten Gesellschaft erzwungen werden (§ 14 HGB.). Die Gesellschaft besteht nicht, solange die Eintragung am Gerichte des Hauptsitzes nicht erfolgte (§ 79, § 11). Ob sie angemeldet und eingetragen werden soll, liegt im Belieben der Gesellschafter. Ist sie entstanden, so entsteht eine Zweigniederlassung an einem anderen Orte außerhalb des Gerichtsbezirkes des Hauptsitzes durch die tatsächliche Errichtung. Daher kann deren Eintragung erzwungen werden. Anm. 15.

b) Die Anmeldung erfolgt durch die Geschäftsführer entweder persönlich bei dem Gerichte oder in öffentlich beglaubigter Form, oder zu Protokoll des Gerichtsschreibers des Registergerichts (§ 12 HGB., § 128 FGG.). Bevollmächtigung ist zulässig. Nur die Unterschrift ist persönlich einzureichen. Anm. 16.

c) Anmeldungspflichtig sind die sämtlichen Geschäftsführer (§ 78 des Gesetzes). Anm. 17.

d) Über den Inhalt der Anmeldung ist nichts gesagt. Es ist nur gesagt, was ihr beizufügen ist. Es ist anzugeben, daß die GmbH. eine Zweigniederlassung in dem betreffenden Orte betreibt und unter welcher Firma. Demgemäß wird die Gesellschaft zur Eintragung in das Handelsregister dieses Gerichtsbezirks angemeldet. Unrichtig ist es, wenn Cohn (Das Handels- und Genossenschaftsregister, 2. Aufl. S. 267) fordert, daß die Anmeldung alle diejenigen Angaben enthalten müsse, welche Gegenstand der Eintragung sind (unten Anm. 24. Vgl. dagegen auch das Formular im Formularbuch des Berliner Anwaltsvereins I S. 137). Außerdem ist die Unterschrift zu zeichnen gemäß § 13 Abs. 1 HGB. (oben Anm. 18.

§ 12. Anm. 7). Das folgt daraus, daß § 12 den § 8 Abs. 1 und 2, aber nicht § 8 Abs. 3 von der Anwendung ausschließt. Die im § 8 Abs. 2 vorgeschriebene Versicherung, daß die Leistungen auf die Einlagen erfolgt sind, ist nicht erforderlich, auch wenn die Anmeldung der Zweigniederlassung sich unmittelbar an die Gründung der Gesellschaft anschließt, da § 8 Abs. 2 von der Anwendung ausgeschlossen ist.

Anm. 19. e) Die Beilagen der Anmeldung. Sie sind im Absatz 1 deutlich bezeichnet. Danach ist beizufügen:

α) Eine von dem Gericht der Hauptniederlassung zu beglaubigende Abschrift des Gesellschaftsvertrages. Ist der Gesellschaftsvertrag geändert worden, so müssen auch von allen Abänderungsbeschlüssen beglaubigte Abschriften beigefügt werden. Die Abschriften müssen von dem Gerichte der Hauptniederlassung beglaubigt sein. Eine notarielle Beglaubigung der Ausfertigung oder eine von irgendeinem Gericht herrührende Beglaubigung der Ausfertigung genügt also nicht (a. M. KG. bei Holdheim 13, 200, KGJ. 26 A 225, ZHR. 55, 386, BankArch. 7, 174). Ob die Beglaubigung des Gerichtsschreibers genügt s. OLG. Colmar 4. 11. 03 OLGR. 8, 258.

Anm. 20. β) Eine von dem Gerichte der Hauptniederlassung beglaubigte Abschrift der Liste der Gesellschafter ist beizufügen. Wird die Zweigniederlassung nicht unmittelbar nach Eintragung der Gesellschaft am Hauptsitze, sondern erst geraume Zeit später errichtet oder angemeldet, so muß die Liste natürlich auf den zeitigen Stand zurückgeführt sein. Sie muß zu diesem Zwecke auch ausnahmsweise außerhalb des Jahres am Hauptsitze eingereicht werden. Das Gericht des Hauptsitzes hat ja eine beglaubigte Abschrift der Liste, wie sie den jetzigen Verhältnissen entspricht, zu erteilen.

Anm. 21. γ) Es muß der Nachweis erbracht werden, daß die Gesellschaft am Hauptsitze eingetragen ist (§ 13 Abs. 2 HGB.). Dieser Nachweis erfolgt durch einen vom Gerichte des Gesellschaftssitzes zu beglaubigenden Auszug der dort erfolgten Eintragung der Gesellschaft (Cohn a. a. O. S. 268).

Anm. 22. δ) Dagegen bedarf es nicht der Vorlage der Vollmachten der Vertreter, welche den Gesellschaftsvertrag unterzeichnet haben, nicht der Vorlage der Legitimation der Geschäftsführer oder der Urkunde über die staatliche Genehmigung. Die Vorschrift des § 13 Abs. 1 HGB. ist durch § 12 Abs. 1 GmbHG. geändert.

Anm. 23. f) Der Inhalt der Eintragung ist der gleiche wie bei der Eintragung der Gesellschaft am Hauptsitze. Das folgt aus Abs. 2. Es ist daher auf Anm. 6—10 zu § 10 zu verweisen. Außerdem ist noch der Tag der Eintragung (nämlich der Eintragung im Zweigregister) bei der Eintragung anzugeben. Endlich folgt die Unterschrift des zuständigen Beamten.

Anm. 24. g) In die Publikation sind regelmäßig die im § 10 Abs. 3 bezeichneten besonderen Festsetzungen und Bestimmungen aufzunehmen (Anm. 17ff. zu § 10). Doch gehört die Illationsfestsetzung nach § 5 Abs. 4 nur dann in die Publikation, wenn die Eintragung der Zweigniederlassung innerhalb der ersten zwei Jahre nach der Eintragung in das Handelsregister des Sitzes der Gesellschaft erfolgt. Mit der Zeit verliert die Art, wie die GmbH. entstanden ist, immer mehr an Interesse. Daher diese Vorschrift.

h) Was später in das Zweigregister einzutragen ist, darüber siehe oben Anm. 7.

i) Welche rechtliche Bedeutung die Eintragung in das Zweigregister und die betreffende Publikation hat, darüber siehe oben Anm. 9.

Anm. 25. k) Der Registerrichter hat bei der Eintragung der Zweigniederlassung nur zu prüfen, ob die Anmeldung den Vorschriften des Gesetzes entspricht. Nicht, ob die für die Eintragung der Gesellschaft selbst vorgeschriebenen gesetzlichen Bestimmungen erfüllt sind. Die Gesellschaft entsteht mit der Eintragung der Gesellschaft an ihrem Sitze. Er kann den Eintrag der Zweigniederlassung nicht ablehnen, wenn er einzelne Teile des Gesellschaftsvertrages beanstandet. Auch dann nicht, wenn Nichtigkeitsgründe vorliegen sollten. Er mag dann bei dem Richter des Sitzes das Verfahren gemäß § 144 FGG. anregen. Dagegen, ob eine Zweigniederlassung tatsächlich vorliegt, muß er prüfen. Er ist allgemein

befugt und verpflichtet, sich zu vergewissern. Dagegen berührt es ihn wieder nicht, ob die § 12.
ihm erklärten Tatsachen der Wirklichkeit entsprechen (anders Cohn a. a. O. S. 269), ob das Unternehmen staatlich genehmigt ist. Diese Frage ist durch die Eintragung der Gesellschaft am Hauptsitze erledigt. Anders, wenn die Genehmigung örtlich begrenzt ist. Dann hat er zu prüfen, ob sie auch seinen Bezirk betrifft. Zutreffendenfalls wird er die Eintragung von einer Ausdehnung der Genehmigung abhängig machen (Cohn a. a. O. S. 296).

l) Zweigniederlassungen sind auch nach den ausländischen Gesetzen durchweg anzumelden (Österr. Ges. §§ 59f., bulgar. Ges. Art. 69f., französ. Ges. Art. 15, Schweizer Entwurf II §§ 793, 657 — Polen hat keine Bestimmung). Abweichend vom deutschen Gesetz hat nach dem österreichischen und bulgarischen Gesetz die Anmeldung auch der Zweigniederlassung beim Registergericht der Hauptniederlassung zu erfolgen, das die Anmeldung weitergibt. Abweichend ist ferner, daß nach Schweizer Recht die Zweigniederlassung eigenen Gerichtsstand begründet. Anm. 25a.

Zusatz 1. Auch die Aufhebung der Zweigniederlassung ist anzumelden und einzutragen, und zwar nur zum Register der Zweigniederlassung. Der Registerrichter der Zweigniederlassung zeigt die Eintragung der Aufhebung dem Registerrichter der Hauptniederlassung an. Dieser vermerkt die Aufhebung im Hauptregister (vgl. oben Anm. 8). Anm. 26.

Zusatz 2. Die inländische Zweigniederlassung einer ausländischen GmbH. (vgl. Anm. 27 Allg. Einleitung über ausländische GmbH.). Anm. 27.

1. Ausländische Gesellschaften sind nur dann als GmbH. im Sinne des deutschen Rechts zu behandeln, wenn sie als solche von der ausländischen Gesetzgebung geschaffen und gewollt sind. Soweit dies nicht der Fall ist, sind sie dem deutschen Rechte der AG. zu unterwerfen. Deutsche Zweigniederlassungen ausländischer Erwerbsgesellschaften, bei welchen ein Gesellschaftsvermögen den Gläubigern haftete und die Beteiligung ziffernmäßig nach Nennbeträgen zerlegt war, sind in der Regel als deutsche Zweigniederlassungen ausländischer *Aktiengesellschaften* zu betrachten und zu behandeln. Die deutschen Gesetze hatten nur für die registermäßige Behandlung inländischer Zweigniederlassungen ausländischer *Aktiengesellschaften* fürsorgliche Bestimmungen getroffen (§ 201 Abs. 5 HGB.). Diese Art der Behandlung der ausländischen Gesellschaften als AG. dient dem öffentlichen Interesse weit mehr, als wenn die Eintragung als Zweigniederlassung einer ausländischen GmbH. erfolgte. Die Kautelen bei den AG. sind schärfer.

Wo aber die ausländischen Gesetze jetzt die Form der GmbH. ausdrücklich übernommen haben, sind ihre Niederlassungen auch als solche anzuerkennen. Ihre Schöpfung erfolgte im Gegensatze zur AG. nach deutschem Vorbilde. Anm. 28.

2. *Allgemeine Grundsätze für die inländische Zweigniederlassung einer ausländischen GmbH.* Anm. 29.

a) *Die ausländische Gesellschaft muß eine offenbare Nachbildung der deutschen Gesellschaftsform sein.* Sie muß, wenn auch in ihrer Sprache, einen Zusatz zu ihrer Firma enthalten, der dem deutschen Ausdrucke „beschränkte Haftung" entspricht. Die Ausgestaltung muß im wesentlichen mit den für die GmbH. charakteristischen Vorschriften des deutschen Gesetzes übereinstimmen. Daher muß die Übertragung der Anteile in gleicher Weise erschwert sein wie nach deutschem Recht. Eine formlose Veräußerung macht die Gesellschaft zu einer AG. Nicht erforderlich ist, daß die Haftung der Gesellschafter für die Einlagen in allen Einzelheiten dem deutschen Rechte entspricht. Das französische Gesetz (Art. 7) verlangt zur Gründung der Société à responsabilité limitée die Vollzahlung. Es bedarf also hier keiner Vorschriften über den Ausschluß des säumigen Gesellschafters, der Haftung des Vormannes und der Umlegung unter die übrigen Gesellschafter. Ebensowenig ist ein Mindestbetrag des ausländischen Kapitals, das dem des deutschen Rechts entspricht, zu fordern.

b) *Der Sitz der Gesellschaft muß sich im Auslande befinden.* Anm. 30.

c) *Der Gegenstand des Unternehmens muß nach deutschem Rechte erlaubt sein.* Eine GmbH. zum Zwecke des Versicherungsunternehmens kann nicht eingetragen werden. Anm. 31.

§ 12. d) Die Anmeldung, Eintragung und Publikation richtet sich nach § 13 Abs. 3 HGB., modifiziert durch die Vorschriften des deutschen Gesetzes. Es erfolgen die gleichen Eintragungen wie bei der Hauptniederlassung und die gleiche Publikation, soweit nicht das ausländische Recht Abweichungen ergibt. Die Abweichungen dürfen natürlich nicht derart sein, daß die Anmeldung überhaupt nicht statthaft ist.

e) Gegenseitigkeit der Eintragungen deutscher Gesellschaften ist vom deutschen Gesetze nicht gefordert. Einen Anspruch auf Niederlassung in Deutschland hat die ausländische GmbH. nicht, sowenig wie eine physische Person. Nur durch Staatsverträge kann sie zugesichert werden. Zu trennen von dem Rechte auf Niederlassung ist die Frage der Anerkennung der Rechtspersönlichkeit. Sie richtet sich nach den Vorschriften des Internationalen Privatrechts.

Anm. 33. **Zusatz 3. Ob die Zweigniederlassung einer deutschen GmbH. im Auslande eingetragen werden kann,** richtet sich nach dem ausländischen Rechte. In der Schweiz z. B. ist sie nach der Rechtsprechung einzutragen (vgl. Cahn, Die GmbH. im Gesellschaftsrecht, Schaffhausen 99, 150, Beschluß des Schweizerischen Bundesrats v. 16. Juni 1902 in der DJZ. 7, 476). Für Österreich gibt das österr. GmbHG. genaue Anweisungen (§§ 107 bis 114). Deutsche GmbH. können tätig werden, wenn sie bei dem für die Niederlassung in Österreich zuständigen Gericht eingetragen sind. Die Gesellschaft muß in Deutschland bestehen und sich in wirklicher Geschäftstätigkeit befinden, einen zeichnungsberechtigten Vertreter mit österreichischem Wohnsitz haben. Sie darf ein konzessionspflichtiges Gewerbe nur unter der Voraussetzung der Konzession betreiben. Die vom österreichischen Gesetz weiter verlangte Gegenseitigkeit ist gegeben (vgl. oben Anm. 28). — Das gleiche gilt für den Geltungsbereich des bulgarischen Gesetzes (bulg. Ges. Art. 127 bis 134). Die Gegenseitigkeit muß durch Verträge oder eine Erklärung des Justizministeriums nachgewiesen sein. Wenn nicht, so ist ein besonderer Beschluß des bulgarischen Ministeriums für Handel, Gewerbe und Arbeit erforderlich.

Zweiter Abschnitt.

Rechtsverhältnisse der Gesellschaft und der Gesellschafter.

§ 13.

§ 13.

Die Gesellschaft mit beschränkter Haftung als solche hat selbständig ihre Rechte und Pflichten; sie kann Eigentum und andere dingliche Rechte an Grundstücken erwerben, vor Gericht klagen und verklagt werden.

Für die Verbindlichkeiten der Gesellschaft haftet den Gläubigern derselben nur das Gesellschaftsvermögen.

Die Gesellschaft gilt als Handelsgesellschaft im Sinne des Handelsgesetzbuchs.

Einleitung. **Der vorliegende Paragraph gibt drei Fundamentalgrundsätze über das Wesen der GmbH.:** über ihre Parteifähigkeit (Abs. 1), über die Haftung für die Verbindlichkeiten (Abs. 2) und endlich über ihre Eigenschaft als Handelsgesellschaft (Abs. 3).

Anm. 1. I. (Abs. 1.) **Aus ihrer Parteifähigkeit fließt, daß sie als solche selbständig ihre Rechte und Pflichten hat; daß sie Eigentum und andere dingliche Rechte an Grundstücken erwerben kann; daß sie vor Gericht klagen und verklagt werden kann.**

1. Sie ist juristische Person. Sie hat Körperschaftseigenschaft (Gierke, Die Genossenschaftstheorie 38ff.). Nicht so sehr deshalb, weil sie „selbständig als solche" ihre Rechte und Pflichten hat. Dieses Prinzip stellt das HGB. auch für die offene Handelsgesellschaft auf. Und doch fehlt ihr die eigene Rechtspersönlichkeit. Maßgebend ist der Grundsatz des

Abs. 2. Für die Verbindlichkeiten der Gesellschaft haftet nur die Gesellschaft mit dem Gesellschaftsvermögen. Eine Haftung der einzelnen Gesellschafter sollte mit diesem Ausspruche abgelehnt werden (vgl. Motive 23). Wenn nun aber kein Gesellschafter und doch die Gesellschaft haften soll, so ist nichts anderes denkbar, als daß die Gesellschaft, als selbständiges Rechtssubjekt gedacht, Trägerin der Haftung ist. Ausschlaggebend ist aber, daß auch bei der GmbH. sich diese und die einzelnen Gesellschafter als Berechtigte und Verpflichtete gegenüberstehen, eine Auffassung, von der das ganze Gesetz durchzogen ist. Der Gesellschafter ist der Gesellschaft zur Zahlung seiner Einlage, zur Gewährung der Nachschüsse, zur Rückgabe des zu Unrecht empfangenen Stammkapitals verpflichtet. Ihr gegenüber besteht sein Anspruch auf Teilnahme am Gewinn, auf Mitwirkung bei der Verwaltung, auf Auflösung durch Richterspruch, auf Anteil am Liquidationsergebnis (RG. 59, 58). Bei der offenen Handelsgesellschaft dagegen sind solche Ansprüche auf Zahlung der Einlage, auf Gewinnanteil oder Liquidationsanteil stets nur für die einzelnen Gesellschafter gegen die anderen denkbar. Das in § 124 HGB. der Gesellschaft gegebene Klagerecht ist trotz der Formel, die mit § 210 HGB. und § 13 GmbHG. übereinstimmt, nur für die rechtlichen Beziehungen der Gesamtheit der Gesellschafter zu Dritten gegeben. Aus derselben Quelle fließt die Selbständigkeit der Beteiligung des Gesellschafters. Daher bleibt die GmbH. bestehen, auch wenn alle Geschäftsanteile sich in einer Hand vereinigen (RGZ. 68, 172; RG. 16. 3. 20 RGZ. 98, 289). Daher kann die GmbH. ihre eigenen vollbezahlten Geschäftsanteile erwerben (§ 33 vgl. Anm. 14ff. hierzu). Beides ist undenkbar bei einer Gesellschaft des bürgerlichen und des Handelsrechts. Beides erklärt sich nur aus der besonderen Rechtspersönlichkeit der GmbH. Das Gesellschaftsvermögen ist von dem Vermögen der Gesellschafter in gleicher Weise zu trennen wie die selbständige Rechtspersönlichkeit der GmbH. von der Person ihrer Gesellschafter (RG. 26. 1. 15 RGZ. 86, 146; 4. 6. 15 RGZ. 87, 25; 21. 1. 18 RGZ. 92, 84; 26. 5. 22 JW. 1520). § 13.

Die Vereinigung sämtlicher Geschäftsanteile in einer Hand wird für das geltende Recht allgemein als zulässig anerkannt (Brodmann § 2 Anm. 8; Haußmann Tochtergesellschaft S. 32; Grunderwerbssteuerges. § 3; RG. a. a. O.). Aber sie wird vielfach als ein Mißbrauch des Instituts der GmbH. verurteilt (Brodmann a. a. O.; KG. 5. 4. 23 JFG. 1, 200; 3. 7. 24 JW. 1535 u. 18. 12. 1924 JFG. 2, 206, insbes. S. 211). Der Gesetzgeber habe die Beschränkung der Haftung nur für eine Gesellschaft, eine Personenmehrheit, einführen, nicht aber für einen einzelnen eine beschränkte Haftung ermöglichen wollen. Der Konsequenz, daß die Beschränkung der Haftung bei Fortfall der Gesellschaft bestehen bleibe, sei sich der Gesetzgeber nicht bewußt gewesen. Allein die Berufung auf vermeintliche Absichten des Gesetzgebers überzeugt nicht (Breit Bem. zu KG. 18. 12. 24 in JW. 1925, 635). Das Bedürfnis, die Haftung für ein Unternehmen auf eine bestimmte Summe zu beschränken, ist vom Gesetz anerkannt, deshalb schuf es die GmbH. Man kann dieses gleiche Bedürfnis nicht für den einzelnen als unerlaubt bezeichnen. Die Konsequenz dieser Zulassung der GmbH. als Form für die Beschränkung der Haftung auch des einzelnen wird die Anordnung der Beschränkbarkeit der Haftung des Einzelkaufmanns durch die Gesetzgebung sein müssen (vgl. Pisko GrünhutsZ. 37, 30, Grünberg das. 222).

Daher sind die sog. Mantelkäufe, d. h. der Erwerb aller Geschäftsanteile, um die Gesellschaft zu anderen Zwecken zu benutzen, auch nicht sittenwidrig und nichtig. Der einzige Gesellschafter einer GmbH. hatte seine sämtlichen Geschäftsanteile an einen Dritten veräußert. Dieser änderte den Gegenstand des Unternehmens, die Firma, die Höhe des Stammkapitals und ernannte sich zum neuen Geschäftsführer. Das KG. (3. 7. u. 18. 12. 24 a. a. O.) will die Sittenwidrigkeit solchen Mantelkaufs für das Recht der GmbH. zwar nicht *allgemein* annehmen (anders für die AG.). Im gegebenen Fall begründet es sie damit, daß der Mantelkauf die Herbeiführung der Haftungsbeschränkung für ein einzelkaufmännisches Unternehmen bezwecke. Das KG. gibt selbst zu, kein Mittel dagegen zu haben, daß dieser Mantelerwerb durch zwei Personen mit anschließender Vereinigung der Geschäftsanteile in der Hand einer Person stattfindet. Diesen Umweg muß es als

§ 13. gültig anerkennen. Die herrschende Rechtsanschauung billigt ihn. Dann ist aber nicht einzusehen, daß der gerade Weg zu dem gleichen Ziel unsittlich sein könnte. Er ist es ebensowenig wie die Gründung einer GmbH. durch einen Einzelkaufmann mit einem Strohmann, der, wie von vornherein vereinbart, seinen Geschäftsanteil nach der Entstehung der GmbH. an den Einzelkaufmann abtritt. Ebensowenig wie die Umgestaltung einer Einmanngesellschaft nach Gegenstand, Firma, Verwaltung und Kapital ohne gleichzeitigen Wechsel der Person des Gesellschafters (vgl. Hachenburg und Byk Bem. zu KG. 3. 7. 24 JW. 1535 u. Breit a. a. O.). Das KG. will sich endlich auf zwingende gesetzliche Vorschriften berufen. Welche Vorschrift der hier vertretenen Auffassung entgegensteht, hat es nicht gesagt. Im Gegenteil, muß folgerichtige Anwendung der dem Aufbau der GmbH. wesentlichen Gesetzesbestimmungen, insbesondere die Trennung des Gesellschafters von der GmbH. selbst, dazu führen, die Mantelkäufe anzuerkennen. (So wird auch der Hinweis Byks auf § 42 Abs. 1 der 2. DurchfVO. zur GoldbilVO., der vornehmlich die fraglichen Mantelkäufe im Auge hat, von dem KG. nicht überzeugend widerlegt.) Eine Sittenwidrigkeit könnte nur in Frage stehen, wenn schutzwürdige Interessen im Rechtsverkehr bedroht wären. Dafür bietet das Urteil des KG. keinen Anhalt. Für den Dritten, welcher mit der Einmanngesellschaft kontrahiert, liegt die Beschränkung der Haftung auf das Gesellschaftsvermögen und die Höhe des Stammkapitals zutage, mag ein Mantelverkauf vorliegen oder der Wechsel in der Person des Anteilseigners fehlen.

Kann die Entstehung der Einmanngesellschaft und die Weiterübertragung ihrer sämtlichen Geschäftsanteile hiernach nur nach den dem GmbHG. zu entnehmenden formaljuristischen Gesichtspunkten beurteilt werden, so zwingt dies doch nicht dazu, im Rechtsverkehr mit Dritten die Trennung der Einmanngesellschaft und ihres Vermögens von der Person des einzigen Gesellschafters und seines Vermögens stets aufrechtzuerhalten. Hier können die Grundsätze von Treu und Glauben oder die Zweckbestimmung einzelner auf die juristische Person anzuwendender Rechtssätze Abweichungen erfordern. Dabei läßt vielfach — zu Unrecht — die Rechtsprechung die wirtschaftlichen Bedürfnisse und Anschauungen des Verkehrs hinter der formalrechtlichen Konstruktion zurücktreten (vgl. RG. 27. 10. 14 RGZ. 85, 380; auch 20. 3. 08 RGZ. 68, 173; hierzu Schreiber Kommanditg. a. Aktien S. 34ff.; Hachenburg JW. 1925, 247; vgl. auch Friedländer Einmanngesellschaft ZfH. 1, 25). Jedoch ist ein Wandel in der Rechtsprechung zu beobachten. Grundsätzlich ist auch im Rechtsverkehr mit Dritten die Selbständigkeit der Rechtspersönlichkeit der Einmanngesellschaft anzuerkennen (RG. 4. 6. 15 RGZ. 87, 25; vgl. auch RG. 26. 5. 22 JW. 1520 und Bem. Hachenburgs hierzu). Der Gläubiger einer solchen GmbH., der verabsäumt hat, seine Forderung während der Liquidation der Gesellschaft einzuziehen, kann nicht nach Abschluß der Liquidation und Löschung der GmbH. den früheren alleinigen Gesellschafter in Anspruch nehmen, auch nicht auf den diesem ausgeschütteten Liquidationsüberschuß (RG. 21. 1. 18 RGZ. 92, 84f.; vgl. aber unten § 60 Anm. 25). Andererseits kann die Einmanngesellschaft einen Schuldner, der seine Schuld persönlich an den einzigen Gesellschafter und Geschäftsführer begleicht, weil er irrtümlich zwischen der GmbH. und dem Gesellschafter nicht unterscheidet, nicht nochmals auf Zahlung belangen (RG. 30. 4. 12 JW. 794[11]). Der alleinige Gesellschafter der GmbH. kann sich gegenüber persönlichen Vertragsgegnern nicht auf eigenes Unvermögen berufen, weil nur die GmbH. zu leisten imstande sei (RG. 22. 6. 20 RGZ. 99, 232 für die Pflicht zur Bilanzvorlegung). Der Verkäufer aller Anteile einer GmbH., der arglistig Mängel des Geschäftsunternehmens der Gesellschaft verschweigt, kann nicht einwenden, er hafte nur für Rechtsmängel, nicht für Sachmängel, da er nicht das Handelsgeschäft der GmbH. als solches, sondern nur die Geschäftsanteile verkauft habe (RG. 16. 3. 20 RGZ 98, 289; auch RG. 100, 204; a. M. RG. 26. 1. 15 RGZ. 86, 146). Wenn für diesen Fall das RG. darauf abstellt, ob neben den sämtlichen Geschäftsanteilen der GmbH. auch deren Geschäftsunternehmen selbst „Gegenstand des Kaufes" ist, so erscheint dieser Maßstab zu streng. Der Grundsatz von Treu und Glauben im Geschäftsverkehr bietet vielmehr für derartige Fälle die unmittelbare Lösung. Wer einem anderen sämtliche Anteile einer GmbH. verkauft, verkauft ihm nach der Anschauung der Parteien das Unternehmen selbst. Dann muß er auch in gleicher Weise haften (§ 459ff. BGB.). Nicht richtig ist (wie Brodmann § 2 Anm. 8 annimmt), daß das RG. in diesen Fällen noch die weitergehende Unterscheidung mache, ob nach der Ansicht der Parteien bei dem Verkauf des Unternehmens die GmbH. aufgelöst werden oder fortbestehen solle. Daß in dem Erwerb sämtlicher Geschäftsanteile der Erwerb des Handelsgeschäfts der GmbH. liegt, ist auch für die Frage der vormundschaftsgerichtlichen Genehmigung nach § 1822 Nr. 3 BGB. von Bedeutung. Das Erfordernis dieser Genehmigung ist, wenn ein Minderjähriger sämtliche Anteile erwirbt oder veräußert, zu bejahen (zu weit geht KG. 15. 10. 25 JW. 1926, 600, wenn es schon bei Veräußerung der Anteile durch eine Erbengemeinschaft, zu der nur einzelne Minderjährige gehören, die Genehmigung verlangt; hierzu Hachenburgs Bem. das.). Inwieweit endlich das Auftreten der Einmanngesellschaft im Rechtsverkehr zu einer Mithaftung des Gesellschafters führen kann, ist Frage der Auslegung im einzelnen Fall. Die Entscheidung wird davon abhängen, ob der Gesellschafter, gleichzeitig als Geschäftsführer fungierend, oder auch ohne Geschäftsführer zu sein, in einer Weise bei dem Abschluß eines Vertrages persönlich mitwirkte, daß der Vertragsgegner nach Treu und Glauben eine Mithaftung des Gesellschafters voraussetzen konnte (vgl. Hausmann, Grundlegung des Rechts der Unternehmenszusammenfassungen 1926: „Rechtsscheinprinzip"; vgl. auch RFH. 27. 11. 25 JW. 1926, 1483 u. hierzu Bem. von Pinner). Die Voraussetzung für die Haftbarkeit als Gesamtschuldner, daß der Dritte die Schuld im eigenen Interesse übernommen hat (RGZ. 64, 318 JW. 1911, 581[22]), muß dabei erfüllt sein. Dies wird aber in den Fällen, die Hausmann im Auge hat, regelmäßig anzunehmen sein (vgl. auch unten Anm. 16). Über weitere Anwendungsfälle vgl. unten Anm. 11. Über die Beschlußfassung eines Gesellschafters, der alle Geschäftsanteile besitzt, vgl. Anm. 2 u. 28 zu § 46. Über den Inhaber aller Geschäftsanteile als Geschäftsführer vgl. Anm. 49 u. 51 zu § 35, Anm. 13 zu § 36. Über Unterschlagung oder Untreue desselben gegenüber der Gesellschaft vgl. Exkurs zu § 84 Anm. 2. Im bulgarischen Recht führt die Vereinigung aller Geschäftsanteile in einer Hand die Auflösung der Gesellschaft herbei (Art. 105 Nr. 6). Für das französische Recht wird die gleiche Folge aus der Bestimmung des Art. 5 abgeleitet, wonach die Zahl der Gesellschafter der GmbH. mindestens zwei betragen muß. § 13.

Im Steuerrecht begegnet die Rechtsprechung mit Hilfe des § 5 RAbgO. etwaigen Versuchen mißbräuchlicher Verwendung der Einmanngesellschaft, soweit nicht positive Gesetzesbestimmungen bereits einen Riegel vorschieben. § 3 GrundErwStG. stellt die Vereinigung sämtlicher Anteile einer Grundstücksgesellschaft m. b. H. in einer Hand der Veräußerung des Grundstücks gleich. Die Steuer wird nicht nur nach dem Verhältnis des zuletzt erworbenen Anteils, sondern von dem ganzen Werte des Grundstücks erhoben. Die Steuerpflicht besteht auch dann, wenn die sämtlichen Geschäftsanteile auf mehrere Personen übertragen werden, vorausgesetzt, daß die GmbH. zur Mobilisierung des Grundbesitzes errichtet war und dieser Zweck von den Erwerbern der Anteile weiterverfolgt werden soll (RFH. 26. 4. 21 Bd. 5, 247 und 20. 2. 23 Bd. 11, 310 unter Berufung auf § 5 RAbgO.). Die Steuerpflicht ist auch nicht dadurch zu umgehen, daß Anteile auf zwei Personen, von denen der eine nur der Treuhänder des anderen ist, übertragen werden. Veräußert aber der Treuhänder seinen Anteil weiter, so ist nicht nochmals Grunderwerbsteuer zu erheben (RFH. 28. 12. 23 Bd. 13, 132; vgl. auch RFH. 10. 1. 22 Bd. 8, 89; 17. 11. 22 Bd. 10, 314).

Die Ansicht, daß die GmbH. juristische Person ist, kann als die herrschende bezeichnet werden. Alle Kommentare zum GmbHG. nehmen dies an. Ebenso das OLG. München in seinen Entscheidungen 16, 148; Keyßner ZHR. 40, 397; Simon bei Holdheim 1892, 225; Goldschmidt, Alte und neue Formen der Handelsgesellschaft 33; Dernburg, Bürgerliches Recht I 225; das KG. in der Entscheidung 2. 12. 01 KGJ. 23 A, 105 und RJA. Anm. 2.

§ 13. 3, 25; das RG. in seinen Entscheidungen 30. 5. 02 JW. 1902, 394; 1. 10. 02 DJZ. 7, 546, 547; 19. 2. 04 JW. 1904, 167 und 16. 3. 20 RGZ. 98, 289 sowie die Zitate oben Anm. 1. Ebenso das SächsOVG. 6. 2. 02 DJZ. 7, 396. Auch das PrOVG., welches in seinen Entscheidungen 29, 7 und 30, 1 die juristische Persönlichkeit der Gesellschaft verneint hat, hat doch in anderen Entscheidungen (32, 76) wieder anerkannt, daß sie ein selbständiges Rechtssubjekt sei, welches nur auf dem Gebiete des öffentlichen Rechts nicht in allen Beziehungen den juristischen Personen gleichstehe.

Die abweichende Meinung, welche der GmbH. die juristische Persönlichkeit abspricht, wurde früher vertreten von Meurer (Die juristischen Personen nach deutschem Reichsrecht, 1901); Hölder (Natürliche und juristische Personen, 1905) und Kiesel (Die GmbH. und ihre Heranziehung zur Staatseinkommensteuer, 1906). An neueren Schriften über die juristische Person seien erwähnt Haff, Institutionen der Persönlichkeitslehre und des Körperschaftsrechts Zürich 1918, Schreiber Kommanditg. a. Aktien S. 12ff., Wieland Handelsrecht Bd. 1 S. 406ff. Eines näheren Eingehens auf diese Theorie bedarf es hier nicht. Wesentlich ist, daß nicht das interne Bild maßgebend ist. Die GmbH. ist ihrer äußeren Erscheinung nach selbständige Rechtsperson.

Anm. 3. Aus der juristischen Persönlichkeit der GmbH. folgt negativ, daß unmittelbare Ansprüche der Gesellschafter gegeneinander nicht begründet sind (oben Anm. 1). Die Beteiligung an einer GmbH. unterwirft den Gesellschafter der Satzung. Sie begründet aber nicht unmittelbare Rechte und Pflichten zwischen ihm und den anderen Mitgliedern. Auch ein arglistiges Verfahren eines Gesellschafters bei der Abstimmung, um einen anderen Gesellschafter zu schädigen, verletzt keine Vertragspflicht. Der Gesellschafter haftet nur auf Grund der allgemeinen Vorschriften des BGB. über unerlaubte Handlungen (RG. 21. 11. 11 LZ. 1911 [5] 219). Doch kann der Gesellschaftsvertrag unmittelbare Beziehungen unter den einzelnen Gesellschaftern erzeugen. Die Gesellschaft kann bestimmte Leistungen oder Unterlassungen zugunsten ihrer Mitglieder bedingen. So kann bei der Kartellgesellschaft für den Fall der Verletzung der Preiskonvention jedem geschädigten Gesellschafter ein unmittelbares Klagerecht zugesprochen sein. Endlich können auch im Gesellschaftsvertrag mehrere Gesellschafter selbständige Rechte und Pflichten miteinander begründen. Diese Abreden bilden dann einen formalen Bestandteil des Gesellschaftsvertrags. Sie gehören nicht zu seinem Inhalt (vgl. auch Anm. 1 zu § 53). Endlich kann auch außerhalb des Gesellschaftsvertrags ein Rechtsverhältnis unter den Gesellschaftern vereinbart sein, sei es, daß hierdurch eine eigene Gesellschaft begründet wird, die sich nach außen in der Form einer GmbH. darstellt (vgl. Anm. 25 allg. Einleitung), sei es, daß unter den Gesellschaftern den Gesellschaftsvertrag der GmbH. ergänzende Bestimmungen getroffen werden (vgl. Anm. 47 zu § 3; RG. 20. 11. 1925 Recht 1926 Nr. 256). Der Umfang der Verpflichtungen, die den Gesellschaftern aus solchen Nebenverträgen im Verhältnis zueinander erwachsen, richtet sich im Zweifel nach dem Beteiligungsverhältnis der Gesellschafter an der GmbH. (vgl. RG. 21. 2. 16 RGZ. 88, 122 über eine Bürgschaftsverpflichtung, welche die Gesellschafter zugunsten der GmbH. gegenüber einem Dritten eingehen).

Anm. 4. Aus der juristischen Persönlichkeit der GmbH. ergeben sich positiv die im § 13 aufgezählten rechtlichen Fähigkeiten von selbst.

a) Sie hat selbständig „ihre“ Rechte und Pflichten. Sie ist zu den Rechten und Pflichten, welche sich mit ihrer Eigenschaft als juristische Person vertragen, befähigt. Das sind alle, die kraft ihrer Beschaffenheit nicht auf physische Personen zugeschnitten sind.

Privatrechte und privatrechtliche Verpflichtungen. Bei der GmbH. sind familienrechtliche Befugnisse nicht denkbar. Wohl aber ist sie fähig, des Namens- oder Zeichenrechts, des Urheberrechts und Erfinderrechts teilhaftig zu werden. Sie kann Erbin und Legatarin sein (Lehmann Aktienrecht I 256; Ring Nr. 1 zu § 210 HGB.; vgl. § 2101 BGB.). Sie kann zum Testamentsvollstrecker ernannt werden (§§ 2197ff. BGB.). Es ist dies namentlich für den Fall von Wert, wenn dem Testamentsvollstrecker die Verwaltung des Nachlasses übertragen wird (§ 2209 BGB.). Die immer zahlreicher werdenden

TreuhandGmbH. gehören hierher. Sie kann auch Vollmachtträgerin sein, da hierzu die **§ 13.** unbeschränkte Geschäftsfähigkeit des Vertreters nicht gehört (§ 165 BGB.; OLG. Dresden ZHR. 33, 242 für die Aktiengesellschaft; Ring Nr. 1 zu § 210 HGB. für die Aktiengesellschaft). Es steht daher nichts entgegen, daß eine GmbH. die Vertretung eines Aktionärs in der Generalversammlung einer Aktiengesellschaft oder einer GmbH. übernimmt. Auch zum Konkursverwalter kann die GmbH. bestellt werden. Hierzu ist nicht nur eine physische Person fähig (a. M. OLG. Köln 1. 7. 07 LZ. 2, 245; Seiger in Holdheim 1908, 17). Ebenso zum Nachlaßpfleger oder Nachlaßverwalter. Diese Verwaltungstätigkeit für andere besorgt die GmbH. durch ihre Geschäftsführer. Dagegen scheidet der Vormund aus. Hier ist das familienrechtliche Moment überwiegend. Soweit die GmbH. Rechte erwerben kann, können gegen sie Verpflichtungen der entsprechenden Art begründet werden. Sie kann aus der Verletzung des Zeichenrechts, des Namensrechts, der Erfinderrechte, aus der Verletzung der Urheberrechte, wegen unlauteren Wettbewerbs verklagt und verurteilt werden*).

Auf den Rechtsgrund der fraglichen Rechte und Verpflichtungen kommt es nicht an. **Anm. 5.** Auch nicht auf den Gegenstand. Die GmbH. wird nicht etwa bloß insoweit berechtigt und verpflichtet, als der Gegenstand ihres Unternehmens reicht. Für die Verpflichtungen haftet die GmbH. auch dann, wenn es solche aus Delikten sind (RG. 11. 12. 13 RGZ. 83, 362). Die Anwendung des § 31 BGB. auf die GmbH. ist zweifellos (vgl. oben Anm. 3 Allg. Einleitung; OLG. Hamburg 8. 10. 06 OLGR. 14, 368). Sie haftet für die unerlaubten Handlungen ihrer Geschäftsführer und ihres Aufsichtsrats sowie etwaiger weiterer auf Grund der Satzung berufener Ausführungsorgane (Thur Allg. Teil I, 540; Planck BGB. Anm. 2 zu § 31; OLG. Kiel 6. 2. 11 SchlHolstAnz. 75, 108). Das ist nicht Haftung für fremde Schuld, sondern für eigene. Ebenso steht die GmbH. für die Folgen von Tatumständen ein, an welche auch ohne Verschulden die Folgen der unerlaubten Handlung zu knüpfen sind. So haftet sie auch als Tierhalter (§ 833 BGB.). Eine unerlaubte Handlung der Gründer ist aber keine unerlaubte Handlung der Gesellschaft. Führt die GmbH. ihre Firma infolge einer unerlaubten Handlung der Gründer, so kann hieraus kein Anspruch an diese als Gesellschafter zu einem Tun innerhalb der Gesellschaft abgeleitet werden. Sie können nicht verurteilt werden, die Änderung und Löschung der Firma zu beschließen. Sie können aus ihrem eigenen Delikte, begangen vor der Entstehung der GmbH., nur zum Schadensersatz angehalten werden (RG. 3. 3. 11 JW. 11, 463[44]). Bestraft nach den Bestimmungen des Strafrechts, die Strafen gegen physische Personen androhen, kann die GmbH. nicht werden (ROHG. 17, 291; RGSt. 16, 123; RG. in JW. 1918, 99). Delikte, begangen von den Geschäftsführern, wenn auch in Ausführung ihres Amtes, haben nur jene vor dem Strafrichter zu verantworten. Das RStGB. kennt grundsätzlich keine Bestrafung juristischer Personen. Eine Durchbrechung dieses Grundsatzes stellt § 357 der RAbgO. dar: Juristische Personen können bei Steuerzuwiderhandlungen in ihren Betrieben zu Geldstrafe und in die Kosten des Straf-

---

*) Durch diese allgemeine Rechtserwerbs- und Verpflichtungsfähigkeit werden landesgesetzliche Vorschriften, welche den Erwerb von Rechten durch juristische Personen beschränken oder von staatlicher Genehmigung abhängig machen, soweit diese Vorschriften Gegenstände im Werte von mehr als 5000 Rℳ betreffen, nicht berührt (Art. 86 EGBGB. und § 1 der 2. DurchfVO. zum Münzgesetz vom 12. Dez. 1924 — RGBl. I 775 — in Verbindung mit Ziff. 2 der Anlage 1 zu dieser Verordnung). Nach Art. 6 des preuß. AusfG. zum BGB. in seiner ursprünglichen Fassung bedurften Schenkungen an juristische Personen zu ihrer Wirksamkeit der staatlichen Genehmigung, wenn sie Gegenstände im Werte von mehr als 5000 ℳ betreffen. Diese Wertstufe war durch Gesetz vom 8. April 1924 (Preuß. GBl. S. 201) auf 3000 Goldmark festgesetzt worden. Da durch die oben angeführte DurchfVO. zum Münzgesetz vom 12. Dez. 1924 die reichsgesetzliche Mindestgrenze auf 5000 Rℳ verlegt ist, sind alle landesrechtlichen geringeren Wertstufen außer Geltung gesetzt. Auch für Preußen sind damit nur die Schenkungen genehmigungspflichtig, deren Wert über 5000 Rℳ hinausgeht. Über die Beschränkungen des Grundstückserwerbs der GmbH. s. Anm. 10.

§ 13. verfahrens verurteilt werden, wenn das Gesetz die Strafe ohne Rücksicht auf ein Verschulden einer natürlichen Person für verwirkt erklärt. Unter dieser Voraussetzung wird hiernach im Steuerstrafrecht eine strafbare Handlung der juristischen Person selbst angenommen (vgl. Lobe Komm. z. StGB. Einleit. S. 6; Liszt-Schmidt Lehrb. 1922 S. 124; Beling Grundzüge des Strafrechts 1925 S. 21). Dagegen handelt es sich nicht um eine Straffähigkeit juristischer Personen in allen den Fällen, in denen eine Haftung der juristischen Person für die von ihren Organen persönlich verwirkten Geldstrafen bestimmt ist (z. B. Vereinszollgesetz 1869 § 153, Reichsabg.Ordn. §§ 381, 382). Hier steht die juristische Person nur „für eine fremde Straftat" ein (RGStr. 54, 75ff.; vgl. Liszt-Schmidt Lehrb. S. 248 Anm. 5). Ebensowenig setzt die strafrechtliche „Einziehung" von Vermögensstücken einer juristischen Person deren Straffähigkeit voraus. Die Einziehung ist ein Sicherungsmittel für Straftaten physischer Personen (RGStr. 46, 132 u. 53, 124), nicht Strafe der juristischen Person. Andererseits ist im Verwaltungsrecht die Möglichkeit einer Strafbarkeit von Vergehen juristischer Personen auf Grund besonderer Bestimmungen zu bejahen. Die Behandlung der Straftat und ihrer Folgen muß nur den Besonderheiten des Körperschaftsrechts angepaßt sein (vgl. Gierke Genossenschaftstheorie 771ff.). Nach dem Vorbild des § 81 des GenG. bestimmt § 62 des GmbHG., daß im Verwaltungswege die Auflösung der GmbH. wegen Gefährdung des Gemeinwohls angeordnet werden kann. Das ist eine Strafe für verbotenes Handeln, welche die Gesellschaft als solche trifft. Die Verwaltungsbehörde muß aber nicht sofort zur Auflösung schreiten. Die GmbH. kann auch der Gegenstand sonstiger Verwaltungsmaßnahmen sein, die den Zweck verfolgen, gesetzliche Vorschriften durchzuführen. So kann, wenn die Gesellschaft ein gemäß § 35 GewO. genehmigungspflichtiges Gewerbe betreibt, ihr dieser Gewerbetrieb untersagt und die Befolgung des Verbots durch Polizeistrafen erzwungen werden (RundschauGmbH. 1912, 85; PrOVG. DJZ. 1911, 1409).

Anm. 6. Ebenso kann die GmbH. durch unerlaubte Handlungen **verletzt** werden. Da sie vermögensfähig ist, bedarf dieses Vermögen strafrechtlichen und zivilrechtlichen Schutzes. Nur solche Delikte, die einen Menschen mit menschlichen Eigenschaften voraussetzen, sind bei ihr ausgeschlossen. Daher können strafrechtlich verfolgbare Beleidigungen im allgemeinen nicht gegen die GmbH. begangen werden (RGSt. 1, 178; 9, 2; vgl. aber OLG. Karlsruhe 22. 10. 25 JW. 1926, 1478 u. hierzu Bem. von Sauer). Wohl aber das Delikt der kreditgefährdenden Verleumdung (Lehmann, Aktienrecht I 256). Die Gesellschaft kann nicht nur auf Zahlung einer Buße antragen oder auf Entschädigung klagen. Es findet auch die Bestrafung statt (vgl. StPO. § 374 Abs. 2). Ebenso kann die GmbH. aus den §§ 1, 6, 7 und 8 UnlWG. strafrechtlich vorgehen. Auch ist eine Verletzung ihres Urheber- oder Patentrechts strafrechtlich verfolgbar. Daß in all diesen Fällen, auch solchen, die nicht strafbar sind, aber eine Verletzung der Rechte der Gesellschaft enthalten, die Ansprüche auf Buße oder Schadensersatz bestehen, ist selbstverständlich (RG. JW. 1914, 244). Daß aber der einzelne Gesellschafter nicht als geschädigt anzusehen ist, auch wenn sein Name in der Firma enthalten ist, fließt aus der Selbständigkeit der GmbH. (RG. 91, 354).

Anm. 7. **Die GmbH. als Gesellschafter.** Staub (erste Auflage Anm. 6 S. 95) führte aus: „Sie kann z. B. Aktionärin sein, auch eine Aktiengesellschaft begründen. Sie kann **aber nicht Teilhaberin einer offenen Handelsgesellschaft** sein; demgemäß auch nicht Komplementarin einer Kommanditgesellschaft, wohl aber kann sie Kommanditistin einer Kommanditgesellschaft sein. Sie kann nicht Komplementarin, wohl aber Kommanditistin einer Aktien-Kommanditgesellschaft sein. Sie kann Mitglied einer GmbH. sein. Sie kann stille Gesellschafterin sein und auch einen stillen Gesellschafter aufnehmen." Die Gründe für diese Verneinung der Zulässigkeit der Beteiligung der GmbH. als Teilhaber einer offenen Handelsgesellschaft bestehen besonders darin, daß sie ihr Vermögen der Verwaltung eines Dritten, des anderen Teilhabers preisgäbe, daß sie unter anderer Firma arbeitete als der gesetzlich zulässigen, daß die Vorschriften über die Bilanz umgangen würden usw. Aus den angeführten und ähnlichen Momenten

ließe sich eine ganze Reihe anderer Rechtsgeschäfte der Gesellschaft verbieten. Die GmbH. § 13.
bleibt aber was sie war, auch wenn sie sich mit einer physischen oder juristischen Person zu einer offenen Handelsgesellschaft verbindet. Ihre Firma, ihre Bilanz usw. bleiben dieselben. Auch an der Geschäftsführung wird nichts geändert. Ihr eigener Geschäftsführer ist jederzeit aus wichtiger Ursache abrufbar. Daß sie ihr Vermögen bei der offenen Handelsgesellschaft ihrem Mitgesellschafter anvertraut, verschlägt nichts. Daß sie eine Vertretung erhält, auf die sie nicht denselben Einfluß hat wie auf ihren Geschäftsführer, ist lediglich „eine tatsächliche Folgeerscheinung einer derartigen Beteiligung" (BayObLG. 16. 2. 12 ZBlFG. 13, 150 RJA. 12, 28). Sie ist dieselbe wie bei der Beteiligung der GmbH. als Kommanditistin oder stille Gesellschafterin. Es ist nirgends verboten, daß sie durch ihre Organe ein Rechtsgeschäft schließt, das einem Dritten eine weitgehende Verfügungsmacht einräumt. **Die Beteiligung der GmbH. an einer offenen Handelsgesellschaft ist daher zuzulassen.** In der Rechtsprechung hat zunächst das BayObLG. (16. 2. 12 OLGR. 27, 331) die Gültigkeit anerkannt. In seiner Entscheidung handelt es sich um eine Kommanditgesellschaft, deren persönlich haftender Gesellschafter eine GmbH. ist, deren Kommanditisten die einzelnen Gesellschafter derselben sind, und deren Ursache die Vermeidung der hohen Besteuerung der GmbH. war (hierzu Hachenburg DJZ. 1913, 53 ff. Eine Anzahl solcher Kommanditgesellschaften in München: BauersZ. 19, 37. Eine Zusammenstellung der im Handelsregister Berlin-Mitte eingetragenen GmbH. & Co. gibt Zielinski Grundtypvermischungen und Handelsgesellschaftsrecht Marburg 1925 mit ausführlicher Darstellung der juristischen Konstruktion und der wirtschaftlichen Zweckbestimmung dieser Gesellschaftsform). Dem BayObLG. hat sich das KG. (KGJ. 51, 122 u. 52, 90, DJZ. 1915, 1501) angeschlossen. Die ablehnende Stellungnahme des OLG. Hamburg führte zu der Entscheidung des RG. v. 4. 7. 22 (RGZ. 105, 101). Das RG. hat unter eingehender Widerlegung der Gegengründe die Zulässigkeit bejaht. Sie ist inzwischen auch gesetzlich durch § 5 Abs. 2 KapVStG. anerkannt. Aus der früheren Literatur seien für die hier vertretene Meinung angeführt: Neukamp-Becker Anm. 1e zu § 13; Elzbacher in GoldschmidtsZ. 45, 40; Pappenheim das. 46, 412; Pinzger Anm. 1 zu § 13; Düringer-Hachenburg HGB. Bd. 4 § 105 Anm. 20. Die gegenteilige Meinung vertreten: Schulze-Görlitz DNotVZ. 1912, 731; RitterKomm. § 105 Anm. 2; Liebmann Anm. 8 zu § 13 u. DJZ. 1913, 230. Zu Unrecht führt letzterer auch die Entscheidung der BayrObBerufungskommission (abgedr. bei Freymuth II § 13 S. 117) für die ablehnende Meinung an. Dort ist nur die steuerrechtliche Frage (vgl. unten) unter ausdrücklicher Anerkennung der zivilrechtlichen Entscheidung des BayObLG. behandelt. Im Anschluß an das Urteil des RG. ist der Streit der Meinungen nochmals zwischen Brodmann (Anm. 1 zu § 4 und § 13; JW. 1922, 1656 u. 1923, 683), der die GmbH. & Co. bekämpft, und Flechtheim (JW. 1923, 227), Fuchs und Pinner (JW. 1922, 1676) geführt worden. In größeren Abhandlungen haben Fritz Cahn (Die GmbH. & Co. Kommanditgesellschaft Mannheim 1922) und Zielinski (a. a. O.) die Zulässigkeit der GmbH. & Co. begründet. Dabei hat letzterer insbesondere nachgewiesen, daß diese Mischform durch die verschiedensten wirtschaftlichen und persönlichen Bedürfnisse gerechtfertigt sein kann und durchaus nicht immer nur den Zwecken der Steuerersparung zu dienen braucht. Ist die GmbH. Mitglied einer offenen Handelsgesellschaft oder persönlich haftender Teilhaber einer Kommanditgesellschaft, so vertritt sie diese Gesellschaft durch ihre Geschäftsführer. Diese zeichnen die Firma derselben ohne Beifügung ihrer Namen, sobald sie Einzelvertretung haben. Sind sie Kollektivvertreter, so haben sie wie bei einer solchen Vertretung von zwei Mitgliedern der offenen Handelsgesellschaft die Firma gemeinsam mit ihren Personennamen zu zeichnen. Daß bei der Anmeldung der Kommanditgesellschaft die Geschäftsführer der GmbH. ihre Unterschrift doppelt zu hinterlegen haben, auch für sich selbst als Gesellschafter der Kommanditgesellschaft (KG. a. a. O.), dürfte zu formalistisch sein. Eine andere Frage ist, ob der Geschäftsführer einen Vertrag über eine solche Gesellschaft schließen darf, ohne die Genehmigung der Gesellschafter einzuholen (vgl. Anm. 3 zu § 37, Anm. 6 zu § 49).

§ 13. Einem Mißbrauch der Form der GmbH. & Co. wird in steuerrechtlicher Beziehung, wie dies ohne ausdrückliche Gesetzesbestimmung bereits die oben erwähnte Entscheidung der ObBayrBerufungskommission tat, durch § 5 RAbgO. begegnet. Daß diese Bestimmung, wenn die sonstigen Voraussetzungen vorliegen, auch auf eine GmbH. & Co. anwendbar ist, wird sicher niemand bestreiten (vgl. Geiler JW. 1921, 302; RFH. 30. 6. 22 Bd. 10, 65). Immerhin sind Fälle denkbar, in denen die Wahl der Rechtsform als wirtschaftlich gerechtfertigt anzusehen ist. Dann war § 5 RAbgO. auszuschalten. Jetzt bestimmt § 5 KVStG., daß, wenn zu den persönlich haftenden Gesellschaftern einer Kommanditgesellschaft eine GmbH. gehört, die Anteile der Kommanditisten als Anteile an der GmbH. angesehen werden. Damit ist die GmbH. & Co. auch in Fällen wirtschaftlicher Rechtfertigung ihrer Form der Gesellschaftssteuer der Kapitalgesellschaften (§ 6 KVStG.) unterworfen (vgl. auch Becker S. 52ff.). Ein Anreiz zur Gründung der GmbH. & Co. wird jetzt nur noch selten vorhanden sein.

Die GmbH. kann auch Kommanditist und stiller Gesellschafter werden. Über die Beteiligung bei dem Unternehmen eines Gesellschafters durch die GmbH. vgl. Anm. 6 zu § 30. Unbestritten ist, daß sie sich bei Gründung einer Aktiengesellschaft oder GmbH. beteiligen kann. Endlich kann sie auch einen Dritten als stillen Gesellschafter annehmen. Die GmbH. ist der Inhaber des Geschäfts. Es ist nirgends verboten, daß sie eine Beteiligung am Gewinn in anderer Weise als durch Mitgliedschaft gewähre.

Anm. 8. Die GmbH. hat öffentlich-rechtliche Rechte und Pflichten. Die wichtigste ist die Steuerpflicht. Gerade aus der besonderen Rechtsperson der GmbH. folgert die moderne Steuergesetzgebung eine Besteuerung der GmbH. neben der Steuerpflicht der Gesellschafter. Von dem Einkommen der GmbH. wird die Körperschaftsteuer erhoben (§§ 1, 2, 4 des Körperschaftsteuergesetzes vom 10. 8. 1925 — RGBl. I S. 208). Die Besteuerung erfolgt ohne Rücksicht auf die Art des Geschäftsbetriebes (§ 4). Die Steuerpflicht beginnt bereits nach § 2 Nr. 2 und § 5 vor Eintragung der GmbH. in das Handelsregister, wenn schon vorher auf Grund des Gesellschaftsvertrages der Geschäftsbetrieb aufgenommen worden ist (RFH. 19. 9. 23 Bd. 12, 326). Das Vermögen der GmbH. unterliegt der Vermögensteuer (§§ 1, 2, Ziff. 2a des Vermögensteuergesetzes vom 10. 8. 1925 — RGBl. I S. 233). Betroffen sind von beiden Steuern alle GmbH., deren Sitz oder Verwaltungssitz im Deutschen Reiche liegt, mit dem gesamten Einkommen und Vermögen. Ausländische GmbH. sind der Steuerpflicht nur mit inländischem Einkommen und Vermögen unterworfen (§§ 2 und 3 Körperschaftsteuergesetz und Vermögensteuergesetz). Daneben sind die Geschäftsanteile als persönliches Vermögen der Gesellschafter zu versteuern, soweit die Gesellschafter der Vermögensteuer unterliegen. Das trifft nicht auf im Auslande wohnende Gesellschafter zu (§ 3 Vermögensteuergesetz; der Geschäftsanteil an einer inländischen GmbH. gilt nicht als inländisches Betriebsvermögen). Die von den Gesellschaftern bezogene Dividende unterliegt der Einkommensteuer der Gesellschafter (§ 37 Ziff. 1 des Einkommensteuergesetzes vom 10. 8. 1925 — Reichsgesetzblatt I S. 189). Hier besteht aber die Steuerpflicht auch für im Auslande wohnende Gesellschafter (§ 3 Abs. 2 Ziff. 7 Einkommensteuergesetz). Über die Gesellschaftsteuer, die bei Gründung und Kapitalerhöhungen einer inländischen GmbH. zu entrichten ist, vgl. § 3 Anm. (§§ 2, 3 und 6 KVStG.). Diese Steuerpflicht hängt von der Eintragung der GmbH. und des Kapitalerhöhungsbeschlusses in das Handelsregister ab (vgl. RFH. 25. 11. 21 JW. 1922, 727 und dazu Bemerkung von Hachenburg). Der Steuer sind die GmbH. als Kapitalgesellschaften (§ 3) ohne Rücksicht darauf unterworfen, ob sie Erwerbszwecken dienen oder nicht (RFH. 5. 10. 1923 Bd. 12, 336). Das gleiche muß für die Körperschaft- und Vermögensteuer der GmbH. gelten (§ 4 Körperschaftsteuergesetz). Dagegen wird Gewerbesteuer nur von der GmbH. erhoben, die ein Gewerbe betreibt (vgl. unten Anm. 27). Vgl. im einzelnen Becher, Das Steuerrecht der Aktiengesellschaften und GmbH., Berlin 1924.

Betreibt die GmbH. ein Gewerbe, so unterliegt sie den öffentlich-rechtlichen Pflichten der Gewerbeordnung. Je nach Art des Gewerbebetriebes sind auch die hierfür gegebenen besonderen behördlichen Ausführungsbestimmungen maßgebend (vgl. PrOVG. 4. 3. 15 BauersZ. 23, 39; BayObLG. 28. 10. 13; BayObLGSt. 13, 407; OLG. Dresden 7. 2. 12 SächsOLG. 34, 37). So unterliegt z. B. eine preußische GmbH., welche Grundstücksgeschäfte vermittelt, oder welche fremde Rechtsangelegenheiten besorgt, den Vorschriften des preußischen Handelsministers über den Geschäftsverkehr derartiger Gewerbetreibender (PrOVG. 4. 3. 15 Bd. 69, 358). Streitig war früher, ob die GmbH. wie überhaupt juristische Personen einer gewerblichen Konzession bedurften, wenn die Konzessionserteilung nach den Bestimmungen der Gewerbeordnung von persönlichen Eigenschaften des Gewerbetreibenden abhängig ist. Die Novelle vom 6. 8. 1896 fügte dem § 33 GewO. die Absätze 5 und 6 an. Dadurch ist jetzt klargestellt, daß auch juristische Personen konzessionspflichtig sind (RG. 9. 7. 12 RGZ. 80, 111; RG. 15. 11. 12 RGZ. 80, 427; PrOVG. 11. 7. 10 Bd. 56, 378; Landmann, Gewerbeordnung 7. Aufl. Anm. 2b zu § 1). Soweit persönliche Eigenschaften für die Konzessionserteilung maßgebend sind, kommt die Person sämtlicher Geschäftsführer der GmbH. in Betracht. Die Konzession wird aber nicht ihnen, sondern der GmbH. erteilt (vgl. Waldecker JW. 1912, 1126; a. M. Vossen DJZ. 1912, 1159). Ist ein Befähigungsnachweis oder Approbation erforderlich, so kommt eine Konzessionserteilung an juristische Personen, also auch an die GmbH., nicht in Frage (Landmann a. a. O.). Betreibt die GmbH. ein Handwerk, so ist sie nicht verpflichtet, einer Zwangsinnung anzugehören (vgl. DeutschRAZ. 1912, 181 und die daselbst zitierten Entscheidungen des preuß. Ministers für Handel und Gewerbe, auch ZeitschrGmbH. Oktober 1912, 7). § 100f der RGewO. findet nur auf physische Personen Anwendung (Erlaß des preuß. Handelsministers vom 18. 12. 03 JMBl. 03, 436 Nr. 96 Abs. 3, PrAusf.-Anw. GewO.; Landmann GewO. Anm. 2 zu § 87 und 2e zu § 100). Dann muß auch die Konsequenz gezogen werden. Jeder Handwerker, der mit seiner Ehefrau eine GmbH. bildet, kann sich der Zwangsinnung entziehen. Das ist genau so folgerichtig wie die Steuerpflicht der GmbH. für ihr Einkommen, weil sie juristische Person ist. § 13.

Ob aus der Verletzung öffentlich-rechtlicher Verpflichtungen die Gesellschaft oder ihre gesetzlichen Vertreter oder beide haften, kann nur an der Hand jeder einzelnen Vorschrift beantwortet werden. Über die Deliktsfähigkeit der GmbH. vgl. oben Anm. 5. Für Strafen der Geschäftsführer haftet im allgemeinen die Gesellschaft nicht, weil sie keine Delikte begehen kann (RGSt. 5, 182; 16, 121). Aber für die sonstigen vermögensrechtlichen Leistungen (Steuern, Stempel, Versicherungsbeiträge usw.) haftet die Gesellschaft selbst (vgl. auch RG. vom 19. 4. 07 JW. 07, 396[19]).

Anm. 9. Grundsätzlich muß man der GmbH. auch die Fähigkeit zur Ausübung **öffentlicher Rechte**, so namentlich auch der Wahlrechte, zusprechen. Man darf nicht aus der Eigenschaft als juristischer Person dies ableiten. Ob ein öffentliches Recht einer GmbH. zusteht, muß für jede Art derselben nach dessen Natur und positiver Vorschrift geprüft werden. Daher besitzt die GmbH. kein Wahlrecht zu parlamentarischen Körperschaften. Doch findet es sich in einer Reihe anderer Fälle den juristischen Personen zuerkannt. So bei der Wahl zu Handelskammern, kaufmännischen Schiedsgerichten, Gewerbegerichten (PrOVG. bei Holdheim 13, 51) und auch in Preußen zu den Kommunal- und Kreistagswahlen (Neukamp PreußVerwBl. 33, 47; RundschauGmbH. 1912, 122; a. M. PrOVG. 50, 1; 54, 5; 56, 68; 66, 64; Freund PrVerwBl. 31, 39). So führt die Landgemeindeordnung für die Provinz Hessen-Nassau v. 4. 8. 1897 die GmbH. besonders auf.

Eine **Staatsangehörigkeit** im eigentlichen Sinne (Reichs- und Staatsangehörigkeitsges. 22. 7. 1913 RGBl. 583) gibt es für juristische Personen nicht. Im übertragenen Sinne kommt sie auch ihnen zu (Quassowski bei Gruchot 65, 406). Die Staatsangehörigkeit der GmbH. richtet sich im deutschen Recht nach ihrem in der Satzung bestimmten Sitz (oben Anm. 3ff.; Staub-Pinner 12. Aufl. § 78 Anm. 13 mit weiteren Literaturangaben; vgl. auch allg. Einleitung Anm. 27). Bei dem Gericht, in dessen Bezirk die GmbH. ihren Sitz hat, ist die Gesellschaft zur Eintragung in das Handelsregister anzumelden (§ 7). Der Sitz

§ 13. der GmbH. ist also maßgebend für das Recht, nach dessen Normen die GmbH. entstehen und fortleben soll (Territorialitätsprinzip). Nicht anders kann die Nationalität der GmbH. bestimmt werden. Gleichgültig ist dagegen, wo der Gesellschaftsvertrag geschlossen ist, wo die Geschäfte der GmbH. betrieben werden sollen oder welche Staatsangehörigkeit die Gründer oder späteren Gesellschafter haben. Alle diese Kriterien sind mehr oder weniger zufällig, wechselnd und unbestimmt. Sie sind daher nicht für die Feststellung der Staatsangehörigkeit juristischer Personen brauchbar. Im Anschluß an das Kriegsliquidations- und Friedensvertragsrecht wird vielfach das „Kontrollprinzip" vertreten, wonach die Staatsangehörigkeit der Mehrzahl der Gesellschafter entscheiden soll. (So Haußmann „Die Tochtergesellschaft", Berlin 1923 S. 49.) Daß sich aber dieses Prinzip jetzt durchgesetzt habe, trifft nicht zu. Die Sonderregelung, die für die Liquidationsbefugnisse des Kriegs- und Friedensvertragsrechts notwendig erschien (Artikel 297b des Versailler Friedensvertrages), besagt nichts für die allgemeine Frage nach der Staatsangehörigkeit der juristischen Personen. Die Urteile der gemischten Schiedsgerichtshöfe, welche nach den Normen dieser Sonderregelung allgemein die Staatsangehörigkeit der juristischen Personen bestimmen, sind Fehlsprüche (Nußbaum in JW. 1922, 1097; Urteil des deutsch-franz. Schiedsgerichtshofs 31. 8. 21 JW. 1922, 1157; Geiler JW. 1922, 1159 Bem. zu einem Urteil des deutsch-engl. Schiedsgerichts; Isay JW. 1923, 548). Auch das deutsche Recht hat in seinen Gewaltschädengesetzen und im Liquidationsschädengesetz — entsprechend dem Friedensvertragsrecht — das Kontrollprinzip eingeführt. Nur den juristischen Personen, die nach dem Zwecke der Entschädigungsgesetze und den Umständen des Einzelfalls als Deutsche anzusehen sind, darf die Entschädigung gewährt werden (Liquidationsschädengesetz § 18; Auslandsschädengesetz § 3; Verdrängungsschädengesetz § 11; nach letzterer Vorschrift gilt das Kontrollprinzip nur subsidiär neben dem Territorialitätsprinzip). Dafür ist nach der Praxis des Reichsentschädigungsamtes die Staatsangehörigkeit der überwiegenden Mehrzahl der Gesellschafter, die Besetzung der Verwaltung und die Richtung, in der die Interessen der Gesellschaft liegen, maßgebend. Aber von dieser Sonderregelung, die einen vereinzelten Gesetzeszweck verwirklichen soll, bleibt die Frage, welche Staatsangehörigkeit die juristische Person hat, unberührt. Wo dieser Sonderzweck fehlt, bestätigt auch die neuere deutsche Gesetzgebung das Territorialitätsprinzip. So bestimmt z. B. § 5 der Bek. v. 30. 4. 1920 (RGBl. 764) betr. das Ausgleichsverfahren: Als Deutsche im Sinne dieser Bekanntmachung gelten auch juristische Personen ..., die ihren Sitz im Reichsgebiete haben.

Anm. 9a. Dagegen ist die GmbH. als juristische Person des Privatrechts regelmäßig nicht fähig, obrigkeitliche Befugnisse auszuüben. Nur soweit der Staat als *Fiskus* in den Privatrechtsverkehr eintritt, kann er sich der Rechtsform der GmbH. bedienen. Hiervon ist im Weltkrieg und in der Nachkriegszeit weitgehender Gebrauch gemacht worden. Die *Kriegsgesellschaften* mbH. dienten der zentralen Bewirtschaftung von Waren aller Art, insbesondere dem Einkauf und der Verteilung von Rohstoffen für die Kriegs- und Privatindustrie sowie der Sicherstellung des Heeresbedarfs und der Volksversorgung. Sie kennzeichnen sich durch den auf Erfüllung staatlicher Aufgaben gerichteten Zweck und durch die Beteiligung des Staates oder einer öffentlich-rechtlichen Körperschaft. Der Staat wird Gesellschafter der GmbH. Hierdurch wird mittelbar sein Einfluß auf die Geschäftsführung und die Erreichung der von der GmbH. zu erfüllenden Zwecke gesichert. Oder Vertretern des Staates ist in den Organen der GmbH. unmittelbar die beherrschende Machtstellung gegeben (Sitz im Aufsichtsrat oder Beteiligung in der Geschäftsführung). Oder ein Vetorecht des Staats ist satzungsgemäß begründet. Auch die Verbindung dieser Sicherungsformen wird gewählt. Meist besteht eine Angliederung an eine Behörde derart, daß diese die öffentlich-rechtlichen Verwaltungsbefugnisse (Verordnungen, Beschlagnahme usw.) ausübt, während die GmbH. als „Geschäftsabteilung" unter der Kontrolle der Behörde und nach ihren Weisungen die interne Geschäftsführung erledigt und nach außen hin den privatrechtlichen Geschäftsverkehr pflegt (RG. 25. 11. 1920 RGZ. 101, 20; 18. 10. 1920 RGZ. 100, 144; 8. 6. 20 RGZ. 99, 149). Ausnahmsweise sind aber diesen Kriegsgesell-

schaften selbst durch besonderes Gesetz staatliche Zwangsbefugnisse verliehen worden. So **§ 13.**
ein Enteignungsrecht unter erleichterten Formen und unter Ausschluß des ordentlichen Rechtswegs (RG. 30. 5. 19 RGZ. 96, 104; vgl. auch RG. 20. 10. 21 RGZ. 103, 52). Die Angestellten der Kriegsgesellschaften werden wegen des Aufgabenkreises dieser Organisationen als „beamtenähnlich" erachtet. Daraus wird die Haftung der Gesellschaften nach § 839 BGB. gefolgert (RG. 16. 3. 23 RGZ. 106, 373; vgl. auch Bek. v. 3. 5. 1917 über die in kriegswirtschaftlichen Organisationen beschäftigten Personen RGBl. 393).

Die Rechtsform der GmbH. erwies sich für die Zwecke der Kriegsgesellschaften als besonders geeignet. Sie ermöglichte, die Haftung auf das Gesellschaftsvermögen zu beschränken, die Mitgliedschaftsrechte an den Staat und bestimmte zur Gründung als Vertrauenspersonen und Sachverständige herangezogene Interessenten zu binden und das Bestimmungsrecht des Staates in der Geschäftsgebarung zu sichern. Sie gewährte den Vorteil erleichterter Gründung und bei Wahl geringen Stammkapitals den Vorteil geringer Gründungskosten. Für die Errichtung von Kriegsgesellschaften ist daher meist der GmbH. vor der Aktiengesellschaft der Vorzug gegeben worden. Über die Ausgestaltung im einzelnen vgl. Heymann Mitteil. der Handelskammer Berlin 1917 S. 198ff., 233ff.: Über einige Rechtsgrundlagen der militärischen Kriegswirtschaft; derselbe: Rechtsformen der militärischen Kriegswirtschaft, Marburg 1921; Nußbaum: Das neue deutsche Wirtschaftsrecht S. 32ff.; Kahn: Rechtsbegriffe der Kriegswirtschaft S. 48ff. In der Nachkriegszeit ist der allmähliche Abbau der Kriegsgesellschaften durchgeführt (vgl. über die erleichterte Form ihrer Auflösung das Gesetz über die Abwicklung von Kriegsgesellschaften vom 15. 7. 21 RGBl. 942 und hierzu unten § 60). Staat, Kommunalverbände und Gemeinden bedienen sich weiterhin der „gemischt-wirtschaftlichen" Unternehmungsform, vielfach in Gestalt der GmbH., für die Verfolgung ihrer vermehrten eigenen Wirtschaftsaufgaben (Bergbau, Elektrizitäts- und Gasversorgung, Verkehrsanstalten usw.). Vgl. hierzu Passow: Die gemischt privaten und öffentlichen Unternehmungen, Jena 1912, und Prenzel: Die gemischt wirtschaftlichen Unternehmungen und das Handelsrecht, Berlin 1916.

Für die durch die Sozialisierungsgesetze geschaffenen neuen Wirtschaftsformen ist im GmbH.-Recht das Gesetz über die Regelung der Kaliwirtschaft vom 24. 4. 1919 nebst Durchführungsbestimmungen vom 18. 7. 1919 von Bedeutung, da das Kalisyndikat als GmbH. gegründet ist. Das Kaliwirtschaftsgesetz enthält einzelne vom GmbHG. abweichende Bestimmungen. Insoweit geht es den Vorschriften des GmbHG. vor. Der Gesellschaftsvertrag und seine Abänderungen unterliegen der Genehmigung des Reichskalirates. Für die Besetzung der Geschäftsführerposten und des Aufsichtsrates sind bestimmte Regeln aufgestellt. Ein weitgehendes Aufsichts- und Eingriffsrecht des Reichs ist vorgesehen. Soweit nicht das Kaliwirtschaftsgesetz eine Sonderregelung gibt und die Satzung des Kalisyndikats nicht besondere Bestimmungen enthält, findet das GmbH.-Gesetz Anwendung.

b) Die GmbH. kann Eigentum an Grundstücken erwerben, auch alle anderen **Anm. 10.**
dinglichen Rechte daran. Landesrechtliche Beschränkungen für den Eigentumserwerb ausländischer juristischer Personen sind hierdurch für die GmbH. nicht beseitigt (Art. 88 EG.BGB.). Auch für die GmbH. gilt die preußisch-rechtliche Beschränkung hinsichtlich des Erwerbes von Grundeigentum. Juristische Personen, die in einem anderen Bundesstaate ihren Sitz haben, bedürfen zum Erwerbe von Grundstücken im Werte von mehr als 5000 **RM** der staatlichen Genehmigung (Art. 7 Abs. 1 des preußischen AG.BGB.), ausländische juristische Personen ohne Rücksicht auf den Wert (Art. 7 Abs. 2 daselbst). Wegen der Geltung der Wertstufe von 5000 RM vgl. oben Anm. 4 Fußnote 1.

c) Sie kann vor Gericht klagen und verklagt werden.

α) Sie ist parteifähig, aber nicht prozeßfähig. Sie ist fähig, Subjekt von Rechten und **Anm. 11.**
Verbindlichkeiten und damit auch Prozeßsubjekt zu werden. Sie ist aber unfähig, selbständig Verpflichtungen zu kontrahieren und daher nicht fähig, vor Gericht handelnd aufzutreten. Sie bedarf dazu notwendig eines Vertreters. Die Prozeßfähigkeit setzt

§ 13. die Parteifähigkeit voraus. Aber eine parteifähige Person ist nicht notwendig prozeßfähig (RG. 12, 399; 32, 175). In den Prozeßschriften, insbesondere in der Klage sind die „gesetzlichen Vertreter" der Gesellschaft anzugeben (§ 130 Ziff. 1 ZPO.). Es genügt nicht die Bemerkung „vertreten durch die Geschäftsführer" ohne Beifügung der Namen derselben (RG. 20. 11. 02 JW. 03, 3 Nr. 3). Zur Aufrechnung stellen kann sie nur Forderungen der Gesellschaft selbst. Nur Forderungen an die Gesellschaft können zur Kompensation benutzt werden, wenn sie klagt. Sie wird im Prozeß durch ihre Geschäftsführer (Anm. 4 zu § 35) vertreten. Ausgenommen der Fall, daß sie diese verklagt (§ 46 Nr. 8). Zustellungen und Ladungen erfolgen gültig an einen von den Geschäftsführern, auch wenn im übrigen diese Geschäftsführer kollektiv vertretungsberechtigt sind (§ 171 Abs. 3 ZPO.; OLG. Köln 6. 6. 23 JW. 1924, 105). Die Eide sind von den Geschäftsführern zu leisten. Auch der Offenbarungseid. Diesen hat der bei der Eidesabnahme im Amte befindliche Geschäftsführer zu schwören (OLG. Dresden Sächs. OLG. 24, 38). Die Geschäftsführer können daher auch nicht als Zeugen vernommen werden (vgl. RG. 2, 400 für die Vorstandsmitglieder der Aktiengesellschaft). Wohl aber jeder Gesellschafter. Er ist nicht Partei (RG. 30. 5. 02 JW. 394 und 30. 5. 02 Recht 02, 463; vgl. das Nähere Anm. 4 zu § 35).

Ein Zeugnisverweigerungsrecht hat er nach § 384 Nr. 1 ZPO. nur, insoweit ihm die Beantwortung einer Frage einen unmittelbaren Schaden verursachen würde. Die Voraussetzung hierfür ist nicht schon dadurch gegeben, daß die Aussage für die GmbH., an der er beteiligt ist, einen Schaden herbeiführen könnte. Vielmehr muß den Zeugen als solchen unmittelbar der Schaden treffen (Stein-Jonas ZPO. § 384 Anm. I zu Nr. 1). Die Streitfrage, wann die Beeidigung des Gesellschafters als Zeugen in einem Rechtsstreit der GmbH. zu unterbleiben hat, ist durch die Novelle zur ZPO. vom 1. 6. 09 geklärt worden. Nur ein rechtliches Interesse an dem Ausgang des Rechtsstreites schließt die Beeidigung aus (ZPO. § 393 Nr. 4). Ein solches liegt nicht bereits vor, wenn der Ausgang des Prozesses die Höhe des Gewinnanteils oder des Liquidationsguthabens des Gesellschafters beeinflussen könnte (RG. 15. 10. 1913 RG. 83, 182; Stein-Jonas ZPO. § 393 Anm. II Nr. 4 und § 66 Anm. III Nr. 2). Hier wäre nur ein tatsächliches, wirtschaftliches Interesse des Gesellschafters begründet. In beiden Fällen wird aber das Maß der Beteiligung des Gesellschafters an der GmbH. zu einer abweichenden Entscheidung führen können. Wenn der Zeuge alle Geschäftsanteile der GmbH. in seiner Hand vereinigt oder der Hauptgesellschafter ist, wird nach Lage des Einzelfalls zu prüfen sein, ob nicht nach dem Zweck der §§ 384 und 393 ZPO. ein Zeugnisverweigerungsrecht und der Ausschluß der Beeidigung anzunehmen ist (zust. Liebmann Anm. 5, Dernburg Bürgerl. Recht I § 68 Anm. 1; a. M. RG. 30. 5. 02 JW. 394; vgl. auch oben Anm. 1). Die gleiche Prüfung ist für die Frage anzustellen, ob ein Gesellschafter im Prozesse der Gesellschaft als Richter fungieren kann. Die Frage ist grundsätzlich zu bejahen (RG. 7, 311 für die Aktiengesellschaft, für die GmbH. RG. 29. 3. 09 Recht 09, 1640). Hier ist allein maßgebend, daß er weder Partei noch mitberechtigt oder mitverpflichtet ist (ZPO. § 41 Nr. 1). Auf den Grad der wirtschaftlichen Beteiligung kommt es also nur insoweit an, als daraus im Zusammenhang mit weiteren Umständen auf eine Mitberechtigung oder Mitverpflichtung zu schließen ist. Diese kann in besonderen Fällen, wenn der Gesellschafter sämtliche Geschäftsanteile besitzt, gegeben sein (vgl. oben Anm. 1 und Dernburg a. a. O.). Dagegen genügt stets ein wirtschaftliches Interesse zur Ablehnung eines Richters wegen Befangenheit (ZPO. § 42). Die Strafprozeßordnung schließt denjenigen Richter vom Richteramt aus, der selbst durch die strafbare Handlung verletzt ist (§ 22 Nr. 1). Auch hier erscheint die Stellung des RG. (3. 3. 05 RGSt. 37, 414) nur mit der Einschränkung richtig, daß Sinn und Zweck der Ausschließungsvorschrift es erfordern kann, das Maß der wirtschaftlichen Beteiligung eines Richters an der GmbH. zu berücksichtigen (vgl. Schreiber Kommanditges. a. A. S. 33, 34). Das Armenrecht ist juristischen Personen nach der Fassung des § 114 ZPO. nicht gewährt

(RG. 25. 1. 02 RGZ. 50, 394; Stein-Jonas ZPO. § 114 I 1). Hiervon ist keine Ausnahme für die Einmanngesellschaft zu machen. Sie, nicht ihr einziger Gesellschafter ist Prozeßpartei. Auf die Bedürfnisse und Vermögensverhältnisse des einzigen Gesellschafters kann sie sich nicht berufen (OLG. Frankfurt 3. 1. 25 JW. 654). § 13.

Die GmbH. kann Schiedsverträge abschließen. Sie kann mit Dritten im gewöhnlichen Rechtsverkehr ein Schiedsgericht vereinbaren. Sie kann es mit ihren Gesellschaftern im Gesellschaftsvertrage. Die Unterwerfung unter das Schiedsverfahren bildet einen Teil der besonderen Verpflichtungen eines Gesellschafters (§ 3 Abs. 2). Bezieht sich die Schiedsklausel auf „alle Rechtsstreitigkeiten aus dem Gesellschaftsvertrage", so wird regelmäßig anzunehmen sein, daß hierunter die Streitigkeiten über alle Rechtsbeziehungen zwischen der Gesellschaft und den Gesellschaftern zu verstehen sind. Eine Beschränkung der Schiedsklausel auf die im Gesellschaftsvertrage ausdrücklich getroffenen Bestimmungen ist darin nicht zu erblicken (a. M. OLG. Breslau 7. 7. 14 RundschauGmbH. 1914, 423). Ob sich die Schiedsklausel auch auf die Rechtsstreitigkeit der Gesellschaft mit den Gesellschaftern nach dem Erlöschen der Gesellschaftereigenschaft erstreckt, ist Auslegungsfrage. Im Zweifel wird anzunehmen sein, daß auch diese Verpflichtung mit dem Ausscheiden aus der Gesellschaft ihr Ende erreicht (OLG. Stuttgart 16. 1. 06 Jahrb. d. Württemb. Rechtspfl. 19, 9). Unstatthaft ist, daß die GmbH. selbst durch eines ihrer Organe Schiedsrichter ist. Es kann nicht dem Aufsichtsrat die Befugnis der endgültigen Entscheidung übertragen werden. Wohl aber kann ein anderer Gesellschafter Schiedsrichter sein. Es gilt für ihn das über die Unfähigkeit des Richters überhaupt Gesagte.

β) Die Auflösung der Gesellschaft hat auf das schwebende Verfahren folgenden Einfluß. Anm. 12.

Der Prozeß wird allerdings zunächst unterbrochen. Er wird mit den Liquidatoren fortgesetzt. Die Unterbrechung tritt auch ein, wenn der Geschäftsführer Liquidator wird. Auch in diesem Falle hört die gesetzliche Vertretungsbefugnis des Geschäftsführers auf. Er erhält eine neue Vertretungsbefugnis anderer Art. Nicht der Wechsel der vertretenden Person, sondern der Wechsel der Vertretungsbefugnis ist nach § 241 ZPO. entscheidend. Legen die Liquidatoren ihr Amt nieder, so kann der Prozeßrichter einen Prozeßpfleger bestellen (ZPO. § 57) oder es kann nach § 29 BGB. ein anderer Vertreter der Gesellschaft bestellt werden. Dagegen ist die Liquidation ohne Einfluß auf die Zwangsvollstreckung. Sie wird in das Vermögen der Gesellschaft fortgesetzt.

γ) Das gegen die Gesellschaft ergangene Urteil ist lediglich gegen die Gesellschaft rechtskräftig und vollstreckbar. Die Gesellschafter werden davon höchstens wirtschaftlich berührt. Die GmbH. ist ein selbständiges Rechtssubjekt. Eine persönliche Haftung der Gesellschafter gibt es nicht. Auch wo sie durch den Gesellschaftsvertrag verpflichtet sind, eine Unterbilanz zu decken, kann dieser Anspruch nur durch die Gesellschaft und durch einen Gläubiger nur kraft Pfändung des Anspruchs ausgeübt werden. Anm. 13.

δ) Gerichtsstand. Die Gesellschaft hat ihren ordentlichen Gerichtsstand dort, wo sie ihren Sitz hat (ZPO. § 17). Neben dem gesetzlichen Gerichtsstand, aber eben nur neben dem gesetzlichen, nicht statt desselben, ist auch ein statutarischer Gerichtsstand zulässig (ZPO. § 17 Abs. 3). Über die Zuständigkeit der Kammer für Handelssachen vgl. unten Anm. 24 u. 26. Anm. 14.

II. (Abs. 2.) **Die Haftung für die Verbindlichkeiten der Gesellschaft.** Anm. 15.

Für die Verbindlichkeiten der Gesellschaft haftet lediglich das Gesellschaftsvermögen. Es haftet nur die Gesellschaft. Diese aber mit dem ganzen Gesellschaftsvermögen.

1. Es haftet die Gesellschaft mit ihrem Gesellschaftsvermögen. Anm. 16.

Die durch das Auftreten der Gesellschaft im Rechtsverkehr entstehenden Verbindlichkeiten sind Verbindlichkeiten der Gesellschaft. Für sie haftet infolgedessen nur die Gesellschaft. Das ist mit den Worten des Gesetzes, daß das Gesellschaftsvermögen

§ 13. hafte, gemeint. Die Gesellschafter stehen mit den Gläubigern der Gesellschaft in keinem direkten Rechtsbande. Das RG. vertritt grundsätzlich, indem es die Rechtspersönlichkeit der Gesellschaft von derjenigen der Gesellschafter scharf trennt, den gleichen Standpunkt. Eine persönliche Verpflichtung der Gesellschafter aus einem Vertrage der GmbH. läßt es nur unter der doppelten Voraussetzung zu, daß „eine solche Verpflichtung im Sinne dieses Vertrages liegt und die Gesellschafter in diesem Sinne dem Vertrage zugestimmt haben" (RG. 9. 11. 17 RundschauGmbH. 1919, 49). Damit erfordert das RG. mit Recht den Abschluß eines unmittelbaren Vertrages zwischen den Gesellschaftern und dem Vertragsgegner der GmbH. Ob ein solcher Vertragsschluß auch ohne ausdrückliche Abrede aus einem Tatbestand gefolgert werden kann, ist Auslegungsfrage (vgl. für die Einmanngesellschaft oben Anm. 1; auch OLG. München 3. 4. 14 RundschauGmbH. 14, 428). Daneben kommt eine außervertragliche Haftung des Gesellschafters in Betracht, wenn die Voraussetzungen des § 823 Abs. 2 oder des § 826 BGB. gegeben sind. Der Gesellschafter wirkt als Mittäter bei einer unerlaubten Handlung des Geschäftsführers mit, welche diesen neben der vertraglich gebundenen GmbH. haftbar macht. Der Gesellschafter stiftet den Geschäftsführer der überschuldeten GmbH., die ihre Zahlungen eingestellt hat, an, Waren für die GmbH. auf Kredit zu bestellen. Die gelieferten, noch nicht bezahlten Waren übernimmt der Gesellschafter in Anrechnung auf eigene ihm gegen die GmbH. zustehende Darlehnsforderungen. Der Lieferant der Waren muß — dessen waren sich Geschäftsführer und Gesellschafter von vornherein bewußt — leer ausgehen. Nach §§ 826, 840 BGB. haftet der Gesellschafter persönlich dem Geschädigten. Über die außerkontraktliche Haftung des Geschäftsführers vgl. unten § 43 Anm. 25.

Anm. 17. Eine unmittelbare Haftung der Gesellschafter tritt gegenüber den Gläubigern der Gesellschaft nicht einmal dann ein, wenn sie sich rechtswidrig Teile des Gesellschaftsvermögens auszahlen lassen, die sie sich um der Gläubiger willen nicht auszahlen lassen durften (§ 31 des Gesetzes; weitergehend § 317 HGB.). Auch die im § 24 angeordnete Haftung der Gesellschafter für die rückständigen Einlagen der anderen Gesellschafter ist keine Haftung gegenüber den Gläubigern, sondern gegenüber der Gesellschaft. Das gleiche gilt von der Pflicht zur Einzahlung von Nachschüssen gemäß §§ 26ff. und sonstigen Nebenleistungen (vgl. auch oben Anm. 13). Alle diese Verpflichtungen der Gesellschafter geben dem Gläubiger kein direktes Recht gegenüber dem Gesellschafter. Der Gläubiger kann nur die Rechte der Gesellschaft aus diesen Verpflichtungen pfänden und sich überweisen lassen. Er kann auf diesem Wege sich den Weg zu einem direkten Angriff gegen die Gesellschafter ebnen. Doch beruht dieser dann auf abgeleitetem Rechte. Im Konkurse kann nur der Konkursverwalter jene Rechte geltend machen. Die Disposition über die Rechte der Gesellschaft geht auf ihn über. Die durch Nachschußverbindlichkeit entstehenden Rechte werden aber Bestandteile des Gesellschaftsvermögens erst dadurch, daß sie von den Gesellschaftern *beschlossen* werden. Der Konkursverwalter kann durch seinen Willensakt diesen Beschluß nicht ersetzen (vgl. Anm. 7 zu § 26).

Anm. 18. 2. *Es haftet das ganze Gesellschaftsvermögen.* Das ist nicht identisch mit dem Stammkapital. Es kann größer oder geringer sein, aber alles, was zum Vermögen der GmbH. gehört, unterliegt dem Zugriffe der Gläubiger.

Anm. 19. Zu dem der Zwangsvollstreckung unterworfenen Vermögen gehören auch die Ansprüche der Gesellschaft an die Gesellschafter. Nur muß der Anspruch bereits entstanden sein. Dies ist nicht der Fall, wenn das Gesellschaftsverhältnis nur die Möglichkeit eines solchen Anspruchs gewährt, z. B. Einzahlung von Nachschüssen. Über die Zulässigkeit der Pfändung und Abtretung von *Stammeinlagen* vgl. Anm. 33 zu § 19 u. Anm. 15 zu § 46.

Anm. 20. III. (Abs. 3.) **Die GmbH. gilt als Handelsgesellschaft im Sinne des HGB.**

1. Der Betrieb braucht kein Handelsgewerbe darzustellen. Das ist in § 210 HGB. ausdrücklich zum Ausdruck gebracht. Hier sollte dasselbe geschehen (vgl. Motive 23). Es kommt also gar nicht darauf an, worin der Gegenstand des Unternehmens besteht. Eine Gesell-

schaft, die ein Gewerbe betreibt, aber nicht Kaufmann ist, aber auch eine Gesellschaft zur Verfolgung rein idealer Tendenzen ist eine Handelsgesellschaft. **§ 13.**

Sie hat die Rechte und Pflichten eines Vollkaufmanns (HGB. § 6 Abs. 2).

2. Aus dieser Rechtsstellung einer als Vollkaufmann geltenden Handelsgesellschaft, die nicht notwendig ein Handelsgewerbe betreibt, ergibt sich: Anm. 21.

a) Sie hat alle Rechte und Pflichten, welche sich an die Eigenschaft als Vollkaufmann knüpfen. Sie hat z. B. die Buchführungspflicht (§§ 38 ff. HGB.), auch wenn sie kein Handelsgewerbe betreibt. Denn diese Pflicht wird schlechtweg an die Vollkaufmannsqualität geknüpft. Das Geschäftsjahr der GmbH. darf zwölf Monate nicht überschreiten (HGB. § 39 Abs. 2; KG. 20. 5. 21 OLGR. 42, 225). Über Börsenterminfähigkeit vgl. Anm. 23.

Sie ist auch dann Handelsgesellschaft und Vollkaufmann, wenn sie kein Handelsgewerbe betreibt. Man kann nicht (Lehmann-Ring Nr. 5 zu § 210 HGB. bezüglich der Aktiengesellschaft) sagen: „Da Kaufmann im Sinne des HGB. nur ist, wer ein Handelsgewerbe betreibt, so gilt die Aktiengesellschaft stets als ein Handelsgewerbe betreibend." Allerdings geht die Regel des § 1 HGB. dahin, daß Kaufmann der ist, der ein Handelsgewerbe betreibt. Von dieser Regel ist aber gerade im § 210 HGB. und § 13 GmbHG. eine Ausnahme gemacht. Hier wird das Rechtssubjekt Kaufmann, obgleich der Gegenstand des Unternehmens kein Handelsgewerbe ist. Nicht aber muß, wenn ein Rechtssubjekt Kaufmann ist, seine Tätigkeit im Rechtsverkehr dadurch notwendig den Charakter eines Handelsgewerbes haben (zust. RG. 21. 11. 12 DJZ. 1913, 233). Das hat praktische Bedeutung. Es gibt Rechtsvorschriften, in denen die Gesetze den Ton nicht darauf legen, daß der betreffende Rechtsakt von einem Kaufmann, sondern darauf, daß er von einer Person im Betriebe ihres Handelsgewerbes erfolgt. Anm. 22.

b) Folgende beide Fälle müssen unterschieden werden:

α) Die Gesellschaft betreibt ein Gewerbe. Es fällt aber weder unter § 1 HGB. noch unter § 2 HGB. Oder ihr Gewerbe gehört nur zum Kleinbetrieb (§ 4 HGB.). Da die Firma ein Gewerbe betreibt und im Handelsregister eingetragen ist, so sind Einwendungen aus der Art des Gewerbes nicht statthaft (§ 5 HGB.). Der Betrieb gilt als Vollhandelsgewerbe. Unter der gleichen Voraussetzung ist die GmbH. stets börsenterminhandelsfähig (§ 53 BörsenG.), auch wenn ihr Gewerbebetrieb über den Umfang des Kleingewerbes nicht hinausgeht. Satz 2 des § 53 BörsenG. hat offenbar nur die Fälle des § 4 HGB. im Auge, in denen eine Eintragung der Firma im Handelsregister zu Unrecht erfolgt ist. Das trifft auf die GmbH. nicht zu. Anm. 23.

Die Geschäfte der GmbH. sind dann Handelsgeschäfte, ihre Vollmachten Handelsvollmachten, ihre Bürgschaften Handelsbürgschaften, für ihre Geschäftsbesorgung kann sie Provision fordern, die von ihr übernommenen Vertragsstrafen sind nach § 348 HGB., ihre Kontokorrente nach dem HGB. zu beurteilen. Überhaupt ist hier in allen privatrechtlichen Beziehungen davon auszugehen, nicht bloß, daß man es mit einer Handelsgesellschaft und einem Vollkaufmann zu tun hat, sondern auch mit Geschäften im Betriebe eines Vollhandelsgewerbes. Daher ist die Zuständigkeit der Kammer für Handelssachen gegeben, wenn das Geschäft auch für den anderen Teil ein Handelsgeschäft ist (GVG. § 95 Ziff. 1). Anm. 24.

Auch ihre Grundstücksgeschäfte sind Handelsgeschäfte. Die Formvorschrift des § 313 BGB. gilt auch bei Grundstücksveräußerungsverträgen einer GmbH., wie überhaupt die Formvorschriften des BGB. im Handelsverkehr gelten. Und wo das HGB. Ausnahmen gestattet, sind sie auch für die GmbH. von Bedeutung. Anm. 25.

β) Betreibt die Gesellschaft kein Gewerbe, handelt es sich also um einen Verein mit idealen Tendenzen, dann sind alle Bestimmungen des HGB., welche einen Kaufmann „im Betriebe seines Handelsgeschäftes" voraussetzen, unanwendbar. Die von der Gesellschaft versprochene Vertragsstrafe kann herabgesetzt werden. Ihr steht als Bürgen die Einrede der Vorausklage zu. Bürgschaft, Schuldversprechen und Anerkenntnis bedürfen der schriftlichen Form (HGB. §§ 348, Anm. 26.

§ 13. 349, 350). Ihre Geschäfte sind nicht Handelsgeschäfte (GVG. § 95 Ziff. 1). Forderungen der Kaufleute und Handwerker gegen eine solche GmbH. unterliegen nicht der zweijährigen, sondern der vierjährigen Verjährung (BGB. § 196 Abs. 1 Ziff. 1 und Abs. 2; OLG. Celle 22. 5. 12 OLGR. 28, 42). Dagegen finden auch auf diese Art idealer Gesellschaften alle Vorschriften des HGB. Anwendung, die nur die Kaufmannseigenschaft fordern. So kann jeder Dritte mit ihr im Kontokorrent stehen (HGB. § 355). So kann sie insbesondere Verpflichtungsscheine an Order ausstellen. Es ist damit jeder GmbH., auch der nicht gewerbetreibenden, der übliche Weg der Ausgabe von Teilschuldverschreibungen mit hypothekarischer Sicherheit bei Aufnahme von Darlehen offen (HGB. § 363).

Anm. 27. c) Auch in anderer als handelsrechtlicher Hinsicht wird nicht etwa jede GmbH. schlechtweg als handelsgewerbetreibende Gesellschaft angesehen. Betreibt sie kein Handelsgewerbe, so finden auf sie die Bestimmungen der Gewerbeordnung über die Sonntagsruhe im kaufmännischen Handelsgewerbe keine Anwendung (BayObLG. 28. 10. 13 BayObLGSt. 13, 407). Betreibt sie kein Gewerbe, so ist sie nicht gewerbesteuerpflichtig (Entscheidung des PrOVG. in Staatssteuersachen 2, 235, für das Aktienrecht).

Anm. 28. IV. Das österr. Ges. § 61 stimmt mit dem deutschen überein. Nur gilt dort die GmbH. nicht als Handelsgesellschaft. Sie i s t es. Das französische und polnische Gesetz haben eine dem § 13 des deutschen Gesetzes entsprechende Bestimmung nicht. Trotzdem ist auch die französische und polnische GmbH. als juristische Person anzusehen. Das ergibt der Aufbau der Gesetze. Nach § 3 des französischen Gesetzes ist die GmbH. eine Handelsgesellschaft. Für das polnische Recht ist das gleiche aus Art. 1 zu folgern.

§ 14.

§ 14.

Der Geschäftsanteil jedes Gesellschafters bestimmt sich nach dem Betrage der von ihm übernommenen Stammeinlage.

Einleitung. **Der vorliegende Paragraph bestimmt, daß der Geschäftsanteil mit einem Nennbetrage bezeichnet wird, der ebenso groß ist wie der Betrag der übernommenen Stammeinlage.**

Anm. 1. 1. Jeder Geschäftsanteil wird mit einem dem Betrage der übernommenen Stammeinlage entsprechenden Nennbetrage bezeichnet. Das gleiche gilt für die Aktiengesellschaft. Auch die Aktie wird mit einem Nennbetrage bezeichnet, der dem Betrage der übernommenen Kapitaleinlage entspricht. Die Vorschrift ist eine der Grundprinzipien der GmbH. Diese kann nicht ohne ein Vermögenssubstrat entstehen. Dasselbe wird von dem Personensubstrat, den Gründern, aufgebracht. Diese verpflichten sich zur Leistung.

Anm. 2. Die sämtlichen Leistungen, die als Einlagen erfolgen, bilden das Stammkapital. Das Stammkapital ist der Betrag, welchen die Gesellschafter mindestens an Werten einzulegen sich verpflichten, und welcher das Fundament der Gesellschaft werden soll. Das Stammkapital steht auf der Passivseite der Bilanz. Dadurch wird erreicht, daß an die Gesellschafter nur dann Gewinn verteilt wird, wenn soviel an Aktiven vorhanden ist, daß außer den Schulden auch der Betrag des Stammkapitals gedeckt ist. Die Gesellschafter können außer denjenigen Einlagen, welche in der Ziffer des Grundkapitals zum Ausdruck kommen, noch andere Verpflichtungen übernehmen (§ 3 Abs. 2 des Gesetzes und Anm. 25ff. hierzu). Doch sind dies rechtlich Nebenleistungen, wenn sie auch wirtschaftlich als Hauptleistungen erscheinen (Anm. 4 zu § 3). Sie sind aber nie das, was das Gesetz Kapitaleinlage (§ 3 Abs. 2) oder Stammeinlage (§ 3 Nr. 4, § 5) nennt.

Anm. 3. Die Stammeinlage ist derjenige Bestandteil der Einlage, der in der Ziffer des Stammkapitals zum Ausdruck kommt. Der Gesamtbetrag der Stammeinlagen und daher auch der Geschäftsanteile müssen bei der Gründung mit dem Stammkapital übereinstimmen (§ 5 Abs. 3). Dies kann später nicht stets durchgeführt werden. Es sind Ereignisse möglich, bei denen die Summe der Geschäftsanteile nicht mit dem Stammkapitale übereinstimmt (vgl. Anm. 46 zu § 2; Anm. 21 zu § 34; Anm. 7 zu § 58). Die Einlagen können sich nachträglich nicht ändern (RG. 10. 10. 13 RJA. 13, 218). Sie sind ein historisches Ereignis, das der Vergangenheit angehört. Wohl aber kann der Nominalbetrag der Geschäftsanteile eine andere Bedeutung erhalten. Das ist stets der Fall, sobald sich das Verhältnis zum Stammkapital verschiebt. **§ 14.**

Als Äquivalent für die Stammeinlage erwirbt der Gesellschafter die Mitgliedschaft. **Anm. 4.** Diese Mitgliedschaft, die Summe der aus der Mitgliedschaft fließenden Rechte — auf Mitverwaltung, Gewinnbezug, Anspruch auf Liquidationsguthaben — wird der Geschäftsanteil genannt. Es ist dasselbe, was bei der Aktiengesellschaft Aktie heißt. Daher ist die Veräußerung eines Geschäftsanteils auch nur die Veräußerung dieser Mitgliedschaft, nicht die eines Anteils an dem von der GmbH. betriebenen Erwerbsgeschäfte selbst. Über das Erfordernis der vormundschaftsgerichtlichen Genehmigung (BGB. § 1822 Ziff. 3; KG. 4. 7. 07 KGJ. 34 A, 89; vgl. § 15 Anm. 1 und für die Veräußerung sämtlicher Geschäftsanteile der GmbH. durch einen Minderjährigen KG. 15. 10. 25 JW. 1926, 600 und Hachenburgs Bem. das. sowie oben Anm. 1 zu § 13).

Die Bezeichnung des Geschäftsanteils könnte nun auf verschiedene Weise erfolgen. **Anm. 5.** Sie könnte durch einen Bruchteil geschehen. Beträgt das Stammkapital 90 000 M. und hat der Gesellschafter A 30 000 M., der Gesellschafter B 60 000 M. davon eingelegt, so könnte das Gesetz davon sprechen, daß A einen Geschäftsanteil im Betrage von $^1/_3$ des Stammkapitals, B einen Geschäftsanteil im Betrage von $^2/_3$ des Stammkapitals erhält. Diese Art der Bezeichnung besteht bei den Kuxen. Jeder Kux bedeutet einen entsprechenden Teil des gesamten Gesellschaftsvermögens. Es stände begrifflich auch nichts entgegen, daß die Stammanteile nach Nummern (Nr. 1, Nr. 2, Nr. 3 usw.) bezeichnet werden, oder auch nach Namen (Stammanteil Berta, Karoline usw.). Das Gesetz hat aber die Bezeichnung gewählt, daß jeder Geschäftsanteil mit einem Nennbetrage bezeichnet wird, der dem Betrage der übernommenen Stammeinlage entspricht. Hier stehen sich das Recht der GmbH. und das Recht der Aktiengesellschaft gleich. Der Gedanke hat in den beiden Gesetzen nur einen verschiedenen Ausdruck erhalten. Hier wird von der Stammeinlage ausgegangen. Es wird zunächst betont, daß die Summe der sämtlichen Stammeinlagen mit der Gesamtziffer des Stammkapitals übereinstimmen muß (§ 5 Abs. 3). Dann sagt § 14, daß jeder Geschäftsanteil mit dem Nennbetrage bezeichnet wird, der dem Betrage der übernommenen Stammeinlage gleichkommt. Dagegen geht das Aktienrecht von dem Verhältnis des Grundkapitals zum Geschäftsanteil aus. Es beginnt im § 178 HGB. mit der Bestimmung, daß das Aktienkapital in Aktien zerlegt wird. Auch das GmbHG. hätte sich dahin ausdrücken können: Das Stammkapital wird in Geschäftsanteile zerlegt, auf jeden Geschäftsanteil muß eine Einlage gemacht werden, die ihrem Werte nach mindestens dem Betrage des Geschäftsanteils entspricht.

2. Die Vorschrift des § 14 enthält nichts weiter als eine Vorschrift über die Art, wie der Geschäftsanteil zu bezeichnen ist. Man darf daher die Bedeutung dieser Vorschrift, so wichtig sie sein mag, nicht überschätzen. Sie besagt nicht mehr, als daß der Geschäftsanteil mit einem Nennbetrage bezeichnet wird, der dem Betrage der übernommenen Stammeinlage gleichkommt. **Anm. 6.**

Das ist nichts weiter als eine an die Gründungsgeschichte der Gesellschaft anknüpfende Identitätsbezeichnung (vgl. OLG. Breslau 14. 11. 16 RundschauGmbH. 1917, 219). Lautet z. B. der Geschäftsanteil auf 1000 M., so ist damit berichtet, daß der erste Übernehmer des Geschäftsanteils Werte im Betrage von 1000 M. in die Gesellschaft einzulegen übernommen hat. In dem Augenblicke, wo die Gesellschaft in das Verkehrsleben tritt, ist das Stammkapital einem unaufhörlichen Wechsel unterworfen. Eine Gesellschaft, die mit 100 000 M. Stammkapital entsteht, kann schon in kurzer Zeit weit mehr oder weniger in ihrem Besitz haben. Der Besitzer eines solchen Geschäftsanteils von 1000 M. hat keinesfalls stets ein Objekt mit einem Werte von 1000 M. Er kann damit seinen Ge- **Anm. 7.**

§ 14. schäftsanteil bald zu hoch, bald zu gering einschätzen (OLG. Hamburg 31. 5. 19 OLGR. 40, 342). Auch in rechtlicher Hinsicht ist der Nennbetrag des Stammanteils nichts mehr als die Bekundung der historischen Tatsache, daß der betreffende ursprüngliche Gesellschafter mindestens soviel an Werten einzulegen übernommen hat, als der Betrag des Geschäftsanteils lautet. Denn keineswegs bedeutet der Nennbetrag des Geschäftsanteils notwendig, daß der betreffende Gesellschafter in jenem Verhältnisse bei der Gesellschaft beteiligt ist, welches dem Zahlenverhältnis des Nennbetrages zur Gesamtziffer des Stammkapitals entspricht. Bei einer Gesellschaft von 100 000 M. Stammkapital ist der Inhaber eines Geschäftsanteils von 10 000 M. keineswegs notwendig mit $^1/_{10}$ am gesamten Stimmrechte, am Gewinnbezuge, an der Ausschüttung des Vermögens beteiligt. In allen diesen Beziehungen kann vielmehr der Gesellschaftsvertrag das Beteiligungsverhältnis anders bestimmen (GmbHG. §§ 29, 45 Abs. 2, 47 Abs. 2, 72). Es kann auch infolge der Ungültigkeit einer Beitrittserklärung (vgl. Anm. 46ff. zu § 2), infolge einer Amortisation aus Überschüssen (vgl. Anm. 21 zu § 24), infolge einer Herabsetzung des Stammkapitals zur Beseitigung der Unterbilanz (vgl. Anm. 7 zu § 58) sich das Verhältnis der Geschäftsanteile zum Stammkapital und damit die Beteiligungsziffer verschieben.

So ist der Nennbetrag, welcher zur Bezeichnung des Geschäftsanteils dient, juristisch und wirtschaftlich nichts weiter als eine historische Reminiszenz. Als solche mag sie zur Bezeichnung des Geschäftsanteils sehr geeignet sein. Sie mag der zeitigen Wahrheit wirtschaftlich und juristisch gleich- oder nahezu gleichkommen. Aber dies ist nicht notwendig. So muß immer wieder betont werden, daß sie eine juristische Bedeutung nicht hat (vgl. auch OLG. Breslau 8. 5. 15 RundschauGmbH. 1917, 219).

Anm. 8. Vergleicht man die vorstehenden Ausführungen mit denen Neukamps (GZ. 57, 8 bis 29 und Anm. 4 zu § 14), so dürfte ein wesentlich praktischer Unterschied kaum vorliegen. Soweit Neukamp die **Bezeichnung** des Geschäftsanteils nach dem Nennwerte der Stammeinlage bekämpft, steht ihm der Wortlaut des Gesetzes und der Sprachgebrauch des Lebens entgegen. Soweit er damit sagen will, daß man die Höhe der Beteiligung und ihre Art nicht stets aus der Größe der Einlage bemessen könne, ist dem zuzustimmen.

Anm. 9. 3. **Aus der Bedeutung der Bezeichnung des Geschäftsanteils ergibt sich:**

a) Die **Stammeinlage** ist diejenige Leistung des Gesellschafters, welche einen Teil des Stammkapitals zum Ausdruck bringt.

Anm. 10. b) Der **Geschäftsanteil** ist der Inbegriff derjenigen Rechte, welche der Gesellschafter für seine Einlagen erhält (vgl. Motive 23).

Anm. 11. c) Die **Bezeichnung** des Geschäftsanteils erfolgt durch einen Nennbetrag, der dem Betrage der übernommenen Stammeinlage gleichkommt. Sie ist eine historische Reminiszenz hieran. Sie gewährt wohl einen Anhaltspunkt, aber keinen sicheren Schluß auf das Maß von Rechten, welches dem Inhaber des Geschäftsanteils zukommt, und auf den Wert seiner Rechte.

Anm. 12. d) Die Bestimmung, daß der Gesamtbetrag der Stammeinlagen mit dem Stammkapital übereinstimmen muß (§ 5 Abs. 3), bedeutet nicht, daß die Summe der Geschäftsanteile stets dem Stammkapital gleichkommt (vgl. Anm. 10 zu § 5).

Anm. 13. 4. **Der Nennbetrag des Geschäftsanteils richtet sich nach dem Betrage der übernommenen** Stammeinlage, nicht etwa nach dem Betrage des gezahlten Teils der Stammeinlage (vgl. auch RG. 5. 2. 15 RGZ. 86, 210). Auch die Aktie enthält denjenigen Nennbetrag, den der Aktionär zu leisten verspricht, nicht den, den er leistet. Bei der Umstellung des Stammkapitals und der Geschäftsanteile auf Reichsmark gemäß der Goldbilanzverordnung gilt das gleiche. Die Geschäftsanteile, die nicht voll eingezahlt sind, werden als voll eingezahlt behandelt. Ihre Umbenennung erfolgt, indem das umgestellte Stammkapital im bisherigen Beteiligungsverhältnis auf die Geschäftsanteile verteilt wird (§ 26 der 2. DurchfV. GoldbilV.)

Anm. 14. 5. **Das Verhältnis zwischen Stammkapital, Stammeinlage und Geschäftsanteil drückt sich auch bei der Buchung aus.** Es gibt kein Geschäftsanteilkonto.

Die Geschäftsanteile existieren als solche für die Gesellschaft nicht. Die Summe der Stammeinlagen ergibt das Stammkapital. Dieses findet seinen Ausdruck im Stammkapitalkonto. Daß das Stammkapital in einzelne Anteile zerlegt wird, ist bei der GmbH. wie bei der Aktiengesellschaft für die Buchung unerheblich. Dem Stammkapitalkonto gegenüber stehen nur persönliche Konti der einzelnen Gesellschafter. Das Stammkapitalkonto fordert von den Einlagekonti der Gesellschafter die gezeichnete Summe. Jede Zahlung wird dem persönlichen Einlagekonto zu Lasten des Stammkapitalkontos gutgeschrieben. Der ausstehende Teil der Einlagekonti bildet ein Aktivum der Gesellschaft, dem auf der Passivseite das Stammkapital gegenübersteht. Wird ein Geschäftsanteil kaduziert (§ 21), der Gesellschafter also ausgeschlossen, so muß dessen persönliches Konto beglichen werden. Es wird ihm der Erlös der Versteigerung gutgeschrieben, ebenso die Summe, welche die anderen Gesellschafter gemäß § 24 aufbringen. Denn die Zahlung geschieht, vorbehaltlich des Regresses, für den Ausgeschlossenen. Bleibt noch ein Teil der Einlage ungedeckt, so bleibt der Gesellschafter trotz Kaduzierung Schuldner für dessen Restbetrag. Ist er unbeibringlich, so ist dieser Rest über Verlustkonto abzubuchen. Über die Aufwertung rückständiger Einlagen bei Umstellung des Stammkapitals auf Reichsmark vgl. unten Exkurs II zu § 14. **§ 14.**

6. Der erste Inhaber des Geschäftsanteils kann auch Verpflichtungen gegen die Gesellschaft haben. Auch der spätere Erwerb des Geschäftsanteils ist mit der Übernahme der noch bestehenden Verpflichtungen verbunden (§ 16 Abs. 3, §§ 26, 24 u. 31 des Gesetzes; vgl. Anm. 14ff. zu § 16). **Anm. 15.**

7. **Sonderrechte. Individualrechte. Drittrechte.** Der Geschäftsanteil ist kein Recht. Er ist ein Inbegriff von Rechten und Pflichten. Er bedeutet ein Rechtsverhältnis zwischen Gesellschafter und Gesellschaft. (Neukamp GZ. 33 schafft die Bezeichnung „Komplexrecht“ oder „Rechtskomplex“. Er stellt die Mitgliedschaft dem Anteil der Miterben an der Erbschaft gleich.) Die Rechte und Pflichten des Gesellschafters ergeben sich aus Gesetz und Gesellschaftsvertrag. Ihre Aufzählung hier wäre zwecklos. Zu besprechen sind nur die allgemeinen Gruppen von Rechtsbeziehungen und deren Unterscheidung. **Anm. 16.**

a) Drittrechte sind alle Rechte des Gesellschafters gegenüber der Gesellschaft, die ihm unabhängig von seiner Mitgliedschaft wie jedem Dritten zustehen. Er ist Gläubiger aus einem Schuldverhältnisse des Zivilrechts. Diese Rechte bilden nie einen Bestandteil des Geschäftsanteils. Sie gehen ohne besondere Abtretung nicht mit dessen Übertragung auf den Erwerber über. So Ansprüche aus Darlehen, aus Kauf. Es gibt solche Rechte, die mit dem Mitgliedschaftsverhältnisse zusammenhängen. So, wenn die Gesellschafter als solche verpflichtet sind, der Gesellschaft Darlehen zu gewähren oder ihre Produkte zu verkaufen. Der auf Grund dieser Mitgliedsverpflichtung erfolgende Vertragsabschluß selbst gehört aber dem Gebiete des Individualrechts an. Die hieraus entstehenden Rechte und Pflichten beider Teile sind nicht mehr im Geschäftsanteile begriffen. Die Darlehnsforderung muß neben dem Geschäftsanteil übertragen werden. Ein Anspruch des Veräußerers auf Übernahme auch dieser Forderung an die Gesellschaft besteht gegenüber dem Erwerber des Geschäftsanteils nur, wenn dies bedungen ist. Daß ein Beschluß der Gesellschafter nicht über diese Rechte verfügen kann, ist selbstverständlich. Sie vermögen dies so wenig wie sonst ein Schuldner. Möglich ist, daß der Gesellschaftsvertrag solche Beschlüsse vorsieht. Dann greifen sie in die Privatrechtssphäre des Gläubigers ein. Dieser hat bei der Entstehung seines Anspruchs ihn nur mit diesem Recht des Schuldners behaftet erworben. So, wenn im Gesellschaftsvertrag bedungen ist, daß die Zahlung für die statutarisch den Gesellschaftern obliegenden Leistungen durch Mehrheitsbeschluß der Gesellschafterversammlung hinausgeschoben werden darf. **Anm. 17.**

Steuerrechtlich werden solche Drittrechte gemäß § 6c KVStG. wie Gesellschaftsrechte behandelt. Die Vorschrift soll in Übereinstimmung mit der Rechtsprechung des

§ 14. Reichsfinanzhofs unter der Geltung des Reichsstempelgesetzes (RFH. 12. 5. 23 Bd. 12, 125) verhindern, daß die Gesellschaftssteuer durch Begründung von Gläubigerrechten der Gesellschafter umgangen wird. Der Gesellschaftssteuer unterliegen demgemäß Darlehen der Gesellschafter an die GmbH., wenn die Darlehnsforderung nur gleichzeitig mit den Gesellschaftsrechten abgetreten werden kann oder für die Dauer der Beteiligung des Darlehnsgebers an die GmbH. gestundet ist oder das Darlehn für die GmbH. das dauernde Betriebskapital schafft (§§ 8 u. 9 der AusfBest. z. KVStG.; vgl. Koeppel BankArch Bd. 25, 203 u. 233). Auf die sonstige Rechtsnatur dieser Ansprüche hat die steuerrechtliche Vorschrift keinen Einfluß.

Anm. 18. b) Sonderrechte. Es ist unbestreitbar, daß sich bei der GmbH. wie bei allen Körperschaften Rechte finden, welche durch eine Statutenänderung mit der hierfür vorgeschriebenen Mehrheit beseitigt werden können, und solche, bei denen dies nicht der Fall ist. Es kann das Recht der Gesellschafter, die ein Zehntel des Stammkapitals besitzen, auf die Berufung der Gesellschafterversammlung durch Änderung des Gesellschaftsvertrags abgeschafft werden. Es kann aber nicht beschlossen werden, daß das im Gründungsakte einem Gesellschafter zugesprochene erhöhte Stimmrecht wieder aufgehoben werde. Es ist unzulässig, den im Gesetze begründeten Anspruch eines Gesellschafters auf die Abstimmung mit je 100 M. seines Geschäftsanteils ihm allein zu entziehen. Es ist aber statthaft, daß bei einer Erhöhung des Stammkapitals allgemein den neuen Gesellschaftern erhöhte Stimmrechte vor den ursprünglichen zugebilligt werden.

Über das Wesen und den Unterschied dieser Rechte herrscht Streit (vgl. R. Lehmann, Einzelrecht und Mehrheitswille, ArchBürgR. 9, 301; Bachmann, Die Sonderrechte des Aktionärs 1902, 26—47; Wimpfheimer, Die Gesellschaften usw. im Stadium der Liquidation 1908, 167ff.; Thur Allg. Teil BGB. I S. 553 zu § 35 BGB.; Brantl, Sanierung von Aktiengesellschaften 1908, 5—13; Markowitsch, Das Problem der Sonderrechte der Körperschaftsmitglieder 1910). Es ist hier nicht der Ort, auf die Einzelheiten dieser teilweise rein theoretischen Kontroversen einzugehen. Es genügt, folgende Momente hervorzuheben.

Anm. 19. Jedem Gesellschafter können bei der Entstehung seiner Beteiligung oder später durch Änderung des Gesellschaftsvertrags besondere Rechte vor den anderen Gesellschaftern zugesprochen sein, Vorzugsrechte (vgl. Anm. 15ff. zu § 5). Auch sie sind Mitgliedsrechte. Sie stehen dem Gesellschafter als solchem zu. Sie können an seine Person geknüpft oder mit dem Geschäftsanteile verbunden sein. Sie können nach dessen Veräußerung für den Bevorrechtigten fortbestehen oder erlöschen. Sie sind stets Verbandsrechte (Wimpfheimer, 168). Diese Rechte, die auf besonderer Verleihung beruhen und dem einzelnen Gesellschafter oder einer Mehrheit von solchen zugebilligt sind, müssen aus diesem Grunde der Mehrheitsverfügung entzogen sein. Man wird auch sie zu den Sonderrechten zählen. Sie unterscheiden sich von den übrigen Arten derselben durch die besondere Verleihung. Es sind also jedenfalls alle Rechte, die nicht jedem Mitgliede der GmbH. als solchem, sondern die einem Gesellschafter oder einzelnen Gesellschaftern vor den anderen als ein Mehr von jenen zustehen, Sonderrechte. Sie fallen sicher unter die Begriffsbestimmung des RG. (4. 4. 08 RGZ. 68, 212), wonach Sonderrechte die sind, „die ein Mitglied ausschließlich zu seinem eigenen Nutzen hat" (vgl. auch RG. 4. 10. 18 JW. 26, 42).

Anm. 20. Jedem Gesellschafter steht ein Recht auf **gleichmäßige Behandlung** aller Gesellschafter zu, soweit nicht der Gesellschaftsvertrag durch Verleihung von Vorrechten eine Ausnahme macht (vgl. RG. 41, 99; 68, 213; 80, 389; Staub-Pinner HGB. 10. Aufl. Anm. 9 zu § 250; Brantl 7; vgl. auch Anm. 5 zu § 53). Aus diesem auch für die GmbH. anzuerkennenden Grundsatz folgt, daß kein Beschluß einen einzelnen Gesellschafter oder einzelne derselben schlechter stellen darf als die Allgemeinheit. Man kann ihm allein den Anteil an der Verwaltung der Gesellschaft durch Mitwirkung an den Gesellschaftsbeschlüssen und an den Vermögensergebnissen, insbesondere der Dividende, nicht entziehen, weder durch einfachen Beschluß noch durch Statutenänderung. Allein deshalb brauchen diese Rechte noch keine Sonderrechte zu sein. Sie stehen dem Gesellschafter als solchem gleich jedem anderen zu. Sie einem einzelnen Gesellschafter ohne seine Zustimmung zu entziehen, ist unzulässig. Aber nur weil und soweit sie das Prinzip der Gleichheit verletzt. Eine Änderung des Gesellschaftsvertrages, die alle Gesellschafter gleichmäßig trifft, ist statthaft. So können statutarisch eingeführte, allen Gesellschaftern zustehende Rechte, neben der Beteiligung an der Gesellschafterversammlung z. B. Recht auf Büchereinsicht, Auskunft usw., durch einen gleichmäßig für alle wirkenden Beschluß wieder aufgehoben und der gesetzliche Zustand wieder hergestellt werden. Es müßte denn sein, daß aus besonderen Momenten erhellt, daß jeder Gesellschafter hierauf ein Sonderrecht erhalten sollte (unten Anm. 21). Ebenso darf daraus, daß der Gesellschaftsvertrag gesetzliche Rechte der Gesellschafter nicht ändert, nicht auf ein Sonderrecht gefolgert werden. Eine für alle Gesellschafter gleichmäßig eingeführte Beschränkung des Stimmrechts ist zulässig (RG. 12. 11. 12 JW. 1913, 104[19]). Auch der Beschluß, künftig nicht den ganzen Reingewinn zu verteilen, sondern ein Drittel zur Bildung einer Reserve zu verwenden. Es ist das Recht auf den Anteil am Nutzen nicht schlechthin unentziehbar. Es kann geschmälert werden, sobald nur alle Gesellschafter in gleicher Weise betroffen sind. Dieser Schutz des Gesellschafters gegen die einseitige Benachteiligung seines Geschäftsanteils ist aber nicht der Ausfluß eines besonderen Rechts, sondern einer allgemeinen Rechtsregel. Es ist daher nicht durchführbar, das Wesen des Sonderrechts gerade darin zu finden, daß seine Verletzung dem Prinzip der Gleichberechtigung widersprechen würde (Staub-Pinner HGB. 10. Aufl. Anm. 9 zu § 250). Es hat gerade umgekehrt die aus diesem Grundsatze fließende Folge für die Frage des Sonderrechts außer Ansatz zu bleiben (vgl. auch Thur Allg. Teil BGB. I 555 Anm. 71). Verletzung des Prinzips der Gleichheit macht allerdings den Beschluß für den hierdurch betroffenen Gesellschafter unverbindlich (vgl. auch Anm. 47 zu § 45 und Anm. 5 zu § 53). Ein Sonderrecht liegt darum aber nicht vor. Ob in der Schaffung von neuen Vorzugsanteilen eine Verletzung der Rechte der bisherigen Gesellschafter liegt, vgl. Anm. 26 zu § 53. Die Frage ist zu verneinen. Sehr umstritten, namentlich im Aktienrecht, ist die Frage, inwieweit eine Herabsetzung des Grundkapitals, verbunden mit dem Rechte der Erhaltung des bisherigen Anteils durch Zuzahlung, eine Verletzung der Rechte der einzelnen Gesellschafter ist. Das RG. erklärt jetzt (18. 9. 12 RGZ. 80, 81 JW. 1912, 1108[11]) nicht schlechthin jede Zuzahlung bei Vermeidung der Zusammenlegung der Aktien oder jede Erhaltung der Aktien gegen Zuzahlung für unzulässig. Nur wenn das Prinzip der Gleichbehandlung verletzt wird, trifft dies zu. So, wenn die nichtzahlenden Aktionäre für je zwei Aktien eine erhalten, also 50 Proz. einbüßen, während nur eine Zuzahlung von 400 M., also 40 Proz. gefordert wird. Für die GmbH. gibt es keine Zusammenlegung mehrerer Geschäftsanteile. Es kann nur eine Herabsetzung des Stammkapitals für alle geschehen. Eine Entziehung einzelner Geschäftsanteile bedarf der Zustimmung der Inhaber (§ 34). Mithin sind die Urteile des RG. über Zusammenlegung hier nicht unmittelbar verwertbar. Wohl aber wird derselbe Gedanke bei der Ausgabe von Vorzugsanteilen in Verbindung mit der Zuzahlung zu den bisherigen erheblich. Auch hier darf das Prinzip der gleichen Behandlung nicht verletzt werden. Einen solchen Fall sah das RG. (25. 4. 11 RGZ. 76, 155) in dem Beschlusse, daß jeder Gesellschafter, der für die Hälfte des Betrags seines Geschäftsanteils einen neuen Geschäftsanteil übernimmt, seinen alten Geschäftsanteil zum Vorzugsanteil mache. Ebenso nahm das RG. (13. 2. 14 Holdheim 23, 185) eine Verletzung des Prinzips der gleichen Behandlung für den Fall an, daß nicht alle Gesellschafter zur Übernahme neuer Stammeinlagen bei einer Kapitalserhöhung unter gleichen Bedingungen zugelassen wurden (vgl. Anm. 14 § 55). Über die Verletzung des Prinzips der gleichen Behandlung bei der Kartellgesellschaft vgl. Anm. 6 Exkurs zu § 3. Dagegen kann ein Verstoß gegen diese Grundsätze nicht schon deshalb angenommen werden, weil tatsächlich eine Vorschrift des Gesellschaftsver- § 14.

§ 14. trags den einen Gesellschafter anders trifft als die übrigen (RG. 12. 3. 15 Holdheim 24, 124). Zulässig ist eine Änderung des Statuts dahin, daß ein jeder Gesellschafter, der für ein Konkurrenzunternehmen tätig ist, sein Stimmrecht nicht persönlich ausüben darf oder überhaupt kein Stimmrecht für diese Zeit hat, auch wenn dies zur Zeit nur einen Gesellschafter tatsächlich trifft (RG. 12. 11. 12 JW. 1913, 104[19]; dazu Liebmann DJZ. 1913, 1376; vgl. aber RG. 5. 5. 16 RGZ. 88, 220 und JW. 16, 1015; vgl. ferner Anm. 7 zu § 47, Anm. 6 zu § 53).

Anm. 21. Den Vorrechten, die dem einzelnen Gesellschafter als solchem zu eigenem Vorteile gegeben sind, stehen die allgemeinen Mitgliedsrechte gegenüber (so auch RG. 12. 11. 12 RGZ. 80, 385). Sie fließen aus der Zugehörigkeit zur Gesellschaft als solcher. Sie dürfen nur durch einen Beschluß, der das Prinzip der Gleichheit verletzt, nicht geändert werden. Sonst unterstehen sie bei gleichmäßiger Behandlung dem Mehrheitsbeschlusse der Gesellschafter (oben Anm. 20). Es gehören hierher die Rechte verschiedenster Gattung. Neben dem Recht auf Dividende und Abstimmung stehen Ansprüche kraft Gesellschaftsvertrags auf Benutzung von Einrichtungen der Gesellschaft und auf Einsicht der Bücher derselben, auf Aufkündigung bei schlechtem Geschäftsgange und auf Übernahme von neuen Geschäftsanteilen bei Erhöhung des Stammkapitals. Alle diese Rechte der Gesellschafter können als unentziehbare gewollt sein. Sie können so gestaltet sein, daß eine Aufhebung auch unter Wahrung des Prinzips der Gleichheit als unzulässig durch Mehrheitsbeschluß erscheint. Ob dies der Fall ist, muß durch eine Auslegung des Gesetzes oder des Gesellschaftsvertrages festgestellt werden. Ein allgemeines begriffliches Merkmal wird es nicht geben. Daß dieses kein positives Resultat liefert, ist richtig. Allein eine Ablehnung des Ergebnisses wird sich hieraus nicht begründen lassen. Auch diese Rechte der Gesellschafter, die zwar aus dem allgemeinen Mitgliedsverhältnisse für jeden gleichmäßig entspringen, die aber nicht ohne die Zustimmung jedes einzelnen geändert werden können, nennt man Sonderrechte (vgl. RG. 14. 11. 03 bei Holdheim 13, 136 für das Recht der Aktionäre auf Auflösung der Gesellschaft bei Zeitablauf. Die Feststellung, daß eine Verlängerung nur mit Zustimmung aller erfolgen könnte, beruhte auf der Einzelauslegung des Gesellschaftsvertrags und der konkreten Umstände, ebenso RG. 13. 1. 14 BauersZ. 22, 10; vgl. auch Anm. 22 u. 23 zu § 3; vgl. ferner RG. 14. 11. 13 LZ. 1914, 571 für das Recht des Gesellschafters auf Fortführung der Gesellschaft während der vertraglich bestimmten Dauer). Das RG. (4. 4. 08 RGZ. 68, 211) will diese Bestimmung im Einzelfalle als generelle Regel nicht gelten lassen. Es beschränkt sie auf die Individual- oder Vertretungsrechte. Das sollen die Rechte sein, „sich in Angelegenheiten der Gesellschaft als deren Organ zu betätigen". Nur bei diesen sei jeweils die Unentziehbarkeit zu prüfen. Dagegen seien die Rechte, die ein Mitglied ausschließlich zu seinem eigenen Nutzen habe (Sonderrechte), grundsätzlich unentziehbar. Das RG. rechtfertigt damit die Ansicht, daß die nach dem Gesellschaftsvertrage statthafte freie Veräußerlichkeit eines Geschäftsanteiles nicht durch Statutenänderung beseitigt werden könne (Anm. 50 § 15; vgl. auch RG. 12. 3. 15 Holdheim 24, 124). Nun ist ja jede Namengebung willkürlich und, sofern sie nicht gegen eine gesetzliche Anordnung verstößt, auch zulässig. Es steht nichts im Wege, daß man die Befugnis, als Organ der Gesellschaft tätig zu sein, als Individualrecht bezeichnet. Das Wort ist durch die Motive zur Aktiennovelle vom Juli 1894 übernommen. Man kann sie auch Vertretungsrechte (Cosack, Handelsrecht § 117 IV) oder Mitwirkungsrechte (Brantl 6) nennen. Den Gegensatz bilden dann die Rechte vermögensrechtlichen Inhaltes (Motive zur Aktiennovelle, 155). Man mag diese dann auch als Sonderrechte in einem besonderen Sinne nehmen, obwohl das sprachlich irreführt. Es wird sich aber stets zeigen, daß, soweit das Wesen des Sonderrechts in seiner Unabänderlichkeit besteht, ein Gegensatz zwischen diesen beiden Gruppen nicht durchführbar ist. Auch dann nicht, wenn man an Stelle der vermögensrechtlichen Leistung, die das Korrelat zu dem Rechte auf Mitverwaltung bildet, mit dem RG. den Begriff der Rechte „zu eigenem Nutzen" setzt. Die vermögensrechtlichen Ansprüche auf Dividende sind dem Gesellschafter zu seinem

Vorteile gegeben. Beide Fassungen kommen also auf dasselbe hinaus. Nun ergibt sich aber aus dem Urteil des RG. v. 4. 4. 08 selbst, daß nach der Meinung des RG. bei den Rechten, die es als Individual- oder Vertretungsrechte für abänderlich erklärt, ein gegenteiliger Wille im Einzelfalle möglich ist. Dann stehen diese Rechte den von dem RG. prinzipiell für unabänderlich erklärten, von ihm allein als Sonderrecht bezeichneten Rechten gleich. Sie sind dann auch Sonderrechte. Es ist aber weiter nicht zutreffend, daß alle Rechte auf Vermögensleistungen der Gesellschaft im Gegensatz zu dem Recht auf Mitwirkung im Organismus der Gesellschaft stets unentziehbar sind. Dies erkennt jetzt das Urteil des RG. v. 4. 4. 22 (RGZ. 104, 253) an. Anderenfalls wäre ja auch die Ausgabe von Vorzugsanteilen nur mit Zustimmung aller bisherigen Gesellschafter möglich. Auch bei diesen egoistischen Rechten muß der Gesellschafter damit rechnen, daß die Gesellschaft eine Abänderung vornehmen kann. Es läßt sich kein Unterschied in dem Rechte auf Gewinnanteile und dem Rechte auf Veräußerung des Geschäftsanteiles sehen, soweit die „Befugnis zu eigenem Nutzen“ in Frage steht. Es kann zugegeben werden, daß bei der Feststellung der Unentziehbarkeit das persönliche Interesse und der eigene Nutzen eine erhebliche Rolle spielen. Es wird dies bei Bestimmungen über die Einsicht in die Bücher und Schriften der Gesellschaft ebenso sich bemerkbar machen können wie beim Recht auf Benutzung von Anstalten der Gesellschaft oder einer Verpflichtung derselben zu einer Tätigkeit für die Gesellschafter. Aber stets dient dieses Moment nur als Auslegungsgrund dafür, daß das Mitgliedsrecht dem einzelnen ohne seinen Willen nicht entzogen werden kann. Eine generelle Regel, daß jedes Recht des Gesellschafters dann Sonderrecht sei, wenn es ihm zu eigenem Nutzen zustehe und nicht im Interesse der Gesamtheit auszuüben ist, läßt sich nicht aufrechterhalten (zust. im wesentlichen Brodmann § 45 Anm. 2; vgl. auch Becker ZfH. 1, 82). **§ 14.**

Anm. 22. Beschlüsse, welche in Sonderrechte der Gesellschafter eingreifen, sind aus diesem Grunde unwirksam. Es bedarf keiner Anfechtung. Der Gesellschafter, der hierdurch verletzt ist, kann anfechten. Er muß es nicht. Die Feststellung der Unwirksamkeit erfolgt im Wege der Feststellungsklage gegen die Gesellschaft (RG. 16. 5. 18 WarnRspr. 1918 Nr. 133). Der Gesellschafter kann sich auch des Einwandes der Ungültigkeit des Beschlusses ihm gegenüber bedienen. Es bleibt ihm dies Recht, auch wenn eine statutarisch eingeführte Frist zur Anfechtung abgelaufen ist (vgl. RG. 3. 5. 05 RGZ. 60, 413; 20. 1. 06 RGZ. 62, 308; 10. 2. 06 JW. 1906, 237; vgl. Anm. 19 u. 47 zu § 45). Andere Gesellschafter können aus der Verletzung des Sonderrechts keine Anfechtung ableiten (RG. bei Holdheim 13, 136). Erfordert, um die Verletzung des Sonderrechts auszuschließen, ist nur die Zustimmung des oder der Berechtigten (vgl. über dieses Erfordernis Anm. 23—25 zu § 53). Es gilt das, was das Gesetz für die Vermehrung von Leistungen der Gesellschafter vorschreibt, auch für die Verminderung ihrer Rechte (§ 53 Abs. 3; RG. 25. 4. 11 RGZ. 76, 155). Fehlt es an der Zustimmung eines Gesellschafters, die nach den Grundsätzen über das Sonderrecht erforderlich ist, so kann der Beschluß durch die nachträgliche Genehmigung gültig werden. Eines erneuten Beschlusses bedarf es nicht. Solange die Erklärung des Sonderrechtsgesellschafters aussteht, ist die Wirksamkeit des Beschlusses in der Schwebe. Die Ungewißheit kann durch eine Aufforderung der Gesellschaft beendet werden. Sie kann ihm eine Frist setzen. Schweigt er bis zum Ablaufe, so gilt die Zustimmung als versagt (BGB. § 108 Abs. 2, § 177 Abs. 2, § 1396 Abs. 2). Stimmt der Sonderberechtigte in der Gesellschafterversammlung sofort gegen den Beschluß oder lehnt er nachträglich die Genehmigung ab, so ist der Beschluß nicht mehr heilbar. Die Unwirksamkeit steht endgültig fest. Es gibt keine nachträgliche Zustimmung des Sonderberechtigten mehr. Es bedarf eines neuen Beschlusses. Hierbei ist kein Gesellschafter mehr an seine frühere Abstimmung gebunden. Anders nur dann, wenn nach der Absicht der Gesellschafter der Beschluß, auch wenn er ohne Wirkung für den widersprechenden Gesellschafter ist, doch für die zustimmenden Gesellschafter gelten soll (BGB. § 139). Das muß aus dem Inhalte des Beschlusses oder den sonstigen Umständen deutlich hervorgehen.

§ 14. Aus der Verletzung eines Sonderrechts folgt ein Beschwerderecht des betroffenen Gesellschafters gegen die Eintragung des Beschlusses zum Handelsregister (vgl. KG. in RJA. 11, 30; KG. 13. 1. 11 KGJ. 41, 157; BayObLG. in ZBlFG. 11, 109; a. M. OLG. Hamburg 4. 7. 06 Recht 1907, 266; RundschauGmbH. 12, 89). Der in seinem Sonderrechte durch den Beschluß Verletzte ist durch den Eintrag beschwert. Es bedarf keiner Anfechtung des Beschlusses. Nur muß es sich stets um den Eingriff in ein Sonderrecht handeln. Die Verletzung eines Gesellschaftsrechts genügt nicht. Daher wurde die weitere Beschwerde eines Gesellschafters abgelehnt, nachdem das LG. auf Antrag eines Gesellschafters in der Beschwerdeinstanz den Liquidator abgesetzt und einen anderen bestellt hatte. Der Gesellschafter hat kein Sonderrecht auf Beibehaltung des Liquidators (KG. in RJA. 11, 30). Ebensowenig gibt es eine Beschwerde eines Gesellschafters gegen die Eintragung eines Geschäftsführers, weil die ihn bestellende Gesellschafterversammlung nicht ordnungsgemäß berufen war. Hier war nie eine Anfechtung des Beschlusses möglich. (A. M. KG. 13. 1. 11 KGJ. 41, 157, das die Beschwerde zuließ. Aber der Bestellungsbeschluß enthält keine Verletzung eines Sonderrechts.) Dagegen ist die Beschwerde zulässig, wenn einem Gesellschafter das Recht der Ernennung eines Geschäftsführers oder Liquidators zusteht und die Gesellschafterversammlung diese Organe bestellte.

Anm. 23. Über die jeweilige Anwendung des hier aufgestellten Prinzips der Sonderrechte muß auf die einzelnen Stellen zu den vorhergehenden und den folgenden Paragraphen verwiesen werden (vgl. z. B. Anm. 21 u. 22 zu § 3; Anm. 52 u. 56 zu § 5; Anm. 50 zu § 15).

Anm. 24. 8. Die Pflichten aus dem Mitgliedsrechte sind die in dem Gesetze und im Gesellschaftsvertrage enthaltenen. Sie entspringen gleich den Rechten aus der Beteiligung. Eine Verwirkung derselben wegen Verletzung der Verpflichtungen kennt das Gesetz nur für den Fall der Säumnis der Einzahlung der Geldeinlage (§§ 21 ff.). In den anderen Fällen ist nur eine Einziehung des Geschäftsanteils möglich (vgl. Anm. 18 zu § 34).

Über Einführung von Pflichten oder Erhöhung derselben nach der Entstehung der Gesellschaft vgl. § 53 Abs. 3 und Anm. 16—26 hierzu.

Ein Gesellschafter kann der Gesellschaft gegenüber auch durch zivilrechtlichen Vertrag Verpflichtungen übernehmen. Er ist dann ihr Schuldner wie jeder dritte obligatorisch Verpflichtete. Ein rechtlicher Zusammenhang zwischen dieser Verbindlichkeit und dem Geschäftsanteile besteht nicht. Sie geht nicht mit diesem auf den Erwerber über.

Exkurs I zu § 14.

Exkurs I zu § 14.

Von den Gesellschaftsanteilscheinen und den sonstigen Urkunden für die Rechte der Gesellschafter.

Anm. 1. I. **Die Anteilscheine.**

1. Für die Aktiengesellschaft ist die Ausstellung einer Urkunde die Regel. Der Aktionär kann sie fordern. Für die GmbH. besteht kein Anspruch auf Ausfertigung eines Anteilscheines (Motive 24). Die Gesellschafter können die Anteilscheine auch ohne statutarische Ermächtigung beschließen. Die Geschäftsführer können sie auch ohne solchen Beschluß ausgeben.

Durch den Gesellschaftsvertrag kann ein solches Recht begründet werden (RG. 15. 5. 01 JW. 01, 521[13]).

Anm. 2. 2. Anteilscheine sind keine Aktien. Sie sind keine Wertpapiere. Es hängt die Übertragung des Anteilrechts nicht von der Übertragung des Anteilscheines ab. Er ist lediglich eine Beweisurkunde. Wie der Schuldschein die Darlehnsforderung, so bezeugt der Anteilschein die Mitgliedschaft. Wie die Darlehnsforderung erloschen oder zediert sein kann, trotzdem der Schuldschein in den Händen des Gläubigers zurückblieb, so kann die Mitgliedschaft des Gesellschafters durch Einziehung oder Kaduzierung des Geschäftsanteils erloschen oder durch Übertragungsakt auf einen Dritten übergegangen sein, auch wenn der Gesellschafter die Anteilscheine zurückbehielt

(Motive 24; RG. 15. 5. 01 JW. 01, 521 und 28. 4. 03 JW. 03 Anl. 9 S. 74). Die Übertragung des Geschäftsanteils erfolgt durch gerichtlichen oder notariellen Vertrag. Die Ausstellung von Anteilscheinen ändert daran nichts. Die Aushändigung des Scheines kann später erfolgen. Der Erwerber kann sie auf Grund des § 402 BGB. verlangen. Der Gesellschaftsvertrag kann gemäß § 15 Abs. 5 die Übertragung des Geschäftsanteils an die Übertragung des Scheines knüpfen (Anm. 60 zu § 15). Aber auch in diesem Falle ist die Voraussetzung des Scheines nur eine „weitere" Voraussetzung. Die Übertragung setzt jedenfalls einen gerichtlichen oder notariellen Vertrag voraus (RG. 17. 12. 20 RundschauGmbH. 1921, 165). Geschäftsanteile an Order oder solche auf den Inhaber gibt es nicht (Motive 14, Anm. 19 zur Allg. Einleitung). Die Anteilscheine brauchen aber nicht notwendig auf den Namen zu lauten (a. M. Freymuth III S. 20; vgl. unten Anm. 6). **Exkurs I zu § 14.**

Zur Wirksamkeit der gerichtlichen Pfändung und Verwertung des Geschäftsanteils bedarf es keiner Pfändung oder Übertragung des Anteilscheines. Der Ersteigerer erwirbt den Geschäftsanteil auch ohne Aushändigung des Scheines. Er kann auf Grund des § 402 BGB. von dem Schuldner die Herausgabe des Scheines verlangen (vgl. aber Anm. 15 Exk. I zu § 15). Anm. 3.

Der Anteilschein ist kein Wertpapier. Nirgends, wo die Gesetze von Wertpapieren sprechen, sind darunter Anteilscheine einer GmbH. gemeint (vgl. z. B. HGB. § 1 Nr. 1; BGB. § 381). Anm. 4.

3. Die Form des Anteilscheines richtet sich nach § 127 BGB. Er ist eine durch Rechtsgeschäft bestimmte schriftliche Urkunde. Für eine solche gelten im Zweifel die Regeln des § 126 BGB. Sie muß also von den Vertretern der Gesellschaft als den Ausstellern namens derselben eigenhändig durch Namensunterschrift unterzeichnet werden. Faksimilierte Unterschriften würden nicht genügen. Es liegt hier kein Inhaberpapier vor (BGB. § 793 Abs. 2). Eine Sondervorschrift wie im § 181 HGB. ist hier nicht gegeben. Man wird jedoch häufig als Willen der Kontrahenten anzunehmen haben, daß diese die strenge Form des § 126 BGB. nicht wollen. Es kann ein lediglich mit faksimilierter Unterschrift oder ohne jede Unterschrift ausgestellter Schein für genügend gehalten werden. Anm. 5.

4. Oft wird nicht über den Anteil nur ein Anteilschein ausgegeben. Es wird unter Zerlegung des Stammkapitals in gleichmäßige Teile über jeden dieser Teile ein Anteilschein ausgestellt. Dieses Verfahren ist bei den Gesellschaften beliebt, aber sehr gefährlich, insbesondere wenn die Anteilscheine nicht auf Namen lauten. Es ist zunächst der Beschluß der Gesellschafter, Anteilscheine auszustellen, nie in der Lage, Teilgeschäftsanteile zu schaffen. Ein solcher Beschluß ist und bleibt nichtig (§ 5 Abs. 2, § 17 Abs. 4; RG. 18. 9. 09 RGZ. 71, 400). Der Gesellschafter hat stets nur den einen Geschäftsanteil. Mitunter ist er sich dessen bewußt. Mitunter nimmt er aber an, daß er soviel Anteile besitzt als Anteilscheine. Er verfügt mittels dieser ohne Beobachtung der gesetzlichen Vorschriften über seinen Geschäftsanteil und Stücke desselben. Seine Abtretung ist nichtig. Er erfährt später, daß nicht der Erwerber, sondern er der Gesellschaft haftet. Aber auch bei Beobachtung der notariellen Form und Einholung der Genehmigung der Gesellschaft entstehen Schwierigkeiten. Der Erwerber soll nach dem Vertrage mehrere Stücke eines Geschäftsanteils erhalten (§ 17 Abs. 4). Das ist durch eine einzige Abtretung nicht durchführbar (vgl. Anm. 9 u. 11 zu § 17). Die Übertragung (nicht die Verpflichtung hierzu) von fünf Teilen des Geschäftsanteils zu 1000 M. wäre nichtig (Anm. 9 zu § 17). Die Auslegung wird allerdings oft dahin führen, daß in einem solchen Falle die Parteien die Abtretung eines einheitlichen Teiles von 5000 M. von dem ganzen Geschäftsanteile wollten. Man wird nicht § 139 BGB. anwenden. Es liegt nicht eine Nichtigkeit eines Teiles des Rechtsgeschäfts vor. Es muß nicht der Veräußerer nachweisen, daß der Erwerber die Übertragung auch gewollt haben würde, wenn er die Ungültigkeit der Abtretung des Geschäftsanteils in Stücken zu je 1000 M. gekannt hätte. Es dreht sich um die Auslegung einer einheitlichen Erklärung. Hier ist nicht der Wortlaut, sondern der Wille der Parteien Anm. 6.

Exkurs I zu § 14. bestimmend (§ 133 BGB.). Dieser ist dahin aufzufassen, daß die Bezeichnung der fünf Anteile zu 1000 M. nur dem Willen Ausdruck gibt, daß der Erwerber mit 5000 M. beteiligt sein soll. Die Zerlegung in einzelne Stücke ist Nebensache, Zufall (a. M. Liebmann Anm. 7 zu § 14; KG. 9. 7. 13 OLGR. 27, 371). Möglich ist aber, daß sich aus den Gesamtumständen das Gegenteil ergibt. Der Erwerber beweist, daß er nur zerteilte Stücke wollte. Dann kann der Veräußerer sie nur liefern, wenn er mehrere selbständige, zeitlich getrennte Übertragungen vornimmt. Die Übertragung in einem Akt ist und bleibt dann nichtig (Anm. 11 zu § 17). Der obligatorische Akt kann gültig sein (Anm. 9 zu § 17). Nur bei großer Vorsicht und unter Festhaltung der in Frage kommenden juristischen Begriffe ist die Ausgabe von Teilanteilscheinen unschädlich. Es beträgt z. B. das Stammkapital 90000 M. Der Gesellschafter A, der 30000 M. eingelegt hat, erhält 30 Anteilscheine zu 1000 M., der Gesellschafter B, der 60000 M. eingelegt hat, 60 Anteilscheine zu 1000 M. Unschädlich ist jene inkorrekte Bildung von 30 Scheinen über einen Geschäftsanteil dann, wenn sich A klarmacht, daß dies in Wahrheit nichts weiter ist als die durch 30 Urkunden erfolgte Verbriefung *eines* Geschäftsanteils. Hält er dies fest, so wird er wissen, daß er ohne Zustimmung der Gesellschaft, für den Fall, daß die Statuten nichts dem Entgegenstehendes bestimmen, nur den ganzen, 30000 M. betragenden Geschäftsanteil veräußern kann, einen Teilbetrag von 1000 M. aber nur mit Zustimmung der Gesellschaft. Er wird sich und seinem Käufer sagen, daß er diesem nur einen *einheitlichen* Geschäftsanteil überträgt. Andernfalls wird er mehrere Übertragungen vornehmen.

Anm. 7. 5. Der Gesellschaftsvertrag kann dem Anteilscheine eine *weitergehende Bedeutung* zusprechen. Er kann ihn zwar nicht zu dem Träger des Mitgliedsrechts machen. Er kann aber dessen Ausübung an die Vorzeigung und dessen Übertragung an die Übergabe des Anteilscheines knüpfen. Es kann bestimmt sein, daß die Dividende nur gegen Vorlage des Scheines ausbezahlt wird und daß zur Stimmabgabe nur die vorherige Anmeldung unter Hinterlegung des Anteilscheines befugt. Über die Verbindung der Veräußerung mit der Übergabe des Anteilscheines vgl. Anm. 59 zu § 15. Über einen nur zum Schein ausgestellten (simulierten) Anteilschein vgl. Anm. 71 zu § 15.

Anm. 8. 6. Ein *Aufgebot verlorener Anteilscheine* gemäß §§ 946 ff. ZPO. findet nicht statt. Jenes Aufgebotsverfahren erfolgt nur in den gesetzlich bestimmten Fällen. Eine gesetzliche Vorschrift, wonach derartige Urkunden aufgeboten werden können, fehlt (§ 946 ZPO.). Ein solches Verfahren kann auch nicht durch Statut vorgeschrieben werden (Gaupp-Stein ZPO., Anm. II zu § 946 ZPO.). Derartige Statutenbestimmungen, die nicht selten vorkommen, sind ungültig. Wer auf Grund eines verlorenen Anteilscheines einen Geschäftsanteil gutgläubig von einem Nichtberechtigten erwirbt, hat ein Nichts erworben (Anm. 71 zu § 15). Ist der Anteilschein nach dem Gesellschaftsvertrag zur Übertragung des Geschäftsanteils erforderlich, so ist die Gesellschaft verpflichtet, an Stelle der verlorenen eine neue Urkunde ohne Kraftloserklärung der abhanden gekommenen auszustellen (Neukamp, GZ. 30; a. M. Brodmann Anm. 6 § 15).

Anm. 9. 7. *Stempelpflichtig* sind Geschäftsanteile weder im Reich noch in den Einzelstaaten. Sie unterliegen nicht der Wertpapiersteuer des Kapitalverkehrsteuergesetzes.

Anm. 9a. 8. Das österreichische Gesetz (§ 75) verbietet die Ausstellung von Geschäftsanteilscheinen als Inhaber- oder Orderpapiere. Sachlich stimmt es also mit der deutschen Gesetzgebung überein (ebenso Schweizer Entwurf Art. 804 Abs. 2). Das französische Gesetz (Art. 21) hebt ausdrücklich hervor, daß Anteilscheine als Wertpapiere nicht ausgegeben werden können, sei es in der Gestalt von Namens-, Inhaber- oder Orderpapieren, und daß eine Übertragung der Geschäftsanteile nur in der gesetzlich vorgeschriebenen Form (Art. 22ff.) erfolgen kann.

II. **Dividendenscheine.**

Anm. 10. 1. *Auch Dividendenscheine können ausgestellt werden. Dividendenscheine auf den Inhaber sind zulässig* (vgl. Motive 24; Liebmann Anm. 3 zu § 14). Auch im Aktienrechte ist die Ausgabe von Dividendenscheinen, auch von solchen auf den

Inhaber, gestattet. Eine gesetzliche Bestimmung liegt nicht vor. Das bürgerliche Recht steht nicht entgegen. Auch die staatliche Genehmigung ist nicht erforderlich (BGB. § 795). Es handelt sich nicht um einen Geldanspruch auf eine bestimmte Summe. Auch der Umstand, daß der Geschäftsanteil nur durch gerichtlichen oder notariellen Vertrag übertragen werden kann, ist ohne Einfluß. Auch bei der Aktiengesellschaft wird mit Recht angenommen, daß auch bei Namensaktien Dividendenscheine auf den Inhaber zulässig sind (Staub-Pinner HGB. Anm. 15 zu § 213; a. M. Simon, Die namenlosen Zinsscheine bei Holdheim 11, 219, der die Inhaberpapiereigenschaft der Dividendenscheine bestreitet). Die Stellung auf den Namen hat nur die Bedeutung, daß die Aktie selbst, das Aktienrecht, nur durch Indossament übertragen werden kann. Dagegen ist das Forderungsrecht auf die einzelnen aus der Mitgliedschaft fließenden Bezugsrechte selbständig übertragbar und auch in anderer Weise als die Mitgliedschaft selbst. So ist ja auch bei der offenen Handelsgesellschaft zwar das Mitgliedsrecht selbst ohne Zustimmung der Sozien nicht übertragbar. Wohl aber kann der Anspruch auf die einzelnen Gewinnbezüge selbständig und ohne die Zustimmung der Sozien übertragen werden (Staub HGB. 10. Aufl. Anm. 13 zu § 109). So kann auch hier zwar das Mitgliedsrecht nur durch gerichtlichen oder notariellen Beschluß übertragen werden. Aber das schließt nicht aus, daß das aus der Mitgliedschaft fließende Gewinnbezugsrecht selbständig und formlos übertragen werden kann. Deshalb kann es auch selbständig verbrieft und in der dieser Verbriefung entsprechenden Form übertragen werden. Es ist also auch die Verbriefung durch Inhaberpapier und die Übertragung durch körperliche Übergabe desselben möglich. Freilich liegt nur ein Inhaberpapier im weiteren Sinne, kein echtes Inhaberpapier vor. Die Leistung wird nicht — wie dies nach § 793 BGB. beim echten Inhaberpapier der Fall ist — nur nach Maßgabe des im Papier enthaltenen Versprechens geschuldet. Sie ist nach Maßgabe des Hauptrechts, des Geschäftsanteils, zu erbringen. Es sind daher auch Einwendungen nach Maßgabe des Hauptrechts zulässig. Beim echten Inhaberpapier wäre dies nach § 796 BGB. nicht denkbar. Kompliziert liegt der Fall dann, wenn über einen Geschäftsanteil mehrere Anteilscheine und zu jedem dieser Anteilscheine zugehörige Dividendenscheine ausgegeben sind. Im Gegensatz zur Teilung des Geschäftsanteils (vgl. oben Anm. 4) ist hier keine Ungültigkeit anzunehmen. Es ist durchaus zulässig, die Rechte auf Gewinnbezug zu teilen, insbesondere auch so, daß darüber mehrere Berechtigungsscheine ausgegeben werden. Im Aktienrecht geschieht dies häufig. Ein Teil des Dividendenrechts, z. B. die ersten 5 Proz., werden durch sogenannte Genußscheine, der Rest durch Dividendenscheine verbrieft. Dies ist auch hier zulässig. Es ist deshalb zulässig, daß das Dividendenrecht quantitativ derart geteilt wird, daß $^{1}/_{10}$ des Gewinnes auf den einen Schein, ein weiteres $^{1}/_{10}$ auf einen anderen Schein usw. usw. entfällt.

Exkurs I zu § 14.

2. Ist hiernach die Ausgabe von Dividendenscheinen, insbesondere von solchen auf den Inhaber zulässig, so sind hiernach **kurz die weiteren Fragen, die über solche Dividendenscheine bestehen, zu erörtern.** Anm. 11.

a) **Der Dividendenschein kann selbständig übertragen werden.** Der Geschäftsanteil und der Dividendenschein kann hiernach verschiedene Besitzer d. h. Berechtigte haben. Der jedesmalige Präsentant des auf den Inhaber lautenden Dividendenscheines ist berechtigt, den Gewinn zu erheben. Einer Zustimmung der Gesellschaft bedarf diese Übertragung auch dann nicht, wenn die Übertragung des Geschäftsanteils der Zustimmung der Gesellschaft bedarf.

b) **Die Übertragung des Dividendenscheines erfolgt nach selbständigen Regeln.** Hat er die Rechtsform eines gewöhnlichen Schuldscheines, so erfolgt die Übertragung durch Zession. Ist er als Orderpapier gemäß § 363 HGB. ausgestellt, so erfolgt die Übertragung auch durch Indossament. Lautet er auf den Inhaber, was zulässig ist (Anm. 9), durch bloße Übertragung des Besitzes. Ist der Dividendenschein auch kein echtes Inhaberpapier (oben Anm. 9), so ist er doch ein Inhaberpapier im weiteren Sinne, und die Regeln über die Art, wie die Übertragung, Verpfändung und Pfändung von Anm. 12.

Exkurs I zu § 14. Inhaberpapieren erfolgt, finden analoge Anwendung. Selbstverständlich können aber auch die Rechte aus Orderpapieren und aus Inhaberpapieren durch gewöhnliche Zession übertragen werden. Die Verpfändung erfolgt wie die Übertragung (BGB. §§ 1274, 1292). Nur muß bei Dividendenscheinen auf Order oder auf den Inhaber die Übergabe des Papiers dazukommen (BGB. §§ 1274, 1292). Wenn ein gewöhnlicher Schuldschein vorliegt, muß die Anzeige seitens des Gesellschafters an die Gesellschaft hinzutreten (BGB. § 1280). Ist der Geschäftsanteil mit Anteilschein und Inhaberdividendenscheinen formlos verpfändet, so ist die Verpfändung der Dividendenscheine gültig, die des Anteilscheines ungültig (vgl. Anm. 2 im Exkurs I zu § 15). Ob das ganze Geschäft hiernach bestehen kann, richtet sich nach § 139 BGB. — Die Pfändung der Dividendenscheine kann selbständig ohne Pfändung des Anteilrechts erfolgen. Die Pfändung erfolgt, wenn der Dividendenschein ein gewöhnlicher Schuldschein ist, nach den Regeln von der Pfändung und Überweisung gewöhnlicher Forderungen (ZPO. §§ 828ff.), wenn der Dividendenschein ein Orderpapier ist, nach den Regeln von der Pfändung von Orderpapieren (ZPO. § 831), wenn er ein Inhaberpapier ist, nach den Regeln von der Pfändung beweglicher Sachen (ZPO. § 808 Abs. 2). Über die Verpfändung und die Pfändung vgl. noch Exkurs I zu § 15; Anm. 1ff. und Anm. 11ff. zu Exkurs II zu § 15.

Anm. 13. c) Der Dividendenschein gilt, wenn der Geschäftsanteil verpfändet ist, nicht ohne weiteres als mitverpfändet, sondern nur, wenn der Dividendenschein mitübergeben ist (BGB. § 1296).

Anm. 14. d) Der Dividendenschein ist Träger des Dividendenrechts (siehe die Ausführungen zu § 29). Er ist aber nicht der Träger des Gesellschaftsrechts auf Mitwirkung bei der Feststellung der Dividendenanspruchsbedingungen. Nicht der Dividendenscheininhaber, sondern der Gesellschafter, der Eigentümer des Geschäftsanteils, hat bei der Feststellung der Dividende mitzuwirken, auch wenn er den Dividendenschein bereits veräußert hat (RG. 16. 4. 20 RGZ. 98, 318). Der Gesellschafter, nicht der Dividendenscheininhaber, hat das Recht, die Bilanz anzufechten oder sonst Mitgliederrechte wahrzunehmen (RG. 14, 170 für das Aktienrecht; vgl. Anm. 2 § 29 und Anm. 44 § 15).

Anm. 15. e) Einwendungen gegen den Dividendenschein sind, wenn er nur Schuldschein ist, zulässig wie gegen jeden Zessionar. Wenn er aber ein Orderpapier oder ein Inhaberpapier ist, so sind nur die Einwendungen gemäß § 364 Abs. 2 HGB. und § 796 BGB. zulässig. Die Einwendungen müssen die Gültigkeit der Ausstellung des Dividendenscheines betreffen, sie müssen sich aus der Urkunde ergeben, sie müssen dem Aussteller unmittelbar gegen den Inhaber zustehen (Näheres Staub-Koenige HGB. II Anm. 5ff. zu § 364; Düringer-Hachenburg II Anm. 10ff. zu § 365). Der Dividendenschein ist ein Zubehör des Geschäftsanteils. Daher sind auch diejenigen Einwendungen zulässig, welche aus dem Geschäftsanteil rücksichtlich des Dividendenrechts erstehen (vgl. oben Anm. 9).

Anm. 16. f) Das Aufgebotsverfahren von Dividendenscheinen auf den Inhaber ist ausgeschlossen (BGB. § 799). Diese Bestimmung ist anwendbar, obgleich der Dividendenschein kein echtes Inhaberpapier ist (oben Anm. 9 § 804). Dividendenscheine auf Order sind aufgebotsfähig (HGB. § 365 Abs. 2), Dividendenscheine, die nur zediert werden können, sind nicht aufgebotsfähig (vgl. oben Anm. 7).

Anm. 17. g) Stempelpflichtig ist der Dividendenschein nicht. Das Kapitalverkehrsteuergesetz unterwirft ihn nicht der Besteuerung.

h) Das österreichische Gesetz (§ 75) verbietet die Ausgabe von Dividendenscheinen auf den Inhaber.

Anm. 18. III. Die Ausgabe der Dividendenscheine zieht die Ausgabe von Erneuerungsscheinen (Talons) nach sich. Sie stehen den von den Aktiengesellschaften ausgestellten gleich.

Anm. 19. IV. Die GmbH. kann gleich der Aktiengesellschaft **Genußscheine** ausgeben. Genußscheine sind keine Geschäftsanteile (Hachenburg, Das Wesen der Genußscheine LZ. 1917, 776ff.). Auch da nicht, wo sie an Stelle von solchen traten. Sie stehen, wie neben den Aktien, so neben den Geschäftsanteilen als selbständige Rechte. Das Recht aus den Genußscheinen kann den Inhabern durch Beschluß der Gesellschaft auch im Wege der Satzungsänderung nicht wieder genommen werden (RG. in Bolze 3 Nr. 807). Es ist aber andererseits kein Forderungsrecht des Individualrechts. Der Genußscheininhaber ist kein Gläubiger. Die Verpflichtung aus demselben erscheint nicht in der Bilanz unter den Aktiven. Der Genußschein ist eine gesellschaftsrechtliche Erscheinung. Er gibt keine Beteiligung am Gesellschaftsvermögen und an der Verwaltung. Das Fehlen dieser beiden Momente führt gerade zur Verneinung der Eigenschaft als Aktie oder Geschäftsanteil. Er bringt nur einen Anteil am Gewinn der Gesellschaft. Dies aber kraft des besonderen, in den Statuten vorgesehenen Rechtes. Daher bedarf der Genußschein der Aufnahme in den Gesellschaftsvertrag. Nicht etwa, weil durch ihn der Gewinn der Gesellschafter geschmälert wird. Sie haben nur Anspruch auf Ausschüttung dessen, was für sie bleibt. Sie dulden ja auch die Kürzung durch die Tantiemen des Geschäftsführers und der Angestellten. Die Aktiengesellschaft und die Gesellschaft mit beschränkter Haftung können selbst wieder Gesellschaftsverträge abschließen, die sie nötigen, einen Teil des Gewinnes abzugeben. Sie können stille Gesellschafter haben. Sie können in einer Interessengemeinschaft mit anderen Unternehmern stehen. In keinem Falle bedarf es der Aufnahme in den Gesellschaftsvertrag. Wenn dies für den Genußschein gefordert wird, so muß dies einen anderen Grund als den Einfluß auf die Dividende haben. Er kann nur darin liegen, daß es sich um ein der Aktiengesellschaft und GmbH. als solchen eigentümliches Recht dreht. Dieses kann nur durch die Satzung geschaffen werden. **Exkurs I zu § 14.**

Der Genußschein erzeugt einen A n t e i l a m R e i n g e w i n n, aber nicht mehr. Die Verwaltung der Gesellschaft wird hierdurch nicht berührt. Sie steht den Gesellschaftern und deren Organen zu. Die Inhaber der Genußscheine haben kein Recht, sich in die Geschäftsführung einzumischen. Sie haben in der Gesellschafterversammlung nichts zu suchen. Sie haben keinen Einfluß auf die Bilanz. Sie können die Genehmigung derselben nicht anfechten, auch wenn sie gegen Gesetz oder Statut verstößt. Nur soweit eine Verletzung der Rechte aus dem Genußschein vorliegt, kann dessen Inhaber sich dagegen wehren. Dieser Beschluß der Gesellschafter ist für ihn nicht wirksam. Das ist genau so bei dem Sonderrechte eines Gesellschafters. Sein Recht bleibt ihm trotz des Eingriffs durch das Vorgehen der Gesellschaft. Er kann verlangen, daß unter solchen Umständen ein Rechtsgeschäft der Gesellschaft als für ihn nicht vorhanden angesehen wird (RG. a. a. O.). Die Bestimmung im Gesellschaftsvertrage bei der Gewinnverteilung „soweit die Generalversammlung nicht anderweit beschließt" erfaßt auch die Genußscheine. Aber sie überläßt es jener nur, ob überhaupt ein Gewinn verteilt werden soll. Geschieht dies, so muß der Genußschein die ihm zugewiesene Quote erhalten. Der Erhöhung des Stammkapitals der Gesellschaft können die Inhaber der Genußscheine nicht widersprechen, auch wenn dadurch ihr Gewinnergebnis sich schmälert. Die Gesellschafter verzichten durch die Ausgabe von Genußscheinen nicht auf die Ausgabe neuer Aktien (RG. 83, 298). Bei der Erhöhung des Stammkapitals können die Gesellschafter nicht die Scheidung des Gewinns in einen solchen, der auf das ursprüngliche Stammkapital entfallen wäre und der auf das erhöhte entfällt, begehren. Die Genußscheine nehmen an dem Reingewinn des gesamten Unternehmens teil (RG. 49, 15). Haben die Genußscheine einen Anspruch auch auf das Liquidationsergebnis, so darf ohne ihre Zustimmung der Reingewinn nicht zur Amortisation der eigenen Aktien verwendet werden. Er würde dadurch der Verteilung an die Genußscheininhaber bei der Auflösung entzogen (OLG. Dresden in ZHR. 35, 244). Für die Genußscheininhaber kann eine besondere Organisation vorgesehen sein (Versammlung der Inhaber und deren Vertretung in einem Verwaltungsrat). Auch die damit begründeten Befugnisse bilden keine Mitgliedschaftsrechte an der GmbH. Sie sichern und regeln lediglich die Ausübung des in dem Genußscheine verbrieften Rechtes, selbst wenn die Teilnahme an den Gesellschafterversammlungen der GmbH. und weitere Kontrollrechte den Genußscheininhabern eingeräumt sind (RGZ. 97, 197; OLG. Hamburg 17. 4. 19 LZ. 1919, 1288). Anm. 20.

Die Genußscheine können auch bei der GmbH. verschiedene Ursachen der Entstehung haben. Die Natur des Genußscheines bleibt stets die gleiche. Sie können als selbständiges Recht neben dem Geschäftsanteil an die Gesellschafter bei der Gründung fallen. Sie Anm. 21.

Exkurs I zu § 14. können an Stelle amortisierter Geschäftsanteile den bisherigen Gesellschaftern ausgefolgt werden. Es kann aber ebensowohl ein Nichtgesellschafter einen Genußschein gegen eine bestimmte Leistung erwerben. Sie kann die Zahlung eines Kapitalbetrages sein. Dabei kann der Genußschein neben dem Anspruch auf Rückzahlung des Darlehns bestehen. Er kann an dessen Stelle treten (Hachenburg a. a. O. 779). Es kann sich auch um andere Leistungen handeln. So um Äquivalente für die Überlassung von Gebrauchsrechten an Erfindungen. Dadurch wird die Kapitalisierung künftiger ungewisser Renten aus unerprobten Patenten vermieden (Hachenburg LZ. 3, 24 u. 25).

Anm. 22. Die Genußscheine sind veräußerlich und vererblich. Doch kann das Gegenteil im Gesellschaftsvertrage oder der sonstigen Quelle der Genußscheine vereinbart sein. Es kann der Gesellschaftsvertrag die Veräußerung eines Genußscheines ganz verbieten. Er kann sie auf die anderen Gesellschafter beschränken. Zulässig ist dann die gleichzeitige Übertragung eines Geschäftsanteils und eines Genußscheines. Die für jenen vorgeschriebene Form (§ 15 Abs. 3) ist zu wahren. Fehlt es daran, so ist auch die Abtretung des Genußscheines unwirksam. Die Genußscheine können ablösbar sein. Doch darf nicht § 30 verletzt werden (vgl. Anm. 56 zu § 5). Ohne solche im Gesellschaftsvertrage oder besonderen Übereinkommen zugelassene Ablösung steht der Gesellschaft kein Recht auf dieselbe zu. Es ist daher bei Schaffung solcher Rechte geboten, die Ablösung zu bedingen. Einen Weg der Beseitigung der Genußscheine bietet die Umwandlung in Geschäftsanteile. Die Genußscheine werden bei der Erhöhung des Stammkapitals als Sacheinlagen eingebracht (vgl. Anm. 2 zu § 56). Im Konkurse der Gesellschaft gewähren die Genußscheine keine Konkursforderung (Bett, Konkurs der Aktiengesellschaft 73). Über die Berechnung des Gewinnanteils für den Genußschein vgl. Anm. 24 zu § 29. Für das Aktienrecht vgl. Wertheimer, Genußscheine JW. 1923, 573.

Anm. 23. Zu scheiden von den echten Genußscheinen sind die scheinbaren Genußscheine. Sie werden als Zubehör des Geschäftsanteils bezeichnet. Dann wird das Recht auf den Gewinnbezug geteilt. Der sogenannte Genußschein ist ein Teildividendencoupon. Er erhält hierdurch die Fähigkeit, besonders veräußert zu werden. Aus der Tatsache allein, daß der Genußschein den Aktionären neben der Aktie gegeben wurde, folgt nicht, daß es sich nur um solche Teilung des Dividendenbezugs aus der Aktie handelt (RG. in LZ. 1911, 771 Nr. 3). Es muß im Einzelfalle festgestellt werden, was gewollt ist. Ebenso ist zu prüfen, ob der sogenannte Genußschein untrennbar mit dem Geschäftsanteil verbunden ist. Aus seiner Rechtsnatur folgt dies an sich noch nicht. Es kann aber so gewollt sein. Namentlich dann, wenn ein Geschäftsanteil neben der ordentlichen Dividende noch eine Vorzugsdividende erhält (vgl. PrOVG. 7. 3. 18 OLG. 40, 193).

Anm. 24. Trotz der Bezeichnung Genußschein müssen keine Urkunden über das Genußrecht ausgestellt werden. Geschieht dies, so kann dies in jeder Form geschehen. Auch Order- und Inhaberpapiere sind zulässig (OLGR. 40, 193).

Anm. 25. Die Genußscheine werden in § 5 KVStG. — entgegen der materiellen Rechtslage — als Gesellschaftsrechte an Kapitalgesellschaften behandelt. Ihr Erwerb unterliegt daher der Kapitalverkehrsteuer. Die Einräumung von Bezugsrechten auf Genußscheine ist nach § 61 KVStG. zu versteuern (Becker Steuerrecht AG. 8, 60; Wertheimer JW. 1923, 576).

Anm. 26. Genußscheine aus Anlaß der Goldumstellung (GBilV. § 12, DurchfVo. § 40). Hier gibt das Gesetz unter gewissen Voraussetzungen ein Recht auf Ausstellung von Genußscheinen. Verlangt wird, daß aus Anlaß der Umstellung der GmbH. Zahlungen an die Gesellschafter zu erfolgen haben. Diese müssen mindestens 5 RM betragen. Diese Genußscheine sind nach Ablauf von 3 Jahren seit der Ausstellung kündbar. Die Regelung der Rechte aus diesen Genußscheinen bietet nichts Besonderes. Auch sie gewähren nur Anspruch auf Gewinnanteil und auf Liquidationserlös. Das Stimmrecht ist ihnen versagt. Die Beteiligung am Reingewinn darf durch Kapitalerhöhung nicht verkürzt werden (vgl. Rosendorff, Die Goldmarkbilanz Anm. 4ff. zu § 12 GBilVo.).

Exkurs II zu § 14. Exk. II zu § 14.

Die Aufwertung der Stammeinlagen und Nachschüsse.

Sind die Stammeinlagen bei Gründung oder Kapitalerhöhung nicht voll eingezahlt **Einleitung.** und sind die Ansprüche der GmbH. auf Volleinzahlung der Stammeinlagen von dem Währungsverfall betroffen worden, so findet eine Aufwertung dieser Ansprüche statt (jetzt unbestritten; für Aktienrecht RG. 19. 3. 1926, II 412 1925). Die 2. Durchf.Vo. zur GBilVo. § 26 setzt zwar für die Umstellung der GmbH. auf Reichsmark die nicht voll eingezahlten Geschäftsanteile den voll eingezahlten gleich. Dies besagt aber nur, daß für das Verhältnis der Geschäftsanteile untereinander ein Unterschied zwischen beiden Arten nicht zu machen ist (vgl. auch § 8 GBilVo.). Das Beteiligungsverhältnis der Gesellschafter soll sich nicht deshalb verschieben, weil die Stammeinlagen ganz oder nur teilweise geleistet sind. Der Anspruch der GmbH. auf die ausstehenden Einzahlungen bleibt unberührt (§ 26). Damit ist nicht ein Anspruch auf entwertete Papiermarkbeträge gemeint. Eine solche Beschränkung des Anspruchs käme seiner Vernichtung gleich.

Über die Höhe der Aufwertung dieses Anspruchs trifft das Aufwertungsgesetz vom **Anm. 1.** 16. Juli 1925 (RGBl. I, 117) keine Bestimmung. Es besagt nur negativ, daß Ansprüche aus Gesellschaftsverträgen und anderen Beteiligungsverhältnissen nicht als Vermögensanlage im Sinne des § 63 Abs. 1 gelten (§ 63 Abs. 2 Ziff. 1). Damit ist klargestellt, daß der Anspruch der GmbH. auf Volleinzahlung der Stammeinlagen nicht auf 25% des Goldmarkwertes ihrer Nennbeträge begrenzt ist. Die allgemeinen Aufwertungsgrundsätze haben Platz zu greifen. Über die Höhe der Aufwertung ist nach Treu und Glauben unter Berücksichtigung der Verhältnisse beider Parteien, der Gesellschaft wie der Gesellschafter, zu entscheiden.

Die Methode der Aufwertung. Für das Aktienrecht wird eine Einschränkung der **Anm. 2.** individualisierenden Aufwertungsmethode gefordert. Die Aufwertung soll schematisch, also für alle Aktionäre gleichmäßig vorgenommen werden. Es handelt sich um eine Massenforderung, welcher die gleiche Gegenleistung, die Aktie, gegenübersteht. Deshalb muß jeder Aktionär hinsichtlich der rückständigen Kapitaleinzahlungen gleich behandelt werden. Hinzu kommt, daß die Volleinzahlung des Grundkapitals durch Schutzbestimmungen von öffentlichem Interesse gesichert wird (HGB. § 218ff.). Diesem Interesse der Allgemeinheit, insbesondere der Gläubiger, müsse die Rücksicht auf persönliche Verhältnisse der Schuldner weichen (Breit GBilVo. S. 36ff.; Quassowski-Susat GBilVo. 2. Aufl. S. 284; Rosendorff S. 77; im Ergebnis zustimmend auch Hartmann Bank-Archiv 23, 273ff.; anderer Meinung Abraham S. 89ff.; Byk DurchfVo. zur GBilVo. § 26 Anm. 2).

Auch für das Recht der GmbH. muß die gleiche schematische Aufwertung Platz greifen. Zwar würde ein nach § 19 des GmbHG. verbotener Erlaß der Stammeinlage nicht darin liegen, daß sie für einen Gesellschafter, bei dem persönliche Gründe dies rechtfertigen, geringer aufgewertet würde als für einen anderen. Die unterschiedliche, aus den persönlichen Verhältnissen der Schuldner gerechtfertigte Aufwertung wird auch bei anderen gleichartigen Forderungen nicht als teilweiser Erlaß der Forderung angesehen. Die Gläubiger der GmbH. würden hierdurch nicht in höherem Maße beeinträchtigt werden, als dies die Geldentwertung überhaupt mit sich bringt. Entscheidend sind dagegen zwei Momente. Zum einen das Prinzip von der Erhaltung des Stammkapitals. Die Interessen der Gläubiger gehen stets denen der Gesellschafter vor. Es sei hier nur auf den Ausschluß der Anfechtung wegen Irrtums und Betruges verwiesen (Anm. 34 zu § 2). Zum anderen der für die GmbH. wie für das Aktienrecht geltende Grundsatz der gleichmäßigen Behandlung der Gesellschafter (vgl. Anm. 20 zu § 14; RG. 19. März 1926 a. a. O.). Dieser Grundsatz erfordert auch die gleichmäßige Aufwertung der Stammeinlagen gegenüber allen Gesellschaftern. Man kann demgegenüber für das GmbH.-Recht im Gegensatz zum Aktienrecht nicht deshalb der individualisierenden Aufwertungsmethode den Vorzug geben, weil bei der GmbH. das personenrechtliche Element stärker hervortritt als bei der kapitalistischen Grundlage der AG. Wohl besteht bei der GmbH.

Erl. II zu § 14. ein stärkerer Zusammenhang unter den Gesellschaftern als bei der AG. (Allg. Einleitung Anm. 25). Die Rechtsstellung der Gesellschafter kann hier in hohem Maße auf in der Person liegende Momente abgestellt sein. Das reicht aber nicht aus, um die im GmbH.-Recht geltenden Prinzipien der Sicherung des Stammkapitals für die Gläubiger und das der gleichmäßigen Behandlung der Gesellschafter zu durchbrechen. Eine Abweichung von diesen Grundsätzen verbietet sich insbesondere wegen der Haftung der Rechtsvorgänger nach §§ 16 und 22 und der Mithaftung aller Gesellschafter aus § 24. Den Erwerber eines Geschäftsanteils können die mit dem Geschäftsanteil verknüpften Verpflichtungen nur in dem Umfang treffen, wie sie zur Zeit der Anmeldung seines Erwerbes bestanden. Andererseits kann nicht die Regreßverpflichtung des Rechtsvorgängers aus § 22 über seine ursprüngliche Haftung hinaus gesteigert werden. Das würde aber eintreten, wenn gegenüber dem Erwerber eine höhere Aufwertung zugelassen würde, als sie gegenüber dem Rechtsvorgänger nach dessen persönlichen Verhältnissen gerechtfertigt wäre. Ebensowenig kann zugunsten des Erwerbers eine geringere Aufwertung deshalb in Betracht kommen, weil er sich auf besondere persönliche Umstände berufen könnte, die in der Person des Rechtsvorgängers fehlten. Sonst könnte ein Gesellschafter die Aufwertung seiner restlichen Einlageverpflichtung dadurch herabmindern, daß er seine Geschäftsanteile einem verarmten Dritten überträgt, mit oder ohne Abrede des Rückerwerbes. Zu unbilligen Härten wird die schematische Aufwertung nicht führen. Sie darf stets nur mit dem wirklichen Wert des Geschäftsanteils in Einklang stehen.

Im einzelnen:

Anm. 3. Einen allgemeinen Maßstab für die Aufwertung der Einlageverpflichtungen bildet regelmäßig die Wertveränderung des Vermögens der GmbH. selbst. Man stellt dem Goldmarkwert der bisher geleisteten Einzahlungen das Reinvermögen der GmbH. (ausschließlich der Ansprüche auf die restlichen Stammeinlagen) gegenüber. Es wird sich ergeben, ob und in welchem Verhältnis das Vermögen der GmbH. durch die Inflation einer Wertveränderung unterworfen war. Ist das mit den bisherigen Einzahlungen geschaffene Vermögen der GmbH. dem Goldmarkwert nach unverändert geblieben, so wird man grundsätzlich bei der Aufwertung der restlichen Stammeinlage von ihrem ursprünglichen Goldmarkwert ausgehen können. Ergibt sich dagegen eine Wertverminderung des Vermögens, so wird eine entsprechende Herabsetzung der restlichen Stammeinlagen in Goldmark Platz zu greifen haben. Von diesem Ausgangspunkt aus kann alsdann die Berücksichtigung der besonderen Verhältnisse, die auf seiten der GmbH. wie auf seiten der Gesamtheit der Gesellschafter gegeben sind, erfolgen. Hierfür bestimmte Richtlinien aufzustellen, ist bei der Fülle der denkbaren Fälle unmöglich.

Anm. 4. Eine unterste Grenze der Aufwertung ist nicht gegeben. Auch völlige Freistellung von einer Nachzahlung ist zulässig, wenn sie nach den besonderen Umständen des Falles geboten ist. Breit (a. a. O. Seite 37) nimmt als Mindestgrenze für das Aktienrecht den Börsenkurs oder den voraussichtlichen Versteigerungserlös an. Das kann nicht richtig sein. Dabei ist nicht berücksichtigt, daß bereits eine Einzahlung von mindestens 25% des ursprünglichen Goldmarkwertes auf die Aktie geleistet ist. Auch können Börsenkurs und Kaduzierungs-Wert von besonderen Umständen beeinflußt sein. Dann sind sie als Maßstab für die Aufwertung ungeeignet. Sie in solchen Fällen gar als Mindestbetrag der Aufwertung zu fordern, würde eine große Härte bedeuten können.

Eine Höchstgrenze stellt der Betrag dar, auf den der Geschäftsanteil in Goldmark umgestellt wird. Es ist nicht angängig, den Aufwertungsbetrag der restlichen Stammeinlage höher einzusetzen, als der Goldmarkbetrag des umgestellten Geschäftsanteils ergibt (§ 14). Deshalb kann auch die Aufwertung nur im Zusammenhang mit der Goldmarkumstellung beschlossen werden (RG. 19. März 1926 a. a. O.). Keine Höchstgrenze bildet der Goldmarkwert, den die Stammeinlage bei der Gründung der Gesellschaft oder der Kapitalerhöhung ausmacht. Breit (a. a. O. II 39) nimmt diese Höchstgrenze als „selbstverständlich" an. Sie erscheint durchaus nicht selbstverständlich. Die Kaufkraft der Einzahlungen, welche die nicht im Rückstande befindlichen Gesellschafter geleistet haben, kann in der Inflationszeit wesentlich höher gewesen sein als ihr Goldmarkwert nach der Stabilisierung. Die im Rückstand befindlichen Gesellschafter würden daher gegenüber den übrigen bevorzugt werden, wenn die Aufwertung in solchen Fällen auf 100% des Goldmarkbetrages beschränkt würde (vgl. RGZ. 110, 371). Solche Bevorzugung und Benachteiligung ist nach Möglichkeit zu vermeiden, zumal beide Klassen der Gesellschafter anteilig den gleichen Wert als Geschäftsanteil in Händen haben. Breit selbst scheint eine Ausnahme zulassen zu wollen. Wenn mehrere Emissionen nicht vollbezahlter Geschäftsanteile vorliegen, fordert er einen einheitlichen Aufwertungsbeschluß, der für alle rückständigen Stammeinlagen einen Durchschnittsbetrag festsetzt. Maßgebend soll dabei der wirkliche Wert der Geschäftsanteile sein. Breit kommt hier zu dem richtigen Ausgangspunkt für die Aufwertung (vgl. oben Anm. 3). Der wirkliche Wert kann aber weit über dem Goldmarkwert der bei einer Kapitalerhöhung der Inflationszeit übernommenen Stammeinlagen liegen. Was bei verschiedenen Emissionen nicht voll bezahlter Geschäftsanteile gelten muß, ist entsprechend auch auf alle anderen Fälle anzuwenden. Sind also die älteren Emissionen voll gedeckt, so kann für die jüngeren nicht voll bezahlten Emissionen der Inflationszeit über den bei der Kapitalerhöhung gegebenen Goldmarkwert hinausgegangen werden, wenn der Wert der Geschäftsanteile dies zuläßt und Billigkeit es erfordert. Soweit die Aufwertung den Goldmarkwert übersteigt, ist sie keine Kapitalerhöhung im Sinne des § 55 GmbHG. Auch nicht die Einforderung von Nachschüssen (§ 26; vgl. Anm. 26 zu § 26). Die besonderen Voraussetzungen dieser Maßnahmen brauchen für die Aufwertung der Stammeinlagen über 100% hinaus nicht vorzuliegen.

Erl. II zu § 14.

Anm. 5. Die Anrechnung der bereits geleisteten Einzahlung auf die aufgewertete Stammeinlage. Die geleisteten Einzahlungen können auf den Nennbetrag der auf Goldmark umgestellten Stammeinlagen nicht mit dem gleichen Prozentsatz angerechnet werden, in dem sie zu dem Nennbetrag der übernommenen Stammeinlage standen. Nach der oben (Anm. 2ff.) angezeigten Methode ist der Gesamtbetrag der rückständigen Einlagen zu bestimmen. Dieser Betrag ist anteilig nach Verhältnis der umgestellten Geschäftsanteile auf die im Rückstand befindlichen Gesellschafter zu verteilen. Eingezahlt ist hiernach auf das umgestellte Kapital die Differenz zwischen dem neuen Nennbetrag des Geschäftsanteils und dem Aufwertungsbetrag des Rückstandes. Hierbei kann sich der Prozentsatz der Einzahlungen gegen früher verändern.

Anm. 6. Über die Höhe der Aufwertung der Einlagenrückstände hat die Gesellschafterversammlung zu beschließen. Sie hat die Goldmarkeröffnungsbilanz zu genehmigen. Sie muß in ihr als Aktivposten den Betrag einsetzen, der auf die Einlagenrückstände nach ihrer Ansicht beizutreiben sein wird. Das setzt wiederum voraus, daß sie auch den Gesamtbetrag der Einlagenrückstände selbst festsetzt. Der Beschluß hierüber wird mit einfacher Stimmenmehrheit gefaßt (§ 5 2. DurchfVo. zur GBilVo.). Damit ist die Höhe der Aufwertung rückständiger Stammeinlagen nicht endgültig bestimmt. Der Beschluß bindet zunächst nur diejenigen Gesellschafter, die ihm zustimmten. Die übrigen können ihn anfechten. Unterlassen sie es, steht auch für sie die Verpflichtung zur Aufwertung in der beschlossenen Höhe fest. Eine Anfechtung wird nur durchdringen, wenn die Grundsätze der Billigkeit verletzt sind (zust. Breit a. a. O. II 39).

Anm. 7. Die Aufwertung der Nachschüsse. Bei einer unbeschränkten Nachschußpflicht wird die Rechtslage durch den Währungsverfall nicht beeinflußt. Die Frage der Aufwertung entsteht lediglich für die beschränkte Nachschußpflicht und den Fall des § 27 Abs. 4, in dem bei unbegrenzter Nachschußpflicht die Ausübung des Abandonrechts nur für die Überschreitung eines bestimmten Nachschußbetrags zugelassen ist. Schwierigkeiten bereitet die Aufwertung nicht, wenn die Begrenzung der Nachschußpflicht in einer Quote oder einem Mehrfachen der Stammeinlage oder mit dem Betrage der Stammeinlage selbst bestimmt ist. Hier wird die Höhe der Aufwertung in dem gleichen Verhältnis nach dem Nennbetrage des auf Reichsmark umgestellten Geschäftsanteils berechnet. Über die Aufwertung der Stammeinlagen vgl. oben Anm. 1—6. Ist ein Höchstbetrag der gesamten Nachschüsse bestimmt, so wird zunächst das Verhältnis, in dem dieser Höchstbetrag zum Betrage des alten Stammkapitals

§ 14. stand, festzustellen sein. Alsdann ist im gleichen Verhältnis das Höchstmaß der in Reichsmark zu errechnenden Nachschüsse nach dem auf Reichsmark umgestellten Stammkapital zu bestimmen. Maßgebend für die Berechnung der Verhältniszahl ist der Stand des alten Stammkapitals vor der Umstellung. Das gilt, auch wenn das Kapital in der Inflationszeit erhöht, der Höchstbetrag der Nachschüsse aber unverändert geblieben ist. Es kann hierdurch eintreten, daß die Nachschußpflicht der Gründer auf einen Bruchteil dessen herabsinkt, was sie übernommen hatten. Das muß aber mit Rücksicht auf die gleichmäßige Behandlung aller Gesellschafter hingenommen werden. Die Einzahlung der Nachschüsse hat nach Verhältnis der Geschäftsanteile zu erfolgen (§ 26 Abs. 2). Es entscheidet daher das Verhältnis der Geschäftsanteile, wie es bei der Umstellung vorliegt. Die jüngeren Geschäftsanteile, die in einer Kapitalerhöhung der Inflationszeit geschaffen sind, können nur mit einem Nachschuß belastet werden, der nach dem Verhältnis des durch die Kapitalerhöhung erreichten Stammkapitals zu dem damals festgesetzten Höchstbetrag der Nachschüsse zu bemessen ist. Nur das gleiche Verhältnis kann auch für die Geschäftsanteile der Gründer maßgebend sein.

Anm. 8. Eine besondere Bedeutung erhält die Nachschußpflicht durch § 5 Abs. 2 der GBilVo. Übersteigt der Nennbetrag des alten Stammkapitals (Eigenkapital) das bei der Aufstellung der Goldmarkeröffnungsbilanz errechnete Reinvermögen der Gesellschaft, so kann die Umstellung in der Weise erfolgen, daß das Vermögen durch neue Einlagen bis zur Höhe des Eigenkapitals vermehrt wird. § 5 führt lediglich die verschiedenen Umstellungsmöglichkeiten auf, darunter die Vermehrung des Vermögens durch neue Einlagen. Beschließen die Gesellschafter diese Art der Umstellung, so wird hierdurch nicht etwa die Verpflichtung der Gesellschafter zur Leistung von Zuzahlungen begründet. Ob eine Pflicht hierzu besteht, entscheidet vielmehr allein der Gesellschaftsvertrag. Sieht er eine Nachschußpflicht vor, so können in deren Rahmen (vgl. oben Anm. 25) Zuzahlungen in Form von Nachschüssen eingefordert werden. Andernfalls ist die Vermehrung des Vermögens durch neue Einlagen nur unter den Voraussetzungen des § 38 der DurchfVo. zur GBilVo. zu erzwingen (vgl. hierzu Quassowski-Gusat 2. Aufl. S. 367, 92ff. und die weitere Spezialliteratur). Die zu leistenden Nachschüsse bilden nicht die Stammeinlage, obwohl erst durch sie die Umstellung auf das neue Goldmarkstammkapital erreicht wird. Sie sind nur einzufordern, wenn die Stammeinlagen, auch die aufgewerteten, in voller Höhe eingefordert sind. Sie sind also Nachschüsse im Sinne des § 26 GmbHG. Sie können zurückgezahlt werden (vgl. oben Anm. 22). Sie sind aber zur Bildung des neuen auf Goldmark umgestellten Stammkapitals geleistet worden. Eine Rückzahlung aus dem zur Deckung des Stammkapitals erforderlichen Vermögen ist unstatthaft (§ 30). Daher kann ihre Rückerstattung nur aus Reserven erfolgen. Diese können bereits in der Goldmarkeröffnungsbilanz oder aus späteren Gewinnen gebildet sein.

Der Umstellungsbeschluß wird mit einfacher Stimmenmehrheit gefaßt (§ 5 der 2. DurchfVo. zur GBilVo.). Auch der Beschluß über die Einforderung der Nachschüsse bedarf nur einfacher Stimmenmehrheit (vgl. oben Anm. 9). Die Leistung der Nachschüsse muß bei der Anmeldung des Umstellungsbeschlusses zum Handelsregister erfolgt sein. Der Geschäftsführer hat in der Anmeldung zu versichern, daß die Nachschüsse in seinem Besitz sind (§ 9 der 2. DurchfVo. zur GBilVo.).

Sind die Zuzahlungen Nachschüsse, so werden auf sie neue Geschäftsanteile nicht gewährt. Andernfalls würde eine Kapitalerhöhung vorliegen. Die hierfür gegebenen Vorschriften (Dreiviertelmehrheit) wären zu beobachten. Damit wird keine Umstellungsmaßnahme getroffen. Die Kapitalerhöhung geht neben der Umstellung einher und unterliegt nicht deren Sondervorschriften.

§ 15.

§ 15.

Die Geschäftsanteile sind veräußerlich und vererblich.

Erwirbt ein Gesellschafter zu seinem ursprünglichen Geschäftsanteile weitere Geschäftsanteile, so behalten dieselben ihre Selbständigkeit.

Zur Abtretung von Geschäftsanteilen durch Gesellschafter bedarf es eines in gerichtlicher oder notarieller Form geschlossenen Vertrages. § 15.

Der gerichtlichen oder notariellen Form bedarf auch eine Vereinbarung, durch welche die Verpflichtung eines Gesellschafters zur Abtretung eines Geschäftsanteils begründet wird. Eine ohne diese Form getroffene Vereinbarung wird jedoch durch den nach Maßgabe des vorigen Absatzes geschlossenen Abtretungsvertrag gültig.

Durch den Gesellschaftsvertrag kann die Abtretung der Geschäftsanteile an weitere Voraussetzungen geknüpft, insbesondere von der Genehmigung der Gesellschaft abhängig gemacht werden.

Der vorliegende Paragraph enthält verschiedene Bestimmungen. Er verordnet: Einleitung.

1. die Vererblichkeit und Veräußerlichkeit der Geschäftsanteile (Abs. 1),
2. die Form der Abtretung und die Form des obligatorischen Vertrages, durch welchen die Verpflichtung zur Abtretung begründet wird (Abs. 3 und 4),
3. er gestattet ferner, daß der Gesellschaftsvertrag die Abtretung an weitere Voraussetzungen knüpft (Abs. 5) und
4. er bestimmt endlich mitten in diesen Vorschriften (in Abs. 2) die Wirkung des Erwerbes eines Geschäftsanteils in einem ganz bestimmten Falle.

Nach diesen Gesichtspunkten und in dieser Reihenfolge sollen die Erläuterungen dieses wichtigen Paragraphen erfolgen. Der zuletzt erwähnte Punkt 4 wird aber erweitert. Die Wirkung des Erwerbes und der Veräußerung eines Geschäftsanteils soll nicht bloß für diesen bestimmten Fall, sondern überhaupt erörtert werden (siehe unten Anm. 66ff.).

In Zusätzen werden weitere Materien erörtert werden, welche hiermit eng zusammenhängen.

Die Formvorschrift des Abs. 3 ist für Abtretungen aus Anlaß der Umstellung einer GmbH. auf Goldmark durch die GBV. durchbrochen (siehe unten Anm. 48).

I. (Abs. 1.) **Die Anerkennung der Vererblichkeit und Veräußerlichkeit der Geschäftsanteile.** Anm. 1.

In Abs. 1 wird die Vererblichkeit und Veräußerlichkeit der Anteilrechte anerkannt. Das österr. Gesetz § 76 Abs. 1 lautet gleich. Nur ist statt veräußerlich übertragbar gesagt. Ein rechtlicher Unterschied ist hiermit nicht gewollt. Über Beschränkungen der Vererblichkeit und Veräußerlichkeit in anderen ausländischen Gesetzen vgl. unten Anm. 4 und 49. Ohne die Vorschrift des Abs. 1 wären die Bestimmungen des BGB. über Körperschaften anwendbar (vgl. Anm. 3 Allgem. Einleitung). Die Mitgliedschaft ist nicht vererblich, wenn nicht die Satzung ein Gegenteiliges bestimmt (§§ 38 und 40 BGB.). Hier gilt das Umgekehrte. Der Anteil ist vererblich, wenn nicht die Satzung das Gegenteil anordnet (ebenso Neukamp Anm. 10, Merzbacher Anm. 8, Warneyer-Koppe Anm. 8 und Crüger-Crecelius Anm. 8; a. M. Brodmann Anm. 5 u. 7). Auch die Veräußerlichkeit wird nicht zwingend vorgeschrieben (a. M. Brodmann und hier auch Warneyer-Koppe und Crüger-Crecelius a. a. O.), sie wird (Motive 14 und 15) „im Prinzip anerkannt" und „zugelassen", damit sie den Gesellschaftern für den Bedürfnisfall die Realisierung ihrer Anteilrechte „ermöglichen soll". Der Charakter der Mitgliedschaft als eines „regelmäßig dauernden Verhältnisses" wird dabei betont. Die von dem Gesetze zugelassene Veräußerlichkeit kann beseitigt werden, wo die Gesellschafter kein Bedürfnis zur Realisierung ihrer Anteilsrechte empfinden. Der Charakter der Mitgliedschaft als eines regelmäßig dauernden Verhältnisses wird dadurch erst recht gewahrt. Auch die Gesetzesworte stehen dieser in den Motiven ausgesprochenen Gesetzestendenz in keiner

§ 15. Weise entgegen. Der Abs. 5 bestätigt sie. Dort ist gesagt, daß der Gesellschaftsvertrag die Veräußerlichkeit an weitere Voraussetzungen knüpfen kann (zust. RG. 12. 3. 15 Holdheim 24, 124).

Abgetreten wird stets ein Geschäftsanteil als Träger des Mitgliedsrechts. Es liegt darin keine Veräußerung eines Erwerbsgeschäfts im Sinne des § 1822 Ziff. 3 BGB. (KG. 4. 7. 07 KGJ. 39 A 89, Anm. 14 zu § 14; vgl. aber Anm. 1 § 13 die Veräußerung sämtlicher Anteile an einen Dritten). Die Abtretung bedarf daher nicht der vormundschaftlichen Genehmigung, wohl aber der Erwerb durch einen Minderjährigen wegen § 1822 Ziff. 10 BGB. Denn der Erwerb eines Geschäftsanteils führt nach §§ 24 und 31 GmbHG. zu der Haftung für Rückstände der Mitgesellschafter, also für fremde Verbindlichkeiten (KG. 31. 1. 13 KGJ. 44, 142; a. M. Joseph in Holdheim 27, 147, der die vormundschaftliche Genehmigung nur für den Fall fordert, daß auf den veräußerten Geschäftsanteil Leistungen nach § 16 Abs. 3 rückständig sind).

Die Eröffnung des Konkurses über das Vermögen der Gesellschaft berührt die Veräußerlichkeit der Geschäftsanteile nicht (Anm. 13 § 63; RG. 3. 10. 06 RGZ. 64, 149). Über die Erteilung einer etwa erforderlichen Genehmigung vgl. für den Konkursfall unten Anm. 52.

Anm. 2. 1. Hiernach kann der Gesellschaftsvertrag sowohl die Veräußerlichkeit, als die Vererblichkeit ausschließen. Demgemäß kann er die Übertragbarkeit auch auf Zeit ausschließen. Er kann die Vererblichkeit beschränken und ganz beseitigen (RG. 8. 10. 12 RGZ. 80, 179; Crüger-Crecelius Anm. 4). Ihre Zulassung im Abs. 1 ist nicht zwingendes Recht. Gleich der Veräußerlichkeit ist sie gestattet. Gleich ihr kann sie aufgehoben werden. Es wird dann das für Körperschaften des bürgerlichen Rechts (Vereine) geltende Prinzip wiederhergestellt. Es liegt auch kein Eingriff in die Testierfähigkeit des Erblassers vor. Es entsteht vielmehr der Geschäftsanteil mit dieser Beschränkung. Er ist sterblich wie sein Träger. (Zustimmend OLG. Colmar 4. 1. 12 Recht 1912, 484; a. M. Förtsch Anm. 2, Merzbacher Anm. 8, RundschauGmbH. 1912, 91). Dieser Ausschluß der Vererblichkeit kann nur in dem ursprünglichen Gesellschaftsvertrage geschehen (Neukamp Anm. 10) oder in demjenigen Kapitalserhöhungsbeschlusse, der die betreffenden Geschäftsanteile kreiert. Ein späterer Beschluß bedarf der Genehmigung der betreffenden Gesellschafter. In ihm liegt der Eingriff in ein Sonderrecht (vgl. Anm. 19ff. zu § 14).

Anm. 3. Wenn der Gesellschaftsvertrag die Vererblichkeit ausschließt, so muß er notwendigerweise auch bestimmen, was aus dem Geschäftsanteile beim Tode des Gesellschafters werden soll (RG. 17. 9. 12 ZBlFG. 13, 371[282]; RG. 8. 10. 12 RGZ. 80, 175). Sonst ist die Bestimmung unvollständig. Enthält der Gesellschaftsvertrag nichts als die Bestimmung, daß der Geschäftsanteil nicht auf die Erben übergeht, so ist es Sache der Auslegung, die Lücke auszufüllen. Ist dies unmöglich, so ist die Vorschrift unwirksam. In erster Reihe ist hier die Einziehungsmöglichkeit nach § 34 eine geeignete Handhabe. Der Geschäftsanteil kann beim Tode des Gesellschafters eingezogen werden (vgl. Anm. 3 zu § 34). Ob ein Ausschluß der Vererblichkeit vorliegt, ist Tatfrage. Wird bestimmt, daß beim Tode eines Gesellschafters der Geschäftsanteil auf Dritte zu übertragen ist, so ist damit regelmäßig die Vererblichkeit nicht ausgeschlossen. Eine solche Bestimmung des Gesellschaftsvertrags erzeugt vielmehr eine obligatorische Verpflichtung der Erben, den Geschäftsanteil auf den Dritten zu übertragen. Es kann damit nur ein Recht der Gesellschaft gewollt sein. Dann liegt es in ihrer Hand, ob sie von den Erben die Übertragung an den Dritten fordert. Unterläßt sie es, verbleibt der Geschäftsanteil den Erben. Es kann auch ein Vertrag zugunsten Dritter vorliegen. Der Dritte hat damit durch den Gesellschaftsvertrag auf den Todesfall des Gesellschafters ein obligatorisches Recht erworben, den Geschäftsanteil zu übernehmen. Er übt dieses Übernahmerecht durch formlose Erklärung gegenüber den Erben aus. Nicht etwa bedarf es einer notariellen Annahmeerklärung. Denn sein Übernahmerecht erwächst aus dem Gesellschaftsvertrag durch die einseitige Begründung der Abtretungsverpflichtung (vgl. unten Anm. 7). Übt der Dritte das Übernahmerecht nicht aus, fordert er also nicht die Übertragung des Geschäftsanteils, so verbleibt dieser den Erben, soweit nicht der Gesellschaftsvertrag eine weitere Regelung vorsieht. Unklar ist die Begründung des Urteils des RG. v. 8. 10. 12 a. a. O. Richtig ist, daß die Bestimmung, ein Geschäftsanteil solle bei dem Tode des Gesellschafters auf Dritte übergehen, keine letztwillige Verfügung zu sein braucht und nicht der besonderen Form des Testaments oder Erbvertrags bedarf. Die Auffassung aber, die Bestimmung sei ein Vertrag zugunsten Dritter mit der Wirkung, daß der Geschäftsanteil nicht in den Nachlaß falle, ist unrichtig. Denn es gibt keine dinglichen Verträge zugunsten Dritter (RG. 29. 3. 20 RGZ. 98, 279). Wenn das RG. andererseits hervorhebt, daß der Geschäftsanteil nach dem Tode des Gesellschafters dem Dritten abzutreten sei, so muß es selbst davon ausgehen, daß die Erben die Abtretung vorzunehmen haben. Damit läßt sich aber nicht der Standpunkt vereinigen, daß der Geschäftsanteil nicht Teil des Nachlasses sei und nicht aus diesem dem Dritten zufällt. Es kann nicht bestimmt werden, daß mit dem Tode eines Gesellschafters sein Geschäftsanteil ohne Übertragung an die hierzu berechtigte Person falle. Einen solchen Übergang ohne rechtsgeschäftliche Übertragung kennt das Recht nur bei der Universalrechtsnachfolge der Erben. — Das Recht der Übernahme kann einem Gesellschafter oder allen Gesellschaftern nach Maßgabe ihrer Anteile oder nach sonstigem Maßstabe, es kann auch der Gesellschaft selbst eingeräumt sein. Es kann bestimmt sein, daß die Gesellschaft dieses Recht des Erwerbs auf Dritte übertragen kann. Es kann festgestellt sein, daß der Geschäftsanteil ohne Gegenwert an die Berechtigten fallen soll (OLG. Kiel Schl.-HolstAnz. 10, 20). Es kann eine Gegenleistung bedungen sein. Diese kann wieder in dem Betrage der Einlage bestehen oder in dem gegenwärtigen durch Schätzung zu bestimmenden Wert. Es kann neben diesem Rechte des Erwerbs eine Verpflichtung zur Abnahme gegenüber den Erben bestellt werden. Bei all diesem ist vorausgesetzt, daß die Form dieser Verpflichtung (Abs. 3) gewahrt ist. Hierzu genügt die Aufnahme in den Gesellschaftsvertrag. § 15.

Es ist endlich eine Verbindung von Einziehung des Geschäftsanteils und Erwerbsrecht Dritter möglich, derart, daß bei Verweigerung der Übertragung die Einziehung gestattet ist. Eine solche Androhung der Amortisation ist deshalb von Wert, weil hierdurch jeder Versuch der Erben, die Übertragung zu vereiteln, als aussichtslos erscheint. Die Hauptgefahr, daß die Erben den Geschäftsanteil an Dritte veräußern, wird allerdings meistens schon dadurch ausgeschlossen sein, daß die Veräußerung an die Genehmigung der Gesellschaft geknüpft ist.

Zulässig ist die Bestimmung, daß beim Tode des Gesellschafters, auch ohne daß die Einziehung durchgeführt oder die Veräußerung erfolgt ist, alle Rechte, einschließlich des Rechtes auf Dividende, ruhen. Es sind dies keine absoluten Rechte. Der Gesellschaftsvertrag kann sie für Zeit oder für immer aufheben.

Wie der Geschäftsanteil für unvererblich erklärt werden kann, so ist auch eine Beschränkung der Erbfähigkeit möglich. Es kann bestimmt sein, daß der Geschäftsanteil nur auf einen solchen Erben übergehen kann, der dasselbe Geschäft wie der Erblasser betreibt, oder der fähig ist, die Verpflichtungen des Erblassers zu übernehmen. Erst wenn ein solcher Erbe nicht vorhanden ist, tritt die Einziehung des Geschäftsanteils ein.

Liegt eine Beschränkung der Vererblichkeit nicht vor, so kann der Gesellschafter letztwillig beliebig über seinen Geschäftsanteil verfügen. Geschieht das durch Vermächtnis, so entsteht, auch wenn nur ein eigenhändiges Testament vorliegt, ein Anspruch des Bedachten auf Übertragung des Geschäftsanteils (§ 2174 BGB.).

2. Die Veräußerlichkeit kann aber nicht bloß beseitigt, sondern auch beschränkt, an bestimmte Voraussetzungen geknüpft werden. Hierüber siehe unten Anm. 49ff. Ebenso kann natürlich auch die Vererblichkeit, wie sie (Anm. 2) beseitigt werden kann, auch an bestimmte Bedingungen geknüpft oder in bestimmter Weise geregelt werden (vgl. Anm. 3). Anm. 4.

§ 15. Der Schweizer Entwurf (Art. 807) beschränkte durch zwingende Vorschrift die Vererblichkeit nicht voll eingezahlter Geschäftsanteile: Zum Erwerb des Erben sollte die Zustimmung der Gesellschafter gemäß Art. 806 erforderlich sein. Wird die Zustimmung versagt, so ist ein Kaduzierungsverfahren vorgesehen, falls der Erbe nicht in angemessener Frist die Einzahlung leistet. Die Expertenkommission hat dies beseitigt, da anderenfalls die GmbH. als Form für Familiengesellschaften erledigt wäre (Prot. 514). Die Zustimmung der Gesellschaft bleibt nur erforderlich, wenn die Statuten es vorschreiben.

Anm. 5. II. (Abs. 3 und 4.) **Die Form des auf Abtretung gerichteten Vertrags und die Form der Abtretung.**

Das Gesetz behandelt zwar zuerst im Abs. 3 den Abtretungsvertrag selbst, sodann im Abs. 4 den auf Abtretung gerichteten obligatorischen Vertrag. Aus logischen und systematischen Gründen wird aber die umgekehrte Reihenfolge in der Behandlung beobachtet.

Anm. 6. A. **Der auf Abtretung gerichtete obligatorische Vertrag muß in gerichtlicher oder in notarieller Form abgeschlossen werden.** Das Gesetz drückt sich dahin aus:

Der gerichtlichen oder notariellen Form bedarf eine Vereinbarung, durch welche die Verpflichtung eines Gesellschafters zur Abtretung eines Geschäftsanteils begründet wird. Die Vorschrift ist zwingenden Rechts. Sie kann durch den Gesellschaftsvertrag nicht beseitigt oder erleichtert werden (OLG. Stuttgart 6. 12. 17 Recht 1918 Nr. 436). Das österr. Ges. § 76 Abs. 2 Satz 2 und das poln. Gesetz (Art. 6) enthalten die gleiche Bestimmung. Die erschwerende Form ist eingeführt, damit die Anteilrechte nicht zu einem Gegenstande des Handelsverkehrs werden. Sie sollen besonders nicht in den Börsenverkehr geraten und nicht Gegenstand der Agiotage werden, wie die Aktien. Deshalb wird der Erwerb der Geschäftsanteile mit zeitraubenden und kostspieligen, daher die reifliche Überlegung der Kontrahenten herausfordernden Förmlichkeiten umgeben. Die Veräußerung und der Erwerb sind dadurch vor übereilter Vornahme geschützt. Der leichte, wilde, spekulative Handel ist damit gehemmt (vgl. aber unten Anm. 15). In den meisten Fällen wird der Kausalvertrag und die Übertragung des Geschäftsanteils zusammenfallen. Dies bringt dessen Natur als ein unkörperliches Recht mit sich. Wo diese noch nicht erfolgen kann oder soll, ist auch der obligatorische Akt an dieselbe Form wie der dingliche gebunden.

Anm. 7. 1. Nur Vereinbarungen werden durch diese Formvorschrift getroffen. Vereinbarungen sind Verträge. Überall wo ein solcher Vertrag nicht vorliegt, bedarf es der Formvorschrift nicht. Nicht getroffen sind daher die Fälle, in denen das Recht auf den Erwerb aus einem anderwärts begründeten Rechtsverhältnisse fließt. So wenn ein Gesellschafter einer offenen Handelsgesellschaft von dem gesetzlichen Rechte der Übernahme des Geschäfts Gebrauch macht (§ 142 HGB.). Die obligatorische Verpflichtung wird hier durch die Erklärung des einen Gesellschafters begründet. Dasselbe gilt, wenn bereits durch den Gesellschaftsvertrag für den Fall des Ausscheidens eines Gesellschafters durch Kündigung oder Tod dem anderen Gesellschafter ein Recht auf Übernahme des Geschäfts gewährt wird. Ebenso dann, wenn zugunsten eines Dritten, z. B. der Witwe eines Verstorbenen, ein solches Recht bedungen ist. Es kann nicht verlangt werden, daß im Hinblick auf das Vorhandensein eines Geschäftsanteils der ganze Gesellschaftsvertrag notariell beurkundet werde (vgl. aber unten Anm. 19). Zum Rechtsübergange selbst gehört auch in diesem Falle noch die Abtretung (unten Anm. 36). — Wer bei einer Auslobung einen Geschäftsanteil einer GmbH. als Belohnung aussetzt, ist verpflichtet, demjenigen, der den betreffenden Erfolg herbeigeführt hat, den Geschäftsanteil zu zedieren (§ 657 BGB.). Die Beobachtung der Form ist für die Entstehung der obligatorischen Verpflichtung zur Abtretung nicht erforderlich. Die Auslobung ist kein Vertrag. Aber die Abtretung des Geschäftsanteils, zu welcher der Auslober hiernach verpflichtet ist, muß sich in den Formen des Abs. 3 vollziehen. Auslobungen von Geschäftsanteilen werden freilich selten sein. — Durch

Vermächtnis kann auch in einem eigenhändigen Testament, also ohne die Formvorschrift des Abs. 4, dem Erben die obligatorische Verpflichtung auferlegt werden, einen Geschäftsanteil einem anderen abzutreten. Der Vermächtnisnehmer erwirbt durch den Erbfall das obligatorische Recht auf Abtretung (§ 2174 BGB.). Die Abtretung selbst muß sich in der Form des Abs. 3 vollziehen (vgl. oben Anm. 3). Dieselbe Bedeutung hat die Anordnung des Erblassers, der im Testamente einem der Erben bei der von ihm geregelten Teilung den Geschäftsanteil zuweist (§ 2048 Abs. 1 BGB.). Keiner Form bedarf auch die Auseinandersetzung durch den Testamentsvollstrecker. Er vollzieht sie kraft seines Amtes. Er hat die Erben nur über seinen Plan zu hören. An Stelle des obligatorischen Teilungsvertrags der Miterben tritt eine einseitige Willenserklärung. Sie ist daher kein Vertrag und § 15 Abs. 4 nicht anwendbar. Der Vollzug aber muß sich zur Abtretung der Form der notariellen Urkunde bedienen. Er liegt dem Testamentsvollstrecker in Konsequenz seiner Auseinandersetzungsbefugnis ob (Hachenburg LZ. 1, 707/8). — Ein Beschluß, durch welchen eine Aktiengesellschaft oder GmbH. aufgelöst und dem Liquidator aufgetragen wird, die zum Vermögen der Gesellschaft gehörigen Geschäftsanteile einer (anderen) GmbH. unter die Gesellschafter zur Verteilung zu bringen, bedarf der hier vorgeschriebenen Form nicht. Auch er ist kein Vertrag. Nach § 60 des Gesetzes bedarf ein solcher Beschluß keiner besonderen Form. Er erzeugt das obligatorische Recht jedes Gesellschafters auf ratierliche Abtretung der im Besitze der Gesellschaft befindlichen Geschäftsanteile. Die Abtretung selbst erfolgt in der Form des Abs. 3. § 15.

2. Die Vereinbarung muß so beschaffen sein, daß sie die **Verpflichtung** zur **Abtretung** eines **Geschäftsanteils** begründen soll. Anm. 8.

a) Damit sind nicht bloß Kaufverträge gemeint. Alle Verträge fallen darunter, durch welche die Verpflichtung zur Abtretung eines Geschäftsanteils begründet werden kann. Auch ein Vergleich, in welchem ein Gesellschafter „durch Abtretung seines Geschäftsanteils aus der GmbH. ausscheidet", bedarf der vorgeschriebenen Form. § 779 BGB. entbindet von ihrer Beobachtung nicht (OLG. Königsberg 16. 4. 18 OLGR. 38, 191). Es ist einerlei, ob es sich um einen entgeltlichen oder einen unentgeltlichen Verpflichtungsakt handelt. Auch für obligatorische Schenkungsverträge ist die vorliegende Frage erheblich. Denn bei diesen ist nur die notarielle oder gerichtliche Beurkundung des Schenkungsversprechens, nicht des Vertrags verlangt (§ 518 BGB.).

Auch wenn die Verpflichtung auf Abtretung an einen Dritten lautet, ist die Form zu wahren (vgl. RGZ. 50, 165). Dies trifft auch die Fälle, in denen sich der Gesellschafter der Gesellschaft gegenüber hierzu verpflichtet (KG. 3. 1. 10 KGBl. 10, 31). So der Geschäftsführer für den Fall der Niederlegung seines Amtes. Dagegen fällt die Zusage der Beschaffung eines Geschäftsanteils eines Dritten nicht unter die Formvorschrift (KG. 18. 2. 05 KGBl. 06, 22). Hier soll nur eine Handlung des Dritten herbeigeführt werden. Wieder aber ist die Form zu wahren, wenn ein Nichtgesellschafter sich zur Abtretung eines Geschäftsanteils verpflichtet, für den Fall, daß er ihn erwirbt. Der Vertrag über die Abtretung eines fremden Geschäftsanteils kann nicht anders gestellt sein als der über die des eigenen (RG. 10. 1. 06 Recht 1906, 1007 und 12. 9. 12 Recht 1912, 2993).

Es ist auch dann die Form zu wahren, wenn die Verpflichtung zur Abtretung nur eine einseitige ist. Es bedarf keines gegenseitigen Vertrags, der den anderen Teil auch zum Erwerbe und zur Leistung der Vergütung verpflichtet. Schwierigkeit macht dabei nur die Frage, in welcher Form dann die Ausübung des Rechts auf die Übertragung zu erfolgen hat. Sie wird in der Regel formlos sein. Der Verpflichtete muß auf Verlangen den Übertragungsakt vollziehen. Er hat einen Anspruch darauf, daß bei diesem der Erwerber die Verpflichtung zur Gegenleistung übernimmt. Dies

§ 15. liegt in der Annahme der Übertragung. Es ist zweckloser und vom Gesetz nicht verlangter Formalismus, wenn auch das auf eine einseitige Verpflichtung zur Abtretung gestützte Verlangen notariell beurkundet werden müßte (vgl. aber KG. 2. 1. 12 GmbHZ. 1912, 9). Dort ist ein solches Abkommen dahin ausgelegt, daß der Berechtigte innerhalb der Frist auch seinerseits die Verpflichtung zur Abnahme notariell übernommen haben müsse. Das KG. sah in der Verpflichtungsurkunde nur einen einseitigen Übertragungsantrag. Dann ist die Konsequenz, daß er der Annahme in notarieller Form bedürfe, zweifellos richtig (RG. 28. 6. 12 LZ. 6, 760).

Formbedürftig ist endlich die Übernahme der Verpflichtung, wahlweise neben anderen Leistungen einen Geschäftsanteil abzutreten (RG. 21. 11. 12 WarnErg. 6, 142).

Anm. 9. Auch Gesellschaftsverträge, durch welche die **Verpflichtung zur Einbringung eines Geschäftsanteils** begründet wird, fallen unter die Formvorschrift. Es ist einerlei, ob es sich um die Verpflichtung zur Einbringung in eine juristische Person (AG., GmbH., Aktienkommanditgesellschaft) oder in eine Gesellschaft im engeren Sinne (o.HG., Kommanditgesellschaft, Gesellschaft bürgerlichen Rechts) handelt. Bei Umwandlung von Gesellschaften in andere Gesellschaftsformen ist zu prüfen, ob das Rechtssubjekt dasselbe bleibt und nur seinen rechtlichen Charakter ändert (z. B. Umwandlung einer Aktienkommanditgesellschaft in eine AG. gemäß § 332 HGB.; Umwandlung einer o.HG. in eine Kommanditgesellschaft; StaubHGB. Anm. 3 zu § 130, siehe auch unten Anm. 10), oder ob die Auflösung der alten Gesellschaft und die Einbringung der zu ihrem Vermögen gehörenden Gegenstände in eine neu gebildete Gesellschaft vorliegt (letzteres z. B. bei Umwandlung einer GmbH. in eine AG., bei Umwandlung einer Aktienkommanditgesellschaft in eine einfache Kommanditgesellschaft, bei Umwandlung einer o.HG. in eine GmbH.; vgl. Anm. 48 zu § 80; StaubHGB. Anm. 8 zu § 334). Im ersteren Falle liegt keine Abtretung vor, wohl aber im letzteren. Auch die Fälle der §§ 303—305 HGB. gehören sämtlich zur letzteren Alternative. Doch bedarf in allen diesen Fällen der obligatorische Übertragungsvertrag schon aus dem Grunde der hier vorgesehenen Form, weil hier eine Verfügung über das ganze Vermögen der AG. vorliegt (§ 311 HGB.). Bei einer Verschmelzung zweier o.HG., deren eine Eigentümerin eines Geschäftsanteils ist, bedarf es der Form dann nicht, wenn die letztere die Gesellschafter der anderen in sich aufnimmt (vgl. Anm. 11). Diese treten in das Gesellschaftsvermögen als Ganzes ein. Ein genereller Satz, daß hier ein Subjektwechsel nicht vorliege und daher stets die Form entbehrlich sei (so OLG. Frankfurt 2. 5. 06 Recht 07, 371), ist nicht anzuerkennen. Die Bildung einer Gesellschaft derart, daß der Geschäftsanteil selbst in die Gesellschaft nicht inferiert wird, sondern nur das Recht an den vermögensrechtlichen Bezügen der Gegenstand der Beteiligung ist (sogenannte Unterbeteiligung), bedarf der Form des vorliegenden Paragraphen nicht (vgl. Anm. 16; RG. 10. 10. 06 SeuffBl. 07, 339).

Anm. 10. Besitzen mehrere Personen einen Geschäftsanteil zum Miteigentum, so ist die Verpflichtung zum Einbringen in eine von den bisherigen Miteigentümern fortan zu bildende Gesellschaft, also die Verpflichtung, das Miteigentum in Eigentum zur gesamten Hand umzuwandeln, eine Verpflichtung zur Abtretung (RG. 56, 96 für Miteigentum an Grundstücken). Denn diese Umwandlung kann nur durch Veräußerung des betreffenden Anteils geschehen. Anders wieder, wenn den mehreren Personen der Geschäftsanteil bereits in einem Gesamthandverhältnisse gehört und nur der Rechtsgrund dieses verändert wird. So wenn die mehreren Miterben eines Gesellschafters eine Gesellschaft des bürgerlichen oder des Handelsrechts bilden und den Geschäftsanteil in diese einlegen. Oder wenn aus der Gesellschaft des bürgerlichen Rechts eine solche des Handelsrechts wird. Vorausgesetzt ist stets, daß es dieselben Personen sind, die aus Miterben Gesellschafter werden.

Anm. 11. Der Eintritt eines Gesellschafters in eine offene Handelsgesellschaft, zu deren Vermögen ein Geschäftsanteil einer GmbH. gehört, ist formfrei. Dies gilt ja auch vom Eintritt in eine Gesellschaft dieser Art, zu welcher das Eigentum eines Grundstücks gehört (RG. 15. 4. 13 RGZ. 82, 160). Hier liegt keine Veräußerung vor. Also ist auch der obligatorische, auf solchen Eintritt gerichtete Vertrag formfrei. Ob der Eintritt in eine Gesellschaft bürgerlichen Rechts dieser Art formfrei ist, hängt von der rechtlichen Konstruktion eines solchen Eintritts ab (siehe hierüber Knoke ArchBürgR. 20, 183). § 15.

Wenn mehrere Gesellschafter einer o.HG., Kommanditgesellschaft, bürgerlichen Gesellschaft sich auseinandersetzen und hierbei ein der Sozietät gehöriger Geschäftsanteil einer GmbH. einem Sozius zum Alleineigentum verbleibt, so liegt nur ein Aufgeben von Rechten vor. Das von den übrigen Gesellschaftern aufgegebene Recht wächst dem Rechte dessen an, dem der Gegenstand zum alleinigen Eigentum verbleibt. Durch dieses Aufgeben und Anwachsen verwandelt sich das bisherige Gesamteigentum in Alleineigentum. Eine Veräußerung liegt nicht vor. Für den Fall, daß mehrere Gesellschafter als Eigentümer verbleiben, also eine Sozietät übrigbleibt, wird dies auch nicht angezweifelt (vgl. Fuchs Grundbuchrecht 211). Das kann angesichts des § 738 BGB. auch kaum geschehen (vgl. StaubHGB. Anm. 3 im Anhang zu § 141). Wohl aber wird oft ein anderer Standpunkt vertreten, wenn auf solche Weise ein Sozius als Eigentümer verbleibt (z. B. von Fuchs Grundbuchrecht 210; Goldmann und Lilienthal I 262 Anm. 4; Liebmann Anm. 11c; OLG. Hamburg 19. 6. 01 RJA. 2, 146; KG. 17. 2. 02 RJA. 3, 97). Allein das RG. steht konsequent auf dem anderen Standpunkte (vgl. RG. 25, 257; RG. 12. 7. 89 JW. 1889, 345; 23. 10. 93 bei Gruch. 38, 1063; 14. 10. 98 Holdheim 8, 196; RG. 11. 12. 03 RGZ. 56, 206 und 26. 1. 04 das. 430; 21. 3. 04 RGZ. 57, 435). Anm. 12.

Anders liegt die Sache, wenn eine solche Auseinandersetzung dahin geht, daß der Geschäftsanteil mehreren Sozien oder allen Sozien zum ideellen, nach Quoten geteilten Miteigentum verbleibt. Es gilt dasselbe wie beim Einbringen (oben Anm. 10). Ebenso wenn er in reelle Teile unter sie geteilt werden soll. In solchen Fällen liegt ein obligatorischer, auf Veräußerung gerichteter Veräußerungsvertrag vor. Die Vorschrift des Abs. 4 greift Platz. Anm. 13.

Diese Grundsätze kommen auch für den Fall der Innengesellschaft und ihrer Auseinandersetzung in Anwendung. Nur der eine der Beteiligten erscheint nach außen als Inhaber des Geschäftsanteils. Die Umwandlung in eine Außengesellschaft, die den anderen Beteiligten zum Miteigentümer machen soll, untersteht der Formvorschrift. Dies gilt sowohl, wenn eine Person an dem Geschäftsanteil einer anderen beteiligt wird, als auch, wenn mehrere Personen einen Geschäftsanteil auf den Namen einer derselben erwerben, aber mit der Abmachung, daß die anderen das Recht haben, nach einer bestimmten Zeit die Übertragung ihres Teils zu fordern (RG. 11. 4. 06 JW. 06, 401). Es gilt, wenn bei oder nach der Entstehung der Gesellschaft eine solche Auseinandersetzung beschlossen wird. Stets ist die Form zu wahren. Ob die Begründung der Innengesellschaft infolge der Ungültigkeit des Rechts des stillen Gesellschafters auf Übertragung des Anteils ungültig ist, muß nach den Umständen des Falles (§ 139 BGB.) festgestellt werden. Wer die Gültigkeit behauptet, muß sie beweisen.

Darüber, ob die Vereinbarung eines Vorkaufsrechts der Formvorschrift untersteht, sind die Meinungen geteilt. Dies ist bei der Erörterung des § 313 BGB. zutage getreten. (Dafür z. B. OLG. Jena OLGR. 1, 293; KG. 7. 1. 01 ebenda 2, 74; Goldmann-Lilienthal I 522 Anm. 3; dagegen z. B. Dürhach. II 301; Thiele DNotV. 2, 318; Oberneck, Grundbuchrecht 3. Aufl. S. 591 Anm. 3 und in DNotV. 1, 35.) Staub war in der ersten Auflage für das Erfordernis der Form eingetreten. Den späteren erschien es angezeigt, der anderen Meinung zu folgen. Denn das Vorkaufsrecht erzeugt keine Verpflichtung, zu veräußern. Es wirkt nur, wenn bereits ein formell abgeschlossener Veräußerungsvertrag vorliegt. Auch nicht die Erklärung des Vorkaufsberechtigten, in den Vertrag einzutreten, ist an die Form gebunden (Exkurs II zu § 15 Anm. 10). Der Plenarbeschluß v. 24. 1. 10 RGZ. 72, 385 hat sich für die strengere Ansicht aus- Anm. 14.

§ 15. gesprochen. Die Praxis wird sich hier wohl wie auch sonst der Auffassung des RG. anpassen. Das Vorkaufsrecht kann auch in dem Gesellschaftsvertrage bedungen sein. Dann ist durch diesen die Form gewahrt. Auch dann, wenn es nicht als besondere Verpflichtung des Gesellschafters im Sinne des § 3 Abs. 2 gewollt ist. Es kann den anderen Gesellschaftern gegenüber in dieser Weise begründet werden. Dann liegt ein Vertrag der GmbH. bei der Gründung zugunsten der jeweiligen anderen Gesellschafter vor. Dieses Vorkaufsrecht kann an Stelle des von dem Gesellschafter mit dem Dritten verabredeten Preises den Nennbetrag des Geschäftsanteils setzen (RG. 28. 10. 01 RGZ. 49, 141). Dann tritt an Stelle der Vorverkaufspflicht eine Pflicht, beim Eintritt eines bestimmten Ereignisses den Geschäftsanteil unter anderen Bedingungen abzutreten (vgl. für den Fall der Pfändung Exkurs I zu § 15 Anm. 17). Es kann ein Vorkaufsrecht einem bestimmten Gesellschafter eingeräumt sein. Dann ist dies eine im Gesellschaftsvertrage beurkundete und gültige Abrede, aber kein Teil desselben.

Anm. 15. b) Die Verpflichtung zur Abtretung muß durch den Vertrag begründet werden, damit die Formvorschrift des Abs. 4 Platz greift. Sie braucht nicht gerade wörtlich zum Ausdruck zu kommen (vgl. z. B. OLG. Karlsruhe 2. 5. 16 BadRpr. 19, 50). Die Übertragung der gesamten Ansprüche des Gesellschafters gegen die Gesellschaft hat das RG. (11. 5. 07 Recht 07, 1899) als Übertragung des Geschäftsanteils angesehen. Ein Vertrag, durch welchen sich jemand zur Abnahme von Geschäftsanteilen verpflichtet, fällt dann unter die Vorschrift, wenn er auch die Verpflichtung zur Abtretung als selbstverständlich voraussetzt. Zweifelhafter liegt der Fall, wenn ein Vertrag so beschaffen ist, daß der eine Teil nur zur Abnahme verpflichtet sein soll, der andere Teil aber nicht zur Abtretung, auch wenn der Abnahmepflichtige seiner Abnahmepflicht gemäß sich zur Abnahme bereit erklärt. Staub hatte in der ersten Auflage (Anm. 15 S. 110) hier die Formvorschrift verneint. Das RG. hat inzwischen in mehreren Urteilen sich dahin ausgesprochen, daß alle Verträge, welche auf Verpflichtung zur Abnahme von Geschäftsanteilen gerichtet sind, unter die Formvorschrift des § 15 Abs. 3 fallen, auch wenn sie den Gesellschaftern freie Hand lassen, zu veräußern oder zu behalten (RG. 5. 11. 02 JW. 03, 11 und bei Holdheim 12, 43; RG. 13. 2. 04 RGZ. 56, 60 und bei Holdheim 14, 141; RG. 17. 12. 04 JW. 05, 92[43]; RG. 8. 6. 07 JW. 07, 487; RG. 30. 6. 14 WarnRspr. 7 Nr. 260 u. BauersZ. 22, 40; RG. 12. 4. 21 RGZ. 102, 63; OLG. Breslau 23. 6. 16 RundschGmbH. 17, 263). Es hält an dieser Auffassung trotz des Gegensatzes zur Rechtsprechung bei der Auslegung des Immobiliarveräußerungsvertrags (§ 313 BGB.) fest (vgl. RGZ. 76, 306 JW. 09, 431). Im Momente, in dem der Berechtigte die Abnahme fordert, werde er auch zur Abtretung verpflichtet. Daher bedürfe auch die Zusage des Veräußerers, den Geschäftsanteil zurückzunehmen, der Form (RG. 26. 5. 11 RGZ. 76, 306). Daher sei die Garantie für die Güte des Geschäftsanteils in der Weise, daß sich der Garant verpflichtet, auf Verlangen des Gesellschafters den Geschäftsanteil abzunehmen, mangels der vorgeschriebenen Form ungültig (RGZ. 76, 306; RG. 21. 12. 17 BauersZ. 25, 155; vgl. aber RG. 3. 6. 13 RGZ. 82, 350 und hierzu Anm. 16). Daher sei auch die Zusage eines Gläubigers, daß ihm sein Schuldner einen Geschäftsanteil an Zahlungsstatt geben könne, ohne Form nichtig (RG. 23. 3. 10 Recht 1910, 2084, 85). Diese Auffassung des RG. geht aber zu weit. Sie tut dem Wortlaut und dem Zwecke des Gesetzes Gewalt an. Das Gesetz will nur die Verpflichtung zur Veräußerung von der Form abhängig machen. Auf diese muß es der Vertrag absehen. Man wollte den Verkehr mit Geschäftsanteilen erschweren. Dabei aber war nie an solche Garantiezusagen durch Wiederabnahme des Geschäftsanteils gedacht. Es ist beachtlich, daß das RG. in dem Urteile v. 5. 11. 02 selbst die Frage offen läßt, ob es überhaupt Fälle gebe, wo der bloß einseitigen Verpflichtung zur Abnahme auf seiten des Gesellschafters von Anfang bis zum Schlusse ein völlig freies Belieben entgegenstehe. Auf diesen Fall, das gibt das RG. zu, paßte der Wortlaut des § 15 Abs. 4 nicht. Ist aber dieses richtig, so wird man mit der Feststellung, daß aus der Entschließung des Geschäftsanteileigners, die Abnahme zu fordern, eine Pflicht zum Veräußern werde, die Ungültigkeit der Zusage der Abnahme nicht ableiten können. (Für die hier vertretene Auffassung Ernst Fuchs JW. 1911, 201; LZ. 1911, 702[28] u. 837; für das RG. Bett JW. 1911, 626.) § 15.

Keine Verpflichtung zur Übertragung eines Geschäftsanteils wird begründet, wenn das Recht aus einer solchen Verpflichtung an einen Dritten abgetreten wird. (A. M. Kormann LZ. 1912 (6), 640, der sich aber im wesentlichen damit begnügt, die Anwendbarkeit der vom RG. für das Gebiet des § 313 BGB. erlassenen Urteile auf die GmbH. zu bestreiten.) Die Weiterübertragung dieses Anspruchs auf Abtretung ist formlos gültig (RG. 27. 9. 12 RGZ. 80, 99 JW. 1912, 1109[13]; RG. 26. 1. 17 WarnErg. 10 Nr. 94). Es ist einerlei, worauf sich dieser Anspruch gründet. Es kann der Vollzug eines Kauf- und sonstigen Umsatzvertrags sein. Es kann die Ausführung eines Auftrags in Frage stehen. Es kann sich um die Rückübertragung eines anvertrauten Geschäftsanteils handeln. Vorausgesetzt ist stets, daß dem Zedenten ein formell gültiger Anspruch auf Übertragung zusteht. Der Verkehr hat sich bereits dieses Rechtssatzes bedient. Er schafft mittels desselben einen formlosen Handel in Geschäftsanteilen. Es findet ein formkorrekter Verkauf eines Geschäftsanteils statt, aber ohne Vollzug. Oder es wird ein Geschäftsanteil einem Treuhänder, meist einer Bank, übertragen gegen die Verpflichtung der jederzeitigen Rückabtretung. Oder es besorgt die Bank als Beauftragter den Ankauf und hält den Geschäftsanteil zur Verfügung des Auftraggebers (unten Anm. 16; KG. 19. 1. 12 LZ. 1912 (6), 640 und RG. 27. 9. 12 RGZ. 80, 99). Gegenstand des Geschäfts ist dieser jeweilige Anspruch. Diese Abtretung kann auch nicht als Umgehung zwingender Rechtsnormen für nichtig erklärt werden (so Kormann a. a. O. 643, Lenel DJZ. 1913, 883; Fränkel 171; Blum JurW. 1913, 511). In der Wahl einer gültigen Rechtsform, welche die Nachteile eines anderen Geschäfts vermeidet, liegt an sich keine Verletzung eines gesetzlichen Verbots. Begnügen sich die Erwerber mit der Übertragung eines Anspruchs auf Abtretung statt des Geschäftsanteils selbst, so ist dies ein anderes, aber erlaubtes Geschäft. Es können mehrere Geschäftsanteile auf diese Weise von demselben Verpflichteten geschuldet werden. Sie können in bestimmte gleiche Teile zerlegt sein. Dem Käufer ist es einerlei, welchen Teil des ursprünglichen Geschäftsanteils er erhält. Die Geschäftsanteile werden zu Gattungssachen (vgl. auch Bett BankArch. 10, 143). Auf die Anteilscheine kommt es dabei nicht an. Sie können hier so wenig wie sonst die Geschäftsanteile übertragen. Die Hinterlegung derselben bei dem als Treuhänder bestellten Bankhause ist daher ohne rechtlichen Einfluß. Sie ist weder genügend noch erforderlich für die Rechtswirkung der Abtretungspflicht. Unerheblich ist auch eine Abrede mit dem Abtretungsschuldner, daß sich dieser verpflichte, die Verfügung des Dritten anzuerkennen. Es bedarf dessen nicht, sofern eine Zession des Abtretungsanspruchs vorliegt. Es genügt nicht, wenn diese fehlt. Die Zession bedarf keiner Form, auch keiner ausdrücklichen Worte. Sie kann auch aus anderen Wendungen abgeleitet werden. So enthalten die Schlußscheine, welche den Geschäftsanteil bei dem Abtretungsverpflichteten zur Verfügung des Käufers stellen, die Zession. Wesentlich ist, daß der Käufer weiß, daß es sich für ihn nur um die Zession eines solchen Anspruchs handelt, oder daß es nach dem Inhalte des Vertrags für ihn unerheblich ist, ob er den Geschäftsanteil selbst oder nur ein Recht auf einen solchen erhält. Trifft beides nicht zu, meint er unmittelbar einen Geschäftsanteil zu erhalten, will der Verkäufer nur einen Anspruch auf Übertragung abtreten, so liegt ein wesentlicher Irrtum vor. Der Käufer kann den Vertrag anfechten. Hätte er seinen Irrtum erkennen müssen, so haftet er für den Schaden, den der Verkäufer durch sein Vertrauen auf den Abschluß erleidet (§§ 119ff. BGB.). Bei einem Kommissionsauftrag zur Besorgung solcher Rechte kann der Kommissionär nicht kraft Gesetzes als Selbstkontrahent eintreten. Er kann aber aus den Umständen des Falles dieses Recht als Teil des Auftrags erhellen. Auch der Eintritt als Selbstkontrahent ist dann formlos. Er hat nicht die Pflicht, den Geschäftsanteil, sondern nur einen Anspruch auf Abtretung desselben zu liefern (RG. 27. 9. 12 RGZ. 80, 99).

§ 15. Über den formlosen Verkauf von Geschäftsanteilen mittels unwiderruflicher Vollmacht vgl. Anm. 24.

Anm. 16. c) Die Verpflichtung zur Abtretung muß den unmittelbaren Inhalt der Vereinbarung bilden. Andere Verträge, deren Betätigung zu der gesetzlichen Verpflichtung zur Abtretung indirekt führen kann, fallen nicht darunter. Die Formvorschrift soll ja nur den Handel mit Geschäftsanteilen erschweren. Sie kann sich nur auf die Fälle erstrecken, in denen speziell diese den Gegenstand des Geschäfts bilden (RG. 8. 12. 16 JW. 17, 224; OLG. Königsberg 16. 4. 18 OLGR. 38, 191). So kann der Auftrag, einen Geschäftsanteil, sei es unmittelbar durch Übernahme von der Gesellschaft (bei der Gründung oder Kapitalserhöhung, vgl. Anm. 38 zu § 2) oder durch Zession in eigenem Namen, aber für fremde Rechnung zu erwerben, formlos erteilt und übernommen werden (OLG. Colmar 7. 2. 02 Recht 1902, 617; RG. 18. 12. 01 RGZ. 50, 42; RG. 8. 6. 07 JW. 07, 487; RG. 3. 6. 13 JW. 1913, 1041; RG. 14. 1. 19 LZ. 1919, 866; vgl. auch Anm. 15). Der Beauftragte ist, nachdem er den Auftrag ausgeführt hat, verpflichtet, dem Auftraggeber den Anteil abzutreten. Dieser ist verpflichtet, ihn abzunehmen (vgl. RG. 27. 11. 12 Recht 1912, 314[8]). Es ist einerlei, ob hier ein Dienstvertrag oder ein unentgeltlicher Auftrag vorliegt. Ebenso ist der Veräußerungsauftrag zu beurteilen. Auch die Verkaufskommission verpflichtet den Kommittenten, den durch den Kommissionär im eigenen Namen getätigten Verkauf des Geschäftsanteils gutzuheißen oder unmittelbar mit dem Käufer zu vollziehen. Dagegen ist die Verpflichtung, einen Gründungsmäkler durch Überlassung von Geschäftsanteilen zu belohnen, ungültig, wenn der Vertrag nicht gerichtlich oder notariell abgeschlossen ist. Dem Mäkler wird in diesem Falle nur durch § 653, eventuell durch § 812 BGB. zu helfen sein. Wenn aber die Abrede allgemein dahin lautet, der Mäkler solle als Lohn einen Teil derjenigen Werte erhalten, welche der Kommittent bei Abschluß des Geschäfts erzielen werde, ist sie formlos gültig. Die Form ist nicht erforderlich, wenn der Geschäftsanteil dem Erwerber auf Grund eines früheren, aber ungültigen obligatorischen Vertrags übertragen ist. Dann bildet in Wirklichkeit der Verzicht des Veräußerers auf die Rückübereignung den Gegenstand des Vertrags.

Keiner Form bedarf es in all den Fällen, in dem die Leistung der einen Partei noch nicht bestimmt ist. Sie wird es erst durch künftige Ereignisse. Das Abkommen wird nicht dadurch ungültig, daß die Leistung sich später als Abtretung eines Geschäftsanteils herausstellt. So wenn die Vergütung für eine Arbeitsleistung in einer Quote dessen besteht, was der andere Teil erhält. Ein Ingenieur untersucht ein Bergwerk. Er macht alle Vorarbeiten. Der Empfänger der Dienste muß ihm ein Viertel dessen geben, was er aus der Finanzierung des Bergwerks erhält. Der Ingenieur hat einen klagbaren Anspruch auf Abtretung des Viertels des Geschäftsanteils der GmbH., welchen der Dienstempfänger für das Einbringen des Bergwerks erhielt. Ungültig wäre die Abrede nur, wenn von Anfang an der Plan auf die Gründung der GmbH. gerichtet war und dem Ingenieur 25 Proz. des Geschäftsanteils zugesagt würden.

Die Begründung einer Innengesellschaft, bei der nur der eine Gesellschafter den Geschäftsanteil erwirbt und behält, der andere aber nur an dem Schicksale des Geschäftsanteils interessiert ist, erfolgt formlos. Die Beteiligung eines anderen am Gewinn und Verlust aus dem Erwerbe eines Geschäftsanteils bedarf der Form nicht (RG. 10. 10. 06 LZ. 1, 225[8]; OLG. Königsberg 27. 11. 17 RundschGmbH. 1918, 18). Die indirekte Folge, daß bei der Auseinandersetzung der Eigentümer des Geschäftsanteils zu einer Abtretung genötigt werden kann, ist unerheblich (RG. 5. 3. 15 LZ. 1915, 1011). Hier ist die Verpflichtung zur Abtretung des Geschäftsanteils nur eine gesetzliche Nebenwirkung eines Gesellschaftsvertrags. (Über den Fall, daß bei der Entstehung dieser Innengesellschaft ein Recht des stillen Gesellschafters auf Erwerb eines Teiles bereits begründet ist, s. oben Anm. 13.)

Auf Grund eines Gesellschaftsvertrags, in welchem sich die Gesellschafter § 15.
verpflichten, alles, was einer von ihnen in Betätigung der Gesellschaftsgeschäfte erzielen würde, zu teilen, kann auf Abtretung derjenigen Geschäftsanteile einer GmbH. geklagt werden, welche ein Gesellschafter hierbei erzielt hat. Nur darf die Gesellschaft nicht von Anfang an auf den Erwerb und die Teilung eines Geschäftsanteils gerichtet sein. Eine Abrede, sich an einer von einem anderen zu festbestimmtem Zwecke zu gründenden Gesellschaft mit einem vereinbarten Betrage zu beteiligen, ist verbindlich, auch wenn der andere die GmbH. wählt. Der Geschäftsanteil in der zugesagten Höhe muß abgenommen werden (OLG. Hamburg 8. 2. 12 GmbHZ. 1912, 11). Anders wenn die Bildung der GmbH. und der Erwerb eines Geschäftsanteils derselben Gegenstand der Abrede bildete. Aus demselben Grunde, weil der Vertrag nicht auf die Abtretung des Geschäftsanteils gerichtet ist, ist ein Schadloshaltungs- und Garantievertrag, inhalts dessen A dem B erklärt, er möge nur einen Geschäftsanteil erwerben, er komme ihm für allen Schaden auf, mündlich gültig, obgleich ein solcher Vertrag zur Folge haben kann, daß, wenn die Beteiligung bei der Gesellschaft zu Schaden führt, A dem B das eingezahlte Geld zurückzahlen und B alsdann dem A den Geschäftsanteil abtreten muß (§ 249 BGB.; ebenso RG. 3. 6. 13 RGZ. 82, 350; RG. 21. 12. 17 BauersZ. 25, 155; RG. 16. 3. 15 Holdheim 24, 222; vgl. aber oben Anm. 15 für den Fall, daß die Garantie unmittelbar auf Rücknahme geht).

Die Übertragung eines Geschäftsanteils bildet endlich auch nicht den Inhalt des Vertrags bei der Bürgschaft für eine Schuld, zu deren Sicherheit ein Geschäftsanteil dem Gläubiger übereignet ist. Mit der Zahlung der verbürgten Summe geht diese Sicherheit auf den Bürgen über. Er hat einen Anspruch auf Übertragung durch den Gläubiger. Der notariellen Form bedarf die Bürgschaft deshalb aber nicht. Nur die Abtretung ist in der Form zu vollziehen (RG. 8. 12. 16 RGZ. 89, 193).

Wird ein Geschäftsanteil nur zur Sicherung oder zu Treuhandzwecken übertragen, so besteht, sobald sich der Sicherungszweck erledigt oder das Treuhandverhältnis erlischt, eine Verpflichtung zur Rückübertragung des Geschäftsanteils. Diese Verpflichtung bedarf wiederum nicht zu ihrer Begründung der notariellen Form. Sie beruht auf Gesetz (vgl. unten Anm. 83).

Ein Vorvertrag aber, durch den die Verpflichtung zum Abschlusse eines obligatorischen Abtretungsvertrags begründet wird, ist der Form bedürftig. Anderenfalls wird das Gebot der Form für den Verpflichtungsvertrag aufgehoben. Es ist unerheblich, daß der Vorvertrag nicht unmittelbar auf die Abtretung des Geschäftsanteils gerichtet ist. Die Abrede, bei Eintritt eines bestimmten Ereignisses einen Kaufvertrag zu schließen, kraft dessen die Abtretung wieder erst nach Ablauf einer Frist erfolgen soll, bedarf der Form.

Die Zusage, dahin zu wirken, daß ein anderer seinen Geschäftsanteil abtrete, ist formlos gültig. Der Form dagegen bedarf eine Verpflichtung eines Nichtgesellschafters zur Übertragung eines Geschäftsanteils eines Dritten. Wer selbst nicht Gesellschafter ist, kann den Geschäftsanteil eines Gesellschafters mit dessen Genehmigung abtreten und sich in diesem Sinne obligatorisch verpflichten (RG. 10. 1. 06 Recht 1906, 1007; s. oben Anm. 8).

d) Das Abkommen, durch welches ein obligatorischer Vertrag auf Ab- Anm. 17.
tretung eines Geschäftsanteils aufgehoben wird, bedarf der Form nicht. Es genügen hier schlüssige Handlungen (RG. in BayZ. 1, 154). Ist aber die Abtretung einmal selbst in gehöriger Weise erfolgt, so bedarf der Vertrag auf Rückgängigmachung dieser Abtretung und selbstverständlich auch die Rückabtretung selbst der Form. Nicht an die Form gebunden ist auch das einseitige Rechtsgeschäft der Ausübung eines vorbehaltenen Rücktritts (RG. 22. 1. 05 in JW. 05, 171). Auch die Verpflichtung, einen Geschäftsanteil nicht innerhalb einer bestimmten Zeit zu verkaufen, und die Verpflichtung, einem anderen das Recht des Alleinverkaufs zu bestellen, ist formlos. (RG.

§ 15. 12. 10. 04 bei Holdheim 14, 112 und RG. 15. 11. 04 in DJZ. 05, 266. Die hier zitierten Urteile sind für Grundstücke und in Anwendung des § 313 BGB. ergangen. Das Prinzip ist dasselbe.)

Anm. 18. e) **Begründet die Vereinbarung die Verpflichtung zur Abtretung, so fällt sie in ihrem ganzen Umfange unter die Formvorschrift, nicht etwa bloß derjenige Teil, der die Pflicht zur Abtretung begründet.** Ein Kaufvertrag muß daher nicht bloß in demjenigen Teile, der die Verpflichtung des Verkäufers zur Abtretung betrifft, sondern in seinem ganzen Umfange, auch in den die Gegenleistung betreffenden Punkten, gerichtlich oder notariell beurkundet sein. Die Urkunde muß alle diejenigen Punkte, welche die Parteien für wesentlich erachtet haben (§ 154 BGB.), also z. B. auch denjenigen Teil des Vertrags, in welchem Zusicherungen über die Eigenschaften des Geschäftsanteils gemacht werden, enthalten (vgl. RG. 25. 7. 02 in JW. Beilage 245). Andernfalls ist der ganze Vertrag nichtig (RG. 28. 1. 06 ZBlFG. 07, 517; RG. 23. 12. 19 LZ. 1920, 652 und für Grundstücksübertragung RG. 29. 11. 19 RGZ. 97, 219). Wer die Gültigkeit behauptet, hat darzutun, daß die Parteien auch ohne den nicht aufgenommenen Teil den Vertrag geschlossen hätten. Zur Heilung genügt es nicht, daß der den Geschäftsanteil behandelnde Passus eines Vertrags nachträglich notariell beurkundet wird. Er muß vollständig vom Notar oder Gericht aufgenommen werden. Dies gilt auch für die zahlreichen Fälle, in denen die Anstellung eines Geschäftsführers mit der Pflicht zum Erwerbe eines Geschäftsanteils oder zur Rückübertragung bei Amtsniederlegung verbunden ist (vgl. Anm. 73 zu § 35). **Nebenabreden**, wenn sie für den Bestand des ganzen Rechtsgeschäfts unerheblich, sind mangels Aufnahme in den Akt nichtig (RGZ. 51, 179; 52, 1; RG. 16. 12. 13 JW. 1914, 250). Für die Auslegung sind sie verwendbar (RGZ. 62, 49). Nur wenn sie mit dem beurkundeten Geschäfte in keinem rechtlichen Zusammenhang stehen, sondern ein selbständiges Nebengeschäft bilden, sind sie formlos gültig. So eine Vollmacht (RG. 62, 336). Aus demselben Grunde sind auch alle späteren Abänderungen formell zu beurkunden (RG. 5, 181; OLG. Königsberg 15. 10. 02 OLGR. 6, 40), falls sie wesentliche Bestandteile des Vertrags betreffen. So, wenn an Stelle der Vorleistung des Verkäufers die des Käufers tritt (RG. 13. 10. 08 LZ. 2, 854[11]). **Auch der wegen Unvollständigkeit des Inhalts nichtige Vertrag wird durch die spätere Übertragung geheilt.** Aber ebenso, wenn in demselben Akte **die Übertragung erfolgt.** Diese ist nicht als ein Teil des ganzen Rechtsgeschäfts zu betrachten, der infolge der Nichtigkeit des obligatorischen Stückes ebenfalls nichtig wäre (zustimmend für Grundstücksübertragungen RG. 22. 2. 22 RGZ. 104, 102; vgl. unten Anm. 29ff., insbesondere auch über Abreden, die nach Übertragung des Geschäftsanteils getroffen werden).

Anm. 19. f) **Auch dann ist die Form zu beobachten, wenn die Vereinbarung nur ein Bestandteil eines anderen Vertrags ist, der im übrigen einer Form nicht bedarf.** So, wenn ein Kaufvertrag über ein Geschäft mit Aktiven und Passiven abgeschlossen wird (OLG. Königsberg 16. 4. 18 OLGR. 38, 191; vgl. auch unten Anm. 26; a. M. anscheinend Brodmann Anm. 3). Es ist Tatfrage, ob die Ungültigkeit bezüglich des Geschäftsanteils den ganzen Vertrag ungültig macht (§ 139 BGB.). Dagegen macht der Formzwang für die den Geschäftsanteil betreffende Vertragsbestimmung es nicht erforderlich, für die übrigen Bestimmungen eines Gesamtvertrags die Form zu beobachten. Soweit diese die Leistung und Gegenleistung bezüglich des Geschäftsanteils nicht regeln, sind sie formfrei. Es wird z. B. eine stille Gesellschaft begründet. Einlage, Beteiligung am Gewinn und Verlust werden eingehend geregelt. Zuletzt wird für den stillen Gesellschafter das Recht bedungen, bei Auflösung des Vertrags das Geschäft mit Aktiven und Passiven zu einem bestimmten Preis zu übernehmen. Gehört zu diesem Geschäftsvermögen ein GmbH.-Anteil, so bedarf der öffentlichen Beurkundung nur die Vertragsbestimmung, welche das Übernahmerecht des stillen Gesellschafters in Leistung und Gegenleistung regelt. Die übrigen Bestimmungen des Gesellschaftsvertrags sind formlos gültig.

g) Das Gesetz spricht nur von Geschäftsanteilen (RG. 43, 136; RG. 26. 10. 15 RGZ. 87, 246). Die Vorschrift betrifft aber auch obligatorische Übertragungsverträge über Teile von Geschäftsanteilen. Denn auch durch Abtretung eines Teiles des Geschäftsanteils wird eine Mitgliedschaft übertragen. Besitzt ein Gesellschafter mehrere Geschäftsanteile, so bedarf es bei der Zusage der Abtretung eines Teils seiner Beteiligung einer Angabe, von welchem Geschäftsanteile dieser genommen werden soll, nicht, sofern nicht die mehreren Geschäftsanteile verschiedener Art sind. Anders bei der Abtretung selbst (vgl. unten Anm. 36). **§ 15. Anm. 20.**

Dagegen findet die Vorschrift nicht Anwendung bei Verträgen auf Abtretung der aus der Mitgliedschaft fließenden Rechte auf Bezug von Gewinn, Ausschüttungsguthaben und sonstigen Ansprüchen auf vermögensrechtliche Leistungen wie sie der Gesellschafter als Gegenleistung für Verpflichtungen gemäß § 3 Abs. 2 des Gesetzes fordert (RG. 5. 3. 15 LZ. 1915, 1011; vgl. unten Anm. 73).

h) Auch dann ist die Form zu beobachten, wenn die Gesellschaft sich verpflichtet, eigene Geschäftsanteile (§ 33 Abs. 2) zu veräußern. Der Grund der Formvorschrift trifft hier ebenfalls zu (RG. 6. 5. 07 JW. 07, 370[21]; RG. 8. 9. 09 DJZ. 09, 828; RG. 31. 3. 16 LZ. 1916, 809; vgl. unten Anm. 42). Dasselbe gilt umgekehrt, wenn die Gesellschaft Erwerber sein soll (OLG. Karlsruhe 23. 3. 15 RundschGmbH. 1915, 385; RG. 27. 9. 18 RGZ. 93, 326). Auch die Zusage der Gesellschafter, der Gesellschaft zur Sanierung bestimmte Teile ihrer Geschäftsanteile abzutreten, bedarf daher der Form (RG. 14. 12. 11 BauersZ. 20, 15). **Anm. 21.**

i) Nicht bloß der Vertrag, sondern auch schon die Offerte bedarf der Form. Ebenso dann deren Annahme (OLG. Colmar 29. 3. 05 Recht 1906, 2172). Beide brauchen aber nicht in einem Akt zu erfolgen. Der Vertrag ist vollendet mit der notariellen Annahme. Eines Zugehens derselben an den Veräußerer bedarf es nicht. Die Frist, innerhalb deren die Annahme zu geschehen hat, ist mit der Beurkundung gewahrt (RG. 24. 11. 11 Holdheim 12, 155). **Anm. 22.**

k) Die Vorschrift findet auch dann Anwendung, wenn eine Vereinbarung auf Abtretung eines Geschäftsanteils vor der Eintragung der Gesellschaft getroffen wird (RG. in LZ. 1911, 614; vgl. auch unten Anm. 41; RG. 23. 11. 08 RGZ. 74, 357; Recht 09, 148; RG. 21. 11. 12 LZ. 1913, 221; RG. 26. 10. 15 RGZ. 87, 246). Derartige Verträge sind bestimmt, ihre Wirkung in der Zeit nach der Gründung zu äußern (RG. 2. 1. 11 LZ. 5 [1911] 219). Zu unterscheiden von solchen Verträgen sind die Fälle, in denen während des Gründungsstadiums ein Gesellschafter ausscheidet und ein Dritter an seine Stelle tritt. Hier liegt eine Abänderung des Gründungsvertrags vor. Sie ist nur mit Zustimmung aller Beteiligten in der in § 2 vorgeschriebenen Form zulässig (vgl. § 2 Anm. 11 und 50; RG. 28. 2. 19 OLGR. 40, 194; vgl. aber auch unten Anm. 41). **Anm. 23.**

l) Der Vertrag auf Abtretung eines Geschäftsanteils kann auch durch Bevollmächtigte geschlossen werden. Die Vollmacht bedarf nicht der notariellen Form oder einer Beglaubigung (§ 167 Abs. 2 BGB.). Das muß auch für eine Vollmacht gelten, welche die Beschränkung des Selbstkontrahierens (§ 181 BGB.) aufhebt. In ihr liegt nicht notwendig eine unzulässige Umgehung der Formvorschrift des § 15 (a. M. RG. 26. 10. 15 RGZ. 87, 246 u. JW. 1916, 49; dazu Bemerk. Hachenburgs; a. M. auch Katzenstein JW. 1916, 1182; dagegen wohl zustimmend Brodmann S. 66). Die formlose Vollmachterteilung wäre nur nichtig, wenn sie dazu dienen soll, den unter Formzwang stehenden Verpflichtungsvertrag zu ersetzen. Das ist in den Fällen anzunehmen, in denen durch schriftliche Vollmachtserteilung ein formloser Handel mit Geschäftsanteilen erreicht werden soll. Der Eigentümer eines Geschäftsanteils stellt unter Befreiung von den Beschränkungen des § 181 BGB. eine schriftliche Blankovollmacht aus, die zum Verkauf seines Geschäftsanteils ermächtigt, den Namen des Käufers aber offen läßt. Die Vollmacht geht von Hand zu Hand, ohne daß die notarielle Übertragung des Geschäftsanteils vorgenommen wird **Anm. 24.**

§ 15. (vgl. Oppenheimer LZ. 1913, 735). Hier soll bereits die Bevollmächtigung demselben Zweck dienen wie der dem Formzwang unterliegende Abschluß des Geschäfts selbst. Die Vollmacht ist daher, wenn sie formlos erteilt wird, nichtig (RG. 28. 4. 11 RGZ. 76, 183). Über die Folgen der Nichtigkeit der Vollmacht vgl. Oppenheimer a. a. O. und unten Anm. 26 u. 28.

Anm. 25. m) Die Vorschrift gilt auch für den Handelsverkehr (Neukamp Anm. 4). Der im früheren Art. 317 HGB. für Handelsgeschäfte ausgesprochene Grundsatz der Formfreiheit gilt jetzt im BGB. für alle Rechtsgeschäfte. Für Handelsgeschäfte besteht nach der Bestimmung im § 350 HGB. keine Besonderheit in dieser Hinsicht mehr. Ausnahmen, welche das BGB. und andere Reichsgesetze von der Formfreiheit machen, bestehen auch für das Gebiet des Handelsrechts (vgl. StaubHGB. II, Anm. 1 zu § 350; DürHach. II, Anm. 2 zu § 350).

Anm. 26. 3. **Die Form.** Verlangt ist die gerichtliche oder notarielle Beurkundung. Sie ist in den §§ 167 ff. FGG. näher geregelt. Sie wird auch durch gesonderte Beurkundung der Offerte und Annahme gemäß § 128 BGB. gewahrt. Gerichtliche und notarielle Beglaubigung genügt nicht (RG. 12. 1. 01 SächsA. 11, 241 und 15. 5. 01 JW. 01, 521). Jede der beiden Erklärungen, die Offerte und die Annahme, müssen notariell oder gerichtlich beurkundet sein (oben Anm. 22). Es genügt nicht, daß nur für eine die Form gewahrt ist und der Erwerber mit Zustimmung der Gesellschaft die Rechte eines Gesellschafters ausübt (RG. 29. 1. 09 LZ. 3, 314[37]). Eine Verpflichtung des die Abtretung beurkundenden Notars, den abtretenden Gesellschafter darauf aufmerksam zu machen, daß auch die Annahme notariell erklärt werden müsse, besteht nicht. Er ist Urkundsperson, nicht Rechtsberater (KG. 10. 2. 10 KGBl. 10, 55; BauersZ. 17, 225 und RG. 21. 2. 11 LZ. 1911, 468; vgl. auch JW. 1920, 688[256]); dagegen macht sich der Notar schadensersatzpflichtig, wenn er eine Abtretungserklärung nur notariell beglaubigt, anstatt sie zu beurkunden (BauersZ. 24, 102). Vertretung ist zulässig. Die Vollmacht ist formlos gültig (§ 167 Abs. 2 BGB.). Auch Abschluß durch einen vollmachtlosen Vertreter genügt bei nachfolgender Genehmigung (§ 177 BGB.). Dieselbe bedarf keiner Form (§ 182 Abs. 2 BGB.; oben Anm. 24). Der Vertrag muß die Übertragungspflicht bezüglich des Geschäftsanteils enthalten. Es braucht dies nicht ausdrücklich zu geschehen. So muß (bei Annahme der reichsgerichtlichen Auffassung oben Anm. 15 bezüglich der Verpflichtung zum Erwerbe) der notarielle Vertrag, in dem sich der Dritte zur vollen Schadloshaltung des Käufers eines Geschäftsanteils verpflichtet, genügen, um die Form zu wahren und das Recht auf Abnahme des Geschäftsanteils zu begründen. Ebenso bedarf es bei der Veräußerung einer Sachgesamtheit (Handelsgeschäft, Erbschaft oder Erbteil, Konkursmasse usw., vgl. Anm. 18 zu § 5) nicht der besonderen Hervorhebung des Geschäftsanteils. Man würde sonst den Begriff der Sachgesamtheit wieder aufheben. Nur für die Übertragung selbst ist dann der Einzelakt notwendig. Es ist auch nicht erforderlich, daß sich der Inhalt des Vertrags ausschließlich aus der Urkunde ergebe. Sie untersteht den allgemeinen Auslegungsgrundsätzen. Umstände außerhalb der Urkunde dürfen zu ihrer Auslegung herangezogen werden. Doch müssen die wesentlichen Bestandteile in der Urkunde selbst wiedergegeben sein (RG. 58, 217; 62, 382). Es muß daher insbesondere, falls nicht der Geschäftsanteil in einer Sachgesamtheit enthalten ist, der Geschäftsanteil, der übertragen werden soll, benannt sein. Es ist nicht zulässig, dieses Moment aus anderen Tatsachen zu ergänzen, etwa aus Briefen oder Gesprächen. Das RG. (57, 261) verlangt für die Bürgschaft die Angabe der Schuld, für die gebürgt werden soll. Dasselbe Prinzip führt zu der hier vertretenen Ansicht. In der Regel wird der Geschäftsanteil aus der Person des Gesellschafters bestimmt werden. Unbedingt erforderlich ist dies nicht. Es kann auch dem Erwerber einerlei sein, wessen Geschäftsanteil er empfängt. Dann liegt eine Gattungsobligation vor. In der Regel wird auch der Nennbetrag des Geschäftsanteils zu bezeichnen sein. Zulässig ist es aber auch, die Abnahmepflicht nach der Wahl des Veräußerers zu begrenzen. Es genügt, daß überhaupt eine ziffernmäßige Grenze gegeben ist. So wenn der Käufer bis zu 30000 M. nach Bestimmung des Verkäufers zu nehmen zusagt. Ist aber nichts gesagt, so können die Umstände des Falles die Grenze liefern. Es kann der ganze Geschäftsanteil des Veräußerers als Höchstbetrag gewollt sein. **§ 15.**

Wird die Verpflichtung zur Abtretung eines Geschäftsanteils in einem gerichtlich beurkundeten Vergleiche eingegangen, so genügt dies der Form (RG. 48, 187, 189).

4. **Die Folge der Wahrung der Form** ist die Verpflichtung zur Abtretung und zur Annahme. Weigert sich ein Kontrahent, so ersetzt die rechtskräftige Verurteilung die Abtretungs- oder Annahmeerklärung (§ 894 ZPO.). Es kann derjenige, der ein rechtskräftiges Urteil auf Abtretung erstritten hat, zu gerichtlichem oder notariellem Protokoll die so erfolgte Abtretung annehmen. Wer ein rechtskräftiges Urteil auf Annahme der Abtretung erstritten hat, kann nunmehr zu gerichtlichem oder notariellem Protokoll die Abtretung erklären. Die Abtretung im ersten und die Annahme im zweiten Falle ist durch das Urteil erfolgt (abw. KG. 23. 9. 12 KGBl. 23, 131: Die Entscheidung nimmt nicht Verurteilung zur Abgabe einer Willenserklärung, sondern Verurteilung zur Vornahme einer Handlung [§ 888 ZPO.] an und läßt demgemäß bereits bei vorläufiger Vollstreckbarkeit die Festsetzung von Geld- oder Haftstrafen zur Erzwingung des Urteils zu). Anm. 27.

5. **Die Folge der Nichtwahrung der Form** ist die Nichtigkeit des Vertrags (§ 125 BGB.; RG. 43, 136; OLG. Colmar 26. 2. 01 OLGR. 2, 204). Beide Teile können die Nichtigkeit geltend machen. Der Formzwang bezweckt nicht bloß den Schutz des Gesellschafters, sondern auch seines Vertragsgenossen. Gerichtliche oder notarielle Beglaubigung der Abtretungserklärung ändert nichts an dieser Rechtslage (RG. 15. 5. 01 JW. 1901, 521). Das Gezahlte kann nach § 812 BGB. zurückgefordert werden (RG. 15. 5. 01 JW. 01, 521 und 25. 10. 05 bei Holdheim 06, 17; RG. 29. 1. 09 Recht 1909, 822, RundschGmbH. 1910, 405); auch wenn der Zahlende die Nichtigkeit kannte, ist die Rückforderung trotz § 814 BGB. nicht ausgeschlossen, falls die Zahlung in der Erwartung des nachträglichen Abschlusses eines gültigen Abtretungsvertrags erfolgte (KG. 6. 2. 02 OLGR. 4, 237). Das Akzept des Käufers ist ihm zurückzugeben (RG. 12. 11. 12 LZ. 1912 (6), 841; RG. 31. 3. 16 Holdheim 26, 166). Entbehren einzelne Bestandteile des Vertrags der Form, so ist das ganze Abkommen nichtig, falls nicht die Annahme begründet ist, daß der Vertrag auch ohne dieselben geschlossen wäre (§ 139 BGB., oben Anm. 18). Ebenso tritt die Nichtigkeit ein, wenn ein wesentlicher Bestandteil des Vertrags anders beurkundet wurde, als es dem Willen der Parteien entspricht. So, wenn ein geringerer Kaufpreis angegeben ist (RG. in JW. 06, 518[14]). Oder ein höherer (RG. 16. 12. 11 RGZ. 78, 115; JW. 12, 287[7]). Oder der Kaufpreis wurde als bezahlt bezeichnet, während er erst später durch Hingabe an Zahlungsstatt beglichen werden sollte (RG. in JW. 07, 508[6]). Die Nichtigkeit ist von Amts wegen zu beachten (RG. 7. 2. 06 JW. 06, 161). Ein Verzicht einer Partei auf sie ist belanglos (RGZ. 61, 266). Eine Berufung auf Treu und Glauben gegenüber der Nichtigkeit ist grundsätzlich ausgeschlossen (RG. 52, 1; RG. 14. 12. 11 BauersZ. 20, 15). Doch wird die Einrede der Arglist gewährt, wenn der eine Vertragsteil durch schuldhaftes Verhalten des anderen in den Irrtum versetzt wurde, die Beobachtung der Form sei nicht erforderlich (RG. 28. 11. 23 RGZ. 107, 357; RG. 17. 6. 22 RGZ. 105, 155). Die Nichtigkeit erstreckt sich auf alle Abreden, die in einheitlichem Zusammenhang mit dem obligatorischen Abtretungsvertrag getroffen sind, auch wenn sie als selbständige Vereinbarung nicht formbedürftig wären. So z. B. die Vereinbarung eines Reugeldes (RG. 24. 11. 22 RGZ. 105, 382). Anm. 28.

6. **Die mangelnde Form des obligatorischen, auf Abtretung gerichteten Vertrages wird durch Erfüllung geheilt. Dazu gehört die Abtretung selbst in gehöriger Form.** Ein Vorbild bieten §§ 313, 518 Abs. 2 und 766 BGB. Anm. 29.

Die Heilung bewirkt die Gültigkeit des Vertrags in seinem ganzen Umfange. Es wird so angesehen, als sei der Vertrag in allen seinen Teilen gerichtlich oder notariell beurkundet. Zwar heißt es hier nicht wie im § 313 BGB., daß der Vertrag „seinem ganzen Inhalte" nach gültig wird. Aber gemeint ist dasselbe. Alle Ver- Anm. 30.

§ 15. einbarungen, welche die Parteien in Ansehung des Vertrages bis zur Vornahme der Abtretung getroffen haben, werden mit der Abtretung wirksam, sei es, daß sie den Preis oder sonstige Modalitäten betreffen, sei es, daß der Vertrag schriftlich oder mündlich abgeschlossen worden war, oder daß er durch formlose Nebenabreden oder Nachtragsabreden ergänzt wurde. Gültig wird eine Nebenabrede, daß der Erwerber die Berichtigung einer Schuld des Veräußerers übernimmt (RG. 22. 12. 06 RGZ. 65, 38; JW. 07, 153[38]; Recht 07, 584[1235]). Auch ein in dem Vertrage als integrierender Bestandteil des Vertrags vereinbartes Rückkaufsrecht wird gültig (RG. 1. 7. 09 RGZ. 76, 311 und 24. 4. 13 LZ. 1913, 865). Dieses Rückkaufsrecht wird nicht etwa, da es doch eine Pflicht zur Rückabtretung begründet, erst durch die Rückabtretung selbst gültig. Entscheidend ist, daß das Rückkaufsrecht ein Bestandteil des ursprünglichen Kaufvertrags ist und dieser seinem ganzen Inhalte nach durch die Abtretung gültig wird. Vorausgesetzt ist, daß bezüglich solcher Nebenabreden zur Zeit der Erfüllung Willensübereinstimmung noch besteht. Das ist nicht der Fall, wenn eine Vertragspartei auf Grund des mündlichen Übereinkommens nicht erfüllen wollte und eine von ihr unabhängige Übertragung des Geschäftsanteils erfolgt (RGZ. 52, 5; 60, 338; JW. 1905, 33). Gültig werden durch die Abtretung **selbst auch** alle **Abreden von Zwischenpersonen.** Dies trifft insbesondere den Fall, daß mit Einwilligung aller Beteiligten zur Erfüllung sämtlicher ungültigen Veräußerungsgeschäfte der erste Verkäufer dem letzten Käufer den Geschäftsanteil überträgt (RG. 13. 2. 04 JW. 04, 169[10]; RG. 11. 4. 08 ZBlFG. 9, 403 und RG. 18. 9. 09 RGZ. 71, 402; vgl. auch OLG. Hamm 23. 12. 15 RundschGmbH. 1916, 264; für § 313 BGB. vgl. auch RFH. 2. 12. 21 RFHE. 7, 235). Auch Vereinbarungen, die **nach** gültig vollzogener Abtretung eines Geschäftsanteils getroffen werden, sind formlos gültig, mögen sie selbst alle Merkmale eines neuen Kaufvertrags über den Geschäftsanteil aufweisen. Dies muß auch gelten, wenn die Parteien fälschlicherweise von der Nichtigkeit der Abtretung bei ihrer neuen Vereinbarung ausgegangen sind (RG. 28. 1. 16 RGZ. 88, 61).

Anm. 31. Auch solche Bestandteile des Vertrags werden gültig, die einer anderen, minderen Form bedürfen. So wenn in dem Vertrage über die Verpflichtung zur Abtretung einer der beiden Kontrahenten eine Bürgschaft übernimmt. Diese müßte schriftlich erteilt werden. Aber mit dem ganzen Übereinkommen wird auch die Bürgschaft durch die Vollziehung der Abtretung selbst gültig. Wenn aber in dem Abkommen als wesentlicher Bestandteil die Verpflichtung zur Übertragung eines Grundstücks übernommen wird, z. B. es werden Geschäftsanteile einer GmbH. gegen ein Grundstück eingetauscht, so wird dieser Vertrag durch die Abtretung des Geschäftsanteils allein nicht gültig. Das RG. (30. 1. 04 JW. 04, 169) läßt bei einem Tausche zweier Grundstücke die Heilung erst bei der Auflassung beider Grundstücke eintreten. Bei einem Tausche von Grundstück und Geschäftsanteil muß dasselbe gelten. Staub (in der ersten Auflage) hatte angenommen, daß die Auflassung als die höchste Form des Vermögensrechts auch die Ungültigkeit des obligatorischen Vertrags über einen Geschäftsanteil heile. Die Ansicht des RG. scheint die folgerichtigere. Die Wahrung der Form und die Erfüllung für die ebenfalls an eine Form geknüpfte Gegenleistung kann ihre Wirkung nicht auf die Verpflichtung zur Leistung des Geschäftsanteils erstrecken.

Anm. 32. Die **Heilung** wirkt nicht zurück. Trotz der Heilung ist erst von dem Moment der Erfüllung ab ein gültiger Vertrag vorhanden. Die vorherige Nichtigkeit wird hier so wenig beseitigt wie durch die Bestätigung mittels erneuter formgerechter Vornahme (§ 141 BGB.). Infolgedessen wird eine Pfändung des Kaufpreises, die vor der Abtretung des Geschäftsanteils geschah, durch diese nicht geheilt. Sie bleibt unwirksam (DürHach. HGB. II 29, Anm. 36). Dagegen ist in Anwendung der Bestimmung des Gesetzes über die Bestätigung (§ 141 Abs. 2 BGB.) auch hier anzunehmen, daß die Parteien untereinander im Zweifel verpflichtet sind, sich das zu gewähren, was sie hätten, wenn der Vertrag von Anfang an gültig gewesen wäre. Staub (in der ersten Auflage) war gegenteiliger Meinung. Die Rückbeziehung könne nur gesetzlich vorgeschrieben werden.

Sie sei stets eine Fiktion. Das trifft nicht zu. Denn es handelt sich nicht um eine Dritten gegenüber eintretende Rückwirkung, noch weniger um eine Fiktion, sondern um die Feststellung des Parteiwillens. Das Gesetz spricht für den durchaus ähnlichen Fall der Bestätigung die Vermutung aus, daß die Parteien sich so stellen wollen, als sei der Vertrag schon zu Anfang gültig gewesen. Darin verkörpert sich die Verkehrsauffassung. § 15.

Die Heilung tritt nur ein, wenn ein gültiger Abtretungsvertrag beurkundet wird. Ist der Geschäftsanteil eines Dritten verkauft, so heilt die formgültige Übertragung durch diesen an den Erwerber den formlosen Verpflichtungsvertrag (RG. Recht 1911, 2764). Ist dieser selbst ungültig oder wird er angefochten, so fehlt es auch an der heilenden Wirkung (RG. 20. 3. 17 Holdheim 27, 61). Wird an Stelle des ursprünglich verabredeten Geschäftsanteils ein anderer übertragen, so macht diese Erfüllung den ursprünglichen Vertrag gültig, wenn nur eine Änderung desselben durch die Einführung des anderen Gegenstandes gewollt war. Auch dieser Teil des Rechtsgeschäfts erfolgt formlos. Er wird wirksam durch die Abtretung. Anders, wenn ein völlig neues Geschäft beabsichtigt ist. Es tritt an Stelle des früheren Vertrags. Dieser bleibt ungültig. Das neue Abkommen ist aus sich selbst festzustellen. Durch andere Erklärungen, mögen sie selbst notariell beurkundet sein, kann der Abtretungsvertrag nicht ersetzt werden. In einem notariellen Protokoll einer Gesellschafterversammlung wird z. B. in der Präsenzliste der Erwerber des Geschäftsanteils aufgeführt, ohne daß eine formgültige Abtretung vorangegangen ist. Hierdurch kann die Heilung nicht eintreten (OLG. Karlsruhe 30. 6. 16 RundschGmbH. 1917, 333). Anm. 33.

Waren in dem einen ungültigen obligatorischen Vertrage mehrere Geschäftsanteile veräußert, so bewirkt die Abtretung des einen nur die Heilung bezüglich dieses Teiles. Hiernach richtet sich die Wirksamkeit der übrigen Bestimmungen des Vertrags, insbesondere die Pflicht zur Gegenleistung. Liegt jedoch ein einheitliches Rechtsgeschäft vor, sind die mehreren Geschäftsanteile zu einem Preise verkauft, erhellt aus anderen Momenten, daß der Erwerber den einen Geschäftsanteil ohne die anderen nicht kaufen wollte, so ist er zu keiner Gegenleistung verpflichtet, bis alle Geschäftsanteile übertragen sind (vgl. RG. 23. 12. 19 LZ. 1920, 652).

Die Heilung des obligatorischen Vertrages tritt auch ein, wenn die Verpflichtung und die Abtretung in derselben notariellen Urkunde beurkundet und jener wegen Unvollständigkeit nichtig ist (oben Anm. 18; vgl. auch RG. 22. 2. 22 RGZ. 104, 102). Die Abtretung hat neben der Verpflichtungserklärung ihre selbständige Wirkung. Sie heilt den unvollkommenen Vertrag ebenso wie den überhaupt nicht beurkundeten. Es ist daher wesentlich, ob in einem Vertrage die Wendung, „zu verkaufen“, zugleich den Übertragswillen enthält (vgl. unten Anm. 36). Ist die Abtretung in Erwartung des Abschlusses eines obligatorischen Vertrags formgerecht vorgenommen, kommt aber dieser nachträglich nicht zustande, oder ist der obligatorische Vertrag aus anderen Gründen als wegen Formmangels unwirksam, so liegt zwar eine gültige dingliche Übertragung des Geschäftsanteils vor. Nach § 812 BGB. kann aber die Rückübertragung gefordert werden (RG. 20. 3. 17 Holdheim 27, 61).

7. Nicht anwendbar ist § 15 Abs. 4 auf den Vertrag, durch den ein Dritter sich zur Veräußerung eines Geschäftsanteils eines Gesellschafters verpflichtet. Er übernimmt die Herbeiführung dieses Formalaktes durch den Anteilseigner (vgl. OLG. Hamburg in OLGR. 8, 259; oben Anm. 8). Über die Abtretung an einen Dritten vgl. Anm. 8. Anm. 34.

8. Die Vorschrift des § 15 Abs. 4 ist auch dann beobachtet, wenn die Beurkundung durch einen ausländischen Notar erfolgt (vgl. RG. 12. 5. 16 RGZ. 88, 231). Andererseits muß die Form auch bei einem im Auslande abgeschlossenen Verpflichtungsvertrage gewahrt werden, selbst wenn dem Rechte dieses Ortes eine entsprechende Vorschrift fremd ist. Das folgt aus § 30 EG. z. BGB. Der Zweck des § 15 Abs. 3 und 4 ist, zu verhindern, daß die Geschäftsanteile Gegenstand des Handelsverkehrs werden. Diesem Zweck wäre direkt zuwidergehandelt, wenn die Abtretung von Geschäftsanteilen im Auslande ohne die Anm. 35.

§ 15. Form des § 15 möglich wäre (vgl. OLG. Karlsruhe 11. 7. 01 OLGR. 3, 263; BadRpr. 01, 294; Brodmann Anm. 1 S. 66).

Anm. 36. B. **Die Abtretung selbst muß ebenfalls in gerichtlicher oder notarieller Form erfolgen.** Ebenso österr. Gesetz § 76 Abs. 2 Satz 1, polnisches Gesetz Art. 6. Nach französ. Recht (Art. 23) genügt auch schriftliche Form.

1. Diese Vorschrift des Abs. 3 ist wichtiger als die Vorschrift des Abs. 4. Denn in zahlreichen Fällen tätigen die Parteien nur die vereinbarte Abtretung (RG. 22. 12. 06 RGZ. 65, 38). Sie beurkunden weder einen besonderen obligatorischen Vertrag auf Abtretung, noch geben sie die Bedingungen der Abtretung bei dieser selbst zu notariellem Protokoll. Nur die Abtretung erfolgt. Damit werden die vorher schriftlich oder mündlich erfolgten Vereinbarungen gültig. In den meisten Fällen, in denen der obligatorische Veräußerungsvertrag beurkundet wird, steht dem sofortigen Vollzuge der Übertragung ein Hindernis entgegen.

Es genügt, daß die Abtretung aus dem Vertrage unzweideutig hervorgeht. Die Worte „abtreten" oder „übertragen" müssen nicht gebraucht sein. Auch die Erklärung „zu verkaufen, zu schenken" usw. reicht hin, sobald nach dem Gesamtinhalte des Vertrags damit der unmittelbare Übergang bezweckt ist. Es genügt der aus dem Akt erkennbare Übertragswille, auch wenn die Urkunde nicht eigens zur Beurkundung der Abtretung bestimmt ist (RG. 19. 5. 08 RGZ. 68, 394; JW. 08, 500[41]; LZ. 2, 781[35]; OLG. Rostock 16. 2. 20 OLGR. 40, 434). Für unzureichend wurde dagegen ein Vertrag erklärt, in dem der Unterzeichner bescheinigt, von seinem Schuldner zur Deckung seiner Ansprüche die nötige Anzahl Anteile einer GmbH. erhalten zu haben (OLG. Hamburg 26. 10. 06 OLGR. 14, 363). Besitzt ein Gesellschafter mehrere Geschäftsanteile, so können diese in eine Summe als die Gesamtbeteiligung zusammengefaßt werden. Es schadet auch nichts, wenn die Abtretung nur von einem Geschäftsanteil redete. Die Parteien sind sich oft der fortbestehenden Selbständigkeit ihrer mehreren Anteile nicht bewußt. Es ist dem Erwerber in der Regel einerlei, ob er einen Anteil zu 30 000 M. oder zwei zu 10 000 M. und 20 000 M. erhält. Wird aber nur ein Teil eines Geschäftsanteils abgetreten, so muß bei mehreren Geschäftsanteilen angegeben sein, von welchem die Absplitterung erfolgt. Das folgt schon aus der Vorschrift über die Genehmigung (§ 17 Abs. 2). Sie muß die neugebildeten Anteile, auch den bei dem Veräußerer zurückbleibenden, feststellen (vgl. Anm. 21 zu § 17). Eine Abtretung, wonach ein Gesellschafter, der die Anteile von 100 000, 70 000 und 60 000 M. besitzt, einem Dritten „von seiner Beteiligung" 10 000 M. abtritt, ist mangels der erforderlichen Bestimmtheit des Gegenstands ungültig (über den obligatorischen Vertrag vgl. oben Anm. 20).

Anm. 37. 2. Die Abtretung muß auch dann zu gerichtlichem oder notariellem Protokoll erfolgen, wenn der obligatorische Vertrag bereits gerichtlich oder notariell beurkundet worden ist. Es kann im Einzelfalle zweifelhaft sein, ob die Urkunde den Verpflichtungs- oder den Abtretungsvertrag enthält (oben Anm. 35). Wenn der Vertrag eine allgemeine Fassung hat wie: „A verkauft an B seinen Geschäftsanteil um 1500 M.", wenn keine besonderen Momente vorliegen, aus denen anzunehmen ist, daß der Vollzug aufgeschoben werden soll, so enthält diese Erklärung bereits die Abtretung (OLG. Rostock 16. 2. 20 OLGR. 40, 434). Neben der Verkaufserklärung nochmals den Ausspruch der Abtretung zu fordern, wäre zweckloser Formalismus. Der obligatorische und der dingliche Vertrag sind hier eins.

Auch die Aufhebung der Abtretung bedarf der Form. Denn sie ist ja auch eine Abtretung. Nur die Aufhebung des auf Abtretung gerichteten obligatorischen Vertrags ist formfrei (oben Anm. 17).

Eines Abtretungsvertrags bedarf es auch dort, wo die Verpflichtung zur Abtretung auf anderem Rechtsgrunde als auf Vertrag beruhte (RG. 5. 11. 02 JW. 02, 11/12). So ist der Erbe durch das Vermächtnis verpflichtet, dem Legatar den Geschäftsanteil abzutreten. Die Abtretung selbst bedarf der Form des Abs. 3 (vgl. oben Anm. 7).

Der Liquidator einer aufgelösten GmbH., der durch Liquidationsbeschluß beauftragt § 15.
worden ist, die zum Vermögen der Gesellschaft etwa gehörigen Geschäftsanteile einer anderen GmbH. unter die Gesellschafter zur Verteilung zu bringen, ist verpflichtet, diese Abtretung in der Form des Abs. 3 zu bewirken (vgl. oben Anm. 7). Ebenso wenn das Begehren einer Schadensersatzklage gegen einen Bevollmächtigten oder ein Organ einer Gesellschaft, welche für die unzulässigen Ankäufe von Geschäftsanteilen haftbar gemacht werden, auf Wiederabnahme dieser Geschäftsanteile und Vergütung der Gegenleistung geht.

3. Um eine Abtretung durch Vertrag muß es sich handeln. Eine solche Ab- Anm. 38.
tretung liegt in dem Akt der Einbringung in eine juristische Person, AG., GmbH., o.HG., Kommanditgesellschaft usw. (vgl. oben Anm. 9). Eine Abtretung liegt nicht vor, und die Form des Abs. 3 braucht daher nicht beobachtet zu werden, wenn die Gesellschafter einer o.HG., Kommanditgesellschaft, bürgerlichen Gesellschaft sich derart auseinandersetzen, daß einer von ihnen den im Eigentum zur gesamten Hand befindlichen Geschäftsanteil als Alleineigentum behält (oben Anm. 9—13). Wohl aber dann, wenn sie sich in den Geschäftsanteil teilen, sei es ideell, sei es zu bestimmten Nennbeträgen (vgl. oben Anm. 13). Der Abtretungsform bedarf es nicht, wenn eine AG. sich mit einer anderen AG. fusioniert. Darin liegt eine Universalrechtsnachfolge. Wie es keiner Zession der einzelnen Forderungen bedarf, so bedarf es auch hier nicht der Abtretung (vgl. Staub-HGB. Anm. 13 zu § 306). Das gleiche gilt bei der Umwandlung einer AG. in eine GmbH. (vgl. Anm. 1 und 4 zu § 81). Bei Umwandlung von Gesellschaften in andere Gesellschaften ist auch hier zu prüfen, ob das Rechtssubjekt dasselbe bleibt und nur seinen rechtlichen Charakter ändert (z. B. Umwandlung einer Aktienkommanditgesellschaft in eine Aktiengesellschaft gemäß § 332 HGB., Umwandlung einer offenen Handelsgesellschaft in eine Kommanditgesellschaft, Staub HGB. Anm. 3 zu § 130; Anm. 6 zu § 162), oder ob die Auflösung der alten Gesellschaft und die Einbringung der zu ihrem Vermögen gehörigen Gegenstände in eine neugebildete Gesellschaft vorliegt (letzteres z. B. bei Umwandlung einer Aktienkommanditgesellschaft in eine einfache Kommanditgesellschaft, Staub HGB. Anm. 7 zu § 334). Bei der Illation muß nicht erst ein Illationsversprechen und dann erst die Illation beurkundet werden. Hinsichtlich derjenigen Gegenstände, die durch Zession zu übertragen sind, kann der Illationsvertrag sogleich die Übertragung selbst enthalten (vgl. oben Anm. 37). Gehört ein Geschäftsanteil einer GmbH. zu den zu inferierenden Gegenständen, so kann in solchem Illationsvertrage die Abtretung derselben neben allen sonstigen Vereinbarungen gleich mit beurkundet werden. Ist in diesem nur ein Handelsgeschäft, Erbschaft usw. als Ganzes als Einlage erwähnt, so bedarf es noch der besonderen Übertragung in notarieller Urkunde. Hier liegt in dem Illationsakte nur das Übertragungsversprechen.

Wo ein Übergang ohne Vertrag erfolgt, bedarf es zum Übergange Anm. 39.
nicht der Abtretung in der hier vorgeschriebenen Form. So im Falle des § 142 HGB. (anderer Ansicht Lehmann bei Lehmann-Ring Nr. 4 zu § 142).

4. Es muß sich um Abtretung des **Geschäftsanteils** handeln. Die Form des Abs. 3 Anm. 40.
ist dann nicht notwendig, wenn es sich nicht um Abtretung des Geschäftsanteils, sondern um Abtretung der Rechte aus einem obligatorischen Vertrage auf Abtretung handelt (vgl. RGZ. 53, 269; oben Anm. 15).

Zulässig, aber auch der Formvorschrift unterworfen ist die Abtretung künftiger Anm. 41.
Geschäftsanteile. (RG. 18. 11. 10 RGZ. 74, 357; oben Anm. 23.) Auch vor der Gründung einer Gesellschaft oder vor einer Kapitalserhöhung kann ein Gesellschafter seinen künftigen Geschäftsanteil abtreten. Es ist nicht bloß ein obligatorischer Vertrag auf Abtretung künftiger Geschäftsanteile (RG. 5. 11. 02 Holdheim 12, 43) statthaft. Auch die Abtretung selbst ist sowohl begrifflich möglich als gesetzlich zulässig. Man kann ja auch künftig entstehende Forderungen im voraus zedieren (RG. 20. 9. 03 JW. 03 Anl. 14 S. 244; DJZ. 8, 573). Für die Abtretung von Rechten gilt nach § 413 BGB. dasselbe wie von der Ab-

§ 15. tretung von Forderungen (vgl. OLG. Hamburg 1. 11. 01 OLGR. 2, 13; OLG. Kiel 10. 7. 02 OLGR. 5, 280. Gegen die hier vertretene Meinung mit unzutreffenden Gründen Lützeler in DNotVZ. 02, 536). Dies gilt auch, wenn die Abtretung des künftigen Geschäftsanteils nur mit Genehmigung der Gesellschaft möglich ist. Auch dann ist diese nicht nichtig. Es bedarf keiner erneuten Vornahme des Aktes. Zur Wirksamkeit ist Eintrag der Gesellschaft und Genehmigung der Übertragung erforderlich (RG. 5. 5. 11 LZ. 1911, 614[30]). Selbstverständlich tritt die Wirksamkeit der Abtretung erst ein mit der Entstehung des Geschäftsanteils (KG. 28. 2. 19 OLGR. 40, 194 steht nicht entgegen; vgl. oben Anm. 23). Aber mit dem Eintritt dieser Bedingung ist die Abtretung ohne weiteres wirksam geworden. Die Abtretung aller künftigen Geschäftsanteile an eine und dieselbe Person im Gründungsstadium der Gesellschaft muß als unwirksam angesehen werden. Eine solche Abtretung würde bewirken, daß in dem Zeitpunkt, in dem sie wirksam werden soll, nämlich bei der Eintragung der Gesellschaft im Handelsregister nur ein Gesellschafter vorhanden ist. In diesem Falle kann aber eine GmbH. nicht zur Entstehung gelangen (RFinH. 14. 10. 24 JW. 1925, 158). Von mehreren Abtretungen oder sonstigen Dispositionen geht die frühere vor. In gleicher Weise ist die Abtretung eines erst zu erwerbenden Geschäftsanteils eines Dritten mit dinglicher Wirkung möglich. Voraussetzung der Wirksamkeit ist hier der Erwerb durch den Veräußerer. Mit diesem tritt aber die Wirkung ohne eine nochmalige Wiederholung ein. Eine spätere Pfändung oder eine Verfügung des Veräußerers ist unwirksam. Nur ein vom Veräußerer bei der Veräußerung bedungenes Pfandrecht oder sonstige Belastung geht dem Erwerber vor. Er kann den Geschäftsanteil nur so bekommen, wie ihn sein Rechtsgeber erwirbt.

Anm. 42. 5. Die Abtretung als Akt der Veräußerung eines Gesellschafters ist gemeint. Der gesellschaftsrechtliche Verkauf durch die Gesellschaft beim Ausschluß eines säumigen Gesellschafters (§§ 21, 23) oder bei der Preisgabe im Nachschußverfahren (§ 27) ist formfrei. Hier veräußert nicht ein Gesellschafter, auch nicht die Gesellschaft als solcher einen Geschäftsanteil (vgl. Anm. 5 und 9 zu § 23 und Anm. 10ff. zu § 27; RG. 6. 5. 07 JW. 07, 370[21]). Das gleiche gilt von der Abtretung durch den Versteigerungsbeamten in Ausführung der Zwangsvollstreckung. Denn auch das ist keine Abtretung durch den Gesellschafter (vgl. Anm. 12 Exkurs I zu § 15). Ist aber die Gesellschaft selbst Eigentümerin eines eigenen Geschäftsanteils, so ist die Form zu wahren. Hier handelt sie als Gesellschafter im Verkehr (KG. 6. 5. 07 Recht 1907, 1898). Die Abtretung durch den Pfandgläubiger, der den verpfändeten Geschäftsanteil freihändig veräußern darf, unterliegt gleichfalls dem Formzwang (unten Anm. 4 zu Exkurs I). Der Pfandgläubiger handelt hier an Stelle des Gesellschafters (OLG. Jena 14. 4. 20 DJZ. 21, 500).

Anm. 43. 6. Die Formvorschrift bezieht sich auf die Abtretung von Teilen von Geschäftsanteilen (RG. 43, 136). (Vgl. hierüber oben Anm. 20.)

Anm. 44. Nicht aber findet die Vorschrift Anwendung, wenn es sich um die Abtretung von einzelnen vermögensrechtlichen Ansprüchen handelt, welche aus der Mitgliedschaft fließen, so die Ansprüche auf Gewinn, Ausschüttungsguthaben, noch weniger bei Gegenleistungen, welche die Gesellschaft dem Gesellschafter für seine gemäß § 3 Abs. 2 übernommenen Verpflichtungen schuldet. In diesem Falle wird nicht die Mitgliedschaft abgetreten, auch nicht zum Teil, sondern nur einzelne Ansprüche, die auf Grund der Mitgliedschaft dem Mitgliede zustehen (RG. 18. 4. 13 JW. 13, 745). Der Zedent bleibt Mitglied, wie ja auch bei der Aktiengesellschaft nur der Aktionär, nicht der Dividendenscheininhaber Mitglied der Gesellschaft ist. Der Zedent hat daher bei der Beschlußfassung über die Gewinnverteilung oder die Liquidationsbilanz mitzuwirken, nicht der Erwerber des Dividendenanspruchs oder des Anspruchs auf den Liquidationserlös (RG. 16. 4. 20 RGZ. 98, 318). Die Abtretung dieser Ansprüche folgt allgemeinen Regeln. Jede solche Abtretung kann durch die allgemeine Übertragungsart (formlose Zession nebst Papierübergabe) erfolgen. Bei Dividendenscheinen auf Order ist Indossament und Übergabe des

Papiers, bei Dividendenscheinen auf den Inhaber außerdem noch bloße Übergabe des Papiers geboten (vgl. Exkurs zu § 14). Inwieweit der Zedent in Beschlußfassungen, welche die abgetretenen Ansprüche beeinflussen, vertraglich beschränkt ist, richtet sich nach dem Zessionsvertrage oder allgemeinen Vertragsgrundsätzen. Er ist trotz Abtretung des Dividendenrechts grundsätzlich in der Bilanzgenehmigung frei. Die Interessen der Gesellschaft können hierbei auch für ihn in erster Reihe bestimmend sein. Er darf aber nicht schuldhaft den Dividendenanspruch vereiteln, indem er entgegen den Bestimmungen der § 42 GmbHGesetz und § 40 HGB. die Bilanz z. B. mit zu hohen Passiven genehmigt. Ist dieses Verhalten des Zedenten für die Beeinträchtigung des Dividendenrechts kausal, ist er dem Zessionar schadensersatzpflichtig (RG. 16. 4. 20 RGZ. 98, 318 erkennt die Schadensersatzpflicht nur nach den Vorschriften über unerlaubte Handlungen an). Gegen die Gesellschaft hat der Zessionar keinen Anspruch auf Zahlung einer nach richtiger Bilanz berechneten Dividende oder auf Schadensersatz. Nur gegen die übrigen Gesellschafter kann, soweit sie bei ihrer Beschlußfassung auf die Vereitelung des Dividendenanspruchs ausgingen, nach § 826 BGB. ein Schadensersatzanspruch begründet sein (vgl. auch RG. 14. 5. 18 SeuffArch. 74, 6). **§ 15.**

7. Die Form für die Abtretung ist die gerichtliche oder notarielle Beurkundung nach §§ 176ff. FG. Ein Abtretungsvertrag, d. h. die Abtretung und ihre Annahme muß beurkundet werden. Die gesonderte Beurkundung für Offerte und Annahme (§ 128 BGB.) genügt aber auch hier. Beglaubigung genügt nicht. Wenn die eine Partei zur Beurkundung rechtskräftig verurteilt ist, so erklärt die andere Partei den anderen Teil des Abtretungsvertrags zu Protokoll (oben Anm. 27). Die notarielle und gerichtliche Urkunde ist bei dem von dem Prozeßgerichte abgeschlossenen Vergleich nicht erfordert (Anm. 26). Der Abtretungsvertrag kann auch durch Bevollmächtigte geschlossen werden. Die Vollmacht bedarf in diesem Falle keiner Form (§ 167 Abs. 2 BGB.; vgl. aber oben Anm. 24). Auch das Auftreten eines vollmachtlosen Vertreters genügt, wenn die Genehmigung hinzukommt (§ 177 BGB.). Die Genehmigung ist formlos gültig (§ 182 Abs. 2 BGB.; oben Anm. 24 u. 26). Verfügungen der Zwischenzeit und Maßnahmen der Zwangsvollstreckung bleiben wirksam, falls sie vor der Genehmigung erfolgten (§ 184); vgl. die Ausführungen über den obligatorischen Vertrag oben Anm. 26ff. **Anm. 45.**

8. Bei der Nichtwahrung der Form liegt eine Abtretung nicht vor. Der Erwerber wird nicht Gesellschafter. Der formlos geschlossene obligatorische Vertrag ist nicht geheilt. Der formgerecht geschlossene muß durch formgerechte Abtretung erfüllt werden. Das auf Grund des formlos geschlossenen obligatorischen Vertrags Hingegebene muß nach den Regeln von der ungerechtfertigten Bereicherung herausgegeben werden (RG. 15. 5. 01 JW. 1901, 521 und bei Gruchot 46, 402; OLG. Jena 6. 12. 02 OLGR. 6, 208; OLG. Karlsruhe 30. 6. 16 RundschGmbH. 1917, 333; vgl. oben Anm. 33). Eine ungültige Abtretung in privatschriftlicher Urkunde wird durch die Vornahme des notariellen Aktes geheilt (RG. 20. 2. 12 RGZ. 79, 182). Es liegt ein neuer Rechtsakt als Bestätigung des nichtigen vor. Ein Verzögern der Aufklärung des Veräußerers über die Nichtigkeit kann als vorsätzliche Schädigung in einer gegen die guten Sitten verstoßenden Weise erscheinen. So wenn der Zessionar zu einer Zeit, wo der Zedent noch in der Lage gewesen wäre, die Anteile anderweit gegen Entgelt zu begeben, die Unkenntnis des Zedenten ausbeutet, um die günstige oder ungünstige Entwicklung des Gesellschaftsunternehmens abzuwarten (RG. 15. 5. 01 JW. 521 und bei Gruchot 46, 402). Diese Entscheidung ist allerdings nach früherem Recht ergangen. Die Vorschrift des § 826 BGB. ergibt dasselbe. **Anm. 46.**

Auch wenn die Veräußerung der Gesellschaft angemeldet ist, gilt ihr gegenüber der Erwerber in solchem Falle nicht als Gesellschafter (vgl. Anm. 5 zu § 16). Auch kann jeder Dritte sich auf diese Nichtigkeit berufen. Die Behandlung des Erwerbers durch die Gesellschaft als Gesellschafter vermag die Ungültigkeit des Übertragungsaktes nicht zu heilen (RG. 12. 1. 01 JW. 01, 521). Die Geschäftsführer können sich trotzdem jederzeit auf den **Anm. 47.**

§ 15. Standpunkt stellen, daß der Erwerber nicht Gesellschafter ist. Jeder Gesellschafter kann das Stimmrecht des Erwerbers bestreiten und Beschlüsse der Gesellschaft, bei denen er mitwirkte, anfechten.

Anm. 48. 9. Eine Befreiung von der Formvorschrift des § 15 Abs. 3 sieht § 39 der 2. Durchführungsverordnung zur Goldbilanzverordnung v. 28. 3. 1924 (RGBl. I 385) vor. Die Befreiungsvorschrift bezieht sich nur auf Abtretungen, die aus Anlaß der Umstellung einer GmbH. auf Reichsmark vorgenommen werden. Das sind die Fälle, in denen auf Grund des § 11 der Goldbilanzverordnung bei einer Zusammenlegung der Geschäftsanteile die Veräußerung alter oder neuer Geschäftsanteile seitens der Gesellschaft für Rechnung der Beteiligten notwendig wird (§ 22 Durchführungsverordn.) oder die Gesellschafter selbst die Abtretung der unter den gesetzlichen Mindestbetrag zusammenzulegenden Anteile vornehmen. Solche Abtretungen können formlos erfolgen, wenn die zuständige Behörde im Einzelfall Befreiung von dem Formzwang des § 15 Abs. 3 gewährt. Die Befreiungsvorschrift betrifft nicht obligatorische Verträge, durch welche die Verpflichtung zu solchen Abtretungen begründet wird. § 15 Abs. 4 GmbHG. bleibt unberührt. Desgleichen sind andere in dem Gesellschaftsvertrag für die Abtretung aufgestellte Erfordernisse (z. B. Genehmigung der Gesellschaft; vgl. unten Anm. 49ff.) zu erfüllen. Die Befreiung kann vor oder nach der Abtretung ausgesprochen werden. Bis sie gewährt ist, ist die Abtretung nur schwebend wirksam (vgl. unten Anm. 56). Wird aber die Befreiung erteilt, so treten alle Wirkungen ein, welche der Abtretung eines Geschäftsanteils zukommen. Insbesondere wird ein nur formlos geschlossener obligatorischer Vertrag seinem ganzen Inhalt nach gültig (oben Anm. 29). Vgl. Breit GoldbilVerordn. § 11 Anm. 65ff. (dort sind auch die zuständigen Behörden der einzelnen Länder angeführt), ferner Quassowski-Susat 2. Aufl. S. 369.

Anm. 49. III. (Abs. 5.) **Bestimmungen des Gesellschaftsvertrags über weitere Voraussetzungen der Übertragbarkeit der Geschäftsanteile.**

1. Das Prinzip. Von Gesetzes wegen ist der Geschäftsanteil frei übertragbar. Die Übertragung ist nur an die Form gebunden. Die freie Übertragbarkeit kann durch den Gesellschaftsvertrag ausgeschlossen werden (oben Anm. 1 und 2). Sie kann von weiteren Voraussetzungen neben der Beobachtung der Form, insbesondere von der Genehmigung der Gesellschaft abhängig gemacht werden. Die gleiche Bestimmung enthält das österr. Gesetz in § 76 Abs. 2 Satz 3. Das französische Gesetz schreibt in Art. 22 die Genehmigung zwingend vor, wenn der Geschäftsanteil an einen Nichtgesellschafter abgetreten wird. Die Genehmigung kann in diesem Falle nur auf Grund eines Gesellschafterbeschlusses erteilt werden, dem drei Viertel des gesamten Stammkapitals zugestimmt hat. Das polnische Recht (Art. 6) sieht hier die Möglichkeit vor, daß die Genehmigung der Gesellschafter durch den Registerrichter ersetzt wird, wenn wichtige Gründe vorliegen.

2. **Die Genehmigung der Gesellschaft als Voraussetzung der Abtretung.**

Anm. 50. a) Nur wenn der Gesellschaftsvertrag die Wirksamkeit der Abtretung an die Genehmigung der Gesellschaft knüpft, ist sie eine Voraussetzung der Wirksamkeit. Das Verlangen der Genehmigung der Gesellschaft muß deutlich aus dem Gesellschaftsvertrage erhellen. Aus der Einräumung eines Vorkaufsrechts an die Gesellschaft folgt nicht eine Beschränkung der Veräußerungsfreiheit (RGZ. 49, 141). Diese muß im ursprünglichen Gesellschaftsvertrage oder in demjenigen Kapitalserhöhungsbeschlusse, der die betreffenden Geschäftsanteile schafft, begründet werden. Der Geschäftsanteil muß mit diesem Hindernis der Verkehrsfreiheit entstehen. Ein unter Stimmenmehrheit zustande gekommener Statutenänderungsbeschluß kann daher die freie Übertragbarkeit nicht schmälern (vgl. Anm. 16ff. zu § 14; RG. 4. 4. 08 RGZ. 68, 212; JW. 08, 407[10]; LZ. 2, 450[30]; OLG. Hamm 3. 10. 15 OLGR. 32, 136; RG. 12. 3. 15 Holdh. 24, 124; über die Auslegung des Vertrags bei der Übernahme besonderer Verpflichtungen Anm. 41 zu § 3, bei Kartellgesellschaften Anm. 8 Exkurs zu § 3). Dagegen steht der Aufhebung einer Bestimmung des Gesellschaftsvertrags, wodurch die Genehmigung eingeführt

war, durch Statutenänderung nichts im Wege. Anders wenn die Genehmigung nicht der § 15.
Gesellschaft, sondern den einzelnen Gesellschaftern zusteht (unten Anm. 52 u. 58). In diesem Falle muß jeder Gesellschafter zustimmen. Andernfalls ist der Beschluß wegen Verletzung seines Sonderrechts unwirksam (RG. 29. 4. 21 BauersZ. 30, 9; vgl. aber OLG. Dresden 2. 4. 12 BauersZ. 20, 158). Unzulässig ist ein einfacher Mehrheitsbeschluß der Gesellschafter, daß ein Gesellschafter seinen Geschäftsanteil, einerlei an wen, frei verkaufen kann. Das ist eine Abänderung des Gesellschaftsvertrags für den besonderen Geschäftsanteil. Sie bedarf der Form derselben und der Eintragung.

Der Gesellschaftsvertrag kann das Erfordernis der Genehmigung auf eine bestimmte Anm. 51.
Gattung von Geschäftsanteilen oder auch auf einen bestimmten Geschäftsanteil beschränken. Er kann ferner die Abtretung von Geschäftsanteilen in bestimmten Fällen von der Genehmigung abhängig machen oder umgekehrt von der Genehmigung befreien. So kann z. B. der Gesellschaftsvertrag bestimmen, daß im allgemeinen die Abtretung an die Genehmigung gebunden ist, daß aber diese Genehmigung dann nicht erforderlich ist, wenn die Gesellschaft eine Unterbilanz hat oder wenn sie eine bestimmte Unterbilanz hat oder wenn die Abtretung an bestimmte Personen, insbesondere an einen anderen Gesellschafter, erfolgen soll. Sie kann für die Erben vorgeschrieben werden. Es können die Erben davon befreit sein usw. Die Genehmigungspflicht kann auf die Fälle entgeltlicher Abtretung beschränkt sein (so RG. 25. 1. 21 RGZ. 101, 246: Genehmigung des „Verkaufs" von Anteilen) oder jede Veräußerung betreffen (vgl. hierzu Becker, RundschGmbH. 1925, 363). Es kann im Gesellschaftsvertrage einem Gesellschafter die Genehmigung zur Veräußerung an eine bestimmte Person oder eine solche mit bestimmten Eigenschaften erteilt werden. Das ist allerdings keine Genehmigung. Denn diese setzt ein abgeschlossenes oder abzuschließendes Rechtsgeschäft voraus. Es ist aber eine beschränkte Befreiung von der Genehmigungspflicht. Es ist Auslegungsfrage, ob in Fällen, in denen Dritten ein Erwerbsrecht gegeben ist, die Veräußerung der Genehmigung, die allgemein vorgeschrieben ist, bedarf. So wenn beim Todesfall eines Gesellschafters den anderen Gesellschaftern ein Vorkaufsrecht eingeräumt wird, sobald die Erben zum Verkauf schreiten, oder wenn den ersteren auch ohne die Verkaufsabsicht der letzteren das Recht des Ankaufs zusteht. Man wird hier im Zweifel annehmen, daß eine besondere Genehmigung nicht mehr erforderlich ist. Ist die Gesellschaft selbst die Erwerberin, so wird nicht neben der Annahme der Übertragung eine nochmalige Genehmigung gefordert werden können. In jener ist diese enthalten. Ist die Abtretung an Nichtgesellschafter genehmigungspflichtig, so erklärt das RG. (18. 11. 21 RGZ. 103, 195) die Abtretung an einen Mitgesellschafter für unwirksam, wenn dieser den Geschäftsanteil zwar in eigenem Namen, aber für Rechnung eines Dritten als dessen Treuhänder oder Strohmann erwirbt. Das geht zu weit. Dem Gesellschaftsvertrag ist dadurch Genüge getan, daß die Abtretung an einen Gesellschafter erfolgte. Dieser ist gegenüber der Gesellschaft allein berechtigt und verpflichtet. Welche Bindungen ein Gesellschafter gegenüber Dritten in der Ausübung seiner Rechte eingeht und inwieweit ein Gesellschafter die ihm gegen die Gesellschaft obliegenden Verpflichtungen für sich durch Dritte erfüllen läßt, berührt die Gesellschaft nicht. Ist dies aber richtig, dann muß auch der Erwerb eines Anteils durch einen Gesellschafter für Rechnung eines Dritten zulässig sein, selbst wenn die Satzung den Erwerb durch Nichtgesellschafter verbietet oder an erschwerende Voraussetzungen knüpft (vgl. auch unten Anm. 57, ferner § 16 Anm. 11 und § 17 Anm. 13).

b) Durch wen und in welcher Form die Genehmigung erteilt wird, hängt von Anm. 52.
der Auffassung von deren Wesen ab. Staub erste Auflage Anm. 48 S. 116, ebenso RG. 3. 10. 06 JW. 06, 777[46]; RG. 27. 4. 15 WarnRspr. 1915, Nr. 179; RG. 13. 6. 22 RGZ. 104, 413 sehen hier nur einen formellen Akt, der dem Geschäftsführer obliege. Auch nach innen habe dieser nicht die Verpflichtung, die Genehmigung der Gesellschafter einzuholen, falls der Gesellschaftsvertrag dies nicht vorschreibe. Allein diese Ansicht wird dem Wesen dieser Genehmigung nicht gerecht. Die Geschäftsführer üben allerdings alle Rechte der Gesellschaft aus, soweit sich diese auf individualrechtlichem Gebiete bewegen. Kauf

§ 15. und Darlehen, Miete und Bürgschaft sind bindend, wenn die Geschäftsführer auch gegen den Willen der Gesellschafter handeln. Anders bei den Akten gesellschaftsrechtlicher Art. Hier kann nur das Organ handeln, dem diese Funktion, sei es durch Gesetz, sei es durch Gesellschaftsvertrag übertragen ist. Die Genehmigung der Veräußerung eines Geschäftsanteils ist die Aufnahme eines neuen Gesellschafters an Stelle eines früheren, ein Vorfall sozialrechtlicher Art (zustimmend Brodmann Anm. 5, der besonders darauf hinweist, daß die Genehmigung nicht nur die Aufnahme eines neuen Gesellschafters, sondern auch das Ausscheiden des bisherigen Gesellschafters und die Aufgabe der Rechte diesem gegenüber betrifft; vgl. auch Neukamp-Becker Anm. 10). Es kann also § 35 Abs. 1 keine Anwendung finden. Man setze nur den Fall, daß nicht den Gesellschaftern als Gesellschaftsorgan (§ 46), sondern jedem einzelnen die Genehmigung übertragen sei. Oder daß sie einem einzelnen Gesellschafter als Sonderrecht zustehe oder dem Aufsichtsrat der Gesellschaft, wie in RG. 12. 5. 14 RGZ. 85, 46, wo die Streitfrage offen gelassen wird. Es wird erhellen, daß ohne diese Erklärung die Übertragung wirkungslos bleibt. Dasselbe gilt bei der Genehmigung durch die Gesellschafterversammlung. Allerdings erklärt der Geschäftsführer den Willen dem Dritten. Seine Genehmigung ist aber nur wirksam, wenn auch die der Gesellschafter vorliegt (vgl. auch § 17 Anm. 20). Das RG. (13. 6. 22 RGZ. 104, 413) will einen Gesellschafterbeschluß nicht einmal dann als erforderlich ansehen, wenn die Abtretung eines Geschäftsanteils im Statut ausdrücklich von der Genehmigung der Gesellschafterversammlung abhängig gemacht ist. Dieser Standpunkt ist mit der Vorschrift des § 15 Abs. 4 nicht vereinbar. Denn warum soll gerade ein Genehmigungsbeschluß der Gesellschafter als erschwerendes Erfordernis für die Abtretung ausgeschlossen sein? Etwaige praktische Schwierigkeiten, die sich für den Erwerber bei der Feststellung der Beschlußfassung ergeben könnten, sind demgegenüber nicht ausschlaggebend, ebensowenig die Erwägung, daß sich der Erwerber auf eine Genehmigungserklärung des Geschäftsführers, selbst wenn er sie ohne Zustimmung der Gesellschafterversammlung abgegeben habe, müsse verlassen können (§ 37 Abs. 2). Der Gesellschaftsvertrag kann ausdrücklich aussprechen, daß die Genehmigung des Geschäftsführers ohne die der Gesellschafter unwirksam ist. Das ist keine unzulässige Beschränkung seiner Vertretungsmacht, sondern die Erschwerung der Übertragung. Hat der Geschäftsführer die Genehmigung ohne einen entsprechenden Beschluß der Gesellschafterversammlung ausgesprochen, so hat er ohne Vertretungsmacht gehandelt. Der nachträgliche, die Genehmigung erteilende Beschluß der Gesellschafterversammlung macht die Erklärung des Geschäftsführers gültig (a. M. OLG. Rostock 3. 4. 13 MecklZ. 32, 56). Mit alledem ist nicht gesagt, daß nicht dem Geschäftsführer die Funktion der Genehmigung übertragen sein kann. Es folgt dies schon aus § 45, wonach alle in § 46 aufgezählten Obliegenheiten anderen Stellen zugesprochen werden können. Es bedarf nicht einmal einer ausdrücklichen Zuweisung an den Geschäftsführer. Die Auslegung des Willens, der im Gesellschaftsvertrage niedergelegt ist, kann auch ohne besondere Bestimmung zu diesem Ergebnisse führen. So wenn die Befugnisse der Gesellschafterversammlung aufgezählt sind und die Erteilung der Genehmigung hierbei nicht erwähnt ist, während an anderer Stelle lediglich die Genehmigung vorbehalten wurde. Hieraus kann der Parteiwille, deren Erteilung dem Geschäftsführer als Organ der Gesellschaft zu übertragen, erhellen. Besser ist es jedenfalls, wenn die Statuten sich deutlich darüber aussprechen. Im Konkurse der Gesellschaft wird die Genehmigung durch das Gesellschaftsorgan erteilt, das satzungsgemäß hierfür bestimmt ist (RG. 22. 11. 18 Recht Nr. 582; OLG. Dresden 26. 10. 09 BauersZ. 18, 133; Neukamp-Becker Anm. 5 zu § 17; Merzbacher Anm. 2 zu § 17; a. M. Brodmann Anm. 5 Abs. 2 und Liebmann Anm. 3a zu § 17; vgl. Anm. 13 § 63). Es kann die Genehmigung eines Gesellschafters neben dem Gesellschafterbeschlusse verlangt sein. Dann ist dieser nur gültig, wenn jener zustimmte. Diese Zustimmung kann vor, bei und nach dem Beschlusse erfolgen. Die endgültige Versagung macht den Genehmigungsbeschluß endgültig wirkungslos. Es kann andererseits der Wille der Gesellschafter dahin gehen, daß weder die Geschäftsführer noch die Gesellschafter als Organ

sondern nur jeder einzelne Gesellschafter zustimmen kann. Die einstimmige Beschluß- § 15.
fassung in der Gesellschafterversammlung genügt dann nicht, wenn nicht alle Gesellschafter vertreten sind. Im Zweifel muß man aber, wenn nur die Zustimmung der Gesellschaft verlangt wird, darin den Beschluß der Gesellschafter als Organ der Gesellschaft (§§ 45, 46) sehen (vgl. Anm. 41 zu § 3 mit Anm. 58). Auch wenn von der Genehmigung der Gesellschafter gesprochen wird, gilt dasselbe (vgl. § 46 „Der Bestimmung der Gesellschafter unterliegen"). Über die Aufhebung des Genehmigungsrechts aller einzelnen Gesellschafter oben Anm 50.

Es kann die Genehmigung der Übertragung statt einem Organe der Gesellschaft einem einzelnen Gesellschafter zugewiesen sein. So kann der Hauptgesellschafter sich dieses Recht allein vorbehalten. Es ist Sache der Auslegung, ob dieses mit dem Geschäftsanteil dauernd verknüpft ist oder nur mit der Person des ersten Inhabers (a. M. OLG. Dresden 26. 10. 09 BauersZ. 18, 133). Es kann endlich einem Dritten die Genehmigung zugewiesen werden. So bei einer GmbH., die nur Verkaufsstelle eines Kartells ist, dem Vorsitzenden der Kartellverbindung (Anm. 5 Exkurs zu § 3). Eine solche Bestimmung im Gesellschaftsvertrage der GmbH. hat gesellschaftsrechtliche Wirkung. Die Zustimmung des Dritten ist zur Wirksamkeit der Übertragung erforderlich (a. M. Brodmann Anm. 5 S. 72, der aber für seine einengende Auslegung des Abs. 5 § 15 keine Begründung gibt). An ihn ist die Aufforderung zu richten. Ist nicht im Gesellschaftsvertrage, sondern in der Abmachung zwischen der GmbH. und dem Dritten diesem das Recht der Genehmigung eingeräumt, so hat dies nur die Verbindlichkeit der Gesellschaft zur Folge, vor ihrer Zustimmung den Dritten zu fragen. Eine Verletzung dieser Zusage ist ohne Einfluß auf den Übergang des Geschäftsanteils. Über die Genehmigung bei der Veräußerung von Teilen von Geschäftsanteilen vgl. Anm. 16 zu § 17 und Anm. 18 zu § 46.

Das Stimmrecht des veräußernden Gesellschafters bei der Genehmigung (vgl. Anm. 18ff. zu § 47) ist zu bejahen. Es handelt sich nicht um ein mit ihm abzuschließendes Rechtsgeschäft. Ebenso ist der Geschäftsführer berechtigt, namens der Gesellschaft die Genehmigung derselben zur Übertragung des ihm gehörenden und von ihm erworbenen Geschäftsanteils auszusprechen. Aus § 181 BGB. folgt kein Hindernis, wenn der Geschäftsführer die Genehmigung gegenüber dem anderen Vertragsteil erklärt (RG. 12. 5. 14 RGZ. 85, 51). Er kontrahiert nicht mit sich selbst. Er gibt eine selbständige Erklärung zu einem von ihm mit einem Dritten geschlossenen Vertrage (RG. 27. 4. 14 WarnRspr. 1915 Nr. 179).

Veräußert oder erwirbt die Gesellschaft eigene Geschäftsanteile, so liegt die erforderliche Genehmigungserklärung des Geschäftsführers in dem Vertrage selbst (vgl. Goldschmidt LZ. 1914, 1892).

Die Genehmigung ist eine empfangsbedürftige Willenserklärung. Sie muß gegen- Anm. 53.
über einer der Vertragsparteien abgegeben werden. Eine besondere Form ist für sie vom Gesetze nicht vorgeschrieben. Nur muß sie nach außen hervortreten. Das ist Sache des Geschäftsführers (oben Anm. 52). Es genügen auch schlüssige Handlungen gegenüber einer Vertragspartei, aus denen der Wille der Genehmigung ersichtlich ist (OLG. Frankfurt 19. 9. 22 JW. 1923, 87). Ein einfacher Eintrag in die Liste der Mitglieder genügt nicht (RG. 3. 10. 06 JW. 06, 777[46]; anders RG. in JW. 1904, 123 für die Zeit vor Inkrafttreten des BGB.; bedenklich für § 15, weil zu eng, RG. 17. 6. 22 RGZ. 105, 152). Der Gesellschaftsvertrag kann auch in dieser Hinsicht Erfordernisse aufstellen. Er kann Schriftlichkeit verlangen. Es ist Sache der Auslegung festzustellen, welche Tragweite den Bestimmungen des Gesellschaftsvertrags zukommt. Das Verlangen der Schriftlichkeit der Genehmigung kann Bedingung der Abtretung sein (a. M. RGZ. 104, 415). Sie kann aber auch nur instruktioneller Art zur Sicherung des Beweises sein (RG. ElsLothrZ. 11, 60). Bei der Abtretung von Teilen von Geschäftsanteilen schreibt das Gesetz diese Form vor (§ 17 Abs. 2). Sie darf aber nicht ohne weiteres auch für die im Gesellschaftsvertrage angeordnete Genehmigung der Abtretung verlangt werden.

§ 15. In der Gestalt der Anteilnahme an einer Gesellschafterabstimmung ohne Widerspruch durch Geschäftsführer und die anderen Gesellschafter kann diese Genehmigung liegen (RGZ. 104, 415). Auch wo Schriftlichkeit verlangt ist, können die Gesellschaft und der Erwerber auf diese Form verzichten. Auch hier müssen die Umstände des ganzen Falles entscheiden. Bei der Genehmigung der Teilabtretung ist das unmöglich. Hier ist die schriftliche Form gesetzliche Vorschrift.

Anm. 54. Die Genehmigung kann vor oder nach der Abtretung erteilt werden (OLG. Hamburg in OLGR. 3, 67). Es ist nicht etwa bloß die Genehmigung des § 184 BGB. gemeint. Der Ausdruck des GmbHG. stammt aus der Zeit vor dem BGB. Sie kann endlich auch gleichzeitig in dem Akte der Beurkundung der Zession erteilt werden. Empfänger der Erklärung kann sowohl der Veräußerer wie der Erwerber des Geschäftsanteils sein (§ 182 BGB.; RG. 22. 1. 18 Recht 1918 Nr. 581).

Anm. 55. c) Die Genehmigung kann willkürlich verweigert werden. Sie kann nicht gerichtlich erzwungen werden. Es kann der Gesellschaft nicht entgegengehalten werden, daß sie keinen Grund habe, die Genehmigung zu versagen. Doch kann der Gesellschaftsvertrag auch nach dieser Richtung etwas anderes festsetzen. Er kann, falls der Geschäftsführer die Genehmigung versagt, auch eine Anrufung der Gesellschafterversammlung vorsehen. Dann hat diese das Recht der Genehmigung. Es kann bestimmt werden, daß die Genehmigung nur aus besonderen Gründen versagt werden darf. Dann ist ein Klagerecht des Veräußerers gegeben. Dem Erwerber steht es nicht zu. Abweichend hier das österr. Ges. (§ 77). Wenn die Genehmigung zur Übertragung eines vollbezahlten Geschäftsanteiles versagt wird, ausreichende Gründe hierzu aber nicht vorliegen, und die Übertragung ohne Schädigung der Gesellschaft, der übrigen Gesellschafter und der Gläubiger erfolgen kann, so kann das Handelsgericht auf Anrufen des Veräußerers und nach Anhören der Geschäftsführer die Übertragung gestatten. Diese Genehmigung wird erst nach Ablauf eines Monats seit Rechtskraft der Entscheidung wirksam. Bis dahin steht der Gesellschaft das Recht zu, die Übertragung an den Erwerber dadurch abzuwenden, daß sie dem Veräußerer einen anderen ihr genehmen Übernehmer präsentiert. Der Schweizer Entwurf (Art. 806) verlangt zur wirksamen Abtretung eines Gesellschaftsanteiles die Mitteilung an die Gesellschaft und den Eintrag in das Anteilbuch. Dieser darf nur erfolgen, wenn Dreiviertel der Gesellschafter, die zugleich drei Vierteile des Stammkapitals darstellen, zustimmen. Eine Erleichterung dieser Vorschriften durch die Statuten ist unzulässig (Prot. 510).

Zu trennen von dem Rechte auf Genehmigung ist der Anspruch auf Entschließung. Der Gesellschafter, der seinen Geschäftsanteil veräußert, hat ein Interesse daran, zu erfahren, ob die Genehmigung erteilt wird. Er kann die Gesellschaft auffordern, sich zu erklären. Unterbleibt diese Antwort, so muß die Genehmigung als versagt angesehen werden. Ein Recht zu fordern, daß der Geschäftsführer die Gesellschafterversammlung berufe, hat der Verkäufer nicht. Nur in Ausübung seines eigenen Rechts kann er eine Beschlußfassung der Gesellschafter herbeiführen (§ 50). Ist die Genehmigung dem Aufsichtsrate übertragen, so versagt auch dieses Recht. Es bleibt nur die Aufforderung der Gesellschaft. Die Organe derselben, Geschäftsführer oder Vorsitzender des Aufsichtsrats sind nur der Gesellschaft gegenüber verpflichtet, die Beschlußfassung herbeizuführen. Versäumen sie die Genehmigung, so sind sie der Gesellschaft zum Ersatz des dieser entstehenden Schadens verpflichtet. Nie aber dem veräußernden Gesellschafter selbst.

Anm. 56. d) Ohne die im Gesellschaftsvertrage vorgeschriebene Genehmigung ist die Abtretung unwirksam (§§ 399, 413 BGB.). Es liegt nicht etwa ein Veräußerungsverbot zugunsten der Gesellschaft vor (§ 135 BGB.), sondern eine Eigenschaft des Rechtes, das nur mit Zustimmung des Dritten übertragbar ist. Diese ist kraft Gesellschaftsvertrags Bedingung jeder Übertragung. Der obligatorische Vertrag auf Abtretung ist ohne Genehmigung gültig. Er verpflichtet den Geschäftsanteilinhaber, das Seinige zu tun, um eine wirksame Abtretung zu bewirken. Er hat also nicht nur den Abtretungsvertrag zu vollziehen, sondern auch die Genehmigung der Gesellschaft zu bewirken. Bis zur Entscheidung der Gesellschaft ist das Abtretungsgeschäft in der Schwebe (vgl. OLG. München 4. 11. 14 Rundsch. GmbH. 1915, 142). Wird die Genehmigung versagt, so ist es wirkungslos. Wird sie erteilt, so wirkt sie auf den Zeitpunkt der Abtretung zurück (§ 158 Abs. 1 BGB.). Verfügungen, welche der Veräußerer in der Zwischenzeit traf, und Zwangsvollstreckungen gegen ihn in den Geschäftsanteil sind dem Erwerber gegenüber unwirksam (§ 161 Abs. 1 BGB.). Hat der Gesellschafter mehrfach denselben Geschäftsanteil übereignet, so geht der Erwerber vor, dem die Genehmigung der Gesellschaft zuteil wird. Rechtshandlungen der Gesellschaft dem Veräußerer gegenüber sind, sobald die Veräußerung ihr mitgeteilt, unwirksam, auch wenn die Genehmigung erst später erfolgte. Die Gesellschaft kann sie versagen. Wenn sie sie aber erteilt, kann sie in der Zeit zwischen Anzeige und Genehmigung den Geschäftsanteil nicht als dem Veräußerer gehörend behandeln. Die Genehmigung zur Veräußerung ist ein Rechtsgeschäft. Sie muß den Beteiligten zugehen. Der Gesellschafterbeschluß allein ist keine Erklärung der Verweigerung. Er kann, solange er nicht den Parteien eröffnet ist, wieder geändert werden (RG. 3. 10. 06 RGZ. 64, 149). Die Gesellschaft kann nachträglich die Genehmigung noch erteilen, wenn die Versagung noch intern geblieben war. Wenn bereits feststeht, daß die Genehmigung nicht gegeben wird, so ist eine Klage auf Abtretung nicht zulässig. Damit wird die Verurteilung zu einer unmöglichen Leistung gefordert (RG. in JW. 06, 323). Die Abtretung hat jedoch, auch wenn die Genehmigung versagt wird, stets die Wirkung, den formlosen obligatorischen Vertrag zu heilen. Hierzu ist nur die formgültige Abtretung erforderlich. Die Genehmigung ist anfechtbar wegen Irrtums, Betrugs, Zwangs. Die Anfechtung wird durch den Geschäftsführer ausgesprochen. Dann wird der Übergang des Geschäftsanteils wieder hinfällig. Der Irrtum über die Eigenschaften der Person wird bei der reinen Kapitalgesellschaft in der Regel nur von Bedeutung, wenn es sich um einen nicht vollbezahlten Geschäftsanteil handelt. Dann ist die Unkenntnis von der Insolvenz erheblich. Bei der durch die Übernahme besonderer Pflichten geschaffenen Individualgesellschaft wird auch der Irrtum über die für die Erreichung dieses Zweckes wichtigen Eigenschaften von Einfluß (vgl. auch Anm. 21 zu § 17). § 15.

Ob in der ohne Genehmigung der Gesellschaft erfolgten Abtretung ein obligatorischer Vertrag auf Abtretung liegt, ist nach den Umständen des Einzelfalls zu entscheiden. Es müssen dann die Erfordernisse des der Abtretung zugrunde liegenden obligatorischen Vertrags vorhanden sein. Für den Kaufvertrag ist die Beschaffung der Genehmigung selbstverständliche Pflicht des Verkäufers, selbst wenn der Verkäufer von der Bestimmung des Gesellschaftsvertrags nichts wußte (RG. 18. 2. 09 Recht 1909, 1203; vgl. Anm. 4 Exkurs II zu § 15). Wird die Genehmigung versagt, so wird die Erfüllung unmöglich. Der Verkäufer muß alles tun, um die Genehmigung herbeizuführen (RG. 20. 6. 16 RGZ. 88, 319). Versäumt er dies, so hat der Käufer das Rücktrittsrecht, ohne daß er dartun müßte, daß die Erfüllung für ihn kein Interesse mehr hat (RG. 18. 9. 09 Recht 09, 1282). Vereitelt er die Genehmigung der Gesellschaft durch Stimmenthaltung, so wird er schadensersatzpflichtig (RG. 7. 4. 06 DJZ. 1906, 710). Ebenso ist es Tatfrage, ob mangels Genehmigung durch die Gesellschaft die Parteien ein Verhältnis derart wollen, daß der Veräußerer den Geschäftsanteil zwar der Gesellschaft gegenüber behält, den Erwerber aber als den Berechtigten hieraus behandelt. Ist dies nicht anzunehmen, so ist die Erfüllung unmöglich. Das RG. (7. 6. 08 RGZ. 69, 134 und JW. 08, 507[33]) erklärt eine Abrede, wonach bei versagter Genehmigung der Gesellschaft der Veräußerer den Geschäftsanteil behalte, aber alle Rechte hieraus nur nach dem Willen des Käufers ausübe, als gegen die guten Sitten verstoßend nichtig (ebenso Liebmann Anm. 17). „Eine solche vertragsmäßige Bindung des Gesellschafters zu derartigem satzungswidrigen Mißbrauche seiner Vertrauensrechte in der Gesellschaft und deren Mitgliederversammlungen sowie zu derartiger Verletzung seiner Gesellschafterpflichten ist in gleichem Maße nach der Sittenanschauung des Volksganzen wie auch nach der Sittenanschauung des ehrbaren Anm. 57.

§ 15. Kaufmanns im Handelsverkehr verwerflich." Das dürfte zu weit gehen. So gut man keinen Einwand dagegen hat, wenn bei der Gründung jemand einen Geschäftsanteil nur als Strohmann eines anderen erwirbt, so gut wird man auch eine spätere Herstellung eines solchen Verhältnisses gestatten müssen. Die Umgehung des Statutes kommt hier nicht in Betracht. Die Gesellschaft kann nicht mehr verlangen, als daß ihr gegen ihren Willen kein Mitglied aufgezwungen werde. Daß der Vertrag gültig ist, wenn die Parteien sich damit begnügen, nur die wirtschaftlichen Ergebnisse der Beteiligung dem abgelehnten Käufer zuzuwenden, gibt das RG. selbst zu. Vgl. hierzu auch oben Anm. 51, unten § 16 Anm. 11.

Anm. 58. Wußte der Käufer, daß die Genehmigung der Gesellschaft vorbehalten ist, so stehen ihm keine Ansprüche gegen den Veräußerer zu. War ihm diese Bedingung unbekannt, so haftet der Veräußerer auf Schadensersatz. Die Bestimmung des § 440 BGB. ist anwendbar. Dem Falle, daß das veräußerte Recht dem Verkäufer nicht gehört, steht der gleich, daß er in der Veräußerung desselben beschränkt ist. Hiernach regelt sich auch das Verhältnis bei der Verzögerung der Erklärung der Gesellschaft. Dieser gegenüber hat der Erwerber keinen Anspruch auf Bescheid. Er kann nur seinem Verkäufer eine Frist setzen, nach deren Ablauf er auf Erfüllung verzichte oder vom Vertrage zurücktrete. Ist die Genehmigung Sache der Gesellschafterversammlung, deren Berufung nicht in der Hand des Verkäufers liegt, so muß die Frist so gehalten sein, daß der Verkäufer die nächste Versammlung befragen kann. Ist ein Geschäftsanteil geschenkt, so verliert die Schenkung beim Versagen der Genehmigung jede Wirkung (§ 523 Abs. 1 BGB.). Der Schenkgeber ist nicht schadensersatzpflichtig. Das Nichterwähnen der statutarischen Genehmigung der Gesellschaft ist kein arglistiges Verschweigen eines Mangels im Rechte.

Anm. 58a. Die Genehmigung bewirkt, daß der Übergang der Rechte und Pflichten von dem Veräußerer auf den Erwerber wirksam wird. Eine Rechtswirkung auf die Gesellschaft selbst tritt nur gemäß § 16 ein. In dem Ersuchen um nachträgliche Genehmigung liegt die Anmeldung der Abtretung (§ 16 Anm. 4). Die Genehmigung erzeugt hier also für die Gesellschaft die Rechtswirkungen, die sonst mit der Anmeldung der Abtretung eintreten, wenn eine Genehmigung nicht erforderlich ist (Anm. 12ff. zu § 16). Darüber hinaus kann aber eine Bindung für die Gesellschaft durch die Genehmigung nicht erwachsen, auch nicht dadurch, daß sie anläßlich der Erteilung der Genehmigung von sonstigen Bestimmungen des Abtretungsvertrags Kenntnis erhält (RG. 16. 4. 20 RGZ. 98, 318).

Anm. 59. 3. Der Gesellschaftsvertrag kann noch **andere Voraussetzungen der Übertragbarkeit** bestimmen:

a) Er kann statt oder neben der Genehmigung der Gesellschaft die Genehmigung der einzelnen oder bestimmter Gesellschafter fordern, oder auch einer dritten Person, einer Behörde (vgl. oben Anm. 52).

Anm. 60. b) Er kann die Übergabe des Anteilscheins vorschreiben (RG. 15. 5. 01 Holdheim 10, 287 u. 26. 3. 20 RGZ. 98, 277; a. M. Brodmann Anm. 6). Die Abtretung des Gesellschaftsanteils ist alsdann erst nach der Aushändigung des Scheins vollendet. Die Aushändigung des Scheins kann nur eine weitere Voraussetzung im Sinne des Abs. 5 sein. Durch die Aushändigung des Scheins allein kann dagegen eine Übertragung nicht erfolgen. Geschäftsanteilscheine auf den Inhaber oder auf Order gibt es nicht (Anm. 2ff. Exkurs I zu § 14). Auch die Verpfändung kann in solchem Falle nur erfolgen unter Übergabe des Anteilscheins. Guter Glaube hilft nichts. Sollte also auch jene Voraussetzung der Übertragung aus dem Anteilschein nicht hervorgehen, so hat doch die Übertragung des Geschäftsanteils ohne Übergabe des Anteilscheins keine Wirkung. Im Falle einer doppelten Übertragung des Geschäftsanteils ist diejenige wirksam, bei welcher die Übergabe des Anteilscheins statt hatte (Neukamp GZ. 535). Für die Beurteilung der Übergabe gelten die allgemeinen Regeln des BGB. Sie kann also auch durch Vereinbarung eines Rechtsverhältnisses, vermöge dessen der Erwerber mittelbaren Besitz erhält (§ 930 BGB.), ersetzt werden. Der Veräußerer soll den Schein für den Erwerber aufbewahren. Ist umgekehrt der Erwerber schon im Besitz, als Pfandgläubiger, Aufbewahrer, so bedarf es keiner Übertragung (§ 929 Satz 2 BGB.). Es genügt, daß beide Teile sich dieser Sachlage **§ 15.** bewußt seien. Eine ausdrückliche Erklärung in der Übertragungsurkunde, daß der Käufer den bereits in seinen Händen befindlichen Anteilschein nunmehr als Gesellschafter behalten solle, zu fordern, wäre nutzloser Formalismus. Ist der Anteilschein im Besitz eines Dritten, so wird die Übergabe durch Abtretung des Herausgabeanspruchs ersetzt (§ 931 BGB.). Über den Fall, wenn der Anteilschein abhanden gekommen, vgl. Anm. 8 Exkurs I zu § 14.

c) Der Gesellschaftsvertrag kann bestimmte Eigenschaften des Erwerbers verlangen. **Anm. 61.**

Der Gesellschaftsvertrag kann daher bestimmen, daß Geschäftsanteile nur an Männer oder nur an Angehörige einer Religionsgemeinschaft oder Mitglieder einer Gesellschaft bürgerlichen Rechts oder nur an Inländer, oder nur an Hausbesitzer, oder nur an solche Personen abgetreten werden können, welche an die Gesellschaftskasse à fonds perdu einen bestimmten Betrag zahlen, oder welche eine bestimmte Fabrik oder ein Geschäftsunternehmen mit bestimmtem Umsatze betreiben, oder die ein gewisses Einkommen haben usw. usw.

Die Übertragung an eine dieser Eigenschaften entbehrende Person ist wirkungslos, wenn der Gesellschaftsvertrag die Zugehörigkeit zur Voraussetzung macht. Guter Glaube hilft auch hier nichts. Auf diese Voraussetzung des Eintritts in die Gesellschaft können die Gesellschafter aber verzichten (vgl. Anm. 29 zu § 2). Der Verzicht erfolgt durch Beschluß der Gesellschafter. Es handelt sich nicht um eine zwingende Vorschrift. Ob er anfechtbar ist, hängt von der Auslegung des Gesellschaftsvertrags ab. Er kann dahin zu verstehen sein, daß die Mehrheit die Zulassung des Erwerbes auch ohne die vorgesehene Eigenschaft beschließen darf. Er kann eine Einstimmigkeit aller Gesellschafter wollen. Über die Genehmigung der Übertragung als Verzicht vgl. Anm. 29 zu § 2.

d) Der Gesellschaftsvertrag kann die Übernahme von Verpflichtungen des Gesellschafters durch den Erwerber zur Wirksamkeit der Übertragung fordern. **Anm. 62.** Solange diese Erklärung nicht erfolgt ist, bleibt der Übertragungsakt wirkungslos. Ob der Gesellschaftsvertrag die Übernahme als Voraussetzung der Übertragbarkeit des Geschäftsanteils fordert oder ob sie nur als Bedingung erscheint, ohne welche die Übertragung nicht genehmigt werden darf, kann im Einzelfalle zweifelhaft sein. Eine Auslegungsregel läßt sich nicht geben. Eine häufige Anwendung dieser Vorschrift bietet der Fall, daß die Gesellschaft unter bestimmten Voraussetzungen die Abtretung des Geschäftsanteils an andere Gesellschafter oder Dritte im Gesellschaftsvertrage zusagte. Diese Pflichten sind nicht mit dem Geschäftsanteile verbunden. Sie entspringen einem Vertrage zugunsten Dritter. Die Genehmigung ist solange zurückzuhalten, bis der neue Erwerber diese Verpflichtung selbst übernimmt.

Steht den Gesellschaftern ein Vorkaufsrecht zu, so muß ihnen Gelegenheit gegeben werden, es auszuüben. Ein Versprechen, die Genehmigung nicht zu erteilen, bis das Schicksal der Vorkaufsrechte feststeht, kann man aus dem Bestehen derselben allein nicht ableiten. Doch kann der Gesellschaftsvertrag es vorschreiben. Er kann einer vorher erklärten Genehmigung jede Wirkung versagen. Er kann sie in der Schwebe halten. Sie tritt erst ein, wenn die anderen Gesellschafter von dem Vorkaufsrecht keinen Gebrauch machen. Man findet in Gesellschaftsverträgen häufig Vorkaufsrecht und Vorbehalt der Genehmigung angeordnet. Meist fehlt die Ordnung der Verhältnisse zwischen beiden. Dann kann es geschehen, daß die Gesellschafter die Veräußerung genehmigen und dann das Vorkaufsrecht ausüben wollen. Das ist aber nicht mehr möglich. Der Geschäftsanteil ist bereits unentziehbares Eigentum des Erwerbers geworden.

4. **Auch ein Vorkaufsrecht** kann durch Gesellschaftsvertrag statuiert werden, sei es für die **Anm. 63.** Gesellschaft oder für die Gesellschafter (vgl. oben Anm. 14). Die Erklärung, in einen Verkauf eines Geschäftsanteils einzutreten, bedarf keiner Form (RG. 10. 5. 18 RundschGmbH. 1918, 216; OLG. Breslau 8. 5. 15 u. 14. 11. 16 RundschGmbH. 1917, 219), wohl aber die Übertragung an den Vorkaufsberechtigten. Enthält der Gesellschaftsvertrag keine

§ 15. näheren Bestimmungen, so gelten die Vorschriften der §§ 504ff. BGB. Eine Sicherung des Vorkaufsberechtigten, daß nicht der Verpflichtete durch Übertragung des Geschäftsanteils das Vorkaufsrecht vereitle, kann durch den Vorbehalt der Genehmigung seitens der Gesellschaft und die Bestimmung, daß diese wirksam erst erteilt werden kann, wenn das Vorkaufsrecht nicht ausgeübt ist, herbeigeführt werden (oben Anm. 62).

Steht das Vorkaufsrecht allen Gesellschaftern zu, so erwerben dieselben bei rechtzeitiger Ausübung den Geschäftsanteil gemeinschaftlich. Eine bedingte Ausübung für den Fall, daß kein anderer Gesellschafter Gebrauch von dem Vorkaufsrecht mache, ist zulässig.

Von dem Vorkaufsrechte zu trennen ist das Kaufrecht eines anderen Gesellschafters. Ebenso die Verpflichtung eines Gesellschafters, unter bestimmten Voraussetzungen zu einem festgesetzten Preise den Geschäftsanteil einem anderen abzunehmen (vgl. oben Anm. 16 und RG. 49, 149).

Anm. 64. 5. **Die Vorschriften des Abs. 3—5 beziehen sich nicht auf die Vererbung.** Über die Rechtsverhältnisse im Falle der Vererbung siehe oben Anm. 3, unten Anm. 86ff.

Anm. 65. V. **Die Wirkung der gehörigen Abtretung.** Im Abs. 2 ist eine Wirkung behandelt. Wenn ein Gesellschafter zu seinem ursprünglichen Geschäftsanteile weitere Geschäftsanteile erwirbt, behalten dieselben ihre Selbständigkeit (Anm. 69). Die übrigen Wirkungen ergeben sich aus allgemeinen Regeln.

Anm. 66. 1. **Die Abtretung eines Geschäftsanteils** bewirkt den Übergang des in dem Geschäftsanteile liegenden Mitgliedsrechts. Der obligatorische Vertrag auf Abtretung ist erfüllt. Mangelt er der Form, so ist er geheilt (vgl. oben Anm. 29). Der Rechtsübergang ist vollzogen. Geriete der Veräußerer jetzt in Konkurs, so wäre der Geschäftsanteil kein Bestandteil seiner Konkursmasse. Beim Konkurse des Erwerbers gehörte der Geschäftsanteil zur Konkursmasse. Nur die Gläubiger des Erwerbers, nicht die des Veräußerers können ihn jetzt noch für sich pfänden. Der Veräußerer kann ihn nicht anderweit abtreten. Guter Glaube des dritten Erwerbers hilft diesem nicht. Auch die Gesellschaft selbst ist gegenüber dem Erwerber schon von dem Augenblicke der gehörigen Übertragung nicht anders gestellt, soweit sie als Gläubigerin oder Gegenkontrahentin des Gesellschafters in Betracht kommt. Zwar für die Geltendmachung der Mitgliedschaftsrechte gegenüber der Gesellschaft ist die Anmeldung des Rechtsübergangs bei der Gesellschaft (§ 16 Abs. 1) erforderlich. Das gilt aber nur für die Ausübung der Rechte. Der Rechtsübergang selbst ist mit der gehörigen Abtretung vollzogen. Dies kommt im Rechtsverkehr zur Geltung. Nur zum Ausweise und zur Legitimation für die Ausübung der Rechte aus dem übergegangenen Mitgliedschaftsrechte gegenüber der Gesellschaft bedarf es jener Anmeldung (vgl. Anm. 9 zu § 16).

Anm. 67. Für den Übergang der an die Mitgliedschaft geknüpften Pflichten gegenüber der Gesellschaft (§ 16 Abs. 3, § 22, § 24 usw.) muß das Verhältnis unter den Beteiligten und gegenüber der Gesellschaft unterschieden werden. Im Verhältnis zwischen Veräußerer und Erwerber kann in der Annahme der Abtretung eine Zusage der Erfüllung an Stelle des Veräußerers liegen. Zahlt jemand gegen die Abtretung eines mit 25 Proz. eingezahlten Geschäftsanteils einen dieser Einzahlung entsprechenden Preis, so liegt darin auf seiten des Erwerbers die Erfüllungsübernahme hinsichtlich der restlichen Einzahlungen. Ihre Rechtsfolgen richten sich nach § 415 Abs. 3 BGB. Dagegen wird im Zweifel angenommen werden müssen, daß der Veräußerer den Erwerber von unbekannten Rückständen zu befreien habe. Die Auslegung des Vertrags kann auch zu anderen Entscheidungen führen. Vgl. Exkurs II Anm. 6.

Anm. 68. Der Gesellschaft gegenüber entsteht eine rechtliche Veränderung hinsichtlich der Person des Verpflichteten erst durch die Anmeldung. Von der Anmeldung ab haftet der Veräußerer nicht mehr für die von nun ab fällig werdenden Verpflichtungen der Gesellschaft (RG. 26. 5. 99 JW. 1899, 444). Von der Anmeldung ab haftet der Erwerber der Gesellschaft für die von nun ab fällig werdenden Verpflichtungen. Für die von dem neuen Gesellschafter nicht einziehbare Bareinlage haftet der frühere Gesellschafter erst wieder nach der Kaduzierung seines Nachfolgers, **§ 15.** auch wenn sie erst nach der Veräußerung fällig wurde (§ 22). Für den Übergang der mit dem Geschäftsanteil verbundenen Verpflichtungen hat die Anmeldung eine andere Bedeutung als für den Rechtsübergang. Die Rechte gehen über. Nur zur Legitimation zum Zwecke der Ausübung bedarf es der Anmeldung. Die Pflichten aber gehen nicht schon mit der Abtretung, sondern erst mit der Anmeldung über. Erst von da ab sind sie Rechte der Gesellschaft gegen den Veräußerer. Erst von da ab könnte ein Gläubiger der Gesellschaft diese Rechte gegen den Erwerber pfänden. Erst von da ab könnte der Konkursverwalter der in Konkurs geratenen Gesellschaft sie zur Konkursmasse ziehen. Würde die Gesellschaft vor der Anmeldung in Konkurs geraten, so müßte sie sich mit ihren Rechten gegen den Veräußerer begnügen. Ein Recht auf Anmeldung der Abtretung hat sie nicht. Näheres hierüber Anm. 4ff. zu § 16. Es liegt also in der Hand der Parteien, ob die Pflichten des Veräußerers auf den Erwerber übergehen sollen.

Keine Rechtsfolge tritt ein, wenn das Übertragungsgeschäft unwirksam oder etwa wegen Simulation nichtig ist. Der Ausschluß der Anfechtung wegen Irrtums, Betrugs, Zwangs bei der Übernahme im Gründungsakte gilt nicht für den Erwerb von einem Dritten (Anm. 34 zu § 2; RGZ. 77, 118). Ebenso ist die Hinzufügung von Bedingungen statthaft, auch die auflösender. Die eingetretenen Folgen fallen wieder fort (vgl. RG. 20. 2. 12 JW. 12, 598[21]; vgl. Anm. 27 zu § 16).

2. In dem Falle, daß der Erwerber bereits einen Geschäftsanteil besaß, **Anm. 69.** behalten sein früherer und sein hinzuerworbener Geschäftsanteil ihre Selbständigkeit (Abs. 2). Der Erwerber besitzt dann zwei Mitgliedschaften, wie wenn ein Aktionär zwei Aktien besitzt. Die beiden Geschäftsanteile fließen nicht in einen zusammen. Es tritt nicht eine „Erhöhung" des früheren Geschäftsanteils ein (KG. 20. 2. 1908 KGJ. 35 A 186). Diese Vorschrift bezweckt, bei noch nicht vollbezahlter Stammeinlage den Rückgriff auf die etwaigen Vormänner zu ermöglichen (§ 22; vgl. RGZ. 82, 116). Sie ist daher zwingendes Recht (a. M. Liebmann Anm. 2). Der Gesellschaftsvertrag kann sie nicht beseitigen (KG. 25. 7. 07 Recht 07, 1331[3374]). Ein Gesellschafterbeschluß, wonach an Stelle der mehreren von einem Gesellschafter erworbenen Geschäftsanteile ein einziger neuer Geschäftsanteil treten soll, ist ungültig (KG. 25. 7. 07 Recht 07, 3374). Der Gesellschafter kann einen der mehreren Geschäftsanteile selbständig veräußern, ohne daß es von Gesetzes wegen der Genehmigung der Gesellschaft bedürfte. Der § 17 Abs. 1 greift nicht Platz. Haften auf dem einen Geschäftsanteil Rückstände, so kann wegen derselben nur dieser Geschäftsanteil kaduziert werden. Wegen der Ausfälle auf einen der solchergestalt in einer Hand vereinigten Geschäftsanteile können nur die Rechtsvorgänger dieses Anteils belangt werden usw. Alles dies gilt entsprechend auch dann, wenn ein Gesellschafter einen **Teil** seines Geschäftsanteils veräußert und denselben wieder zurückerwirbt. Durch den Rückerwerb fließt der abgetretene Teil nicht mit dem übrigen Teile des Geschäftsanteils wieder zusammen. Denn die zulässigerweise erfolgte Teilveräußerung gemäß § 17 des Gesetzes macht den veräußerten Teil des Geschäftsanteils zu einem selbständigen Geschäftsanteil. (Vgl. Anm. 21 zu § 17.) Es kann die Bestimmung des Gesetzes, daß jeder Gesellschafter nur einen Geschäftsanteil erhalten kann, dadurch umgangen werden, daß die Übernahme bei der Gründung durch einen Beauftragten in dessen Namen erfolgt. Dieser tritt die Teile des Geschäftsanteils in mehreren Akten in beliebigen Stücken dem Kommittenten ab. Der Gesellschaftsvertrag kann anordnen, daß kein Gesellschafter zu seinem Geschäftsanteil einen zweiten erwerben darf. Solcher Bestimmung begegnet man in den Statuten nicht selten, weil oft Wert auf eine bestimmte Anzahl von Mitgliedern der Gesellschaft gelegt wird. Sie ist zulässig. Der Erwerb eines zweiten Geschäftsanteils ist in solchem Falle unwirksam (§ 399, § 413 BGB.).

Einen abweichenden Standpunkt nimmt das österr. Gesetz ein. Durch Übernahme einer weiteren Stammeinlage erhöht sich der bisherige Geschäftsanteil des Gesellschafters. Dies gilt für jeden weiteren Erwerb eines Anteils (§ 75 Abs. 2 Satz 2). Die gleiche Rege-

§ 15. lung sieht der Schweizer Entwurf (Art. 809) vor. Dagegen hat das polnische Gesetz (Art. 5 und 6) den Grundsatz der Selbständigkeit der Geschäftsanteile. Schon bei der Gründung der Gesellschaft kann ein Gesellschafter mehrere Anteile übernehmen. Das gleiche ist für das französische Recht anzunehmen.

Für die Umstellung der GmbH. auf Reichsmark ist streitig geworden, ob § 15 Abs. 2 einer Zusammenlegung mehrerer in einer Hand befindlichen Geschäftsanteile zu einem Anteil und einer beliebigen Verschiebung des Verhältnisses der Anteile zueinander entgegensteht. Man kann keine Bestimmung der Goldbilanzverordnung anführen, durch welche die zwingende Vorschrift des § 15 Abs. 2 außer Kraft gesetzt sei. Trotzdem wird die Zulässigkeit solcher Veränderungen bei Zustimmung aller Gesellschafter in Literatur und Praxis überwiegend bejaht (Bayr. ObLG. 14. 3. 25 JW. 25, 1644; LG. Dresden 25. 2. 25 JW. 25, 1666; dazu Bemerkungen von Fürnrohr und Pinner, der vorbehaltlich der Anfechtung sogar einen Mehrheitsbeschluß genügen läßt). Dieser Standpunkt läßt aber die Interessen der Gläubiger außer Acht. Ihr Schutz liegt in den Vorschriften, welche die Volleinzahlung des Stammkapitals durch den Rückgriff auf die Rechtsvorgänger sichern. Diesem Schutz dient auch § 15 Abs. 2. Das Bayr. ObLG. will dem entgegenhalten, daß die Ansprüche auf Volleinzahlung der Stammeinlagen infolge der Geldentwertung wertlos seien. Dabei übersieht es aber die Möglichkeit der Aufwertung dieser Ansprüche. (Für die hier vertretene Ansicht vgl. RG. 11. 6. 25 JW. 25, 2338; § 14 Anm. 3.)

Anm. 70. 3. Der Erwerber erhält den Geschäftsanteil nur, wenn der Veräußerer Eigentümer desselben war. Er erwirbt ihn mit denjenigen Lasten und Mängeln, mit welchen er behaftet war. Es gibt hier keinen Schutz des guten Glaubens. Der § 932 BGB. und der § 366 HGB. greifen nicht Platz. Sie setzen eine bewegliche Sache als Gegenstand der Veräußerung voraus. War der Veräußerer nicht mehr Inhaber des Geschäftsanteils, hatte er ihn bereits anderweit veräußert, war er ihm kaduziert, hatte er ihn zu Unrecht erworben, vielleicht auf Grund eines ungültigen Kaduzierungsverfahrens, war der Geschäftsanteil verpfändet oder gepfändet, war alles dies dem Erwerber unbekannt, so nützt ihm doch sein guter Glaube nichts.

Anm. 71. Die Ausstellung von Anteilscheinen ändert daran nichts. Auch § 405 BGB. findet keine Anwendung. Nur wenn der Schuldner eine Urkunde über die Schuld ausgestellt hat und die Forderung unter Vorlegung der Urkunde abgetreten wird, kann der Schuldner sich nicht darauf berufen, daß die Eingehung und Anerkennung des Schuldverhältnisses nur zum Schein erfolgt, oder daß die Abtretung durch Vereinbarung mit dem ursprünglichen Gläubiger ausgeschlossen sei. Die Vorschrift gilt auch für andere Rechte (§ 413 BGB.), aber nur soweit das Gesetz nicht ein anderes vorschreibt. Hier aber folgt aus dem Rechte der GmbH. die Unanwendbarkeit des § 405 BGB. Die Gesellschaft kann einwenden, sie habe den Anteilschein nur zum Schein ausgestellt. Ein Geschäftsanteil kann nur durch Gründung oder Kapitalserhöhung entstehen. Eine Ausstellung von Anteilscheinen zum Schein darf keinen Anteil schaffen. Ob die Gesellschaft oder ihre Organe in solchem Falle schadensersatzpflichtig sind, ist im Einzelfalle zu entscheiden.

Anm. 72. Daß der Veräußerer bereits einen obligatorischen Vertrag abgeschlossen hatte, inhalts dessen er sich einem anderen gegenüber zur Abtretung des Geschäftsanteils verpflichtet hatte, steht dem Erwerbe nicht entgegen. Die Abtretung selbst entscheidet. Ein dem Dritten gegenüber wirksames ius ad rem gibt es nicht. Selbst dann nicht, wenn der Erwerber von dem persönlichen Rechte des Dritten wußte. Doch kann unter Umständen dem wissenden Erwerber gegenüber der § 826 BGB. Platz greifen (vgl. Planck 2a zu § 823 BGB.; Oertmann in der Festgabe für Dernburg 61—90). Der Anspruch auf Schadensersatz geht auf Herstellung des durch die unerlaubte Handlung vereitelten Zustandes. Daher kann der Berechtigte auch von dem ersatzpflichtigen Dritten die Übertragung des Geschäftsanteils fordern.

Anm. 73. **Zusatz 1. Die Abtretung der einzelnen Ansprüche auf Gewinn oder Auseinandersetzungsguthaben ist an keine Form gebunden.** Sie können ferner ohne Zustimmung der

Gesellschaft auch dort abgetreten werden, wo der Gesellschaftsvertrag für die Abtretung des Geschäftsanteils eine solche fordert (Motive 24). Sie können auch selbständig ohne den Geschäftsanteil abgetreten werden. Der Geschäftsanteil und die einzelnen aus ihm hervorgehenden Vermögensansprüche können daher verschiedene Berechtigte haben (vgl. oben Anm. 44). Eine mangels Form ungültige Abtretung des Geschäftsanteils als eine Abtretung des Gewinnbezugs und der Liquidationsquote aufrechtzuerhalten (§ 140 BGB.), ist nur möglich, wenn der Wille, auch sich mit diesem Geringeren zu begnügen, nachweisbar wäre. Andernfalls liegt nicht ein Aufrechterhalten unter einem anderen rechtlichen Gesichtspunkte, sondern die Einführung eines wirtschaftlich anderen Vertragsgegenstandes vor. § 15.

Die Gewinnbezugsrechte können zum Zwecke rechtlicher und selbständiger Übertragung auch verbrieft werden. Auch Dividendenscheine an Order oder auf den Inhaber sind zulässig (vgl. Exkurs I zu § 14). Über die Abtretung der einzelnen vermögensrechtlichen Ansprüche siehe oben Anm. 44. Die Gewinnbezugsrechte und die Rechte auf die Ausschüttungsguthaben sind auch selbständig verpfändbar und pfändbar. Die Verpfändung und Pfändung folgen den gewöhnlichen Regeln über die Verpfändung und Pfändung von Forderungen. Sie sind verschieden, je nachdem eine Verbriefung nicht oder nur in gewöhnlichen Schuldscheinen oder eine Verbriefung durch Orderpapier oder durch Inhaberpapier vorliegt (vgl. jedoch über die Verpfändung und Pfändung von Dividendenscheinen auf Order oder auf Inhaber den Exkurs I zu § 14 und den Exkurs I zu § 15). Anm. 74.

Die Formvorschrift des § 15 behandelt nur Abtretung entstandener Geschäftsanteile. Vor der Eintragung der Gesellschaft besteht der Geschäftsanteil nicht. In diesem Stadium kann der Gesellschaftsvertrag durch Ausscheiden eines Gründers und Eintritt eines anderen geändert werden. Dies bedarf der Form des § 2. Sämtliche anderen Mitgründer haben zuzustimmen. Eine Abtretung eines Geschäftsanteils ist das nicht. Dies Verfahren ist dann erforderlich, wenn der Neueintretende schon im Gründungsstadium als Gesellschafter erscheinen und sein Vorgänger entlastet werden soll. Es kann aber schon vor der Eintragung der künftige Geschäftsanteil in dem Sinne abgetreten werden, daß der Geschäftsanteil mit seiner Entstehung als abgetreten gilt (Abtretung eines künftigen Geschäftsanteils). Auf diese Abtretung bezieht sich § 15 (oben Anm. 41). Anm. 75.

Zusatz 2. Die Legitimationsübertragung des Geschäftsanteils (Übertragung zur Ausübung der Rechte für Rechnung des Zedenten). Wie bei der Abtretung von Forderungen und bei der Übertragung von Aktienrechten, so kann auch hier die Abtretung eines Geschäftsanteils dazu benutzt werden, um den Zessionar nicht zum wirklichen Gesellschafter zu machen, sondern um ihn bloß nach außen als solchen zu legitimieren (für die Forderungen siehe RGZ. 25, 207; 53, 417; Dernburg II 304; Rehbein BGB. 130; für das Aktienrecht RGZ. 30, 51; 40, 80, für die GmbH. erwähnt in RG. 18. 9. 14 LZ. 1914, 1809). Anm. 76.

Auch solche Übertragungen verlangen die Beobachtung der Form und der weiteren Bestimmungen, an welche im Gesellschaftsvertrag die Übertragung geknüpft ist. Wenn der Rechtsakt nach außen wie ein wirklicher Übertragungsakt wirken soll, so muß er auch dessen Voraussetzungen entsprechen. Eine Legitimationsübertragung ohne Rechtsübertragung, wie sie die Rechtsprechung des RG. für das Aktienrecht zuläßt (RG. 25. 11. 19 LZ. 20, 567; RG. 2. 3. 20 LZ. 20, 763; RG. 18. 11. 20 LZ. 21, 144), kommt für die GmbH. nicht in Frage. Sie setzt Inhaberpapiere voraus. Anm. 77.

Auf Grund der Legitimationsübertragung ist der Rechtsnachfolger berechtigt, die Gesellschaftsrechte auszuüben. Die Gesellschaft kann nicht einwenden, daß der Übertragungswille nicht vorliegt. Sie kann aber die Ausübung eines Rechts durch den Erwerber nur da bestreiten, wo auch der Veräußerer das Recht nicht hätte geltend machen dürfen. Das Wesen dieses Rechtsgeschäfts besteht darin, daß der Legitimationserwerber nach außen legitimiert wird, die Rechte des Berechtigten auszuüben. Die Rechte des Legitimationserwerbers können nicht weiter gehen als die des Legitimationsübertragers. Es sind ja nur dessen Rechte, die er ausüben darf und soll. Das wird bei der Frage nach dem Umfange des Stimmrechts des Legitimationserwerbers praktisch. Dieser darf nicht mitstimmen, wenn der Übertrager Anm. 78.

§ 15. nicht mitstimmen dürfte. So bei einem mit dem Übertrager abzuschließenden Rechtsgeschäft. Stimmt der Erwerber dennoch, so verletzt er das Gesetz. Dabei ist gleichgültig, ob dieser von der Absicht des Veräußerers, ein Stimmverbot zu umgehen, wußte oder nicht (vgl. Anm. 19 zu § 47).

Anm. 79. Auch jedem Dritten gegenüber ist der Legitimationserwerber berechtigt. Er kann zur Veräußerung schreiten. Daß der Dritte wußte, daß es sich bloß um eine Legitimationsübertragung handelte, ändert darin nichts. Denn die Legitimationsübertragung hat ja den Sinn, daß der Erwerber nach außen befugt sein soll, alles zu tun, was der Veräußerer dürfte. Anders wenn der Dritte wüßte, daß die Legitimationsübertragung nur zu einem bestimmten Zweck, etwa Ausübung des Stimmrechts, gewollt ist. Veräußerer und Erwerber handeln gemeinsam vorsätzlich zum Schaden des wirklich Berechtigten, wenn der Legitimationsgesellschafter sich dieses Legitimationseigentums bedient, um den Geschäftsanteil zu veräußern. Der Schadensersatzanspruch geht dann auf Rückübertragung des Geschäftsanteils.

Anm. 80. Verpflichtungen, welche an den Erwerb des Geschäftsanteils geknüpft sind, entstehen der Gesellschaft gegenüber durch die Anmeldung des Überganges des Geschäftsanteils (vgl. oben Anm. 67). Staub (erste Auflage Anm. 75 zu § 15 S. 121) nahm an, daß diese zweifelsohne auch gegenüber dem bloßen Legitimationserwerber entstehen, wenn der Erwerb bei der Gesellschaft angemeldet worden ist. Es folgt dies aus denselben Gründen, aus welchen angenommen wird, daß der Legitimationserwerber das Recht in dem gleichen Umfange ausüben kann, wie es der Zedent ausüben dürfte. „Muß die Gesellschaft diesen als Berechtigten anerkennen, so kann sie ihn auch als Verpflichteten betrachten." Als zweifelhaft aber wird bezeichnet, ob auch die anderen Folgen der Geschäftsanteilsveräußerung und deren Anmeldung, nämlich die Befreiung des Veräußerers von den weiterhin fällig werdenden Leistungen, im Falle der bloßen Legitimationsübertragung eintreten. Durch die Substitution eines anderen Verpflichteten würde die Gesellschaft in ihrer Rechtsposition benachteiligt sein. Freilich müsse sie sich diese Substitution durch eine ernste Abtretung gefallen lassen. Aber dann liege ja eben eine wirkliche Zession, ein ernstes, mit Leistungen und Gegenleistungen verknüpftes Rechtsgeschäft vor, von welchem anzunehmen sei, daß es so leichter Hand nicht getätigt werden wird. Dagegen würde es die Lage der Gesellschaft auf das höchste erschweren, wenn es gestattet wäre, durch eine Zession an einen Strohmann sich aller ferneren Verpflichtungen gegen die Gesellschaft zu entledigen. Dieser Ansicht von der Doppelhaftung des Veräußerers und des Erwerbers wird man sich nicht anschließen können. Es ist nicht richtig, wenn die erste Auflage mit dem Begriff des Scheinaktes operiert, bei dem sich der, der ihn tätigt, diese Folgen gefallen lassen müsse. Es ist nicht richtig, daß sich in dem Falle der ernsten Abtretung die Gesellschaft die Substitution eines anderen Gesellschafters gefallen lassen müsse, die Vorschiebung eines Strohmannes nicht. Es werden hier zwei Momente zu trennen sein. Ein simulierter Verkauf, bei dem es an dem ernstlichen Willen der Übertragung fehlt (§ 117 BGB.), ist nichtig. Die Gesellschaft kann ihn einfach unbeachtet lassen. Sie hat, auch wenn ihr vom bisherigen Gesellschafter die Anzeige gemacht und vom Erwerber die Erwerbsurkunde vorgelegt wird, das Recht, die Gültigkeit derselben für sich zu beanspruchen, auch wenn der Übertragungspunkt nur simuliert ist (§ 409 Satz 1 BGB.). Verpflichtet hierzu ist sie nicht. Sie kann statt dessen die Nichtigkeit geltend machen. Sie kann aber nur eines von beiden tun. Behauptet sie die Nichtigkeit, so hat sie keinerlei Recht gegen den Erwerber. Umgekehrt, behandelt sie die Veräußerung als ihr gegenüber wirksam, so muß sie auch den Veräußerer nach den Bestimmungen des Gesetzes behandeln.

Anm. 81. Anders, wenn eine ernstlich gemeinte Veräußerung vorliegt, die aber nur bezweckt, den Erwerber zum Eigentümer im Interesse des Veräußerers zu machen. Aus welchem Grunde dies erfolgen mag, ist einerlei. Es kann geschehen, um ihm die unbeschränkte Ausübung des Rechts aus der Mitgliedschaft für den Gesellschafter, der ins Ausland geht, zu verschaffen. Es kann erfolgen, um den Gesellschafter, dem die Amortisierung droht, vor dieser zu bewahren. Es kann geschehen, um den Geschäftsanteil von der künftigen Nachlaßmasse auszunehmen. Der Veräußerer will nach seinem Tode mittels des Erwerbers darüber disponieren. In all diesen Fällen liegt eine Treuhänderschaft vor. Ein Rechtserwerb nicht im Interesse des Erwerbers, sondern des Veräußerers. In all diesen Fällen ist ebenso wie bei dem Erwerben des Geschäftsanteils bei der Gründung (Anm. 38 zu § 2) für Rechnung und im Interesse eines Dritten ein wirklicher Erwerb vorhanden. So wenig jemand dort auf den Gedanken kommt, den Kommittenten für haftbar zu halten, so wenig bleibt es hier der Veräußerer. Umgekehrt muß auch der Legitimations- und Treuhanderwerber es sich gefallen lassen, daß er allein der Träger der Verpflichtungen ist. Es bleibt ihm nur der Rückgriff gegen den Veräußerer auf Grund des internen Verhältnisses. Verkauft der Gesellschafter, um sich von den Verpflichtungen zu befreien, an einen insolventen Erwerber, so braucht die Gesellschaft, wenn sie bei der Anzeige diesen Verdacht hegt, nur die Einrufung der rückständigen Einlage zu beschließen, und die Haftung des Veräußerers ist gewahrt (§ 22 Abs. 3). Einer Einziehung derselben bedarf es nicht einmal. Wenn der angebliche Käufer keinen Kaufpreis bezahlt und der Akt nur Scheingeschäft ist, so steht es der Gesellschaft, wie oben gezeigt, frei, den ganzen Akt als nichtig zu behandeln. § 15.

Nach demselben Grundsatz ist der Fall zu behandeln, daß die Übertragung des Geschäftsanteils zwar im Interesse des Erwerbers, aber nur zu dessen Sicherheit erfolgt. Die rechtliche Wirksamkeit der Sekuritätszession ist von der Praxis des RG. nun als zweifellos anerkannt (RG. 8. 12. 16 RGZ. 89, 193). Auch hier liegt ein fiduziarisches Rechtsgeschäft vor. Aber auch hier erhält der Erwerber den Geschäftsanteil mit allen Lasten. Er kann nicht einwenden, daß er ja den Geschäftsanteil nicht behalten wolle. Er muß sich als Erwerber behandeln lassen mit allen Folgen des Gesetzes. Denn der Zweck seines Erwerbes ist der Gesellschaft einerlei. Er haftet ihr auch, wenn dieser bei der Anzeige mitgeteilt wird. Will man dies vermeiden, so muß man auch diese Form vermeiden und sich mit der Verpfändung begnügen. War der Sicherungserwerb nur bedingt gewollt, konnte der Erwerber ihn jederzeit unwirksam machen, so fallen mit dem Eintritt dieser Bedingung wieder alle Folgen des Erwerbes fort. Der Sicherheitserwerber wird wieder frei (RG. 20. 2. 12 RGZ. 79, 182; oben Anm. 68). Anm. 82.

Über die Verwertung des zur Sicherheit veräußerten Geschäftsanteils vgl. Düringer-Hachenburg II Vorbemerkung zu § 368 Anm. 128.

Die Verpflichtung zur Rückübertragung liegt in der Tatsache, daß es sich nur um einen Sicherungsübergang handelt. Einer besonderen formellen Zusage bedarf die Übernahme dieser Verpflichtung nicht (a. M. Liebmann Anm. 9). Auch wenn die Veräußerung kein Wort über den Zweck derselben enthält, kann der Nachweis desselben in jeder Weise erbracht werden. Dieser Teil der Gesamtabrede ist ebenfalls durch die Übertragung selbst gültig. Anm. 83.

Die Rechtsverhältnisse nach innen, zwischen den beiden Kontrahenten der Legitimations- und Treuhandübertragung, die Verpflichtung zur Rückübertragung usw. richten sich nach dem zugrunde liegenden Verhältnisse. Solche Übertragung kann die verschiedensten Ursachen und Zwecke haben (oben Anm. 76 und 81). Je nach diesem Verhältnisse richtet sich der Anspruch auf Rückübertragung. Einer Form bedarf die Verpflichtung hierzu nicht (vgl. oben Anm. 16). Ebensowenig bedarf der Verzicht auf den Rückübertragungsanspruch der notariellen Form. Der Geschäftsanteil soll dem Treuhänder endgültig übertragen werden. Dies geschieht durch den Verzicht. Er kann formlos sein, auch wenn eine Gegenleistung für die Übertragung des Geschäftsanteils und sonstige Bedingungen dabei vereinbart werden (Hachenburg Bem. zu RG. 28. 1. 16 JW. 1916, 492; vgl. oben Anm. 30). Der für die Abtretung gegebenen Formvorschrift des § 15 ist bereits bei der Legitimationsübertragung genügt.

Zusatz 3. Eine Garantie für die Veräußerung eines Geschäftsanteils durch einen Gesellschafter an einen Dritten bedarf der in § 15 Abs. 4 vorgeschriebenen Form nicht. Sie verpflichtet den Garanten nicht zu einer Abtretung, sondern zu einem Einstehen für das Tun eines anderen (oben Anm. 9). Wenn noch kein Vertrag vorliegt, so haftet der Garant dafür, daß er abgeschlossen, ist er schon vorhanden, dafür, daß er erfüllt wird. Richtig ist aber Anm. 84.

§ 15. die Garantie, wenn sie für die Erfüllung eines wegen Formmangels nichtigen Veräußerungsvertrags gegeben wird, es sei denn, daß die Garantie so gemeint ist, daß der Veräußerer trotz dieses Mangels leiste. Dann liegt ja wieder ein Einstehen für den künftigen Abschluß vor. Die Garantie für die Erfüllung eines gültigen Veräußerungsvertrags kann eine Bürgschaft für den Veräußerer sein. Dann bedarf sie der Schriftlichkeit (§ 766 BGB.).

Anm. 85. **Zusatz 4. Keine Erwähnung hat im GmbHG. die gesetzliche Übertragung von Geschäftsanteilen gefunden.** Es kann aber keinem Zweifel unterliegen, daß diese auch bei Geschäftsanteilen einer GmbH. stattfindet (§§ 412, 413 BGB.). Die Fälle gesetzlichen Übergangs von Forderungen sind sehr zahlreich (vgl. z. B. § 268 Abs. 2, § 426 Abs. 2, § 774 Abs. 1 BGB.). Hervorzuheben ist, daß ein gesetzlicher Übergang von Geschäftsanteilen von der Genehmigung der Gesellschaft dort abhängig ist, wo die freiwillige Abtretung nur mit dieser Genehmigung stattfinden kann (§§ 412, 413, 399 BGB.). Doch kennt das Gesetz eine Übertragung der Geschäftsanteile kraft Gesetzes, die sich ohne die sonst erforderliche Genehmigung vollzieht (§ 22 Abs. 4). Verschieden hiervon ist der Fall des § 1381 Abs. 2 BGB., nach welchem der Ehemann, der in eigenem Namen, aber mit den Mitteln des eingebrachten Gutes der Ehefrau einen Geschäftsanteil erwirbt, ohne weiteres, d. h. ohne besondere Abtretung, die Ehefrau zum Eigentümer des Geschäftsanteils macht. Dasselbe gilt in allen Fällen, in denen eine Surrogation kraft Gesetzes erfolgt (Hachenburg, Vorträge 2. Aufl. 214). Neben den Bestimmungen des ehelichen Güterrechts (vgl. auch § 1413) stehen die des Elternrechts (§ 1646, Erwerb des Vaters aus Mitteln des Kindes) und des Erbrechts (§ 2019, der Erwerb des Erbschaftsbesitzers aus Mitteln der Erbschaft). Wenn nach dem Gesellschaftsvertrage die Gültigkeit der Übertragung an die Übergabe des Anteilscheins geknüpft ist, so schließt dies die Surrogation nicht aus. Das Gesetz weist der Ehefrau, den Kindern, den Erben das Wertobjekt unmittelbar zu.

Anm. 86. **Zusatz 5. Rechtsfolge des Todes oder des Konkurses eines Gesellschafters. Auflösung einer Gesellschaft, welche Mitglied der GmbH. ist.**

1. **Wenn ein Gesellschafter stirbt,** so wird sein Erbe Gesellschafter. Er ist als solcher berechtigt, aber auch verpflichtet. Unbeschränkt haftet er nur, wenn er die Rechtswohltat des Inventars verloren hat oder wenn er sich der Gesellschaft gegenüber nicht mehr als Erbe, sondern als Gesellschafter aus eigenem Recht geriert (vgl. hierüber Anm. 7 zu § 18 Abs. 2, wo die Frage der Haftung für den Fall, daß mehrere Erben vorhanden sind, behandelt ist). Der Übergang durch Erbschaft kann allerdings im Gesellschaftsvertrage ausgeschlossen oder an Bedingungen geknüpft werden (oben Anm. 1—3). Ist ein Geschäftsanteil durch Vermächtnis vererbt, so erwirbt der Vermächtnisnehmer gegen den Erben einen Anspruch auf Abtretung des Geschäftsanteils. Diese Abtretung erfordert die gerichtliche oder notarielle Form des Abs. 3 (vgl. oben Anm. 7).

Anm. 87. Die Genehmigung der Gesellschaft, wenn eine solche im Gesellschaftsvertrage erfordert ist, sowie die sonstigen Voraussetzungen der Übertragbarkeit nach dem Gesellschaftsvertrag müssen vorliegen. Kann die Genehmigung der Gesellschaft nicht beschafft werden, so liegt eine unmögliche Leistung vor (vgl. oben Anm. 56). Das Vermächtnis ist dann unwirksam (BGB. § 2171).

Anm. 88. Fällt der Geschäftsanteil mehreren Erben zu, so greift § 18 des Gesetzes Platz. Hierüber und über das Verhältnis der Gesellschaft zu mehreren Erben siehe Anm. 4 und 22 zu § 18.

Anm. 89. Mehrere Erben werden im Verhältnis zueinander Eigentümer zur gesamten Hand der einzelnen Nachlaßgegenstände. Über seinen Gesamtanteil an der Erbschaft kann jeder Miterbe verfügen. Damit verfügt er auch über den zum Nachlaß gehörigen Geschäftsanteil (§ 2033 BGB.). Die gerichtliche oder notarielle Form ist dazu schon nach § 2033 BGB. erforderlich. Eine solche Verfügung über den gesamten Anteil an der Erbschaft ist, wenn dazu auch ein Geschäftsanteil einer GmbH. gehört, an die Genehmigung der Gesellschaft gebunden, wenn der Gesellschaftsvertrag eine solche erfordert. Die durch die Vererbung selbst geschaffene Rechtslage muß die Gesellschaft hinnehmen.

Weitere Veränderungen der Rechtslage durch Rechtsgeschäfte der Erben unter Lebenden dagegen nicht. Versagt sie die Genehmigung, so entscheidet es sich nach § 139 BGB., ob der ganze Veräußerungsvertrag unwirksam wird. § 15.

Wenn die Erben sich derart auseinandersetzen, daß einer von ihnen den ererbten Geschäftsanteil übernimmt, so liegt ein bloßes Anwachsen und daher keine Abtretung vor. In diesem Falle gilt das gleiche, wie bei der Auseinandersetzung unter Sozien. Es bedarf daher weder der Form der Abs. 3 und 4 noch der Genehmigung nach Abs. 5. Ebenso wenn die Erben in einem Gesamthandverhältnis bleiben. Sie legen den Anteil in eine von ihnen gebildete Gesellschaft des bürgerlichen oder des Handelsrechts ein (oben Anm. 10).

Anders aber, wenn sich die Erben so auseinandersetzen, daß sie sich in den Geschäftsanteil teilen, sei es zu ideellem, sei es zu realem Miteigentum. Dann ist die Abtretung erforderlich (vgl. über alles dies oben Anm. 12ff.). Wenn der Gesellschaftsvertrag die Teilung eines Geschäftsanteils unter mehrere Erben von der gesetzlichen Genehmigung der Gesellschaft ausnimmt (§ 17 Abs. 3, vgl. Anm. 12 und 14 zu § 17), so ist darin auch eine Ausnahme von der Vorschrift des Gesellschaftsvertrags, der für jede Veräußerung eine Genehmigung fordert, zu sehen. Anm. 90.

2. **Wenn ein Gesellschafter in Konkurs gerät,** so liegt darin keine Veräußerung des Geschäftsanteils. Der Gemeinschuldner bleibt Eigentümer. Der Konkursverwalter erhält nur die Verwaltung und Verfügung. Einer Abtretung bedarf es nicht. Der Konkurs eines Gesellschafters löst die Gesellschaft nicht auf, es sei denn, daß der Gesellschaftsvertrag dies vorschreibt (vgl. RG. 30. 10. 23 RGZ. 108, 20). Zulässig ist, im Gesellschaftsvertrage für den Fall des Konkurses die Amortisation des Geschäftsanteils des Gemeinschuldners vorzusehen (§ 34). Eine Verkaufspflicht des Gesellschafters mit Wirksamkeit für die Konkursverwaltung kann aber nicht bestimmt werden. Gegenüber dem Konkursverwalter wirkt dieser nur obligatorische Vertrag nicht. Auch ein Vorkaufsrecht versagt gegenüber der Veräußerung durch den Konkursverwalter. Verpflichtungen des Gesellschafters sind Forderungen, die zu dessen Konkursmasse anzumelden sind. Das gilt auch von solchen, die gemäß § 3 Abs. 2 bestellt sind. Die Erfüllung der Stammeinlage ist gegenüber dem Konkursverwalter zu fordern. Ihm ist die Kaduzierung anzudrohen. Einer besonderen Aufforderung des Gesellschafters selbst bedarf es nicht. Die Rechte des Gesellschafters übt der Konkursverwalter aus. Ihm steht das Stimmrecht zu. Er kann nicht zurückgewiesen werden, weil der Gesellschaftsvertrag eine Vertretung nur durch Gesellschafter gestattet. Bei einem Rechtsgeschäft mit dem Gemeinschuldner ist der Konkursverwalter nicht von der Abstimmung ausgeschlossen. Es ist kein Rechtsgeschäft mit ihm als Verwalter der Masse. Zur Veräußerung durch den Konkursverwalter bedarf es der Form der Abs. 3 und 4. Die im Gesellschaftsvertrag vorgesehene Genehmigung der Gesellschaft zur Veräußerung gilt nicht für den Konkursverwalter. Der Konkurs enthält eine Zwangsverwertung des Vermögens. Der Geschäftsanteil ist unbeschränkt durch den Konkursverwalter veräußerlich (RG. 27. 11. 08 JW. 09, 27[28]; vgl. Anm. 17 Exkurs I zu § 15). Anm. 91.

3. **Auflösung der Gesellschaft, welche Mitglied der GmbH. ist.** Eine aufgelöste offene Handelsgesellschaft oder eine Kommanditgesellschaft oder eine bürgerliche Gesellschaft befindet sich in Liquidation. Sie bleibt Gesellschafterin der GmbH. Wenn die Gesellschafter sich dahin auseinandersetzen, daß ein Gesellschafter den Geschäftsanteil übernimmt, so liegt darin keine Abtretung des Geschäftsanteils, sondern ein Anwachsen der Rechte der anderen Sozien an das Recht des übernehmenden Sozius. Es bedarf daher nicht der Form der Abs. 3 und 4 und nicht der Genehmigung nach Abs. 5 (vgl. oben Anm. 12 und 90). Die Verpflichtungen gegenüber der Gesellschaft gehen auf den Erwerber über (hierüber Anm. 16 zu § 16). Teilen die Gesellschafter den Geschäftsanteil in Stücke, so bedarf dies der Genehmigung der Gesellschaft (das Nähere Anm. 12ff. zu § 17). Wenn eine Aktiengesellschaft sich auflöst, so bleibt sie Gesellschafterin der GmbH., von welcher sie einen Geschäftsanteil besitzt. Wenn die Aktiengesellschaft aber ihren Aktionären die Geschäftsanteile überläßt, so liegt darin eine Abtretung. Es bedarf aber der Beschluß der Anm. 92.

§ 15. Generalversammlung, wonach jeder Gesellschafter ein Stück des Geschäftsanteils erhalten soll, nicht der Form (oben Anm. 7). Wohl aber ist für den Rechtsübergang selbst die Form des Abs. 3 und die Genehmigung nach Abs. 5 erfordert. Das gleiche gilt, wenn eine GmbH. sich auflöst, zu deren Vermögen Geschäftsanteile einer anderen GmbH. gehören (vgl. oben Anm. 7). Liegt nur eine Vereinbarung des Liquidators der aufgelösten Aktiengesellschaft oder GmbH. mit einem Aktionär oder Gesellschafter vor, so handelt es sich um ein gewöhnliches Veräußerungsgeschäft. Dieses bedarf der Form des § 15 Abs. 4. Wenn eine Aktiengesellschaft sich mit einer anderen vereinigt, so liegt darin eine Universalrechtsnachfolge. Es bedarf weder einer Abtretung in der Form des Abs. 3 (der Fusionsvertrag bedarf aus anderem Grunde der Form des Abs. 4) noch der Genehmigung des Abs. 5 (vgl. oben Anm. 8).

Anm. 93. **Zusatz 6. Das Rechtsverhältnis unter den Abtretungskontrahenten** richtet sich nach bürgerlichem Rechte. Es kann von der verschiedensten Art sein (Kauf, Tausch, Schenkung, Auftrag, Kommission, Gesellschaft usw.). Einzelne wichtige Rechtsverhältnisse werden besonders erörtert (vgl. Exkurs II).

Anm. 94. **Zusatz 7.** Steuerfragen. Vgl. §§ 35, 42: Börsenumsatzsteuer des Kapitalverkehrsteuergesetzes.

Exkurs I zu § 15.

Exkurs I zu § 15.

Der Geschäftsanteil als Gegenstand dinglicher Rechte.

(Verpfändung und Pfändung von Geschäftsanteilen und der Nießbrauch an solchen.)

I. **Die Verpfändung von Geschäftsanteilen.** Fackenheim, Das vertragliche Pfandrecht bei Geschäftsanteilen einer GmbH., 1910.

Anm. 1. 1. Die Verpfändung von Rechten ist zulässig, insoweit die Abtretung zulässig ist (§ 1274 Abs. 2 BGB.). Daraus folgt die Zulässigkeit der Verpfändung. Daher sind auch künftige Geschäftsanteile der Verpfändung zugänglich. Die Verpfändung wird im Augenblicke der Entstehung des Geschäftsanteils wirksam (vgl. oben Anm. 41 zu § 15). Das österr. Ges. (§ 76 Abs. 3 Satz 1) spricht, um jedem Zweifel vorzubeugen, die Verpfändungsbefugnis ausdrücklich aus.

Anm. 2. 2. **Die Verpfändung erfolgt in derselben Form wie die Abtretung.** Das ist die Form eines gerichtlichen oder notariellen zweiseitigen Vertrags, abgeschlossen zwischen dem Verpfänder und dem Pfandnehmer (Anm. 15 zu § 15; Düringer-Hachenburg II Vorbemerkung zu § 398 Anm. 54; Oppenheimer LZ. 1913, 742; OLG. Karlsruhe 11. 7. 01 OLGR. 3, 263; RG. 2. 12. 02 RG. 53, 107 und 20. 4. 03 JW. 03 Anl. 95 S. 74; RG. 26. 11. 20 RGZ. 100, 274). Das folgt aus § 1274 BGB. (ablehnend Förtsch Anm. 10 und Cohn JW. 1913, 289). Dagegen ist die Anzeige an die Gesellschaft nicht erforderlich (a. M. Liebmann Anm. 20g zu § 15; zust. Brodmann Anm. 2 zu § 15). Dieses Erfordernis ist im § 1280 BGB. nur für die Verpfändung von Forderungen aufgestellt. Der Geschäftsanteil ist aber keine Forderung, sondern ein Mitgliedschaftsrecht, kraft dessen auch Leistungen gefordert werden können (zust. Oppenheimer a. a. O.). Auch § 16 Abs. 1 des Gesetzes ist hier nicht anwendbar (vgl. RG. 26. 4. 04 RGZ. 57, 414; Anm. 2 zu § 16; a. M. Warneyer-Koppe Anm. 9 zu § 16, Neukamp Anm. 1 zu § 16). Die Gesellschaft ist genügend geschützt. Der Pfandgläubiger muß gemäß §§ 1275, 407 BGB. jede Leistung, die nach der Verpfändung erfolgt, und jedes Rechtsgeschäft, welches nach der Verpfändung mit der Gesellschaft seitens des Verpfänders vorgenommen wird, gegen sich gelten lassen, wenn die Verpfändung der Gesellschaft unbekannt ist. (Brodmann Anm. 2 zu § 16 hält die Anmeldung der Verpfändung für erforderlich, wenn dem Pfandgläubiger die Ausübung des Stimmrechts übertragen ist. § 16 fordert aber die Anmeldung nur für die Veräußerung des Geschäftsanteils. Deshalb muß die bloße Kenntnis des Geschäftsführers — ohne formelle Anmeldung — auch in dem von Brodmann gedachten

Fall genügen.) Auch im Gesellschaftsvertrage selbst kann, wenn in diesem die Gesellschafter auf Grund besonderer Abrede zu der Gesellschaft in ein Schuldverhältnis treten, die Verpfändung der Geschäftsanteile der Gesellschafter an die Gesellschaft ausgesprochen werden. Es wird eine künftige Sache für eine künftige Forderung verpfändet. Hat die Gesellschaft Anteilscheine ausgegeben, so tritt dadurch weder eine Erleichterung noch eine Erschwerung der Form ein. Die Verpfändung erfolgt auch in diesem Falle durch gerichtlichen oder notariellen Vertrag. Auch zur Übertragung des Rechts ist die Übergabe der Urkunde nicht erforderlich (§ 1274 BGB., vgl. RG. 28. 4. 03 JW. 1903, Beil. 9, 74; Recht 1903, 1774). Nur wenn der Gesellschaftsvertrag die Übertragung an die Übergabe des Anteilscheins knüpft (Anm. 60 zu § 15), ist auch die Verpfändung hiervon abhängig. In diesem Falle ist eine ohne Übergabe des Anteilscheins geschehene Verpfändung auch bei gutem Glauben des Pfandgläubigers unwirksam. **Exkurs I zu § 15.**

Eine Verpfändung nur des Anspruchs auf Gewinnbezug ist gleich deren Veräußerung formlos. Ist sie mit der Verpfändung des Geschäftsanteils verbunden, so erscheint dieser als der Hauptgegenstand des Geschäfts. Die Nichtigkeit dieses hat die der Nebenzusage zur Folge (§ 139 BGB. RG. a. a. O.).

3. **Knüpft der Gesellschaftsvertrag die Übertragung an weitere Voraussetzungen, z. B. an die Zustimmung der Gesellschaft,** so ist auch die Verpfändung davon abhängig. Denn soweit ein Recht nicht übertragbar ist, kann auch ein Pfandrecht an ihm nicht bestellt werden (§ 1274 Abs. 2 BGB.; OLG. Karlsruhe 11. 7. 01 OLGR. 3, 263; zust. Brodmann Anm. 2 § 15). Dies gilt auch in dem Falle, wo die Übertragung an die Aushändigung des Anteilscheins geknüpft ist (oben Anm. 2). **Anm. 3.**

4. Der Pfandgläubiger kann **die vermögensrechtlichen Vorteile beziehen,** soweit nicht die Ausgabe und Abtrennung der Dividendenscheine entgegensteht (§ 1275 BGB.; a. M. Liebmann Anm. 20 i u. Brodmann). Seine Befriedigung durch Verwertung des Geschäftsanteils kann er auf Grund eines vollstreckbaren Schuldtitels nach den für die Zwangsvollstreckung gültigen Vorschriften suchen (§ 1277 BGB.). Doch können die Parteien ein anderes vereinbaren. Dabei ist die Schutzvorschrift des § 1277 Satz 2 BGB. zu berücksichtigen. Die Vereinbarung, daß der Geschäftsanteil dem Pfandgläubiger zufallen oder übertragen werden soll oder daß er von dem Pfandgläubiger freihändig veräußert werden darf, ist vor dem Eintritt der Verkaufsberechtigung auch hier nicht zulässig (§§ 1277, 1245 Abs. 2, 1229 BGB.; RG. 26. 11. 20 RGZ. 100, 274). Die freihändige Veräußerung des Geschäftsanteils durch den Pfandgläubiger unterliegt dem Formzwang des § 15 (OLG. Jena 14. 4. 20 DJZ. 21, 500). — Verwaltungsrechte, z. B. das Stimmrecht, kann der Pfandgläubiger nicht ausüben (Motive S. 24). Diese stehen vielmehr dem Verpfänder nach wie vor zu, auch wenn die Ausübung den Wert des Rechts schmälert, selbst wenn darin der Untergang des Rechts liegt. Dagegen kann durch ein selbständiges Rechtsgeschäft, das nicht eine gesellschaftliche Verwaltungshandlung, insbesondere nicht die Ausübung des Stimmrechts ist, die Aufhebung oder Abänderung der Rechte aus dem Geschäftsanteil nur mit Zustimmung des Pfandgläubigers erfolgen (§ 1276 BGB.). So ist für die Kündigung der Gesellschaft seitens des Gesellschafters die Zustimmung des Pfandgläubigers erforderlich; denn die Kündigung bewirkt eine das Pfandrecht beeinträchtigende Änderung der Rechte aus dem Geschäftsanteil (ebenso im Ergebnis RGR. Anm. 1 zu § 1276; RG. 4. 2. 16 LZ. 1916, 592 läßt die Frage offen). Nur muß natürlich die Gesellschaft von der Verpfändung wissen (§§ 1275, 407 BGB.). Eine Zustimmung zur Einziehung des Geschäftsanteils ist dem Pfandgläubiger gegenüber unwirksam. Erfolgt eine Einziehung auf Grund einer vor der Verpfändung erfolgten Zustimmung des Geschäftsanteilseigners, so muß der Pfandgläubiger diese Einziehung gestatten. Der auf Grund der durchgeführten Amortisation an Stelle des Geschäftsanteils tretende Gegenwert fließt an den Pfandgläubiger. **Anm. 4.**

Zulässig ist, daß in dem Verpfändungsvertrage dem Gläubiger auch die Ausübung aller gesellschaftlichen Rechte, insbesondere des Stimmrechts übertragen ist (a. M. Bum-

Exkurs I zu § 15. bacher, Die Aktie als Grundlage des Stimmrechts 22, der die Loslösung des Stimmrechts vom Eigentum der Aktie verneint). Er ist dann nicht der Beauftragte, der der Weisung des Gesellschafters zu folgen hätte. Er übt das Stimmrecht kraft eigenem Recht aus. Der Gesellschafter kann nicht verlangen, daß er in einer Weise stimme, die dem Pfandrechte nachteilig ist. Er kann z. B. nicht fordern, daß ein Geschäftsführer, dem Verstöße gegen seine Amtspflichten vorgeworfen werden, entlastet werde. Andererseits darf aber der stimmberechtigte Pfandgläubiger das Stimmrecht, das ihm nur zur Wahrung seiner Interessen anvertraut ist, nicht gegen die Interessen des Pfandschuldners ausüben, soweit nicht die Wahrung eigener Interessen in Frage steht. In dem oben angenommenen Falle darf also der Pfandgläubiger gegen den Willen des Pfandschuldners nicht für die Entlastung des regreßpflichtigen Gesellschafters stimmen (Hachenburg, Das Stimmrecht aus verpfändeten Aktien, BankArch. 03, 152). Auch das Minderheitsrecht des Gesellschafters, die gerichtliche Bestellung oder Abberufung der Liquidatoren zu beantragen (§ 66 Abs. 2 u. 3), kann zur Ausübung auf den Pfandgläubiger mitübertragen werden. Das Kammergericht (28. 11. 13 RJA. 13, 232) verneint diese Möglichkeit, weil nach der Absicht des Gesetzes das Antragsrecht des § 66 untrennbar mit der Gesellschaftereigenschaft verbunden sei. Das Gesetz gibt aber für solche Ausnahmen keinen Raum (vgl. Anm. 17 zu § 66). Über die Verbindung von Pfandrecht und Nießbrauch vgl. unten Anm. 21.

Anm. 5. Die Verpflichtungen des Gesellschafters werden durch die Verpfändung nicht berührt. Ebensowenig die Folgen der Nichterfüllung. Die Nichtleistung der Einlage kann auch bei dem verpfändeten Geschäftsanteile zur Kaduzierung führen. Einen Anspruch, daß ihm die Aufforderungen und Androhungen zugestellt werden, hat der Pfandgläubiger nicht. Die Ausschließung kann ihn überraschen. Wer einen nicht vollbezahlten Geschäftsanteil zu Pfand nimmt, muß damit rechnen, daß dieser seinen Todeskeim in sich trägt (vgl. Anm. 25ff. zu § 21). Dasselbe gilt für die Einforderung von Nachschüssen. Die Versteigerung des preisgegebenen oder von der Gesellschaft an sich gezogenen Geschäftsanteils vernichtet das Pfandrecht zugunsten der Gesellschaft. Es besteht nur an dem Übererlös über die Nachschußforderung (vgl. Anm. 20 zu § 27). Noch mehr gefährdet ist das Pfandrecht bei beschränkter Nachschußpflicht. Hier sind die Vorschriften über die Kaduzierung wegen Säumnis bei der Stammeinlage anwendbar (§ 28). Es erhellt, daß der Geschäftsanteil kein sicheres Pfandobjekt ist. Zahlt der Pfandgläubiger, um das Pfandrecht zu erhalten, so steht ihm ein Ersatzanspruch nur gegen den Verpfänder zu (§ 1226 BGB.). Verkauft der Verpfänder den Geschäftsanteil, so erwirbt ihn der Käufer nur mit dem Pfandrechte belastet. Guter Glauben des Erwerbers ist hierbei ohne Wert.

Anm. 6. 5. **Der obligatorische, auf Verpfändung gerichtete Vertrag (pactum de pignorando)** ist formlos gültig (RG. 2. 12. 02 RGZ. 53, 107 und 2. 6. 04 RGZ. 58, 223; OLG. Breslau 23. 6. 16 RundschGmbH. 17, 263; Neukamp GZ. 57, 556). Die Vorschrift des § 15 Abs. 4 ist darauf nicht anwendbar. Nur die Bestellung des Pfandrechts an einem Rechte erfolgt nach den für die Übertragung geltenden Vorschriften (§ 1274 BGB.). Aus einer mündlich geschlossenen Verpfändungszusage kann auf die Bestellung des Pfandrechts geklagt werden. Das rechtskräftige Urteil auf Bestellung des Pfandrechts ersetzt die Bestellungserklärung. Durch die dem Urteil folgende oder vorhergehende notarielle Annahmeerklärung wird die Verpfändung wirksam.

Anm. 7. Erfolgt die Bestellung des Pfandrechts an einem Geschäftsanteil nicht in der in § 15 Abs. 3 vorgeschriebenen Form, so wird doch meist ein Verpfändungsversprechen als vorhanden angenommen werden können. Der Gläubiger wird mit dem geringeren Rechte im Notfalle zufrieden sein.

Das poln. Gesetz (Art. 6) schreibt auch für das Verpfändungsversprechen die öffentliche Beurkundung vor.

Die Aufhebung der Verpfändung bedarf keiner Form.

Anm. 8. 6. Die für die Verpfändung des Geschäftsanteils geltende Form bezieht sich auch auf die Verpfändung von Teilen von Geschäftsanteilen in bestimmtem Nennbetrag (vgl. Anm. 20 zu § 15. Daß dieselbe zulässig ist, darüber siehe Anm. 30 zu § 17). Eine Verpfändung des Geschäftsanteils für eine Schuld in bestimmter Höhe (bis zu 25 000 M.) ist keine Verpfändung eines Teiles, sondern eine Beschränkung der dinglichen Haftung. Sie bedarf keiner Genehmigung der Gesellschaft. Ebenso auch nicht die Verpfändung von einzelnen vormögensrechtlichen Ansprüchen, welche aus der Mitgliedschaft fließen (Ansprüche auf Gewinn, Ausschüttungsguthaben usw. Vgl. hierüber Anm. 73 u. 74 zu § 15). Die Verpfändung dieser Ansprüche folgt den allgemeinen Regeln. Sie erfolgt so, wie Forderungen überhaupt verpfändet werden, also durch formlose Verpfändungserklärung und Anzeige. Wenn Dividendenscheine auf Order ausgegeben sind, so kann die Verpfändung auch durch Indossament und Übergabe des Papiers erfolgen (§ 1192 BGB.). Bei Dividendenscheinen auf Inhaber ist Einigung und Übergabe des Papiers erforderlich und genügend (§ 1293 BGB.). **Exkurs I zu § 15.**

Zur Verpfändung von Dividendenscheinen allein ist niemals die Genehmigung der Gesellschaft erfordert, auch wenn diese bei der Veräußerung des Geschäftsanteils vorgeschrieben ist. Bei der Verpfändung von Geschäftsanteilen und Dividendenscheinen in formell ungenügender Weise ist eine einheitliche Willenserklärung anzunehmen. Das ganze Rechtsgeschäft ist nichtig. Es sei denn, daß nachgewiesen wird, daß die Verpfändung der Dividendenscheine auch ohne die des Geschäftsanteils selbständig gewollt war (RG. 28. 4. 03 JW. Beil. 9 S. 74; oben Anm. 2). Anm. 9.

Die Veräußerung des Pfandrechts an einem Geschäftsanteil erfolgt nur durch Veräußerung der Forderung, für welche er als Sicherheit bestellt ist. Einer Form bedarf es hierbei nicht. Das Pfandrecht geht mit der Forderung auf den Zessionar über. Dasselbe gilt bei dem Übergang einer Forderung kraft Gesetzes wie bei Zahlung durch den Bürgenden. Anm. 10.

II. **Die Zwangsvollstreckung in Geschäftsanteile.** Anm. 11.

1. **Sie erfolgt durch Pfändung.** Diese vollzieht sich wie die Pfändung einer Forderung durch Zustellung eines Pfändungsbeschlusses (§§ 857 Abs. 1, 829 ZPO.). Bei Forderungsrechten wird die Pfändung wirksam durch Zustellung an den Drittschuldner. Das ist analog auf andere Rechte anwendbar (§ 857 Abs. 1 ZPO.). Wenn ein Drittschuldner nicht vorhanden ist, so wird die Pfändung durch die Zustellung des Beschlusses an den Schuldner (§ 857 Abs. 2 ZPO.) bewirkt. Ein Drittschuldner fehlt. Einer Zustellung des Beschlusses an die GmbH. bedarf es daher nicht (OLG. Köln 7. 6. 05 OLGR. 13, 206; OLG. Hamm 10. 1. 16 RundschGmbH. 1916, 65 u. RG. 9. 5. 16 RundschGmbH. 1916, 270; a. M. Liebmann Anm. 21). Der Geschäftsanteil einer GmbH. schließt allerdings einzelne Rechte in sich, hinsichtlich deren die Gesellschaft Drittschuldnerin ist. Das gilt für die vermögensrechtlichen Bezugsrechte auf Gewinn, Ausschüttungsguthaben und auf Vergütung für Leistungen gemäß § 3 Abs. 2. Wird ein solches besonderes Guthaben gepfändet, so bedarf es der Zustellung des Beschlusses an die Gesellschaft. Handelt es sich aber um die Pfändung des Geschäftsanteils, so umfaßt diese nicht auch die Beschlagnahme der Einzelansprüche. Diese müßte neben jener erfolgen (a. M. Brodmann Anm. 2; die von ihm angeführte Entscheidung des RG. 14. 5. 18 SeuffArch. 74, 6 betrifft gerade einen Fall, in dem Geschäftsanteil und Gewinnbezugsrechte nebeneinander gepfändet sind). Anderenfalls steht der Anspruch auf Dividende usw. dem Gesellschafter selbst noch zu. Ebensowenig kann die Pfändung des Anspruchs auf Auszahlung des Liquidationsguthabens und auf Auszahlung des Gewinnanteils die Pfändung des Geschäftsteils selbst darstellen (RG. 29. 5. 07 LZ. 07, 654). Die Pfändung des Geschäftsanteils bewirkt, daß der Gesellschafter seinen Anteil nicht mehr anderweit zum Schaden des Pfandgläubigers veräußern kann. Die Veräußerung ist gestattet, aber unbeschadet des Pfandrechts. Guter Glaube hilft dem Erwerber nichts (vgl. oben Anm. 5). Die Verwaltungsrechte des Gesellschafters, das Stimmrecht, sind durch die Pfändung nicht gehemmt (vgl. oben Anm. 4 und RG. 1. 4. 19 RGZ. 95, 231 für die Gesellschaft bürgerlichen Rechts; vgl. jedoch Anm. 44 zu § 15).

Exkurs I zu § 15. Die vermögensrechtlichen Leistungen darf die Gesellschaft an den Gesellschafter bewirken, solange auf sie nicht besondere Pfändung erwirkt ist. Bei der Durchführung der Zwangsvollstreckung in den Geschäftsanteil kann die Überweisung zur Einziehung (§ 835 ZPO.) nicht erfolgen. Von einer „Einziehung" ist hier überhaupt nicht die Rede (KG. 8. 5. 05 in OLGR. 10, 392). Der Geschäftsanteil ist nur der Inbegriff der Mitgliedsrechte. Sie werden nicht eingezogen, sondern ausgeübt. Die aus der Mitgliedschaft fließenden Rechte auf Gewinn können wohl zur Einziehung überwiesen werden, nicht aber die Mitgliedschaft selbst, die Gesamtheit der Mitgliedsrechte. Auch die Überweisung an Zahlungs Statt zum Nennwerte (§ 835 ZPO.) ist hier nicht gegeben. Der Nennwert einer Forderung ist derjenige **Geldbetrag**, welchen nach Inhalt des betreffenden Forderungsrechts der Gläubiger vom Schuldner zu fordern hat. Will sich der Gläubiger durch die gepfändete Forderung ohne Rücksicht auf ihren wirtschaftlich geringeren Wert, soweit der Nennbetrag der Forderung das Gläubigerrecht deckt, für befriedigt erklären, so mag er diese Art der Überweisung wählen. Beim Geschäftsanteil bedeutet aber der Nennbetrag nicht eine Summe Geldes, die der Anteilberechtigte von der Gesellschaft zu fordern hat. Er ist (vgl. Anm. 5 und 6 zu § 14) nichts weiter als eine Art der Bezeichnung. Diese ist der Tatsache entlehnt, daß der erste Inhaber des Geschäftsanteils versprochen hat, ein Objekt in diesem Wertbetrage in die Gesellschaft einzulegen. Es bleibt also nur als die Verwertung auf Anordnung des Gerichts nach § 844 ZPO. die Veräußerung. Die Zulässigkeit derselben ist im § 857 Abs. 5 ZPO. für veräußerliche Rechte besonders vorgesehen. (Vgl. auch RG. 1. 7. 02 DJZ. 7, 509 und RG. 26. 4. 04 RGZ. 57, 214; Neukamp DJZ. 9, 231ff. und GZ. 57, 570.)

Anm. 12. Für die Veräußerung kann die Versteigerung oder der Verkauf aus freier Hand angeordnet werden. Den Ort der Versteigerung bestimmt das Vollstreckungsgericht (Halle in JW. 1917, 705). Zuständig für die Versteigerung sind die Gerichtsvollzieher. Durch den Zuschlag erwirbt der Ersteher das Recht (§ 817 Abs. 1 ZPO.; § 156 BGB.). Auch wenn der Geschäftsanteil einen Börsen- oder Marktpreis haben sollte, ist ein Verkauf aus freier Hand ohne besondere richterliche Anordnung (§ 844 ZPO.) ausgeschlossen; denn Geschäftsanteile sind nicht Wertpapiere (§ 821 ZPO.). Einer gerichtlichen oder notariellen Abtretung bedarf es für die Übertragung durch Zuschlag nicht mehr. Diese ist nach § 15 Abs. 3 des Gesetzes nur zur Veräußerung durch einen Gesellschafter nötig. Zwar wird darüber gestritten, ob bei der Versteigerung der Gerichtsvollzieher als Vertreter des Gläubigers oder in amtlicher Eigenschaft der Veräußerer ist. Sicher ist aber der Vollstreckungsschuldner nicht der Veräußerer. Ist die Veräußerung durch freihändigen Verkauf angeordnet, so greift der Formzwang des § 15 Platz. Der Gesellschaft gegenüber gilt der Ersteher erst als Gesellschafter, wenn die Veräußerung unter Nachweis des Übergangs angemeldet war. Denn § 16 bezieht sich auf jede Veräußerung, nicht bloß auf eine Abtretung durch den Gesellschafter (Anm. 2 zu § 16). Der Ersteher wird daher gut tun, sich den Nachweis des Übergangs durch eine beglaubigte Abschrift des Versteigerungsprotokolls oder eine amtliche Bescheinigung des Gerichtsvollziehers zu sichern. Über die Gewährleistung bei Zwangsversteigerung vgl. Exkurs II Anm. 6.

Anm. 13. Der **Ersteher tritt auch in die auf dem Geschäftsanteil ruhenden Pflichten ein.** Der § 16 bezieht sich in allen seinen Teilen auch auf diese Veräußerung (vgl. Anm. 2 zu § 16). Dies gilt auch für den Fall, daß noch rückständige Einlageverpflichtungen oder Umlageverpflichtungen (§ 24) auf dem Geschäftsanteil ruhen. Auch sie gehen auf den Ersteher über. Guter Glaube schützt ihn nicht. Beim Erwerb von Geschäftsanteilen ist Vorsicht geboten. Insbesondere auch bei Erstehen in der Versteigerung. Es ist vorgekommen, daß ein Geschäftsanteil von 150000 M. Nennwert von dem vollstreckenden Gläubiger selbst in der Versteigerung für 100 M. erworben wurde. Der Ersteher hat dann zu seinem Schaden erfahren, daß auf dem Geschäftsanteil die aus § 24 fließende Verpflichtung lag, für den Einlagerückstand eines anderen Gesellschafters in Höhe von 12000 M. aufzukommen.

Auch Teile des Geschäftsanteils können gepfändet werden (darüber siehe Anm. 32 zu § 17). Es dürfte aber praktisch wenig Wert haben. Der Geschäftsanteil ist ein einheitliches Zugriffsobjekt. Er kann, wenn auch sein Nennbetrag und Wert 10 000 M. sein mag, doch für eine Schuld von 100 M. gepfändet werden. Auch Geschäftsanteile von Gesellschaften, die im Konkurse sind (vgl. KG. 8. 5. 05 OLGR. 10, 393), sind pfändbar. **Exkurs I zu § 15. Anm. 14.**

2. Daß Anteilscheine ausgegeben sind, macht keinen Unterschied. Die Pfändung und die Versteigerung setzen die Beibringung des Anteilscheins nicht voraus (OLG. Rostock 26. 11. 03 MecklZ. 22, 251). Der Ersteher hat auf Grund des Zuschlags das Recht, diese Urkunde zu fordern (§§ 402, 413 BGB.). Anders freilich, wenn nach dem Inhalt des Gesellschaftsvertrags (vgl. Anm. 60 zu § 15) die Abtretung an die Aushändigung des Anteilscheins geknüpft ist. In diesem Falle ist die Übergabe des Scheins erforderlich (a. M. Liebmann Anm. 21). Die Wegnahme des Anteilscheins durch den Gerichtsvollzieher gilt als Übergabe (§ 831 ZPO. in Verbindung mit § 857 ZPO.; a. M. OLG. Cöln 9. 6. 11 Recht 11, 2474, das den Anteilschein auch in diesem Falle für unerheblich erklärt). Das gleiche gilt für die Versteigerung. Sie überträgt in diesem Falle den Geschäftsanteil erst durch Zuschlag des Geschäftsanteils und Übergabe des Anteilscheins an den Ersteher (a. M. anscheinend RG. 26. 3. 20 RGZ. 98, 277; vgl. auch Anm. 11 zu § 23). **Anm. 15.**

3. Die Pfändung der aus der Mitgliedschaft fließenden Einzelrechte auf Gewinn und Auseinandersetzungsguthaben richtet sich nach den Regeln über die Pfändung von Forderungen (§§ 828ff. ZPO.). Sind Dividendenscheine auf Order ausgegeben, so erfolgt die Pfändung der Forderung durch Pfändung des Papiers (§ 831 ZPO.). Dann erfolgt die Überweisung gemäß § 835 ZPO. auch bei in blanco girierten Papieren (RGZ. 35, 77). Die Verwertung durch Versteigerung findet hier nicht statt, es sei denn, daß wegen Unausführbarkeit der Überweisung eine andere Art der Verwertung gemäß § 844 ZPO. vom Gericht angeordnet ist. Die Pfändung und Zwangsverwertung von Dividendenscheinen auf den Inhaber erfolgt wie die Pfändung körperlicher Sachen. Haben sie einen Kurs- oder Marktpreis, so geschieht der Verkauf aus freier Hand durch den Gerichtsvollzieher zum Tageskurse. **Anm. 16.**

4. **Pfändung eines Geschäftsanteils, wenn der Gesellschaftsvertrag die Veräußerung verbietet oder die Veräußerung an die Genehmigung der Gesellschaft knüpft.** Staub (erste Auflage) sprach diesem Verbote der Veräußerung eine teilweise Wirkung zu. Die neuen Gesetze stellten das Prinzip auf, daß Forderungen und sonstige Rechte nur insoweit der Pfändung unterworfen sind, als sie übertragbar sind (§§ 851, 857 ZPO.). Auch die auf Grund vertragsmäßigen Veräußerungsverbots nicht veräußerlichen Rechte seien davon nicht ausgenommen. Der § 851 Abs. 2 ZPO. sage nicht, daß eine nach § 399 BGB. nicht übertragbare Forderung ohne Rücksicht auf das vertragsmäßige Übertragungsverbot der Pfändung unterliege. Es werde im Prinzip das vertragsmäßige Veräußerungsverbot auch hierbei respektiert. Nur sei bestimmt, daß die nach § 399 BGB. nicht übertragbaren Forderungen wenigstens insoweit gepfändet werden können, als der geschuldete Gegenstand der Pfändung unterworfen ist. Auf Rechte finde § 851 Abs. 2 entsprechende Anwendung (§ 857 Abs. 1 ZPO.). Demnach könnten Rechte, die auf Grund eines vertragsmäßigen Verbots nicht veräußert werden können, insoweit, aber auch nur insoweit gepfändet werden, als der geschuldete Gegenstand der Pfändung unterworfen ist. Es könnten also die Gewinn- und Ausschüttungsrechte und etwaige sonstige Bezugsrechte (z. B. die Gegenleistung für Verpflichtungen des Gesellschafters nach § 3 Abs. 2 des Gesetzes) gepfändet werden, weil der geschuldete Gegenstand, Geld, der Pfändung unterliegt, nicht aber die Verwaltungsrechte, daher nicht der gesamte Geschäftsanteil, wenn seine Veräußerung an die Zustimmung der Gesellschaft geknüpft ist. Bei Zustimmung der Gesellschaft stehe natürlich der Pfändung nichts entgegen. Allein diese Ansicht, welche nicht nur die Motive, sondern auch die Mehrzahl der Kommentare (Liebmann Anm. 21, Förtsch **Anm. 17.**

Exkurs I zu § 15. Anm. 13, Crüger-Crecelius Anm. 9 und neuerdings auch Neukamp Anm. 10 unter Aufgabe seiner früheren vermittelnden Ansicht) gegen sich hat, läßt sich nicht vertreten. Der Grundsatz des § 851 ZPO. ist auf andere Rechte entsprechend anzuwenden (§ 857 ZPO.). Das führt nicht dazu, nur die Ansprüche des Gesellschafters aus der Mitgliedschaft, die als selbständige Rechte ohne den Geschäftsanteil frei veräußerlich sind, der Pfändung zu unterwerfen. Hierfür bedürfte es keiner Bestimmung, weder einer ausdrücklichen noch einer entsprechend anwendbaren. Es muß vielmehr die Vorschrift des § 851 ZPO. auf andere Rechte deren Wesen gemäß übertragen werden. Da bei dem Geschäftsanteil Forderung und Leistungsgegenstand nicht getrennt sind, vielmehr nur ein einheitliches Recht besteht, so gibt es keinen besonderen Gegenstand des Rechts, der der Pfändung unterworfen wäre. Das Gesamtrecht muß dann pfändbar sein. So wenig ein Schuldner sein Vermögen dadurch dem Zugriffe seines Gläubigers entziehen kann, daß er es einem anderen zu Darlehen gibt und den Ausschluß der Veräußerung vereinbart, so wenig kann er dieses Ziel durch Einlagen in eine GmbH. und das Verbot der Veräußerung erreichen. Die Gerichtspraxis hat auch stets die Pfändbarkeit der Geschäftsanteile trotz des Vorbehalts der Genehmigung bei der Veräußerung anerkannt (RG. 27. 11. 08 RGZ. 70, 64; RG. 2. 1. 09 LZ. 3, 235, 554; SeuffA. 64, 301; OLG. Cöln 1. 5. 08 Recht 08, 2882; KG. 2. 1. 09 LZ. 3, 235[35]; LG. Dresden 13. 5. 13 BauersZ. 22, 184). Das österr. Gesetz (§ 76 Abs. 4) läßt die Vollstreckungspfändung ausdrücklich zu. Es ist aber der Gesellschaft ein Auskaufrecht gegeben. Das Gericht schätzt den Wert des Geschäftsanteils und benachrichtigt die Gesellschaft und die sämtlichen pfändenden Gläubiger. Erst wenn nicht binnen vierzehn Tagen der Geschäftsanteil durch einen von der Gesellschaft zugelassenen Käufer übernommen wird, findet der Zwangsverkauf statt. In Deutschland wird häufig der Gesellschaft durch den Gesellschaftsvertrag für den Fall der Pfändung ein solches Vorkaufsrecht bestellt. Es ist aber dem pfändenden Gläubiger gegenüber unwirksam. Es erzeugt nur eine persönliche Verbindlichkeit zu verkaufen. Sie kann nach dem Vollstreckungszugriff ohne Zustimmung des Gläubigers nicht mehr erfüllt werden. Nur durch die Zulassung der Einziehung (§ 34) für den Fall der Pfändung kann der Gesellschaftsvertrag die Zwangsversteigerung abhalten. Der pfändende Gläubiger muß den Anteil nehmen, wie er ist, also auch mit der Amortisation belastet. Pfändbar ist dann nur der Anspruch des Gesellschafters auf Herauszahlung des Wertes seines Anteils. Muß zu diesem Zweck das Stammkapital herabgesetzt werden, so muß der Gläubiger das Sperrjahr abwarten.

Anm. 18. III. **Der Nießbrauch an Geschäftsanteilen.** Der Geschäftsanteil kann Gegenstand eines Nießbrauchs sein (§ 1068 Abs. 1 BGB.). Ist der Geschäftsanteil kraft Gesellschaftsvertrags unübertragbar, so kann auch kein Nießbrauch daran bestellt werden. Bedarf die Übertragung der Genehmigung der Gesellschaft, so gilt dies auch für die Begründung des Nießbrauchs (§ 1069 Abs. 2 BGB.). Die Bestellung des Nießbrauchs erfolgt nach den für die Übertragung des Geschäftsanteils geltenden Vorschriften (§ 1069 Abs. 1 BGB.). Erfolgt also die Bestellung durch Vertrag, so muß die gerichtliche oder notarielle Form gewählt werden (§ 15 Abs. 3 unseres Gesetzes). Die Übergabe des Anteilscheins gehört regelmäßig nicht zur Übertragung des Nießbrauchs. Nur, wenn die Statuten die Übertragung des Geschäftsanteils an die Übergabe des Anteilscheins knüpfen (vgl. Anm. 60 zu § 15), muß dem Nießbraucher mindestens der Mitbesitz übertragen werden (vgl. § 1081 BGB.). Der Besitz der Talons steht dem Eigentümer und dem Nießbraucher gemeinschaftlich, der Besitz der Dividendenscheine dem Nießbraucher allein zu (§ 1081 BGB.).

Die Dividenden gebühren dem Nießbraucher zu einem der Dauer seiner Berechtigung entsprechenden Teil (§ 101 BGB.). Die Liquidationsquote und die etwaige Amortisationssumme ist an den Nießbraucher und den Gesellschafter gemeinschaftlich zu zahlen (§ 1077 BGB.). Nießbraucher und Gesellschafter sind einander verpflichtet, dazu mitzuwirken, daß das eingezogene Kapital mündelsicher verzinslich angelegt und dem Nießbraucher der Nießbrauch daran gewährt wird. Die Art der Anlegung bestimmt der Nießbraucher (§§ 1079, 1083 Abs. 2 BGB.).

Die **Verpflichtungen**, welche an dem Geschäftsanteil haften, verbleiben bei dem Bestellter des Nießbrauchs. Er allein ist insbesondere zur Einzahlung von Einlagerückständen verpflichtet. Zahlt der Nießbraucher solche Beträge, so haftet ihm der Gesellschafter auf Ersatz nach den Regeln von der Geschäftsführung ohne Auftrag (§ 1049 BGB.). Zahlt keiner von beiden, so kann der Geschäftsanteil trotz des Nießbrauchs kaduziert werden und dadurch der Gesellschaft anheimfallen. Selbstverständlich fällt dann der Nießbrauch fort. Auch der Nießbraucher muß damit rechnen, daß der in seinem Nießbrauch stehende Geschäftsanteil infolge der Rechte der Gesellschaft verwirkt werden kann (vgl. oben Anm. 4). Ob besondere Verbindlichkeiten im Sinne des § 3 Abs. 2 die Nutznießer oder die Gesellschafter treffen, hängt von der Art dieser Leistungen ab. Sind sie wiederkehrende Lasten, welche mit dem Gewinn im Zusammenhange stehen, so ruhen sie auf der Nutznießung (§ 1047 BGB.). Die Gewährung eines einmaligen Darlehens kann man von dem Nutznießer nicht fordern. **Exkurs I zu § 15. Anm. 19.**

Dem Nutznießer steht die **Ausübung aller gesellschaftlichen Rechte** aus dem Geschäftsanteile zu, auch das Stimmrecht bei den Fragen der Verwaltung der Gesellschaft und das Anfechtungsrecht gegenüber Gesellschafterbeschlüssen (vgl. Hachenburg JW. 1916, 409 Anm. zu RG. 17. 12. 15, das die Frage selbst offen läßt), nicht aber das Recht auf Kündigung der Gesellschaft (vgl. Anm. 28 zu § 60. Staub (erste Auflage Exkurs zu § 84 Anm. 27) versagte das Stimmrecht. Das steht doch aber mit dem Inhalte des Nießbrauchs im Widerspruche. Man darf nicht auf § 1030 BGB. verweisen. Dort ist allerdings nur von der Berechtigung, die Nutzungen der Sache zu ziehen, gesprochen. Aber die ganze Stelle bezieht sich nur auf den Nießbrauch an körperlichen Sachen. Wie aber hier dem Nießbraucher das Recht auf den Besitz der Sache gegeben ist (§ 1036 Abs. 1 BGB.), wie ihm die Schutzklagen gegen Dritte selbständig zustehen (§ 1065 BGB.), so muß er auch in der Lage sein, die Gesamtrechte aus dem Geschäftsanteile auszuüben, soweit nicht die besonderen Bestimmungen des Gesetzes eine Mitwirkung des Gesellschafters erfordern. Bei der Abstimmung braucht der Nießbraucher sich nicht an Instruktionen des Gesellschafters zu halten. Er stimmt nach seinen Interessen. Das ist namentlich bei Dividendenverteilung, Regreßklagen usw. erheblich. Nur darf er nicht, soweit nicht seine eigenen Interessen in Frage stehen, die des Gesellschafters verletzen (vgl. oben Anm. 4). Unger S. 58 will mit der Möglichkeit solcher Interessenverletzung den hier vertretenen Standpunkt widerlegen. Das geht fehl. §§ 1051, 1054, 1068 BGB. bieten dem Geschäftsanteilseigner Schutz gegen die Verletzung seiner Interessen. Deshalb kann die Ausübung des Stimmrechts durch den Nießbraucher, selbst wenn in ihr die Gefahr einer Interessenverletzung liegt, nicht dem Gesetz widersprechen. Liebmann (Anm. 4 zu § 14) und Neukamp (GZ. 57, 571) belassen dem Geschäftsanteilseigner das Stimmrecht, verlangen aber, daß er es nach den Interessen des Nießbrauchers ausübt. Eine Begründung für diese Ansicht wird nicht gegeben. **Anm. 20.**

Der Gesellschaft gegenüber gilt der Nießbraucher erst dann als solcher, wenn die Bestellung des Nießbrauchs ihr angezeigt ist (§ 16 Abs. 1). Erst dann ist der Nießbraucher zu den Versammlungen der Gesellschafter zu laden und zuzulassen. Bis dahin wird die Dividende dem Gesellschafter gültig ausbezahlt.

Zu einer **Verfügung über das Recht** selbst sind nur Gesellschafter und Nießbraucher gemeinschaftlich befugt (§ 1071 Abs. 1 BGB.). Nur mit beiderseitiger Zustimmung kann die **Einziehung** des Geschäftsanteils bewilligt werden (§ 34 Abs. 2). Anders, wenn nach dem Gesellschaftsvertrag die Amortisation auch ohne Zustimmung des Gesellschafters zulässig ist. Nur muß diese Bestimmung des Gesellschaftsvertrags schon vor der Bestellung der Nutznießung vorhanden gewesen sein (§ 1071 Abs. 2 BGB.). Ebenso haben bei jeder Statutenänderung beide, der Gesellschafter und der Nießbraucher, mitzuwirken. Hierdurch wird das dem Nießbraucher unterliegende Recht geändert.

Der **Nießbrauch und das Pfandrecht** können verbunden werden. Es wird dem Gläubiger, dem der Geschäftsanteil zur Sicherung verpfändet ist, zugleich der Nutzgenuß desselben auf so lange, als die Forderung an den Schuldner besteht, bestellt. Er **Anm. 21.**

Exkurs I zu § 15. bezieht hiernach die Dividende. Diese ist in erster Linie auf die Zinsen und in der verbleibenden Höhe auf das Kapital aufzurechnen. Es kann dabei bedungen werden, daß eine Versteigerung des Geschäftsanteils ausgeschlossen sein soll. Der Zweck der Nutznießung, dem Gläubiger ein im BGB. nicht vorgesehenes Nutzpfand zu verschaffen, steht der Wirksamkeit einer solchen Abrede nicht im Wege.

Anm. 22. IV. **Die ehemännliche und elterliche Nutznießung an einem Geschäftsanteile.**

1\. Dem Ehemann steht die Nutznießung an dem eingebrachten Vermögen der Frau bei dem gesetzlichen System der ehemännlichen Verwaltung und dem der Errungenschaftsgemeinschaft zu. In beiden Fällen umfaßt diese die in diesem Vermögen befindlichen Geschäftsanteile einer GmbH. Diese Nutznießung erzeugt kein dingliches Recht an den einzelnen Gegenständen des Vermögens. Sie ist ein Ausfluß eines Familienrechts. Eine Bestellung kraft Rechtsgeschäfts findet nicht statt. Es bedarf neben der Eheschließung nicht eines besonderen notariellen Aktes. Ebensowenig einer Anzeige an die Gesellschaft. Diese ist nur insolange, als ihr die Verheiratung der Gesellschafterin nicht bekannt ist, bei der Erfüllung von vermögensrechtlichen Leistungen durch den Schutz des guten Glaubens gedeckt (§ 407 BGB.). Von dem Moment der Kenntnis an darf sie die Dividende nur an den Ehemann leisten. Für das Stimmrecht gilt diese Bestimmung nicht. Von der Verheiratung ab steht es dem Ehemann zu (unten Note 24). Eine Abstimmung durch die Frau ist ungültig. Sie kann zur Anfechtung des Beschlusses führen (§ 1404 BGB.). In der Liste der Gesellschafter ist aber stets nur die Frau zu führen.

Anm. 23. Zu einer Verfügung über den Geschäftsanteil ist der Mann nicht berechtigt. Er kann ihn nur dann ohne Zustimmung oder Vollmacht der Frau abtreten oder ein Recht daran bestellen, wenn sie selbst sich bereits hierzu verbindlich gemacht hatte (§ 1376 Ziff. 3 BGB.). Auf § 1376 Ziff. 1 kann sich der Ehemann nicht berufen. Ein Geschäftsanteil ist keine verbrauchbare Sache. Ebenso steht der Ehefrau allein keine Verfügung über den Geschäftsanteil zu. Eine solche wird nur wirksam, wenn sie mit Einwilligung des Ehemanns handelt. Wird sie versagt, so bleibt die Abtretung auch dann unwirksam, wenn später die ehemännliche Nutznießung und Verwaltung fortfällt. Die Zustimmung des Ehemanns kann formlos erteilt werden. Sie bedarf der Beurkundung in dem notariellen Abtretungsakte nicht. Die Anzeige an die Gesellschaft von der geschehenen Veräußerung kann von jedem der Ehegatten wirksam erfolgen. Sie enthält keine Verfügung über den Geschäftsanteil selbst.

Anm. 24. Erwirbt der Ehemann aus den Mitteln des eingebrachten Gutes einen Geschäftsanteil einer GmbH., so wird die Ehefrau unmittelbar Eigentümerin des Geschäftsanteils, also auch dann, wenn er denselben auf seinen eigenen Namen erworben hat (§ 1381 Abs. 2 BGB., vgl. Anm. 85 zu § 15). Dies greift nur dann nicht Platz, wenn der Ehemann nicht für Rechnung des eingebrachten Gutes erwerben wollte. Daraus allein, daß er auf eigenen Namen erwarb, folgt noch nicht, daß er nicht für Rechnung des eingebrachten Gutes erwerben wollte.

Die Nutzungen gehören dem Ehemanne gleich dem Nießbraucher. Er hat demnach Anspruch auf die Dividenden zu einem der Dauer seiner Berechtigung entsprechenden Teil. Sollten Dividendenscheine auf den Namen der Ehefrau lauten, so wird er doch durch seine Eigenschaft als Ehemann zur Einziehung derselben legitimiert (§ 1383 BGB.).

Das Stimmrecht in der Generalversammlung steht dem Ehemann zu, soweit er auch die Nutznießung hat (oben Anm. 19). Es gehört zur Verwaltungsbefugnis (so auch für Aktien Simon in der Festgabe für Wilke 273; Lehmann ZHR. 51, 406). Liegt in der Abstimmung aber eine Verfügung über den Geschäftsanteil, so fehlt ihm das Recht dazu. Das gilt von jeder Abänderung des Gesellschaftsvertrags. Ganz besonders dann, wenn er auf Sonderrechte verzichten soll (so Lehmann gegen Simon).

Zur Zahlung von ausstehenden Einlagen ist der Ehemann nicht verpflichtet. Sie können nicht zu den privatrechtlichen Lasten im Sinne des § 1385 Nr. 2 BGB. gezählt werden. Zahlt er die Summe zur Vermeidung der Kaduzierung, so kann er von der

Ehefrau Ersatz verlangen (§ 1390 BGB.). Zahlt weder der Mann noch die Frau, so kann die Frau verklagt werden. In das eingebrachte Gut kann aber nur dann vollstreckt werden, wenn die Verpflichtung aus der Zeit vor Eintritt des gesetzlichen Güterrechts stammt, oder wenn sie die Ehefrau nach dessen Eintritt mit Zustimmung des Ehemannes auf sich genommen hatte. Anderenfalls kann die Gesellschaft sich an das eingebrachte Gut nur nach den Vorschriften über die ungerechtfertigte Bereicherung halten. Zu einer Kaduzierung bedarf es keines Vorgehens gegen den Ehemann. Schuldner ist die Ehefrau. Ihr werden Aufforderung und Androhung zugestellt. Wird nicht bezahlt, so wird sie ausgeschlossen. Damit erlöschen auch alle Befugnisse des Ehemannes. **Exkurs zu § 15.**

2. Steht dem Inhaber der elterlichen Gewalt die Verwaltung des dem Kinde gehörigen Geschäftsanteils zu, so darf er als Vertreter des Kindes über den Geschäftsanteil verfügen. Ausgenommen sind Schenkungen (§ 1641 BGB.). Einer Genehmigung des Vormundschaftsgerichts zur Veräußerung oder Belastung des Geschäftsanteils bedarf er nicht. Allein wenn zum Mündelvermögen die sämtlichen Geschäftsanteile einer GmbH. gehören, so fällt die Veräußerung derselben im ganzen unter §§ 1822 Nr. 1, 1643 BGB., weil dies der Veräußerung eines Erwerbsgeschäfts gleichsteht (vgl. Anm. 1 zu § 13; RG. in JW. 1926, 600). Anm. 25.

Ist die Mutter die Inhaberin der elterlichen Gewalt und ist ein Beistand bestellt, so bedarf sie zu Verfügungen über den Geschäftsanteil der Zustimmung des Beistandes. Sie kann durch Zustimmung des Vormundschaftsgerichts ersetzt werden (§§ 1690, 1812 BGB.). Die Nutzungen des unfreien Kindesvermögens gehören dem Inhaber der elterlichen Gewalt wie einem Nießbraucher (§ 1652 BGB., vgl. darüber oben Anm. 19). Zu Einzahlungen auf den Geschäftsanteil ist er nicht verpflichtet. Dagegen kann die Gesellschaft ohne Rücksicht auf die elterliche Nutznießung Befriedigung aus dem Vermögen des Kindes verlangen (§ 1659 Abs. 1 BGB.).

Das Stimmrecht übt der Inhaber der elterlichen Gewalt als gesetzlicher Vertreter aus.

Exkurs II zu § 15.

Exk. II zu § 15.

Der Geschäftsanteil als Gegenstand obligatorischer Rechtsgeschäfte.

Einleitung. Die Behandlung der mit dieser Materie zusammenhängenden Fragen gehört nicht eigentlich in das Gebiet des GmbH.-Rechts. Vielmehr handelt es sich um die Anwendung allgemeiner Grundsätze auf einen bestimmten Gegenstand obligatorischer Verträge. Es werden aber jene allgemeinen Grundsätze in ihrer Durchführung durch die besondere Natur des Rechts der GmbH. beeinflußt. Es zeigt sich hier dasselbe, was wiederholt bei der Anwendung der Grundsätze des bürgerlichen Rechts sich ergab. Seine Rechtssätze treten hinter denen des Spezialgesetzes zurück. Darum rechtfertigt es sich, die wichtigsten in Betracht kommenden Rechtssätze der obligatorischen Verträge kurz zu behandeln. Über die Anfechtung des Erwerbs eines Geschäftsanteils von der GmbH. selbst wegen Irrtums und Betrugs vgl. Anm. 34 zu § 2. Ist der Verkäufer ein Gesellschafter, so gelten die allgemeinen Regeln des Gesetzes (vgl. Becker in RundschGmbH. 1925, 547; RG. 30. 3. 15 JW. 1915, 588; unten Anm. 26 zu § 16). Schwierigkeiten der Auseinandersetzung können dadurch entstehen, daß der Käufer seine Rechte als Gesellschafter ausgeübt hat. Sie schließen das Recht der Anfechtung nicht aus (RG. 17. 10. 11 BauersZ. 19, 134). Dabei kann ein Irrtum über die Beschaffenheit des Geschäftsanteils den Grund der Anfechtung bilden. Wenn auch § 119 Abs. 2 nur den Irrtum über wesentliche Eigenschaften einer Sache erwähnt, so neigt doch die Rechtsprechung jetzt mehr und mehr dazu, auch den Irrtum über Eigenschaften eines Rechts als Anfechtungsgrund zuzulassen (RG. 4. 4. 14 JW. 1914, 674; RGZ. 86, 148 u. 103, 22; OLG. 22. 9. 15 OLGR. 34, 4; dagegen noch RG. 10. 7. 14 Holdheim 23, 268; 16. 2. 15 Holdheim 24, 224; 27. 9. 15 Soergel 1916 Nr. 24). Es muß sich nur um Momente handeln, die im Anm. 1.

Erl. II zu § 15. Verkehr als wesentlich angesehen werden (RG. 14. 1. 19 RGZ. 94, 277). Dazu gehört die Annahme des Käufers, er erhalte einen Vorzugsanteil, während der Verkäufer einen Stammanteil abgeben wollte. Ebenso kann das Vorhandensein der Nachschußpflicht erheblich sein. Als wesentlicher Irrtum gilt die Meinung, einen Anteil einer bestehenden GmbH. zu erhalten, während sie in Liquidation ist (OLG. Hamburg 22. 2. 09 Recht 1909, 1443). Doch kann nach der Verkehrsauffassung z. B. bei Terraingesellschaften auch dies Moment unerheblich sein. Von Einfluß ist auch der Mangel der Vollzahlung, sofern aus dem ganzen Sachverhalt sich ergibt, daß der Erwerber nur einen vollbezahlten Anteil übernehmen wollte, und daß er einen Anteil mit nur teilweiser Deckung trotz des geringeren Kaufpreises nicht gekauft hätte (RG. 7. 7. 97 DJZ. 97, 385; RG. 16. 1. 11 RGZ. 75, 271). Das RG. (10. 7. 14 Holdheim 23, 268) will den Irrtum über die Volleinzahlung als einen Irrtum über Rechtsfolgen der im Vertrage abgegebenen Erklärungen des Käufers ansehen und deshalb die Anfechtung ausschließen. Dies ist nicht richtig. Der Mangel der Volleinzahlung beeinflußt den rechtlichen Gehalt der im Geschäftsanteil zusammengefaßten Rechte und Pflichten unmittelbar. Der Erwerber erhält einen anderen als den von ihm vorausgesetzten Kaufgegenstand, wenn die Stammeinlage auf den Anteil nicht voll bezahlt ist (a. M. Brodmann Anm. 5 zu § 16; Becker in RundschGmbH. 1925, 552). Zu der Anfechtung wegen Irrtums über die Nichtvollzahlung des Anteils zwingt die Betrachtung eines anderen Falles als des Kaufes. Der Beschenkte, der glaubte, einen vollbezahlten Anteil zu erhalten, müßte die Resteinlage decken, obwohl er nie die Absicht hatte, eigenes Geld in die Sache hineinzustecken. Einen Regreß gegen den Schenker hätte er nur, wenn dieser arglistig diesen Mangel verschwiegen hätte (§§ 523, 524 BGB.). Es kann ihm aber doch nicht zugemutet werden, diesen Geschäftsanteil zu behalten. Daher muß ihm die Anfechtung zustehen. Daher muß dasselbe auch für das entgeltliche Rechtsgeschäft gelten. Ist der Tatbestand der Täuschung gegeben, so begründet auch er das Recht der Anfechtung (RG. 1. 5. 1908 RGZ. 68, 309 u. 20. 2. 12 RGZ. 79, 184). In dem Verschweigen, daß der Geschäftsanteil nicht vollbezahlt ist, kann eine Täuschung liegen (OLG. Stuttgart 19. 5. 10 RundschauGmbH. 1910, 408; OLG. München 4. 11. 14 RundschGmbH. 1915, 142). Vorausgesetzt ist, daß eine Pflicht zum Reden vorlag (OLG. Dresden 15. 4. 13 BauersZ. 21, 88). Durfte der Verkäufer annehmen, daß der Käufer die Restschuld auf die Stammeinlage kannte, so ist das Täuschungsbewußtsein ausgeschlossen.

Mit der Anfechtung fällt der Erwerbsakt in jeder Richtung. Auch die bezüglich der Gesellschaft eingetretenen Wirkungen (§ 16) fallen wieder fort (vgl. Anm. 26 zu § 16).

Anm. 2. **I. Der Kauf eines Geschäftsanteils.**

1. Der Kauf ist der hauptsächlichste derjenigen Verträge, durch welche ein Geschäftsanteil einer GmbH. durch Rechtsgeschäft unter Lebenden den Berechtigten wechselt. Daß der Kaufvertrag in notarieller Form geschlossen werden muß, geht aus § 15 Abs. 4 hervor (Anm. 6ff. zu § 15). Es handelt sich um den Kauf eines Rechts. Der Verkäufer ist daher verpflichtet, dem Käufer das Recht zu verschaffen (§ 433 Abs. 1 BGB.; DürHach. III 43ff.). Der Kaufvertrag kann auch einen fremden Geschäftsanteil betreffen. Ein solcher Vertrag verpflichtet den Verkäufer, dem Käufer den versprochenen Geschäftsanteil zu verschaffen. Durch die Vorschrift des § 437 Abs. 1 BGB. wurde mit Absicht ausgeschlossen, daß der Verkauf eines nicht bestehenden oder dem Veräußerer nicht gehörenden Rechts als auf eine unmögliche Leistung gerichteter und daher nichtiger Vertrag behandelt werde (RG. 14. 5. 09 Recht 09, 1977). Sind Urkunden über die Geschäftsanteile oder über die Einzelrechte auf Dividenden usw. ausgegeben, so muß der Verkäufer dem Käufer auch die Urkunden verschaffen. Die Kosten der Abtretung trägt mangels anderer Abrede der Verkäufer (§ 448 Abs. 2). Ist der Übergang des Geschäftsanteils auf eine andere Person an die Aushändigung dieses Anteilscheins geknüpft (vgl. Anm. 60 zu § 15), so liegt Kauf eines Rechts und einer Sache vor. Der Verkäufer ist verpflichtet, dem Käufer die Rechte abzutreten und den Anteilschein zu übergeben. Hat der Verkäufer seiner Verpflichtung genügt, so ist der Käufer Gesellschafter geworden (Anm. 66 zu § 15). Es steht ihm nunmehr das Recht und die Möglichkeit zu, seine Mitgliedschaft der Ge-

sellschaft anzumelden, und dadurch auch der Gesellschaft gegenüber Gesellschafter zu werden (§ 16). Daraus folgt, daß der Verkäufer regelmäßig nicht verpflichtet ist, seinerseits diese Anmeldung herbeizuführen, es sei denn, daß dem Käufer sich besondere Schwierigkeiten entgegenstellen (Lehmann ZHR. 375). Andererseits hat der Verkäufer das Recht, den Rechtsübergang auch seinerseits der Gesellschaft anzumelden. Er hat daran ein Interesse, weil er dadurch seiner Pflichten gegenüber der Gesellschaft fortan ledig wird (Anm. 21 zu § 16). **Exk. II zu § 15.**

2. Der Verkäufer ist verpflichtet, dem Käufer das Mitgliedsrecht frei von Rechten zu verschaffen, die von Dritten gegen den Käufer geltend gemacht werden können (§ 434 BGB.), es sei denn, daß der Käufer das Vorhandensein des Rechts des Dritten beim Vertragsabschlusse kannte (§ 439 Abs. 1 BGB.). Die zur Zeit der Abtretung auf dem Geschäftsanteil ruhenden Mängel und Lasten gehen durch die Abtretung auf den Erwerber über, auch wenn er sie nicht kannte (Anm. 70 zu § 15). **Anm. 3.**

3. Der Verkäufer haftet dem Käufer für den rechtlichen Bestand des Anteilsrechts. Er steht dafür ein, daß der Käufer Mitglied der Gesellschaft in der zugesicherten Art wird (§ 437 Abs. 1 BGB.). War z. B. der Geschäftsanteil bereits kaduziert, oder konfisziert, oder amortisiert (§§ 21, 27, 34 GmbHG.), oder ist auf einen als vollbezahlt verkauften Geschäftsanteil die Einlage rückständig, so haftet der Verkäufer dem Käufer nach §§ 437 Abs. 1, 440 Abs. 1, 325 BGB. auf vollen Schadensersatz (RG. 8. 7. 19 RGZ. 96, 227). Der Käufer hat statt dessen auch das Rücktrittsrecht (§ 437 Abs. 1, § 440 Abs. 1, § 325 Abs. 1 BGB.). Daneben ist ihm das Recht der Anfechtung wegen Irrtums aus § 119 BGB. zuzubilligen (vgl. RG. 15. 1. 09 JW. 09, 1323 und oben Anm. 1). Bei Gattungskäufen kann er an Stelle des gelieferten Geschäftsanteils einen anderen, gültigen verlangen (Lehmann 379). Das ist denkbar, wenn der Veräußerer sich verpflichtete, nicht einen bestimmten ihm gehörenden Geschäftsanteil, sondern einen beliebigen, einerlei wem zustehenden in der angegebenen Höhe zu verschaffen. Solche Fälle werden aber selten sein. Die Haftung des Verkäufers für die Verschaffung des Geschäftsanteils ist eine fortdauernde. Zum Bestande des Geschäftsanteils gehört nicht nur, daß er zur Entstehung gelangt war, sondern daß er auch nicht nachträglich infolge eines vom Verkäufer zu vertretenden Umstandes erlischt. Der Verkäufer hat die vor dem Zeitpunkte der Vertragserfüllung liegenden Momente zu vertreten (Düringer-Hachenburg III 49). Dies trifft zu, wenn das Kaduzierungsverfahren eingeleitet ist, wenn ein nach dem Gesellschaftsvertrage die Amortisation begründender Umstand für den verkauften Geschäftsanteil bereits eingetreten war usw. Wird in der Zwischenzeit zwischen Kaufabschluß und Abtretung des Geschäftsanteils dieser vernichtet oder abandonniert, so haftet der Verkäufer gemäß § 325 BGB. Wird die Gesellschaft, deren Geschäftsanteil verkauft wird, für nichtig erklärt (Anm. 14 zu §§ 75ff.; § 144 FG.), so tritt ebenfalls die Haftung des Verkäufers ein. Der Verkäufer hat das von ihm verkaufte Recht, einen Geschäftsanteil einer bestehenden Gesellschaft, nicht geliefert. Der Verkäufer hat ferner dafür zu sorgen, daß die Genehmigung der Gesellschaft, die statutarisch vorgeschrieben ist, erteilt wird (vgl. Anm. 58 zu § 15). Die Haftung des Verkäufers hängt davon ab, ob der Käufer die statutarische Bestimmung kannte oder nicht. Im Falle des Verkaufes eines Teiles eines Geschäftsanteils entsteht eine solche Haftung nicht. Hier hat das Gesetz den Vorbehalt der Genehmigung der Gesellschaft gemacht. Der Käufer muß damit rechnen. Der Verkäufer haftet aber stets für seine Vereitelung der Genehmigung, auch die durch seine Stimmenthaltung herbeigeführte (RG. 7. 4. 06 DJZ. 06, 710; RG. 20. 6. 16 RGZ. 88, 319; vgl. Anm. 23 zu § 17). Er haftet ferner dann, wenn er für die Beibringung der Genehmigung einstand. In der Zusage, für die Genehmigung zu sorgen oder ähnlichen Wendungen allein liegt eine solche Garantie nicht. **Anm. 4.**

Über die Frage einer Haftung der Gesellschaft bei der Versteigerung eines kaduzierten Geschäftsanteils vgl. Anm. 20 zu § 23.

4. Die Vorschriften über Gewährleistung wegen Mängel der Sache (§ 459 BGB.) greifen hier nicht Platz. Es liegt der Verkauf eines Rechtes vor (vgl. aber Anm. 1 zu § 13). **Anm. 5.**

Exk. II zu § 15. Ist die Gesellschaft daher nicht im Zustande der Prosperität oder fehlen dem Geschäftsanteile sonstige wirtschaftliche Eigenschaften, so kann der Käufer Rechte darauf nicht stützen, es sei denn, daß es sich um besondere Zusicherungen oder um arglistige Täuschung handelt (§ 123 BGB.; Düringer-Hachenburg III 57). Es ist jedoch beim Verkauf von Geschäftsanteilen ein Verschweigen der mangelnden Prosperität des Unternehmens nicht stets als Täuschung anzusehen. Auch Geschäftsanteile einer nicht prosperierenden Gesellschaft können aus den verschiedensten Gründen Gegenstand ernsthafter Kaufverträge sein. Der Verkäufer kann dieses Moment als bekannt voraussetzen. Bei der Zusicherung von Eigenschaften haftet der Verkäufer nach den Vorschriften über die Gewährleistung eines Rechts. Die Eigenschaften bilden einen Teil desselben (Düringer-Hachenburg HGB. III 58). Mitteilungen über den voraussichtlichen Reingewinn sind an sich keine Zusicherungen von Tatsachen, sondern Urteile und Schätzungen. Es muß der Wille der Parteien feststehen, daß der Verkäufer für ein bestimmtes Resultat garantieren will (BauersZ. 18, 227). Mitteilungen über die Resultate der Vergangenheit sind Zusagen über Eigenschaften des Geschäftsanteils. Für deren Richtigkeit haftet der Veräußerer. Nur bei betrüglicher Täuschung über die Erwartungen des laufenden Jahres kann der Käufer den Kauf rückgängig machen. Über die Garantie für die Richtigkeit einer dem Kaufe zugrunde liegenden Bilanz vgl. Anm. 69 zu § 42. Sind die Zusagen in einer mündlichen Absprache gemacht, die erst durch die Übertragung wirksam wird, so werden sie mit dem ganzen obligatorischen Vertrage gültig. Wird der Verkauf als solcher beurkundet, so müssen die Garantiezusagen aufgenommen werden. Andernfalls haben sie keine Wirkung. Ob der Mangel ihrer Aufnahme den ganzen Vertrag hinfällig macht, vgl. Anm. 18 zu § 15. Auch ohne Garantie haftet der Bankier für die Auskunft oder den Rat, den er fahrlässigerweise bei dem durch ihn vermittelten oder selbst getätigten Verkauf eines Geschäftsanteils erteilte. Die von der Rechtsprechung für den Verkauf und die Besorgung von Wertpapieren aufgestellten Grundsätze (RGZ. 27, 118; 42, 125; 67, 394; RG. in JW. 1903, 151[1]; RG. in JW. 1907, 363[11]) gelten hier in der gleichen Weise. Ist die Garantie von der Gesellschaft selbst beim Verkauf ihrer eigenen Geschäftsanteile geleistet, oder hat sie hierbei einen eigenen Geschäftsanteil im Betriebe ihres Bankunternehmens empfohlen, und ist die Gesellschaft im Konkurse, so entfällt der Anspruch. Die Gesellschafter können in keiner Form neben den Gläubigern an der Konkursmasse teilnehmen (vgl. Anm. 34 zu § 2 und unten Anm. 11).

Im Falle des Betrugs hat der Käufer die Wahl, ob er den Kauf anfechten oder die Geschäftsanteile behalten und Schadensersatz begehren will.

Die Regeln über die Haftung bei Sachmängeln sind anwendbar auf die Urkunden über den Geschäftsanteil. Erheblich können sie aber nur dann werden, wenn deren Übergabe kraft Gesellschaftsvertrags Bedingung zum Rechtsübergange ist.

Anm. 6. 5. Wird ein Geschäftsanteil im Wege der Zwangsvollstreckung versteigert (oben Exkurs 1 Anm. 12ff.), so steht dem Erwerber in dieser öffentlichen Versteigerung wegen eines Mangels im Rechte oder wegen eines Mangels der veräußerten Sache (der zugehörigen Urkunden) ein Anspruch auf Gewährleistung (§ 806 ZPO.) weder gegen den Gläubiger, der die Pfändung veranlaßte, noch gegen den bisherigen Gesellschafter zu. War also z. B. der Geschäftsanteil mit einem Pfandrecht belastet oder bestand er als solcher, als er versteigert wurde, nicht, so hat der Ersteher keinen Gewährleistungsanspruch gegen den Gläubiger oder gegen den Schuldner. Er kann den Erstehungspreis nicht zurückfordern. Was er erwirbt, ist unter Umständen ein Nichts. Nur aus besonderen Rechtsgründen können hier Regreßansprüche entstehen (Arglist der Beteiligten, Verletzung der Amtspflicht durch den Gerichtsvollzieher usw.). Der § 806 ZPO., dem Stein (Kommentar zur ZPO. Bem. II 1) wegen § 935 BGB. erhebliche Bedeutung abspricht, hat sie bei der Versteigerung von Geschäftsanteilen einer GmbH.

Anm. 7. 6. Die Nutzungen und Lasten gehen von der Übergabe der verkauften Sachen ab auf den Käufer über (§ 446 BGB.; vgl. auch § 101 Ziff. 2 BGB.). Hier wird von der vollendeten Abtretung an dieser Übergang stattfinden. Von da ab sollen die Bezugsrechte einerseits und die Pflichten andererseits auf den Käufer übergehen (vgl. hierzu RFinH. 14. 6. 22 Bd. 9, 346). Maßgebend ist der Zeitpunkt, in dem die Abtretung wirksam wird. Die nach dem Gesellschaftsvertrag erforderliche Genehmigung der Gesellschaft macht die Abtretung ex tunc wirksam (Anm. 65 zu § 15). Dem Erwerber des Geschäftsanteils steht daher der Gewinnanteil nicht erst von dem Zeitpunkt der Genehmigung, sondern bereits von dem Zeitpunkt des Vertragsschlusses zu (RG. 20. 6. 16 Recht Nr. 1379). Im Verhältnis zur Gesellschaft tritt dieser Übergang allerdings erst von der Anmeldung ein (Anm. 13 zu § 16). Im Verhältnis der Parteien zueinander kann der Abtretungsvertrag eine von der gesetzlichen Regelung abweichende treffen. Es kann sich aus den konkreten Umständen ergeben, daß die Dividende des laufenden Geschäftsjahres dem Käufer ganz zufällt. Bei einem Handel mit Geschäftsanteilen wird dies nach der Anschauung des Verkehrs angenommen werden müssen. Der Käufer vergütet auch hier wie beim Kaufe von Aktien die Stückzinsen. In anderen Fällen der Abtretung des Geschäftsanteils wird man davon auszugehen haben, daß der Erwerber den Gewinn erst vom Tage der Übertragung ab erhalten soll. Es bedarf zwar keiner ausdrücklichen Abrede, wohl aber des Nachweises besonderer Momente, aus denen sich der gegenteilige Wille der Parteien ergibt (a. M. BauersZ. 23, 250 u. 268). Exk. II zu § 15.

Eine Verpflichtung des Verkäufers, für alle Lasten aufzukommen, besteht nicht. Die ausstehende Einlage kann nicht der Hypothek auf dem verkauften Grundstück gleichgestellt werden (§ 439 Abs. 2 BGB.). Ist der Geschäftsanteil als nicht vollbezahlt verkauft, so ist im Zweifel daraus zu entnehmen, daß dem Käufer die Vollzahlung obliegt. Ein Regreß steht ihm nicht zu. Doch schließt die Kenntnis dieses Umstandes allein nicht stets den Anspruch des Käufers aus. Es kann sich aus der Höhe des Preises und den sonstigen Umständen ergeben, daß die Parteien die Deckung durch den Verkäufer wollten (vgl. Anm. 67 zu § 15; Anm. 11 zu § 22). Ist der Geschäftsanteil als vollbezahlt verkauft, so haftet der Verkäufer für die Beträge, die der Käufer einzahlen mußte (vgl. RG. 8. 7. 19 RGZ. 96, 227 und oben Anm. 4). Dies gilt auch dann, wenn der Verkäufer im guten Glauben war. Er wußte z. B. selbst nicht, daß die Behauptung seines Rechtsvorgängers über die Vollzahlung falsch war (§ 439 BGB.).

7. Der Käufer ist verpflichtet, dem Verkäufer den Kaufpreis zu zahlen. Er hat ferner den Geschäftsanteil abzunehmen. Er hat die Abtretung entgegenzunehmen. Das ist wegen der mit dem Geschäftsanteil verbundenen Verpflichtungen von Wichtigkeit. Für den Weigerungsfall siehe Anm. 27 zu § 15. Über die Frage, ob der Verzug der Abnahme des Gesellschaftsanteils auch als Erfüllungsverzug gilt, vgl. Düringer-Hachenburg III 50. Anm. 8.

8. Als Verkäufer kann der Gesellschafter, der Konkursverwalter eines Mitgliedes, der Gerichtsvollzieher auftreten (Anm. 12 im Exkurse I). Auch die Gesellschaft selbst in mehreren Fällen (§§ 23, 33). Anm. 9.

Der Kaufvertrag über einen Geschäftsanteil ist kein Handelskauf. Er betrifft weder eine Ware noch ein Wertpapier. Er ist zwar ein Handelsgeschäft, wenn der Verkäufer oder der Käufer ein Kaufmann ist (§ 343 HGB.). Aber Handelskauf ist nur derjenige handelsgeschäftliche Kauf, dessen Gegenstand eine Ware oder ein Wertpapier ist. Unter keinen dieser beiden Begriffe fällt aber der Geschäftsanteil einer GmbH. (Anm. 2 im Exkurse I zu § 14).

Der Kauf eines Geschäftsanteils einer GmbH. ist auch dann nicht formfrei, wenn er ein Handelsgeschäft ist (Anm. 25 zu § 15).

9. Ein Vorkaufsrecht richtet sich nach den Bestimmungen der §§ 500—514 BGB. Über die Formvorschrift für die Zusage vgl. Anm. 14 zu § 15. Die Ausübung setzt den Abschluß eines Kaufvertrags mit einem Dritten in notarieller oder gerichtlicher Urkunde voraus (§ 504 BGB.). Der Vorkaufsberechtigte braucht sich vor dem Vorliegen einer solchen nicht zu erklären. Die Ausübung des Vorkaufsrechts hat nicht in notarieller Form Anm. 10.

Exk. II zu § 15. zu geschehen (§ 505 Abs. 1 Satz 2). Mit der Erklärung gegenüber dem verkaufenden Gesellschafter ist der Vertrag zwischen diesem und dem Vorkaufsberechtigten perfekt.

Das Vorkaufsrecht kann in dem Gesellschaftsvertrag für bestimmte Fälle bedungen sein, Tod des Gesellschafters, Veräußerung seines Handelsgewerbes usw. Es kann für die Gesellschaft oder für den Gesellschafter festgesetzt sein. Im ersteren Falle setzt es voraus, daß die Geschäftsanteile voll einbezahlt sind (§ 33 Abs. 1). Doch genügt es, daß dies im Momente der Ausübung des Vorkaufsrechts der Fall ist. Eine Abtretung dieses Vorkaufsrechts an einen Gesellschafter ist nicht zulässig. Es muß dies besonders bedungen sein (§ 514 BGB.). Ist es für die Gesellschafter verabredet, so liegt ein Vertrag zwischen der Gesellschaft und dem vorkaufsverpflichteten Gesellschafter zugunsten der anderen Gesellschafter vor. Eine Abänderung dieser Bestimmung des Gesellschaftsvertrags ist nur mit Zustimmung der Berechtigten zulässig. Es ist anzunehmen, daß die anderen Gesellschafter als Dritte unmittelbar mit dem Abschlusse des Gesellschaftsvertrags das Recht erwerben sollten. Im Zweifel sind die jeweiligen Gesellschafter vorkaufsberechtigt. Das Vorkaufsrecht haftet dem Geschäftsanteil an (a. M. BauersZ. 23, 29). Trifft der Gesellschaftsvertrag keine Maßnahmen, so hat die Anzeige seitens des Verkaufenden an alle Gesellschafter zu erfolgen (§ 510 BGB.). Jeder übt das Recht für sich aus. Geschieht dies durch mehrere, so erwerben sie den Geschäftsanteil zu Bruchteilen. Diese richten sich nicht nach der Beteiligung der anderen Gesellschafter, sondern nach Köpfen. Der Gesellschaftsvertrag kann jedoch auch hier anders bestimmen. Oft trifft in Gesellschaftsverträgen das Genehmigungsrecht der Gesellschafter mit dem Vorkaufsrecht zusammen. Das letztere muß vor der Genehmigung ausgeübt werden. Andernfalls ist der Geschäftsanteil schon auf den Erwerber übergegangen. Das nur obligatorisch wirkende Vorkaufsrecht findet keinen Gegenstand im Vermögen des Verpflichteten mehr vor. Es empfiehlt sich, in die Gesellschaftsverträge eine Vorschrift aufzunehmen, daß die Genehmigung zur Abtretung des Geschäftsanteils erst mit dem unbenutzten Ablauf der Frist für das Vorkaufsrecht wirksam wird (vgl. oben Anm. 62 zu § 15).

Anm. 11. Zu trennen vom **Vorkaufsrecht** ist das Recht der Gesellschaft oder der Gesellschafter, unter gewissen Voraussetzungen den Geschäftsanteil eines Gesellschafters zu erwerben. Hier liegt ein perfekter obligatorischer Vertrag vor. Der Gesellschafter ist verpflichtet, den Geschäftsanteil abzutreten. Ist über den Verkaufspreis nichts bestimmt, so ist dafür nicht der Nominalbetrag, sondern der Verkehrswert, berechnet auf Basis der Bilanz, maßgebend. Dieses Kaufrecht der Gesellschaft findet sich häufig bei Geschäftsführern. Sie müssen bei Beendigung ihres Amts die Geschäftsanteile wieder abgeben. Die Parallele hierzu ist die **Kaufspflicht** der Gesellschaft. Sie ist im Prinzip gültig (Anm. 8ff. zu § 33), sobald der Geschäftsanteil voll bezahlt ist. Doch kann das Recht des Gesellschafters auf Abnahme nicht mehr ausgeübt werden, wenn die Gesellschaft im Konkurse ist. Eine Konkurrenz zwischen Gesellschaftern und Gläubigern der Gesellschaft ist unzulässig (oben Anm. 5, vgl. auch Anm. 34 zu § 2). Über die Unzulässigkeit eines Gedinges der Rücknahme von Aktien durch die Aktiengesellschaft, die erst von dem Erwerber aus dem Erwerbspreis voll bezahlt wurden, auch wenn er sie von **einem Dritten** kaufte, vgl. RG. 2. 6. 12 LZ. 1912 (6) 847. Auch bei der GmbH. ist ein solcher Fall des Kaufes eines nicht voll bezahlten Geschäftsanteils von einem Gesellschafter, verbunden mit der Verpflichtung, den Kaufpreis als Einzahlung der Resteinlage an die Gesellschaft zu leisten, und mit der Zusage der GmbH., diesen Geschäftsanteil zurückzunehmen, möglich. Auch hier ist die Zusage unverbindlich. Anders liegt der Fall, wenn der Verkäufer vor der Übertragung den Kaufpreis erhält und die Zahlung der Einlage selbst besorgt. Dann erhält der Erwerber einen voll bezahlten Geschäftsanteil. Die selbständige Zusage der Gesellschaft, diesen Geschäftsanteil zu kaufen, ist gültig.

Anm. 12. II. **Andere obligatorische Veräußerungsgeschäfte.** Der Geschäftsanteil einer GmbH. kann auch Gegenstand eines **Tauschvertrages** sein. Es kann ein Geschäftsanteil einer GmbH. gegen einen anderen oder gegen einen sonstigen Gegenstand eingetauscht werden. Hier greift § 515 BGB. und demzufolge die Vorschriften über den Kauf Platz. (Über die Form siehe Anm. 5ff. u. 31ff. zu § 15.) Auch zur Hingabe an Erfüllungs Statt kann ein Geschäftsanteil benutzt werden (§ 365 BGB.). Auch durch Vergleich kann man ihn erwerben (OLGR. 38, 191; vgl. Anm. 8 zu § 15). Über die Form beim gerichtlichen Vergleich siehe Anm. 26 zu § 15. Ein Geschäftsanteil kann endlich Gegenstand der Illation in eine andere Gesellschaft (Aktiengesellschaft, GmbH.) sein (vgl. Anm. 16 Abs. 2 zu § 5; Anm. 9 zu § 15; Anm. 8 zu § 70). Er kann geschenkt werden (Anm. 8 u. Anm. 57 zu § 15 und oben Einleitung). Mit der Abtretung ist der ungültige Schenkungsvertrag geheilt. Exk. II zu § 15.

III. **Leihe, Miete und Pacht.** Nach den früheren Auflagen sind Leihe und Miete des Geschäftsanteils zulässig. Diese Ansicht ist nicht aufrechtzuerhalten. Das BGB. (§ 535, § 598) kennt nur Leihe und Miete von Sachen, nicht von Rechten. Die einer Legitimationsübertragung zugrunde liegenden inneren Abreden können aber einen der Leihe oder Miete ähnlichen Inhalt haben (vgl. Anm. 76ff. zu § 15). Eine entsprechende Anwendung der für Leihe und Miete gegebenen Vorschriften kann insoweit in Frage kommen (vgl. Kuhlenbeck JurW. 1904, 228). Anm. 13.

Der Geschäftsanteil kann dagegen verpachtet werden (§ 581 BGB.; zust. Neukamp Anm. 1; a. M. Liebmann Anm. 3 zu § 14, der versehentlich die Pacht nur für Sachen zuläßt und Brodmann Anm. 1). Der Pächter gewinnt gegenüber dem Verpächter das Recht auf die Nutzungen. Aber der Gesellschaft gegenüber kann er dieses Recht nur geltend machen, wenn es ihm besonders abgetreten wird. Das erfolgt bei Inhaberdividendenscheinen durch Übertragung des Besitzes. Veräußert der Verpächter den Geschäftsanteil an einen Dritten, der dem Pächter den Genuß der Dividenden entzieht, so ist der Pächter von der Entrichtung des Pachtzinses befreit. Er kann Schadensersatz wegen Nichterfüllung verlangen (§§ 541, 581 Abs. 2 BGB.).

Exkurs III zu § 15.

Exk. III zu § 15.

Der Geschäftsanteil als Gegenstand letztwilliger Verfügung.

1. Der Geschäftsanteil ist, falls nicht der Gesellschaftsvertrag das Gegenteil bestimmt, vererblich (vgl. Anm. 1—3 zu § 15). Er ist infolgedessen Gegenstand letztwilliger Verfügung. Über die Teilungsanordnung im Testament vgl. Anm. 7 zu § 15. Über die Auseinandersetzung durch den Testamentsvollstrecker vgl. Anm. 7 zu § 15. Über das Vermächtnis eines Geschäftsanteils Anm. 86 zu § 15. Über die Teilung des mehreren vermachten Geschäftsanteils Anm. 14 zu § 17. Anm. 1.

2. Der Geschäftsanteil als Teil einer Vorerbschaft. Ist der Geschäftsanteil an einen Erben gefallen, dem ein Nacherbe bestimmt ist, so ist der Vorerbe in den geschäftlichen Verfügungen über den Geschäftsanteil infolge dieser Nacherbschaft nur insofern beschränkt, als er ihn nicht verschenken kann (§ 2113 Abs. 2 BGB.). Eine solche unentgeltliche Veräußerung ist beim Anfall der Nacherbschaft unwirksam, insoweit dadurch das Recht des Nacherben beeinträchtigt wird (§ 2113 Abs. 1). Bis dahin ist die Wirksamkeit der Schenkung in der Schwebe. Der Gesellschaft gegenüber ist der Schenknehmer Gesellschafter, bis der Nacherbfall eintritt. Dann aber ist die Schenkung von Anfang an unwirksam. Dies hat die Folge, daß auch alle gegen den Schenknehmer entstandenen Ansprüche der Gesellschaft fortfallen. Sie ruhen auf der Erbschaft, die mit denselben belastet den Nacherben zufällt. Wenn die Nacherbfolge nicht eintritt, z. B. die Bedingung, unter der der Nacherbe berufen war, fällt aus, so ist die Schenkung von Anfang an wirksam, nicht erst vom Ausfall der Nacherbfolge ab. Entgeltliche Verfügungen des Vorerben sind stets wirksam. Es gibt auch nicht wie bei Inhaber- und Orderpapieren Schutzmaßregeln zugunsten des Nacherben. Es gibt keinen den Vorschriften bei der Buchforderung an das Reich entsprechenden Anspruch auf Wahrung des Nacherbrechts durch Anzeige bei der Gesellschaft. Soll dem Vorerben die Disposition Anm. 2.

Exk. III zu § 15. unter Lebenden untersagt sein, so muß der Erblasser die Verwaltung durch einen Testamentsvollstrecker anordnen.

Anm. 3. 3. Der Geschäftsanteil kann auch aus anderen Gründen unter die Verwaltung eines Testamentsvollstreckers gestellt sein. Es geschieht dies zumeist, wenn der ganze Nachlaß dem Erben entzogen werden soll. Es kann sich aber auch die Bestimmung auf den Geschäftsanteil allein beziehen. Der Erblasser kann sein Geschäft in eine GmbH. umwandeln und jedem seiner Kinder einen gleichen Geschäftsanteil hinterlassen. Er kann dann diejenigen seiner Söhne, die er als Geschäftsführer bestellt, zu Testamentsvollstreckern bezüglich der Geschäftsanteile der anderen Gesellschafter ernennen. Sie üben dann deren Rechte aus. Hierdurch erreicht er, daß die Söhne ohne ein Dreinreden der Geschwister das väterliche Geschäft weiter führen. Andererseits bleiben seine sämtlichen Kinder an demselben beteiligt. Ein solcher Testamentsvollstrecker muß die Ermächtigung zum Kontrahieren mit sich selbst erhalten. Andernfalls entstehen Schwierigkeiten bei der Ausübung der Rechte der anderen Gesellschafter.

§ 16.

§ 16.

Der Gesellschaft gegenüber gilt im Falle der Veräußerung des Geschäftsanteils nur derjenige als Erwerber, dessen Erwerb unter Nachweis des Übergangs bei der Gesellschaft angemeldet ist.

Die vor der Anmeldung von der Gesellschaft gegenüber dem Veräußerer oder von dem letzteren gegenüber der Gesellschaft in bezug auf das Gesellschaftsverhältnis vorgenommenen Rechtshandlungen muß der Erwerber gegen sich gelten lassen.

Für die zur Zeit der Anmeldung auf den Geschäftsanteil rückständigen Leistungen ist der Erwerber neben dem Veräußerer verhaftet.

Einleitung. Die Veräußerung eines Geschäftsanteils der Gesellschaft gegenüber ist erst dann wirksam, wenn sie bei der Gesellschaft angemeldet ist. Zur Wirksamkeit der Übertragung unter den Parteien ist dies nicht erforderlich.

I. **Die Anmeldung ist erforderlich, wenn ein Geschäftsanteil veräußert ist.**

Anm. 1. 1. **Ein Geschäftsanteil** muß veräußert sein. Doch genügt auch hier (vgl. Anm. 20 zu § 15) die Veräußerung eines Teils eines Geschäftsanteils. Nicht aber, wenn einzelne aus dem Geschäftsanteil fließende Vermögensansprüche abgetreten werden. So der Anspruch auf Gewinnbezug, auf das Liquidationsguthaben, oder Ansprüche, welche dem Gesellschafter als Gegenleistung für seine Leistungen nach § 3 Abs. 2 des Gesetzes zustehen. In diesen Fällen gelten für das Verhältnis des Erwerbers zur Gesellschaft die allgemeinen Regeln von der Abtretung der Forderung (§ 407 BGB.). Soweit Gewinnansprüche durch Indossament oder Inhaberpapiere verbrieft sind, gelten die Vorschriften, vermöge deren der Schuldner nur an den legitimierten Präsentanten solcher Papiere zu leisten hat.

Anm. 2. 2. **Veräußert** muß ein Geschäftsanteil sein. Das Wort Veräußerung ist hier in einem sehr weiten Sinne gebraucht. Es umfaßt nicht bloß die Abtretung, die im § 15 behandelt ist (Motive 25). Auch die Veräußerung durch den Gerichtsvollzieher im Wege der Zwangsvollstreckung fällt darunter (vgl. Anm. 12 Exkurs I zu § 15). Gemeint ist jede Singularsukzession in den Geschäftsanteil. Ausgeschlossen ist also jede Universalsukzession. Weder bei der Vererbung, die ja überhaupt keine Veräußerung ist, noch bei Abschluß einer gütergemeinschaftlichen Ehe, weder bei der Fusion zweier Aktiengesellschaften, noch bei Einverleibung einer Gemeinde in eine andere (RGZ. 68, 213) bedarf es einer Anmeldung. Erst recht ausgeschlossen sind Umwandlungen von Gesellschaften, bei denen das Rechtssubjekt nicht wechselt. So bei einer offenen Handelsgesellschaft in eine Kommanditgesellschaft, bei der einer Aktienkommanditgesellschaft in eine Aktiengesellschaft (vgl. Anm. 9 zu § 15). Hierdurch können Schwierigkeiten entstehen (Neukamp Anm. 1; vgl. auch Freymuth RundschGmbH. 1922, 99). Fürsorgende Bestimmungen in dem Gesellschaftsvertrag sind in der Weise möglich, daß auch für die Fälle der Universalnachfolge die Rechte aus dem Geschäftsanteile bis zur förmlichen Anmeldung unter Nachweis des Übergangs der Beteiligung ruhen. Alle anderen Rechtsvorgänge des Subjektwechsels bedürfen kraft Gesetzes der Anmeldung. Nicht nur die Zuwendung durch Vermächtnis. Es gibt ja nur einen Anspruch auf Übertragung (§ 2174 BGB.). Nicht nur die Veräußerung eines Geschäfts mit Aktiven und Passiven. Hier liegt eine Übertragung im eigentlichen Sinne vor. Es sind aber auch alle die Fälle hierherzurechnen, in denen man ihrer Eigenart wegen eine Veräußerung im Sinne anderer Gesetze nicht erblickt, die aber doch einen Wechsel in der Anteilinhaberschaft darstellen. Das sind die Fälle des sogenannten Anwachsens von Rechten, in denen die mehreren Eigentümer zur gesamten Hand (mehrere Sozien, mehrere Erben) sich dahin auseinandersetzen, daß einem von ihnen die ganze gemeinsame Sache zufällt (vgl. Anm. 7 u. 12 zu § 15). Bei einer Teilung derart, daß ein jeder von ihnen einen realen Teil überwiesen erhält, ist wieder eine echte Übertragung anzunehmen. Unter § 16 fällt ferner der Übergang kraft Gesetzes (Anm. 85 zu § 15). Anders, wenn bei Kaduzierung eines Gesellschafters der Geschäftsanteil auf den Vormann zurückfällt. **§ 16.**

Auch wenn die Veräußerung mit vorheriger Genehmigung der Gesellschaft erfolgt, muß die spätere Abtretung angemeldet werden. Auch in diesem Falle bleibt, solange die erfolgte Veräußerung nicht angemeldet wird, der alte Gesellschafter der Gesellschaft gegenüber im Gesellschaftsverbande. Über die in dem Nachsuchen der Genehmigung nach der Veräußerung liegende Anmeldung vgl. unten Anm. 4. Die Veräußerung durch die Gesellschaft in den Fällen der §§ 23 und 27 des Gesetzes fällt nicht unter die vorliegende Bestimmung. Der Erwerber, der sein Recht unmittelbar von der Gesellschaft ableitet, braucht nicht besonders als Erwerber bei der Gesellschaft angemeldet zu werden (Förtsch Anm. 1; Brodmann Anm. 3). Er gilt von dem Erwerbe ab auch der Gesellschaft gegenüber als Gesellschafter. Das gleiche wird man hiernach auch bei jeder anderen Veräußerung eines Geschäftsanteils durch die Gesellschaft annehmen müssen. Ebenso gilt bei Veräußerungen an die Gesellschaft (§§ 33, 34) der Veräußerer auch ohne Anmeldung des Rechtsüberganges der Gesellschaft gegenüber nicht mehr als Gesellschafter.

II. Im Falle der Veräußerung des Geschäftsanteils gilt der Erwerber gegenüber der Gesellschaft als Gesellschafter, wenn sein Erwerb unter Nachweis des Überganges bei der Gesellschaft angemeldet ist. Anm. 3.

1. Die **Anmeldung des Erwerbes** ist eine rechtsgeschäftsähnliche Mitteilung (vgl. unten Anm. 6). Eine Form ist nicht vorgeschrieben. Die Anmeldung kann mündlich oder schriftlich erfolgen. Es genügt, daß der Geschäftsführer bei der Abtretung zu notariellem Protokoll erklärt, daß er Kenntnis genommen habe. Dies geschieht insbesondere in den Fällen, in denen der Geschäftsführer gleichzeitig Erwerber oder Veräußerer des Geschäftsanteils ist. Auch dann ist er berechtigt, die Anmeldung für die Gesellschaft entgegenzunehmen. Er kann freilich nicht an sich selbst anmelden. Dem widerspricht § 181 BGB. (vgl. Anm. 14 zu § 36). Die Anmeldung kann aber in diesem Falle von dem anderen Kontrahenten erfolgen. Daß der Geschäftsführer bei dem Abtretungsgeschäft beteiligt ist, ersetzt nicht die Vornahme der selbständigen Anzeige an ihn als Geschäftsführer (OLG. Rostock 12. 10. 14 OLGR. 32, 139; a. M. Brodmann Anm. 3). Anm. 4.

Die Anmeldung kann durch den Veräußerer oder durch den Erwerber geschehen. Der Veräußerer hat es in der Hand, die Anmeldung ohne Mitwirkung des Erwerbers zu bewirken. Dadurch führt er den Pflichtenübergang für die Zukunft herbei (unten Anm. 21). Zur Anmeldung genügt es, wenn die Gesellschaft unter Nachweis der geschehenen Abtretung um ihre Genehmigung ersucht wird. Darin liegt zugleich die

§ 16. Anmeldung (OLG. Rostock a. a. O. und 3. 4. 13 MecklZ. 32, 56). Ebenso, wenn die Vertreter der Gesellschaft an dem Akte teilnehmen. Sie erklären die nach Gesetz oder Statut erforderliche Genehmigung der Abtretung gleichzeitig im Abtretungsakte. Dagegen genügt es nicht, daß die Gesellschaft vor der Abtretung um die Genehmigung ersucht wird (OLG. Rostock 12. 10. 14 OLGR. 32, 139). Die Anmeldung kann auch durch einen Bevollmächtigten erfolgen. Auch der Notar, der die Abtretungsverhandlung aufgenommen hat, kann bevollmächtigt werden. Doch wird hier die Vollmacht nicht vermutet. Ebensowenig bei dem Gerichtsvollzieher, der den Geschäftsanteil versteigert. Aus § 822 ZPO. läßt sich dies nicht folgern. Die dort vorgesehene Umschreibung eines Wertpapiers namens des Schuldners ist zur Übertragung desselben erforderlich und fällt noch in das Bereich der Vollstreckungshandlung (a. M. Neukamp Anm. 2 für den Fall der Versteigerung auf Grund des § 23 GmbHG.). Die Anmeldung ohne Vorlegung der Vollmacht ist unwirksam, wenn sie von der Gesellschaft sofort zurückgewiesen wird (§ 174 BGB.). Die Genehmigung der durch einen Pseudovertreter erfolgten Anmeldung ist unter den Voraussetzungen des § 180 BGB. wirksam.

Einer Eintragung in ein Buch, in ein Verzeichnis oder in eine Liste bedarf es nicht. Doch erfordert dies allerdings die Ordnung. Eine Liste ist ja überdies alljährlich dem Gerichte einzureichen (§ 40). Auch eine Bescheinigung der erfolgten Anmeldung ist nicht vorgeschrieben. Sie kann vom Gesellschafter auch nicht verlangt werden. Das österr. Ges. § 78 verlangt die Verzeichnung im Anteilbuche als Voraussetzung der Wirksamkeit des Rechtsüberganges gegenüber der Gesellschaft. Ebenso der Schweizer Entwurf (Art. 806). Die Geschäftsführer sind verpflichtet, den Eintrag nach der Anmeldung vorzunehmen (§ 26). Jedoch ist für die Mithaftung des Erwerbers für die Rückstände die Zeit der Anmeldung als maßgebend erklärt. Das französ. Ges. Art. 23 verlangt nur die Anzeige der Abtretung an die Gesellschaft. Diese erübrigt sich dadurch, daß der Geschäftsführer die Abtretung in einer notariellen Urkunde anerkennt.

Anm. 5. **Unter Nachweis des Überganges** muß die Anmeldung erfolgen. Dazu ist bei einer Abtretung die Vorlegung einer dem § 15 Abs. 3 entsprechenden Urkunde genügend und erforderlich. Eine amtliche Bescheinigung des Gerichtsvollziehers (Versteigerungsprotokoll usw.) ist beizufügen, wenn der Ersteher in der Zwangsvollstreckung der Erwerber ist. Endlich der Auseinandersetzungsvertrag, wenn hierauf der Übergang gestützt wird (vgl. Anm. 42 zu § 15). Zur Anmeldung genügt es, daß die Urkunde formell in Ordnung ist. Ob der Eigentumsübertragungswille vorliegt, ist im allgemeinen gleichgültig (vgl. Anm. 76 zu § 15, jedoch auch Anm. 78 u. 80 daselbst). Wo das Gesetz für die Wirksamkeit der Veräußerung eine Genehmigung erfordert, ist diese zu beweisen. So bei der Veräußerung durch die Ehefrau während bestehender ehemännlicher Verwaltung und Nutznießung, bei Veräußerung des Erben während bestehender Verwaltung des Testamentsvollstreckers usw. Die durch das Gesetz für die Abtretung eines Teiles des Geschäftsanteils oder durch den Gesellschaftsvertrag für den ganzen Geschäftsanteil vorgeschriebene Genehmigung der Gesellschaft schließt die Wirksamkeit der Anmeldung nicht aus. Anmeldung und Antrag auf Genehmigung fallen hier zusammen (oben Anm. 4). Die Gesellschaft muß in der Anmeldung das Ersuchen um Genehmigung und in diesem die Anmeldung sehen.

Anm. 6. Eine Anmeldung ohne gleichzeitigen Nachweis des Überganges ist nicht ohne weiteres unwirksam. Die Worte „unter Nachweis des Überganges" schaffen ein Recht der Gesellschaft. Sie kann denselben fordern. Sie kann die Anmeldung zurückweisen, wenn die Übertragung nicht belegt ist. Dann ist sie unwirksam. Sie muß ordnungsgemäß nochmals vorgenommen werden. Die so wiederholte Anmeldung wirkt dann nicht auf die beanstandete zurück. Die Gesellschaft kann aber die Anmeldung vorbehaltlich des Nachweises annehmen. Dies liegt vor, wenn sie den Empfang bestätigt, aber noch um Vorlage der notariellen Abtretungsurkunde bittet. Kommt diese nicht ein, so ist sie berechtigt, die Anmeldung als nicht geschehen zu betrachten. Wird die Urkunde übersandt, so wirkt in diesem Falle die Anmeldung von ihrer Einkunft ab. Die Gesellschaft kann aber endlich auch auf den Nachweis verzichten. Dies wird dann geschehen, wenn ihr die Mitteilung durch die Person der Anmeldenden glaubhaft ist. Nimmt sie die Anmeldung ohne Verlangen des Nachweises an, so ist ihre nachträgliche Beanstandung ausgeschlossen. Dies gilt auch dann, wenn sie sich eines Verzichts nicht bewußt war. So, wenn der Geschäftsführer an das Recht, den Nachweis zu fordern, nicht dachte, oder wenn die Anmeldung seiner Kenntnis völlig entging. Er kann allerdings stets die Gesellschaftereigenschaft bestreiten. Dann nötigt er den Erwerber zum Nachweise. Aber er kann die Anmeldung nicht mehr nachträglich unwirksam machen. Er kann dem Gesellschafter nicht das Stimmrecht versagen, weil die Anmeldung ohne Nachweis erfolgt war. Wurde diese von der Gesellschaft nicht gefordert, so tritt die gesetzliche Folge der Anmeldung für Gesellschaft und Erwerber ein. Beide sind daran gebunden. Selbstverständlich wird durch den Verzicht auf den Nachweis die Anmeldung nur dann wirksam, wenn ein gültiger Übergang vorliegt. Fehlt es daran, so ist die Anmeldung ohne Bedeutung. **§ 16.**

Die Anmeldung ist als „rechtsgeschäftliche Mitteilung" anzusehen (Thur Allg. Teil II 1 S. 118, Staudinger Anm. 1 zu § 409) und entsprechend den einseitigen empfangsbedürftigen Willenserklärungen zu behandeln. Es finden daher die Vorschriften des BGB. über die Willenserklärung Anwendung, soweit sie für derartige „Mitteilungen" maßgebend sein können. Die Anmeldung ist erst wirksam, wenn sie der Gesellschaft zukam. Sie kann vor dem Eintreffen widerrufen werden. Sie ist wegen Irrtums anfechtbar (unten Anm. 27). Sie kann durch Bevollmächtigte abgegeben werden (vgl. oben Anm. 4). Nicht aber kann sie unter einer Bedingung oder befristet erfolgen. Über den Einfluß materieller Fehler des Übertragungsaktes siehe unten Anm. 25ff.

Der Veräußerer braucht nicht angemeldet gewesen zu sein. Es steht nichts im Wege, daß ein Erwerber den Geschäftsanteil veräußert, ohne daß sein Erwerb überhaupt angemeldet wird. Es genügt, wenn die vorgelegten Urkunden eine zusammenhängende Kette von gültigen Rechtsübergängen bis zurück zum letzten angemeldeten Geschäftsanteilsinhaber ergeben. Bestand die Kette nur scheinbar, hatte etwa ein Veräußerer zweimal veräußert, ist ein früherer, nicht der bereits angemeldete, der wahre Erwerber, so fällt das Recht des erstgemeldeten auch gegenüber der Gesellschaft weg. Die Anmeldung des Erwerbers kann nicht mehr erfolgen, wenn, ehe er selbst angemeldet war, eine Weiterveräußerung des Geschäftsanteils angemeldet wurde (vgl. unten Anm. 12). Wohl aber kann der noch als Gesellschafter angemeldete Veräußerer einen späteren Rechtsnachfolger zur Anmeldung bringen, wenn die Zwischenbesitzer nicht angemeldet wurden. **Anm. 7.**

Durch Gesellschaftsvertrag kann die Vorschrift des Abs. 1 nicht abgeschwächt werden. Ein Mehr kann gefordert werden. Es kann die Anmeldung durch eingeschriebenen Brief verlangt werden. Sie kann erst wirksam werden, wenn sie in ein von der Gesellschaft geführtes Register eingetragen ist, oder wenn sie auch den sämtlichen übrigen Gesellschaftern angezeigt worden ist. Alle Rechtswirkungen, welche das Gesetz an die Anmeldung knüpft, knüpfen sich dann an die verstärkte Vorschrift. **Anm. 8.**

2. **Ohne Anmeldung gilt der Erwerber der Gesellschaft gegenüber nicht als Gesellschafter.** **Anm. 9.**
Da nur der gehörig angemeldete Erwerber als Gesellschafter gegenüber der Gesellschaft gilt, so gilt derjenige, dessen Erwerb nicht oder nicht gehörig angemeldet ist, der Gesellschaft gegenüber nicht als Gesellschafter (vgl. oben Anm. 7). Bis zur Anmeldung eines durch einen Übertragungsakt oder eine zusammenhängende Kette von Übertragungsakten legitimierten Erwerbers bleibt der Gesellschaft gegenüber trotz der Veräußerung der Veräußerer Gesellschafter. Er ist zu Versammlungen zu laden. Er hat das Recht, in den Versammlungen zu stimmen. Ihm sind die Dividenden auszuzahlen usw. Den nicht angemeldeten Erwerber als Gesellschafter anzuerkennen und zu behandeln, ist die Gesellschaft weder berechtigt noch verpflichtet. Sie ist nicht berechtigt. Durch eine Behandlung des nicht angemeldeten Erwerbers als Gesellschafter würde sie die Rechte des Ver-

§ 16. äußerers verletzen. Dieser könnte sie in Fällen nachträglicher erfolgreicher Anfechtung des Abtretungsaktes für die Folgen solcher Handlungsweise verantwortlich machen. Sie würde auch in die Rechte des Erwerbers eingreifen. Dieser hat die Anmeldung vielleicht absichtlich unterlassen, um ihr gegenüber nicht als Gesellschafter zu gelten. Sie ist nicht verpflichtet. Weder der Veräußerer noch der Erwerber haben Anspruch darauf, daß dieser vor der Anmeldung als Gesellschafter betrachtet werde. Keiner kann die Gesellschaft für diese Unterlassung haftbar machen. Der Erwerber muß „die vor der Anmeldung von der Gesellschaft gegenüber dem Veräußerer oder von dem letzteren gegenüber der Gesellschaft in bezug auf das Gesellschaftsverhältnis vorgenommenen Rechtshandlungen gegen sich gelten lassen" (Abs. 2). Alle Zahlungen erfolgen wirksam an den Veräußerer. Alle Anforderungen geschehen an ihn. Der Geschäftsanteil kann kaduziert werden. Es können Nachschüsse eingefordert werden usw.

Die anderweit erlangte Kenntnis der Gesellschaftsorgane von der geschehenen Veräußerung ändert an alledem nichts. Dies gilt auch für den Anspruch auf Zahlung der Dividende oder sonstigen Geldleistungen. Ebenso wäre es bedeutungslos, wenn die Gesellschaft auf Grund solcher anderweit erlangten Kenntnis den Erwerber als Gesellschafter behandelt und dieser stillschweigend sich als Gesellschafter behandeln läßt, z. B. Dividendenzahlungen entgegennimmt. Anders liegt es, wenn der Erwerber selbst der Gesellschaft gegenüber als Gesellschafter tätig wird, z. B. auf Einladung an Gesellschafterversammlungen teilnimmt und Dividenden einfordert. Hierin wird regelmäßig eine Anmeldung zu erblicken sein; ihr gegenüber hat die Gesellschaft zu verfahren, wie oben in Anm. 6 dargetan ist (vgl. die abw. Meinung in BauersZ. 20, 274).

Anm. 10. Die Gesellschaft kann die Anmeldung nicht erzwingen. Es kann weder auf Abgabe derselben noch auf Feststellung des Überganges des Geschäftsanteils auf den Erwerber geklagt werden.

Anm. 11. Die Anmeldung der Abtretung bei der Gesellschaft gehört nicht zur Vollendung des Rechtsüberganges. Der Geschäftsanteil ist durch die Abtretung übergegangen, sofern ihre sämtlichen Erfordernisse (Genehmigung usw.) vorliegen. Deshalb ist es auch zulässig, bei einer Abtretung zu vereinbaren, daß die Anzeige an die Gesellschaft nicht erfolgen soll. Mit Unrecht erachtet das RG. eine solche Abtretung für ungültig (RG. 4. 1. 1900 bei Holdh. 1900, 36; a. M. Brodmann Anm. 3, Neukamp-Becker Anm. 1g; Liebmann Anm. 7 will auf den Einzelfall abstellen). Wenn das Gesetz die Anmeldung in das Belieben der Parteien stellt und eine Kette von Abtretungen ohne Anmeldung als wirksam anerkennt (oben Anm. 7), so muß auch eine Parteivereinbarung, welche die Anmeldung ausschließt, zulässig sein (vgl. § 15 Anm. 57).

Anm. 12. 3. **Die Anmeldung bewirkt, daß der Veräußerer auch der Gesellschaft gegenüber als Gesellschafter ausscheidet und der Erwerber auch der Gesellschaft gegenüber als Gesellschafter gilt.**

a) Die Gesellschaft ist berechtigt und verpflichtet, den angemeldeten Erwerber als Gesellschafter anzuerkennen und zu behandeln. Es handelt sich nicht um eine bloße Vermutung, die durch Gegenbeweis widerlegbar wäre (so Merzbacher Anm. 2). Wer eine ordnungsgemäße Urkunde vorlegt, aus welcher der Rechtsübergang folgt, gilt der Gesellschaft gegenüber absolut als Gesellschafter (oben Anm. 7 u. 9). Der Nachweis, daß er es nicht mehr sei, da er z. B. seinen Geschäftsanteil wieder weiter veräußert habe, ist nicht statthaft. Denn der betreffende Erwerber gilt ja wiederum erst von der gehörig erfolgten Anmeldung seines Erwerbes an der Gesellschaft gegenüber als Gesellschafter. Nur der Nachweis einer eingetretenen Universalsukzession, z. B. der Verheiratung der Gesellschafterin unter allgemeiner Gütergemeinschaft, ist statthaft. In diesem Falle gilt der Erwerber auch ohne Anmeldung als Gesellschafter (vgl. oben Anm. 2). Einreden aus der Ungültigkeit der Abtretung selbst sind zulässig (RG. 30. 3. 15 JurW. 1915, 588).

b) Die rechtliche Stellung des Veräußerers und des Erwerbers zur Gesellschaft. § 16. Anm. 13.

α) **Nur der angemeldete Erwerber** kann die aus der Mitgliedschaft fließenden Rechte gegen die Gesellschaft geltend machen. Der Veräußerer kann es nicht mehr (OLG. Karlsruhe 9. 6. 14 RundschGmbH. 1914, 377). Auch bereits fällige Ansprüche, z. B. noch nicht abgehobene Dividenden, kann nur der angemeldete Erwerber geltend machen, doch können solche Ansprüche durch selbständige Übertragung oder sonstige Loslösung selbständig werden (a. M. Brodmann Anm. 5). Die Gesellschaft bleibt aber berechtigt, gegen die auf den Erwerber übergegangenen Ansprüche mit ihren Forderungen gegen den Veräußerer aufzurechnen (RG. 6. 12. 05 Holdheim 15, 114).

Die Verpflichtungen gegenüber der Gesellschaft gehen auf den Erwerber über, vorausgesetzt, daß sie aus der Gesellschaftereigenschaft fließen (Motive 25). Für die rückständigen Leistungen haftet der Veräußerer neben dem Erwerber (§ 16 Abs. 3). Also haftet für alle sonstigen Leistungen der angemeldete Erwerber allein. Das österr. Ges. (§ 78 Abs. 2) schlägt den umgekehrten Weg ein. Es bestimmt, daß für die zur Zeit der Anmeldung vorhandenen rückständigen Leistungen auch der Erwerber mit seinem Rechtsvorgänger haftet. Für das polnische Recht vgl. Art. 6 Abs. 3. Anm. 14.

Eine Garantie der Gesellschaft, daß keine Verpflichtungen aus dem veräußerten Geschäftsanteil vorhanden sind, hilft dem Erwerber nichts, soweit es sich um rückständige Einlagen handelt. Die Haftung aus dieser Gewährleistung käme einem Verzichte auf die Einlage gleich. Dieser ist nichtig (§ 25). Eine Garantie des Veräußerers schützt nur, soweit er solvent ist. Der Erwerb eines scheinbar vollbezahlten Geschäftsanteils ist nicht ungefährlich (vgl. § 15 Exkurs II Einl.). Anm. 15.

Zum Übergange auf den Erwerber genügt es, daß eine Verpflichtung gegenüber der Gesellschaft gegen den Veräußerer in seiner Eigenschaft als Gesellschafter zur Zeit der Anmeldung des Erwerbes bestand. Es ist einerlei, ob dieselbe durch die Gründung oder durch spätere Ereignisse (Nachschüsse, Umlage usw.) entstanden ist. Einerlei, ob sie in der Person des angemeldeten Veräußerers oder in der Person eines seiner Rechtsvorgänger erwachsen und auf den Veräußerer übergegangen war. In erster Linie steht die Verpflichtung zur Einzahlung der Stammeinlage, der eigenen, wie die Pflicht zur Ergänzung der von den anderen Gesellschaftern nicht einziehbaren (§ 24). Auch für die Sacheinlage seiner Vorgänger haftet der angemeldete Erwerber. Dazu gehören auch alle Ansprüche, die sich nachträglich daran knüpfen. Ansprüche aus der Verzögerung oder mangelhaften Erfüllung einer Einlage (Geld- oder Sacheinlage) gehen auf den angemeldeten Erwerber über. Verpflichtungen, welche der Gesellschafter außer der Kapitalseinlage gemäß § 3 Abs. 2 übernommen hat, sowohl die rückständigen, als auch die später fällig werdenden hat der Erwerber zu erfüllen. Auch die Pflicht, den Geschäftsanteil auf Verlangen der Gesellschaft an diese oder einen Dritten abzutreten, ist eine gesellschaftliche (vgl. Anm. 26 zu § 3). Anders wenn dieser Anspruch zugunsten eines anderen Gesellschafters begründet wurde (vgl. unten Anm. 19). Die Verpflichtung zu fälligen und später fällig werdenden Nachschüssen (§ 26) erfaßt in gleicher Weise wie alle anderen den Erwerber. Über den Übergang einer besonderen Verpflichtung beim Verkaufe des Handelsgeschäfts ohne den Geschäftsanteil vgl. Anm. 43 zu § 3 RGZ. 76, 7. Über den Irrtum des Erwerbers über diese Verpflichtungen, die auf dem Geschäftsanteile ruhen, vgl. RG. 7. 7. 97 DJZ. 97, 385, Einleitung zu Exkurs II zu § 15 und unten Anm. 28. Anm. 16.

Alle Verpflichtungen gehen so über, wie sie zur Zeit der Anmeldung des Erwerbes bestehen. Der Verzug des Veräußerers bleibt Verzug des angemeldeten Erwerbers. Anm. 17.

Über den Übergang der Verpflichtungen auf den angemeldeten Erwerber eines Teiles eines Geschäftsanteiles siehe Anm. 25 zu § 17. Über den Übergang auf den Ersteher in der Zwangsvollstreckung siehe Anm. 13 im Exkurs I zu § 15. Anm. 18.

§ 16. Nur die Verpflichtungen gegenüber der Gesellschaft gehen auf den
Anm. 19. angemeldeten Erwerber über, nicht auch die Verpflichtungen der Gesellschafter zueinander. Auch dann nicht, wenn sie auf dem Gesetze beruhen, z. B. die Ausgleichungspflichten aus der Haftung gemäß § 24, oder auf dem Gesellschaftsvertrage. Die Verpflichtung des einen Gesellschafters zur Veräußerung eines Geschäftsanteils an einen anderen Gesellschafter oder zum Erwerbe eines solchen beruht auf einem obligatorischen Anspruche.

Anm. 20. Die Veräußerung und der Erwerb schließen eine Schuldübernahme kraft Gesetzes in sich. Sie ist infolge der Anmeldung auch ohne Zustimmung des Gläubigers (§ 415 BGB.) wirksam.

Anm. 21. β) **Der Veräußerer hört durch die Anmeldung des Erwerbes auf, der Gesellschaft gegenüber Berechtigter zu sein.** Auch wenn der Veräußerer die Abtretung nur formell getätigt hatte oder den Geschäftsanteil durch Rückzession wieder erwerben soll, so kann er doch die Rechte aus dem Geschäftsanteil gegen die Gesellschaft nicht geltend machen, solange der Erwerber angemeldet ist.

Anm. 22. **Von den Verpflichtungen wird er frei,** soweit es sich um künftig fällig werdende Leistungen dreht. Für rückständige Leistungen bleibt er neben dem Erwerber verhaftet. Das erstere folgt aus § 15 und der Veräußerlichkeit des Geschäftsanteils, der die Summe aller Rechte und Pflichten des Gesellschafters enthält (RG. 26. 5. 99 JW. 99, 444). Das letztere ist im Gesetze selbst gesagt. Vorausgesetzt zur Befreiung ist stets eine Veräußerung des ganzen Geschäftsanteils. Die Veräußerung eines Teils genügt hierzu nicht (vgl. Anm. 25 zu § 17). Die Gesellschaft kann den Eintritt dieser Rechtsfolge nicht verhindern. Sie kann die Anmeldung nicht erzwingen, wenn der Eintritt des neuen Gesellschafters ihren Interessen nützlich wäre. Sie kann auch die Anmeldung nicht verhindern, wenn sie ihren Interessen zuwider wäre. Es kann dadurch ein zahlungsunfähiger Gesellschafter an Stelle eines zahlungsfähigen treten. Nur soweit es sich um die Stammeinlage handelt, bleibt der Veräußerer haftbar (§ 22). Will die Gesellschaft sich sonst schützen, so muß sie die Veräußerung erschweren (§ 15 Abs. 5). Das österr. Ges. (§ 78 Abs. 3) läßt die Ansprüche der Gesellschaft, also auch die auf rückständige Leistungen, binnen fünf Jahren seit der Anmeldung erlöschen. Dem deutschen Recht ist eine solche Beschränkung der Haftung unbekannt.

Im einzelnen:

Anm. 23. αα) Der Veräußerer haftet für die zur Zeit der Anmeldung rückständigen Leistungen neben dem Erwerber. Darunter fallen auch die zwischen Veräußerung und Anmeldung fällig werdenden Leistungen. Rückständig ist eine Leistung, die fällig geworden und nicht bewirkt ist (vgl. Motive 25). Daß auch schon Verzug vorliegt, ist nicht notwendig (RG. 23. 1. 14 RGZ. 84, 75). Es genügt, daß die Leistung verlangt werden kann. Das gilt von Einzahlungen auf das Kapital, wie von anderen Verbindlichkeiten. Die Fälligkeit ist stets dann gegeben, wenn kraft des Vertrags eine Leistung an einem bestimmten Tage zu erfolgen hat. So wird mitunter im Gesellschaftsvertrage genau vorgesehen, an welchen Tagen die Raten der Stammeinlage fällig sind. Häufiger wird eine vorherige Anforderung verlangt. Sie ist dem Geschäftsführer überlassen. Erst mit ihrem Eingehen bei dem Gesellschafter wird die Einlage fällig (RG. 2. 2. 15 Holdheim 24, 54). Es kann auch dem Beschlusse der Gesellschafter überlassen sein, den Zahlungstermin festzusetzen. Dann hat dieser die gleiche Bedeutung wie die Aufnahme in den Gesellschaftsvertrag. Einer nochmaligen Zustellung an die einzelnen Gesellschafter zur Herbeiführung der Fälligkeit bedarf es nicht. Wandelt sich eine Sacheinlageschuld in eine Entschädigung um, so ist diese ohne Mahnung fällig. Sie ist es in gleicher Weise, wie es die ursprüngliche Verpflichtung war. Der Veräußerer kann sich nicht darauf berufen, daß zur Zeit der Anmeldung seiner Abtretung er noch nicht zur Zahlung des Betrages, den die Gesellschaft bei einer ihr unter Garantie abgetretenen Forderung verloren hat, angehalten worden war. Die Haftung eines Gesellschafters für die Ein-

lage eines anderen (§ 24) wird in dem aus dem Gesetze ersichtlichen Momente fällig. § 16.
Sie kann gegen die Mitglieder erst geltend gemacht werden, wenn die Stammeinlage des anderen auch nicht durch Verkauf von diesem Geschäftsanteil aufgebracht werden kann. Mit diesem Momente ist die Verbindlichkeit aus der Mithaftung fällig. Wird gegen die Bestimmung des Gesetzes Stammkapital an einen Gesellschafter ausbezahlt, so entsteht die Verbindlichkeit der übrigen Gesellschafter für die Rückerstattung zwar schon mit der Hingabe des Kapitals. Fällig wird sie aber erst, wenn die Erstattung von dem Empfänger nicht zu erlangen ist (§ 31 Abs. 3). In ähnlicher Weise wird die Fälligkeit der Nachschüsse und die der anderen gemäß § 3 Abs. 2 übernommenen Verpflichtungen festzustellen sein. Handelt es sich dabei um Nebenleistungen, die sich über einen längeren Zeitraum erstrecken, sich aber doch als einheitliche, unteilbare Leistung darstellen, so ist die Fälligkeit nach dem Zeitpunkt zu bestimmen, an welchem mit der Leistung hätte begonnen werden müssen (RG. 23. 1. 14 RGZ. 84, 75 für Rübenbau- und -lieferungsverpflichtungen). Maßgebend ist stets, ob der Anspruch geltend gemacht werden kann. Nicht erforderlich, daß er schon erhoben ist. Die Frage der Fälligkeit ist von großer praktischer Bedeutung wegen der Befreiung des Veräußerers von der Haftung.

Die Haftung des Veräußerers für die rückständigen Leistungen ist keine subsidiäre. Der frühere und der neue Gesellschafter haften beide gleichmäßig (RG. 27. 9. 18 RGZ. 93, 329; a. M. OLG. Colmar 9. 1. 06 ElsZ. 06, 508; zustimmend Brodmann Anm. 5). Daher ist auch bei den rückständigen Stammeinlagen keine vorherige Kaduzierung erfordert. Diese wird nur bei den zur Zeit der Veräußerung nicht fälligen Stammeinlagen nötig sein.

Veräußerer ist hier nur der bei der Gesellschaft angemeldete. Zwischenbesitzer, Anm. 24.
die nicht angemeldet waren, kommen nicht in Betracht. Sie können nicht Rechte gegen die Gesellschaft ausüben. Sie treten zur Gesellschaft in kein Verpflichtungsverhältnis. Wo der Erwerber auch ohne Anmeldung der Gesellschaft gegenüber als Gesellschafter gilt (oben Anm. 2), hat er auch ohne Anmeldung die Rechtsstellung des angemeldeten Erwerbers.

ββ) Für später fällig werdende Leistungen haftet der Veräußerer nur in der Anm. 25.
Regel nicht mehr. Er bleibt für Verpflichtungen zur Zahlung des Stammkapitals haftbar. Die Gesellschaft kann auf diese Leistungen auf das Stammkapital nicht verzichten (§ 19). Daher kann sich auch der Gesellschafter durch die Veräußerung des Geschäftsanteils nicht befreien. Für die Einzahlungen auf das Stammkapital haftet der Veräußerer subsidiär für alle Einzahlungen, die 5 Jahre nach der Anmeldung der Veräußerung eingefordert werden, weiter (§ 22 Abs. 2 und 3; vgl. RG. 20. 11. 13 WarnRspr. 7 Nr. 120).

Für später fällig werdende Nachschüsse haftet der Veräußerer dann, wenn es sich um beschränkte Nachschußpflicht handelt. Die Haftung ist unverzichtbar seitens der Gesellschaft, falls die Einbeziehung der Nachschüsse vor Vollzahlung der Einlage erfolgt. Die Bestimmung fließt hier ebenfalls aus dem Bestreben auf Erhaltung des Stammkapitals (über dieselbe vgl. Anm. 5 zu § 28).

Zusatz 1. Die Rechtsgültigkeit des Veräußerungsgeschäfts ist Voraussetzung der Wir- Anm. 26.
kungen des § 16. Werden Kausalgeschäft und Rechtsübertragung eine Einheit (RGZ. 57, 95; 70, 89), so kommt es auch auf die Rechtswirksamkeit der ersteren an. Daher fällt bei der Anfechtung des Erwerbs des Geschäftsanteils wegen Irrtums die Haftung des Erwerbers wieder fort (RG. 7. 7. 97 DIZ. 97, 385; RG. 30. 3. 15 JW. 15, 588; OLG. München 4. 11. 14 RundschGmbH. 1915, 142; vgl. Einleitung im Exkurs II zu § 15). Daher haftet bei einer nur suspensiv bedingten Sicherheitsabtretung der Erwerber nicht für die rückständige Einlageschuld seines Schuldners. Er kann das bedingte Recht jederzeit aufgeben (RG. 20. 2. 12 RGZ. 79, 182; JW. 12, 598[21]).

§ 16. Wenn das Rechtsgeschäft der Übertragung vom Erwerber gegenüber dem Veräußerer und umgekehrt angefochten wird, so kann unter Nachweis der erfolgreich durchgeführten Anfechtung die Anmeldung zurückgezogen werden. Einer besonderen Anfechtung der Anmeldung gegenüber der Gesellschaft bedarf es in diesem Falle nicht. Ihr gegenüber liegt ein anfechtbarer Rechtsakt nicht vor. Wohl aber ist die Anfechtung der Gesellschaft anzuzeigen. Das folgt aus der Bedeutung der Anzeige des Erwerbers. Solange dies nicht geschah, gilt der ihr angezeigte Erwerber für die Gesellschaft als ihr Mitglied.

Anm. 27. Wenn sich der Anfechtungsgrund auf die Anmeldung als selbständige Rechtshandlung bezieht (vgl. oben Anm. 6), ist diese unmittelbar gegenüber der Gesellschaft anzufechten. So wegen Irrtums, wenn sich der Anmeldende im Irrtum über den Inhalt der Erklärung befand (§ 119 Abs. 1 BGB.), z. B. einen Brief unterschrieb, von dem er annahm, er sei nicht an die Gesellschaft, sondern an einen Dritten gerichtet (daß solche Fälle sehr wohl möglich sind, übersieht Brodmann Anm. 3). Ebenso wegen Betrugs. Ist dieser von einem Dritten verübt, so genügt es, daß die Gesellschaft die Täuschung gekannt hat oder kennen mußte (§ 123 Abs. 2 BGB.). Die Grundsätze, welche bei der Gründung gelten und nach denen erfolgte Beitrittserklärungen eines Gründers (oder eines Zeichners bei der Kapitalserhöhung) wegen Irrtums und Betruges nicht angefochten werden können (vgl. Anm. 34 zu § 2), greifen hier nicht Platz. Jene Grundsätze sollen das Fundament der Gesellschaft sichern. Dieses wird aber nicht dadurch erschüttert, daß ein Wechsel in der Inhaberschaft eines Geschäftsanteils rückgängig gemacht wird (vgl. RG. 7. 2. 97 JW. 1897, 476; RG. 20. 2. 12 JW. 12, 598[21], Recht 1912, 2726).

Anm. 28. Unzulässig ist es, die Folge des Übergangs der Pflichten gegenüber der Gesellschaft anzufechten, da man diese nicht gekannt habe. Die Folgen sind untrennbar von dem Erwerbe. Solange dieser besteht, bestehen sie auch. Über die Anfechtung des Erwerbsaktes selbst vgl. Einleitung zu Exkurs II zu § 15 und oben Anm. 16.

Anm. 29. **Zusatz 2. Das Rechtsverhältnis unter den Veräußerungskontrahenten** richtet sich nach dem zwischen denselben abgeschlossenen Vertrage. In der Regel werden die Vorschriften des Kaufvertrags anwendbar sein (vgl. Anm. 1 ff. Exkurs II zu § 15). Es können aber auch Rechtsverhältnisse verschiedenster Art, Sicherungsübertragung, Gesellschaft usw. vorliegen. Ansprüche der Gesellschaft aus dem Geschäftsanteile geben dem Käufer nicht die Rechte aus einer Belastung der Kaufsache zugunsten eines Dritten. Wohl aber haftet der Veräußerer für die Existenz des Rechtes, wie er es verkaufte. War das Stammkapital nicht vollbezahlt, so ist § 437 BGB. anwendbar. Dies gilt auch, wenn die Leistung auf das Stammkapital unwirksam durch Hingabe von Sachen erfolgte (§ 19 Abs. 3). Die Kenntnis des Käufers von diesen Umständen kann dazu führen, eine Kenntnis des Mangels im Rechte anzunehmen (RG. 10. 4. 08 LZ. 2, 951).

Anm. 30. **Zusatz 3. Über den Erwerb eines Geschäftsanteils durch Erbschaft oder durch sonstige Universalsukzession** und über den Fall des Vermächtnisses siehe Anm. 86—90 zu § 15.

Wo mehrere Erben vorhanden sind, gilt die Regelung des § 18. Für unbekannte Erben kann ein Pfleger bestellt werden (§ 1913 BGB.).

Anm. 31. **Zusatz 4. Eine Anwendung des § 16 auf die Verpfändung ist nicht zulässig.** Er bezieht sich nur auf die Veräußerung. Die Anwendbarkeit der Form der Veräußerung auf die Verpfändung fließt aus der Vorschrift des § 1274 BGB. (Anm. 2 im Exkurs I zu § 15). Der Pfandgläubiger gilt nicht als Gesellschafter. Er übt die Verwaltungsrechte nicht aus (vgl. Anm. 4 im Exkurs I zu § 15; a. M. Neukamp Anm. 1 und Liebmann Anm. 20g zu § 15 und Anm. 2 zu § 16. Dafür Motive 25).

Anm. 32. **Zusatz 5. Auf die Pfändung bezieht sich § 16 nicht.** Die Pfändung wird der Gesellschaft gegenüber wirksam durch Zustellung des Beschlusses (vgl. den Exkurs I zu § 15 Anm. 11). Der Gesellschafter geht seiner Mitverwaltungsrechte (Stimmrecht usw.) der Gesellschaft gegenüber verlustig. Er, nicht der Pfändungsgläubiger, übt dieselben aus. Sie ruhen nicht etwa. Führt die weitere Verwertung zur Veräußerung, so ist der Ersteher von dem Augenblicke der Erstehung an Gesellschafter. Der Gesellschaft gegenüber gilt er erst von der Anmeldung an (vgl. oben Anm. 2). Ist ein Teil des Geschäftsanteils gepfändet, so muß die Gesellschaft die vermögensrechtlichen Leistungen verhältnismäßig zurückhalten (vgl. Anm. 28 zu § 17). Wird der Geschäftsanteil eines Gesellschafters nach der Veräußerung gepfändet, so ist es unerheblich, daß diese Veräußerung der Gesellschaft noch nicht angezeigt ist. Der Erwerber hat die Widerspruchsklage. Wird der Geschäftsanteil des Erwerbers vor der Anmeldung gepfändet, so hat der Veräußerer aus dem gleichen Grunde kein Widerspruchsrecht. **§ 16.**

§ 17.

§ 17.

Die Veräußerung von Teilen eines Geschäftsanteils kann nur mit Genehmigung der Gesellschaft stattfinden.

Die Genehmigung bedarf der schriftlichen Form; sie muß die Person des Erwerbers und den Betrag bezeichnen, welcher von der Stammeinlage des ungeteilten Geschäftsanteils auf jeden der durch die Teilung entstehenden Geschäftsanteile entfällt.

Im Gesellschaftsvertrage kann bestimmt werden, daß für die Veräußerung von Teilen eines Geschäftsanteils an andere Gesellschafter, sowie für die Teilung von Geschäftsanteilen verstorbener Gesellschafter unter deren Erben eine Genehmigung der Gesellschaft nicht erforderlich ist.

Die Bestimmungen im § 5 Absatz 1 und 3 über den Betrag der Stammeinlagen finden bei der Teilung von Geschäftsanteilen entsprechende Anwendung.

Eine gleichzeitige Übertragung mehrerer Teile von Geschäftsanteilen eines Gesellschafters an denselben Erwerber ist unzulässig.

Außer dem Falle der Veräußerung und Vererbung findet eine Teilung von Geschäftsanteilen nicht statt. Sie kann im Gesellschaftsvertrage auch für diese Fälle ausgeschlossen werden.

Die Teilung von Geschäftsanteilen ist zulässig. Sie soll aber wie die Veräußerung erschwert werden. Während die Veräußerung erlaubt ist, wenn sie der Gesellschaftsvertrag nicht von der Zustimmung der Gesellschafter abhängig macht, ist die Teilung kraft Gesetzes an diese gebunden; nur für bestimmte Fälle kann der Gesellschaftsvertrag davon befreien. **Einleitung.**

I. **Teilung von Geschäftsanteilen** ist ein Rechtsakt, durch welchen aus einem Geschäftsanteil mehrere, aus einer Mitgliedschaft mehrere selbständige Mitgliedschaften gebildet werden. Teilung ist hier nur eine Zerlegung des Geschäftsanteils in mehrere selbständige Stücke (Hachenburg LZ. 1, 711). Äußerlich kommt die Teilung in der Teilung der Nennbeträge zum Ausdruck. A, der einen Geschäftsanteil von 1500 M. besitzt, tritt z. B. einen Teil seines Geschäftsanteils im Betrage von 1000 M. an B ab und behält selbst den Rest des Geschäftsanteils von 500 M. **Von jedem Geschäftsanteile können nur in Nennbeträgen ausgedrückte Teile abgetreten werden.** Ist z. B. ein Geschäftsanteil zum Teil bezahlt, zum Teil noch nicht bezahlt, so haben die Parteien oft den Wunsch, den bezahlten oder den nicht bezahlten Teil zu erwerben. Das ist nicht angängig. Es kann nur vom ganzen Geschäftsanteil ein in einer Ziffer ausgedrückter Teilbetrag abgetreten werden. Mit dieser Abtretung gehen die Rechte und Pflichten, die auf dem ganzen Geschäftsanteile haften, im Verhältnisse der Anteile zueinander über (unten Anm. 21ff.). Ebenso kann, wenn ein Geschäftsanteil zum Teil durch Sacheinlagen, zum Teil durch Bareinlage gedeckt ist, nicht etwa der letztere Teil abgetreten werden. Das mag der Erwerber dann wünschen, wenn er aus der Sacheinlage Regreßverbindlichkeiten befürchtet. Allein es kann nur vom ganzen Geschäftsanteil ein bestimmter Nennbetrag abgetreten werden (unten Anm. 23). Doch kann die Abrede unter den Parteien von Bedeutung werden. **Anm. 1.**

§ 17. Wer nur den Teil, der durch Barzahlung gedeckt würde, zu erhalten wünscht, will damit eine Haftung für die Sacheinlage ausschließen. Tritt diese ein, so steht ihm ein Rückgriff gegen den Veräußerer zu. Unerheblich ist der Zweck der Teilabtretung. Sie ist auch gültig, wenn sie zum Zwecke der Sicherungsübereignung erfolgt (RG. 10. 10. 03 Holdheim 13, 109). Erhält der Schuldner nach Zahlung seiner Schuld den Teilanteil zurück, so bleibt es bei dessen eingetretener Selbständigkeit.

Anm. 2. Jede andere Art der Teilung fällt nicht unter § 17. Eine Teilung im Sinne desselben ist es noch nicht, wenn jemand einen anderen zum ideellen Miteigentümer seines Geschäftsanteils macht. A, der alleinige Inhaber eines Geschäftsanteils, veräußert das Miteigentum daran zur Hälfte an B. Dadurch wird der Geschäftsanteil nicht geteilt. Er bleibt ziffermäßig und rechtlich ein einheitlicher Geschäftsanteil. Es liegt eine Abtretung im Sinne des § 15 vor. Auch eine Veräußerung im Sinne des § 16. Eine Teilung im Sinne des § 17 ist es nicht. Jede Einräumung des Miteigentums muß, um gültig zu sein, der Form und den sonstigen Voraussetzungen des § 15 entsprechen. Sie muß, um der Gesellschaft gegenüber wirksam zu sein, gemäß § 16 angemeldet werden. Aber sie hat nicht die Wirkungen des § 17. Es entstehen nicht zwei selbständige Geschäftsanteile. Es werden beide Miteigentümer aus dem einheitlich gebliebenen Geschäftsanteil berechtigt. Ihre Stellung zur Gesellschaft im Falle der Anmeldung richtet sich nach § 18. Dasselbe gilt, wenn mehrere Miteigentümer zur gesamten Hand sich derart auseinandersetzen, daß jeder einen Miteigentumsanteil erhält. Erst wenn die Aufteilung eines solchen im Miteigentum stehenden Geschäftsanteils in Stücke stattfindet, kann man von einer Teilung im Sinne des § 17 sprechen. Es bedarf der Genehmigung der Gesellschaft. Eine Teilung im Sinne des § 17 ist endlich auch dann nicht gegeben, wenn von mehreren Beteiligten einer den Geschäftsanteil allein behält und die anderen abfindet. Auch hier bleibt der Geschäftsanteil intakt.

Anm. 3. Wenn nicht ein Teil des Geschäftsanteils, sondern wenn aus dem Geschäftsanteile fließende einzelne vermögensrechtliche Ansprüche zum Teil veräußert werden, ist der Geschäftsanteil als solcher überhaupt nicht Gegenstand des Geschäftes. Hier bedarf es der Genehmigung der Gesellschaft nicht.

Anm. 4. II. **Eine Teilung setzt das Vorhandensein eines Geschäftanteils voraus.** Von diesem muß ein Teil auf einen anderen übergehen. Andere Teilungen gibt es nicht. Die Gesellschaft kann nicht einem Gesellschafter für seine Kapitaleinlage einen in mehrere Teile zerfallenden Geschäftsanteil gewähren. Das wären mehrere Geschäftsanteile. Mehr als ein Geschäftsanteil kann aber keinem Gesellschafter bei der Errichtung der Gesellschaft oder bei der Kapitalserhöhung gewährt werden (§ 5 Abs. 2, § 55 Abs. 4 des Gesetzes). Kein Gesellschafter kann seinen Geschäftsanteil durch einseitigen Akt in seiner Hand teilen. Eine Teilung auf Vorrat, auch mit Genehmigung der Gesellschaft, gibt es nicht. Eine derartige Teilung wäre bis zur Veräußerung der betreffenden Teile rechtlich bedeutungslos (KG. 23. 1. 08 KGJ. 35 A, 175; RJA. 9, 165). Dies ist in Abs. 6 zum Ausdruck gebracht. „Außer dem Falle der Veräußerung und Vererbung findet eine Teilung von Geschäftsanteilen nicht statt." Über die Ausstellung mehrerer Anteilscheine für einen Geschäftsanteil vgl. Anm. 6 Exk. I zu § 14.

Es bleiben für die Teilung nur zwei Fälle. Entweder, es wird ein Teil eines Geschäftsanteils an einen bisher an demselben nicht Beteiligten abgegeben oder es wird ein bestehendes Gemeinschaftsverhältnis durch Teilung im Stück (§ 752 BGB.) aufgehoben. Das Gesetz spricht in Abs. 1 allerdings nur von der Veräußerung von Teilen eines Geschäftsanteils. In Abs. 3 stellt es aber die Veräußerung der Teilung des Geschäftsanteils unter mehrere Miterben gegenüber. Es erwähnt in Abs. 6 neben der Veräußerung nur die Vererbung. Unter dieser letzteren kann es, da der Erbfall als solcher eine Teilung nicht zur Folge hat, nur die Auseinandersetzung der Miterben durch Teilung in Natur meinen. Die Fassung ist keine besonders glückliche. Sie ist durch Einschaltungen der Reichstagskommission hervorgerufen. Die Bestimmung des § 17 muß auch auf die Realteilung anderer Gemeinschaften als die Erbgemeinschaft ausgedehnt werden. Die Veräußerung in Abs. 1 muß auch die Stückteilung bei einer Gemeinschaft umfassen (a. M. Brodmann Anm. 1 u. 3). Andernfalls bedürfte es ja nur der Übertragung einer Quote an den projektierten Teilerwerber, um dann diesem bei der Gemeinschaftsteilung den Stückanteil ohne Genehmigung der Gesellschaft zu übertragen (Hachenburg LZ. 1, 711ff.). § 17.

Die Teilbarkeit durch Veräußerung oder Realteilung ist vom Gesetze nur gestattet. Der Gesellschaftsvertrag kann sie ausschließen (Abs. 6). Dann ist die Teilung auch mit Genehmigung der Gesellschaft nicht wirksam. Es bedarf einer Statutenänderung. Auch nicht die einstimmige Genehmigung aller Gesellschafter genügt. Die Änderung des Gesellschaftsvertrags und die Erteilung der Genehmigung kann in einem Akte erfolgen (vgl. Anm. 8 zu § 54). Auch eine Teilung eines Geschäftsanteils unter mehrere Erben ist beim Ausschluß der Teilbarkeit nicht möglich. Sie bleiben gemeinsam Eigentümer. Nur die Überlassung des ganzen Anteils an einen aus ihrer Mitte ist möglich. Doch ist es Auslegungsfrage, ob sich das Verbot der Teilung auch auf diesen Fall bezieht. Eine einschränkende Auslegung ist möglich. Wenn der Gesellschafter durch letztwillige Verfügung den Erben bestimmte Teile seines Geschäftsanteils hinterläßt, so ist diese letztwillige Bestimmung ungültig. Das Recht auf Teilung kann nachträglich durch die Mehrheit nicht beseitigt werden. Diese Änderung des Gesellschaftsvertrags bedarf der Zustimmung aller Gesellschafter. Nur solcher nicht, deren Anteile überhaupt nicht mehr teilbar sind. Zur Wiederaufhebung der Bestimmung des Gesellschaftsvertrags, welche die Teilbarkeit ausschließt, genügt ein Mehrheitsbeschluß (§ 53 Abs. 1). Die Teilbarkeit kann auch nur für einzelne Geschäftsanteile ausgeschlossen sein. Bei der Beschlußfassung über die Aufhebung dieser Beschränkung stimmt der Inhaber des Geschäftsanteils dann nicht mit, wenn die Ausübung seines Stimmrechts sich als ein Mißbrauch desselben zum Nachteile der Gesellschaft herausstellt (vgl. § 47). Anm. 5.

III. **Die Voraussetzungen der Veräußerung eines Teiles eines Geschäftsanteils.** Anm. 6.

1. **Sie bedarf der gerichtlichen oder notariellen Form** (RGZ. 43, 136; vgl. Anm. 6ff. zu § 15). Die Anteilscheine (Anm. 4 und 6 Exkurs I zu § 14) richten gerade bei der Abtretung Verwirrung an. Der Inhaber wird leicht verführt, zu meinen, daß die Übergabe des Papieres genüge (OLG. Braunschweig 22. 10. 07 OLGR. 16, 115). Die Anteilscheine sind stets nur Beweisurkunde. In dem Abtretungsakte muß der ganze dem Gesellschafter gehörende Geschäftsanteil erwähnt und die Abtretung des Teils desselben als Einheit ohne Rücksicht auf die Teilscheine ausgesprochen werden. Verlangt der Gesellschaftsvertrag neben dem Abtretungsvertrag die Übergabe der Scheine, so tritt diese als weiteres Moment hinzu (Anm. 60 zu § 15).

2. **Die Teile müssen einen Mindestnennbetrag von 50 RM. haben** (§§ 10 und 17 GBV.). Anm. 7. Ausnahmsweise ist ein Mindestnennbetrag von 10 RM. zugelassen (vgl. Einl. zu § 5). Der Gesellschaftsvertrag kann noch weitere erschwerende Bestimmungen treffen. Häufig wird der Mindestbetrag erhöht.

3. **Die gebildeten Teile müssen in Reichsmark durch 10 oder 50 teilbar sein.** Die Teilbarkeit durch 10 ist für alle Gesellschaften vorgeschrieben, auf die die GBV. Anwendung fand (2. DurchfVO. z. GBV. § 36 Abs. 2). Für die später gegründeten ist in § 43 Abs. 1 (ebenda) bestimmt, daß die Stammeinlagen durch 50 teilbar sein müssen. Über die Anwendung der GBV. auf die GmbH. vgl. § 42 (ebenda). Anm. 8.

4. **Die Veräußerung muß in einer anderen Urkunde erfolgen, als in derjenigen, in welcher die Veräußerung eines anderen Teils desselben Geschäftsanteils an denselben Erwerber erfolgt** (Abs. 5). Mehr wird nicht verlangt. Die gleichzeitige Übertragung mehrerer Teile von Geschäftsanteilen eines Gesellschafters an denselben Erwerber ist unzulässig. Das Erfordernis der „Nichtgleichzeitigkeit" ist gewahrt, wenn mehrere Urkunden über Anm. 9.

§ 17. die Veräußerung der mehreren Teile an denselben Erwerber aufgenommen werden (RG. 9. 7. 13 OLGR. 27, 371; a. M. Brodmann Anm. 5). Es braucht auch nicht ein Tag oder eine Stunde zwischen den verschiedenen Veräußerungen zu liegen. Es schadet auch nicht, wenn beide Veräußerungen auf demselben obligatorischen Vertrage beruhen. Ein obligatorischer Vertrag ist gültig, durch welchen sich ein Gesellschafter zur Abtretung mehrerer Teile eines Geschäftsanteils an denselben Gegenkontrahenten verpflichtet. Die Zerlegung des einen bei der Gründung erworbenen Geschäftsanteils kann in der Weise erfolgen, daß der eine Gesellschafter in einer Reihe selbständiger Einzelakte die Teile einem anderen Gesellschafter überträgt und dieser sie ihm in einem weiteren Akte zurückgibt. Es steht auch nichts im Wege, daß zwei Gesellschafter untereinander Teile ihrer Geschäftsanteile tauschen. Wenn jeder 50000 M. Geschäftsanteil hat, so kann jeder je 1000 M. seines Anteils gegen 1000 M. des anderen diesem abtreten. Der Zweck, selbständige Teile zu schaffen, macht das Rechtsgeschäft nicht ungültig (a. M. Neukamp Anm. 9 und Liebmann Anm. 2d).

Anm. 10. In derselben Urkunde können anderweite Veräußerungen beurkundet werden, z. B. die Veräußerung eines anderen Geschäftsanteils an denselben Erwerber oder die Veräußerung eines Teiles eines anderen Geschäftsanteils an denselben Erwerber oder die Veräußerung eines Teils desselben Geschäftsanteils an einen anderen Erwerber.

Anm. 11. Bei gleichzeitiger Übertragung mehrerer Teile eines Geschäftsanteils an denselben Erwerber ist die Übertragung nichtig. Die Genehmigung der Gesellschaft schützt nicht davor (OLG. Braunschweig 22. 10. 07 LZ. 2, 796[4] OLGR. 16, 115). Über die Übertragung mehrerer Teilanteilscheine vgl. Anm. 6 Exk. I zu § 14.

Anm. 12. 5. **Die Übertragung bedarf von Gesetzes wegen der Genehmigung der Gesellschaft** (Abs. 1). Was über die durch den Gesellschaftsvertrag vorgeschriebene Genehmigung als solche ausgeführt wird, gilt auch hier. Der Unterschied fließt nur aus der zwingenden Vorschrift und der schriftlichen Form. Es ist auf die Anm. 50—58 zu § 15 zu verweisen.

Die Bestimmung des § 17 Abs. 3 ist zum Teil dispositiv, zum Teil zwingend.

a) Dispositiv ist sie für die Veräußerung von Teilen eines Geschäftsanteils an andere Gesellschafter oder für die Teilung von Geschäftsanteilen verstorbener Gesellschafter unter mehrere Erben. Hier kann der Gesellschaftsvertrag von dem Erfordernis der Genehmigung der Gesellschaft absehen. Staub (erste Auflage) nahm an, daß dies um so mehr für mehrere Miteigentümer oder Eigentümer zur gesamten Hand gelte. In der Überlassung bestimmter Teile des gemeinsamen Geschäftsanteils an die Mitberechtigten liege weniger als eine Veräußerung an einen Gesellschafter. Allein unter der Veräußerung im Sinne des Abs. 3 kann nur die Abtretung an einen anderen, der auf Grund eines anderen Geschäftsanteils Gesellschafter ist, gemeint sein. Andernfalls wäre wieder durch die vorherige Herbeiführung einer ideellen Gemeinschaft die Realteilung ohne Konsens der Gesellschaft möglich. Auch die Bestimmung im Gesellschaftsvertrag, die den Teilerwerb eines Gesellschafters privilegiert, darf nicht zur Umgehung des Gesetzes führen. Der Mitberechtigte an dem Geschäftsanteil ist nicht ein „anderer" Gesellschafter. Ebensowenig ist die Begünstigung der Erbteilung auf alle Fälle einer Gemeinschaft ausdehnbar. Die Ausnahme ist gestattet, weil die Erbgemeinschaft eine unfreiwillige ist (Hachenburg LZ. 1, 712). Eine Anwendung des Abs. 3 wird man nur auf die Teilung des ehelichen Gesamtgutes gestatten dürfen. Dieses steht in den Augen des Gesetzes dem auf Erbgemeinschaft beruhenden gleich. Man käme auch andernfalls bei der Auseinandersetzung eines Vermögens im Wege der Erb- und Gesamtgutsteilung zu unbrauchbaren Ergebnissen (Hachenburg a. a. O., 713 ff.).

Die Bestimmung, daß es zu einer Teilabtretung an Mitgesellschafter der Genehmigung der Gesellschaft nicht bedarf, braucht nicht ausdrücklich in den Gesellschaftsvertrag aufgenommen zu sein. Sie kann auch aus anderen Bestimmungen abgeleitet werden. Das ist Frage der Auslegung. Das OLG. Kiel (22. 4. 12 SchlHolstAnz. Bd. 76, 268) hat einen Gesellschaftsvertrag, nach welchem den Mitgesellschaftern bei Veräußerung von Geschäftsanteilen ein Vorkaufsrecht zustand, in diesem Sinne ausgelegt. Dort handelte es sich aber nur um zwei Gesellschafter, die beide gleichzeitig Geschäftsführer der GmbH. waren. In solchem Falle kann wohl angenommen werden, daß nach der Absicht der beiden Gründer die besondere Genehmigung des § 17 zur Teilabtretung an den Mitgesellschafter nicht erforderlich sein sollte. Allgemein wird man aus einem Vorkaufsrecht der Mitgesellschafter diesen Schluß jedoch nicht ziehen können. **§ 17.**

α) Ein **anderer** Gesellschafter ist jeder, der einen von dem zu teilenden verschiedenen Geschäftsanteil besitzt (oben Anm. 12). Maßgebend ist die der Gesellschaft angemeldete Rechtslage. Trotz der Veräußerung gilt der Gesellschafter auch in diesem Falle als solcher, solange keine Anmeldung von der Abtretung einlief. Entscheidend ist der Zeitpunkt der Teilveräußerung, nicht deren Anmeldung. Erfolgen beide Anmeldungen gleichzeitig, so kann die Gesellschaft nicht die Wirksamkeit des Teilerwerbs mangels ihrer Genehmigung bestreiten. Aus dem Akte über den ersten Übertrag ist zu ersehen, daß schon vor dem Teilerwerbe der Erwerber Gesellschafter geworden war. Ein kaduzierter Gesellschafter ist nicht mehr ein anderer Gesellschafter. Ebensowenig ein solcher, dessen Geschäftsanteil wirksam eingezogen ist. Nur muß die Ausschließung des Gesellschafters oder die Amortisation schon **beendet** sein. Ist einer dieser beiden Akte infolge Verstoßes gegen das Gesetz oder den Gesellschaftsvertrag ungültig, so ist dadurch der Erwerb des Teils eines Gesellschaftsanteils ohne Genehmigung der Gesellschaft wirksam. — Der Erwerber des Teils muß in Wirklichkeit Gesellschafter sein. Wenn er einen anderen Geschäftsanteil nur durch Scheinvertrag erwirbt, um sich der Genehmigung beim Teilerwerbe zu entziehen, so kann sich auch die Gesellschaft auf den Scheincharakter jener Abtretung berufen (vgl. Anm. 51 zu § 15). Andererseits genügt es, daß er **Miteigentümer** an einem anderen Geschäftsanteil ist. Auch dieser ist Gesellschafter. Nicht Gesellschafter ist dagegen wieder, wer nur Mitglied einer Gesellschaft des bürgerlichen oder des Handelsrechts oder einer Erbgemeinschaft ist. Hier fehlt es an einem Rechte an dem Einzelbestandteile der Gesellschaft oder Erbgemeinschaft (§§ 718, 719 BGB., § 124 HGB., § 2033 Abs. 2 BGB.). Gehört ein Geschäftsanteil zu einem ehelichen Gesamtgute, so ist der Ehemann allein als anderer Gesellschafter im Sinne des Abs. 3 zu betrachten. Er allein übt ja die Rechte, die zum Gesamtgute gehören, aus. Nach Auflösung der Gemeinschaft ist das Verhältnis der Erbgemeinschaft gleich (§ 1443 Abs. 1, § 1503 BGB.). Besteht zwischen den Ehegatten das gesetzliche Güterrecht der ehemännlichen Verwaltung, so ist nur die Ehefrau, zu deren eingebrachtem Gute ein Geschäftsanteil gehört, als anderer Gesellschafter zu betrachten. **Anm. 13.**

Gültig ist die Teilveräußerung an einen anderen Gesellschafter auch, wenn sie nur zu dem Zweck geschieht, die von dem Erwerber alsbald zu tätigende Weiterveräußerung an einen Dritten ohne Genehmigung der Gesellschaft herbeizuführen. Es liegt ein Mißbrauch des Rechts des Gesellschafters vor. Ungültig wird aber die Übertragung an Dritte hierdurch nicht. Sie ist auch nicht zum Schein gewollt, sondern ein gerade zur Erreichung des Endzweckes wirklich gewolltes Rechtsgeschäft (vgl. § 15 Anm. 80 u. 81).

β) Die Gemeinschaft unter den Miterben kann durch einen **Teilungsvertrag** unter diesen selbst aufgehoben und hierbei ein Geschäftsanteil zerlegt werden. Es kann diese Teilung durch den Testamentsvollstrecker geschehen. Gemeint ist hierbei nicht der Auseinandersetzungsplan (§ 2204 Abs. 2 BGB.), sondern der notariell zu vollziehende Abtretungsakt an die einzelnen Erben. Auch er liegt dem Testamentsvollstrecker ob (Anm. 7 zu § 15). Auch er ist durch das Privileg des Gesetzes und des Gesellschaftsvertrags getroffen. Eine Bestimmung des Erblassers, der jedem von mehreren Erben Stücke seines Geschäftsanteils im Wege der „Anordnung über die Art und Weise der Auseinandersetzung" überträgt (§ 2048 Satz 1 BGB.), ist noch keine Erbteilung selbst. Sie ist von den Erben durch die gegenseitige Abtretung der Stücke zu vollziehen. Sie fällt unter die Formvorschrift des § 15 Abs. 3. Aber auch die Bestimmungen des § 17 Abs. 3 **Anm. 14.**

§ 17. sind anwendbar. Mehreren Vermächtnisnehmern, denen der Erblasser Stücke seines Geschäftsanteils vermachte, kommt die Begünstigung nicht zugute. Staub (erste Auflage) war hier anderer Ansicht. Allein die letztwilligen Verfügungen sind nicht privilegiert. Die Ursache der Ausnahmebestimmung liegt in der besonderen Art der Gemeinschaft der Erben.

Anm. 15. γ) Über die Anwendung des Abs. 3 auf die Teilung des ehelichen Gesamtgutes vgl. Anm. 12 und Hachenburg LZ. 1, 712ff. Ob eine Bestimmung des Gesellschaftsvertrags, der für die Erbteilung von der Genehmigung befreit, auch auf die Gesamtgutsteilung ausgedehnt werden darf, ist Auslegungsfrage. Man wird in der Regel sagen dürfen, daß die Gesellschafter, wenn sie bei der Abfassung des Vertrags an den Fall der Gesamtgutsteilung gedacht hätten, ihn ebenso wie die Erbteilung behandelt haben wollten.

Anm. 16. δ) Die Wiederaufhebung der die Genehmigung für die zulässigen Fälle aufhebenden Stelle des Gesellschaftsvertrags bedarf der Zustimmung der betroffenen Gesellschafter (Anm. 21 zu § 14). Ist sie nur zugunsten eines bestimmten Geschäftsanteils erfolgt, so genügt die Genehmigung des Inhabers dieses.

Anm. 17. b) In allen übrigen Fällen ist die Vorschrift zwingend. Die ohne die Genehmigung der Gesellschaft erfolgte Teilveräußerung ist unwirksam. Eine Statutenbestimmung, welche auch in diesem Falle von dem Erfordernis der Genehmigung absähe, ist nichtig. Sie ist nicht eintragungsfähig. Ist sie eingetragen, so bleibt sie wirkungslos. Eine Nichtigkeit des ganzen Gesellschaftsvertrags hat diese Ungültigkeit nicht zur Folge (RG. 14. 3. 08 DJZ. 08, 594, Anm. 46 u. 47 zu § 2). Ungültig ist es auch, wenn der Gesellschaftsvertrag die Genehmigung ein für allemal erteilen würde. Eine solche Genehmigungserklärung ist gleichbedeutend mit der Befreiung von der Genehmigung. Denn die Genehmigung ist vom Gesetzgeber als eine auf Grund der Prüfung des betreffenden Falles erfolgende konkrete Genehmigungserklärung gedacht. Sie soll sich auch auf die Person des Erwerbers erstrecken (§ 17 Abs. 2; OLG. Hamburg 7. 12. 16 OLGR. 37, 3). Daher ist auch eine Genehmigung einer künftigen Abtretung eines Teils, die im voraus im Gesellschaftsvertrag erfolgt, unwirksam (RG. 3. 10. 06 JW. 1906, 777[46]; OLG. Dresden 23. 3. 21 RundschGmbH. 1921, 932; a. M. Holdheim 22, 136).

Ungültig ist auch eine Abtretung eines Teilgeschäftsanteils mit der Abrede, daß diese der Gesellschaft nicht angezeigt werden solle. Dieser Vertrag ist in sich widersprechend (RG. 20. 12. 99 JW. 00, 161). Doch kann die Auslegung ergeben, daß die Parteien nur eine interne Beteiligung an den Ergebnissen des Geschäftsanteils wollten.

Anm. 18. c) Für die Genehmigung der Gesellschaft ist eine bestimmte Form und ein bestimmter Inhalt vorgeschrieben.

Anm. 19. Die Form ist die der Schriftlichkeit. Der Gesellschaftsvertrag kann dies nicht mildern. Er darf auch nicht bestimmen, daß die Genehmigung von einem anderen Organe ausgesprochen wird als von den Geschäftsführern (RG. 12. 5. 14 RGZ. 85, 46; OLG. Hamburg 28. 11. 13 OLGR. 28, 359; a. M. Niemeyer LZ. 1914, 1339). Eine stillschweigende Genehmigung ist ausgeschlossen (RG. 17. 6. 22 RGZ. 105, 154). Darin liegt ein Gegensatz zu der aus dem Gesellschaftsvertrage fließenden Genehmigung bei der Veräußerung des ganzen Geschäftsanteils (Anm. 53 zu § 15). Es genügt daher nicht die Abtretung des Anspruchs der GmbH. gegen den Erwerber auf Einzahlung der Reststammeinlage an einen Dritten (OLG. Dresden 26. 10. 09 BayerZ. 18, 133), nicht die Eintragung in die Mitgliederliste (RG. 3. 10. 06 RGZ. 64, 149; OLG. Hamburg 15. 1. 14 RundschGmbH. 1914, 383), nicht die Einladung zu Gesellschafterversammlungen (RG. 17. 6. 22 a. a. O.). Die Ansicht des RG. (10. 6. 10 JW. 1910, 843), in der Eintragung in die Mitgliederliste könne eine wirksame schriftliche Genehmigung gesehen werden, wenn einer der Vertragschließenden sie einsah oder sie ihm vorgelegt wurde, ist in der Entscheidung vom 17. 6. 22 (RGZ. 105, 154) mit Recht aufgegeben. Man wird zwar jeder Abschwächung eines weitgehenden Formalismus zustimmen, aber trotzdem die Mitgliederliste, die zur Abgabe der Genehmigungs-

erklärung gegenüber dem Veräußerer oder Erwerber nicht bestimmt ist, nicht als die dem § 17.
Gesetz entsprechende schriftliche empfangsbedürftige Willenserklärung ansehen können (vgl. auch Niemeyer LZ. 1914, 1337). Fehlt es an der vorgeschriebenen schriftlichen Form der Genehmigung, so ist sie nichtig. Jeder darf sich darauf berufen. Es gibt keine Bestätigung. Sie muß formgerecht wiederholt werden (OLG. Hamm 20. 12. 06 OLGR. 14, 363).

Anm. 20. Der Beschluß der Genehmigung selbst erfolgt durch die Gesellschafter, falls das Statut die Befugnis nicht auf andere Organe übertrug (§ 46 Nr. 4; vgl. auch RG. 12. 5. 14 RGZ. 85, 46; Niemeyer LZ. 1914, 1337; OLG. Rostock 3. 4. 13 MecklZ. 32, 56). Die herrschende Praxis gibt auch hier dem Geschäftsführer oder Liquidator das Recht der Genehmigung nach außen ohne Rücksicht darauf, ob ein Beschluß der Gesellschafter vorliegt (RG. 28. 2. 06 Holdheim 15, 202; RG. 3. 10. 06 JW. 06, 777[46]; RG. 27. 4. 15 Warneyer 1915 Nr. 179; RG. 22. 11. 18 Recht 1919 Nr. 582; RG. 13. 6. 22 RGZ. 104, 413; OLG. Kassel 6. 12. 06 Recht 07, 70[98]; OLG. Braunschweig 22. 10. 07 OLGR. 16, 115; OLG. Dresden 23. 3. 21 RundschGmbH. 1921, 239). Sie beruht auf der Meinung, als käme hier eine Beschränkung der Vertretungsmacht des Geschäftsführers in Frage. Um eine solche handelt es sich aber nicht. Der Veräußerer, dessen Teilabtretung genehmigt werden soll, ist kein Dritter im Sinne des § 37 (vgl. Anm. 52 zu § 15 und 18 zu § 46). Allerdings liegt es dem Geschäftsführer ob, die Genehmigung auszustellen. Allein ebenso, wie er die Nachschüsse nur einfordern darf, wenn sie von den Gesellschaftern beschlossen sind, so kann er die Genehmigung nur abgeben, wenn er einen Beschluß der Gesellschafter vollzieht. Der nicht mitgeteilte Beschluß ist eine interne Angelegenheit und kann wieder geändert werden (Anm. 56 zu § 15). Wohnt der Antragsteller der Gesellschafterversammlung bei, so genügt seine Kenntnis von der Ablehnung. Eine nachträgliche Genehmigung braucht er nicht mehr anzunehmen. Einen klagbaren Anspruch gegen die Gesellschaft auf Ausstellung der Urkunde über die Genehmigung, nachdem diese von den Gesellschaftern ausgesprochen ist, hat der Gesellschafter nicht. Auch nicht eine Schadensersatzklage gegen den Geschäftsführer, der den Vollzug weigert (a. M. BauersZ. 18, 180). Er kann nur die nochmalige Berufung der Gesellschafterversammlung herbeiführen und Maßnahmen gegen den Geschäftsführer beantragen. Es liegt hier nur einer der Fälle vor, in denen ein Geschäftsführer die Beschlüsse der Gesellschaft nicht vollzieht.

Die Genehmigung ist ein Rechtsgeschäft. Sie kann dem Erwerber oder Veräußerer gegenüber erklärt werden. Sie muß einem von beiden zugehen (RGZ. 105, 152; RG. 22. 11. 18 Recht 1919 Nr. 581). Sie untersteht der Vorschrift des BGB. über die Gültigkeit der Willenserklärungen. Sie ist nichtig, wenn der Geschäftsführer geisteskrank war. Sie ist anfechtbar, wenn sie durch Irrtum oder Betrug oder Zwang veranlaßt wurde. Die Gesellschaft kann ihre Genehmigung wieder vernichten, wenn sie durch falsche Angaben über Solvenz des Erwerbers eines nicht vollbezahlten Geschäftsanteils die Zustimmung zur Übertragung erteilte. Inwieweit der Irrtum über die Person erheblich ist, richtet sich nach der Verkehrsauffassung und der konkreten Sachlage (vgl. Anm. 56 zu § 15). Die Genehmigung ist, auch wenn der Geschäftsführer der Gesellschaft Veräußerer oder Erwerber des Geschäftsanteils ist, von ihm als Vertreter der Gesellschaft auszusprechen; § 181 BGB. steht nicht entgegen (vgl. § 15 Anm. 52).

Anm. 21. Neben der Form ist ein bestimmter Inhalt vorgeschrieben. Die Genehmigung muß etwa so lauten: „Herr Müller besitzt einen Geschäftsanteil der Schlafwagengesellschaft mit beschränkter Haftung zu Ulm im Betrage von 20000 M. Herr Schulze hat einen Teil von 5000 M. hiervon erworben. Dies wird hiermit genehmigt. Auf Herrn Schulze entfällt hiernach ein Teil von 5000 M., auf Herrn Müller ein solcher von 15000 M.“ Geht dieser vorgeschriebene Inhalt aus der Genehmigung nicht deutlich hervor, so ist sie unwirksam. Daß sie aber stets die Person des Erwerbers und den Betrag des neugebildeten Geschäftsanteils ausdrücklich enthalten muß, kann nicht verlangt werden. Sie müssen nur deutlich erkennbar sein (OLG. München 4. 11. 14 RundschGmbH. 1915, 142). Den Erfordernissen des § 17 Abs. 2 ist deshalb auch genügt, wenn die Ge-

§ 17. nehmigungserklärung auf den Abtretungsakt oder andere schriftliche Urkunden Bezug nimmt, in denen die Erfordernisse enthalten sind (RG. 27. 4. 15 Holdheim 24, 157; RG. 12. 5. 14 RGZ. 85, 46). Nicht zulässig ist dagegen, diese Erfordernisse aus anderen, außerhalb der Genehmigungsurkunde liegenden Umständen, z. B. aus einer Gesellschafterliste, zu ergänzen (RG. 17. 9. 15 LZ. 1916, 60). Die in der Gerichtspraxis vielfach aufgestellte Forderung, daß die Genehmigung bei der Abtrennung eines Teiles eines Geschäftsanteils auch ausdrücklich erwähnen müsse, welcher Betrag dem Veräußerer bleibt (OLG. Hamm 16. 12. 05 Recht 06, 387[1008]; OLG. Kassel 6. 12. 06 Recht 07, 70[97]), ist als zu formalistisch abzulehnen. Allerdings bezieht sich § 17 Abs. 2 auch auf die Abtretung eines Teils eines Geschäftsanteils unter Verbleiben des übrigen Betrags beim Veräußerer (RG. 3. 10. 06 JW. 06, 777). Aber dem Geschäftsführer zuzumuten, daß er eine Subtraktion, die jeder sich selbst machen kann, ausdrücklich hervorhebe, geht zu weit (RGZ. 85, 49 und Holdheim 24, 157). Es genügt, daß der Geschäftsanteil des Veräußerers in der ursprünglichen Höhe und der Betrag des abzutretenden Teils angegeben werden (RG. 13. 3. 14 Holdheim 23, 156; vgl. auch OLG. Hamburg 14. 10. 13 OLGR. 27, 370). Dagegen muß sich aus der Genehmigung ergeben, von welchem von mehreren einem Gesellschafter zustehenden Anteilen der Teilbetrag abgetreten ist (RG. 15. 12. 16 Holdheim 26, 138).

Anm. 22. Die Genehmigung kann **bedingt** erteilt werden (a. M. Brodmann Anm. 2). Der Erwerber braucht sich dem Veräußerer gegenüber nicht damit zu begnügen. Er kann die Beschaffung einer unbedingten Genehmigung fordern. Für die Gesellschaft ist aber die Beifügung einer Bedingung zulässig. Bei deren Eintritt ist die Teilabtretung wirksam. Ein Zusatz „soweit gesetzlich zulässig ist" ist überhaupt keine Bedingung. Er hemmt die sofortige Wirksamkeit der Genehmigung nicht (RG. 25. 1. 10 Recht 1910, 1003). Er bedeutet nur eine Verwahrung der Gesellschaft gegen etwaige Ansprüche des Erwerbers.

Die Genehmigung kann auch erteilt werden, wenn das Veräußerungsgeschäft in der Schwebe ist. Die Möglichkeit, daß die eine der Parteien vom Vertrage zurücktritt, schließt die Genehmigung nicht aus. Sie kann auch während eines zwischen Veräußerer und Erwerber über die Wirksamkeit des Verkaufs schwebenden Prozesses erfolgen (RG. 25. 1. 10 Recht 10, 1003; OLG. München 4. 11. 14 RundschGmbH. 1915, 142; vgl. Anm. 56 zu § 15). Eine vorzeitige Rücktrittserklärung des Erwerbers schließt die Genehmigung und ihre Wirkung der endgültigen Bindung nicht aus (RG. 3. 10. 06 RGZ. 64, 149). Über die Genehmigung im Konkurse der Gesellschaft Anm. 52 zu § 15.

Die Genehmigung kann **vor oder nach der Veräußerung** erteilt werden (OLG. Hamburg 11. 6. 01 in OLGR. 3, 66; KG. 18. 12. 05 KGBl. 06, 22; RG. 3. 10. 06 RGZ. 64, 149). In § 184 BGB. ist „Genehmigung" der Ausdruck für die nachträgliche Zustimmung. Bei der Entstehung des GmbHGes. war aber dieser Begriff noch nicht eingeführt. Genehmigung umfaßt hier auch die Einwilligung (§ 183 BGB.; RGZ. 64, 151; vgl. § 15 Anm. 54). Eine Genehmigung der Teilung kann auch in dem Abtretungsakte selbst geschehen (RG. 5. 1. 04 JW. 04, 123; OLG. Rostock 3. 4. 13 MecklZ. 32, 56), sei es, daß der Geschäftsführer selbst der Zedent ist oder daß er zu dem Abtretungsakt zugezogen wird. In solchen Fällen genügt wiederum eine ausdrückliche oder stillschweigende Bezugnahme auf den übrigen Inhalt der Urkunde. Die Genehmigungserklärung muß nicht die Person des Erwerbers usw. nennen. Eine ausdrückliche oder stillschweigende, aber jedenfalls deutliche Bezugnahme auf den übrigen Teil der Urkunde reicht hin (vgl. oben Anm. 21). Daß durch die notarielle Form die Form der Schriftlichkeit gewahrt ist, ergibt sich aus § 126 Abs. 3 BGB.

Anm. 23. Die Genehmigung zur Teilabtretung kann **schon im Gründungsstadium erfolgen** (RG. v. 17. 6. 22 JW. 23, 49). Der Geschäftsführer ist auch in diesem Stadium als Organ der Gesellschaft anerkannt (RG. 5. 1. 04 JW. 04, 123). Nur muß es sich um eine bestimmt bezeichnete Teilabtretung handeln. Die Person des Erwerbers und der Nennbetrag des abzutretenden Teils muß angegeben sein. Eine generelle Ermächtigung wäre eine unzulässige Aufhebung der gesetzlichen Vorschrift (OLG. Hamburg 7. 12. 16 Rundsch-

GmbH. 1917, 379; OLG. Dresden 23. 3. 21 RundschGmbH. 1921, 239). Die Teilabtretung wird mit der Eintragung der GmbH. zum Handelsregister wirksam. Eine nochmalige Wiederholung der Genehmigung wäre leere Form (RG. a. a. O.). § 17.

Die Genehmigung kann willkürlich erteilt oder verweigert werden, vgl. Anm. 55 zu § 15.

Eine ohne formgerechte Genehmigung der Gesellschaft erfolgte Veräußerung ist unwirksam. Ein obligatorischer Veräußerungsvertrag ist nicht ungültig. Er verpflichtet den Veräußerer zur Abtretung und zur Herbeiführung der Genehmigung der Gesellschaft (RG. 18. 2. 09 Recht 09, 1203; RG. 20. 6. 16 RGZ. 88, 319). Hier hängt die Wirksamkeit der Abtretung von der Genehmigung der Gesellschaft ab. Es gilt hier alles, was über die im Gesellschaftsvertrage vorgeschriebene Genehmigung zu sagen war, vgl. Anm. 56 u. 57 zu § 15; Anm. 4 Exkurs II zu § 15. Ein Schadensersatzanspruch des Erwerbers ist hier ebenso wie eine Anfechtung wegen Irrtums oder arglistiger Täuschung ausgeschlossen, da er die Bestimmungen des Gesetzes so gut wie der Veräußerer kennen mußte (§ 307 BGB.; OLG. Dresden 15. 4. 13 BauersZ. 21, 88). Anders, wenn der Veräußerer hierfür gut stand oder die Genehmigung selbst vereitelte (RG. 7. 4. 06 DJZ. 06, 710; RG. 20. 6. 16 RGZ. 88, 319). Für die Schenkung vgl. Anm. 58 zu § 15.

6. **Die Abtretung des Teils kann wie die Abtretung des ganzen Geschäftsanteils im Gesellschaftsvertrage noch an andere Voraussetzungen geknüpft werden** (§ 15 Abs. 5). Der Gesellschaftsvertrag hat freie Hand. Er kann die Genehmigung aller einzelnen Gesellschafter selbst vorschreiben. Ob es für die gewillkürte Voraussetzung auch der Form des § 17 Abs. 2 bedarf, ist Auslegungsfrage. Es muß aus dem Gesellschaftsvertrage hervorgehen. Die Teilung kann auch derart beschränkt werden, daß kein Geschäftsanteil unter einem Mindestbetrag, der höher ist als der gesetzliche, gebildet werden darf. Im Wege der Abänderung des Gesellschaftsvertrags ist dies nur mit Zustimmung aller Gesellschafter zulässig. (A. M. OLG. Dresden 11. 11. 03 OLGR. 9, 267 für den Fall es sich um eine „geringfügige Beschränkung der Teilung" handelt. Eine solche Ausnahme läßt sich aber nicht begründen, vgl. Anm. 19ff. zu § 14.) Die Abtretung kann auch ganz ausgeschlossen werden (oben Anm. 5). **Anm. 24.**

III. **Die Wirkung der Teilveräußerung.** **Anm. 25.**

a) Der abgezweigte Teil des Geschäftsanteils entsteht als ein neuer selbständiger Geschäftsanteil (vgl. RG. 11. 4. 13 DJZ. 1913, 867). Erwirbt der Veräußerer ihn wieder, so fließt er nicht etwa mit dem zurückbehaltenen Teil in einem Geschäftsanteil wieder zusammen. Auch sukzessiver Erwerb aller Teile eines Geschäftsanteils bewirkt einen solchen Zusammenfluß nicht (oben Anm. 1). Wird aber die Teilveräußerung nachträglich unwirksam, insbesondere durch Anfechtung wegen Irrtums und Betrugs, so wird die Selbständigkeit des neugeschaffenen Teils wieder vernichtet. Der Veräußerer hat nach wie vor nur einen Geschäftsanteil. Die Anfechtung der Veräußerung des abgetretenen Teils im Konkurse des Gesellschafters oder wegen Benachteiligung des Gläubigers hat dagegen diese Wirkung nicht. Der Konkursverwalter veräußert jeden Teil für sich. Es gibt eine besondere Vollstreckungspfändung in den zurückgebliebenen Teil und in den abgetretenen, dessen Veräußerung angefochten worden ist.

b) Der Erwerber erwirbt die Rechte, welche aus der Mitgliedschaft fließen, im Verhältnis des von ihm erworbenen Teils. Diese Rechte gehen im Verhältnis zu den Parteien und auch sonst in jeder dinglichen Richtung schon mit der Veräußerung selbst über. Es gilt hier alles, was bei der Veräußerung eines ganzen Geschäftsanteils gilt. (Vgl. daher Anm. 66 zu § 15.) **Anm. 26.**

c) Der Gesellschaft gegenüber entstehen Rechte und Pflichten des Erwerbers von der Anmeldung an (§ 16). Auch dann, wenn die Gesellschaft die Teilveräußerung vorher genehmigt hat (vgl. Anm. 5 zu § 16). In dem Ersuchen um Genehmigung nach der Abtretung liegt die Anmeldung (Anm. 4 zu § 16). **Anm. 27.**

§ 17. Der Erwerber kann von der Anmeldung ab die aus dem Geschäfts-
Anm. 28. anteile fließenden Rechte im Verhältnisse des erworbenen Teils gegen die Gesellschaft geltend machen. Das gilt von den Verwaltungsrechten (Stimmrecht usw.) und von den vermögensrechtlichen Ansprüchen. Das Nähere s. Anm. 12ff. zu § 16. Sind an den Geschäftsanteil weitere Rechte geknüpft, z. B. das Recht, jederzeit die Bücher der Gesellschaft einzusehen, Auskunft zu fordern, so ist es Auslegungsfrage, ob diese Rechte auf jeden Teil des Geschäftsanteils übergehen. Handelt es sich um Rechte, die nicht vervielfacht werden können, ohne die Gesellschaft stärker zu belasten, z. B. das Recht auf den Alleinbezug der Produktion der Gesellschaft, auf die Kontrolle durch Büchereinsicht, so muß, falls der Gesellschaftsvertrag nichts darüber sagt, angenommen werden, daß diese Rechte bei dem in der Hand des früheren Gesellschafters bleibenden Teile zurückbleiben. Gehen gleichzeitig alle Teile in andere Hände über, so muß ein solches unteilbares Recht als diesen mehreren Teileignern gemeinsam behandelt werden (arg. § 18).

Anm. 29. Auch die Verpflichtungen, die an dem Geschäftsanteil haften, gehen anteilmäßig auf den Erwerber über. Das Gesetz denkt sich die Veräußerung eines Teils eines Geschäftsanteils als teilweises Ausscheiden eines Gesellschafters. Deshalb muß die Rechtslage hier gleich derjenigen beim vollständigen Ausscheiden eines Gesellschafters sein (Anm. 14—16 zu § 16). Die Verpflichtungen zu den später fällig werdenden Leistungen gehen pro rata auf den Erwerber über. Für den Rest bleibt der Veräußerer weiter haftbar. Für die Rückstände haftet er als Gesamtschuldner neben dem Teilerwerber (§ 16 Abs. 3). Ist z. B. ein Geschäftsanteil von 10000 M. in Höhe von 3000 M. noch nicht bezahlt und erwirbt jemand einen Teil dieses Geschäftsanteils in Höhe von 8000 M., so geht die Verpflichtung zur Zahlung jener 3000 M. zu $^{8}/_{10}$ auf den Zessionar über. Es kann diese Rechtsfolge nicht dadurch umgangen werden, daß nur der „bezahlte" Teil des Geschäftsanteils abgetreten wird (oben Anm. 1). Die Zahlungspflicht der 3000 M. ruht auf dem ganzen Geschäftsanteil. Ebenso läßt sich auch der nicht bezahlte Geschäftsanteil nicht absondern. Auch nicht der durch Sacheinlagen gedeckte Teil des Geschäftsanteils. Immer wird nur vom ganzen Geschäftsanteil ein Nennbetrag getrennt. Leistet aber der Erwerber nach der Abtretung des Teils auf seine Stammeinlage eine Zahlung, so wird diese nur auf die Stammeinlage seines Teilanteils angerechnet, nicht auch auf die Einlage des Veräußerers (RG. 11. 11. 13 DJZ. 1913, 867). — Bei rein persönlichen Leistungen verbleiben alle Verpflichtungen beim Veräußerer. (So zutreffend Liebmann Anm. 8; Birkenbihl Anm. 2.) Anders bei unteilbaren Leistungen. Hier tritt eine Gesamtschuld ein (§ 431 BGB.).

Anm. 30. **Zusatz 1. Ein Teil eines Geschäftsanteils kann auch verpfändet werden** (a. M. Neukamp Anm. 3b; Liebmann Anm. 20f zu § 15; Brodmann Anm. 2 zu § 15). Der Geschäftsanteil bildet zwar ein Ganzes. Nur durch Veräußerung kann er geteilt werden. Die Verpfändung ist keine Veräußerung. Allein nach § 1274 Abs. 2 BGB. kann ein Recht insoweit verpfändet werden, als es übertragbar ist. Nur insoweit, aber insoweit doch jedenfalls. Soweit also die teilweise Veräußerung zulässig ist und unter den Voraussetzungen derselben, ist auch die teilweise Verpfändung zulässig (vgl. Näheres wegen der Form der Verpfändung, der Genehmigung der Gesellschaft usw. Anm. 2 u. 3 im Exkurs I zu § 15). Die gegenteilige Ansicht stützt sich auf den Wortlaut des Abs. 5 § 17, welcher die Teilung eines Geschäftsanteils auf die Fälle der Veräußerung und Vererbung beschränkt. Diese Bestimmung wird aber durch die hier vertretene Auffassung nicht verletzt. Denn die Verpfändung bewirkt noch keine Teilung des Geschäftsanteils. Sie ändert an den gesellschaftlichen Verwaltungsrechten des Gesellschafters (Stimmrecht usw.) nichts, wie ja auch die Verpfändung des ganzen Geschäftsanteils daran nichts ändert (Anm. 4 im Exkurs zu § 15). Erst die Verwertung des Pfandes führt zu der Teilung des Geschäftsanteils. Wird das Pfandrecht aufgehoben, so bleibt der ursprüngliche Geschäftsanteil bestehen; eine Teilung ist nicht eingetreten. Kommt es zur Verwertung des Pfandes, so kann nur der Teil des Geschäftsanteils versteigert werden. Die Genehmigung zur Teilung ist mit der Genehmigung zur Teilverpfändung schon gegeben. Zu unterscheiden hiervon ist die Verpfändung des Geschäftsanteils bis zur Höhe einer bestimmten Summe (vgl. Anm. 8

Exkurs I zu § 15). — Der Geschäftsanteil kann mehrere Miteigentümer haben. Von diesen kann jeder seinen ideellen Miteigentumsanteil verpfänden (§ 1258 BGB.). § 17.

Die vermögensrechtlichen Ansprüche aus dem Geschäftsanteile, die Ansprüche auf Gewinn, das Auseinandersetzungsguthaben usw., können ganz oder zum Teil selbständig verpfändet werden (Anm. 7 zu § 15). Darin liegt nicht die Verpfändung des Geschäftsanteils als solchen, auch nicht eines Teils des Geschäftsanteils. Anm. 31.

Zusatz 2. Ein Teil eines Geschäftsanteils kann auch gepfändet werden. Auch die Zulässigkeit der Pfändung folgt den Regeln der Übertragbarkeit. Ein Recht ist insoweit pfändbar, als es übertragbar ist (§§ 851, 857 ZPO.). Es kann hiernach ein Teil eines Geschäftsanteils gepfändet werden (a. M. Liebmann Anm. 21 zu § 15, Brodmann Anm. 1). Wie die Pfändung bewirkt wird, darüber s. Anm. 11 im Exkurs I zu § 15. Sie hat zur Folge, daß der Gesellschafter diesen Teil nicht mehr zum Schaden des Pfändungsgläubigers veräußern kann. Anm. 32.

Im weiteren Verlauf der Pfändung kann der gepfändete Teil im Wege der Versteigerung veräußert werden (vgl. Anm. 12 im Exkurs I zu § 15). Durch solche Veräußerung wird eine Teilung des Geschäftsanteils gemäß § 17 bewirkt. Anm. 33.

Im Gegensatz zu der Pfändung des ganzen Geschäftsanteils bedarf es bei der Versteigerung eines Teils desselben stets der Genehmigung der Gesellschaft. Dort handelt es sich um eine durch Rechtsgeschäft begründete Unveräußerlichkeit (Anm. 17 Exkurs I zu § 15). Hier ist sie durch das Gesetz geboten. So wenig bei jener ein Gesellschafter durch Einbringen seines Vermögens in eine GmbH. dies dem Zugriff seiner Gläubiger entziehen kann, indem er im Gesellschaftsvertrage die Unveräußerlichkeit oder die Genehmigung der Gesellschaft bedingt, so wenig kann durch das Mittel der Zwangsvollstreckung die gesetzliche Vorschrift, daß eine Zerlegung des Geschäftsanteils nur mit Zustimmung der Gesellschaft geschehen darf, umgangen werden. Ist dagegen durch den Gesellschaftsvertrag die Teilung völlig ausgeschlossen, so fällt dies wieder in das Gebiet der rechtsgeschäftlichen Veräußerungsverbote. Diese Bestimmung steht der Zwangsvollstreckung in einen Teil des Geschäftsanteils nicht im Wege. Diese Bedingungen der Wirksamkeit der Versteigerung werden am besten schon in den Pfändungsbeschluß aufgenommen (vgl. auch KG. 8. 5. 05 OLGR. 10, 394). Ist die erforderliche Genehmigung nicht erteilt, so sind die exekutorischen Rechtsakte unwirksam. Eine Pfändung eines Teils eines Geschäftsanteils ist daher unpraktisch. Es ist kaum ein Grund einzusehen, aus dem ein Gläubiger seinen Zugriff auf einen Teil des Geschäftsanteils beschränken sollte. Anm. 34.

Nichts zu tun hiermit hat die Frage, inwieweit die Pfändung von vermögensrechtlichen Ansprüchen, welche aus der Mitgliedschaft fließen (Ansprüche auf Gewinn, Ausschüttungsguthaben usw.), zulässig ist. Hierin liegt nicht die Pfändung eines Teils des Geschäftsanteils. Vgl. hierüber Anm. 16 im Exkurs I zu § 15.

Zusatz 3. Das österr. Gesetz weicht bei der Regelung der Teilbarkeit nicht unwesentlich vom deutschen Systeme ab. Es verbietet zunächst innerhalb des ersten Jahres seit Gründung der Gesellschaft jede Teilabtretung an Nichtgesellschafter. Auch der obligatorische Vertrag hierüber ist nichtig (§ 79 Abs. 2). Man will vermeiden, daß die Sukzessivgründung, die das Gesetz ausschließt, auf einem Umwege erreicht werde. Des weiteren ist auch für spätere Zeit eine Teilabtretung nur dann statthaft, wenn sie im Gesellschaftsvertrage zugelassen ist. Dabei kann die Zustimmung der Gesellschaft vorbehalten bleiben (§ 79 Abs. 1). Ist das nicht geschehen, so erfolgt, sobald die Statuten die Teilung gestatten, die Teilabtretung ohne Mitwirkung der Gesellschaft. Nur die Teilung des Geschäftsanteils unter mehrere Erben ist auch ohne Bewilligung im Gesellschaftsvertrage zulässig. Diese kann aber statutarisch an die Genehmigung der Gesellschaft geknüpft werden (§ 79 Abs. 2). Anm. 35.

Das polnische Dekret (Art. 5 Abs. 3) verbietet die Teilung schlechthin; auch für den Fall der Vererbung besteht keine Ausnahme. Das französische Gesetz enthält über die Teilung von Geschäftsanteilen keine besonderen Bestimmungen. Der Schweizer Entwurf schließt sich dem deutschen Recht an (Art. 808).

§ 18.

§ 18.

Steht ein Geschäftsanteil mehreren Mitberechtigten ungeteilt zu, so können sie die Rechte aus demselben nur gemeinschaftlich ausüben.

Für die auf den Geschäftsanteil zu bewirkenden Leistungen haften sie der Gesellschaft solidarisch.

Rechtshandlungen, welche die Gesellschaft gegenüber dem Inhaber des Anteils vorzunehmen hat, sind, sofern nicht ein gemeinsamer Vertreter der Mitberechtigten vorhanden ist, wirksam, wenn sie auch nur gegenüber einem Mitberechtigten vorgenommen werden. Gegenüber mehreren Erben eines Gesellschafters findet diese Bestimmung nur in bezug auf Rechtshandlungen Anwendung, welche nach Ablauf eines Monats seit dem Anfalle der Erbschaft vorgenommen werden.

Anm. 1. I. **Vorausgesetzt ist, daß mehrere Mitberechtigte eines Geschäftsanteils der Gesellschaft gegenüber vorhanden sind.**

1. **Mehrere Mitberechtigte müssen vorhanden sein.** Der Fall liegt nur vor, wenn an einem ungeteilten Geschäftsanteil mehrere Personen mitberechtigt sind, sei es als Miteigentümer oder als Eigentümer zur gesamten Hand. Der Fall, daß von mehreren Personen jedem ein Teil eines Geschäftsanteils gehört, gehört nicht hierher. Denn das sind in Wahrheit mehrere Geschäftsanteile (vgl. Anm. 25 zu § 17).

Anm. 2. 2. **Der Gesellschaft gegenüber** müssen mehrere Mitberechtigte vorhanden sein. Dazu gehört die Anmeldung. Unterbleibt sie, so kennt die Gesellschaft keine mehreren Mitberechtigten. Dies gilt ebenso, wenn der Erwerb des Miteigentums von dem bisherigen Alleineigentümer nicht angemeldet wird, als auch wenn mehrere Personen gemeinschaftlich einen Geschäftsanteil erwerben, der Gesellschaft gegenüber aber nur einer als Erwerber erscheint. Die mehreren Mitberechtigten sind aber für die Gesellschaft noch vorhanden, wenn der Alleinerwerb durch einen von ihnen oder einen Dritten nicht angezeigt wird.

Anm. 3. **Möglichkeiten.** Bei der Entstehung des GmbHG. richteten sich die Möglichkeiten der ungeteilten Mitberechtigung nach Partikularrecht. Jetzt sind die Bestimmungen des BGB. maßgebend. Dieses stellt unter dem Titel „Gemeinschaft" die allgemeinen Regeln für jede Mitberechtigung auf (§§ 741 ff.). Daneben bestehen Sondervorschriften für eine Reihe von Gemeinschaften: für die Gesellschaft (§§ 705 ff.), für die eheliche Gütergemeinschaft (§§ 1438 ff., 1519 ff., 1549 ff.) und für die Erbgemeinschaft (§§ 2032 ff.). Bei diesen drei Sondergruppen ist der deutschrechtliche Gedanke der gesamten Hand durchgeführt. Bei der gewöhnlichen Gemeinschaft hält das BGB. an der römischrechtlichen Auffassung der festen Anteile der einzelnen Berechtigten fest. Soweit das GmbHG. Bestimmungen über den gemeinschaftlichen Geschäftsanteil aufstellt, gelten diese für jede Art der Gemeinschaft. Soweit solche nicht gegeben sind, bewendet es bei den Regeln des BGB. für die jeweils in Frage stehende Art der Gemeinschaft. Dabei fällt jede Gemeinschaft, die nicht zu den besonders geregelten Gruppen gehört, unter die Kategorie der gewöhnlichen Gemeinschaft.

Anm. 4. Eine *Gesellschaft* des bürgerlichen Rechts macht den Geschäftsanteil zu einem Bestandteile des Gesellschaftsvermögens (§ 718 BGB.). Dies gilt auch dann, wenn die Gesellschaft nur zum Zwecke eines gemeinschaftlichen Erwerbes des Geschäftsanteils begründet wurde. Gläubiger eines Gesellschafters können daher nicht in den Anteil ihres Schuldners vollstrecken, sondern nur die Auseinandersetzung der Gesellschaft herbeiführen. Darüber, daß schon bei der Gründung der gemeinsame Erwerb eines Geschäftsanteils zulässig ist, vgl. Anm. 27 zu § 2; RG. 7. 11. 13 RGZ. 83, 260; a. M. Brodmann Anm. 1.

Bei der ehelichen Gütergemeinschaft gehört der Geschäftsanteil zu dem Gesamtgut. Er untersteht den Vorschriften über dieses. Eine unentgeltliche Verfügung des Ehemannes ist ohne Mitwirkung der Ehefrau unwirksam. Die entgeltliche steht ihm allein zu. Nach Auflösung der Gütergemeinschaft steht die Verwaltung des Gesamtgutes bis zur Auseinandersetzung den beiden Ehegatten gemeinsam zu (§ 1472 BGB.). Doch kann der Mann, bis er von der Beendigung der Gütergemeinschaft Kenntnis erlangt hat oder sie kennen muß, die Rechte aus dem Geschäftsanteil wirksam ausüben (§ 1424 BGB.). Da jeder Ehegatte während der Zwischenzeit zu allen Maßregeln mitzuwirken hat, die zur ordnungsgemäßen Verwaltung erforderlich sind (§ 1472 Abs. 2 BGB.), so muß er auch in die Bestellung eines gemeinschaftlichen Vertreters willigen. § 18.

Bei der Erbengemeinschaft ist die Verfügung jedes einzelnen Miterben über den Anteil an dem zum Nachlasse gehörenden Geschäftsanteil ausgeschlossen (§ 2033 Abs. 2 BGB.). Ebenso ist die Zwangsvollstreckung durch einen Gläubiger eines Erben unzulässig.

Die gewöhnliche Gemeinschaft entsteht z. B. durch das Vermächtnis eines Geschäftsanteils an mehrere Legatare. Ebenso wenn mehrere schadensersatzpflichtige Beauftragte den Schadensersatz für den auftragswidrig erworbenen Geschäftsanteil durch Übernahme desselben für eigene Rechnung leisten (vgl. Anm. 16 zu § 15). Endlich da, wo eine Gesellschaft beabsichtigt war, ein gültiger Gesellschaftsvertrag jedoch nicht vorliegt. In solchen und ähnlichen Fällen steht jedem Mitberechtigten sein ideeller Anteil an dem gemeinschaftlichen Geschäftsanteile zu. Er kann über denselben verfügen und ihn ohne Mitwirkung seiner Mitberechtigten verkaufen (§ 747 Satz 1 BGB.). Soweit nach dem Gesellschaftsvertrag die Veräußerung der Geschäftsanteile der Genehmigung bedarf, bedarf es auch die Veräußerung dieser Quoten. Ohne solche Vorschrift des Statuts ist der Gemeinschaftsanteil frei veräußerlich. Die Bestimmung des § 17 Abs. 1 über die Veräußerung eines Teiles eines Geschäftsanteils ist nicht anwendbar. Anm. 5.

Die Aufhebung jeder Gemeinschaft und deren Auseinandersetzung richtet sich nach den Vorschriften der §§ 752ff., auch bei Gesellschaften (§ 731), bei der ehelichen Gütergemeinschaft (§ 1477 Abs. 1) und der Erbgemeinschaft (§ 2042 Abs. 2). Die Vorschrift der Naturalteilung (§ 752) tritt aber hinter der des § 17 Abs. 1 zurück. Die Gesellschaft kann die Zustimmung zur Zerlegung in mehrere Geschäftsanteile versagen. Dann ist die Teilung in Natur ausgeschlossen (§ 753 Abs. 1 Satz 1). Es erfolgt die Aufhebung der Gemeinschaft mangels anderweiter Einigung im Wege der Versteigerung nach den Vorschriften über den Pfandverkauf. Wird die Genehmigung der Gesellschaft zur Veräußerung an die dritten Ansteigerer versagt, so ist der Geschäftsanteil unter den Teilhabern zu versteigern. Denn diese Versagung macht die Veräußerung an Dritte unstatthaft (§ 753 Abs. 1 Satz 2). Anm. 6.

Auf Gesellschaften, die selbständige Partei- oder Rechtsfähigkeit haben, offene Handelsgesellschaften und Kommanditgesellschaften, Aktiengesellschaften und GmbH. ist § 18 nicht anwendbar. Hier steht der Geschäftsanteil der Gesellschaft als solcher, die selbständig Rechte und Pflichten haben kann, zu. Die Haftung für die Verpflichtungen des Gesellschafters richtet sich nach der für die in Frage kommende Gesellschaftsform geltenden Regel. Die offenen Handelsgesellschafter haften als Gesamtschuldner persönlich, die Kommanditisten nur bis zur Einlage, die Aktionäre und Gesellschafter einer GmbH. überhaupt nicht persönlich. Anm. 7.

II. **Für das Verhältnis der Gesellschaft zu den mehreren Mitberechtigten, einerlei, welches Verhältnis zwischen ihnen besteht** (vgl. Anm. 3), **gibt das Gesetz die folgenden drei Bestimmungen:** Anm. 8.

1) Sie können die Rechte gegenüber der Gesellschaft nur gemeinschaftlich ausüben (Abs. 1).
2) Sie haften der Gesellschaft für die an sie zu bewirkenden Leistungen solidarisch (Abs. 2).
3) Rechtshandlungen, welche die Gesellschaft gegenüber einem Gesellschafter vorzunehmen hat, kann sie wirksam gegen einen Mitberechtigten vornehmen (Abs. 3).

§ 18. 1. (Abs. 1.) **Die mehreren Berechtigten können ihre Rechte gegen die Gesellschaft nur gemeinschaftlich ausüben.** Bei der Gesellschaft bürgerlichen Rechts und bei der Erbengemeinschaft deckt sich diese Vorschrift mit den Bestimmungen des BGB. Jeder Gesellschafter und Miterbe muß schon kraft bürgerlichen Rechts entweder eine Vertretungsvollmacht der anderen Beteiligten nachweisen oder die Mitwirkung der anderen herbeiführen. Eine Willenserklärung über den gemeinschaftlichen Geschäftsanteil ist anderenfalls ohne Wirkung (§§ 714, 2033 Abs. 2 BGB.). Für die gewöhnliche Gemeinschaft wäre nach BGB. das Gegenteil anzunehmen. Durch § 18 ist die Gemeinschaft in dieser Richtung der Gesellschaft gleichgestellt. Für die eheliche Gütergemeinschaft ist dagegen § 18 ohne Einfluß. Hier bleibt die Vertretungsbefugnis des Ehemannes maßgebend. Das Gesamtgut unterliegt der Verwaltung des Mannes (§ 1443 BGB.). Nach Auflösung der Gütergemeinschaft und während der Auseinandersetzung tritt § 18 wieder in Wirksamkeit. Er deckt sich dann mit der Vorschrift des § 1472 Abs. 1 Satz 1 BGB. Nur solange weder der Ehemann noch die Gesellschaft von der Auflösung der Gemeinschaft Kenntnis haben, besteht seine Verwaltungsbefugnis weiter. Seine Rechtsakte gegenüber der Gesellschaft sind dann gültig (§§ 1472 Abs. 1, 1424 BGB.).

Anm. 9.

Anm. 10. Die gemeinschaftliche Ausübung der Rechte aus dem Geschäftsanteile bezieht sich insbesondere auf die gesellschaftlichen Mitverwaltungsrechte. Die Mitberechtigten können nur gemeinschaftlich stimmen, nur gemeinschaftlich einen Beschluß anfechten, nur gemeinschaftlich einen Antrag einbringen, nur gemeinschaftlich eine Gesellschafterversammlung berufen usw. Dasselbe gilt für die durch den Gesellschaftsvertrag eingeräumten Sonderrechte, z. B. auf Einsicht der Bücher und Schriften. Die gemeinschaftliche Ausübung kann in der Weise erfolgen, daß alle Beteiligten eine übereinstimmende Erklärung abgeben oder daß sie einen gemeinsamen Bevollmächtigten aufstellen. Eine Beschränkung auf den letzteren Weg, wie sie § 225 Abs. 1 HGB. für das Aktienrecht vorschreibt, kennt das GmbHGesetz nicht. Einigen sich die mehreren Mitberechtigten nicht, so ist eine Ausübung ihres Rechtes nicht möglich. Ihre Gesamtheit gleicht einem Menschen, der zu keinem Entschlusse kommt und sich daher der Abstimmung enthält. In dieser Weise ist auch der Geschäftsanteil einer solchen Gesamtheit bei Abstimmungen usw. zu behandeln.

Anm. 11. Die von einem Mitberechtigten allein, ohne Vollmacht der anderen abgegebene Erklärung ist unwirksam. Sie kann aber durch nachträgliche Genehmigung wirksam werden. Diese Genehmigung macht die Erklärung von Anfang an wirksam (§ 184 Abs. 1 BGB.). Es ist daher z. B. die innerhalb einer bestimmten Frist nach Genehmigung der Bilanz zulässige Erklärung der Auflösung rechtzeitig, sobald sie auch nur von einem der mehreren Inhaber des Geschäftsanteils erfolgt, wenn auch die Einwilligung der anderen erst nach Ablauf der Frist eintrifft. Vorausgesetzt ist, daß die erste Erklärung für alle Beteiligten abgegeben wird.

Sowohl Vollmacht als Einwilligung erfolgen formlos (§ 167 Abs. 2 BGB.), soweit nicht das Gesetz ein anderes ausdrücklich bestimmt, z. B. bei Abstimmungen (§ 47 Abs. 3).

Anm. 12. Auch die Gesellschaft ist an das Prinzip gebunden. Sie darf die Ausübung des Stimmrechts nur dulden, wenn sie von allen Mitberechtigten gemeinsam oder durch einen gemeinschaftlichen Vertreter geschieht.

Anm. 13. Wie die Gesellschafter nach ihren internen Rechtsverhältnissen zur Ausübung der Rechte aus dem Geschäftsanteil befugt sind, ist der Gesellschaft gegenüber gleichgültig. Der Gesellschaft gegenüber müssen sie sich einigen.

Anm. 14. Dies alles bezieht sich auch auf die vermögensrechtlichen Leistungen. Auch die Dividende ist den Gesellschaftern als Mitberechtigten nur gemeinsam auszuzahlen (Neukamp GZ. 36). Auch die Liquidationsquote erhalten sie nur zusammen. Erwachsene Ansprüche können hier auch durch Übertragung an einen von ihnen oder an eine dritte Person geltend gemacht werden. Hier ist auch eine Teilung derselben durch die Mitberechtigten möglich.

Diesem Willen des Gesetzes, das nur eine gemeinsame Ausübung der Rechte kennt, entspricht die Eigenschaft des Rechtes des einzelnen, das als „nicht reaktionsfähig", als „gebunden" bezeichnet wird, Eigenschaften, die sich entsprechend auch bei anderer Rechtserscheinung zeigen, z. B. bei mehreren Servitutberechtigten. Hieraus ergeben sich die weiteren Folgen im einzelnen. Jede Klage eines Mitgesellschafters allein ist unzulässig. Sie ist von Amts wegen abzuweisen, auch wenn die Gesellschaft keinen Einwand daraus ableitet. Dazu gehört auch die Klage auf Anfechtung eines Beschlusses der Gesellschafter. Klagen sämtliche Mitberechtigte, so bilden sie eine Streitgenossenschaft im Sinne des § 60 ZPO. Die gemeinschaftliche Ausübung des Rechtes und die ihr zugrunde liegende Gebundenheit der Einzelbefugnis führt dazu, daß kein Recht gegen die Gesellschaft durch einen Mitberechtigten ohne die anderen festgestellt werden kann. **§ 18.** **Anm. 15.**

Überall handelt es sich dabei nur um die Ausübung der Rechte *gegen die Gesellschaft*. *Bezüglich der Rechte der Gemeinschaftsgenossen untereinander* bleibt es bei der Regel des BGB. Das Recht des Gemeinschaftsgenossen, seinen Anteil zu veräußern, steht ihm trotz § 18 zu (§ 747 BGB.; a. M. Merzbacher Anm. 1e zu § 18). Hier tritt lediglich der neue Berechtigte an Stelle des alten. Er muß den Erwerb der Gesellschaft anzeigen (§ 16). Er hat dann mit den anderen Genossen die Rechte aus dem Geschäftsanteile auszuüben. **Anm. 16.**

2\. (Abs. 2.) **Für die auf den Geschäftsanteil zu bewirkenden Leistungen haften die mehreren Mitberechtigten** als Gesamtschuldner im Sinne des § 421 BGB. *In welchem Verhältnisse die mehreren Mitberechtigten zueinander stehen, geht die Gesellschaft nichts an.* Sache der Mitberechtigten ist es, die ihren internen Rechtsverhältnissen entsprechenden Ausgleichungen zu bewirken. **Anm. 17.**

Auch hier liegt für die Gesellschaft des bürgerlichen Rechts keine Abweichung von dessen Regeln vor. Die Mitglieder dieser Gesellschaft haften für die Schulden derselben ebenfalls samtverbindlich (§ 427 BGB.). Anders bei der Gemeinschaft. Hier würde bei einer Übertragung des Geschäftsanteils zu Bruchteilen an mehrere durch Rechtsgeschäft oder Gesetz keine solche Verpflichtung bestehen. Hier ist die Bestimmung des Gesetzes von Bedeutung. Wenn ein Gesellschafter von seinem Geschäftsanteil von 60 000 M., auf den 50 Proz. eingezahlt sind, zuerst eine Quote von einem Drittel dem A, später ein weiteres Drittel dem B und das letzte Drittel dem C verkauft, so haftet jeder derselben, obwohl nur zu einem Drittel berechtigt, doch auf die vollen 30 000 M. restierender Einlage. Ebenso für alle sonstigen Ansprüche, wie Regreßforderung für entwehrte Sacheinlagen, für Leistungen gemäß § 3 Abs. 2, für Nachschüsse usw. Die Bestimmung ist für die Verpflichtung aus der Stammeinlage zwingendes Recht. Es kann im Gesellschaftsvertrag nicht gültig bestimmt werden, daß mehrere Mitinhaber eines Geschäftsanteils nicht als Samtschuldner für die Einlage haften. Anders für die anderen Verpflichtungen. Während bei der bürgerlichen Gesellschaft die Auseinandersetzung sich nach dem vertragsmäßigen Grundsatze richtet, besteht bei der Gemeinschaft ein Ersatzanspruch auf Grund des § 426 BGB. Die Gesamtschuldner sind im Verhältnis zueinander zu gleichen Anteilen verpflichtet, soweit nicht ein anderes bestimmt ist. Hier ist eine Verteilung nach der Größe der Quoten als der Sachlage entsprechend anzusehen. Der Nachweis einer anderen Abrede ist stets zulässig. *Über die Erbengemeinschaft* vgl. unten Anm. 22. **Anm. 18.**

Zu den zu bewirkenden Leistungen gehören alle Verpflichtungen, welche dem Gesellschafter als solchem obliegen: die Einzahlungen auf das Kapital, die etwa rückständigen Sacheinlagen, die Gewährleistung aus ungehöriger oder verspäteter Einlage, die Haftung für den Ausfall bei einem anderen Gesellschafter (§ 24, § 31 Abs. 3), die Zahlung der Nachschüsse, die Leistungen aus § 3 Abs. 2 des Gesetzes. **Anm. 19.**

In dieser Solidarhaft liegt ein erheblicher Anlaß für die mehreren Berechtigten, sich auseinanderzusetzen und die Gemeinschaft aufzuheben. Andererseits liegt darin auch für die Gesellschaft ein Anlaß, die Zustimmung zur Aufhebung **Anm. 20.**

§ 18. der Gemeinschaft zu versagen, wenn sie, soweit es sich um Realteilung handelt (§ 17 Abs. 1), zu solcher Versagung berechtigt ist.

Anm. 21. Die Aufhebung der Gemeinschaft kann auf die verschiedenste Weise erfolgen: durch reale Teilung unter den Mitberechtigten, durch Überlassung des Geschäftsanteils an einen von ihnen, durch Veräußerung an einen Dritten. Ob darin im Einzelfall eine Abtretung nach § 15 und eine Veräußerung nach § 17 liegt, darüber vgl. Anm. 12 und 38 zu § 15, Anm. 4 zu § 17. Auf alle Fälle muß die Aufhebung der Gesellschaft gegenüber erfolgen, also gemäß § 16 angemeldet werden, wenn sie nach § 18 wirken soll.

Anm. 22. **Auch für die Mitberechtigung zufolge Vererbung** tritt die Solidarhaft ein. Doch haften die Erben zunächst als Erben, also beschränkt oder doch mit dem Rechte, sich die beschränkte Haftung zu sichern (zust. Brodmann Anm. 3). Über die Streitfrage der Haftung der Erben vgl. u. a. Planck, Kommentar zum BGB. V Bemerkung zu § 1967. Bei der Auslegung des analogen § 225 HGB. war man in der Reichstagskommission dieser Ansicht. Die Wissenschaft folgt dem. Hier muß dasselbe gelten. Die gegenteilige Meinung von Förtsch könnte zu entsetzlichen Härten führen. Der Erbe, der den Nachlaß nicht kennt, schlägt ihn nicht aus, weil er sich sagt, daß er ja schlimmsten Falles nur beschränkt haftet und nicht mehr hinzugeben braucht, als der Nachlaß ihm bietet. Stellt sich nun heraus, daß zu dem Nachlaß ein Geschäftsanteil einer GmbH. gehört, auf welchem Einzahlungsverpflichtungen oder Verpflichtungen gemäß § 3 Abs. 2 oder auf Schadensersatz wegen Mängel der Einlage oder aus § 24 des Gesetzes ruhen, so muß er, wenn man der entgegengesetzten Meinung folgt, alle diese Verpflichtungen aus seinem eigenen Vermögen erfüllen, auch wenn alles, was ihm der Nachlaß bietet, nur 1000 M. wert ist, und jene Verpflichtungen eine Schuldenlast von einer Million darstellen. Nichts deutet darauf hin, daß das Gesetz eine solche Konsequenz wollte. Man müßte allen Erben raten, alle Erbschaften auszuschlagen, damit sie nicht unvermutet Anteile einer GmbH. im Nachlasse finden, an welche sich vermögensrechtliche Leistungen von erschreckender Tragweite knüpfen. Die hier vertretene Meinung führt zu durchaus annehmbaren Ergebnissen. Die Gesellschaft hat es in der Hand, festzustellen, ob die Erben mit ihrem Vermögen oder nur nach Kräften des Nachlasses haften (§ 1994 BGB.). Wenn die rückständigen oder später fällig werdenden Leistungen unter Hinweis auf die beschränkte Haftung nicht bewirkt werden, so stehen der Gesellschaft alle Rechte zu, welche ihr das Gesetz und der Vertrag einem rückständigen Gesellschafter gegenüber gewährt (z. B. Kaduzierung usw.). Die Verpflichtungen aus § 3 Abs. 2 werden hiernach oft wohl unerfüllt bleiben. Aber das riskiert sie immer dann, wenn einer ihrer Gesellschafter unvermögend wird. Und anders liegt der Fall doch nicht, wenn ein Gesellschafter stirbt und zu wenig hinterläßt, um die Verpflichtungen gegen die Gesellschaft zu erfüllen.

Anm. 23. Die Haftung der mehreren Erben ist auch dann für die Verpflichtungen als Gesellschafter eine samtverbindliche, wenn nach den Bestimmungen des BGB. die Gesamthaft noch nicht eingetreten war (§ 2060 BGB.). Es kann also auch vor der Teilung der Erbmasse kein Erbe die ihm zugestellte Klage auf das Ganze für unzulässig erklären. Er haftet, wenn auch nur unter der Beschränkung auf die Kräfte der Erbschaft. Ebenso steht der Gesellschaft nicht der Einwand entgegen, daß die Erben durch den Aufruf die Gesamthaft abgewendet haben (§ 2061 BGB.). Das Spezialgesetz geht vor.

Anm. 24. 3. (Abs. 3.) **Rechtshandlungen der Gesellschaft gegenüber dem Inhaber eines Anteiles sind wirksam, wenn sie auch nur gegenüber einem der Mitberechtigten vorgenommen werden.** Vorausgesetzt ist, daß die mehreren Mitberechtigten nicht einen gemeinsamen Vertreter bestellt haben. Ist dies geschehen, so können die Rechtshandlungen diesem, aber auch allen Mitberechtigten gegenüber vorgenommen werden. Nur gegenüber einem einzelnen Mitberechtigten sind sie nicht mehr wirksam.

Anm. 25. Solche Rechtshandlungen sind z. B. Aufforderung zur Zahlung, Androhung der Kaduzierung, Einladungen zu Gesellschafterversammlungen, Mahnungen bei rückständigen

Leistungen gemäß § 3 Abs. 2 usw. Auch hier führt das Gesetz wieder für alle Arten der Mitberechtigung beim Fehlen des gemeinschaftlichen Vertreters eine eigene Rechtsform ein, die der Reflexwirkung. Die nur einem, auch dem vollmachtlosen Mitberechtigten gegenüber abgegebene Erklärung wirkt auch für alle anderen, obwohl diesen gegenüber nicht erfolgt. Das ist ein Zwangsmittel zur Bestellung des gemeinschaftlichen Vertreters. Die Bestimmung ist von Bedeutung auch für die Gesellschaft des BGB. Denn ohne besondere Absprache vertritt kein Gesellschafter die anderen. Aus der Bestimmung des § 18 Abs. 3 Satz 1 folgt, daß die Klage gegen jeden Mitberechtigten zuzulassen ist. Sie hat Rechtskraft für alle. Wenn die Kaduzierung ausgesprochen ist, so kann die Feststellung über die Wirksamkeit jedem Mitberechtigten gegenüber herbeigeführt werden. Bei einer solchen Klage der Gesellschaft gegen alle Mitberechtigten folgt wieder, daß die besondere Streitgenossenschaft des § 60 ZPO. vorliegt. Selbstverständlich muß die dem einen Mitberechtigten gegenüber erfolgende Willenserklärung wirksam sein. Ist das nicht der Fall, etwa weil dieser geschäftsunfähig ist, so tritt auch für die anderen keine Wirkung ein. § 18.

Die Aufforderung zur Zahlung der ausstehenden Einlagen an einen Mitberechtigten setzt alle in Verzug. Alle haften für die Verzugszinsen und die bedungenen Strafen.

Läuft zugunsten der mehreren Miteigentümer eines Geschäftsanteils eine Verjährung z. B. bei der Gewährleistung für den Mangel eingebrachter Sachen, so unterbricht die Zustellung einer Klage an einen derselben die Verjährung gegenüber allen, vorausgesetzt stets, daß kein Bevollmächtigter für alle vorhanden ist. Anm. 26.

Im Falle der Beerbung eines Gesellschafters gilt die Vorschrift des Abs. 3 erst einen Monat nach dem Anfall der Erbschaft. In der Zwischenzeit muß die Erklärung allen Mitberechtigten gegenüber abgegeben werden, wenn sie allen gegenüber wirken soll. Auch hier ist die Erklärung einem gemeinsamen Vertreter gegenüber wirksam. Hier ist die Erklärung, die nicht allen Miterben gegenüber erfolgt, unwirksam. Die Unwirksamkeit der Erklärung auch nur bei einem Miterben nützt auch den anderen. Anm. 27.

Die Bestellung des Vertreters wirkt erst, wenn sie der Gesellschaft angezeigt ist. Vorher muß es aus Gründen der Verkehrssicherheit bei der Bestimmung des § 18 Abs. 3 Satz 1 bleiben, auch wenn die Gesellschaft auf anderem Wege von der Bevollmächtigung erfährt. Hierzu führt eine analoge Anwendung des § 16 (a. M. Brodmann Anm. 4). Es ist nicht erfordert, daß die Vollmacht speziell für die Vertretung gegenüber der Gesellschaft ausgestellt ist. Eine Generalvollmacht zur Wahrung der Interessen aller Erben genügt. Ist sie einmal durch die Erben der Gesellschaft angezeigt, und hat der Vertreter eine schriftliche Vollmacht vorgelegt, so kann die Gesellschaft bis zur Kenntnis des Widerrufes wirksam gegenüber dem Vertreter handeln. Anm. 28.

Der Vertreter kann auch durch letztwillige Verfügung bestellt werden. So wenn der Erblasser, der seinen Geschäftsanteil seinen Geschwistern vermachte, bestimmt, daß jeweilen das älteste mit der Vertretung gegenüber der Gesellschaft betraut sein soll. Als gemeinschaftlicher Vertreter der Erben ist endlich auch der Testamentsvollstrecker anzusehen, sofern ihm nicht die Verwaltung des Nachlasses entzogen ist. Anm. 29.

Die Bestellung eines Vertreters kann formlos erfolgen (vgl. oben Anm. 11).

4. **Bei der Frage der Kenntnis und Unkenntnis, des guten und schlechten Glaubens** (§ 32) wirkt die Kenntnis und schlechter Glaube auch nur eines Mitberechtigten zum Nachteile aller. Haben sie einen gemeinsamen Vertreter, so kommt dessen Person in Betracht (§ 166 Abs. 1 BGB.). Anm. 30.

§ 19.

§ 19.

Die Einzahlungen auf die Stammeinlagen sind nach Verhältnis der letzteren zu leisten.

Die Stammeinlagen können den Gesellschaftern außer dem Falle einer Herabsetzung des Stammkapitals weder erlassen noch gestundet werden.

§ 19. Eine Aufrechnung können die Gesellschafter nicht geltend machen; ebensowenig findet an dem Gegenstande einer nicht in Geld zu leistenden Einlage wegen Forderungen, welche sich nicht auf den Gegenstand beziehen, ein Zurückbehaltungsrecht statt.

Eine Leistung auf die Stammeinlage, welche nicht in Geld besteht oder welche durch Aufrechnung einer für die Überlassung von Vermögensgegenständen zu gewährenden Vergütung bewirkt wird, befreit den Gesellschafter von seiner Verpflichtung nur, soweit sie in Ausführung einer nach § 5 Absatz 4 getroffenen Bestimmung erfolgt.

Anm. 1. I. (Abs. 1.) **Die Zahlungen auf die Stammeinlagen sind nach Verhältnis der letzteren zu leisten.**

1. Die Vorschrift bezieht sich nur auf Geldeinlagen. Das ist unzweifelhaft. Staub (erste Auflage Anm. 1 zu § 19) nahm ferner an, sie beziehe sich nur auf diejenigen Geldeinlagen, welche nach Entstehung der Gesellschaft noch zu entrichten sind. Die bei der Anmeldung der Gesellschaft erfolgenden Einzahlungen könnten im Verhältnis zu den Stammeinlagen verschieden bemessen sein, wenn sie nur den in § 7 Abs. 2 vorgeschriebenen Mindestbetrag umfaßten. Man wird aber die Regel auch auf die Geldeinzahlung bei der Gründung ausdehnen. Sonst wäre ja durch die Einziehung ungleicher Teile vor der Eintragung das Verbot derselben auch für die spätere Zeit außer Kraft gesetzt (LG. Dresden 7. 5. 09 BauersZ. 17, 157). Das Gebot der verhältnismäßigen Einforderung der Stammeinlagen schafft eine materiellrechtliche Voraussetzung für die Geltendmachung des Anspruchs der Gesellschaft gegen den einzelnen Gesellschafter. Sie gleicht der Gebundenheit des Rechts, die zur gemeinsamen Klage in anderen Fällen zwingt. Hier begnügt sich das Gesetz mit der gemeinsamen Anforderung. Diese aber muß stets vorhanden sein. Die Vorschrift des § 19 Abs. 1 gilt daher auch im Konkurse der Gesellschaft (OLG. Frankfurt 15. 11. 09 Recht 09, 3659). Der Konkursverwalter hat dieselben Rechte wie die Gesellschaft auszuüben. Auch hier ist die Kaduzierung eines säumigen Gesellschafters nur möglich, wenn das ganze Kapital von allen Gesellschaftern eingefordert wurde. Dasselbe gilt, wenn ein Gesellschafter in Konkurs gerät. Solange nicht die Einzahlung des ganzen restierenden Kapitals von allen Gesellschaftern gefordert wird, kann der Einlageanspruch nur bedingt angemeldet werden (§ 169 KO.). Eine Kaduzierung ist auch hier ausgeschlossen. Die Vorschrift des § 19 Abs. 1 hindert aber nicht, daß ein Gesellschafter freiwillig ohne diese Voraussetzung bezahlt. Erhebt er keinen Einwand (unten Anm. 4), so kann er seine Zahlung nicht nachträglich zurückfordern. Auch dann nicht, wenn er von jener Vorschrift nichts wußte. Die Fälle kommen leicht dann vor, wenn die Gesellschaft Schuldnerin des Gesellschafters ist und mit ihrem noch nicht von allen Gesellschaftern eingeforderten Einlageanspruch aufrechnet. Ein Gutheißen der Verrechnung bindet den Gesellschafter. Er kann nicht hinterher Barzahlung verlangen.

Anm. 2. 2. Sind sämtliche Stammeinlagen Geldeinlagen, so daß bei Entstehung der Gesellschaft auf jede Stammeinlage ein gleich hoher Betrag der Geldeinlage noch aussteht, so ist die Bedeutung der Vorschrift klar. Die prozentuale Einziehung läßt sich leicht errechnen. Anders, wenn einzelne Stammanteile durch Sacheinlagen, andere durch Geldeinlagen gedeckt werden sollen. Auf diesen Fall paßt die Vorschrift nicht. Wenn z. B. ein Gesellschafter einen Anteil von 100 000 M. übernimmt, und ihn durch Einlegung eines Patentes in diesem Betrage deckt, der andere Gesellschafter eine Geldeinlage von 100 000 M. zu machen hat, wovon er 25 Proz. bei der Gründung einzuzahlen hat, wie sollen da der Vorschrift des § 19 Abs. 1 entsprechend die weiteren Einzahlungen „nach Verhältnis der Stammeinlagen" ausgeschrieben werden? Ferner: wenn der eine Gesellschafter eine Sacheinlage von 100 000 M. und eine Geldeinlage von 20 000 M. auf seinen Stammanteil

von 120 000 M. zu machen hat, und die Sacheinlage voll, die Geldeinlage von 25 Proz. **§ 19.**
gemacht hat, der andere Gesellschafter 100 000 M. in Geld einzulegen und davon 25 Proz. eingezahlt hat, sollen hier die beispielsweise auszuschreibenden weiteren 50 000 M. wirklich nach dem Verhältnis der Stammeinlagen, diese Worte buchstäblich genommen, also im Verhältnis von 120 000 M. zu 100 000 M. ausgeschrieben werden, so daß derjenige Gesellschafter, der bereits mehr geleistet und im ganzen weniger bar einzuzahlen hat, bei dieser Ausschreibung mit dem Löwenanteil herangezogen wird? Das würde der Gerechtigkeit widersprechen.

Der Sinn der Vorschrift ist auch nur, daß Einzahlungen auf Geld- **Anm. 3.**
einlagen nach Verhältnis **der letzteren** zu leisten sind. Wer am meisten schuldet, soll am meisten herangezogen werden, wer am wenigsten schuldet, am wenigsten (zust. Brodmann Anm. 1; Crüger-Crecelius Anm. 1). Das ist mit dem Wortlaute des Paragraphen nicht unvereinbar. Es entspricht allein dem Sinne der Vorschrift und der Gerechtigkeit. Bei der Umlegung des einzufordernden Kapitals scheiden naturgemäß diejenigen Geschäftsanteile aus, auf welche die Einlage nicht mehr rückständig ist. Sind Geldeinlagen freiwillig in ungleichem Verhältnis auf die Geschäftsanteile geleistet worden (vgl. oben Anm. 1), so ist bei Einforderung weiterer Einzahlungen zunächst das gleiche Verhältnis der Leistungen auf die Geldeinlagen herzustellen, d. h. diejenigen Geschäftsanteile, auf die verhältnismäßig mehr eingezahlt war als auf andere, bleiben so lange bei der Umlegung des eingeforderten Kapitals unberücksichtigt, bis die von den Gesellschaftern geleisteten Zahlungen dem Verhältnis ihrer Bareinlagen entsprechen (zustimmend Brodmann Anm. 1. Crüger-Crecelius Anm. 1 läßt ungleiche Einzahlungen auf die Stammeinlagen außer Betracht und legt sogleich das eingeforderte Kapital auf die rückständigen Bareinlagen im Verhältnis ihrer Nominalhöhe um. Damit wird aber der Grundsatz gleichmäßiger Behandlung der Gesellschafter verletzt).

3. Der Beschluß der Gesellschafter, der in Verletzung dieser Vorschrift er- **Anm. 4.**
folgte, ist anfechtbar (vgl. Anm. 47 zu § 45). Einer Anforderung, die ungleichmäßig erfolgt, brauchen die Gesellschafter nicht zu entsprechen. Der Klage steht eine Einrede entgegen. Liegt der Mangel im Beschlusse, so dauert die Einrede bis zu dessen Beseitigung. Liegt er nur in der Anforderung durch die Geschäftsführer, so endet sie mit deren Richtigstellung. Nicht erforderlich ist, daß gleichzeitig alle Gesellschafter aufgefordert werden. Die an einen Gesellschafter allein geschehene Anforderung wird in dem Moment zu einer gesetzlichen, in dem auch die anderen herangezogen werden. Der Angeforderte kann Auskünfte über die gleichmäßige Behandlung fordern. Solange dies nicht geschieht, können keine Verzugsfolgen gegen ihn eintreten (RG. 10. 4. 07 RGZ. 65, 432; RG. 18. 9. 08 LZ. 2, 857[25]).

4. Streitig ist, ob die Vorschrift absolut oder nur dispositiv ist, ob der Ge- **Anm. 5.**
sellschaftsvertrag also einen anderen Maßstab für die Ausschreibung der Einzahlungen vorschreiben kann. Staub (erste Auflage) hatte die zwingende Natur der Vorschrift verneint (ebenso Liebmann Anm. 1 zu § 19; Bondi, ZBlFG. 10, 524). Der Wortlaut des Gesetzes nötige nicht dazu, die absolute Natur der Vorschrift anzunehmen. Ihr Sinn und ihr Zweck ebenfalls nicht. Auch die Motive des Gesetzes (S. 26) ergäben nichts, was auf den zwingenden Charakter dieser Vorschrift hindeute. Sie erklären, daß die Bestimmung „dem Gemeinschaftsverhältnisse entspricht, in welchem die Gesellschafter stehen". Man wird trotz dieser nicht unbeachtlichen Momente sich für die zwingende Natur der Vorschrift entscheiden (zust. Brodmann Anm. 1; Neukamp-Becker Anm. 1). Der § 19 Abs. 1 zeigt schon durch seine Stellung, daß er mehr sein soll als eine dispositive Regelung der Gemeinschaftsverhältnisse unter den Gesellschaftern. Er steht zusammen mit den Bestimmungen in Abs. 2 und 3, welche die Integrität des Stammkapitals sichern sollen. Er folgt auf die Bestimmungen des § 18, die zwingenden Rechts sind, und geht den §§ 20—24 voran, die ebenfalls der Willkür der Gesellschafter entzogen sind. Es wäre seltsam, inmitten dieser Normen nur eine dispositive Bestimmung zu treffen. Der § 19 Abs. 1 dient

§ 19. auch nicht nur einer Regelung des Gemeinschaftsverhältnisses. Er bezweckt in erster Linie, bei der Einziehung des Stammkapitals eine Begünstigung eines Gesellschafters zu vermeiden. Er steht in Verbindung mit dem Verbote der Stundung in Abs. 2. So wenig die Gesellschaft, sei es der Geschäftsführer oder die Gesellschafter, wirksam einem Gesellschafter das Recht einräumen könnte, eine eingerufene Einlage ein Jahr später als die anderen zu bezahlen, so wenig kann zugestanden werden, daß der eine 50 Proz., der andere 25 Proz. bezahlen müsse. Ein Gesellschaftsvertrag, der eine Bestimmung über die Einrufung ungleicher Teile enthält, ist zurückzuweisen (zust. Brodmann Anm. 1). Ist er eingetragen, so ist diese Stelle ungültig. Für das österr. Ges. (§ 63 Abs. 2) gilt die hier abgelehnte Auslegung. Dort ist durch den Wortlaut klar, daß im Gesellschaftsvertrage Ungleichheiten bedungen werden können. Die Vorschrift der gleichheitlichen Behandlung gilt nicht, wenn der ursprüngliche oder spätere Gesellschaftsvertrag anders bestimmt.

Das Verhältnis der Stammeinlagen ist im Zweifel auch maßgebend für andere Verpflichtungen der Gesellschafter, mögen diese aus den Geschäftsanteilen erwachsen (Nachschußpflicht § 26) oder auf besonderen Abreden der Gesellschafter untereinander oder auf gemeinsam mit Dritten abgeschlossenen Verträgen beruhen (vgl. RG. 21. 2. 16 RGZ. 88, 124; hierzu auch Anm. 3 zu § 13).

Anm. 6. 5. Die Bestimmung des § 19 Abs. 1 gilt nicht, wenn mehrere Emissionen vorliegen. Wenn von der ursprünglichen Übernahme noch 25 Proz., von der neu übernommenen Einlage noch 50 Proz. rückständig sind, so steht nichts im Wege, daß die Gesellschaft die 25 Proz. der ersten Gruppe vor den 50 Proz. der zweiten oder umgekehrt diese vor jenen einruft (a. M. Brodmann Anm. 1, welcher verlangt, daß zunächst sämtliche Geschäftsanteile auf den gleichen Fuß gebracht werden). Eine gleichmäßige Behandlung beider wäre praktisch nicht durchführbar. Ein Anspruch darauf, daß die Rückstände der ersten Gesellschafter vor der Einlage nach späterer Erhöhung des Stammkapitals eingezogen werden, haben die Gesellschafter dieser zweiten Gruppe nicht. Dies gilt selbst dann, wenn die Übernehmer der neuen Stammeinlagen von der Ansicht ausgingen, daß die ersten Geschäftsanteile vollbezahlt seien.

Anm. 7. II. (Abs. 2.) **Erlaß, Stundung, Geltendmachung der Aufrechnung, Retention sind bei der Verpflichtung aus den Stammeinlagen ausgeschlossen.**

1. **Die Verpflichtung aus den Stammeinlagen.** Das bezieht sich sowohl auf Geldeinlagen wie auf Sacheinlagen. Das ergibt der letzte Satz des Absatzes 2. Doch nur auf die wirklichen Kapitaleinlagen, nicht auch auf Zinsen, Vertragsstrafen für verspätete oder ungehörige Einlagen, nicht auf Ansprüche auf Schadensersatz wegen verspäteter Bewirkung von Einlagen, nicht auf Ansprüche aus sonstigen Verpflichtungen gemäß § 3 Abs. 2 (RG. 23. 4. 12 JW. 12, 760[28], vgl. Anm. 25 zu § 3), nicht auf Nachschüsse (RG. 23. 4. 12 RGZ. 79, 274). Es handelt sich nur um Sicherung des Einlagekapitals. Soweit die Sacheinlage nicht geleistet ist, steht der Gesellschaft ein Erfüllungs- oder ein Erstattungsanspruch zu. Vor dessen Befriedigung kann die Stammeinlage des Beklagten als nicht voll eingezahlt gelten. Deshalb ist gegen diesen Anspruch auch eine Aufrechnung gemäß § 19 Abs. 2 nicht zulässig (RG. 22. 3. 02 JW. 1902, 259, 260). Über die Gewährleistung bei der Sacheinlage vgl. Anm. 28 zu § 5.

Der § 19 betrifft auch das Vorgründungsstadium und die Zeit vor Eintragung eines Kapitalerhöhungsbeschlusses. Wenn auch in diesen Stadien die Geschäftsanteile noch nicht zur Entstehung gelangt sind, müssen doch die in § 19 ausgesprochenen Verbote darauf ausgedehnt werden (a. M. RG. 13. 7. 23 Recht 1923 Nr. 1257). Andernfalls würde der Zweck des § 19, die Volleinzahlung des Stammkapitals zu sichern, vereitelt werden können. Nicht widerspricht es aber dem § 19, wenn im Vorgründungsstadium oder vor Eintragung des Kapitalerhöhungsbeschlusses die von einem Gesellschafter oder Dritten übernommene Einlageverpflichtung durch Kündigung oder Rücktrittserklärung (§ 326 BGB.; vgl. RG. im Recht 1923 Nr. 1257) aufgehoben wird. Denn hierin liegt nicht der

Erlaß der Einlageverpflichtung. Der Übernehmer des künftigen Geschäftsanteils scheidet vielmehr aus. **§ 19.**

2. **Ausgeschlossen sind folgende auf Schmälerung der Einlagen hinzielende Rechtsgeschäfte:** Anm. 8.

a) Der **Erlaß**' ist unwirksam (§ 134 BGB.). Die Gesellschaft kann trotz des Verzichtes die Einlage einklagen. Gleichgültig ist, in welcher Form der Verzicht, ob offen oder versteckt, auftritt. Gleichgültig, ob er die Einlage unmittelbar erfaßt oder eine sie sichernde Nebenleistung (Garantie für eingebrachte Forderungen RG. 23. 4. 12 RGZ. 79, 274). Ungültig ist daher auch der Beschluß der Gesellschafter, daß die Einlage nur aus den Gewinnanteilen getilgt werden sollte. Auch hierin liegt der Verzicht auf die Zahlungspflicht. Ebenso ist aus dem Verbote des Verzichtes das der Novation zu folgern. Eine Umwandlung in eine Darlehnsschuld (§ 607 Abs. 2 BGB.) ist unwirksam. Sie würde die Forderung der Gesellschaft den strengen Bestimmungen über die Einlagen entziehen. Unzulässig ist auch die Verminderung einzelner Stammeinlagen unter gleichzeitiger entsprechender Erhöhung anderer Stammeinlagen bei unveränderter Höhe des Gesamtstammkapitals. Darin würde, soweit die Stammeinlagen noch nicht voll eingezahlt sind, ein Verzicht auf Einzahlung zu sehen sein (KG. 10. 10. 13 BauersZ. 23, 65; vgl. § 58 Anm. 42). Über die Einlageschuld als Kontokorrentposten unten Anm. 25ff.

Aus dem Verbote des Verzichts folgt endlich auch, daß eine Leistung unter Bedingung oder Vorbehalt unzulässig ist. Das österr. Ges. (§ 60 Abs. 6) erklärt ausdrücklich Vorbehalt und Einschränkungen auch bei der Zahlung für wirkungslos. Sie wird dort als nicht gemacht betrachtet. Nach deutschem Recht haben sie die Folgen, daß durch sie die Leistung als nicht erfolgt gilt. Wie die Zusage (Anm. 39ff. zu § 2), so muß auch die Erfüllung unbedingt und vorbehaltlos erfolgen. Die Gesellschaft ist berechtigt, den Gesellschafter, der an die Auszahlung der geschuldeten Einlage eine Bedingung knüpft, daß ihm diese Summe bei Eintritt eines Ereignisses zurückerstattet werden müsse, als säumigen Schuldner im Sinne der §§ 20ff. zu behandeln. Nicht anwendbar ist dagegen die Bestimmung des § 19 Abs. 2 auf den Nachlaßvergleich (vgl. § 9 Abs. 2). Das Verzichtsverbot erstreckt sich nicht hierauf. Wie die zur Deckung der Gläubiger angeordnete Ungültigkeit des Verzichts der Gesellschaft auf ihre Regreßansprüche gegen den Geschäftsführer aus falscher Versicherung bei der Anmeldung zurücktritt, wenn es sich um einen Vergleich zur Abwendung oder Beseitigung des Konkursverfahrens handelt, so muß auch hier, wo dasselbe Motiv zur Unwirksamkeit des Verzichtes führt, dieselbe Auslegung statthaben. Es ist hier kein freiwilliges Aufgaben einer Einlageforderung, sondern die bestmögliche Regelung eines die Gesellschaft treffenden Verlustes. Daß der Zwangsvergleich nicht durch § 19 Abs. 2 berührt wird, folgt aus der Rechtsnatur desselben. Er ist überhaupt kein Verzicht (zust. KG. 18. 6. 15 OLGR. 32, 141).

Vergleiche zwischen der Gesellschaft und dem Gesellschafter fallen ebenfalls nicht Anm. 9.
unter das Verzichtsverbot, auch wenn dabei ein teilweiser Nachlaß der Einlageforderung erfolgt. Vorausgesetzt, daß es sich um einen echten Vergleich handelt (§ 779 BGB.) und nicht nur ein Verzicht in Form eines Vergleichs vorliegt (RG. 23. 4. 12 RGZ. 79, 271 JW. 12, 760[28]; a. M. Neukamp-Becker Anm. 2, der mit Unrecht RGZ. 79, 271 für seine Ansicht in Anspruch nimmt). Wenn z. B. der Gesellschafter behauptet, er habe bezahlt, die Gesellschaft die Gültigkeit dieser Zahlung, die für sie an ihren inzwischen zahlungsunfähig gewordenen Bankier erfolgt war, bestreitet, so ist ein Vergleich, wonach beide Parteien sich auf die Hälfte einigen, gültig. Die Gesellschaft trägt die Hälfte des Verlustes. Dasselbe gilt, wenn der Gesellschafter die Unwirksamkeit seiner Verpflichtung vorträgt, weil für ihn ein bindender Gesellschaftsvertrag nicht vorliege, etwa mangels ordnungsgemäßer Vertretung (Anm. 18ff. zu § 2) oder weil er geschäftsunfähig war (Anm. 31 zu § 2). Auch hier ist ein Vergleich möglich. Denn wäre die Einrede des Gesellschafters begründet, so würde die ganze Einlage auf den Geschäftsanteil in Verlust geraten (vgl. Anm. 49 zu § 2). Es gilt dies also überall, wo wie bei einem Nachlaßvergleiche es sich um die Abwendung eines Verlustes handelt. Während bei der Regreßklage (§ 9 Abs. 2)

§ 19. ausdrücklich der Vergleich dem Verzichte aus besonderem Grunde gleichgestellt wurde, ist er in § 19 Abs. 2 nicht erwähnt.

Anm. 10. Der Vergleich ist auch dann gültig, wenn die Gegenleistung nicht von dem Gesellschafter, sondern einem dritten Interessenten erfolgt. Wenn es streitig ist, wer bei der Uneinbringlichkeit der Einlage des Gesellschafters den Ausfall zu tragen hat (§ 24), wenn aber die Gesellschaft beim Austragen des Prozesses, da ihr die Mittel zu Deckung der fälligen Schulden fehlen, in den Konkurs getrieben würde, so ist der Vergleich wirksam, wonach die Gesellschaft auf die ausstehende Einlage gegen den Gesellschafter verzichtet, dagegen von den verschiedenen möglicherweise haftenden Beteiligten einen Teil dieser Einlage erhält.

Anm. 11. Jeder Verzicht wird wirksam, sobald er in der Form der Herabsetzung des Stammkapitals erfolgt (§ 58), sobald also das Publikum Kenntnis davon und jeder Gläubiger mittels des Sperrjahres Zeit zur Fürsorge für seine Ansprüche erhält. Der Verzicht steht der Rückzahlung des eingezahlten Kapitals gleich. Diese Herabsetzung des Stammkapitals ist die Form, durch die allein der Verzicht rechtswirksam wird (vgl. KG. 11. 12. 14 OLGR. 31, 287). Ein Widerspruchsrecht Dritter hiergegen gibt es nicht. Nur wenn vor Vollendung der Herabsetzung, also vor der Eintragung zum Handelsregister, der Konkurs über die Gesellschaft ausbricht, so ist der Konkursverwalter nicht gehindert, die Einlage einzuziehen. Über den Verzicht auf die Einlage im Falle der Liquidation vgl. Anm. 38 zu § 69. Das österr. Ges. § 63 Abs. 3 hebt den Erlaß mittels Herabsetzung des Stammkapitals nicht hervor. Es ergibt sich aber aus § 54 Abs. 2 dasselbe wie für das deutsche Recht.

Anm. 12. In der Zulassung des Verzichts in Form der Herabsetzung des Stammkapitals liegt ein prinzipieller Gedanke. Alle Vorschriften des Gesetzes, welche die Erhaltung des Stammkapitals bezwecken, treten zurück, sobald die hierdurch unstatthafte Maßnahme in der Form der Herabsetzung des Stammkapitals erscheint. Es ist dies auch bei der Auszahlung von Vermögen der Gesellschaft, die das Stammkapital angreift (§ 30 Abs. 1), als zweifellos anerkannt (Anm. 1ff. zu § 30 und § 58), obwohl § 30 selbst kein Wort davon sagt. So wird derselbe Gedanke auch im anderen Falle durchführbar sein. Mehr als beim vollen Verzicht angeordnet, kann auch in anderen Fällen nicht gefordert werden.

Über die Anwendung des Prinzips auf den Fall der Stundung vgl. Anm. 13. Auf den Fall der Sachleistung vgl. Anm. 24. Über die Rückgabe geleisteter Einlagen vgl. Anm. 2 und 10 zu § 30 und Anm. 10 zu § 31.

Anm. 13. b) **Stundung** bedeutet jede Zusage des Zuwartens mit der Einziehung der Einlage. Sie ist für die Gesellschaft unverbindlich. Einerlei ist dabei, ob diese Zusage vor oder nach der Einrufung der Einlagen erfolgt, einerlei, ob zugunsten aller oder einzelner Gesellschafter. Auch die Gesellschaft selbst, nicht nur die Gläubiger und die Konkursverwalter, sind an die Stundung nicht gebunden. Ein Beschluß der Gesellschafter, die Stammeinlagen erst später als nach dem Gesellschaftsvertrag zulässig einzuziehen oder die verfügte Einforderung wieder aufzuheben, ist nicht ungültig. Es gibt keine Anfechtung desselben. Aber nicht, weil hier ähnlich wie bei der Bestellung des Geschäftsführers im Gesellschaftsvertrag eine Änderung des Statuts nicht nötig fällt (so unzutreffend BauersZ. 18, 38), sondern weil dieser Beschluß nur eine Anweisung an die Geschäftsführer enthält. Diese haben sich danach zu richten. Ihrer Einklagung der Einlage steht der Einwand der mangelnden Einforderung entgegen. Aber die Gesellschafter können jede Minute den Beschluß des Aufschubs der Einforderung aufheben und diese festsetzen. Denn ein Recht des Gesellschafters gegenüber der Gesellschaft erwächst nicht aus dem Beschlusse. Der Geschäftsführer kann nicht ohne den Beschluß der Gesellschafter die Zahlung der Einlagen fordern (§ 46 Ziff. 2, vgl. Anm. 15 und 16 zu § 46). Die Gesellschaft kann sie aber jederzeit ohne Rücksicht auf frühere Beschlüsse anordnen. Nur durch den Gesellschaftsvertrag kann ein Recht des Gesellschafters auf Befristung seiner Einlage geschaffen werden. Die zwischen der Gesellschaft und dem Gesellschafter nach dem Entstehen der Gesellschaft vereinbarte Stundung ist verboten. Einführung einer Befristung durch einfache Änderung eines Gesellschaftsvertrags, wenn auch mit allen Stimmen, ist dagegen nicht möglich (RG. 14. 5. 18 Holdh. 27, 154). Wohl aber muß aus der Regel über den Verzicht in Form der Herabsetzung des Stammkapitals (vgl. Anm. 11) gefolgert werden, daß, wenn dieser Beschluß dreimal bekannt gemacht und eine den Bestimmungen des § 58 entsprechende Aufforderung erging, nach Ablauf des Sperrjahres eine auch dritten Gläubigern gegenüber wirksame Eintragung zulässig ist. Was von dem vollen Verzichte gilt, muß um so mehr von dem geringeren, der Befristung, gelten. Sie muß aber für alle Gesellschafter gleichmäßig erfolgen. Sonst ist der Grundsatz des Abs. 1 verletzt. Das im Gesellschaftsvertrag bedungene Recht, nur in bestimmter Frist die Einlage zu machen, ist ein dem einzelnen Gesellschafter eingeräumtes, nur mit seiner Zustimmung aufhebbares Sonderrecht (Anm. 18 u. 20 zu § 14). Nicht unter das Verbot der Stundung fällt das dem Gesellschafter, der seine Zahlungen einstellt, gewährte Moratorium. So wenig wie der Nachlaßvergleich verstößt diese Fristgewährung gegen § 19 (vgl. oben Anm. 8). **§ 19.**

c) **Aufrechnung.** Das Gesetz gibt eine besondere Regelung der Aufrechnung. Es verbietet dem Gesellschafter, gegen seine Einlageschuld mit einer ihm gegen die Gesellschaft zustehenden Forderung aufzurechnen. Damit ist wieder nur die Sicherung der Einzahlung des zugesagten Kapitals bezweckt. Es ist daher einerlei, welcher Art diese Gegenforderung ist. So kann der Gesellschafter nicht einmal mit Schadensersatzansprüchen gegen die Gesellschaft aufrechnen (RG. 27. 9. 1918 RGZ. 93, 330). Selbst Gegenforderungen aus gesellschaftlichen Ansprüchen sind von der Aufrechnung ausgeschlossen. Es ist daher unstatthaft, daß ein Gesellschafter, der statutengemäß Rüben zu liefern hat, mit dem Kaufpreise seine Einlage tilge. Das Recht der Aufrechnung erhält der Gesellschafter nur durch eine Aufnahme in den Gesellschaftsvertrag (vgl. Anm. 23 und Anm. 20 Abs. 2 zu § 7). Eine gutgläubige Unkenntnis des aufrechnenden Gesellschafters schützt ihn nicht (RG. 13. 4. 07 LZ. 1, 603). **Anm. 14.**

Das Recht der Gesellschaft, gegen eine Forderung des Gesellschafters an die Gesellschaft ihren Anspruch auf die rückständigen Einzahlungen zur Aufrechnung zu stellen, bleibt dagegen unberührt. Es wäre eine Belastung der Gesellschaft, wenn sie gezwungen werden sollte, den Anspruch des Gesellschafters zu befriedigen, um hinsichtlich ihres eigenen Anspruchs an den Gesellschafter vielleicht leer auszugehen. Das Gesetz sagt daher auch nur, daß „die Gesellschafter eine Aufrechnung nicht geltend machen können". Es ist Sache der pflichtmäßigen Erwägung der Geschäftsführer, ob sie eine solche Kompensation vornehmen wollen. Sie werden es dann nicht tun, wenn die Gesellschaft bares Geld braucht, während der Gesellschafter als Gläubiger voraussichtlich zuwarten wird. Ist die Kompensation einmal ausgesprochen, so ist sie auch zugunsten des Gesellschafters unwiderruflich. Sie kann auch nicht vom Konkursverwalter widerrufen werden. Hatte die Gesellschaft bereits ihre Zahlungen eingestellt, so ist sie wie jedes Rechtsgeschäft, das unter Kenntnis der Zahlungseinstellung erfolgte, der Gesellschaft gegenüber anfechtbar. Das Recht der einseitigen Aufrechnung gilt auch gegenüber der Forderung eines Gesellschafters aus einem gegenseitigen Vertrage, kraft dessen der Gesellschafter der Gesellschaft Vermögensgegenstände überließ. Nicht entgegen steht hier § 19 Abs. 3. Er versagt der Kompensation einer für die Überlassung von Vermögensgegenständen zu gewährenden Vergütung gleich der Sachleistung selbst befreiende Wirkung. Er will aber gleich der Vorschrift des § 5 Abs. 4 nur die Umgehung der Hingabe einer Sache an Zahlungsstatt verhindern. Er trifft daher auch nur die bei der Überlassung des Vermögensgegenstandes erfolgte Abrede der Aufrechnung. Er versagt dem Gesellschafter das Recht der Vereinbarung der Kompensation. Der Gesellschaft nimmt er das gesetzliche Recht hierzu nicht (zust. OLG. Dresden 12. 1. 14 RundschGmbH. 1914, 91; offenbar auch RG. 4. 10. 12 JW. 1913, 48; a. M. RG. 2. 3. 15 RGZ. 86, 291, RG. 18. 5. 15 LZ. 1915, 1315; RG. 5. 10. 15 LZ. 1916, 226; a. M. auch Brodmann Anm. 3, Crüger-Crecelius Anm. 5). Es wäre auch widersinnig, die Gesellschaft, welche Waren von einem Gesellschafter bezog, **Anm. 15.**

§ 19. zu zwingen, diese zu bezahlen und selbst wieder ihr Guthaben aus Einlage einzuklagen. Das müßte konsequenterweise für den Konkurs des Gesellschafters gelten, ein völlig unannehmbares Ergebnis. Aus demselben Grunde kann die Gesellschaft gegen eine Forderung des Gesellschafters auf Rückzahlung der Bereicherung aus einer unwirksamen, im Stück nicht mehr vorhandenen Sachleistung mit dem Einlageanspruch aufrechnen. Welchen praktischen Sinn sollte es haben, dem Gesellschafter, der einen inzwischen eingelösten Wechsel als Zahlung gab, die Wechselsumme auszufolgen und sie sofort von ihm wieder einzuziehen? Maßgebend ist hierbei stets, daß nur die Gesellschaft, nicht der Gesellschafter ein Recht hat.

Ist der Gesellschafter zugleich Geschäftsführer, so steht diesem das Recht der Aufrechnung mit sich selbst zu. Es liegt hier nur eine Erfüllungshandlung vor (§ 181 BGB.). Zu dieser ist er auch sich selbst gegenüber ermächtigt. Er darf sich seine Dividende auf Stammeinlagekonto gutschreiben.

Anm. 16. Die Zusage der Gesellschaft, mit einer Gegenforderung des Gesellschafters, aufzurechnen (vertragsmäßige Aufrechnung), ist unstatthaft, wenn es sich um die Vergütung für die Überlassung von Vermögensgegenständen handelt (RG. 24. 2. 06 RGZ. 62, 425; RG. 13. 7. 16 LZ. 1916, 1228; OLG. Cassel 29. 11. 15 RundschGmbH. 1916, 305; OLG. Braunschweig 21. 9. 15 LZ. 1916, 1453; vgl. unten Anm. 20 f.). Staub (erste Auflage Anm. 15 zu § 19) schloß hieraus, daß eine vertragsmäßige Aufrechnung allgemein unzulässig sei. Allein das Argument aus § 19 Abs. 3 ist nicht stichhaltig. Denn das Verbot vertragsmäßiger Verrechnung der Einlageforderung mit der Vergütung für einen der Gesellschaft überlassenen Gegenstand ist eine Spezialbestimmung, die keiner Ausdehnung fähig ist. Soweit dieses Verbot nicht entgegensteht, ist bei allen anderen Forderungen der Aufrechnungsvertrag zulässig. So gut die Gesellschaft aufrechnen kann, so gut kann sie die Aufrechnung mit einer konkreten Forderung zubilligen (RG. 27. 4. 03 RGZ. 54, 389; RG. 19. 11. 04 Holdheim 14, 142; RG. 29. 2. 08 RGZ. 68, 121; RG. 26. 3. 20 RGZ. 98, 277; OLG. Hamburg 24. 11. 03 Recht 03, 1926 u. 22. 4. 13 OLGR. 27, 137). Nur die einseitige Aufrechnung durch den Gesellschafter ist verboten. Voraussetzung ist aber, daß die Forderung des Gesellschafters nicht zu dem Zweck begründet ist, ihm erst die Mittel zur Erfüllung seiner Einlageschuld zu verschaffen (vgl. RG. 26. 3. 20 RGZ. 98, 277). Erfordert ist ferner stets, daß die zur Aufrechnung benutzte Forderung fällig und vollwertig ist, so daß kein anderer Effekt erzielt wird als bei der baren Zahlung (Düringer JBBl. 03, 100). Es wäre andernfalls ein zweckloses Hin- und Herzählen des Geldes (RG. 9. 4. 04 Holdheim 13, 255; OLG. Celle 3. 11. 02 OLGR. 6, 191). Bei einer vor dem Vermögensverfall befindlichen Gesellschaft ist die vertragsmäßige Aufrechnung unstatthaft. Denn hier wäre der Effekt ein anderer als bei der baren Zahlung (RG. 27. 4. 03 RGZ. 54, 392; RG. 7. 12. 09 RGZ. 72, 266). Diese Einschränkungen der vertragsmäßigen Aufrechnung werden in der neueren Rechtsprechung des Reichsgerichts scharf betont (vgl. RG. 20. 10. 14 RGZ. 85, 354; RG. 22. 10. 18 RGZ. 94, 62; RG. 26. 3. 20 RGZ. 98, 277; RG. 9. 4. 20 RGZ. 98, 307). Aus den hier entwickelten Grundsätzen folgerte in analoger Anwendung das RG. (27. 9. 05 Holdheim 15, 19; 5. 10. 07 LZ. 1, 826[14] Recht 1908, 155) weiter, eine Einlage könne dadurch getilgt werden, daß der Gesellschafter mit Zustimmung des Geschäftsführers eine gegenüber einem Dritten bestehende Schuld der Gesellschaft begleicht (§ 362 Abs. 2, § 185 BGB.). Voraussetzung ist auch hier, daß die Schuld fällig und die Gesellschaft zahlungsfähig ist. Ob in derartigen Fällen eine Erfüllung der Einlageforderung nach § 362 Abs. 2 BGB. vorliegt oder ein Aufrechnungsvertrag anzunehmen ist, in welchem der Gesellschafter seine durch die Befriedigung von Gesellschaftsgläubigern erwachsene Ersatzforderung zur Verrechnung bringt, ist Tatfrage (RG. 5. 5. 14 Holdh. 23, 251 u. 10. 7. 14 JW. 1914, 983; OLG. Breslau 10. 11. 14 RundschGmbH. 1915, 87). Als zulässiger Fall des Aufrechnungsvertrags erscheint es, wenn bei einem Darlehen vereinbart wird, daß, sofern es bei Einforderung rückständiger Einlagen noch nicht zurückbezahlt ist, es auf die Stammeinlageschuld verrechnet wird. Es kann ja auch eine Vorleistung auf die noch nicht fällige Stammeinlage gemacht werden. Ist der Aufrechnungsvertrag ungültig, weil es sich um eine Vergütung für die Überlassung eines Vermögensobjektes handelt (§ 19 Abs. 3), so ist hierdurch auch der Kaufvertrag ungültig. Doch ist der Nachweis gestattet, daß dieser auch ohne die Aufrechnungsabrede abgeschlossen worden wäre. Es muß aus den Umständen dargetan werden, daß der Verkäufer der Gesellschaft die Sache gegen Zahlung überlassen hätte, auch wenn er durch diesen Anspruch nicht seine Stammeinlage tilgte. Liegt dies vor, so ist die Gesellschaft trotz der Ungültigkeit der Aufrechnungsabrede nicht gehindert, durch ihre einseitige Aufrechnung mit der Einlage ihre Kaufpreisschuld zu tilgen. Man nehme den Fall, daß die Gesellschaft von einem Mitgliede Waren bezieht und daß hierbei beiderseits eine Verrechnung besprochen wurde. Der Lieferant hat kein Recht auf die Kompensation. Gerät die Gesellschaft in Konkurs, so fällt er mit seiner Warenforderung in die Masse. Hat aber die Gesellschaft ihrerseits aufgerechnet, so hat es hierbei sein Bewenden. Eine solche Aufrechnung liegt z. B. in der Gutschrift auf Einlagekonto und in der Mitteilung davon an den Gesellschafter. Dagegen kann die ungültige Aufrechnungsabrede nicht als einseitige Aufrechnung aufgefaßt werden (RG. 4. 10. 12 JW. 1913, 48[38]). **§ 19.**

Maßgebend für die Prüfung der Vollwertigkeit der Gegenforderung des Gesellschafters ist die Zeit der Verrechnung. Es genügt nicht, daß die Gesellschaft bei der Vereinbarung der Aufrechnung noch solvent war. Andererseits ist es genügend, daß die Gesellschaft zur Zeit der Verrechnung bei Anforderung Zahlung geleistet hätte. Es schadet nichts, wenn sich später ergibt, daß sie schon damals innerlich überschuldet war (vgl. RG. 27. 4. 15 BauersZ. 23, 64; RG. 10. 7. 14 JW. 1914, 983). Soweit hiernach eine Verrechnung unzulässig ist, kann sich der Gesellschafter von seiner Einlageschuld nicht etwa dadurch befreien, daß er im Benehmen mit dem Geschäftsführer durch Hin- und Herzahlung des Geldes eine effektive Tilgung vortäuscht. Durch Scheinmanöver kann das Aufrechnungsverbot nicht umgangen werden (vgl. OLG. Breslau 10. 11. 14 RundschGmbH. 1915, 87).

Hat der Gesellschafter für seine Forderung einen vollstreckbaren Titel gegen die Gesellschaft, so kann er, sobald die Einziehung der Einlagen durch die Gesellschaft beschlossen ist, diese Forderung der Gesellschaft an sich selbst pfänden lassen. Dann steht ihm, sobald sie ihm zum Einzuge überwiesen ist, das Recht der Aufrechnung zu. Eine Anfechtung ist ihm gegenüber nur möglich wie bei jedem anderen Gläubiger, der eine Vollstreckungspfändung vornahm.

Ein Aufrechnungsvertrag schließt für die Gesellschaft nicht die Geltendmachung der Verjährungseinrede gegenüber der Forderung des Gesellschafters aus. Die Einrede der Arglist steht der Verjährungseinrede hier nicht entgegen (RG. 4. 10. 12 Recht 1913 Nr. 1220).

Nach österr. Rechte ist der Aufrechnungsvertrag verboten (§ 63 Abs. 3 Satz 3). **Anm. 16a.** Man hat eine Fassung des Kompensationsverbotes gewählt, durch welche jeder Zweifel hierüber ausgeschlossen sein soll. Das gleiche gilt für Polen (Art. 7 Abs. 2). In Frankreich kommt, da nach Art. 7 die Volleinzahlung der Stammeinlagen vor der Gründung vorgeschrieben ist, eine Tilgung der Einlageschuld durch Aufrechnung ebenfalls nicht in Betracht.

d) **Retention.** **Anm. 17.**

An dem Gegenstande einer Sacheinlage findet wegen Forderungen, die sich nicht auf dieselbe beziehen, ein Zurückbehaltungsrecht nicht statt. Nach § 273 BGB. ist ein Zurückbehaltungsrecht für Ansprüche, die nicht auf demselben Rechtsverhältnisse wie die Verpflichtung beruhen, ohnedies nicht gegeben (über den Begriff „desselben rechtlichen Verhältnisses“ vgl. RGZ. 78, 334 und 83, 266). Dagegen ist die Bestimmung des § 19 Abs. 2 für das kaufmännische Zurückbehaltungsrecht von Bedeutung. Es schließt auch dieses aus.

An Stammeinlagen, die in Geld zu zahlen sind, findet gleichfalls eine Zurückbehaltung nicht statt. Ein ausdrückliches Verbot im Gesetz war überflüssig. Das Verbot ist aus der

§ 19. für die Aufrechnung gegebenen Regelung (oben Anm. 14—16) sinngemäß abzuleiten (OLG. Hamburg 22. 4. 13 OLGR. 27, 137; RG. 7. 11. 13 RGZ. 83, 266).

Anm. 18. Ebenso ist jede Zurückhaltung aus nichterfülltem Vertrage ausgeschlossen (§ 320 BGB.). Es gilt dies nicht nur für die Fälle, in denen dieselbe Sache sowohl Gegenstand einer Einlageabrede als eines gegenseitigen Vertrags ist (Anm. 33 zu § 5). Es gilt auch dann, wenn die Gesellschaft ihrerseits Verpflichtungen dem Gesellschafter gegenüber kraft Gesellschaftsvertrags übernahm. Er darf die Sacheinlage nicht zurückhalten, weil die Gesellschaft ihn nicht zum Geschäftsführer bestellte oder weil ihm die Einsicht in die Bücher der Gesellschaft versagt wurde. Es liegt auch hier kein Anspruch aus „demselben rechtlichen Verhältnisse" vor. Denn für dies kommen nur die Übernahme der Stammeinlage und deren Begleichung durch die Sache in Betracht. Jedenfalls, selbst wenn ein und dasselbe Rechtsverhältnis anzunehmen wäre, erschiene diese Zurückhaltung aus dessen Natur hier ausgeschlossen (§ 273 Abs. 1 BGB.). Der Gesellschafter muß leisten. Seinen Anspruch muß er selbständig geltend machen. Aus demselben Grunde hat der Gesellschafter auch kein Zurückbehaltungsrecht, bis ihm die zugesagten Anteilscheine geliefert sind (OLG. Braunschweig 21. 12. 05 DJZ. 07, 246).

Anm. 19. Anders wenn es sich um eine Verwendung auf den Gegenstand selbst handelt (§ 273 Abs. 2 BGB.). Die erste Auflage schloß auch hier die Retention aus. Allein hier läßt sich nichts aus der Natur des Rechtsverhältnisses argumentieren. Davon ist nur in § 273 Abs. 1 BGB. die Rede. Auch aus dem Verbote der Aufrechnung folgt der Ausschluß dieser Zurückhaltung nicht. Es muß dem Gesellschafter, der nach dem Übergang der Gefahr Aufwendungen auf die Sache machte, gestattet sein, sie erst gegen deren Erstattung herauszugeben. Man nötigte ihn andernfalls, mehr zu leisten als er verpflichtet ist.

Anm. 20. III. (Abs. 3.) **Ausgeschlossen ist die Erfüllung einer Geldeinlageverpflichtung durch Hergabe von Sachen oder durch vereinbarte Aufrechnung mit Ansprüchen eines Gesellschafters aus Überlassung von Vermögensgegenständen.**

1. **Erfüllung einer Geldeinlage durch Hergabe von Sachen** ist nur zulässig, wenn sie im Gesellschaftsvertrage vorgesehen ist. Die Bestimmung des § 19 Abs. 3 ist die notwendige Folge von § 5 Abs. 4 (vgl. Anm. 11ff. zu § 5). Jede andere Sachleistung bewirkt keine Befreiung von der Einlageschuld. Die nicht in den Gesellschaftsvertrag aufgenommene Sacheinlage wird auch nicht dadurch zur gültigen Leistung, daß die Gesellschafter sie vor der Gründung als Geschäftsführer ohne Auftrag für die künftige GmbH. erwerben und sie ihr gegen Ersatz der Auslagen, die sie mit der Einlageschuld verrechnen, überlassen (vgl. RG. 1. 2. 96 RGZ. 36, 108). Was die Gründer vor dem Abschlusse des Gesellschaftsvertrags getan haben, haben sie für ihre Person getan. Eine ohne Abrede im Gesellschaftsvertrage erfolgende Sachleistung überträgt zwar diese in das Eigentum der Gesellschaft, aber die gewollte Wirkung der Schuldentilgung bleibt aus. Daher steht dem Gesellschafter der Rückforderungsanspruch auf Grund der §§ 812ff. BGB. zu. Soweit die Bereicherung im Momente der Anforderung nicht mehr vorliegt, ist auch die Verpflichtung zur Herausgabe ausgeschlossen (§ 818 Abs. 3 BGB.). Der Gesellschafter kann mit dem Rückforderungsanspruch nicht den Geldeinzahlungsanspruch der Gesellschaft aufrechnen (§ 19 Abs. 2). Er hat auch kein Zurückbehaltungsrecht bis zur Wiedererstattung der an Zahlungs Statt gegebenen Sache (OLG. Rostock OLGR. 22, 13). Das erschwert seine Lage, wenn die Gesellschaft in mißlichen Verhältnissen oder gar im Konkurse ist, oder wenn ein Gläubiger der Gesellschaft den Geldeinzahlungsanspruch der Gesellschaft gepfändet hat (RG. 1. 2. 96 RGZ. 36, 108). Ist für den Gesellschafter durch die Verwendung der Sache ein Anspruch auf Zahlung von Geld entstanden, so steht wieder der Gesellschaft das Recht der Aufrechnung zu (oben Anm. 15). Es wäre auch hier widersinnig, sie bei schlechter Lage des Gesellschafters an dessen Konkursmasse zu verweisen und zur Herauszahlung zu zwingen.

Einerlei ist es für den Ausschluß der Hingabe an Erfüllungsstatt, ob diese bei der

Gründung schon verabredet war oder nicht, ebenso ob hierfür ein satzungsändernder Gesellschafterbeschluß gefaßt wird oder nicht (KG. 11. 12. 14 OLGR. 31, 287). Einerlei worin der Gegenstand der Hingabe besteht, eine Sache, Forderungen, Sachgesamtheit usw. (RG. 9. 4. 20 RGZ. 98, 307). Auch solche Objekte, die jederzeit leicht verwendbar sind, Wechsel, kurshabende Effekten, Kupons sind ausgeschlossen. Auch die zur Auszahlung der ungeraden Beträge bei Geldsendungen häufig verwendeten Briefmarken. Andererseits muß es sich um eine Übergabe der Sache oder des Rechts in dem Sinne handeln, daß durch diese die Einlageschuld getilgt sein soll. Erhält die Gesellschaft den Gegenstand nur, um ihn für Rechnung des Gesellschafters zu verwerten und sich aus dem Erlöse zu befriedigen, so liegt bare Zahlung vor. So wenn der Gesellschaft Effekten zum Verkaufe, Wechsel zum Inkasso übergeben werden. Betreibt die GmbH. ein Bankgeschäft, so sind für die ihr zum Verkaufe in Kommission gegebenen Effekten auch bei ihrem Eintritte als Selbstkontrahentin die Gegenwerte aufrechnungsfähig. Es wäre ein zweckloser Formalismus, in einem solchen Falle den Gesellschafter zu einer anderen Bank zu schicken, bei der er die Papiere verkaufen könnte. Maßgebend ist stets, daß nach der Bestimmung des Gesellschafters die Werte zu Geld gemacht und mit dem Erlös seine Verpflichtung zur Einlage getilgt werden soll. Es genügt, daß die Gesellschaft das Recht des Verkaufes an einen Dritten für Rechnung des Gesellschafters hat. Dagegen genügt es nicht, daß tatsächlich die Gesellschaft die ihr zur Deckung überlassenen Stücke zu Geld machte und der Erlös dem Einlageanspruche gleichkam. Ebenso kann bei der Übertragung einer Sachgesamtheit, insbesondere eines Handelsgeschäfts (Anm. 18 u. 19 zu § 5), eine Verrechnung auch nicht der in diesem vorhandenen baren Mittel verlangt werden. Die Einheit des einzulegenden Gegenstandes schließt dieses Herausgreifen eines Bestandteiles aus. Hingabe eines eigenen Akzeptes des Gesellschafters ist bedeutungslos. Es enthält nur die Zahlungszusage nach Wechselrecht. Einlösung dieses Akzeptes ist dagegen Zahlung. Sie tilgt auch die Einlageschuld. Die Wechselschuld war nur neben diese zahlungshalber getreten. Dies gilt auch, wenn die Gesellschaft die Tratte weiter begab und die Zahlung an den Dritten erfolgt. Auch hier ist die Zahlung für Rechnung der Gesellschaft geschehen. Der Fall liegt dann dem der Abtretung der Einlage gleich. § 19.

Beim kommissionsweisen Einkauf von Vermögensgegenständen durch den Gesellschafter für die GmbH. kann die Aufrechnung verabredet werden. Hier steht der Einlageschuld eine Forderung des Gesellschafters aus Geschäftsbesorgung gegenüber.

2. **Ebenso ist vertragsmäßige Aufrechnung des Anspruchs für die Überlassung der Gegenstände an die Gesellschaft ausgeschlossen.** Über diese vgl. Anm. 29ff. zu § 5. Sie ist der unmittelbaren Sachleistung gleichgestellt, weil sie nur eine Umgehung derselben bedeutet (RG. 13. 7. 16 LZ. 1916, 1228; RG. 7. 11. 16 Holdh. 26, 167; OLG. Dresden 12. 1. 14 RundschGmbH. 1914, 91). Auf Forderungen des Gesellschafters an die Gesellschaft aus anderen Rechtsgeschäften bezieht sich daher diese Vorschrift nicht (oben Anm. 16ff.). Anm. 21.

Nicht jede Absprache bei der Veräußerung eines Gegenstandes durch einen Gesellschafter an die Gesellschaft, daß der Kaufpreis mit der Stammeinlage verrechnet werden soll, macht das ganze Kaufgeschäft nichtig. Es ist stets der Nachweis zulässig, daß die Abrede der Verrechnung ein unerhebliches Nebengeding war. Da bleibt der Kauf gültig. Eine nachfolgende einseitige Aufrechnung der Gesellschaft ist zulässig (vgl. oben Anm. 15 u. 16; RG. 4. 10. 12 JW. 1913, 48).

Auch hier ist zu betonen, daß es sich um die Sicherung des Stammkapitals handelt. Anm. 22.
Nur deshalb ist die Hingabe an Zahlungsstatt verboten. Es sind daher die Fälle nicht hierher zu zählen, in denen im Wege eines Nachlaßvergleichs die Gesellschaft gleich anderen Gläubigern Waren statt Geld nimmt oder sich eine Forderung, die sie pfändete, an Zahlungsstatt überweisen ließ. Dagegen genügt es nicht, daß die Gesellschaft ohne solchen allgemein zur Abwendung des Konkurses geschlossenen Vergleich mangels anderweiter parater Zahlungsmittel des Gesellschafters sich mit der Hingabe von Waren einverstanden erklärt.

§ 19.
Anm. 23. Dadurch, daß das Gesetz der nicht im Gesellschaftsvertrage vorgesehenen Sachleistung die befreiende Wirkung versagt, steht auch dem Gesellschafter jederzeit das Rückforderungsrecht von dem Standpunkte der Bereicherung aus (§ 812 BGB.) zu. Nicht nur dann, wenn die Gesellschaft sich auf die Unwirksamkeit der Leistung und die Fortdauer der Einlagepflicht beruft. Es kann also ein Gesellschafter ein Grundstück, das er als Zahlung gab, falls es im Preise stieg, mit Anbieten der Barzahlung der Einlage zurückfordern. Hätte die Gesellschaft es veräußert, so hat er das Rückforderungsrecht auf den ganzen Kaufpreis. Die Gesellschaft kann nur aufrechnen, soweit die Einlagepflicht in Geld ging. Den Mehrerlös muß sie herausgeben.

Anm. 24. Will die Gesellschaft wirksam statt der Geldeinlage eine Sacheinlage erwerben, so bedarf dies der Änderung des Gesellschaftsvertrags. Dies wirkt gegenüber den vorhandenen Gläubigern nur, wenn unter entsprechender Anwendung des § 58 verfahren wird (vgl. Anm. 45 zu § 5).

Anm. 25. Die Leistung einer Einlage in barem Gelde statt in Sachen ist nach entsprechender Änderung des Gesellschaftsvertrags gestattet. Das Gesetz verbietet nur die Hingabe an Zahlungsstatt (a. M. Brodmann Anm. 1 unter Berufung auf KG. 11. 12. 14 OLGR. 31, 287). Diese ist die Ausnahme von der Regel der baren Leistung (Rehm, ArchBR. 22, 132). Die Rückkehr zu der Regel bedarf keiner besonderen Ermächtigung durch das Gesetz, dagegen erscheint der Ersatz der im Gesellschaftsvertrage vereinbarten Sachleistung durch eine andere Sacheinlage unstatthaft (Anm. 12 zu § 5). Nur jene kann die Einlagepflicht erfüllen.

Anm. 26. **Zusatz 1. Die Stammeinlage als Kontokurrentposten.** Hachenburg LZ. 3, 260ff. Stehen Gesellschaft und Gesellschafter in laufender Rechnung, so wird häufig die Schuld des letzteren in dieselbe eingestellt. Die Bestimmungen des HGB. über den Kontokurrent (§§ 355—357) sind nur insoweit anwendbar, als nicht die besonderen Vorschriften der GmbH. und die aus derselben sich ergebenden Rechtsgrundsätze entgegenstehen. Es ist derselbe Gedanke, der allgemein im Falle des Zusammentreffens von Vorschriften des bürgerlichen oder Handelsrechts mit solchen des Spezialgesetzes gilt (vgl. Anm. 5 Allg. Einleit., Anm. 30 u. 34 zu § 2, Anm. 34 zu § 3). Hieraus ergibt sich:

Anm. 27. Die Verpflichtung zur Zahlung der Stammeinlage erlischt nicht durch den Saldovortrag. Sie kann nicht in eine andere Schuldform umgewandelt werden (oben Anm. 8). In dem Anerkenntnis des Saldos ist zwar das Schuldanerkenntnis auch der Einlage gegeben. Eine novierende Wirkung tritt jedoch hier nicht ein. Die Gesellschaft kann trotz der Einstellung in die laufende Rechnung die Rechte aus §§ 21ff. gegen den Gesellschafter ausüben. Völlig unwirksam ist deshalb aber die Aufnahme der Einlage in den Kontokurrentsaldo nicht. Es besteht auch dieser Schuldgrund. Es geht daher zu weit, wenn das OLG. Colmar (12. 4. 07 OLGR. 14, 364; ebenso Warneyer-Koppe Anm. 3) die Klage auf Grund des Guthabens in laufender Rechnung abweist, weil in demselben die Einlage als Sollposten enthalten ist. Es genügt, daß die Gesellschaft durch die Aufnahme der Stammeinlage in das Kontokurrent ihre besonderen Rechte nicht einbüßt. Man wird darin weiter gehen müssen als § 356 HGB. für die gesicherte Forderung. Es wird nicht etwa nur, wie dort die Sicherung, so hier das Recht der Kaduzierung für die in dem anerkannten Guthaben aus laufender Rechnung enthaltene Summe der Einlageforderung in Anspruch zu nehmen sein. Die Gesellschaft wird das Recht haben müssen, auf den eigentlichen Schuldgrund zurückzugreifen.

Anm. 28. Die Einstellung der Stammeinlage in den Kontokurrent kann nicht bewirken, daß die Gesellschaft während der Rechnungsperiode gehindert ist, die Zahlung der Einlage zu fordern. Die gesetzliche Folge des Verkehrs in laufender Rechnung, daß jeder einzelne Anspruch seine Selbständigkeit verliert und nur durch Verrechnung geltend gemacht werden kann, muß hier ausgeschaltet werden. Ihr steht das Verbot der Stundung entgegen. Auch hieraus folgt aber nicht die Unstatthaftigkeit der Aufnahme der Einlageschuld in den Kontokurrent. Es ergibt sich lediglich das Recht der Gesellschaft zum jederzeitigen Widerruf derselben und zur unmittelbaren Einforderung.

§ 19.

Wirksam ist die in der Einstellung in den Kontokurrent liegende Abrede der Aufrechnung. Sie ist als solche statthaft (oben Anm. 16), also auch für den Fall des Kontokurrentes. Aber nur durch den Vollzug der Verrechnung und Feststellung des Saldos zugunsten des Gesellschafters ist die Einlageschuld beglichen (RG. 19. 11. 04 bei Holdheim 14, 142; RG. 10. 7. 14 Holdh. 23, 268; RG. 27. 4. 15 BauersZ. 23, 64). Endet die Verrechnung zwar mit einem Guthaben der Gesellschaft, das aber geringer ist als die Einlage, so erlischt diese für den Differenzbetrag. Dies bleibt, auch wenn im fortgesetzten Verkehre der laufenden Rechnung der Saldo wieder steigt. Anm. 29.

Die Aufrechnung ist auch im Kontokurrentverkehr unzulässig, soweit sie dies außerhalb desselben wäre (zust. OLG. Breslau 10. 11. 14 RundschGmbH. 1915, 87). Es sind also Ansprüche des Gesellschafters aus Vergütung für Überlassung von Vermögensgegenständen auszuschalten. Die Einstellung der Einlage in die laufende Rechnung kann nie dazu dienen, das Gebot des Abs. 3 zu umgehen. Ebenso ist dann auch hier die Aufrechnung zu versagen, wenn die Ansprüche des Gesellschafters an die Gesellschaft nicht mehr vollwertig sind (oben Anm. 16; RG. 19. 11. 04 Holdh. 14, 142). Aus dieser Unzulässigkeit einzelner Aufrechnungen folgt zunächst deren Ausschaltung für die Verrechnung. Aber diese allein erzielte ein falsches Resultat. Man käme zu einem Überschusse zugunsten der Gesellschaft auch in den Fällen, in denen neben der Einlage noch andere Belastungen enthalten sind, die an sich zu einer Verrechnung mit den gegenüber der Stammeinlage hierzu ungeeigneten führen würden. Weiter als es der Schutz der Gläubiger fordert, darf die Wirkung des Kompensationsverbotes nicht erstreckt werden. Daher sind bei der Verrechnung die beanstandeten Habenposten nur insoweit auszuscheiden, als nicht andere Sollposten außer der Einlage vorhanden sind. Stehen jenen solche sonstigen Belastungen in gleicher Höhe gegenüber, so bedarf es keiner besonderen Maßnahme. Es genügt, daß hinreichende Habenposten, die zur Tilgung der Einlage geeignet sind, bleiben. Andernfalls ist ein Gegenposten auf der Sollseite in der Höhe einzustellen, als die anderweiten Sollposten geringer sind als die beanstandeten Gutschriften. Es muß dann allerdings eine besondere Berechnung für die Einlage erfolgen. Eine solche ist aber, wie § 357 HGB. zeigt, dem Gesetze auch sonst bekannt. Würde man diese Lösung nicht annehmen, so entstünde die unbillige Folge, daß alle baren Zahlungen, welche der Gesellschafter auf laufendes Konto, vielleicht nur im Hinblick auf seine ihm belastete Einlage machte, ihm verloren wären. Ebenso alle Forderungen, die er nur deshalb nicht einzog, weil er der Gesellschaft mehr schuldete, und die auch ohne Kontokurrent von der Gesellschaft zur Verrechnung gebracht werden dürften. Die Gläubiger können nicht mehr fordern, als daß die Gebote des § 19 Abs. 2 und 3 nicht verletzt werden. Vgl. hierüber Hachenburg a. a. O. Anm. 30.

Eine Vereinbarung der Einstellung der Einlage in den Kontokurrent kann nur die Gesellschaft vornehmen. Sie allein kann ja die Abrede der Aufrechnung treffen (oben Anm. 16). Sie kann daher eine von dem Gesellschafter ohne ihre Zustimmung vorgenommene Aufnahme der Einlage in die laufende Rechnung ablehnen. Eine Abrede bedarf jedoch nicht der ausdrücklichen Worte. Sie kann darin liegen, daß die Gesellschaft selbst die Einlage in das Soll des Gesellschafters bucht und ihm das Konto übersendet. Ebenso wenn sie auf die Übersendung der Abrechnung durch den Gesellschafter, der ihr den Einlagebetrag gutschrieb, schweigt. Sie nimmt damit seinen Vorschlag an (zust. OLG. Breslau 10. 11. 14 RundschGmbH. 1915, 87). Ist die Abrede einmal getroffen, so kann sich auch der Gesellschafter darauf berufen. Die Gesellschaft kann zwar jederzeit die Tilgung der Einlage fordern (oben Anm. 27). Aber auch dann muß sie gestatten, daß dies durch die Verrechnung auf den Tag ihrer Anforderung geschieht, genau so wie wenn aus einer anderen Ursache ein früherer Schluß der Geschäftsverbindung eintrat. Anm. 31.

Zusatz 2. Überweisungen im Giroverkehr fallen nicht unter das Verbot der Aufrechnung. Eine solche bei einem Dritten, insbesondere der Bank, mit der die Gesellschaft in Geschäftsverbindung steht, kommt der Zahlung gleich. Eine Mitteilung der Gesellschaft über ihr Girokonto bei einer Bank bedeutet nach der Verkehrsauffassung, daß an diese Zahlungen Anm. 32.

§ 19. und Überweisungen erfolgen können. Eine Überweisung, die ein Dritter, der mit der Gesellschaft in Verbindung steht, zugunsten des Gesellschafters anordnet, und welche die Gesellschaft auf die Einlage vollzieht, bewirkt deren Tilgung, wenn der Dritte bei der Gesellschaft den überwiesenen Betrag gut hatte und dieser vollwertig war. Mangels eines Guthabens des Überweisenden erhielte die Gesellschaft in diesem, dem sie den Betrag belastet, einen anderen Schuldner an Stelle des Gesellschafters. Mangels Vollwertigkeit der vorhandenen Forderung desselben würde die Gesellschaft eine unzulässige Aufrechnung (oben Anm. 16) vornehmen.

Anm. 33. **Zusatz 3.** Der Anspruch auf die Einzahlung der Stammeinlage ist abtretbar und pfändbar (KG. 14. 10. 10 OLGR. 24, 151; RG. 23. 6. 11 RGZ. 76, 434; RG. 14. 12. 11 LZ. 1912, 315; RG. 7. 11. 13 RGZ. 83, 267; RG. 20. 10. 14 RGZ. 85, 351; OLG. Hamburg 22. 4. 13 OLGR. 27, 137; OLG. Cassel 29. 11. 15 RundschGmbH. 1916; a. M. Brodmann Anm. 6, der sich zu Unrecht auf §§ 717 und 399 BGB. beruft; vgl. hierzu RG. 29. 4. 11 RGZ. 76, 280). Der besondere Zweck der aus dem Gesellschaftsverhältnisse zu leistenden Beträge, der Gesellschaft die Mittel zur Erreichung des Gesellschaftszweckes zu schaffen, schließt das Recht, diese Ansprüche abzutreten, nicht aus. Ebensowenig die besonderen Mittel der Beitreibung, die Kaduzierung und die Umlegung auf die anderen Gesellschafter (§§ 22, 23, 24). Diese fehlen in der Hand des Zessionars und Pfandgläubigers. Sie können nur durch die Gesellschaft ausgeübt werden (vgl. unten Anm. 34). Aber den Anspruch auf Zahlung kann die GmbH. veräußern. Nicht hinderlich ist die Vorschrift über die Einforderung durch die Gesellschafterversammlung. Der Anspruch ist nicht durch diese bedingt. Dagegen wird man daran festhalten müssen, daß eine Verurteilung des Gesellschafters von der Voraussetzung eines Einforderungsbeschlusses abhängt. Der Zessionar und der Gläubiger können nicht mehr Recht haben, als der Zedent und Schuldner (a. M. RG. 23. 6. 11, RGZ. 76, 434, das den Beschluß durch den Gläubiger und den Zessionar ersetzen läßt; desgl. Neukamp-Becker Anm. 1a; Warneyer-Koppe Anm. 4; vgl. auch Anm. 15 zu § 46). Wollte man davon absehen, so wäre durch Abtretung oder Pfändung das Prinzip des § 19 Abs. 1 aufgehoben. Die Gesellschaft könnte hierdurch den einen Gesellschafter vor den anderen zur Einzahlung zwingen. Nicht stichhaltig ist auch, daß andernfalls die Gesellschafter die Befriedigung der Gläubiger vereiteln könnten (KG. a. a. O.). Nur der Einzelzugriff auf die Einlage vor der Einforderung führt nicht zur Deckung. Besitzt die Gesellschaft keine anderen Zahlungs- oder Pfändungsmittel, entschließen sich die Gesellschafter nicht, die Einlagen einzufordern, so ist die GmbH. zahlungsunfähig. Es kann der Konkurs eröffnet werden. Der Konkursverwalter zieht alle Einlagen gleichmäßig ein. Zur Abtretung oder Pfändung ist demnach allerdings der Beschluß, diese Einzahlung zu fordern, nicht notwendig, wohl aber zur Geltendmachung. Erfolgt der Beschluß nachträglich, so ist die Abtretung oder Pfändung durchführbar.

Gegenüber einem Erwerber der Einlageforderung gelten die Bestimmungen des § 19 Abs. 2—4 nicht. Es steht nichts im Wege, daß mit einer Forderung an ihn aufgerechnet werde (RG. 20. 10. 14 RGZ. 85, 353; vgl. aber unten Abs. 3 dieser Anmerkung), daß er verzichtet, stundet. Eine Hingabe an Zahlungs Statt wirkt hier befreiend. Denn es handelt sich nicht mehr um den Schutz des Stammkapitals. Nur darf die Abtretung nicht zum Schein erfolgen, um eine Umgehung der Vorschriften des § 19 zu ermöglichen. Daher wäre es unzulässig, daß der Erwerber von der Gesellschaft die Einlageforderung erwirbt, und diese von ihm dagegen eine Sache erhält, die er vorher von dem Gesellschafter unter der Abrede erhalten hatte, daß weder der Gesellschafter etwas von ihm für diese Sache, noch er etwas von dem Gesellschafter aus dem zu erwerbenden Einlageanspruch erhalte, beide sich vielmehr aufheben sollten. Ebenso wäre es nichtig, wenn die Gesellschaft auf den Preis, der Erwerber dem Gesellschafter gegenüber auf die Einlageschuld verzichtete. Soweit aber keine solchen Scheingeschäfte, hinter denen sich einer der in § 19 verbotenen Akte birgt, vorliegen, ist die Übertragung und sind alle Abreden zwischen Gesellschafter und Erwerber, wie zwischen diesem und der Gesellschaft wirksam. Insbesondere ist nicht verboten, daß die Gesellschaft von einem Dritten eine Sache erwirbt gegen Übertragung ihres Anspruchs auf die Einlage an einen Gesellschafter.

Es kann unter Umständen, wenn die Zahlung von dem Gesellschafter selbst auf Schwierigkeiten stößt, ein solches Abkommen im Interesse der Gesellschaft geboten sein. § 19.

Dagegen kann der Gesellschafter gegenüber dem Erwerber der Einlageforderung mit einer Forderung an die Gesellschaft nicht aufrechnen (RG. 20. 10. 14 RGZ. 85, 351, welches irrtümlich anzunehmen scheint, daß hier die gegenteilige Ansicht vertreten werde). Denn das Verbot des § 19, mit Forderungen an die Gesellschaft aufzurechnen, besteht fort, auch wenn die Einlageforderung in der Hand eines Dritten ist. Das RG. verweist zur Begründung auf die ratio des GmbH.-Gesetzes. Dessen bedarf es nicht. Schon nach allgemeinen Rechtsgrundsätzen kann der Schuldner, der mit seinem Gläubiger das Verbot der Aufrechnung vereinbart hat, gegenüber dem Zessionar des Gläubigers nicht mit Forderungen gegen den Zedenten aufrechnen. Nichts anderes gilt, wenn das Verbot der Aufrechnung für ein bestimmtes Vertragsverhältnis auf Gesetz beruht. Die Folgen des gegenteiligen Standpunktes wären allerdings unerträglich. Ließe man die Aufrechnung zu, so wird sich der schuldende Gesellschafter nicht nur ohne Barzahlung von seiner Einlageverpflichtung befreien, er würde auch entgegen dem gesetzlichen Verbot Befriedigung für seine Gegenforderung erhalten, selbst wenn die Gesellschaft bereits in Zahlungsschwierigkeiten ist. Die Gesellschaft aber würde, nachdem sie von ihrem Zessionar vielleicht schon den Gegenwert der Einlageforderung erhalten hat, von ihrer Verbindlichkeit gegen den Gesellschafter befreit werden. Den Schaden trüge allein der Zessionar oder pfändende Gläubiger; dem Gesellschafter fiele dagegen ein unerwarteter, vom Gesetz nicht gebilligter Vorteil in den Schoß.

Ebenso bleibt, wie in § 19 Abs. 2 Satz 2 gegenüber der Gesellschaft, auch gegenüber dem Erwerber der Einlageforderung das Zurückbehaltungsrecht wegen Forderungen an die Gesellschaft ausgeschlossen.

Der Erwerber erhält nur die Forderung auf die Einlagesumme. Das Recht, bei Nicht- Anm. 34. beibringlichkeit die Rechtsvorgänger des Gesellschafters (§ 22) und die anderen Gesellschafter (§ 24) in Anspruch zu nehmen, geht nicht auf ihn über. Dies sind an die Forderungen der Gesellschaft geknüpfte Rechte. Inwieweit der Erwerber die Gesellschaft zur Durchführung der Maßnahmen der §§ 22—24 zwingen kann und einen Anspruch auf Herausgabe des hierbei von der Gesellschaft Erlangten hat, richtet sich nach den Abmachungen, die dem Veräußerungsgeschäft zugrunde liegen (OLG. München 30. 3. 14 RundschGmbH. 1914, 244).

Für die Verpfändung und Vollstreckungspfändung gilt dasselbe. Der Gläubiger der Anm. 35. Gesellschaft, der die Forderung sich verpfänden oder zum Einzug überweisen ließ, kann die Privilegien der Gesellschaft nicht für sich begehren. Ihm gegenüber kann von einem Erhalten des Stammkapitals nicht die Rede sein. Er muß sich die Aufrechnung gefallen lassen. Er nimmt wirksam eine Hingabe an Zahlungsstatt an. Wird seine Pfändung wieder aufgehoben, ehe die Einlageschuld bei ihm getilgt ist, so sind seine Verfügungen für die Gesellschaft unwirksam. Seine Stundung braucht z. B. nicht beachtet zu werden.

Zusatz 4. Über die Einwendung, daß die Verpflichtung zur Stammeinlage Anm. 36. unter Bedingungen und unter Einschränkungen übernommen wurde, siehe Anm. 39ff. zu § 2.

Über den Einwand des Scheines, der arglistigen Täuschung, der Drohung gegen die Einlageverpflichtung bei der Gründung oder Kapitalserhöhung siehe Anm. 34 zu § 2. Soweit die Verpflichtung durch den späteren Erwerb eines Anteils entstanden ist, siehe Anm. 28 zu § 16.

§ 20. § 20.

Ein Gesellschafter, welcher den auf die Stammeinlage eingeforderten Betrag nicht zur rechten Zeit einzahlt, ist zur Entrichtung von Verzugszinsen von Rechts wegen verpflichtet.

An die unpünktliche Erfüllung der Stammeinlageverpflichtung ist die Verpflichtung zur Zahlung von Zinsen geknüpft. Dieselbe Bestimmung enthält § 65 Abs. 1 österr. Einleitung.

§ 20. Ges. (vgl. auch Schweizer Entwurf Art. 812 Abs. 1). Sie bezieht sich lediglich auf Geldeinlagen. Nur bei diesen gibt es Zinsen. Bei Verzögerung der Sacheinlage treten die allgemeinen Folgen des Verzugs ein. Über die Tragung der Gefahr bei der Sacheinlage vgl. Anm. 48 zu § 5. Der Verzug des Gesellschafters macht ihn für den Verlust der zugesagten Einlage ohne Rücksicht auf sein Verschulden haftbar. Nur der Nachweis, daß die Sache auch in den Händen der Gesellschaft untergegangen oder beschädigt worden wäre, ist gestattet (§ 287 BGB.). Bei anderen Leistungen außerhalb der Kapitaleinlage, z. B. bei Nichtzahlung des Agios oder bei Nichterfüllung sonstiger Verpflichtungen gemäß § 3 Abs. 2, gelten gleichfalls nur die allgemeinen Voraussetzungen und Folgen des Leistungsverzuges. Bei der Zusage einer Geldleistung auf einen bestimmten Termin wird auch hier der Verzug mit dem Verfalltag eintreten und die Zinspflicht beginnen (§ 284 BGB.).

Anm. 1. 1. **Voraussetzung für die Bestimmung des § 20 ist, daß ein Gesellschafter den auf die Stammeinlage eingeforderten Betrag nicht zur rechten Zeit einzahlt.**

a) Der Betrag muß eingefordert sein. Einforderung bedeutet die Erklärung der Gesellschaft, daß die Zahlung erfolgen solle. Sie ist nicht identisch mit Mahnung. Diese setzt Fälligkeit schon voraus. Einforderung führt sie erst herbei (vgl. RG. 2. 2. 15 LZ. 1915, 910). Wie die Einforderung zu erfolgen hat, sagt das Gesetz nicht. Der Gesellschaftsvertrag kann darüber Bestimmungen treffen. Es kann die Einforderung durch öffentliche Bekanntmachung oder durch eingeschriebenen Brief oder durch Zustellung eines Schreibens mittels Gerichtsvollziehers erfolgen. Wenn öffentliche Bekanntmachung für genügend erklärt ist, so liegt die Einforderung in dem Augenblicke vor, wo die Publikation in der für die Bekanntmachungen der Gesellschaft im Gesellschaftsvertrage festgesetzten Zeitung erfolgt ist. Von dem zur Einzahlung bestimmten Augenblicke an sind in diesem Falle die „Verzugszinsen" zu zahlen.

Anm. 2. Der Gesellschaftsvertrag kann die Art der Einforderung regeln. Andernfalls ist die Zahlung von jedem einzelnen Gesellschafter besonders zu verlangen. Öffentliche Bekanntmachung genügt nicht. Die Einforderung ist eine empfangsbedürftige Willenserklärung. Sie muß dem Zahlungspflichtigen zu erkennen geben, daß die Gesellschaft ihr Recht auf Einzahlung geltend macht. Eine Form ist nicht vorgeschrieben. Es genügt daher auch mündliches Ersuchen durch eine hierzu legitimierte Person. Aber auch jeder gewöhnliche Brief, eine Postkarte. Nur muß die Erklärung dem Zahlungspflichtigen zugehen. Das österr. Ges. (§ 65 Abs. 2) verlangt den eingeschriebenen Brief. Ob die Einforderung auch dann nötig ist, wenn der Gesellschaftsvertrag bestimmte Zahlungstermine festsetzt, muß durch Auslegung des Gesellschaftsvertrags festgestellt werden. Der Sinn der Termine kann der sein, daß hierdurch lediglich die Einforderbarkeit der Einlage eintritt. Vorher darf die Gesellschaft die Zahlung nicht fordern. Es ist dann auch in diesem Falle stets die Einforderung nötig. Die gesetzliche Voraussetzung des § 20 wird nicht geändert. Es kann aber der Wille der Gesellschafter dahin gehen, daß der Eintritt des Kalendertages auch die Einforderung ersetzt. Die Einlageschuld wird an diesem Zeitpunkt bereits fällig (vgl. Anm. 23 zu § 16). Dann entsteht die Zahlungs- und Zinspflicht. Die besondere Einforderung fällt fort. Eine Vermutung läßt sich weder für die eine noch für die andere Möglichkeit geben. Neukamp Anm. 1 und Liebmann Anm. 2 stützen ihre Ansicht, daß der Termin die Einforderung unnötig mache, auf § 284 Abs. 2 BGB. Aber diese Stelle beweist nichts. Es handelt sich ja gerade darum, ob die Festsetzung des Termins als „Zeit für die Leistung" gemeint ist. Crüger-Crecelius Anm. 1 verlangt auf jeden Fall die besondere Einforderung.

Anm. 3. Schreibt der Gesellschaftsvertrag die sofortige Volleinzahlung der Stammeinlagen vor oder enthält er gar den Vermerk, daß die Stammeinlagen voll einbezahlt sind, so bedarf es einer „Einforderung" durch die Gesellschaft nicht. Die Stammeinlage ist mit Abschluß des Gesellschaftsvertrags fällig (RG. 12. 1. 15 JW. 1915, 195; RG. 14. 5. 18 Holdheim 27, 154). Mit diesem Zeitpunkt tritt auch die Zinspflicht ein.

Der Gesellschaftsvertrag setzt die Zeiten der Einforderung fest. Andernfalls beschließen die Gesellschafter darüber. Der Gesellschaftsvertrag kann an deren Stelle andere Organe setzen (§ 46 Nr. 2). Eine Bestimmung des Gesellschaftsvertrags, daß die restlichen Einlagen „nach Bedarf" eingefordert werden, gibt dem einzelnen Gesellschafter kein Recht, den Nachweis des Geldbedürfnisses zu verlangen. Es ist damit das Ermessen der Gesellschaft für entscheidend erklärt. Ergibt sich aus dem Gesellschaftsvertrage nichts Gegenteiliges, so ist die Einforderung nur gültig, wenn die Gesellschafter sie beschlossen haben. Die Zahlung des eingeforderten Betrages kann sonst verweigert werden (vgl. Anm. 2 u. 4 zu § 19). Bei den Beschlüssen über die Einforderung stimmen alle Gesellschafter (vgl. RG. 12. 1. 15 JW. 1915, 195). Nur dann, wenn die Ausübung des Stimmrechts zum Nachteil der Gesellschaft mißbraucht würde, ist sie unstatthaft (vgl. Anm. 21ff. zu § 47). Dies liegt z. B. vor, wenn bei einer Gesellschaft von zwei Gesellschaftern der eine eine Sacheinlage machte, der andere eine bare Einlage zusagte. Dieser kann nicht durch seine Stimme sich der Einzahlung entziehen. **§ 20. Anm. 4.**

b) Nichtzahlung zur rechten Zeit genügt zum Beginn des Zinsenlaufes. Ein Verschulden ist nicht nötig. Der Zahlungspflichtige kann sich nicht damit verteidigen, daß ihm der Brief persönlich nicht zu Gesicht gekommen ist, daß sein Diener ihn unterschlagen, seine Kinder ihn zerrissen haben. Sonst liegt ein Verzug nicht vor, wenn die Verzögerung durch Umstände verschuldet ist, die der Schuldige nicht zu vertreten hat (§ 285 BGB.). Hier fallen diese Entschuldigungen weg. Das ist durch die Worte „von Rechts wegen" ausgedrückt. Die Zinsen werden zwar „Verzugszinsen" genannt. Aber es wird, um klarzustellen, daß keine schuldhafte Verzögerung vorausgesetzt ist, sofort hinzugefügt, daß die Zinsen von „Rechts wegen" zu zahlen sind. In dem analogen § 218 HGB. ist, um das klarzustellen, das Wort „Verzugszinsen", welches im alten HGB. gestanden hatte, fortgelassen. Es konnten deshalb die Worte „von Rechts wegen" dort entbehrt werden (anders Liebmann Anm. 2, der den § 288 BGB. zur Anwendung bringt). Ist der Gesellschafter in Konkurs, so können Zinsen nicht verlangt werden (§ 63 Ziff. 1 KO.). **Anm. 5.**

2. Die Verpflichtung zur Zahlung von Zinsen. **Anm. 6.**

a) Die Höhe der Zinsen. Aus der Bezeichnung als Verzugszinsen folgt, daß die Höhe der Zinsen dieselbe ist wie die Höhe der wirklichen Verzugszinsen. Sie beträgt 4 Proz. (§ 288 BGB.).

Die höheren Verzugszinsen des Handelsrechts (§§ 352 u. 353 HGB.) kommen nicht in Betracht. Ist der Gründer Kaufmann, so liegt zwar für ihn, nicht aber für die erst entstehende Gesellschaft in der Übernahme der Stammeinlage ein Handelsgeschäft. Sie ist noch keine Handelsgesellschaft. Auch die Übernahme eines Geschäftsanteils bei der Erhöhung des Stammkapitals ist kein beiderseitiges Handelsgeschäft. Es liegt nur ein einseitiger Akt des Übernehmenden vor. Daran wird auch nichts geändert, wenn die Gesellschaftereigenschaft durch den Erwerb eines bestehenden Geschäftsanteils entsteht. Auch dieses Geschäft ist im Verhältnis der Gesellschaft zum Gesellschafter kein beiderseitiges Handelsgeschäft. Diese beiden Personen sind nicht die Kontrahenten. Die Anmeldung (§ 16) ist nur ein einfacher Akt des Gesellschafters oder seines Rechtsvorgängers. Nur wenn die Gesellschaft selbst einen Geschäftsanteil an einen Kaufmann veräußert, liegt ein zweiseitiges Handelsgeschäft vor. Die Verzugszinsen sind 5 Prozent (§§ 352 Abs. 1 und 353 HGB.). Allein hier schuldet der Erwerber den Betrag für den Geschäftsanteil als Käufer, nicht als Gesellschafter. **Anm. 7.**

b) Für die Zinsen haftet, wer zur Zeit der Entstehung der Zinspflicht der Gesellschaft als Gesellschafter angemeldet ist. Er haftet für die Zeit, für welche gegenüber der Gesellschaft seine Gesellschaftereigenschaft besteht, also bis zur Veräußerung seines Geschäftsanteils und deren Anmeldung (§ 16). Außerdem haftet auch jeder Rechtsnachfolger für die Zinsen, die in der Person des Rechtsvorgängers entstanden sind. Ein Teilerwerber haftet für seinen Anteil (Anm. 25 zu § 17). **Anm. 8.**

§ 20. Anm. 9. c) Stundung hebt die Zinspflicht auf. Die Stundung ist zwar unwirksam (§ 19 Abs. 2). Aber der Verzicht auf die Zinsen ist zulässig (vgl. unten Anm. 10). Daher ist insoweit die Stundung von Bedeutung. Sie ist Verzicht auf die Zinsen bis zum Tage der Wiedereinforderung.

Anm. 10. d) Die entstandene Zinspflicht kann erlassen werden. Der § 25 erwähnt den § 20 nicht, auch können Vertragsstrafen und Entschädigungsansprüche wegen verspäteter Einzahlung erlassen werden. Auch kann der Gesellschaftsvertrag von vornherein bedingen, daß die unpünktliche Einzahlung Verzugszinsen nicht nach sich zieht, ob der Gesellschaftsvertrag eine andere Rechtsfolge daran knüpft oder nicht.

Anm. 11. e) Der Zinssatz kann auch durch den Gesellschaftsvertrag erhöht werden. Bei einer Erhöhung durch Abänderung des Gesellschaftsvertrags ist § 53 Abs. 3 anzuwenden.

Anm. 12. **Zusatz 1. Über die Zinsen hinaus kann noch ein weiterer Schaden liquidiert werden.** Der § 288 BGB. ist mindestens entsprechend anzuwenden. Der Anspruch auf weiteren Schadensersatz setzt aber schuldhafte Zögerung voraus.

Anm. 13. **Zusatz 2. Der Gesellschaftsvertrag kann auch Vertragsstrafen festsetzen.**

1. Der frühere § 20 Abs. 2 hatte ausdrücklich gesagt, daß der Gesellschaftsvertrag im Falle verzögerter Einzahlung Vertragsstrafen ohne Rücksicht auf die sonst stattfindenden gesetzlichen Einschränkungen festsetzen könne. Er ist durch Art. 11 Ziffer VIII EG. z. HGB. fortgefallen. Es gelten jetzt die Bestimmungen des BGB. Aus der Anwendbarkeit der Vorschriften des BGB. ergibt sich zwar der erste Satz, wonach Vertragsstrafen festgesetzt werden können, nicht aber der zweite Satz, daß die sonst stattfindenden gesetzlichen Einschränkungen hier nicht gelten. Sie gelten umgekehrt auch hier. Denn der § 343 BGB., der ein Ermäßigungsrecht gibt, ist zwingender Natur (vgl. Staub HGB. Anm. 34 zu § 348; Düringer-Hachenburg II Anm. 22 zu § 348). Der Gesellschaftsvertrag kann also Vertragsstrafen ohne die sonst geltenden Einschränkungen nicht festsetzen. Es ist daher nicht ganz richtig, wenn die Denkschrift zum HGB. S. 295 den § 20 Abs. 2 GmbHG. angesichts der Bestimmungen des BGB. für „entbehrlich" erachtet hat, falls damit gemeint sein sollte, daß der Rechtszustand der gleiche sei.

   Der Gegenstand der Vertragsstrafe bleibt dem Ermessen der Gesellschafter bei der Gründung überlassen. Es wird in den meisten Fällen eine Geldsumme sein. Er kann auch in dem Verluste oder dem Ruhen von Rechten des säumigen Gesellschafters bestehen. Auch das Stimmrecht kann für die Dauer des Verzugs genommen werden. Über den Verlust des Mitgliedsrechts als Strafe bei Verzug in der Zahlung der Stammeinlage vgl. Einleitung zu § 21 und bei Nichterfüllung anderer Verpflichtungen Anm. 32 zu § 3 und Anm. 1 zu § 21.

Anm. 14. 2. Die Vertragsstrafe muß im ursprünglichen Gesellschaftsvertrage oder in demjenigen Kapitalserhöhungsbeschlusse, durch welchen der betreffende Anteil geschaffen wird, festgesetzt werden. Durch einen späteren Statutenänderungsbeschluß können Vertragsstrafen gegen einen Gesellschafter nur mit seiner Zustimmung stipuliert werden. Einer allseitigen Zustimmung bedarf es nicht. Eine Vermehrung der den Gesellschaftern nach dem Gesellschaftsvertrage obliegenden Leistungen kann nur mit Zustimmung sämtlicher beteiligter Gesellschafter angeordnet werden (siehe Anm. 16ff. zu § 53).

Anm. 15. 3. Die Vertragsstrafe folgt den Regeln der §§ 339ff. BGB. (vgl. darüber Näheres Staub HGB. zu § 348 und Düringer-Hachenburg II zu § 348). Sie wird nicht zu einer besonderen Verpflichtung im Sinne des § 3 Abs. 2. Sie ist eine Nebenleistung zur Stammeinlage.

   Im einzelnen ist aber folgendes hervorzuheben:

   a) Die Vertragsstrafe kann für den Fall verzögerter Einzahlung der Stammeinlage vereinbart werden. Dann ist sie auf diesen Fall beschränkt. Sie kann selbstredend im Gesellschaftsvertrage auch auf alle anderen Arten von Pflichtverletzungen gesetzt werden.

Dabei kann es sich um Unterlassungen oder Handlungen, um ungehörige oder unpünktliche Leistungen handeln. Mitunter setzt der Gesellschaftsvertrag allgemein Strafen für den Fall der Nichterfüllung bei Vertragspflichten fest. Dann ist es Auslegungsfrage, welche Verbindlichkeiten darunter zu verstehen sind. § 20.

Bei Nichtleistung positiver Verpflichtungen ist Verzug die Voraussetzung der Verwirkung (vgl. § 339 BGB.). Der Vertrag kann aber auch hier andere Voraussetzungen festsetzen. Eine Vertragsbestimmung, daß bei nicht pünktlicher Zahlung der Gesellschafter in eine Strafe verfällt, ist nicht als Verzicht auf den Verzug aufzufassen. Verzug liegt vor, wenn die Leistung auf Grund von Umständen, die der Gesellschafter zu vertreten hat, unterlassen wird. Zu vertreten hat der Gesellschafter Umstände, die auf Vorsatz oder Fahrlässigkeit seiner selbst oder seiner Erfüllungsgehilfen (§§ 276, 278 BGB.) zurückzuführen sind. Bei Gattungsleistungen besteht eine Vertretungspflicht in noch weiterem Umfang (§ 279 BGB.). Die Sorgfalt, die der Gesellschafter in eigenen Angelegenheiten anzuwenden hat, kommt hierbei nicht in Betracht. Der § 708 BGB. gilt nicht für Mitglieder eines rechtsfähigen Vereins. Anm. 16.

b) Der § 340 BGB. ist insoweit nicht anwendbar, als seine Bestimmungen im Widerspruche mit § 5 und § 19 des GmbHGesetzes stehen. Es darf daraus, daß eine Vertragsstrafe statt der Erfüllung verlangt werden soll, niemals folgen, daß an Stelle einer Barzahlung eine Sachleistung tritt. Wohl aber kann an Statt der nicht erfüllten Sacheinlage eine Geldzahlung treten. Nur muß diese stets mindestens der Höhe der übernommenen Stammeinlage gleichkommen (vgl. Anm. 24 zu § 19). Es wird aus den Umständen des Falles festzustellen sein, ob der Gesellschaftsvertrag die Vertragsstrafe statt der Erfüllung will, oder ob nicht vielmehr diese neben der Erfüllung für die Verzögerung der Leistung angeordnet ist. Die Höhe der Strafe wird hier Rückschlüsse auf den Willen der Gesellschafter zulassen (Düringer-Hachenburg II, Anm. 15 zu § 348). Anm. 17.

c) Dagegen findet der § 340 Abs. 2 BGB. Anwendung. Die verwirkte Strafe wird als Mindestbetrag eines entstandenen Schadensersatzanspruchs betrachtet. Der Anspruch auf weiteren Schadensersatz ist nicht ausgeschlossen (a. M. Crüger-Crecelius Anm. 3). Anm. 18.

d) Das richterliche Ermäßigungsrecht greift Platz (§ 343 BGB.; siehe oben Anm. 13). Es fällt fort, wenn der Gesellschafter zur Zeit der Übernahme der Verpflichtung gegenüber der Gesellschaft Vollkaufmann ist (§§ 348, 351 HGB.) und im Betriebe seines Handelsgeschäfts die Strafe zusagt (Düringer-Hachenburg II Anm. 27 zu § 348). War der erste Gesellschafter Vollkaufmann, nicht aber der jetzige Gesellschafter, so kann dieser das Ermäßigungsrecht für sich geltend machen. Das Ermäßigungsrecht ist aus Billigkeitsgründen gegeben, um den, der den Vertrag verletzt und in Strafe verfällt, vor unbilligen Härten zu schützen. Anders, wenn der Kaufmann die Strafe verwirkte und dann ein Nichtkaufmann den Geschäftsanteil erworben hat. Die Verpflichtung zur Entrichtung der Vertragsstrafe geht als eine bereits fällig gewordene auf den Erwerber über. Er erhält sie mit denjenigen Eigenschaften, die ihr in der Hand des Veräußerers anhafteten (§ 16 Abs. 3). Anm. 19.

e) Der Anspruch auf die Vertragsstrafe kann gleich dem auf Zinsen erlassen werden, sofern er nicht an Stelle der Einlage trat (oben Anm. 10). Er ist erlassen, wenn er bei der Annahme der rückständigen Einlage nicht vorbehalten wird. Anm. 20.

Zusatz 3. Zinsen und Vertragsstrafe nebeneinander können statutarisch festgesetzt sein. Andernfalls sind sie nicht geschuldet (RG. 9, 44, für das preußische Landrecht und für das frühere Handelsrecht). Die Zinsen sind als Schadensersatzforderung, als Mindestbetrag des dem Gläubiger erwachsenen Schadens gedacht. Es kann zwar neben der Vertragsstrafe ein weiterer Schaden liquidiert werden. Aber dann muß die Höhe desselben konkret nachgewiesen werden (§ 341 Abs. 2, § 340 Abs. 2 BGB.). — Der Anspruch auf Prozeßzinsen wird aber durch die Vertragsstrafe nicht absorbiert (RG. 9, 44). Die Prozeßzinsen sind nicht als eine Art Schadensersatz gedacht (§ 291 BGB.). Anm. 21.

§ 20. **Zusatz 4. Zinsen und Vertragsstrafe** bilden, wenn sie eingehen, Gewinn. Als solcher
Anm. 22. kann er auch verteilt werden. Er ist aber nicht im regelmäßigen Geschäftsbetrieb erzielt. Daher ist es üblich, ihn einem Reservefonds zuzuführen.

Anm. 23. **Zusatz 5.** Die Vorschriften des § 19 finden auf Zinsen und Vertragsstrafen keine Anwendung. Daher erfolgt hierfür auch eine Annahme an Erfüllung Statt und eine Aufrechnung durch den Gesellschafter gültig.

§ 21.

§ 21.

Im Falle verzögerter Einzahlung kann an den säumigen Gesellschafter eine erneute Aufforderung zur Zahlung binnen einer zu bestimmenden Nachfrist unter Androhung seines Ausschlusses mit dem Geschäftsanteil, auf welchen die Zahlung zu erfolgen hat, erlassen werden. Die Aufforderung erfolgt mittels eingeschriebenen Briefes. Die Nachfrist muß mindestens einen Monat betragen.

Nach fruchtlosem Ablauf der Frist ist der säumige Gesellschafter seines Geschäftsanteils und der geleisteten Teilzahlungen zugunsten der Gesellschaft verlustig zu erklären. Die Erklärung erfolgt mittels eingeschriebenen Briefes.

Wegen des Ausfalls, welchen die Gesellschaft an dem rückständigen Betrage oder den später auf den Geschäftsanteil eingeforderten Beträgen der Stammeinlage erleidet, bleibt ihr der ausgeschlossene Gesellschafter verhaftet.

Einleitung. **Die Rechtsmaßnahme der Gesellschaft gegen den säumigen Gesellschafter ist die Ausschließung.** Als wesentlichen Gegensatz zum Aktienrecht, dem der Gedanke entnommen ist, heben die Motive die Möglichkeit der Kaduzierung nur eines Geschäftsanteils unter Schonung der anderen hervor. Dies liegt in der größeren Bedeutung der Einzelpersönlichkeit bei der GmbH., die eine mehr individualisierende Behandlung auch bei der Kaduzierung zur Folge hat. Das österr. Gesetz (§ 66 Abs. 1) hat den aktienrechtlichen Gedanken angenommen. Die Androhung ist sämtlichen säumigen Gesellschaftern zuzustellen. Über das sonstige ausländische Recht vgl. des Näheren unten Anm. 42.

Die Kaduzierung hat ihre Parallele in dem Rücktritt vom gegenseitigen Vertrage beim Verzuge des Schuldners (§ 326 BGB.). Sie unterscheidet sich von diesem aber durch den Verlust aller Einzahlungen. Sie enthält ein Strafelement in der Verwirkung aller Rechte.

Anm. 1. I. (Abs. 1.) **Die Verfallsandrohung.** Die Gesellschaft hat den säumigen Gesellschafter zur Einzahlung unter Androhung der Kaduzierung aufzuforderñ.

1. **Voraussetzung ist die verzögerte Einzahlung der Einlagen.**

a) Mit einer Geldeinlage muß der Gesellschafter zögern. Schon der Wortlaut des Gesetzes, das von der Einzahlung spricht, ergibt, daß die folgenden Bestimmungen über die Haftung des Vorgängers und der anderen Gesellschafter Geldleistungen voraussetzen und auf Leistungen individueller Sachen nicht passen. Das beweist auch das System des Gesetzes, das in § 7 seinen Ausdruck fand, und das nur bei Geldleistungen eine Teilzahlung kennt. Hieraus folgt, daß § 21 auf Sachleistungen nicht anwendbar ist. (So auch RG. 22. 2. 08 RGZ. 68, 271.) Bei rückständiger Sacheinlage ist lediglich die Erfüllungsklage gegeben. Ebenso, wenn sich eine Sachleistung in eine Geldleistung umsetzt, z. B. infolge von Entwehrung oder bei Garantie für den Wert einer Gesamtheit (vgl. Anm. 20 zu § 5), bei Nichtexistenz einer eingebrachten Forderung usw. Kann der Fehlbetrag nicht von dem Inferenten eingebracht werden, so erleidet die Gesellschaft einen Verlust. Ob dies vom gesetzgeberischen Standpunkte aus begründet ist, erscheint als eine andere Frage

(Hachenburg LZ. 3, 29ff.). Vom Standpunkte der Sicherung der Gläubiger aus müßte § 21.
man auch bei der Sacheinlage zu einer Mithaftung der anderen Gesellschafter und als Voraussetzung derselben zur Kaduzierung des Säumigen gelangen. Es liegt ein Widerspruch darin, daß bei der Rücknahme der eingelegten Sache die anderen Gesellschafter, soweit dies zur Befriedigung der Gläubiger erforderlich ist, haften (Anm. 10 zu § 30, Anm. 7 und 8 zu § 31), bei der Nichtleistung des zugesagten Gegenstandes dagegen nicht. Bei dem unzweideutigen Ausdrucke des Gesetzes läßt sich aber eine Ausdehnung auf die Sacheinlage durch Auslegung nicht rechtfertigen. Inwieweit für diese Ansprüche aus der Sacheinlage nicht nur der Inferent, sondern auch ein späterer Erwerber des Geschäftsanteils haftet, vgl. Anm. 14ff. zu § 16.

Unanwendbar ist die Bestimmung des § 21 auch auf das neben der Stammeinlage zugesagte Agio (Anm. 26 zu § 3) oder auf sonstige neben der Stammeinlage übernommene Leistungen (§ 3 Abs. 2). Über die Einführung der Kaduzierung im Gesellschaftsvertrage auch für solche Fälle vgl. KG. 10. 1. 08 KGJ. 35 A, 179 und Anm. 32 zu § 3.

Wegen Leistungen, die der Gesellschafter auf die Geldeinlagen eines anderen Gesellschafters schuldet, kann die Kaduzierung seines Geschäftsanteils nicht begründet und durchgeführt werden. Also auch nicht wegen der Mithaftung aus § 24. Veräußert ein Gesellschafter einen Teil seines Geschäftsanteils, so haftet er als Gesellschafter nur noch für einen Teil seiner Einlageverpflichtungen, der dem in seinen Händen verbleibenden Teile des Geschäftsanteils entspricht. Wegen des Betrages, der als Rückstand auf dem abgetretenen Teile lastet und für den er noch einzustehen hat, kann ihm das Kaduzierungsverfahren für den in seinen Händen verbliebenen Teil seines Geschäftsanteils nicht angedroht werden. Erst recht nicht, wenn ein Gesellschafter zwei selbständige Geschäftsanteile besitzt. Anm. 2.

Wieviel der Gesellschafter auf die Kapitalseinlage an Rückständen schuldet, ist gleichgültig. Das Kaduzierungsrecht ergreift den ganzen Geschäftsanteil auch für einen geringen geschuldeten Betrag. Ebenso, wenn der Gesellschafter auf seinen Geschäftsanteil eine Sacheinlage und eine Geldeinlage zu machen hatte und nur noch auf die letztere ein Betrag rückständig ist. Anm. 3.

b) Verzögerung, nicht Verzug ist Voraussetzung (zust. Brodmann Anm. 2; a. M. Liebmann Anm. 3). Es ist dieselbe Voraussetzung, wie die des § 20. Der Gesellschafter muß sich nicht schuldhaft im Verzuge befinden. Wenn nach dem Gesellschaftsvertrage eine besondere Aufforderung an die Gesellschafter nicht zu erlassen ist, oder wenn die Aufforderung zwar erforderlich und erlassen ist, aber ohne Verschulden des Gesellschafters nicht in seine Hände gelangt ist, so liegt zwar kein Verzug, wohl aber verzögerte Einzahlung im Sinne der §§ 20 und 21 vor. Zwar heißt es in § 21, daß eine „erneute" Aufforderung erlassen werden kann. Doch zwingt dies nicht zu der Annahme, daß die Verzögerung der Einzahlung stets nur dann vorliegt, wenn vorher schon eine Aufforderung erfolgt ist. Vielmehr ist der Ausdruck „erneut" vom Regelfall entnommen. Gemeint ist Fälligkeit der Einlage. Über die Festsetzung von Terminen im Gesellschaftsvertrage vgl. Anm. 1 zu § 20. Es muß derselbe Tatbestand vorliegen, an den § 20 die Zinspflicht knüpft. Fehlt es an dem Moment der Verzögerung, so ist die Kaduzierung unwirksam (RG. 18. 12. 01 Recht 02, 79). Dies ist auch der Fall, solange dem Gesellschafter die Auskunft über die gleichmäßige Anforderung an alle Gesellschafter nicht erteilt ist (RG. 10. 4. 07 RGZ. 65, 432 vgl. Anm. 4 zu § 19). Anm. 4.

2. **Die Rechtsfolge ist das Recht der Gesellschaft, eine erneute Aufforderung mit Nachfrist und Verfallsandrohung an den Gesellschafter zu erlassen.** Anm. 5.

a) **Das Recht der Gesellschaft.** Der Gesellschaft steht das Recht zu. Sie muß daher entstanden sein. Die vorhergehende Mahnung zur Zahlung kann vor der Eintragung in das Handelsregister erfolgen (RG. 20. 4. 04 RGZ. 58, 55). Dagegen nicht die wiederholte Aufforderung und der Ausspruch der Kaduzierung (RG. 27. 4. 03 RGZ. 54, 389). Im Gründungsstadium gibt es noch keine Kaduzierung.

§ 21. Die Gesellschaft ist nicht verpflichtet, die Nachfrist zu setzen und die Verfallsandrohung zu erlassen. Es ist nur ihr Recht. Sie kann ebensogut gegen den Gesellschafter auf Zahlung klagen und in sein Vermögen Zwangsvollstreckung vornehmen, auch seinen Geschäftsanteil pfänden und versteigern lassen. Sie kann auch im Konkurse des Gesellschafters statt zu kaduzieren ihre Forderung anmelden. Sie mag dies bei völliger Aussichtslosigkeit einer anderen Verwertung tun, um die Kosten der Kaduzierung zu ersparen. So wenn sie selbst im Konkurse ist (RG. 3. 4. 12 RGZ. 79, 178). Sie hat aber dann nicht die Rechte aus § 21 Abs. 3, aus § 22 und aus § 24. Sie hat kein Recht, wegen der später fällig werdenden Beträge gegen denjenigen Gesellschafter zu klagen, dem sie im Exekutionswege den Geschäftsanteil entzogen hat. Sein Geschäftsanteil wird veräußert. Daher hört er auch auf, für die später fällig werdenden Leistungen zu haften (§ 16 Abs. 3, Anm. 16ff. zu § 16).

Anm. 6. b) **An den säumigen Gesellschafter** kann sie die Aufforderung erlassen. Sie muß im Gegensatze zum Aktienrecht (vgl. oben Einleitung) nicht etwa an alle säumigen Gesellschafter die erneute Aufforderung erlassen. Sie kann gegen den einen Gesellschafter mit der Klage auf Zahlung vorgehen, gegen den anderen Gesellschafter mit der erneuten Aufforderung und Verfallsandrohung. Beim dritten kann sie auch warten, bis er zu Kräften kommt.

Anm. 7. Die Aufforderung ergeht an denjenigen Gesellschafter, der bei der Gesellschaft angemeldet ist. Denn ihr gegenüber gilt nur dieser als Gesellschafter (§ 16). Nur dieser ist ihr Schuldner. Auch dann, wenn er den Geschäftsanteil bereits veräußert hätte. Die erneute Aufforderung, die Verfallsandrohung oder die Verfallserklärung würde ihn als Gesellschafter ausschließen. Sein nicht angemeldeter Rechtsnachfolger muß es gegen sich gelten lassen (§ 16 Abs. 2). Wird nach der Einforderung die Veräußerung bei der Gesellschaft angemeldet, so ergeht die Verfallsandrohung an den Erwerber. Erfolgt die Anmeldung nach der Verfallsandrohung, so ist die Kaduzierungserklärung dem Erwerber gegenüber zu erklären.

Anm. 8. c) **Eine Frist zur Einleitung des Kaduzierungsverfahrens** besteht nicht. Die Gesellschaft hat, solange die Zögerung dauert, stets jenes Recht (vgl. unten Anm. 20). Der Gesellschafter seinerseits kann durch Zahlung des Rückstandes die Einleitung des Verfahrens abwenden (vgl. unten Anm. 21).

Anm. 9. d) **Eine erneute Aufforderung zur Zahlung** kann die Gesellschaft erlassen. Sie geschieht durch die nach der Satzung zur Vertretung der Gesellschaft erforderliche Zahl der Geschäftsführer (OLG. Köln 28. 6. 08 OLGR. 19, 369; OLG. Braunschweig 14. 7. 16 OLGR. 36, 287). Dem Aufsichtsrat steht diese Befugnis nicht zu. Auch dann nicht, wenn er über die Einforderung der Einlage zu beschließen hat. Eine Aufforderung durch den Vorsitzenden des Aufsichtsrats ist ein Handeln ohne Vertretungsmacht. Es kann aber durch die nachträgliche Genehmigung des Geschäftsführers wirksam werden. Ist der Geschäftsführer selbst der säumige Gesellschafter, so kann er sich selbst die Aufforderung zustellen (a. M. OLG. Braunschweig a. a. O. wegen § 181 BGB.). § 181 BGB. steht nicht entgegen, da der Geschäftsführer zu der Aufforderung als ermächtigt angesehen werden muß. Unterläßt er die Aufforderung an sich, so muß ein anderer Geschäftsführer bestellt werden (Anm. 13ff. zu § 36).

Von einer „erneuten Aufforderung“ kann nicht immer gesprochen werden (oben Anm. 4). Die Bezeichnung des Gesetzes trifft nur den Regelfall. Liegt ohne Aufforderung Verzögerung vor, so paßt der Ausdruck „erneute Aufforderung“ nicht. Denn dann erfolgt jetzt die erste Aufforderung. Aber eine Aufforderung muß jedenfalls erfolgen, wenn die Vorbedingung der Kaduzierung vorhanden sein soll. Eine erneute Aufforderung ist erst möglich, wenn die Gesellschaft zum Handelsregister eingetragen ist (oben Anm. 5). Eine Verbindung von Mahnung und Aufforderung mit Androhung des Ausschlusses ist unzulässig (KG. 3. 11. 09 OLGR. 19, 370).

α) Der Inhalt der erneuten Aufforderung. **§ 21.**

αα) Der Gesellschafter muß zur Zahlung des rückständigen Beitrages aufgefordert werden. Kann nicht sofort mit aller Bestimmtheit ermittelt werden, wieviel der Gesellschafter schuldet, so ist ein Mindestbetrag zu fordern. Zuvielforderung ist unschädlich. Der Gesellschafter muß dann jedenfalls soviel zahlen, als er nach seiner Meinung schuldig ist. Anders wenn die Aufforderung der Gesellschaft so gehalten ist, daß sie weniger nicht annehmen will. Es gilt hier dasselbe wie bei der Mahnung. **Anm. 10.**

ββ) Eine Nachfrist muß gestellt werden. Ungenügend ist das Verlangen „prompt" zu bezahlen (OLG. Köln 26. 6. 08 OLGR. 19, 369). Dann ist eine Frist überhaupt nicht gesetzt. Die Frist muß mindestens einen Monat betragen. Eine längere Nachfrist ist gestattet. Eine geringere ist wirkungslos. Nicht hinreichend ist eine Frist von vier Wochen. Die Geringfügigkeit der Differenz kann nicht zu einem Abweichen vom Gesetze führen (a. M. OLG. München 26. 5. 09 OLGR. 22, 15). Die Bemessung nach Monaten ist nicht vorgeschrieben. Die Frist kann auch in Tagen oder Wochen ausgedrückt sein, wenn nur der Mindestzeitraum von einem Monat gewahrt ist. Ebenso kann an Stelle der Frist ein Termin bestimmt sein, immer vorausgesetzt, daß zwischen der Aufforderung und dem Termin mindestens ein Monat liegt. Für die Berechnung der Frist sind die Bestimmungen der §§ 187ff. BGB. maßgebend. Für die erste Aufforderung ist keine Frist vorgeschrieben. Es kann also der Geschäftsführer nach dem Beschlusse der Gesellschafter, die Resteinlagen einzufordern, der ersten Aufforderung unmittelbar die zweite folgen lassen. Die erste muß nur eine zur Erfüllung angemessene Zeit lassen. Sie kann unter Umständen nur einen Tag Zwischenraum bedingen. So wenn die Gesellschafter durch ihren eigenen Beschluß schon unterrichtet waren und vorbereitet sein müssen. **Anm. 11.**

γγ) Der Ausschluß mit dem Geschäftsanteil muß angedroht werden. Der Ausschluß mit den geleisteten Teilzahlungen braucht nicht besonders erwähnt zu werden. Diese Wirkung tritt als gesetzliche Folge ein. **Anm. 12.**

β) Als Form ist eingeschriebener Brief vorgeschrieben. Das ist die Mindestform. Mündliche Aufforderung, einfacher Brief, öffentliche Bekanntmachung genügen nicht (a. M. Brodmann Anm. 3, der auch einfachen Brief genügen läßt, wenn dieser nur dem Gesellschafter zugeht). Der Gesellschaftsvertrag kann an dieser Mindestform nichts verringern. Aber es ist auch nur eine Mindestform. Zustellung durch den Gerichtsvollzieher gemäß § 132 BGB. genügt. Der Gesellschaftsvertrag kann diese höhere Form anordnen (zust. Brodmann Anm. 3; a. M. Birkenbihl Anm. 2). **Anm. 13.**

γ) Eine Bekanntmachung in den öffentlichen Blättern, wenn auch unter Angabe des Namens des Gesellschafters (§ 219 HGB.), genügt nicht. Der Gesellschaftsvertrag kann dies aber als weitere Form neben dem Briefe einführen. **Anm. 14.**

δ) **Die Aufforderung ist nur wirksam, wenn sie dem Gesellschafter zugegangen ist.** Sie ist eine empfangsbedürftige Willenserklärung. (Über die Unterschrift siehe Anm. 29 zu § 35). Es genügt nicht, daß sie abgegangen ist. Doch genügt die Gesellschaft ihrer Beweislast, wenn sie die Absendung eines eingeschriebenen Briefes des gesetzlich vorgeschriebenen Inhalts an die Adresse des Gesellschafters dartut. Der Gegenbeweis, daß der Brief nicht angekommen sei, ist dem Gesellschafter jedenfalls gestattet (Neukamp Anm. 6, Liebmann Anm. 4 und jetzt auch Crüger-Crecelius Anm. 4). **Anm. 15.**

Ist die Aufforderung durch Verschulden des Gesellschafters nicht angelangt, so gilt sie als zugegangen. Das ist anerkanntes Rechtsprinzip (vgl. Habicht DJZ. 6, 265ff.; RGZ. 58, 406; 60, 334; RG. 5. 1. 25 JW. 1925, 938; vgl. dazu Krückmann ebenda und Riezler JW. 1925, 2326). Ist daher der Brief an diejenige Adresse des Gesellschafters abgesandt, welche dieser der Gesellschaft angegeben hat, so gilt er als zugegangen, auch wenn der Gesellschafter von dort verzogen und der Brief zurückgekommen ist (einschränkend Brodmann Anm. 3). Ebenso, wenn der Gesellschafter, der weiß, daß das Schreiben der Gesellschaft kommen wird, sich verborgen hält

§ 21. oder nie zu treffen ist. Getrennt davon ist die Frage, von wann ab die Frist läuft, wenn der Brief eintraf. Das RG. hat (in seinen Entscheidungen 6. 5. 05 JW. 05, 443; Holdheim 14, 239 und 18. 9. 08 Recht 08, 3181) für die Berechnung der Frist den Tag der Aufgabe zur Post für maßgebend erklärt. Die Gründe, welche im wesentlichen auf die Analogie der Einladung zur Gesellschafterversammlung hinweisen, sind nicht überzeugend. Denn wenn auch dort die Ansicht des RG. zu billigen ist (Anm. 5 zu § 51), so ist doch ein wesentlicher Unterschied zwischen einer Einladung zu einer Versammlung und einer Zahlungsaufforderung mit Kaduzierungsandrohung. Nur die letztere ist ein Rechtsgeschäft. Auf diese muß mangels ausdrücklicher abweichender Gründe aus dem Gesetze die Regel des § 130 BGB. angewendet werden (zust. Brodmann Anm. 3; a. M. Crüger-Crecelius Anm. 2 u. 4, Liebmann Anm. 4 u. 6, Warneyer-Koppe Anm. 2 und Becker in RundschGmbH. 1925, 155, die dem RG. beitreten; KG. 4. 1. 17 RundschGmbH. 1917, 375; LG. II Berlin 29. 6. 14 RundschGmbH. 1914, 380). Die Konsequenz der Ansicht des RG. wäre, daß die Gesellschaft den einmal abgesandten Brief nicht mehr zurücknehmen könnte. Nur wenn das Eintreffen durch den Gesellschafter schuldhaft verzögert wurde, muß für den Zugang des Briefes und den Beginn des Fristenlaufs derjenige Zeitpunkt angenommen werden, in dem der Brief ohne das schuldhafte Verhalten des Gesellschafters eingetroffen wäre.

Anm. 16. II. (Abs. 2.) **Nach Ablauf der Frist ist die Kaduzierung auszusprechen.**

1. Sie ist auszusprechen. Die Geschäftsführer haben der Gesellschaft gegenüber die Verpflichtung hierzu. Sie verletzen sonst ihre gesetzliche Pflicht. Sie haften der Gesellschaft auf Schadensersatz. Die Kaduzierung ist ja Vorbedingung für die Ansprüche nach § 21 Abs. 3 und nach §§ 22 und 24. Sie können ohne Kaduzierung nicht geltend gemacht werden. Bestreitet der Gesellschafter die Voraussetzung der Kaduzierung, so ist eine Klage auf ihre Duldung zulässig.

Der Ablauf der Frist ist für die Abgabe der Verfallerklärung abzuwarten. Die vorher ausgesprochene Kaduzierung ist wirkungslos, auch dann, wenn eine Zahlung der rückständigen Beträge bis zum Ablauf der Frist nicht mehr erfolgt (a. M. anscheinend OLG. Naumburg 23. 10. 14 RundschGmbH. 1915, 295). Die Kaduzierung muß in diesem Falle nachgeholt werden (vgl. unten Anm. 32).

Anm. 17. Der Gesellschaftsvertrag kann die Wirkung des Fristablaufs nicht beseitigen. Ein Verzicht auf die bereits eingetretenen Folgen der Androhung und des Fristablaufs ist ohne Wirkung. Die Kaduzierung kann trotz derselben ausgesprochen werden. Daher kann sich der Geschäftsführer dem Gesellschafter gegenüber auch nicht verpflichten, die Kaduzierung nicht auszusprechen (OLG. Celle 3. 11. 02 OLGR. 6, 191). Die Beweggründe, aus denen der Geschäftsführer die Kaduzierung ausspricht, sind unerheblich. Der Gesellschafter kann sich nicht darauf berufen, daß die Kaduzierung nicht aus für die Gesellschaft wichtigen Gründen, sondern nur aus persönlicher Feindschaft des Geschäftsführers vorgenommen sei (vgl. RG. 14. 5. 18 Holdheim 27, 154).

Anm. 18. Der Gesellschafter hat keinen Anspruch auf Kaduzierung. Trotz der angedrohten Verfallserklärung kann die Gesellschaft gleichwohl mit der Klage auf Zahlung gegen ihn vorgehen. Sie kann auch weiter fällig werdende Beträge von ihm einfordern (OLG. München 26. 5. 09 OLGR. 22, 15). Er kann nicht einwenden, daß die Verfallserklärung ihm angedroht sei, und daß er daher nur noch subsidiär gemäß Abs. 3 hafte oder einen Anspruch auf den Eintritt solcher Haftung habe (RG. 7. 6. 02 RGZ. 51, 416).

Anm. 19. Den Gesellschaftsgläubigern steht das Recht nicht zu, sich im Wege der Zwangsvollstreckung zur Durchführung des Verfahrens ermächtigen zu lassen (Förtsch Anm. 2). Eine Rechtsgrundlage hierzu ist nicht ersichtlich.

Anm. 20. 2. Eine Frist für den Ausspruch der Kaduzierung ist nicht vorgeschrieben. Sie muß auch nicht unmittelbar nach Ablauf der dem säumigen Gesellschafter gesetzten Nachfrist ausgesprochen werden.

3. Bis zum Ausspruch der Kaduzierung hat der Gesellschafter das Recht, die rückständigen Beträge zu zahlen und dadurch den Ausspruch abzuwenden. Auch dann, wenn die gestellte Frist inzwischen abgelaufen ist (RG. 21. 4. 03 bei Holdheim 12, 156, JW. 1903 Beilage 9 S. 76; ebenso Liebmann Anm. 4 zu § 21; a. M. Becker RundschGmbH. 1925, 156). Es genügt aber nicht die Absendung des Betrags. Er muß vor dem Ausspruch der Kaduzierung eingetroffen sein. (Unrichtig BauersZ. 18, 207, wo trotz des Eingangs des Geldes nach Ablauf der Frist, aber vor der Ausschlußerklärung diese für gerechtfertigt erklärt wird.) Sobald aber die Kaduzierung ausgesprochen ist, kann der Gesellschafter weder Zahlung anbieten noch die Wiederübertragung seines Geschäftsanteils verlangen. Die Gesellschaft hat nicht einmal das Recht, vom Gesellschafter Zahlung anzunehmen und ihm dafür das Anteilsrecht wieder zu gewähren. Die Gesellschaft kann, nachdem der Gesellschafter ausgeschlossen ist, nicht nach ihrem Belieben über den Geschäftsanteil verfügen. Sie begibt sich sonst ihrer Rechte aus §§ 22 und 24 (vgl. Anm. 4 zu § 23). **§ 21.** **Anm. 21.**

4. Die Form der Verfallserklärung ist nach Abs. 2 der eingeschriebene Brief. Auch hier ist das die mindeste Form. (Über die Unterschrift siehe Anm. 29 zu § 35.) Mündliche Erklärungen, einfacher Brief, öffentliche Bekanntmachungen genügen nicht. Der Gesellschaftsvertrag kann diese Mindestform nicht verringern. Zustellung durch den Gerichtsvollzieher genügt. Der Gesellschaftsvertrag kann sie anordnen. Adressat ist stets der bei der Gesellschaft angemeldete Gesellschafter (§ 16). Eine nicht gemeldete Veräußerung bleibt stets außer Betracht. Ist ein Gesellschafter gestorben, so ist § 18 anwendbar (Anm. 24ff. zu § 18). **Anm. 22.**

Die Verfallserklärung muß dem Gesellschafter zugehen. Solange dies nicht geschah, kann die Gesellschaft sie zurücknehmen. Der Gesellschafter kann durch Zahlung den Ausschluß abwenden. Die Zahlung muß in den Händen der Gesellschaft sein, ehe der Kündigungsbrief bei dem Gesellschafter eintrifft (a. M. LG. II Berlin RundschGmbH. 1914, 380). Erfolgt beides gleichzeitig, so geht die Zahlung vor. In dem kritischen Momente wird die Voraussetzung der Ausschließung zerstört. Auch die Ausschließung ist eine empfangsbedürftige Willenserklärung. Es gilt das zu Anm. 15 Gesagte; vgl. aber die dort angeführten Zitate aus Rechtsprechung und Literatur. Daß die Verfallserklärung als zugegangen gilt, wenn sie durch Schuld des Gesellschafters nicht zugeht, vgl. auch Anm. 14 und 15. **Anm. 23.**

5. Die Wirkung ist der Ausschluß aus der Gesellschaft. Der Gesellschafter wird seines Anteils und damit der geleisteten Teilzahlungen zugunsten der Gesellschaft für verlustig erklärt. Er hört auf, Gesellschafter zu sein. Er verliert dadurch für die Zukunft alle Rechte auf Verwaltung und am Vermögen der Gesellschaft (OLG. Darmstadt 21. 5. 15 RundschGmbH. 1915, 388). Er behält auch keinen Anspruch auf die bereits festgestellten, aber noch nicht ausbezahlten Dividenden. Sind selbständige Dividendenscheine ausgegeben (Anm. 10 Exkurs I zu § 14), so verlieren diese ihre Bedeutung auch in dritter Hand. Ebenso geht der Anspruch auf Rückzahlung von Nachschüssen unter. Diese ist ja vor der Vollzahlung der Stammeinlagen unstatthaft (Anm. 15 zu § 30). Dagegen bleibt ihm der Anspruch auf Vergütung für die besonderen neben der Stammeinlage geschuldeten Leistungen. Die Darlehen, welche der Gesellschafter kraft Gesellschafterpflicht der Gesellschaft gab, muß sie zurückerstatten. Es entstehen aber auch keine gesellschaftlichen Verpflichtungen des Ausgeschlossenen mehr. Insbesondere hören seine Verpflichtungen aus einer gemäß § 3 Abs. 2 übernommenen Verbindlichkeit auf. Nur für solche Leistungen, die zur Zeit der Kaduzierung rückständig waren, haftet er weiter. **Anm. 24.**

Die Kaduzierung vernichtet die Rechte des ausgeschlossenen Gesellschafters. Die Ausschließung steht im Gegensatze zu der Überlassung des Geschäftsanteiles bei der Einforderung von Nachschüssen (§ 27) und selbstredend zu dem freiwilligen Erwerb seitens der Gesellschaft aus ihren Überschüssen (§ 33). In diesen beiden Fällen ist es der Geschäftsanteil des Gesellschafters, den die Gesellschaft von diesem erwirbt. Er bildet ein Aktivum, das sie in ihre Bilanz aufnimmt. Die Rechte hieraus übt sie aus, **Anm. 25.**

§ 21. soweit dies bei der Vereinigung von Gesellschaft und Gesellschafter möglich ist (Anm. 15ff. zu § 33). Bei der Ausschließung des säumigen Gesellschafters verwirkt dieser sein Recht. Es hört auf zu bestehen. Daher kann es als solches weder an die Gesellschaft fallen, noch von ihr weiter begeben werden. Der Geschäftsanteil steht in der Zeit vor dem Rückfall an den Vormann (§ 22) und der öffentlichen Versteigerung (§ 23) nicht der Gesellschaft in der Weise zu, daß sie als Rechtsnachfolgerin des ausgeschlossenen Gesellschafters erschiene und dessen Rechte ausübte. Bis zum Wiedereintritt eines Gesellschafters sei es durch die Heranziehung des Vorgängers, sei es durch Neubegründung bei der öffentlichen Versteigerung, ist kein Berechtigter aus dem Geschäftsanteile vorhanden. In Rechtsprechung und Literatur werden abweichende Konstruktionen aufgestellt. Die Rechtslage wird von dem RG. 26. 3. 20 RGZ. 98, 276 dahin aufgefaßt: „Mit der Ausschließung hat der Geschäftsanteil seinen Rechtsträger verloren." Brodmann Anm. 5, Liebmann Anm. 10 und Neukamp-Becker Anm. 9 nehmen einen Erwerb des kaduzierten Geschäftsanteils durch die Gesellschaft an, weil § 21 Abs. 2 die Verwirkung des Geschäftsanteils „zugunsten der Gesellschaft" ausspricht. Brodmann erkennt aber an, daß die Gesellschaft mit diesem Erwerb nicht die Rechte aus dem Geschäftsanteil, insbesondere die Gewinnansprüche, erhält. Er verneint daher einen „Erwerb zu eigenem Nutzen". Becker (RundschGmbH. 1925, 156) nimmt eine Art gesetzlicher Treuhänderschaft der Gesellschaft gegenüber dem ausgeschlossenen Gesellschafter, seinen etwaigen Rechtsvorgängern und den übrigen Gesellschaftern an. Über die Folgerungen, die aus diesen verschiedenen Konstruktionen zu ziehen sind, vgl. den folgenden Absatz und die Einleitung zu § 23. Von der Einziehung des Geschäftsanteils (§ 34), mit dem die Ausschließung Rechtsähnlichkeit aufweist, unterscheidet sie sich dadurch, daß bei jener der Geschäftsanteil für immer vernichtet ist. Bei der Ausschließung dagegen bleiben die Geschäftsanteile. Nur ist für den des ausgeschlossenen Gesellschafters der Eintritt eines anderen Rechtssubjektes das Ziel. Deshalb liegt, wenn nur zwei Gesellschafter vorhanden waren, in der Kaduzierung des einen Geschäftsanteils nicht etwa eine Auflösung der Gesellschaft (RG. 15. 4. 13 GoltdArch. 61, 115).

Anm. 26. Dieser Eintritt eines anderen Rechtssubjektes ist verschieden und danach auch die Rechtswirkung der Kaduzierung, je nachdem ein Vormann des Kaduzierten, der Zahlung leistet, vorhanden ist oder nicht. Im ersteren Falle vernichtet die Ausschließung nur den Übergang des Geschäftsanteils auf den jetzt ausgeschlossenen Gesellschafter. Der Rechtsvorgänger erwirbt durch Zahlung der Rückstände von Rechts wegen (§ 22 Abs. 4) den von ihm veräußerten Geschäftsanteil zurück (vgl. Anm. 15 zu § 22). Im letzteren ist der im Gründungsakte geschaffene Geschäftsanteil aufgehoben. Durch öffentliches Ausbieten und mit Zustimmung des Ausgeschlossenen auch auf anderem Wege wird ein neuer Geschäftsanteil geschaffen und von dem Ersteher originär erworben (vgl. Anm. 16 zu § 23 u. OLG. München 29. 12. 13 RundschGmbH. 1914, 215). Die Folgen der Kaduzierung sind in § 22 und § 23 geregelt. Daher sind diese auch für die rechtliche Bedeutung derselben bestimmend. Dabei kommt es natürlich nicht auf den Wortlaut an. Man darf nicht sagen, daß, da dort der Vormann des Kaduzierten „den Geschäftsanteil des ausgeschlossenen Gesellschafters" erwerbe (§ 22 Abs. 4) und die Gesellschaft „den Geschäftsanteil" im Wege der öffentlichen Versteigerung „verkauft", deshalb notwendigerweise die Gesellschaft eben den Geschäftsanteil des Kaduzierten erwerbe und weitergebe. Man muß vielmehr auch hier auf den rechtlichen Inhalt dieser Bestimmung sehen. Der Erwerb des gemäß § 23 versteigerten Geschäftsanteils muß ihn frei von allen Lasten machen, mit Ausnahme der künftig fällig werdenden. Auf dem Geschäftsanteil des Ausgeschlossenen ruhen aber eine Reihe anderer Lasten, die bei einer Rechtsnachfolge auf den Erwerber übergingen (§ 16 Abs. 2 und Anm. 16 zu § 16). Der Vormann, der den von ihm veräußerten Geschäftsanteil wieder erhält, hat nur den Betrag der rückständigen Einlage zu entrichten, nicht aber Zinsen und Strafen (§ 22 Abs. 1 und Anm. 10 zu § 22).

Es muß endlich, wenn der Zweck des Gesetzes erreicht werden soll, die Kaduzierung jede dingliche Verfügung des Kaduzierten vernichten. Das Vertragspfand und das Pfändungspfandrecht werden hinfällig. Sonst würde ja bei Berücksichtigung dieses Dritten nicht die Gesellschaft die Einlage erhalten, sondern der Pfandgläubiger den Erlös wegnehmen oder schmälern. Man ist einig über diesen Ausschluß der Pfandrechte als Folge der Kaduzierung (BauersZ. 18, 64). Aber dieses Resultat, das allerdings vom Gesetze verlangt wird, ist unmöglich, wenn man den Geschäftsanteil des Kaduzierten aus seiner Hand und durch ihn individualisiert auf seinen Vormann oder den Ansteigerer übergehen läßt. Es ist nur möglich von dem Gesichtspunkte aus, daß das Recht des Säumigen aufgehoben und durch das Recht eines anderen ersetzt wird. § 21. Anm. 27.

Aus dieser Auffassung von der Wirkung der Ausschließung ergibt sich, daß die Gesellschaft keine andere Disposition über den Geschäftsanteil des Kaduzierten treffen darf als in §§ 22 und 23 zugelassen. Sie kann insbesondere nicht (wie die erste Auflage, Anm. 26 S. 155, zuließ) den Geschäftsanteil auch ohne die Form des § 23 veräußern, wobei sie nur die Regreßrechte aus §§ 21 Abs. 3, 22 u. 24 verliere. Sie darf dies schon deshalb nicht, weil sie auf diese Rechte gar nicht verzichten kann (§ 25) und eine Veräußerung, die den Verlust des Regresses zur Folge hätte, einen solchen Verzicht enthielte. Auch § 23 Satz 2 bestätigt dies. Ein anderer Verkauf als der in öffentlicher Versteigerung ist nur mit Zustimmung des ausgeschlossenen Gesellschafters zulässig. Auch das ist zwingendes Recht. Es kann davon nicht abgewichen werden, selbst wenn es die Gesellschaft wollte. Anm. 28.

Ebensowenig ist (gegen Staub, erste Auflage) eine Vollstreckung in den Geschäftsanteil durch einen Gläubiger der Gesellschaft möglich. Gerade weil dies wieder den Verlust der Regresse zur Folge haben müßte, ist die Vollstreckung praktisch unannehmbar. Rechtlich folgt es aber daraus, daß ein Geschäftsanteil gar nicht mehr vorhanden ist, sondern nur die Möglichkeit, einen solchen zu schaffen. Diese ergibt aber kein pfändbares Aktivum der Gesellschaft. Anm. 29.

In die Bilanz kann die Gesellschaft den kaduzierten Geschäftsanteil nicht als Aktivum einstellen (vgl. auch oben Anm. 25). Das müßte sie dürfen, wenn er ihr beliebig zur Verfügung stände. Dann wäre auch die Einlageschuld auszugleichen. Das ist ebenfalls unstatthaft. Diese bleibt als Aktivum, solange eine Aussicht auf Eingang nur irgendeiner Quelle möglich ist. Gewinnansprüche können, solange nicht ein neuer Gesellschafter eintrat, von niemand erhoben werden. Ist aber wieder ein Gesellschafter vorhanden, so stehen diesem alle Ansprüche auf Dividende von der Kaduzierung ab zu. Die Gesellschaft ist nicht berechtigt, sie für die Zwischenzeit zu beanspruchen (zust. Brodmann Anm. 5; a. M. Becker, RundschGmbH. 1925, 158). Anm. 30.

Sind Urkunden über den Geschäftsanteil ausgestellt, so verlieren sie ihre Bedeutung. Das Gesetz kennt zwar nicht wie das Aktienrecht die Vorschrift, daß eine Aktie oder ein neuer Interimsschein auszustellen ist, der außer der früheren Zahlung auch den eingeforderten Betrag enthält (§ 219 Abs. 4 HGB.), ein deutliches Zeichen für das Entstehen eines neuen Rechts. Aber auch die nur durch die Praxis eingeführten Scheine über Geschäftsanteile sind entsprechend zu behandeln. Wenn auch kein Neudruck zu verlangen ist, so muß auf denselben die Kaduzierung des Letztberechtigten und der Neuerwerb des Jetztberechtigten gemäß §§ 22 und 23 ersichtlich sein. Anm. 31.

6. Die Wirkung ungehöriger Kaduzierung. Sind Form und Fristen nicht gewahrt oder bestand keine Einzahlungspflicht, so ist das Kaduzierungsverfahren ungültig. Sowohl der Gesellschafter als auch die Gesellschaft können diese Ungültigkeit geltend machen (vgl. RGZ. 9, 42). Handelt es sich nur um einen Formfehler, so kann das Verfahren von neuem beginnen. Doch muß nur bei dem fehlerhaften Teil begonnen werden. War die wiederholte Androhung in Ordnung, ist nur die Kaduzierung zu früh geschehen, so muß nur diese nochmals erfolgen (vgl. OLG. Naumburg 23. 10. 14 RundschGmbH. 1915, 295). Anm. 32.

§ 21.

Anm. 33. Ist auf Grund des ungehörigen Kaduzierungsverfahrens der Geschäftsanteil gemäß § 23 veräußert, so ist auch die Veräußerung ungültig (zust. jetzt Neukamp-Becker Anm. 10). Zwar nehmen die meisten Kommentare (vgl. Birkenbihl Anm. 3; Merzbacher Anm. 9; Liebmann Anm. 8; Crüger-Crecelius Anm. 5) an, daß der gutgläubige Erwerber geschützt sei. Doch trifft dies nicht zu. Sie beziehen sich auf die Entscheidung in RGZ. 27, 54. Allein diese für das Aktienrecht ergangene Entscheidung ist auch für dieses bekämpft worden (vgl. Staub HGB. Anm. 5 zu § 219). Jedenfalls aber ist sie nur für das Aktienrecht ergangen und auf besondere aktienrechtliche Gesichtspunkte gegründet. Das RG. stützt seine Ansicht darauf, daß nach den Vorschriften über den Schutz gutgläubigen Erwerbes der gutgläubige Erwerber der auf Grund des Kaduzierungsverfahrens ausgegebenen neuen Aktie in seinem Rechte geschützt werden müsse. Dem zu Unrecht ausgeschlossenen Aktionär könnte nur mit einer Klage auf Schadensersatz geholfen werden. Derartige Vorschriften über gutgläubigen Erwerb stehen aber hier nicht in Frage. Die in Betracht kommenden Vorschriften (§§ 932 ff. BGB., § 222 HGB., Art. 74 WO., § 366 HGB., § 365 Abs. 1 HGB.) betreffen nur den gutgläubigen Erwerb von beweglichen Sachen, Inhaber- und indossabeln Namenspapieren. Bei denjenigen Rechten, welche nur durch Zession übertragbar sind, ist der gutgläubige Erwerber nicht geschützt (§§ 404, 413 BGB.; vgl. Anm. 70 zu § 15 GmbHG.). Die Gesellschaft verkauft ja nicht den Geschäftsanteil des Ausgeschlossenen (oben Anm. 25 und 26). Es wird ein neugebildeter vergeben. Der gutgläubige Erwerber eines Geschäftsanteils, den die Gesellschaft auf Grund eines ordnungswidrigen Kaduzierungsverfahrens veräußert hat, hat also ein Nichts erworben. Sein guter Glaube schützt ihn nicht. Auch wenn der Erwerber seinerseits den Geschäftsanteil wieder weiterveräußert hat, ist der neue Erwerber nicht geschützt. Die Gründe sind die gleichen. Dem gutgläubigen Erwerber haftet sein Rechtsvorgänger, demjenigen, der von der Gesellschaft den Geschäftsanteil erworben hat, diese nach den allgemeinen Grundsätzen der §§ 320 ff. BGB. (vgl. Einleitung zu § 23) oder nach den Rechtsregeln des sonst zwischen den Kontrahenten vorliegenden Rechtsverhältnisses.

Anm. 34. Ein besonderes Rechtsmittel gegen das Kaduzierungsverfahren, gegen die Androhung und Verfallserklärung ist im Gesetze nicht gegeben. Der Gesellschafter hat eine Klage auf Anerkennung seiner fortdauernden Mitgliedschaft sowohl gegen die Gesellschaft (RG. 18. 12. 01 Recht 02, 78) als auch gegen den Erwerber. Der materielle Inhalt der Klage geht dahin, daß der Kläger Gesellschafter geblieben sei und seine Rechte ihm nicht entzogen sind. Ein Begehren auf Rückgabe ist nicht möglich. Er hat den Geschäftsanteil nicht hingegeben. Die von dem an seine Stelle tretenden Vormann oder Ansteigerer bezogene Dividende hat ihm die Gesellschaft nochmals zu entrichten. Sie kann sie ihrerseits vom Empfänger fordern. Ebenso geht die Rückforderung der Leistungen desselben nur gegen die Gesellschaft. Nur diese ist bereichert. Auch schon während des Schwebens des Kaduzierungsverfahrens wird man dem Ausgeschlossenen Klage und einstweilige Verfügung zu seinem Schutze gewähren müssen. Letztere nicht nur zur Abwendung der Schwierigkeiten, welche ihm durch die Veräußerung erwachsen. Auch die Ausübung des Stimmrechts durch einen Nichtgesellschafter kann seine Lage verschlechtern.

Anm. 35. III. (Abs. 3.) **Der ausgeschlossene Gesellschafter bleibt für den Ausfall an den Rückständen und an den später fällig werdenden Raten verhaftet.** Das, was nachträglich an Einzahlung auf die Stammeinlage fällig wird, sollte eigentlich, da er ausgeschlossen ist, von ihm nicht mehr gefordert werden können. Er wird ja auch seiner sonstigen später fälligen Verpflichtungen ledig (vgl. Anm. 24). Umgekehrt sollte er für das, was vor der Kaduzierung fällig war, eigentlich ohne weiteres haften, da er ja auch für andere rückständige Verpflichtungen gemäß § 16 Abs. 3 haftet (vgl. Anm. 24). Für die Einzahlungen auf die Stammeinlage aber treten diese Rechtsfolgen nicht in dieser Konsequenz ein. Das Prinzip von der Erhaltung des Stammkapitals überwiegt. Eine prinzipale Zahlungspflicht für die Einlageverpflichtungen findet nach der Kaduzierung nicht mehr

statt. Der ausgeschlossene Gesellschafter kann nach der Kaduzierung nicht einfach auf § 21.
den Rückstand oder auf das, was später fällig wird, verklagt werden. Er haftet nur wegen des Ausfalles an den rückständigen und später eingeforderten Beträgen.

a) Der Ausfall wegen des rückständigen Betrags. Ein Ausfall liegt vor, wenn Anm. 36.
der Regreß gegen die Rechtsvorgänger gemäß § 22 fruchtlos gewesen oder ein solcher nicht vorhanden ist. Auch wenn der Verkauf des Geschäftsanteils gemäß § 23 zur vollen Deckung nicht geführt hat. Die Kosten der Versteigerung erhöhen den Ausfall. Ohne diese Voraussetzung hat die Gesellschaft die Ansprüche wegen des Rückstandes und der später fällig werdenden Beträge gegen den ausgeschlossenen Gesellschafter nicht (a. M. Förtsch Anm. 7). Die vorliegende Vorschrift schließt sich an die analoge aktienrechtliche an (Motive 27). Die letztere ist stets wie hier ausgelegt worden (vgl. Staub-Pinner HGB. Anm. 8 zu § 219). Nur dann, wenn die Deckung des Ausfalls an Rückständen durch einen nach § 23 erfolgenden Verkauf als aussichtslos betrachtet werden muß, entsteht die Ausfallshaftung ohne Verkauf (vgl. Anm. 3 zu § 24; auch Anm. 11 zu § 23; Brodmann § 21 Anm. 6). Nicht erforderlich zur Geltendmachung dieser Haftung des Ausgeschlossenen ist aber die Umlage unter die anderen Gesellschafter (§ 24). Diese tritt erst ein, wenn alle Zahlungspflichtigen vergebens in Anspruch genommen sind. Eine Repartition des Verlustes unter die Mitgesellschafter tilgt die Einlagepflicht und beseitigt den Ausfall.

Gegenüber der Inanspruchnahme auf den Ausfall kann der Kaduzierte einwenden, daß seine Rechtsvorgänger zahlungsfähig sind. Er kann die Vermutung des § 22 Abs. 2 widerlegen und nachweisen, daß ein Regreß gegen seine Rechtsvorgänger, auch wenn sie vergeblich zur Zahlung aufgefordert waren, nicht fruchtlos sei. Der Nachweis ist ihm in jeder Lage des gegen ihn angestrengten Prozesses verstattet (OLG. Hamburg 4. 5. 17 Recht 1917 Nr. 1895). Hat freilich ein Verkauf des Anteils gemäß § 23 stattgefunden, so kommt für den Kaduzierten eine Berufung auf die Zahlungsfähigkeit der Rechtsvorgänger nicht mehr in Betracht. Denn diese sind mit dem Verkauf von jeder Regreßhaftung befreit (RG. 10. 7. 14 RGZ. 85, 241). War der Verkauf ungültig, z. B. wegen Verstoßes gegen § 33, so kann sich der Kaduzierte hierauf nur berufen, wenn ihm dadurch ein Nachteil erwachsen ist (RG. 26. 3. 20 RGZ. 98, 276).

Aus der Inanspruchnahme des Ausgeschlossenen für den Ausfall erwachsen diesem keine Rechte gegen die Gesellschaft. Auch die nachträgliche zwangsweise Eintreibung des Ausfalls, wie groß er sein mag, hebt die Kaduzierung nicht wieder auf. Diese Haftung hat ja auch dann statt, wenn der Erlös aus der Versteigerung nicht die ganze Schuld deckte. Es muß dies also auch für den Fall gelten, daß der Geschäftsanteil nicht verkäuflich war. Erscheint es billig, dem Ausgeschlossenen seinen Geschäftsanteil wiederzugeben, so muß man gemäß § 23 den Geschäftsanteil an ihn verkaufen. Er wird als Dritter behandelt, der an Stelle des Kaduzierten eintritt. Ein Recht hierauf hat er nicht.

b) Die Haftung für später eingeforderte Beträge setzt die Kaduzierung des an Anm. 37.
Stelle des zuerst Kaduzierten getretenen Gesellschafters voraus. Nur dann sind die weiteren Bedingungen des Ausfalls, die Versteigerung des Geschäftsanteils oder die Vergeblichkeit derselben möglich. Der Gesellschaft haften die beiden früheren Gesellschafter auf dasselbe. Zum Ausfall, für den der erst Kaduzierte einsteht, gehört nicht die vergebliche Ausklagung des Letztausgeschlossenen. Die Gesellschaft kann, welchen von beiden sie will, belangen. Ein Regreßrecht besteht nicht. Jeder haftet aus selbständigen Rechtsgründen. Die Ausfallhaftung des Kaduzierten ist keine Bürgschaft für den an seine Stelle tretenden Gesellschafter. Sie ist ein Rest der eigenen Schuld als Gesellschafter.

c) Der Ausfall bezieht sich nur auf die Stammeinlage. Von allen anderen Haftungen Anm. 38.
sind die Ausgeschlossenen frei, also von der subsidiären Haftung für die Stammeinlagen anderer Gesellschafter (§ 24; vgl. dort Anm. 14) und von der Zahlungspflicht für Nachschüsse, seien sie schon eingerufen oder noch einzurufen. Es kann also unter Umständen, wenn die Einlage selbst klein, die beschränkte Nachschußpflicht, die keine Preisgabe kennt,

§ 21. sehr groß ist, die Kaduzierung des mit dem Einlagerest säumigen Gesellschafters zu einer Wohltat für ihn werden, da sie ihn von der Nachschußpflicht befreit. Was nach dem Gesetz unzulässig, wird bei Kollusion zwischen Geschäftsführer und Gesellschafter möglich. Man hat den § 21 dem damaligen Art. 184a (jetzt § 219) HGB. nachgebildet, ohne an die dem Rechte der GmbH. eigene Nachschußpflicht zu denken. Die Haftung des Ausgeschlossenen **kann** aber auf die Nachschüsse im Gesellschaftsvertrage **erweitert** werden (vgl. Anm. 39).

Da der Haftungsanspruch ein Anspruch aus dem Gesellschaftsverhältnisse ist, wenn auch nur ein Überbleibsel, so ist der Gerichtsstand des § 22 ZPO. gegeben.

Anm. 39. d) **Die Haftung des Ausgeschlossenen für den Ausfall kann nicht durch Vertrag erlassen werden.** Gleichwohl vereinbarte Erlaßverträge sind ungültig (§ 25). Wohl aber ist Stundung der Ausfallforderung zulässig. Denn § 19 greift hier nicht Platz. Aus dem gleichen Grunde ist Aufrechnung und Retention zulässig. Denn diese Rechtsakte stellen keine Befreiung dar und nur diese verbietet § 25. Trotzdem erklärt das RG. 26. 3. 20 (RGZ. 98, 276; ebenso Neukamp-Becker Anm. 9; Warneyer-Koppe Anm. 4 zu § 19) die Aufrechnung für unzulässig, weil das Ausschließungsverfahren des § 21 mit nachfolgender Geltendmachung der Ausfallsforderung die Volleinzahlung des Stammkapitals (§ 19) sichern solle (ebenso OLG. Marienwerder 7. 4. 14 RundschGmbH. 1914, 172). Der ausgeschlossene Gesellschafter ist aber nicht mehr Gesellschafter, so daß ihm das Verbot des § 19 nicht entgegenstehen kann. Eine Verschärfung der Haftung ist zulässig. Es kann insbesondere bedungen werden, daß der Kaduzierte für alle Zahlungen schlechthin, nicht nur für den Ausfall hafte. Ein Recht auf den Wiedererwerb seines Geschäftsanteils erhält er hierdurch nicht. Ebenso kann die Haftung für Nachschüsse fortdauern (vgl. oben Anm. 38). Zulässig ist als nicht unter § 25 fallend jeder **Vergleich** (vgl. Anm. 8 zu § 19). Ebenso auch der Nachlaß im außergerichtlichen Akkord. Der Zwangsvergleich umfaßt die Ausfallforderung kraft Gesetzes, auch wenn beim Abschlusse desselben das Kaduzierungsverfahren erst im Laufe war.

Anm. 40. IV. **Ist der säumige Gesellschafter im Konkurse,** so richtet sich das Kaduzierungsverfahren gegen den Konkursverwalter. Ihm sind die Aufforderung und sonstige Erklärungen zuzustellen. Ein Recht, gegen Zahlung der Konkursquote sich den Anteil zu erhalten, hat er nicht (zust. Liebmann Anm. 11; a. M. Crüger-Crecelius Anm. 7; vgl. Brodmann Anm. 2). Er muß die volle Einlage begleichen, wenn er dies will. Die Gesellschaft darf sich nicht mit der Quote zur Erhaltung der Mitgliedschaft begnügen. Auch nicht im Falle eines Zwangsvergleichs (Jaeger Anm. 5 zu § 17 KO.; KG. 18. 6. 15 OLGR. 32, 141; a. M. Brodmann Anm. 2). Ist die Kaduzierung vollzogen, so kann der „Ausfall" angemeldet werden. Es muß die Beendigung des Beitreibungsverfahrens (oben Anm. 36) feststehen.

Anm. 41. V. Das Kaduzierungsverfahren kann für den Fall der Nichterfüllung **anderer Verpflichtungen** als die Leistung der Kapitaleinlagen durch den Gesellschaftsvertrag eingeführt werden (KG. 10. 1. 08 KGJ. 25 A, 178; RJA. 9, 146; ZBlFG. 9, 163; a. M. OLG. Kiel 13. 2. 07 OLGR. 19, 146; a. M. auch Brodmann Anm. zu § 25). Daraus, daß die Vorschriften des Gesetzes für die Kaduzierung wegen Nichtleistung der Stammeinlage zwingendes Recht enthalten (OLG. Kiel), folgt nicht, daß sie nicht als dispositives Recht für die Verletzung anderer Verpflichtungen eingeführt werden können. Ebensowenig folgt die Unzulässigkeit daraus, daß anderenfalls die Erhaltung des Stammkapitals bedroht sei. Dies bildet im Aktienrecht ein Hauptargument gegen die Kaduzierung durch Festsetzung im Gesellschaftsvertrag (Lehmann Aktienrecht 2, 374 Anm. 7; RGZ. 49, 77). Aber bei der Kaduzierung verliert ja der Gesellschafter seine Rechte ohne einen Anspruch auf Rückzahlung der einbezahlten Einlage. Es liegt also keine Verletzung des § 30 Abs. 1 vor. Nur wenn eine solche Rückerstattung mit der vertragsmäßigen Kaduzierung verbunden werden sollte, wäre sie ungültig. Sie hörte dann auf, Kaduzierung zu sein. Unanwendbar sind die in den §§ 22 u. 24 ausgesprochenen Folgen. Diese sind Besonderheiten der Stammeinlage. Die in § 21 gewollte Verwirkung des Gesellschaftsrechts als Strafe für die Nichterfüllung einer anderen Verpflichtung ist dagegen zulässig. Die Folgen der §§ 21 und 23 treten ein. Der Geschäftsanteil ist nicht vernichtet. Er fällt an die Gesellschaft mit dem Rechte,

im Wege der Versteigerung einen anderen Gesellschafter zu suchen. Es kann statt dieses § 21.
Weges auch die Aufnahme des neuen Gesellschafters im Wege der privaten Vereinbarung festgesetzt sein. Wie überhaupt hier der Gesellschaftsvertrag beliebige Abänderungen in den Bestimmungen der §§ 21 u. 23 bringen kann. Die Verwirkungsvorschrift des Gesellschaftsvertrags kann aber auch eine andere Bedeutung als die Kaduzierung haben. Sie kann als Art der Einziehung des Geschäftsanteils erscheinen (§ 34). Sie kann eine Übertragung desselben auf die Gesellschaft besagen, derart, daß dieser weiterbesteht. Dann ist der Gesellschafter zur Übertragung verpflichtet. Es wird im Einzelfalle zu prüfen sein, was dem Willen der Gesellschafter entspricht. Insbesondere kann trotz des Wortes „Ausschließung" eine Einziehung des Geschäftsanteils nötigenfalls unter Beobachtung der Vorschriften des Gesetzes über die Herabsetzung des Stammkapitals gemeint sein (vgl. Anm. 33 zu § 3, Anm. 18 zu § 34). Es muß auch jeweils geprüft werden, ob dem zur Strafe ausgeschlossenen Gesellschafter ein Ersatz für seine Einlage gewährt werden soll oder nicht. Nur im letzteren Falle wird man von einer Kaduzierung reden können. Unbedingt nötig ist diese Annahme auch dann nicht. Es kann auch da eine Amortisation ohne Vergütung (Anm. 6 zu § 34) gemeint sein. Maßgebend ist die Behandlung des Geschäftsanteils, sein Fortbestehen in der Person eines Ersatzgesellschafters (Anm. 16 zu § 23) oder sein Untergang (Anm. 19 zu § 34). Eine Kaduzierung als Vertragsstrafe wegen Verletzung einer anderen Verpflichtung als der Zahlung der Stammeinlage ist so lange unzulässig, als nicht die Stammeinlage vollbezahlt ist. Anderenfalls führte sie zu einer unstatthaften Befreiung der Rechtsvorgänger und der Mitgesellschafter (§§ 22 u. 24; vgl. KG. 21. 4. 22 OLGR. 42, 220). Eine Einziehung des Geschäftsanteils ist nur möglich unter Verzicht auf den Rest der Einlage und Beobachtung der Vorschriften über die Herabsetzung des Stammkapitals (§ 19 Abs. 2, § 34, § 58). Es genügt auch nicht, daß die Vertragsstrafe dahin zu verstehen ist, daß der schuldhafte Gesellschafter nicht nur die bezahlte Einlage verliert, sondern auch den noch ausstehenden Betrag schuldet. In diesem Falle findet allerdings keine Minderung des Stammkapitals statt. Wohl aber verliert auch hier die Gesellschaft die Haftung der Vormänner und der Mitgesellschafter. Diese kann bei der Einziehung des Gesellschaftsanteils nicht vorbehalten werden.

Ausländisches Recht. Das franz. Recht bedarf nicht der Kaduzierung. Es kennt Anm. 42.
nur voll bezahlte Geschäftsanteile. Das polnische Gesetz (Art. 7) schließt sich insofern dem deutschen Recht an, als es nicht ein gleichzeitiges Vorgehen gegen alle säumigen Gesellschafter verlangt (anders österr. Gesetz; vgl. oben Einleitung). Im übrigen weicht das polnische Recht von dem deutschen nicht unerheblich ab. Der Geschäftsführer hat die Wahl zwischen Klageerhebung gegen den säumigen Gesellschafter, öffentlicher Versteigerung oder freihändigen Verkauf des Anteils und Ausschluß des säumigen Gesellschafters aus der Gesellschaft. Für den Ausfall haften der frühere Gesellschafter, seine Rechtsvorgänger (Art. 6) und die übrigen Gesellschafter. Nur zugunsten dieser letzteren wird bei dem Ausschluß des säumigen Gesellschafters der Geschäftsanteil für verfallen erklärt. Der Schweizer Entwurf (Art. 812 Abs. 2, Art. 814) sieht die Möglichkeit vor, daß in dem Gesellschaftsvertrag ein Kaduzierungsverfahren zugelassen wird. Über das Verhältnis der Ausschließung und der Kollektivhaftung der Gesellschafter vgl. Hachenburg Zentralbl. f. HR. I 1 und 2.

§ 22.

§ 22.

Wegen des von dem ausgeschlossenen Gesellschafter nicht bezahlten Betrages der Stammeinlage ist der Gesellschaft der letzte und jeder frühere, bei der Gesellschaft angemeldete Rechtsvorgänger des Ausgeschlossenen verhaftet.

Ein früherer Rechtsvorgänger haftet nur, soweit die Zahlung von dessen Rechtsnachfolger nicht zu erlangen ist; dies ist bis zum Beweise des Gegen-

§ 22. teils anzunehmen, wenn der letztere die Zahlung nicht bis zum Ablauf eines Monats geleistet hat, nachdem an ihn die Zahlungsaufforderung und an den Rechtsvorgänger die Benachrichtigung von derselben erfolgt ist.

Die Haftpflicht des Rechtsvorgängers ist auf die innerhalb der Frist von fünf Jahren auf die Stammeinlage eingeforderten Einzahlungen beschränkt. Die Frist beginnt mit dem Tage, an welchem der Übergang des Geschäftsanteils auf den Rechtsnachfolger ordnungsmäßig angemeldet ist.

Der Rechtsvorgänger erwirbt gegen Zahlung des rückständigen Betrages den Geschäftsanteil des ausgeschlossenen Gesellschafters.

Einleitung. Das Gesetz geht von der Haftung des Rechtsvorgängers aus. Es ist das für die Gesellschaft wichtigste Moment (Abs. 1—3). Daran schließt sich der Übergang des Geschäftsanteils auf den zahlenden Vormann. Er ist Nebenfolge. Der Veräußerer eines Geschäftsanteils muß bei Kaduzierung seines Nachfolgers wieder in seine frühere Stellung als Gesellschafter eintreten. Er hat die Pflichten hieraus zu erfüllen. Beides vollzieht sich gleichzeitig. Mit der Zahlung der rückständigen Einlage empfängt er seine Beteiligung wieder. Jede Veräußerung eines Geschäftsanteils, der noch nicht voll bezahlt ist, ist auflösend bedingt. Die Bedingung ist die Kaduzierung des Erwerbers. Sie bedeutet hier Aufhebung der Gesellschaftsrechte desselben unter Rückfall an den Veräußerer. Daß der zahlende Vormann nicht den Geschäftsanteil des Kaduzierten erhält, ist an anderer Stelle bereits ausgeführt (Anm. 25 und 26 zu § 21). Daß er aber seinen eigenen früheren Geschäftsanteil empfängt und nicht einen neugeschaffenen aus den Händen der Gesellschaft, erkennt man, sobald man den Fall einer Pfandbelastung, Nutznießung usw. auch hier unterstellt. Die Kaduzierung tilgt Pfandrechte, die der Ausgeschlossene begründete, nicht aber solche, die von seinem Vormann herrühren und die der Erwerber mit übernahm. Sie bleiben auch bei dem Rückfalle des Geschäftsanteils an den Veräußerer wirksam. Das beweist, daß er seinen Geschäftsanteil zurückerhält. Allerdings „erwirbt" er diesen erst gegen Zahlung. Das bedeutet, daß zunächst infolge der Kaduzierung die Pflichten des Vorgängers wieder eintreten. Der Rückfall auch der Rechte ist von der Erfüllung jener abhängig.

Man spricht daher richtiger nicht von einem „Regresse" der Gesellschaft gegenüber dem Veräußerer eines Geschäftsanteils. Das Gesetz erklärt ihn für die Zahlung des Betrages der Stammeinlage „verhaftet". Es ist die im Momente der Veräußerung vorhandene gesellschaftliche Leistungspflicht, die wieder auflebt.

Anm. 1. I. **Voraussetzung ist, daß ein Gesellschafter wegen nicht gezahlter Geldeinlagen seines Geschäftsanteils für verlustig erklärt worden ist.** Die Kaduzierung muß zu Recht erfolgt sein. Jeder in Anspruch genommene Rechtsvorgänger kann der Gesellschaft den Einwand der ungültigen Kaduzierung entgegenhalten. Ohne Vorliegen der formellen und materiellen Voraussetzungen der Kaduzierung kann ein Wiedereintritt des Veräußerers nicht erfolgen. Er liegt nicht in der Willkür der Beteiligten. Der Kaduzierte kann nicht auf die Einhaltung der Vorschrift des § 21 verzichten. Stellt sich nachträglich die Unwirksamkeit des Kaduzierungsverfahrens heraus, so steht dem Vormann die Rückforderung des Bezahlten zu. Er hat ja auch die Rechte aus dem Geschäftsanteile nicht erhalten. Auch mit Zustimmung des Ausgeschlossenen kann er nicht gültig Gesellschafter werden. Der § 21 ist absoluten Rechts. Die Zustimmung wäre eine Übertragung des Geschäftsanteils des Ausgeschlossenen, der ihm selbst noch zusteht. Hierzu aber bedarf es der Wahrung der Form (§ 15). Ebenso steht auch der Gesellschaft das Recht zu, die Unwirksamkeit des Ausschließungsverfahrens geltend zu machen und den Ausgeschlossenen wieder als Gesellschafter anzuerkennen, stets unter der Verpflichtung der Rückzahlung des von dem Vormann Bezahlten. Über die Klage des zu Unrecht Ausgeschlossenen selbst vgl. Anm. 34 zu § 21. Seine Klage ist Feststellungsklage, auch wenn sie sich gegen den Rechtsvorgänger richtet. Die Rückforderung des letzteren geht stets gegen die Gesellschaft. § 22.

II. **Die Folge ist die Haftung der Rechtsvorgänger.** Die Zahlungspflicht tritt wieder ein. Anm. 2.

1. Jeder Rechtsvorgänger des Ausgeschlossenen, der vor der Kaduzierungserklärung der Gesellschaft gegenüber als Gesellschafter zu betrachten war, bleibt haftbar. Das Gesetz spricht von jedem „bei der Gesellschaft angemeldeten" Rechtsvorgänger. Es geht davon aus, daß nur derjenige Anteilserwerber der Gesellschaft gegenüber als Gesellschafter gelte, dessen Erwerb bei der Gesellschaft angemeldet worden ist (§ 16 Abs. 1). Eine Anmeldung bei der Gesellschaft ist aber nur bei der Singularsukzession in die Rechte eines Gesellschafters erforderlich. Nicht aber bei der Universalsukzession (Erbschaft usw.). Auch nicht in dem Falle der Veräußerung durch die Gesellschaft (vgl. Anm. 2 zu § 16). Wenn der Rechtsnachfolger eines solchen Anteilserwerbers ausgeschlossen wird, so ist er als Rechtsvorgänger gerade so wie der angemeldete zu betrachten (gleicher Ansicht Neukamp Anm. 1a). Wird ein Miterbe, der bei der Erbteilung einen dem Erblasser gehörenden Geschäftsanteil erhielt, ausgeschlossen, so haften die übrigen Miterben als Rechtsvorgänger, weil sie an die Stelle des Rechtsvorgängers des Kaduzierten, nämlich des Erblassers, treten (a. M. anscheinend Förtsch Anm. 1 u. Brodmann Anm. 2). Ihre Haftung ist aber stets die der Erben (Anm. 22 zu § 18).

Zwischenbesitzer, welche durch eine Veräußerung im Sinne des § 16 Abs. 1 den Geschäftsanteil erworben hatten, hätten der Gesellschaft gegenüber nur durch die Anmeldung als Gesellschafter gegolten. Wenn sie als Gesellschafter nicht angemeldet wurden, so haften sie der Gesellschaft nicht (Anm. 6 und 9 zu § 16). Beim Ausschlusse ihres Rechtsnachfolgers kann eine Haftung nicht wieder eintreten. Sie bestand früher nicht. Wer das Risiko des Unterlassens der Anmeldung tragen will, hält sich von der Wiederkehr der Haftung für die restierende Einlage frei. Es wird dies namentlich dann geschehen, wenn der Erwerber nur zum Zwecke der alsbaldigen Weiterveräußerung oder zum Zwecke der Sicherheit (vgl. Anm. 76 u. 82 zu § 15) den Geschäftsanteil erhalten hatte. Anm. 3.

War das Rechtsgeschäft, durch welches der Erwerb vollzogen wird, ungültig, so kommt trotz Anmeldung dieser Erwerber nicht in Betracht. Er scheidet aus der Reihe der Vormänner aus. Ebenso aber auch, wenn Veräußerer und Erwerber freiwillig die Veräußerung wieder aufheben und der erstere den Geschäftsanteil später anderweit verkauft. Die Beteiligten wollen dabei keine neue Veräußerung, so daß der erste Erwerber nun Vorgänger seines Veräußerers würde, sondern Wiedervernichtung des eingetretenen Rechtseffektes. Eine Schädigung der Gesellschaft liegt darin nicht. Sie hat keinen Anspruch auf Eintritt weiterer Mitglieder. Anm. 4.

Mehrere frühere Gesellschafter, die gemeinsam einen Geschäftsanteil besaßen und veräußerten, haften als Gesamtschuldner (§ 18 Abs. 2). Auch hier liegt eine auf den Geschäftsanteil zu bewirkende Leistung vor. Sie erfüllen eine Verpflichtung als Gesellschafter. Anm. 5.

2. **Die Art der Haftung.** Sie ist hinsichtlich des unmittelbaren Rechtsvorgängers des ausgeschlossenen Gesellschafters eine unmittelbare, hinsichtlich der früheren Rechtsvorgänger eine subsidiäre. Anm. 6.

a) Daß die Haftung des unmittelbaren Rechtsvorgängers eine unmittelbare ist, ergibt sich aus dem Zusammenhang der gesetzlichen Vorschriften. Durch die Kaduzierung tritt ohne weiteres die Verpflichtung des unmittelbaren Rechtsvorgängers des Ausgeschlossenen ein, den von diesem nicht bezahlten fälligen Betrag der Einlage zu entrichten (RG. 20. 11. 13 WarnRspr. 7, 168). Er wird durch die Zahlung wieder vollberechtigter Gesellschafter.

b) Die früheren Rechtsvorgänger des ausgeschlossenen Gesellschafters haften nur subsidiär. Ihre Haftung ist nicht nur von dem rechtmäßigen Ausschluß ihres letzten Rechtsnachfolgers abhängig. Es muß auch von ihren übrigen Rechts- Anm. 7.

§ 22. nachfolgern die Zahlung nicht zu erlangen sein. Durch seine Zahlungsunfähigkeit scheidet der insolvente Vormann aus. Der Geschäftsanteil wandert weiter zurück, bis er an einen zahlenden Vorgänger gelangt oder die Reihe erschöpft ist. Für die Klage gegen die früheren Vorgänger bildet die Insolvenz der späteren ein notwendiges Fundament. Erst diese macht auch den früheren Gesellschafter wieder einlagepflichtig.

Anm. 8. Der Beweis der Zahlungsunfähigkeit kann von der Gesellschaft auf jede beliebige Weise geführt werden. Klage und Zwangsvollstreckung sind dazu nicht nötig. Der Beweis gilt sogar dann schon als geführt, wenn die Gesellschaft den Zwischengesellschafter zur Zahlung aufgefordert, den Rechtsvorgänger hiervon benachrichtigt und Zahlung gleichwohl innerhalb eines Monats nach der letzten dieser beiden Erklärungen nicht erhalten hat. Die Frist läuft erst von dem Eingange des letzten zugehenden Schreibens, auch wenn dies die Benachrichtigung ist (zust. Brodmann Anm. 3; a. M. Liebmann Anm. 2, der sich mit der Aufgabe zur Post begnügen will). Bei mehreren, die früher gemeinschaftlich einen Geschäftsanteil besaßen, ist jedem einzelnen die Nachricht und die Aufforderung zuzustellen. Die Vorschrift des § 18 Abs. 3 ist nicht anwendbar. Dort sind nur Rechtshandlungen gegenüber dem Inhaber des Geschäftsanteils gemeint. Besondere Formen für diese Aufforderung und für diese Benachrichtigung sind nicht vorgeschrieben (zust. Brodmann 3; a. M. Neukamp Anm. 2, der § 21 analog anwendet und daher Einschreibsendung verlangt). Mündliche Aufforderungen werden daher genügen (Liebmann Anm. 2). Das österr. Ges. § 67 verlangt eingeschriebenen Brief. Öffentliche Aufforderungen genügen nicht, denn die Aufforderung ist jedenfalls eine empfangsbedürftige Willenserklärung. Bei Personen mit unbekannter Adresse hilft auch hier die öffentliche Zustellung (§ 132 BGB.). Führt die Gesellschaft den Beweis der Zahlungsunfähigkeit anderweit, so braucht sie die Aufforderung und Benachrichtigung nicht zu erlassen, sondern kann sofort den Rechtsvorgänger in Anspruch nehmen. In jedem Falle ist diesem der Nachweis gestattet, daß der Nachmann zahlungsfähig ist. Nur muß er gegenüber der gesetzlichen Vermutung bestimmte Tatsachen behaupten und Beweise antreten. Die Berufung auf den Nachmann selbst ist statthaft.

Das RG. 10. 7. 14 (RGZ. 85, 241) will die Vermutung des § 22 Abs. 2 nicht gegen den letzten (frühesten) Rechtsvorgänger gelten lassen. Eine rein wörtliche Auslegung scheint die Ansicht stützen zu können. Denn § 22 Abs. 2 S. 2 begründet die Vermutung streng genommen nur für die Zahlungsunfähigkeit eines Vormanns, dem noch ein Rechtsvorgänger des Kaduzierten vorausgeht. Bei sinngemäßer Auslegung kann man aber zu einer unterschiedlichen Behandlung des letzten (frühesten) Rechtsvorgängers und der übrigen Rechtsvorgänger nicht gelangen. Sonst würde der Verkauf des Anteils (§ 23) ohne ersichtlichen Grund erschwert werden. Warum soll vor dem Verkauf des Anteils noch ein besonderer Beweis der Zahlungsunfähigkeit des frühesten Rechtsvorgängers erforderlich sein, wenn mit dem Verkauf die Haftung sämtlicher Rechtsvorgänger des Kaduzierten erlischt (unten Anm. 15 zu § 23)? Die Meinung des RG. würde dazu führen müssen, daß der Kaduzierte sich nach erfolgtem Verkauf des Anteils gegenüber seiner Ausfallhaftung (§ 21 Abs. 3) auf die Unzulässigkeit des Verkaufs berufen könnte, weil eine Zahlungsunfähigkeit des letzten Rechtsvorgängers nicht vorgelegen habe. Es muß wie für die übrigen Rechtsvorgänger, so auch für den frühesten genügen, daß er auf die Zahlungsaufforderung hin einen Monat hat verstreichen lassen (vgl. auch unten Anm. 1 und 19 zu § 23 und Anm. 17 zu § 22). Daß § 22 die Vermutung nicht ausdrücklich auf den letzten Rechtsvorgänger ausdehnt, liegt daran, daß die Vorschrift nur die sukzessive Regreßhaftung der Rechtsvorgänger des Kaduzierten behandelt, nicht aber die Voraussetzungen für die Ausfallhaftung des Kaduzierten (§ 21 Abs. 3) und die Zulässigkeit der Versteigerung des kaduzierten Geschäftsanteils (§ 23) aufstellt.

Anm. 9. Mehrere Rechtsvorgänger haften nicht samtverbindlich. Die Gesellschaft kann nicht nach erfolgter Aufforderung und Benachrichtigung aller Rechtsvorgänger diese sämtlich verklagen. Sie kann ja auch nur einem den Geschäftsanteil gewähren. Mit-

einklagung späterer Gesellschafter steht im Widerspruch mit der Behauptung ihrer Insolvenz. § 22.
Es ist also auch unrichtig, wenn von einem „Sprungregreß" geredet wird. Die Haftung ist stets nur eine der Reihe nach eintretende. Nur kann die Betreibung gegenüber einzelnen Zwischengliedern unterbleiben.

c) Die Haftung für die zur Zeit der Anmeldung der Veräußerung rückständigen Beträge ist in § 16 Abs. 3 besonders geregelt. Der Veräußerer haftet ohne Kaduzierung neben dem Erwerber. Mehrere Veräußerer haften also jeder auf das Ganze. An dieser Haftung wollte § 22 nichts ändern (LG. Cöln 14. 3. 13 RundschGmbH. 1913, 94). Die Ansicht von Staub (erste Auflage, Anm. 5 S. 159), daß durch die Kaduzierung diese Haftung in eine subsidiäre verwandelt wird, hat im Gesetze keinen Anhalt. Die Gesellschaft ist berechtigt, wenn es sich um solche rückständige Einlage handelt, ohne Nachweis der Insolvenz des Zwischenmannes den ersten Veräußerer haftbar zu machen. Die Folge der Kaduzierung ist nur, daß er den Geschäftsanteil wieder erhält (vgl. Brodmann Anm. 1). Anm. 10.

d) Die Ausgleichung der mehreren Vormänner untereinander richtet sich nach ihren zivilrechtlichen Verhältnissen (vgl. Anm. 1ff. Exkurs II zu § 15). Hat der Erwerber die Tilgung der Resteinlage statt des Veräußerers übernommen, so ist er dem haftbar gemachten Veräußerer ersatzpflichtig. Er hat ihm gegen Wiederabtretung des Geschäftsanteils die bezahlte Summe zu erstatten. Zwischen dem Vorgänger des Vorgängers und dem, der von letzterem erwarb, besteht ein solches Rechtsverhältnis nicht. Der erstere kann nur im Vollstreckungswege die Forderung seines Erwerbers gegen dessen Nachmann pfänden und sich überweisen lassen. Anm. 11.

3. **Der Umfang der Haftung.** Sie erstreckt sich auf den „von dem ausgeschlossenen Gesellschafter nicht gezahlten Betrag der Stammeinlage". Sie ergreift also weder die Zinsen (anders österr. Ges. § 67), noch Vertragsstrafen wegen verzögerter Einzahlung, noch Entschädigungsansprüche für Sacheinlagen, noch das etwa geforderte Agio, noch die sonstigen Verpflichtungen auf Grund des § 3 Abs. 2. Ist der letzte Inhaber insolvent, so gehen diese Posten, soweit nicht noch der Vormann gemäß § 16 Abs. 3 haftet (oben Anm. 10), in Verlust. Der zahlende Vormann empfängt den Geschäftsanteil frei von diesen Nebenpflichten. Anm. 12.

Die zeitliche Beschränkung der Haftung. Sie ist auf die innerhalb der Frist von fünf Jahren auf die Stammeinlagen eingeforderten Einzahlungen beschränkt. Fälligkeit allein entscheidet nicht. War daher ein Betrag innerhalb der fünf Jahre nach dem Gesellschaftsvertrage fällig, wird er aber erst später eingefordert, so hört die Haftung auf. Gemeint ist die Einforderung bei dem Gesellschafter, nicht der Beschluß der Gesellschafterversammlung, daß einzufordern ist. Es kann also die Unterbrechung der Frist von fünf Jahren von der Ausführung dieses Beschlusses abhängen. Diese fünf Jahre beginnen mit dem Tage, an welchem der Übergang des Geschäftsanteils auf den Rechtsnachfolger ordnungsmäßig bei der Gesellschaft angemeldet worden ist. Ist nicht die Veräußerung der angemeldeten Gesellschafter, sondern erst eine spätere Veräußerung angemeldet, so entscheidet der Tag der letzteren Anmeldung. Nicht angemeldete Zwischenbesitzer haften nicht (vgl. Anm. 6 und 9 zu § 16). Neukamp Anm. 4 führt folgendes Beispiel an: Der ursprüngliche Gesellschafter A hat seinen Geschäftsanteil an B, dieser ihn an C, C an D und D an E weiterveräußert. Nur E ist als Erwerber bei der Gesellschaft angemeldet. Dann läuft die fünfjährige Frist des Abs. 3 für A erst von dem Tage ab, an welchem die Anmeldung des E stattgefunden hat. B, C und D sind überhaupt nicht haftbar, weil sie als Erwerber nicht angemeldet waren. Es hat hiernach jeder Gesellschafter, der seinen Anteil weiterveräußert, ein erhebliches Interesse daran, daß die Veräußerung angemeldet wird (vgl. Anm. 4 zu § 16). Anm. 13.

Das österr. Ges. (§ 67 Abs. 2) läßt alle Vormänner haften, die „innerhalb der letzten fünf Jahre vor der Einzahlungsforderung im Anteilbuche als Gesellschafter eingetragen waren". Ebenso der Schweizer Entwurf Art. 814 Abs. 1. Der Grundgedanke ist derselbe wie im deutschen Rechte. Nur tritt an Stelle der Anmeldung die Eintragung in das Anteilbuch.

§ 22. Für die innerhalb dieser Frist eingeforderten Beträge haftet der Gesellschafter in der
Anm. 14. ordentlichen Verjährungszeit von 30 Jahren. Es ist einerlei, wann die Gesellschaft zur Kaduzierung schreitet. Die Einforderung schließt die Wirkung der Befristung aus. Ein Recht der Vorgänger, daß die Gesellschaft gegen den letzten Erwerber vorgehe, besteht nicht. Die Leistung der Vorgänger ist Leistung als Gesellschafter. Es ist also § 19 Abs. 2 bis 4 anwendbar. Es kann nicht nur nicht verzichtet werden. Es ist auch weder Aufrechnung noch Annahme an Zahlung Statt zulässig. Der Rechtsgrund des Anspruchs ist die Gesellschaftereigenschaft. Daher ist auch der Gerichtsstand des § 22 ZPO. begründet.

Anm. 15. 4. **Die Folge der Zahlung durch einen haftbar gemachten Rechtsvorgänger** (Abs. 4, wörtlich gleichlautend österr. Ges. § 67 Abs. 3). Der haftbar gemachte Rechtsvorgänger erwirbt durch die Zahlung den Geschäftsanteil an Stelle des Ausgeschlossenen. Er erhält nicht dessen Geschäftsanteil und ist nicht sein Rechtsnachfolger (Anm. 26 zu § 21 und oben Einleitung). Ebensowenig aber einen unmittelbar von der Gesellschaft neu geschaffenen, bei dem er nur die Gesellschaft als Rechtsurheber hätte (vgl. oben Einleitung). Sein veräußerter Geschäftsanteil fällt infolge der Kaduzierung und seiner Zahlung an ihn zurück. Die Einzelfolgen bestätigen diese Auffassung.

Anm. 16. a) Der Geschäftsanteil geht auf den zahlenden Rechtsvorgänger über, auch wenn er dies nicht will. Es ist ausgeschlossen, daß dieser die Einlageschuld bezahle, aber auf den Erwerb des Geschäftsanteils verzichte. Das Gesetz will nicht nur für die Aufbringung der Kapitaleinlage sorgen. Dann hätte es genügt, den Veräußerer „wie einen Bürgen" (vgl. § 571 Abs. 2 BGB.) auch für die künftig fällig werdenden Kosten haftbar zu machen. (So Schweizer Entwurf Art. 814.) Das Gesetz will den früheren Gesellschafter zwingen, Gesellschafter zu bleiben, sobald sein Nachfolger die innerhalb der gesetzlichen Frist eingeforderten Beträge nicht bezahlt. Daher tritt der Übergang auch ein, wenn die Zahlung im Zwangswege beigetrieben wird. Sonst wäre ja die Weigerung der Zahlung das Mittel, sich die unbequeme Rechtsfolge vom Halse zu halten. Ebenso tritt diese Wirkung ein, wenn die Zahlung durch einen Dritten erfolgte. So wenn der Rechtsvorgänger seines insolventen Nachfolgers, der zunächst gemäß § 22 in Anspruch genommen ist, lieber für diesen bezahlt, als daß er in den Geschäftsanteil wieder einrückt. Er riskiert hier nur, daß er keinen Ersatzanspruch hat, weil die Geschäftsführung verneint wird.

Anm. 17. b) Nach der Kaduzierung hat der Rechtsvorgänger des Ausgeschlossenen ein Recht auf den Geschäftsanteil. Die Gesellschaft muß seine Zahlung annehmen. Andernfalls führt er den Wiedererwerb seines Geschäftsanteils durch Hinterlegung herbei. Für die früheren Vormänner ist dieses Recht an die Insolvenz der Nachmänner geknüpft. Doch muß auch hier der Ablauf der Monatsfrist nach vorheriger Aufforderung und Bekanntgabe genügen. Ein späterer Rechtsvorfahr kann den Übergang des Geschäftsanteils auf einen seiner Rechtsvorgänger nicht deshalb anfechten, weil er zahlungsfähig sei und die Frist nur infolge eines Versehens verstrichen sei. Der Anfall des Geschäftsanteils ist unwiderruflich. Dieses Recht des Vormanns auf den Geschäftsanteil kann durch seine Gläubiger gepfändet werden. Durch Zahlung des Einlagebetrages fällt der Geschäftsanteil an ihren Schuldner, belastet mit ihrem Pfändungspfandrecht.

Anm. 18. c) Der Geschäftsanteil geht nur auf den Vorgänger über, der die ganze Einlageschuld entrichtet. Wird nur ein Teil beigetrieben, der Rest aber von einem weiteren haftbar gemachten Rechtsvorgänger bezahlt, so erhält dieser den Geschäftsanteil. Ein Miteigentum hat im Gesetze keinen Raum. Die beiden haften nicht gemeinschaftlich, sondern jeder für sich. Ein Rückforderungsrecht gegenüber der Gesellschaft besteht für die Teilzahlung des erst haftbaren Rechtsvorgängers nicht. Was er bezahlte, hat er geschuldet. Ebensowenig kann er es mit der Bereicherungsklage von dem den Geschäftsanteil erwerbenden Rechtsvorgänger fordern. Dieser ist nicht ohne Rechtsgrund aus dem Vermögen jenes bereichert. So wenig wie der kaduzierte Gesellschafter wegen der von ihm gemachten Zahlungen einen solchen Anspruch hat, steht er dem Teilzahlung leistenden Vorgänger gegen dessen den Rest begleichenden Vormann zu.

d) Der zahlende Rechtsvorgänger erhält den Geschäftsanteil mit allen statutarischen Rechten und Pflichten. Über Dividende der Zwischenzeit vgl. Anm. 30 zu § 21. Soweit sein jetzt kaduzierter Rechtsnachfolger einer Änderung der gesellschaftlichen Rechte zustimmte, muß er sie gelten lassen, z. B. die Einführung der Nachschußpflicht. Statutenänderungen, die nicht die Rechte des einzelnen berühren, gelten für ihn auch ohne Zustimmung seines Nachfolgers. Frei wird dagegen der Geschäftsanteil mit Ausnahme der erst durch die Zahlung erlöschenden Pflicht zur Zahlung der Stammeinlage von allen anderen zur Zeit der Kaduzierung fällig gewesenen gesellschaftlichen Leistungen, also von Zinsen, Strafen, Schadensersatzansprüchen, Verpflichtungen gemäß § 3 Abs. 2 usw. Für künftig entstehende Pflichten haftet nur der Vorgänger, der wieder seinen Geschäftsanteil erhält. § 22. Anm. 19.

Lasten, welche der kaduzierte Gesellschafter oder einer der späteren Rechtsvorgänger des Wiedererwerbenden auf den Geschäftsanteil legten, werden hinfällig. Solche, die von dem letzteren begründet waren, bleiben bestehen (vgl. oben Einleitung). Es ist undenkbar, daß der mit einem nach der Veräußerung fortbestehenden Pfandrechte belastete Geschäftsanteil infolge der Kaduzierung des Erwerbers an den Veräußerer, der selbst das Pfand bestellte, frei von diesem Pfandrechte zurückfiele. Brodmann (Anm. 7) bestreitet, daß hierfür die Billigkeit spreche. Er läßt aber das Verhältnis des Veräußerers zu seinem Pfandgläubiger außer acht.

e) Der Rechtsvorgänger, der den Geschäftsanteil durch seine Zahlung wieder erwirbt, bleibt der Nachfolger seiner Rechtsvorfahren. Wenn er selbst wegen einer späteren Rate kaduziert wird, so treten bezüglich seiner Vormänner wieder die Folgen des § 22 ein. Die gegenteilige Ansicht von Staub (erste Auflage Anm. 17 S. 161), Neukamp (Anm. 5) und Merzbacher (Anm. 4) steht nicht nur mit der Natur dieses Rechtserwerbs in Widerspruch, sondern vorab mit dem Zwecke des Gesetzes, für die Aufbringung des Stammkapitals zu sorgen. Nur die Rechtsnachfolger des zahlenden früheren Gesellschafters sind frei. Sie stehen dem Kaduzierten gleich. Aus den Worten „zugunsten der Gesellschaft" in § 21 darf nicht gefolgert werden, daß die Gesellschaft die Geschäftsanteile erwerbe und dem früheren Gesellschafter übertrage (so Neukamp a. a. O.). Daß dies nicht der Fall ist, zeigt hier gerade § 22 Abs. 4 (wie hier Liebmann Anm. 5, Förtsch Anm. 5, Crüger-Crecelius Anm. 5; a. M. Brodmann Anm. 8). Anm. 20.

f) Der Übergang des Geschäftsanteils vollzieht sich ohne weitere Mitwirkung der Gesellschaft durch die Annahme der Zahlung. Es bedarf weder der im Statut vorgeschriebenen Genehmigung, noch einer Anmeldung bei der Gesellschaft. Ist ein Vorkaufsrecht im Statute festgesetzt, so findet es hier nicht statt. Nicht der Geschäftsanteil des Ausgeschlossenen wird auf den Vorgänger übertragen. Er fällt kraft Gesetzes als Folge der Kaduzierung und Zahlung an diesen zurück. Anm. 21.

g) Waren die Voraussetzungen der Kaduzierung nicht gegeben, so tritt trotz der Zahlung kein Rechtserwerb durch den Rechtsvorgänger ein. Gegen die Gesellschaft hat er nur Anspruch auf Rückerstattung seiner Zahlung, nicht auf Gewährleistung. Denn sie ist nicht sein Veräußerer. Er empfängt den Geschäftsanteil nicht als ein bestehendes Recht von ihr. Rechtsgrund seines Erwerbes sollte die gesetzliche Vorschrift des § 21 Abs. 4 sein. (A. M. auch hier Neukamp Anm. 5 in Konsequenz seiner Konstruktion des Übergangs des Geschäftsanteils an die Gesellschaft durch die Kaduzierung.) Anm. 22.

Zusatz. Die Vorschriften des vorliegenden Paragraphen sind zwingender Natur. Weder durch den Gesellschaftsvertrag, noch durch die Gesellschafterversammlung, noch durch einen Verwaltungsakt der Geschäftsführer können die Rechtsvorgänger von dieser Haftung befreit werden. Das ist wie für die Aktiengesellschaft in § 221 HGB. (so Crüger-Crecelius Anm. 7), auch im GmbHG. selbst (§ 25) ausgesprochen. Über die Anwendung des § 19 Abs. 2—4 vgl. oben Anm. 14. Abtretung, Verpfändung und Pfändung der hier gegebenen Ansprüche sind zulässig (vgl. Anm. 33 zu § 19). Anm. 23.

§ 23.

§ 23.

Ist die Zahlung des rückständigen Betrages von Rechtsvorgängern nicht zu erlangen, so kann die Gesellschaft den Geschäftsanteil im Wege öffentlicher Versteigerung verkaufen lassen. Eine andere Art des Verkaufs ist nur mit Zustimmung des ausgeschlossenen Gesellschafters zulässig.

Einleitung. **Der Verkauf des Geschäftsanteils als letztes Mittel.** Eine Geldeinlagerate ist nicht gezahlt. Der säumige Gesellschafter ist ausgeschlossen. Von den etwaigen Rechtsvorgängern des ausgeschlossenen Gesellschafters ist Bezahlung nicht zu erlangen. Dann kann die Gesellschaft den ausgeschlossenen Gesellschafter selbst gemäß § 21 Abs. 3 für den Ausfall in Anspruch nehmen. Sie kann gegen die anderen Gesellschafter gemäß § 24 vorgehen. Zu diesem Zwecke muß sie aber den Geschäftsanteil verkaufen (Ausnahme s. Anm. 3 zu § 24). Auch hier muß nochmals betont werden (vgl. Einl. zu § 21), daß nicht die Gesellschaft den dem Kaduzierten gehörenden Geschäftsanteil veräußert, der auf sie übergegangen war (vgl. oben Anm. 25 und 26 zu § 21; a. M. Brodmann Anm. 5 zu § 21, Liebmann Anm. 10 und Neukamp-Becker Anm. 9 ebenda). Sie vergibt das Recht aus dem frei gewordenen, zu ihrer Verfügung stehenden Geschäftsanteil an den Meistbietenden. Es erfolgt auch hier keine Veräußerung, bei der die Gesellschaft Rechtsvorgängerin des Ansteigerers wäre. Sie verkauft „den Geschäftsanteil" des Kaduzierten in dem Sinne, daß der Ansteigerer die gleichen Rechte erhält, wie sie der Geschäftsanteil jenes enthielt und durch welche er charakterisiert wurde. War dieser also mit besonderen Vorzügen ausgestattet, besonderem Stimmrecht, Bezugsrecht bei neuen Geschäftsanteilen, Recht der Einsicht in den Geschäftsgang usw., so stehen alle diese Rechte dem Ansteigerer zu. Insofern ist es der Geschäftsanteil, der verkauft oder versteigert wird. Andererseits ist der von der Gesellschaft veräußerte Geschäftsanteil nicht der des Ausgeschlossenen, da er nicht durch diesen als Inhaber charakterisiert ist. Der Ansteigerer wird nicht Rechtsnachfolger des Kaduzierten. Der Geschäftsanteil, der ihm gehörte, nicht der ihm gehörende, wird versteigert. Das Recht der Mitgliedschaft, das der neue Erwerber erhält, ist mithin kein abgeleitetes, sondern ein von dem Rechte des Kaduzierten und all seiner Vormänner unabhängiges (zust. Unger S. 27; vgl. auch BayObLG. 29. 12. 13 Recht 1914 Nr. 684). Über Folgerungen hieraus vgl. unten Anm. 16.

Der „Verkauf" ist dementsprechend aufzufassen. Die Gesellschaft verkauft nicht das bestehende Recht eines Dritten, so daß sie für dessen Rechtsbeständigkeit gemäß § 437 BGB. haftet. Sie überträgt ein bisher noch nicht bestehendes Recht gegen Entgelt. Ihre Haftung regelt sich nach den Grundsätzen der §§ 320ff. BGB. Der Ansteigerer wäre nicht befugt, sein Geld wieder zu fordern, weil der Geschäftsanteil des Ausgeschlossenen wegen eines Mangels bei der Entstehung (Anm. 30 ff. zu § 2) nicht zu Recht bestanden hätte. Diese Ungültigkeit könnte ein Rechtsnachfolger des ursprünglichen Gesellschafters, nicht aber der Ansteigerer geltend machen.

Anm. 1. I. **Voraussetzung des Verkaufs** ist, daß der Geschäftsanteil kaduziert und daß, falls der ausgeschlossene Gesellschafter Rechtsvormänner hat, die Zahlung des rückständigen Betrages von denselben nicht zu erlangen ist. (So auch § 68 Abs. 1 österr. Ges.) Erst wenn von keinem der Rechtsvorgänger der Betrag zu erlangen ist, ist der Verkauf zulässig. Dabei gelten auch hier die Vermutungen des § 22 Abs. 2. Ein Rechtsvorgänger gilt als zahlungsunfähig, wenn er nach § 22 Abs. 2 zur Zahlung aufgefordert und der Vormann desselben davon benachrichtigt worden ist. Gegen den frühesten Rechtsvorgänger genügt sinngemäß die einfache Aufforderung. Zahlt er nicht, so wird auch über ihn hinweggegangen. Das RG. 10. 7. 24 (RGZ. 85, 241) will die Vermutung des § 22 Abs. 2 nicht gegen den letzten Rechtsvorgänger gelten lassen. Es geht aber aus der Entscheidung nicht deutlich hervor, daß die Zahlungsunfähigkeit des letzten Rechtsvorgängers durch fruchtlose Zwangsvollstreckung oder auf andere Weise nachgewiesen sein müsse. Es ist nach dem Sinn und Zweck der Bestimmungen des § 21ff. nicht anzunehmen, daß gegenüber dem letzten Rechtsvorgänger besondere erschwerende Voraussetzungen aufgestellt sein sollen im Gegensatz zu den übrigen Rechtsvorgängern und daß der Verkauf erst zulässig sein soll, wenn der Beweis der Zahlungsunfähigkeit des letzten (frühesten) Rechtsvorgängers erbracht ist (a. M. Brodmann Anm. 1; vgl. aber oben Anm. 7 zu § 22). § 23.

II. **Die Gesellschaft „kann" den Geschäftsanteil verkaufen.** Anm. 2.

Sie hat das Recht zum Verkauf. Es ist die Vorbedingung des Ausfallanspruchs gegen den ausgeschlossenen Gesellschafter (§ 21 Abs. 3) und gegen die gegenwärtigen Gesellschafter (§ 24). Ausgenommen ist der Fall, daß die Deckung des Ausfalls durch solchen Verkauf als aussichtslos erscheint (Anm. 6 § 24).

Weder der ausgeschlossene Gesellschafter, noch die Rechtsvorgänger desselben, noch Anm. 3. die gegenwärtigen Gesellschafter haben ein Recht darauf, daß die Gesellschaft dieses Recht ausübt. Sie können auch nicht fordern, daß dies sofort oder in irgendeinem bestimmten Zeitpunkte geschehe. Die Gesellschaft ist jederzeit dazu berechtigt. Sie kann den ihr geeignet erscheinenden Zeitpunkt auswählen (RG. 3. 11. 09 OLGR. 19, 37). Der ausgeschlossene Gesellschafter kann daher nicht einen Käufer zu günstigem Preise bringen und beanspruchen, daß der Verkauf an diesen erfolge. Er kann nicht, wenn die Gesellschaft später bei einem Verkaufe einen Ausfall erleidet, einwenden, daß die Gesellschaft diesen durch ihre Ablehnung selbst verschuldet habe. Die Rechtsvorgänger sind wenigstens in der Lage, solange nicht ein neuer Gesellschafter infolge der Versteigerung eintrat, durch Zahlung den Geschäftsanteil zu erwerben. Dem Kaduzierten selbst ist auch dieser Weg verschlossen. Auch § 254 BGB. (konkurrierendes Verschulden) greift nicht Platz. Es handelt sich nicht um einen Schadensersatzanspruch. Dieser besteht nur dann, wenn man seine eigentliche Verpflichtung verletzt. Er ist ein Surrogat der verletzten Rechtspflicht. Die hier in Rede stehenden Ansprüche der Gesellschaft haben diesen Charakter nicht. Nur Arglist könnte hier gemäß § 826 BGB. eine Verpflichtung der Gesellschaft (§ 31 BGB.) und der Geschäftsführer begründen. Auch die Rechtsvorgänger des Ausgeschlossenen können, obwohl sie durch den Verkauf befreit werden (vgl. unten Anm. 15), nicht beanspruchen, daß eine günstige Kaufgelegenheit benutzt werde. Die Gründe sind die gleichen. Und endlich haben die übrigen Gesellschafter ein solches Einzelrecht nicht, obwohl sie wegen der Haftung gemäß § 24 an einem günstigen Verkauf interessiert sind. Nur als Beschlußorgan können die Gesellschafter ihren Einfluß in dieser Hinsicht geltend machen (§ 46 Nr. 6). Es ist auch nicht zulässig, den Gesellschaftern im Gesellschaftsvertrag ein Recht solcher Einwirkung auf den Verkauf zu geben. Das wäre eine Beschränkung der Gesellschaft in den ihr zur Deckung des Stammkapitals eingeräumten Rechten.

Die Geschäftsführer haben die Frage, ob der Verkauf nach § 23 zu Anm. 4. bewirken sei oder nicht, nach pflichtgemäßem Ermessen zu entscheiden. Bei Verletzung der ihnen obliegenden Sorgfalt haften sie der Gesellschaft für den entstandenen Schaden. Dies folgt aus ihrem Anstellungsverhältnisse.

Der Verkauf kann auch dann erfolgen, wenn die Veräußerung an die Zu- Anm. 5. stimmung der Gesellschaft oder an andere Voraussetzungen nach § 15 Abs. 5 geknüpft ist. Es liegt ja keine Veräußerung des Geschäftsanteils des Ausgeschlossenen vor, sondern die Vergebung der Rechte desselben durch die Gesellschaft, die einen neuen Geschäftsanteil schafft.

III. Will sich die Gesellschaft die Vorbedingungen der Ausfallhaftung gegen Anm. 6. den ausgeschlossenen Gesellschafter gemäß § 21 Abs. 3 und gegen die zeitigen Gesellschafter gemäß § 24 schaffen, **so muß sie den Verkauf nach § 23 bewirken.** Nur bei Aussichtslosigkeit der Versteigerung kann davon abgesehen werden (Anm. 6 zu § 24). Das Gegenargument von Liebmann (Anm. 2 zu § 23), daß dann die übrigen Gesellschafter in der Hand haben, „durch den in ihrem Belieben stehenden Beschluß die Kreditbasis zu schmälern", trifft nicht zu. Die Haftung aus § 24 bleibt bestehen. Ob die Gesellschaft davon Gebrauch macht, bleibt ihr überlassen. Sie braucht ja auch die restlichen Einlagen nicht einzufordern. Für den Konkursverwalter ist ein Beschluß der

§ 23. Gesellschafter, nicht zu versteigern, belanglos. (Wie hier Neukamp Anm. 1; Crüger-Crecelius lassen jetzt die Frage offen.)

Der Verkauf nach § 23 geschieht:

Anm. 7. 1. Regelmäßig im Wege öffentlicher Versteigerung. Dieselbe erfolgt gemäß § 383 Abs. 3 und § 156 BGB. Dazu gehört wesentlich zweierlei. Einmal muß der Verkauf so erfolgen, daß eine unbegrenzte Zahl von Bietern zugelassen ist. Jede Beschränkung darin ist unstatthaft. Dabei sind Ort und Zeit der Versteigerung unter allgemeiner Bezeichnung der Sache öffentlich bekanntzumachen. Denn das gehört zum Begriffe der öffentlichen Versteigerung (§ 383 Abs. 3 BGB.). Die öffentliche Bekanntmachung erfolgt in derjenigen Weise, welche für Versteigerungen solcher Art angemessen ist. Die Blätter, welche das Statut für Bekanntmachungen der Gesellschaft bestimmt, sind hier nicht maßgebend. Es handelt sich ja nicht um eine Bekanntmachung für die Gesellschafter, sondern für das Publikum. Zum anderen muß eine mit öffentlichem Vertrauen ausgestattete Person bei der Versteigerung mitwirken. Sie muß durch einen für den Versteigerungsort bestellten Gerichtsvollzieher oder durch einen zur Versteigerung befugten anderen Beamten (Kursmakler, § 34 des Börsengesetzes, sonstigen Handelsmakler, der dazu öffentlich ermächtigt ist — Art. 13 des preußischen AG. z. BGB. —, Notar — Art. 31 des preußischen Gesetzes über die freiwillige Gerichtsbarkeit) oder durch einen öffentlich bestellten Versteigerer erfolgen.

Das österr. Ges. § 68 Abs. 2 gestattet innerhalb eines Monats den freihändigen Verkauf zum Bilanzwerte. Erst nach Ablauf desselben ist die öffentliche Versteigerung vorgeschrieben. Die Berechnung dieser Frist wird allerdings nicht leicht sein. Sie muß von dem Tage, an dem feststeht, daß auf Eingehen des Ausfalles nicht zu rechnen ist, laufen. Ebenso ist „der Bilanzwert" eine schwankende Ziffer.

Anm. 8. Weitere Vorschriften lassen sich aus der Anordnung der öffentlichen Versteigerung nicht ableiten. Es sind insbesondere die Regeln des BGB. über den Verkauf einer verpfändeten Sache und des HGB. über den Selbsthilfeverkauf nicht anwendbar. Daher ist z. B. eine besondere Benachrichtigung des früheren Inhabers des Geschäftsanteils oder sonstiger Interessenten, wie der anderen Gesellschafter oder der Rechtsvorgänger des Ausgeschiedenen nicht erforderlich. Ebensowenig kann verlangt werden, daß der Steigerer bar bezahlen müsse usw. Eine Abänderung des Rechtsinhaltes des Geschäftsanteils, die vor- oder nachher der Form der Statutenänderung bedarf, bei der Versteigerung ist zulässig. Der Ansteigerer erhält dann den Geschäftsanteil nur in dieser Modifizierung. Der ausgeschlossene Gesellschafter kann aber hieraus eine Einrede gegen die Haftung für den Ausfall ableiten, wenn er dartut, daß ohne diese Abänderung, z. B. ohne Aufhebung des mit dem Geschäftsanteil verbundenen Vorrechts, ein höherer Preis erzielt worden wäre.

Über den Ort der Versteigerung ist nichts gesagt. Der § 383 Abs. 1 BGB., der die Versteigerung am Leistungsorte anordnet, ist nicht analog anzuwenden. Für Mitglieder einer GmbH. gibt es keinen besonderen Leistungsort für die Erfüllung ihrer gesellschaftlichen Verpflichtungen. Der jedesmalige Wohnort des Gesellschafters kommt hierfür in Betracht (§ 269 BGB.). Dieser kann hier nicht gemeint sein. Mithin kann die Versteigerung überall erfolgen, wo sich ein angemessener Erfolg der Versteigerung erwarten läßt.

Anm. 9. Als Bieter kann auch der ausgeschlossene Gesellschafter auftreten. Ebenso dessen Rechtsvorgänger. Sie empfangen, falls sie Steigerer sind, nicht ihren früheren Geschäftsanteil zurück. Auch für sie ist er neu entstanden. Die von ihnen auf denselben gelegten Lasten sind und bleiben erloschen. Aus dem vertraglichen Verhältnisse des Kaduzierten zu seinem Pfandgläubiger kann seine Verpflichtung zur Wiederbestellung des Pfandrechts an dem wiederersteigerten Geschäftsanteile folgen. Ohne solchen Rechtsakt lebt es nicht wieder auf. Ein Pfändungspfandrecht, das vor dieser Wiederbestellung des erloschenen Pfandrechts von einem anderen Gläubiger erwirkt wurde, geht ihm vor.

Dagegen kann die Gesellschaft selbst nicht bieten, auch nicht wenn die Rate, welche die Kaduzierung herbeiführte, die letzte ist. Immer handelt es sich bei der Versteigerung um einen Geschäftsanteil, auf den die Stammeinlage noch nicht völlig einbezahlt ist (§ 33 Abs. 1). Der Erwerb desselben ist verboten (RG. 26. 3. 20 RGZ. 98, 276; Unger S. 31; a. M. Liebmann § 33 Anm. 3). Das Gebot ist nichtig. Es kommt ihm daher auch nicht die Wirkung zu, das vorhergehende Angebot frei zu machen. Dem Auftreten der Geschäftsführer oder der einzelnen Gesellschafter als Steigerer für ihre Person steht dagegen nichts im Wege. § 23. Anm. 10.

Den Zuschlag erteilt materiell die Gesellschaft. Sie ist es, die den Ansteigerer als neuen Gesellschafter an Stelle des Kaduzierten annimmt. Wer formell den Zuschlag ausspricht, bestimmt das für das Versteigerungsverfahren maßgebende Recht und dessen Dienstweisungen. Zulässig ist, daß die Gesellschaft sich die Genehmigung des durch den Versteigerungsbeamten erfolgten Zuschlags an den Meistbietenden vorbehält. Das österr. Ges. (§ 68 Abs. 4) verlangt zur Wirksamkeit des Zuschlages ausdrücklich die Zustimmung der Gesellschaft. Sie gilt aber als erteilt, wenn der Ersteher nicht binnen 8 Tagen nach der Versteigerung von ihrer Versagung benachrichtigt ist. Also in Wahrheit ein befristetes Widerrufsrecht.

Unerheblich ist die statutarisch vorgeschriebene Genehmigung der Gesellschaft zur Veräußerung. Eine solche im Sinne des § 15 liegt nicht vor. Aus demselben Grunde ist ein für den Fall der Veräußerung festgesetztes Vorkaufsrecht unanwendbar. Ebensowenig bedarf es zur Wirksamkeit der Versteigerung der Aushändigung der Anteilscheine, selbst wenn die Übertragung der Geschäftsanteile von der Übergabe der Anteilscheine abhängig gemacht ist (RG. 26. 3. 20 RGZ. 98, 276). Anm. 11.

2. Mit Zustimmung des ausgeschlossenen Gesellschafters kann auch ein Verkauf in anderer Weise erfolgen. Insbesondere ist ein freihändiger Verkauf statthaft. Nur der ausgeschlossene Gesellschafter braucht zuzustimmen. Nicht aber sein Rechtsvorgänger, nicht die übrigen Gesellschafter, obgleich beide dabei interessiert sind. Das österr. Ges. (oben Anm. 7) kennt nach Ablauf eines Monats auch mit Zustimmung des Ausgeschlossenen keinen Verkauf aus freier Hand mehr. Anm. 12.

Die Zustimmung kann formlos erfolgen. Sie kann vorher oder nachher erteilt werden. Auch im Gesellschaftsvertrage kann bestimmt sein, daß der Verkauf kaduzierter Geschäftsanteile freihändig geschehen darf. Im abgeänderten Gesellschaftsvertrage hat dies nur Wirkung gegen diejenigen Gesellschafter, welche der Abänderung zugestimmt haben (Anm. 16ff. zu § 14). Doch kann auch diese Zustimmung formlos geschehen. Sie bedarf nicht notwendig der Formen des Statutenänderungsbeschlusses. Anm. 13.

IV. **Die Rechtswirkungen des Verkaufs.** Anm. 14.

1. Für den ausgeschlossenen Gesellschafter steht der Ausfall fest. Der Ausfall an der Stammeinlage kann gegen ihn eingeklagt werden (§ 21 Abs. 3). Der Erlös aus der Versteigerung wird auf das Stammeinlagekonto des Ausgeschlossenen gebucht. Der Ansteigerer selbst hat noch kein Einlagekonto. Erreicht der Erlös den vollen Betrag der geschuldeten Einlage, so wird durch diese Buchung „für Versteigerung des Geschäftsanteils" das Konto ausgeglichen. Andernfalls ergibt der Saldo, der als Aktivum weiter geführt wird, die Ausfallhaftung des Kaduzierten. Gerät der Erwerber wegen der weiter fällig werdenden Beträge in der Folge in Verzug, so kann (vgl. unten Anm. 16) der Geschäftsanteil in dessen Händen wiederum kaduziert werden. Der ausgeschlossene Gesellschafter haftet dann auch für diesen Ausfall (§ 21 Abs. 3; vgl. Anm. 35 zu § 21).

2. Die Rechtsvorgänger des ausgeschlossenen Gesellschafters werden von ihrer in § 22 vorgesehenen Haftung für die Rückstände, wegen deren die Kaduzierung erfolgte, frei (RG. 10. 7. 14 RGZ. 85, 237; Neukamp Anm. 6). Eine der Ausfallhaftung des Kaduzierten entsprechende Bestimmung des § 21 Abs. 3 besteht gegen die Rechtsvorgänger nicht. Für die später fällig werdenden Beträge haften sie deshalb nicht, weil sie nicht Vormänner des nunmehrigen Käufers sind. Anm. 15.

§ 23. 3. Der Erwerber des Geschäftsanteils ist Gesellschafter geworden. Alle mit
Anm. 16. dem betreffenden Geschäftsanteile verknüpften Rechte und Pflichten gehen auf ihn über. Diejenige Rate aber, wegen welcher der Verkauf erfolgt ist, gilt dabei dem Erwerber gegenüber als bezahlt. Für diese haftet er in keiner Weise, weder unmittelbar noch nach § 24 (vgl. Anm. 8ff. zu § 24). Das ist hier im Gesetze nicht ausdrücklich gesagt. Die Motive erwähnen diese Tatsache gelegentlich bei der Besprechung der Natur des Geschäftsanteils als selbstverständlich. Sie folgt aus dem Wesen der Kaduzierung und der Versteigerung, aus der Aufnahme des Ansteigerers als neuen Gesellschafters und der subsidiären Haftung des Kaduzierten und der anderen Gesellschafter. Der Geschäftsanteil des Ansteigerers ist gleich dem nominellen Betrage. Seine Größe und der Anteil an der Gesellschaft, der sich darin ausdrückt, bleibt derselbe, einerlei wieviel der Ankäufer bezahlt.

Für später fällige Einlagebeträge haftet der Erwerber als Gesellschafter. Wenn er hierbei in Verzug gerät, so kann die Kaduzierung in seiner Hand wiederum erfolgen. Es kann dann gegen ihn auf Grund des § 21 Abs. 3 der Rückstand geltend gemacht werden. Für diesen Rückstand haftet auch der erst ausgeschlossene Gesellschafter.

Anm. 17. 4. Die Gesellschaft hat an Stelle des Kaduzierten einen neuen Gesellschafter. Sie ist aber nicht seine Rechtsvorgängerin (vgl. oben Einleitung). Sie kommt also bei einer Kaduzierung des Ansteigerers für später fällig werdende Raten nicht als solche in Betracht. Der Ansteigerer hat keinen Rechtsvorgänger im Sinne des § 22.

War der Geschäftsanteil des Kaduzierten infolge eines bei der Gründung diese Beteiligung treffenden Moments ungültig (Anm. 31ff. und Anm. 47 zu § 2), so wirkt dies auch für den Ansteigerer. Denn die Basis seines Geschäftsanteils bildet der Gründungsakt. Der Zuschlag bei der Versteigerung ist weder eine Neugründung noch eine Bestätigung des mangelhaften Geschäftes. Die Gesellschaft hat hierfür Gewähr zu leisten. Sie verschafft das zugesagte Recht nicht. Wenn sie auch nicht den Geschäftsanteil des Kaduzierten selbst zu übertragen hat, so muß sie doch den diesem früher gehörenden Geschäftsanteil dem Ansteigerer gewähren.

Die Gesellschaft erhält des weiteren aber den Erlös (OLG. Naumburg 23. 10. 14 RundschGmbH. 1915, 295). Er gehört ihr vollständig, auch wenn er einen Mehrbetrag ergibt. Bei der Hingabe des Geschäftsanteils für die Nachschußforderung ist bestimmt (§ 27 Abs. 2 Satz 3), daß der Überschuß dem Gesellschafter verbleibt. Für die Kaduzierung ergibt sich aus deren Wesen, daß die Ausgeschlossenen keinen Anspruch darauf haben. Der Kaduzierte ist auch seiner geleisteten Teilzahlung verlustig erklärt. Wenn die anderen Gesellschafter das Risiko tragen, für den Verlust bei einem Mindererergebnis aufzukommen (§ 24), so kommt ihnen auch der Überschuß zugute. Er bildet einen Gewinnposten. Zur Gewinnverteilung empfiehlt er sich freilich nicht. Das österr. Gesetz (§ 68 Abs. 5 Satz 3) gibt den Überschuß dem ausgeschlossenen Gesellschafter. Ebenso der Schweizer Entwurf Art. 813 Abs. 2.

Anm. 18. V. **Mangel der Vorbedingungen des Verkaufs und Nichtbeobachtung der Formen des Verkaufs.**

1. Die Kaduzierung war zu Unrecht erfolgt. Es fehlt an den materiellen und formellen Voraussetzungen. Dann ist der angeblich Kaduzierte nach wie vor Gesellschafter. Er kann sein Recht jederzeit geltend machen (vgl. Anm. 1 zu § 22). Auch der gutgläubige Ansteigerer ist nicht geschützt. Er kann keinen Geschäftsanteil erhalten (OLG. München 26. 5. 09 OLGR. 22, 15). Er hat gegen die Gesellschaft das Recht auf Gewährleistung, nicht nur auf Rückforderung des bezahlten Preises. Seine Stellung zu ihr ist eine andere als die der zahlenden Rechtsvormänner. (A. M. Neukamp Anm. 2a in den früheren Auflagen. Allein aus § 1242 BGB., selbst wenn man die Vorschriften über den Pfandverkauf anwendet, läßt sich diese Folge nicht ableiten. Neukamp-Becker Anm. 2a stimmen jetzt der hier vertretenen Auffassung zu.) Wird die Versteigerung vorgenommen, ohne daß die Kaduzierung vorausging, treten die gleichen Rechtsfolgen ein wie bei ungehöriger

Kaduzierung. Die Kaduzierung kann aber nachgeholt werden. Dadurch wird nachträglich die Verfügungsberechtigung der Gesellschaft zur Versteigerung begründet (§ 185 Abs. 2 BGB.) und die Versteigerung selbst wirksam (RG. 10. 7. 14 RGZ. 85, 239). § 23.

2. Die Kaduzierung war zwar zu Recht erfolgt. Die Aufforderung und Anzeige zufolge § 22 an die Vormänner ist unterblieben. Dann ist die Versteigerung wirksam. Sie setzt nur die Kaduzierung voraus. Der übergangene Vormann hat das Recht auf Schadensersatz, wenn ihm durch das Verfahren der Gesellschaft sein Recht auf Wiedererwerb des Geschäftsanteils vereitelt wurde (Anm. 17 zu § 22). Der Einwand des Selbstverschuldens, daß er auch ohne Aufforderung infolge eigener Kenntnis der Sachlage hätte Zahlung leisten können, ist zulässig. Anm. 19.

3. Die Voraussetzungen der Versteigerung sind gegeben. Diese selbst hat aber nicht ordnungsgemäß stattgefunden. Es ist z. B. die Bekanntgabe unterblieben oder es hat eine Person des öffentlichen Vertrauens nicht mitgewirkt. Dann liegt lediglich ein ohne Zustimmung des Kaduzierten erfolgter privater Verkauf vor. Dieser ist für alle Beteiligten wirkungslos. Eine Gültigkeit desselben zwischen Gesellschaft und Ansteigerer anzunehmen, wobei die Ausfallhaftung des Kaduzierten und der anderen Gesellschafter wegfiele (Staub, erste Aufl. Anm. 15 S. 164, vgl. Anm. 28 zu § 21), ist schon wegen der strikten Bestimmung des § 23 unmöglich. Der Verkauf kann eben nur gültig in der Form der öffentlichen Versteigerung erfolgen. Fehlte diese, so wird der Ansteigerer nicht Gesellschafter. Einen Gewährleistungsanspruch an die Gesellschaft hat er nicht. Er muß diese Formvorschrift ebensowohl kennen. Durch spätere Zustimmung des Kaduzierten kann dieser Mangel geheilt werden. Geschieht dies nicht, so kann die Gesellschaft zu einer neuen Versteigerung schreiten. Anm. 20.

VI. **Die Vorschrift des § 23 ist zwingend** (§ 25). Es gibt also keine Bestimmung des Gesellschaftsvertrags, welche sie abänderte oder ausschlösse. Aufhebung dieser Bestimmung wäre eine Aufhebung des ebenfalls unverzichtbaren Anspruchs aus § 24. Zulässig ist die nähere Regelung der Versteigerung, soweit solche dem Ermessen der Gesellschaft überlassen ist. Anm. 21.

§ 24. § 24.

Soweit eine Stammeinlage weder von den Zahlungspflichtigen eingezogen, noch durch Verkauf des Geschäftsanteils gedeckt werden kann, haben die übrigen Gesellschafter den Fehlbetrag nach Verhältnis ihrer Geschäftsanteile aufzubringen. Beiträge, welche von einzelnen Gesellschaftern nicht zu erlangen sind, werden nach dem bezeichneten Verhältnis auf die übrigen verteilt.

Die Kollektivhaftung der Gesellschafter für die Einzahlungen auf die Stammeinlage ist das letzte, der Gesellschaft zur Verfügung gestellte Mittel zur Beschaffung der Stammeinlage. Dem Aktienrecht ist sie fremd. Die Gründer der GmbH. sind sich nur selten über die im Hintergrund stehende Kollektivhaftung jedes Gesellschafters für die Einlageverpflichtungen der anderen Gesellschafter klar. Sie erfahren von ihr erst, wenn sie für den Ausfall haftbar gemacht werden. Bei jeder Gründung einer GmbH., die ihr Stammkapital nicht sofort ganz einzieht, sind die Gründer zu warnen. Ein einziger Gesellschafter kann das ganze Gesellschaftskapital, nicht nur den von ihm gezeichneten Anteil, aufbringen müssen. Dies dann, wenn die anderen Gesellschafter entgegen der Versicherung der Geschäftsführer auch die bei der Eintragung erforderten 25 Proz. der Geldeinlage nicht machten oder die Geschäftsführer dieselbe zurückerstatteten (§ 31 Abs. 3). Es ist in § 24 das Prinzip zum Ausdruck gelangt, daß die Haftung eines Gesellschafters sich nicht auf seine Einlage beschränkt, sondern das gesamte Stammkapital umfaßt. Dessen Höhe ist die äußerste Grenze. Der Zweck dieser Bestimmung ist wieder die Sicherung des gezeichneten Stammkapitals. Die Kollektivhaftung Einleitung.

§ 24. aber bildet ein Gegengewicht gegen die erleichterte Gründung. Sie soll den Gläubigern der Gesellschaft Garantie dafür bieten, daß in der Tat die zugesagte Einlage in das Vermögen der Gesellschaft kommt und in demselben bleibt (§ 31 Abs. 3). Denn auch für das zu Unrecht zurückgewährte Kapital haften die Gesellschafter.

Die Haftung aus § 24 ist eine subsidiäre. Sie kann nur beansprucht werden, wenn alle anderen Hilfsmittel erschöpft sind. Aber sie entsteht alsbald mit der Gründung der Gesellschaft. Sie lastet auf jedem Geschäftsanteile und geht mit diesem auf den neuen Erwerber über. Da die Kollektivhaftung der Gesellschafter im Aktienrecht kein Vorbild hatte, ist sie auch im GmbHG. nicht klar durchgedacht gewesen. Man kann sich bei verschiedenen Stellen dem Gedanken nicht verschließen, daß hier die Verfasser nicht alle Konsequenzen übersahen. Bei der Auslegung ist der Zweck des Gesetzes, das Stammkapital zu sichern und dessen Einzahlung, falls sie nicht von dem Gesellschafter, dem sie obliegt, und seinen Rechtsvorgängern erhältlich ist, durch die anderen Gesellschafter zu erreichen, als Ausgangspunkt zu nehmen.

Auf andere Fälle als den Ausfall der Zahlung ist die Kollektivhaftung der Gesellschafter nicht anwendbar. Bei Ungültigkeit der Übernahme einer Stammeinlage liegt kein Fehlbetrag im Sinne des § 24 vor (vgl. Anm. 49 zu § 2, Hachenburg DJZ. 12, 685, Brodmann Anm. 1 zu § 24).

Anm. 1. I. **Voraussetzung der Kollektivhaftung** ist, daß eine Stammeinlage weder von den Zahlungspflichtigen eingezogen, noch durch den Verkauf des Geschäftsanteils gedeckt werden kann.

1. Eine Stammeinlage kann nicht eingezogen werden. Es handelt sich, wie der Zusammenhang der gesetzlichen Vorschriften und das Wort „Zahlungspflichtige" ergibt, lediglich um die Verpflichtung zur Leistung von Stammeinlagen. Die Haftung tritt also auch hier nicht ein für Nebenverpflichtungen wie Zinsen, Vertragsstrafe, aufgewendete Prozeßkosten (OLG. Rostock 12. 10. 14 OLGR. 32, 139; Neukamp Anm. 3; a. M. Merzbacher Anm. 1c u. Warneyer-Koppe) und nicht für Verpflichtungen aus § 3 Abs. 2. Bei der Einlagepflicht kommt nur die Geldeinlage in Betracht (vgl. Anm. 1 zu § 21). Bei der Geldeinlage handelt es sich nur um den gerade eingeforderten Betrag. Unter dem Fehlbetrag, den die Gesellschafter zu decken haben, ist nur der Fehlbetrag der jedesmaligen Einforderung zu verstehen, nicht der Betrag, der an der ganzen Stammeinlage noch fehlt. Soll dann später eine weitere Einzahlung auf die Stammeinlage gemacht werden, so ist diese zunächst von demjenigen Gesellschafter zu verlangen, der zur Zeit dafür in erster Linie haftet. Das ist, wenn der Geschäftsanteil wegen Aussichtslosigkeit des Verkaufs nicht verkauft ist, der ausgeschlossene Gesellschafter. Denn dieser haftet nach § 21 Abs. 3 dafür. Ist der Geschäftsanteil verkauft, dann erfolgt der Einzug von demjenigen, der beim Verkauf nach § 23 den Geschäftsanteil erworben hat. Hat dieser weiterveräußert, von dessen Rechtsnachfolgern.

Anm. 2. 2. Weder von dem Zahlungspflichtigen eingezogen, noch durch Verkauf des Geschäftsanteils muß der Einlagerückstand gedeckt werden können. Es muß

erstens wer Gesellschafter zur Zeit, als die betreffenden Kapitalsraten eingefordert wurden, war, die Zahlung nicht bewirkt haben,

zweitens gegen ihn die Kaduzierung gemäß § 21 erfolgt sein,

drittens der Anspruch gegen seine etwaigen Rechtsvorgänger gemäß § 22 vergeblich geltend gemacht worden oder als aussichtslos zu betrachten sein,

viertens der Verkauf gemäß § 23 erfolgt und erfolglos gewesen oder die Deckung durch einen solchen Verkauf aussichtslos sein,

fünftens der Ausgeschlossene selbst gemäß § 21 Abs. 3 für den Ausfall vergeblich in Anspruch genommen oder diese Inanspruchnahme als aussichtslos zu betrachten sein.

Das Vorliegen aller dieser Bedingungen muß die Gesellschaft beweisen.

Anm. 3. Bei der ersten Voraussetzung ist nur darzutun, daß der für die Einzahlung haftende Gesellschafter trotz der in der Form des § 21 erfolgten Aufforderung nicht zahlte.

Daß er nicht zahlen konnte, braucht nicht erwiesen zu werden. Seine Solvenz kommt erst bei Punkt fünf zur Geltung. Der Beweis, den ein Gesellschafter anbietet, daß bei einer Einklagung des für die Stammeinlage als Gesellschafter Haftenden zur Zeit der Einforderung der Einlagebetrag beibringlich war, ist unerheblich. **§ 24.**

Die zweite Voraussetzung verlangt eine ordnungsmäßige Kaduzierung. Auch den übrigen Gesellschaftern ist es gestattet, das Fehlen wesentlicher Momente bei derselben zu rügen. Durch einen Verzicht des Kaduzierten wird hieran nichts geändert. Die Bestimmungen des § 22 sind auch zugunsten der anderen Gesellschafter zwingendes Recht. Diese können, wenn sie erst in dritter Reihe haften sollen, nicht schlechter gestellt sein als die vor ihnen gemäß § 22 haftenden Rechtsvorgänger des Zahlungspflichtigen (RG. 11. 6. 1915 RGZ. 86, 419; a. M. KG. 13. 11. 08 OLGR. 19, 368; OLG. Rostock 3. 4. 13 MecklZ. 32, 58). Die für das Verneinen der Kaduzierung als Voraussetzung angegebenen Gründe können nicht als überzeugend anerkannt werden. Zweckmäßigkeitserwägungen können die Lage der Gesellschafter nicht verschlechtern, daß der Gesellschaft Kosten entstehen, noch weniger. Auch daß andernfalls, solange die Gesellschaft den Ausschluß nicht ausspricht, die Gläubiger den Anspruch der Gesellschaft nicht pfänden dürfen, greift nicht durch. Dies führt höchstens dazu, daß die Gläubiger Konkurs anmelden. Die Ausschließung des Gesellschafters kann — im Gegensatz zu den in Anm. 5 und 6 behandelten Voraussetzungen — auch dann nicht unterbleiben, wenn sie zwecklos wäre. **Anm. 4.**

Bei der dritten Voraussetzung tritt wieder die Vermutung des § 22 in Wirksamkeit. Einklagung oder Auspfändung der früheren Gesellschafter ist nicht zu verlangen. Ist der Geschäftsanteil mangels Abnehmer nicht versteigert, so können die Gesellschafter die vorherige Inanspruchnahme solcher Rechtsvorgänger, die sie für solvent halten, fordern. Ist die Versteigerung erfolgt, so kann aus der behaupteten Solvenz der Vorgänger höchstens ein Anspruch an den Geschäftsführer folgen (unten Anm. 28). Da aber infolge der Versteigerung die Rechtsvorgänger frei werden, so kann von diesen, selbst wenn sie solvent wären, die Einlage nicht mehr eingezogen werden. Nur der Nachweis, daß dies möglich ist, nicht, daß dies möglich gewesen wäre, kann das Begehren der Kollektivhaftung entkräften. **Anm. 5.**

Die vierte Voraussetzung, daß die Stammeinlage auch durch den Verkauf des Geschäftsanteils nicht gedeckt werden kann, liegt vor, wenn die Versteigerung gemäß § 23 bewirkt und zu einer Deckung nicht geführt hat. Einerlei ist, ob der Erlös zu gering, oder ob ein Bieter sich nicht gemeldet hat, oder ob die Deckungsmöglichkeit auf dem Wege der Versteigerung als aussichtslos zu betrachten ist. Diese Auffassung geht aus dem Zusammenhang der gesetzlichen Vorschriften hervor (OLG. Cöln 17. 1. 06 OLGR. 13, 25). Die gewöhnliche Zwangsvollstreckung in den Geschäftsanteil ohne Kaduzierung und der Mangel an Deckung hieraus genügen nicht (Förtsch Anm. 2). Der § 24 schließt sich eng an die §§ 21—23 an. Hieraus und aus dem Gebrauche der gleichen Worte in den §§ 21—23 und in § 24 folgt, daß im § 24 die hier vorgesehenen Rechtsmittel gemeint sind, die erschöpft sein müssen. Die Auslegung, daß der Erschöpfung der Rechtsmittel ihre Aussichtslosigkeit gleichsteht, wird auch von den Motiven (S. 28) ausgesprochen. Es wäre zwecklos, wenn eine in Konkurs geratene Gesellschaft ihre ausstehende Einlage einzieht, die Kosten der Versteigerung zu riskieren (KG. 18. 6. 15 OLGR. 32, 141). Mehrere Versuche, den Geschäftsanteil zu versteigern, braucht die Gesellschaft nicht zu machen. Wohl aber muß sie den Zuschlag erteilen, wenn ihr das Gebot auch zu niedrig scheint. Andernfalls steht den Gesellschaftern die Einrede zu, daß es an einer rechtlichen Voraussetzung der Haftung fehle. Die Gesellschaft kann sich nicht damit begnügen, daß sie von der umzulegenden Summe das von ihr abgelehnte Gebot abzieht. Es ist dies schon deshalb erheblich, weil jeder der kollektiv haftenden Gesellschafter das Recht hat, auf den Geschäftsanteil zu bieten. Wenn er denselben billig erhält, so kann er bei künftiger Besserung der Gesellschaft sich wieder von seinem Verluste erholen. Machen die Gesellschafter hiervon keinen Gebrauch, so ist es ihre Sache. Die Gesellschaft aber darf, wenn ein Gebot eingelegt **Anm. 6.**

§ 24. ist, dieses zwar dem Bieter, nicht aber den anderen Gesellschaftern gegenüber ablehnen. Andernfalls können diese ihre Haftung bestreiten.

Anm. 7. Die fünfte Voraussetzung verlangt den Versuch, den Ausfall von dem Kaduzierten beizutreiben. Es genügt nicht, daß er nicht bezahlte. Die Insolvenz muß seitens der Gesellschaft erwiesen werden. Hierzu ist fruchtlose Pfändung des Kaduzierten nicht unerläßlich. Es ist nach freier richterlicher Beweiswürdigung festzustellen, ob von ihm Zahlung zu erlangen ist (OLG. Hamburg 3. 10. 17 OLGR. 37, 5). Dadurch, daß die Gesellschaft einem Zwangsvergleich im Konkurse des Kaduzierten zustimmt und ihre Forderung gegen den Kaduzierten mit Zahlung der Vergleichsquote getilgt wird, bleibt die Haftung der übrigen Gesellschafter für den Restbetrag der Stammeinlage unberührt (KG. 18. 6. 15 OLGR. 32, 141).

Anm. 8. Dagegen ist nicht Voraussetzung, daß der eingeforderte Betrag zur Deckung der Schulden der Gesellschaft erforderlich ist. Auch wenn die Gesellschaft hinreichend Mittel zum Geschäftsbetrieb und zur Befriedigung der Gläubiger besitzt, kann sie die Vollzahlung ihres Stammkapitals durchführen. Darin liegt ein beachtlicher Gegensatz zur Haftung der Gesellschafter für den Fall der unzulässigen Rückzahlung des Stammkapitals (§ 30 Abs. 1, § 31). Dort findet die Haftung nur statt, soweit es zur Befriedigung der Gläubiger erforderlich ist. Es ist daher erheblich, festzustellen, ob eine nach der Zahlung vollzogene Rückzahlung vorliegt oder ob überhaupt noch keine Zahlung erfolgt ist. Die Frage wirft sich auf, wenn ein Gesellschafter seine Einlage machte, diese aber wieder abhob. Schließt sich das letztere unmittelbar an das erstere an, so kann eine Scheinhandlung vorliegen (Anm. 21 zu § 7). Die Einzahlung ist nicht erfolgt. Die Haftung ist alsbald ohne Rücksicht auf die Befriedigung der Gläubiger gegeben. Bei der Gesellschaft in Liquidation muß der Liquidator zwar nicht nachweisen, daß er der eingeforderten Beträge zur Schuldendeckung bedarf. Wohl aber können die Gesellschafter einwenden, daß dieselben zur Abwicklung der Liquidationsgeschäfte nicht erforderlich sind (Anm. 4 zu § 70 OLG. Köln 17. 1. 06 OLGR. 13, 25).

Anm. 9. **II. Beim Vorhandensein der Voraussetzungen haften „die übrigen Gesellschafter" für den Fehlbetrag.**

1. Das ist jeder, der als Gesellschafter im Gesellschaftsvertrag erscheint oder als Erwerber eines Gesellschaftsanteils bei der Gesellschaft angemeldet ist, oder den Geschäftsanteil in Fällen erwarb, in denen es einer Anmeldung nicht bedarf.

a) Gesellschafter laut Gesellschaftsvertrag. Dabei ist einerlei, ob der Gesellschafter eine Geld- oder Sacheinlage macht. Einerlei auch, ob er für eigene oder für fremde Rechnung zeichnet (Anm. 38 zu § 2). Auch im letzteren Falle haftet nur der als Gesellschafter Auftretende. Eine Haftung des Mandanten besteht nicht.

Anm. 10. b) Gesellschafter laut angemeldeten Erwerbsgeschäfts. Wird die vertragsmäßige Veräußerung nicht angemeldet, so haftet der bisherige Gesellschafter trotz der Veräußerung (zust. OLG. Rostock 12. 10. 14 OLGR. 32, 139). Ob ihm ein Regreß gegen den nicht angemeldeten Erwerber zusteht, richtet sich nach dem besonderen Rechtsverhältnisse zwischen beiden. War die Anmeldung nur aus Versehen unterblieben, so wird im Zweifel dem Regreß stattzugeben sein. Die Absicht der Parteien ist ja, daß der Erwerber in die Verpflichtungen des Veräußerers eintritt. Unterließ man die Anmeldung, um die Haftung zu vermeiden, so ist der Regreß zu versagen, wenn nicht aus den Umständen dargetan wird, daß unter den Parteien der Erwerber das Risiko der Haftung zu tragen habe. — Einerlei ist es, aus welchen Gründen der Erwerb erfolgte. Es haftet auch derjenige, der sich den Geschäftsanteil nur zur Sicherung übertragen ließ, wie derjenige, der für fremde Rechnung kauft. Auch der Scheinerwerber, sofern er nur angemeldet ist, muß sich die Behandlung als Gesellschafter gefallen lassen (vgl. Anm. 80ff. zu § 15).

Anm. 11. c) In den Fällen, in denen ein Erwerb sich vollzieht, ohne daß eine Anmeldung erfordert ist, bedarf es auch zur Haftung aus § 24 derselben nicht. So beim Erbgange, so auch bei der Ansteigerung eines kaduzierten Geschäftsanteils. Einerlei ist, ob der Erwerb ein freiwilliger ist, oder ob es sich um den durch das Gesetz erzwungenen Rückfall eines veräußerten Geschäftsanteils handelt (§ 22, insbesondere Anm. 15 und 16). **§ 24.**

2. Die Zeit, in der diese Eigenschaft als Gesellschafter vorhanden sein muß. **Anm. 12.** Staub (erste Auflage Anm. 4 S. 166) vertrat die Ansicht, daß „die übrigen Gesellschafter" die bei dem Vorliegen aller Voraussetzungen der Kollektivhaftung (oben Anm. 3ff.) vorhandenen sind. Erst wenn alle diese Momente zusammentreffen, seien die Bedingungen der Kollektivhaftung erfüllt. Daher naturgemäß von ihr nur diejenigen getroffen werden, die zu dieser Zeit Gesellschafter seien (so jetzt auch Neukamp Anm. 3). Gegen diese Ansicht spricht zunächst, daß der Zeitpunkt, der für die Kollektivhaftung bestimmend sein soll, ein sehr schwankender ist. Er hängt von einer Reihe von Zufälligkeiten ab. Die Länge der Kaduzierungsfrist, die Zeit des Zuwartens mit dem Ausspruche der Ausschließung, dann wieder die Aufforderung an die Vormänner und die Festsetzung der Versteigerung bilden dehnbare Fristen. Wie aber soll der Zeitpunkt festgestellt werden, wenn es sich um die letzte Voraussetzung handelt, die Unbeibringlichkeit der Ausfallforderung bei dem Kaduzierten oder, falls auch dieser notorisch insolvent ist, wenn der Verkauf des Geschäftsanteils als aussichtslos unterbleibt? Es ist nicht anzunehmen, daß für einen so erheblichen Punkt wie die Feststellung der Haftung der Gesellschafter das Gesetz ein so schillerndes und schwerfaßbares Moment wählen sollte. Sodann öffnete diese Auslegung des Gesetzes sowohl der Willkür der Geschäftsführer als den Fluchtversuchen der Gesellschafter weiten Spielraum. Einem Gesetze, das zur Sicherung der Aufbringung des Stammkapitals die Haftung der sämtlichen Gesellschafter einführt, kann unmöglich eine Bestimmung entsprechen, welche eine Vereitelung dieser Haftung direkt begünstigt. Welcher Gesellschafter behält seinen Geschäftsanteil einer schlecht stehenden Gesellschaft (denn nur bei solchen wird der Ausfall eintreten), wenn er die ihm drohende Gefahr der Kollektivhaftung solange vorher bemerkt? Seine Veräußerung an einen insolventen Erwerber wird man nur schwer als Scheingeschäft angreifen. Es ist ihm bitterer Ernst mit der Veräußerung. Wenn jemand, der einen Geschäftsanteil von 5000 M. besitzt, infolge des Zusammenbruchs des Hauptgesellschafters 100 000 M. bezahlen muß, so wird er gern bereit sein, den Geschäftsanteil auch herzuschenken, wenn er sich damit nur von jener Last befreite.

Es ist endlich auch nicht zutreffend, daß die jetzt vertretene Meinung mit dem Wortlaute des § 24 und § 16 Abs. 3 im Widerspruche stehe, wie ihr Neukamp vorhält. In § 24 ist nur von den übrigen Gesellschaftern die Rede. Es fragt sich ja gerade, wer diese sind. Gemäß § 16 Abs. 3 haftet jeder Gesellschafter für die bei der Veräußerung rückständigen Leistungen. Der Erwerber tritt als weiterer Verpflichteter neben ihn. Es ist hierzu erfordert, daß die Verpflichtung fällig war. Aber dies muß nicht gegenüber dem Gesellschafter selbst der Fall sein. Haftet er *für* einen anderen Gesellschafter, *so kommt es nur auf die Fälligkeit diesem gegenüber an.* Die Bedingungen der Kollektivhaftung machen für die „übrigen" Gesellschafter diese Haftung nicht zu einer erst künftigen, so wenig die Fälligkeit einer verbürgten Forderung für den Bürgen, dem die Vorausklage zusteht, erst mit der Durchführung dieser eintritt. Es entsteht die Verpflichtung zur Zahlung der Geldeinlage *mit deren Einforderung* für alle Gesellschafter, sowohl für den, der sie unmittelbar zusagt, als auch für den, der bei der Uneinbringlichkeit in zweiter Linie für sie aufkommt. Mit diesem Ergebnisse ist ein sicheres Datum für die Feststellung der haftenden Geschäftsanteile gewonnen (zust. Brodmann Anm. 3; OLG. Braunschweig 14. 7. 16 OLGR. 16, 387). Es sind alle Versuche, sich während des Beitreibungsverfahrens von der Kollektivhaftung loszumachen, hiernach vergeblich. Es geht diese Verpflichtung allerdings auf den angemeldeten Erwerber eines Geschäftsanteils über. Neben ihm bleibt der Veräußerer haftbar (§ 16 Abs. 3).

Über den Begriff der Einforderung vgl. Anm. 1 zu § 20.

3. Die Mithaftung der Vorgänger eines kaduzierten Gesellschafters kann ein- **Anm. 13.** treten, wenn ein Rechtsvorgänger eines ausgeschlossenen Gesellschafters dessen Ein-

§ 24. lageschuld bezahlte und den Geschäftsanteil wieder erhielt (vgl. Anm. 15 u. 16 zu § 22), während bei einem anderen kaduzierten Geschäftsanteile Zahlung durch Rechtsvorgänger nicht zu erhalten war und bei der Versteigerung sich ein Ausfall ergab. Bei dem Geschäftsanteil, den sie selbst früher als Gesellschafter besaßen, werden die Rechtsvorgänger des Kaduzierten bei der Versteigerung von jeder Haftung frei. Sie sind nicht Gesellschafter (vgl. Anm. 15 zu § 23). Anders in dem erstgedachten Falle. Durch die Kaduzierung treten ihre Pflichten als Gesellschafter wieder ein. Durch die Zahlung fällt der Geschäftsanteil an sie zurück. Sie empfangen ihn zwar frei von allen Lasten, die nicht das Einlagekapital betreffen (Anm. 19 zu § 22). Soweit aber das Stammkapital in Frage steht, trägt jeder Geschäftsanteil dauernd diese Haftung. Der Gesellschafter haftet nicht nur für die bei seiner Übernahme zugesagte Summe, sondern mit den anderen Gesellschaftern für das ganze Kapital. Sein Verkauf des Geschäftsanteils wird gegenüber der Gesellschaft durch die Kaduzierung wieder wirkungslos, und zwar mit rückwirkender Kraft. Alle von dem Erwerber auf ihn gelegten Lasten fallen fort (Anm. 19 zu § 22). Der Gesellschaft gegenüber muß der rückerwerbende Rechtsvorgänger die Einlagepflicht, auch die subsidiäre und kollektive, wieder erfüllen. Nicht dagegen spricht, daß bei der Nichterfüllung der Kollektivhaftung das Gesetz keine Kaduzierung und kein Zurückgehen auf die Vormänner kennt (unten Anm. 21). Denn hier handelt es sich um eine ganz andere Frage. Es wird der gemäß § 22 haftende frühere Gesellschafter, der wieder eintreten mußte, zur Leistungspflicht mit den anderen Gesellschaftern herangezogen. Es ist hierbei einerlei, wann dieser Wiedererwerb stattfindet, ob schon vor der Kaduzierung des anderen später versteigerten Geschäftsanteils oder erst nach der Versteigerung desselben (a. M. Liebmann Anm. 4). Ja auch wenn die Umlage unter die übrigen Gesellschafter bereits erfolgt ist, äußert dieser Rückerwerb des verkauften Geschäftsanteils seine Wirkung. Die anderen Gesellschafter fordern von dem Erwerber nach Verhältnis den Beitrag zur Deckung. Anderenfalls könnte der Geschäftsführer durch Hinziehen der Kaduzierung eines Geschäftsanteils oder der Vorbesitzer selbst durch Verschleppen seines Prozesses die Befreiung des letzteren von der Kollektivhaftung erreichen. Das hier Ausgeführte entspricht wieder dem Zwecke des Gesetzes, für die Sicherung des Stammkapitals zu sorgen. Es muß auch in seinen Intentionen liegen, denjenigen, der schon vor der Einforderung des jetzt zu deckenden Betrages der Einlage seinen Geschäftsanteil an eine insolvente Person veräußerte, wie an der Haftung für die eigene Einlagepflicht auch an der Kollektivhaftung festzuhalten, falls die Einforderung nur innerhalb der letzten fünf Jahre nach der Anmeldung der Veräußerung erfolgt war. Die praktische Bedeutung ergibt das folgende Beispiel. Von den drei Gründern einer Gesellschaft hat der eine seinen Geschäftsanteil in Höhe von 3000 M. veräußert. Von den beiden anderen kann der Inhaber eines Geschäftsanteils in Höhe von 20 000 M. zwar seine 50 Proz. hierauf noch bezahlen. Damit aber ist er erschöpft. Der Dritte endlich wird kaduziert und sein Geschäftsanteil über 40 000 M. versteigert, wobei sich auf die einzuzahlenden 50 Proz. ein Verlust von 12 000 M. ergibt. Hier muß der Gesellschafter, der seinen Geschäftsanteil von 3000 M. veräußert, aber infolge Kaduzierung seines Nachfolgers wieder erworben hatte, diesen Verlust von 12 000 M. tragen. Das Gesellschaftskapital ist dann gedeckt.

Anm. 14. 4. Die Haftung des Ansteigerers eines kaduzierten Geschäftsanteils. Die Erwerber kaduzierter Geschäftsanteile (§ 23) können zu dem bei der Versteigerung anderer Geschäftsanteile entstehenden Verluste nicht herangezogen werden. Sie erwerben den Geschäftsanteil nicht als Rechtsnachfolger des Kaduzierten. Sie fallen also nicht unter die Bestimmung des § 16 Abs. 3. Es findet für sie ein originärer Erwerb unmittelbar durch die Gesellschaft statt. Zur Zeit der Einforderung waren sie nicht Gesellschafter. Für jeden Ansteigerer des kaduzierten Geschäftsanteils gilt auch der eingeforderte Betrag als beglichen (vgl. Anm. 16 zu § 23). Desgleichen erlischt durch die Versteigerung auch die subsidiäre Haftung für den Ausfall anderer Stammeinlagen. Wie der Kaduzierte selbst von dieser subsidiären Haftung befreit wird (§ 21 Abs. 3; vgl. dazu Anm. 38), kann sie auch

den Ansteigerer nicht treffen. Es kann also dieser weder für den Verlust aus dem er- § 24.
steigerten Anteile noch aus dem bei anderen festgestellten in Anspruch genommen werden (a. M. Brodmann Anm. 3 infolge seiner abweichenden Konstruktion des Erwerbs kaduzierter Anteile; vgl. seine Anm. 5 zu § 21).

Handelt es sich um die Einrufung späterer Raten, so ist der Gesellschafter, der seinen Geschäftsanteil bei der Einziehung einer früheren Quote im Ausschließungsverfahren steigerte, wie jeder andere Gesellschafter zu behandeln. Kommen Anteile aus verschiedenen Emissionen in Betracht, so kann der Ansteigerer nur in Anspruch genommen werden, wenn der Ausfall aus einem Anteile herrührt, der zu gleichen Emissionen wie der kaduzierte Anteil gehört (vgl. unten Anm. 16ff.).

5. Haftung der Gesellschaft selbst als Gesellschafter. Die Frage wird praktisch, Anm. 15.
wenn nach Vollzahlung eines Geschäftsanteils die Gesellschaft diesen erwirbt, also nicht etwa einen kaduzierten, wie Neukamp Anm. 2 als allein möglich annimmt, und sodann für einen anderen Geschäftsanteil die Zahlung der hierauf ausstehenden Einlage nicht zu erlangen ist. Die Gesellschaft ist hierbei mitzuzählen. Der auf sie selbst entfallende Anteil geht durch Konfusion unter (a. M. Unger S. 49). Sie hat kein Recht, den § 24 Satz 2 dahin auszulegen, daß auch in diesem Falle ein Beitrag von einem Gesellschafter nicht zu erlangen sei, daher die anderen Gesellschafter denselben aufzubringen hätten. Der die Gesellschaft selbst treffende Teil des umzulegenden Fehlbetrags bildet einen Verlust der Gesellschaft (a. M. Brodmann Anm. 3, der den auf die Gesellschaft entfallenden Teil des Fehlbetrags als unbeibringlich ansehen und auf die übrigen Gesellschafter verteilen will, wenn die Gesellschaft nicht über die zur Zahlung erforderlichen freien Reserven verfügt).

III. **Die Haftung bei verschiedenen Emissionen.** Von Staub (erste Auflage Anm. 7 S. 167) Anm. 16.
war die Ansicht niedergelegt, daß es gleichgültig sei, aus welchem Geschäftsanteil der Fehlbetrag herrühre. Es sollten die infolge einer Erhöhung des Stammkapitals hinzutretenden Gesellschafter für den Rest aus den ursprünglichen Einlagen, aber ebenso die ursprünglichen Gesellschafter für die Einzahlungen auf die neuen Stammeinlagen haften. Dieselbe Ansicht vertreten das RG. 1. 4. 13 RGZ. 82, 116; RG. 11. 7. 18 RGZ. 93, 251; OLG. Karlsruhe 20. 4. 06 OLGR. 14, 365; OLG. Dresden 26. 11. 17 OLGR. 40, 196; OLG. Köln 24. 10. 17 LZ. 1918, 224; LG. Dresden 17. 11. 17 LZ. 1918, 146 (dagegen Bondi ebenda); Neukamp Anm. 26e zu § 55 und BankA. 13, 193. Die erste Auflage unterschied sich wieder von den anderen Kommentaren. Sie verlangte zugunsten der früheren Gesellschafter die Anwendung des § 53 Abs. 3. Danach erschien zu der Vermehrung der Leistungspflichten die Zustimmung der Beteiligten erforderlich für den Fall, daß die neuen Stammeinlagen nicht voll einbezahlt werden; dabei sollte freilich die Zustimmung aller Mitglieder zum „Generalversammlungsbeschlusse" genügen (Staub Anm. 5 zu § 55 S. 327 erste Aufl.). Zugunsten der neu eintretenden Gesellschafter wurde § 55 Abs. 2 Satz 2 für anwendbar erklärt. Die neuen Mitglieder hätten außer der Zeichnung des erhöhten Stammkapitals auch die Haftung für die Reste der früheren Stammeinlagen in der Übernahmeurkunde zu erklären (Staub Anm. 17 zu § 55 S. 329 erste Aufl.). Der Registerrichter sollte infolgedessen bei der Anmeldung einer Erhöhung des Stammkapitals prüfen, ob diesen Erfordernissen genügt sei, anderenfalls er die Eintragung zu verweigern habe (Anm. 10 zu § 57 S. 338—339, erste Aufl.). Die anderen Ausleger lehnen dieses Erfordernis ab. Die Haftung tritt kraft Gesetzes ein.

Dieses System ist in den späteren Auflagen nicht aufrechterhalten worden. In ihnen ist die Haftung für Einlagen jeder Emission ohne Rücksicht darauf, ob der Gesellschafter an dieser Emission beteiligt ist, verneint worden. Für die gleiche Ansicht haben sich unter Bekämpfung der inzwischen ergangenen Entscheidungen des RG. vom 1. 4. 13 und 11. 7. 18 ausgesprochen auch Hachenburg LZ. 1914, 119; JW. 1918, 588; Flechtheim DJZ. 1914, 89; Brodmann Anm. 3 zu § 24. Eine Zwischenstellung nehmen Liebmann (Anm. 5 zu § 24) und Cantor (LZ. 1914, 1877) ein.

§ 24. Anm. 17. Die Haftung eines Gesellschafters für Fehlbeträge einer späteren Emission, an der er nicht teilnahm, ist aus § 24 nicht abzuleiten. Zwar ist der Gesellschafter, der sich bei der **Gründung** einer GmbH. beteiligt, für das ganze Stammkapital mit verantwortlich, einerlei, ob er sich dessen bewußt ist. Das steht mit direkten Worten im Gesetz. Dieser **Wortlaut** mag die Ausdehnung auch auf alle späteren Emissionen zulassen. Eine solche Auslegung würde aber eine Verkennung des Sinnes und Zweckes des Gesetzes bedeuten. Dieses geht von einer **beschränkten** Haftung der Gesellschafter aus. Jeder Gesellschafter, der einer GmbH. beitritt, weiß oder muß wissen, daß er bis zur Höhe des Stammkapitals haften kann. Hier aber ist die Grenze. Sichert man dies nicht, so wäre jede Beschränkung der Haftung illusorisch. Der Gesellschafter beteiligt sich mit 10000 M. an einer Gesellschaft mit einem Kapital von 50000 M. Gegen seine Stimme wird das Stammkapital auf eine Million erhöht. Für diesen Mehrbetrag von 950000 M. würde er mitverpflichtet. Ein Entrinnen gibt es nicht. Dieser Standpunkt bedeutet die Aufhebung der Vertragsgrundlage, auf die der Gesellschafter bauen durfte. Ihn dem ungewissen Risiko einer unbeschränkten Haftung auszusetzen, die gegen seinen ausdrücklichen Willen herbeigeführt werden könnte, wäre mit dem Grundgedanken des Gesetzes unvereinbar und ginge über den Zweck, den das Gesetz mit der Einführung der Kollektivhaftung verfolgt (vgl. oben Einl.), weit hinaus.

Schon oben ist aus der Stellung des § 24 im Gesetz abgeleitet, daß seine Regelung zunächst nur die Gründer betreffen will. Wenn das Gesetz die gleiche Haftung der Gründer für neue Geschäftsanteile gewollt hätte, hätte es dies sagen müssen. Es findet sich aber in dem Abschnitt, der die Kapitalserhöhung behandelt, nichts hierüber. Im Gegenteil, das Gesetz gewährt in § 53 Abs. 3 dem Gesellschafter den Schutz, daß ohne seine Zustimmung seine Leistungspflicht nicht erhöht werden könne. Hieraus folgt unabweislich, daß mangels einer besonderen Übernahme eine Haftung für erhöhte Beträge nicht Platz greifen kann.

Anm. 18. Das RG. sucht seinen entgegengesetzten Standpunkt mit dem Wortlaut und dem Zweck des Gesetzes zu begründen: Der Wortlaut unterscheide nicht, aus welchem Geschäftsanteil der Fehlbetrag herrühre. Auch die Vorarbeiten zum deutschen wie zum österreichischen Gesetz ließen eine solche Unterscheidung nicht erkennen. Vor allem aber spreche der Zweck des § 24, „die unbedingte Sicherung der Gläubiger, für die allgemeine Haftung".

Die Gründe des RG. sind nicht stark genug, das Ergebnis seiner Entscheidungen zu tragen. Das RG. selbst hat oft genug eine reine Wortinterpretation abgelehnt. Wo sie zu unbilligen Resultaten führt, hat es durch die Fassung zu wirtschaftlich brauchbaren Auslegungen zu kommen versucht. Freilich will hier das RG. „Erwägungen der Billigkeit" ausschalten. Einen Grund dafür gibt es nicht an. Denn als Begründung kann man wohl seinen Satz „es ist eben nach dem Gesetz nicht anders" (RGZ. 93, 253) nicht gelten lassen. Noch weniger besagt das Schweigen der Materialien. Sie denken nicht an die besonderen weitgehenden Möglichkeiten. Sonst hätte man diese bei der Eigenart der Folgen behandelt. Das Schweigen kann also nicht einmal als Ausdruck einer Absicht des Gesetzesverfassers gedeutet werden. Das österreichische Gesetz hat aber das deutsche Vorbild übernommen, ohne für seine Regelung eine größere praktische Erfahrung zu haben wie der deutsche Gesetzgeber. Seine Fassung bietet also wiederum keine Stütze für eine Wortauslegung.

Das RG. berücksichtigt als Zweck des Gesetzes **nur** die Sicherstellung der Gläubiger. Darin liegt die Einseitigkeit und Unrichtigkeit seines Standpunkts. Das Gesetz dachte bei der Schaffung der GmbH. nicht nur an die Gläubiger, es sollte eine Gesellschaftsform geschaffen werden, bei der das Risiko der Unternehmer auf einen bestimmten Betrag begrenzt würde. Es gilt also, beide gegensätzlichen Interessen, die der Gläubiger und der Gesellschafter, in billiger Weise zu versöhnen. Dabei dürfen die fürsorgenden Bestimmungen für die Gläubiger nicht über das erforderliche Maß erstreckt werden. Das geschieht aber, sobald man alle Gesellschafter für die verschiedenen Emissionen unterschiedslos haften läßt. Wenn Gläubiger der GmbH. auf Grund des ursprünglichen Stammkapitals Kredit gegeben haben, so will das Gesetz sie sichern, daß ihnen dieses Kapital voll zur Verfügung steht und alle

Gesellschafter für die Einzahlung haften. Aber in keiner Weise dürfen sie damit rechnen, § 24.
daß ihnen durch eine Kapitalserhöhung weitere Garanten für den ersten Kapitalbetrag hinzutreten. Soweit geht das gesetzlich geschützte Interesse der Gläubiger nicht mehr.

Das RG. bestreitet die Härte und Unbilligkeit seines Standpunkts. Die Gründer, denen die Kapitalserhöhung mit zugute kommt, sollen die damit verbundenen Nachteile mittragen. Aber doch wohl nur dann, wenn das Gesetz nach seinem Aufbau und Zweck ein Risiko der Gründer nicht auf einen bestimmten Betrag beschränken wollte. Das RG. sieht ferner in der erweiterten Haftung der Gesellschafter einen Ersatz für die Schutzvorschriften des HGB. bei der Gründung der Aktiengesellschaft, für „die Vorschriften über den Gründungshergang, die Verantwortlichkeit verschiedener Organe, die umfassende Öffentlichkeit sowohl der Einzelheiten der Gründung als auch der späteren Ergebnisse des Geschäftsbetriebs". Das ist unzutreffend. Die hier vom RG. aufgezählten Stellen des Aktienrechts haben es mit den Sacheinlagen zu tun, auf die sich gerade die erweiterte Haftung der Gesellschafter nicht bezieht. Die Gesellschafter der GmbH. stehen nur für die Ausfälle bei Geldeinlagen ein. Es ist also nicht zutreffend, daß die Haftung für die Insolvenz des Bareinlegers ein Ersatz für die besonderen Maßnahmen bei der Sacheinlage sein kann. Das RG. lehnt endlich die Anwendung des § 53 Abs. 3 ab. Es erkennt zwar an, für diese Vorschrift mache es nichts aus, ob die Leistungspflichten, deren Vermehrung es gelte, auf Satzung oder Gesetz beruhen. Es fordert aber, daß der Beschluß, auf den § 53 Abs. 3 anwendbar sein solle, die Vermehrung der Pflichten zum Inhalt haben, d. h. unmittelbar betreffen müsse. Es genüge nicht, wenn er inhaltlich auf etwas anderes gerichtet sei und höhere Pflichten nur mit mehr oder weniger großer Wahrscheinlichkeit nach sich ziehe. Der Kapitalserhöhungsbeschluß aber habe seinem Inhalt nach mit den Verpflichtungen der bisherigen Gesellschafter nichts zu tun. Dann kann aber der Kapitalserhöhungsbeschluß auch keine Vermehrung dieser Verpflichtungen der bisherigen Gesellschafter nach sich ziehen. Läßt man es trotzdem zu, so ist die Tatsache der Mehrbelastung, die § 53 Abs. 3 verhindern will, nicht wegzuleugnen. Ob sie früher oder später eintritt, ist kein Argument gegen die hier vertretene Auffassung. Das RG. übersieht, daß eine unmittelbare Anwendung des § 53 Abs. 3 nicht einmal erforderlich ist. Sein Wesen als Schutzvorschrift für die Gesellschafter zwingt zu seiner Berücksichtigung bei einer Gesetzesauslegung, für die der Text des Gesetzes versagt und dessen Zweck entscheidend sein muß. Die Berücksichtigung des § 53 Abs. 3 führt also zu der Unterscheidung der Haftung aus den verschiedenen Emissionen.

Diese Unterscheidung setzt auch nicht die Annahme getrennter, durch die Gründung und die einzelnen späteren Emissionen geschaffener Sondervermögensmassen voraus. Sie führt nur, wie bei jeder Gesamthaftung, aus deren Wesen heraus zu einer gemeinschaftlichen Verpflichtung der an der Gründung oder an den einzelnen späteren Emissionen beteiligten Gesellschafter (Hachenburg LZ. 1914, 119). Bei der Kapitalserhöhung verpflichten sich nicht die alten Gesellschafter gemeinschaftlich mit den neuen. Diese bilden vielmehr unter sich eine Einheit. Jeder übernimmt wieder seinen Teil des neuen Gesamtkapitals. Jeder haftet wieder mit den anderen bis zu dessen Maximalbetrag. Dagegen besteht für die frühere Emission keine solche Gemeinschaft. Wenn unter den „übrigen Gesellschaftern" in § 24 nur die gemeint sein können, welche den Gesellschaftsvertrag zeichneten, oder deren Rechtsnachfolger, so liegt dem der Gedanke zugrunde, daß diese gemeinsam das Stammkapital übernehmen. Das führt bei der Kapitalserhöhung dazu, daß auch hier die sämtlichen Zeichner des erhöhten Kapitals zusammen für dieses einstehen.

Das RG. verweist noch auf § 31 Abs. 3, auf die Haftung der „übrigen Gesellschafter", wenn einem Mitglied Gesellschaftsvermögen unter Verletzung des Stammkapitals ausgezahlt worden ist. Auch in diesem Falle werde „schwerlich jemand daran denken, die Angehörigen der einzelnen Emissionen zu unterscheiden". Das trifft nur zu, wenn die unzulässige Auszahlung des Stammkapitals nach seiner Erhöhung erfolgte (Brodmann a. a. O.), während bei früherer Auszahlung die Übernehmer des erhöhten Stammkapitals

§ 24. nicht haften würden. Aber abgesehen hiervon, ist in diesem Falle der Entstehungsgrund der Haftung ein anderer. In § 31 ist es die rechtswidrige Auszahlung, für die alle zu dieser Zeit an der Gesellschaft Beteiligten einstehen sollen. Sie hängt mit der Übernahme der einzelnen Emissionen in keiner Weise zusammen und kann deshalb eine Unterscheidung nach solchen gar nicht in Frage stellen. In § 24 beruht die Mitverantwortlichkeit auf einem Versagen eines Mitgesellschafters, mit dem die übrigen gemeinschaftlich die Verpflichtung zur Schaffung eines bestimmten Gesellschaftsvermögens übernommen haben.

Anm. 19. Lehnt man die Haftung der Gesellschafter für Fehlbeträge einer späteren Emission ab, so muß man auch die Haftung der Übernehmer des erhöhten Stammkapitals für Fehlbeträge früherer Emissionen verneinen. Beide Fragen können nur einheitlich entschieden werden. Darin ist auch dem RG. (RGZ. 93, 251) zuzustimmen. Die Begründung hierfür liegt in der analogen Anwendung des nur die Gründerhaftung behandelnden § 24 auf die späteren Emissionen, in der gemeinschaftlichen Verpflichtung der eine besondere Haftungsgruppe bildenden Übernehmer jeder einzelnen Emission. Eine besondere Begründung ergibt sich zudem aus § 55 Abs. 2 S. 2. Bei der Kapitalserhöhung ist die Verpflichtung „zu sonstigen Leistungen" neben dem Betrage der Stammeinlage in der Übernahmeerklärung besonders hervorzuheben. Fehlt es an dieser besonderen Übernahme, so bleibt die Haftung des neuen Gesellschafters auf seine Stammeinlage beschränkt. Gleichgültig ist hierbei, ob ihm weitergehende Verpflichtungen aus dem Gesellschaftsvertrage bekannt waren oder nicht. Das RG. lehnt das Argument aus § 55 Abs. 2 ab. Dessen Erfordernis der Beurkundung der „sonstigen Leistungen" in der Übernahmeerklärung beziehe sich nur auf die Nebenleistungen des § 3 Abs. 2, nicht aber auf gesetzliche Verpflichtungen der Gesellschafter. Der neue Gesellschafter werde sich regelmäßig durch Erkundigung bei Gesellschaftern oder dem Geschäftsführer darüber vergewissern können, inwieweit die alten Stammeinlagen bezahlt sind. Die entfernte Möglichkeit einer Täuschung bilde keinen hinreichenden Grund, die Haftung einzuschränken. „Für die gedeihliche Entwicklung der Gesellschaft ist es nur förderlich, wenn entweder die Kapitalserhöhung, wie dies bei der Aktiengesellschaft als Regel gedacht ist (§ 278 HGB.), die Volleinzahlung des bisherigen Kapitals voraussetzt oder wenn den Gläubigern durch entsprechende Gesetzesvorschriften die Sicherheit gegeben wird, daß die Volleinzahlung erfolgen wird."

Das RG. überschätzt die Möglichkeit der Erkundigung. Nicht einmal der Gesellschafter hat ein Recht auf Auskunft, geschweige denn ein Dritter, der sich an einer Kapitalserhöhung beteiligen will. Die Fälle, daß unrichtigerweise eine Vollzahlung angenommen wird, sind zahlreicher, als das RG. annimmt. Aber selbst die Möglichkeit einer Kenntnis früherer Rückstände zugegeben, reicht sie nicht aus, um die Haftung des neuen Gesellschafters für das ursprüngliche Stammkapital zu begründen, wenn die Kenntnis nicht gesichert ist. Das Ergebnis wäre hier gleichfalls ein unbilliges. Es mag zwar dem Wortlaute nach richtig sein, daß mit den „sonstigen Leistungen" des § 55 Abs. 2 nur die Nebenleistungen des § 2 Abs. 2 gemeint sind. Aber diese Stelle enthält doch den Grundgedanken, daß die Kenntnis solcher statutarischen Verpflichtungen allein nicht genügt. Und dasselbe Moment sollte hier gelten, wenn hier nicht einmal die Kenntnis gewährleistet ist. Den neuen Gesellschafter dem Risiko einer ungewissen Haftung auszusetzen, wirkt wiederum hemmend auf die Bildung und Fortentwicklung der Gesellschaften und widerspricht ebenso dem praktischen Bedürfnis wie dem Grundgedanken des Gesetzes, das die Beschränkung des Risikos einführen will. Nur das hier gewonnene Ergebnis genügt auch dem Grundsatz, daß Ausnahmebestimmungen von der Schärfe des § 24 nicht ausgedehnt werden dürfen.

Das OLG. Karlsruhe findet die Härte des Gesetzes dadurch gemildert, daß ja dem Ausgeschlossenen kein Anteil an dem Gewinne der Gesellschaft mehr zustehe und daß die zahlenden Gesellschafter auf jenen ihren Rückgriff nehmen können. Bei Gesellschaften, die zum Umlageverfahren greifen, pflegt meist kein Gewinn vorzuliegen. Sonst wären Liebhaber für den kaduzierten Geschäftsanteil dagewesen. Auch pflegt bei Gesellschaftern, die ausgeschlossen werden, meist auch der Regreß ein papierner Trost zu sein. Ebensowenig hilft der Ausweg, daß die Gesellschafter bei der Gründung Einstimmigkeit zur Erhöhung des Stammkapitals bedingen können. Das wäre an sich unpraktisch und lähmte die Entwicklung der Gesellschaft. Und dann wird durch die Möglichkeit einer solchen Fürsorge im Gesellschaftsvertrage das Unrecht, das allen Gesellschaftern, die dies nicht bedungen haben und die erst durch den Erwerb eines Geschäftsanteils Gesellschafter wurden, angetan wird, nicht beseitigt. Durch alle solche und ähnliche Momente kommt man nicht darüber hinweg, daß durch die Haftung der ursprünglichen Gesellschafter auch für die spätere Erhöhung des Stammkapitals jede Begrenzung der Haftung aufhört. Bleibt die im Urteile des OLG. Karlsruhe begründete und vom RG. gebilligte Auffassung in der Rechtsprechung aufrechterhalten, so ist die Beteiligung an einer GmbH. für einen vorsichtigen Mann nur dann möglich, wenn er mehr als ein Viertel des Stammkapitals besitzt. Die Konsequenzen zeigen aber, daß diese Ausdehnung der Haftung unmöglich dem Geiste und Willen des Gesetzes entsprechen kann. § 24.

IV. **Art und Geltendmachung der Haftung.** **Anm. 20.**

1. Die Haftung ist keine gesamtschuldnerische. Denn die Gesellschafter haften ja nicht in der Weise, daß jeder die ganze Leistung zu bewirken verpflichtet ist (BGB. § 421). Vielmehr haftet zunächst jeder für soviel, als der Höhe seines Anteils im Verhältnis zur Höhe der übrigen Anteile entspricht. Nur für etwaige Ausfälle bei dieser Einziehungsart haften die übrigen subsidiär.

Die Haftung besteht der Gesellschaft, nicht den Gläubigern gegenüber. Die Gläubiger können nur indirekt, durch Pfändung und Überweisung, die Rechte der Gesellschaft gegen die Zahlungspflichtigen geltend machen (vgl. OLG. München 30. 3. 14 RundschauGmbH. 1914, 244). Dieser Pfändung kann nicht entgegengehalten werden, daß es sich um einen höchst persönlichen Anspruch der Gesellschaft für die Zwecke derselben handelt. Im Konkurse der Gesellschaft macht der Konkursverwalter die Ansprüche geltend. Im Gegensatze zu § 31 spricht § 24 nicht von einer Beschränkung auf die Befriedigung der Gläubiger. Die Gesellschaft selbst kann den vollen Betrag einfordern (vgl. oben Anm. 8). Dem Konkursverwalter gegenüber ist der Beklagte zu dem Einwande berechtigt, daß der verlangte Betrag nicht zur Deckung der Schulden nötig sei (OLG. Köln 17. 1. 06 Recht 10, 1381; OLGR. 13, 26). Sonst könnte es dahin kommen, daß die eingezogenen Fehlbeträge noch den säumigen Gesellschaftern zugute kommen. Bei der Liquidation kann der gleiche Einwand erhoben werden. Doch ist zu berücksichtigen, daß bei der Einziehung durch den Konkursverwalter oder den Liquidator keinesfalls das Prinzip der Gleichberechtigung verletzt werden darf. Es darf nicht von dem einen Gesellschafter der ganze Haftungsbetrag eingezogen und die Einziehung vom anderen unterlassen werden, weil die Befriedigung der Gläubiger weitere Einziehungen nicht mehr erfordert. Die Beweislast für die Begrenzung des Bedarfs trifft den Gesellschafter. Der Anspruch kann auch abgetreten und verpfändet werden (vgl. unten Anm. 32). **Anm. 21.**

Ob die Einziehung für die Befriedigung der Gläubiger erforderlich ist, ist für das Recht der Gesellschaft gleichgültig. Nur im Konkurse und bei der Liquidation können die Zahlungspflichtigen den Einwand machen, daß die Einziehung für die Befriedigung der Gläubiger nicht erforderlich ist (oben Anm. 8 und 21). Der Geschäftsführer kann den Fehlbetrag auch dann verlangen, wenn die Gesellschaft des Geldes nicht bedarf oder wenn sie schlecht arbeitet und das Geld verloren werden wird. Die Beklagten müssen die Liquidation herbeiführen. **Anm. 22.**

2. Zunächst haben die Gesellschafter den Fehlbetrag nach Verhältnis ihrer Geschäftsanteile aufzubringen. **Anm. 23.**

a) Nach Verhältnis ihrer Geschäftsanteile. Der Nennbetrag der Geschäftsanteile entscheidet. Wieviel darauf eingezahlt ist, ist gleichgültig. Auch solche Geschäftsanteile, welche sich im Besitze der Gesellschaft befinden, werden bei dieser Berechnung mit be-

§ 24. rücksichtigt. Kaduzierte Geschäftsanteile dann, wenn sie auf den Rechtsvorgänger zurückfielen. Andernfalls sind sie auszuschalten, vorbehaltlich des Regresses der zahlenden Gesellschafter gegen die später erst zahlenden Rechtsvorgänger des Kaduzierten.

Anm. 24. b) Die Gesellschafter haben den Fehlbetrag aufzubringen. Sie können verklagt werden. Wenn sie verurteilt sind, so kann Zwangsvollstreckung gegen sie erfolgen. Die Kaduzierung ist nicht die Rechtsfolge der Nichterfüllung der Haftungsverpflichtung. Die Gesellschaft kann nichts anderes tun, als den Gesellschafter verklagen.

Anm. 25. c) Gegen welchen Mitgesellschafter die Gesellschaft in dieser Weise vorgehen will, ist ihre Sache. Ihr Recht richtet sich gegen alle Mitgesellschafter. Sie kann gegen alle vorgehen oder gegen einzelne. Sie braucht nicht gegen alle vorzugehen. Sie kann nur, wenn sie nicht gegen alle vorgeht, und die Aussichtslosigkeit des Versuchs bei denjenigen, gegen die sie nicht vorgeht, nicht dartut, nicht die Eventualhaftung aus Satz 2 der übrigen Gesellschafter in Anspruch nehmen (so auch Neukamp Anm. 1b). Ist sie gegen einen vorgegangen und hat dieses Vorgehen nicht zur Deckung seines Beitrages geführt, so kann sie nunmehr gegen die anderen gemäß Satz 1 und Satz 2 kumulativ vorgehen.

Anm. 26. 3. Soweit die Fehlbeträge von einzelnen Gesellschaftern nicht zu erlangen sind, werden diese ebenfalls nach der Höhe ihrer Geschäftsanteile auf die übrigen Gesellschafter verteilt.

a) Ein Fehlbetrag ist nicht zu erlangen, wenn entweder der gerichtliche Weg zu einer Befriedigung nicht geführt hat oder die Aussichtslosigkeit gerichtlichen Vorgehens von der Gesellschaft dargetan werden kann.

Anm. 27. b) Darüber, was die Worte: „nach dem Verhältnis der Geschäftsanteile" bedeuten; wer die nach Satz 2 eventuell haftenden Gesellschafter sind; daß die Haftung im Wege der Klage und Zwangsvollstreckung geltend zu machen ist, dagegen die Kaduzierung des Geschäftsanteils weder Voraussetzung der Haftung noch Folge der Nichterfüllung ist, siehe oben Anm. 23—25. Für die Haftung als Gesellschafter (vgl oben Anm. 8ff.) entscheidet auch hier die Zeit der Einforderung. Denn auch diese Eventualhaftung für den insolventen Beitragspflichtigen entsteht mit der Gründung und wird fällig mit der Hauptforderung gegen den primär haftenden Gesellschafter.

Anm. 28. V. **Die sonstigen Modalitäten der Kollektivverpflichtung aus** § 24 richten sich danach, daß es zwar eine Gesellschafterhaftung ist, aber nicht die Haftung für die eigene Einlageverpflichtung. Es treffen daher die Beschränkungen der letzteren Verpflichtung nicht zu. (Vgl. unten Anm. 32.)

Die Verjährung ist die 30jährige. Der Gerichtsstand ist der in § 22 ZPO. gegebene.

Anm. 29. VI. **Die Wirkung der Zahlung.** Auch in dem Falle, daß die Gesellschaft den Geschäftsanteil nicht verkauft hat, weil es aussichtslos war, auf diesem Wege die Rückstände zu decken, geht der Geschäftsanteil, aus welchem der Fehlbetrag herrührt, nicht auf die zahlenden Gesellschafter über (RG. 11. 6. 15 RGZ. 86, 419; ebenso Brodmann Anm. 4). Das Gesetz weiß nichts von einem solchen Erwerbe. Es würde dies auch dazu führen, daß die zahlenden Gesellschafter auch für die künftigen Leistungen ihres Mitgesellschafters haften. Das aber ist hier mit Recht (Motive 28) als zu weitgehend erachtet worden. Die zahlenden Mitgesellschafter haben auch kein Recht, gegen Einlösung ihrer Haftungsverbindlichkeit die gänzliche oder die anteilweise Abtretung des Geschäftsanteils zu verlangen. Die Gesellschaft hat jederzeit, sobald sich ihr hierzu Aussicht bietet, das Recht, die Versteigerung zu wiederholen, um wieder einen neuen Gesellschafter zu haben. Den Erlös hieraus hat sie den nach § 24 zahlenden Gesellschaftern zu vergüten, andernfalls sie auf deren Kosten grundlos bereichert wäre. Die Ursache dieser Zahlung ist, soweit der Erlös reicht, jetzt fortgefallen. Über die Bestimmungen der ausländischen Gesetze vgl. unten Anm. 33.

Anm. 30. VII. **Der Ausgleich unter den Gesellschaftern auf Grund der Zahlung.** Ein Gesellschafter, der den ihn treffenden Teil des Verlustes gedeckt hat, kann den Ersatz dieses Betrages von dem ausgeschlossenen Gesellschafter fordern. Ein Gesellschafter, der den einen anderen Mitgesellschafter treffenden Verlust gedeckt hat, kann gegen diesen Regreß nehmen. Die Motive erwähnen nur den Rückgriff im letzten Falle. Er muß ebenso für den ersten angenommen werden. Aus § 812 BGB. und der ungerechtfertigten Bereicherung, wie es in der ersten Auflage (Anm. 18 S. 168) versucht war und von Brodmann (Anm. 4) neuerdings angenommen wird, läßt sich dieser Anspruch allerdings nicht begründen. Denn die Zahlung erfolgt nicht ohne Rechtsgrund, sondern weil die übrigen Zahlenden haften. Hierin aber liegt auch die Begründung des Regresses. Allerdings nicht auf Grund des § 426 BGB., wie Neukamp Anm. 7 und Liebmann Bem. 5 annehmen. Es besteht kein Gesamtschuldverhältnis zwischen dem ausgeschlossenen und den übrigen Gesellschaftern. Diese „übrigen" Gesellschafter sind aber kraft Gesetzes Bürgen für den kaduzierten Gesellschafter und ebenso füreinander. Auch wer kraft Gesetzes für einen anderen haftet und zahlt, hat gleich dem Bürgen aus Rechtsgeschäft den Ersatzanspruch. Ein analoges Beispiel bieten die Fälle, in denen nach dem BGB. jemand „wie ein Bürge" für einen anderen haftet (vgl. § 571 Abs. 2 Satz 1 BGB.). Einen Übergang der Ausfallforderung der Gesellschaft selbst an den Kaduzierten wird man dagegen nicht annehmen können. Diese erlischt durch die Zahlung. § 24.

Veräußert ein Gesellschafter, der seinen Anteil an dem Ausfalle nicht begleichen konnte, seinen Geschäftsanteil, so geht die Ersatzpflicht nicht auf den Erwerber über. Der § 16 bezieht sich nur auf Verpflichtungen gegenüber der Gesellschaft.

VIII. **Der Regreßanspruch der „übrigen Gesellschafter" gegen die Geschäftsführer.** Wenn die Geschäftsführer bei der Einziehung der Stammeinlage nicht mit der im Verkehr erforderten Sorgfalt verfahren, so haften sie der Gesellschaft wie für jede Pflichtverletzung. Sie haften aber in diesem Falle auch den Gesellschaftern. Das ist zwar nicht für die Einziehung der Stammeinlage, wohl aber für die schuldhafte Rückerstattung derselben (§ 31 Abs. 6) angeordnet. Die Ausdehnung auf den Fall der schuldhaften Säumnis beim Einzuge ist unbedenklich. Wie dort die Gesellschafter, welche für die Handlung der Geschäftsführer büßen und zahlen, den Regreß gegen dieselben haben, so muß er hier in gleicher Weise den Gesellschaftern, die für die Unterlassungssünde der Geschäftsführer aufkommen, zustehen (a. M. Brodmann Anm. 4). Stellt sich nach der Deckung des Verlustes durch die übrigen Gesellschafter heraus, daß dieser durch Nachlässigkeit des Geschäftsführers eintrat, so kann freilich die Gesellschaft nichts mehr fordern. Denn sie ist bezahlt. Aber die Gesellschafter selbst sind in einem Falle des § 31 Abs. 6 an ihre Stelle getreten. Anm. 31.

IX. **Die Vorschriften des vorliegenden Paragraphen sind zwingenden Rechts.** Das ergibt sich aus § 25. Es kann daher kein Gesellschafter, weder im Gesellschaftsvertrage noch durch einen Akt der Geschäftsführer, noch durch einen Gesellschafterbeschluß, weder im voraus noch nachträglich von der Mithaftung aus § 24 befreit werden. Auch kann das Beteiligungsverhältnis durch Vertrag nicht geändert werden. Nur im Wege der Herabsetzung des Stammkapitals kann auf diese Haftung der anderen Gesellschafter aus § 24 verzichtet werden. Unmöglich aber ist ein Verzicht nur auf die Kollektivhaftung unter Aufrechterhaltung der Haftung des kaduzierten Gesellschafters. Denn bei dieser Herabsetzung des Stammkapitals muß dem Verzicht die Vernichtung des Geschäftsanteils, der der restierenden Einlage entspricht, folgen. Das bedeutet einen Verzicht auf die ganze Einlage. Dies alles gilt selbstredend unbeschadet der Gültigkeit einer persönlichen Abrede unter den Gesellschaftern, von denen der eine dem anderen gegenüber eine weitgehende Haftung übernimmt oder diesem völlige Befreiung zusagt. Anm. 32.

Verschärfungen des § 24 sind zulässig. So kann z. B. die solidarische Haftung für alle Einlagen durch den Gesellschaftsvertrag vereinbart werden.

Aufrechnung und Zurückbehaltung gegen Forderungen der Gesellschaft aus § 24 ist zulässig. Ebenso Stundung und Hingabe an Zahlungs Statt und Aufnahme in den Kontokorrent. Denn § 19 greift nicht Platz (a. M. Liebmann Bem. zu § 25, Brodmann Anm. 4;

§ 24. RG. 12. 4. 18 RGZ. 92, 365, OLG. Köln v. 17. 1. 06 OLGR. 13, 26; KG. 23. 4. 09, Recht 09, 2531; OLG. Hamburg 3. 10. 17 OLGR. 37, 4; dagegen Hachenburg i. JW. 1918, 371 zu 9; vgl. auch Anm. 2 zu § 25). Das Hauptargument, daß es sich auch hier um eine Stammeinlage handle, trifft nicht zu. Die Haftung eines Dritten für diese ist nicht identisch mit der Hauptschuld selbst (wie hier Neukamp Anm. 6; Merzbacher Bem. 1 zu § 25). Eine nach § 25 verbotene Befreiung liegt nicht in diesen Rechtsakten. Endlich sind zulässig Abtretung, Verpfändung und Pfändung dieses Gesellschaftsanspruchs (KG. 8. 2. 09 KGBl. 09, 58, OLG. München 30. 3. 14 SeuffA. 69, 221; a. M. Crüger-Crecelius Anm. 1). Die Voraussetzungen der Geltendmachung zu schaffen, d. h. die Maßregeln der §§ 21—24 durchzuführen, ist allein die Gesellschaft berechtigt (RGZ. 86, 421; OLG. München 30. 3. 14 a. a. O.; vgl. auch § 19 Anm. 34). Sie ist also dazu nur so lange in der Lage, als ihr die Einlageforderung zusteht (vgl. Anm. 34 zu § 19). Eine Abtretung des Gesellschaftsanspruchs aus § 24 kommt nur insoweit in Betracht, als das Umlageverfahren bereits durchgeführt und dadurch der abzutretende Anspruch in seiner Höhe und nach der Person des Schuldners festgestellt ist

Anm. 33. X. **Das österr. Ges.** (§ 70) entspricht wörtlich dem deutschen. Es hat aber beigefügt, daß bei dem Nichtverkauf des kaduzierten Geschäftsanteiles die übrigen Gesellschafter im Verhältnisse ihrer Beitragsleistung einen Anspruch auf den auf diesen Anteil entfallenden Gewinn und Liquidationserlös erhalten (vgl. die umständlichere Regelung des deutschen Rechts oben Anm. 30). Bei nachträglichem Verkaufe erhalten sie aus dem Erlöse ihre Beiträge, soweit er reicht, zurück (vgl. oben Anm. 29). Nach dem polnischen Gesetz (Art. 7 Abs. 4 u. 5) fällt der kaduzierte Anteil unmittelbar den übrigen Gesellschaftern in dem Verhältnis an, in dem sie die Rückstände der Stammeinlage gedeckt haben. Über den Schweizer Entwurf vgl. Art. 815. Er sieht die solidarische, nicht nur subsidiäre Haftung der Gesellschafter für das gesamte Stammkapital vor.

§ 25.

§ 25.

Von den in den §§ 21 bis 24 bezeichneten Rechtsfolgen können die Gesellschafter nicht befreit werden.

Anm. 1. 1. Daraus, daß die Gesellschafter von den in den §§ 21—24 bezeichneten Rechtsfolgen nicht befreit werden können, folgt, daß jede Abmachung, welche auf eine solche Befreiung hinausläuft, nichtig ist (§ 143 BGB.). Ist sie im Gesellschaftsvertrage enthalten, so weist der Registerrichter das Eintragungsbegehren zurück. Der erfolgte Eintrag heilt die Nichtigkeit nicht. Ist eine spezielle Abrede zwischen Gesellschaft und Gesellschafter getroffen, so ist der Geschäftsführer nicht daran gebunden.

Anm. 2. 2. Verboten ist nur die Befreiung von den Rechtsfolgen der §§ 21—24, also nur der Verzicht. Jeder andere Vertrag ist gestattet. Die Bestimmungen des § 19 Abs. 2 und 3 sind nicht anwendbar. Nach seinem ganzen Zweck fallen unter § 19 nur die Leistungen des Schuldners, dessen Leistungen genau nach dem Gesellschaftsvertrage erfolgen müssen. Er darf eine nicht in diesem beschriebene Sacheinlage nicht auf dem Umwege einer Hingabe an Zahlungs Statt oder Aufrechnung einschmuggeln. Bei dem subsidiär Haftbaren greift dieser Grundsatz nicht durch (a. M. RG. 12. 4. 18 RGZ. 92, 365; dazu Hachenburg in JW. 1918, 371 zu 9; OLG. Köln 17. 1. 06 OLGR. 13, 26).

Anm. 3. 3. Über die Anwendung des Prinzips des § 25 auf die einzelnen Fälle vgl. Anm. 39 zu § 21, Anm. 23 zu § 22, Anm. 21 zu § 23 und Anm. 32 zu § 24.

Anm. 4. **Zusatz. Verschärfungen** der in den §§ 21—24 bezeichneten Rechtsfolgen sind gültig. Die GmbH. sollen nach der ganzen Tendenz des Gesetzes ihre Angelegenheiten mit möglichster Freiheit regeln. Es kann daher z. B. die Frist des § 22 Abs. 2 verkürzt, die des § 22 Abs. 3 verlängert werden. Es kann die Haftung aus § 24 als eine rein solidarische gestaltet werden (vgl. Anm. 32 zu § 24).

§ 26.

§ 26.

Im Gesellschaftsvertrage kann bestimmt werden, daß die Gesellschafter über den Betrag der Stammeinlagen hinaus die Einforderung von weiteren Einzahlungen (Nachschüssen) beschließen können.

Die Einzahlung der Nachschüsse hat nach Verhältnis der Geschäftsanteile zu erfolgen.

Die Nachschußpflicht kann im Gesellschaftsvertrage auf einen bestimmten, nach Verhältnis der Geschäftsanteile festzusetzenden Betrag beschränkt werden.

Nachschüsse sind zulässig (Abs. 1). Die Einziehung der Nachschüsse erfolgt im Verhältnis der Geschäftsanteile (Abs. 2). Nachschüsse sind auch beschränkt zulässig (Abs. 3). Das sind die allgemeinen Grundsätze. Die besonderen Vorschriften über die unbeschränkte Nachschußpflicht gibt § 27, die über die beschränkte § 28. **Einleitung.**

I. (Abs. 1.) **Im Gesellschaftsvertrage kann bestimmt werden, daß die Gesellschafter die Einforderung von Einzahlungen über die Stammeinlage hinaus beschließen können.** Anm. 1.

1. Nachschüsse sind Einlagen über die Stammeinlage hinaus. Darin liegt der Gegensatz zum Stammkapital. Nachschußkapital und Stammkapital bilden beide das Gesellschaftsvermögen. Beide Konti haben ihren Platz auf der Passivseite der Bilanz, beide müssen in Aktivbeständen ihre Widerlage finden. Beide sind Leistungen aus dem Vermögen der Gesellschafter in das der Gesellschaft zu Zwecken der Gesellschaft. Ihr Gegensatz liegt in der Art der Einzahlung, der Art der Verfügung, der Art der Bewahrung.

Das Stammkapital bildet den eisernen Stock des Gesellschaftsvermögens. Es muß vorhanden sein. Auf seine Existenz gründet sich die Kreditgewährung. Schwinden des Stammkapitals muß aus der Bilanz ersichtlich sein. Ist mehr als die Hälfte verloren, so ist die Gesellschafterversammlung zu berufen. Nur im Wege der Herabsetzung des Stammkapitals kann die Unterbilanz des Stammkapitals beseitigt werden. Ein Erlaß der Einlagepflicht ist ebenso verboten wie die Rückzahlung (vgl. § 19 Abs. 2 und §§ 30 u. 31). Das Nachschußkapital dagegen ist der bewegliche Teil des Gesellschaftsvermögens. Es **kann** vorhanden sein, muß es aber nicht. Seine Existenz ist **doppelt fakultativ**. Es ist nur vorhanden, wenn das Statut die Einforderung von Nachschüssen vorsieht und die Gesellschafter sie beschließen. Schwinden des Nachschußkapitals zieht eine einfache Minderung seines Nennbetrages in der Bilanz nach sich. Einziehung und Rückzahlung unterstehen dem freien Ermessen. Erlaß und Rückgewähr sind gestattet. Die Kautelen bei der Rückzahlung der Nachschüsse (§ 30 Abs. 2) entspringen Rücksichten auf das Stammkapital.

Der Zweck der Nachschüsse ist die Herbeiführung einer freieren Beweglichkeit des Gesellschaftskapitals, als das Aktienrecht sie gewährt. Die Bewegung, welche die GmbH. hervorrief, nahm von diesem Punkte ihren Ausgang. Es soll einer Gesellschaft, die sich einem noch nicht fest umgrenzten Unternehmen widmet, die Möglichkeit gegeben sein, sich die weiter erforderlichen Mittel für den Bedürfnisfall zu verschaffen und andererseits sich von Überschüssen zu erleichtern, ohne den umständlichen Weg der Vermehrung oder Herabsetzung des Stammkapitals einschlagen zu müssen. Es soll die Verwendung von Kapitalien für künftige Zwecke, die ohne sichtbares Resultat bleiben, erreichbar sein ohne ein ständiges Schmelzen des festen Stammkapitals.

Durch ihr Nachschußsystem steht die GmbH. in der Mitte zwischen der Aktiengesellschaft und der Gewerkschaft. Die Gewerkschaft hat überhaupt kein Stammkapital. Die Übernahme des Kuxes verpflichtet zu keiner festen Summe, sondern zur Zahlung der jeweils zur Erreichung eines Zweckes für das Unternehmen erforderten Geldmittel, soweit sie nicht aus den Einnahmen gedeckt werden, zur Leistung der Zubuße. Die Aktiengesellschaft kennt dagegen nur das feste, durch den Gesellschaftsvertrag festgestellte Grund-

§ 26. kapital. Es kann nur durch Ausgabe neuer Aktien vermehrt werden. Das auf diesem Wege erlangte Kapital ist wieder Grundkapital. Die Gesellschaft mit beschränkter Haftung kennt beides. Sie hat ein festes Stammkapital, das durch die Einzahlungen der Gesellschafter gebildet wird. Sie kann aber auch Nachschußkapital haben, das durch Zubuße je nach Bedarf erbracht wird. Sie vereinigt beides, die feste Kreditbasis durch das Stammkapital und die freie Beweglichkeit von Einlagen, auf deren Zahlung und Bewahrung die Gläubiger kein Recht haben.

Auch die Nachschüsse der GmbH. bilden einen Teil der Einlage des Gesellschafters. Auch sie sind Leistungen desselben von Gesellschafts wegen. Bei aller Möglichkeit der freien Rückzahlung (vgl. § 30 Abs. 2), werden sie nie zu zwangsweise erhobenen Darlehen, welche den Gesellschaftern die Rolle von Gläubigern auf Grund der Nachschüsse gäben. Diese haben nie Anspruch auf deren Rückzahlung, auch wenn die Gesellschaft ihrer nicht mehr bedarf. Es gibt keine Anmeldung hierauf im Konkurse der Gesellschaft. Sie bilden mit der Stammeinlage zusammen die Einlage des Gesellschafters (vgl. RG. 13. 2. 17 LZ. 1917, 927). Der Geschäftsanteil bleibt aber der gleiche. Nur bei der Berechnung der Summe, welche der Geschäftsanteil dem Gesellschafter kostet, für die Bewertung im Verkehre sind die Nachschüsse von Einfluß (zust. PrOVG. 18. 3. 13 Bd. 64, 57). Aber die Kreditbasis bildet stets nur der festgelegte Teil der Einlage, die Stammeinlage und das Stammkapital. Nur auf diese beziehen sich die strengen unabänderlichen Normen der §§ 19—25 über die Einzahlung. Die Vorschriften über die Nachschüsse sind dispositiven Rechtes (vgl. unten Anm. 24).

Anm. 2. a) Sie sind Einlagen über das Stammkapital hinaus. Darin liegt der Gegensatz zu den Leistungen, die dem Gesellschafter gemäß § 3 Abs. 2 auferlegt sind, auch wenn sie in Geldzahlungen bestehen. Diese sind niemals Gesellschaftseinlagen, denen ein Kapitalpassivkonto entsprechen muß, weder feste noch bewegliche (zust. RFinH. 28. 5. 19 Bd. 1, 71 und 17. 12. 19 Bd. 2, 49). Sie können ohne einen jeden Anspruch auf Rückersatz („à fonds perdu") erfolgen. Dann entsteht überhaupt kein Gegenposten. Oder es besteht ein solcher Anspruch. Dann erscheint dieser als Passivposten unter den Kreditoren. So wenn jeder Gesellschafter bis zu einer bestimmten Höhe Darlehen zu geben oder seinen Gewinn stehen zu lassen sich verpflichtet. In diesen Fällen ist dann jede, auch analoge Anwendung der §§ 26—28 ausgeschlossen (vgl. RFH. 28. 5. 19 Bd. 1, 69). Zuschüsse der Gesellschafter können auch als Darlehen zu behandeln sein. Dafür müssen klare Tatumstände sprechen (RG. 27. 10. 22 RGZ. 105, 299; vgl. auch OLG. Düsseldorf 20. 11. 19 OLGR. 41, 210). Die Art der Verbuchung und Bilanzierung gibt für die Auslegung allein keinen Anhalt. Auch als stille Gesellschaftsbeteiligungen können in besonderen Fällen Einzahlungen der Gesellschafter angesehen werden (RFH. Bd. 1 S. 77; dazu Hachenburg JW. 1919, 848).

Anm. 3. Staub (erste Auflage Anm. 1 S. 170) hatte den Schwerpunkt darauf gelegt, daß die Verpflichtungen aus § 3 Abs. 2 auf Grund des Gesellschaftsvertrages unmittelbar übernommen werden, während die Nachschußpflicht stets nur durch einen Beschluß der Gesellschafter selbst zur Entstehung gelangen könne. Das ist zweifellos richtig. Damit ist aber doch nur ein äußeres Moment hervorgehoben, das erst die Folge des inneren Wesensgegensatzes ist. Weil es sich bei der Nachschußpflicht um eine Einlage handelt, hat sie das Gesetz so gestaltet, daß nur die Gesellschafter ihre Einforderung beschließen sollen. Notwendig zum Wesen des Nachschusses gehört dies nicht. Notwendig ist hierzu nur der aus dem Gesellschaftsvertrage erkennbare Wille der Gesellschafter, neben der festen Stammeinlage eine den Bestimmungen der §§ 26ff. unterstehende bewegliche Einlage zu bilden.

Anm. 4. b) Hiernach ist auch im Einzelfalle zu entscheiden, ob eine Nachschußpflicht oder eine besondere Leistung gemäß § 3 Abs. 2 in Frage steht. Das Wort „Nachschuß" allein kann hierbei nicht den Ausschlag geben (vgl. auch RG. 18. 2. 13 RGZ. 81, 368; RFinH. 22. 6. 23 Bd. 12, 217). Aus der Zuweisung der Einforderung an ein anderes Organ als die Gesellschafterversammlung wird man, auch wenn man den Beschluß durch diese für absoluten

Rechts hält (vgl. unten Anm. 9), keineswegs auf die Richtigkeit der im Gesellschaftsvertrage enthaltenen Nachschußpflicht schließen dürfen. Es kann aus diesem Momente in Verbindung mit dem anderen Inhalte sich ergeben, daß es sich um eine der sonstigen Verpflichtungen aus § 3 Abs. 2 handelt. So wenn die Gesellschafter zusagen, etwaige Verluste innerhalb der ersten fünf Geschäftsjahre auf Beschluß des Aufsichtsrates durch Nachschüsse zu decken. Hier liegt die Verpflichtung zur Leistung à fonds perdu vor. Dabei ist wieder Auslegungsfrage, ob die Verpflichtung von dem freien Ermessen des Aufsichtsrates derart abhängt, daß sie nur entsteht, wenn dieser will, oder ob hierdurch ein auch durch die Gläubiger und den Konkursverwalter ausübbares Recht gegeben ist. In einem solchen Falle wird bei erfolgter Zahlung kein Nachschußkonto entstehen können. Es gibt keine Rückzahlung gemäß § 30 Abs. 2. Es gibt auch keine Befreiung von der Zahlung durch Preisgabe des Geschäftsanteils usw. Andererseits wird man in einem Falle, in welchem der Gesellschaftsvertrag die Gesellschafter verpflichtet, falls die Versammlung derselben es beschließe, „ihre Stammeinlage zu verdoppeln", trotz dieser Fassung eine echte Nachschußpflicht anzunehmen haben. § 26.

In gleicher Weise liegt kein Nachschuß im Sinne des Gesetzes vor, wenn die Gesellschafter freiwillig und ohne Verpflichtung aus dem Gesellschaftsvertrag Zuschüsse leisten. Das geschieht namentlich in den Fällen einer Unterbilanz. Diese Zuwendung muß auf dem Gewinnkonto erscheinen. Die Verbuchung auf Nachschußkonto ist unstatthaft. Sie setzte eine Änderung des Gesellschaftsvertrages voraus. Noch weniger liegt ein Nachschuß und eine Belastung eines Nachschußkontos vor, wenn die Zuzahlung auf einen Geschäftsanteil erfolgt, um ihn in einen Vorzugsanteil umzuwandeln (vgl. Anm. 51ff. zu § 5, Anm. 19 zu § 14, Anm. 6 zu § 55; vgl. RFinH. 28. 5. 19 Bd. 1, 73; dazu Hachenburg JW. 1919, 848; RG. 18. 2. 13 RGZ. 81, 368; RG. 27. 10. 22 RGZ. 105, 299). Es ist unzulässig, später wieder durch Mehrheitsbeschluß die Rückzahlung dieser Beträge zu beschließen, auch wenn von der Einzahlung von Nachschüssen die Rede ist. In keinem der beiden Fälle der freiwilligen Zuschüsse, ob mit, ob ohne Gewährung eines Vorzugsanteils, liegt eine Schenkung vor. In beiden Fällen handelt es sich um gesellschaftliche Leistungen zur Abwendung von Verlusten. Die GmbH. schuldet keine Schenkungssteuer.

2. **Die Nachschußpflicht entsteht durch einen im Gesellschaftsvertrage zugelassenen Gesellschafterbeschluß.** Anm. 5.

a) Der Beschluß muß **im Gesellschaftsvertrage** zugelassen sein. Auch durch eine Statutenänderung (RG. 18. 2. 13 RGZ. 81, 368). Nur liegt darin eine Vermehrung der den Gesellschaftern nach dem Gesellschaftsvertrage obliegenden Leistungen. Deshalb kann ein solcher Statutenänderungsbeschluß nur mit Zustimmung der beteiligten Gesellschafter gefaßt werden (vgl. Anm. 19 zu § 53 Abs. 3; vgl. auch RFinH. Bd. 1 S. 73). Sind sämtliche Gesellschafter bei einem solchen Beschlusse beteiligt, so bedeutet dies zwar nicht die Vorschrift der Einstimmigkeit. Wohl aber muß die Zustimmung aller mit der Nachschußpflicht Belasteten vorhanden sein. Diese kann auch nachträglich erklärt werden. Der Registerrichter darf den Beschluß, der im Wege der Änderung des Gesellschaftsvertrages die Nachschußpflicht einführt, nur zurückweisen, wenn nicht alle nachschußpflichtigen Gesellschafter zustimmen. Daß alle den Beschluß faßten, kann er nicht verlangen. Über die Unwirksamkeit des Beschlusses mangels der Zustimmung vgl. Anm. 22 zu § 14.

Über die Voraussetzungen zur Umwandlung einer beschränkten Nachschußpflicht in die unbeschränkte oder umgekehrt siehe unten Anm. 13. Anm. 6.

b) **Ein Gesellschafterbeschluß ist erforderlich.** Vor der Fassung des Gesellschafterbeschlusses besteht der Anspruch nicht. Er kann also auch von einem Gläubiger nicht gepfändet werden. Im Konkurse kann der Konkursverwalter einen Anspruch auf Nachschüsse gegen die Gesellschafter nicht geltend machen, ehe die Gesellschafter die Einforderung beschlossen haben. Das ist die Auffassung aller Schriftsteller. Sie wird durch § 42 Nr. 3 bestätigt. Anm. 7.

Einmal beschlossen, ist der Anspruch der Gesellschaft auf den Nachschuß wirksam. Die Ansprüche gehören nunmehr in der Regel zu den Aktiven der Bilanz (§ 42 Nr. 3). Die Anm. 8.

§ 26. Gläubiger können diesen Anspruch pfänden. Im Konkurse kann ihn der Konkursverwalter einziehen. In der Bilanz ist das Nachschußkonto auf der Passivseite einzustellen. Eine besondere Einforderung des Nachschusses durch den Geschäftsführer ist nicht Voraussetzung für den Eintritt der Fälligkeit (a. M. Brodmann Anm. 5 zu § 16 S. 77 Abs. 2). Dieser Zeitpunkt kann aber in dem Gesellschafterbeschluß besonders bestimmt werden.

Anm. 9. Für den Beschluß genügt einfache Stimmenmehrheit (§§ 45, 47 ff.). Der Gesellschaftsvertrag kann hierüber anders bestimmen. Die Beschlußfassung selbst aber kann einem anderen Organ nicht übertragen werden. Staub (erste Auflage Anm. 6 S. 171) nahm dies deshalb an, weil gerade in der Beschlußfassung durch die Gesellschafter das Charakteristikum der Nachschüsse liege. Das (vgl. oben Anm. 3) trifft zwar nicht zu. Aber es entspricht doch dem Willen des Gesetzes, die Beschlußfassung über die Nachschüsse als den Gesellschaftern selbst vorbehalten anzusehen. Die Nachschußpflicht ist in den Willen der Gesellschafter gestellt. Diesen haben sie selbst zum Ausdruck zu bringen. Eine Überlassung der Einforderung an Aufsichtsrat oder Geschäftsführer beseitigt dieses der besonderen Gestaltung der Nachschußpflicht der GmbH. eigene Moment. Sie führte zu der Ausübung des Nachschußanspruchs auch durch die Gläubiger und den Konkursverwalter. Ist in einem Gesellschaftsvertrag die Beschlußfassung einem anderen Organ als den Gesellschaftern übertragen, so bewirkt dies noch keine Nichtigkeit der Bestimmung über die Nachschüsse. Der Wille, der aus dem Gesellschaftsvertrag sich ergibt (vgl. Anm. 58 zu § 2), entscheidet. Es ist möglich, daß sich hieraus trotz des Wortes „Nachschuß" ergibt, daß die Gesellschafter eine nach § 3 Abs. 2 zu beurteilende Leistungspflicht beabsichtigten (vgl. oben Anm. 4). Wollten sie eine echte Nachschußpflicht, so ist zu prüfen, ob die Überweisung der Beschlußfassung an Aufsichtsrat oder Geschäftsführer ein wesentliches Moment bildet, ohne das die Nachschußpflicht nicht übernommen werden sollte. Ist dies nicht der Fall, so bleibt die statutarische Bestimmung in Kraft. Es bleibt aber bei der dem Gesetze entsprechenden Einforderung durch die Gesellschafter. Das RG. 23. 2. 09 (RGZ. 70, 326 JW. 09, 232[31]) hat die Nichtigkeit der ganzen Bestimmung über die Nachschußpflicht bei Übertragung des Beschlusses der Einforderung an den Aufsichtsrat ausgesprochen (dem RG. zustimmend Crüger-Crecelius Anm. 2, Neukamp-Becker Anm. 3, Liebmann Anm. 7). Die Gründe befassen sich hauptsächlich mit dem Nachweise, daß eine Übertragung der Einrufung an den Aufsichtsrat unzulässig sei und daß § 26 Abs. 1 zwingendes Recht enthalte. Wenn nun im Gesellschaftsvertrage die Auferlegung der Nachschußpflicht einem andern Organe zugewiesen worden sei, so daß dieses ganz allein zu befinden habe, so sei „die Entstehung der Forderung von einer gesetzwidrigen Bedingung abhängig gemacht". So betrachtet, sei die strittige Frage, ob die ganze Bestimmung oder nur die Bestimmung eines ungesetzlichen Organs ungültig sei, im ersteren Sinne zu beantworten. Es lasse sich die Nachschußpflicht von dem Organe, welches die Pflicht allein zur Entstehung bringen könne, nicht trennen. Wenn hierbei das RG. sagen wollte, daß stets aus der Überweisung der Anforderungen an den Aufsichtsrat die Ungültigkeit der ganzen Bestimmung über die Nachschüsse folgt, so wäre dem nicht beizustimmen. Die Regel des § 139 BGB. muß auch hier gelten. Es will aber auch offenbar das RG. diese nicht ausschließen. Anscheinend wird der Nachdruck darauf gelegt, daß ausweislich des Gesellschaftsvertrags der Aufsichtsrat ganz allein entscheiden sollte und daß der Wille der Gründer zu einer einheitlichen Behandlung der ganzen Stelle über die Nachschußpflicht führe. Ob die Auslegung im konkreten Falle zutraf, steht dann hier nicht in Frage. Erheblich ist nur, daß auch nach dem zitierten Urteile der Beweis, daß die Gesellschafter die Nachschußpflicht auch ohne die Verbindung mit dem Aufsichtsrate wollten, nicht absolut ausgeschlossen sein kann. Brodmann (Anm. 3) tritt der hier vertretenen Meinung gegen das RG. bei. Er geht aber darüber hinaus. Er will die Vertragsbestimmungen, daß der Aufsichtsrat über die Nachschußpflicht zu befinden hat, in vollem Umfang aufrechterhalten. Er verlangt nur, daß die Gesellschafter das ihnen gesetzlich zustehende Recht, seine Nachschußpflicht zu begründen, auf ein anderes Organ delegieren wollten. Diese

Unterscheidung erscheint nicht zulässig. Sie würde die gesetzliche Regelung des § 26 Abs. 2 aufheben. Das Gesetz läßt eine Übertragung nicht zu (vgl. auch §§ 45 u. 46). **§ 26.**

Der Inhalt des Beschlusses kann die Nachschußpflicht allgemein oder beschränkt festsetzen (vgl. jedoch unten Anm. 12). Er kann auch Modalitäten über die Bestimmung der Einziehung enthalten. Es kann der Nachschuß nach den Bedürfnissen der Gesellschaft oder wenn ein bestimmtes Ereignis eintritt, eingefordert werden. Es können auch über die Art der Einforderung (durch Brief, öffentliche Bekanntmachung) Bestimmungen getroffen werden. Für die Folgen des Verzuges, insbesondere die Höhe von Zinsen, Konventionalstrafe usw. ist dies nur dann statthaft, wenn der Gesellschaftsvertrag dies zuläßt. Die Mehrheit, welche die Einforderung beschließt, kann nicht an die Verzögerung Strafen knüpfen. Darüber, ob auch Einziehung des Geschäftsanteils angeordnet werden kann, siehe Anm. 3 zu § 34. Auch über die Rückzahlungsmodalitäten können im Gesellschafterbeschlusse Anordnungen getroffen werden. Nur müssen sie sich im Rahmen des Gesetzes (§ 30 Abs. 2) bewegen. **Anm. 10.**

3. **In der Regel muß das gesamte Stammkapital bereits eingefordert sein.** Die früheren Auflagen verlangten, daß das gesamte Stammkapital bereits eingezahlt sein müsse, bevor Nachschüsse gefordert werden könnten. Diese Ansicht läßt sich jedoch nicht aufrechterhalten. Zwar bezeichnet das Gesetz in § 26 Abs. 1 die „Nachschüsse" als „weitere Einzahlungen". Von solchen könnte logischerweise nur gesprochen werden, wenn die Stammeinlagen bereits voll bezahlt sind. Die richtige Auslegung gewinnt man aber aus § 28 Abs. 2. Danach kann im Gesellschaftsvertrag eine Einforderung von Nachschüssen unter bestimmten Voraussetzungen schon vor vollständiger Einforderung der Stammeinlagen gestattet werden. Das Gesetz will also die Einforderung von Nachschüssen grundsätzlich nur vor der Einforderung der gesamten Stammeinlagen verbieten, nicht aber ihre vollständige Einzahlung erfordern. Das RG. (19. 10. 15 RGZ. 87, 179) betont die Zweckmäßigkeitsgründe, welche für diese Auslegung des Gesetzes sprechen (dazu Hachenburg JW. 1916, 124; ebenso Brodmann Anm. 3 zu § 28). **Anm. 11.**

II. (Abs. 2.) **Die Einzahlung der Nachschüsse hat nach Verhältnis der Geschäftsanteile zu erfolgen.** Daß diese Vorschrift zwingender Natur ist, lehren die Motive (S. 28). Ihnen folgten bisher alle Ausleger. Eine andere Normierung der Nachschußpflicht könne durch den Gesellschaftsvertrag nicht festgestellt werden. Noch weniger durch den Nachschußeinforderungsbeschluß. Daher könne in dem Gesellschaftsvertrage nicht einem Geschäftsanteil oder einer Klasse von Geschäftsanteilen trotz höheren Nennbetrages eine gleiche oder geringere Nachschußpflicht auferlegt werden, als Geschäftsanteilen von geringerer Nennziffer. Noch weniger könne ein Geschäftsanteil oder eine Klasse von Geschäftsanteilen von der Nachschußpflicht im voraus durch den Gesellschaftsvertrag oder durch den Nachschußeinforderungsbeschluß befreit werden. Ein Umlegen nach Kopfteilen sei hiernach unzulässig, wenn die Anteile verschiedene Nennbeträge haben. Diese Ansicht der Motive hat jedoch keine Stütze im Gesetze. Sie widerspricht sowohl dem Wesen der Nachschüsse als auch dem praktischen Bedürfnisse. Die Motive stützen sich darauf, daß die Nachschüsse einen Teil der Gesamteinlage bilden und das Verhältnis für diese nur ein einheitliches sein könne. Das trifft nicht zu. Denn die Nachschüsse bilden zwar eine Einlage, aber eine von der Stammeinlage völlig verschiedene. Es steht im freien Belieben der Gesellschaft, sie einzuführen. Die Ausgestaltung muß daher auch ihrer Verfügung unterstehen. Allgemein anerkannt ist, daß der Gesellschaft auch über die eingerufene Nachschußforderung jede Disposition, Verzicht, Aufrechnung usw. gestattet ist, daß § 19 Abs. 2 und 3 unanwendbar sind. Um so mehr muß dies von Abs. 1 gelten, der gleichheitlichen Einrufung. Also ist der nachträgliche teilweise Verzicht gestattet. Der Geschäftsführer allein kann ihn aussprechen. Daraus folgt zwingend, daß dies auch im Gesellschaftsvertrage selbst möglich sein muß. Es ist unverständlich, weshalb eine Gesellschafterversammlung mit einfacher Mehrheit beschließen darf, von einem oder einzelnen Gesellschaftern keinen Nachschuß oder nur einen geringeren zu fordern als von den andern, im Gesellschaftsvertrage **Anm. 12.**

§ 26. dies aber verboten sein soll (vgl. Hachenburg bei Holdheim 13, 64, zustimmend RundschauGmbH. 1912, 366; Neukamp Anm. 4 nennt die vorgebrachten Gründe beachtenswert, scheint sich aber doch von der herrschenden Lehre nicht frei machen zu können; zust. ferner Brodmann Anm. 1 zu § 14 und Anm. 4 zu § 26; vgl. auch RFinH. 22. 6. 23 Bd. 12 S. 219).

Das Verkehrsleben kennt in der Tat nicht seltene Fälle, in denen, sei es eine verschiedene Verteilung, sei es die Befreiung einzelner Mitglieder von der Nachschußpflicht, angezeigt ist. Diesem Bedürfnisse soll sich das Gesetz nicht entziehen. So, wenn ein Gesellschafter eine Erfindung (Patent usw.) einlegt, die anderen Geldeinlagen machen. Man beschränkt diese auf das zunächst Notwendige, legt aber den Geldeinlegern bei steigendem Bedarf die Nachschußpflicht auf.

III. (Abs. 2.) **Die Nachschußpflicht kann im Gesellschaftsvertrage beschränkt werden.**

Anm. 13. 1. Die Beschränkung kann im ursprünglichen Gesellschaftsvertrage enthalten sein. Es kann auch eine unbeschränkte Nachschußpflicht durch Abänderung des Gesellschaftsvertrages beschränkt werden. Darin liegt eine Verminderung der den Gesellschaftern obliegenden Leistungen. Daß gleichwohl der § 53 Abs. 3 Anwendung zu finden habe, weil ja in solchem Falle die Gesellschafter ihr Abandonrecht nach § 27 verlieren und den ungünstigeren Eventualitäten des § 28 unterworfen seien (Birkenbihl Anm. 6 u. Brodmann Anm. 3), läßt sich nicht rechtfertigen. Von einer Vermehrung der Leistungen kann trotz dieser Momente nicht gesprochen werden. Die Leistungen werden verringert. An die Nichtleistung knüpfen sich nur Folgen anderer Art. Diese können unter Umständen ungünstiger sein. Das ist aber nicht entscheidend. Der § 53 greift nur Platz, wenn die Leistungen vermehrt werden sollen. Werden die Leistungen vermindert, so ist es für die Anwendbarkeit des § 53 Abs. 3 unerheblich, ob an die Nichterfüllung der geringeren Leistungen schwerere Folgen geknüpft werden. Aus dem gleichen Grunde muß für den Übergang von der beschränkten zur unbeschränkten Nachschußpflicht die Vorschrift des § 53 Abs. 3 beachtet werden (a. M. Birkenbihl a. a. O.; hier dagegen zustimmend Brodmann a. a. O.).

Das österr. Gesetz, das in § 72 Abs. 1 u. 3 den Abs. 1 u. 2 des § 26 wörtlich übernahm, läßt nur eine zahlenmäßig beschränkte Nachschußpflicht zu. Andernfalls ist die Bestimmung des Gesellschaftsvertrags wirkungslos. Damit fiel auch das Abandonrecht als gesetzliche Einrichtung. Das bulgarische Gesetz (Art. 86) hat die gleiche Regelung übernommen. Es fordert aber darüber hinaus noch eine zeitliche Beschränkung der Nachschußpflicht. Im poln. Recht fehlen besondere Vorschriften über Nachschüsse. Ihre Zulässigkeit hängt davon ab, ob im Gründungsvertrag eine Nachschußpflicht vorgesehen ist (vgl. Art. 17 Abs. 4). Der Schweizer Entwurf (Art. 816) entspricht im wesentlichen dem österreichischen Recht. Er beschränkt aber die Verwendung der Nachschüsse auf die Deckung von Bilanzverlusten.

Anm. 14. 2. Die Beschränkung erfolgt durch Festsetzung eines Maximums. Das kann geschehen durch Festsetzung einer Quote oder eines Mehrfachen der Stammeinlage oder eines Betrages, welcher dieser selbst gleichkommt. Ebenso aber kann die Beschränkung auch durch Fixierung eines Höchstbetrages der gesamten Nachschüsse erfolgen. Die Motive 29 fügen hinzu, daß bei verschiedener Höhe der Stammeinlagen nur die ersten drei Arten der Beschränkung zulässig seien. Im Hinblick darauf erklären die Kommentare, daß bei verschiedener Höhe der Stammeinlagen die Beschränkung der Nachschußpflicht durch Fixierung eines Höchstbetrages der gesamten Nachschußpflicht aller Gesellschafter nicht erfolgen dürfe (vgl. z. B. Merzbacher Anm. 7, Förtsch Anm. 5; Esser). Andernfalls werde dem Erfordernis nicht genügt, daß die Leistung der Nachschüsse nach Verhältnis der Geschäftsanteile ausführbar zu bleiben hat. Daß dieses Erfordernis nicht im Gesetz enthalten ist, wurde oben (Anm. 11) gezeigt. Damit fällt der einzige Stützpunkt dieser Ansicht. Aber selbst wenn dies nicht der Fall wäre, so ist nicht zu ersehen, worin diese Ausführbarkeit ein Hindernis finden sollte.

Beträgt der Geschäftsanteil A 1000 M., der Geschäftsanteil B 3000 M., und es sollen § 26.
im ganzen 400 M. eingezahlt werden, so hat A $^1/_4$, also 100 M. und B $^3/_4$, also 300 M. nachzuschießen.

3. Aus der Zulässigkeit der Beschränkung ergibt sich, daß das Gesetz drei Arten von Anm. 15.
Nachschußverpflichtungen kennt. Entweder ist die Nachschußpflicht eine unbegrenzte (§ 27 Abs. 1 Satz 1). In diesem Falle ist auch das Abandonrecht ohne Grenzen. Oder es ist die Nachschußpflicht auf einen bestimmten Betrag beschränkt (§ 26 Abs. 3, § 28 Abs. 1). Hier ist die Möglichkeit der Befreiung durch Preisgabe des Geschäftsanteils ausgeschlossen. Oder endlich es ist die Nachschußpflicht zwar unbegrenzt, das Abandonrecht ist aber durch den Gesellschaftsvertrag beschränkt. Es darf erst eintreten, wenn die eingeforderten Nachschüsse einen bestimmten Betrag überschreiten. Jede dieser drei Gruppen bietet ihre Vorteile für die Gesellschaft. Die erste, daß sie jede auch nur annähernde Berechnung des erforderlichen Kapitals unnötig macht, freilich mit dem Nachteile verbunden, daß der Gesellschafter sich durch Hingabe des Geschäftsanteils frei machen kann; die zweite, daß sie die Nachschüsse wie die Stammeinlagen sichert, wobei aber die beliebige Ausdehnbarkeit des Kapitals fehlt. Am praktischsten erscheint die dritte Gruppe. Sie gibt Sicherheit für die Beschaffung des Nachschußkapitals bis zu einer gewissen Höhe. Was darüber hinaus erfordert, kann beansprucht werden, findet aber seine Grenze in der Haftung des Geschäftsanteiles.

Zusatz 1. Die Durchführung der Nachschüsse richtet sich nach den allgemeinen Grundsätzen des GmbHG.

1. **Für die Nachschußpflicht** ist nur ein im Gesellschaftsvertrage zugelassener Ge- Anm. 16.
sellschafterbeschluß verlangt. Es ist nicht erforderlich, daß die Gesellschaft des Zuschusses auch bedarf, wenn nicht etwa der Beschluß dieses Erfordernis aufstellt (siehe oben Anm. 9). Über einen solchen Einwand gegenüber dem den Nachschuß erfordernden Liquidator oder Konkursverwalter vgl. Anm. 11 zu § 63 und Anm. 4 zu § 70.

Für die beschlossenen Nachschüsse haften diejenigen Personen, welche zur Zeit des Anm. 17.
Eintritts der Fälligkeit der Nachschußforderung (vgl. oben Anm. 8) der Gesellschaft gegenüber Gesellschafter waren. Das sind die ersten Gesellschafter oder diejenigen Rechtsnachfolger, welche in Gemäßheit des § 16 (Anm. 12 daselbst) der Gesellschaft gegenüber als Gesellschafter zu betrachten sind. Wer zu dieser Zeit der Gesellschaft gegenüber Gesellschafter war, haftet für den Nachschuß. Wer nach dieser Zeit aufhört, als Gesellschafter zu gelten, haftet noch für den beschlossenen Nachschuß. Dies ist dann eine rückständige Pflicht (§ 16 Abs. 3). Neben ihm haftet, wer nunmehr der Gesellschaft gegenüber als Gesellschafter gilt. Für später beschlossene Nachschüsse haftet ein früherer Gesellschafter nicht, wenn die Veräußerung vor dem Nachschußbeschlusse angemeldet wurde.

2. **Die Haftung** ist eine unmittelbare. Sie setzt nicht voraus, daß der Geschäftsanteil des Anm. 18.
in Anspruch genommenen Gesellschafters vorher kaduziert wird. Sie ist eine persönliche. Der Gesellschafter haftet mit seinem ganzen Vermögen. Er hat wenigstens regelmäßig (vgl. § 28 Abs. 1 Anm. 2) zwar nicht zu gewärtigen, daß sein Geschäftsanteil wegen Nichtzahlung des Nachschusses kaduziert wird. Aber er muß die Zwangsvollstreckung in sein ganzes Vermögen ergehen lassen, und demgemäß auch in den Geschäftsanteil. Jeder Gesellschafter haftet allein für den auf ihn entfallenden Anteil an dem beschlossenen Nachschußbetrage. Eine Kollektivhaftung gemäß § 24 findet hier nicht statt. Kann von einem Gesellschafter der auf ihn entfallende Anteil des beschlossenen Nachschußbetrages nicht beigetrieben werden, so fällt dieser Betrag aus. Eine Verteilung auf die übrigen Gesellschafter tritt nicht ein.

Die Haftung ist zwar eine gesellschaftliche, aber auf ihre Durchführung wird nicht der hohe Wert gelegt wie auf die Durchführung der Haftung für die Einlagen auf das Stammkapital. Denn nur dieses letztere ist den Gläubigern als Kreditbasis zugesagt. Die Nachschüsse sind freiwillige Erhöhungen der gesellschaftlichen Beiträge, die für die Gläubiger einen ihnen nicht zugesagten willkommenen Zusatz der Kreditbasis

§ 26. bilden. Darum findet die Bestimmung des § 19 Abs. 2 und 3 hier keine Anwendung. Die Nachschußbeträge können daher den Gesellschaftern gestundet und erlassen werden. Nur wenn der Erlaß der Nachschußforderung gegen § 30 Abs. 1 verstößt, also wenn hierdurch das zur Erhaltung des Stammkapitals erforderliche Vermögen wieder vermindert wird, muß der Nachlaß unstatthaft sein. Dies ist dann der Fall, wenn bei Einrufung der Nachschüsse eine Unterbilanz vorliegt und der Verzicht auf die als Aktivum erscheinende Nachschußforderung diese Unterbilanz wieder herbeiführte. Das ist derselbe Gedanke, der auch zu dem gesetzlichen Verbote der Rückzahlung der Nachschüsse bei andernfalls vorhandener Unterbilanz führte (§ 30 Abs. 2, vgl. Anm. 11 zu § 31). Die Gesellschafter können gegen den Anspruch aus der Nachschußpflicht aufrechnen und einen Aufrechnungsvertrag schließen. Sie können sich durch eine Hingabe an Zahlungs Statt befreien. Hierbei haben die Geschäftsführer unter Beobachtung der ihnen obliegenden Sorgfalt zu handeln. Auch die Rückzahlung der Nachschüsse ist nicht ausgeschlossen. Nur mit Rücksicht auf das Stammkapital sind Beschränkungen eingeführt. Sie sind bei der Rückzahlung desselben geregelt (§ 30). Die Verjährung des Anspruchs auf Zahlung der Nachschüsse ist die dreißigjährige. Die Zuständigkeit richtet sich nach § 22 ZPO.

Anm. 19. 3. **Die Einziehung der beschlossenen Nachschüsse** ist Sache der Geschäftsführer, unter Kontrolle der etwa bestellten Aufsichtsorgane (Aufsichtsrat, Beirat, Delegierte der Gesellschafter, Obmänner).

Anm. 20. 4. Eine Anfechtung des Beschlusses auf Einforderung der Nachschüsse ist nur wegen Verletzung des Gesetzes oder der Satzung zulässig. Als unnötig oder gegen die Interessen der Gesellschaft verstoßend, ist er nicht anfechtbar. Der Gesellschaftsvertrag kann dieses Recht der Gesellschafter einführen.

Anm. 21. 5. **Die Folge der Zahlung:**

a) Für den Gesellschafter erhöht sich dadurch weder sein Geschäftsanteil noch erwächst ihm dadurch ein sonstiges Recht neben diesem. Ein Recht auf Rückzahlung des Nachschusses hat er nicht. Eine Rückzahlungsabrede kann im Rahmen der gesetzlichen Vorschriften (§ 30 Abs. 2) getroffen werden (vgl. oben Anm. 17 und unten Anm. 22 und 23).

Anm. 22. b) Für die Gesellschaft. Ihr Vermögen vergrößert sich um den eingezahlten Betrag. Das Gesetz läßt zwar den Gesellschaftern die Freiheit, Nachschüsse zu beschließen oder nicht. Auch der Erlaß der eingeforderten Nachschüsse unterliegt dem freien Belieben der Gesellschaftsorgane (vgl. oben Anm. 18). Einmal eingezahlt, werden die Nachschüsse für die Interessen der Gläubiger festgehalten. Sie können nicht zurückgezahlt werden, solange ein die Ziffer des Stammkapitals erreichendes reines Aktivvermögen nicht vorhanden ist und solange das Stammkapital nicht voll eingezahlt ist (vgl. RFinH. 28. 5. 19 JW. 1919, 848). Die Beschränkung der Rückzahlung des Nachschußkapitals dient der Sicherung des Stammkapitals. Ist dieses vorhanden, so ist auch die Wiederausfolgung der Nachschüsse frei. Daher ist in Höhe der eingezahlten Nachschüsse ein Passivposten (Reservekonto) zu bilden. Es kann solange nicht vermindert oder gestrichen werden, als eines jener beiden Hindernisse besteht. Liegt keines von beiden vor, so kann die Ausschüttung des Reservekontos und die Verwendung desselben zu beliebigen Zwecken erfolgen: zur Rückzahlung, zur Bildung anderer Reservefonds (Erneuerungskonto, Unterstützungskonto), zu Abschreibungen usw. (vgl. Anm. 14 u. 15 zu § 30). Die Verwendung des Nachschußreservekontos zur Ausgleichung der vorhandenen Unterbilanz ist stets gestattet (§ 30 Abs. 2). Die Majorität hat darüber zu befinden. Der einzelne Gesellschafter hat kein Recht, diese Verminderung, etwa damit er dem Dividendenbezuge näher kommt (vgl. hierüber Anm. 47 zu § 42 Nr. 4), zu verlangen.

Anm. 23. 6. **Die Rückzahlung der Nachschüsse** kann vom Gesellschafter nicht verlangt werden. Die Rückzahlungsbestimmungen können im Einforderungsbeschluß festgelegt werden. Der Gesellschaftsvertrag kann sie vorschreiben. Im letzteren Falle bildet das Unterlassen desselben einen Anfechtungsgrund. Auch die Rückzahlungsbedingungen müssen sich im Rahmen der gesetzlichen Vorschriften (oben Anm. 22) bewegen. Sind sie gültig und sind die

Voraussetzungen der Auszahlung (§ 30 Abs. 2) gegeben, so ensteht für jeden Gesellschafter ein klagbares Recht auf Rückzahlung. § 26.

Die Anordnungen des Gesetzes sind insoweit **dispositiven Rechts.** Das Statut kann sie abändern. Aus dem Gesetz kann sich ein anderes ergeben. Die Einführung der Nachschußpflicht ist den Gesellschaftern freigestellt. Soweit nicht besondere Momente dagegen sind, steht daher den Gesellschaftern die Regelung im einzelnen frei (vgl. über die Frage der Art der Einforderung oben Anm. 9 und 12). Schranken bestehen für die Einforderung von Nachschüssen vor Vollzahlung der Stammeinlage. Absolutes Recht ist auch die Befreiung von der unbeschränkten Haftung durch Preisgabe des Geschäftsanteils. Der Gesellschaftsvertrag kann sie nur beschränkt ausschließen. In allen anderen Punkten herrscht Freiheit. Gestattet ist also, auch bei beschränkter Nachschußpflicht das Abandonrecht einzuführen. Gestattet ist, diese Befreiung durch Hingabe auf einzelne Geschäftsanteile zu beschränken. Gestattet ist, die Einforderung der Nachschüsse auf bestimmte Fälle zu beschränken. **Anm. 24.**

Zusatz 2. Über die Aufwertung von Nachschüssen, die durch die Geldentwertung betroffen sind, vgl. Exkurs II zu § 14 Anm. 7 u. 8. **Anm. 25.**

Zusatz 3. Steuerfragen. Nachschüsse unterliegen der Kapitalverkehrsteuer gemäß § 6 des KapVerkStG. Die zur Vermehrung des Gesellschaftsvermögens anläßlich der Umstellung eingeforderten Nachschüsse genießen nicht die Vergünstigung des § 13b KapVerkStG. (§ 19 GBilVO.). **Anm. 26.**

§ 27.

§ 27.

Ist die Nachschußpflicht nicht auf einen bestimmten Betrag beschränkt, so hat jeder Gesellschafter, falls er die Stammeinlage vollständig eingezahlt hat, das Recht, sich von der Zahlung des auf den Geschäftsanteil eingeforderten Nachschusses dadurch zu befreien, daß er innerhalb eines Monats nach der Aufforderung zur Einzahlung den Geschäftsanteil der Gesellschaft zur Befriedigung aus demselben zur Verfügung stellt. Ebenso kann die Gesellschaft, wenn der Gesellschafter binnen der angegebenen Frist weder von der bezeichneten Befugnis Gebrauch macht noch die Einzahlung leistet, demselben mittels eingeschriebenen Briefes erklären, daß sie den Geschäftsanteil als zur Verfügung gestellt betrachte.

Die Gesellschaft hat den Geschäftsanteil innerhalb eines Monats nach der Erklärung des Gesellschafters oder der Gesellschaft im Wege öffentlicher Versteigerung verkaufen zu lassen. Eine andere Art des Verkaufs ist nur mit Zustimmung des Gesellschafters zulässig. Ein nach Deckung der Verkaufskosten und des rückständigen Nachschusses verbleibender Überschuß gebührt dem Gesellschafter.

Ist die Befriedigung der Gesellschaft durch den Verkauf nicht zu erlangen, so fällt der Geschäftsanteil der Gesellschaft zu. Dieselbe ist befugt, den Anteil für eigene Rechnung zu veräußern.

Im Gesellschaftsvertrage kann die Anwendung der vorstehenden Bestimmungen auf den Fall beschränkt werden, daß die auf den Geschäftsanteil eingeforderten Nachschüsse einen bestimmten Betrag überschreiten.

Die Nachschußpflicht haftet auf dem Geschäftsanteile. Sie verpflichtet den Gesellschafter zur Zahlung aus seinem Vermögen. Er kann sich aber davon durch Preisgabe des Geschäftsanteils befreien. Die Gesellschaft kann den Geschäftsanteil an sich ziehen. **Einleitung.**

§ 27. Damit entfällt die persönliche Haftung. Diese Beschränkung der Haftung auf den Geschäftsanteil ist aber nur bei unbeschränkter Nachschußpflicht gegeben.

Anm. 1. I. **Die Befreiung von der persönlichen Haftung verlangt unbeschränkte Nachschußpflicht.** Bei beschränkter Nachschußpflicht ist sie ausgeschlossen, mag auch die Haftung noch so hoch bemessen sein. Auch bei unbeschränkter Nachschußpflicht kann die Befreiung im Gesellschaftsvertrage beschränkt werden. Sie tritt nur ein, wenn die eingeforderten Nachschüsse einen bestimmten Betrag überschreiten (Abs. 4). Dann greifen wegen derjenigen Beträge, die den festgesetzten Betrag nicht überschreiten, die Vorschriften der §§ 21—23 Platz (vgl. hierüber Anm. 5ff. zu § 28).

II. Entweder muß der Gesellschafter den Geschäftsanteil zur Verfügung stellen oder die Gesellschaft muß ihn als zur Verfügung gestellt betrachten (Konfiskation).

Anm. 2. 1. **Der Gesellschafter stellt den Geschäftsanteil der Gesellschaft zur Verfügung (Abandonrecht).** Das Gesetz will damit dem Gesellschafter ein Mittel geben, um der Nachschußpflicht ein Ziel zu setzen. Sie ist das Gegengewicht gegen die Unbeschränktheit der Nachschußpflicht. Gleich dem Bergrechte (vgl. § 130 preuß. BergG.: Isay Kommentar Bem. A I zu § 130) kennt die GmbH. die Befugnis, sich von der Nachschußpflicht dadurch frei zu machen, daß der Gesellschafter der Gesellschaft seinen Geschäftsanteil zur Verfügung stellt. Diese soll im Wege der bevorzugten Vollstreckung hieraus Befriedigung suchen. Beim Abandon scheidet der Gesellschafter nicht aus der Gesellschaft aus wie bei der Kaduzierung. Bei dieser werden die gesellschaftlichen Rechte vernichtet (vgl. Anm. 25 zu § 21). Beim Abandon bleibt der Geschäftsanteil derselbe, der er war. Es ist der Geschäftsanteil des Abandonnierenden, der verkauft wird. Der Erwerber wird sein Rechtsnachfolger. Seine Erklärung ist nichts anderes, als daß er seine Haftung für den Nachschuß auf dieses Vollstreckungsobjekt beschränkt. Er ist und bleibt Schuldner, nur unter Befreiung seines sonstigen Vermögens.

Anm. 3. a) **Voraussetzung** ist:

α) daß der Gesellschafter seine Stammeinlage voll eingezahlt hat. Wenn auch nur ein Pfennig daran fehlt, so kann der Gesellschafter das Abandonrecht nicht ausüben. Da vor der Einforderung der ganzen Stammeinlage die Einforderung von Nachschüssen, die mit dem Rechte des Abandons verbunden ist, nicht stattfinden darf (§ 28 Abs. 2), so sind mit dem Verbote des Abandons in § 27 Abs. 1 die Fälle getroffen, in denen nach erfolgter Einforderung des Stammkapitals, aber vor geschehener Zahlung, die Nachschüsse eingerufen werden. Der Gesellschafter, der Stammeinlage und Nachschuß bezahlen soll, kann kaduziert und dadurch auch von der Nachschußpflicht befreit werden. Abandonnieren kann er nicht. Die Gesellschaft kann statt zu kaduzieren sowohl Einlage als auch Nachschuß einklagen. Erfolgt eine Zahlung ohne Angabe der Schuld, die getilgt werden soll, so ist, als den Intentionen des Schuldners und des Gesetzes entsprechend, die Tilgung der Stammeinlagepflicht als gewollt anzusehen. Rückstände von Zinsen oder Vertragsstrafen oder des Agios stehen der Ausübung des Abandonrechts nicht entgegen. Ebenso nicht die Nichterfüllung sonstiger Gesellschaftsverbindlichkeiten, z. B. etwaiger Verbindlichkeiten zur Deckung des Fehlbetrages an Einlagen anderer Gesellschafter gemäß § 16 Abs. 3 und § 24 oder an eigenen Einlagen, aber an anderen, als den in Rede stehenden. Denn ein Gesellschafter kann, wenn er auf zwei Geschäftsanteile den Nachschuß schuldig ist, auf den einen den Nachschuß zahlen und den anderen abandonnieren.

Anm. 4. Maßgebend ist der Zeitpunkt der Erklärung. In diesem muß ihre gesetzliche Voraussetzung gegeben sein. Die Abandonnierung ist nur wirksam, wenn spätestens gleichzeitig mit ihr die Zahlung der rückständigen Stammeinlage erfolgt. Nachholen derselben macht die Abandonerklärung nur wirksam, falls sie innerhalb der Frist erfolgt.

Eine Verfügungsstellung vor Volleinzahlung des Stammkapitals ist der Gesellschaft gegenüber unwirksam. Die Haftung des Gesellschafters beschränkt sich nicht auf

den Geschäftsanteil. Wird dieser, wenn auch in der irrigen Meinung, es liege ein voll- **§ 27.**
bezahlter Geschäftsanteil vor, versteigert, so ist zwar die Versteigerung gültig. Aber die Haftung des Gesellschafters für die Stammeinlage dauert fort. Ob von einer Haftung für den Nachschuß die Rede sein kann, hängt davon ab, ob der Zuschlag auch erfolgen darf, wenn weniger als der Nachschußbetrag geboten ist (vgl. unten Anm. 25).

β) daß er zur Zahlung des Nachschusses aufgefordert worden ist. Die Auf- **Anm. 5.**
forderung bedarf keiner Form. Sie ist eine empfangsbedürftige Willenserklärung. Verhindert der Gesellschafter den Empfang in einer gegen Treu und Glauben verstoßenden Weise, so gilt sie als zugegangen (vgl. Anm. 14 und 15 zu § 21). Ist der Aufenthalt des zahlungspflichtigen Gesellschafters unbekannt, so kann öffentliche Zustellung nach § 132 Abs. 2 BGB. erfolgen. Mit einer Fristbestimmung braucht sie nicht versehen zu sein.

b) **Die Ausübung des Abandonrechts.** Der Gesellschafter stellt innerhalb eines Monats **Anm. 6.**
nach der Aufforderung zur Einzahlung des Nachschusses den Geschäftsanteil der Gesellschaft zur Befriedigung aus demselben zur Verfügung. Weitere Voraussetzungen kennt das Gesetz nicht. Es schadet auch nichts, daß der Gesellschafter auf Zahlung des Nachschusses bereits rechtskräftig verurteilt ist. Stellt er nach Rechtskraft der Gesellschaft den Geschäftsanteil zur Verfügung, so steht ihm die Klage nach § 767 ZPO. bei dem Prozeßgerichte erster Instanz zu. Nur durch die freiwillige Zahlung erlischt das Abandonrecht.

α) Innerhalb eines Monats nach der Aufforderung. Ob die Aufforderung befristet war oder nicht, ist gleichgültig. Auch wenn sie nicht befristet war, die Aufforderung vielmehr sofortige Leistung verlangte, steht dem Gesellschafter zur Ausübung seines Abandonrechts die einmonatige Frist zu. Ebenso wenn die Frist kürzer bemessen war. Die Verfügungsstellung des Geschäftsanteils muß aber auch in diesen Fällen binnen eines Monats erfolgen. Der Gesellschafter kann sich nicht darauf berufen, daß die Aufforderung mangels jeder Frist oder infolge der Abkürzung derselben die Frist nicht in Lauf setze. Das Gesetz selbst knüpft an die Aufforderung allein den Beginn der Frist. Hat die Gesellschaft eine längere Frist als einen Monat gesetzt, so kommt dies dem Gesellschafter zugute. Die Frist kann ja auch im Gesellschaftsvertrage oder durch besonderes Abkommen des Gesellschafters mit der Gesellschaft verlängert werden. Nur die Verkürzung ist unzulässig. Aufforderung an den Gesellschafter, binnen einer länger als auf einen Monat berechneten Frist den Nachschuß zu bezahlen, muß auch als Verlängerung der Abandonfrist angenommen werden. Es würde gegen Treu und Glauben verstoßen, wollte die Gesellschaft, welche ihren Gesellschaftern ein Vierteljahr zur Zahlung der Nachschüsse Zeit gab, behaupten, daß innerhalb der letzten zwei Monate dieser Frist das Abandonrecht nicht mehr bestehe.

Wenn die Frist nicht innegehalten wird, so verliert der Gesellschafter das Recht. Aber die Gesellschaft kann noch nachträglich darauf eingehen (zust. Becker RundschGmbH. 1925, 212). Sie kann ja auch auf den ganzen Nachschuß verzichten (vgl. Anm. 18 zu § 26). Also kann sie auch die Haftungsart verringern. (A. M.Förtsch Anm. 4 u. Liebmann Anm. 2b. Allein wenn auch der Gesellschafter kein Recht mehr auf die Befreiung von der Nachschußpflicht hat, so kann doch die Gesellschaft sie ihm aus freien Stücken gewähren.) Als eine nachträgliche Annahme ist es anzusehen, wenn die Gesellschaft trotz Versäumnis der Frist die Versteigerung des Geschäftsanteils herbeiführt.

Das Abandonrecht kann von der Gesellschaft nicht dadurch vereitelt werden, daß sie mit ihrer Nachschußforderung gegen Ansprüche des Gesellschafters aufrechnet. § 27 gibt dem Gesellschafter das unentziehbare Recht, sich von der Nachschußverpflichtung durch Hingabe seines Geschäftsanteils zu befreien.

β) Er muß den Geschäftsanteil der Gesellschaft zur Befriedigung aus **Anm. 7.**
demselben zur Verfügung stellen. Der Inhalt der Erklärung muß diesen Willen deutlich erkennen lassen. Allgemeine Redewendungen wie, daß der Gesellschafter, wenn man solche Ansprüche an ihn stelle, lieber mit der ganzen Sache nichts zu tun

§ 27. haben möchte, und ähnliche Ausdrücke des Unwillens genügen nicht. Eine Form für diese Erklärung ist nicht vorgeschrieben. Eingeschriebener Brief wird zweckmäßig sein. Hat die Gesellschaft Anteilscheine ausgestellt, so sind diese ihr zurückzugeben. Doch ist dies nicht zur Wirksamkeit der Erklärung erforderlich. Die Scheine sind nicht Rechtsträger. Dies gilt auch dann, wenn die Statuten zur Gültigkeit der Abtretung eines Geschäftsanteils die Übergabe der Urkunde vorschreiben (vgl. Anm. 60 zu § 15). Die Bedeutung des Kuxes im Bergrecht ist eine andere (Isay Bem. A V 2a 2). Die Erklärung ist eine empfangsbedürftige Willenserklärung. Sie ist als solche nach den allgemeinen Regeln des bürgerlichen Rechts anfechtbar. Stellt sich heraus, daß eine gültige Nachschußpflicht nicht bestand, so liegt eine ungerechtfertigte Bereicherung der Gesellschaft vor. Der Geschäftsanteil ist zurückzugeben (§ 812 BGB.). Eine Anfechtung der Preisgabe wegen Gefährdung der Gläubiger findet nicht statt (RG. JW. 92, 155; Bolze 14 Nr. 210; a. M. Isay A V 2a). Ist die Versteigerung des zur Verfügung gestellten Geschäftsanteils jedoch erfolgt, so kann der Geschäftsanteil von dem dritten Ansteigerer nicht zurückverlangt werden. Denn das mit diesem abgeschlossene Rechtsgeschäft ist der Anfechtung oder Rückforderung nicht unterworfen. Die Abandonerklärung kann einem Geschäftsführer gegenüber erfolgen, auch wenn nur mehrere Geschäftsführer kollektiv berechtigt sind, die Gesellschaft zu vertreten (§ 35 Abs. 2). Die Erklärung ist nicht widerruflich, auch wenn sie vor Ablauf der einmonatigen Frist abgegeben ist. Die anderen Kommentare (Crüger-Crecelius Anm. 1, 2; Warneyer-Koppe Anm. zu § 27; Neukamp-Becker Anm. 5; Becker RundschGmbH. 1925, 212) lassen den Widerruf zu, bis die Preisgabeerklärung von der Gesellschaft angenommen sei. Das Gesetz verlangt aber eine solche Annahmeerklärung der Gesellschaft nicht, sondern knüpft die Rechtsfolgen des § 27 Abs. 1 allein an die Preisgabeerklärung. Der Gesellschafter ist nur berechtigt, noch nachträglich vor dem erfolgten Verkauf des Anteils den Nachschuß zu zahlen und dadurch den Geschäftsanteil aus der Haftung zu befreien. Denn er ist immer noch Gesellschafter und bezahlt seine Schuld. Eine Rückübertragung des Geschäftsanteils auf ihn findet nicht statt. Es bedarf keines Aktes darüber. Er befreit seinen Geschäftsanteil aus der Haftung für die Nachschußschuld. Demgemäß braucht auch die Gesellschaft, nachdem der Gesellschafter einmal der Gesellschaft den Geschäftsanteil zur Verfügung gestellt hat, den weiteren Teil der einmonatigen Frist nicht abzuwarten, sondern kann sofort zum Verkauf schreiten (Birkenbihl Anm. 3). Durch die Abandonerklärung wird die Nachschußschuld nicht getilgt. Es liegt keine Hingabe an Erfüllungs Statt vor. Die Gesellschaft ist nur berechtigt, aus dem Geschäftsanteil Befriedigung zu suchen. Sie ist hierauf beschränkt. Die Bewirkung der Sachhaftung ist etwas anderes als Erfüllung (für das Bergrecht a. M. RG. 51, 73; dagegen Isay I Bem. A I zu § 130 BergG.).

Anm. 8. γ) Berechtigt, die Erklärung abzugeben, ist jeder, der gegenüber der Gesellschaft als Gesellschafter gilt. War ein Geschäftsanteil nach Einforderung der Nachschüsse verkauft, aber noch nicht übertragen, so ist der Verkäufer, von dem der Nachschuß eingefordert wird, beim Verzuge des Käufers, der auch dem Verkäufer gegenüber die Zahlung des Nachschusses übernahm, auch dem Käufer gegenüber zum Abandon berechtigt. Der Käufer kann der Kaufpreisforderung nicht entgegenhalten, daß der Verkäufer die Erfüllung unmöglich gemacht habe, falls dem Verkäufer die positive Auslage des Nachschusses nicht mehr zugemutet werden konnte (vgl. für den Verkauf eines Kuxes RG. 18. 2. 05 in JW. 05, 279 Nr. 26). Berechtigt, den Geschäftsanteil der Gesellschaft zur Verfügung zu stellen, ist nur der Gesellschafter, nicht aber ein sonst am Geschäfsanteil berechtigter Nießbraucher, Pfandgläubiger usw. Diese können nur den Abandon durch Zahlung des Nachschusses abwenden. Der Inhaber der elterlichen Gewalt oder der Vormund eines minderjährigen Gesellschafters bedarf keiner Genehmigung des Vormundschaftsgerichts zum Abandon. Im Konkurse wird die Verfügung allerdings durch den Konkursverwalter ausgeübt.

2. **Die Gesellschaft erklärt den Geschäftsanteil als zur Verfügung gestellt.** Das ist eine Art Konfiskation. Von der Einziehung (Amortisation) ist auch sie dadurch verschieden, daß der Geschäftsanteil hier nicht untergeht. § 27. Anm. 9.

a) Es muß sich um einen voll einbezahlten Geschäftsanteil handeln (vgl. oben Anm. 3). Der Gesellschafter muß zur Einzahlung des Nachschusses aufgefordert worden sein (vgl. oben Anm. 5). Die besondere Voraussetzung aber ist, daß der Gesellschafter innerhalb der einmonatigen Frist nach der Aufforderung zur Einzahlung des Nachschusses weder von dem Abandonrechte Gebrauch machte, noch den Nachschuß zahlte.

b) **Die Ausübung des Rechts** kann durch die Gesellschaft erfolgen, wann sie will. Eine Zeitgrenze ist nicht festgesetzt. Solange der Nachschuß nicht gezahlt und der Geschäftsanteil nicht abandonniert ist, hat die Gesellschaft fortdauernd das Recht der Konfiskation. Es wird durch eingeschriebenen Brief ausgeübt. Die höhere Form der Zustellung durch den Gerichtsvollzieher ist zulässig. Bei unbekanntem Aufenthalte des Gesellschafters tritt öffentliche Zustellung nach § 132 Abs. 2 BGB. ein. Anm. 10.

c) **Als Zweck** dieses Rechts der Gesellschaft geben die Motive an, ihr „die Möglichkeit zu verschaffen, auch ohne Zustimmung des säumigen Gesellschafters sich auf kürzestem Wege aus dem Geschäftsanteile desselben zu befriedigen“. Der Vorteil besteht also darin, daß die Gesellschaft nicht erst ein Urteil zu erwirken braucht, der Nachteil aber, daß sie das Risiko des Verlustes auf sich nimmt. Sie wird daher nur dann zu diesem Schritte sich entschließen, wenn sie die Deckung des Nachschusses durch den Erlös aus dem Geschäftsanteil als zweifellos ansieht oder wenn dieser das einzige Zugriffsobjekt bildet. Anm. 11.

III. **Rechte und Pflichten der Gesellschaft und des Gesellschafters nach Abandonnierung oder Konfiskation des Geschäftsanteils.** Hier müssen die Rechte und Pflichten bis zum Verkauf oder Verkaufsversuch, das Recht zu verkaufen, von den Rechten und Pflichten seit dem Verkauf oder ergebnislosen Verkaufsversuch unterschieden werden. Anm. 12.

1. **Rechte und Pflichten bis zum Verkauf oder Verkaufsversuch.** Der Geschäftsanteil gehört zwar dem Gesellschafter noch, steht aber zur Verfügung der Gesellschaft zu ihrer Befriedigung. Anm. 13.

a) Der Geschäftsanteil gehört dem Gesellschafter. Er ist also nach wie vor Gesellschafter. Ihm stehen noch alle Rechte aus demselben zu. Eine etwa jetzt fällige Dividende ist an ihn zu bezahlen (a. M. Becker RundschGmbH. 1925, 213). Er haftet für alle ihm obliegenden Gesellschafterverbindlichkeiten, für etwaige Verpflichtungen gemäß § 16 Abs. 3 oder § 24, für etwaige Verpflichtungen aus § 3 Abs. 2. Er haftet allerdings auch für den rückständigen Nachschuß. Aber für diesen nur beschränkt. Die Gesellschaft ist nur noch berechtigt, sich aus dem ihr zur Verfügung gestellten Geschäftsanteil wegen des rückständigen Nachschusses zu befriedigen. Dieser ist das alleinige Haftungsobjekt. Durch den Fortfall der persönlichen Haftung des Gesellschafters werden auch alle anderen frei, die mit ihm oder für ihn haften. Also nicht nur Bürgen, sondern auch frühere Eigentümer des Geschäftsanteils. Ein Zugriff auf diese hätte den Rückgriff auf den derzeitigen Gesellschafter zur Folge. Auch ein Pfand, das dieser selbst der Gesellschaft für den Nachschuß bestellte, ist nicht mehr Befriedigungsobjekt (a. M. Isay Anm. 9). Allein die Preisgabe des Geschäftsanteils oder des Kuxes soll nicht die persönliche Haftung unmittelbar aufheben. Sie beschränkt die Befriedigung der Gesellschaft auf den Geschäftsanteil. Alle anderen Möglichkeiten der Befriedigung entfallen. Die Aufhebung der persönlichen Haftung ist nur die Folge dieser Hauptwirkung. Deshalb kann auch die Gesellschaft mit der Nachschußforderung nicht etwa gegen den Dividendenanspruch des Gesellschafters aufrechnen (ebenso Brodmann Anm. 1). Gerät der Gesellschafter nach der Abandonerklärung in Konkurs, so ist die Gesellschaft nicht Konkursgläubiger. Ihr steht eine persönliche Forderung an den Gesellschafter nicht mehr zu. Sie hat aber das Recht auf abgesonderte Befriedigung. (A. M. für das Bergrecht Isay I Bem. V 1 b. Aber daß die Gewerkschaft

§ 27. nur noch eine Sachhaftung, keine persönliche mehr geltend machen kann, schließt sowenig wie bei einer Grundschuld die Geltendmachung der Absonderung aus.) Ein zwischen der Gesellschaft und dem Gesellschafter über die Nachschußpflicht anhängiger Prozeß wird durch die Verfügungsstellung in der Hauptsache erledigt (Jsay BergG. I Bem. V 1a zu § 130). Für den Verkauf des Geschäftsanteils bedarf die Gesellschaft keines vollstreckbaren Titels.

Diese Haftungsbeschränkung tritt nicht bloß bei der Abandonerklärung, sondern auch bei der Konfiskation nach Abs. 1 Satz 2 ein. Das folgt aus dem Worte „ebenso", mit welchem der Satz 2 eingeleitet wird. Vorab aber aus der Absicht des Gesetzgebers (Motive S. 29). Infolge der Fortdauer seiner Haftung steht dem Gesellschafter immer noch das Recht zu, den Nachschuß zu bezahlen. Er kann dadurch den Geschäftsanteil aus dieser Haftung befreien (vgl. oben Anm. 7). Andererseits kann die Gesellschaft ihre Konfiskationserklärung nicht widerrufen. Sie hat mit ihrer Erklärung zu erkennen gegeben, daß sie fortan den Geschäftsanteil als alleiniges Haftungsobjekt betrachten will. Dabei bleibt es. Daß der Gesellschafter nach dem Abandon noch zahlen kann, beruht darauf, daß seine Rechtsstellung eine ganz andere ist. Er haftet ja noch immer, wenn auch nur mit dem Geschäftsanteil. Er erfüllt seine Haftungspflicht, wenn er zahlt. Sie ist ja dem Haftungsobjekte nach begrenzt. Also darf er zahlen und dadurch den Geschäftsanteil von der Haftung auslösen. Die gegenteilige Ansicht (Neukamp Anm. 5; auch Liebmann Anm. 4) beruht auf der Auffassung, daß in der Erklärung der Gesellschaft nur eine *Androhung* liege, es solle dem Gesellschafter sein Mitgliedsrecht entzogen werden. Die Gesellschaft wolle durch ihre Erklärung nur ein Recht auf den Geschäftsanteil erwerben, das sie jederzeit naturgemäß wieder aufgeben könne. Die Voraussetzung dieser Ansicht ist aber irrig. Die Gesellschaft droht nicht nur an. Sie erwirbt nicht nur eine ihr zu beliebiger Wiederaufgabe anfallende Befugnis. Sie muß den Geschäftsanteil so betrachten, als habe der Gesellschafter ihn ihr zur Verfügung gestellt. Dann müssen alle Folgen, die das Gesetz an die Preisgabe knüpft, eintreten. Damit auch die Beschränkung der Haftung des Gesellschafters auf den Geschäftsanteil.

Anm. 14. b) *Der Geschäftsanteil steht zur Verfügung der Gesellschaft*, damit sie sich aus diesem befriedige. Das ist mehr als nur ein Angebot der Übertragung. Der Gesellschafter begibt sich damit seiner Verfügungsmacht über den Geschäftsanteil. Daher kann er denselben nicht mehr wirksam veräußern oder belasten. Ebensowenig kann eine wirksame Vollstreckungspfändung erfolgen. Nur durch nachfolgende Zahlung des Nachschusses werden diese Verfügungen und Zugriffe wirksam.

Anm. 15. 2. **Das Recht zu verkaufen:** *Die Gesellschaft hat das Recht und die Pflicht, den abandonnierten oder konfiszierten Geschäftsanteil innerhalb Monatsfrist zu verkaufen.*

a) *Sie hat das Recht zu verkaufen, aber auch die Pflicht.* Bei einer Verzögerung haftet die Gesellschaft auf Schadensersatz. Der verzögerte Verkauf bleibt aber gültig. Durch den Gesellschaftsvertrag und durch spätere Abrede kann die Verkaufsfrist verlängert werden.

Die Gesellschaft muß dem Ansteigerer den Zuschlag erteilen . Auch dann, wenn ihre Statuten für die Übertragung des Geschäftsanteiles die Genehmigung der Gesellschaft fordern. Dadurch ist der Gesellschafter in der Lage, die nach den Statuten erforderliche und von der Gesellschaft verweigerte Genehmigung zur Veräußerung zu erzwingen. (Liebmann Anm. 7). Wenn die Gesellschaft dies nicht hält, so darf sie keine unbeschränkte Nachschußpflicht ausüben. Andererseits darf die Gesellschaft nicht einem Dritten, der sich in formloser Weise zur Übernahme eines Geschäftsanteils bei Erhöhung des Stammkapitals verpflichtet hat, einen ihr im Wege des Abandons überlassenen Geschäftsanteil zuweisen. Beides ist rechtlich und wirtschaftlich verschieden (RG. 21. 12. 01 RGZ. 50, 47).

Anm. 16. b) *Innerhalb eines Monats nach der Erklärung des Gesellschafters oder* der Gesellschaft, also nach der Abandon- oder der Konfiskationserklärung muß der Verkauf erfolgen. Die Frist beginnt mit dem Zeitpunkte, wo die Erklärung zugegangen ist. Neukamp-Becker Anm. 5a u. Liebmann Anm. 5 erklären den Zugang der Erklärung für unerheblich. Sie setzen die Frist bereits mit der Abgabe der Erklärung in Lauf. Es handelt sich aber um einseitige empfangsbedürftige Willenserklärungen. Sie werden erst wirksam, wenn sie dem andern Teile zugehen (zust. Brodmann Anm. 6). § 27.

c) Der Verkauf erfolgt im Wege der öffentlichen und, mit Zustimmung des Gesellschafters, der freiwilligen Versteigerung. Über öffentliche Versteigerung siehe Anm. 7 zu § 23. Die Zustimmung bedarf keiner Form. Sie kann auch im Gesellschaftsvertrage im voraus erteilt werden (§ 23). Eine Abänderung der Bestimmung des Gesetzes oder des Gesellschaftsvertrages über Art und Bedingungen des Verkaufes wirkt nur gegen diejenigen, welche ihr zugestimmt haben. Einstimmigkeit zur Gültigkeit überhaupt zu fordern (Birkenbihl Anm. 7), geht zu weit. Man braucht nicht weiter zu gehen als bei § 53 Abs. 3. Nicht Einstimmigkeit, sondern nur Zustimmung der Beteiligten ist gefordert. Beteiligt ist aber jeder Gesellschafter nur bei seinem Geschäftsanteil, nicht jeder der Gesellschafter bei dem Verkauf irgendeines Geschäftsanteils. Anm. 17.

Jeder, den der Gesellschaftsvertrag nicht ausschließt, kann als Bieter auftreten. Also auch der Gesellschafter selbst und die Gesellschaft. An letztere fällt zwar, falls der Nachschuß nicht erzielt wird, der Geschäftsanteil kraft Gesetzes. Sie kann aber auch sonst ein Interesse daran haben, ihn nicht in fremde Hände kommen zu lassen. Anm. 18.

d) Der Verkauf erfolgt für Rechnung des Gesellschafters. Der Geschäftsanteil gehört ihm zur Zeit des Verkaufs (oben Anm. 13). Daher ist ihm auch der nach Deckung der Verkaufsspesen und des rückständigen Nachschusses verbleibende Überschuß auszuzahlen (Abs. 2). Die Gesellschaft kann sonstige Forderungen an den Gesellschafter zur Aufrechnung stellen. Anm. 19.

Durch die Versteigerung erlöschen die Pfandrechte an dem Geschäftsanteil. An dessen Stelle tritt der Versteigerungserlös. Brodmann (Anm. 7) will hier das Surrogationsprinzip nicht Anwendung finden lassen. Er will dem Pfandgläubiger nur einen Anspruch darauf geben, daß ihm der bisherige Gesellschafter die Forderung auf den Überschuß, der bei der Versteigerung erzielt wird, verpfändet. Die Gleichheit der Fälle zwingt aber dazu, auf die Verwertung des Geschäftsanteils durch die Gesellschaft die §§ 1273 und 1247 Abs. 2 entsprechend anzuwenden. Hiergegen bildet die Möglichkeit, daß die Gesellschaft von der Verpfändung des Anteils nichts weiß, kein Gegenargument. Denn diese Möglichkeit besteht in gleicher Weise bei einem Pfandverkauf hinsichtlich der Rechte Dritter. Anm. 20.

Der Pfandgläubiger des Gesellschafters muß sich gefallen lassen, daß die Gesellschaft ihre Nachschußforderung zunächst abzieht. So auch die Motive 29 (ebenso Crüger-Crecelius Anm. 6 u. Liebmann Anm. 6). Es bedürfe einer ausdrücklichen Bestimmung hierüber nicht, „da der bezeichnete Grundsatz aus dem Zusammenhange der Bestimmungen des Entwurfes sich von selbst ergibt". Die abweichende Auffassung, welche für die Gewerkschaft des preußischen Rechts in der Rechtsprechung zur Anerkenntnis gelangte (RG. 3, 274), beruhe auf dessen Besonderheiten. Gegen diese Ansicht kämpft Neukamp (Anm. 6; vgl. auch Becker RundschGmbH. 1925, 213). Er will die Gesellschaft nur dann vorgehen lassen, wenn die Verpfändung nach Einforderung des Nachschusses erfolgt ist. Dann liege eine bereits fällige Forderung der Gesellschaft vor. Der Pfandgläubiger könne nicht mehr Rechte erwerben als dem Verpfänder zustehen. Anderenfalls aber müsse umgekehrt für das Verhältnis von Gesellschaft und Gesellschafter der Satz gelten, daß dieser jener nicht mehr Rechte übertragen könne, als ihm zustehen. Infolgedessen stelle er der Gesellschaft den Geschäftsanteil nur als pfandbelastet zur Verfügung. Es brauche sonst der Gesellschafter, der über die absolute Mehrheit der Stimmen verfüge, nur eine Einforderung von Nachschüssen zu beschließen. Er gibt seinen Anteil preis. Damit vernichtet er das von ihm bestellte Pfandrecht. Das wäre ein rechtliches Unikum. Es mag nun richtig sein, daß die Berufung der Motive auf § 16 Abs. 3 keine besonders glückliche ist. Es kann Neukamp zugegeben werden, daß die Nachschußpflicht vor der Einforderung nicht als bestehend bezeichnet werden kann. Der Schwerpunkt liegt nicht hierauf. Auch mit der Berufung auf § 16 Abs. 3 und die Fälligkeit der eingerufenen Nachschüsse ließe sich das Verschwinden des Pfandrechts hinter jenen nicht begründen. Der Pfand-

§ 27. gläubiger ist kein Rechtsnachfolger im Sinne des § 16. Er hat überhaupt nicht für die Schulden aus dem Geschäftsanteile einzustehen. Maßgebend ist die Rechtsnatur des Pfandobjektes. Dieses trägt die Eigenschaft in sich, daß es als dingliches Haftungsobjekt für die Nachschüsse vom Gesetze ausgestaltet ist. Auf ihm ruht kraft des Gesellschaftsvertrages die Last der Nachschüsse. So wie er beschaffen ist, muß der Pfandgläubiger den Geschäftsanteil nehmen. Der Gesellschafter kann ihn nicht durch Verpfändung anders gestalten. Das wirkt auch gegenüber dem Pfandgläubiger. Diesem kann das Gesellschaftsrecht nur so verpfändet werden, wie es besteht, wie es sich aus dem Gesellschaftsvertrage ergibt. Ohne das Vorrecht der Gesellschaft auf den Erlös wäre der Gesellschafter in der Lage, durch Verpfändung des Geschäftsanteils die Nachschußpflicht illusorisch zu machen. Es muß daher dieses Vorrecht als im Gesetze enthalten angesehen werden. Damit widerlegt sich das Neukampsche Argument aus dem Unrecht, das man dem Pfandgläubiger antut. Man würde ja bei dem Aufrechterhalten des Pfandrechts dem Gesellschafter das Mittel geben, eine bevorstehende, ihm nicht passende Nachschußforderung zu vereiteln. Und das ist wahrscheinlicher, als daß ein Gesellschafter, um ein Pfandrecht zu vernichten, seinen Geschäftsanteil preisgibt. Übrigens muß der Pfandgläubiger ja auch damit rechnen, daß der ihm verpfändete Geschäftsanteil **kaduziert** werde (Anm. 27 zu § 21). Auch hier wird man wohl kaum dem Falle begegnen, daß der Gesellschafter sich ausschließen läßt und die Einzahlung verliert, nur um seinen Pfandgläubiger zu schädigen.

Anders wenn die Nachschußpflicht erst nach der Verpfändung eingeführt wird. Hier kann der Gesellschafter ein einmal von ihm begründetes Recht nicht gefährden. Es besteht trotz der Nichtzahlung der Nachschüsse und des Abandons weiter (a. M. Brodmann Anm. 7; Neukamp-Becker Anm. 6 lassen in diesem Falle das Pfandrecht nicht an dem Geschäftsanteil, sondern an dem Erlös gemäß § 1247 BGB. bestehen).

Anm. 21. Der Pfandgläubiger muß sich die Aufrechnung mit Forderungen der Gesellschaft nicht gefallen lassen, die nicht aus dem Gesellschaftsverhältnisse entspringen. Staub (erste Auflage) war anderer Meinung. Er verwies auf §§ 1275 und 406 BGB. In jenem ist bei Verpfändung einer Forderung für das Verhältnis zwischen dem Pfandgläubiger und dem Drittschuldner auf die **Übertragung** eines Anspruchs verwiesen. In diesem ist bei der Abtretung einer Forderung dem Schuldner die Aufrechnung mit Gegenforderungen gegen den ursprünglichen Gläubiger gestattet, es sei denn, daß er diese Gegenforderung erst erwarb, als er schon Kenntnis von der Abtretung hatte oder daß dieselbe zwar in diesem Moment schon bestand, aber ihre Fälligkeit erst später als die der abgetretenen Forderung und erst nach der Kenntnis des Schuldners von der Abtretung dieser eintrat. Diese Bestimmungen passen aber auf den vorliegenden Fall nicht. Dem Gesellschafter steht keine Forderung an die Gesellschaft zu, sondern ein Mitgliedsrecht. Wegen dieses kann nicht aufgerechnet werden. Erst durch die Veräußerung des Geschäftsanteils entsteht das Recht des Gesellschafters auf den Erlös. Dieser tritt für den Pfandgläubiger an Stelle des Pfandobjektes. Eine Aufrechnung hiergegen mit anderen Forderungen der Gesellschaft an den Gesellschafter unter Zurückdrängen des Pfandrechts ist daher zu verneinen.

Anm. 22. **Der Verkauf erfolgt zwar für Rechnung des Gesellschafters, aber doch im Namen der Gesellschaft.** Dem Erwerber gegenüber haftet die Gesellschaft als Verkäuferin für irgendwelche Mängel (Birkenbihl Anm. 9; Brodmann Anm. 6; a. M. anscheinend Crüger-Crecelius Anm. 2).

Anm. 23. e) Mit dem **Verkaufe** hört die Mitgliedschaft des Gesellschafters auf. Er verliert alle Rechte an die Gesellschaft. Nur Rechte, die zu selbständigen Forderungen bereits erwachsen sind, bleiben ihm. So der Anspruch auf fällig gewordene Dividende (a. M. Becker RundschGmbH. 1925, 213). Aber er wird auch der am Geschäftsanteil haftenden Verpflichtungen ledig. Die rückständigen bestehen weiter (§ 16 Abs. 3). Doch von der rückständigen **Nachschußverpflichtung** bleibt er befreit. Das ist ja gerade der Zweck der Abandonerklärung und der **Konfiskation**.

Der Erwerber wird Gesellschafter. Einer Anmeldung seines Erwerbes bedarf es nicht. Der § 16 greift nicht Platz. Auf den Erwerber gehen alle Verpflichtungen über, welche an dem Geschäftsanteile haften, sowohl die rückständigen (§ 16 Abs. 3) als die noch nicht fälligen. Irrig ist die Ansicht Brodmanns (Anm. 1), der die Haftung des Erwerbers für rückständige Verpflichtungen nur eintreten lassen will, wenn dies in den Versteigerungsbedingungen vorgesehen ist. Der Erwerber erhält den Anteil mit allen auf ihm ruhenden Verpflichtungen. Nur ein Übergang mit Nachschußpflicht auf den Erwerber kommt nicht in Betracht (vgl. unten Anm. 25). Der von ihm gezahlte Kaufpreis hat die Nachschußforderung getilgt. **§ 27.** **Anm. 24.**

3. **Ist die Befriedigung der Gesellschaft durch den Verkauf nicht zu erlangen, so fällt der Geschäftsanteil der Gesellschaft zu.** **Anm. 25.**

a) Der Fall liegt schon dann vor, wenn nicht volle Befriedigung für den rückständigen Nachschuß zu erlangen ist. Die Fassung unterscheidet sich von der ähnlichen Bestimmung des preußischen Berggesetzes § 131 Abs. 3, das eine „Unverkäuflichkeit" des Kuxes voraussetzt, also Zuschlag bei jedem Gebote fordert. Bei der GmbH. ist jedoch nur dann, wenn volle Befriedigung erlangt werden kann, der Verkauf zu bewirken (zust. Becker RundschGmbH. 1925, 213). Sonst muß er unterbleiben. Ein einmaliger Verkaufsversuch genügt. Ist dieser erfolglos, so tritt die Rechtsfolge des Abs. 3 ein (Birkenbihl Anm. 8). Das ist nicht ohne Bedenken. Die Gesellschaft wird in den meisten Fällen keinen Bieter finden. Denn selten wird ein Geschäftsanteil abandonniert, der den vollen Nachschußbetrag noch wert ist. Offenbar deshalb wollen Brodmann (Anm. 8) und Becker (a. a. O.) den Verkauf auch zu einem geringeren Preis zulassen. Hierdurch würde aber eine Lücke entstehen. Die Nachschußforderung wäre nicht getilgt. Sie kann weder gegen die früheren Gesellschafter noch gegen den Erwerber geltend gemacht werden. Es muß daher, wenn nicht volle Befriedigung für den Nachschuß zu erzielen ist, der Anfall an die Gesellschaft eintreten. Statt des Geldes erhält sie den Geschäftsanteil an Zahlungs Statt (vgl. unten Anm. 26). Dadurch wird die Nachschußforderung getilgt. Die Gesellschaft muß dann den Geschäftsanteil auf eigene Rechnung verwerten.

b) Der Geschäftsanteil fällt der Gesellschaft zu, sobald die Ergebnislosigkeit eines Verkaufs in diesem Sinne feststeht. Der Geschäftsanteil geht in das Eigentum der Gesellschaft über. Er bildet ein Aktivum derselben im Gegensatz zu dem kaduzierten Geschäftsanteil. Eine Vollstreckung seitens eines Gläubigers der Gesellschaft in denselben ist möglich. Es liegt hier einer der Fälle des gesetzlich erlaubten Erwerbes eines eigenen Geschäftsanteils vor. Die Versteigerung durch die Gesellschaft entspricht dem Vollstreckungsverkaufe. Der Anfall des Geschäftsanteils an die Gesellschaft korrespondiert mit der Überweisung der Forderung an Zahlungs Statt im Vollstreckungsverfahren (ZPO. § 835). Der Anfall des Geschäftsanteils an die Gesellschaft erfolgt kraft Gesetzes. Eines besonderen Übertragungsaktes bedarf es nicht. Das Gesetz kennt auch nicht, wie das preußische Bergrecht, das eine Zuschreibung des abandonnierten Kuxes fordert, eine Überschreibung, also einen wenn auch nur einseitig den Übergang manifestierenden Akt. Der Übergang des Geschäftsanteils vollzieht sich mit der Tatsache, daß die Versteigerung resultatlos verlief. Dies ist mit dem Schlusse derselben, der Zeichnung des Protokolls, vorhanden. Nach diesem Momente ist auch eine Zahlung durch den Gesellschafter nicht mehr möglich. Er muß jetzt seinen Geschäftsanteil wieder von der Gesellschaft kaufen. **Anm. 26.**

Pfandrechte, welche der abandonnierende Gesellschafter auf den Geschäftsanteil gelegt, müssen durch den Anfall an die Gesellschaft untergehen (zust. Brodmann Anm. 7 u. 8). Staub (erste Auflage, Anm. 22 S. 178) ließ sie weiterbestehen. Er gab nur der Gesellschaft ein Vorrecht auf den Erlös wie beim Weiterverkaufe. Allein dieser erfolgt freihändig als gewöhnliches Geschäft seitens der Gesellschaft. Ihm kann keine das Pfandrecht tilgende Wirkung beigemessen werden. Sie kann nur einem vollstreckungsähnlichen Akte innewohnen. Das ist hier der Anfall an Zahlungsstatt an die Gesellschaft. Hierin liegt **Anm. 27.**

§ 27. der Rechtsvorgang, den Neukamp (Anm. 7) vermißt und der das Erlöschen des Pfandrechts nach sich zieht.

Anm. 28. c) Der Geschäftsanteil gehört nunmehr der Gesellschaft. Sie kann ihn für eigene Rechnung veräußern (Abs. 3 Satz 2). Die Art des Verkaufs steht in ihrem Belieben. Der Überschuß gehört ihr. Für die Übertragung gilt hier die Form des § 15, obwohl es sich um eine Übertragung durch die Gesellschaft handelt. Sie ist für diesen Fall Gesellschafter (vgl. Anm. 42 zu § 15).

Anm. 29. d) Die Wirkung des Anfallens des Geschäftsanteils an die Gesellschaft ist dieselbe wie die Versteigerung. Die Mitgliedschaft des Gesellschafters hört auf. Er verliert alle Rechte an die Gesellschaft, bis auf die zur selbständigen Forderung angewachsenen (fällig gewordene Dividendenforderungen). Von künftig fällig werdenden Verpflichtungen wird der Gesellschafter frei, für die rückständigen bleibt er haftbar (§ 16 Abs. 3). Ausgenommen sind stets die rückständigen Nachschußverpflichtungen. Diesem Enderfolg dient die Abandonnierung und die Konfiskation.

Anm. 30. Die Rechte aus dem Geschäftsanteil gehen an die Gesellschaft über. Die künftigen Dividenden fallen ihr zu und kommen dadurch allen Gesellschaftern zugute. Die Verpflichtungen ruhen (vgl. Anm. 14ff. zu § 33). Verkauft die Gesellschaft den Geschäftsanteil, so wird der Erwerber Gesellschafter, auch ohne Anmeldung. Auf den Erwerber gehen die Rechte und Pflichten über, die an dem Geschäftsanteil haften. Insbesondere die Verpflichtung zur Zahlung weiterer Nachschüsse. Es kann der Erwerber auch nicht etwa einwenden, daß die Gesellschaft durch den beim Verkauf erzielten Überschuß mit solcher späteren Forderung ganz oder zum Teil gedeckt sei.

Anm. 31. **Zusatz 1. Wenn ein Gesellschafter mehrere Geschäftsanteile besitzt,** so kann er auf den einen den Nachschuß zahlen und für den anderen das Abandonrecht ausüben. Die Gesellschaft kann den Gesellschafter wegen des einen Nachschusses verklagen, wegen des anderen das Konfiskationsrecht ausüben (vgl. oben Anm. 3). Die Erklärung muß deutlich zu erkennen geben, auf welchen Geschäftsanteil sie sich bezieht. Ist sie allgemein gehalten, so ergreift sie alle Anteile.

Anm. 32. Besitzen mehrere Personen einen Geschäftsanteil, so haften die mehreren Berechtigten solidarisch für den Nachschuß. Sie können nur gemeinschaftlich den Geschäftsanteil zur Verfügung stellen. Die Wahrung der Frist durch einen kommt den anderen nicht zugute. Wird die Abandonerklärung auch nur des einen mit Erfolg angefochten, so verliert auch die der anderen ihre Wirkung. Die Konfiskationserklärung der Gesellschaft kann an jeden von ihnen oder an ihren gemeinsamen Vertreter erfolgen.

Anm. 33. Durch eine zulässige Teilung eines Geschäftsanteils sind auch die Nachschußansprüche der Gesellschaft geteilt (Anm. 25 zu § 17). Die Gesellschaft kann jeden der Erwerber eines Teiles nur nach Verhältnis dieses Teiles wegen des Nachschusses in Anspruch nehmen.

Zusatz 2. Die Bestimmungen des § 27 über das Abandonrecht sind zwingendes Recht, sobald die Nachschußpflicht eine unbeschränkte ist. Unzulässig ist nicht nur der unbedingte Ausschluß der Befreiung von der Nachschußpflicht durch Preisgabe des Geschäftsanteils, sondern jede Erschwerung derselben. Ungültig ist also eine Kürzung der Erklärungsfrist, der Verzicht auf die besondere Aufforderung und der Beginn der Frist mit dem Einforderungsbeschlusse.

Anm. 34. **Zusatz 3.** Das Gesetz trifft keine Bestimmung für den Fall, daß sämtliche Gesellschafter von dem Rechte des Abandons Gebrauch machen. Die Frage wirft sich hier wie für das Bergrecht auf. Jedenfalls darf man nicht die Schnelligkeit der Entschließung und das hierdurch bedingte Eintreffen der Erklärungen entscheiden lassen, so daß der zuletzt Abandonnierende Gesellschafter bleiben muß (so Baron, ZschrBergrecht 10, 311 für die Gewerkschaft). Das Recht, seine Haftung auf den Geschäftsanteil zu beschränken, steht jedem Gesellschafter zu. Geben alle Gesellschafter ihre Geschäftsanteile auf, so muß die Gesellschaft, falls es ihr nicht gelingt, neue Mitglieder durch den Verkauf ihrer Geschäftsanteile zu erhalten, liquidiert werden. Die Frage, wer den Überschuß bekommt, wird kaum je praktisch werden. Denn Gesellschaften, welche noch einen solchen versprechen, werden wohl nicht § 27. ohne einen Gesellschafter bleiben. Die Möglichkeit eines allgemeinen Abandons ist ja auch nur dann denkbar, wenn nach der Einrufung der Nachschüsse die Gesellschaft von einem Unglück betroffen wird, das sie in ihrer Existenz vernichtet. Anderenfalls hätten die Gesellschafter die Einforderung der Nachschüsse nicht beschlossen und würden sie die Geschäftsanteile nicht alle hinwerfen.

Zusatz 4. Zu § 27 gehört Abs. 1 Satz 2 des § 28. Hier müßte er lauten: Anm. 35.

„In diesem Falle finden, soweit die eingeforderten Nachschüsse den bestimmten Betrag nicht überschreiten, die auf die Einzahlung der Stammeinlagen bezüglichen Vorschriften der §§ 21—23 Anwendung, es sei denn, daß der Gesellschaftsvertrag ein anderes festsetzt."

Die Erläuterung siehe in Anm. 10 zu § 28.

§ 28.

§ 28.

Ist die Nachschußpflicht auf einen bestimmten Betrag beschränkt, so finden, wenn im Gesellschaftsvertrage nicht ein anderes festgesetzt ist, im Falle verzögerter Einzahlung von Nachschüssen die auf die Einzahlung der Stammeinlagen bezüglichen Vorschriften der §§ 21 bis 23 entsprechende Anwendung. Das gleiche gilt im Falle des § 27 Absatz 4 auch bei unbeschränkter Nachschußpflicht, soweit die Nachschüsse den im Gesellschaftsvertrage festgesetzten Betrag nicht überschreiten.

Im Gesellschaftsvertrage kann bestimmt werden, daß die Einforderung von Nachschüssen, auf deren Zahlung die Vorschriften der §§ 21 bis 23 Anwendung finden, schon vor vollständiger Einforderung der Stammeinlagen zulässig ist.

In § 27 war die unbeschränkte Nachschußpflicht behandelt. Ihr entsprach das Abandon- **Einleitung.** recht. Den Gegensatz bildet die beschränkte Nachschußpflicht und die unbeschränkte mit beschränktem Abandon (§§ 28, 27 Abs. 4).

1. Bei der unbeschränkten Nachschußpflicht kann die strenge Durchführung derselben zu großer **Anm. 1.** Härte führen. Die Majorität könnte Nachschüsse in unbeschränktem Betrage beschließen und dadurch unbegrenzte vermögensrechtliche Belastungen der Gesellschafter herbeiführen. Gegen diesen Zustand mußte das Gesetz einen Schutz in dem Abandonrecht des § 27 gewähren. Bei der beschränkten Nachschußpflicht liegt dieses Bedürfnis nicht vor. Hier kennt der Gesellschafter von vornherein die Grenzen seiner Verpflichtung. Hier kann ohne unbillige Härten auch beim Nachschuß die gleiche Haftung wie für die Haftung für die Stammeinlage durchgeführt werden (§§ 21—23). Indessen liegt andererseits kein Grund vor, den Gesellschaftern zu verwehren, im Gesellschaftsvertrage die strengere Haftung des § 28 zu beseitigen. Sie können statt deren eine andere Haftung, auch die nach § 27, anordnen. Auf diesen Grundgedanken baut sich das Gesetz auf.

2. Im Falle verzögerter Einzahlung von Nachschüssen finden die §§ 21—23 **Anm. 2.** Anwendung.

a) Der säumige Gesellschafter kann nach vorheriger fruchtloser Aufforderung seines Geschäftsanteils für verlustig erklärt werden (§ 21 Abs. 1 u. 2). Für den unbezahlt gebliebenen Nachschuß haften die Rechtsvorgänger des säumigen Gesellschafters (§ 22). Anders aber, wenn die Nachschußpflicht erst nach der Veräußerung seines Geschäftsanteils eingeführt oder auf den jetzt in Frage stehenden Betrag erhöht worden ist. (So ausdrücklich österr. Ges. § 73 Abs. 2.) Blieb der Zugriff auf die Rechtsvorgänger ohne Erfolg, so kann der

§ 28. Geschäftsanteil wegen des rückständigen Nachschußbetrages verkauft werden (§ 23). Für den Ausfall bleibt der ausgeschlossene Gesellschafter verhaftet (§ 21 Abs. 3).

Anm. 3. b) Dagegen bleibt der § 24 außer Anwendung. Eine Kollektivhaftung der Gesellschafter für die nichtbezahlten Nachschüsse ist nicht angeordnet. Ebensowenig ist § 25 hier heranzuziehen. Vereinbarungen mit dem ausgeschlossenen Gesellschafter sind zulässig. Die verbliebene Schuld kann ihm erlassen werden. Die Gesellschaft kann die Kaduzierung unterlassen. Sie kann trotz des Ausschlusses die Vorgänger des Kaduzierten verschonen. Sie kann trotz des Ausfalls den Ausgeschlossenen seiner Haftung hierfür entlassen. Es handelt sich hier nicht um das für die Gläubiger zu sichernde Stammkapital. Nur im Verhältnis von Gesellschaft und Gesellschafter sind Nachschüsse und Stammeinlagen gleichgestellt.

Anm. 4. 3. **Das Statut kann „ein anderes" festsetzen.** Es kann die strenge Haftung aufheben. Es kann die Möglichkeit der Kaduzierung oder den Rückgriff der Rechtsvorgänger oder das Recht des Verkaufs oder die Haftung des ausgeschlossenen Gesellschafters für den Ausfall, ja es kann alle diese Vorschriften beseitigen. Es kann statt dessen bestimmen, daß gegen den säumigen Gesellschafter nur Klage und Zwangsvollstreckung stattfinden. Es kann an Stelle der Haftung aus § 28 die des § 27, also die Befreiungsmöglichkeit durch Abandonrecht und das Konfiskationsrecht der Gesellschaft oder eines der beiden Rechte anordnen. Es kann umgekehrt auch die Kollektivhaftung nach § 24, sogar die volle solidarische Haftung der Gesellschafter für die Nachschüsse anordnen. Der Gesellschaftsvertrag hat die größte Freiheit. Nur darf die Haftung selbst dadurch nicht beseitigt werden. Das wäre keine beschränkte Haftung, es wäre überhaupt keine Haftung mehr vorhanden.

Der Gesellschaftsvertrag kann endlich auch dem einzelnen Gesellschafter gegenüber auf die Kaduzierung verzichten. Ein Verzicht auf die Einziehung des Nachschusses selbst ist möglich. Deshalb muß auch eine Beschränkung der Haftung zulässig sein. Dasselbe wird auch gelten, wenn der Ausschluß bereits ausgesprochen ist. Die Gesellschaft hat stets noch das Recht, auf die Leistung zu verzichten. Sie muß es auch bezüglich der Folgen ihrer Nichterfüllung können.

Anm. 5. 4. Mit der Erreichung der statutarischen Grenze hört die Nachschußpflicht auf. Eine Kaduzierung ist unwirksam, wenn eine Zahlungspflicht nicht mehr bestand. Zuviel bezahlte Nachschüsse zählen bei der Berechnung nicht mit (§ 30 Abs. 2 Satz 4).

Anm. 6. 5. Besteht die Kaduzierung und die Haftung der Gesellschafter in vollem Umfange der §§ 21—23, so darf der Gesellschaftsvertrag anordnen, **daß die Einforderung von Nachschußzahlungen schon vor vollständiger Einforderung der Stammeinlagen zulässig ist.**

a) Zwei Voraussetzungen müssen vorliegen.

Die eine: Der Gesellschaftsvertrag muß dies ausdrücklich bestimmen. Es genügt nicht, daß die Haftung für die Nachschüsse gemäß §§ 21—23 besteht. Auch nicht, daß man dies wählt, um die Nachschüsse vor der Vollzahlung der Stammeinlagen einzuziehen. Dies muß im Gesellschaftsvertrag klar zum Ausdruck kommen.

Die andere: Die §§ 21—23 müssen Anwendung finden. Es muß die Anwendung des Kaduzierungsverfahrens gesichert sein. Hat der Gesellschaftsvertrag die Einforderung von Nachschüssen vor vollständiger Einforderung der Stammeinlage zugelassen, hat er aber die §§ 21—23 beseitigt, so ist die Bestimmung des Gesellschaftsvertrages ungültig.

Anm. 7. b) Beim Vorliegen beider Voraussetzungen ist die Einforderung von Nachschüssen vor Einforderung des Stammkapitals selbst möglich. Diese Maßregel ist wirtschaftlich gerechtfertigt für Fälle, „in welchen für eine Unternehmung in der ersten Zeit des Betriebes erhebliche Aufwendungen gemacht werden müssen, die nicht in unmittelbar ersichtlichen Gegenwerten, sondern nur in der mehr oder weniger entfernten Aussicht künftiger Erträgnisse ihre Ausgleichung finden. In derartigen Fällen kann es ein zweckmäßiges Auskunftsmittel sein, nach Einziehung eines Teiles des Stammkapitals zunächst zur

Einforderung von Nachschüssen zu schreiten, um aus diesen, d. h. unter Abschreibung von dem Konto der eingezogenen Nachschüsse, die entstehenden Ausgaben zu bestreiten" (Motive 17). **§ 28.**

c) Sind die Kaduzierungsvorschriften bei der Einziehung der Nachschüsse auch nur beschränkt, so ist es unzulässig, vor vollständiger Einforderung der Geschäftsanteile die Einziehung der Nachschüsse zu beschließen (Motive). Dazu genügt der Ausschluß der Haftung der Vormänner, weil auch alsdann „die Haftung der Vormänner für den später einzuziehenden Rest der Stammeinlage hinfällig würde". Nicht gehindert aber ist die Gesellschaft, wenn sie auch statutarisch nicht die Haftungsregeln ändern darf, bei der Einziehung der Nachschüsse die Rechtsvorgänger aus der Haftung zu entlassen. Sie kann dann trotzdem den kaduzierten Anteil versteigern. Auch dann werden die Rechtsvorgänger des Kaduzierten von der Haftung für die Stammeinlage frei. Nur der Kaduzierte bleibt für den Ausfall haftbar. Haftbar wird der neue Erwerber für die noch ausstehende Stammeinlage. Dasselbe tritt übrigens ohne Paktieren zwischen der Gesellschaft und den Rechtsvorgängern ein. Wenn diese nach ordnungsgemäßer Aufforderung (§ 22) nicht bezahlen, so schreitet die Gesellschaft zur Versteigerung. Auch dann sind durch diese, die für die Nachschußforderung erfolgt, die Rechtsvorgänger frei von der Haftung für die Stammeinlage. Für den Ansteigerer und mit ihm beginnt eine neue Kette von Geschäftsanteileignern. **Anm. 8.**

d) Nachschüsse, die vor Vollzahlung des Stammkapitals eingezogen sind, können vor dessen vollständiger Einzahlung nicht zurückgezahlt werden (§ 30 Abs. 2). **Anm. 9.**

4. **Auch bei unbeschränkter Nachschußpflicht gelten die Vorschriften des** § 28, wenn das Abandonrecht und das Konfiskationsrecht des § 27 auf den Fall beschränkt sind, daß die Nachschüsse einen bestimmten Betrag überschreiten (§ 27 Abs. 1 Satz 2). Die Gesellschafter und Rechtsvorgänger haften gemäß §§ 21—23 für den rückständigen Nachschußbetrag. Der Gesellschaftsvertrag kann ein anderes festsetzen (vgl. oben Anm. 2 und 3). Sind die §§ 21—23 durch Gesellschaftsvertrag nicht ausgeschlossen, so kann dieser die Zulässigkeit der Einforderung von Nachschüssen vor vollständiger Einforderung der Stammeinlagen anordnen (vgl. oben Anm. 5 bis 7). Sobald die Nachschüsse das Maximum, für welche das Gesetz die Ausschließung des Abandons gestattet, überschreiten werden, ist der § 28 unanwendbar. Bestimmungen eines Gesellschaftsvertrages, die zur Umgehung des Gesetzes und zu Ausschließung des Abandonrechts auch bei unbeschränkter Nachschußpflicht nur eine scheinbare Grenze durch Setzung einer in Wirklichkeit nie zu erreichenden Ziffer, z. B. des Hunderttausendfachen, einführen, sind unwirksam. Solche Nachschußpflicht muß als eine unbeschränkte angesehen werden. **Anm. 10.**

§ 29. **§ 29.**

Die Gesellschafter haben Anspruch auf den nach der jährlichen Bilanz sich ergebenden Reingewinn, soweit nicht im Gesellschaftsvertrage ein anderes bestimmt ist.

Die Verteilung erfolgt nach Verhältnis der Geschäftsanteile. Im Gesellschaftsvertrage kann ein anderer Maßstab der Verteilung festgesetzt werden.

Für den Anspruch der Gesellschafter auf den Reingewinn sind zwei Vorschriften gegeben. Die Gesellschafter haben Anspruch auf den nach der jährlichen Bilanz sich ergebenden Reingewinn (Abs. 1). Die Verteilung erfolgt nach Verhältnis der Geschäftsanteile (Abs. 2). **Einleitung.**

I. (Abs. 1.) **Die Gesellschafter haben Anspruch auf den nach der jährlichen Bilanz sich ergebenden Reingewinn, soweit nicht im Gesellschaftsvertrage ein anderes bestimmt ist.** In gleicher Weise § 82 Abs. 1 österr. Gesetz. **Anm. 1.**

§ 29. 1. Das Recht auf Auszahlung des Reingewinnes (Dividendenbezugsrecht). Es ist ein Ausfluß des Mitgliedschaftsrechts. Es setzt sich in ein Forderungsrecht mit bestimmtem Inhalte um, wenn die Voraussetzungen dazu gegeben sind. Diese sind gesetzlicher und statutarischer Art.

Anm. 2. a) Die gesetzlichen Bedingungen. Es muß ein den Vorschriften des Gesetzes und des Gesellschaftsvertrages entsprechender Jahresgewinn vorhanden sein. Er muß durch eine von den Geschäftsführern gefertigte Bilanz nachgewiesen werden (§ 41). Diese muß die Genehmigung der Gesellschafter gefunden haben (§ 46 Abs. 1). Das wesentlichste ist das Vorhandensein des Gewinnes. Der Gesellschafter soll ja von diesem seinen Anteil erhalten. Es muß also das Geschäftsjahr umlaufen sein. Es muß einen Gewinn für die Gesellschaft ergeben haben. Mangelt es daran, so fehlt die Grundlage des konkreten Anspruchs. Fehlt diese Voraussetzung, so besteht kein Anspruch auf den Reingewinn. Das Vorliegen eines Gesellschafterbeschlusses, der die Bilanz feststellt, ändert daran nichts. Ist die Bilanz unrichtig, war trotz derselben kein Gewinn vorhanden, so besteht auch kein Recht auf die Verteilung. Doch ist dabei zu unterscheiden, ob die Bilanz und Gewinnfeststellung gegen ein zwingendes oder ein nachgiebiges Gebot verstößt (Näheres hierüber Anm. 1 ff. zu § 42 und 15 zu § 45). Im ersteren Falle ist der Beschluß der Bilanzgenehmigung nichtig. So wenn die Geschäftsführer die Immobilien statt zum Erstehungspreise zu einem angeblich der Lage des Grundstücksmarktes entsprechenden Betrage einstellen, wenn sie Kosten der Organisation oder sonstige Verlustposten als Aktivum aufnehmen, etwa die Abfindung für einen entlassenen Geschäftsführer (vgl. auch den in RGZ. 91, 408 behandelten Fall). Hier bedarf es weder einer Wiederaufhebung durch Beschluß der Gesellschafter noch einer Anfechtung durch einen derselben. Es kann sich jeder auf die Nichtigkeit berufen. Auch der Geschäftsführer kann es. Auch der Erwerber des Gewinnanspruchs und der Inhaber des Dividendenscheines muß sie gelten lassen. Ein Beschluß der Gesellschafter, der diese nichtige Bilanz beseitigt, hat nur die Bedeutung eines Anerkenntnisses. Er schafft nicht erst die Unwirksamkeit. Anders bei dispositiven Bestimmungen und deren Verletzung. Es ist hier zulässig, daß die Gesellschaft den Beschluß der Genehmigung der Bilanz und der Verteilung des Reingewinns wieder aufhebt, wenn sie sich von dessen Unrichtigkeit überzeugt (RundschauGmbH. 1912, 29, wobei jedoch unzutreffend § 119 BGB. angewandt ist). Es kann ein Gesellschafter den Beschluß, der Bilanz und Gewinn feststellt, anfechten. Beide Mittel stehen unabhängig nebeneinander. Die Wiederaufhebung ist ein Widerruf einer Feststellung der Rechte der Gesellschafter wegen Irrtums. Die Anfechtung des Bilanzgenehmigungsbeschlusses ist das Recht des Einzelgesellschafters. Sie setzt Verletzung von Gesetz oder Statut voraus (Anm. 15ff. zu § 45). Die Wiederaufhebung des Bilanzgenehmigungsbeschlusses ist das Recht der Gesamtheit der Gesellschafter. Die vorherige Aufhebung nimmt der Anfechtung den Boden. Ein aufgehobener Beschluß kann nicht mehr angefochten werden. Umgekehrt ist für die Wiederaufhebung kein Raum, wenn eine rechtskräftige Anfechtung vorliegt. Die Wiederaufhebung ist möglich, auch wenn kein Anfechtungsrecht gegeben ist. So wenn alle Gesellschafter die Bilanz genehmigt hatten. Infolge der Aufhebungsmöglichkeit ist im Anfechtungsprozesse auch ein Vergleich statthaft. Das Nachgeben auf seiten der Gesellschaft kann in einer Wiederaufhebung der Genehmigung der Bilanz bestehen. Nur kann dieses nicht durch den Geschäftsführer, sondern nur durch die Gesellschafter vollzogen werden. Es liegt einer der Verträge vor, deren Vollzug kraft Gesetzes nur durch die Gesellschafterversammlung denkbar ist. Ein Widerspruchsrecht eines Gesellschafters, der auf der Auszahlung der einmal festgesetzten Dividende beharrt, ist gegen die Aufhebung nicht gegeben. Er müßte, wenn nicht der besondere Schutz des gutgläubigen Empfangs ihm zur Seite steht (§ 32), auch die empfangene Dividende wieder herausgeben, wenn sie ohne Vorhandensein einer gültigen Bilanz verteilt worden wäre. Um so mehr muß die Gesellschaft berechtigt sein, die nicht ausgeschüttete,

zu Unrecht festgesetzte Dividende zu widerrufen. Das Anerkenntnis der Dividendenschuld § 29.
wird durch die Feststellung des Irrtums über die Bilanz hinfällig (§ 812 Abs. 2 BGB.). Nur wenn die Gesellschafter, wissend, daß die Bilanzansätze unzutreffend waren, sie genehmigten, sind sie daran gebunden. Hätten die Gesellschafter einstimmig die Waren nicht zum Einkaufspreise, wie das Statut vorsieht, sondern zum Verkaufspreise angesetzt, so ist eine Abänderung dieses Beschlusses auch nur einstimmig möglich. Hier ist der Gesellschafterversammlung der Widerruf eines Anerkenntnisses wegen Irrtums durch Mehrheitsbeschluß versagt. Stellt sich nachträglich heraus, daß die Geschäftsführer ohne Kenntnis der Gesellschafter die Verkaufspreise statt der Gestehungskosten einsetzten, so kann die Wiederaufhebung durch Mehrheitsbeschluß geschehen. Dazu genügt und ist erfordert, daß sich die Mehrheit der Gesellschafter in diesem Irrtum befand. Kenntnis einzelner Gesellschafter schadet nicht. Dem Gesellschafter, der nicht zugestimmt hatte, steht stets die Anfechtung zu, auch wenn die anderen Gesellschafter wissentlich in gesellschaftsvertragswidriger Weise Beschlüsse faßten. Hier schadet seine Kenntnis von der Unzulässigkeit des Verfahrens nichts. Sie wird Voraussetzung für seinen Widerspruch sein. Ist die Anfechtung an eine Frist durch den Gesellschaftsvertrag gebunden, so erlischt sie auch hier mit dem Ablauf der Frist. Ein Gesellschafter, der in Unkenntnis der Sachlage die Bilanz genehmigt, kann seine Zustimmung wegen dieses Irrtums nicht anfechten (vgl. Anm. 9 zu § 45). Damit ist auch eine Anfechtung des Beschlusses selbst ausgeschlossen. Nur wenn er getäuscht wurde, ist wieder für die Anfechtung seiner Stimmabgabe Raum. Das Recht der Anfechtung steht nur dem Gesellschafter zu. Es geht nicht auf den Erwerber seines Gewinnanspruchs über. Es kann nicht von dem Inhaber der Dividendenkupons ausgeübt werden (RGZ. 14, 170; RG. 16. 4. 20 RGZ. 98, 318; vgl. Anm. 44 zu § 15 und Anm. 14 zu Exkurs I zu § 14).

Der Geschäftsführer kann die Auszahlung der Dividende verweigern, wenn der Beschluß der Gewinnfeststellung gegen ein zwingendes Gebot verstößt. Ein nichtiger Beschluß ist auch nicht für den Geschäftsführer bindend. Das gilt auch, wenn sich die Gesellschafter dieses Verstoßes nicht bewußt waren. So wenn sich ergibt, daß versehentlich mehrere Ausstände doppelt eingesetzt, daß Verbindlichkeiten übersehen waren. Der Geschäftsführer wird auch ohne einen erneuten Beschluß der Gesellschafterversammlung den Ansprüchen der Gesellschafter entgegentreten dürfen. Der Beschluß enthält nur eine Feststellung. Er beseitigt nicht erst deren Bilanzgenehmigung. Anders bei Verstößen gegen dispositive Vorschriften. Hier kann der Geschäftsführer sich nicht ohne einen abändernden Beschluß der Gesellschafter oder eine Anfechtung auch eines derselben über die Gewinnfeststellung hinwegsetzen. Er muß die Gesellschafterversammlung berufen. Lehnt diese die Aufhebung ab, so bleibt es bei der Dividende. Nur wenn sich durch die Auszahlung das Stammkapital mindern würde, muß er stets diese unterlassen (vgl. Anm. 8 zu § 30; a. M. Liebmann Anm. 5). Dann liegt aber keine Weigerung der Auszahlung wegen unrichtiger Bilanzfeststellung unter Verletzung nachgiebiger Vorschriften vor.

Bei Schätzungen wird die Bilanz wegen Verschiedenheit der Auffassung durch die Behauptung von Unrichtigkeiten weder widerruflich noch anfechtbar. Ebensowenig darf der Geschäftsführer die Ausschüttung des Gewinnes weigern (vgl. für das Aktienrecht RGZ. 72, 33). Es kann nicht eine neue Gesellschafterversammlung die Bilanzgenehmigung wieder beseitigen, weil sie ein Patent niedriger aufnehmen, eine Beteiligung an einem anderen Unternehmen geringer bewerten will. Anders aber, wenn es sich um Verstöße gegen die Vorschriften des Gesetzes über die Bewertung handelt. Es stellt sich heraus, daß man irrtümlich eine faule Forderung voll einstellte. Gesetzwidrig ist die Bilanz auch dann, wenn der Beschluß absichtlich einen Gesellschafter in seinem Anspruch auf Gewinn benachteiligt. Es wird nicht mehr nach dem vernünftigen Ermessen geschätzt, sondern willkürlich. Es liegt nicht eine Schätzung nach dem objektiven Maßstabe vor, sondern eine Herauf- oder Herabsetzung ohne Grundlage. So wenn die Gesellschafter beschließen, die Ausstände nur zu 50 Proz. einzusetzen, ohne daß die Lage der Schuldner

§ 29. dies erfordert. Oder wenn sie auf Warenkonto eine Abschreibung vornehmen, die nicht durch ein Sinken des Wertes begründet ist (vgl. RG. 6. 12. 18 RGZ. 94, 213 über die Unzulässigkeit eines „Sonderabschreibungskontos"). In diesen und ähnlichen Fällen verfügt hierdurch die Mehrheit über einen Teil des Reingewinnes. Das ist ebenso unstatthaft wie ein Zuschlag zu dem nach den Regeln der Gesetzes geschätzten und berechneten Werte. Nur ist zu beachten, daß da, wo der Reingewinn zur Verfügung der Mehrheit steht (unten Anm. 4), die Minderbewertung sich ebenfalls als eine solche Disposition darstellt. Sie wird nicht zulässig, weil sie den Vorschriften des Gesetzes entspricht, sondern weil der Gesellschaftsvertrag die Gesellschaft von diesen befreit hat. Ein wesentlicher Unterschied zeigt sich, sobald die Verfügung über den Reingewinn nicht schlechthin den Gesellschaftern zugesprochen ist, auch darin, ob es sich um eine unzulässige Erhöhung oder Verminderung des Gewinnes handelt. Im ersteren Falle ist die willkürliche Bewertung gegen zwingende Vorschriften des Gesetzes. So ist bei der Einstellung fauler Posten zum vollen Betrag der Gesellschafterbeschluß, auch der in Kenntnis der Sachlage erfolgte, ungültig. Er kann aufgehoben oder angefochten werden. Anders bei der Herabsetzung. Hier kann nur der benachteiligte Gesellschafter anfechten. (Vgl. Anm. 1 ff. zu § 42.)

In der gleichen Weise zeigt sich die Freiheit der Bewertung in der Behandlung zweifelhafter Passiven. Hier ist es wieder Sache der pflichtmäßigen Schätzung, ob und zu welchem Betrage ein Anspruch gegen die Gesellschaft in die Bilanz aufzunehmen ist. Auch hier hat es bei dem einmal gefaßten Beschluß sein Bewenden. Auch hier darf die Willkür nicht an Stelle der vom Gesetze verlangten Würdigung treten. Ein Anspruch, zu dessen Zahlung die Gesellschaft in zwei Instanzen verurteilt ist, darf nicht, um die Bilanz zu bessern, aus dieser fortgelassen werden, da noch die Revision zulässig ist. Umgekehrt darf nicht eine aussichtslose Forderung eines Dritten, um den Reingewinn herabzusetzen, mit einem hohen Betrag berücksichtigt werden. Es ist einerlei, ob dieser Posten unter den Kreditoren erscheint oder zur Bildung einer Reserve benutzt wird. Diese ist keine echte Reserve. Die Gesellschafter können die Beschlüsse anfechten. Sobald eine unzulässige Erhöhung des Reingewinns durch Auslassen eines Passivums erfolgt, ist die Bilanzgenehmigung widerruflich. Der Geschäftsführer hält die Zahlung zurück. Ist das Bilanzergebnis geringer geworden, so wird wieder der Gesellschafter, der dagegen stimmt, das Recht der Anfechtung haben. Die Gesellschafter als Mehrheit können die Bilanz nur beseitigen, wenn sie in Unkenntnis der Sachlage handelten.

Anm. 3. Die Ausschüttung des Gewinns findet nur auf Grund einer genehmigten Bilanz statt. Der Geschäftsführer hat sie rechtzeitig (§ 41 Abs. 2) aufzustellen. Einen Anspruch hierauf hat nur die Gesellschaft. Die Gesellschafter können bei einer Vernachlässigung dieser Pflicht des Geschäftsführers nur als Gesamtheit vorgehen. Sie können den Geschäftsführer auffordern, die Bilanz zu fertigen. Sie können ihn dabei insgesamt oder durch Ausschüsse oder Beauftragte überwachen (§ 46 Ziff. 6). Sie können ihn bei Weigerung oder Verschleppung absetzen. Sie haben aber kein Recht, an Stelle des Geschäftsführers die Bilanz selbst zu machen. Der einzelne Gesellschafter hat keinerlei Recht gegen den Geschäftsführer. Es kann ihm durch den Gesellschaftsvertrag gegeben sein. Fehlt es daran, so kann er nur die Gesellschafterversammlung berufen und an diese Anträge stellen (§ 50). Lehnt die Mehrheit diese ab, so ist er machtlos. Wenn er weniger als ein Zehntel des Stammkapitals besitzt, fehlt ihm auch das Recht, die Versammlung zu erzwingen. Ist der Geschäftsführer im Besitze der Mehrheit der Geschäftsanteile oder deckt ihn die Mehrheit, so kann die Minderheit eine Verschleppung oder Weigerung der Bilanzerrichtung nicht hindern. Man kann dem Einzelgesellschafter nicht das Recht geben, ohne Bilanz seinen Anteil an dem von ihm behaupteten Reingewinn einzuklagen. Dem widerspricht das Interesse der Gläubiger und die Kontrolle der Erhaltung des Stammkapitals. Bei einer Weigerung der Mehrheit, auf eine Errichtung der Bilanz hinzuwirken, hat der Gesellschafter nur die Auflösungsklage (§ 61). Wenn dieses Verhalten der anderen Gesellschafter die Schädigung der Minderheit bezweckt, wenn man diese durch Entziehung des Gewinnanteils dem Willen der Mehrheit gefügig macht, sie zur Aufgabe von Sonderrechten, zur Zustimmung zur Statutenänderung zwingen will, so liegt eine unerlaubte Handlung vor. Die Mehrheit handelt in einer gegen die guten Sitten verstoßenden Weise. Sie ist zum Schadensersatz verpflichtet. Besitzt der Einzelgesellschafter weniger als das zur Auflösungsklage nötige Zehntel des Stammkapitals, so ist er auf den Schadensersatz beschränkt. § 29.

Dasselbe gilt, wenn zwar die Bilanz vorgelegt, die Genehmigung der Gesellschafter aber nicht erteilt wird. Die Gesellschafter haben die Bilanz festzustellen (§ 46 Ziff. 1). Sie können hierzu nicht gezwungen werden. Sie verschieben diesen Beschluß von einer zur anderen Gesellschafterversammlung. Oder sie verweigern ohne Gründe die Genehmigung. Die Mehrheit stimmt stets mit Nein. Es gibt keine Klage des einzelnen Gesellschafters, daß die Versammlung abstimmen müsse. Ebensowenig, daß sie die Bilanz zu genehmigen habe. Es ist auch keine Anfechtung des Beschlusses möglich. Das Gesetz ist nicht verletzt, wenn die Mehrheit, ohne die einzelnen Posten zu bemängeln, es ablehnt, die Genehmigung auszusprechen. Auch hier bleibt nur die Klage auf Auflösung verbunden mit dem Anspruch auf Schadensersatz. Es gibt keine Pflicht der Gesellschafter, eine Bilanz gutzuheißen. Nur bei der Genehmigung einer Bilanz, die gegen Gesetz oder Statut verstößt, ist dem verletzten, nicht zustimmenden Gesellschafter die Anfechtung gegeben (oben Anm. 1 u. Anm. 15ff. zu § 45). Die Mehrheit hat in der Ablehnung der Bilanzgenehmigung ein starkes Druckmittel gegenüber der Minderheit. Sie wendet es aber auf die Gefahr hin an, die Gesellschaft zu zerstören.

Bei der Feststellung des Reingewinnes hat jeder Gesellschafter das Recht, mitzustimmen. Selbstredend nur wieder, soweit nicht der Gesellschaftsvertrag anders bestimmt. Daraus allein, daß dem Gesellschafter kein Anspruch auf den Gewinn zusteht oder daß er von dem konkreten Ergebnisse infolge der statutarischen Bestimmungen, insbesondere bei dem Vorhandensein von Vorzugsanteilen oder sonstigen Vorberechtigten, nichts erhält, kann kein Ausschluß seines Stimmrechts gefolgert werden. Er mag kein Interesse daran haben, daß die anderen Berechtigten Gewinn erhalten. Daher mag er geneigt sein, die Schätzungen niederzuhalten. Er übt hierbei nur sein Recht aus.

Nicht erforderlich ist neben der Genehmigung der Bilanz und der Festsetzung des Reingewinns ein besonderer Beschluß der Gesellschafter, den Reingewinn zu verteilen. Dem Gesellschafter steht kraft Gesetzes ein Anspruch auf den Anteil am Reingewinn zu. Allerdings sieht das Gesetz auch diesen Beschluß der Gesellschafter vor (§ 46 Ziff. 1). Aber aus dieser Erwähnung neben der Feststellung der Bilanz folgt nicht, daß dieser Beschluß ebenfalls Voraussetzung des Anspruchs sei (vgl. Anm. 3ff. zu § 46; a. M. RG. 17. 12. 15 RGZ. 87, 383 und 16. 4. 20 RGZ. 98, 320 sowie RFinH. 4. 5. 23 Bd. 12, 121; a. M. auch Brodmann Anm. 3, Warneyer-Koppe Anm. 1; Neukamp-Becker Anm. 2b; dagegen Hachenburg in JW. 1916, 409 Bem. zu 11; zust. Liebmann Anm. 2). Der Beschluß, die Dividende zu verteilen, hat formelle Bedeutung. Er ist die Anerkennung einer Zahlungspflicht, die durch die Feststellung der Bilanz eintrat. Sie ist so wenig, wie bei anderen Forderungen das abstrakte Anerkenntnis, eine Voraussetzung des Anspruchs. Aber sie gibt demselben eine feste Grundlage. Unterbleibt ein solcher ausdrücklicher Beschluß, so kann der Geschäftsführer dennoch verteilen. Er muß es auf Verlangen der Gesellschafter. Zur Klage genügt die Vorlage der Bilanz. Aus dieser ergibt sich der Reingewinn. Aus diesem der Betrag, den der Gesellschafter beansprucht. Beschließen die Gesellschafter entgegen dem Gesetze, den Gewinn nicht zu verteilen, so verletzen sie dieses. Sie verletzen auch ein Sonderrecht des Gesellschafters. Dieser kann auch dann ohne anzufechten die Klage auf Zahlung erheben (Anm. 22 zu § 14, Anm. 1 zu § 32).

Der Gesellschaftsvertrag kann anordnen, daß ohne eine ausdrückliche Genehmigung durch die Gesellschafter die Verteilung unstatthaft ist. Dann ist der Anspruch ohne den Beschluß undurchführbar. Der Fall liegt wieder dem der Weigerung der Bilanz-

§ 29. genehmigung gleich. Der Gesellschaftsvertrag kann dieses Recht einem anderen Organ übertragen, namentlich dem Aufsichtsrat. Er kann einen Dritten damit betrauen. So den Syndikus. Dann gilt stets das gleiche. Auslegungsfrage ist hier, ob eine solche statutarische Bestimmung nicht mehr bedeutet als die formelle Genehmigung der Auszahlung. Es kann darin eine Aufhebung des Dividendenanspruchs enthalten sein. Diese ist von der Genehmigung materiell abhängig. Das letztere hat das RG. zutreffend für das Aktienrecht angenommen (RGZ. 40, 35).

Weiteres über den Fall, daß die Dividende unrichtig festgesetzt ist, siehe Anm. 1 zu § 32.

Anm. 4. b) Die statutarische Bedingung. Der Jahresgewinn darf nicht nach dem Gesellschaftsvertrage für andere Zwecke bestimmt sein. Neben dem positiven Erfordernis steht das negative. Der Anspruch des Gesellschafters auf den Gewinnanteil ist nicht zwingend. Der Gesellschaftsvertrag kann ihn aufheben oder beschränken. Doch muß die Gesellschaft, welche eine solche Änderung behauptet, dies beweisen. Zur Klagebegründung gehört dieses Moment nicht. Sie bedarf nur der Behauptung der genehmigten Bilanz (oben Anm. 2). Für den Urkundenprozeß genügt deren Vorlage.

Die Abänderungen können verschiedenster Art sein. Sie können dem Gesellschafter jeden Anspruch auf Gewinn entziehen. Das ist bei solchen mit idealen Zwecken der Fall. Der Nutzen wird zur Ausübung von Wohltaten verwendet. Es können die Gesellschafter auf den Gewinn verzichten, solange andere Gesellschafter (Vorzugsanteile) nicht einen bestimmten Prozentsatz erhalten haben. Es kann dabei bestimmt werden, daß diese bevorzugten Gesellschafter nicht mehr als diesen Betrag erhalten dürfen. Es kann eine Ergänzung des Ausfalls des einen Jahres aus dem Überschusse der folgenden angeordnet werden. Die Praxis zeigt hier die mannigfachste Kombination. Das Aktienrecht ist vorbildlich geworden. Wesentlich ist auch die Anordnung von Reserven (vgl. Anm. 54 zu § 42). Jede echte Reserve bedeutet einen Zurückhalt des Reingewinns. Sie muß im Gesellschaftsvertrag zugelassen sein. Andernfalls ist sie unzulässig, einerlei, welchem Zweck sie dient. Sie kann dann nur mit Zustimmung aller Gesellschafter gebildet werden. Das gilt auch von Gewinnreserven (vgl. unten Anm. 9). Auch sie enthalten dem Gesellschafter einen Teil des Gewinnes vor. Auch hier ist Zulassung im Statut oder Zustimmung erfordert. Eine anderweite Verfügung über den Gewinn sind aber auch Freigebigkeitshandlungen. Die Gesellschafterversammlung darf den ausgewiesenen Gewinn nicht an Dritte verschenken. Auch nicht wo es sich um Anstandspflicht handelt. Die Bildung von Fürsorgefonds ist Ehrensache der Unternehmungen. Aber trotzdem kann jeder einzelne Gesellschafter widersprechen (vgl. Anm. 9). Es kann der Gesellschaftsvertrag eine Quote des Reingewinns zu solchem Zweck auswerfen. Dann ist die Anfechtung der Gesellschafter ausgeschlossen.

Alle diese besonderen Bestimmungen können wieder in verschiedenen Formen erscheinen. Sie können Vorschriften sein, deren Befolgung geboten ist. Die Gesellschaft muß eine Reserve bilden. Ein Beschluß, der sich darüber hinwegsetzt, verletzt das Statut. Er ist anfechtbar. Sie können die Verfügung zu dem besonderen Zweck in das Ermessen der Gesellschafter stellen. Dabei werden wieder je nach den vorwiegenden Gesichtspunkten besondere Mehrheiten verlangt. So wenn für jede Reserve über 20 Proz. des Gewinnes eine Mehrheit von Dreiviertel verlangt wird. Dies soll der einfachen Mehrheit das Recht nehmen, den ganzen Gewinn zurückzuhalten. Unnötig ist eine sich hie und da findende Bestimmung, daß Reserven mit Zustimmung aller gebildet werden können. Das ergibt das Gesetz. Nicht identisch damit ist das Verlangen der Einstimmigkeit. Hier ist die Zustimmung der nicht erschienenen Gesellschafter keine Voraussetzung der Wirksamkeit des Beschlusses.

Am weitesten geht der Gesellschaftsvertrag, welcher den Reingewinn zur freien Verfügung der Gesellschafter stellt. Damit ist das gesetzliche Recht der Gesellschafter aufgehoben. Der Anteil am Gewinn hängt von dem Verteilungsbeschlusse der Gesellschafter ab. Sie können ganz davon absehen. Sie können allen Gewinn im Unternehmen behalten. Sie können ihn zu Unterstützungsfonds bestimmen. Nur das Prinzip der Gleichheit (Anm. 20 zu § 14) dürfen sie nicht verletzen. Sie können nicht einem Gesellschafter mehr als dem andern zuweisen. Das kann nur durch den Gesellschaftsvertrag bestimmt werden. Ob der Gesellschaftsvertrag dieses freie Recht der Gesellschafter einführt, ist durch Auslegung festzustellen. Häufig sagt er nur, daß die Gesellschafter die Verteilung des aus der Bilanz sich ergebenden Reingewinns beschließen. Das ist im Zweifel nichts anderes als die Wiederholung des Gesetzes (§ 46 Ziff. 1). Es ist damit dem einzelnen Gesellschafter nicht sein Recht auf die Dividende entzogen und der Mehrheit das Verfügungsrecht eingeräumt. Doch kann aus den begleitenden Umständen des Falles sich ergeben, daß auch bei dieser Fassung eine Änderung des Gesetzes gewollt ist. Es kann dies auch durch die Absicht der Gründer, den Zweck, den sie verfolgen, durch Besprechungen vor der Entstehung der GmbH. erwiesen werden. Was aber der Notar oder Rechtsanwalt, der den Vertrag abfaßte, sich dabei dachte, ist unerheblich, solange es nicht zum Gegenstande des Willens der Gesellschafter selbst wurde. § 29.

Zulässig ist auch eine Bestimmung der Satzung, wonach auf Verlangen eines Gesellschafters diesem sein Anteil am Reingewinn ganz oder zum Teil ausbezahlt werden muß. Als Folge hieraus muß eine verschiedene Beteiligung der Gesellschafter an den durch die teilweise Zurückhaltung des Reingewinns gebildeten Reserven entstehen. Sie bleiben allerdings Eigentum der Gesellschaft. Aber bei ihrer Aufteilung bei Bestehen oder Auflösung der Gesellschaft stehen nur den Gesellschaftern Ansprüche an diese Reserven zu, die dazu beigetragen haben. Dieser Anspruch geht auf den Rechtsnachfolger über. Er fließt aus dem Gesellschaftsrecht (Anm. 61 zu § 42).

c) **Vertragsmäßige Zuweisungen** an Dritte aus dem Reingewinn (Tantiemen an Geschäftsführer usw.) müssen nicht im Statut erfolgen. Sie sind Geschäftsunkosten, welche den zu verteilenden Reingewinn vermindern. Die Statuten treffen oft Bestimmungen über die Tantiemen der Geschäftsführer. Das bedeutet, daß ein höherer Betrag bei der Anstellung nicht ohne Zustimmung der sämtlichen Gesellschafter gewährt werden darf. Ein Beschluß der Gesellschafter, der sich darüber hinwegsetzt, ist wegen Verletzung des Gesellschaftsvertrages anfechtbar. Durch Statutenänderung kann diese Erhöhung gültig werden. Zulässig ist, daß die Bestellung des Geschäftsführers zu einem niedrigeren Anteile am Gewinn erfolge. Der Gesellschaftsvertrag regelt nur das Rechtsverhältnis von Gesellschaft und Gesellschafter. Ist eine Anstellung ohne eine abweichende Regelung geschehen, so bilden die Statuten in diesem Punkte den selbstverständlichen Vertragsinhalt. Trifft das Statut keine Vorschrift über Tantiemen, so ist deren Gewährung der Mehrheit der Gesellschafter bei der Bestellung der Geschäftsführer in beliebiger Höhe gestattet. **Anm. 4a.**

Aus demselben Grunde sind **Interessengemeinschaften** ohne Statutenänderungen wirksam. Mehrere Unternehmungen werfen ihre ausgewiesenen Gewinne zusammen und verteilen den Gesamtgewinn nach festgesetzten Grundsätzen. Das ist eine Gesellschaft bürgerlichen Rechts. Die Geschäftsführer werden wegen der Wichtigkeit für die GmbH. sich die Zustimmung der Gesellschafter geben lassen. Zur **Gültigkeit** des Vertrags bedarf es derselben nicht. Noch weniger einer Zustimmung aller Gesellschafter. Ihnen bleibt ihr Recht aus dem Reingewinn. Die Gesellschaft schließt nur Verträge mit Dritten, die ihn beeinflussen.

2. **Bis die Bedingungen eingetreten sind**, besteht das Dividendenrecht nur bedingt. Es fließt aus dem Geschäftsanteil. Aber die Vorbedingungen müssen eingetreten sein, um die Zahlung zu fordern. Der Anspruch auf die künftige Dividende kann selbständig abgetreten werden (RG. 16. 4. 20 RGZ. 98, 318). Das gilt für alle Gesellschaften. Auch die des bürgerlichen Rechts kennt die Übertragung künftiger Gewinnansprüche (§ 717 BGB.). Der Gesellschaftsvertrag kann es verbieten (§ 399 BGB.). Daß der Geschäftsanteil selbst nur mit Zustimmung der Gesellschaft oder mit sonstigen Beschränkungen abgetreten werden kann (Anm. 50ff. zu § 15), schließt die Abtretung des **Anm. 5.**

§ 29. Gewinnanspruchs nicht aus. Die Übertragbarkeit kann durch Orderpapiere oder Inhaberpapiere über die Gewinnansprüche (Dividendencoupons) erleichtert werden (vgl. Anm. 11 Exkurs zu § 14).

Anm. 6. Bis zum Eintritt der Bedingung der Dividendenauszahlung (oben Anm. 1—4) können die Bedingungen im Rahmen der Gesetze durch Majoritätsbeschluß geändert werden. Mit dem Ablauf des Geschäftsjahres ist der Gewinn vorhanden. Damit ist der Anspruch erwachsen. Vorher kann das negative Erfordernis (Anm. 4), daß der Jahresgewinn nicht zu anderen Zwecken bestimmt ist, beseitigt oder geändert werden. Es kann, wenn bisher eine anderweite Verwendung des Reingewinns in den Statuten nicht vorgesehen ist, eine solche Verwendung durch Statutenänderungsbeschluß angeordnet werden. Die Zustimmung aller Gesellschafter ist dazu nicht erforderlich (für das Aktienrecht siehe RGZ. 22, 144 und 40, 35; Behrend § 133 Nr. IV; Ring Nr. 3 zu § 213; anders Neukamp Anm. 2a, Crüger-Crecelius Anm. 2. Mit der Bezeichnung als Sonderrecht läßt sich aber die Frage nicht lösen. Es muß dann stets wieder zuerst eine Einigung über diesen Begriff erzielt werden, Anm. 19ff. zu § 14). Um so mehr ist es gestattet, sonstige Bedingungen der Dividendenauszahlung durch Statutenänderung zu regeln. Es können bestimmte Abschreibungen oder Reservekonten angeordnet werden. Es kann festgesetzt werden, daß die Generalversammlung nach ihrem Gutdünken über den Reingewinn zu bestimmen hat (s. oben Anm. 4). Es kann bestimmt werden, daß der Gewinnanteil nicht in Geld, sondern in anderen Gegenständen ausgefolgt werde. Auch der letztgedachte Beschluß (Sachdividende statt Gelddividende) greift nicht in ein Sonderrecht ein. Nur darf auch bei Beschlüssen solcher Art nicht das Prinzip der Gleichberechtigung verletzt werden (vgl. oben Anm. 4 u. Anm. 20 zu § 14). Es darf nicht einer Gesellschafterklasse das Dividendenrecht geschmälert oder gar entzogen oder umgekehrt einer Gesellschafterklasse ein Dividendenvorzugsrecht eingeräumt werden (vgl. Anm. 51 zu § 5). Wohl aber ist eine Kapitalserhöhung durch Schaffung von neuen Vorzugsgeschäftsanteilen zulässig. Es ist hierzu die Mehrheit im Sinne des § 53 erfordert, nicht Einstimmigkeit (Anm. 20 zu § 14 u. Anm. 5 zu § 53). Eine Abänderung des Dividendenrechts ist dann ungültig, wenn es gegen die guten Sitten verstößt. So wenn die Mehrheit, um die Minderheit gefügig zu machen und zur Aufhebung von Sonderrechten zu zwingen, den Dividendenbezug aufhebt.

Anm. 7. Wenn die Statuten nichts anderes bestimmen, so hat die Auszahlung der Dividende in Geld zu erfolgen. Ein Gesellschafterbeschluß, der eine bilanzmäßige Dividende in Gegenständen auskehren wollte, ist als statutenwidrig anfechtbar (a. M. Liebmann Anm. 8). Durch Annahme der Sachleistung ist er genehmigt.

Keine Bedingung der Auszahlung der Dividende dagegen ist, daß der Reingewinn in flüssigen Mitteln vorhanden ist oder bei Ablauf des Geschäftsjahres war. War der Gewinn bilanzmäßig vorhanden, so muß er verteilt werden. Er kann sich durch vorteilhafte Tauschgeschäfte gebildet haben. Es können Warenvorräte oder sichere Hypotheken, wenn auch kein bares Geld vorhanden sein. In solchen Fällen kann die Gesellschaft Darlehen aufnehmen, um die Dividende auszuzahlen. Es muß dies geschehen, soweit nicht der Gesellschaftsvertrag anderweite Vorschriften enthält oder anderweite Beschlüsse zuläßt (für das Aktienrecht RG. 11, 162). Es ist daher möglich, daß eine Gesellschaft infolge der Pflicht zur Auszahlung des Gewinnes bei Mangel an flüssigen Mitteln und Kredit zahlungsunfähig wird (vgl. Anm. 3 zu § 63).

Anm. 8. 3. Mit dem Eintritt der gesetzlichen und statutarischen Bedingungen entsteht der Dividendenanspruch als unbedingtes Recht. Er ist dann Forderungsrecht geworden. Dieses hat seinen Rechtsgrund in dem Gesellschaftsrechte des Mitgliedes. Es ist aber losgelöst von diesem wie die Frucht, die vom Baume fiel (für das Aktienrecht ROHG. 18, 153; 18, 141; RG. 22, 113; 37, 62; Staub-Pinner HGB. Anm. 12 zu § 213). Der Anspruch ist nicht jetzt ein Sonderrecht. Er ist überhaupt kein gesellschaftliches Recht mehr (a. M. Neukamp-Becker Anm. 2b und GZ. 38, 51 und 59, 174). Er ist jetzt unentziehbar. Er bildet ein selbständiges Forderungsrecht. Den Beschlüssen oder sonstigen Eingriffen der Gesellschaftsorgane ist er unzugänglich (RG. 22, 113; 37, 62). Für das Aktienrecht hat man aus diesem Grunde die Frage, ob die Dividendenzahlung seitens der Gesellschaft wegen Verluste späterer Jahre (ROHG. 18, 154) oder auch nur des laufenden Jahres (vgl. Staub-Pinner HGB. Anm. 12 zu § 213) verweigert werden kann, verneint. Nicht einmal dann, wenn der zur Dividendenauszahlung bestimmte Betrag bei einem Bankier hinterlegt und von diesem unterschlagen wurde. Noch weniger wegen der bloßen Möglichkeit künftiger Verluste (RG. 40, 30). Der Dividendenanspruch aus der Aktie kann im Konkurse der Gesellschaft liquidiert werden (Staub-Pinner HGB. Anm. 12 zu § 213). Staub (erste Auflage Anm. 8 S. 183) hatte diese Praxis des Aktienrechts auch auf die GmbH. angewendet. Allein hierbei ist die Tragweite des § 30 Abs. 1 nicht hinreichend gewürdigt. Er verbietet, anders als das Aktienrecht, jede Auszahlung an Gesellschafter, durch welche das zur Erhaltung des Stammkapitals erforderliche Vermögen angegriffen wird. Auch der festgestellte Dividendenanspruch darf nicht erfüllt werden, wenn seine Zahlung eine Unterbilanz zur Folge hat (vgl. Anm. 1 u. 8 zu § 30. Neukamp gelangt zu demselben Ergebnisse von seinem Standpunkte aus, der auch in den festgestellten Dividenden nur ein Gesellschaftsrecht sieht). **§ 29.**

4. Gegenstand des Anspruchs ist der aus der jährlichen Bilanz sich ergebende Reingewinn. **Anm. 9.**

a) Nach der Regel des Gesetzes (Anm. 4) ist er ungeschmälert zu verteilen. Der Gesellschaftsvertrag kann ein anderes bestimmen. Er kann anordnen, daß der Reingewinn zum Teil oder ganz nicht verteilt, sondern anderen Zwecken zugeführt werden soll usw. usw. Auch eine Statutenänderung kann dies anordnen (oben Anm. 6). Wird der Gewinn den Gesellschaftern ohne Vorschrift der Satzung vorenthalten, wird z. B. die Verwendung zu einem Reservefonds oder zu anderen Zwecken beschlossen, so ist dieser Beschluß anfechtbar. Das Recht der Anfechtung steht nur den Gesellschaftern zu (oben Anm. 2). Die Dividende kann auch ohne Anfechtung sofort eingeklagt werden. Der Beschluß über die Verteilung des Reingewinns ist nicht Voraussetzung des Dividendenanspruchs (oben Anm. 3). Daher kann auch die Höhe des Anspruchs von diesem Beschluß nicht abhängig sein. Schon mit der Feststellung des Reingewinns war das selbständige Forderungsrecht des Gesellschafters begründet (a. M. OLG. Hamburg 25. 3. 15 OLGR. 30, 379). Wird die Art der Feststellung des Reingewinns bestritten, so bedarf es der vorherigen Anfechtung des Beschlusses. Anders, wenn der Beschluß wegen Verletzung zwingender Vorschriften nichtig ist (oben Anm. 2). Ebenso wenn ein Sonderrecht des Gesellschafters verletzt ist. Ist die Verfügung über den Reingewinn unter Verletzung des Anspruchs des Einzelgesellschafters erfolgt, macht dieser die Unwirksamkeit geltend, so hat dies die Unwirksamkeit des ganzen Beschlusses zur Folge (Anm. 22 zu § 14). Doch kann die Gesellschaft nachweisen, daß die zustimmenden Gesellschafter auch ohne den Beitritt der fehlenden oder widersprechenden gebunden sein wollen (§ 139 BGB.). Der unmittelbare Anspruch auf Auszahlung der zu Unrecht zurückbehaltenen Dividende ist abtretbar. Bei einer Abtretung des Geschäftsanteils ist es Auslegungsfrage, ob das Recht auf die zurückbehaltene Dividende mit übergeht. Es ist auf den Kaufpreis und sonstige Abreden zu sehen (vgl. Anm. 7 Exk. II zu § 15). Kraft Gesetzes als Bestandteil des Geschäftsanteils erhält der Erwerber diesen Anspruch nicht. Im Regelfall wird anzunehmen sein, daß demjenigen, der für das fragliche Geschäftsjahr die bereits verteilte Dividende bezogen hat, auch die zu Unrecht zurückbehaltene Dividende zusteht.

b) Nur der aus der jährlichen Bilanz sich ergebende Gewinn ist zu verteilen (vgl. RG. 11. 1. 21 RGZ. 101, 160). Das GmbHG. gibt besondere Vorschriften über die Bilanzen (das Nähere Anm. 1 ff. zu § 42). Notwendigerweise figuriert das Stammkapital unter den Passiven (§ 42 Nr. 4). Ein Reingewinn ist erst vorhanden, wenn die Aktiven nicht bloß die Schulden, sondern außerdem auch noch den Betrag des Stammkapitals decken. Wenn also in einem Jahre eine Unterbilanz vorhanden ist, so kann ein Reingewinn im **Anm. 10.**

§ 29. nächsten Jahre nicht schon dann verteilt werden, wenn dieses Jahr einen Betriebsgewinn ergeben hat. Es muß die Unterbilanz des Vorjahres gedeckt sein und alsdann ein Überschuß verbleiben. Dieser Grundsatz stimmt mit dem Aktienrecht überein. Es weicht ab von dem, was für die offene Handelsgesellschaft gilt. Es werden nicht die Ab- und Zugänge des betreffenden Jahres einander gegenübergestellt. Der gesamte Vermögensstand muß einen Überschuß über die Schulden und den Betrag des Stammkapitals ergeben, ehe ein Reingewinn im Sinne des § 29 vorhanden ist. Auf eine andere Art der Verteilung der Erträgnisse der Gesellschaft haben die Gesellschafter keinen Anspruch. Sie können sie auch nicht im Gesellschaftsvertrage schaffen. Die Worte des Abs. 1 „soweit nicht im Gesellschaftsvertrage ein anderes bestimmt ist" bedeuten nur, daß eine Schmälerung, nicht daß eine Erhöhung des Dividendenanspruchs über den sich aus der jährlichen Bilanz ergebenden Reingewinn hinaus zulässig ist.

Den Gesellschaftern dürfen feste Zinsen nicht versprochen und bezahlt, wohl aber Gewinne aus Geschäftsperioden, die kürzer sind als ein volles Jahr, nicht aber Vorschüsse auf den jährlichen Reingewinn gewährt werden.

Anm. 11. α) **Feste Zinsen.** Den Gesellschaftern können im Gesellschaftsvertrage feste Zinsen für ihre Geschäftsanteile nicht versprochen werden (vgl. PrOVG. 18. 5. 20 Bd. 77, 238). Noch weniger können sie ihnen durch einen einfachen Gesellschafterbeschluß gewährt werden. Ein ausdrückliches Verbot der Zinsgewährung, wie § 215 Abs. 1 HGB. für das Aktienrecht, kennt das GmbHG. nicht. Es folgt für die GmbH. aus § 30 Abs. 1 und § 29. Nach § 30 Abs. 1 darf das zur Erhaltung des Stammkapitals erforderliche Vermögen nicht verteilt werden. Feste Zinsen müßten den Gesellschaftern gezahlt werden, auch wenn die Gesellschaft nichts verdient hätte. Das könnte dazu führen, das zur Erhaltung des Stammkapitals erforderliche Vermögen auszuzahlen (vgl. RundschGmbH. 1916, 226). Neben der Vorschrift des § 30 ist eine besondere Bestimmung, welche die Auszahlung fester Zinsen an die Gesellschaft untersagt, nicht nötig (Motive 31). Auch die Literatur steht einmütig auf diesem Standpunkte. Neukamp-Becker (Anm. 1) läßt die Ausbedingung von Zinsen zu. Sie dürfen aber nur aus dem Gewinn gezahlt werden. Das sind dann eben keine festen Zinsen, sondern Gewinnanteile. Findet sich in einem Gesellschaftsvertrage eine Bestimmung, wonach den Gesellschaftern Zinsen zugesagt sind, so kann diese dahin aufgefaßt und aufrechterhalten werden, daß vor der Zuweisung an den Reservefonds, vor der Auszahlung von Tantiemen usw. den Gesellschaftern ein dieser Zinshöhe entsprechender Betrag vom Gewinn zufließen muß. Es kann eine Zuwendung aus angesammelten Reserven gemeint sein. Stets wird auf den Gesamtinhalt der Statuten zu sehen sein. Sind Zinsen bezahlt worden, so können diese zurückgefordert werden. In der Zinszahlung allein liegt aber nicht stets eine Auszahlung des zur Erhaltung des Stammkapitals erforderlichen Vermögens. Es können auch Reserven und Nachschüsse vorhanden sein. Hiervon hängt die Art der Haftung für die bezahlten Beträge ab (vgl. Anm. 3ff. zu § 30). Das österr. Ges. § 82 Abs. 3 spricht das Zinsverbot ausdrücklich aus, desgleichen der Schweizer Entwurf Art. 817 und das französische Gesetz Art. 34. Dieses läßt aber entsprechend § 215 Abs. 2 HGB. sog. Bauzinsen zu; vgl. unten Anm. 12).

Anm. 12. Die im Aktienrecht gestatteten Bauzinsen sind hier nicht zulässig. Gleichwohl gezahlte Zinsen müssen zurückgezahlt werden. Die Einführung von Bauzinsen ist auch dann nicht möglich, wenn die Gesellschaft sofort Nachschüsse erhoben hätte und aus diesen die Zinsen bestreiten wollte (§ 30 Abs. 2).

Anm. 13. Zulässig ist, daß ein Dritter dem Gesellschafter für eine Minimaldividende, die auch als Zins bezeichnet werden kann, einsteht (unten Anm. 22). Nicht aber kann die Gesellschaft selbst, auch wenn sie einen Geschäftsanteil im Wege des entgeltlichen Rechtsgeschäfts selbst veräußerte, dem Erwerber einen Minimalertrag garantieren und sich zur Zahlung dieses unter dem Namen Zins oder anderer Bezeichnung verpflichten. (A. M. Rehm, Fälle zulässiger Übernahme von Dividendengarantien usw. ZHR. 54,

460ff.; vgl. dagegen auch die Bemerkung des RG. im Urteil 8. 11. 05 JW. 06, 33[42]. „Ebensowenig wie die Aktiengesellschaft dem Aktionär direkt bindend versprechen könnte, für den Schaden einzustehen, der ihm etwa aus einer Beteiligung als Aktionär erwachsen würde, weil dadurch die volle und freie Inanspruchnahme des Aktienkapitals seitens der Gläubiger in Frage gestellt wäre, ebensowenig kann ein solcher Anspruch indirekt darauf gegründet werden, daß die Gesellschaft gegen Vertragspflichten verstoßen habe" usw. Derselbe Gedanke wie bei der Verlustgarantie trifft auch bei der Dividendengarantie zu). **§ 29.**

β) **Dividenden aus kürzeren Geschäftsperioden als ein Jahr.** Staub (erste Auflage Anm. 14 S. 185) vertrat die Ansicht, daß Dividenden aus halbjährlichen Bilanzen oder sonstigen kürzeren Perioden unzulässig sind. Auch bei Verlegung eines Geschäftsjahres und bei einer im Laufe des Geschäftsjahres eintretenden Auflösung der Gesellschaft. Diese beiden Fälle könnten keine Ausnahme machen. Auch im Aktienrecht würden sie nicht anders behandelt (vgl. z. B. Staub-Pinner HGB. Anm. 1 zu § 299). Es könne also zwar ein Geschäftsjahr kürzer sein als 12 Monate (§ 39 HGB.). Aber es dürfe für ein solches kürzeres Geschäftsjahr keine Dividende verteilt werden. Vielmehr müsse in solchem Falle die Bilanz aufgestellt werden, ein etwa vorhandener Gewinn vorgetragen und im nächsten Geschäftsjahr mitverteilt werden, soweit alsdann ein Gewinn überhaupt noch vorhanden ist. Das gleiche gelte in den sehr häufigen Fällen, daß die Gesellschaft im Laufe des Kalenderjahres in das Handelsregister eingetragen wird und nach der Bestimmung des Statuts das Geschäftsjahr mit dem Kalenderjahr zusammenfallen soll. Die Gesellschafter hätten es sonst in der Hand, durch Bestimmung kürzerer Geschäftsjahre (z. B. von drei Monaten) in ganz kurzen Zwischenräumen Gewinne zu verteilen. Das GmbHGesetz bestimme allerdings nicht ausdrücklich, daß nur dasjenige unter die Gesellschafter verteilt werden darf, was sich nach der jährlichen Bilanz als Reingewinn ergibt, während es im § 215 HGB. für das Aktienrecht ausdrücklich gesagt ist. Doch auch hier, wie bei dem Zinsverbote, ergebe sich das Verbot einer Mehrverteilung aus den gesetzlichen Vorschriften. Der ganze Aufbau der GmbH., die Fundamente, auf denen das Gesetz diese Gesellschaft errichtet habe und gegen Ausbeutung durch die Gesellschafter zum Schaden der Gläubiger und des ganzen Verkehrs zu schützen suche, könnten federleicht unterwühlt werden, wenn es den Gesellschaftern möglich wäre, in beliebigen Perioden Gewinn zu verteilen. Ein wichtiges Argument liefert endlich bei dieser Begründung die Ansicht, daß aus § 30 Abs. 1 ein prinzipielles Verbot jeder Auszahlung an die Gesellschafter folge, dessen strikte Durchführung dazu führe, nichts an die Gesellschafter zu bezahlen, solange die Gesellschaft bestehe. Das Gesetz mache hiervon eine Ausnahme, indem es in § 29 gestatte, das, was die Jahresbilanz als Reingewinn ergebe, zu verteilen. **Anm. 14.**

Dieser Ansicht ist nicht zuzustimmen. Der zuletzt hervorgehobene Grund ist schon deshalb nicht stichhaltig, weil die Auslegung des § 30 und die Annahme eines grundsätzlichen Zahlungsverbotes nicht zutrifft (vgl. hierüber Anm. 11 zu § 30). Selbst wenn sie richtig wäre, beweist sie nichts für die hier in Frage stehende Dauer der Gewinnperiode. Denn alles kommt dann auf die Feststellung der auch nach der Ansicht von Staub zugelassenen Ausnahme an. Es dreht sich hier wie im Aktienrecht darum, was unter jährlicher Bilanz zu verstehen ist. Es wird sich nicht behaupten lassen, daß darunter nur Bilanzen zu verstehen sind, die ein volles Kalenderjahr umfassen. Geschäftsjahre, die kürzer sind als Kalenderjahre, müssen zugelassen werden. Das ergibt sich aus § 35 Abs. 2 HGB. Nur eine längere Dauer als zwölf Monate ist verboten (RG. 5. 10. 09 Recht 09 Nr. 3283; RFinH. 11. 12. 19 Bd. 2, 179). Man muß dann aber diese kurzen Geschäftsjahre als Gewinnverteilungsperiode ebensowohl zulassen wie als Rechnungsepochen (so OLG. Hamburg 3. 12. 88 in ZHR. 37, 551: „Der Reingewinn des ersten Geschäftsjahres darf von den Aktiengesellschaften auch dann als Dividende verteilt werden, wenn das Geschäftsjahr kürzer als ein Kalenderjahr ist. Der Ausdruck

§ 29. jährliche Bilanz in Art. 217 ist nicht zu pressen.“ Ebenso Lehmann-Ring I Nr. 3 zu § 215 und Nr. 2 zu § 260; Makower I Bem. III d zu § 215; Neukamp Anm. 1; Liebmann Anm. 3; Crüger-Crecelius Anm. 1. A. M. Pinner Bem. IV zu § 260; Esser Aktiengesetz Anm. 7 zu § 260; Brodmann Anm. 1; Staub-Pinner Anm. 3 § 215 HGB.).

Es läßt sich auch weder aus dem Rechte der GmbH. noch dem der Aktiengesellschaft ein Prinzip ableiten, daß eine Gewinnverteilungsperiode stets nur ein volles Kalenderjahr umfassen dürfe. Die Interessen der Gläubiger sind dadurch nicht berührt, wenn in sogenannten Übergangsbilanzen einmalige kürzere Epochen eingeführt sind, oder wenn der Gesellschaftsvertrag Semestral- oder Quartalbilanzen vorsieht. Die letzteren werden zwar schon deswegen nicht vorkommen, weil sie kaufmännisch unpraktisch sind. Es wird keine Gesellschaft sich jedes Vierteljahr oder gar allmonatlich die Arbeit einer Inventur und Bilanz aufbürden. Eher ist die Halbjahrsbilanz, namentlich in Bankgeschäften, üblich. Es würde aber rechtlich nichts im Wege stehen, kraft des Statuts für solche kürzeren Bilanzepochen auch die Gewinnverteilung vorzunehmen. Mit dem Verbote der Auszahlung des zur Erhaltung des Stammkapitals erforderlichen Vermögens hat die Frage der Bilanz- und Gewinnverteilungsepoche nichts zu tun.

Unzulässig ist eine Gewinnverteilung auf Grund von Zwischenbilanzen, die satzungsmäßig nicht vorgesehen sind. Es muß hier das gleiche gelten, was unten Anm. 16 über „Vorschüsse auf die Dividende“ gesagt ist. Ausgeschlossen ist eine nachträgliche Änderung der Gewinnanteile durch Verlegung bereits abgelaufener Geschäftsjahre. Auch im Wege der Satzungsänderung kann dies nicht erreicht werden. Mit Ablauf des Geschäftsjahres steht der Zeitraum, für den die Gesellschafter ihren Gewinnanspruch geltend machen können, endgültig fest (vgl. RFinH. 30. 12. 20 Bd. 4, 274).

Anm. 15. Wollte man die hier bekämpfte Ansicht annehmen, so müßte man dies auch in den Fällen tun, in denen eine GmbH. gegründet wird unter Übernahme eines bestehenden Handelsgeschäfts auf Grund der letzten Jahresbilanz und unter der Klausel, daß das Geschäft von diesem Tage als für Rechnung der Gesellschaft geführt gilt (vgl. Anm. 19 zu § 5). Man hätte hier tatsächlich, wenn auch nicht rechtlich, das Ergebnis eines vollen Kalenderjahres. Und doch müßte man folgerichtig auch hier den Gewinn auf das folgende Jahr übertragen. Das Resultat widerspräche vollständig der Auffassung des Verkehrs. Es zeigt, daß die rechtliche Grundlage jener Ansicht unrichtig sein muß.

Anm. 16. γ) **Vorschüsse auf die Dividende.** Man begegnet in manchen Gesellschaftsverträgen der Bestimmung, wonach die Gesellschafter Vorschüsse auf die Dividende erheben dürfen. Sie wird namentlich dann eingeführt, wenn es sich um kleine Gesellschaften, die sich in ihren inneren Beziehungen der offenen Handelsgesellschaft nähern und in denen das ganze Vermögen der Beteiligten angelegt ist, handelt. Solche Vorschüsse dürfen nicht ausbezahlt werden. Das Gesetz kennt nur die Verteilung des Reingewinnes. So wenig wie Zinsen läßt es Vorschüsse zu (ebenso RundschGmbH. 1916, 226; Holdh. Bd. 22, 161). Die Auszahlung der Vorschüsse ist Zahlung einer Nichtschuld. Die Rückforderung ist gestattet. Es hängt aber von der Vermögenslage der Gesellschaft ab, ob § 31 und seine verschärfte Haftung anwendbar ist. Wird das zur Erhaltung des Stammkapitals erforderliche Vermögen angegriffen, so haften neben dem Gesellschafter, der den Vorschuß erhielt, die übrigen Gesellschafter. Ist aber neben dem Stammkapital ein Reserve- oder Nachschußfonds vorhanden, so beschränkt sich die Rückforderung auf den Empfänger (vgl. hierüber Anm. 3 zu § 30). Ergibt der Jahresabschluß einen Reingewinn, so erlischt das Rückforderungsrecht der Gesellschaft durch die Verrechnung der Vorschüsse mit der Dividende. Das RG. (12. 5. 14 RGZ. 85, 43) läßt die Entnahme von Vorschüssen auf künftigen Gewinn zu. Es gibt aber der Gesellschaft ein Rückforderungsrecht aus ungerechtfertigter Bereicherung, wenn ein Gewinn nach der Jahresbilanz nicht festgestellt wird oder es zur Feststellung der Jahresbilanz nicht kommt (§ 812 Satz 2 BGB.). Das RG. gestattet diese Vorschußentnahme sogar ohne entsprechende Bestimmung in der

Satzung. Diese Ansicht erscheint im höchsten Maße bedenklich. Für die Vorschußentnahme entfällt nicht erst der Rechtsgrund mit der Feststellung einer Bilanz ohne Ausweis eines Reingewinns (causa data causa non secuta). Ein Rechtsgrund war von vornherein nicht vorhanden (§ 812 Satz 1 BGB.). Deshalb ist der Bereicherungsanspruch der Gesellschaft mit der Vorschußzahlung entstanden (dem RG. zustimmend Crüger-Crecelius Anm. 2, Warneyer-Koppe zu § 31; Brodmann Anm. 7). Allein zulässig ist, daß die Satzung eine Zwischenbilanz und auf Grund dieser eine Verteilung des in ihr festgestellten vorläufigen Gewinns vorsieht. Die Abrechnung hierüber erfolgt auf Grund des in der Jahresbilanz festgestellten Gewinns. Hiernach zuviel gezahlte Beträge können von der Gesellschaft nach § 812 Satz 2 BGB. zurückgefordert werden. Die Dividende wird auf Grund einer ordnungsgemäßen Gewinnberechnung nach einer kürzer als ein Jahr bemessenen Zeitdauer, aber unter Vorbehalt ausgeschüttet. Die Bilanzen bedürfen jeweils der Genehmigung der Gesellschafter. § 29.

Von diesen Vorschüssen auf den Reingewinn sind Vorschüsse, welche die Gesellschafter als Gläubiger der Gesellschaft erhalten, wohl zu trennen. Solche finden bei garantierter Tantieme regelmäßig statt. Diese bildet einen Teil des Gehaltes. Nur wird er bei vorhandenem Gewinn auf den Anteil des Geschäftsführers daran verrechnet (Marcus bei Holdheim 13, 153, LG. Berlin 14. 4. 04 KGBl. 04, 58). Anm. 17.

II. (Abs. 2.) **Die Verteilung der Dividenden erfolgt nach Verhältnis der Geschäftsanteile. Der Gesellschaftsvertrag kann aber einen anderen Maßstab festsetzen.** Gleichlautend § 82 Abs. 2 österr. Ges. und Art. 5 Abs. 4 poln. Ges. Der Schweizer Entwurf Art. 817 schreibt dagegen die Berechnung der Dividende im Verhältnis der auf die Stammeinlagen geleisteten Beträge vor. Anm. 18.

1. In der Regel entscheidet das Verhältnis der Geschäftsanteile. Also der Nennbetrag, nicht der Betrag der geleisteten Einzahlung. Auch ist es gleichgültig, ob Sacheinlagen oder Geldeinlagen auf die Geschäftsanteile gemacht wurden. Auch das ist gleichgültig, ob die Einzahlungen auf alle Geschäftsanteile gleichmäßig geleistet sind oder nicht (KG. 25. 1. 16 OLGR. 34, 358). Eine dem § 214 Abs. 2 HGB. analoge Bestimmung fehlt hier. Es findet also nicht eine Verteilung einer Grunddividende von 4 Proz. auf die erfolgte Einzahlung statt. Eine Regelung im Gesellschaftsvertrag ist ratsam.

2. Der Gesellschaftsvertrag kann einen anderen Maßstab festsetzen (vgl. RG. 22. 12. 14 JW. 1915, 335 Ziff. 11). Die Verträge machen davon den umfassendsten Gebrauch. So kann die Verteilung nach Köpfen bestimmt sein. Dies geschieht namentlich dann, wenn sich die GmbH. der offenen Handelsgesellschaft nähert. Es kann eine Grunddividende nach Geschäftsanteilen und der Rest nach Köpfen verteilt werden. Oft wird denjenigen, welche das Fundament der Gesellschaft schaffen, z. B. das Patent einbringen, ein größerer Anteil am Jahresgewinn zugebilligt als den Geldeinlegern. Wird den Gesellschaftern eine Darlehnspflicht auferlegt (Anm. 26 Abs. 2 zu § 3), so kann der Darlehnsbetrag bei der Gewinnverteilung nach Kapitalien dem Einlagekapital zugerechnet werden. Es kann der Gewinnanteil wandelbar sein. So kann er bei Kartellgesellschaften sich nach der Höhe der gelieferten Warenmengen richten (Anm. 5 Exkurs zu § 3). Es kann für einen privilegierten Geschäftsanteil, etwa den des Einbringers der Erfindung, bestimmt werden, daß auch bei der Erhöhung des Stammkapitals ihm stets dieselbe Quote am gesamten Gewinne bleiben soll. Es wird so angesehen, als habe er gleichfalls im gleichen Verhältnisse mit den anderen Gesellschaftern an der Erhöhung teilgenommen. Es können daher auf diese Art verschiedene Gattungen von Geschäftsanteilen, Vorzugsanteile, geschaffen werden (vgl. Anm. 51 u. 54 zu § 5). Inwieweit dies durch Statutenänderungsbeschluß möglich ist, darüber vgl. Anm. 52 zu § 5 und Anm. 20 zu § 14. Darüber, ob solche Vorzugsrechte auch wieder genommen werden können, vgl. Anm. 56 zu § 5. Neukamp-Becker Anm. 3 sieht in der Gestattung der anderweiten Verteilung des Gewinns einen Beleg für seine Auffassung von der Bezeichnung des Geschäftsanteils und der Bekämpfung des Nennwertes, vgl. hierüber Anm. 5 zu § 14. Anm. 19.

§ 29. **Zusatz 1. Träger des Dividendenrechts** ist der Geschäftsanteil. Der Gesellschafter ist
Anm. 20. als solcher dividendenberechtigt. Aber er kann das Dividendenrecht besonders und ohne den Geschäftsanteil abtreten (RG. 16. 4. 20 RGZ. 98, 318). Es können zum Zwecke rechtlicher Übertragbarkeit Urkunden gebildet werden, Order- und Inhaberpapiere. Zulässig ist auch die Übertragung des Geschäftsanteils ohne das Dividendenrecht. Das RG. (16. 4. 20 a. a. O.) nimmt an, daß mit der Übertragung des Geschäftsanteils in diesem Falle gleichzeitig eine Rückübertragung des künftigen Dividendenrechts auf den Veräußerer stattfindet (OLG. Karlsruhe 9. 6. 14 RundschGmbH. 1914, 377 läßt die Frage offen). In allen Fällen besonderer Übertragung des Dividendenrechts ist der Inhaber des Dividendenrechts derjenige, der von der Gesellschaft die Dividenden verlangen kann. Sein Recht ist ein bedingtes, bis die Bedingungen der Auszahlung eingetreten sind, ein unbedingtes, sobald die Bedingungen eingetreten sind. In allen diesen Punkten unterscheidet es sich nicht von dem Dividendenrechte vor seiner Lostrennung von dem Geschäftsanteil. Allein die gesellschaftliche Einwirkung auf die Gestaltung und Entstehung des Dividendenrechts steht nicht dem Dividendenscheininhaber, sondern dem Gesellschafter als solchem zu (RG. 16. 4. 20 RGZ. 98, 318; vgl. hierüber oben Anm. 2 und Anm. 14 Exkurs I zu § 14). Solange der Anspruch auf die Dividende nicht unbedingt wurde, teilt er auch in dritter Hand alle Schicksale des Geschäftsanteils. Dies auch bei Ausgabe von Dividendenscheinen. Jede Änderung des Gesellschaftsvertrages berührt auch den abgetretenen Anspruch. Eine Statutenänderung, welche die Auszahlung der Dividenden befristet (z. B. zahlbar vier Monate nach Feststellung), muß auch der Couponinhaber gelten lassen, auch wenn er die Scheine vor dem Beschlusse erworben hat (BauersZ. 18, 106). Die Kaduzierung des Geschäftsanteils vernichtet die Scheine. Bei der Abandonnierung muß dagegen die Gesellschaft den Geschäftsanteil so nehmen, wie er ist. Hier muß sie die Zession der künftigen Dividende anerkennen. Inwieweit die Gesellschaft gegen den abgetretenen Dividendenanspruch mit anderen Forderungen gegen die Gesellschafter aufrechnen kann, entscheidet sich nach § 406 BGB. Als Tag der Fälligkeit des Anspruchs auf den Gewinnanteil gilt dabei nicht schon der Ablauf des Geschäftsjahres, sondern die Feststellung der Bilanz und die Genehmigung der Gewinnverteilung. Erst wenn der Anspruch unbedingt wird, ist er fällig. Sind Dividendenscheine ausgegeben, so findet gegenüber dem dritten Inhaber keine Aufrechnung mit Gegenansprüchen gegen den Gesellschafter statt.

Über Dividendenscheine und Talons siehe Näheres im Exkurs I zu § 14. Über die Form der Abtretung des Dividendenrechts siehe Anm. 73f. zu § 15, über seine Verpfändung und Pfändung Anm. 4 u. 11 Exk. I zu § 15, über die Verteilung der Dividende bei Wechsel des Gesellschafters während des Geschäftsjahrs Anm. 7 Exk. II zu § 15.

Anm. 21. **Zusatz 2. Verjährung des Dividendenanspruchs.** Diese gestaltet sich verschieden, je nachdem ein Dividendenschein auf den Inhaber ausgegeben ist oder nicht. Ist kein solcher Dividendenschein ausgegeben, so verjährt der Anspruch in 30 Jahren. Die kurze Verjährungsfrist des § 197 BGB. ist darauf nicht anwendbar, weil es sich weder um Zinsen noch um andere regelmäßig wiederkehrende Leistungen handelt (RGZ. 9, 35; 24, 305; RG. 19. 1. 16 JW. 1916, 576). Die Einführung kürzerer Fristen kann im Statut geschehen (RGZ. 9, 31). Der Verlust des Dividendenanspruchs infolge einer statutarischen Präklusivfrist ist im Zweifel nicht von einem Verschulden des Berechtigten abhängig (RG. Holdheim 3, 111). Ist aber ein Dividendenschein auf den Inhaber ausgegeben, so muß derselbe innerhalb 4 Jahren, gerechnet vom Schlusse des Fälligkeitsjahres, vorgelegt werden. Andernfalls erlischt der Anspruch. Erfolgt die Vorlegung, so verjährt der Anspruch innerhalb 2 Jahren seit dem Ablauf der Vorlegungsfrist. Der Vorlegung steht die berechtigte Geltendmachung des Anspruchs gleich. In der Urkunde kann die Vorlegungsfrist anders bestimmt werden (§ 811 BGB.). Diese Bestimmungen sind auf den Inhaberdividendenschein anzuwenden, auch wenn man denselben als ein echtes Inhaberpapier nicht betrachtet. Die Bestimmung in der Urkunde ist nur gültig, wenn sie ordnungsmäßig durch Statutenbestimmung beschlossen ist. Eine nachträgliche Änderung des Gesellschaftsvertrags bezieht sich nur auf die künftig auszugebenden

Gewinnanteilscheine, und auch auf diese nur dann, wenn die Kürzung der Frist in denselben angegeben ist. Der Beschluß über die Kürzung der Frist braucht dies nicht ausdrücklich auszusprechen (OLG. Dresden 12. 3. 10 BauersZ. 18, 127). § 29.

Zusatz 3. Dividendengarantie. Darunter ist verstanden, daß ein Dritter eine Garantie für einen Mindestbetrag einer Dividende übernahm. Die einem einzelnen Gesellschafter geleistete Garantie ist oben Anm. 13 besprochen. Hier ist die Rede von einem Einstehen für das Gesamtergebnis der Gesellschaft. Sie kann als Rentabilitätsgarantie oder als Rentengarantie gemeint sein. In jedem Falle ist sie als Rechtsakt gegenüber der Gesellschaft gedacht. Das ist keine Bürgschaft. Diese setzt eine bestehende Schuld voraus. Gerade hieran aber fehlt es. Die Garantie wird in Anspruch genommen, wenn ein verteilbarer Reingewinn nicht vorliegt. Die Dividendengarantie ist ein Versprechen, der Gesellschaft den Betrag zu leisten, den sie haben muß, um die zugesagte Dividende zu verteilen. Der Rechtsgrund kann verschieden sein. Er kann in der Gründerbeteiligung liegen. Es kann eine Nebenabrede bei der Sacheinlage vorliegen. Namentlich Vorbesitzer von Geschäften oder Industrieetablissements übernehmen oft solche Zusagen. Es kann eine Garantie eines Unternehmers beim Werkvertrage gegeben werden. In diesen beiden Fällen kann eine besondere Leistung eines Gesellschafters (§ 3 Abs. 2) gewollt sein (vgl. RFinH. 12. 5. 20 Bd. 3, 59). Es kann aber auch hier der Garant als Dritter auftreten. Es kann seitens eines Gesellschafters oder eines Dritten freiwillig die Zusicherung eines Gewinnergebnisses erfolgen. Dann ist eine Schenkungszusage vorhanden. Sie bedarf der notariellen Form (§ 518 BGB.). Doch ist dabei im Einzelfalle zu prüfen, ob in der Tat eine unentgeltliche Zuwendung vorliegt. Es kann trotz der Behauptung der Freiwilligkeit ein Vergleich gegenüber Vorwürfen, die einem Vorbesitzer aus der Illation gemacht werden, anzunehmen sein. Als Darlehen (von Staub-Pinner HGB. Anm. 4 zu § 215 erwähnt) läßt sich eine Dividendengarantie nicht denken. In dem Darlehenversprechen liegt höchstens die Zusage eines Kredites zum Zweck der Gewinnverteilung vor, aber keine Vermögensvermehrung der Gesellschaft. Wohl aber ist eine Kombination mit anderen Leistungen der Gesellschaft denkbar. Die Gesellschafter haben für Dienste der Gesellschaft Nachzahlungen zu leisten (z. B. bis zu 30 Proz. Zuschlag auf Frachtsätze), bis sich eine Dividende von 4 Proz. ergibt (OLG. Hamm 16. 12. 05 Recht 06, 126[228]). Anm. 22.

Es ist Auslegungsfrage, ob der Garant auch die vorhandene Unterbilanz zu decken hat. Ebenso ob sich die Garantie auch auf den Fall einer Erhöhung des Stammkapitals erstreckt. Es werden hierbei die Gesamtumstände in Betracht zu ziehen sein. Ist eine Rentabilität garantiert, so umfaßt diese auch die Unterbilanz. Man wird im Zweifel eine beschränkende Auslegung zu vertreten haben (RG. OLGR. 6, 18 u. 28, 358). Allgemeine positive Regeln aufzustellen (so früher Hachenburg bei Holdheim 1, 102), wird bei der Fülle der Möglichkeiten nicht durchführbar sein. Gerät die Gesellschaft in Konkurs, so hört die Dividendengarantie auf. Sobald ein Gewinn überhaupt nicht mehr verteilt werden kann, darf auch kein Zuschuß hierzu gefordert werden. Er käme ja dann den Gläubigern zugute. Ebenso ist durch Auslegung festzustellen, wem der Anspruch auf die Garantie zusteht. Im Zweifel ist anzunehmen, daß die Garantie nur der Gesellschaft geleistet ist. Ist eine feste Rente zugesichert, so wird man ein Recht der Gesellschafter annehmen dürfen. Sonst käme die Gesellschaft in die Lage, trotz Verlustes die Dividende auszuschütten. Die Garantiesumme fließt sonst in ihr Vermögen. Sie verletzte durch Auszahlung den § 30 Abs. 1. Auf das Klagerecht kommt es dabei nicht an. Es kann dieser Anspruch nur der Gesellschaft zustehen und doch die Garantie den Gesellschaftern gegeben sein. Jene ist nur der Treuhänder für diese. Sie muß die ihr zufließenden Beträge alsdann weitergeben. Wenn die Gesellschafter selbst das Recht auf die Garantie haben, kann die Gesellschaft durch Vertrag mit dem Garanten nicht über den Anspruch der Gesellschafter verfügen. Ist die Garantie nur der Gesellschaft geleistet, so darf diese im Zweifel die ihr bezahlten Beiträge auch anderweit verwenden. Auch zur Bildung einer Reserve, sofern nicht das Statut widerspricht. Ein Verzicht des Geschäftsführers ist wirksam auch ohne Mitwirkung der Gesellschafter. Es liegt ein zivilrechtlicher Vertrag gleich jedem anderen Abkommen mit einem Dritten vor. Daß die Garantie im Ge-

§ 29. sellschaftsvertrage übernommen wurde, hindert nicht, daß sie trotzdem ein Rechtsgeschäft mit einem Dritten ist. Anders nur, wenn sie als besondere Leistung eines Gesellschafters neben seiner Einlage übernommen war (§ 3 Abs. 4). Dann bildet sie einen Teil des materiellen Gesellschaftsvertrags. Es bedarf dessen Abänderung (vgl. Anm. 44 zu § 3). Wird das Stammkapital erhöht, so kommt die Garantie nicht ohne weiteres den neuen Geschäftsanteilen zugute. Sie muß für diese neuerdings gegeben werden. Anders nur, wenn bei der Erteilung der Garantie bereits die Ausdehnung auf neue Beteiligung ins Auge gefaßt und vom Garanten mitübernommen war. Ist die Dividendengarantie verbunden mit der Bestellung des Garanten als Geschäftsführer, so kann aus den Umständen hervorgehen, daß das eine ohne das andere nicht gewollt ist. Man kann dann nicht den Garanten, der grundlos entlassen wurde, auf seine Ersatzansprüche an die Gesellschaft verweisen (so zu Unrecht BauerZ. 19, 145). Nur wenn kein gewollter Zusammenhang zwischen Geschäftsführung und Garantie besteht, ist die Entlassung gleichgültig. Wie der Sache der Auslegung ist es, wie in solchem Falle der Tod des Garanten wirkt. Eine von ihm selbst verschuldete Entlassung oder ohne wichtigen Grund erfolgte Kündigung seinerseits wird ihn trotz des Zusammenhangs nicht befreien. Besteht die Verbindung, so ist es unerheblich, wer als der Anspruchsberechtigte erscheint. Auch dem Einzelgesellschafter sollte die Garantie nur zustehen, wenn und solange der Garant die Geschäfte führt.

Die Zuschüsse auf Grund der Garantie haben im Gewinnkonto zu erscheinen. Es muß für jeden, dem die Bilanz vorgelegt wird, ersichtlich sein, woher der verteilte Gewinn rührt. Es ist nicht statthaft, wenn die Einzahlung schon erfolgt wäre, die Beträge im Kassen- und Bankguthabenkonto oder vor der Zahlung im Debitorenkonto verschwinden zu lassen.

Verschieden von der hier behandelten Dividendengarantie sind die in der neueren Zeit vorkommenden Interessengemeinschaften, in denen dem einen Teile der Gesamtgewinn des andern Unternehmens zufließt, jener aber verpflichtet ist, dafür zu sorgen, daß dieses stets seinen Mitgliedern eine bestimmte Dividende bezahlen kann. Hier ist stets die Erhaltung des Stammkapitals der andern Gesellschaft die notwendige Grundlage der Dividendenzahlung. Es liegt ein aleatorisches Geschäft vor. Die eine Gesellschaft behält den Überschuß.

Anm. 23. **Zusatz 4. Auch Ansprüche anderer Art können den Gesellschaftern nach dem Gesellschaftsvertrage zustehen:** so z. B. das Recht des freien Zutritts in den der Gesellschaft gehörigen Garten oder in das Theater oder auf ein Freiexemplar der Zeitung, die von der Gesellschaft herausgegeben wird usw. Solche Rechte können im Zweifel durch Statutenänderung wieder entzogen werden (anders für das Aktienrecht Lehmann in ArchBürgR. 9, 389). Nur muß das Prinzip der gleichen Behandlung gewahrt sein (Anm. 20 zu § 14). Gemäß § 3 Abs. 2 können ferner Rechte verschiedener Art als Gegenleistung für die von den Gesellschaftern zu bewirkenden Leistungen statuiert werden, z. B. für bestimmte Quantitäten von Zuckerrüben. Dem ähnlich ist das Recht, daß die Gesellschaft bestimmte Produkte den Gesellschaftern abnehmen oder diesen ihre Produkte abgeben muß. Ebenso das Recht, daß die Gesellschaft für die Gesellschafter bei Dritten Ware einkaufe und den Gesellschaftern kreditiere usw. Diese Rechte können durch Gesellschaftsvertragsänderung nicht weggenommen werden ohne Zustimmung der Belasteten (vgl. Anm. 20 zu § 53).

Anm. 24. **Zusatz 5.** Zu trennen von dem Anteile der Gesellschafter am Reingewinn sind die Ansprüche Dritter auf einen Teil desselben. Vertragsmäßig erworbene Rechte derselben können die Gesellschafter durch ihre Beschlüsse über die Verteilung nicht berühren. Auch einem Gesellschafter kann durch Vereinbarung mit der Gesellschaft ein solches besonderes Forderungsrecht eingeräumt werden (RFinH. 12. 5. 20 Bd. 3, 59). Der Dritte hat ein Recht auf die Berechnung des Reingewinnes nach den vertragsmäßigen und, wenn es daran fehlt, nach den gesetzlichen Grundsätzen. Er unterwirft sich durch die Beteiligung am Reingewinn nicht der Beschlußfassung der Gesellschaft. Übermäßigen Abschreibungen, auch wenn sie nicht auf Arglist oder Fahrlässigkeit beruhen, darf er für seinen Anteil widersprechen (OLG. Düsseldorf 23. 1. 11 LZ. 1912, 781). Andernfalls könnte dieses Recht Dritter durch außerordentliche Abschreibungen oder zu niedrige Inventuren vereitelt werden. Das gilt für jede Art der Gewinnbeteiligung. Also auch für die Genußscheinträger. Der Nachweis, daß diese Gewinnbeteiligung nur insoweit stattfindet, als die Gesellschafter selbst Gewinn ausschütten, ist gestattet. Er liegt aber der Gesellschaft ob. Ist eine Bilanz unrichtig, so darf die Gesellschaft wie gegenüber den Gesellschaftern den Drittberechtigten den Mangel an Gewinn trotz der ihn aufweisenden Bilanz geltend machen. Unstatthaft ist es aber, daß die Gesellschaft dies nur dem Dritten gegenüber tut. Liegt der Widerruf der Bilanzfeststellung in ihrem Belieben (oben Anm. 2), so darf sie sich gegen Dritte nicht auf die Unrichtigkeit der Bilanz berufen, wenn sie sie für die Gesellschafter gelten läßt (RGZ. 11, 160). § 29.

§ 30.

§ 30.

Das zur Erhaltung des Stammkapitals erforderliche Vermögen der Gesellschaft darf an die Gesellschafter nicht ausgezahlt werden.

Eingezahlte Nachschüsse können, soweit sie nicht zur Deckung eines Verlustes am Stammkapital erforderlich sind, an die Gesellschafter zurückgezahlt werden. Die Zurückzahlung darf nicht vor Ablauf von drei Monaten erfolgen, nachdem der Rückzahlungsbeschluß durch die im Gesellschaftsvertrage für die Bekanntmachungen der Gesellschaft bestimmten öffentlichen Blätter und in Ermangelung solcher durch die für die Bekanntmachungen aus dem Handelsregister bestimmten öffentlichen Blätter bekanntgemacht ist. Im Falle des § 28 Absatz 2 ist die Zurückzahlung von Nachschüssen vor der Einzahlung des Stammkapitals unzulässig. Zurückgezahlte Nachschüsse gelten als nicht eingezogen.

1. **Das Prinzip von der Erhaltung des Stammkapitals.** An die Gesellschafter darf das zur Erhaltung des Stammkapitals erforderliche Vermögen nicht ausbezahlt werden. Der Grundgedanke, der dem Gesetze zugrunde liegt, ist auch hier wieder der, daß das Stammkapital dem Gläubiger erhalten werden soll. Es bildet die Kreditbasis. Es ist daher der Disposition der Gesellschafter entzogen. Es fragt sich aber, wie weit das Gesetz mit seiner Bestimmung gehen will. Anm. 1.

a) Die Vorschriften des GmbHGesetzes unterscheiden sich von denen des **Aktienrechts**, die demselben Zwecke dienen. Nicht nur, daß diesem jede Kollektivhaftung der Aktionäre fehlt. Es baut sein System auf anderer Grundlage auf. Es stellt den Satz an die Spitze, daß die Aktionäre ihre Einlagen nicht zurückfordern können, solange die Gesellschaft besteht. Sie haben nur Anspruch auf den Reingewinn, soweit dieser nicht nach Gesetz oder Gesellschaftsvertrag von der Verteilung ausgeschlossen ist (§ 213 HGB.). Es verbietet die Zusicherung von Zinsen von bestimmter Höhe (§ 215 HGB.). Die Folge einer den Vorschriften des Gesetzes zuwider empfangenen Zahlung ist in Höhe derselben eine Haftung für die Verbindlichkeiten der Gesellschaft (§ 217 Abs. 1 Satz 1 HGB.). Nur die in gutem Glauben empfangene Dividende braucht in keinem Falle zurückbezahlt zu werden (§ 217 Abs. 1 Satz 1). Den Ausgangspunkt bildet also hier das Verbot der Rückzahlung der Einlage auf das Grundkapital. Da aber auch der gesetzliche Reservefonds nicht ausgeschüttet werden darf, ebenso auch der nur durch Statut eingeführte, solange dieses Statut besteht, so ist das Gegenstück zu diesem Verbote die Erlaubnis, den Reingewinn zu verteilen, soweit nicht das Gesetz oder der Gesellschaftsvertrag zwingen, ihn in Reserve zu stellen. Anderes Vermögen der Aktiengesellschaft kennt das Gesetz nicht. Es ist entweder Grundkapital oder Reserve oder Reingewinn. Das Gesetz über die GmbH. geht den umgekehrten Weg. Es spricht nicht davon, daß Stammeinlagen nicht zurückbezahlt werden dürfen. Es stellt vielmehr den Satz an die Spitze, daß das zur Erhaltung des Stammkapitals erforderliche Vermögen nicht an die Gesellschafter ausbezahlt werden darf. Neben

§ 30. dieser Vorschrift ist, wie die Motive sagen, „eine besondere Bestimmung darüber, daß die Stammeinlagen nicht zurückbezahlt werden dürfen, nicht erforderlich". Daß sich auch dieser Satz, das Verbot der Rückzahlung der Stammeinlage, aus dem Gesetze ergibt, ist zweifellos richtig, wenn er auch in § 30 Abs. 1 nicht ausgesprochen ist. Er folgt aus den §§ 19—25 und den §§ 34 und 58. Das Gesetz regelt streng die Einziehung der Stammeinlage. Jede Stundung, jeder Verzicht ist verboten und ungültig. Es muß also auch die Rückforderung und Rückzahlung unstatthaft sein. Das Gesetz ordnet in § 58 die Herabsetzung des Stammkapitals. Nur unter Wahrung bestimmter Formen darf sie und damit die Rückgewähr der Einlage erfolgen. In jeder anderen Weise ist sie daher unzulässig. Das Versprechen der Rückzahlung ist nichtig (RG. 21. 3. 08 Recht 08, 1889).

Das österr. Gesetz § 82 Abs. 1 schließt sich wieder an den aktienrechtlichen Aufbau an. Es beginnt mit dem Verbote der Rückforderung der Stammeinlage und der Verweisung der Gesellschafter auf den Reingewinn. Das französ. Ges. Art. 35 erreicht den gleichen Zweck mit der Bestimmung, daß Dividenden zurückgefordert werden können, die nicht aus Reingewinn ausgeschüttet sind. Vgl. im Schweizer Entwurf Art. 819. Das poln. Ges. enthält keine ausdrückliche Vorschrift.

Anm. 2. b) Nicht jede Rückzahlung der Stammeinlage ist eine Auszahlung des zur Erhaltung des Stammkapitals erforderlichen Vermögens. Nicht jede Auszahlung des zur Erhaltung des Stammkapitals erforderlichen Vermögens ist Rückgewähr der Stammeinlage. Der Gegensatz ergibt sich schon aus dem zu a (oben Anm. 1) Bemerkten. Bei der Aktiengesellschaft tritt er praktisch nicht hervor. Dort fehlt die an die Auszahlung des zur Erhaltung des Stammkapitals nötigen Vermögens geknüpfte strenge Folge der Haftung der anderen Gesellschafter. Durch diese Bestimmung wird die Erkenntnis des Unterschieds für die GmbH. von erheblicher Bedeutung. Das Gesetz kennt nur für die Ausschüttung des zur Erhaltung des Stammkapitals erforderlichen Vermögens die strenge Folge, diese aber einerlei, aus welcher rechtlichen Ursache und in welchem rechtlichen Kleide jene erfolgt. Es genügt hier die einfache Tatsache, daß an den Gesellschafter in dieser Eigenschaft Zuwendungen aus dem Gesellschaftsvermögen erfolgen, die eine Verminderung der Aktivseite unter den Betrag des Stammkapitals nach sich ziehen. Bei der Rückzahlung von Stammeinlagen ist die Ursache der Leistung ausschlaggebend. Sie ist verboten, einerlei, woher die Mittel dazu genommen werden, auch dann, wenn die Gesellschaft aus ihrem Reingewinn diese Zahlungen vornahm, sei es unter Wiederaufleben der alten Einlagepflicht, sei es unter Verzicht darauf. Eine solche Zahlung erzeugt aber nur die zivilrechtliche Rückforderung wie bei jeder Zahlung einer Nichtschuld (vgl. auch RG. 28. 12. 07 Holdheim 17, 418).

Anm. 3. Die Rückzahlung von Stammeinlagen ist nur ein Fall der Verteilung von Gesellschaftsvermögen an die Gesellschafter. So viele Gruppen von diesen das Gesetz kennt, so viele Arten solcher Verteilung sind denkbar. Diese Gruppen entsprechen den Kapitalkonten auf der Passivseite der Bilanz. Neben dem Stammkapitalkonto steht, falls ein solches durch Gesellschaftsvertrag oder Beschluß der Gesellschafter beschlossen wurde, das Reservekonto. Sofern Nachschüsse zulässig sind und eingefordert werden, entspricht diesen das Nachschußkonto. Das, was dann vom Reinvermögen bleibt, ist das Gewinnkonto. Gesellschaftliche Verteilungen des Vermögens der Gesellschaft sind nur aus einem dieser Konti möglich. Es wird entweder der Gewinn ausgeschüttet (über die Voraussetzungen hierzu vgl. Anm. 2ff. zu § 29) oder es wird ein Reservefonds aufgeteilt. Je nachdem er durch den Gesellschaftsvertrag oder einfachen Beschluß der Gesellschafter ins Leben gerufen war, muß auf demselben Wege seine Aufhebung herbeigeführt sein. Oder es werden Nachschüsse zurückbezahlt. Die Bedingungen hierzu bestimmt § 30 Abs. 2 (vgl. unten Anm. 13). Oder endlich es wird eine Stammeinlage zurückgegeben. Dazu sind die Vorschriften des § 58 über Herabsetzung des Stammkapitals oder, falls die Zahlung aus Überschüssen erfolgt, die des § 34 über Amortisation zu beobachten. Jede Verteilung von Gesellschaftsvermögen ohne Vorliegen der für die einzelnen Kapitalkonten ausgeführten

Bedingungen entbehrt des **Rechtsgrundes**. Ein **Verstoß gegen** § 30 Abs. 1 liegt § 30.
aber darin noch nicht. Er ist stets erst dann gegeben, wenn durch die Zahlung das zur Erhaltung des Stammkapitals erforderliche Vermögen der Gesellschaft angegriffen wird. Das kann mit der ohne Rechtsgrund erfolgenden Austeilung zusammenfallen, muß es aber nicht. Die strengen Folgen des § 31 treten aber nur dann ein, wenn das zur Erhaltung des Stammkapitals erforderliche Vermögen ausbezahlt wird (RG. 28. 12. 07 Recht 08, 860; RG. 18. 1. 18 RGZ. 91, 408; RG. 8. 7. 19 RGZ. 96, 227). Das ist also nicht der Fall, wenn zwar kein bilanzmäßiger Gewinn vorlag, wohl aber Nachschüsse oder Reserven. Das Stammkapital bleibt intakt. Ebenso deckt bei Rückzahlung von Nachschüssen oder Austeilung von Reserven das Vorhandensein von Reserven im ersteren und von Nachschüssen im letzteren Falle das Stammkapital. Endlich kann auch eine Rückzahlung von Stammeinlagen, die ohne Wahrung der Vorschriften der §§ 58 und 34 erfolgt, von den Folgen des § 31 bewahrt bleiben, sobald Gewinn, Reserven oder Nachschüsse vorhanden sind. Es tritt dann nur das einfache Rückforderungsrecht ein, ohne Haftung der anderen Gesellschafter. Andererseits besteht diese strengere Folge, und es liegt eine Verletzung des § 30 vor, wenn trotz Wahrung der für Aufteilung des speziellen Kontos gegebenen Bestimmungen in Wahrheit die Auszahlung auf Kosten des zur Wahrung des Stammkapitals erforderlichen Vermögens erfolgt. So wird auch, wenn ein ordnungsgemäßer Beschluß vorliegt, das Stammkapital um 30 Proz. herabzusetzen und diesen Betrag den Gesellschaftern zurückzugeben, eine Auszahlung unstatthaft und von den Folgen des § 31 begleitet sein, insoweit von dem Stammkapital bereits ein Betrag verloren war. Wenn auch die Rückzahlung der Nachschüsse beschlossen ist, so darf sie doch nicht erfolgen, solange das Stammkapital nicht intakt ist. Denn ihre Auszahlung könnte nur auf Kosten des zur Erhaltung des Stammkapitals erforderlichen Vermögens geschehen. Das ist der Grund des Abs. 2 Satz 1. Er ist eine Konsequenz aus Abs. 1. Solange ein Verlust an Stammkapital vorliegt, wäre eine Auszahlung von Nachschüssen ein Angriff auf das Stammvermögen (das Nähere vgl. Anm. 9ff. zu § 31).

Eine Auszahlung des zur Erhaltung des Stammkapitals nötigen Anm. 4.
Vermögens ist aber ebenso auch möglich, ohne daß sich dies in die Form der Aufteilung eines der Kapitalkonti kleidete. Stets muß es sich um eine Leistung aus dem Gesellschaftsvermögen an **die Gesellschafter** als solche handeln. So in dem Falle, daß ihnen Zinsen bezahlt werden, ohne daß Reingewinn vorliegt, oder daß Vorschüsse auf den Gewinn gewährt sind (BauersZ. 18, 41). Doch fallen diese Leistungen, sobald eine Bilanz errichtet und die Vorschüsse auf den ausgewiesenen Gewinn verrechnet sind, unter den Schutz des guten Glaubens (§ 32). Sind Reservefonds oder Nachschüsse vorhanden, so bleibt das Stammkapital intakt. Es tritt nur die einfache Rückforderung ein. Fehlen diese, so ist das Stammkapital gemindert. Die strengere Ersatzpflicht greift Platz. Dem gleich steht der Fall, daß im Gesellschaftsvertrage einzelnen Geschäftsanteilen Vorrechte bestellt sind, der Gesellschaft aber das Recht oder auch die Pflicht obliegt, diese durch Zahlung eines bestimmten Kapitals abzulösen. Sobald hierdurch die zur Erhaltung des Stammkapitals erforderliche Aktivsumme gemindert wird, ist die Auszahlung der Abfindungssumme verboten. Die Gesellschafter haften hieraus (vgl. Anm. 53 zu § 5).

Ebenso ist der Fall zu behandeln, daß ein Gesellschafter den Geschäftsanteil eines anderen erwirbt und die Gesellschaft „zugunsten" des Erwerbers dem Veräußerer Teile ihres Vermögens ausfolgt. Auch hier liegt eine Rückerstattung vor, selbst wenn der Veräußerer durch seine Übertragung an den anderen Gesellschafter aus der Gesellschaft ausscheiden sollte (RG. 4. 10. 12 JW. 1913, 48[39]). Wird in solchem Falle die Ausfolgung von Teilen des Gesellschaftsvermögens zunächst unterlassen und beschränkt sich die Gesellschaft darauf, dem Veräußerer des Geschäftsanteils gegenüber die Kaufpreisschuld des Erwerbers zu übernehmen, so bleibt doch das Ergebnis das gleiche. Das Verbot des § 30 kann dadurch nicht umgangen werden. Der Gesellschaft steht gegenüber dem Gesellschafter ein Leistungsverweigerungsrecht zu, soweit § 30 der Erfüllung der übernommenen Schuld

§ 30. entgegensteht. Rechte aus solcher Verpflichtung kann der Gläubiger, auch wenn er inzwischen aus der Gesellschaft ausgeschieden ist, nicht geltend machen (im Ergebnis zustimmend RG. 10. 7. 18 Holdh. 28, 10, welches schon in der Schuldübernahme eine unzulässige Auszahlung sieht; vgl. unten Anm. 7. Über den Erwerb durch die Gesellschaft selbst vgl. Anm. 10 zu § 33 und unten Anm. 6). Nicht unstatthaft ist allerdings auch hier die Gewährung eines Darlehns an den Erwerber des Geschäftsanteils. Daß dieser mit dem von der Gesellschaft geliehenen Geld den Geschäftsanteil kauft, berührt dann den Veräußerer nicht. Das Darlehen der Gesellschaft ist gültig. Nur muß in der Tat ein solches gewollt sein (unten Anm. 6).

Anm. 5. In Gesellschaftsverträgen von Fabriken, welche die Bearbeitung von Rohprodukten betreiben, wird mitunter den Gesellschaftern das Recht auf unentgeltliche Bearbeitung eingeräumt. Ergibt sich am Ende des Jahres eine Unterbilanz, so wird erheblich, daß ein Teil des Gesellschaftsvermögens, nämlich der Aufwand für Arbeitslöhne und Materialien, welcher die Bearbeitung der Rohprodukte der Gesellschafter erforderte, an die Gesellschafter zurückgeflossen ist. Er ist zurückzuerstatten. Nur wenn die Gesellschaft aus der Bearbeitung für dritte Personen oder aus dem ihr verbleibenden Abfallprodukte bei der Bearbeitung für ihre Gesellschafter Nutzen zieht, so daß ihr ein Reingewinn bleibt oder doch ein Verlust vermieden wird, ist eine solche unentgeltliche Bearbeitung für die letzteren durchführbar. Für die Gläubiger, in deren Interesse das Stammkapital zu erhalten ist, muß es einerlei sein, ob dessen Auszahlung an die Gesellschafter unmittelbar oder mittelbar durch die Verwendung von Vermögen der Gesellschaft auf Werte der Gesellschafter erfolgt. Es ist daher auch dann der § 30 verletzt, wenn die Auszahlung des zur Erhaltung des Stammkapitals erforderlichen Vermögens auf Grund einer im Gesellschaftsvertrage übernommenen Verpflichtung gesellschaftlicher Art erfolgt (vgl. über solche Anm. 56 zu § 5).

Anm. 6. Die besprochenen Fälle bilden nur Beispiele einer allgemeinen Regel. Durch Festsetzungen im Gesellschaftsvertrage kann niemals die Möglichkeit geschaffen werden, das Vermögen der Gesellschaft unter die Höhe des Stammkapitals herabzubringen. Solche Leistungen sind nur aus dem Gewinn, sei es auch aus dem als Reserve aufgespeicherten oder, falls die Gesellschafter es wollen, aus Nachschüssen möglich.

Überall aber, wo es sich um ein mit dem Gesellschafter als Dritten abgeschlossenes Rechtsgeschäft handelt, ist die Auszahlung von Gesellschaftsvermögen an diesen wie an jeden Nichtgesellschafter statthaft (vgl. OLG. München 26. 3. 14 OLGR. 28, 361). Nur darf dieses Rechtsgeschäft nicht der Deckmantel für die verbotene Rückzahlung des Stammkapitals sein. Die Gesellschaft kann dabei nicht nur Umsatzgeschäfte mit ihrem Gesellschafter machen. Sie kann ihm Darlehen gewähren. Sie kann sich bei dessen Geschäft als Kommanditist oder stiller Gesellschafter beteiligen. Sie erhält hier dieselben Gegenwerte und bucht dieselben Aktivposten wie im Verkehr mit Dritten. Anders, wenn der Geschäftsführer dieses Darlehen gewährt im Bewußtsein, daß damit der Gesellschafter seine Einlage zurücknimmt und nicht zurückerstatten will. Ebenso wenn von Anfang an besprochen war, daß ihm dieselbe in der Form der stillen Gesellschaft zurückzugeben ist. Das gilt aber auch für jedes andere Geschäft. Das Verbot der Rückzahlung des Stammkapitals ist verletzt, sofern jenes nur ein Scheinvertrag ist, hinter dem sich die Rückzahlung verbirgt (vgl. hierzu RG. 3. 10. 16 RGZ. 88, 428). Ernstlich gemeinte Drittgeschäfte sind gültig. Nicht als Rückzahlung des Stammkapitals erscheint daher regelmäßig der Ankauf eines Geschäftsanteils (vgl. Anm. 10 zu § 33; jedoch Anm. 10a und b ebenda; RG. 11. 4. 13 Recht 1913 Nr. 1816; a. M. Brodmann Anm. 1 S. 118. Der Konkursverwalter hat kein Recht, die für den Geschäftsanteil bezahlten Beträge auf die Gesellschafter umzulegen). Daher ist auch die Zusage der GmbH., beim Verkauf eines Geschäftsanteils ihn zurückzukaufen, grundsätzlich gültig (RG. 26. 5. 11 RGZ. 76, 310; a. M. Brodmann Anm. 1 S. 119; vgl. aber Anm. 5 und 11 zu Exkurs II zu § 15 und Anm. 10a u. b zu § 33). **Über die Anfechtung** eines Verkaufes **§ 30.** eines eigenen Geschäftsanteils durch den Käufer und den Schadensersatzanspruch wegen Täuschung vgl. Anm. 34 zu § 2, RGZ. 68, 309 und Anm. 5 zu Exkurs II. zu § 15. Über die **Gläubigeranfechtung** gegenüber der Einlage in die GmbH. vgl. Anm. 44 zu § 2. Nicht unter § 30 fallen endlich Leistungen aus dem Gesellschaftsvermögen an Gesellschafter, die nur als Gegenleistungen für deren Verpflichtung gemäß § 3 Abs. 2 erscheinen. Hier ist schon deshalb von einer Minderung des Gesellschaftsvermögens keine Rede, weil, wie die Motive hervorheben und das österr. Gesetz ausdrücklich ausspricht, die Folge der Zahlung eine Minderung des Passivstandes ist. Überall aber, wo dies fehlt, wird in einer, wenn auch durch den **Gesellschaftsvertrag** bedungenen Leistung, solange nicht mehr als das Stammkapital vorhanden ist, eine Ausfolgung an die Gesellschafter unter das Verbot des § 30 Abs. 1 fallen. Andernfalls hätten es ja die Gesellschafter in der Hand, durch solche Zusagen im Gesellschaftsvertrag die Bemühungen des Gesetzes, die als Stammkapital gezeichnete Summe den Gesellschaftsgläubigern zu sichern, mit leichter Mühe zu vereiteln. Jedes Recht und jede Verpflichtung zur Ablösung eines Vorrechts genügte. Man brauchte nur jedem Gesellschafter irgendeinen solchen Vorzug einzuräumen, dem einen eine Mehrdividende, dem anderen mehr Stimmen, dem dritten ein Recht auf neue Geschäftsanteile u. s. f. und nach einem halben Jahre diese aus dem Vermögen der Gesellschaft abzulösen. Das eingelegte Kapital flösse wieder in die Taschen der Gesellschafter. Das ist gegen die Tendenz des Gesetzes und auch gegen den Wortlaut des § 30 Abs. 1.

c) Verboten ist die **Auszahlung des zur Erhaltung des Stammkapitals erforderlichen Vermögens.** Die Ursache dieser Zahlung ist unerheblich. Es genügt, daß sie **Anm. 7.** an den Gesellschafter als solchen erfolgt und **das Vermögen der Gesellschaft in einer Weise mindert, daß der nach Deckung der Passiven verbleibende Reinbetrag die Höhe des Stammkapitals nicht mehr erreicht.** Als Folge der Zahlung muß sich eine Unterbilanz ergeben (RG. 12. 5. 14 RGZ. 85, 43; 3. 10. 16 RGZ. 88, 428). Daher steht nichts im Wege, schon bei teilweiser Einzahlung der Stammeinlagen Dividende zu verteilen. Die Einlageforderung an die Gesellschafter steht unter den Aktiven. Sie schließt die Unterbilanz aus (Neukamp Anm. 1). Es folgt dies auch aus dem wirtschaftlichen Bedürfnisse. Für die Aktiengesellschaft (§ 214 Abs. 2 HGB.) ist dies auch ausdrücklich geregelt. Maßgebend ist der Moment der Auszahlung und der Vermögensstand zu dieser Zeit. Denn nicht auf die Ursache der Zahlung, sondern auf deren Erfolg kommt es an (oben Anm. 3). Jede Leistung von Vermögenswerten, welche die Unterbilanz zur Folge hat, ist unzulässig. Sie zieht die Restitutionspflicht nach sich. Sie erzeugt die Einrede gegen eine Zusage wie gegen eine aus anderen Rechtssätzen folgende Pflicht. Es ist daher ausgeschlossen, daß der Gesellschafter eine Rückzahlung der Stammeinlage unter Fortdauer des Gesellschaftsverhältnisses aus irgendeinem Rechtsgrunde fordert, z. B. weil er bei der Gründung der Gesellschaft durch den Geschäftsführer betrogen worden ist (RG. 4. 4. 16 Holdh. 25, 203; siehe auch OLG. Rostock 8. 7. 13 MecklZ. 32, 64 und Anm. 34 zu § 2 über die Schadensersatzklage wegen Betrugs beim Verkauf eigener Geschäftsanteile). Unzulässig ist auch ein Anspruch gegen die Gesellschaft wegen Minderwertes des Geschäftsanteils infolge schlechter Geschäftsführung (RG. 27. 6. 11 BayerZ. 19, 25). Erst wenn die Gesellschaft aufgelöst ist oder wenn das Stammkapital zum Zwecke der Rückzahlung herabgesetzt wird, kann eine Auszahlung von Gesellschaftsvermögen erfolgen. Nur für diese Fälle kann gültig eine Zusage bestimmter Stücke an einen Gesellschafter gemacht werden (RG. 19. 12. 10 LZ. 1911, 219).

Daraus ergibt sich für die GmbH. im Gegensatz zum Aktienrecht, daß auch die fest- **Anm. 8.** gesetzte **Dividende** durch spätere Verluste wieder hinfällig wird, sobald deren Auszahlung das Stammkapital angreift. Der § 30 Abs. 1 lautet so allgemein und sein Grundgedanke trägt so weit, daß er auch diesen Fall mitumfassen muß (vgl. Anm. 8 zu § 29). Nur wird

§ 30. hier der Schutz des gutgläubigen Empfängers (vgl. Anm. 4ff. zu § 32) von besonderer Bedeutung sein. Wenn sich aber nach dem Beschlusse über die Gewinnverteilung starke Verluste des neuen Jahres herausstellen, so ist die Gesellschaft berechtigt, unter Hinweis darauf, daß sie das zur Erhaltung des Stammkapitals erforderliche Vermögen angreifen müßte und daß dessen Auszahlung verboten sei, die Auszahlung der Dividende oder deren Weiterauszahlung zu verweigern. Das Gesetz zieht wie es in § 30 Abs. 1 ausspricht, die Interessen der Gläubiger denen der Gesellschafter stets dann vor, wenn es sich um die Wahrung des Stammkapitals handelt. Auch das österr. Ges. (§ 82 Abs. 5) verbietet die Gewinnausschüttung, wenn zwischen dem Schlusse des Geschäftsjahres und der Beschlußfassung über die Gewinnverteilung dem Geschäftsführer oder dem Aufsichtsrate bekannte erhebliche und nicht nur vorübergehende Verluste oder Wertminderung eintreten. Der Gewinn ist dann auf Rechnung des laufenden Jahres vorzutragen.

Anm. 9. Dasselbe gilt von der beschlossenen Auszahlung der Nachschüsse. Verluste nach dem Beschlusse hindern diese, sobald und soweit hierdurch eine Unterbilanz entstünde (vgl. unten Anm. 14).

Die Beweislast, daß die Auszahlung auf Kosten des zur Erhaltung des Stammkapitals erforderlichen Vermögens erfolgt, trifft die Gesellschaft. Es handelt sich hier um eine Klage- oder Einredebegründung. Die Schwierigkeit ist in der Praxis deshalb nicht so erheblich, weil die Rückforderung in den meisten Fällen dann erfolgt, wenn sie zur Befriedigung der Gläubiger nötig ist (vgl. Anm. 4 zu § 31), mithin fast immer der Fall des Konkurses oder der fruchtlosen Exekution vorliegen wird.

Anm. 10. Zur Auszahlung gehört nicht nur die Hingabe von Geld. Auch jede Sachleistung gehört hierher. Es besteht auch in diesem Falle die subsidiäre Mithaftung der Gesellschafter (§ 31 Abs. 3). Für die Nichtleistung der Sacheinlage haften sie nicht (Anm. 1 zu § 24). Der Auszahlung gleich steht ein Verzicht auf einen Anspruch an den Gesellschafter. Es ist einerlei, ob ihm bares Geld ausbezahlt oder ein geschuldetes Darlehen erlassen wird. Auch der Erlaß einer Nachschußschuld, sobald die Nachschüsse eingerufen sind, kann unter § 30 Abs. 1 (vgl. Anm. 8 zu § 26) fallen. Eine Schuldübernahme der Gesellschaft gegenüber einem Gesellschafter ist aber als solche noch nicht eine „Auszahlung" (a. M. RG. 10. 7. 18 Holdh. 28, 10; vgl. aber oben Anm. 4). Endlich ist auch jede indirekte Leistung durch die Verwendung von Gesellschaftskapital auf Wertobjekte des Gesellschafters (vgl. oben Anm. 5) hier einzubeziehen. Dagegen kann einem Gesellschafter, der sein Geschäft mit der Kundschaft als Sacheinlage in die GmbH. einbrachte, eine Konkurrenz gegen diese nicht von dem Gesichtspunkte aus verboten werden, daß darin eine teilweise Zurücknahme seiner Einlage liege (RG. 21. 3. 11 LZ. 11, 787).

Anm. 11. d) Über die Rückforderungsklage vgl. Anm. 2ff. zu § 31.

e) Staub (erste Auflage Anm. 1) ging von einer anderen Auslegung des § 30 Abs. 1 aus. Hiernach dürfe Gesellschaftsvermögen grundsätzlich nicht an Gesellschafter ausbezahlt werden. Denn jedes Vermögensstück könne zur Erhaltung des Stammkapitals erforderlich sein. Da aber dieser Grundsatz, wenn glatt und schrankenlos durchgeführt, hart und unberechtigt wäre, so mache das Gesetz von demselben eine Ausnahme, indem es die Verteilung von Reingewinn, die Rückzahlung von Nachschüssen und im Wege der Herabsetzung des Stammkapitals oder der Einzahlung auch die Rückzahlung von Stammeinlagen gestatte. Aufgespeicherte Reserven könnten daher nur als Jahresgewinn, also am Ende eines Geschäftsjahres auf Grund der Jahresbilanz verteilt werden. Diese Auslegung des § 30 Abs. 1 entspricht weder dem Texte noch dem Sinne des Gesetzes. Es will nicht grundsätzlich jede Auszahlung von Gesellschaftsvermögen an den Gesellschafter verbieten. Es spricht nur von dem zur Erhaltung des Stammkapitals erforderlichen Vermögen und will damit eine Schranke seines Verbotes setzen, die nicht durch die Argumentation, daß jedes Stück hierzu nötig werden könne, wieder aufgehoben werden darf. Es geht aber andererseits weiter. Es umfaßt nicht nur die echten Verteilungsakte, Auszahlung von Stammeinlage, Nachschüssen, Reserve und Gewinn, sondern jede

Leistung an die Gesellschafter als solche (oben Anm. 3). Die Ansicht Staubs führte auch **§ 30.** zu Folgerungen, die nicht im Sinne des Gesetzes liegen. Es soll nicht an jede Auszahlung die Folge des § 31 geknüpft sein, sondern nur an solche, welche das Vermögen derart mindern, daß das Stammkapital nicht mehr gedeckt ist. Es ist zwischen den Verteilungsakten, die an bestimmte Voraussetzungen, verschieden bei den verschiedenen Bestandteilen geknüpft sind, und der Minderung des Stammvermögens zu unterscheiden. Für die hier vertretene Auffassung auch RG. v. 21. 3. 08 LZ. 2, 450[31].

2. **Die Rückzahlung von eingezahlten Nachschüssen** (Abs. 2). Die Bestimmungen des § 74 **Anm. 12.** österr. Ges. sind inhaltlich gleich denen des deutschen § 30 Abs. 2.

a) Die Vorschrift bezieht sich nur auf die **Rückzahlung** eingezahlter Nachschüsse. Auf den Erlaß von noch nicht eingezahlten Nachschüssen kann diese Vorschrift nicht ausgedehnt werden (anders Förtsch Anm. 3 und Crüger-Crecelius Anm. 2; Liebmann Anm. 8; Brodmann Anm. 3). Dieser ist reiner Verwaltungsakt der Geschäftsführer. Sie haben dabei lediglich nach dem Gesichtspunkte zu verfahren, ob dies den Interessen der Gesellschaft entspricht (vgl. aber auch oben Anm. 10). Ebenso ist die Aufrechnung einer noch ausstehenden Nachschußpflicht mit einer Gegenforderung des Gesellschafters zulässig (a. M. Liebmann Anm. 8). Der Anspruch auf den rückzuzahlenden Nachschuß steht dem jeweiligen Inhaber des Geschäftsanteils zu. Er kann nicht von dem einzahlenden Gesellschafter nach Veräußerung des Geschäftsanteils erhoben, auch nicht der Gesellschaft gegenüber vorbehalten werden. Es kann nur der Erwerber dem Veräußerer gegenüber sich verpflichten, den zurückbezahlten Nachschußbetrag diesem abzuliefern.

b) Die Rückzahlung von eingezahlten Nachschüssen ist an eine Reihe von **Anm. 13.** Bedingungen geknüpft. Sie sind verschiedener Art. Daher sind auch die Folgen der Verletzung verschieden. Zwei derselben sind materieller Art. Das ist die Bestimmung, wonach die Nachschüsse nicht zur Deckung eines Verlustes am Stammkapital erforderlich sein dürfen und wonach das Stammkapital voll einbezahlt sein muß. Sie dienen der Wahrung des Stammkapitals. Die anderen sind formell. Sie sind im Hinblick auf die Interessen Dritter, die mit der Gesellschaft kontrahieren oder Geschäftsanteile erwerben wollen, getroffen. Das ist die Vorschrift der Publikation und der Beobachtung einer Frist von drei Monaten. Selbstverständliche allgemeine Voraussetzung ist ein Beschluß der Gesellschafter oder ein diesem gleichstehendes Moment. Nicht erforderlich ist, daß die Rückzahlung an alle Gesellschafter gleichheitlich erfolge. Es kann auch beschlossen werden, daß ein Gesellschafter dabei den anderen vorgehe. Doch bedarf dies der Zustimmung aller anderen Gesellschafter. Das Prinzip der Gleichbehandlung (Anm. 20 zu § 14) ist anderenfalls verletzt. Anders, wenn der Gesellschaftsvertrag bereits dieses Vorrecht enthielte.

α) Es muß ein Gesellschafterbeschluß auf Rückzahlung vorliegen. Staub (erste Auflage) nahm an, die Vorschrift des § 46 Nr. 3 werde durch § 30 Abs. 2 zwingendes Recht. Der § 45 Abs. 2 greife hier nicht Platz. Aber die Gründe, welche bei der Einforderung der Nachschüsse die Beschlußfassung durch die Gesellschafter als zwingendes Recht erscheinen ließen (vgl. Anm. 9 zu § 26), lassen sich hier nicht geltend machen. Es ist möglich, daß der Einforderungsbeschluß bereits festsetzt, unter welchen Bedingungen die Rückzahlung zu erfolgen hat. Auch das Statut kann schon eine Bestimmung darüber enthalten, ohne daß dadurch die Nachschußeigenschaft der Leistung der Gesellschafter in Frage kommt. Es muß also auch zulässig sein, die Bestimmung über die Rückzahlung einem anderen Organe, dem Aufsichtsrate oder den Geschäftsführern, zu übertragen. Erst wenn dieser Beschluß vorliegt, entsteht das Forderungsrecht des Gesellschafters und die Möglichkeit einer Beschlagnahme seitens seiner Gläubiger oder einer Aufrechnung gegen einen Anspruch der Gesellschaft. Bis dahin ist nur eine Erwartung vorhanden. Ist die Rückzahlung im Gesellschaftsvertrage oder in dem Einforderungsbeschlusse unter gewissen Voraussetzungen vorgesehen, so entsteht bereits mit der Einzahlung der Rückforderungsanspruch als bedingtes Recht. Einen ausreichenden Schutz, daß der Gesellschafter auch seine Nachschüsse in der bedungenen Weise zurückerhält, gewähren diese

§ 30. Festsetzungen im Statut oder Einforderungsbeschluß nur dann, wenn die Einforderung nur unter gewissen Voraussetzungen zugelassen ist (vgl. Anm. 24 zu § 26). Anderenfalls kann die Gesellschaft durch Wiedereinrufung des zurückzuzahlenden Nachschusses das Recht auf Rückzahlung praktisch lahmlegen.

Über die Folgen einer Rückzahlung von Nachschüssen ohne Beschluß des hierzu berufenen Organes oder ohne Vorliegen der durch Gesellschaftsvertrag oder Einforderungsbeschluß festgelegten Bedingungen vgl. unten Anm. 19.

Anm. 14. β) Die eingezahlten Nachschüsse dürfen nicht zur Deckung eines Verlustes am Stammkapital erforderlich sein. Die Rückzahlung darf also nicht erfolgen, wenn die Aktiva abzüglich der Schulden den Betrag des Stammkapitals nicht erreichen. Der Betrag sonstiger Reservekonten braucht dabei nicht erreicht zu werden, sofern es sich nicht etwa um unechte Reservekonten, um Korrektivposten handelt, die in Wahrheit eine Verminderung der Aktiva bedeuten (vgl. über diesen Begriff Anm. 50ff. zu § 42; RG. 8. 7. 19 RGZ. 96, 227). Diese Bestimmung des Abs. 2 Satz 1 folgt schon aus Abs. 1. Wenn Stammkapital und Nachschußkapital zusammen mehr betragen als das Reinaktivvermögen, so wäre eine Auszahlung der Nachschüsse eine Auszahlung des zur Erhaltung des Stammkapitals erforderlichen Vermögens. Bei einem Stammkapitale von 100 000 M. und einem Nachschußkapitale von 50 000 M. würde, wenn nur noch ein Vermögen von 100 000 M. vorhanden ist, die Rückzahlung der 50 000 M. Nachschüsse eine Unterbilanz von 50 000 M. herbeiführen. Maßgebend ist auch hier die Zeit der Auszahlung, nicht des Beschlusses. Dieser kann wirksam gefaßt sein ohne Rücksicht auf den Vermögensstand. Aber die Ausführung ist abhängig von diesem. Sowohl Abs. 1 wie Abs. 2 sprechen auch nur von der Auszahlung. Dem Gesetze kommt es auch nur auf die Erhaltung des Stammkapitals an. Für diese ist es einerlei, wie dasselbe bei der Beschlußfassung aussah. Der Erfolg, die Unterbilanz, soll vermieden werden. Dabei ist die Auszahlung an die Gesellschafter als einheitlicher Akt zu betrachten. Wenn durch dieselbe nur teilweise das zur Erhaltung des Stammkapitals erforderliche Vermögen angegriffen wird, so kann nicht der Gesellschafter, der zufällig zuerst sein Geld erhob, dasselbe behalten und die Gesellschaft an die anderen verweisen. Die Ausschüttung der Nachschüsse als Ganzes führt die Unterbilanz herbei.

Über die Folgen der Auszahlung trotz Angriffs auf das zur Erhaltung des Stammkapitals erforderliche Vermögen vgl. unten Anm. 18 u. 20.

Die hier besprochene Bestimmung des Abs. 2 Satz 1 bestätigt die oben (Anm. 3) vertretene Auslegung des Abs. 1. Auch bei völlig korrektem Beschlusse ist die Auszahlung verboten, sobald das Stammkapital nicht mehr gedeckt ist.

Anm. 15. γ) Das Stammkapital muß voll einbezahlt sein. Als Regel kann die Einforderung von Nachschüssen vor voller Einforderung des Stammkapitals nicht erfolgen. Nur ausnahmsweise ist das der Fall (§ 28 Abs. 2; vgl. Anm. 5 u. 6 zu § 28). Ist von diesem Ausnahmerecht der Einforderung Gebrauch gemacht, so darf die Rückzahlung nicht geschehen, ehe das Stammkapital voll eingezahlt ist. Diese Stelle ist ein von der Reichstagskommission eingefügter Zusatz. Eine Begründung hierfür ist dem Kommissionsberichte nicht zu entnehmen. Konsequent ist diese Ausnahme von der Rückzahlung der Nachschüsse nicht. Denn wenn die Gesellschaft im besonderen Falle Nachschüsse einziehen darf, ehe sie ihr Stammkapital voll einforderte, so hören jene durch diese besondere Sachlage nicht auf, Nachschüsse zu sein. Wenn vor der Volleinforderung der Stammeinlagen Nachschüsse eingeholt werden dürfen, so war es folgerichtig, daß der Entwurf auch ihre Rückzahlung ohne Einforderung der Stammeinlage zuließ. Zweifelhaft ist auch, was in Abs. 2 Satz 3 unter Volleinzahlung gemeint ist. Dem Wortlaute nach müßten die Gesellschafter zuerst ihre Einlagen in bar machen, dann könnte der Beschluß auf Rückzahlung vollzogen werden. Sie erhielten das eben hingegebene Geld zurück. Man wird aber annehmen dürfen, daß auch der Satz 3 nicht mehr verlangt als § 28, nämlich die Einforderung der Stammeinlagen (a. M. Lieb-

mann Anm. 5c; Brodmann Anm. 3). Dann hat die Gesellschaft das Recht, mit diesen § 30.
den Anspruch der Gesellschafter auf Rückzahlung der Nachschüsse aufzurechnen. Hierdurch ist die Möglichkeit gegeben, die restierende Stammeinlage mittels der Nachschüsse zu decken. Das Gesetz kann unmöglich zu einem anderen Resultate führen, das die reine Komödie wäre.

Über die Folgen der Auszahlung von Nachschüssen vor Einforderung der restlichen Stammeinlage vgl. unten Anm. 18 u. 21.

δ) Der Rückzahlungsbeschluß muß in den Gesellschaftsblättern veröffentlicht werden. Anm. 16.
Fehlen solche, so muß er in denjenigen Blättern publiziert werden, die für die Bekanntmachungen des Handelsregisters bestimmt sind (vgl. §§ 10 u. 11 HGB.; der Reichsanzeiger und ein anderes vom Gericht bestimmtes Blatt).

ε) Seit der ersten Publizierung müssen drei Monate verflossen sein. An die Frist selbst Anm. 17.
ist keinerlei Rechtsfolge geknüpft. Es fehlt an einer dem § 59 entsprechenden Bestimmung über eine der Auszahlung vorhergehende Befriedigung der Gläubiger. Es soll, heißt es im Kommissionsberichte, den Gläubigern überlassen sein, „geeignete Maßregeln“ zu ergreifen. Diese können in der Einklagung fälliger Beträge oder in der Erwirkung von Arresten für befristete Ansprüche bestehen. Als Arrestgrund kann aber die Tatsache der bevorstehenden Rückzahlung der Nachschüsse für sich allein nicht angesehen werden.

Über die Folgen der Nichtbeobachtung der Vorschriften über die Bekanntmachung und Wartefrist vgl. unten Anm. 22.

c) Rückzahlung der Nachschüsse ohne das Nichtvorliegen der Voraussetzungen. Anm. 18.
Alle Zahlungen, „welche der Vorschrift des § 30 zuwider geleistet sind“, müssen der Gesellschaft erstattet werden (§ 31 Abs. 1). Darunter fallen alle Rückzahlungen von Nachschüssen. Denn das Zitat umfaßt auch den Abs. 2 des § 30. Der Abs. 2 enthält aber auch die Vorschriften über Bekanntmachung und Befristung. Die Folge wäre daher, daß auch an deren Verletzung die strengeren Rechtsfolgen des § 31 geknüpft wären. Es bestände mithin die Haftung aller Gesellschafter auch dann, wenn die Nachschüsse versehentlich einen Tag vor Ablauf der Wartefrist ausbezahlt würden. Man käme zu dem Ergebnisse, daß, wenn eine völlig solvente Gesellschaft die Nachschüsse zurückgibt, die sie nicht mehr braucht, im Falle eines vier Jahre elf Monate später eintretenden Zusammenbruchs diese Nachschüsse unter Haftung aller Gesellschafter der Konkursmasse zurückzuerstatten sind, falls die Formvorschriften des § 30 Abs. 2 nicht korrekt gewahrt sind. Dieses Resultat wäre aber unannehmbar. Einen solchen Schutz der Gläubiger will das Gesetz nicht. Das Zitat des § 30 in § 31 Abs. 1 ist daher einengend auszulegen (a. M. Liebmann Anm. 2 zu § 31).

Zunächst ist das Vorhandensein des Beschlusses über die Rückzahlung keine Anm. 19.
im § 30 Abs. 2 enthaltene besondere Voraussetzung, deren Verletzung mit der Folge der schweren Haftung aller Gesellschafter belastet werden kann. Der Beschluß schafft vielmehr erst den Rechtsgrund der Rückzahlung. Ohne ihn besteht eine Forderung nicht. Eine Auszahlung ohne Beschluß ist eine einfache Leistung einer Nichtschuld. Nur der Empfänger haftet, und zwar nach dem Grundsatze des Zivilrechts (§§ 812ff. BGB.). Er haftet daher der Gesellschaft auch, falls er im guten Glauben war, also auch, wenn er annahm, es liege ein Beschluß vor, oder wenn er eines solchen nicht zu bedürfen glaubte. Die Rückforderung hat statt, ohne Rücksicht darauf, ob dies zur Befriedigung der Gläubiger nötig ist oder nicht. Der § 31 Abs. 2 ist hier nicht anwendbar (a. M. Brodmann Anm. 2). Der Erstattungsanspruch verjährt unter allen Umständen erst in 30 Jahren usw. Nur wenn mit einer solchen ohne Rechtsgrund erfolgenden Rückzahlung von Nachschüssen der Angriff auf das Stammvermögen zusammenfällt, tritt die Mithaftung der anderen Gesellschafter ein. Es liegen dann zwei Schuldursachen vor. Daher auch in diesem Falle die Gesellschaft den Anspruch gegen den Empfänger 30 Jahre lang geltend machen kann, während die fünfjährige Verjährung den mithaftenden Gesellschaftern zugute kommt.

§ 30. Ist zwar ein gültiger Beschluß gefaßt, die Auszahlung aber erfolgt, obwohl dadurch Anm. 20. das zur Erhaltung des Stammkapitals erforderliche Vermögen angegriffen wird, so liegt ein Verstoß auch im Sinne des Abs. 1 vor. Es treten alle Folgen, wie sie § 31 regelt, ein.

Anm. 21. Der von der Reichstagskommission eingefügte Satz 3 Abs. 2 § 30 muß ebenso behandelt werden. Er verbietet die Zurückzahlung der Nachschüsse vor Einzahlung des Stammkapitals. Sie ist unzulässig. Die Folge ist auch hier die Haftung gemäß § 31. Eine Vorschrift des § 30 ist verletzt. Man dachte bei der Einreihung dieses Satzes 3 wohl kaum an den Riß, den man in das wohlgefügte System des Gegensatzes von Stammeinlage und Nachschuß machte. Bei der Einforderung der Nachschüsse, auch der ausnahmsweise vor der Einrufung des Stammeinlagerestes erfolgenden, gibt es keine Haftung der anderen Gesellschafter. Nur die Rechtsvorgänger haften aus Gründen, die mit der Wahrung des Stammkapitals zusammenhängen (vgl. Anm. 2 und 3 zu § 28). Werden aber solchergestalt eingeforderte Nachschüsse zurückgegeben, so müssen, auch wenn das zur Erhaltung des Stammkapitals erforderliche Vermögen durch die Auszahlung nicht berührt wurde, bei einer während der nächsten fünf Jahre eintretenden Insolvenz der Gesellschaft die sämtlichen Gesellschafter für die Rückerstattung der Nachschüsse eintreten. Diese werden, weil das Stammkapital noch nicht voll eingefordert war, gleich dem Stammkapital zu einer den Gläubigern zu erhaltenden Unterlage der Gesellschaft. Das Nachschußkapital ist, sofern das Stammkapital noch nicht völlig eingezogen ist, bezüglich der Rückzahlung dem Stammkapitale gleichgestellt.

Anm. 22. Die Formvorschriften, die Publikation und die Sperrfrist, können dagegen diese Folgen nicht haben (a. M. Brodmann Anm. 3). Das oben (Anm. 18) ausgeführte Resultat zeigt dies. Das Verbot der Auszahlung vor Ablauf der dreimonatigen Frist ist allerdings durch die Worte „darf nicht" ausgesprochen. Es sind dieselben, die in Abs. 1 gebraucht sind. Man wird, obwohl nur eine befristete Schuld vor Ablauf der Frist bezahlt wurde, hieraus das Recht der Gesellschaft entgegen § 813 Abs. 2 BGB. ableiten, die Leistung wieder zurückzufordern, sofern nicht inzwischen die Frist abgelaufen ist. Den Gesellschafter, der einige Tage vor Ablauf der Frist das Geld erhielt, nach deren Umfließen zu zwingen, dasselbe zurückzugeben, um es sofort wieder zu erhalten, wäre ein unfruchtbarer Formalismus. Er hat ja dann eine fällige Gegenforderung, mit der er aufrechnen könnte. War die Publikation versäumt, so hat die Frist überhaupt nicht begonnen. Das Geld ist zurückzuzahlen. Denn der Gesellschafter als einzelner hat kein Recht, die Veröffentlichung zu erzwingen. Stets ist aber diese Rückforderung nur die zivilrechtliche, ohne Mithaftung der anderen Gesellschafter.

Anm. 23. 3. Zurückgezahlte Nachschüsse gelten als nicht eingezogen (§ 30 Abs. 2 Satz 4). Richtiger wäre, „nicht eingefordert". Denn der eingeforderte, aber noch nicht eingezogene Nachschuß ist der Gesellschaft geschuldet. Er bildet ein Aktivum derselben. Die Rückzahlung soll aber den Zustand vor der Einforderung herstellen. Diese Wirkung ist erheblich für die Nachschußpflicht, die auf einen bestimmten Betrag beschränkt ist, und für die, bei der das Abandonrecht erst bei einer bestimmten Höhe eintritt. Es sollen bei dieser Berechnung die zurückgezahlten Nachschüsse als nicht eingezahlt gelten. Nicht aber bedeutet diese Vorschrift, daß ein zurückbezahlter Nachschuß als nicht eingezogen noch einmal eingezahlt werden muß. Denn der Rückzahlungsbeschluß hebt ja den Einforderungsbeschluß auf. Die Bestimmung des Schlußsatzes des § 30 Abs. 2 kann durch den Gesellschaftsvertrag aufgehoben werden. Es kann bestimmt werden, daß trotz der Rückzahlung die Nachschußpflicht für den rückbezahlten Betrag erloschen bleibt (Esser 66).

Anm. 24. In der Bilanz vermindert sich das in die Passivseite einzustellende Nachschußkapital um den Betrag der Rückzahlung ebenso wie bei einer Abschreibung infolge Verbrauchs. Der Fall ist also der gleiche wie bei einer Herabsetzung des Stammkapitals. Diese erfolgt entweder zur Rückzahlung an die Gesellschafter oder zur Beseitigung einer Unterbilanz. Nur ist dort beides an dieselbe Form geknüpft, während beim Nachschußkapital die Abschreibung des Verlorenen durch die Geschäftsführer vorgenommen wird.

Zusatz. Die Verwendung der Nachschüsse (Knappe JW. 1911). Die eingezahlten Nachschüsse sind Bestandteile des Gesellschaftsvermögens. Diese können zu jedem wirtschaftlich erlaubten Zwecke verwendet werden, so zur Bezahlung von Schulden, zu Neuanschaffungen usw. Hier teilen sie die Bedeutung mit jedem Kapitale, das die Gesellschaft erhält. Das Gesetz kennt aber noch eine Verwendung in einem anderen Sinne. Ein den eingezahlten Nachschüssen gleichkommender Betrag ist im Gesellschaftsvermögen festzuhalten. Er wird der Verteilung an die Gesellschafter durch Bildung eines Fonds in den Passiven der Gesellschaftsbilanz entzogen. Auch dieses Passivkonto kann „verwendet" werden. Es wird gestrichen (§ 42 Nr. 4). Dadurch wird die Bilanz verbessert. Die Höhe der Aktiva kommt der Höhe der Passiva näher. Eine Verteilung von Überschüssen an die Gesellschafter wird entweder sofort ermöglicht oder jedenfalls dieses Ziel nähergerückt. Die beiden Fälle dieser Verwendung sind in § 30 Abs. 2 erwähnt. Der eine ist bereits oben (Anm. 24) besprochen. Die Streichung erfolgt zum Zwecke der Rückzahlung der Nachschüsse. Das kann geschehen, wenn die Voraussetzungen des § 30 Abs. 2 vorliegen. Der zweite Fall ist ebenfalls in § 30 Abs. 2 behandelt. Das Gesetz gestattet die Rückzahlung der Nachschüsse, „soweit sie nicht zur Deckung eines Verlustes am Stammkapital erforderlich sind". Das Nachschußreservekonto darf gestrichen werden, um eine Unterbilanz auszugleichen. Näheres hierüber Anm. 1 u. 22 zu § 26 und Anm. 64 zu § 42. § 30. Anm. 25.

§ 31. § 31.

Zahlungen, welche den Vorschriften des § 30 zuwider geleistet sind, müssen der Gesellschaft erstattet werden.

War der Empfänger in gutem Glauben, so kann die Erstattung nur insoweit verlangt werden, als sie zur Befriedigung der Gesellschaftsgläubiger erforderlich ist.

Ist die Erstattung von dem Empfänger nicht zu erlangen, so haften für den zu erstattenden Betrag, soweit er zur Befriedigung der Gesellschaftsgläubiger erforderlich ist, die übrigen Gesellschafter nach Verhältnis ihrer Geschäftsanteile. Beiträge, welche von einzelnen Gesellschaftern nicht zu erlangen sind, werden nach dem bezeichneten Verhältnis auf die übrigen verteilt.

Zahlungen, welche auf Grund der vorstehenden Bestimmungen zu leisten sind, können den Verpflichteten nicht erlassen werden.

Die Ansprüche der Gesellschaft verjähren in fünf Jahren; die Verjährung beginnt mit dem Ablauf des Tages, an welchem die Zahlung, deren Erstattung beansprucht wird, geleistet ist. Fällt dem Verpflichteten eine bösliche Handlungsweise zur Last, so findet die Bestimmung keine Anwendung.

Für die in den Fällen des Absatz 3 geleistete Erstattung einer Zahlung sind den Gesellschaftern die Geschäftsführer, welchen in betreff der geleisteten Zahlung ein Verschulden zur Last fällt, solidarisch zum Ersatze verpflichtet.

Die Folgen einer unzulässigen Verteilung von Gesellschaftsvermögen an die Gesellschafter. Die Gesellschaft hat ein Rückforderungsrecht gegen den Empfänger (Abs. 1 und 2). Die übrigen Gesellschafter haften subsidiär (Abs. 3). Der Erlaß solcher Ansprüche ist verboten (Abs. 4). In Abs. 5 wird die Verjährung solcher Ansprüche, in Abs. 6 der Rückgriff der in Anspruch Genommenen gegen die Geschäftsführer behandelt. Einleitung.

I. **Vorausgesetzt ist eine dem § 30 zuwiderlaufende Zahlung.** Die Verteilung von Gesellschaftsvermögen muß entweder das zur Erhaltung des Stammkapitals erforderliche Anm. 1.

§ 31. Vermögen angegriffen (Anm. 1 zu § 30) oder in dem besonderen Falle des § 28 Abs. 2 zur Ausschüttung des Nachschußkapitales vor Einzahlung der Stammeinlagen gehört haben. Die Auszahlung der Nachschüsse, obwohl diese zur Deckung des Verlustes an Stammkapital erfordert, fällt unter die Auszahlung des zur Erhaltung des Stammkapitals erforderlichen Vermögens (vgl. Anm. 14 zu § 30). Über die einzelnen Voraussetzungen der Vorschriften des § 30 insbesondere über die Frage, in welchem Falle das Rückforderungsrecht des § 31 begründet ist vgl. Anm. 7 zu § 30. Das österr. Ges. (§ 83 Abs. 1) gibt der Gesellschaft ein Rückforderungsrecht gegen „Gesellschafter, zu deren Gunsten gegen die Vorschriften dieses Gesetzes, gegen die Bestimmungen des Gesellschaftsvertrags oder entgegen einem Gesellschaftsbeschlusse Zahlungen von der Gesellschaft geleistet sind". Es verlangt also auch hier keine Verletzung des Stammkapitals (vgl. auch unten Anm. 7).

Anm. 2. II. **Unter der zu I gedachten Voraussetzung besteht ein Rückforderungsrecht der Gesellschaft.**

1. **Das Rückforderungsrecht steht der Gesellschaft zu.** Auch wenn bei gutem Glauben des Empfängers die Rückforderung nur insoweit statthaft ist, als sie zur Befriedigung der Gesellschaftsgläubiger erforderlich ist, ist doch nur die Gesellschaft die Rückforderungsberechtigte (RG. 21. 1. 18 RGZ. 92, 78). Die Gläubiger können sich jedoch den Betrag im Wege der Pfändung überweisen lassen. Im Konkurse ist der Konkursverwalter der Einziehungsberechtigte (RG. 18. 1. 18 JW. 1918, 266).

Anm. 3. 2. **Auf Erstattung haftet:**

a) **zunächst der Empfänger** (Abs. 2). Der Empfänger muß nicht notwendig der Gesellschafter sein. Denn der Gesellschafter kann ja den Vermögensanspruch, den die Gesellschaft auf Kosten des Stammvermögens erfüllte, veräußert haben. Dann ist der Rechtsnachfolger der Empfänger. Empfänger ist der, welcher die Leistung tatsächlich empfing. In erster Linie der Gesellschafter. Ebenso auch der Zessionar oder der Dividendenscheininhaber oder der Vollstreckungsgläubiger, dem die Dividendenforderung überwiesen ist. Man könnte einwenden, daß auf diese Weise der Gesellschafter, der den Dividendenanspruch veräußert hat, besser gestellt wäre, als die übrigen Gesellschafter. Denn diese hafteten subsidiär für die Rückzahlung, der Gesellschafter aber, der den Anspruch veräußert hat, nicht. Allein der Rechtsnachfolger des Gesellschafters, dem der rechtswidrig bezahlte Betrag entzogen wird, haftet der Gesellschafter auf Ersatz (Neukamp-Becker Anm. 1b). Die gegenteilige Meinung führt aus, daß man andernfalls zu dem unhaltbaren Ergebnisse komme, daß auch ein Gläubiger der Gesellschaft, der aus dem zur Erhaltung des Stammkapitals erforderlichen Vermögen die ihm schuldige Leistung empfing, zu deren Rückerstattung verpflichtet sei. Diese Zahlung verstößt aber weder gegen § 30, noch wird bei der Tilgung eines Passivums das Vermögen der Gesellschaft gemindert. Es ist auch zweifellos richtig, daß die §§ 30—32 von Leistungen an Gesellschafter handeln. Die Frage ist nur, wer bei solchen Leistungen zur Rückgabe verpflichtet ist, wenn für den nach dem zugrunde liegenden Rechtsverhältnisse zum Empfange bestimmten Gesellschafter an einen Dritten geleistet wird. Diese hat das Gesetz in obigem Sinne beantwortet. Auch die weiteren Gründe, die Brodmann S. 122 für die gegenteilige Meinung beibringt, sind nicht stichhaltig. Er meint, daß die Erstattungspflicht eines Dritten (Zessionars) gegenüber diesem rein gesellschaftlichen Anspruch im Gesetz besonderen Ausdruck hätte finden müssen. Man muß aber dieses Erfordernis in dem vom Gesetz selbst gewählten Ausdruck „Empfänger" sehen. Überdies würde, wenn das Gesetz den Erstattungsanspruch in § 31 nicht besonders geregelt hätte, der alsdann nach allgemeinen Grundsätzen gegebene Bereicherungsanspruch auch nur gegen den dritten Empfänger gerichtet sein. Es ist nicht anzunehmen, daß das Gesetz durch seine Regelung diese Haftung des Empfängers habe ausschließen wollen. Sie sollte im Gegenteil verstärkt werden. Nicht angängig ist es, eine Haftung beider Personen anzunehmen. Die Gesellschaft kann nicht den Gesellschafter und den von diesem getrennten Empfänger haftbar machen (so Crüger-Crecelius Anm. 2 und Liebmann Anm. 5).

Steht ein Geschäftsanteil mehreren zu, so haftet **jeder für den Betrag, den er** **§ 31.** empfing. Der § 18 Abs. 2 spricht nur von den auf den Geschäftsanteil zu bewirkenden **Anm. 4.** Leistungen. Das sind solche Verpflichtungen, welche die Mitgesellschafter durch den gemeinsamen Erwerb übernehmen. Auf diejenigen, welche durch rechtswidrigen Empfang von Gesellschaftsvermögen durch den einen, auf den die anderen keinen Einfluß haben, erwachsen, ist die erwähnte Bestimmung nicht ausdehnbar. Die Mitgesellschafter haften lediglich subsidiär gleich allen übrigen.

Der Umfang der Haftung des Empfängers erstreckt sich auf alles, was er rechtswidrig empfangen hat. Die Klage ist keine Bereicherungsklage. Er kann sich durch den Nachweis, daß er das Empfangene nicht mehr besitzt, nicht befreien (RG. 4. 10. 12 RGZ. 80, 148 und RGZ. 92, 78). War er aber im guten Glauben, so kann die Erstattung nur insoweit verlangt werden, als sie zur Befriedigung der Gesellschaftsgläubiger erforderlich ist (Abs. 2). Auch hier ist der gute Glaube des wirklichen Empfängers entscheidend (vgl. Anm. 3; anders auch hier die Auffassung von Neukamp-Becker Anm. 1c, Crüger-Crecelius Anm. 3, Brodmann Anm. 1). Der gute Glaube ist ausgeschlossen, wenn dem Empfänger bekannt oder aus Fahrlässigkeit nicht bekannt war, daß die Zahlung rechtswidrig war. Das BGB. kennt eine einheitliche Voraussetzung des guten Glaubens nicht. Es schließt ihn zum Teil nur durch das Wissen, so beim Immobiliarrecht, zum Teil durch das grobfahrlässige Nichtwissen, so beim Mobiliarsachenrecht, zum Teil durch jedes fahrlässige Nichtwissen, so bei der Fortdauer erloschener Vollmacht, beim Erbschein usw. aus. Es erscheint der hier vorliegenden Sachlage entsprechend, wenn die letzte Gruppe für maßgebend erachtet wird (a. M. Neukamp-Becker Anm. 1c). Die besonderen Maßstäbe des Sachenrechts sind für das Gesellschaftsrecht nicht anwendbar. Der gute Glaube bezieht sich hier nicht auf die irrige Annahme, ein Recht auf den Bezug des Geldes zu haben, sondern auf die Unkenntnis von dem Stande des Gesellschaftsvermögens. Sein Gegenstück ist das Wissen oder Wissenmüssen, daß die Zahlung der Dividende, der Nachschüsse usw. auf Kosten des zur Erhaltung des Stammkapitals nötigen Vermögens erfolgt. Bei einer Auszahlung von Nachschüssen, obwohl das Stammkapital noch nicht voll bezahlt ist (vgl. Anm. 21 zu § 30), muß der Empfänger hierüber in Unkenntnis sein. Diese dürfte als eine entschuldbare schwer nachzuweisen sein. Denn jeder Gesellschafter weiß doch, wie es mit der Einzahlung der Stammeinlage steht. Man sieht auch hier, daß § 30 Abs. 2 Satz 3, der von der Reichstagskommission eingeschoben wurde, inkonsequent ist und nicht in den Rahmen des Ganzen paßt. Ist die Leistung aus dem Gesellschaftsvermögen an mehrere Miteigentümer eines Geschäftsanteils erfolgt, so schadet der böse Glaube des einen dem anderen nicht. Die Gesellschaft hat nur gegen den ersteren einen unbedingten Anspruch. Den Beweis des guten Glaubens hat der Empfänger zu führen. Denn Abs. 2 ist eine Ausnahme von Abs. 1. An sich ist die Folge der rechtswidrigen Zahlung die Haftung auf den vollen Betrag. Will ausnahmsweise der Empfänger seine Haftung einschränken, so muß er den Grund der Einschränkung, seinen guten Glauben, beweisen (zust. Neukamp Anm. 1c; KG. 6. 6. 14 KGBl. 25, 102; vgl. Staub HGB. 6./7. Aufl. Anm. 12 zu § 217). Es ist nicht zutreffend, daß das Gesetz eine einheitliche Vorschrift gebe, und daher die an sich dem Kläger obliegende Beweislast nicht umkehre (so jetzt Staub-Pinner HGB. 10. Aufl. Anm. 12 zu § 217). Weist der Gesellschafter den guten Glauben nach, so ist es Sache der Gesellschaft, darzutun, wieviel erforderlich ist, um die Gesellschaftsgläubiger zu befriedigen. Dabei ist der Stand der Gesellschaft im Momente des Urteils maßgebend. Der Gesellschafter kann auch in der Berufungsinstanz nachweisen, daß seit dem erstinstanzlichen Urteile die Gesellschaft aus anderen Mitteln, wieder solvent gewordenen Ausständen, im Preise gestiegenen Terrains, ihre Schulden decken könnte. Der häufigste Fall der Haftung wird der des Konkurses sein. Dann geht sie bis zur Höhe des voraussichtlichen Ausfalles.

Zinsen auf den rechtswidrig ausgezahlten Betrag werden erst von dem Zeitpunkt geschuldet, in welchem der Empfänger in Verzug gesetzt ist (RG. 4. 10. 12 RGZ. 80, 148).

§ 31. Anm. 5. Die Befriedigung der Gesellschaftsgläubiger umfaßt nicht etwa bloß die Befriedigung der zur Zeit des Empfanges der rechtswidrigen Zahlung vorhandenen, sondern auch der später hinzukommenden Gläubiger. Es kann auch, nachdem ein Teil des rechtswidrig Empfangenen beigetrieben ist, um die Gesellschaftsgläubiger zu befriedigen, beim Auftauchen neuer Gläubiger der Rest des rechtswidrig Gezahlten eingefordert werden (zust. KG. 6. 6. 14 KGBl. 25, 102).

Anm. 6. Ist aus einem einheitlichen Rechtsgrunde, z. B. Ausschüttung der Dividende oder Rückzahlung von Nachschüssen usw. Zahlung an mehrere Gesellschafter erfolgt, die Summe aller Zahlungen aber größer als der zur Befriedigung der Gläubiger nötige Betrag, so steht es nicht in der freien Wahl der Geschäftsführer oder Gesellschafter, gegen wen sie den Anspruch auf Rückersatz geltend machen. Die Rückforderung hat analog der Einforderung (§ 19 Abs. 1) nach Verhältnis der Geschäftsanteile, oder, falls die empfangenen Beträge nicht gleichheitlich ausgefolgt waren, nach deren Verhältnis zu erfolgen (a. M. Brodmann Anm. 1 S. 122 Abs. 2). Jede Auszahlung widerspricht nur in diesem Verhältnisse dem Gesetze. Jeder einzelne Gesellschafter kann sich darauf berufen, daß die an ihn geleistete Auszahlung nur insoweit dem gesetzlichen Verbot zuwiderläuft, als der an alle Gesellschafter rechtswidrig ausgezahlte Gesamtbetrag anteilig auf ihn entfällt.

Anm. 7. b) **Subsidiär haften die übrigen Gesellschafter.**

α) Wenn die Erstattung von dem Empfänger nicht zu erlangen ist, haften die übrigen Gesellschafter. Hierzu genügt, daß die Klage aussichtslos ist. Es ist nicht erforderlich, daß die Vollstreckung vergeblich versucht wurde. Den Beweis für die Unbeibringlichkeit hat die Gesellschaft zu führen. Dann müssen die übrigen Gesellschafter den der Gesellschaft verlorenen Betrag aufbringen. Soweit eine Haftung des Empfängers nicht besteht, haften sie nicht. Der gute Glaube des Empfängers nützt auch ihnen, selbst wenn sie selbst den wahren Sachverhalt kannten (a. M. Crüger-Crecelius Anm. 5 und Brodmann Anm. 3). Ebenso schadet der böse Glaube jenes trotz der entschuldbaren Unkenntnis der anderen Gesellschafter. Die Haftung erstreckt sich auf jede Art von Leistung, auch auf die Rückgabe der Sacheinlage. Über den Gegensatz dieser Haftung zu der für die Leistung der Stammeinlage vgl. Anm. 1 zu § 24 und Hachenburg LZ. 3, 16. Die Haftung umfaßt auch die zu Unrecht zurückbezahlten Nachschüsse. Eine solche für die Einzahlung derselben besteht nicht. Es ist auch hier die Sorge für die Erhaltung des Kapitals stärker als die für die Beschaffung. Das österr. Ges. § 83 Abs. 2 (vgl. oben Anm. 1) kennt ebenfalls für die in § 83 Abs. 1 aufgestellte Rückforderung eine subsidiäre Haftung der Gesellschafter, insoweit durch die Zahlung das Stammkapital vermindert ist. Daß dieses zur Befriedigung der Gläubiger erforderlich ist, wird nicht verlangt.

Anm. 8. β) Die übrigen Gesellschafter sind diejenigen, die zur Zeit der Auszahlung Gesellschafter sind. Sie bilden den Gegensatz zu dem, an welchen die rechtswidrige Zahlung erfolgt ist (RG. 11. 7. 18 RGZ. 93, 251; KG. 25. 11. 09 Recht 1912, 3150). Die Gründe sind hier dieselben wie bei der Haftung der Gesellschafter für den Ausfall der eingeforderten Stammeinlage (Anm. 12 zu § 24). Der Rückforderungsanspruch entsteht mit der rechtswidrigen Auszahlung. Für diese erwächst gleichzeitig die Haftung der anderen Gesellschafter, so wie die Bürgschaft, auch als Ausfallbürgschaft, mit der Übernahme und der Entstehung der Hauptschuld, nicht erst mit deren Ausfall entsteht (a. M. Brodmann Anm. 3 S. 124, der willkürlich als den Stichtag den Zeitpunkt für maßgebend ansieht, in welchem die Gesellschaft den Erstattungsanspruch erhebt). Durch spätere Abtretung des Geschäftsanteils befreien sich die zeitigen Gesellschafter von der Verpflichtung nicht (§ 16 Abs. 3). Dagegen geht durch solche Abtretung die Verpflichtung außerdem auf den Erwerber über (§ 16 Abs. 3). Auf den guten Glauben dieser übrigen Gesellschafter kommt es nicht an. Sie haften für den Ausfall, den die Gesellschaft bei einem schlechtgläubigen Gesellschafter erleidet, unbedingt und ohne Rücksicht auf die Befriedigung der Gläubiger. Es kann daher kommen, daß alle Gesellschafter für den Betrag, den ein Gesellschafter, der als Geschäftsführer genau die Lage kannte, als Dividende sich selbst auszahlte, einstehen, während sie die eigene Dividende behalten. Ist ein Dritter als Zessionar eines Gesellschafters Empfänger der rechtswidrigen Zahlung, so gehört der Zedent nicht zu den „übrigen Gesellschaftern". Der Zedent haftet vielmehr gegenüber seinem Zessionar in voller Höhe des Betrages, den die Gesellschaft von diesem als rechtswidrige Auszahlung zurückfordert. Er kann daher nicht nochmals anteilig auf Grund der subsidiären Haftung des § 31 Abs. 3 in Anspruch genommen werden (vgl. oben Anm. 3). § 31.

γ) Die übrigen Gesellschafter haften im Verhältnis ihrer Geschäftsanteile. Die Bestimmung entspricht der des § 24 (vgl. Anm. 20 zu § 24). Ebenso bei der weiteren Verteilung von Beträgen, welche bei einzelnen Gesellschaftern nicht zu erlangen sind (vgl. darüber Anm. 23ff. zu § 24). Den zahlenden anderen Gesellschaftern steht auch hier ein Regreß gegen den insolventen Empfänger zu. Praktischen Wert hat er selten. Die Rechtsnachfolger desselben, die seinen Geschäftsanteil nach der Auszahlung erworben haben, haften weder der Gesellschaft noch den anderen Gesellschaftern. Es handelt sich nicht um eine auf dem Geschäftsanteil ruhende Verpflichtung. Anm. 9.

3. **Ein Erlaß der zur Sicherung des Stammkapitales aufgestellten Ansprüche der Gesellschaft** kann weder durch Gesellschafterbeschluß, noch durch den Geschäftsführer erfolgen. Er ist unwirksam. Dagegen sind Hingaben an Zahlungs Statt, Aufrechnungen usw. statthaft (Brodmann Anm. 4 zust. für Aufrechnung, a. M. für Hingabe an Zahlungs Statt). Die Vorschrift ist hier nicht so streng, wie in § 19. Nur darf kein Scheinmanöver vorliegen. Wenn ein Gesellschafter eine Einzahlung in bar leistet, sie anderen Tags zurückerhält, und dann als die Gesellschaft ihr Rückforderungsrecht geltend macht, sie durch Aufrechnung oder Hingabe von Sachen befriedigt, haftet er für die zugesagte bare Einlage gemäß § 19 Abs. 3. Seine Einlage war nur zum Schein erfolgt. Der Rückforderungsanspruch nur ein simulierter. Anm. 10.

4. **Die Verjährung der Ansprüche.** Die Verjährung dauert 5 Jahre (Abs. 5). Sie beginnt mit dem Ablauf des Tages, an welchem die rechtswidrige Zahlung erfolgt ist (a. M. Merzbacher Anm. 7). Sie findet keine Anwendung, wenn dem Verpflichteten eine „bösliche Handlungsweise" zur Last fällt. Dazu ist erforderlich und genügend, daß der Empfänger den Verstoß gegen die Bestimmung des § 30 kennt. Eine Absicht der Schädigung der Gesellschaft oder gar ein Handeln gegen die guten Sitten ist nicht erforderlich. Dem Wissen stellte Staub (erste Auflage) den frevelhaften Mutwillen, der zwar die Beschädigung nicht beabsichtigt, aber sich doch der mit dem Handeln verbundenen Gefahr bewußt ist, gleich. Er verwies auf § 202 HGB. und Staub HGB. Anm. 13 hierzu. Der § 202 HGB. behandelt aber einen ganz anderen Fall. Er spricht von der Haftbarkeit der Gründer einer AG. für bösliche Schädigung derselben durch Sacheinlagen oder -übernahmen. Ein anderes aber ist die bösliche Handlungsweise beim Empfange einer Leistung. Zu dieser genügt zwar die bewußte Mitwirkung bei der Auszahlung von Stammkapital (a. M. Liebmann Anm. 9). Einer Ausdehnung auf grobe Fahrlässigkeit ist diese Bestimmung nicht fähig. Wann das Wissen des Unrechts vorliegt, ist im Einzelfalle festzustellen. Es mag eine auch ungenaue Kenntnis genügen. Dies kann zu dem Ergebnis führen, das dem frevelhaften Mutwillen, der nichts von der wahren Sachlage wissen will, sehr ähnlich wird (vgl. auch RG. 4. 10. 12 JW. 1913, 48/49[39]: „Unter böslicher Handlungsweise ist nicht allgemein eine selbst grobe Fahrlässigkeit, sondern nur derjenige Frevelmut, derjenige Leichtsinn und Mutwillen zu begreifen, der sich der rechtswidrigen Folgen seines Verhaltens bewußt ist." Er beabsichtigt zwar die Beschädigung nicht, aber er kennt die Gefahr derselben und ändert dennoch sein Handeln nicht). Bei Böswilligkeit tritt die dreißigjährige ordentliche Verjährung ein. Anm. 11.

§ 31. Das österr. Gesetz (§ 83 Abs. 5) kennt ebenfalls eine fünfjährige Verjährung. Sie macht bei Kenntnis der Widerrechtlichkeit der Zahlung der ordentlichen Verjährung Platz.

Die Verjährung des subsidiären Anspruchs an die Gesellschafter richtet sich nach der Verjährung des Hauptanspruchs. Sie beginnt zugleich mit der gegen den Empfänger. Der § 202 BGB. ist nicht anwendbar. Die Verjährung ist nicht gehemmt, weil die Gesellschaft erst klagen kann, wenn sie die Erstattung vom Empfänger nicht erhalten kann. Das Gesetz umfaßt in Abs. 5 alle Ansprüche. Eine Streitverkündung unterbricht die Verjährung ebenfalls nicht. Sie steht der Erhebung der Klage nur in dem Prozesse gleich, von dessen Ausgange der Anspruch abhängt. Gemeint ist aber eine Streitverkündung im Sinne des § 72 ZPO. Diese wieder ist nur zugelassen für den Fall, daß eine Partei bei ungünstigem Ausgange des Rechtsstreites einen Anspruch auf Gewährleistung oder Schadloshaltung gegen einen Dritten erheben zu können glaubt. Die Klage der Gesellschaft gegen die anderen Gesellschafter setzt aber einen der Gesellschaft günstigen Ausfall des Prozesses, aber einen ungünstigen in der Vollstreckung voraus. Für die sich hieran anschließende Haftung ist die Streitverkündung nicht vorgesehen. Es wird daher, wenn die Klage gegen den Empfänger erst kurz vor dem Ablaufe der fünf Jahre erfolgt, sofort durch einen Zahlungsbefehl oder eine Klage auch die Verjährung gegen die anderen Gesellschafter zu unterbrechen sein. Eine Unterbrechung der Verjährung des Hauptanspruchs bewirkt keine Unterbrechung gegenüber dem subsidiär Haftenden.

Anm. 12. Im übrigen finden die Bestimmungen des BGB. über die Verjährung, insbesondere über die Unterbrechung und Hemmung der Verjährung, Anwendung.

Anm. 13. **Zusatz 1. Außer dem Empfänger und den Gesellschaftern haften auch noch die Geschäftsführer für den Schaden,** der der Gesellschaft durch rechtswidrige Zahlung erwachsen ist (§ 43 Abs. 3). Sie haften als Gesamtschuldner neben den sonstigen Ersatzpflichtigen (KG. 6. 6. 14 KGBl. 25, 102; Neukamp Anm. 1d). Sie stehen unbedingt für die Folgen ihres Verhaltens ein, wenn auch von dem Empfänger, der in gutem Glauben war, kein Ersatz begehrt werden kann. Ein Regreß gegen den Empfänger steht Geschäftsführern nur insoweit zu, als die Gesellschaft einen Anspruch hatte. Der Empfänger wird anderenfalls auf Kosten des Geschäftsführers bereichert (vgl. auch Anm. 11 zu § 43).

Anm. 14. **Zusatz 2. In Abs. 6 § 31 ist ferner ein Rückgriffsrecht der auf Grund des Abs. 3 in Anspruch genommenen übrigen Gesellschafter gegen die Geschäftsführer gegeben.** Dieses Regreßrecht besteht nur gegen diejenigen Geschäftsführer, welche die rechtswidrige Zahlung verschuldet haben. Voraussetzung ist, daß ein Gesellschafter auf Grund der Kollektivhaftung eine Zahlung geleistet hat. Der Einwand, daß die Anforderung seitens der Gesellschaft zu Unrecht erfolgt war, ist gestattet. War dem Geschäftsführer der Streit verkündet gewesen, so ist dieser Einwand ausgeschlossen. Die Verjährung dieser besonderen Regreßrechte der Gesellschafter gegen die Geschäftsführer ist die dreißigjährige. Die fünfjährige Verjährung des Abs. 5 ist hierfür so wenig wie die des § 43 Abs. 4 maßgebend.

Anm. 15. **Zusatz 3.** Nicht behandelt ist der Fall einer unbegründeten Auszahlung von Gesellschaftsvermögen, der nicht gegen § 30 verstößt. Da dieser die Ausschüttung von Stammkapital und Nachschüssen behandelt, so kommen nur die Reserven in Betracht. Der Empfänger einer solchen Zahlung muß sie zurückgeben, auch wenn er in gutem Glauben war und die Rückerstattung nicht zur Befriedigung der Gläubiger erforderlich ist. Es beschließen die Gesellschafter die Aufteilung einer Reserve. Der Beschluß ist aber ungültig. Oder der Beschluß ist gültig. Der besondere aufzuteilende Reservefonds ist nicht mehr vorhanden. Wohl aber sind andere Reserven gegeben. Die Bestimmung des § 32 über den gutgläubigen Empfang der Dividende ist nicht anwendbar. Es liegt dort ein besonderer Schutz der besonderen Zahlung als Reingewinnverteilung vor.

§ 32. § 32.

Liegt die im § 31 Absatz 1 bezeichnete Voraussetzung nicht vor, so sind die Gesellschafter in keinem Falle verpflichtet, Beträge, welche sie in gutem Glauben als Gewinnanteile bezogen haben, zurückzuzahlen.

Das Privilegium des gutgläubigen Empfanges unrichtig festgesetzter Dividenden. Einleitung.

I. **Die Rechtslage im Falle einer auf unrichtiger Berechnung beschlossenen Dividende vor dem Empfang derselben.** Anm. 1.

Der Beschluß, eine Dividende zu verteilen, ist Anerkenntnis der bestehenden Dividendenschuld. Er wirkt als selbständiger Verpflichtungsgrund (vgl. Anm. 4 zu § 29). Das Protokoll der Gesellschaftsversammlung genügt dem Erfordernisse der Schriftlichkeit (§ 781 BGB.). Über die Ungültigkeit der Bilanzgenehmigung und die Verteilung bei einem Verstoße in der Bilanzaufstellung gegen Gesetz oder Gesellschaftsvertrag vgl. Anm. 1—3 zu § 29. Die Bilanzgenehmigung ist nichtig bei der Verletzung einer zwingenden Vorschrift (Anm. 1 zu § 29). Dann kann der Gesellschafterbeschluß dies anerkennen. Jeder Gesellschafter kann sich auf die Nichtigkeit berufen. Er kann den Beschluß anfechten. Der Geschäftsführer braucht ihn nicht auszuführen. Verletzt er nur eine dispositive Vorschrift, so besteht ein Widerruf der Gesellschafterversammlung nur, wenn sie sich im Irrtum befand. Anfechten kann der Gesellschafter, der dem Beschluß nicht zustimmte. Der Geschäftsführer hat kein Recht, die Ausführung des Beschlusses zu weigern. Das Nähere s. Anm. 2ff. zu § 29.

II. **Auszahlung der zu Unrecht festgestellten Dividende.** Anm. 2.

Die Auszahlung verändert die Rechtslage vollständig. Der Empfänger, er sei Gesellschafter oder ein sonstiger Dividendenberechtigter, ist vor der Rückforderung geschützt unter der doppelten Voraussetzung:

1. daß der Tatbestand des § 31 Abs. 1 nicht vorliegt,
2. daß er beim Empfang in gutem Glauben war.

Für das österr. Ges. (vgl. Anm. 1 und 11 zu § 31) genügt die zweite Voraussetzung allein. Auch im Falle einer Veränderung des Stammkapitals durch die Zahlung bleibt der gutgläubige Gewinnempfänger geschützt. Das französ. Ges. dagegen läßt die Rückforderung der bezogenen Dividende auch trotz guten Glaubens des Empfängers zu (Art. 35).

Zu 1. Wurde das zur Erhaltung des Stammkapitals erforderliche Vermögen als Dividende verteilt, so muß, im Gegensatze zum Aktienrechte, der Empfänger die Dividende, auch im Falle seines guten Glaubens, herauszahlen, sofern dies zur Befriedigung der Gläubiger nötig ist. War aber die Dividendenzahlung aus anderen Kapitalien, aus Reserven und Nachschüssen erfolgt, so ist das zur Erhaltung des Stammkapitals erforderliche Vermögen noch vorhanden. In Wahrheit war kein Gewinn erzielt. Ein Rechtsanspruch auf Dividende war nicht entstanden. Das Rückforderungsrecht, das nach allgemeiner Regel gegeben wäre, ist durch die besondere Bestimmung des Gesetzes ausgeschlossen. Unerheblich ist, daß hierbei zwingende Vorschriften verletzt sind, z. B. wertlose Ausstände als vollwertig aufgenommen wurden usw. Anm. 3.

Um so mehr greift § 32 ein, wenn die Unrichtigkeit der Reingewinnfeststellung lediglich auf statutarischen Vorschriften über die Bilanzaufstellung beruht. Zwar würde bei Wahrung der absoluten Vorschriften über die Bilanzaufstellung sich ein Jahresgewinn ergeben. Der ausgewiesene Jahresgewinn gelangt aber nur dadurch in die Erscheinung, daß statutarische Vorschriften über die Bilanzaufstellung (z. B. über Abschreibungen und die Bildung und Dotierung von Reserven) verletzt wurden. Aber da hier nicht gegen den § 30 verstoßen ist, so liegt ein Fall des § 31 Abs. 1 nicht vor. Es greift § 32 Platz. Der gutgläubige Empfänger ist vor Rückforderung geschützt. Der für das Aktienrecht maßgebende Gedanke, die Sicherheit des Aktienverkehrs, ist hier allerdings nicht zur Begründung ver- Anm. 4.

§ 32. wertbar. Wohl aber soll der Gesellschafter, der dem Geschäftsbetriebe fernstand und sich auf die Bilanz verließ, der Gesellschaft gegenüber, soweit nicht die Interessen der Gläubiger es verlangen, nicht ersatzpflichtig sein. Dann erleidet durch die Ausschüttung der in Wahrheit nicht verdienten Dividende zwar die Gesellschaft einen Verlust. Sie muß ihn aber auf sich behalten. Sie könnte ja auch die Aufteilung der Reserve und die Rückzahlung der Nachschüsse beschließen.

Anm. 5. Zu 2. Der gute Glaube des Empfängers. Empfänger ist auch hier der wirkliche Dividendenempfänger (vgl. Anm. 3 zu § 31; Brodmann S. 126 läßt auch hier den guten Glauben des Gesellschafters entscheiden). Das ist nicht unter allen Umständen der Gesellschafter. Zwar ist hier von den Gesellschaftern die Rede, nicht, wie in § 31, von den Empfängern. Den Gesellschaftern müssen aber ihre Rechtsnachfolger gleichgestellt werden. Oder soll etwa, wenn nicht der Gesellschafter, sondern sein Rechtsnachfolger im Dividendenrecht die Dividende empfangen hat, ein Rückforderungsrecht nicht bestehen? Das wäre, wenn man sich an den Wortlaut des Gesetzes anklammerte, die unabweisliche Konsequenz.

Die Gesellschaft hat die Unrichtigkeit der Gewinnaufstellung zu beweisen, der Dividendenempfänger den guten Glauben (vgl. Anm. 4 zu § 31; a. M. Brodmann S. 126).

Über den Begriff des guten Glaubens s. Anm. 4 zu § 31.

Anm. 6. Wenn das Stammvermögen ergriffen wurde, muß auch beim gutgläubigen Dividendenempfänger die Rückerstattung zur Deckung der Gläubiger erforderlich sein. Der gutgläubige Dividendenempfänger behält die Dividende auch bei Verletzung des Stammkapitales, wenn nicht die Interessen der Gläubiger die Rückgabe fordern. Das Besondere des § 32 besteht in einer Begünstigung des Dividendenempfängers. Nur bei einer Minderung des Stammkapitals und zur Befriedigung der Gläubiger soll er zur Rückerstattung verpflichtet sein. Der Anspruch wegen Zahlung einer Nichtschuld ist ausgeschlossen, falls diese Momente nicht vorliegen (vgl. auch Anm. 15 zu § 31).

Anm. 7. **Zusatz 1. Mangel des guten Glaubens des Empfängers einer unrichtig berechneten Dividende.** Eine einfache Umkehrung des in § 32 ausgesprochenen Rechtsgrundsatzes ist nicht gestattet. Eine Rückforderung kann ausgeschlossen sein, wenn es sich lediglich um die Verletzung statutarischer Bestimmungen handelt (oben Anm. 2). Die Beschlüsse der Gesellschafter können kraft Gesellschaftsvertrages durch Nichtanfechtung innerhalb bestimmter Zeit gültig werden. Dann fällt damit schon das objektive Moment der Rechtswidrigkeit der Zahlung nachträglich fort. Der Beschluß kann von den Gesellschaftern in Kenntnis der Verletzung der statutarischen Vorschriften gefaßt werden. Die Gesellschafter wollten auf die Beobachtung der statutarischen Bestimmung verzichten (vgl. oben Anm. 1 u. 2). Man denke an den Fall, daß eine nur aus drei Gesellschaftern bestehende Gesellschaft beschließt, entgegen dem Statute den ganzen Reingewinn zu verteilen, statt ein Drittel in Reserve zu stellen. Der überstimmte Gesellschafter erhebt seine Dividende. Damit verwirkt er seine Anfechtung. Er behält den ihm bezahlten Gewinnbetrag. Der Umstand allein, daß der Beschluß nur mit Majorität gefaßt wurde, begründet auch gegen den Gesellschafter, der die Statutenverletzung kennt, nicht den Vorwurf des bösen Glaubens (a. M. Liebmann Anm. 3). Auch wenn ein anderer Gesellschafter erklärt hatte, er erhebe Widerspruch gegen den statutenwidrigen Beschluß, ändert das hieran nichts. Erst die durchgeführte Anfechtung schafft für die Rückforderungsklage Raum.

Anm. 8. Bestehende Rückforderungsansprüche verjähren in 30 Jahren. Wenn die Dividendenzahlung gegen § 30 verstößt, so besteht gegen den gutgläubigen Empfänger eine fünfjährige Verjährung. Gegen den bösgläubigen läuft eine solche von 30 Jahren. Liegt aber kein Verstoß gegen § 30, also kein Fall des § 31 Abs. 1 vor, sondern nur ein Verstoß gegen Bilanzvorschriften, und ist dadurch ein Rückforderungsrecht gegen den bösgläubigen Empfänger entstanden, so tritt, da eine kürzere Verjährungsfrist in diesem Falle nicht eingeführt ist, die ordentliche Verjährung von 30 Jahren ein. Enthält die Auszahlung einer Dividende einen Verstoß sowohl gegen § 30 als gegen die Vorschrift über die Verteilung des Reingewinns, so ist gegen die bösgläubigen Empfänger die Haftung aus beiden Gesichtspunkten begründet.

Zur Klage berechtigt ist stets nur die Gesellschaft. Eine Anwendung des Grundsatzes des § 217 HGB. ist nicht zulässig. Die dort eingeführte unmittelbare Klage ist eine Besonderheit des Aktienrechts (vgl. § 31 Abs. 5 „der Anspruch der Gesellschaft". Neukamp-Becker Anm. 2). § 32. Anm. 9.

Zusatz 2. Andere Empfänger von Gewinn sind nicht durch den guten Glauben geschützt. So die Geschäftsführer und Aufsichtsräte, welche für ihre Tätigkeit Tantieme beziehen, auch die, welche Gewinnanteile kraft besonderen Rechts (Genußscheine, Anm. 18 Exkurs I zu § 14) besitzen. An sie ist eine Nichtschuld bezahlt. Sie haften in Höhe der Bereicherung. Nur bei Kenntnis des Nichtbestehens ihres Anspruches ist der volle Betrag zurückzugeben (§ 812 BGB.). Auch sie dürfen sich darauf berufen, daß die Gesellschafter bei der Festsetzung des Reingewinns das Nichtvorliegen desselben kannten. Auch soweit der Beschluß wegen Verstoßes gegen zwingende Vorschriften nichtig ist, muß hier die Rückforderung versagt werden. Den Nichtgesellschaftern kann für ihre Arbeit oder aus sonstigem Grunde auch ein Teil des Gesellschaftsvermögens überwiesen werden. Die Gesellschafter können, trotz des schlechten Abschlusses und ohne Reinverdienst dem Geschäftsführer eine bestimmte Summe als Ersatz für die ihm entgehende Tantieme bewilligen. Sie können dies in Form einer wissentlich unrichtig aufgemachten Bilanz tun. Nur soweit der Empfänger zugleich Gesellschafter ist und das zur Erhaltung des Stammkapitals erforderliche Vermögen ihm ausbezahlt wird, ist er zur Rückgabe verpflichtet (§ 31 Abs. 1). Anm. 10.

Keinen Schutz des guten Glaubens genießen die Empfänger zu Unrecht rückbezahlter Nachschüsse (Neukamp-Becker Anm. 3). Sie sind nach dem Grundsatze der §§ 812ff. BGB. zurückzuzahlen. Anm. 11.

Dasselbe gilt für die Ausschüttung aufgelöster Reservefonds. Sie sind zwar aufgespeicherter Gewinn, aber keine Gewinnanteile. Darunter ist nur die reguläre Verteilung des Jahresergebnisses zu verstehen. War die Aufhebung der Reserve, die statutarisch eingeführt war, nicht im Wege der Statutenänderung erfolgt, so haftet jeder, auch der gutgläubige Empfänger (vgl. Anm. 15 zu § 31). Anm. 12.

§ 33.

§ 33.

Die Gesellschaft darf eigene Geschäftsanteile, auf welche die Stammeinlage noch nicht vollständig eingezahlt ist, nicht erwerben.

Sie soll auch eigene Geschäftsanteile, auf welche die Stammeinlage vollständig eingezahlt ist, nicht erwerben, sofern nicht der Erwerb aus dem über den Betrag des Stammkapitals hinaus vorhandenen Vermögen geschehen kann.

Literatur: Hachenburg, Zum Erwerb eigener Geschäftsanteile durch die GmbH. (Festschrift für Georg Cohn, Zürich 1915); Unger 1925, Der Erwerb eigener Geschäftsanteile durch die GmbH.; Becker, Der Erwerb eigener Geschäftsanteile nach § 33 GmbHG. u. nach dem Steuerrecht, RundschGmbH. 1924, 479f.; 1925, 36f.

Der Erwerb eigener Geschäftsanteile durch die Gesellschaft ist dem **Aktienrecht** entsprechend beschränkt. Durch die Übernahme der eigenen Aktien soll keine Entlastung des Aktionärs von der noch ausstehenden Einlage herbeigeführt werden. Auch soll dadurch nicht eine Heimzahlung von Grundkapital oder Reserven der Wirkung nach erreicht werden. Die Ausführung dieses Gedankens ist aber bei beiden Gesellschaften verschieden. Beiden gemeinsam ist die Unterscheidung zwischen voll einbezahlten und nicht voll einbezahlten Aktien und Geschäftsanteilen. Bei letzteren ist der Erwerb unmöglich. Er ist bei Strafe der Nichtigkeit verboten. Aber im Aktienrechte bezieht sich das Verbot nur auf den regelmäßigen Geschäftsbetrieb (§ 226 Abs. 2 Satz 1 HGB.), bei der GmbH. besteht das Verbot ohne Ausnahme. Es umfaßt also auch die Fälle der schenkungsweisen Überlassung und des Erwerbs Einleitung.

§ 33. in der Zwangsvollstreckung. (A. M. Neukamp-Becker Anm. 1c, weil es sich hier nicht um einen freiwilligen Erwerb handle. Aber das Bieten im Vollstreckungsverfahren ist ein ebenso freiwilliges wie das freihändige.) Anders bei den voll einbezahlten Aktien und Geschäftsanteilen. Auch soweit der Erwerb verboten ist, bewirkt dies hier keine Nichtigkeit des Geschäfts. Es liegt nur eine Sollvorschrift vor. Ihre Verletzung trifft nur die Geschäftsführung (vgl. unten Anm. 9ff.). Das Aktienrecht läßt auch hier den nicht im regelmäßigen Geschäftsverkehr stattfindenden Erwerb und in diesem den nur für fremde Rechnung erfolgenden zu. Die GmbH. kennt diese beiden Ausnahmen nicht. Das Gesetz beschränkt auch hier das Verbot auf den Fall der Verwendung des Stammkapitals zum Erwerbe des eigenen Geschäftsanteils. Aus anderen Mitteln, Reserven, Nachschüssen, Gewinnbeträgen, ist er erlaubt. Diese Unterschiede wurzeln in der verschiedenen Gestaltung der beiden Gesellschaftsarten.

Das österr. Ges. (§ 81) kennt die Unterscheidung in voll bezahlte und nicht voll bezahlte Geschäftsanteile nicht. Jeder Erwerb und jede Pfandnahme ist „verboten und wirkungslos". Nur „im Exekutionswege zur Hereinziehung eigener Forderungen der Gesellschaft" ist er zulässig. Der Schweizer Entw. (Art. 820) folgt dem deutschen Recht. Das französ. und poln. Gesetz enthalten keine besondere Bestimmung über den Erwerb eigener Geschäftsanteile.

Anm. 1. I. (Abs. 1.) **Der Erwerb eigener nicht voll eingezahlter Geschäftsanteile ist unbedingt verboten.** Das Gesetz gebraucht den Ausdruck „darf nicht". Damit ist die Nichtigkeit der Überschreitung zum Ausdruck gebracht. Nach dem Sprachgebrauch des BGB. und HGB. würde dazu der Ausdruck „kann nicht" gewählt worden sein (vgl. § 226 Abs. 1 HGB.; Planck BGB. I 25). Aber das GmbHGesetz ist vor dem BGB. entstanden. Es ist aus der Zeit seiner Entstehung auszulegen.

Anm. 2. Das Verbot erfaßt jeden Erwerb eigener nicht voll bezahlter Geschäftsanteile. Ob der Erwerb für eigene oder fremde Rechnung geschieht, ist gleichgültig. Das Verbot erstreckt sich auch auf den Erwerb durch Schenkung, auf den Erwerb durch Erbfolge und Vermächtnis und durch Annahme an Zahlungsstatt. Er erfaßt die freiwillige Veräußerung wie die Versteigerung in der Zwangsvollstreckung. Auch nur mitzubieten ist der Gesellschaft nicht erlaubt. Ihr Gebot ist nichtig. Pfandbestellung und Pfändung sind dagegen kein Erwerb (zust. Unger S. 31 u. Becker S. 479). Ebensowenig der Nießbrauch (RG. 26. 3. 20 RGZ. 98, 278; vgl. auch unten Anm. 20).

Anm. 3. Nicht voll einbezahlt ist jeder Geschäftsanteil, auf den noch ein Teil der Einlage geschuldet ist. Die Folge des Erwerbes durch die Gesellschaft wäre, daß diese selbst der Schuldner würde. Dann ginge die Einlagepflicht durch Rechtsvermischung unter. Das wäre eine verbotene Befreiung des Gesellschafters von der Stammeinlage. Es ist einerlei, wie groß der Rückstand ist. Einerlei auch, ob es sich um Sach- oder Geldeinlagen handelt. Wenn die als Sacheinlage zugesagte Liegenschaft nach Eintragung der Gesellschaft zum Handelsregister dieser nicht aufgelassen werden kann, weil inzwischen zugunsten eines Dritten gegen das Eigentum des Inferenten ein Widerspruch eingetragen wurde, so ist die Stammeinlage nicht geleistet. Nicht voll bezahlt ist ein Geschäftsanteil, der, ohne daß es im Gesellschaftsvertrage bedungen war, durch eine Sachleistung oder Aufrechnung gedeckt wurde (§ 19 Abs. 3). Ebenso ein Geschäftsanteil, der durch Aufrechnung gedeckt wurde, wenn nachträglich die Aufrechnung hinfällig wird (vgl. RG. 5. 1. 15 DJZ. 1915, 423). Die Haftung des Gesellschafters auf die Geldleistung besteht weiter. Unerheblich ist auch die Kenntnis oder Unkenntnis von dem Ausstehen eines Teils der Stammeinlage. Auch wenn Gesellschaft und Veräußerer der Meinung waren, der Geschäftsanteil sei vollbezahlt, ist das Geschäft nichtig (zust. Becker a. a. O. S. 480). Durch die Teilung eines Teiles eines Geschäftsanteils vor Volleinzahlung (§ 17) entstehen mehrere selbständige Geschäftsanteile. Jeder wird für sich bezahlt. Wenn auf den einen ein Einlagebetrag rückständig ist, kann der andere vollbezahlt sein und von der Gesellschaft erworben werden (RG. 25. 4. 13 LZ. 1913, 865). Dies gilt auch für den Teil, der bei dem ursprünglichen Gesellschafter zurückbleibt. War die Stammeinlage schon zur Zeit der Veräußerung des abgetrennten Teils eingefordert, so haftet jener neben dem Erwerber für den auf diesem Teile ruhenden Betrag der Einlage (§ 16 Abs. 3). Auf die Vollzahlung seines restlichen Geschäftsanteils ist dies ohne Einfluß. **§ 33.**

Anm. 4. Ein Geschäftsanteil ist voll bezahlt, sobald die Einlage selbst gemacht ist. Daß andere Leistungen rückständig sind, Zinsen, Strafen, Agio oder sonstige Zusagen (§ 3 Abs. 2), ist unerheblich. Ebenso, daß auf dem Geschäftsanteile die Verpflichtung ruht, den Ausfall bei anderen Geschäftsanteilen zu decken. Die Umlagepflicht gemäß §§ 24 u. 31 Abs. 3 geht dann auf die Gesellschaft über und erlischt (vgl. Anm. 15 zu § 24). Für den Betrag, der den von ihr erworbenen Geschäftsanteil trifft, erleidet die Gesellschaft den Verlust an ihrem Stammkapital, ohne ihn auf die übrigen Gesellschafter weiter umlegen zu können. Als voll einbezahlt gelten auch die Geschäftsanteile, die beim Kaduzierungsverfahren von einem Dritten ersteigert wurden (§ 23, vgl. Anm. 16 hierzu), wenn auch der Erlös den restierenden Betrag nicht deckt. Schon vor der Aufbringung des Ausfalles durch die anderen Gesellschafter kann ein solcher Geschäftsanteil von der Gesellschaft erworben werden. Endlich gilt ein Geschäftsanteil als voll einbezahlt auch dann, wenn nach Volleinzahlung die Stammeinlage dem Verbot des § 30 zuwider zurückgezahlt worden ist. Ein Anspruch der Gesellschaft auf Leistung der Stammeinlage besteht nicht mehr, nur der Rückerstattungsanspruch des § 31 gegen den Empfänger oder die übrigen Gesellschafter.

Anm. 5. Das dem Verbot zuwider erfolgte Rechtsgeschäft ist nichtig (§ 134 BGB.; vgl. RG. 36, 37; RG. 5. 1. 15 DJZ. 1915, 423; OLG. Rostock 8. 7. 13 MecklZ. 32, 64). Dies gilt für den obligatorischen Vertrag wie für das Erfüllungsgeschäft. Der veräußernde Gesellschafter kann nicht auf Abnahme klagen. Ob ein Vertrag auf Erwerb eines nicht vollbezahlten Geschäftsanteils durch die Gesellschaft abzielt, ist eine Auslegungsfrage. Auch Vereinbarungen, die auch nur mittelbar zu solchem Erwerb führen können, sind als nichtig anzusehen (OLG. Rostock a. a. O.). Der obligatorische Vertrag kann aber unter der Bedingung vorheriger Vollzahlung des Verkäufers geschlossen sein. Dann wird er mit dem Eintritt der Bedingung wirksam (RG. 25. 4. 13 LZ. 1913, 865). Ob solch ein bedingter Vertrag gewollt ist, bleibt wiederum Auslegungsfrage. Das wird auch dann angenommen werden können, wenn die Vollzahlung zwar nicht als Bedingung gesetzt wurde, der Veräußerer aber sich verpflichtet, die bereits eingeforderte Stammeinlage selbst zu entrichten. Es kann dann freilich dahin kommen, daß der Gesellschafter, der seine Stammeinlage einzahlte, dieses Geld als Kaufpreis für seinen Geschäftsanteil wieder bekommt. Eine Nichtigkeit wird man nur dann annehmen können, wenn dieser Kauf nur ein Scheingeschäft ist und lediglich ein Verzicht auf die Einlage gewollt ist. Nichtig ist auch der Verkauf eines nicht vollbezahlten Geschäftsanteils durch die Gesellschaft. Sie kann ihn nicht erwerben. Also ist sie auch nie in der Lage, ihn zu veräußern. Sie kann den Verkauf dieses von ihr als ihr gehörend veräußerten Anteils nicht dadurch aufrechterhalten, daß sie die Zustimmung ihres Vormanns zur Übertragung an ihren Rechtsnachfolger beibringt. Von jenem wollte er dies nicht kaufen. Dessen Geschäftsanteil wollte er nicht erwerben. Zulässig ist dagegen der Verkauf des nicht vollbezahlten Geschäftsanteils eines Gesellschafters an einen Dritten durch die Gesellschaft. Sie kann sich verpflichten, dem Dritten diesen Geschäftsanteil zu verschaffen. Nur sie selbst darf ihn nicht erwerben (RG. 26. 5. 11 RGZ. 76, 310). Ein kommissionsweiser Verkauf liegt hier nicht vor. Die Lieferung des Kaufgegenstandes kann nur unmittelbar durch den veräußernden Gesellschafter erfolgen. Den Verkauf selbst aber kann die Gesellschaft auf eigenen Namen und für eigene Rechnung vornehmen.

Anm. 6. Die Nichtigkeit wird nicht durch die Erfüllung geheilt. Auch nicht dadurch, daß nachträglich die Stammeinlage voll eingezahlt wird (OLG. Karlsruhe 14. 7. 11 BadRechtspr. 1912, 63). Der Veräußerer verfügt über den Geschäftsanteil gültig anderweit. Die Nichtigkeit aus § 33 Abs. 1 kann von beiden Teilen geltend gemacht werden. Gleichgültig ist es, ob sich der Erwerb als selbständiges Geschäft oder als Bestandteil eines anderen Geschäftes

§ 33. darstellt. Welchen Einfluß jene Nichtigkeit auf das ganze Geschäft hat, hängt von der Bedeutung des Erwerbes im Rahmen des Ganzen ab (§ 139 BGB.).

Anm. 7. Die Rückforderung des Geleisteten erfolgt nach den Vorschriften über die ungerechtfertigte Bereicherung. Gesellschaftsrechtliche Vorschriften greifen nicht ein. Auch dann nicht, wenn durch die Auszahlung an den Gesellschafter das Vermögen der Gesellschaft unter den zur Erhaltung des Stammkapitals nötigen Betrag gebracht wurde. Die §§ 30 und 31 Abs. 1 sind nicht anwendbar. Es liegt hier keine gesellschaftliche, sondern eine individualrechtliche Zahlung vor. Die Leistung erfolgt auf Grund eines, wenn auch nichtigen, besonderen Rechtsgeschäftes.

Anm. 7a. Die Vorschrift des § 33 Abs. 1 ist zwingenden Rechts. Sie kann im Gesellschaftsvertrage nicht beseitigt oder abgeschwächt werden. Dagegen kann der Gesellschaftsvertrag den Erwerb eigener Geschäftsanteile durch die GmbH. an weitergehende Beschränkungen knüpfen oder gänzlich ausschließen. Die Veräußerlichkeit und Vererblichkeit eines Geschäftsanteils kann beseitigt werden (§ 15 Anm. 2 und 3). Daher muß es auch zulässig sein, seine Übertragung auf die Gesellschaft zu verbieten. Dieses Verbot umfaßt nicht die Kaduzierung des § 21. Sie führt nicht zu einem Erwerb des Anteils durch die Gesellschaft (vgl. unten Anm. 21). Auch nicht den Anfall des Anteils an die Gesellschaft gemäß § 27 Abs. 3. Beides sind gesetzliche Rechtsfolgen, die durch den Gesellschaftsvertrag nicht beseitigt werden können (ebenso Becker a. a. O. S. 37). Über Beschränkungen, die über die Vorschrift des § 33 Abs. 1 hinausgehen, vgl. § 15 Anm. 50ff. und 59ff. Wird die Genehmigung versagt, so ist der Erwerb seitens der Gesellschaft ausgeschlossen. Dabei kann es keinen Unterschied machen, ob der Erwerb auf rechtsgeschäftlicher Übertragung oder auf Erbgang beruht. Auch in letzterem Fall kann bei Versagung der Genehmigung der Erwerb nicht stattfinden, selbst dann nicht, wenn der Geschäftsführer die Erbschaft angenommen oder ihre Ausschlagung versäumt hat (a. M. Becker a. a. O. S. 101). Einen Ausweg bietet hier die Einziehung des Geschäftsanteils, wenn der Gesellschaftsvertrag nichts anderes vorsieht. Was gewollt ist, wird im einzelnen Falle Auslegungsfrage sein.

Anm. 8. II. (Abs. 2.) **Der Erwerb eigener voll eingezahlter Geschäftsanteile ist bedingt verboten.**

1. D e r E r w e r b a u s d e m ü b e r d e n B e t r a g d e s S t a m m k a p i t a l s h i n a u s v o r h a n d e n e n V e r m ö g e n i s t g e s t a t t e t. Die Aktiva abzüglich der Schulden müssen größer sein als der Betrag des Stammkapitals. Dann kann die Gesellschaft eigene Geschäftsanteile aus diesem Überschusse erwerben. Es ist möglich, daß die Geschäftsführer hierbei Bestimmungen des Gesellschaftsvertrags und ihres Anstellungsvertrags verletzen. Das macht sie verantwortlich. Das Rechtsgeschäft bleibt gültig.

Anm. 9. 2. Der Erwerb eigener voll eingezahlter Geschäftsanteile soll aus dem zur Deckung des Stammkapitals erforderlichen Vermögen nicht erfolgen. Der gleichwohl erfolgte Erwerb ist regelmäßig nicht ungültig (RG. 11. 4. 12 Holdh. 22, 248; RG. 8. 4. 24 WarnRspr. 16 Nr. 131). Er macht nur die Geschäftsführer schadensersatzpflichtig.

Anm. 10. Förtsch Anm. 4 sieht in solchem Erwerbe stets einen Verstoß gegen § 30. Es liege also eine ungültige Zahlung vor, die den Gesellschafter ohne weiteres zur Rückzahlung verpflichte. Der Gesellschafter erhalte eine Zahlung aus dem zur Erhaltung des Stammkapitals erforderlichen Vermögen. Allein der Gesellschafter handelt nicht als solcher gegenüber der Gesellschaft. Das System der GmbH. unterscheidet sich bezüglich der Erhaltung des Stammkapitals wesentlich von dem des Aktienrechts. Die Beschränkung des Verbots, eigene vollbezahlte Geschäftsanteile zu erwerben, auf den Fall, daß das Stammkapital hierzu verwendet wird, steht in engem Zusammenhange mit der Vorschrift des § 30 Abs. 1. Beide ergänzen sich. Es wäre begreiflich gewesen, wenn das GmbHG. auch hier (vgl. Anm. 1 zu § 30) den Weg des Aktienrechts verlassen hätte und jeden Gesellschafter, der einen Teil des Stammkapitals als Kaufpreis für seinen Geschäftsanteil erhielt, zwingen würde, ihn wieder herzugeben. So verfuhr das österr. Gesetz (vgl. oben Anm. 1). Das deutsche Gesetz hat dies aber nicht getan. Eine Zahlung im Sinne von § 30, liegt regelregelmäßig nicht vor. Was der Gesellschafter erhält, erhält er nicht als solcher, sondern als Verkäufer. Auch die Gesellschaft erleidet durch den Kaufpreis keine Einbuße am Vermögen. Sie erhält in dem Geschäftsanteile den Gegenwert. § 33.

Erfährt freilich die Gesellschaft bei dem Erwerb des eigenen Geschäftsanteils dadurch einen Verlust am Stammkapital, daß der Erwerbspreis den wirklichen Wert des Geschäftsanteils zur Zeit des Erwerbes übersteigt, so ist in der Tat ein Verstoß gegen § 30 Abs. 1 gegeben. In der Minderung, die das Gesellschaftsvermögen durch die Zahlung des zu hohen Kaufpreises erleidet, liegt eine Rückzahlung des zur Erhaltung des Stammkapitals erforderlichen Vermögens an einen Gesellschafter (zust. Crüger-Crecelius Anm. 3; a. M. Liebmann Anm. 2; RG. 4. 10. 12 RGZ. 80, 148). Dabei macht es keinen Unterschied, ob der Kaufpreis ganz oder nur teilweise diesem Vermögen entnommen werden muß. Auch in letzterem Fall kann der Erwerb als gültig nicht aufrechterhalten werden, auch nicht insoweit, als durch die Zahlung des Kaufpreises das zur Erhaltung des Stammkapitals erforderliche Vermögen nicht angegriffen wird (Hachenburg Festschrift S. 87; a. M. Liebmann Anm. 2; Becker a. a. O. S. 103 übersieht die Notwendigkeit dieser Einschränkung). Anm. 10a.

Die gleichen Grundsätze gelten für die Eingehung einer Verpflichtung der GmbH., einen eigenen vollbezahlten Geschäftsanteil zu übernehmen. Grundsätzlich ist solch obligatorischer Vertrag gültig. Verpflichtet sich aber die GmbH., einem Gesellschafter den Geschäftsanteil ohne Rücksicht auf dessen Wert zu einem bestimmten Preise abzunehmen, so kann hierin die Zusage der Rückzahlung der Stammeinlage liegen. Die Möglichkeit dieser Wirkung macht das Abkommen von vornherein ungültig (vgl. für das Aktienrecht RG. 25. 9. 11 RGZ. 77, 72 und 2. 6. 12 JW. 1912, 876; hierzu Hachenburg a. a. O. S. 87). Nur für diese Fälle ist also die oben bekämpfte Ansicht Förtschs richtig. Anm. 10b.

Der Erwerb des eigenen Geschäftsanteils kann unter Umständen im Interesse der Gesellschaft und zu dessen Wahrung erforderlich sein (vgl. für das Aktienrecht Staub-Pinner HGB. Anm. 1 zu § 226 und RG. bei Bolze 8, 551). Wird aber das Interesse der Gesellschaft durch den Erwerb eines solchen Geschäftsanteils verletzt, erleidet sie dadurch Schaden, so haftet der Geschäftsführer für diesen Schaden. Dadurch, daß er das Beste der Gesellschaft im Auge hatte, ja auch wenn er annehmen durfte, daß dies zutreffe, ist er nicht entschuldigt. Er hat eine Pflichtverletzung begangen. Für diese haftet er. Er handelt auf eigene Gefahr (vgl. Anm. 12 zu § 43). Auch der veräußernde Gesellschafter kann haften. Aber nicht, weil er das Gebot des § 33 verletzt. An ihn ist es nicht gerichtet. Er muß eine Handlung begangen haben, die auch ihm verboten ist. Das ist bei einer unerlaubten Handlung der Fall. So, wenn auf seiten des Geschäftsführers eine absichtliche Benachteiligung der Gesellschaft und auf seiten des Dritten der Tatbestand der bewußten Teilnahme vorliegen (§§ 826, 830 und 840 BGB.). Der Veräußerer haftet der Gesellschaft auch bei einem Verstoß gegen § 30 Abs. 1. Dann ist er zur Rückzahlung des Kaufpreises verpflichtet (oben Anm. 10a). Gesellschafter und Geschäftsführer haften solidarisch, der Gesellschafter aber nicht gemäß § 31, sondern auf Grund ungerechtfertigter Bereicherung (§ 812ff. BGB.). Der Vertrag mit der Gesellschaft ist nichtig (vgl. oben Anm. 7). Anm. 11.

Wesentlich für die Haftung des Geschäftsführers ist sein Wissen oder Wissenmüssen, daß der Erwerb nur aus Mitteln des Stammkapitals möglich ist. Er ist durch die entschuldbare Annahme, es handle sich um Zahlungen aus Reserven, entlastet. Diese Annahme darf daher nicht auf Fahrlässigkeit beruhen. Er muß nicht vor jedem Erwerbe Bilanz machen, um sich von der Höhe des Gesellschaftsvermögens zu überzeugen. Wohl aber muß er sich durch Prüfung der ihm zu Gebote stehenden Mittel einen Überblick verschaffen. Die rein gefühlsmäßige Erwartung, daß er den Kaufpreis aus der Reserve decke, genügt nicht. Kommt eine Haftung des veräußernden Gesellschafters wegen eines Verstoßes gegen § 30 in Frage, so ist dessen Kenntnis oder Kennenmüssen der Verletzung des Verbots unerheblich. Der Vertrag ist auch trotz guten Glaubens des Gesellschafters nichtig. Nur soweit § 31 Abs. 2 in Betracht kommt, ist sein guter Glaube erheblich. Anm. 12.

Die **Form des Erwerbes** ist die in § 15 vorgeschriebene (vgl. Anm. 26 zu § 15). Anm. 13.

§ 33. Über ein Vorkaufsrecht der Gesellschaft an eigenen Geschäftsanteilen vgl. § 15
Anm. 13a. Anm. 63 und Exkurs II Anm. 10.

Anm. 14. 3. **Die Rechtslage bei dem Erwerb eigener vollbezahlter Geschäftsanteile** (vgl. Runkel-Langsdorff, „Die Folgen des Erwerbes eigener Aktien durch die Aktiengesellschaft" 1900). Der Berechtigte und der Verpflichtete sind jetzt eine Person. Durch diese Vereinigung geht aber das Recht nicht unter. Der Geschäftsanteil bildet, im Gegensatz zu dem kaduzierten (Anm. 25 zu § 21), ein Aktivum der Gesellschaft. Sie stellt es in ihre Bilanz ein. Sie kann es jederzeit weiterveräußern. Es fragt sich, wie sich der Zustand während der Zwischenzeit gestaltet.

Anm. 15. a. **Rechte aus dem Geschäftsanteile.** Hier ist zu unterscheiden zwischen vermögensrechtlichen Ansprüchen und Herrschaftsrechten. Zu den ersteren gehören insbesondere Ansprüche auf Dividende, auf Rückzahlung von Nachschüssen usw. Sie bleiben, soweit sie vor der Veräußerung schon selbständige Forderungen in der Hand des Veräußerers wurden, bei diesem zurück. Das Gegenteil kann bedungen werden. Gehen sie auf die Gesellschaft über, so erlöschen sie durch Konfusion. Dasselbe gilt von den nach der Veräußerung zur Existenz gelangenden Einzelansprüchen. Sie entstehen auch hier. Die Dividende ist auch hier für den in den Händen der Gesellschaft befindlichen Geschäftsanteil auszuwerfen, der zurückzuzahlende Nachschuß zu berechnen. Es wäre unstatthaft, weil ein Geschäftsanteil der Gesellschaft gehört, ihn auszuschließen und den Gewinn nur unter die anderen Gesellschafter zu verteilen. Allerdings erlischt im Moment der Entstehung auch die Schuld. Insofern kommt der Gewinnanteil, der an die Gesellschaft fällt, den anderen Gesellschaftern zugute. Denn er bildet eine Einnahme, die die Gesellschaft aus ihrem Geschäftsanteil in dieser Epoche macht (zust. im Ergebnis Brodmann Anm. 2). Den Gewinnanteil der Gesellschaft sofort zu verteilen (Neukamp-Becker Anm. 3), geht nicht an. Dieser Gewinnanteil der Gesellschaft ist eine Einnahme im laufenden Geschäftsjahr. Sie kann erst in der Bilanz für dieses berücksichtigt werden. Ob sich ein Gewinn ergibt, steht dahin. Becker (RundschauGmbH. 1925, 102) will den Gewinnanteil der Gesellschaft aus ihrem Geschäftsanteil nicht einmal als Rechnungsfaktor für die Gewinnverteilung gelten lassen, sondern die Verteilung des gesamten Gewinnes unter Ausschluß der Gesellschaft unmittelbar unter den übrigen Gesellschaftern vornehmen. Denn nach seiner Meinung kommt ein Gewinnanspruch der Gesellschaft gegen sich selbst nicht in Betracht. Diese Ansicht würde, wenn der Geschäftsanteil der Gesellschaft neben anderen Geschäftsanteilen hinsichtlich des Gewinnbezugs bevorrechtigt ist, zu ungerechten Folgen führen. Die auf den Anteil der Gesellschaft entfallende Vorzugsdividende würde in vollem Umfang nur den bevorrechtigten Gesellschaftern zugute kommen. Nach der hier vertretenen Meinung kommt sie, wie jede andere Einnahme der Gesellschaft, allen Gesellschaftern zugute. Der der Gesellschaft als Eigentümer eines Geschäftsanteils zufallende Anteil an den rückzuvergütenden Nachschüssen verbleibt ihr in gleicher Weise. Er hört auf, Nachschußkapital zu sein und steht bei der nächsten Bilanzierung zur freien Verfügung der Gesellschafter. Sie werden ihn am besten zur Reservebildung verwenden, soweit er hierzu bei der Bilanzaufstellung noch frei ist (zust. Brodmann, Anm. 2; a. M. Becker a. a. O.). Ein Anspruch des einzelnen Gesellschafters, daß er seine Quote an diesem Nachschußbetrag erhalte, ist auch hier zu verneinen. Endlich hat die Gesellschaft auch einen Anspruch auf die Liquidationsquote (Runkel-Langsdorff 18; Rehm, Bilanzen 470). Völlig wertlos ist dies nicht. Es wird auch hier wiederum erheblich, sobald Geschäftsanteile mit Vorrecht bei der Liquidation ausgegeben sind. Besitzt die Gesellschaft solche, so kommt die hierauf entfallende Quote allen Gesellchaftern zugute (vgl. oben). Brodmann (Anm. 2) verkennt die praktische Bedeutung, weil er offenbar nur den Fall berücksichtigt, daß allein der Geschäftsanteil der Gesellschaft bevorrechtigt ist. Sein Einwand, daß nach der hier vertretenen Auffassung eine restlose Verteilung überhaupt nicht möglich sei, ist nicht durchgreifend. Denn bei der Verteilung des auf die Gesellschaft entfallenden Liquidationsguthabens wird die Gesellschaft selbst nicht mehr berücksichtigt. Als Vermögensrecht kommt endlich ein Bezugsrecht auf neue Geschäftsanteile für den Fall einer Kapitalserhöhung in Betracht. Ein solches Recht kann die GmbH. nicht ausüben. Dem steht das Verbot des § 33 Abs. 1 entgegen. Auf den zu beziehenden neuen Geschäftsanteil ist die Stammeinlage noch nicht einbezahlt. Die Gesellschaft kann aber das Bezugsrecht verwerten, soweit eine Veräußerung nach dem Gesellschaftsvertrag als zulässig anzunehmen ist. Meist wird das Bezugsrecht ein höchstpersönliches Recht der Gesellschafter darstellen. Dann erhöht sich anteilig das Bezugsrecht der übrigen Gesellschafter (a. M. Becker LZ. 1925, 841). § 33.

Bei den Herrschaftsrechten kommt wesentlich das Stimmrecht in Betracht. Staub (1. Auflage Anm. 8 S. 107; vgl. auch Staub-PinnerHGB. Anm. 4 und 10 zu § 226) nahm ein Ruhen desselben an, wobei jedoch bei der Berechnung der Geschäftsanteile zur Feststellung satzungsgemäßer Mehrheit, z. B. drei Viertel des Kapitals, der Geschäftsanteil der Gesellschaft mitzählte. Es liegt aber kein Grund vor, nicht auch das Stimmrecht anzuerkennen (Rehm, Bilanzen 469 Note 5; Runkel-Langsdorff 19; a. M. RG. 21. 10. 21 RGZ. 103, 64; Brodmann Anm. 1; Unger S. 48; Neukamp-Becker Anm. 3; Becker RundschauGmbH. S. 106 und LZ. 1925, 841; Crüger-Crecelius Anm. 1). Der Einwand gegen diese Gestaltung des Stimmrechts, daß eine juristische Person nicht ihr eigenes Mitglied sein könne, beweist zuviel. Dann müßten bei dem Erwerb des eigenen Geschäftsanteils nicht nur die Rechte aus diesem ruhen. Er müßte untergehen. Das aber lehnen auch diejenigen ab, die das Ruhen des Stimmrechts annehmen. Sie müssen es ablehnen, weil das Gesetz selbst den Erwerb eigener Geschäftsanteile durch die GmbH. zuläßt. Das Stimmrecht ist durch den Geschäftsführer der GmbH. auszuüben. Das soll unmöglich sein, weil der Geschäftsführer als Willensorgan der Gesellschaft nicht dort mitwirken könne, wo die Gesellschafterversammlung durch Beschluß bestimmen müsse und wolle. Jedoch tritt hier der Geschäftsführer nicht an die Stelle der Gesellschafterversammlung. Er wird in ihr als Stimmberechtigter aus einem Geschäftsanteil neben den übrigen Anteilseignern tätig. Er kann es werden, ebenso wie und insoweit er das Stimmrecht aus einem ihm selbst gehörenden Geschäftsanteil ausüben dürfte. Die Konsequenz der gegenteiligen Meinung wäre eine völlige Umgestaltung der Machtverhältnisse innerhalb der Gesellschaft. Sie hat vielleicht die Mehrheit der Geschäftsanteile erworben. Würde das Stimmrecht dieser Anteile ruhen, so würde die Gesellschaft von der Minderheit geleitet werden. Zählen diese Anteile bei der Feststellung qualifizierter Mehrheiten nicht mehr mit, so werden entgegen dem Zweck des Gesetzes oder der Satzung die mit dem Erfordernis qualifizierter Mehrheiten beabsichtigten Erschwernisse und Vorteile für die Gesellschaft vermindert. Man würde hierdurch die Gesellschaft zu der Übertragung ihrer Anteile an Fibuziare treiben. Zu einem Mißbrauch, insbesondere zu einer Entrechtung der Gesellschafter gegenüber dem Geschäftsführer kann die hier vertretene Meinung nicht führen. Denn bei Beschlüssen, die sich auf den Geschäftsführer beziehen, insbesondere bei seiner Entlastung oder Entlassung, steht dem Geschäftsführer die Stimme der Gesellschaft nicht zu. Der Gesellschafter, der entlastet wird, darf das Stimmrecht auch nicht für andere ausüben. Auch dann ist das Stimmrecht für andere ausgeschlossen, wenn darin ein Mißbrauch desselben liegt. In allen den Fällen, in denen ein Geschäftsführer kraft seines eigenen Geschäftsanteils nicht stimmen dürfte, darf er es also auch nicht mit dem der Gesellschaft gehörenden. Damit entfallen die Bedenken, daß die Ausübung des Stimmrechts die Vorschriften der §§ 38, 46 Z. 3 ausschalten und die Abberufung des Geschäftsführers verhindern würde. Auch das neue Gegenargument Beckers (RundschauGmbH. 1925, 106), daß bei Vorhandensein mehrerer Geschäftsführer und bei deren Meinungsverschiedenheit die Ausübung des Stimmrechts zweifelhaft sei, schlägt nicht durch. In diesem Falle kann es zur Stimmabgabe der Geschäftsführer nicht kommen. Das liegt aber auch nicht anders, wenn die GmbH. Anteile einer anderen Gesellschaft besitzt. Aus logischen Erwägungen heraus besteht hiernach kein Grund, das Ruhen des Stimmrechts anzunehmen. Das Gesetz hätte es ausdrücklich vorschreiben müssen, wenn an den Erwerb eigener Geschäftsanteile durch die Gesellschaft Anm. 16.

§ 33. das Ruhen des Stimmrechts mit so weitgehenden besonderen Rechtsfolgen geknüpft sein sollte. Das Schweigen des Gesetzes beweist das Fehlen einer Ausnahmeregelung.

Ist ein Aufsichtsrat vorhanden, so kann diesem gemäß § 247 Abs. 2 HGB. die Ausübung des Stimmrechts zustehen. Auch durch stellvertretende Geschäftsführer ist das möglich.

Anm. 17. b) Verpflichtungen aus den Geschäftsanteilen kann die Gesellschaft nicht erfüllen. Sie erlöschen notwendigerweise durch Konfusion (a. M. Becker RundschauGmbH. 1925, 104; Unger S. 49; Brodmann Anm. 3 zu § 24). Das gilt auch von solchen, die beim Erwerbe rückständig waren. So die Nachschußpflicht. Das Gegenteil kann bedungen werden. Dann muß der Veräußerer die Verpflichtung trotz des Übergangs auf die Gesellschaft erfüllen. Bei Verpflichtungen, die auf alle Geschäftsanteile nach Verhältnis zu verteilen sind, zählt auch die Gesellschaft selbst mit. Auch diese Schuld erlischt durch Vermischung. Eine weitere Umlage auf die anderen Gesellschafter findet nicht statt (vgl. Anm. 15 zu § 24 und oben Anm. 15). Dadurch wird die Volleinzahlung des Stammkapitals nicht in Frage gestellt. Das Gesetz hat als Voraussetzung für den Erwerb eigener Geschäftsanteile deren Volleinzahlung vorgesehen. Es ging dabei davon aus, daß ohne das Verbot des § 33 die Einlageschuld auf einen Geschäftsanteil bei dem Erwerb seitens der Gesellschaft durch Konfusion untergehen würde. Das sollte ausgeschlossen sein. Ein Untergang der Einlageschuld findet nicht statt. Der Übergang eines nicht vollbezahlten Anteils ist nichtig. Nicht aber ist Voraussetzung für die Zulässigkeit des Erwerbs eigener Geschäftsanteile, daß auch sonstige Verbindlichkeiten aus ihnen nicht bestehen. Der allgemeine Grundsatz des Untergangs von Rechten und Pflichten durch Konfusion hätte nur durch eine ausdrückliche Regelung aufgehoben werden können. Kein Anlaß besteht, Reserven und künftige Gewinne zum Ausgleich der eigenen Verbindlichkeiten heranzuziehen, wie Becker und Brodmann a. a. O. vorschlagen. Die Gläubiger sind durch das Verbot des § 30 hinreichend geschützt. Ebensowenig kann ein Ruhen der Verbindlichkeiten angenommen werden, bis der Geschäftsanteil durch die Gesellschaft weiterveräußert wird (so Unger a. a. O.).

Anm. 18. c) Nach den gleichen Grundsätzen regeln sich auch die Rechtsfolgen bei der Wiederveräußerung des Geschäftsanteils durch die Gesellschaft. Auf den Erwerber gehen alle gesellschaftlichen Herrschaftsrechte über. Ebenso die nach dem Erwerbe fällig werdenden vermögensrechtlichen Rechte und Pflichten. Nicht aber die während der Besitzzeit der Gesellschaft fällig gewordenen. Beide sind durch Konfusion erloschen. Auch die vor der Besitzzeit der Gesellschaft fällig gewesenen Verpflichtungen waren infolge der sofort eingetretenen Konfusion untergegangen. Sie können nicht wieder aufleben und daher auch nicht auf ihren Rechtsnachfolger übergehen. Die vor der Besitzzeit fällig gewesenen Ansprüche waren auf die Gesellschaft nicht übergegangen. Auch sie kann ihr Rechtsnachfolger nicht erwerben. Der Erwerber gilt ohne besondere Anmeldung der Gesellschaft gegenüber als Gesellschafter. Ebenso hört derjenige, der den Geschäftsanteil an die Gesellschaft veräußert hatte, der Gesellschaft gegenüber ohne weiteres auf, Gesellschafter zu sein (Anm. 2 zu § 16). Über die Haftung der Gesellschaft bei betrügerischem Verhalten der Geschäftsführer beim Verkauf eigener Geschäftsanteile s. Anm. 34 zu § 2.

Anm. 18a. d) In die Bilanzen sind die eigenen Geschäftsanteile der Gesellschaft aufzunehmen (unten Anm. 14 zu § 42). Sie sind selbständige, jederzeit realisierbare Vermögenswerte. Sie sind mit den sonstigen Aktiven des Gesellschaftsvermögens nicht identisch, wenn sie sich auch in ihrem Wert nach dem Stande des Gesellschaftsvermögens bestimmen. Aus der Verkennung dieses Umstandes erklärt sich die gegenteilige Meinung von Brodmann (Anm. 2) und Becker (LZ. 1925, 836). Sie schließen die eigenen Geschäftsanteile der GmbH. aus den Vermögensbilanzen aus. Die von Becker (a. a. O. S. 836) erörterten Fälle sind verschieden zu behandeln. In Liquidationsbilanzen sind die eigenen Geschäftsanteile der GmbH. unter die Aktiven nicht einzustellen. Aber dies nur deshalb, weil die Liquidationsbilanz nicht eine normale Vermögensbilanz, sondern eine Vermögensverteilungsbilanz für die

Gesellschafter ist. Es soll festgestellt werden, welches Gesellschaftsvermögen zur Verteilung auf die Geschäftsanteile vorhanden ist. Doch haben die Gesellschafter keinen Anspruch darauf, daß die Liquidatoren diese Anteile nicht verkaufen. Die Veräußerung hat auch hier Bedeutung, wenn es sich um Anteile mit Liquidationsvorrecht handelt. Solche Geschäftsanteile, solange sie der Gesellschaft gehören, können daher nicht unter die Aktiven der Liquidationsbilanz eingestellt werden. Dagegen ist in den übrigen von Becker erörterten Fällen auch der der Gesellschaft gehörende eigene Geschäftsanteil als Aktivum der Gesellschaft zu berücksichtigen. Fraglich ist nur, ob der Geschäftsanteil überhaupt einen Wert darstellt. Bei Feststellung dieses Wertes sind naturgemäß nur die Aktiven des Gesellschaftsvermögens (ohne den eigenen Geschäftsanteil) den Schulden der Gesellschaft gegenüberzustellen. Hierbei kann es keinen Unterschied machen, ob es sich um einen der GmbH. gehörenden, eigenen Geschäftsanteil oder um einen in der Hand eines Gesellschafters befindlichen handelt. Ergibt die Gegenüberstellung der Aktiven und Passiven eine Überschuldung oder halten sich Aktiven und Passiven die Wage, dann ist jeder Geschäftsanteil wertlos. Er kann in eine Vermögensbilanz der GmbH., welche die wirklichen Werte des Gesellschaftsvermögens aufführen soll, nicht eingesetzt werden. Ergibt aber die Gegenüberstellung der Aktiven und Passiven einen Wert der Geschäftsanteile, so ist dieser jederzeit realisierbare Wert auch in die Vermögensbilanzen aufzunehmen, mag es sich um die Feststellung der Zulässigkeit einer Ausschüttung an die Gesellschafter (§ 30 Abs. 2) oder um die Feststellung der Zulässigkeit des Erwerbs eines eigenen Geschäftsanteiles (§ 33 Abs. 2) handeln. Man wähle folgendes einfache Beispiel, um die Richtigkeit der hier vertretenen Ansicht zu erkennen: Die GmbH. hat ein Stammkapital von ℳ 10000.—, Schulden von ℳ 20000.— und Aktiven von ℳ 30000—. Es ist also das zur Deckung des Stammkapitals erforderliche Vermögen genau vorhanden. Ein zur Verteilung an die Gesellschaft vorhandener Betrag fehlt. Jetzt schenkt ein Gesellschafter der GmbH. seinen auf ℳ 2000.— lautenden Geschäftsanteil, der nach obiger Bilanz einen Wert von ℳ 2000.— darstellt. Dann wird ein Betrag zur Verteilung unter die Gesellschafter oder zum Erwerb eines weiteren eigenen Geschäftsanteils frei. Vielleicht nicht in voller Höhe der ℳ 2000.—. Das hängt von der Bewertung des unentgeltlich erworbenen eigenen Geschäftsanteils der GmbH. ab. Für die nach § 41 aufzustellende Jahresbilanz erkennen auch Becker und Brodmann an, daß eigene Geschäftsanteile der GmbH. als Aktiven in die Bilanz eingestellt werden dürfen. Einen Grund für die unterschiedliche Behandlung geben sie nicht an. Auch in die Steuerbilanzen, mögen sie Gewinnverteilungs- oder Vermögensbilanzen sein, sind die eigenen Geschäftsanteile der GmbH. als Aktiven aufzunehmen. Der Vermögensteuer unterliegt als jederzeit realisierbarer Wert auch ein eigener Geschäftsanteil der GmbH. Andernfalls könnte sich die GmbH. durch Erwerb eigener Anteile Steuerbefreiungen verschaffen. § 33.

In ihre Bilanzen darf die Gesellschaft ihre eigenen Geschäftsanteile nicht zum Nominalwerte, sondern nur zu dem nach gewissenhaftem Ermessen festgestellten wirklichen Werte einstellen (RG. 30. 5. 10 LZ. 1910, 688). Nicht selten überlassen einzelne Gesellschafter zur Deckung einer Unterbilanz der Gesellschaft unentgeltlich Geschäftsanteile. Sie sind nicht vollwertig. Entspricht nur ihr Nennbetrag der Unterbilanz, so ist diese nicht beseitigt. Dies ist nur durch die Einziehung der Geschäftsanteile, verbunden mit der Herabsetzung des Stammkapitals möglich.

Zusatz 1. Der Erwerb sämtlicher eigenen Geschäftsanteile durch die GmbH. Anm. 19.
Läßt das Gesetz einen Erwerb eigener Geschäftsanteile überhaupt zu, so kann man nicht den Erwerb eines letzten, in dritter Hand verbliebenen Geschäftsanteils durch die Gesellschaft verbieten (a. M. Brodmann, Anm. 2; dagegen zust. Crüger-Crecelius Anm. 1 § 15). Wie die Vereinigung aller Anteile in der Hand eines Gesellschafters anzuerkennen ist (Anm. 1 zu § 13), so muß man auch den Erwerb aller Anteile durch die Gesellschaft zulassen. Daß hierbei sogar praktische wirtschaftliche Zwecke verwirklicht werden können, zeigt das von Hachenburg (Festschrift für Georg Cohn S. 89) gebrachte Beispiel. Dort sollte der Zweck einer Stiftung in der besonderen juristischen Gestalt einer GmbH. erfüllt werden. Die Gründer der GmbH. (Stifter)

§ 33. übertrugen ihre Anteile auf die GmbH. Diese ist nur noch Zweckvermögen zur Verwirklichung des Stiftungszweckes, der sich in dem Gegenstand des Unternehmens der GmbH. ausdrückt. Daß die Begründung eines Zweckvermögens auf diesem Wege ausgeschlossen sein soll, weil gesetzlich hierfür nur die Stiftung des § 80 BGB. zur Verfügung stehe, ist nicht ersichtlich. Die Zulassung des Erwerbs eigener Geschäftsanteile durch die GmbH. und eigener Aktien durch die AG. eröffnet einen zweiten Weg. Unger (S. 66 ff.) will den Erwerb sämtlicher eigenen Anteile durch die GmbH. nur zu vorübergehenden Zwecken zulassen, weil sonst die Gesellschaft auf die Dauer nicht mehr tätig werden könne. Die Unterscheidung ist unbrauchbar, aber auch unrichtig. Die Gesellschaft bleibt lebensfähig (vgl. oben Anm. 16). Der Geschäftsführer faßt die erforderlichen Beschlüsse. Im übrigen könnte der vorübergehende oder auf die Dauer berechnete Zweck des Erwerbs kein sicheres Merkmal für dessen Gültigkeit bieten.

Anm. 20. **Zusatz 2.** Die Vorschriften über den Erwerb eigener Anteile beziehen sich nicht auf deren Verpfändung oder Pfändung. Darin liegt kein Erwerb. Auch im Aktienrechte (§ 226 HGB.) sind Erwerben und Zum-Pfand-Nehmen einander gegenübergestellt. Beides ist dort verboten. In das GmbHG. ist ein Verbot der letzteren Maßregel nicht übergegangen. Man befürchtet eine Umgehung des Verbots des Erwerbs durch die Pfandbestellung nicht. Denn Pfandbestellung und Pfändung führen nicht zum Erwerb des Geschäftsanteils. Sie zielen nur auf seine Verwertung durch entgeltlichen Erwerb seitens eines Dritten ab. Becker (a. a. O. S. 479) bezweifelt, daß für die Gesellschaft in dem Pfandrecht an einem eigenen Geschäftsanteil eine Sicherheit liege. Die Sicherheit liegt in dem Wert des Geschäftsanteils, mag dieser ein eigener oder der Geschäftsanteil einer fremden Gesellschaft sein. Der Erwerb im Vollstreckungswege steht dem regulären Erwerbe gleich (RG. 26. 3. 20 RGZ. 98, 278). Vgl. die abweichende Regelung des österr. Ges. § 81 und des bulgar. Ges. Art. 99.

Anm. 21. **Zusatz 3.** Der Erwerb des eigenen Geschäftsanteils steht im Gegensatz zur Kaduzierung und zur Amortisation. Bei jener wird der säumige Gesellschafter ausgeschlossen. Sein Gesellschaftsrecht wird vernichtet (vgl. Anm. 25 zu § 21). Es besteht bis zur Wiedergewinnung eines neuen Gesellschafters nur die passive Seite des Geschäftsanteils ohne Rechtssubjekt. Der Geschäftsanteil gehört nicht der Gesellschaft. Er bildet keinen Teil ihrer Aktiven. Der neue Gesellschafter ist nicht ihr Rechtsnachfolger. Bei dem Erwerbe des Geschäftsanteils bleibt dieser nach Aktiv- und Passivseite bestehen. Er ist ein Aktivum der Gesellschaft. Veräußert sie ihn, so ist sie Rechtsvorgänger des Erwerbers. Bei der Amortisation wird nicht nur die Aktivseite, sondern der ganze Geschäftsanteil vernichtet. Die Veräußerung zum Zwecke der Amortisation überträgt nicht den Geschäftsanteil auf die Gesellschaft. Sie ist die Zustimmung zu seiner Vernichtung (vgl. Anm. 3 zu § 34).

Anm. 22. **Zusatz 4.** Steuerfragen. Für den Erwerb eigener Geschäftsanteile ist die Börsenumsatzsteuer des § 53 KapVerkStG. zu entrichten. Außerdem kommt bei unentgeltlichem Erwerb die Gesellschaftssteuer (§ 6 KapVerkStG.) in Betracht. Vgl. hierzu § 9b KapVerkStG. Über Einzelfragen vgl. Becker RundschauGmbH. 1925, 108f.

§ 34.

§ 34.

Die Einziehung (Amortisation) von Geschäftsanteilen darf nur erfolgen, soweit sie im Gesellschaftsvertrage zugelassen ist.

Ohne die Zustimmung des Anteilsberechtigten findet die Einziehung nur statt, wenn die Voraussetzungen derselben vor dem Zeitpunkt, in welchem der Berechtigte den Geschäftsanteil erworben hat, im Gesellschaftsvertrage festgesetzt waren.

Die Bestimmung im § 30 Absatz 1 bleibt unberührt.

Einleitung. **Bei der Einziehung oder Amortisation der Geschäftsanteile** können zwei wirtschaftliche Zwecke erscheinen. Zum einen wird die Rentabilität der Gesellschaft für die übrigen Gesellschafter erhöht. Der Reingewinn wird unter weniger Geschäftsanteile verteilt. Zum anderen § 34. wird das Ausscheiden eines Gesellschafters aus der Gesellschaft ohne Übertragung des Anteils an fremde Personen ermöglicht. Beide Ziele können zusammentreffen. Es genügt eines derselben. Die wirtschaftlichen Folgen sind stets beide vorhanden.

I. **Begriff und Wesen der Einziehung oder Amortisation.** Die Einziehung oder Amortisation eines Geschäftsanteils ist seine Vernichtung durch Rechtsgeschäft. Sie erfolgt durch die Willenserklärung der Gesellschaft. Es sind hierbei die verschiedensten Möglichkeiten denkbar, von der statutarisch vorgesehenen Amortisation eines Geschäftsanteils nach Ablauf einer bestimmten Frist bis zur Vereinbarung der Gesellschaft mit einem Gesellschafter, von dem „Ankaufen" unter Agiozahlung zu Amortisationszwecken bis zur unentgeltlichen Überlassung. Der Umstand aber, daß eine Einziehung ebenso vorliegt, wenn auf Grund des Gesellschaftsvertrags es nur einer einseitigen Erklärung der Gesellschaft bedarf (Kündigung), wie bei „Kauf" oder sonstigen Erwerbsakten, beweist, daß das Wesen der Amortisation nicht, wie auch Staub 1. Auflage Anm. 1 S. 199 annahm, darin bestehen kann, daß der Geschäftsanteil auf die Gesellschaft übergehe und im Gegensatze zu dem Erwerbe gemäß § 33 Rechte und Pflichten aus dem Geschäftsanteile erlöschen. Der an die Gesellschaft veräußerte Geschäftsanteil bewahrt seine Existenz. Daher muß bei der Amortisation der rechtliche Vorgang ein anderer sein. Die Amortisation infolge statutarisch zugelassener Kündigung zeigt, daß diese auch in einem einseitigen Rechtsakte der Gesellschaft bestehen kann. Die Verschiedenheit des Vollzugs fließt nur aus der Verschiedenheit der Zustimmung des Gesellschafters. Der sogenannte Kauf des Geschäftsanteils zum Zwecke der Einziehung (vgl. § 227 Abs. 1 Satz 2 HGB.) bedeutet nur die Erteilung der Zustimmung zur Vernichtung gegen Entgelt. Die Gesellschaft, die mit einem ihrer Gesellschafter eine solche Vereinbarung traf, ist nicht berechtigt, diesen Geschäftsanteil mit der Begründung bestehen zu lassen, daß sie ihn, wenn auch mit Zweckangabe, für sich erworben habe. Ein Übertragungsakt in diesem Sinne ist nicht gewollt. Der Veräußerer erklärt lediglich den Verzicht auf seine Rechte. Nur dessen Wirkungen sind möglich. Dadurch, daß Neukamp (GZ. 57, 560ff. und Neukamp-Becker Anm. 1a zu § 34) an dem Gedanken eines „Erwerbes" der Geschäftsanteile festhält, der sich von dem in § 33 behandelten nur durch den Zweck derselben, die Vernichtung unterscheide, kommt er zu unbrauchbaren Konsequenzen. Es wird verlangt, daß das Kriterium beim Erwerbe äußerlich erkennbar in die Erscheinung trete. Es müsse im Einzelfalle festgestellt werden können, ob der Erwerb die Einziehung bezweckt, oder ob es sich um einen gewöhnlichen Erwerb handle. Das ist insofern richtig, als feststehen muß, ob eine rechtsgeschäftliche Vernichtung des Geschäftsanteils gewollt ist oder seine Fortexistenz. Aber dazu genügt die Angabe von Motiven des Erwerbes nicht. Selbst wenn die Gesellschaft aus ihrer Reserve eigene Geschäftsanteile kauft, um sie zu amortisieren und dies bei dem Erwerbe kundgibt, so hat dies keine Wirkung auf den Geschäftsanteil selbst. Die Gesellschaft kann ihn weiterbestehen lassen. Erst wenn der beiderseitige Wille dahin geht, daß der Geschäftsanteil untergehen soll, erhält ihn die Gesellschaft nicht zum Fortbesitz. Sie erwirbt ihn überhaupt nicht. Es wird ihr, falls sie nicht schon vorher den Beschluß der Vernichtung aussprach, nur die eine Befugnis eingeräumt, den Geschäftsanteil einzuziehen. Neukamp erklärt den Erwerb zu Amortisationszwecken nur für zulässig, also wohl nur für gültig, wenn dies im Gesellschaftsvertrag vorgesehen sei. Die Gültigkeit des Erwerbes soll davon abhängen, daß die Gesellschafter ihn beschlossen haben, während der Erwerb zu sonstigen Zwecken eine reine Verwaltungshandlung sei. Diese Momente zeigen praktisch das Falsche des Ausganges. Es ist unzulässig, daß die eine oder andere Seite den Erwerb eines Geschäftsanteils für ungültig erkläre, weil der Gesellschaftsvertrag die Amortisation nicht zulasse oder weil der Einziehungsbeschluß der Gesellschaft fehle. Auch wenn die Absicht, den Geschäftsanteil einzuziehen, ausgesprochen würde, ist der Vertrag gültig. Vorausgesetzt bleibt nur, daß es sich um einen wirklichen Erwerb des Geschäftsanteils und nicht um die Zustimmung zur Einziehung handelt. Jeder selbständige Erwerb der Geschäftsanteile durch

Anm. 1.

§ 34. die Gesellschaft richtet sich nach § 33. Der Zweck, den die Gesellschaft verfolgt, ist unerheblich. Nur zur Erklärung der Einziehung muß sie die Gestattung vom Gesellschaftsvertrage haben.

Die Folgerungen aus diesem Wesen der Amortisation werden unten im einzelnen gezogen werden.

Über den Gegensatz zum Erwerbe eigener Geschäftsanteile und zur Kaduzierung vgl. Zusatz 3 zu § 33 Anm. 21.

Anm. 2. II. **Die Arten der Amortisation.**

1. Die Amortisation aus dem zur Erhaltung des Stammkapitals erforderlichen Vermögen und aus den Überschüssen. Begrifflich ist es für das oben dargelegte Wesen der Amortisation unerheblich, ob dieselbe gegen Entgelt oder unentgeltlich erfolgt, und im ersteren Falle, woher das zur Auszahlung erforderliche Kapital genommen wird. Für die GmbH. ist diese Unterscheidung von wesentlicher Bedeutung. Der § 34 behandelt nur die Amortisation, durch welche das zur Erhaltung des Stammkapitals erforderliche Vermögen nicht ausbezahlt wird. Das ist die Bedeutung des Abs. 3, wonach die Bestimmung in § 30 Abs. 1 „unberührt bleibt". Auch die andere Art der Einziehung eines Geschäftsanteils ist im Gesetz anerkannt. Aber sie fällt unter § 58. Sie setzt eine Herabsetzung des Stammkapitals voraus. Denn dann wird der herabgesetzte Betrag des Vermögens der Gesellschaft frei. Er ist nicht mehr zur Erhaltung des Stammkapitals erforderlich. Auch § 34 ist wieder ein Anwendungsfall des § 30 und ein Beweis der Richtigkeit der für diesen (vgl. Anm. 2 u. 3 zu § 30) gegebenen Auslegung. Mag die Amortisationserklärung rechtlich völlig in Ordnung und der Rechtsgrund für die Auszahlung der für den Verzicht auf das Gesellschaftsrecht zugesagten Gegenleistung gegeben sein. Die Auszahlung ist verboten, sobald sie das Stammvermögen angreift. Nur die gleichzeitige Herabsetzung des Stammkapitals kann hier die Einziehung ermöglichen.

Anm. 3. 2. Die Amortisation ohne Mitwirkung oder unter Mitwirkung des Gesellschafters. Eine Amortisation ohne Zustimmung des Gesellschafters ist nur möglich, wenn diese im Gesellschaftsvertrage zugelassen ist (Abs. 2). Der Geschäftsanteil entsteht dann mit diesem Todeskeime. Wer einen solchen Geschäftsanteil erwirbt, muß ihn so nehmen, wie er ist. Seine Forterxistenz ist von dem Willen der Gesellschaft abhängig. Die Vernichtung kann durch eine einfache Erklärung der Gesellschaft erfolgen. Sie kann von einer Reihe anderer Momente abhängig sein. So wenn bestimmt ist, daß die Gesellschaft alljährlich einen Geschäftsanteil, den sie durch das Los bestimmt, aus ihrem Reingewinn amortisiert. Oder wenn nach dem Tode eines Gesellschafters dessen Geschäftsanteil, dem im Hinblick auf die Person des Gesellschafters besondere Rechte eingeräumt waren, amortisiert werden kann (vgl. Anm. 3 zu § 15). Oder wenn an die durch Verschulden des Geschäftsführers, der Gesellschafter ist, veranlaßte Entlassung aus dem Dienste der Gesellschaft das Recht der Amortisation seines Geschäftsanteils geknüpft ist. Oder wenn bei Zwangsvollstreckung in den Geschäftsanteil das Recht der Amortisation festgesetzt ist (Anm. 17 Exkurs I zu § 15). Oder wenn bei der Gründung der Gesellschaft eine bestimmte Eigenschaft (Mitgliedschaft einer bestimmten Verbindung, bestimmte Religion oder Staatsangehörigkeit usw.) Bedingung war. Deren Aufhören soll die Befugnis, den Geschäftsanteil zu amortisieren, herbeiführen. Endlich kann auch generell an jede Verletzung einer gesellschaftlichen Pflicht der Verlust des Gesellschaftsrechts im Wege der Amortisation geknüpft werden. Über die für das Gebiet des Aktienrechts ergangene Entscheidung des RG. (49, 77), welche solche Einziehung als Ausschluß des Aktionärs verneint, vgl. Anm. 33 zu § 3.

Anm. 4. Steht der Geschäftsanteil mehreren zu, so ist durch Auslegung festzustellen, ob die Voraussetzungen der Amortisation bei allen gegeben sein müssen oder ob deren Vorliegen bei einem der Mitgesellschafter genügt. Bei Amortisationen, welche den Ausschluß eines gegen seine Pflichten verstoßenden Gesellschafters bezwecken, wird man die Einziehung im Zweifel zulassen, wenn dieser Verstoß auch nur einem der Mitgesellschafter zur Last fällt. Ebenso im Falle der Zwangsvollstreckung in die Quote eines Mitberechtigten. Die anderen leiden dann freilich durch das von ihnen nicht verschuldete Verhalten eines

Genossen. Aber andernfalls müßte sich die Gesellschaft einen Gesellschafter gefallen lassen, der das Recht auf die Mitgliedschaft verwirkte. § 34.

Fehlt eine Festsetzung der Voraussetzungen für die Amortisation im Gesellschaftsvertrage, so kann sie nur mit Zustimmung, d. h. unter Mitwirkung des Gesellschafters im konkreten Falle erfolgen (vgl. auch unten Anm. 18). In diesem Falle findet eine Vereinbarung der Gesellschaft mit dem Gesellschafter statt. Es werden die Voraussetzungen seiner Zustimmung festgesetzt. Sie können der verschiedensten Art sein. Es kann dem Gesellschafter seine Einlage oder ein Agio auf diese oder ein Minderbetrag bezahlt werden. Es kann die Gegenleistung in Sachen oder in einem Verzicht auf Rechte der Gesellschaft bestehen. Es kann ein Vergleich geschlossen werden, wonach die Gesellschaft gegen Überlassung des Geschäftsanteils zur Amortisation auf den Anspruch gegen einen Gründer auf Gewährleistung für eine Sacheinlage verzichtet usw. Stets aber bezieht sich diese Vereinbarung nur auf die Zustimmung zur Amortisation. Sie ist nur wirksam gegen diese Gegenleistung. Die Einziehung selbst aber ist immer nur ein einseitiger gesellschaftsrechtlicher Akt, den nur die Gesellschaft vornimmt. — Die Zustimmung des Gesellschafters allein genügt nicht, wenn an dem Geschäftsanteile Rechte zugunsten Dritter bestellt sind. Es bedarf auch deren Mitwirkung. So bei der Verpfändung des Geschäftsanteils der des Pfandgläubigers (§ 1276 BGB.), bei einer Abtretung künftigen Dividendenanspruchs der des Zessionars (a. M. Liebmann Anm. 2b). Anm. 5.

3. Die Amortisation gegen Entgelt oder ohne Entgelt. Der Entgelt kann in jeder Leistung der Gesellschaft an den Gesellschafter bestehen. Es kann dadurch das Rechtsgeschäft zwischen beiden nach der Verschiedenheit dieser Leistung sich in verschiedenartige rechtliche Form kleiden. Die häufigste wird Kauf und Tausch sein. Es muß aber immer wieder betont werden, daß die Gesellschaft dabei nicht den Geschäftsanteil erwirbt, sondern den Verzicht des Gesellschafters auf sein Gesellschaftsrecht. Die Amortisation ohne Entgelt kann sich als unentgeltliche Zustimmung zu der Vernichtung des Geschäftsanteils (Schenkung) darstellen. Sie kann aber auch als Verwirkung erscheinen, wenn schon im Gesellschaftsvertrage der Gesellschaft das Recht gegeben ist, in bestimmten Fällen, Vertragsbruch, Todesfall, Pfändung usw., den Geschäftsanteil ohne Vergütung einzuziehen. Anm. 6.

Die entgeltliche Einziehung steht nur dann der Gesellschaft frei, wenn der Entgelt nicht das Stammkapital angreift, andernfalls bedarf es vorher der Herabsetzung des Stammkapitals (oben Anm. 2). Die unentgeltliche Einziehung kann nie die Auszahlung des zur Erhaltung des Stammkapitals erforderlichen Vermögens nach sich ziehen. Sie bedarf daher nie der Form der Herabsetzung des Stammkapitals (RG. 27. 9. 12 Recht 1912, 2994; RundschauGmbH. 1912, 418). Staub (1. Auflage Anm. 18 S. 203) machte hiervon eine Ausnahme für den Fall, daß durch die Einziehung ein verteilbarer Überschuß der Aktiven über die Passiven hergestellt würde. Das beruhte auf der irrigen Annahme, daß durch die Einziehung sich die Stammkapitalsziffer vermindere (vgl. unten Anm. 19). Nur wenn gerade dieses der Zweck der Einziehung ist, muß gemäß § 58 verfahren und das Stammkapital herabgesetzt werden. Wenn ein Gesellschafter zur Beseitigung einer Unterbilanz der Gesellschaft seinen Geschäftsanteil zur Amortisation überläßt, so ist mit der einfachen Vernichtung desselben nichts getan. Die Unterbilanz besteht weiter. Erst wenn das Stammkapital herabgesetzt, diese Herabsetzung aber nicht durch gleichmäßige Minderung aller Geschäftsanteile, sondern durch Einziehung des einen Geschäftsanteils erfolgt, ist das Ziel erreicht. Will aber ein Gesellschafter auf seinen Geschäftsanteil verzichten, um die Rente aus den anderen zu erhöhen, so berührt dieser Akt die Gläubiger nicht. Die Einziehung wird durch die Gesellschaft ohne Rücksicht auf die zur Sicherung der Gläubiger in § 58 getroffenen Bestimmungen vollzogen.

Über die Form bei unentgeltlicher Zustimmung vgl. unten Anm. 24.

4. Amortisation ohne Herabsetzung des Stammkapitals und mit solcher. Nur die erstere ist in § 34 behandelt. Die letztere richtet sich nach § 58. Bei ihr treten zu den allgemeinen Voraussetzungen jeder Amortisation die besonderen dieses Vorganges hinzu. Anm. 7.

§ 34. Sie befreien die Gesellschaft von der Erhaltung des Vermögens, soweit die Herabsetzung ausgesprochen ist. Diese ist daher bei der Einziehung gegen Entgelt nötig, bei welcher die Gegenleistung aus dem Stammkapital fließt. Über Herabsetzung des Stammkapitals bei unentgeltlicher Amortisation vgl. oben Anm. 6.

Anm. 8. 5. Amortisation eigener Geschäftsanteile der Gesellschaft. Die Gesellschaft kann Geschäftsanteile, die sie selbst erworben hat (§ 27 Abs. 3, § 33 Abs. 2), zur Einziehung verwenden. Diese unterscheidet sich nur dadurch von der Einziehung der Geschäftsanteile der Gesellschafter, daß eine besondere Zustimmung nicht erforderlich ist. Alle anderen Voraussetzungen sind zu wahren. Insbesondere darf auch hier das zur Erhaltung des Stammkapitals erforderliche Vermögen nicht durch die Amortisation vermindert werden. Andernfalls könnte die Gesellschaft durch vorherigen Ankauf eines Geschäftsanteils, der, wenn auch aus dem Stammkapital bezahlt, doch gültig ist (vgl. Anm. 11 zu § 33), das Verbot des § 34 Abs. 3 und § 30 Abs. 1 umgehen. Die Einziehungserklärung der Gesellschaft auch bezüglich eines ihr gehörenden Geschäftsanteils ist nichtig, wenn diese Vernichtung des Geschäftsanteils einen Verlust am Stammkapital bedeutet. Wenn bei einem Stammkapital von 100000 M., dem ebensoviel Vermögen gegenübersteht, sich in diesem Vermögen ein eigener Geschäftsanteil von 20000 M. befindet, so vermindert dessen Einziehung das zur Erhaltung des Stammkapitals erforderliche Vermögen um den Betrag von 20000 M. Nur in Verbindung mit der Herabsetzung des Stammkapitals läßt sich daher eine solche Einziehung durchführen. Anders nur, wenn der eigene Geschäftsanteil aus dem freien Vermögen, der Reserve, angeschafft war oder wenn er, ohne daß eine Unterbilanz vorliegt, der Gesellschaft geschenkt wurde. Hat die Gesellschaft ihr Stammkapital von 100000 M. unversehrt, so kann ein ihr geschenkter Geschäftsanteil ohne Herabsetzung des Stammkapitals amortisiert werden (vgl. hiermit Anm. 18a zu § 33: Die Behandlung eigener Geschäftsanteile der Gesellschaft in der Bilanz).

Anm. 9. III. **Die Voraussetzungen einer jeden Amortisation.**

1. Die erste Voraussetzung ist: Die Amortisation muß im Gesellschaftsvertrage zugelassen sein (§ 34 Abs. 1). Staub (1. Auflage, ebenso für das Aktienrecht Staub-Pinner HGB. Anm. 8 zu § 227) verlangte, daß die Bedingungen der Einziehung in dem Gesellschaftsvertrage in solcher Weise feststehen müssen, daß die Einziehung nicht mehr ein Akt des freien Beliebens der Verwaltungsorgane sei. Die Anordnung oder Gestattung müsse eine bestimmte sein. Hier im GmbHG. deute auch das Wort „soweit" im ersten Absatz darauf hin. Diese Ansicht steht im Widerspruche mit der der anderen Kommentare (Liebmann Anm. 1c; Neukamp-Becker Anm. 2; Förtsch Anm. 2). Sie ist nur beschränkt richtig. Sie gilt für alle die Fälle, in denen eine Mitwirkung des Gesellschafters, dessen Geschäftsanteil amortisiert wird, nicht stattfinden soll (vgl. oben Anm. 4). Hier müssen die Bedingungen, unter denen sein Geschäftsanteil vernichtet werden darf, genau im Gesellschaftsvertrage enthalten sein. Anders, wenn die Zustimmung des Gesellschafters durch besondere Erklärung abzugeben ist. Hier genügt es, daß die Einziehung von Geschäftsanteilen generell zugelassen ist. Dies muß im Gesellschaftsvertrage stehen. Denn die Einziehung eines Geschäftsanteils wirkt auf die Rechtslage der anderen Gesellschafter ein. Sie müssen also bei dem späteren Erwerb bereits wissen, daß ihr Geschäftsanteil durch die Einziehung eines anderen beeinflußt werden kann. Mehr aber ist nicht erforderlich. Staub-Pinner (HGB. Anm. 8) legen Wert darauf, daß doch ersichtlich sein müsse, welche Art der Amortisation gemeint sei. Hierunter ist der Unterschied von freiwilliger und Zwangsamortisation verstanden (Anm. 2 das.). Aber diese Unterscheidung erhellt schon daraus, daß jede Einziehung, der ein Gesellschafter nicht ausdrücklich auch gegen seinen Willen, sei es allgemein oder bei Vorliegen besonderer Momente, sei es durch Statut oder Gesetz (unten Anm. 19) unterworfen ist, stets nur als eine freiwillige gewollt sein kann. Die übliche Formel, daß die Einziehung von Geschäftsanteilen zugelassen wird, zwingt keinen Gesellschafter, die Amortisation seines Anteils zu gestatten. Sie raubt nur dem einzelnen Gesellschafter das Recht, dem Mehrheitsbeschlusse, der einen anderen Geschäfts-

anteil vernichtet, zu widersprechen. Auf welchem Wege die Zustimmung des anderen Gesellschafters eingeholt wird, ob mit oder ohne Entgelt, in welcher Weise die Gegenleistung erfolgt, ob gegen eine einmalige Zahlung oder Gewährung von fortdauernden Gewinnbezügen, worin die feste Vergütung besteht, in barem Gelde oder der Leistung einer bestimmten, von dem Gesellschafter selbst eingebrachten Sache, ist für die Zulässigkeit der Amortisation gegenüber den anderen Gesellschaftern unerheblich. Mit diesem Gedanken stimmt auch die Vorschrift des Aktienrechts überein. Es unterscheidet die Einziehung mittels „Auslosung, Kündigung oder in ähnlicher Weise“ von der mittels „Ankaufs“. Nur für die ersteren Fälle wird die Bestimmung in dem ursprünglichen Gesellschaftsvertrag verlangt. Sie entsprechen der Gruppe der Zwangsamortisation. Hier ist eine Verpflichtung zu dieser erschöpfenden Festsetzung im Gesellschaftsvertrage nötig. Die letztere Art enthält den Fall der freiwilligen Zustimmung. Ein solcher wird außer dem Ankaufe auch bei der „Schenkung“ der Aktien zur Amortisation vorliegen. Hier genügt die generelle Zulassung. **§ 34.**

Die Aufstellung eines sog. Amortisationsplanes kann verschiedene Bedeutung haben. Sie kann mit den Bestimmungen über die Verpflichtung der Gesellschafter, die Einziehung zu gestatten, verbunden sein. Es muß dies aus dem Gesellschaftsvertrage selbst deutlich hervorgehen. Es genügt, wenn bestimmt ist, daß alljährlich aus dem Reingewinn bis zu 10 Proz. desselben zur Amortisation der Geschäftsanteile zu verwenden ist und daß die Geschäftsanteile, die eingezogen werden, durch das Los festgesetzt werden. Ist dagegen lediglich vorgesehen, daß das Stammkapital aus anzusammelndem Reingewinne in bestimmten Jahresquoten zu amortisieren ist, so enthält dieser Plan nur die generelle Zulassung der Einziehung. Sie bedarf jeweils noch der Vereinbarung mit den betroffenen Gesellschaftern.

Die Bestimmung über die Amortisation kann sowohl im ursprünglichen als im abgeänderten Gesellschaftsvertrage enthalten sein. Regelmäßig untersteht ein solcher Statutenänderungsbeschluß den gewöhnlichen Vorschriften über die Statutenänderung. Es fragt sich, inwieweit die Zustimmung der Gesellschafter hierzu besonders verlangt wird. Nach der ausdrücklichen Bestimmung des Gesetzes (Abs. 2), einer von der Reichstagskommission eingefügten Stelle, ist die Zustimmung des Anteilberechtigten stets dann erfordert, wenn die Amortisation ohne seine Mitwirkung vollzogen werden soll (vgl. über diesen Fall oben Anm. 3). Das ist selbstverständlich. In diesen Fällen soll ja die Zustimmung zur Amortisation in dem Gesellschaftsvertrage enthalten sein. Wenn neu bedungen werden soll, daß der Betrag des Jahresgewinns, der nach Verteilung von 10 Proz. Dividende bleibt, zur Amortisation derart zu verwenden ist, daß je 10000 M., die durch Auslosung bestimmt werden, eingezogen werden, so kann keinem Gesellschafter gegen seinen Willen dies zugemutet werden. Nicht nötig ist, daß er für diesen Beschluß stimmt. Es genügt, daß er seine Zustimmung, wenn auch erst nach der Beschlußfassung, gab. Dagegen kann sich ein späterer Erwerber eines Geschäftsanteils, dessen Veräußerer dem Beschluß nicht zustimmte, nicht auf diese Tatsache stützen. Denn er erwarb den Anteil bereits unter der Herrschaft des neuen Statuts. Das Gesetz spricht dies auch in Abs. 2 besonders aus. Der spätere Erwerber muß sich nur dann der ohne seine Mitwirkung erfolgenden Einziehung unterwerfen, wenn sie vor seinem Erwerb beschlossen ist. Also muß er, wenn dies der Fall ist, unter allen Umständen, ohne Rücksicht auf das Verhalten seines Vormannes, sich die Einziehung gefallen lassen. **Anm. 10.**

Schwieriger liegt die Frage bezüglich der übrigen Gesellschafter, deren Geschäftsanteile bleiben. Die Zustimmung aller Gesellschafter ist dann erfordert, wenn sich entweder ihre Verpflichtungen erhöhen oder wenn ihnen unentziehbar gedachte Rechte genommen werden. Durch die Entlassung eines Gesellschafters kann sich der Verpflichtungskreis aller anderen erhöhen. Dies gilt namentlich von der subsidiären Haftung für nicht voll einbezahlte Geschäftsanteile und für an Gesellschafter ausbezahlte Beträge des Stammkapitals (§ 24, § 31 Abs. 3). Es ist also die Zustimmung aller anderen Anteilberechtigten erforderlich, wenn solche Einlagerückstände vorhanden oder solche Rückzahlungen erfolgt **Anm. 11.**

§ 34. sind. Dagegen geht das KG. (12. 1. 03 KGJ. 25 A, 258) zu weit, wenn es das Erfordernis dieser Zustimmung aus der nur denkbaren Möglichkeit solcher Haftungen ableitet. Ist das Stammkapital voll einbezahlt, so kann die Möglichkeit allein, daß die Gesellschafter eine Erhöhung des Stammkapitals beschließen und hierbei ein Teil der Einlage rückständig bleiben kann, nicht dazu führen, den Beschluß über die Zulassung der Amortisation der Geschäftsanteile an die Zustimmung aller Gesellschafter zu knüpfen. Erheblicher aber wirkt das zweite Moment. Durch die Beseitigung eines Gesellschafters verschiebt sich das Verhältnis der Übrigbleibenden zueinander. Es kann dadurch der Fall eintreten, daß ein Gesellschafter, der bisher die Minderheit hatte, nunmehr die Mehrheit der Stimmen erlangt. Ein solcher Eingriff in das Mitgliedsrecht ist unzulässig (vgl. das Beispiel bei Neukamp-Becker Anm. 2). Ausschlaggebend ist aber, daß ja das Gesetz selbst auch für die Zulassung der freiwilligen Amortisation eine Bestimmung im Gesellschaftsvertrag fordert. Der Grund hierfür kann nur darin liegen, daß auch eine freiwillige Einziehung die anderen Gesellschafter berührt (oben Anm. 9). Trifft dies zu, so muß notwendigerweise bei späterer Einführung jeder Gesellschafter zustimmen. Nie aber wird eine Einstimmigkeit des Beschlusses, sondern nur Zustimmung der Gesellschafter verlangt (a. M. Crüger-Crecelius Anm. 2a, welcher Einstimmigkeit verlangt, wenn der zu amortisierende Geschäftsanteil nicht feststeht, und Neukamp-Becker Anm. 2, der unterschiedslos einen einstimmigen Beschluß für solche Satzungsänderung erfordert). Die Zustimmung der Gesellschafter kann auch nach dem Beschluß erklärt werden. Eine Ablehnung des Eintrages des Beschlusses über die Änderung des Gesellschaftsvertrags, der die Zulassung der Einziehung einführt, ist nicht aus dem Grunde zulässig, weil der Beschluß nicht von allen Gesellschaftern gefaßt ist (vgl. hierüber Anm. 4 zu § 53).

Anm. 12. Eine nicht im Gesellschaftsvertrage, dem ursprünglichen oder abgeänderten, zugelassene Amortisation ist wirkungslos. Auch mit Zustimmung des Anteilberechtigten und durch Mehrheitsbeschluß der Gesellschafter ist sie nicht möglich. Die für die Zustimmung des Gesellschafters bezahlte Summe kann zurückgefordert werden. Falls erst durch Statutenänderung die Amortisation zugelassen wird, wird die Eintragung dieses Beschlusses zum Handelsregister erfordert, ehe eine Ausführung desselben möglich ist.

Anm. 13. 2. Die zweite Voraussetzung ist: Es muß entweder der Gesellschafter in die Amortisation einwilligen oder es müssen die Bedingungen der Amortisation vor dem Erwerb des von der Einziehung betroffenen Geschäftsanteils statutarisch festgelegt sein (vgl. oben Anm. 5). Wer einen Geschäftsanteil erwirbt und auf diese Weise einer GmbH. beitritt, kann nur mit seinem Willen seine Mitgliedschaft verlieren, sofern er seine Einlageverpflichtungen erfüllt. Einen Ausschluß gibt es sonst nicht, außer wenn der Gesellschaftsvertrag die Bedingungen des Ausschlusses festgelegt hat, ehe er der Gesellschaft beitritt. Ist er einer Gesellschaft mit solchen Statuten beigetreten, so hat er sich diesen Bedingungen unterworfen. Es bedarf dann seiner besonderen Zustimmung nicht, wenn diese Bedingungen eintreten. Unter den Voraussetzungen der Amortisation, welche vor dem Erwerbe des Geschäftsanteils durch den Betroffenen statutarisch festgelegt sein müssen, sind diejenigen Bedingungen zu verstehen, welche den Abschluß eines besonderen Vertrages mit dem Anteilsberechtigten entbehrlich machen (Förtsch Anm. 3). Selbst dann, wenn man im allgemeinen eine generelle Gestattung der Amortisation für zulässig hält (vgl. oben Anm. 9), setzt doch die Amortisation eine spezielle Festlegung der Bedingungen derselben voraus, damit nicht die Gesellschafter hinsichtlich der Amortisation dem freien Belieben der Gesellschaftsorgane unterworfen werden (Näheres oben Anm. 3).

Anm. 14. 3. Die dritte Voraussetzung der Amortisation: Ohne Herabsetzung des Stammkapitals darf nicht gegen den § 30 Abs. 1 verstoßen werden (Abs. 3). Das Reinvermögen der Gesellschaft darf durch die Zahlung des für die Einziehung zu gewährenden Äquivalents nicht unter die Ziffer des Stammkapitals herabsinken. Die Amortisation gegen Entgelt ist also nur möglich, wenn nach Bezahlung des

Entgelts so viel Reinvermögen der Gesellschaft vorhanden bleibt, daß die zur Zeit der Einziehung bestehende Ziffer des Stammkapitals gedeckt ist. Nur aus einem Überschusse darf die Amortisation erfolgen. Echte Reserven (vgl. Anm. 50 zu § 42) können zu den Kosten der Amortisation herangezogen werden. Dieser Überschuß des Reinvermögens über das Stammkapital muß im Augenblick des Amortisationsbeschlusses vorhanden sein. Es genügt nicht, daß erst nach und durch diese Einziehung ein Überschuß des Reinvermögens über das Stammkapital entsteht. Bei einer Amortisation durch Auszahlung des zur Erhaltung des Stammkapitals erforderlichen Vermögens muß der an den Gesellschafter bezahlte Betrag von ihm zurückgezahlt werden. Aber daraus folgt weiter, daß das ganze Amortisationsgeschäft ungültig ist. Hat also die Gesellschaft zu einer Zeit, wo im übrigen die Voraussetzungen der Kündigung eines Geschäftsanteils vorliegen, diese Kündigung bewirkt, obgleich zu den Bedingungen der Kündigung auch die Auszahlung eines bestimmten Betrages an den gekündigten Gesellschafter gehörte und obgleich ferner der hierzu erforderliche Betrag aus einem Überschusse des Reinvermögens über das Stammkapital nicht zu decken war, so ist die Kündigung rechtsungültig. Das gleiche ist der Fall bei einem „Kaufe" des Geschäftsanteils zum Zwecke der Amortisation aus Mitteln, die keinen Überschuß der gedachten Art bilden. War das zur Erhaltung des Stammkapitals notwendige Vermögen nur zum Teil für die Auszahlung des amortisierten Anteils verwendet, so ist doch der ganze Vorgang unwirksam. Es bedarf des Nachweises aus den besonderen Umständen, daß die Gesellschaft und der Gesellschafter auch eine Teilamortisation wollten. Die Zulassung der letzteren im Gesellschaftsvertrage genügt allein noch nicht. § 34.

Nicht notwendig ist, daß „Gelder" in Höhe jenes Überschusses vorhanden sind. Es genügt das **Vermögen** in dieser Höhe. Die Auszahlung des Gesellschafters kann aus Krediten erfolgen. Auch die Dividendenverteilung setzt nicht flüssige Gelder voraus (vgl. Anm. 7 zu § 29). Anm. 15.

4. **Voraussetzung bei einer Amortisation gegen Entgelt unter Heranziehung des Stammkapitals oder ohne Entgelt zur Beseitigung einer Unterbilanz** (vgl. oben Anm. 6 u. 7) ist die **Herabsetzung des Stammkapitals** unter **Wahrung** der im Interesse der Gläubiger gegebenen Sicherungsmaßregeln (vgl. das Nähere hierüber zu § 58). Anm. 16.

5. Die Voraussetzung für die Amortisation **ohne Herabsetzung des Stammkapitals** ist die Vollbezahlung des Gesellschaftsanteils. Das folgt aus den Vorschriften des § 19 Abs. 2 und § 33 Abs. 1. Denn in der Amortisation eines nicht voll bezahlten Geschäftsanteils läge, da durch die Amortisation **Rechte und Pflichten** untergehen, der Erlaß der rückständigen Einlagen (zust. Becker RundschGmbH. 1925, 215). Dies aber ist nur im Wege der Herabsetzung des Grundkapitals statthaft. Die völlige Amortisation ist deshalb nicht zulässig, wenn der Geschäftsanteil nicht voll eingezahlt ist (RG. 27. 9. 18; RGZ. 93, 329; KG. 21. 4. 22; OLGR. 42, 220; Brodmann Anm. 2c; Crüger-Crecelius Anm. 2e; vgl. auch Motive 33). Auch daß der Veräußerer des Anteils nach § 16 Abs. 3 für die rückständigen Einlagen weiter haftet (vgl. unten Anm. 18) oder eine etwaige Abrede, daß er für sie weiter haften soll, ändert daran nichts. Eine solche Haftung schafft keine echte Einlageschuld mit ihren eigentümlichen Folgen (Kaduzierung des Anteils usw.). Daran ändert auch der Umstand nichts, daß die Gesellschaft die Amortisation aus vorhandenen Überschüssen vornimmt. Damit wird nur die Auszahlung gedeckt. Der Verzicht auf die noch offene Einlage bleibt ungültig. Er kann auch hier nur durch Herabsetzung des Stammkapitals wirksam werden. Solange dies nicht geschah, ist auch die Auszahlung des einbezahlten Einlagebetrages oder des Entgelts hierfür aus den Reserven nicht gültig. Von einer Teilamortisation kann auch nicht geredet werden. Man kann sie nicht für den ausbezahlten Betrag anerkennen und für den unbezahlten für nichtig erklären. Anm. 17.

V. **Die Amortisation als Mittel des Ausschlusses eines Gesellschafters.** Anm. 18.

Es ist an verschiedenen Stellen (Anm. 37 zu § 2; Anm. 34 zu § 3; Anm. 28 zu § 5) von dem Bedürfnis, einen Gesellschafter aus der Gesellschaft auszuschließen, die Rede ge-

§ 34. wesen. Der Gesellschafter hatte den Beitritt zur Gesellschaft durch Betrug erlangt. Er weigerte die Erfüllung der neben der Einlage zugesagten Leistung. Diese wird durch sein Verschulden ihm unmöglich. Er wird bei der Sacheinlage gewährleistungspflichtig. Es ist für die Aufnahme in die Gesellschaft eine bestimmte Eigenschaft vorgeschrieben. Diese fällt fort. In diesen und ähnlichen Fällen versagt die Hilfe des Individualrechts infolge der besonderen Gestaltung des Gesellschaftsrechts. Nach dem BGB. ist bei der Täuschung die Anfechtung, in den anderen Fällen eine Wiederaufhebung des Vertrages gegeben. Für die GmbH. sind diese Rechte ausgeschlossen. Sie würden zu einer Rückzahlung der Stammeinlage gegen das Verbot des § 30 Abs. 1 führen. Andererseits wäre es ein unhaltbarer Zustand, wenn man die Gesellschaft nötigte, den Betrüger in ihrer Mitte zu behalten. Der Gesellschafter, der seine Pflicht nicht erfüllt oder eine wertlose Sacheinlage macht, die die vorausgesetzten Eigenschaften nicht hat, man denke an die Einlage einer Fabrik mit einer bestimmten Produktionsfähigkeit, kann nicht verlangen, daß ihm trotzdem die Vorteile der Gesellschaft zugute kommen. Das Mittel der Auflösungsklage auf Grund des § 61 wird nicht immer ausreichen. Denn bei großen Gesellschaften wird man nicht behaupten können, daß die in der Person eines Gesellschafters vorliegenden Momente für die Verhältnisse der Gesellschaft einen wichtigen Grund zur Sprengung bedeuten. Abgesehen davon trifft dieses Mittel stets die anderen Gesellschafter auch. Den Ausweg bietet die Zulassung der Einziehung des Geschäftsanteils (a. M. Brodmann Anm. 5). Diese bedarf auch hier der Beobachtung der Vorschriften über die Herabsetzung des Stammkapitals (§ 58), sobald zur Rückgewähr der Einlage kein Überschuß über das zur Erhaltung des Stammkapitals erforderliche Vermögen vorhanden ist (vgl. oben Anm. 2 u. 3). Ein solcher Überschuß kann auch erst zu dem Zwecke, die Einziehung zu ermöglichen, durch unentgeltliche Zuschüsse der anderen Gesellschafter herbeigeführt werden. War das von dem auszuschließenden Gesellschafter eingebrachte und ihm zurückzugewährende Objekt mit 10000 M. bewertet, besitzt die Gesellschaft nur eine Reserve von 1500 M., so bedarf es nur der Zuzahlung von 8500 M., um die Einziehung zu ermöglichen. Das RG. (22. 2. 08 JW. 08, 309[21]; RGZ. 68, 273) hat sich mit der Frage dieser Einziehung zur Durchführung der Wandlung des Illationsvertrags beschäftigt. Es hat ihn im konkreten Falle für unzulässig erklärt, jedoch nicht unter Verwerfung des Grundgedankens, sondern wegen der Nichtbeachtung des Gläubigerinteresses. Die Gesellschaft glaubte sich über dieses hinwegsetzen zu können, da die wegfallende Einlage wertlos sei. Das RG. war mit Recht der Meinung, daß zu einer für die Gläubiger maßgebenden Beurteilung des Wertes ein Rechtsstreit zwischen der Gesellschaft und einem Gesellschafter nicht die geeignete Stätte sei. Nicht aber hat das RG. die prinzipielle Zulässigkeit dieser Einziehung für den Fall der Beobachtung der Gläubigerschutzvorschriften verneint. Es läßt sich im Gegenteil aus dem Grunde der Abweisung schließen, daß es diese zu bejahen geneigt ist.

Diese Einziehung muß durch den Gesellschaftsvertrag gestattet sein. In den früheren Auflagen war hierzu die allgemeine Zulassung der Amortisation für genügend erklärt. Die nähere Bestimmung über die Amortisation gegen den Willen des Gesellschafters ersetze das Gesetz. Nun ist es allerdings richtig, daß in der Versagung der Ausschließung des Gesellschafters bei Betrug und Vertragsverletzung eine unbillige Härte für die übrigen Gesellschafter liegen kann. Allein trotzdem überwiegen die Bedenken gegen eine so weitgehende Ergänzung des Gesetzes, für welches dieses selbst keinen positiven Anhalt gibt. Dies wäre Aufgabe des Gesetzgebers. Man kann daher die Einziehung in den hier gedachten Fällen nur da durchführen, wo sie im Gesellschaftsvertrage vorgesehen ist, oder wo der eine Gesellschafter, der den anderen Gesellschaftern gegenüber verpflichtet ist, der Einziehung zuzustimmen, dem freiwillig entsprach oder rechtskräftig dazu verurteilt ist. Im ersteren Falle besteht ein unmittelbares Recht der Gesellschaft. Sie bedarf keiner Erklärung des Auszuschließenden. Im zweiten Falle muß sie erst durch die übrigen Gesellschafter erzwungen werden. Sie können ihren Anspruch hierauf der Gesellschaft abtreten. Dann kann diese das Urteil selbst erwirken. Damit wäre besonders die Ausschließung des Betrügers erreichbar.

Die Festsetzung der Zwangsamortisation im Gesellschaftsvertrage muß keine ausdrückliche sein. Sie kann sich aus dem übrigen Inhalt ergeben. Hier entscheidet die Auslegung. Doch muß der Gesellschaftsvertrag Anhaltspunkte dafür geben. Die nackte Tatsache, daß ein Gesellschafter zu besonderen Leistungen verpflichtet ist, genügt hierzu allein nicht. Wohl aber, wenn der Gesellschaftsvertrag für den Fall des Verzuges auf die Vorschrift des § 326 BGB. verweist. Das darin enthaltene Rücktrittsrecht soll zu einer völligen Beseitigung der Mitgliederrechte führen. Die Entscheidung muß in jedem Falle in Abwägung aller Momente geschehen. Erfolgt die Ausschließung durch Einziehung, so finden alle Vorschriften für diese auch hier Anwendung. Wenn die Herabsetzung des Stammkapitals erfolgen muß, so wird die Einziehung erst wirksam mit dieser, also erst nach Ablauf des Sperrjahres. Bis dahin bleibt der Berechtigte noch Gesellschafter. Er kann seine Rechte aus dem Geschäftsanteil ausüben. Das Prozeßgericht kann sie im Hinblick auf die bevorstehende Einziehung durch einstweilige Verfügung sistieren. **§ 34.**

Über die Kaduzierung kraft Gesellschaftsvertrags im Falle der Verletzung einer Gesellschafterpflicht außer der Zahlung der Stammeinlage vgl. Anm. 41 zu § 21.

V. **Die Wirkungen der Amortisation.** Hier müssen die Folgen für den Geschäftsanteil und für das Stammkapital unterschieden werden. **Anm. 19.**

1. Der Geschäftsanteil wird durch die Amortisation vernichtet. Es gibt weder Rechte noch Pflichten aus demselben (RG. 21. 4. 22 OLGR. 42, 220). Soweit solche bereits selbständig fällig geworden waren, hören sie nicht auf, zu bestehen. Es tritt keine Rechtsvermischung ein, bei der alle Rechte und Pflichten sich in einer Person vereinigen. Daher hat der Gesellschafter den bei Wirksamwerden der Einziehung geschuldeten Anteil am Verluste der Gesellschaft bei der Einlage eines anderen Gesellschafters noch zu entrichten. Er hat den eingerufenen Nachschuß noch zu leisten. Er hat die Rüben für die begonnene Kampagne noch zu liefern. Umgekehrt steht ihm der Anspruch auf die Dividende des abgelaufenen Jahres, auch wenn sie noch nicht festgestellt ist, und ebenso der Anspruch auf die beschlossene Nachschußrückzahlung zu, auch wenn die dreimonatige Frist des § 30 Abs. 2 noch nicht umflossen ist. Im Gesellschaftsvertrag oder bei der Vereinbarung mit dem Gesellschafter kann ein Gegenteiliges bedungen sein. Der Verzicht der Gesellschaft auf eine bereits verfallene Verpflichtung des Anteilberechtigten macht die Einziehung stets zu einer entgeltlichen (vgl. oben Anm. 6). Für die Frage, ob hierdurch § 30 Abs. 1 verletzt wird, ist aber nicht maßgebend, welcher Art diese Verpflichtung ist, also ob Nachschußleistung oder Haftung für den Ausfall bei einem anderen Gesellschafter, sondern stets nur der Vermögensstand der Gesellschaft. War bei Einrufung der Nachschüsse bereits eine Unterbilanz vorhanden, so mindert der Nachlaß dieser Nachschußleistung das zur Erhaltung des Stammkapitals erforderliche Vermögen. Die Nachschußforderung bildet nach Einrufung einen echten Aktivposten. Umgekehrt kann, wenn die Gesellschaft schon große Reserven besitzt, der Verzicht auf die Haftung für den Ausfall gegen Einziehung des Geschäftsanteils unter § 34 fallen, sobald eben hierdurch das zur Erhaltung des Stammkapitals erforderliche Vermögen nicht angegriffen ist.

Mit der Vernichtung des Geschäftsanteils werden alle Rechte Dritter an demselben vernichtet. Die Pfändungsgläubiger erhalten ihr Pfandrecht nur an einem mit diesem Todeskeim behafteten Geschäftsanteile (vgl. Anm. 17 a. E. zu Exkurs I zu § 15), vorbehaltlich des Anspruchs auf etwaige Zahlungen der Gesellschaft. Nicht als solches Recht eines Dritten am Geschäftsanteil ist der Erwerb desselben durch den Dritten zu betrachten. Wird der Geschäftsanteil veräußert, ehe die Einziehung ausgesprochen ist, setzt die Einziehung das Vorhandensein oder Fehlen bestimmter Momente in der Person des Gesellschafters voraus (oben Anm. 18), so ist die Einziehung undurchführbar. In solchem Falle bietet nur die statutarisch vorgeschriebene Genehmigung zur Veräußerung der Gesellschaft Schutz.

2. Auf das Stammkapital hat die Einziehung eines Geschäftsanteils, sofern diese nicht mit der Herabsetzung jenes verbunden ist, keinen Einfluß. Staub (1. Auflage Anm. 4 S. 199) hatte die Ansicht vertreten, daß jede Amortisation eines Geschäfts- **Anm. 20.**

§ 34. anteils Herabsetzung des Stammkapitals bedeute. Unter den Passiven mindere sich der Betrag des Stammkapitals um den Betrag des eingezogenen Geschäftsanteils. Denn der Betrag des Stammkapitals sei gleich der Summe der Geschäftsanteile (§ 5 Abs. 3). Dieses Argument kann nicht durchgreifen. Das Gesetz verlangt nur, daß bei der Gründung die Summe der Stammeinlagen dem Stammkapital gleichkomme. Von den Geschäftsanteilen ist nicht die Rede. Wenn sich auch diese nach der Einlage richten (§ 14), so ist doch nirgends verlangt, daß stets so viel Geschäftsanteile vorhanden sein müssen, daß deren Summe dem Stammkapital entspricht (vgl. Anm. 10 zu § 5). Jedenfalls aber müßte dieser Grundsatz des Gesetzes, selbst wenn er bestände, vor dem wichtigeren Satze desselben zurücktreten, daß eine Herabsetzung des Stammkapitals nur unter Wahrung der Vorschriften des § 58 erfolgen darf und daß jede Auszahlung des zur Erhaltung des Stammkapitals erforderlichen Vermögens der Gesellschaft verboten ist (§ 30 Abs. 1). Beiden Sätzen aber würde es widersprechen, wollte man an die Einziehung eines Geschäftsanteils aus den das Stammkapital überschreitenden Vermögensbeträgen die Herabsetzung des Stammkapitals knüpfen. Man braucht sich nur die Sache praktisch vorzustellen, um dies zu erkennen. Wenn eine Gesellschaft 20 Geschäftsanteile zu je 10000 M. und ein Stammkapital von 200000 M. hat, so kann sie von ihrem Reinverdienste von 40000 M. die Hälfte zu Dividenden, die andere Hälfte zur Einziehung von 10 Proz. von jedem Geschäftsanteile verwenden. Würde dadurch das Stammkapital um 20000 M. herabgesetzt, so wäre das Verbot des § 30 Abs. 1, das Fundament der Wahrung des Stammkapitals, nur noch für 180000 M. gegeben. Wiederholt sich dieser Vorgang noch einige Jahre, auch in höherem Prozentsatze als zuerst angenommen, so würde sich bald jeder der 20 Geschäftsanteile auf 500 M. und das Stammkapital auf 20000 M. reduziert haben. Die übrigen 180000 M. desselben wären nicht mehr gedeckt. Die Gesellschaft disponiert frei darüber, sie verteilt sie, sie könnte sie während dieser Zwischenzeit selbst wieder zu Amortisationen benutzen. Denn das Verbot des § 30 Abs. 1 berührt diese freigewordenen Teile nicht. Die Gläubiger, die aus dem Handelsregister ein Kapital von 200000 M. ersahen, bemerken mit einemmal, daß nur 20000 M. noch da sind und daß die Gesellschafter ohne Verpflichtung zum Rückersatze die 180000 M. an sich zogen. Da die Bilanzen nicht publiziert werden, so war vorher von diesen internen Vorgängen nichts zu ersehen. Eine Verpflichtung zur Anmeldung der Amortisation zum Handelsregister besteht ebenfalls nicht (vgl. unten Anm. 28). Das Gesetz hätte also einen Weg geschaffen, die schwerwiegendste Bestimmung zu umgehen. Das ist undenkbar. Das Resultat beweist, daß die Folge der Einziehung eines Geschäftsanteils nicht die Herabsetzung des Stammkapitals sein kann, daß vielmehr, solange nicht ein vollendeter Herabsetzungsbeschluß (§ 58) vorliegt, das Stammkapital in seiner alten Höhe bleibt. Stammkapital ist ja der Betrag, den die Gesellschafter im Hinblick auf die Sicherheit der Gläubiger als unantastbar zu betrachten haben. Es wird nur durch die Einlagen gebildet. Daher muß, da für jede Einlage ein Geschäftsanteil gegeben wird, der Nominalbetrag aller Anteile bei der Gründung mit dem Stammkapital übereinstimmen. Aber daß diese Übereinstimmung stets vorliegen müsse, ist unrichtig. Der Nennwert der Geschäftsanteile bedeutet ja nur die Größe der Beteiligung. Bei den oben als Beispiel gesetzten 20 Anteilen zu je 10000 M. bei einem Kapital von 200000 M. ist jeder zu einem Zwanzigstel beteiligt. Dies bleibt, wenn auch jeder Anteil von 10000 bis auf 500 M. eingezogen wird. Umgekehrt aber, wenn von diesen Anteilen nur einzelne verschwinden, erhöht sich, wenn auch der Nominalbetrag bleibt, die Beteiligungsquote. Man beseitige von jenen 20 Anteilen deren 10. Dann bleibt das Stammkapital mit 200000 M. An diesem sind noch 10 Geschäftsanteile beteiligt, also jetzt jeder zu einem Zehntel. Nur wenn mit der Einziehung eine Herabsetzung des Stammkapitals verbunden wird und die Vorschriften des § 58 gewahrt sind, kann sich dieses, d. h. der für die Gläubiger zu reservierende Betrag, vermindern. Dann wird die Beteiligungsquote der restierenden Gesellschafter sich zwar ebenfalls erhöhen, aber sie wird sich auch nominell wieder in einem Geschäftsanteil ausdrücken, der der Beteiligungsziffer als Teil des Stammkapitals entspricht. Wenn also um obige 100000 M. das Stammkapital reduziert wird, so bleiben 10 Geschäftsanteile zu je 10000 M. Jeder ist also wieder ein Zehntel des Stammkapitals von 100000 M. Für die hier vertretene Ansicht Neukamp-Becker Anm. 4; Liebmann Anm. 6; jetzt auch Crüger-Crecelius Anm. 2e; Brodmann Anm. 1; zust. KG. 27. 9. 12 OLGR. 27, 372; im Aktienrecht Denkschr. z. HGB. 138; a. M. Staub-Pinner Anm. 7 z. HGB. § 227 (er übersieht, daß gerade die Amortisation von Aktien aus dem Gewinn das zur Erhaltung des Grundkapitals erforderliche Gesellschaftsvermögen unberührt läßt und demgemäß eine Unrichtigkeit der Bilanz nicht entsteht, wenn der amortisierte Geschäftsanteil von dem Grundkapital nicht abgeschrieben wird). § 34.

Der Betrag, um den die Summe des verbleibenden Geschäftsanteils geringer wird als das Stammkapital, bildet keinen Reservefonds. Denn dieser setzt einen Überschuß über das Stammkapital voraus. Nur soweit eine Herabsetzung des Stammkapitals unter Beobachtung der Vorschriften des § 58 gleichzeitig stattfindet, kann der freiwerdende Betrag ein Reservekonto bilden. Die Ansicht, die mit jeder Einziehung eines Geschäftsanteils die Herabsetzung des Stammkapitals verbindet (oben Anm. 20), muß zur Ausfüllung der Lücke auf der Passivseite zu dem Reservekonto greifen. Da aber jede Reserve der Auflösung durch die Gesellschafter zugänglich ist, so nützt die Bildung dieser Reserve nichts. Die Gesellschafter könnten diesen Betrag des Stammkapitals jederzeit ausschütten. (Unzutreffend daher BauerZ. 18, 130, daß entweder das unveränderte Stammkapital oder neben dem veränderten Stammkapital ein dem Nennbetrag des amortisierten Geschäftsanteils entsprechender besonderer Posten in den Passiven geführt werden müsse. Das letztere wäre wieder eine Reserve.) Anm. 21.

VI. Die Wirkungen der Amortisation treten ein, wenn die auf Vernichtung des Geschäftsanteils gerichtete Erklärung der Gesellschaft vollendet ist und alle Voraussetzungen zu derselben vorhanden sind (a. M. Brodmann Anm. 3). Es ist unerheblich, in welcher Reihenfolge die Erklärung der Einziehung und der Eintritt der Voraussetzungen (vgl. über diese oben Anm. 9—14) sich abspielen, ob diese oder jene zuerst vorhanden sind. Es ist möglich, daß der Anteilberechtigte zuerst seinen Geschäftsanteil der Gesellschaft zur Einziehung überläßt, daß dann die Gesellschafter formlos schriftlich die Amortisation beschließen, und daß dann erst die Statutenänderung, welche die Amortisation zuläßt, erfolgt. Dann ist die Einziehung des Geschäftsanteils erst mit dem Eintrage der Statutenänderung zum Handelsregister vollendet. Ist die Amortisation im Gesellschaftsvertrage für bestimmte Fälle auch ohne Mitwirkung des Anteilberechtigten vorgesehen, so ist dessen Geschäftsanteil mit dem Momente vernichtet, in dem ihm die Einziehungserklärung der Gesellschaft zukam. Bestreitet er deren Berechtigung, so steht ihm und der Gesellschaft die Feststellungsklage zu. Einfluß auf den Tag der Vernichtung hat das Urteil nicht. Anm. 22.

Die Einziehung selbst ist eine einseitige Willenserklärung der Gesellschaft. Sie ist es auch in dem Falle, in welchem die Zustimmung des Anteilberechtigten erkauft oder sonstwie durch Vereinbarung erlangt wird. Der Fall liegt dem der Vernichtung einer eingetragenen Hypothek analog. Diese erfolgt auf einseitige Löschungserklärung des Eigentümers. Er bedarf hierzu der Zustimmung des Hypothekengläubigers. Diese Löschung der Hypothek ist kein Vertrag zwischen Eigentümer und Gläubiger, auch wenn die Zustimmung des letzteren nicht ohne Entgelt erfolgt (§ 1183 BGB.). Demgegenüber steht der Übergang der Hypothek auf den Eigentümer als Eigentümerhypothek, wie bei der GmbH. der Erwerb des eigenen Geschäftsanteils sich von der Amortisierung unterscheidet. Die Einziehungserklärung ist eine empfangsbedürftige Willenserklärung. Sie muß dem Gesellschafter gegenüber erklärt sein (a. M. Liebmann Anm. 1, welcher die Wirkungen der Einziehung schon an den Gesellschafterbeschluß knüpft). Sie bedarf keiner Form. Sie kann sich mit der Vereinbarung über die Zustimmung verbinden. Sie wird dies meist dann, wenn der Gesellschafterbeschluß, diejenigen Geschäftsanteile, mit denen eine Verständigung gelingt, zu amortisieren, schon vorliegt. Dann ist die Einziehung mit der Zustimmung perfekt. In der Entgegennahme derselben liegt die Einziehungserklärung. Anm. 23.

§ 34. Ist die Verständigung mit dem Anteilberechtigten vorausgegangen, so bedarf es der Mitteilung von dem Einziehungsbeschlusse an denselben. Solange dies nicht geschah, kann dieser Beschluß von den Gesellschaftern wieder aufgehoben werden. Zur Fassung des Einziehungsbeschlusses, also der Amortisationserklärung, ist die Gesellschafterversammlung berufen (§ 46 Ziff. 3). In ihrem Auftrage teilt der Geschäftsführer diese Erklärung dem Gesellschafter, um dessen Anteil es sich handelt, mit. Ist dieser in der Versammlung anwesend, so bedarf es keiner Mitteilung. Sie ist unter Anwesenden erfolgt. Diese Befugnis zur Amortisierung kann einem anderen Organ, Aufsichtsrat oder Geschäftsführer, übertragen sein. Die Zulassung im Gesellschaftsvertrage kann aber stets nur durch die Gesellschafter selbst erfolgen. Sind dieselben für beides, also auch für den Einziehungsbeschluß zuständig, so kann die Zulassung und der Beschluß in demselben Akte erfolgen. Es ist nicht nötig, zwei Versammlungen abzuhalten. Nur die Wirksamkeit der Einziehung ist abhängig von der Eintragung der Statutenänderung zum Handelsregister.

Anm. 24. Die Vereinbarung zwischen Gesellschaft und Gesellschafter über dessen Zustimmung zur Amortisation seines Geschäftsanteils ist niemals ein Erwerb desselben im Sinne des § 15. Sie enthält nur die Einwilligung zur Vernichtung des Anteils, den Verzicht auf die Rechte an die Gesellschaft. Daher bedarf es, auch wenn die Beteiligten von Kauf reden, nicht der gerichtlichen oder notariellen Form (RG. 1. 7. 13 Recht Nr. 2640; a.-M. Liebmann Anm. 1). Es handelt sich nicht um eine Veräußerung, sondern nur um eine Entäußerung. Daher ist auch die Gesellschaft nicht berechtigt, den Geschäftsanteil, statt ihn zu vernichten, zu behalten. Daher gehören alle Erträgnisse des Geschäftsanteils, bis die Einziehung vollzogen ist, dem Gesellschafter, falls er sie nicht inhaltlich der Vereinbarung der Gesellschaft zuwendete.

Anm. 25. In der Zustimmung zur Amortisation des Geschäftsanteils ohne Vergütung liegt eine unentgeltliche Zuwendung. Zwar nicht in dem Sinne, daß der Geschäftsanteil als Aktivum übertragen wird. Wohl aber wird ohne Entgelt auf ein Recht verzichtet. Es ist für die Zusage des unentgeltlichen Verzichts ebenso die Form der Schenkung zu wahren wie bei der Übertragung eines Rechts. Nur wird hier wie stets die formlose Zusage gültig, sobald der Vollzug erfolgt ist (§ 518 Abs. 2 BGB.). Die Form ist hier zu beachten, wenn auch zur Schenkung die Bereicherung des Vermögens der Gesellschaft fehlt. Bei der Übertragung von Rechten und dem Verzicht auf sie fließen häufig Zusage und Vollzug zusammen. Es ist Sache des Einzelfalles, festzustellen, was gewollt war. Hiernach sind die Fälle zu entscheiden, in denen ein Gesellschafter bei vorhandener Unterbilanz oder aus sonstigen Gründen einen Geschäftsanteil unentgeltlich zur Amortisation stellt, später aber sich auf den Mangel der Form beruft und sich weigert, diese Zusage zu erfüllen. Liegt nicht nur ein Versprechen künftigen Verzichts, sondern dieser selbst vor, so ist der Gesellschafter gebunden, auch wenn alle Voraussetzungen der Einziehung erst beschafft werden müssen, Zulassung im Gesellschaftsvertrag, Beschluß der Herabsetzung des Stammkapitals und der Einziehung und Ablauf des Sperrjahrs usw. Der Wille der Kontrahenten kann nur aus den Umständen des Falles geschöpft werden. Einen sofortigen Verzicht wird man z. B. annehmen, wenn der Gesellschafter eine von der Gesellschaft ausgestellte Urkunde über den Geschäftsanteil dieser ausfolgt und ihr schreibt, er überlasse ihr denselben zur Einziehung. Dagegen wäre in einer Besprechung im Aufsichtsrate, bei der ein Gesellschafter erklärt, wenn sich eine Mehrheit der Gesellschafter für ein der Versammlung zu unterbreitendes Projekt finde, einen Teil seines Geschäftsanteils amortisieren zu lassen, nur eine Zusage künftigen Verzichts zu erblicken. Zu beachten ist, daß bei unentgeltlicher Überlassung des Geschäftsanteils es sich meist um die Tilgung einer Unterbilanz handelt, und der Gesellschafterversammlung, welche die Herabsetzung des Stammkapitals zu beschließen hat, eine feste Zusage vorgelegt werden soll. Man wird daher, sobald die obige Erklärung der Gesellschafterversammlung gemacht ist, meist annehmen dürfen, daß es sich um den Verzicht selbst handelt, so daß es dann nur der Einziehung selbst bedarf, um den Geschäftsanteil zu vernichten. Eine Schenkungssteuer wird nicht zulässig sein. Es fehlt zum Wesen

der Schenkung die Bereicherung des Empfängers (§ 516 BGB.). Das Gesellschafts- § 34.
vermögen wird nicht vermehrt. Es wird nur ein Anteil daran vernichtet. Den Vorteil haben die anderen Gesellschafter.

VII. Teilweise Einziehung eines Geschäftsanteils ist zuzulassen. Vorausgesetzt Anm. 26.
ist, daß dieser nicht unter den gesetzlichen Mindestbetrag des § 5 heruntergeht. Sonst wäre das Gebot des Gesetzes, das keine geringeren Geschäftsanteile zuläßt, leicht zu umgehen. Ebenso muß der Geschäftsanteil stets durch die in § 5 festgesetzte Zahl und, wenn der Gesellschaftsvertrag eine höhere Ziffer festsetzt, durch diese teilbar sein. Das Gesetz spricht zwar nur von der Einziehung von Geschäftsanteilen. Allein, da diese in der Vernichtung derselben besteht, so folgt daraus, daß auch eine nur teilweise Aufhebung möglich ist. Es kann ein Gesellschafter, dem man für eine Erfindung einen Geschäftsanteil von 25000 M. zubilligt, bei Nichteinschlagen derselben diesen Anteil auf 10000 M. reduzieren lassen. Das Stammkapital braucht hierbei nicht herabgesetzt zu werden. Ist der Geschäftsanteil nicht voll einbezahlt, so kann eine teilweise Einziehung nicht in der Weise erfolgen, daß der einbezahlte Betrag amortisiert und aus dem Überschusse zurückvergütet werde. Denn wenn auch hier kein Verzicht auf die ausstehende Einlage vorläge (oben Anm. 17), so würde doch die Vorschrift, daß mindestens 25 Proz. der ganzen Einlage vorhanden sein müssen, verletzt. Dagegen muß es zulässig sein, von einem Geschäftsanteile, der mit 50 Proz. einbezahlt ist, bis zu 25 Proz. durch Einziehung zu vernichten und aus den über das Stammkapital hinaus vorhandenen Beträgen zu bezahlen. Wenn z. B. der Geschäftsanteil 12000 M. beträgt und 6000 M. einbezahlt sind, so kann der Betrag von 3000 M. durch Einziehung in dieser Höhe zurückgegeben werden. Es ist dann ein Geschäftsanteil von 9000 M. vorhanden, von dem die vorgeschriebenen 25 Proz. durch den verbleibenden Betrag gedeckt sind. Unzulässig wäre aber, die Einzahlung auf 2250 M. = 25 Proz. aus 9000 M. zu verringern, da die 25 Proz. Mindesteinzahlung des ursprünglichen Geschäftsanteils zurückzubehalten sind.

VIII. Ein Recht des Gesellschafters auf Amortisation, so daß der Gesellschafter Anm. 27.
durch einseitigen Akt kündigen und hierdurch seinen Geschäftsanteil vernichten könne, kennt das Gesetz nicht. Es kennt nur ein Recht auf Auflösung der Gesellschaft (vgl. Anm. 21 zu § 3 und Anm. 24 zu § 60). Nur durch Verbindung mit diesem läßt sich indirekt ein Kündigungsrecht herbeiführen. Dem Gesellschafter wird das Recht auf Auflösung zugesprochen. Die Gesellschaft ist aber befugt, diese Auflösung entweder durch den Erwerb dieses Geschäftsanteils oder dessen Einziehung abzuwenden (vgl. RG. 27. 9. 18 RGZ. 93, 326).

Zulässig ist ein im Gesellschaftsvertrage festgesetzter Anspruch der Gesellschafter, daß diese aus dem Reingewinn die Geschäftsanteile amortisieren, entweder in bestimmter Reihenfolge oder nach dem Lose. Dies wird dann vorkommen, wenn es sich um ein Wohltätigkeits- und Geselligkeitsinstitut handelt, bei dem die Gesellschafter auf Dividenden verzichten, aber ihr Kapital aus den etwaigen Überschüssen zurückerhalten sollen. Das Interesse geht hier nicht auf die Fortdauer der gesellschaftlichen Beteiligung, sondern auf deren Aufhebung. Aber auch in Fällen der Beteiligung an einem gewerblichen Unternehmen, bei dem infolge der Vorzugsbeteiligung sowohl die Gesellschaft ein Recht der Wiederbeseitigung der Vorzugsanteile hat, als auch den Gesellschaftern dieser Art eine Sicherung der Rückzahlung ihres Geldes gegeben werden soll. Stets liegt hier nur eine zulässige Vereinbarung über die Verwendung des Reingewinns vor. Es ist jeweils Auslegungsfrage, ob die Bestimmung des Gesellschaftsvertrags über die Verwendung des Reingewinns zu Amortisationen ein Recht der Gesellschafter oder nur der Gesellschaft erzeugt.

IX. Über die Einziehung von Geschäftsanteilen, wenn der Gesellschafter seine Zulassung zur Anm. 28.
Gesellschaft durch Betrug erlangte, vgl. Anm. 32 zu § 2 (oben Anm. 18 u. 19).

Zusatz 1. Die Amortisation muß nicht zum Handelsregister angemeldet werden. Anm. 29.
Staub (1. Auflage) war gegenteiliger Meinung. Das war die Konsequenz der Annahme, daß jede Amortisation eine Herabsetzung des Stammkapitals enthalte. Wird dies aber, wie oben (Anm. 20) dargetan, verneint, so entfällt auch jede Begründung für eine Anmeldepflicht. (So auch

§ 34. Liebmann Anm. 2; Neukamp-Becker Anm. 4, Schluß.) Wieviel Geschäftsanteile vorhanden sind, ist für den Gläubiger und dritten Kontrahenten ohne Interesse.

Anm. 30. **Zusatz 2. An Stelle der amortisierten Geschäftsanteile können den Gesellschaftern Genußscheine gegeben werden.** Über diese siehe Anm. 18 im Exkurs I zu § 14. Die Zuteilung eines Genußscheins für den Verzicht auf das Gesellschaftsrecht ist nie ein Verstoß gegen § 30 Abs. 1. Denn das zur Erhaltung des Stammkapitals erforderliche Vermögen wird hierdurch nie berührt. Die Genußscheininhaber haben nur Anspruch auf Anteil am Reingewinn. Anders nur bei einer Verpflichtung der Gesellschaft, diese Genußrechte mit Kapital abzulösen. Hier darf die Auszahlung nur aus den Überschüssen erfolgen (vgl. Anm. 4 zu § 30; zust. Brodmann Anm. 1).

Anm. 31. **Zusatz 3.** Das österr. Gesetz weicht in der Behandlung der Amortisation erheblich vom deutschen ab. Es läßt sie nur bei Gesellschaften zu, „bei denen die Vermögenssubstanz durch den Geschäftsbetrieb naturgemäß ganz oder doch größtenteils aufgezehrt werden muß, oder bei denen das Vermögen aus zeitlich begrenzten Rechten besteht". Das wäre also bei einem Bergwerk und Steinbruch und andererseits bei Patenten, Betriebskonzessionen der Fall. Nur bei solchen Gesellschaften kann ohne Beachtung der Bestimmungen über die Herabsetzung des Stammkapitals die Zurückzahlung der Einlage erfolgen. Aber auch diese nur, wenn das Stammkapital voll einbezahlt ist und die Rückzahlung aus Gewinnüberschüssen erfolgt. Art und Voraussetzungen dieser Zurückzahlung müssen im Gesellschaftsvertrage genau bestimmt sein (§ 58). Es muß danach bei allen anderen Gesellschaften eine Amortisation, selbst wenn sie aus dem Reinertrage geschieht, sich unter Beobachtung der Vorschriften über die Herabsetzung des Stammkapitals vollziehen (§ 56). Eine Einziehung von Geschäftsanteilen, die gegen diese Anordnung erfolgt, macht die Geschäftsführer haftbar (§ 25). Das bulgar. Gesetz (Art. 100) kennt nicht die Beschränkung der Amortisation auf bestimmte Gesellschaftsarten, ist aber im übrigen dem österr. Gesetz angeglichen. Das französ. Gesetz (Art. 40) verweist auf das Gesetz vom 24. 7. 1867 über die Gesellschaften mit beweglichem Kapital (sociétés à capital variable). Dieses Gesetz kennt zwar nicht die Amortisation im Sinne des deutschen Rechts, aber für Gesellschaften, die ein Stammkapital von weniger als 200000 Fr. haben, eine Herabsetzung des Kapitals unter Rückzahlung der geleisteten Einlagen. Der Gesellschaftsvertrag muß jedoch einen Betrag vorsehen, unter den das Stammkapital nicht herabgesetzt werden darf. Die unterste Grenze bildet das gesetzliche Mindeststammkapital von 25000 Fr. Insoweit hat jeder Gesellschafter das Recht, aus der Gesellschaft auszuscheiden und die Rückzahlung seiner Einlage zu verlangen, wenn nicht der Gesellschaftsvertrag ein anderes bestimmt. Andererseits kann durch den Gesellschaftsvertrag auch der Gesellschafterversammlung das Recht beigelegt werden, mit der für eine Satzungsänderung erforderlichen Stimmenmehrheit den Ausschluß eines oder mehrerer Gesellschafter unter entsprechender Herabsetzung des Stammkapitals zu beschließen. In beiden Fällen haftet der ausgeschiedene Gesellschafter gegenüber den anderen Gesellschaftern und gegenüber den Gläubigern der Gesellschaft für die Dauer von fünf Jahren für die Schulden der Gesellschaft subsidiär in Höhe seiner Stammeinlage. Der Schweizer Entwurf (Art. 820 Abs. 3) lehnt sich an das deutsche Recht an.

Nach Drucklegung des ersten Bandes hat der Reichstag (3. Lesung am 22. Juni 1926) das nachfolgende Gesetz (vom 28. Juni 1926) beschlossen (RGBl. 1926 I S. 315):

Artikel I.

Art. I.

Das Gesetz, betreffend die Gesellschaften mit beschränkter Haftung, vom 20. April 1892 (Reichsgesetzbl. S 477) wird wie folgt geändert:

Es erhalten folgende Fassung:

1. § 5 Abs. 1:
Das Stammkapital der Gesellschaft muß mindestens zwanzigtausend Reichsmark, die Stammeinlage jedes Gesellschafters muß mindestens fünfhundert Reichsmark betragen.
2. § 5 Abs. 3:
Der Betrag der Stammeinlage kann für die einzelnen Gesellschafter verschieden bestimmt werden. Er muß in Reichsmark durch hundert teilbar sein. Der Gesamtbetrag der Stammeinlagen muß mit dem Stammkapital übereinstimmen.
3. § 7 Abs. 2:
Die Anmeldung darf nur erfolgen, nachdem von jeder Stammeinlage, soweit nicht andere als in Geld zu leistende Einlagen auf das Stammkapital gemacht sind, ein Viertel, mindestens aber der Betrag von zweihundertfünfzig Reichsmark eingezahlt ist.
4. § 47 Abs. 2:
Jede hundert Reichsmark eines Geschäftsanteils gewähren eine Stimme.

Artikel II.

Art. II.

(1) Das Gesetz tritt am 1. Juli 1926 in Kraft.

(2) Auf Gesellschaften, die vor dem Inkrafttreten dieses Gesetzes eingetragen oder zur Eintragung in das Handelsregister angemeldet sind, finden die bisherigen Vorschriften Anwendung, sofern vor diesem Zeitpunkt die Voraussetzungen erfüllt sind, an deren Nachweis die bisherigen Vorschriften die Eintragung knüpfen. Ändert jedoch die Gesellschaft ihre Verhältnisse wesentlich, nimmt sie insbesondere eine wesentliche Änderung des Gegenstandes des Unternehmens, ihrer Verfassung, der Zusammensetzung ihrer Organe oder der Art ihres Geschäftsbetriebs vor, so sind diese Veränderungen nur dann einzutragen, wenn die Vorschriften des Artikel I dieses Gesetzes bereits erfüllt sind oder gleichzeitig erfüllt werden.

(Art. I.) Mit dem Gesetz vom 28. Juni 1926 ist der Text des GmbHG., wie er vor der Inflationszeit war, wieder hergestellt. Als das Gesetz vom 24. November 1922 in Kraft Anm. 1.

trat, das das Mindeststammkapital der GmbH. auf 500 000 Reichsmark festsetzte, entsprach dieser Betrag nur etwa 250 Goldmark. Als man durch die Goldbilanzverordnung vom 28. Dezember 1923 zur Goldmark, später zur Reichsmark überging, setzte man für die alten Gesellschaften das Mindeststammkapital auf 500 Reichsmark fest, für neuzugründende Gesellschaften auf 5000 Goldmark. Damit war man wieder erheblich über das hinausgegangen, was während der Inflationszeit gewesen war. In ihr war das Stammkapital allmählich eine durchaus fiktive Größe geworden. Aber auch das Mindestkapital von 5000 Goldmark war auf die Dauer ungenügend. Es waren in der Inflationszeit und nach ihr eine ungewöhnlich große Anzahl von Kapitalgesellschaften, GmbH. und Aktiengesellschaften, durch Konkurs oder sogar ohne Konkurs mangels Masse zugrunde gegangen. Das Vertrauen in die Gesellschaftsform hat darunter gelitten. Dem heutigen wirtschaftlichen Bedürfnis genügt die Sicherung, die in den 5000 Goldmark Stammkapital liegt, nicht mehr. Wir sind zu stabilen wirtschaftlichen Verhältnissen zurückgekehrt. Die Rückkehr auch zu der alten Mindestgröße der Kapitalgesellschaften schien notwendig. Zuzugeben ist, daß es heute schwerer sein mag, ein Kapital von 20 000 Reichsmark aufzubringen, als vor dem Kriege. Es mag sein, daß darunter die Neugründung von Gesellschaften etwas leidet. Indessen scheinen Gesellschaften, die allzu zwerghaft sind, volkswirtschaftlich unerwünscht.

Anm. 2. Einschneidender vielleicht noch als die Erhöhung des Stammkapitals überhaupt ist die Rückkehr zur Mindeststammeinlage von 500 Reichsmark. Die Mindeststammeinlage war nach der Goldbilanzverordnung ein Hundertstel des Mindeststammkapitals. Sie ist jetzt wieder ein Vierzigstel. Die Erhöhung scheint jedoch gerechtfertigt. Eine Geldbeteiligung an einer Kapitalgesellschaft in Höhe von 50 Reichsmark widerspricht heute dem Bedürfnis. Eine Stammeinlage von 50 Reichsmark schafft kein Interesse an dem Bestand und der Entwicklung der Gesellschaft. Wer nicht über 500 Reichsmark verfügt, soll sich nicht an einer Gesellschaft beteiligen, die immerhin den Gläubigern mit ihrem Kapitalbetrag und nur mit ihrem Kapitalbetrag die Sicherung bietet. Es mögen auch hier in Zukunft manche ausscheiden, die bisher sich an einer GmbH. als Gesellschafter beteiligen konnten. Zu bedauern ist es nicht.

Das neue Gesetz bedingt einige sachliche Änderungen in der Darstellung des Kommentars. Die Änderungen beziehen sich nur auf das Ziffernmäßige. Systematisch bleibt alles unverändert. Entsprechend zu berichtigen ist die Einleitung zu § 5 am Schlusse (oben S. 186). Ferner die entsprechenden Ausführungen in Anm. 2, Anm. 3 und Anm. 8 zu § 5. Ebenso ändert sich der Inhalt der Einleitung zu § 7 und Anm. 17 u. 18 zu § 7. Es ist dort jeweils der Betrag des Stammkapitals mit 20 000 Reichsmark, die Mindeststammeinlage mit 500 Reichsmark, die Mindesteinzahlung vor der Anmeldung mit 250 Reichsmark einzusetzen. Die Rechtsfolgen, die aus einem Zurückbleiben hinter der Mindestgröße gefolgert sind, die Bedeutung der 25%igen Mindesteinzahlung, wenn Stammeinlagen verschiedener Größen, teils über, teils unter 1000 Reichsmark übernommen sind, bleiben unverändert so, wie in den betreffenden Anmerkungen ausgeführt.

Anm. 3. (Art. II.) Die Änderungen durch das Gesetz vom 28. Juni 1926 betreffen in erster Linie neuzugründende Gesellschaften. Sie ersetzen die Bestimmung des § 17 der Goldbilanzverordnung. Formell unterscheidet sich die neue Bestimmung dadurch von der Bestimmung der Goldbilanzverordnung, daß sie den Wortlaut des Gesetzes ändert, während die Goldbilanzverordnung zwar den materiellen Inhalt des Gesetzes änderte, die Form aber unberührt ließ. Die Gesellschaften, die vor dem Inkrafttreten des Gesetzes bereits im Handelsregister eingetragen waren, werden durch das Gesetz nicht berührt. Auch dann nicht, wenn bei ihnen die Voraussetzungen noch nicht erfüllt sind, an deren Nachweis sich die Eintragung knüpft. So, wenn eine GmbH. mit einem Kapital unter 20 000 M. eingetragen, obwohl die nach § 8 Ziff. 1 einzureichenden Vollmachten nicht beigefügt waren oder obschon der Gesellschaftsvertrag eine nichtige Bestimmung enthielt. Die Eintragung ins Handelsregister läßt die Gesellschaft gleichwohl gültig entstehen (Anm. 3 u. 4 zu § 75). Den eingetragenen Gesellschaften sind diejenigen Gesellschaften gleichgestellt, die zur Eintragung angemeldet waren, sofern am 1. Juli 1926 die Voraussetzungen erfüllt waren, an deren Nachweis das Gesetz bisher die Eintragung geknüpft hat. Das gilt für die Anmeldung von Gesellschaften, die mindestens ein Stammkapital von 5000 Reichsmark hatten und bei denen von jeder Stammeinlage ein Viertel, mindestens aber der Betrag von 25 Reichsmark eingezahlt war. Soweit nicht andere als in Geld zu leistende Einlagen auf das Stammkapital gemacht werden mußten. Die Anmeldung mußte ordnungsgemäß gemäß § 8 GmbHG. (vgl. oben S. 244ff.) erfolgt sein. Es genügt, daß am 1. Juli 1926 die Anmeldung erfolgt war und daß die Voraussetzungen für die Anmeldung tatsächlich erfüllt waren. Es ist nicht notwendig, daß die Erfüllung nachgewiesen war. Der Nachweis mag auch später, nach einer Beanstandung durch den Registerrichter erbracht werden.

Nach dem Inkrafttreten des Gesetzes gibt es also künftig dreierlei Größen der GmbH.: Anm. 4.

a) Die vor dem 30. Dezember 1923 gegründeten Gesellschaften, die auf Grund der Goldbilanzverordnung umgestellt worden sind. Bei ihnen ist das Stammkapital mindestens 500 Reichsmark, die Stammeinlage mindestens 10 Reichsmark.

b) Die Gesellschaften, die nach dem 30. Dezember 1923, aber vor dem 1. Juli 1926 gegründet worden sind. Bei ihnen ist das Stammkapital mindestens 5000 Reichsmark, die Stammeinlage mindestens 50 Reichsmark, die Mindesteinzahlung auf jede Stammeinlage 25 Reichsmark.

c) Die Gesellschaften, die auf Grund des Gesetzes vom 28. Juni 1926 gegründet worden sind. Bei ihnen ist das Stammkapital mindestens 20 000 Reichsmark, die Stammeinlage mindestens 500 Reichsmark, die Mindesteinzahlung auf jede Stammeinlage mindestens 250 Reichsmark.

Die drei Gesellschaftsgrößen bestehen zunächst nebeneinander. Das Ziel muß bleiben Anm. 5. (vgl. oben Einleitung zu § 5), daß die Zwerggesellschaften allmählich verschwinden. Ist es schon unerwünscht, daß zu kleine Gesellschaften gegründet werden, so ist es noch unerwünschter, daß mit dem Begriff GmbH. sich überhaupt kein bestimmtes Mindestkapital mehr verbinden kann. Vielleicht wäre ein Weg gewesen, daß jede Gesellschaft, wie nach französischem Recht (Art. 18 des französischen Gesetzes), auf allen Geschäftspapieren den Betrag ihres Stammkapitals namhaft machen müßte. Der Gesetzgeber hat keinen Gebrauch davon gemacht. Er hat sich damit begnügt, einen Weg zu langsamer Rückkehr zu alten Verhältnissen zu eröffnen. Er besteht in der Einschränkung der Bewegungsfreiheit der Gesellschaften mit einem Stammkapital unter 20 000 Reichsmark. Sie müssen künftig im wesentlichen so bleiben, wie sie am 1. Juli 1926 waren. Wollen sie eine erhebliche Änderung ihres Statuts vornehmen, so müssen sie vorher oder gleichzeitig ihr Stammkapital auf mindestens 20 000 Reichsmark, ihre Stammeinlagen auf mindestens 500 Reichsmark erhöhen. Ein verwandter Gedanke findet sich schon im § 42 der 2. DurchfV. zur GoldBilV. vom 28. März 1924. Eine Änderung der Verhältnisse einer GmbH. — insbesondere in ihrer Verfassung, der Zusammensetzung ihrer Organe, sowie der Art ihres Geschäftsbetriebs, und zwar in einem Maße, daß die Gesellschaft nicht mehr als eine Fortsetzung der bisherigen Gesellschaft angesehen werden konnte — sollte als Neugründung im Sinne der Goldbilanzverordnung gelten. Die Vorschrift der Novelle geht weiter: die Änderungen müssen nicht die künftige Gesellschaft als etwas wirtschaftlich Neues, gänzlich anders Geartetes erscheinen lassen. Es genügt eine „wesentliche Änderung ihrer Verhältnisse“. Auch wenn die Gesellschaft im allgemeinen im bisherigen Rahmen bleibt. Auf der anderen Seite ist die Änderung ihrer Verhältnisse den Gesellschaften nicht schlechthin verwehrt. Sie kann nur ohne die Erfüllung der im Art. I verlangten Voraussetzungen nicht ins Handelsregister eingetragen werden. Die Änderungen können also nur nicht in einer Änderung des Statuts ihren Ausdruck finden (§ 54 GmbHG.).

Als wesentliche Änderungen sind im Gesetz insbesondere bezeichnet: Eine wesentliche Anm. 6. Änderung des Gegenstandes des Unternehmens, ihrer Verfassung, der Zusammensetzung ihrer Organe oder der Art ihres Geschäftsbetriebs. Die Aufzählung ist nur beispielsweise. Sie ist nicht erschöpfend. Es können auch andere wesentliche Änderungen der Verhältnisse der Gesellschaft denkbar sein. Was eine wesentliche Änderung ist, wird sich nur im einzelnen Falle feststellen lassen. Zur Auslegung des Begriffs mag die Begründung der Novelle herangezogen werden. Der Zweck der Bestimmung ist danach, dem sog. Mantelverkauf vorzubeugen. Der Mantelverkauf ist der Verkauf der Stammanteile einer bestehenden GmbH., um die Gesellschaft unter Änderung des Statuts einem neuen Gesellschaftszweck zuzuführen; ohne daß eine Neugründung nötig wäre. Insbesondere unter Vereinigung der Stammanteile in einer Hand. Also eine wirtschaftliche Neugründung unter Vermeidung einer rechtlichen. Der Mantelverkauf mag bei der AG. unzulässig sein, wenn er eine Umgehung der Vorschriften für die Sachgründung enthält (§§ 186 Abs. 2, 191ff. HGB.). Bei der GmbH., wo die Bewertung der Sacheinlagen einer Prüfung nicht unterliegt (oben Anm. 11ff. zu § 5), ist er zulässig. Auch dann, wenn dadurch die sonst nicht mögliche Gründung einer GmbH. durch eine Person ersetzt wird. Die Rechtsprechung hat den Mantelverkauf für unsittlich erklärt (KG. 3. 7. 24 JW. 1924, 1535; KG. 18. 12. 24 Rspr. OLG. 44, 224). Ihr Standpunkt ist nicht haltbar (vgl. Byk und Hachenburg in den Anm. JW. 1924, 1535f.). Das Gesetz sucht ihn jetzt wenigstens bei den Kleingesellschaften unmöglich zu machen. Es soll zulässig sein, daß solche Gesellschaften, die bisher schon ihre Geschäfte geführt haben, ihre Geschäfte im gleichen Umfange und in gleicher Art weiterführen. Es soll nicht zulässig sein, daß solche Gesellschaften formell zwar weiterbestehen, materiell aber durch eine Änderung der Statuten sich zu etwas anderem umwandeln, als sie vorher waren. Das ist die Absicht des Gesetzgebers gewesen. Aufnahme in das Gesetz hat sie nicht gefunden. Man wird auf sie bloß zur Auslegung des Begriffs „wesentlich" zurückgreifen dürfen. Was im einzelnen Falle als wesentliche Änderung erscheint, wird flüssig bleiben. Es wäre wohl zweckmäßiger gewesen, klarere Richtlinien zu geben. Daß die „wesentliche Änderung" mit einer vorhergehenden oder beabsichtigten Veräußerung der Stammanteile zusammenhängt, ist nicht notwendig.

Anm. 7. Als eine wesentliche Änderung des Gegenstandes des Unternehmens wird eine bloße Erweiterung seines Tätigkeitsbereichs im Zweifelsfalle nicht anzusehen sein. Auch nicht ein Übergreifen auf verwandte Gebiete. Ob eine Verallgemeinerung des Gesellschaftszwecks eine wesentliche Änderung darstellt, ist Frage des Einzelfalles. Es ist zulässig, als Geschäftszweck zu bezeichnen „Handelsgeschäfte jeder Art" (vgl. oben § 3 Anm. 9). Hat eine Gesellschaft bisher als ihren Zweck „Handel mit Wollwaren" bezeichnet, so *kann* der Übergang zu dem Gesellschaftszweck: „Handelsgeschäfte jeder Art" eine wesentliche Veränderung sein. Er *braucht* es nicht zu sein. Die Entscheidung liegt beim Registerrichter. Er hat die Eintragung anzuordnen oder bis zur Erfüllung der Voraussetzung — Stammkapitalerhöhung, Stammeinlagenerhöhung — zu verweigern. Es wird nicht immer leicht sein, aus dem Wortlaut der Beschlüsse die Absichten der Parteien zu erkennen. Es fehlt dem Registerrichter das Mittel, die wahre Absicht zu erkennen. Man wird im allgemeinen annehmen dürfen, daß der Übergang von einem speziellen zu einem allgemeinen Gesellschaftszweck eine wesentliche Änderung bedeuten *soll*. Wäre das nicht der Fall, so wäre *regelmäßig* die Änderung unnötig. Ähnlich unbestimmt in bezug auf ihre Bedeutung sind die anderen Beispiele des Gesetzes. Auch bei ihnen fehlt es an jedem entscheidenden Merkmal. Die Schaffung eines bisher nicht bestehenden Aufsichtsrats etwa kann rein in zufälligen persönlichen Verhältnissen der Gesellschafter ihren Grund haben. Sie kann ebensogut eine Änderung der ganzen Geschäftsrichtung bedeuten. Die Ersetzung zweier gemeinsam zeichnungsberechtigter Geschäftsführer durch einen allein bevollmächtigten wird *regelmäßig* keine wesentliche Änderung sein. Was die Novelle mit der wesentlichen Änderung der Verfassung und der Art des Geschäftsbetriebes meint, ist kaum zu umschreiben. Die letztere überhaupt und die erstere, soweit es sich nicht um die Tätigkeit der Organe handelt, ist nicht eintragungsbedürftig. Die Versagung der Eintragung ist aber nur bei solchen Änderungen von Gewicht, die zu ihrer Wirksamkeit der Eintragung bedürfen. Die Auswirkung der gesetzlichen Vorschriften wird von geringerer Bedeutung sein, als der Gesetzgeber annehmen mochte.

Man wird immerhin im allgemeinen annehmen müssen, daß bei den kleinen Gesellschaften eine Statutenänderung nicht erfolgen wird, wenn nicht etwas Besonderes damit geplant ist. Der Registerrichter wird im Zweifelsfall lieber die Änderung vor Erhöhung des Stammkapitals auf 20 000 Reichsmark verweigern. Das mag im einzelnen Fall Härten mit sich bringen, im allgemeinen Interesse ist es erwünscht.

Nicht nur in Höhe des Stammkapitals, sondern auch die der Stammeinlage muß den Vorschriften des Art. I der Novelle entsprechen, wenn eine wesentliche Änderung des Gesellschaftsvertrags eingetragen werden soll. Nicht nur das Stammkapital muß gegebenenfalls erhöht werden, sondern auch die Stammeinlage. Die Bestimmungen des GmbHG. stehen dieser Möglichkeit entgegen. Eine Kapitalerhöhung durch Erhöhung des Nennbetrags der Geschäftsanteile ist nach dem GmbHG. ausgeschlossen (vgl. Anm. 2 zu § 55). Eine Kapitalerhöhung schafft neue Mitgliedschaften, neue Geschäftsanteile (§ 55 Anm. 1). Jeder Geschäftsanteil behält seine Selbständigkeit (§ 15 Abs. 2 GmbHG.). Die Novelle schweigt darüber, ob diese Bestimmungen des Gesetzes durch sie ausgeschaltet werden sollen. Der Zweck des Gesetzes bejaht die Frage. Die Zwergstammeinlagen sollen verschwinden. Sie können nur durch die Erhöhung verschwinden. Die Erhöhung der Stammeinlagen muß möglich sein. In § 13 der 2. DurchfVO. z. GoldBilVO. war die Erhöhung des Nennbetrags der vorhandenen Geschäftsanteile ausdrücklich für zulässig erklärt. Die Gedanken aus der Durchführungsverordnung wiederholen sich mehrfach in der Novelle vom 28. Juni 1926 (vgl. oben Anm. 5). Ob die Erhöhung der Stammeinlagen im gegebenen Falle im gleichen Verhältnis erfolgen muß, ergibt sich jedenfalls nicht aus der Novelle. Erhöht eine GmbH. jedoch ihr Stammkapital und beschließt, daß den Gesellschaftern die neuen Stammanteile zustehen sollen, so hat jeder Gesellschafter Anspruch auf verhältnismäßig gleiche Berücksichtigung (RG. 13. 2. 14 DJZ. 1914, 630, BauerZ. 21, 276; vgl. Anm. 14 zu § 55). Grundsätzlich muß das gleiche für die Erhöhung der Stammeinlagen auf Grund der Novelle gelten. Grundsätzlich sind die Stammeinlagen im gleichen Verhältnis zu erhöhen. Anm. 8.

Dieser Grundsatz findet in zahlenmäßiger Unmöglichkeit seine Grenzen. Eine Gesellschaft mit 16 000 Reichsmark Stammkapital, eingeteilt in 24 Stammeinlagen 2 zu 5000 Reichsmark, je einer zu 3000 Reichsmark und 2000 Reichsmark und 20 zu 50 Reichsmark müßte bei einer Erhöhung der kleinsten Stammeinlagen auf 500 Reichsmark, wenn die Erhöhung verhältnismäßig erfolgen würde, auf ein Stammkapital von 160 000 Reichsmark kommen. Das geht weit über den Zweck des Gesetzes hinaus. Es würde fast stets eine wirtschaftliche Unmöglichkeit bedeuten. Es muß daher auch eine ungleichmäßige Erhöhung der Stammeinlagen möglich sein. Sie setzt die Zustimmung aller Gesellschafter voraus.

Ein Zwang, daß in irgend absehbarer Zeit auf diesem Wege die Zwerggesellschaften verschwinden, besteht nicht. Beschließt eine solche Gesellschaft eine Statutenänderung, die der Registerrichter als wesentlich ansieht, ist sie aber nicht dazu zu bringen, Stammkapital oder Stammeinlagen auf die notwendige Höhe zu bringen, so bleibt ihr die Eintragung und damit die Statutenänderung versagt. An ihre Existenz wird damit nicht gerührt. Auch die wesentlichen Änderungen werden dadurch nicht immer hintangehalten. Manche, wie die Änderung der Art des Geschäftsbetriebs, sind ohne Statutenänderung möglich. Bei andern kann die einstimmige Gesellschafterversammlung den Geschäftsführern die Ermächtigung erteilen, im konkreten Falle vom Statut abzuweichen. Eine Gesellschaft, deren Zweck nach dem Gesellschaftsvertrag der Handel mit Wollwaren ist, kann auf diese Weise ohne Statutenänderung zum Handel mit Schuhwaren übergehen. Weder gegen das GmbHG. noch gegen die Novelle wird dadurch verstoßen. Anm. 9.

Die Novelle ist ein Fortschritt auf dem Wege zur Rückkehr in die alten Zustände. Den Abschluß bringt sie noch nicht.

Roßberg'sche Buchdruckerei, Leipzig

Printed and bound by CPI Group (UK) Ltd, Croydon, CR0 4YY

30/09/2026

14973055-0006